本溪通史

中卷

政协本溪市委员会　编

本卷主编：孙　诚　副主编：崔　维

辽宁人民出版社

《本溪通史》编写组

上卷（古代部分）

主　　编：梁志龙

副 主 编：靳　军

编写人员：梁志龙　靳　军　姜大鹏　刘彦红

中、下卷（近代部分）

主　　编：孙　诚

副 主 编：崔　维

编写人员：孙　诚　崔　维　赵喜红　包国文
　　　　　张达文　孟庆志

《本溪通史》编务组

组　　长：李方凯

编务人员：曲少斌　孟庆福　王丽娜

《本溪通史》（中卷）
编写组

主　　编：孙　诚

副 主 编：崔　维

编写人员：孙　诚　崔　维　赵喜红

　　　　　包国文　张达文　孟庆志

本溪市地势图

高度表

图例

地级市行政中心
县级行政驻地
乡、镇政府驻地
国际联系及编号
国界
省界
地区级界
县级界
高速 铁路
普通 铁路
高速公路及编号
国道公路及编号
省级公路及编号
山峰
▲ 五女山

辽宁哈尔滨测绘规划建设股份有限公司 制作
比例尺 1:75万

大英图书馆藏《日清战争版画集》中的摩天岭大捷图

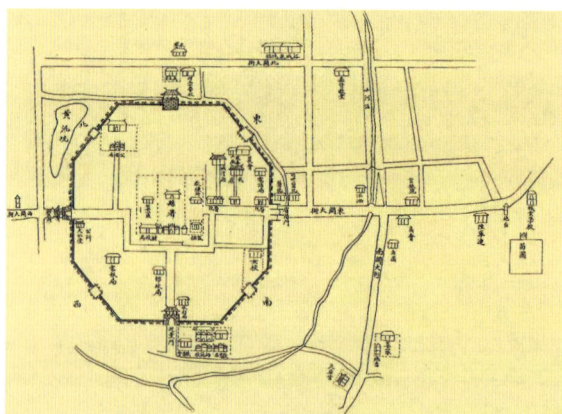

桓仁八卦城布局图

盛京将军赵尔巽有关本溪设治的奏折

张作霖与大仓喜八郎

中日合办本溪湖煤矿合同（局部）

本溪湖煤铁公司事务所——小红楼

庙儿沟铁山全景

本溪湖全景

本溪湖煤矿四坑口

本溪湖煤铁公司制铁厂

本溪湖窑场

细河上的香磨

本溪湖洋街

本溪湖中国街

苗可秀遗书（局部）

1934年6月4日，在火车站准
备押往沈阳的邓铁梅

辽宁民众自卫军总司令唐聚五

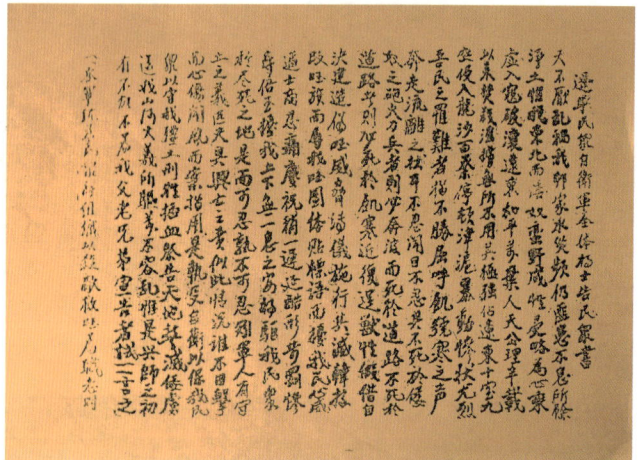

辽宁民众自卫军全体将士告民众书

辽宁民众自卫军誓师大会

东北人民革命军第一军第一师师长兼政委李红光

东北抗日联军第一路军总司令兼政委杨靖宇

东北抗日联军第一军政治部主任宋铁岩

桓仁县外三保（今本溪县洋湖沟）中共南满省委秘营遗址

桓仁县仙人洞中共桓兴县委遗址

老秃顶子抗联游击根据地全景

1945年9月，八路军冀热辽军区进入本溪及庆功祝捷大会

本溪市工字楼中共中央东北局旧址

1946年1月，本溪市第一届临时参议会代表合影

1945年10月，冀热辽军区第十六军分区收缴的日军飞机（机身上青天白日徽系我军所涂）

1947年，本溪县沟口村妇女会为入伍新兵佩戴红花

1947年11月3日，中共桓仁县委召开贫雇农大会

本溪人民欢庆解放

本溪市区俯瞰

序　言

　　《本溪通史》历经5载（2017—2021）已于近日完稿。全书分古代（上）、近代（中、下）两卷，共100万字。对本溪地区自远古到近代的历史，本着详近略远的原则，作了深入系统的叙述。本书总编、本溪市政协孙旭东主席嘱我作序，以盛情难却，乃欣然应之。

　　我长期从事清史、满族史研究，早在40多年前撰写博士论文《满族从部落到国家的发展》时，已开始关注本溪桓仁。桓仁是满族自治县，2005年我第一次到桓仁，境内五女山城，是高句丽第一代王城。15世纪上半叶，满族先世建州女真，在首领李满住率领下迁入五女山一带，繁衍生聚，发展壮大。迄至17世纪初，始有清太祖努尔哈赤在苏子河畔的建国。我造访五女山城博物馆时，馆内只有关于高句丽的展览，于建州女真史迹却付阙如。我向当地领导建言，五女山城虽因高句丽王城而申遗，但不能因此忽略它与满族历史的密切关联。满族所建清朝统治中国近三百年，开疆拓土，奠定了今日中国之疆域。满族还是今天中国第二大少数民族。无论从哪个角度讲，山城博物馆都应该补入建州女真的历史。当地领导欣然接受我的建议，于是才有五女山城历史的完篇。近二十多年来，我因工作关系，与桓仁、本溪领导、文史专家多有交往。尤其九年前兼任吉林师范大学教授以来，或开会，或考察，或以文会友，或带师生实习，屡次造访

本溪、桓仁，都受到当地朋友的热情接待。从桓仁五女山到本溪平顶山，从董鄂山城、清河古城到萨尔浒古战场遗址，我们栉风沐雨，一路走来，在寻古探幽的过程中，逐渐加深了了解，也增进了彼此的感情。我与旭东的交往，也始于彼时。旭东时任桓仁县长，尽管工作繁忙，对满族研究、地方史研究却倾注着极大热情。他生于斯，长于斯，对故乡大地、父老乡亲始终怀抱一颗赤子之心，更给我留下深刻印象。这次旭东嘱我作序，无论于公于私，都难以推却，盖缘于此。

明清大儒顾炎武说过："人之患在好为人序"，并自叙"平居以此自警，不敢为人作序。"史学巨擘章学诚《文史通义》则说："书之有序，所以明作书之旨也，非以为观美也。"足见为人作序，是一件慎之又慎的事。一则要对自己负责，二则要对作者负责。首先要对著作有比较深入的了解。否则，只作浮泛之论，或言不及义，不仅愧对作者，亦令读者见笑。通阅全书，我将其优点概括为如下六点：

一是资料翔实。作者利用史料丰富，主要有官私史书、档案文献、考古报告、报刊日志。其中许多资料为首次发掘，诸如中央到地方各级档案，本溪墓志碑刻、文史资料、田野调查报告等尤具特色。为全书撰写奠定了坚实基础。

二是地域特色。本溪位于辽宁省东部山区，用今天的视角看，其地理位置似乎偏离东三省的主道。然而，纵观历史，它在东北史乃至中国史上却据有得天独厚的地位，并扮演了重要角色。举其荦荦大者：50万年前，以旧石器时代庙后山遗址为代表，本溪被誉为"东北第一人的故乡"。作为高句丽兴起之地，五女山上曾矗立第一代王城。明代前期，随着建州女真迁入，拉开了满族崛起的序幕，并为清朝肇建奠定了坚实根基。史家因有"大清源于建州，建州兴于桓仁"之概括。本溪四山环绕，矿藏丰富，煤铁业的兴起曾拔得东北工业的头筹。所谓"南有汉冶萍，北有本溪湖"，足见其影响之大。近代以来，国家积弱积贫，内忧外患纷至沓来，英雄的本溪

人民始终战斗在抵御外侮的第一线。九一八事变后，从本溪义勇军的揭竿而起，到东北抗联第一军的武装斗争，再到杨靖宇等一大批英烈赴汤蹈火、前仆后继的不朽业绩，无不彰显了中华民族反抗外敌侵略的钢铁意志和不屈精神。凡此种种，都是本溪历史的亮点。将这些亮点连接起来，就谱成一曲波澜壮阔的本溪历史的主旋律。

三是研究深入。作者在充分吸收前人成果基础上，以本溪地区为空间范围，就一系列专题作了深入考察。诸如高句丽研究，建州女真与李满住、董鄂部研究，晚清变局下本溪开边与设治研究，甲午本溪战场研究，日俄战争本溪战场研究，辛亥革命时期同盟会、中华革命党、辽东护国军研究，民国时期本溪工商业的繁荣与中心城镇形成研究，地方"自治"与市民社会兴起等，足补史书之缺。书中有关中日"合办"本溪湖煤铁公司的历史，为揭露日帝对东北地区的经济侵略提供了典型个案；有关日帝在本溪的军政统治，全面披露其实施殖民统治的真相。其中系列惨案，读来令人发指。法西斯主义的累累罪行，已被牢牢钉在历史的耻辱柱上。

四是本地专家贡献突出。书中许多研究，都是本地文史专家筚路蓝缕、长期耕耘的成果。其中，诸如桓仁青铜时代墓葬、石棺墓、青铜短剑墓，高句丽墓与壁画，高句丽山城调查，金代窖藏官印及铜镜研究，建州女真遗迹考察等，尤见功力。这些成果，凝结了本溪几代文史工作者的执着追求。厚积才能薄发，勤耕才有硕果。本溪文史工作者，当之无愧矣！

五是客观求实。作者治学态度谨严，对史料精于考辨，对旧说亦不盲目信从。对历史现象和人物，不溢美不虚饰，继承了中国史学秉笔直书、实事求是的优良传统。这在当前虚骄之风甚嚣尘上的氛围下，尤其值得肯定。近代卷作者，通过辨析，纠正前人有关义和团两次攻打本溪教堂之说；作者在讴歌抗联第一军英雄事迹的同时，对两次西征的失败原因作了认真分析。关于苏军进入东北，既肯定其打败日本关东军的重要贡献，也不讳言其大规模拆除工业设施、铁路设备运回国内的斑斑劣迹。关于本溪

土地改革运动，既考察运动开展的背景、过程、成绩、影响，也总结了运动中"左"的错误所造成的损失和纠偏工作。这种求实精神，不仅为世人留下一段信史，也为有关部门治国理政，总结经验教训，提供了宝贵镜鉴。

六是意义深远。本溪地区历史悠久，自古以来就是多民族交融荟萃之地。商周秦汉时期的汉、濊貊、夫余，魏晋隋唐时期的高句丽、鲜卑、渤海，辽契丹，金女真，元蒙古，清满族，诸多民族叱咤风云，你来我往，以本溪大地为舞台，导演了一幕幕惊天动地、荡气回肠的史诗。而本溪地区各民族的汇聚陶融，及其与中原内地关系的发展，则是中华民族生生不息、不断壮大的缩影和生动写照。

总之，《本溪通史》的出版，是本溪市文化建设的一件盛事。不仅把本溪史研究向前推进了一大步，对开展国情教育，传播乡土文化，弘扬爱国主义精神，均有积极意义。我有幸成为本书的第一位读者，又何其乐哉！

刘小萌

2021年10月15日

目　录

绪 论

一

本溪市位于辽宁省东部，北靠沈阳市和抚顺市，东接吉林省通化市，南邻丹东市，西连辽阳市，下辖本溪、桓仁两个满族自治县，平山、溪湖、明山、南芬4个城区和高新产业开发区。总面积8411.9平方千米，2019年末总人口144.5万人。本溪是多民族聚集区，除汉族外，有满族、回族、朝鲜族、蒙古族等42个少数民族。

本溪历史悠久，然得名与建治较晚。本溪之名源自本溪湖，清雍正十二年（1734）本溪湖药王庙碑载："盛京奉天府城东南百余里有本溪湖。环湖诸山发源长白，绵亘数千里，纠缪曲盘，循太子河而止。山水之气钟而宝藏焉，故铁、窑洞之利不一而足。"①由此可见，本溪湖之名至少在雍正十二年之前就已存在，而且证明本溪在雍正年间就已有采煤冶铁的商品生产。乾隆年间编修的《盛京通志》《大清一统志》等文献均有本溪湖的记载，而"杯犀湖""北西湖""白西湖""白西虎""北溪湖"则都是"本溪湖"的谐音，近代以来本溪县、本溪湖煤铁公司、本溪湖市、本溪市等名称盖源于此。

本溪境内群山连绵起伏，江河纵横，气候湿润，雨量充沛，四季分明。本溪地理地势特殊，属长白山支脉——千山山脉东北端。据史料所载："老岭在西南，太子河南源所出，西北入本溪。老岭山脉自龙岗分入，

---

① ［日］南满洲铁道株式会社庶务部调查课编：《满洲旧迹志》（下篇），南满洲铁道株式会社，1926年，第418页。

迤西与摩天岭接，山南之水皆入鸭绿江，山北之水皆入辽河，为辽河、鸭绿江之分水岭，国语曰萨穆禅山。"[1]具体走势为：长白山龙岗山脉，自吉林通化向西南支出，盘桓数百里，经通化、新宾入本溪，具体走向为东北—西南，从而形成了浑江（鸭绿江支流）、太子河（辽河支流）的天然分水岭。入境山脉在新宾西北分支，其一脉萨哈亮山脉向东南方向延伸到桓仁西南，又分为两支，其一脉向西南至安东附近，一脉向西延伸至摩天岭（本桓交界），经碱厂、赛马集，从草河口西连摩天岭（本辽交界）、千山等大岭，从而又成为太子河、细河（辽河支流）和草河、叆河（鸭绿江支流）的分水岭[2]。

特殊的山川和地理环境，直接影响和决定了本溪地区历史建治与区划辖属，正如《奉天通志》所载："山川之见重于世其来旧矣……闻之郡邑有迁变，而山川无改易。凡郡邑有迁变而难定其所在者，当以山川方位定之。此说山川之可贵又其显然者矣。"[3]可见，山川和地理环境是人类生存与文化创造的先决条件，本溪地区的建治沿革尤其如此。

公元前3世纪，燕昭王遣将秦开东击朝鲜侯，拓地二千余里，至秦统一中国，皆设辽东郡，今本溪市区、本溪县为辽东郡襄平县所辖，今桓仁县则为辽东郡外徼。至汉武帝灭卫氏朝鲜，增设乐浪、玄菟诸郡，桓仁县则属玄菟郡。汉元帝建昭二年（前37），北扶余王子朱蒙在纥升骨城建立高句丽部族政权，直至唐初，桓仁一直为高句丽部族政权辖地。

三国、两晋时期，本溪市区、本溪县属辽东郡襄平县。南北朝至唐初，本溪市区、本溪县属高句丽部族政权所辖。唐高宗总章元年（668），唐灭高句丽，置河北道安东都护府，本溪市区、本溪县属安东都护府辽城州都督府；桓仁县则属安东都护府哥勿州都督府。唐宪宗元和十五年（820），粟末靺鞨首领大祚荣建立渤海国，桓仁县属渤海国西京鸭渌府正州。

辽太祖三年（909），契丹占据辽东，本溪市区、本溪县属契丹部族辖地，旋设东平郡，本溪市区、本溪县属东平郡。辽太祖天显元年（926），

① 赵尔巽等撰：《清史稿》卷五十五，中华书局，1976年，第1934页。
② ［日］南满洲铁道株式会社调查课编：《南满洲经济调查资料》第一，1912年，第171页。
③ 王树楠、吴廷燮、金毓黻等纂：《奉天通志》卷六十七山川志，东北文史丛书编辑委员会，1983年影印本，第1452页。

灭渤海国，改其地为东丹国，是时桓仁县属东丹国。辽景宗乾亨二年（980），废除东丹国，改置东京道，本溪市区、本溪县属东京道辽阳府，桓仁县属东京道鸭渌府。金太宗天会三年（1125），金灭辽，继废道置路，本溪市区、本溪县属东京路辽阳府，桓仁县属东京路婆娑府。元世祖至元二十四年（1287），于辽阳等处设置行中书省，翌年改东京路为辽阳路，本溪市区、本溪县属辽阳行省辽阳路，桓仁县先属辽阳行省婆娑府路，后改隶婆娑巡检司。

明洪武四年（1371），置辽东卫指挥使司，同年改定辽都卫，洪武八年（1375）又改置辽东都指挥使司，洪武十年（1377）改所辖州县为卫、所；永乐元年（1403）设置建州卫，永乐七年（1409）改置奴儿干都指挥使司。本溪市区、本溪县属辽东都指挥使司东宁卫，桓仁县属奴儿干都指挥使司建州卫。

清顺治元年（1644），本溪市区、本溪县属辽阳府。顺治十四年（1657）移府盛京（后改称奉天府），降辽阳府为辽阳县。康熙三年（1664），升辽阳县为辽阳州。康熙年间，桓仁一带被列为封禁地，至光绪三年（1877）设置怀仁县（1914年改称桓仁县），隶兴京抚民厅。光绪三十二年（1906）设本溪县，本溪市区、本溪县分属奉天府辽阳州、兴京抚民厅、凤凰厅管辖。

1914年，本溪县、桓仁县均隶奉天省东边道。1929年3月，因东北易帜，改奉天省为辽宁省，裁撤东边道，本溪县、桓仁县均属辽宁省。1932年3月伪满洲国建立，本溪县、桓仁县均隶伪奉天省。1934年12月，伪满设伪安东省，桓仁县隶属之。1939年10月，伪满设置伪本溪湖市，隶属伪奉天省。

1945年8月东北光复，同年10月至11月，中共接收本溪，成立本溪湖市和本溪县，均隶属辽宁省，桓仁县则隶安东省。1946年5月，国民党军占领本溪市，成立本溪湖市和本溪县政府，隶国民党辽宁省政府。同年10月，撤销本溪湖市，并入本溪县。1948年10月本溪解放，成立本溪市人民政府，本溪市、本溪县、桓仁县均隶属安东省。1949年4月，安东省与辽宁省合并成立辽东省，本溪县、桓仁县均隶辽东省，本溪市则由东北行政委员会直辖。

从以上建治沿革中不难看出，由于辽东分水岭地理地势的影响，将本溪县（含今本溪市区）和桓仁县分割成两个不同的地理单元，这也是本溪有建治辖属以来2300年间，甚至本溪、桓仁两县建治到中华人民共和国诞生以前，本区域内没有统一辖属的根本原因所在。

不同的地理地势环境，不仅影响和决定着行政建治和区划辖属，还决定着不同的经济结构和产业形态。分水岭以西的本溪县域（含本溪市区），地处太子河流域上游，矿产资源丰富，采煤冶铁已有上千年历史，到近代已发展成为以煤铁工业为主导，农业商业为辅助的经济形态；分水岭以东的桓仁县，地处浑江中下游，地域偏远，交通不便，历史上以渔猎、农耕、采集为主，到近代仍是以农耕为主的经济形态。

地理条件还制约着民族文化的走向，每一个民族的文化特征，无不受所处地区的地形地貌、山川、风物、气候、生态等所影响和决定。由于本溪特殊的地理条件和气候特征，历史上多个民族在这里聚合，中原汉民族的农耕文化、北方民族的草原游牧文化、东部山地民族的渔猎采集文化，加上本地域历史上不同民族的更迭迁徙，不同文化在这里相互碰撞、相互影响和相互激荡，使得本溪地域文化最少保守性格，赋予了本溪地域文化开拓进取、包容开放、多元互补的特质，铸就了本溪人"性质朴，尚慷慨，重廉耻"的人文品格。

二

历史著作要以时为序，将历史发展过程分成不同历史时期、历史阶段来进行论述，本溪近代史的断限和分期应根据社会形态和社会结构的变化，并根据本溪地方历史发展的特殊性作具体分析，而不应硬套中国近代史的断限与分期的模式。按照传统中国近现代史的分期，从1840年鸦片战争到1919年五四运动为中国近代史研究范畴；1919年五四运动到1949年中华人民共和国成立为中国现代史研究范畴。前者为旧民主主义革命时期，后者为新民主主义革命时期。由于中华民族近代复兴之路和百年追梦是一个整体过程中的不同历史阶段，因此我们认为将1840年到1949年作为本溪近代史的研究范畴是符合实际的。同时，因地域不同、情形各异，地方史研究中的断限也不应强求一致。1840年的鸦片战争对本溪乃至辽宁并未带来实质性影响，而1860年的第二次鸦片战争开放了营口通商口岸，因此本溪近代史的开端从第二次鸦片战争结束作为上限更为合适。

根据社会经济形态和结构的变化，本溪近代史可以分为三个历史阶段。

第一个历史阶段，即从1860年第二次鸦片战争结束到1931年九一八事变，本溪处于半殖民地半封建社会时期。其间又可细分为两个小阶段，一是从1860年第二次鸦片战争中国战败开放牛庄口岸，到1911年辛亥革命前，这一阶段东北边疆危机加剧，桓仁、本溪两县先后设治，外国资本由商品输出到资本输出，本溪丰富的矿产资源遭到英日俄列强的觊觎，日俄在本溪及南满争夺和划分势力范围，日本强行修筑安奉铁路和非法探采本溪煤铁资源，清末地方新政和改良开始出现。二是从1911年辛亥革命到1931年九一八事变，辛亥革命并未完成资产阶级革命任务，本溪仍在奉系军阀的统治之下，日本在本溪建立"满铁"附属地并驻扎铁道守备队，创立本溪湖煤铁有限公司并由中日合办，日方不断攫取中国矿权，本溪半殖民地化程度不断加深，反帝反封建斗争不断高涨，王庄旗地开始瓦解，本溪工人阶级开始登上政治舞台。

第二个历史阶段，从1931年九一八事变东北沦陷到1945年八一五东北光复，是本溪沦为殖民地半封建社会时期。具体又可细分为3个小阶段，一是本溪殖民地半封建社会形成时期（1931—1937），日本以武力侵占东北，扶植傀儡伪满政权，建立地方殖民统治秩序，"讨伐"镇压抗日军民，推行集家归屯，制造系列惨案，企图扑灭本溪抗日烽火。日伪当局对本溪尚未全面实行经济统制，本溪工商业尚能维持和发展。二是本溪殖民地半封建社会成型时期（1937—1941），日本发动全面侵华战争，对本溪在政治上加强统治，在经济上加紧掠夺，本溪煤铁公司实施第一个产业五年计划和扩建，全面实行经济统制，本溪民族工商业受到残酷打压；在教育上推行"新学制"，确立殖民化教育体系。三是太平洋战争爆发后，日本实行所谓的"战时体制"（1941—1945），本溪被作为日本的战时军需生产基地，全面垄断和控制了本溪的经济命脉，使本溪工业畸形化发展，带有典型的殖民地经济从属性特点，民族工商业举步维艰；加速推行"粮谷出荷"、"勤劳奉仕"、"开拓移民"等政策，使本溪人民饱受奴役和蹂躏。

第三个历史阶段，从1945年八一五东北光复到1949年10月1日中华人民共和国成立，属于新民主主义革命时期。按照一般认知，这一阶段是回到半殖民地半封建社会，其实不然，东北光复初期，中共地方组织即接收本溪并建立民主政府，开展了民主政治建设和反奸清算斗争。1946年5月国民党占领本溪后，国共双方处于拉锯和对峙状态，国民党仅占据本溪市区和少数乡镇，本溪大部分地区仍被中共和民主政权所控制。1947年6月即开始反攻，桓仁县全境解放，后本溪县城和近郊已处于东北民主联军和地方武装包围之中。本溪解放区开展了土地改革、参军支前和大生产运动，因此这一阶段称新民主主义革命时期更为合适。直到1948年10月底本溪最后解放和东北全境解放，新民主主义革命并未结束，本溪社会仍属于新民主主义性质，本溪工商业大部分还属于资本主义成分。本溪解放之初，在中共东北局的领导下，中共本溪市委实现了工作重心转向城市，致力于恢复发展煤铁生产，并在两座高炉投产中迎来中华人民共和国的诞生。

本溪近代历史发展阶段已经明晰，那么，在本溪近代历史演进的舞台上，究竟上演过怎样惊心动魄的历史大剧呢？

一是冲破朝廷的封禁。清王朝在统一东北和入主中原后，一直将辽东地区视为"龙兴重地""祖宗肇迹兴王之地"，并将这一地区划为特殊地带，严禁汉族和其他各族人民入内采集、垦殖及与旗民杂居，因此修筑了柳条边，以防损害龙脉，以此巩固其根本。清代中后期，山东、河北等地的流民，为了生存不顾当局禁令，掀起了闯关东、下辽东的潮流，他们辗转来到本溪后，或采煤冶铁，或采集人参，或占山垦荒，或投旗为丁，使官府的封禁成为形式。关内流民的到来，促进了本溪地区的开发，加上东北边疆危机的加剧，旗民杂处已无界可分，柳条边实际上已形同虚设，最终解禁。于是有了"二户来"村名的由来，有了光绪三年（1876）怀仁县的设治。来自山东、河北的流民，同本溪地区原住民一起开垦劳作，并与本溪原住民一道，成为本地区最初的产业力量。汉族、满族、回族、朝鲜族等各民族共同开发了本溪。

二是冲破大山的阻隔。本溪地区群山环绕，历史上交通十分不便，影响了本溪地区生产力发展水平和生活水平的提升。到清代中后期，本溪人立志走出去，冲破大山的阻隔，于是有了太子河、浑江水运的繁兴。他们带着对命运的抗争，怀着对美好生活的憧憬，驾撑槽船木排，栉风沐雨，劈波斩浪，下安东，下辽阳，货通八方，利泽万民。由于太子河、浑江的通航，促进了本溪湖、碱厂、沙尖子等商埠的繁荣。时光虽已穿越百年，浑太水运早已成为历史，但那"千排一夜下辽阳"的场景，犹在我们眼前浮现；那浑厚粗犷的船工号子，犹在我们耳畔回响。

　　三是冲破因循的束缚。清末民初，西风东渐，鼎新革故。在内部改良和外力作用下，本溪人的社会生产方式和生活方式发生了重大变化，于是学堂代替了私塾，邮政代替了驿传，电灯代替了蜡烛，机械开采代替了手工刨挖，高炉冶炼代替了土法冶铁；火车、汽车的出现，电话电报的应用，令人目不暇接。水陆运输的开通，产业工人的集聚，商贸服务的繁兴，又催生了近代本溪湖城市的诞生，市民社会悄然形成。随着人们视野的开阔，报刊新闻、文化娱乐场所应运而生；地方议事会和村级选举等行政方式开始施行。由于近代不平等条约和"满铁"附属地的出现，一时间，洋钉、洋火、洋袜、洋服、洋油、洋行、洋房充斥本溪市场和街巷，在给本溪带来消费便利的同时，更带来了资本的垄断和侵吞的隐忧。

　　四是冲破殖民的囚笼。东北沦陷时期，日本殖民当局不仅极力"讨伐"镇压抗日武装，大肆掠夺本溪煤铁等矿产资源，垄断本溪经济命脉，同时对本溪人民实行了残酷的集家归屯、保甲连坐、"粮谷出荷"、"勤劳奉仕"、奴化教育等一系列恶政。仅以集家归屯为例，日本当局为实现"匪民分离"，达到彻底消灭抗联武装目的，以武力驱赶偏远山沟和自然村屯的农民到当局指定的地点监视居住，在本溪地区建设454个集团部落，即法西斯式的集中营，致使数以千计的贫民被屠杀，数万间房屋被焚毁，数十万亩耕地被撂荒。面对日本侵略者的奴役与屠杀，本溪人民奋起抗战，本溪义勇军、抗联第一军、城乡各界爱国民众、本溪工人阶级的抗日斗争此起彼伏，抗日烽火燃遍浑太两岸，给日本殖民统治者以沉重打击。

　　五是冲破专制的羁绊。抗战胜利，祖国光复，本溪人民终于可以呼吸新鲜自由的空气。但是，国民党政府竟置中国共产党及各界人民和平民主建国主张于不顾，为实现其一党专制和独裁，全面发动内战。在中国共产党的领导下，本溪人民开展了民主建政、反奸清算和保卫解放区的斗争，开展了创建山区根据地和剿匪斗争。特别是通过开展解放区土地改革，消灭封建剥削制度，使广大贫苦农民实现了"耕者有其田，居者有其屋"的梦想，极大地调动了广大翻身农民的积极性和创造性，巩固了党在农村的阶级基础和基层政权，迅速掀起了参军参战、支援前线的热潮，并在辽沈战役的隆隆炮声中迎来了本溪的黎明。

　　从本溪近代历史的发展轨迹看，封禁与开发、因循与变革、殖民与抗争、专制与民主的矛盾和斗争成为本溪近代社会的主题和主线，而且同时存在两大趋向，一方面是封建半封建统治腐朽、没落，列强入侵，殖民统治，经济掠夺，奴化教育，使殖民地化程度不断加深；另一方面则是本溪人民的反帝反封建斗争，包括甲午本溪抗日、忠义军抗俄、革命党人起义、王济辉反袁护国、本溪煤矿工人八二三大罢工和沦陷区14年抗日斗争，充分表明本溪人民具有反抗外来侵略和封建专制的优良传统，阐释了压迫愈深、反抗愈烈的真理。

三

本溪近代风云激荡，场景宏阔，内容极丰，如何全面系统地反映这段历史是本溪史学工作者的神圣使命。关于地方通史的编撰，此前已有金毓黻的《东北通史》，薛虹、李澍田主编的《中国东北通史》，佟冬主编的《中国东北史》，朱诚如主编的《辽宁通史》，并有省内各地方通史的借鉴，本溪也曾编撰出版《本钢史》《中国共产党本溪史》《本溪城市史》《本溪县满族史》等专门著述，为编撰《本溪通史》近代卷提供了借鉴和参考。

诚然，编撰《本溪通史》近代卷的宗旨，绝非简单地重复和还原这段历史，也不是为研究历史而研究历史，而是要"述往事，思来者"，通过大量档案、文献资料的收集、挖掘、梳理、提炼和分析，再现本溪近代百年的历史画卷，从中总结历史经验教训，探索历史发展规律。同时，我们也力图不将本溪近代历史写成革命史、血泪史，但由于本溪近代有长达半个世纪的列强殖民和侵略历史，因而没有反帝反封建的奋斗史，也就不能称其为本溪近代史。为此，我们在抓住本溪近代历史发展的主题、主线和政治、军事斗争的同时，也在经济、文化、教育、社会等方面有所探究和论述。只有真实反映本溪历史本来面目，牢牢把握本溪历史发展的主线、脉络与肌理，阐明历史发展的必然规律，才能真正地把握今天，面向未来。

编撰《本溪通史》近代卷，当以本溪现有的区划勘界为研究范围，一般不宜越界或扩边展沿，但鉴于本溪近代历史上与周边县域有过区划调整，本着实事求是的原则，我们将近代历史上属本溪辖境的桓仁县通沟口（现属吉林省集安市）好太王碑的发现、智取桓仁县第六区窟窿榆树（现属新宾满族自治县）伪警察署、本溪县梨树甸子伏击战和赛马集惨案（现属凤城市）等事件收入，以保证历史事件和活动的完整性。

在编撰《本溪通史》近代卷的同时，从研究本溪地方历史的角度出发，有必要对长期困扰我们的几个问题进行思考和辨析。

"殖民有功说"。有人认为，日本侵略东北，修筑了安奉铁路和本溪国道，创办了本溪湖煤铁公司，规划建设了本溪湖市，推进了本溪近代工业化和城市化进程，因此日本人是有功的。我们并不否认日本侵占本溪，客观上促进了本溪近代交通的发展，本溪近代工业化和城市化进程，而且至今犹在影响着本溪产业部局和城市规划调整。但是我们不要被这些表象所迷惑，而是要透过现象揭其本质，要考察日本人修筑安奉铁路、创办本溪煤铁公司和规划建设本溪湖市的动机是什么，日本人究竟给本溪人民带来了什么实际利益。日本侵略本溪，修筑安奉铁路等交通设施，创办本溪煤铁公司和建设本溪湖市的目的，是要加强对本溪长期的殖民统治和大肆掠夺本溪资源，把本溪变成日本扩大侵略战争的军需生产基地，使本溪近代工业和城市建设畸形化发展。由于日本当局垄断和控制了本溪经济命脉，而且导致本溪民族工业先天不足，后天羸弱。所谓的"煤铁雄都"，是十几万中国劳工的尸骨堆砌起来的。城市建设更是一座城市两重天，大搞民族歧视。日本人居住区地势优越，环境优雅，生活设施齐备，吃的是大米白面，俨然成为本溪社会的主人；反观中国普通市民居处地势低洼，条件简陋，配给的是发霉的玉米面和橡子面。事实证明，本溪湖是日本人的"王道乐土"，是中国人的人间地狱。所以，日本殖民侵略不是有功，而是有罪，日本军国主义给本溪乃至东北人民造成的伤痛是刻骨铭心的。我们可以放下仇恨，但绝不会忘记历史。

"八年抗战说"。编撰《本溪通史》近代卷，就不可能回避8年抗战还是14年抗战这个数十年争论不休的公案。作为史学工作者，我们对过去官方和主流媒体8年抗战的说法颇感不解，所谓8年抗战自然是指从1937年七七事变到1945年八一五光复的中国全面抗战而言，却严重忽略了1931年九一八事变到1937年七七事变前东北6年局部抗战的史实。换句话说，东北前6年局部抗战甚至14年抗战被边缘化了，这显然是极不公允和极不全面的，并且毛泽东等党和国家领导人对此有过论及，史学界有过呼吁，本溪乃至东北14年抗战实践也足以证明"八年抗战说"是有失偏颇的。究其缘起，盖因当时国民党政府和官媒的主张使然。九一八事变爆发后，是国民党政府不抵抗政策，才致使日本在数月之内吞并东北三省，130万平方千米土地和3000万同胞沦为日本军国主义铁蹄的蹂躏之下。在中华民族生死存亡的紧急关头，中国共产党发表宣言，号召全民抗战，本溪义勇军、东北抗联第一军、本溪城乡爱国民众，本溪工人阶级奋起抗战，抗日烽火燃遍本桓大地。本溪从1931年9月20日煤铁公司工人罢工抗议日本侵略东北，到1945年8月中旬特殊工人武装暴动，抗日斗争浪潮一刻也未停止过，并与日本14年统治奴役相始终。国民党政府对中国共产党独立领导的东北14年抗战视而不见，不愿也不敢承认，因为其既无资格又无颜面，所以只能强调和宣传8年抗战。因此，是否承认东北14年抗战，关涉是否运用马克思主义唯物史观全面历史、实事求是观察问题，关涉是否承认中国共产党在民族存亡关头代表最广大人民群众根本利益，独立肩负起东北抗战领导重任的大问题。

"资源枯竭说"。持这种观点的人认为，本溪矿产资源丰富，但经过日本财阀和殖民当局的掠夺开采，加上本溪解放以后半个多世纪的采掘，资源已经枯竭，因此将本溪城市发展的瓶颈归结为资源枯竭，并认定本溪为资源枯竭型城市。此种说法看似颇有道理，但并不准确，本溪资源并未枯竭，或至少没有完全枯竭。本溪煤炭资源枯竭是事实，但铁矿资源尚有数十亿吨的巨大储量。因此，制约本溪发展的瓶颈并非矿产资源枯竭，而是因为产能过剩，因为管理体制的不适应，因为长期计划经济模式下形成的惯性思维，因而缺少了忧患意识，才造成产业结构单一，经营方式粗放，投资越多，包袱越大，污染越重，在为国家作出重大贡献的同时，也付出了环境和健康的代价。我们曾在城市转型的道路上艰难探索，也有过徘徊和阵痛。同样是资源，本溪有生机盎然的生态资源，得天独厚的旅游资源，源远流长的人文历史资源。如果我们坚持可持续发展的理念和思路，在接续和替代产业上做文章，同样会闯出一片新天地。

"文化贫瘠说"。有人认为，近代本溪为边荒之地，并被封禁200余年，近代又开化建治较晚，加上采煤冶铁，生产方式粗放，鲜有人文之风。此种说法似乎很有道理，但实际上本溪近代文化并不贫瘠。影响并促进本溪近代文化发展的因素有三个方面：首先为移民因素，清代中后期，山东、河北移民本溪，垦荒采参，带来了先进的生产方式和工具，推动了原住民文化的发展，清末朝鲜人移民垦荒，传播了水稻栽培技术就是例证。其次为交通和商贸业的因素，由于太子河、浑江水运的开通，铁路的修筑，加强了本溪与沈阳、辽阳、丹东、通化等地的经贸来往，文化也得以交流和传播。其三为科举、仕宦和流寓的因素，特别是桓仁、本溪设治以后，到职就任的知县或出身进士、举人、监生，或毕业于中外高等学堂，成为传播文化的使者；而流寓隐居本溪的学人也多是学问高深之人。光绪末年，原直隶州判潘恩重为避战乱隐居本溪边牛录堡，闭门授徒，从学者不下数百人；铁刹山监院觉明德"硕学颖悟，会通仙释"，在观中收徒授课，"及门者如坐春风，如沾化雨"①。这些官员和流寓，对本溪当地文化的发展起到举足轻重的作用。

基于上述因素的影响和推动，使本溪近代文化同样可圈可点。清末民初本溪地域文化成果如桓仁八卦县城的修筑是对易学文化的成功诠释，好太王碑的发现乃高句丽历史文化研究的滥觞，莲沼书院的创办、数部《桓仁县志》的编修，成为桓仁地区近代文化建设的显著标志。及至东北沦陷，抗战军兴，以辽宁民众自卫军、东北民众自卫军抗战为代表的义勇文化，以东北抗联第一军为代表的抗联文化和以铁刹山道士乱世下山、阐扬国教的道教文化，成为东北乃至全国抗战的绝响。

认识和研究本溪历史，要从客观的历史事实出发，以实事求是的态度对待历史，正确评价历史事件、历史人物和历史活动，而且必须站在人民大众的立场上，以大众的利益取向评判历史，才能还原历史的本来面目。只有尊重历史，敬畏历史，捍卫真知，我们才能倾听本溪历史的回声，才能更好地走向未来。

---

① 《兴复铁刹山云光洞始末记》，载白永贞纂修，张杰贵等校：《增续九顶铁刹山志》，民族出版社，2011年，第231页。

第一章
晚清变局与地方设治

　　鸦片战争的惨败，击碎了清王朝天朝上国的迷梦，中国面临"三千年未有之大变局"，开始被迫融入西方主导的全球体系。中日甲午战争后，日俄等列强交相入侵，中国东北十年之中三遭兵燹。战争的破坏、流民的涌入、社会的动荡，使东北边疆岌岌可危，旧有的治理方式难以为继。在内外危机刺激下，清王朝对东北行政体制进行改革，桓仁、本溪相继设治。

第一节　东边外开禁与怀仁县①设治

一、东北边疆危机与东边外的开禁

　　东边外，是指盛京东部柳条边之外，即出英额、旺清、碱厂、暖阳、凤凰城等边门外东至浑江、鸭绿江，东西宽百余里至二三百里不等，南北斜长一千余里的广袤地域，其地域包括今本溪市、抚顺市、丹东市部分地区以及吉林省通化市、白山市在内的整个鸭绿江西岸。这里是清王朝"祖宗发祥重地"，一向是历行封禁的重点区域，据《怀仁县志》记载："我朝肇基兴京，以鸭绿（江）以西地为兴京拱卫，一体封禁，公令森严，平民无故不得出边。"②然而清代中叶后，随着关内人口膨胀，加之饥荒、战乱和清政府的残酷剥削，大量来自冀、鲁的破产农民不顾禁令，越关跨海，

---

　　① 今名桓仁县，因与山西省怀仁县重名，1914年改称。本书按此时间点，此前称怀仁县，此后称桓仁县。

　　② 马俊显修，刘熙春等纂：《怀仁县志》卷二地理志上，宣统元年（1909）铅印本。

相继涌入东边外，挖参、采金、垦荒和伐木，清政府虽然一再申禁、驱逐甚至杀戮流民，但生存的压力使其依旧趋之若鹜。

第一次鸦片战争后，清王朝在东北的统治遭遇严重危机。一方面，西方列强的商品倾销和资本渗透，破坏了东北的自然经济，造成大量白银外流，使东北原本就存在的"饷项"不足、积欠严重的状况愈加恶化，清政府面临严重的财政危机。另一方面，列强交相侵入东北海陆疆域，第二次鸦片战争期间，英军侵占大连湾，俄国更是割占了乌苏里江以东、黑龙江以北100余万平方千米的中国领土，清政府遭遇空前的边疆危机。"裕饷"和"筹边"因此成为这一时期清政府在东北施政的首要任务。

1863年4月，御史吴太寿上奏清廷："奉天土厚泉甘，尤应培养国脉以图久远，请饬实力履勘以开利源"，以求"裕课便民"。进而指出："东边一带地方，千有余里，良田数百万顷，从前仅垦田三万余亩，其闲旷未垦者实多"①，提出了开发东边外封禁地带的计划。慈禧太后谕令盛京将军玉明、副都统恩合前往调查，"务即密查据实具奏，不准一字欺饰"②。12月，玉明等将调查结果奏报清廷："自东边门外至浑江，东西宽百余里至二三百里不等，南北斜长约一千余里，多有垦田、建房、栽人参、伐木等事。自浑江至瑷江，东西宽数十里至三四百里不等，南北斜长约二千余里，其间各项营生，与前略同。惟人皆流徒，聚集甚众。已有建庙演戏、立会团练、通传转牌等语。"③显然，流民中一些组织已开始行使部分政府职能，具备了基层政权的性质。此事虽因保守派的反对而暂时搁浅，但东边外的开禁，已是大势所趋。

在太平天国运动影响下，19世纪60年代，东北地区大规模抗租抗粮暴动不断，进而引发了席卷全东北的农民大起义，这其中，以马傻子、王起起义规模最大。1865年5月，马傻子率起义军南下，连克开原、铁岭，在铁岭县当铺屯击败官军马队，于6月2日进占兴京城东西二堡。3日，起义军进攻永陵街，旋即开赴苇子峪、碱厂堡及杜家伙房等地，殴毙差役，劫富济贫。7日，起义军进至清河城，随后在赛马集、蓝河峪击败委员毓魁的追

① 《大清穆宗毅皇帝实录》卷五十九，同治二年二月壬寅，中国第一历史档案馆电子版。
② 《大清穆宗毅皇帝实录》卷六十四，同治二年四月辛卯，中国第一历史档案馆电子版。
③ 《大清穆宗毅皇帝实录》卷八十五，同治二年十一月丙辰，中国第一历史档案馆电子版。

击，复折回托伙洛，打败铁岭知县瑞福等督带的兵勇，出边而去。11月，马傻子率义军自昌图再度南下，与所部徐占一会合，渡过浑河，奔袭辽阳州属碱厂堡。12月中旬，徐占一率起义军3000余人，由碱厂堡进抵盛京城南王大人屯，官军望风披靡，起义军遂进入盛京。

在马傻子起义军影响下，"奉天四境，盗贼蜂起"，出现了"所至千百成群，官不能制"的危局①。而东边外流民中一些势力较大者，也纷纷组织武装，在保护自身利益的同时，有时也打家劫舍、劫富济贫，甚至公然割据一方，同政府对抗，使清政府在东边外的统治受到前所未有的挑战。正是在此背景下发生的何名庆呈请升科一案，使东边外开禁议题再度引起清政府的关注。

本来，咸丰、同治以来，随着边禁的废弛，官军已很少驱赶流民，而流民又不用向朝廷交纳赋税，过的可谓是神仙般的日子。可是东边外盗匪横行、四处杀人越货的局面，严重威胁了流民的人身安全，使他们渴望得到官府的保护，结束无政府的混乱状态。另外，东边外历经百年开垦，已出现了一批田连阡陌的大地主，他们也迫切希望通过升科（纳税）给自己辛苦劳作换来的产业以合法地位，使官府承认其臣民身份和土地私有权，从而更加牢固可靠地保护自身财产。

1867年4月，东边外流民代表何名庆、高栋、宋得胜等人赴省城，呈请盛京将军都兴阿，要求朝廷对其私垦的土地升科纳课，即由国家承认其土地私有权。何名庆等宣称："奉天旺清门外六道河（今属桓仁县）等处聚集数十万家，垦地数百万垧，请照吉林五常堡开荒成例，一律升科。"都兴阿是封禁政策的维护者，且多年一直对朝廷隐瞒流民在东边外垦殖的真实状况，如今流民竟敢派代表公然呈请升科，令他十分担心朝廷追究其失职之责，乃将何名庆等拘押移交奉天府"究办"。盛京户部侍郎兼管奉天府府尹事务额勒和布在讯问后，认为"边外刨地已成，律坐军罪，何名庆等公然自首，其为恃众尝试，不问可知"，而且"数十万众托业多年，一旦夺其衣食，必至抗而不遵，铤而走险，窃恐重烦兵力"，主张正视东边外流民开垦的现实，同意何名庆等人升科之请，公开在东边外招垦，"如因聚集既繁，

---

① 赵祖昌：《禀请捐建知州张鼎铺专祠文》，载裴焕星修，白永贞纂：《辽阳县志》卷三十三序记志，1928年铅印本。

开垦已广，因势利导，准其升科，固属一劳永逸"。不过，额勒和布也清醒地意识到，要打破清廷维持200年的封禁政策绝非一朝一夕之事，因此应在东边外首先"设立牌甲，编查户口，丈量地亩，分别等则"，为设治作准备；同时"查明旧章，斟酌近善"，妥善处理同朝鲜的关系。这一建议遭到都兴阿的反对，在"筹商两歧"的情况下，额勒和布决定单独上奏，请求朝廷集议定夺。

清廷对此事颇为重视，慈禧太后谕令恭亲王奕䜣召集六部、九卿会议，商讨对策。5月23日，奕䜣等人经过讨论，亦认为展边开禁势不可免。在给慈禧太后的奏议中，奕䜣委婉地指出了东边外已被流民占种的事实："虽历任将军、副都统等遵照定章取具，并无私垦，切结存案。而边荒地阔，防检难周，现在所垦地亩，仅据何名庆等四人供称已有数百万垧，此外尚不知凡几。该民人等竟敢冒罪自陈，恳请升科纳税，该侍郎、府尹等明知事干例禁，亦不敢据实上闻，其为驱除不易已可概见。"并提出意见："臣等伏思法贵因时，今昔之情形本难拘执。治宜利导，事机之缓急，尤贵变通。与其守例而谕禁两穷，何如就势而抚绥较便。"考虑到东边外地处中朝边界，邻近永陵风水禁区，土地的垦放决不能简单行事，奕䜣等建议慈禧派遣大臣实地勘查，了解实情，分别界限，以确定开垦方案。慈禧太后接受了此建议，派遣户部右侍郎延煦与都兴阿协同办理此事①。

当年冬，延煦会同锦州副都统奕榕、奉天府尹恩锡等出边，对凤凰城边门至鸭绿江沿岸进行实地考察，并同朝鲜国王使臣会商。发现"沿江一带已垦之地十之三四至十之七八多寡不等，虽未全行开种，已无大段闲荒。所盖窝棚亦星罗棋布，疏密不同"，通过访闻，得知"瑷阳迤北种地尤多"②。

接到延煦汇报，1868年3月14日，慈禧太后再度谕令恭亲王奕䜣召集会议，筹商对策。针对朝鲜提出的"民物混杂"的情况，奕䜣等认为除凤凰城边门因距离朝鲜过近，只能外展三五十里外，其以北各边门均可相度地势，将边栅外展，"但于边外留出闲荒百余里"或"即以浑江为界，更属

---

① 姜维公、刘立强主编：《奉天边务辑要 盛京典制备考 盛京奏议》，黑龙江教育出版社，2014年，第281页。

② 姜维公、刘立强主编：《奉天边务辑要 盛京典制备考 盛京奏议》，黑龙江教育出版社，2014年，第287页。

相宜"，主张扩大边栅范围。针对各边门"相距太远，耳目难周，虽有官兵，几同虚设"的问题，奕䜣等建议由盛京将军会同六边衙门，将卡伦与边门"酌量归并"，加强管控。在重新划定边界后，令边外私垦流民限期移入边内。对流民领地升科面积也作出限制，规定每户名下不得超过200亩。对于都兴阿既未会同延煦等实地勘查、会晤朝鲜使者，事后又不会衔上奏的消极行为，奕䜣亦直言不讳，劝诫都兴阿"身任地方，责无旁贷，断不可稍涉推诿游移，致误全局"①。

面对朝廷切责，都兴阿自不敢怠慢。4月，都兴阿以东边外"地势辽远，山川险峻"，奏请先行派遣熟悉边务的官员前往叆阳、碱厂、旺清3边门外"沿浑江西岸，详细勘度"②，"各携带告示，由近及远，张贴晓谕，周历详查，务将山川地势、远近里数、沃壤瘠区、已垦未垦段落、游民窝铺多寡，按段分别标记，以备覆勘参考"。据3路调查者回来报告：3边门外南北直长500余里，东西广阔250余里。共查出窝铺7400余所，男女流民44300余人，已垦熟地42000余垧，未垦闲荒十之一二至十之七八不等，土性瘠沃各半，标记密林茂木17处③。

当年秋，延煦等再度奉旨出京勘边。但因"此前之参商未释，后来之龃龉更多"④，都兴阿以回籍省墓避而不见。在朝廷一再督饬下，延煦等只好独自率员对叆阳、碱厂2边门外继续实地勘查。延煦等一路由叆阳边门东行，至浑江以西太平哨，饬唤近岸流民讯问江东情形。"咸称江东开垦人户众多，历年已久，人皆系东直各省游民，大都不携眷属，其中掺杂伐木之人尤为不少。"延煦等复折而北行，由轿顶山、小雅河，翻越老岭、东瓜岭，复由夹道沟等处直至平顶山，"惟时节交大雪，积雪已深，沿途处处皆山，曾无数里平坦，既滑且险，人马时虞扑跌"。在平顶山，延煦等接见了自叆阳边门北行之一路调查人员。据该员禀称：该路"取道草豆岭等处，至碱厂门，复由碱厂门至罗圈沟、闹枝沟一带，逐段查勘……统计周历边

---

① 姜维公、刘立强主编：《奉天边务辑要 盛京典制备考 盛京奏议》，黑龙江教育出版社，2014年，第290—291页。

② 《大清穆宗毅皇帝实录》卷二百二十七，同治七年三月甲戌，中国第一历史档案馆电子版。

③ 姜维公、刘立强主编：《奉天边务辑要 盛京典制备考 盛京奏议》，黑龙江教育出版社，2014年，第298页。

④ 姜维公、刘立强主编：《奉天边务辑要 盛京典制备考 盛京奏议》，黑龙江教育出版社，2014年，第300页。

外七百余里，近边一带树木较少，二三十里之外皆系茂林峻岭，重叠延连。除未垦荒田尚有十之一二至十之七八不等外，其成熟之地，平原甚少，大率削伐树木，栽植禾稼，断木横地，长陇连山。其居处则星罗棋布，村堡未成，编木为垣，结茅苫屋，名曰窝棚……问其原籍，大半自称海南人者居多……所谓海南者，即山东也……所过之地，时见树间挂有木牌，开写牌长姓名、地段、四至、方向并户口若干、垦地若干，问，系都（兴阿）所派查勘各员夏间所制。阅其标志，尚属详明"①。可见，都兴阿对浑江以西的调查还是较为扎实的，且已为编户齐民作了准备。

在实地调查基础上，延煦提出《酌拟边务章程八条》，其主要精神是对有关陵寝的风水和围场进行严格封禁；清理居民户口，1869年春将浑江以西居民全部注册完毕；每户名下的土地不准超过200亩；按照"以彼处之所入，供彼处之所需"的原则，就地升科，取消开荒招佃和押荒名目；先解决浑江以西，然后次第解决浑江以东。"奴才等访闻今春以来，直隶、山东以及奉省之旗民人等，续行出边垦地者又复不少，若不及早定章，诚恐先来后至，互起争端，且更可虑者，将来勘定边界时，其沿江一带与朝鲜接壤之地势不能不严禁耕种，其居民亦不能不酌量迁移，倘此时漫无限制，人日益众，地日益多，则将来应行迁徙者无地可容，必至束手无策"②，主张尽快解决移民私垦问题。延煦所设计的章程，在实际上否定了第二次恭亲王会议所定的"展边""内徙"诸策，应该说是基本上符合当时客观实际的，就是与之有矛盾的盛京将军都兴阿在如此众多流民私垦土地的现实面前，除将东边外流民日众归咎于延煦等人的"展垦"之策外，亦不得不承认："此项人民将来如尽数驱逐，实于抚局有碍，若任令占垦，又于各项贡物有关，即或设法迁移，亦恐一时难以化导。拟请于春融，仍会同府尹衙门，拣派妥员，先在浑江以西复加详查，务将各处游民究有若干数、系何姓名、何处籍贯、已占荒厂若干段、现垦熟地若干亩……逐细详查。"③

① 姜维公、刘立强主编：《奉天边务辑要 盛京典制备考 盛京奏议》，黑龙江教育出版社，2014年，第305-306页。

② 姜维公、刘立强主编：《奉天边务辑要 盛京典制备考 盛京奏议》，黑龙江教育出版社，2014年，第308页。

③ 姜维公、刘立强主编：《奉天边务辑要 盛京典制备考 盛京奏议》，黑龙江教育出版社，2014年，第313页。

1869年2月，清政府正式批准了延煦等人的奏请，此后，对浑江以西的详细勘查逐步展开。

1869年9月，都兴阿向朝廷奏报："自凤凰门迤南，至旺清门北，查得已垦熟地九万六千余日①，男妇十万余人。"②

1871年1月，都兴阿奏报凤凰城、暧阳2边门外垦地情况："续查出坐落多处已垦熟地十四万余亩。"③自暧阳门外八里甸子东至两江汇口，转西南至海沿而下，直至贡道北老边墙，南路经孤顶子等冈，由西南至旧边小黑山，均展拓为边界④。

1872年6月，都兴阿奏报碱厂边门外垦地情况：西至边栅，东至浑江，南至红藤（土）甸子、大雅河，东北至洼泥甸子、苇塘沟，"共查坐落一百零八处，已垦熟地十二万五千五百四十四亩，游民三千八百四十三户，男妇一万九千四百四十余名口"⑤。

1873年1月，都兴阿奏报旺清门外浑江以西地段垦地情况：西至边栅，东至浑江，南接前查地段，北至哈尔敏河口二蜜等处，"共查出坐落六十九处，已垦熟地十万零三千一百零三亩八分，安抚游民二千五百四十七户，计男妇一万一千八百五十余名口"⑥。

至此，凤凰城、碱厂、旺清3边门外，浑江以西地段均已勘查完竣。

通过上述史料可以看出，在广阔的浑江西岸，万亩荒原大多已被流民开辟为良田，昔日虎狼出没的无人区已是流民安居乐业之所。这是广大流民用血汗换来的成果，对此，就连一向反对东边外开禁的盛京将军都兴阿也不得不无奈地承认："该游民等皆系仅谋生计，数十百年亦尚相安，营私之徒不能限以绳墨，转难安置，是以由雍正年间至今，屡次筹议查办，均

---

① 亦作坰，满语Cimari汉译为"日"，《清文总汇》"emu Cimari"条释义："一日地之一日乃六亩为一日也。"另有注："东三省田地以关内六亩为一坰即emu Cimari。"

② 《大清穆宗毅皇帝实录》卷二百六十四，同治八年八月癸卯，中国第一历史档案馆电子版。

③ 《大清穆宗毅皇帝实录》卷二百九十八，同治九年十一月乙卯，中国第一历史档案馆电子版。

④ 赵尔巽等撰：《清史稿》卷一百三十七，中华书局，1976年，第4064页。

⑤ 都兴阿：《奏为查地委员前往碱厂门外查明亩数并声明于各项贡物有无窒碍各情形事》（同治十一年五月二十四日），04-01-22-0062-007，中国第一历史档案馆藏。

⑥ 都兴阿：《奏为本年秋季查地委员将浑江迤西地段查勘完竣即折往南边催科东岸请暂缓勘办事》（同治十一年十二月初十日），04-01-22-0062-008，中国第一历史档案馆藏。

因窒碍中止。"①清政府苦心孤诣维持的封禁政策在事实上已经宣告破产，东边外设治的条件逐渐成熟了。

二、章樾与怀仁县设治

1868—1875年，东边外移民土地升科进行了6年，远超预期。究其原因，依然是盛京将军都兴阿对东边外开禁态度消极所致。他先是对延煦的勘查不予配合，后又把办理移民土地升科局限在碱厂等3边门外，对流民的管理措施也无大的建树，致使此地移民数量不断增多，"金匪""木匪""马贼"等处处蜂起，社会秩序越来越混乱，甚至波及邻国，接连发生中朝边民越境互相杀掠和朝鲜贡使被劫等恶性外交事件，这对清王朝在东北的统治秩序和权威造成严重破坏，迫使朝廷下决心尽快解决东边外的问题。1875年3月，都兴阿病逝，清廷乃以精明强干的崇实继任盛京将军，主持奉天军政大局。

崇实到盛京后，首先解决此地贼匪横行问题。调集天津及古北口马步队会同本省捷胜营练兵合力兜剿，以雷霆之势将盘踞大东沟的积年巨匪宋三好等歼除净尽。随后引兵北向，直指大庙儿沟、通沟等处各股贼匪。

当时，旺清门边外滨浑江以东金苗甚旺，特别是初采之时收获颇丰。流民闻之，趋之若鹜，导致黄金资源迅速匮乏。流民心生不满，"相率滋扰，肆无忌惮"，新宾堡等地深受其害。崇实乃以记名总兵左宝贵率军往剿，"金匪"稍知收敛。1875年9月，宫洛四、张振东等复率部渡过浑江，对今桓仁县境"复肆劫掠"。左宝贵侦知，即时"驰往迎剿"，宫洛四等闻左军至，弃巢遁走，官兵尾追渡江东行，直抵大庙儿沟，焚毁"金匪"巢穴，复追至五道江、六道江等处。"金匪"屡战屡败，被官军诛灭百余名，匪首王洛塔、刘长材等亦被生擒处斩，官军缴获马匹枪械甚多，"金匪"余众"窜入山林，渐以澌灭"②。

待地方秩序稍为安定，1876年2月，崇实上奏清廷："自东沟以至通沟，绵亘千有余里，历年旗民错处，垦种日多，剿之不可，驱之不能。因

---

① 姜维公、刘立强主编：《奉天边务辑要 盛京典制备考 盛京奏议》，黑龙江教育出版社，2014年，第294页。

② 《剿灭金匪垦荒安民之事略》，载马俊显修，刘熙春等纂：《怀仁县志》卷七兵事志，宣统元年（1909）铅印本。

时制宜，只有就地升科，设官分治之一法。"①开始陆续在东边外设立民治机构，在大东沟设立安东县，隶属新设立之凤凰直隶厅。同时，对浑江、鸭绿江流域南部解禁升科，"但凡认地耕种者，无论旗民，一体编入户口册籍"，遴派道员陈本植、知府恒泰、记名提督左宝贵等率领各委员逐段清丈，"除上则之地按亩升科外，其余中则以两亩为一亩，下则以三亩为一亩，通共折算并将军都（兴阿）所办升科五十余万亩之地，统计熟地一百八十万三千余亩有奇"②。

清廷设治与升科的举动令广大流民欢欣鼓舞，但也招致一些人的不满。从前，流民开垦荒地即据为己有，不纳税课习以为常，此时骤闻清政府要清丈升科，少数流民乃"煽惑聚众，势有必至"。二户来居民吴坤、丛大增等以"委员丈地过严"，聚众抗官，聚集千余人，赴新宾堡滋扰税局并抢掠财物，"势甚汹涌"。吴坤被官府拘拿，其弟吴泰复聚众劫持地局邓委员，要挟官府释放吴坤。兴京副都统色楞额与左宝贵商议，将吴坤先行释放，"以懈贼势"，于是"胁从者已大半就散"。吴坤兄弟将邓委员释放，但拒绝交还抢掠的财物，"仍负隅为走险计"，左宝贵会同色楞额出边严剿，设计擒杀吴坤兄弟，并搜出财物武器，由是"匪党瓦解，民赖以安"③。

1876年12月，崇实积劳成疾，病殁于任上，清廷以其弟崇厚继署盛京将军。

安东县设治，未及一年即清丈熟地不下170万亩，成效十分显著。受此鼓舞，崇厚乃将东边外其他地区的设治事宜提上日程。1877年2月23日，崇厚上奏清廷："现所最要者，上年试设之安东县，仅管迤南一隅之地，迤北一带幅员辽阔，现经清查地亩，业有成数，若不即行添设州县，委员试办，则散而无纪，不足维系人心。当经札调陈本植来省面加询问，逐细筹商。目下亟应择地设官，修筑营堡，建置衙署、兵房以为经久之计。因拟于六甸之宽甸设一县，即名宽甸县；六道河添设一县，名曰怀仁县；头道

---

①《崇实传》，载王钟翰点校：《清史列传》卷五十二，中华书局，1987年，第4146页。

②姜维公、刘立强主编：《奉天边务辑要 盛京典制备考 盛京奏议》，黑龙江教育出版社，2014年，第229页。

③《剿灭金匪垦荒安民之事略》，载马俊显修，刘熙春等纂：《怀仁县志》卷七兵事志，宣统元年（1909）铅印本。

江添设一县，名曰通化县，分疆划界，委员分署。"①以补用知县章樾为设治委员，前往今桓仁地区主持清丈升科与筹划设治事宜②。9月3日，经清政府批准，怀仁县正式设治。其命名当取自《礼记·礼器》："君子有礼，则外谐而内无怨，故物无不怀仁。"这里的"怀"是动词，意为归服于仁德之政，寄寓了统治者对新设之县政通人和、万民归心的美好祈愿③。

怀仁县的设治，是本溪近代历史具有划时代意义的大事，对当地摆脱200年封禁束缚，促进边疆开发具有重要意义。更为重要的是，怀仁设治，对清王朝稳固边防，维护国家主权与领土完整具有重要战略意义。诚如《桓仁县志》所云："桓仁当未设治以前，地无科赋，居民鲜少，山青林密，历代拓置或隶封疆，或属瓯脱，遂有得失无常之患。然自轩辕画井，则此莽莽雄边，全省东南壁要害之区既已尽属中国，鸭绿江右岸之地原系隶我版图盖无疑，虽偶有外藩之侵据，不过一时。"④

设治之初，怀仁县"西界新宾绕道之山，东讫高丽将军之石，北邻通化之刚山，南接宽甸之蜂蜜"⑤，其统辖地域，除包含今桓仁地区外，还包括今新宾县、本溪县以及集安县部分区域，共计5958平方千米，以地势分立41保，除城关保附近县城外，其余40保按照四面分划，每面10保，以和、亲、康、乐四字为命名之总纲⑥。全县户口总数7047户，人口26531人⑦。

对东边道新设诸县，崇厚有着十分周密的施政规划，在《奏陈详定东边道章程折》中对怀仁县诸项县政安排如下⑧：

① 姜维公、刘立强主编：《奉天边务辑要 盛京典制备考 盛京奏议》，黑龙江教育出版社，2014年，第255页。

② 关于章樾任怀仁设治委员时间。《奉天通志·职官》："章樾，河南祥符人，监生。三年任设治委员。"《怀仁县志》：章樾"调奉后委劝办怀仁垦务，光绪三年到局。"可知系1877年。

③ 梁志龙：《桓仁县名考》，http://m.pinlue.com/icontent/146471862810.html，2018年5月28日。

④ 侯锡爵修，罗明述纂：《桓仁县志》卷一沿革志，1930年抄本。

⑤ 章樾：《初建怀仁县碑记》，载本溪市博物馆编《本溪碑志》，辽宁民族出版社，2016年，第160页。

⑥ 马俊显修，刘熙春等纂：《怀仁县志》卷二地理志上，宣统元年（1909）铅印本。

⑦ 马俊显修，刘熙春等纂：《怀仁县志》卷五赋志，宣统元年（1909）铅印本。

⑧ 姜维公、刘立强主编：《奉天边务辑要 盛京典制备考 盛京奏议》，黑龙江教育出版社，2014年，第256-265页。

确定缺分^①、隶属、机构及经费标准。因怀仁县系"边地要区，事繁责重"，定为疲难，升补边要中缺，隶属兴京厅管辖。知县加理事通判衔，管理一县民政司法。县署下设吏、户、礼、兵、刑、工6房，每房设经承1名，帖书若干名。6房之外，设有巡捕、皂隶、马快3班，专供传递公文及差遣之用。知县每年额定养廉银800两、俸银45两、办公银200两，县署吏役工食银1528.6两。此外，分防、典史诸巡检及衙署吏役亦有相应薪俸标准。

添设分防，营造兵房。怀仁县所辖浑江以东地域与通化县以七十二顶子分界，因通沟口地方（今属集安县）距离县治300余里，"内阻浑江，外连叆江，接壤朝鲜，尤为扼要"，设巡检司，置分防巡检1员；其西界近边之四平街（今属新宾县）距离县治200余里，"向为盗贼渊薮"，亦设巡检司，置分防巡检1员；在县治设管典史事巡检1员，负责一县治安。在县治修建军营1座，官兵营房共计63间；在通沟口、四平街分防衙门各修营房23间。

添设学校，设立马拨（驿站）。怀仁地处边外，原无官学。建治后，本着"化梗顽而归淳朴"之目的，定文学额2名，武学额1名，隶属兴京学。为加强通讯，每30里设马拨1处，怀仁县西南至宽甸县交界地方设马拨6处，东北至通化县设马拨5处，全县共设马拨11处，计有驿马33匹、马夫33人、钞书11名。

修筑城垣，建置衙署。根据规划，在县治修筑土城一座，周长3里，城门以砖砌筑，上盖门楼各一，城基用石块填砌，城墙用土夯筑，顶盖灰土，垛口用砖砌就。整个工程，从减核估，所需工料银1.4万两。土城外，复设护城河一道，需工料银3000两。因款项不足，拟先筑土城，俟翌年秋收后租税各项收有盈余，再将城墙用石块包砌，以期经久耐用。修筑县衙署、巡检管典史事衙署、通沟口、四平街巡检司及附设监狱，共需工料银3900两。

县治初立，百废待举，诸项县政，千头万绪。崇厚急需一个谙熟县务、精明干练的能员将其施政规划落到实处。经过慎重考虑，崇厚向清廷

---

① 清雍正间，由广西布政使奏准；分定全国州县为冲繁疲难四类，以便选用官吏。冲谓地方冲要；繁谓事务繁重；疲谓民情疲顽；难谓民风强悍难治。

举荐了怀仁县设治委员章樾，1877年10月7日，清政府札委章樾试署怀仁县知县[①]。

章樾，字幼樵[②]，1841年生，河南开封府祥符县人，由监生遵筹饷例报捐知县，1870年题补湖北郧县知县，1874年奏调江陵县知县，旋丁父忧回籍守制。在任期间，勤于庶务，体察民情，秉公执法，颇有政声。

当时的怀仁境内，旧无城垣，虽有汉代地方民族政权高句丽所筑五女山城，但城建于山上，不能为用；汉后历代修筑的土城亦早已湮没，基址难寻，且地不适中。章樾初来，饮食起居、处理公务急需一立锥之地，乃于浑江之西今六道河子北岸荒沟口处筑土为城，俗称土围子，修建茅草房数间，作为筹建县城临时指挥中心，开始清丈土地、征收税赋、安抚地方等事宜。六道河子土城，可视作怀仁县最初的治所。

章樾深知县城乃一县之枢，为慎重起见，邀请东边道尹陈本植来怀仁勘察地形，帮助选择城址。据《重修桓仁县志》记载："桓邑于光绪三年始设。经署将军崇厚创议，估实银两，奏准建修城垣。知县章公樾董其事，初筑土围子于佟佳江（民初改称浑江）西岸。嗣将东边兵备道陈本植，精于堪舆之术，相度形势，移于江东。"[③]

陈本植，字珠树，亦字海珊，四川合江县人，咸丰年间中式副榜贡生[④]。1875年以直隶候补道调凤凰城，办理大东沟善后事宜。1877年，清政府设分巡奉天东边兵备道，以陈本植试署东边道尹兼奉天练军翼长，主持东边边务。陈本植"精于堪舆之术"，即精通易经和风水学，怀仁县又是其分内所辖，为怀仁县治选址自是责无旁贷。

一日，章樾与陈本植一同登上五女山，勘察怀仁山川地势。只见浑江由北逶迤奔流而来，向西折回，又向南环绕宛转而去，江流酷似太极图

---

① 崇绮：《为知县姻亲照章回避同府拣缺对调恭折奏陈仰祈圣鉴事》（光绪八年五月二十四日），载《申报》，1882年7月19日。

② 关于章樾生年，桓仁、辽阳、营口诸地史志均作1847年，然据《为知县姻亲照章回避同府拣缺对调恭折奏陈仰祈圣鉴事》（光绪八年五月二十四日）："怀仁县知县章樾，现年四十二岁……"《浙抚奏委道员章樾等试署高等审判检察两厅丞长折》（宣统二年十月二十三日）："查有二品衔浙江补用道委署杭嘉湖道章樾，现年七十岁……"可知章樾系1841年生。

③ 常荷禄修，赵国栋纂：《重修桓仁县志》上卷，第一章沿革志，1937年铅印本，第5页。

④ 明清科举制度取士分正、副榜。正式录取的，名列正榜；在正榜之外，另取若干人，名列副榜，得入太学肄业，称为副贡。见梁章钜《称谓录·副榜》："会典乡试中式举人，副于正榜曰副贡生。"

形；鲲鹏山、五女山、龙岗山、小蓬莱山环拱其周，状如四象。陈本植精
研易理，看到此处"两江环带兮，气聚风藏；五岫屏列兮，原敞形固"①的
山川形胜，认为此地阴阳二气首尾相接，浑然一体，循环无端，乃是大自
然鬼斧神工之作，必是卧虎藏龙、人杰地灵之所在。于是，他按照"太极
生两仪，两仪生四象，四象生八卦"的易理，建议章樾把县城建在浑江东
岸天然太极图的阳极中（阴阳鱼的阳鱼眼睛上），并按照八卦图形设计
施工。

章樾对陈本植的建议极为赞同，一方面认为八卦源于太极，太极与八
卦珠联璧合，缺一不可，在此处建筑"八卦城"，实乃天意；另一方面看到
此地三面环水，一面靠山，山水相连，易守难攻，在军事防御上也很有优
势，是建城筑堡的理想之所。同时，章樾还派人分别到江东、江西取土称
重，经过比较，发现江东的土果然重于江西，说明江东根基深厚、土质牢
固，更加易于筑城。于是，经请示朝廷批准，章樾决定在位于天然太极阳
极的江东八里甸筑城，作为怀仁县治所在地。

经过多方争取，朝廷用于筑城的工料银1.8万两终于拨付到位。1878年
7月，怀仁筑城施工正式开始，至10月，因天气渐寒，霜冻严重，泥水不和
而暂时停工，共施工80余天。按照崇厚最初的规划，怀仁城垣质量标准为
石根土城，即以石块做基础，用黄土夯墙。但在修筑过程中发现，建于夏
秋季节的城墙，经过冬冻春化，墙土出现了裂缝散落的现象。这一情况使
章樾焦虑不安，城墙尚未筑成，便有裂缝，县城筑不牢固，怎防盗匪？经
过慎重考虑，章樾决定将城垣建筑改用砖石结构，但这样要花费更多银
两，需要更多的人力和时间。章樾先后两次据实上报，请求朝廷再次拨付
银两。经由崇厚、陈本植等鼎力相助，朝廷批准了章樾的报告，再次追加
白银2.2万两，先后将4万两白银拨予怀仁县，保证了修筑县城资金。

怀仁筑城资金颇费周折，而所用材料也取之不易。因怀仁"向无窑
座，既乏谙习烧作之人，复少承揽殷实之户"，筑城所用石灰、砖瓦等当地
解决不了，"必须远赴省城雇觅工匠，筹给窑本及一切应用器具均须制
备"。城址附近无灰石，灰窑距县城30里，运输十分不便。砖窑虽近，却土

① 章樾：《初建怀仁县碑记》，载本溪市博物馆编：《本溪碑志》，辽宁民族出版社，2016年，第160页。

质疏松，"烧砖一窑，堪用者不过十分六七，折耗甚多"①。至于筑城所用石料，原以为怀仁境内山山皆有，不是难事，但为了保护县城风水格局，只能在县城外开采、运输。石场由近渐远，近则三五里，远则八九里至十余里不等。石料量多质重，不仅令负责运输的劳役叫苦不迭，也使运输成本暴涨。章樾本是一介书生，虽曾在湖北任过令，但修建城垣，尚属首次，未曾想到仅备置材料竟如此复杂艰难。

旧时修筑城垣，一砖一石砌筑全凭手工劳作。怀仁修筑县城之时，全县人口2.6万余人，居民仅7000余户，平均每户不足4人，且大部分人居于农村，县治居民寥寥无几。身强力壮者，尚须垦荒种地，维持生计，因而每户平均抽不出1个青壮劳力应役。面对这种情况，为了保证修筑城垣的顺利开展，也为了减轻百姓负担，章樾决定每名夫役每日由县署发给白银5分作为工费。章樾此举体恤民情，深得民心，县内百姓对修筑县城也极为拥护，即使一些人家无青壮劳力应役，也从县外雇用夫役，积极完成县署分派的任务。

筑城期间，全县百姓历尽千辛万苦，章樾在《初建怀仁县碑记》中以"民工雇以胼胝，挥血汗兮甚怜"的精辟字句，生动地记述了当地百姓修筑城垣的热心和辛苦。为保证筑城质量与进度，章樾也是事无巨细，事必躬亲，正如他在《碑记》中所言："开辟荆榛，日不遑息"，"日夕督作，不敢少宽"②，体现了封建时代一位能臣干员的操守与担当。

1882年春，历时5载的怀仁县城修筑工程终告完竣。城垣周长3里，宽1丈，高1丈6尺（其中雉堞高3尺），共置雉堞384个，外用砖修，内以石砌，中包三合土；护城河宽2丈，深8尺，引浑江2股流水灌入；复置城楼4座，并在四迭角处设炮位4座，以资防御。整个城池随地势而建，按照山脉走势，水流去向，确定八卦方位，其建筑乃至城内衙署、街道布局，皆遵循"城象八卦，以宣八风；门开三元，以立三才"的易学理念。将城垣设计为八边八角，形似八卦，象征接纳八方之风，风调雨顺。全城分设三门，西北曰朝京，以趋帝都；东南曰宾阳，以接旭日；西南曰迎薰，以纳

① 章樾、张锡銮：《建城会禀稿》，载马俊显修，刘熙春等纂：《怀仁县志》卷四建置志，宣统元年（1909）铅印本。
② 章樾：《初建怀仁县碑记》，载本溪市博物馆编：《本溪碑志》，辽宁民族出版社，2016年，第160页。

薰风；其方位设置及命名深蕴中华传统文化精髓，寓意天、地、人三才合一，人与自然和谐共生。至于东北方不设城门，一方面是因"近山不通辙道故也"①，担心修筑城门伤及地脉，破坏风水；另一方面是按照易学中"四门方位"的学说，东北方为艮方，被认为是"鬼门"，邪气、煞气的方向，故不宜设门②。"八卦城"的修筑，将自然山水和人工建筑完美融为一体，具有神奇的山水环境和特有的易学建筑内涵，在中国以易学文化为依托的建筑中独树一帜③。

在主持修筑"八卦城"期间，章樾还组织凿山开路，修建了县内第一条马车道。

怀仁设治之初，"浩浩荒服，莽莽榛荆，部处族居，人习其土，各圈其疆，或水限一带，或山隔一笒，虽鸡犬之声相闻，而人民有老死不相往来之谚"④，交通十分不便。县东南境，距"财富之区"盛京达千里之遥，距离新宾堡也有一百七八十里，"道远而难致"。

环境的闭塞，严重制约了怀仁商品经济的发展，造成货币匮乏，商民交易只能以本地商户印行的白票为凭，或者以物相易，即使到新宾堡贸易，也是"以谷易物则可，紫铢（铜钱）且寡，而白锭（白银）无措焉"，是以"民以钱锭病、农以税赋病，官亦以催科病，公私交困"。

在创办县政过程中，章樾走遍了全县的山山水水，发现怀仁陆路交通虽然不便，但水运条件却十分优越，特别是浑江口距离县治不过200里，安东、沙河等镇，水陆可通，"钱锭可以梁谷易之"，只是由于"数岭限之"，全县41保除沿江5保外，"余皆限于岭不可踰"。章樾敏锐地认识到，只有凿岭开路，打通怀仁水陆交通瓶颈，才能搞活流通，发展生产，繁荣经济，增加赋税。

章樾的修路动议一经提出，立即遭到许多人的反对，认为"百事尚多未举，岂无急于此者，修岭拙计也，劳民伤财何如？"章樾力排众议，力陈凿岭修路之利："开岭所以便民，便民所以通商，通商所以利赋，不此之

---

① 马俊显修，刘熙春等纂：《怀仁县志》卷四建置志，宣统元年（1909）铅印本。

② 李影：《神奇的桓仁八卦城》，载孙成德主编：《奉天纪事》，辽宁人民出版社，2009年，第349页。

③ 商越：《桓仁首任知县四年建起"八卦城"》，载《辽宁日报》，2020年11月30日。

④ 常荷禄修，赵国栋纂：《重修桓仁县志》下卷，第七章政治志，1937年铅印本，第142页。

急，将焉急乎！"当县城修筑甫上正轨，各项县政初见成效，章樾立即将修路提上日程。他亲自勘查路线，布置施工任务："再四周详，惟缘山而北，由横道川绕经东南，行至影壁山，右支略坦，较可施力，路远廿余里，急令雍、熙二保之民，轮流开凿"；"迤东为葡萄架岭，架空而难行，高插云际；又迤东为挂牌岭，逶迤相接，时、冲二保合修。对工程所需"钢铁之用，匠石之需"，章樾也妥为筹措，保证了工程的顺利进行①。

为缩短县城至沙尖子路程，在凿通影壁山岭、葡萄架岭、挂牌岭之后，章樾又组织凿通了石头峦盘岭。对这次修路，《重修桓仁县志》这样记述："石头峦盘岭……形势雄壮，乱石峻峭，颇有层峦高耸之状。古松掩映，恒遮天日，行旅每有踞虎豹、登虬龙，懔乎不可久留之慨，其峰最低处，亦约在二千余尺，为由沙尖镇入城要道，当设治时，知事章公，传集民夫，斩莽凿山，筑成折道，形如之字，前后二十余盘，回旋络绎，如蝼穿珠。"②

历经两年，工程终告完竣。这条车马大道，以县城为起点，向南经通天、二道岭子、三家围子、四道岭子，至此分为两条支线：一是由四道岭子向东，经铺石亭、横道川、逾影壁山岭，再经头道阳岔、二道阳岔、干沟子、下甸子，至沙尖子，路长130里。二是由四道岭子向南，经二棚甸子，逾石头峦盘岭，再接头道阳岔，至沙尖子，路长90里。通过此路，向西可经兴京永陵至盛京，向南可通宽甸，向北可抵通化，从沙尖子向东可

怀仁县首任知县章樾雕塑像

---

① 章樾：《修大岭记》，载马俊显修，刘熙春等纂：《怀仁县志》卷十二艺文志，宣统元年（1909）铅印本。

② 常荷禄修，赵国栋纂：《重修桓仁县志》上卷，第三章地理志，1937年铅印本，第20页。

达通沟，并可水陆相接，形成水陆联运，县内以及通化、柳河等地的粮谷、土特产等皆可由陆路运往怀仁县城、沙尖子两地，再转水路，运往安东销售，极大地促进了县内商品流通，真正起到了便民、通商的作用，增加了利赋。浑江由此成为水上运输大动脉，航运迅速发展，全盛时期，江上往来艚船达2000艘，沙尖子、怀仁县城成为水陆联运的枢纽，是浑江流域首屈一指的水旱码头。可以说浑江水运的开发，章樾功不可没。

在建城、修路的同时，章樾多事并举：划乡保，开商市，酌赋税，建衙署，置营防，立学校，设渡口，兴驿递，圆满完成了崇厚交给他的各项任务。他秉公执法，"讯断不用刑威，反复推问，得情而止"；他重视民意，经常深入民间察访民情，"每举一事，务顺舆情"[1]；他鼓励民生，革除苛捐杂税，奖掖工商，劝课桑棉；他移风易俗，革除婚丧旧弊，禁止烧荒。其勤政为民，廉洁奉公，实为封建时代地方官的楷模。

清廷对章樾的施政成绩也颇为肯定。1879年3月，盛京将军岐元上奏朝廷："章樾才具明练，办事安详，自拟设怀仁县缺以来，该处一切事宜，均系责成该员实心规画措置，始得就绪，边氓极为帖服"，请以章樾试署怀仁县知县[2]。5月，章樾奉文试署；1881年3月奉旨实授；直至1882年9月调署怀德县（今公主岭市）知县，章樾担任怀仁知县（含设治委员）达5年之久，是近代怀仁（桓仁）任职时间最长、政绩最为突出的地方官。2008年10月，桓仁县兴建章樾公园，为其树立一座花岗岩雕塑，以纪念章樾对桓仁发展的筚路蓝缕之功。

第二节　中日甲午战争中的本溪战场

一、清军溃败鸭绿江与辽东防线的形成

中国与日本是一衣带水的邻邦，近代以来几乎同时遭遇西方列强的侵略。为救亡图存，中国展开洋务运动，建立起亚洲第一的北洋舰队，兴建

---

① 马俊显修，刘熙春等纂：《怀仁县志》卷六勋职志，宣统元年（1909）铅印本。
② 岐元、恩福：《为遴员试署新设边要知县员缺以资治理恭折奏陈仰祈圣鉴事》，载《申报》，1879年3月31日。

了一系列军事和民用工业，成效显著。而日本亦通过明治维新，建立起地主资产阶级联合政权，以"富国强兵""殖产兴业""文明开化"为总方针，进行了一系列资产阶级性质的改革，国力大增。东亚历史上第一次出现了两强并立的局面。

日本明治政府一建立，即宣称"欲开拓万里波涛，宣布国威于四方"①，并制定了对外侵略扩张的"大陆政策"，其核心即首先征服朝鲜和台湾，并以之为跳板，进而征服中国乃至全世界。为实现这一目标，日本疯狂地进行扩军备战，全国财政收入的60%以上被用来发展海陆军。至1892年，日本已建立起一支拥有6.3万人常备陆军，海军吨位达到7.2万吨的强大军事力量，与中国争夺东亚主导权的时机逐渐成熟了。

1894年2月，朝鲜爆发"东学党"大起义，朝鲜政府军节节败退，被迫向宗主国清国乞援。日本也乘机出兵朝鲜，蓄意挑起战争。7月25日，日本不宣而战，在朝鲜丰岛海面袭击增援朝鲜的清军运兵船，并击沉清军借来运兵的英国商轮"高升"号。29日，又袭击驻守成欢驿的清军聂士成部。8月1日，中日两国正式宣战，因1894年是中国农历甲午年，所以这场战争被称为中日甲午战争。

中日两军的对决首先在陆上展开。9月15日，日军进攻清军重兵驻守的朝鲜北部重镇平壤。由于李鸿章"先定守局，再图进取"②的消极防御的作战方针以及清军统帅叶志超的胆小昏聩，清军作战失利，被迫退守中朝边界的鸭绿江，构筑起东起苏甸及长甸河口，西迄大东沟、大孤山，绵亘数十里的鸭绿江防线。10月24日，在司令官山县有朋大将的统率下，日第一军集结3万大军，向清军鸭绿江防线发起总攻。日军先于九连城上游安平河口泅水过江成功，以吸引清军来援。随后在虎山附近的鸭绿江中流架起浮桥，清军麻痹大意，并未发觉。25日凌晨，日军越过浮桥，向虎山清军阵地发起猛攻。清军守将马金叙、聂士成率部坚持抵抗，因势单力孤，伤亡重大，被迫撤出阵地，日军遂占领虎山。其他清军各部闻虎山失陷，不战而逃。26日，日军不费一枪一弹占领了九连城和安东县，清朝重兵驻守的鸭绿江防线全线崩溃。

---

① ［日］外务省编撰：《大日本外交文书》第1卷第1册，日本国际协会，1932年，第557页。
② 顾廷龙、戴逸主编：《李鸿章全集》24 电报（四），安徽教育出版社，2008年，第223页。

鸭绿江防线失守后，清军在主帅宋庆率领下退至凤凰城。然而，凤凰城"无要可守"，加以"溃勇纷纷四窜，势甚岌岌"，很难守御。适在此时，宋庆接到光绪"择要扼防"的电旨，遂决定采纳东边道尹宜麟在摩天岭（亦称大高岭）设防的建议，一面收集各部溃兵，一面做退守的准备①。10月27日，负责总理前敌营务的周馥由辽阳州趋赴摩天岭，面见已退守至此的宋庆，"力陈守岭之议，祝帅（宋庆）谓然"。周馥于是在摩天岭协助宋庆"搜集溃勇，催运粮械"②。11月7日，得悉日第二军进攻金州、旅顺，宋庆奉旨率主力驰援，以聂士成总统吕本元、孙显寅诸军分守摩天岭、连山关等处。

在清军退守摩天岭的同时，日第一军于10月30日占领了凤凰城，又于11月5日占领了交通要冲大孤山，完成了既定战略目标。司令官山县有朋认为，此时距结冰期尚有30余日，如将战事拖至严冬，对日军相当不利，清军也会同时加强战备，因而第一军应趁此时机继续北进，将夺取盛京作为下一步的战略目标。而日军要进攻盛京，只有两条行军道路：一是由凤凰城经草河口、连山关、摩天岭等地，到达辽阳，再北上至奉天；一是由大孤山经岫岩，先到达海城，再经辽阳直趋奉天。为实现这一战略目标，山县决定：派在凤凰城的步兵第五师团一部由凤凰城北上，先占领连山关；在大孤山的步兵第三师团一部，先攻取岫岩。

清军在辽阳东路的主要作战部队，除宋庆诸部防守在摩天岭外，尚有依克唐阿所部镇边军。先是，依克唐阿在长甸城驻守，得悉日军攻陷凤凰城后，深恐"腹背受敌，势难兼顾，若株守一隅，恐于大局有碍"，遂于11月6日北撤至赛马集。又探悉日军已由凤凰城北犯，似欲进攻赛马集等处。这时，赛马集巡检孙伟向依建议："此地南通凤凰城一百八十里，道路平坦；东北至兴京，西北至沈阳，电线在西北正西之间；大高岭在西南一百四五十里，宋庆各军现扎岭之前后。若贼逼大高岭，山路崎岖；漫溢北窜，则赛马集最为紧要。"③依克唐阿甚以为是，随即分军在此扼要驻守。

---

① 北平故宫博物院编：《清光绪朝中日交涉史料》第23卷，1932年铅印本，第13页。
② 周馥：《周悫慎公自著年谱》（光绪二十年九月二十八日），载戚其章主编：《中日战争》第6册，中华书局，1993年，第476页。
③ 北平故宫博物院编：《清光绪朝中日交涉史料》第24卷，1932年铅印本，第2页。

这样，清军在辽阳东路便构成了一道新的防线。这道防线，西起摩天岭，东迄赛马集，长约150里。摩天岭为辽阳东路第一险要，至岭顶有40里，山势巉岩，车辆难行。有大岭、小岭二道，大岭道为通辽阳的大道，小岭道山势稍低，然需迂回近乎200里。聂士成、吕本元、孙显寅等部便利用摩天岭的险要地势，封堵日军从东路进攻辽沈的通道。依克唐阿部则驻守赛马集，以牵制日军的兵力，使其不敢以全力直扑摩天岭。同时，辽阳知州徐庆璋还发动群众组织团练，配合清军作战。至此，一场围绕辽阳东路的争夺战就此展开。

二、聂士成与摩天岭防御战

虽然日军此时主攻的方向已转向南路的金、旅地区，但对于东路清军而言，绝不意味着守备压力的减轻，且处于孤立无援的境地。驻守赛马集的依克唐阿所部镇边军，计有步骑兵共13营，虽未受大的损失，但该部均由西丹（满语幼丁之意，实即后备兵）组成，缺乏实战经验，且驻地距离摩天岭较远，也无法使用电报互为联络，难以及时策应、支援。而负责摩天岭一线守御的聂士成所部芦榆防军3营、铭军1哨，吕本元、孙显寅所部盛军步兵12营1哨、骑兵5营2哨和耿凤鸣所部新奉军步兵3营、骑兵2营，大多系由朝鲜撤回、历经两次溃败的部队，屡经折损且早已困顿不堪、难以再战；此外尚有蒋尚钧所部豫军步兵3营2哨，骑兵3哨驻守在摩天岭后路，共计步兵21营4哨，骑兵8营。兵力单薄，不敷布置，幸得辽阳知州徐庆璋组织团练，协助防守，才使摩天岭的防守稍为严密。而且摩天岭虽为险隘，但也因此不具备长期驻守的条件。不仅距离人口稠密区较远，补给困难[1]；且地处山区，此时严冬将至，"冰雪渐寒"，要在此地对日军进行持久阻击实在难上加难[2]。是以清廷上下均不看好摩天岭的坚守，从前敌统帅宋庆借口南援以避战[3]，到负责后勤事务的袁世凯、周馥将东路清

---

[1] 陈旭麓等主编：《盛宣怀档案资料 甲午中日战争（上）》第1卷，上海人民出版社，2016年，第244页。

[2] 陈旭麓等主编：《盛宣怀档案资料 甲午中日战争（上）》第1卷，上海人民出版社，2016年，第292页。

[3] 骆宝善、刘路生主编：《袁世凯全集》第3卷，河南大学出版社，2013年，第453页。

军的后勤基地由辽阳迁至距前线近200千米的新民①，再到辽阳、盛京等地百姓人心惶惶甚至很多人逃离出城，均可见一斑，辽阳东路的形势依然岌岌可危。

为打通辽阳东路的通道，驻守凤凰城的日军第十旅团长立见尚文兵分两路：一路西进连山关，以夺取辽阳东路第一险要摩天岭；一路东趋赛马集，扫荡依克唐阿军，以解除侧翼的威胁。

进攻摩天岭方向的日军支队约步骑兵600人，由步兵第二十二联队第一大队长今田唯一少佐率领，于11月9日从凤凰城出发，进犯连山关。

连山关是摩天岭的前关，其时只是一个有40余户居民的小村落，但地势险峻，易守难攻，"大高岭山脉分两枝东南行，左右拱抱，至连山关环绕三面，惟中通一线大道，为大高岭前敌重地"②。因此欲破摩天岭，必先占领连山关。

11月10日、11日，清军分别在刘家河、分水岭与日军骑兵前哨遭遇，且战且退。11日下午2时，日军骑兵突袭连山关，驻守于此的盛军马队"据守防御甚力"③。不久，日军继至，以两包火药置于地上逐次引爆，其声轰然。清军闻之，以为日军大举来援，乃向后撤退。聂士成闻警，驰救不及，乃扼守摩天岭隘路，"以巨炮当其冲，于丛林张旗帜，鸣鼓角为疑兵"④，并乘间出奇兵，或截杀，或雕剿，时出时没，步步设防，重重埋伏，使日军不敢轻犯，只好扎营于连山关。为防备日军由西南方向抄袭清军后路，聂士成以吕本元、孙显寅部盛军6营开赴西南方新开岭堵御，并对蓝花岭、八盘岭方向警戒，其余兵力退守摩天岭，与聂部互为应援。

由于此前清军的撤退行动过于迅速，为探明虚实，12—15日，日军每天向摩天岭派出少量士兵进行侦察。在侦察地形、清军部署状况及火力配置的同时，使用小股部队从多个方向对清军袭扰。严冬季节，聂士成"率队分布防剿，山高风冽，严寒入骨，各弁勇率皆战慄，手难执枪"⑤，"兵

① 骆宝善、刘路生主编：《袁世凯全集》第3卷，河南大学出版社，2013年，第452–453页。
② 姚锡光：《东方兵事纪略》，中华书局，2009年，第39页。
③《日方记载的中日战史》，载戚其章主编：《中日战争》第1册，中华书局，1993年，第252页。
④ 聂士成：《东征日记》，载戚其章主编：《中日战争》第6册，中华书局，1993年，第14页。
⑤ 顾廷龙、戴逸主编：《李鸿章全集》25 电报（五），安徽教育出版社，2008年，第147页。

弇实苦，多受病"①，然清军皆"耐寒忍饥，彻夜力战，有进无退"。

经过几天的侦察，日军支队长今田唯一少佐连续得到相同的情报：摩天岭东侧只有少量清军在活动，虽然猜测在岭西侧有清军主力驻扎，但不清楚究竟有多少人。今田认为目前的做法无法彻底探明清军的情况，为了日后的大规模进攻，需要展开"攻袭侦察"。16日清晨，今田率领支队主力由南方的大岭路（从连山关到摩天岭）向摩天岭进攻；而此前的15日午夜，北方小岭路（从下马塘到小高岭）的日军侦察小队即先与清军遭遇。

战斗打响前，为迷惑日军，聂士成将人数较多但战斗力较弱的孙显寅部布置在摩天岭与大岭路上，他本人则率领善战但人数较少的芦榆防军与团练驻守小岭路。日军果然被清军弱势的表象所迷惑，大岭路上，今田所率领的日军呈品字形互相协同作战，一路势如破竹，于9时30分即抵达摩天岭下。不料此前一路后撤的清军借助战壕工事，在两门火炮的掩护下，反而成功压制了日军。战至傍晚时分，清军营官郭学海奋勇持刀率所部冲入敌阵，卫本先在山头放炮，杀伤日军无数，清军亦有伤亡。今田认为无法继续再发动攻势，不得已令部队撤回连山关。小高岭一路的日军小队，之前担负前往北方的侦察任务，途中只遭遇到少量清军与团练武装的阻挠，便继续进军。但是聂士成早已在此处设伏，从小岭路旁的几个山谷分别出击，对日军完成包围，日军小队"死伤十之七八"，损失惨重，清军亦阵亡20余人②。此时聂士成部与孙显寅部已对连山关处的日军构成夹击之势，新败之余的日军不得不采取守势。

摩天岭之战，从战果而言只能算是小胜，但是其带来的战略意义却远大于此。日军认识到，由民兵（团练）在各山岭处负责监视，由火炮控制着两条主要道路，清军不仅能轻易地掌握日军动向，从日军无法察觉的山谷中对其进行拦截与包围；即使强攻岭头，日军也处于清军炮火的覆盖之下，会造成不小的伤亡。因此，日军不得不暂时放弃进攻摩天岭这一大路上的唯一要隘，选择在连山关一带与清军对峙③。

在西犯摩天岭的同时，立见尚文派足立武政大尉带领1个中队作为搜索

① 顾廷龙、戴逸主编：《李鸿章全集》25 电报（五），安徽教育出版社，2008年，第160页。
② 北平故宫博物院编：《清光绪朝中日交涉史料》第24卷，1932年铅印本，第18页。
③ ［日］参谋本部编纂：《明治廿七、八年日清战史》第2卷，东京印刷株式会社，1904年，第298页。

支队，进犯赛马集。依克唐阿见日军孤军深入，乃于赛马集以南高地设伏。13日，日军遭遇清军优势兵力突袭，仓促应战。双方激战3个小时，日军不敌，趁着夜色仓皇后撤，清军数百人愈加奋进，穷追不舍。行将就灭之际，日军平井信义步兵大尉率队从大西沟赶来支援，掩护足立搜索支队撤退。清军骑兵从后追击，日军退至一高地。平井据守大道东侧，令小队长柳原楠次中尉据守大道西侧，以狙击清军。然"清军骑兵猛进，突入其中间"，日军柳原楠次中尉以下14人被击毙，余者逃至马鹿甸子。

今田唯一攻占连山关后，立见尚文担心其兵力太少，难以守住关口，派遣步兵第二十二联队第二大队长安满伸爱少佐率大队增援，并命联队长富冈三造中佐亲往连山关坐镇指挥。富冈接到赛马集败绩的战报，即派步兵大尉加藤练太郎率1个中队东进，以侦察赛马集的清军动向。11月20日，加藤行抵草河岭，遭到依克唐阿军1500人的截击，双方战斗3小时，加藤无法前进，当晚退至通远堡。派快骑至连山关报告，富冈见两面受敌，而日军"在连山关谷地，蠡处此地，摩天岭三脉三面围绕，一径平路，才通东，三面不可置兵"，颇不利于防守，便于23日只留少数兵力驻扎，将联队主力撤至草河口，以扼东西两路之咽喉，并切断聂、依两军的联系①。

但是富冈三造的目的并没有达到，依、聂两军还是及时取得了联系，并相约夹攻连山关、草河口②。清廷由于在西路战败，旅顺沦陷，迫切希望能在东路打开局面，借此制造出反攻的机会，批准了这一作战计划③。而此前清军在摩天岭、赛马集一线的防御，有力地阻击了东路日军北进，尤其是赛马集附近依克唐阿军机动灵活、避实就虚的战术，对日军右翼造成严重威胁。立见尚文深感必须首先肃清赛马集方向的依军，解除旁顾之忧，方能专意对付摩天岭之聂军。立见的这一意见得到了日第一军司令官山县有朋的认可。11月23日，日军集中3路大军向赛马集展开攻击：东路为西岛助义大佐率领的第九旅团第十一联队约700人，由九连城出发，首先"击退宽甸近旁清军，更转向赛马集"④；中路为第十旅团长立见尚文亲自率领

①［日］桥本海关：《清日战争实记》，吉辰校注，山东画报出版社，2017年，第169页。
② 北平故宫博物院编：《清光绪朝中日交涉史料》第24卷，1932年铅印本，第30页。
③ 北平故宫博物院编：《清光绪朝中日交涉史料》第24卷，1932年铅印本，第35页。
④［日］桥本海关：《清日战争实记》，吉辰校注，山东画报出版社，2017年，第170页。

的右纵队约2000人，由凤凰城启程北进；西路为步兵第二十二联队长富冈三造率领的左纵队约700人，同时指挥草河口守备队700余人，对草河城和连山关两个方向的清军进行监视。受到愈加恶劣的自然环境和日益困难的前线补给的影响，双方决心速战速决，都几乎投入了所有可用之兵，希望突破目前僵持不下的局面。

然而不待日军发起攻击，清军却先发制人。11月23日，聂士成以守摩天岭等功奉上谕，特授直隶提督。自东征以来，叶志超、卫汝贵等统帅被撤职查办，许多将领也被参革职，独聂士成以骁勇善战而得升擢，聂士成深感"天恩高厚，时世艰难，不觉感泣"①。恰在此时，侦知连山关日军有撤离迹象，聂士成决定乘机一举收复连山关，为出击草河口扫清障碍。24日夜，聂士成在连山关北面的四面城召集孙显寅、吕本元、耿凤鸣等各部将领会议。聂士成慷慨陈词："我曹不力战，步叶曙卿（志超）、卫达三（汝贵）后矣。"诸将皆感激奋发②。25日凌晨，聂士成令部将江永林先拒住隘口以便合围接应，亲率数百骑直捣连山关敌巢。"时敌在梦中惊觉，不知我兵多寡"，暗夜之中，双方排枪互击，"战至凌晨，虽枪毙之贼甚多，而倭寇仍不知退"，聂士成复令夏青云、江永林率步、骑兵围剿，日军死伤数十名，余者夺路向分水岭奔逃，清军遂夺回连山关。天明时分，盛军队伍纷纷继至，于是合军急进，进逼分水岭日军③。

克复连山关，是中日甲午战争中清军第一次收复失地，时掌吉林将军长顺书记的顾云评之曰："自日军入境，我挫失相寻，失而复得，仅是役耳。"④聂士成因之倍受时人赞誉，称其"数月以来贼踪竟不能越大高岭一步"，"奉天全境专赖该提督一人抵御，可为长城"⑤；"中外皆钦其名"⑥。虽不无夸张，但确实凸显了聂士成在摩天岭防御战中的突出作用。

---

① 聂士成：《东征日记》，载戚其章主编：《中日战争》第6册，中华书局，1993年，第14页。

② 曹和济：《津门奉使纪闻》，载中国史学会主编：《中日战争》第1册，上海人民出版社，1957年，第156页。

③ 北平故宫博物院编：《清光绪朝中日交涉史料》第24卷，1932年铅印本，第45页。

④ 顾云：《辽阳见闻录》，载戚其章主编：《中日战争》第6册，中华书局，1993年，第338-339页。

⑤ 北平故宫博物院编：《清光绪朝中日交涉史料》第31卷，1932年铅印本，第37页。

⑥ 费行简：《近代名人小传》，台湾文海出版社，1967年，第375页。

大英图书馆藏《日清战争版画集》中的连山关大捷图

三、依克唐阿与草河岭、白水寺之战

在清军顺利夺回连山关后，依克唐阿催促聂士成立即向草河口方向进发，一同夹击此地日军的同时，化解依军被3路日军围困的危险处境。11月25日，聂士城所部清军步、骑兵共约2000名、大炮2门，由西面的连山关向分水岭前进；依克唐阿率步兵4000余人、骑兵1000余骑、大炮6门，自东面的草河城来攻。两军左右夹击草河口之敌。

富冈三造见清军东西两路来攻，当即下令进行战斗准备。时日军集结在草河口的总兵力为步兵6个中队、骑兵3个中队及大炮4门。富冈命安满伸爱少佐率第二大队，配以2门大炮，扼守草河口东方的坡路，以抵挡依克唐阿军；今田唯一少佐率第一大队2个中队，配以大炮2门，防守分水岭，以抵挡聂士成军；富冈本人率其余兵力为预备队，并亲自指挥东路的战斗。日军兵力本来就不多，经这样一分散，处境愈加不利。

是日10时30分，聂、依两军几乎同时向日军发起进攻。与以往不同的是，清军"似不使用其惯用的防御手段，而以攻势的姿态前进"。一时间，东西两面"枪炮环施，子如雨注"，数十里外"如迅雷疾发，终日不止"。在主战场草河岭一带，山路崎岖，三面受敌，但依军将士无不奋勇直前。步队统领寿山率部"绕山越涧，披荆力战"；马队统领永山"亦令各将士下马步行，分道猛进"。依克唐阿亲临山顶指挥，"见寿山、永山在南路山脊冲锋陷阵，弋什哈伤亡几尽，犹统率所部猛攻；富保、德恒、恩海等俱各奋力直前；廖源带队争抢贼炮，伤勇四名"[1]。12时至15时，战斗最为激烈，草河口附近日军纷纷赶来增援，而清军依然"奋勇前进，攀岩石，冒弹雨"，向日军冲锋[2]，一度进攻至日军前沿400米处。激战中，日军"炮兵大尉池田纲平被伤，中尉关谷豁代之，以指挥炮兵，亦被伤"，"大尉斋藤正起以一小队自左方而进，与清国马队遇，奋战死之"。但日军近距离发射的榴霰弹，也给清军造成较大杀伤，无法继续发动攻势。黄昏时分，天降大雪，咫尺不辨，聂士成见已达到牵制日军的目的，令部队撤回连山关，而依克唐阿军依然坚守在阵地上。是夜，"朔风凛凛，寒威如剪"，连枪栓也为之"冰结"[3]，不得已，依克唐阿也下令撤离战场，向白水寺撤退。

是战，日军共死伤42人，清军仅10余人阵亡，取得小胜。辽阳知州徐庆璋评之曰："有此一胜，稍振军威。"[4]但清军以3倍于敌的优势兵力却未能一鼓作气歼灭此股日军，其攻坚能力和联合作战指挥亟待加强。

11月26日，立见尚文率日军右纵队由凤凰城出发，向赛马集进军。尽管收到富冈于草河岭苦战的急电，又得悉清军主力已由赛马集转移至草河城的情报，立见尚文却依然固执地坚持原定计划，要求各路日军按时对赛马集发动进攻。11月29日，日军右纵队与东路日军几乎同时抵达赛马集，却发现扑了个空。适在此时，突有飞骑来报：富冈左纵队的辎重队在草河城附近被清军袭击，死伤8人。立见尚文才清醒地意识到清军确实在自己的反方向，只得令连日在冰天雪地的山地行军、饱受疲劳与冻伤之苦的右纵队，在没有任何休整情况下，立即由赛马集赶赴草河城增援。

原来就在其他两路日军向赛马集进军时，计划参与合围的富冈左纵队

① 北平故宫博物院编：《清光绪朝中日交涉史料》第26卷，1932年铅印本，第18页。

② 《日清战争实记选译 辽东之役》第14编，载戚其章主编：《中日战争》第8册，中华书局，1994年，第304页。

③ ［日］桥本海关：《清日战争实记》，吉辰校注，山东画报出版社，2017年，第170页。

④ 徐庆璋：《辽阳防守日记》，载中国科学院近代史研究所近代史资料编辑组编：《近代史资料》1962年第3期，中华书局，1962年，第6页。

《伦敦新闻画报》中的清军战斗图

却由于降雪原因，辎重队迟迟未到，不得不一直在草河口逗留，直至11月29日才向草河城前进。依克唐阿闻讯，率部在草河城西阻击日军。依克唐阿吸取此前战斗教训，并认真研究了日军战术，当日军开始炮击后，即向其炮兵阵地进行包围；同时在援军抵达后，立即向日军两翼运动，意图切断其后路。日军不得不绕道南侧峡谷撤退至草河岭。守备草河口的今田大队，亦同时遭到清军前后夹击，与左纵队失去联系。

此时依克唐阿认为正面日军已被击败，正是反击的良机，乃沿草河向北进发，试图绕过草河岭设法联络聂士成，再次进攻草河口。然而令他没有想到的是，日军主力部队却突然出现在其后方。

11月29日晚，立见尚文率领日军右纵队到达草河城，并联络退守草河岭的富冈左纵队，相约翌日一同对依军发动进攻。11月30日，探悉清军在白水寺，立见乃以左纵队早发草河岭，经黄岭子进逼白水寺。自率右纵队主力由草河城向白水寺进军，于午后到达头坎河附近。清军虽遭遇突袭，却并不慌乱，亦不株守一隅，而是充分发挥熟悉地形的优势，灵活地避开日军的夹击包围，且战且向东北方向退却。黄昏时分，清军步、骑兵1300余人退至崔家房北山脚下，日军友安治延中佐以骑兵追击。危急时刻，担任掩护的清军突然出现在距敌700米远的高地上，以最密集猛烈的火力射向日军。暮色渐渐笼罩雪野，日军不敢盲目追击，清军乃趁暗夜向本溪湖撤退[①]。

经此一战，日军并未实现驱逐赛马集、草河口一带清军的目的，聂士

---

① ［日］参谋本部编纂：《明治廿七、八年日清战史》第2卷，东京印刷株式会社，1904年，第161页。

成部与依克唐阿部的两翼夹击反而给日军造成严重威胁。为避免被各个击破的危险，立见尚文决定收缩防线，回守凤凰城。

就在日军回到凤凰城当天，12月5日，聂士成"挑选精锐千余，分作三队，进伏分水岭旁，突出奋击。敌军不支，弃岭而逃，追杀至草河口"[1]。于是，聂士成命总兵夏青云率马队进扎分水岭，总兵耿凤鸣率新奉军扎连山关，总兵吕本元、孙显寅统盛军扎甜水站，记名提督江自康率仁字营扎老虎岭，营官聂鹏程、沈增甲各带本营扎齐家崴。这样，辽阳东路的布置更为严密（表1-1）。

表1-1　1894年11月末辽阳东路清军兵力一览表

地名	指挥官	军队名称	营数								合计
			步兵		骑兵		炮兵		小计		
			营	哨	营	哨	营	哨	营	哨	
摩天岭附近	总兵聂士成	牙山军	3						3		39营
		铭字军			1				1		
	总兵吕本元 总兵孙显寅	盛字军	12	1	5	2			17	3	
	总兵耿凤鸣	新奉军	3						3		
		新募	3		2				5		
	蒋尚钧	豫军精锐营	3	2			3		4		
	吉林将军长顺管辖	吉林靖边军	5					2	5	2	
北分水岭附近	将军依克唐阿	侍卫寿山 侍卫德凯 敌忾军	10						10		41营
		镇边军	4		9				13		
	额色讷	齐字新军			3				3		
	尹嘉叙	靖远新军	5		4				9		
	乌尔杭阿	齐字练军	4		2				6		

[1] 聂士成：《东征日记》，载戚其章主编：《中日战争》第6册，中华书局，1993年，第15页。

续表

地名	指挥官	军队名称	营 数								合计
			步兵		骑兵		炮兵		小计		
			营	哨	营	哨	营	哨	营	哨	
通化怀仁附近	道台张锡銮	新奉军	3						3		9营
	侍卫倭恒额	齐字练军	4		2				6		
本溪湖附近	不 明	新奉军	2						2		2营
碱厂附近	副都统奕霭	边 防	3						3		3营

资料来源：[日] 参谋本部编纂：《明治廿七、八年日清战史》第2卷，东京印刷株式会社，1904年，附录44。

辽阳东路争夺战持续3个多月，日军受阻于摩天岭，由东路进犯辽沈的计划遭到失败，被迫放弃攻势而转为守势。而清军反攻凤凰城的行动也没有成功。1895年2月8日，李鸿章不顾宋庆等人反对，以畿辅吃紧，"急需大枝游击之师，非速饬聂士成回直整顿不可"，谕聂士成"即日拔队进关"[①]。12日，聂士成率所部启程入关，清廷以按察使陈湜率福寿军10营接替聂士成填扎摩天岭。此后，清日双方均无力再发动大规模攻势，对峙一直持续到战争结束。日第十旅团长立见尚文驻守凤凰城，坐困愁城，抑郁不已，作诗抒怀曰：

> 留守凤城四阅月，每闻战捷剑空鸣。
> 难忍功名争竞念，梦魂一夜屠清京[②]。

进战失利，懊恼万分，只能向梦中寻求慰藉了。

四、胜败之因

清军在辽阳东路局部战场，胜多败少，几乎成为中日甲午战争整个陆

[①] 顾廷龙、戴逸主编：《李鸿章全集》26 电报（六），安徽教育出版社，2008年，第40页。
[②] 查屏球编著：《甲午日本汉诗选录》下卷，凤凰出版社，2017年，第864页。

上战场唯一的亮点。形成这样局面的原因，首先是双方统帅指挥能力的差异。

日军方面，由于前线指挥官立尚见文的战略误判与拙劣指挥，在决定战局走向的草河口、草河岭之战中，立见忽视有意义的情报，固执原有作战计划，使得两路日军在翻山越岭后却扑向一座空城，而不是当机立断地对作战目标进行调整。虽然最后占领了清军后方白水寺，但战术上的胜利并不能弥补战略上的失败，此时日军已是强弩之末，不得不选择撤退。

反观清军，统帅依克唐阿对于情报的把握能力强，能够适时调整作战策略，依靠主动进攻，避实击虚，调动并消耗日军。日军对依克唐阿高超的指挥艺术亦赞叹有加。据日方的总结，依克唐阿这种战法的特点有三：其一，在运动中"避众击寡是他的唯一战法，我军侦察队为此而三次受到敌军袭击"；其二，"实行完全的攻势运动"，"他们在草河口战斗中从前后夹击我军"；其三，"神出鬼没，进退灵活"，"在宽甸城、赛马集附近收容各部队，派出后卫有秩序地后撤；在崔家房战斗中，派出千余骑兵殿后，以掩护作战，而主力在数天前就离开了白水寺"，并称赞依军"漂亮地实行了上述三种运动"①。

相比依克唐阿，与世人赞誉相反的是，清军另一位指挥官聂士成很少主动发起进攻，与依克唐阿一同作战时也是以策应为主。这可能与聂士成本人身处的环境有关。虽然早在鸭绿江之战前，聂士成就已经接替卫汝贵掌管盛军，然而实际负责管理的仍是盛军统领孙显寅、吕本元等人。直至反攻连山关前，聂士成才被拔擢为直隶提督，位居两人之上。盛军人数在大高岭守军中最多，却不敢战也不善战；聂士成的直系芦榆防军人数很少，纵使本人的地位得到提升，但在实际指挥中，特别是进攻作战中难免会被掣肘。聂士成本人或许敢战，但形势迫使他不得不小心谨慎。以防守摩天岭为主，谨慎选择出击，避免因失利遭受物议，重蹈其前任叶志超的覆辙。这固然导致聂士成部无法与依克唐阿部有效配合，浪费了清军战略优势的局面，失去了击败东路日军并收复失地的可能，但也避免了因草率进攻而可能产生的不利局面，确保了辽沈东大门不失，使得西路主战场的

① 《日清战事实记选译　辽东之役》第14编，载戚其章主编：《中日战争》第8册，中华书局，1994年，第308-309页。

清军免于后顾之忧。

其次是后勤保障的影响。

辽东之战时正值严冬，且日军是身处异国作战，相较清军自然面临更多的困难。加之辽阳东路道路崎岖，造成日军后勤补给十分困难，许多时候只能保障武器弹药以及最基本的粮食供给。主食没有精制的大米，只有所谓"支那米"与"朝鲜米"之类的粗饭，副食只有梅干这类便于保存的腌制物。缺少可口的食物会令军队士气低落，而军靴供给的缺乏，则直接对身体健康产生不利影响。日军士兵不得不扔掉早已磨破的靴子，改穿自己编制的草鞋，这使得连续几日在山区的雪地、激流中行军后，穿着草鞋、缺少棉服与棉帽的日军冻伤人数达到"十居八九"①。据日方记载：仅12月2日，日军步兵第二十二联队冻伤者即达155名，其中丧失战斗力者达10%；步兵第十二联队冻伤者达300名，其中150名"全休"②，完全丧失战斗力；进攻崔家房及李家铺子战斗中，日军仅1个中队就有八九十名冻伤者，比起因作战而伤亡的人数还要多，严重妨碍了进一步作战任务的展开。

反观清军的后勤保障则要好很多。早在战前，周馥即在摩天岭后方的甜水站等处设置了兵站，囤积了大批粮饷弹药。根据1894年11月中旬的统计，甜水站存有子弹25万发，大小米200余石，米面230余石；货郎沟存有子弹55万发，大小米200余石；亮甲山存米200石。3个前敌兵站总计存粮800余石，子弹70余万发，"一经提用，均可朝发夕至"。12月31日，为褒奖聂士成收复连山关之功，清廷一次就赏银1万两，并拨付皮衣、皮袜、手套等御寒衣物，其中仅皮衣即达5500件③。清军伤病员也得到了妥善救治，根据12月7日的电报，在新民医局接受医官金大廷等人治疗的聂士成部伤病员有47人，孙显寅、吕本元部伤病员有120人④。所有这些，对保持前线清军士气，坚持在严冬和山区作战均发挥了积极作用。

第三是民众的人心向背。

---

① 《日方记载的中日战史》，载戚其章主编：《中日战争》第1册，中华书局，1993年，第253页。

② ［日］参谋本部编纂：《明治廿七、八年日清战史》第2卷，东京印刷株式会社，1904年，第457页。

③ 陈旭麓等主编：《甲午中日战争》（上），上海人民出版社，1980年，第276–309页。

④ 骆宝善、刘路生主编：《袁世凯全集》第3卷，河南大学出版社，2013年，第466页。

　　日本军事力量强大，在与清军的正面对决中往往能占得上风，但作为侵略者，它难以获得中国民众的支持。因此当日军越过鸭绿江后，在辽东大地就出现了两条抗日战线：一条战线是清朝正规军，他们面对日军进攻，鲜有胜绩，屡屡丧师失地；另一条战线是各地民团，他们凭借熟悉地理的优势，采取游击战术，往往令日军防不胜防。

　　民团，又称团练、乡团，是东北民间地方武装组织。它产生于清末，"光绪中叶地方不靖，大吏令各州县办理团练"。组织民团的目的在于防范土匪的骚扰与掠夺，它以村落为单位，"按户抽丁，联村各举练长领之"，练长多为当地较有名望的乡绅①。中日甲午战争爆发后，面对日本侵略者的烧杀淫掠，各地民团出于保卫乡土的朴素感情，纷纷行动起来，成为抵抗侵略的生力军。一时之间，"辽阳、凤（城）、岫（岩）、海（城）、新（民）交界周围七八百里，无民不团，据称有三十万人"②。

　　较早认识到民团力量的是辽阳知州徐庆璋。为了把民团组织起来，协同作战，徐庆璋"令四乡各举团长，给以谕帖，使之制备器械，操演步伐，分路侦探防守，以兵法部署之"③。在他的倡导下，辽阳地区兴办起许多民团，"凤（城）、岫（岩）、辽（阳）民七八万，皆唯璋令是听，大为可用"④。据盛京将军裕禄奏报："宽（甸）、凤（城）交界一带有宫意如、王咸基、蒋天福、陈国恩等团练；辽阳界有谢永恩、徐珍、程克昌、魁福、沈宗涟、锡寿、朱登甲等团随军助剿，可与官兵相辅，均尚称得力。"⑤依克唐阿亦称赞辽阳民团"保卫军火，抬送伤亡官兵"，"在草河岭各战，后路深资其力"⑥。

　　辽阳民团并非"株守待攻"，消极防御，而是"以攻为守"，积极出战。在聂士成和依克唐阿两军与日军在摩天岭等地激战之时，徐庆璋"恐

　　① 王树楠、吴廷燮、金毓黻等纂：《奉天通志》卷一百七十二军备志，东北文史丛书编辑委员会，1983年影印本，第4013页。
　　② 王彦威、王亮辑编：《清季外交史料》5，湖南师范大学出版社，2015年，第2171页。
　　③ 徐庆璋：《辽阳防守记》，载广雅出版有限公司编辑部编：《甲午中日战争文学集》，台湾广雅出版有限公司，1982年，第642页。
　　④ 徐庆璋：《辽阳防守日记》，载中国科学院近代史研究所近代史资料编辑组编：《近代史资料》1962年第3期，中华书局，1962年，第8页。
　　⑤ 北平故宫博物院编：《清光绪朝中日交涉史料》第27卷，1932年铅印本，第1页。
　　⑥ 戚其章主编：《中日战争》第1册，中华书局，1989年，第409—410页。

前敌兵单，曾饬大高岭一带民团往助"。他们采取游击战术，"昼张旗帜，夜燃火把，出没往来，虚实兼用"，"林烟石火"，到处伏击日军①，"大小高岭一带，民团万余，迭次与贼接仗获胜"②，夺回连山关"半借团练之力"③，为清军辽阳东路防御战的胜利发挥了巨大作用。

在怀仁、宽甸等地，民团的活动亦十分活跃。自凤凰城、安东失陷后，署凤凰厅同知章樾退守东边一带，以失守城池而被朝廷革职，愧愤不已，"力图恢复"，于是邀怀仁县举人江焕章等劝办团练，共成立仁、义、礼、智、信、温、良、恭、俭、让10团，"每团一二千人不等，筹备枪械，挑成堪以打仗炮手四千余人"，以韩玉琛、楚文彦、傅彩等统带各团。面对日本的侵略暴行，各团练"壮夫老弱，死战不降"④，"迭次与贼接仗获胜，时届严寒，该团练等日夜守剿，奋不顾身"⑤。与此同时，署理东边道张锡銮也积极整顿军队，汰弱募新，将怀仁、宽甸、通化等地的巡防营整编为定边军10营，聘天津武备学生商德正为总教习，又从盛京运来毛瑟枪800支，一时军容颇盛。

1895年2月26日，张锡銮、章樾为配合清军反攻海城，以官军、团练合力进袭宽甸，一举收复宽甸县城，共杀伤日军32人，其中少尉1名，通译官1名，军曹6名，士兵24名；"生擒倭领队贼目广甚田吉1名，夺获枪械、子母、衣物多件"⑥。3月1日，清军和民团再度协作，力克长甸城，击毙日军70余人。清军乘胜追击，进攻金厂、长冈。日军力不能支，于14日夜弃金厂，潜渡嫒河退回九连城。至是，清军收复宽甸全境。

收复宽甸、长甸战斗的胜利，是中日甲午战争中敌后军民联合作战的一次成功战例，体现了本溪人民保家卫国、反抗侵略的坚定意志和强大力量。

---

① 裴焕星修，白永贞纂：《辽阳县志》卷二十一兵事志，1928年铅印本。
② 徐庆璋：《辽阳防守日记》，载中国科学院近代史研究所近代史资料编辑组编：《近代史资料》1962年第3期，中华书局，1962年，第4页。
③ 徐庆璋：《辽阳防守日记》，载中国科学院近代史研究所近代史资料编辑组编：《近代史资料》1962年第3期，中华书局，1962年，第6页。
④ 王彦威、王亮辑编：《清季外交史料》5，湖南师范大学出版社，2015年，第2120页。
⑤ 徐庆璋：《辽阳防守日记》，载中国科学院近代史研究所近代史资料编辑组编：《近代史资料》1962年第3期，中华书局，1962年，第4页。
⑥ 北平故宫博物院编：《清光绪朝中日交涉史料》第36卷，1932年铅印本，第4页。

第三节　义和团运动和忠义军抗俄斗争

一、反洋教斗争与义和团运动

大炮、洋货和宗教，是帝国主义侵略中国的三大工具。鸦片战争后，随着帝国主义侵略的日益加深，作为西方意识形态载体的基督教也在中国广泛传播开来。大批传教士以胜利者的姿态来到中国，购置土地，建造教堂，发展信众。在这些传教士中，固然不乏虔诚、正直、以宗教事业为己任者，对传播西方先进文化与科学，启迪民智发挥了积极作用；但更多的则是披着宗教外衣的帝国主义分子，他们充当帝国主义侵略中国的别动队和急先锋，深入中国城乡，刺探中国情报，贩卖殖民黑货，起到了那些荷枪实弹的侵略者难以发挥的作用。

1894年中日甲午战争后，帝国主义列强掀起瓜分中国东北的狂潮，基督教三大教派——天主教、耶稣教和东正教势力纷至沓来，"奉省天主、耶苏（稣）两项教堂几遍乡曲"①。1898年，天主教在怀仁县城租寓民房传教，司铎为华人白云中。1899年，耶稣教在本溪湖设立讲书堂，持事为华人张纯三。基督教由是在本溪地区传播开来。

基督教的迅速扩张，引起了本溪官民的强烈抵制。

首先，基督教教义"崇上帝，辟多神，信灵魂，斥俑塑。惟神权严重，有阶级肃厉之仪，鲜平等自由之习"②，这与中国忠孝亲仁、重视人伦道德的传统价值观相悖。

其次，基督教的早期信众本多为弱势人群，"初以柔弱之徒，受欺凌于社会，乃入其教以资庇护"，入教后却"不特不肯行善，而反作奸犯科"，往往倚仗教会势力，讹诈钱财，欺凌弱小，"横行乡里，久已习为故"③，严重侵害了民众的利益。

第三，基督教的扩张也给官府治理带来困扰。一方面，教民"常其自

---

① 台湾"中央研究院"近代史研究所编：《教务教案档》第6辑，1980年，第1970页。
② 侯锡爵修，罗明述纂：《桓仁县志》卷十三宗教志，1930年抄本。
③ 常荷禄修，赵国栋纂：《重修桓仁县志》下卷，第七章政治志，1937年铅印本，第84页。

处以同化外，故稽查户口岂独主教者所不愿，抑亦入教者多不甘"[1]，不服从政府的日常管理。另一方面，地方官遇有民教间的纠纷，本可秉公审断，"俾善良者不致屈抑，而刁顽者无所籍口"，但教民一经犯法，"当即勾窜教士以为庇护"，地方官往往囿于传教士的法外治权，"恐酿巨案，无不委曲求全，殉情完结"，致使民人"冤苦难伸"[2]，司法的独立性和公正性受到严重损害。

教会与部分教民的种种不法行为，激发了本溪人民反洋教的情绪，民教矛盾日趋激化，终于酿成了大规模的民教冲突。

怀仁县天主教会自设教以来，教民以修造教堂的名义到处讹诈，不到半年时间即聚敛白银达738两，"名曰修堂，显系索贿"。司铎白云中亦从中分肥，仅教民詹文化就"献纳"白银147两。1899年初，怀仁团会首领牟会清等带领乡民将屡次讹诈的教民吕应宾、钱宝善等人"绑缚送县"，并包围教堂。怀仁知县王士熙闻讯，当即带人前往"弹压乡民"，将司铎白云中等带至县署问询，并派兵房协同教民看管教堂房屋器皿，以防民众捣毁。经过"迭次堂讯，而民教争执无已"，王士熙深恐"拖累日久，则结怨愈深"，乃于4月8日由县衙发银400两"赔补"乡民，将被捕教民释放了事。次日，白云中即灰溜溜地返回了盛京[3]。

更大的民教冲突发生在兴京厅旺清门。旺清门天主教堂教民张祥太、周宝亭等人"按界讹诈"怀仁县北部花户钱财，得钱达数万吊。无钱可付的120多户被张祥太等"终日率多人逼要，男子不敢回家。被逼无路，齐到会上举报"。1899年2月3日，闻听天主教胡司铎将夜宿旺清门，陈兴阁、孙得功等怀仁县亲字七保与兴京厅江东界的团会首领联名具禀，欲向胡司铎控诉旺清门天主教徒讹诈花户等不法行径。不料胡司铎与教堂执事王荫桥等人听到风声，夤夜遁往新宾堡。2月4日早晨，陈兴阁等带领被讹花户及练勇数百人赶到旺清门，求见胡司铎不得，只将曾经讹诈过花户的帮闲阎凤春、韩振山等拿获，扭送怀仁县衙。教民刘显忠指使王翰甲等人砸毁教堂器皿，又与身在新宾堡的王荫桥等暗通声息，意图"刁赖"团会，治

---

① 台湾"中央研究院"近代史研究所编：《教务教案档》第6辑，1980年，第1970页。
② 台湾"中央研究院"近代史研究所编：《教务教案档》第6辑，1980年，第2025页。
③ 台湾"中央研究院"近代史研究所编：《教务教案档》第6辑，1980年，第2015-2022页。

以重罪。王荫桥当即致书兴京知县陈璋，污蔑团会要将"奉教之人尽行杀戮，焚毁教堂"，要求将其拘传讯究惩办。陈璋即派捕盗营外委鲍成禄带兵前往旺清门弹压，对教堂严加保护。2月5日，怀仁会首孙得功等率千余人复至旺清门，向鲍成禄说明昨日实情。鲍又亲到教堂调查损毁状况，于2月9日回县汇报。

2月11日和15日，天主教南满教区主教纪隆两度致书盛京将军，要求惩办怀仁会首陈兴阁。清政府再派步队哨官依兰泰、哨长峻山带队前往弹压，保护教堂，查明各会聚众情形。2月15日，王翰甲被怀仁团会拿获送案，对刘显忠指使他损坏教堂器物等罪行供认不讳。峻山、陈璋即向教堂执事王荫桥陈说案情。王荫桥"居心叵测，狡诈殊甚"，一面声称要将生事教民逐出教外，送官讯办；一面又赴省城，在主教纪隆面前添油加醋，颠倒黑白。2月19日，王翰甲、韩振山等人犯在孙得功等团会首领护送下由怀仁到案。孙得功等"意恐地方官偏袒教民，判断不公"，除将受害花户120多户一并带来，又令会众"沿路驻扎，以备接应"，倘若兴京县将其"用刑收押，必以众相抗"。陈璋见团会人多势众，"院中人已拥挤殆满，仪门、大门以外犹多观望之人，有五六百名"，不敢怠慢，立即升堂讯问。经过审理，案情逐渐明朗。陈璋深知"现在各花户受教民之害已深，各界联牌相抗，众怒难犯。若不能持平办理，各会终不甘心"，未免激起民变，一面将王翰甲等人收押，一面令孙得功等各回本牌听候传唤，并将初审结果上报盛京将军。

纪隆对兴京县的审理结果极为不满，先后派李、胡两司铎前来会商，"非情非理，任意狡执"。3月19日，纪隆由盛京亲至，向兴京县索放看管之教民张祥太等人。次日，又率同教民持枪在教堂门前，声言必须立即将张先行释放。而怀仁及旺清门被讹民众与团会数千人也"群情汹汹，势若临敌"。前来会审的兴京副都统景禄、兴京同知孙寿昌与兴京知县陈璋为避免双方矛盾再度激化，一面将张祥太释放，其余人犯仍行看管；一面亲往教堂弹压，劝退团会，并选派新募巡勇在教堂昼夜护卫。3月21日，孙寿昌与陈璋就案情同纪隆展开反复激辩，"三日舌敝唇焦"，纪隆顽固坚持必须听审，重新讯取口供。教民见有主教撑腰，也暗中串联，意图翻供。但陈璋等据理力争，"再四驳诘"，纪隆"理屈词穷"，加之怀仁团会的强大民意压力。3月23日，最终定案，双方各退一步：兴京县将看管教民均行释放，交由纪隆带回；张祥太等人讹诈未用银钱交各花户分别领回。同时，令司铎严格管束教民，不准其再借端讹诈①。

怀仁和旺清门教案，展现了怀仁团会的强大实力，令帝国主义者如鲠在喉。3月14日和4月1日，法国公使毕盛两度照会总理衙门，诬称"兴京厅归本主教及教士二人几被匪八百余人杀害，怀仁县教堂拆毁，教民十二人被团会三千人殴辱"②，要求清政府重惩怀仁团会首领陈兴阁，将兴京知县陈璋革职查办，同时解散怀仁团会，以靖地方。而清政府也认识到怀仁团会是对抗洋教势力可资利用的力量，赞其"缉捕颇称得力"，称"自近年勤练乡团以后，教民稍知敛戢。而纪主教屡以撤团为请，盖团盛则教衰，势所必至也"③。

清政府对怀仁和旺清门教案的处理，并未从根本上解决民教矛盾，民众的怒火只是暂时被压抑下来，一遇有合适的时机就会爆发。

1900年，在山东、直隶爆发了一场以农民为主体的义和团反帝爱国运动，很快席卷到辽东。义和团提出的"保国灭洋"口号，将民众对帝国主义的仇恨再度激发出来。在本溪地区，义和团发展迅速，据辽阳州给盛京将军增祺的报告称"距辽阳城东本溪湖地方，有义和团法师王永和，外号王老邦子，至渠处学义和教之人数无从知之"④。

义和团在辽东出现伊始，就将斗争的矛头指向践踏中国东北主权最为凶恶的沙俄。在其感召下，辽阳民众率先掀起收回烟台（今属灯塔县）煤矿的斗争。6月中旬，沙俄指挥各国联军攻陷大沽，清政府被迫宣战。此时，盛京城内的义和团运动空前高涨，在首领刘喜禄、张海的带领下，开始向俄国和各帝国主义讨还血债。他们还借用盛京将军增祺的名义，分檄各地"令招集神团赴省挂号，为一呼群应之谋"⑤。本溪等地的义和团众应声云集，纷纷赴盛京参战。

6月30日和7月1日上午，盛京、本溪等地的义和团众先是焚毁大东门

① 台湾"中央研究院"近代史研究所编：《教务教案档》第6辑，1980年，第1970-2014页。
② 台湾"中央研究院"近代史研究所编：《教务教案档》第6辑，1980年，第1969页。
③ 台湾"中央研究院"近代史研究所编：《教务教案档》第6辑，1980年，第1970页。
④ 《辽阳知州马俊显给盛京将军增祺的呈文》（光绪二十六年六月十五日），辽阳公署档第14096卷，辽阳市档案馆藏。
⑤ 《拳匪扰乱本境之始末》，载马俊显修，刘熙春等纂：《怀仁县志》卷七兵事志，宣统元年（1909）铅印本。

外英人耶稣教堂，又将城东南小河沿一带英国传教士司督阁开设的医院及传教士住宅付之一炬，"城内外各洋人讲书堂及俄国铁路公司，拆毁殆尽"①。最后，将攻击目标锁定在大什字街路西的法国天主教堂。

大什字街路西的法国天主教堂位于盛京城小南关天祐门外，建筑高大坚固，可同时容纳1500人，是天主教盛京总堂和最大的据点。7月1日中午，数百名义和团民向教堂发起冲锋。驻在该教堂的天主教南满教区主教纪隆自知罪孽深重，若被义和团捉去绝无生理，遂指挥教堂里的教众"各持枪炮，向外攻打"②。因为没有攻坚武器，义和团当天未能攻下教堂。7月2日，义和团再次组织300余人进攻教堂，盛京副都统晋昌也亲率清军携火炮数门前来助战。炮弹击中教堂，教堂内数处起火，义和团乘势攻至教堂前。纪隆开枪打死团民数人，义和团愤怒已极，前仆后继，奋战至深夜，将教堂全部焚毁，恶贯满盈的纪隆也被大火烧死③。

义和团在盛京燃起的熊熊反帝火炬，迅速发展成席卷辽东大地的燎原烈火。留守本溪湖等地的义和团众对本地教堂亦展开攻击，据事后辽阳州向盛京将军的报告称：辽阳四乡教堂被拆毁焚烧17处，"其堂内杂用器具一无存留"，教士人等"闻风先期走避出境"④。

义和团召集团众赴省参战的檄文传到怀仁县，民众莫不欢欣鼓舞，却遭到县令高暄阳的压制，不仅"奉檄不发"，还上书盛京将军增祺，要求严禁义和团活动，招致义和团民的极大不满。7月24日晨，义和团民20余人突然冲入县衙，"役吏等相顾愕错，皆慑伏不敢支吾"，后有卫兵及时赶到，团民方始散去。高暄阳又逮捕义和团民罗小群子，欲"杀一警众"，经官吏劝阻乃止。这让怀仁的义和团民"含忿怒甚"，联合兴京县的团民进攻

① 中国第一历史档案馆编：《光绪朝朱批奏折》第117辑，中华书局，1996年，第721页。

② 辽宁省档案馆、辽宁社会科学院历史研究所编：《东北义和团档案史料》，辽宁人民出版社，1981年，第7页，

③ 关于本溪义和团的活动，《本溪市志》第1卷："本溪地区的'义和团'组织曾两次攻打英国在本溪东关庙的天主教教堂。第一次因人少，被英教堂的德牧师用枪打散而失败。第二次与奉天教徒联合共200余人，经过激战打进英国教堂，制裁了教堂的祸首，并烧毁教堂。"此记载系根据20世纪60年代本溪老户回忆，并不准确。据考，本溪没有东关庙，其时也没有天主教堂，辽阳州更没有杀死洋人牧师的记录。根据两次攻打教堂，烧毁教堂并杀死牧师的细节看，与义和团攻打盛京法国天主教堂的史实十分吻合，故本书将此系于其下。

④ 辽宁省档案馆、辽宁社会科学院历史研究所编：《东北义和团档案史料》，辽宁人民出版社，1981年，第105-106页。

怀仁，"复扬言怀仁县有罪，上帝命赤其族，与抗者以逆论"。怀仁民众闻之，"相离一里许即匍匐相迎"。义和团将高暄阳劫持至兴京县，兴京新宾堡士绅恐高暄阳"遭意外之变"，出白银500两献与义和团，"极力代为剖白，并默为保护"。但义和团害怕高暄阳报复，"终不肯轻释"，仍将其软禁在兴京县衙中[1]。

高暄阳被劫后，怀仁县政名义上由巡检马鸿章暂摄，实际却操控在义和团首领王金镕手中。王金镕指挥团民"大肆搜掠"县署，对狱囚"喜则纵之，怒则族之"，又捣毁"华氏教堂草房五间"，"教民被毁草房九十间，被害教民大口二十九名"。"三日内杀怀民男女七百四十人"，许多无辜百姓受到株连。马鸿章不敢禁止，"诸事唯诺而已"[2]。怀仁义和团还在索东阳带领下越过县界，捣毁了宽甸县耶稣教堂和天主教堂，"其耶稣堂内，遗弃药瓶、木架、桌凳、并天主堂内所遗桌凳木器等件，均被焚毁拆砸，毫无存剩"[3]。

沙俄对中国东北觊觎已久，制定了野心勃勃的"黄俄罗斯"计划，妄图一举吞并中国东北和朝鲜，义和团运动的兴起给了它绝佳的借口。1900年7月9日，沙俄悍然发动对中国的全面战争，兵分七路入侵中国东北。广大义和团民和爱国清军虽经殊死搏斗，无奈实力悬殊，各大城市纷纷失守。9月21日，俄军占领辽阳，盛京将军增祺闻风而逃。10月1日，俄军又兵不血刃地占领盛京，整个辽东大地沦于敌手。

沙俄侵占东北各主要城市后，一面对义和团等爱国军民进行武力镇压，一面加紧对清朝官员的政治诱降。以增祺为代表的投降派被俄国吓破了胆，一改对义和团利用、扶植的态度，转而指示地方官府、团练大肆逮捕、屠戮义和团民。兴京同知接到增祺命令，"拿获数名匪目正法"，驻怀仁的义和团"闻风逃散"。9月6日，怀仁县官绅将高暄阳从兴京迎回。高暄阳逮捕义和团首领王金镕，"立诛之"，"东边拳匪自此散尽"[4]。辽阳城陷

① 《拳匪扰乱本境之始末》，载马俊显修，刘熙春等纂：《怀仁县志》卷七兵事志，宣统元年（1909）铅印本。
② 辽宁省档案馆、辽宁社会科学院历史研究所编：《东北义和团档案史料》，辽宁人民出版社，1981年，第146-149页。
③ 辽宁省档案馆、辽宁社会科学院历史研究所编：《东北义和团档案史料》，辽宁人民出版社，1981年，第113-114页。
④ 《拳匪扰乱本境之始末》，载马俊显修，刘熙春等纂：《怀仁县志》卷七兵事志，宣统元年（1909）铅印本。

后，义和团残部百余人在洪㧑一率领下向本溪地区撤退，在荒沟遭到徐珍率领的吉洞峪乡团伏击，义和团牺牲数十人，"余悉遁下马塘"。桥头的义和团杨二虎部实力较强，本溪湖乡团金廷勋、刘传琮紧急向徐珍求援，"驰至立予扫平"，"综其捕毙匪数，前后数百人"①。

二、忠义军的抗俄斗争

义和团运动失败后，各地义和团余部和抗俄义军纷纷转移至山区，坚持抗敌。这其中规模最大、坚持最久的即为刘永和领导的忠义军。

刘永和，字忠清，祖籍山东，早年与族弟刘秉和流落怀仁县，因不堪忍受官吏欺侮，逃往吉林珲春，投身绿林②。他性格直爽，枪法精绝，一次清军将领左宝贵率兵追迫甚急，刘永和猛回头怒斥："何逼人太甚，得无谓我无能乎？"③遂举枪一射，左宝贵帽子应声而落，"刘单子"的美名由是传遍辽吉。

沙俄入侵中国东北后，刘永和、刘秉和兄弟在珲春组织起一支武装，自号"忠义军"，表明了忠心不渝、抗俄到底的决心。1900年12月，刘永和兄弟率部万余人南下，欲进驻通化县城休整，补充军需，派人与知县陈璋④联系。陈璋竟杀来使，并设伏六道沟，妄图一举消灭忠义军。刘永和闻讯后怒不可遏，于12月31日攻占通化县城。1901年1月，刘永和回师海龙，与王和达、董毅敏率领的义和团余部，李贵春、栾鸿钧为首的地方团练以及杨玉麟率领的镇东军会师，正式成立辽东忠义马步全军，简称忠义军。仿照清军营制，以刘永和为总统，统领全军；刘秉和为帮统，副之；王和达、李贵春、杨玉麟等为统领，各统数营，共有众约2.5万人，号40营。

忠义军的迅速壮大，为东边道地区的抗俄斗争增添了强大力量，但也埋下了隐患。

首先，忠义军的参加阶层十分广泛，特别是游民成分（包括散兵游勇）占有很大比重。据《怀仁县志》记载："斯时以奉省军队为俄人撞散，

① 裴焕星修，白永贞纂：《辽阳县志》卷二十二警甲志，1928年铅印本。
② 关于刘永和的出身说法很多，本书取《东北人物大辞典》之说。
③ 常有瑕：《边疆叛迹全录》，载李澍田主编：《松漠纪闻 扈从东巡日录 启东录 皇华纪程 边疆叛迹》，吉林文史出版社，1986年，第357页。
④ 即前文兴京知县，此时转任通化知县。

溃卒散勇，随地皆是"，他们与忠义军"联为一气"，"拳匪余党及各处无业游民亦附焉"①。游民阶层的根本弱点，在于"他们缺乏建设性，破坏有余而建设不足，在参加革命以后，就又成为革命队伍中流寇主义和无政府思想的来源"，"其中一部分容易被反动势力所收买"②。加之刘永和"喜自诩其众"，致使一些投机分子混入队伍中，从而造成了忠义军组织上的严重不纯。

其次，忠义军是由几支抗俄义军联合组成，各部保持相当的独立性，缺乏坚强有力的领导核心。忠义军各将领虽然在"御俄寇，复国土"的目标上基本一致，但在对待清政府的态度上则有很大分歧：以刘永和为代表的一部分将领不愿与清政府彻底决裂，幻想有机会接受清廷"招抚"；而以王和达为代表的一部分将领则与清政府势不两立。这就为清政府从内部分化瓦解忠义军提供了条件。

海龙回师后，忠义军避实击虚，灵活机动，多次击退俄军围剿，使"俄军受创甚巨，以故俄军不畏中国之官兵，而畏中国之贼匪"。俄向清政府施压，海龙厅总管依凌阿察觉忠义军内部有分歧，乃向盛京将军增祺献计："欲除王党必结刘贼。"③增祺接受了依凌阿的主张，派怀仁知县张兆骏为代表，赴通化县招抚刘永和。

自忠义军占据通化县城，怀仁知县张兆骏为免重蹈覆辙，一面加紧"整顿团练，安抚地方"，一面派人携靰鞡200双、布帛200尺前往通化犒军。此后每遇刘永和遣人至怀仁县采买食物或派人拜谒，张兆骏总是"优礼相待，虚心下气，加意抚慰"④。刘永和也注意约束部队不使骚扰怀仁百姓。一次，部将孙禄、林成岱各率数百人来到长春沟、莺莺沟各处"肆行抢掠，人心惶恐"，刘永和当即派徐万峰、张桂林率军将其驱逐，是以双方关系十分融洽。接到增祺的命令，张兆骏当即"星夜驰往"通化，向刘永

---

① 《忠义军南窜纪略》，载马俊显修，刘熙春等纂：《怀仁县志》卷七兵事志，宣统元年（1909）铅印本。

② 毛泽东：《中国革命和中国共产党》（1939年12月），载中共中央文献研究室、中央档案馆编：《建党以来重要文献选编（1921-1949）》第16册，中央文献出版社，2011年，第833页。

③ 王永恩修，王春鹏纂：《海龙县志》卷十七兵事志，1937年刊本。

④ 辽宁省档案馆、辽宁省社科院历史研究所编：《忠义军抗俄斗争档案史料》，辽沈书社，1984年，第129页。

和"晓以利害，面谕投诚"①。刘永和愿意受抚，遣统领马逢春、定振东随同张兆骏至盛京谈判。刘永和要求保留40营编制，增祺允留30营，不支饷项，所需粮食"分饬通化、怀仁、海龙各属，暂行一体筹济"，驻地"南不得过怀仁界，西不得过兴京界"②。刘永和受抚心切，"欣然乐从"。不料谈判被沙俄驻奉天"总管"格罗姆勃契夫斯基侦知，谓招兵与和议不符，增祺复改令忠义军在"通化、海龙境内开矿垦荒"③，并将所有枪械"向俄官全缴，带省归官"④。计议甫定，沙俄借口议事将张兆骏、马逢春骗至营中，马逢春就戮，张兆骏被"锢之暗室"。同时，派遣柴尔必斯克和高里巴尔斯兵分三路向通化、海龙、怀仁等地进剿忠义军。增祺立即改变招抚策略，请俄军代为"剿匪"，并告示沿途各村屯"预备粮草"，接待俄军。1901年4月2日，俄军600余人经县西平顶山而来，代行怀仁县事巡检马鸿章带领士绅携牛、羊、白面、草料亲往几十里外的肇康保四道河子迎接。4月3日，俄军进驻怀仁县城，旋赴通化。事后，马鸿章得意洋洋地向增祺禀报：怀仁县"商民无惊，封狱安堵如常"⑤。其厚颜无耻，可见一斑。

面对俄军大兵压境，忠义军将领暂时放弃分歧，团结一致，避敌锋芒，攻其必救。短短十余日时间，三克新宾堡，一进老城，激战永陵，取得重大胜利。俄军损兵折将，龟缩盛京城中不出，照会增祺饬令各府县团练沿途堵截。忠义军乃乘机扩大战果，刘永和率主力北上，寻机歼敌；刘秉和坐镇通化，四出略地。以十营巡官郑兰亭驻兵怀仁，寻以定振东代之，"其党布散怀仁各保"⑥。

自张兆骏被拘，怀仁县事便由巡检马鸿章代行。其间，怀仁商民三赴

①《忠义军南窜纪略》，载马俊显修，刘熙春等纂：《怀仁县志》卷七兵事志，宣统元年（1909）铅印本。

② 辽宁省档案馆、辽宁省社科院历史研究所编：《忠义军抗俄斗争档案史料》，辽沈书社，1984年，第39页。

③ 辽宁省档案馆、辽宁省社科院历史研究所编：《忠义军抗俄斗争档案史料》，辽沈书社，1984年，第153页。

④ 辽宁省档案馆、辽宁省社科院历史研究所编：《忠义军抗俄斗争档案史料》，辽沈书社，1984年，第41页。

⑤ 辽宁省档案馆、辽宁省社科院历史研究所编：《忠义军抗俄斗争档案史料》，辽沈书社，1984年，第55-56页。

⑥ 常有猷：《边疆叛迹全录》，载李澍田主编：《松漠纪闻 扈从东巡日录 启东录 皇华纪程 边疆叛迹》，吉林文史出版社，1986年，第358页。

盛京，请求释放张兆骏，俄人均不允。马鸿章一改张兆骏对忠义军的亲善态度，致使双方关系日趋恶化。4月22日、23日，马鸿章接到西部康字各保报告，称忠义军董毅敏部二三百名，在周亲保大川将团练抬枪"搜勒一空"，又至寿康、蓄康各保逼要枪械，并向各保索银400两，"否则即入县城焚烧衙署"。当即派前哨哨官史得龙等领兵分赴西北两路，会合团练，邀击忠义军。4月25日，睦亲保练长曲柏龄率乡勇在铧尖子与董毅敏接仗，双方鏖战半日，乡勇渐渐不支，这时清军赶来应援，董毅敏不敢恋战，率部越岭而去。是役，忠义军牺牲30余人。与此同时，史得龙等在周亲保哈尔轰、大川等地与杨玉麟等部小股义军交火，忠义军牺牲六七人，被俘2人，被立即枭首，团会也有2人受伤。4月26日，俄军1500余人追击忠义军至怀仁县，马鸿章率领全体官绅将俄军迎入县城，盛情款待。4月28日，又请俄军统领校阅民团操练。俄军统领对此大加赞赏，赏洋40元[1]，勉励其竭力剿"匪"，马鸿章受宠若惊，自是更加卖力地为侵略者服务。

5月12日，忠义军与蕴和保乡团在桦皮甸子等处交战，牺牲100余人，忠义军声言"必纠众复仇"[2]。6月初，张桂林率部2000余人自海龙南下，与活动在怀仁一带的林成岱、郑兰亭诸部会师。6月8日，忠义军乘怀仁县民团四出防御，县城守御空虚之机，先使部将曹得胜率少数战士化装潜入县城，随后以精锐骑兵奔袭。马鸿章闻讯急遣兵于蚊子沟防御，被郑兰亭等杀得大败而逃。6月9日，忠义军里应外合，一举攻克怀仁县城[3]。

忠义军入城后，打开封狱，释放囚徒，在天后宫等处连续数日摆酒招待怀仁商民，商民纷纷前来祝贺，捐款捐物犒劳抗俄义军。林成岱"冠戴四品顶翎，往谒佐尉各官"[4]，于市商秋毫无犯。又分兵占据木盂子、平乐保，驱散团会。6月13日，忠义军击败王懋忠团练，占据了浑江上最大的水旱码头沙尖子，随后兵分两路：张桂林向怀仁通沟（今吉林集安）直捣王

---

① 辽宁省档案馆、辽宁省社科院历史研究所编：《忠义军抗俄斗争档案史料》，辽沈书社，1984年，第105-106页。《怀仁县志》作4000元，今从原档作40元。

② 辽宁省档案馆、辽宁省社科院历史研究所编：《忠义军抗俄斗争档案史料》，辽沈书社，1984年，第133页。

③ 辽宁省档案馆、辽宁省社科院历史研究所编：《忠义军抗俄斗争档案史料》，辽沈书社，1984年，第278页。

④ 常有暇：《边疆叛迹全录》，载李澍田主编：《松漠纪闻 扈从东巡日录 启东录 皇华纪程 边疆叛迹》，吉林文史出版社，1986年，第359页。

懋忠老巢；林成岱、郑兰亭沿浑江挥师南下，一鼓作气连克宽甸、凤城、安东，东边道标营营官周玉麟率部倒戈投诚，东边道尹荣森仓皇逃往连山关①。

忠义军势如破竹，极大地鼓舞了本溪地区民众的斗争热情，纷纷响应。在辽阳东路与兴京毗连之马家庄、韭菜峪、汤沟、平顶堡等处，俱有小股义军活动②。6月末，林成岱兵分二路：一路由周玉麟率领，南下攻掠大孤山；一路由王秉南率领，向碱厂进发，直逼永陵。兴京副都统灵熙闻之急向增祺求援："大约该贼今夜几乎到厂。似此三路齐攻，卑处僻在一隅，何能御此强贼！……飞请赶紧转调俄兵，不拘多少，星夜迅速开拔来厂，以御外侮而全大局。"③7月4日黄昏时分，忠义军600余人，身着整齐的东边道标营号衣，肩背快枪，以"三对大红旗，两对大号"④开路，一路旗帜飞扬，锣鼓喧天，大摇大摆地开进了碱厂街。在碱厂街，忠义军枪毙了负隅顽抗的商贾、会勇，将恒兴泉烧锅等4家商号"抢掠一空"，随后付之一炬，"共烧毁房四十余间"⑤。5日晨方从容向苇子峪、平顶山方向开去。清军、乡团不敢撄其锋芒，只是远远地尾随、观望，眼睁睁看着忠义军扬长而去。

忠义军的节节攻势，使增祺如芒在背，寝食难安，不得不再次施出"剿抚并用"的惯伎：一面急调各路清军堵击，并请求俄军从辽阳、盖平调马步炮队向凤城"兜剿"；一面组织汉奸、叛徒等专门从事对忠义军的诱降活动，沙俄也派哥萨克大尉马德里托夫等人坐镇怀仁县六道河子等地"招抚"忠义军。

在清政府和沙俄的威逼利诱之下，忠义军游民习气严重和组织涣散的弱点再次暴露出来，活动在怀仁、通化一带的忠义军将领张桂林、定振东

① 辽宁省档案馆、辽宁省社科院历史研究所编：《忠义军抗俄斗争档案史料》，辽沈书社，1984年，第175页。

② 辽宁省档案馆、辽宁省社科院历史研究所编：《忠义军抗俄斗争档案史料》，辽沈书社，1984年，第133页。

③ 辽宁省档案馆、辽宁省社科院历史研究所编：《忠义军抗俄斗争档案史料》，辽沈书社，1984年，第179—180页。

④ 辽宁省档案馆、辽宁省社科院历史研究所编：《忠义军抗俄斗争档案史料》，辽沈书社，1984年，第208页。

⑤ 辽宁省档案馆、辽宁省社科院历史研究所编：《忠义军抗俄斗争档案史料》，辽沈书社，1984年，第272页。

等人先后投降。7月，刘永和的副手、忠义军在辽东地区最高领导人刘秉和在怀仁县活动时不慎被太康保团练俘获，旋被俄军索去，关押在通化县衙。马德里托夫对刘秉和百般利诱，还将他的两个妻子与其关在一处，试图用亲情软化他，但刘秉和不为所动。俄军无计可施，将其杀害，头颅被俄"关东省"总督阿列克谢耶夫送往圣彼得堡，向沙皇尼古拉二世邀功请赏。

刘秉和牺牲后，怀仁的忠义军依然坚持战斗。他们偷偷越过石头峦盘岭，对助纣为虐的怀仁乡团展开激烈报复，"所过村屯悉成焦土"。在二棚甸子，忠义军与俄军和乡团展开血战，俄军调来两门大炮对忠义军阵地"连环施放"，忠义军"防身无地"①，被迫撤退。7月1日，俄军悍将米申科攻陷凤城，林成岱败走宽甸，向怀仁转移。7月8日，林成岱率部驻扎在宽、怀交界的挂牌岭，米申科军尾随而至，分路进攻。林成岱不敌，由八面威渡过浑江进入怀仁县境。是役，忠义军损失200余人、骡马100余匹并大炮2尊②。7月10日，林成岱引军再攻怀仁县城，不克，乃向通化而去③。至此，怀仁境内再无大股忠义军的活动。1901年冬，刘永和、杨玉麟先后接受清政府的"招抚"，俄军将刘永和劫持到伯力，并利用其名义瓦解忠义军，忠义军大部溃散。忠义军抗俄斗争走向失败，其余部由王和达、董毅敏率领，与吉林临江帽儿山六合拳首领杨老太太联合，继续坚持抗俄斗争。

张桂林投降后，被安置在怀仁县四平街等地，所部2000余人大部不愿归降，一哄而散，仅余500多人④。在他的劝诱下，8月20日，林成岱亦率部向马德里托夫"投诚"。

轰轰烈烈的义和团运动和忠义军抗俄斗争，在中外反动势力的联合绞杀下就此失败了，但本溪人民的反抗并没有停止，大批不甘屈服的义和团和忠义军战士散入山林，继续坚持斗争。直至1904年，本溪湖等地依然有

① 《忠义军南窜纪略》，载马俊显修，刘熙春等纂：《怀仁县志》卷七兵事志，宣统元年（1909）铅印本。

② 辽宁省档案馆、辽宁省社科院历史研究所编：《忠义军抗俄斗争档案史料》，辽沈书社，1984年，第279页。

③ 高其昌：《忠义军抗俄救国史考》，载中国人民政治协商会议辽宁省抚顺市委员会文史委员会编：《抚顺文史资料选辑》第10辑，1987年，第16页。

④ 辽宁省档案馆、辽宁省社科院历史研究所编：《忠义军抗俄斗争档案史料》，辽沈书社，1984年，第237页。

义和团、六合拳法师被通缉或逮捕的消息①。诚然，由于帝国主义和封建势力过于强大以及自身时代和阶级的局限，义和团、忠义军的失败不可避免。但正如蔡和森所言：这种失败，"乃是经济落后的中国民族之历史的必然的结果"，"这种历史的失败包含着神圣的意义"，"被侵掠者抵抗侵掠者的战争乃是神圣的战争，这种战斗虽败犹荣。"②它所体现的本溪人民反对帝国主义侵略的斗争业绩和牺牲精神将彪炳史册，成为后人珍视的瑰宝。

第四节　日俄战争及其对本溪的浩劫

一、日俄战争的爆发与辽阳外围争夺战

1904—1905年，日本和俄国为争夺中国东北和朝鲜，划分远东势力范围，在中国国土上进行了一场大规模的帝国主义之间的战争。日俄战争的起因错综复杂，追根溯源，乃是沙俄"远东政策"与日本"大陆政策"长期矛盾冲突的必然结果。

沙俄是欧洲国家，却将向东方夺取出海口作为既定国策。第二次鸦片战争期间，沙俄趁火打劫，迫使清政府割让外东北100余万平方千米的领土。1897年又乘德国强占胶州湾之机，打着"保护中国"的幌子，强占旅顺、大连。1900年更是借保护中东铁路的名义直接出兵，占领中国东北全境，事后又拒不撤军。沙皇尼古拉二世甚至声言："我们决心捍卫我们在满洲的独占势力"，"不允许外国势力以任何形式渗入满洲。"③沙俄咄咄逼人的远东政策，触犯了英美等帝国主义国家在华利益，特别是与日本产生了尖锐对立。明治维新后，日本确立了以武力征服朝鲜和中国东北，进而称霸亚洲和全世界的"大陆政策"，中日甲午战争的胜利进一步刺激了日本的扩张野心。沙俄独占东北进而染指朝鲜，对日本实现其"大陆政策"造成

---

① 黎光、张璇如：《义和团运动在东北》，吉林人民出版社，1981年，第175页。
② 蔡和森：《义和团与国民革命》，载《蔡和森文集》上卷，湖南人民出版社，1979年，第304-305页。
③ ［苏联］鲍里斯·罗曼诺夫：《俄国在满洲（1892-1906）》，陶文钊译，商务印书馆，1980年，第349页。

了严重障碍；沙俄伙同德国、法国"干涉还辽"①，更是被日本视作奇耻大辱。日本为此"卧薪尝胆"，进行了近10年的战争准备。1904年2月9日，日本联合舰队不宣而战，突袭旅顺港的俄国太平洋舰队，日俄战争就此爆发。

对这场战争，日俄事前都进行了长期筹划。日本自知国力远逊俄国，难以进行持久战，其作战方案突出一个"快"字。计划首先以海军消灭俄国太平洋舰队，夺取制海权，掩护陆军在朝鲜和辽东半岛登陆，并占领旅顺口；尔后集结兵力由两翼进攻辽阳，凭借本土距离战场近、补给便利的优势速战速决，在沙俄援兵到达前全歼俄军于辽阳、鸭绿江之间。这一计划积极主动，但具有相当的冒险性。沙俄虽然国力强于日本，但远离欧洲本土和西伯利亚铁路的运输瓶颈使俄军补给困难，短期内只能凭借远东一隅与日本举国相抗，其作战方案力求一个"稳"字。其战略意图是固守旅顺要塞，集结兵力于辽阳、海城一线，威胁日军进攻轴线侧翼，尽力拖延日军攻势，待欧洲援军赶来后再进行决战。这一计划较为稳健，但偏于保守，且缺乏海陆军的配合。日俄一攻一守，就此在辽沈大地展开了激烈厮杀。

1904年5月1日，日本陆军第一军3个师团在黑木为桢指挥下突破俄军东满支队的鸭绿江防线，攻占九连城。俄军陆军统帅库罗帕特金向来不主张在鸭绿江流域与日军决战，乃命令东满支队放弃凤凰城，退入本溪地区摩天岭、北分水岭一线构筑防线。俄军退守山区令日军颇感压力，为策应第一军攻势，日军不得不再度派出川村景明所部第十师团于大孤山一线登陆。应当说，俄军此前虽然在鸭绿江一线屡战屡败，却以不足2万兵力成功牵制了日军4个师团的庞大兵力，在战略上并不被动，只要按照原定计划集结重兵于辽阳一线，仍有机会重创在辽东半岛登陆的日军，转败为胜。

然而此时俄军统帅之间却发生了意见分歧。远东总督阿列克谢耶夫为确保旅顺要塞安全，擅自将库罗帕特金集结于辽阳的18个营调往营口方向，只余不足3万兵力分驻鞍山、辽阳、盛京等地。库罗帕特金不敢轻举妄

---

① 中日甲午战争后，中日签订《马关条约》，清政府被迫割让辽东半岛给日本。俄国以辽东半岛为俄国势力范围，联合德国、法国以武力迫使日本将辽东半岛"归还"给中国。日本被迫放弃辽东半岛，但向清政府索要了"赎辽费"白银3000万两。

动，眼睁睁地看着由
奥保巩指挥的日本陆
军第二军在貔子窝登
陆。5月26—27日，
日军连克金州、大
连，兵临旅顺城下。
作为沙俄经略中国东
北的重心，旅顺不容
有失，阿列克谢耶夫
和尼古拉二世接连命
令库罗帕特金全力救

日第一军司令黑木为祯（持望远镜者）及幕僚人员站在摩天岭上观察日俄两军交战状况

援旅顺。在按兵不动和全力驰援之间，库罗帕特金作出了最为糟糕的决策：只以西伯利亚第一军32个营南下，其余依旧留守辽阳，这就使俄军在两个方向上兵力都处于劣势。日军闻讯，除以新组建的第三军围攻旅顺外，以第二军3个师团北上迎战俄军；另以第十师团进攻岫岩和海城，第一军进攻摩天岭、北分水岭一线，进逼辽阳，以牵制俄军南下。6月中下旬，日军各部开始向辽阳运动，在大山岩主持的日本满洲军总司令部统一指挥下，准备同俄军在辽阳展开决战。

日第一军自占领凤凰城后，"伸其右翼于怀仁，蠹其中坚于连山关，延其左翼与大孤山上陆军联络，威压辽阳、奉天之侧面，有盘马弯弓持满待发之势"[①]。6月11日，日军吉田支队与俄军东西伯利亚第十五团在宽、怀交界的砍椽岭发生接触战，俄军3死2伤，1人被俘。12日，日军经挂牌岭进攻俄军及"花膀子队"600余人驻守的六道河子，交战约一刻时，俄军溃走，日军占领怀仁县城[②]。

6月23日，日第一军分路向俄军驻守的摩天岭、北分水岭一线挺进。俄军新败之余，士无战心。27日，俄军放弃拥有完备防御工事的分水岭向辽阳方向退却。向摩天岭方向前进之日军于29日不费一枪一弹即占领了分水岭、连山关，并派遣侦察中队向摩天岭方向侦察。在摩天岭附近，日侦察

---

① 《日俄战纪·摩天岭北分水岭之役》，载《新民丛报》第50号，第97页。
② ［日］宫部力次编：《日露战史大全》上卷，博信馆，1905年，第596页。

中队遭遇俄军阻击，双方接战约1小时，俄军后撤，日军占领摩天岭主峰制高点，与占据西方高地的俄军对峙，另一部日军亦占据小高岭。30日，摩天岭附近俄军悉数退往西方塔湾方向。7月1日，日军进占摩天岭、新开岭及下马塘一线，前哨进至摩天岭西北麓李家堡子。向北分水岭方向前进之日军亦于27日在六道沟击退俄军骑兵，占据六道沟、草河岭一线，赛马集附近的俄军步骑5000余人大部退至本溪湖，小部退至四方砬子，在山嘴子之俄军亦退至桥头。29日，日军占据北分水岭，并在岭北击溃俄国骑兵一部。至此，日军几乎不费吹灰之力即占据了摩天岭、北分水岭一线山地险要。

摩天岭，清时称大高岭，是凤凰城通向辽阳大路中的第一要隘。其地势东陡西缓，地形逼仄，大部队展开不易，在山顶选择适当阵地布设炮兵，可防御数倍于己的优势之敌进攻，可谓一夫当关，万夫莫开。中日甲午战争时，聂士成部能够抵御日军进攻数月，实赖此地利多矣。轻易丧失摩天岭天险，使辽阳东南门户洞开，俄军自不甘心，东满支队司令官克列尔乃集中东西伯利亚狙击步兵第三军十团、二十四团各1个营以及二十二团1个连，分3路袭击大高岭、小高岭和新开岭，意图乘日军立足未稳，夺回摩天岭一线阵地。

7月4日晨4时，浓雾四塞，咫尺不辨。俄军1个连由塔湾奔袭日军第二师团第三十联队设在李家堡子的前哨阵地。日军前哨分队且战且退，俄军"自北面山地进围日军"[1]，日军由南面山地突围，撤至大关帝庙（今磐龙寺）以西防线。日军前哨中队闻警赶来增援，与侵入阵地的俄军2个连白刃相搏，寡不敌众，乃退据大关帝庙北方密林，俄军亦原地休整。4时50分，日军前哨本队的1个中队自摩天岭驰援而至，与前哨中队并力攻击，俄军不支退却，其向小高岭、新开岭逆袭者亦被日军击退，败回塔湾方向。日军乘势追击，直至金家嘴子俄军阵地乃止。是役，日军"死十五名，伤四十名，内中武弁一员"[2]；俄军"将校九名，士卒二百名俱阵亡"[3]。

俄军在突袭摩天岭的同时，亦向北分水岭一线发起反攻。4日，俄军马

---

[1]《摩天岭战》，载《东方杂志》第1卷第6号。

[2]《日逐俄军》，载《申报》，1904年7月21日。

[3]《路透要电汇登》，载《大公报》，1904年7月8日。

德里托夫所部黑龙江哥萨克骑兵连300余人进占碱厂。5日，齐金斯基所部第一营袭击北分水岭附近大甸子日军前哨，日军"战死末弁及兵卒四员名，伤兵卒三名"[1]。6日，日军第十二师团十四联队三大队和骑兵第三连自赛马集北进，在碱厂南6里丛林与设伏之俄骑兵短暂交火，"毙敌马二匹，兵一名"[2]，俄军见日军势大，向北退去，日军遂进据碱厂。

7月9日，日第二军攻占盖平，兵锋直指辽阳的西线门户大石桥，加之第十师团进逼海城，第一军据守摩天岭，使辽阳俄军处于三面受敌的不利态势。作为应对，库罗帕特金将部队划分为东满、南满两个集群，以东满集群与日第一军对峙，以南满集群阻击和监视日第二军和第十师团。由于对日军力量估计过高，为避免与日军提前决战，等待援军向辽阳集结，库罗帕特金甚至命令南满集群在日军进攻时后撤至海城一线。如此被动防御的战略自然招致了阿列克谢耶夫的不满，一番争吵之下，库罗帕特金被迫从南满集群预备队中抽调12个步兵营补充至东满集群，向日第一军发起反攻，希望在决战前将日军驱逐至摩天岭以东，恢复此前依托山脉防御的有利态势。

第一次摩天岭战斗后，考虑到俄军可能再次进攻，日军加强了摩天岭一线的防御：以第二师团前卫担任摩天岭方向的守备，"日军沿此山脉或于山顶或于山腹均设有散兵壕，又夹街道而延长之，约踰三千米"[3]，并在摩天岭东北布设了炮兵阵地。同时，以松永支队负责摩天岭以南新开岭附近诸山的守御，谷山支队负责摩天岭以北小高岭方向和下马塘至桥头通道的警戒。

7月16日，俄军东满集群司令官克列尔以东西伯利亚狙击步兵第三师师长卡什塔林斯基为指挥，集中东狙兵第九、第十一、第二十四团和第十军第三十四团4个团的兵力，向日军摩天岭阵地进攻，另由第十二团攻击下马塘附近石门岭。

7月17日凌晨，日军前线指挥第二师团第十五旅团旅团长冈崎生三接到新开岭方面敌袭之通报，命令摩天岭方面做好战斗准备。3时，俄军骑兵分

---

[1] ［日］宫部力次编：《日露战史大全》上卷，博信馆，1905年，第629页。

[2] 《追记日人两次攻占城厂事》，载《申报》，1904年8月8日。

[3] 《日俄战纪》，载《新民丛报》第54号，第107–114页。

3队率先突进而至，日军前哨奉命后撤。俄军万料不到日军轻易放弃李家堡子第一道防线，"不得已沿大、小关帝庙中间之道路而密集焉"。日军以1个大队"夹于摩天岭顶界线之道路而占阵地"，1个大队"复就右翼防线"，炮兵"仍阵于顶界线右翼之放列"，又使"预备队集合于大摩天岭东麓之五峰观下"[①]，严阵以待。4时30分，俄军渐从金家堡子及庙沟方面云集而来，至5时许，占据小高岭附近高地，"蜿蜒一线，枪炮齐施"，日军亦"并力争持"[②]。7时20分，俄军增至4个营，由摩天岭西南方高地日军防御阵地的薄弱处徐徐压迫日军左翼，以2个连占领了摩天岭制高点对面高地，向日军防线中央俯视猛射，而日军亦向俄军阵地发炮相攻，弹如雨注。然俄军攻势未减，8时许，摩天岭正面俄军已增至10个营，以梯队阵形轮流猛烈射击，更遣1营绕至辽阳大路左侧，突进小高岭谷中，欲包抄日军之侧后。此时，日军第三十联队的3个大队已悉数抵达战场，布设在摩天岭上的日军6门野炮向麇集于大关帝庙和小高岭的俄军猛烈射击，"俄军中弹而死者不可胜数"[③]。日军乃乘势发起突击，夺取了摩天岭对面高丘。占据小高岭的俄军首先退却，而展开于丘上林间的俄军犹抵抗不屈，与日军短兵相接，另一部仍死守三角山，其他大部队则止于小关帝庙后方，欲重整旗鼓再行交战，而终不能敌日军之猛烈追击。10时30分，俄军退至样子岭、塔湾各地，俄军东满集群司令官克列尔来到前沿观察，认为日军兵力超出俄军，遂下达了撤退命令，而此时俄军非但总预备队，连分预备队也未用尽。至17时，两军炮声渐歇，战事遂毕。

在下马塘方向，俄军攻击了石门岭日军前哨，日军"自哨长以下悉数死伤"[④]。至17时，日军援兵渐多，俄军始退向高家堡子。

此战，俄军共投入30余营2.66万人，火炮42门，死伤高达1213人；日军参战兵力亦达10个大队1.09万人，火炮36门，死伤355人[⑤]。俄军在兵力远胜日军的情况下，死伤超出日军3倍，可谓损失惨重。俄军战斗意志薄弱，事后克列尔亦不得不承认：日军兵力并未超过卡什塔林斯基纵队的兵

---

① 《日俄战纪》，载《新民丛报》第54号，第107—114页。

② 《详纪摩天岭各地之战》，载《申报》，1904年7月27日。

③ 《日俄战纪》，载《新民丛报》第54号，第107—114页。

④ 《详纪摩天岭各地之战》，载《申报》，1904年7月27日。

⑤ ［日］参谋本部编纂：《明治卅七、八年日露战史》第2卷，东京偕行社，1912年，第96页。

力，"敌军超过我们的仅仅是作战技能和使用炮兵的技巧。"①

摩天岭大战后，日军乃引军向北，兵锋直指俄军重兵驻守的桥头。

桥头，位于太子河左近，连山关正北，东南距赛马集100千米，西北距辽阳50千米，为辽阳东面防线之要冲，俄军以格尔舍利曼支队驻守于此。其地"左环以大河（细河），未易航以一苇；右则崇山峻岭，险狭若羊肠。虽将军自天上来，亦万难飞越而过，诚天然形势也"②。俄军又在细河沿岸修筑了完备的防御工事，其阵地高20—100米，可俯瞰一切，"所设防御且甚坚固，是于地势之中而又济以人力焉"③。

7月16日，日第十二师团以木越支队为前卫，向桥头方向前进。18日16时30分，俄军1个营突向本溪湖方向运动，日军前哨遂前进侦察。18时，日军前哨中队进抵下代家堡子，埋伏在细河左岸低堑壕的俄军突施齐射，旋以步兵2营携6门火炮隔细河猛烈射击，日军"骁腾犷悍、奋不顾身"，中队长以下军官死伤殆尽。日军陆续以4个大队增援，战斗益酣，至夜深始就旷野结营，仍严加戒备。俄军趁夜两次潜师夜袭，皆为日军击退。夜半，日第二十三旅团旅团长木越安纲率军继至，自以支队主力当俄军正面；遣炮兵向红庙子启行，"就迤南山巅展拓阵地"；另以1个大队潜渡细河，由张家堡子南方山地包抄俄军防线右翼；更以一部占据老母岭，阻截俄军退向本溪湖。19日晨，日军发炮轰击俄军阵地，俄军以野战炮32门应战，猛烈异常。日军之前派往俄军右翼的1个大队"踰绝岭而过"④，于午后行抵张家堡子附近，而第十二师团派来增援的2个大队及第二师团之一部亦同时并至。此时，正面战场战斗正酣，在代家堡子北方细河左岸至张家堡子西方约1千米长的战线上，日俄两军陈兵数万，"电击雷搏，炮声震天，枪声撼地，战况极其惨烈"⑤。日军虽反复突击，惟俄军凭借深沟高垒抵抗甚力，使日军不得越雷池一步。负责包抄俄军右翼的日军各部乃展开于宋家堡子北方高地，攻击南沟附近之俄军。俄军竭力支撑，"几置性命于

---

① ［俄］阿列克谢·尼古拉耶维奇·库罗帕特金：《远东总司令库罗帕特金回忆录 俄日战争总结》，傅文宝等译，陕西人民出版社，2017年，第194页。

② 《记桥头之战》，载《申报》，1904年7月30日。

③ 《细河沿战》，载《东方杂志》第1卷第7号。

④ 《记细河沿之战》，载《申报》，1904年7月30日。

⑤ ［日］大成社编辑部编：《日露大战史》上卷，大成社，1906年，第390页。

不顾"，而日军"肉薄而进"，"炮火喧天，战斗益烈"。西沟附近的俄军首先退却，正面日军"次第猱升细河沿西南高阜"，攻击右翼之日军复遮断其退路，俄军益不能支，"梦乱如麻，纷纷向安平遁去"①。至20时，细河沿附近之地已全为日军占据。

是役，俄军投入第十军第九师第三十五、三十六团，安尔固尼哥萨克骑兵第一团及炮兵第九旅等部共计7800余人，火炮39门，死伤590人；日军投入第一军第十二师团第十四、二十四、四十六联队及野战炮兵第十二联队等部共计1.03万人，火炮30门，死伤523人②；双方旗鼓相当，然而俄军丢失了辽阳东路的重要据点桥头，形势愈加危急。

日第一军攻占桥头的同时，奥保巩率第二军突袭了俄军西线前哨大石桥，在库罗帕特金"保存兵力""以便决战"③的命令下，俄军相继放弃大石桥、营口。获知俄军放弃辽阳外围据点，企图在辽阳附近与日军决战的情报后，日本满洲军总司令大山岩决定乘俄军兵力未集、准备未就之机先发制人，以第二军进攻海城，第四军进攻析木城。配合两军行动，7月30日，日第一军司令官黑木为桢在草河口下达命令：以近卫及第二师团攻击样子岭；以第十二师团（含后备混成旅团）攻击榆树林子，第二师团第十五旅团一部向榆树林子俄军右翼前进，援助第十二师团的进攻。

榆树林子④，位于桥头以西6千米的细河南岸，距离辽阳38千米。其地"巉岩深谷，复杂交错，行军颇极困难"，俄第十军三十一师等部驻守于此，利用其地势"各依绝壁安设炮垒，且于扼要之地遍筑寨堡，借以翼蔽全营，遥击日军阵地，使之进可以战，退可以守"⑤。

7月31日拂晓，日第十二师团兵分两翼，以右翼正面进攻榆树林子附近的俄军主阵地，左翼迂回至榆树林子俄军右侧背，支援正面战场作战。右翼日军首先向俄军榆树林子西方高地主阵地前2千米处的刘家堡子北方高地发起攻击。日军迅疾登山，"与俄军前锋搏战"，时有俄军2个营露营于山

　　①《记细河沿之战》，载《申报》，1904年7月30日。
　　②〔日〕参谋本部编纂：《明治卅七、八年日露战史》第2卷，东京偕行社，1912年，第115-116页。
　　③〔俄〕耶齐岑可：《东西双互之接近论》，转引自〔日〕小寺谦吉：《大亚细亚主义论》，东京日清印刷株式会社，1918年，第216页。
　　④ 位于今本溪市平山区北台村南细河南岸的榆林公铁立交附近。
　　⑤《榆树林样子岭战》，载《东方杂志》第1卷第7号。

谷，日军居高临下，弹如雨注，俄军狼狈四散，大部渡过细河向西南方向遁逃。日军趁势邀击，张家堡子的俄步兵和高家岭的炮兵协同向追击的日军猛烈射击，两军混战至一处，"碧血交流"，"积尸盈谷"①。8时50分，日军攻占福家堡子西方俄军阵地，将战线推进至榆树林子主阵地前。俄军为夺回阵地频频增兵，数次反击皆为日军击退，而俄军亦凭借坚垒令日军无可奈何，两军相持至日落时分，难分胜负。左翼日军进至金家堡子②西南约1千米的偏岭，与俄军2个团相峙，以猛烈的炮火向俄军阵地发起攻击。驻守王家堡子东方高地（时称北偏岭）的俄军先行遁逃，使日军顺利占据该高地并以此瞰制俄军偏岭阵地。俄军几番争夺未果，乃向梨皮峪方向撤退。负责支援榆树林子方向作战的第二师团第十五旅团一部先时在长背沟击溃俄军1个营，追击至核桃沟③东北高地，正逢俄军2个团自偏岭败退，行经其侧，即猛攻之，俄军损失甚大，全部溃走。左翼日军占领偏岭附近阵地，于午后复进攻榆树林附近俄军之右翼，因地势险阻未能奏效④。

就在榆树林子日俄两军战局胶着之时，样子岭的战斗则更为激烈。7月31日下午，在塔湾指挥战斗的东满集群指挥官克列尔中炮身亡，俄军军心动摇，乃乘夜主动退却。8月1日晨，日军第十二师团几乎兵不血刃地占领了榆树林子附近阵地。

是役，日军参战兵力为步兵21个大队、骑兵4个中队，火炮36门，共计2.1万人，死伤478人；俄军参战兵力为步兵25营、骑兵16连，火炮95门，共计2.9万人，损失官兵2068人⑤。俄军在兵力、火力及地利均占优势的情况下依然败绩，再次暴露出战斗精神的萎靡，招致库罗帕特金的严厉批评⑥。经过摩天岭、桥头、榆树林子、样子岭等战斗，日军成功夺取了辽阳东路的山地要隘，完成了对辽阳的合围；而俄军虽一败再败，却也按照

---

① ［日］大成社编辑部编：《日露大战史》上卷，大成社，1906年，第457-458页。

② 《日露战争大本营公报集》作张家堡子，根据《明治卅七、八年日露战史》第2卷标注的位置，当为今平山区大台沟西南的金家堡子，径改之。

③ 《明治卅七、八年日露战史》作合头沟，查照地图，当为核桃沟之误，位于今辽阳县寒岭镇，径改之。

④ ［日］河村贞编：《日露战争大本营公报集》，立诚堂，1906年，第115-116页。

⑤ ［日］参谋本部编纂：《明治卅七、八年日露战史》第2卷，东京偕行社，1912年，第187-188页。

⑥ ［俄］阿列克谢·尼古拉耶维奇·库罗帕特金：《远东总司令库罗帕特金回忆录 俄日战争总结》，傅文宝等译，陕西人民出版社，2017年，第195页。

预定战略实现了防线收缩与兵力集结，日俄两军陆上决战的时机到来了。

二、陆上决战中的本溪战场

同日军在辽阳决战是库罗帕特金的既定战略，俄军为此在辽阳周边构筑了3道防线。至8月中旬，随着第十七军的抵达，辽阳地区的俄军总兵力已超过18万人。与此同时，日军集结在辽阳周边的兵力也达到13万人。虽然俄军兵力占据优势，工事坚固，又是以逸待劳，但日本满洲军司令部为避免俄军本土部队大量增援不利于战局，依然决定主动发起攻势。8月24日至9月3日，日俄双方在辽阳展开会战。尽管日军的进攻大多为掘壕据守的俄军击退，但当日第一军突破太子河防线，占据烟台煤矿，并威胁俄军沿铁路后撤的道路后，库罗帕特金犹疑保守的痼疾再次发作，在预备队大部完整的情况下，放弃了反攻日军的良机，下令俄军退守盛京。负责掩护本溪湖至盛京侧翼的柳巴文支队的1个骑兵旅和4个步兵营几乎一枪未放，在尚未弄清与其交战日军兵力的情况下，就仓促撤往盛京附近佟家坟①。

此次会战，俄军伤亡1.6万人，失去了苦心经营的军事重镇辽阳；而日军虽占据辽阳，打开了通往盛京的门户，但兵员损失却高达2.4万人。双方一时都无力再战，乃沿沙河对峙，互相袭扰。9月17日，俄军萨姆索诺夫支队以步兵7个营、炮兵2个营由虎山及盛京大路南下，攻击平台子②日军梅泽支队阵地，"两军遂相剧战"③，至16时许，俄军始向西北退去。9月20日，日军步兵1个中队由碱厂出发，攻击大岭和三龙峪俄军营垒，俄军"弃死尸十九具"④，退向北方。

辽阳会战的败北令沙俄在国际上颜面尽失，为挽回帝国声威，平息国内日益深化的政治危机，沙皇尼古拉二世命令库罗帕特金积极反攻，援救受困的旅顺守军，并委派格里佩伯格"协助"其指挥，明显表露出对库罗帕特金的不信任。库罗帕特金对此大为光火，为重获"圣心"，一雪前耻，库罗帕特金放弃原定的固守反击战略，炮制了"右翼佯攻牵制，左翼迂回

---

① ［俄］阿列克谢·尼古拉耶维奇·库罗帕特金：《远东总司令库罗帕特金回忆录 俄日战争总结》，傅文宝等译，陕西人民出版社，2017年，第197页。

② 位于本溪市溪湖区平台村。

③ 辽宁省档案馆编：《日俄战争档案史料》，辽宁古籍出版社，1995年，第574页。

④ 《日本官电照登》，载《大公报》，1904年9月26日。

包围"的反攻方案，由比尔德林格指挥右翼西满集群（原南满集群）前出沙河一线，沿辽阳至盛京铁路实施佯攻，牵制当面日第二、第四军；施塔凯尔伯格指挥左翼东满集群集中西伯利亚第一、第二、第三军以及连年坎普夫支队共计86个步兵营、50个骑兵连和198门火炮的庞大兵力，占领边牛堡子附近日军阵地，并继续向本溪湖方向进攻，以突破日第一军防线，从东部山地迂回至日军侧背，最终歼敌于浑河、太子河间。

10月4日，俄8个军由盛京南下。5日，库罗帕特金下达攻击命令，要求东满集群"切断黑木为桢军右翼与太子河左岸的交通联络"，"各部队运动的共同方向是本溪湖村"[①]。

本溪湖是经由连山关、桥头通往日军梅泽支队阵地的最前沿兵站，是日军最为重要的后勤基地，储存有大量作战物资，一旦失守，将直接影响未来作战，而日军由于兵力所限，其主力均布置于平原地带，守备本溪湖的只有3个中队，正是日军防线最为薄弱的环节，库罗帕特金将主攻的突破口选在此处，可谓眼光毒辣。但俄军也并非无懈可击，由于缺乏周密部署和准备，左翼东满集群缺乏山地作战必备的山炮，仓促绘制的作战地图也并不精确，这都为俄军的行动带来极大困难。孰胜孰败，全赖指挥官的临阵指挥以及士兵的战斗意志。

对于库罗帕特金的反攻计划，日本满洲军总司令部最初并不知晓，其部署在边牛堡子附近的兵力，除梅泽道治的近卫后备步兵旅团的6个大队和1个炮兵中队外，只有闲院宫载仁亲王的第二骑兵旅团。10月6日拂晓，日军侦知高官寨、康大人山等处谷地有大量炊烟升腾，判断俄军在抚顺以南地区集结了重兵。午时，又见盛京至上平台子大路中国难民络绎不绝，始知俄军已由盛京南下。日本满洲军总司令部综合分析，认为俄军"采取攻势的意图非常明显"[②]，令各部队集结兵力，做好防御准备。7日，梅泽支队放弃边牛堡子附近阵地，乘夜色迅速向本溪湖以北土门子岭、大岭一线退却。包围梅泽支队右翼的俄东满集群突击部队行动迟缓，未对后撤日军实施攻击，使梅泽支队得以从容撤至上平台子、大岭和土门

① ［俄］阿列克谢·尼古拉耶维奇·库罗帕特金：《远东总司令库罗帕特金回忆录　俄日战争总结》，傅文宝等译，陕西人民出版社，2017年，第197页。

② ［日］高柳光寿编：《大日本战史》第5卷，三教书院，1944年，第212页。

子岭一线构筑防御阵地。8日，俄军前锋兵分两路，一路向平台子、石桥子进迫梅泽支队新阵地；一路沿谷地南下直取本溪湖，东满集群主力继之以3路纵队分向大岭、土门子岭、本溪湖前进，围绕本溪湖，一场攻防大战就此展开。

8日上午，俄军连年坎普夫支队的骑兵由窑沟口和威宁营附近陆续进抵日军阵前。14时，步兵1个团由三家子沿太子河而下，在威宁营东方高地展开，向赫地沟的日军前哨发起攻击；另有一部俄军在威宁营东方渡过太子河，沿太子河向本溪湖方向前进。前哨日军且战且退，撤至本溪湖东方兜山①主阵地。大岭方向之梅泽支队陆续以4个中队携炮2门前来增援，本溪湖日军遂将7个中队混编为3个大队，乘夜沿龙王庙②至兜山西北高地一线布防。9日凌晨，连年坎普夫支队先以炮火轰击兜山及其附近日军阵地，继而集中步兵2旅、骑兵2000人，火炮8门分别从威宁营和东坟两个方向向本溪湖发起攻击。午时，连年坎普夫支队以2.5个营向兜山日军主阵地发起总攻，两军"剑锋相接，誓死不休"③。日军指挥官平田辰造重伤，"各队损失战力达三分之二"④。俄军夺占兜山阵地，以机枪向山下日军瞰射，日军如"囊中之鼠"⑤，积尸累累，全营左翼幸存者仅24人，乃退据兜山西方高地⑥。此前，梅泽支队为支援此方向作战，以1个连占据三道岗子东北的岩山⑦，阵地亦为西伯利亚第三军的1个营占领。至此两大战场要点皆为俄军夺占，俄军战线距离本溪湖已不足1000步！此时，聚集于本溪湖周边的俄军有步兵近20个营、骑兵16个连以及大量炮兵，实力远超日军，完全有能力一鼓作气夺取本溪湖，完成战役目标。然而施塔凯尔伯格却鉴于地形不熟给俄军进攻带来的困难，愚蠢地命令连年坎普夫支队停止进攻，连夜撤回威宁营阵地。在他的授命下，俄军于10日休整一天，各部队的行动只限

---

① 位于本溪市明山区赫地沟南，太子河大桥以西小山。
② 位于本溪市溪湖区河沿河畔花园附近。
③《详记桥头之战前后情形》，载《申报》，1904年10月26日。
④［日］大成社编辑部编：《日露大战史》上卷，大成社，1906年，第599页。
⑤［日］菰田康一编：《昭和五年陆军大学满鲜战史旅行讲话集》，训练总监部译，陆军大学将校集会所，1930年，第370页。
⑥《昭和五年陆军大学满鲜战史旅行讲话集》记作本多山。
⑦ 位于本溪市溪湖区火连寨东，本溪湖北，亦称615高地、柱山，今名骆驼碰子。

于对日军阵地要冲进行实地勘察，并寻找通往日军后方的迂回道路①，这就给了本溪湖日军难得的喘息时机。9日夜，日第十二旅团旅团长岛村干雄率步兵第十四联队和炮兵、工兵各一个中队率先驰援而至。岛村仔细观察战场形势，认为岩山如委之敌手，"不惟遮断火连寨与本溪湖之交通，且孕战局之危险"②，乃令1个中队乘夜雾复夺之。10日上午，日军重新夺占岩山和三道岗子东方高地，并以援军增强各处防线，稳住了阵脚。

日俄战争后，日本殖民者为纪念本溪湖战斗所建闲院宫载仁"纪功碑"

在大岭方向，俄军也遭遇到日军的顽强阻击。9日，萨姆索诺夫支队所部骑兵进攻大岭山口及其毗邻高地的日军阵地，因地形不熟和缺乏攻坚武器铩羽而归。西伯利亚第三军军长伊万诺夫接到报告后，立即以东西伯利亚狙击步兵第二十四团等部前往增援。至傍晚，在大岭附近日军阵地前集结的俄军已达8个步兵营和11个哥萨克骑兵连以及若干志愿者队。这些部队分属4个团，因为缺乏统一指挥，各自为战。10日上午，二十四团2个连向大岭日军阵地率先发起攻击，因未得到他部增援，在弹药耗尽后被迫后撤。继之，二十一团和二十二团各一营分路向大岭展开攻击，有2个连突进至距离日军阵地只有几十米处，却突遭己方炮火误击，俄军被迫停止进攻，撤下山头③。

俄军行动迟缓，给日本满洲军总司令部进行战略调整提供了良机。大

---

① [俄]阿列克谢·尼古拉耶维奇·库罗帕特金：《远东总司令库罗帕特金回忆录 俄日战争总结》，傅文宝等译，陕西人民出版社，2017年，第200页。

② [日]菰田康一编：《昭和五年陆军大学满鲜战史旅行讲话集》，训练总监部译，陆军大学将校集会所，1930年，第373页。

③ [俄]阿列克谢·尼古拉耶维奇·库罗帕特金：《远东总司令库罗帕特金回忆录 俄日战争总结》，傅文宝等译，陕西人民出版社，2017年，第198—201页。俄军所谓东土门岭，参照《明治卅七、八年日露战史》中萨姆索诺夫支队的记述，当为本溪市溪湖区火连寨镇北的大岭，径改之。

山岩根据双方兵力和自身特点，制定了一个"从中央突破，向山地压迫"[①]的大胆反攻计划：以第一军在东线牵制俄军主力，以第二、第四军进攻俄军西线，最终将俄军压向东部山区聚歼。这样，日俄两军如同"转门"：你打我的右翼，我打你的左翼，孰胜孰败，完全取决于谁能守住本方的阵地。

10月11日，养精蓄锐一日的俄军发起总攻，以第一军进攻大岭、土门子岭，以第三军和连年坎普夫支队进攻本溪湖。在大岭和土门子岭方向，日俄两军对几处制高点反复争夺。为反制俄军炮兵，梅泽支队预先以炸药埋入山谷，在俄军炮击时依次引爆，制造炮兵阵地被摧毁的假象，当俄军全线进攻时，乃以炮火突然射击覆盖俄军阵地。在日军猛烈炮火下，俄军6次进攻均被击退[②]。在本溪湖方向，俄军集中100余门大炮猛烈轰击日军阵地，掩护步兵"行必死之肉弹战"。在河沿龙王庙，日军1个大队击退7.5个营俄军的6次冲锋，死伤过半。在兜山左右展开的日军2个大队，遭俄军瞰射和炮火轰击，各中队长"俱死伤，军官失大部焉"[③]。是日，日军死伤1170人；俄军第六师师长达尼洛夫负伤，仅第三军死伤就高达5000人，后送的担架队长达20千米。本溪湖周边仿佛一台绞肉机，时刻考验着攻防双方的意志。

就在本溪湖鏖战的当日，日本满洲军总司令部命令各路日军向俄军发起反攻。10月12日拂晓，第十二师团第四十六联队的2个中队由朝仙岭增援至本溪湖。同日，闲院宫载仁亲王率领的骑兵第二旅团由沙坎经桥头绕过本溪湖突进至太子河左岸唐家庄子[④]，将机枪置于平顶山北方高地[⑤]，向连年坎普夫支队的侧翼猛射。第二旅团的奇袭使俄军误以为日大军来援，乃一部仓皇撤至太子河左岸，一部退至卧龙村方向。日军开始形成10个大队的兵力优势，转为向俄军猛烈反击，夺回前哨阵地。13日，大山岩又派第五师团增援第一军，迫使俄军放弃了以高昂代价换来的大岭的一些阵地。至此，东满集群以实施毁灭性打击为目的的进攻就此结束，动摇了俄

---

① ［日］高柳光寿编：《大日本战史》第5卷，三教书院，1944年，第214页。
② 查攸吟：《日俄战争全史》，中国长安出版社，2015年，第422—423页。
③ ［日］菰田康一编：《昭和五年陆军大学满鲜战史旅行讲话集》，训练总监部译，陆军大学将校集会所，1930年，第373页。
④ 位于本溪市平山区站前火车站。
⑤ 亦称192高地，位于本溪市平山区望溪公园。

军统帅部的信心，加之受日第二军和第四军的威胁，使俄军右翼不稳，库罗帕特金决定转入防御①。14日，骑兵第二旅团将俄军驱逐至牛心台方向；本溪湖和大岭、土门子岭的守军相配合，进入平台子，将俄军驱逐至沙河右岸，夺回了此前的阵地。至17日，日俄两军均无力再战，各自转入防御，沙河会战结束。

作为沙河会战中"最剧最烈之战"②，从10月8日至14日，日军连续击退俄军16次进攻，俄军弃尸"在太子河左岸为350、太子河右岸本溪湖附近计1500、大岭300、土门子附近200"③；日军损失最大的第十四联队"死伤约1000名，总数达1700余名"④，以其迅速、果决和顽强，确保本溪湖不失，从而成为整场会战的转折点。而俄军却在占尽优势的情况下屡屡错失良机，库罗帕特金亦不得不承认俄军官兵"缺乏尚武精神，缺乏干劲，各部队之间缺乏互相合作，以及缺乏不惜任何牺牲完成任务的共同决心"⑤。

沙河会战后，日俄两军重新在沙河一线对峙。连续的失败，使俄军士气空前低落，特别是1905年1月旅顺的陷落，使俄军在战略上更加被动。为挽回颓势，库罗帕特金主动发起黑沟台会战，却依旧无功而返。1905年2月初，随着第十六军抵达奉天战场，俄军兵力达到30万人，而由于旅顺第三军的北上，日军兵力也达到27万人。尽管此前在战场占据优势，但巨大的战争消耗也使日本国力和民众忍耐力趋于极限，为尽快结束战争，大山岩决定向盛京发起全面进攻，一举奠定胜局。

针对库罗帕特金用兵谨慎的特点，日本满洲军总司令部制定了一个大胆的作战计划：首先以兵力最为单薄的鸭绿江军佯攻俄军左翼，吸引俄军预备队；随后以第三军迂回盛京以北，切断盛京至铁岭的铁路补给线；最后集中第一、第二、第四军主力在战线中央展开攻势，围歼俄军。为分散俄军兵力、误导库罗帕特金决策，日方还发动间谍大肆活动，散布第三军向海参崴运动等假消息。

---

① ［苏联］H.H.罗斯图诺夫主编：《俄日战争史（1904-1905）》，中国人民解放军37001部队司令部译，1982年，第274页。

② ［日］河村贞编：《日露战争大本营公报集》，立诚堂，1906年，第158页。

③ ［日］河村贞编：《日露战争大本营公报集》，立诚堂，1906年，第172页。

④ ［日］大成社编辑部编：《日露大战史》上卷，大成社，1906年，第605-606页。

⑤ ［俄］库罗帕特金：《俄国军队与对日战争》，［英］A.B.林赛译，商务印书馆，1980年，第233-234页。

2月19日，秘密集结于碱厂附近的鸭绿江军，向清河城方向运动，揭开了奉天会战的序幕。20日，日军右翼后备步兵第一师团驱逐俄军前哨，夺取清河城外围榛子岭、千合岭、小高力营子及蛤蟆岭各要点①。22日，日军对湾柳河②展开攻击。其右翼中路进攻万里堡西北及北部高地。万里堡南北两侧极为险峻，"积雪没胫"，日军"死伤相踵"③，进攻受阻，乃以预备队由大路北侧高地迂回逼近俄军阵地左翼。俄军不敌，退向三家子方向，日军进占万里堡。其右翼左路进逼英守堡，俄军率先占据甸脚沟、团山子阻击日军，并以3个连由赵家甸子向双岭前进，包抄日军侧翼，为日军击退。延至午后，赵家楼子、甸脚沟和团山子的俄军分向富家楼和三家子退却，日军进占甸脚沟一线。其右翼右路则未受抵抗，进占金斗峪。日军左翼第十一师团于是日向南台前进，预备攻击清河城附近之俄军，俄军以4个连向小高力营子、蛤蟆岭发起反攻，为其所败。至此，日军完成对清河城俄军之合围。23日，日军依预定计划，集中2个师团向三家子的俄军主阵地发起总攻。是日，天降大雪，咫尺莫辨，加之太子河河冰方融，给日军进攻带来极大困难。而俄军又据守天险，筑有坚垒，抵抗殊为顽强。特别是其在三家子东南的主防御阵地，山坡陡峻，难以攀援，俄军复"施以二重堑壕，环以三层鹿柴"④，尤为易守难攻。日军虽有兵力优势，但面对无法攀登的悬崖绝壁，遭受着三面的射击，死伤不断，各部相互间失去联络，命令和报告无法传递，只能据死角尽力避开子弹⑤，是以战至日落犹未分胜负。24日拂晓，两军复战。在猛烈炮火的支援下，日军逼近俄军阵地，"各以炸弹相掷"，并破坏辅助防御设施。在日军三面夹击下，俄军渐感不支，延至15时30分，日军终于攻取了三家子东南的俄军主阵地。清河城的俄军放火烧毁辎重，仓皇向北方马郡单方向撤退。日军欲乘胜追击，然为地形

---

① 榛子岭，位于本溪满族自治县由下夹河通往清河城的红榛线公路上；千合岭，今名千河岭，位于抚顺满族自治县由苇子峪通往清河城的金桦线公路上；小高力营子，位于本溪满族自治县富家楼村东南，今为观音阁水库淹没区；蛤蟆岭，今名蛤蚂岭，位于马城子西北。

② 湾柳河，今名万利村，位于本溪满族自治县清河城东，金桦线、红榛线公路交会处，万里堡在其东南约1千米。

③ ［日］参谋本部编纂：《明治廿七、八年日清战史》第10卷，东京印刷株式会社，1904年，第174页。

④ ［日］梅崎延太郎：《日俄战争讲授录》，平和社出版部，1915年，第54页。

⑤ ［日］参谋本部编纂：《明治廿七、八年日清战史》第10卷，东京印刷株式会社，1904年，第214页。

与昏夜所阻。18时，日军占领清河城。

此战，俄军"弃尸战场150具，俘虏24名"，日军"夺获机枪3挺、步枪200支，子弹10万发"，据当地中国居民说，俄军"通过清河城搬运到后方的死伤者不下千人"①。

鸭绿江军攻占清河城，使俄军左翼受到严重威胁。而日本的战略欺骗此时也发挥了作用。在收到攻击清河城的日军是参与旅顺战斗的第十一师团以及俄国驻华公使馆传来的情报后，库罗帕特金作出了进攻者为日第三军、日军主攻方向在东线的错误判断，急忙将战略预备队第十六军以及西伯利亚第一军从西线调往东线，这就为俄军在奉天会战的最后失利和俄国在日俄战争的最后失败埋下了致命的祸根。利用俄军西线防守空虚的时机，大山岩以第二军和第四军猛攻俄军右翼，并使第三军向俄军侧后迂回，切断盛京以北的铁路线。在日军进攻面前，俄军节节败退。3月9日，俄军全线北撤，日军进占盛京、铁岭，奉天会战结束，沙俄在陆上交战中彻底败北。1905年9月，日俄两国签署《朴茨茅斯和约》，日俄战争就此结束。

三、日俄战争给本溪人民带来的巨大灾难

日俄战争是"远东历史乃至世界历史的一个重要转折点"，是"近代历史上的一个里程碑，是非欧洲民族充分觉醒的序幕"②。对日本来说，击败欧陆传统强国沙俄，确立在东亚的霸权，从而跻身世界列强，无疑是值得纪念的大事；但对中国来说，这不过是两个强盗的分赃，意味着无尽的屈辱和苦难。在这场旷日持久的战争中，中国的领土主权受到严重践踏，中国人民尤其是本溪人民的生命财产遭到空前浩劫，斑斑血泪，罄竹难书。

日俄战争爆发后，1904年2月12日，清政府发表中立声明，强调："东三省系中国疆土……该三省城池衙署、民命财产，两国均不得损伤，原有之中国兵队，彼此各不相犯。"③然而日俄两国俨然以统治者自居，对中国政府的声明置若罔闻。4月19日，俄军吉立士率部由辽阳抵达怀仁，"径入巡捕队营盘，意欲占住"。怀仁县令刘朝钧与总巡邵连胜前往劝阻，吉立士

①［日］河村贞编：《日露战争大本营公报集》，立诚堂，1906年，第237-238页。
②［美］斯塔夫里阿诺斯：《全球通史——1500年以后的世界》，吴象婴、梁赤民译，上海社会科学院出版社，1999年，第491页。
③《日俄战纪》第1期，商务印书馆，1907年，第41页。

"一味强辩，横不说理"，甚至强入营房驱逐清军。刘朝钧与邵连胜害怕"交哄起衅，转成巨患"，不得已暂令清军先将军装弹药等运至客店安顿。军营中存留的7匹马以及粮草食用之物均被俄军"勒扣不交"①。更有甚者，俄军爪牙金殿汶无视中国官府威严，"咆哮公堂，欺辱官长"。刘朝钧将其"讯明正法"，马德里托夫衔恨在心，勒令刘朝钧代安电线杆，并以金殿汶欠其款项索偿洋银500元。又向邵连胜逼索马匹，"要挟百端"。刘朝钧与邵连胜持中立声明与之辩驳，马德里托夫悍然不顾，"复以烧毁城市衙署相恫吓"②。为防止本溪军民反抗，日俄侵略者多次收缴民间武器。仅1906年3月，日军驻怀仁守备队就勒令怀仁各保、牌送缴印烙俄枪568支③。两国还侵占中国土地修造阵亡士兵坟墓。据怀仁知县景霖给赵尔巽的呈，日俄战争期间，怀仁各保共有日军坟墓12座、俄军坟墓1座，大半为官田④。在兴京厅望城岗子、马家城子、西厢小堡、流响哨、富家楼子等处亦有俄军坟墓多处⑤。

日俄战争期间，日俄两军聚兵数十万，往来攻杀，在本溪地区大小战斗数十次，无数城镇、乡村皆遭兵燹。据辽阳州知州鲜俊英给盛京将军增祺的报告："去腊俄日开战，俄兵征调络绎不绝，统计数十万人，凡经过地方，兵丁不免滋扰……而城东至分水岭百八十里又节节驻兵……俄兵时时出外抢牛搜物，杀伤人命，奸淫妇女，无所不为。……其害最烈者，一经调队捕盗，玉石不分，往往杀伤良民，烧毁民房至数百间，以致流离失所，哀鸿遍野，惨不忍言。"⑥1904年4月23日，"匪首"杨二虎率部众在金坑屯⑦东10里石河寨击毙俄军五六名，后又伙同杨八驴子在钓鱼台打死俄军两名。事发后，俄军洗劫了金坑屯、房身、矾盛和茨山等村。5月4日，俄军再次洗劫金坑屯，打死村民3人，烧毁民房数十间⑧。日俄侵略者鄙视本溪人民为被征服的亡国奴，肆意凌侮，"对居民稍涉间谍嫌疑者一批一批地被枪杀了"⑨。1904年

① 辽宁省档案馆编：《日俄战争档案史料》，辽宁古籍出版社，1995年，第314页。
② 辽宁省档案馆编：《日俄战争档案史料》，辽宁古籍出版社，1995年，第60-61页。
③ 辽宁省档案馆编：《日俄战争档案史料》，辽宁古籍出版社，1995年，第233页。
④ 辽宁省档案馆编：《日俄战争档案史料》，辽宁古籍出版社，1995年，第255-256页。
⑤ 辽宁省档案馆编：《日俄战争档案史料》，辽宁古籍出版社，1995年，第265-266页。
⑥ 辽宁省档案馆编：《日俄战争档案史料》，辽宁古籍出版社，1995年，第488页。
⑦ 今本溪市南芬区金坑村。
⑧ 辽阳市志编纂委员会办公室编：《辽阳市志》第1卷，辽宁人民出版社，1993年，第45-46页。
⑨ [苏联]阿瓦林：《帝国主义在满洲》，北京对外贸易学院俄语教研室译，商务印书馆，1980年，第111页。

6、7月间，怀仁地区"俄退日来，日退俄来，连番数次"。两军所经之处"抑勒民间，或为送信，或为执役"，还"沿路设卡，不论官役行人一概搜翻"，对民众"或指为奸细，或诬作窥探，虐民凌民，不胜枚举"①。在碱厂下夹河，俄军无故"烧毁民房四五十间，绑去乡民一人"②，又抓获"日探"2名，"一系分水岭庙中道士，一系韩民，均即正法"③。

开战伊始，清政府在《两国战地及中立地条章》中明文规定："粮食柴草一切日用之物，须该国军队自行备办携带，以符我守局外之例。"然日俄两国并不遵守，"自旅顺迤北，直至边墙内外，凡属俄日大军经所处，大都因粮于民，菽黍高粱均被芟割以作马料。纵横千里，几同赤地"④。在怀仁县，俄军屯兵六道河子、大雅河等处，"军需浩繁，米麦柴草均在屯扎之处就近购办，物价因之沸腾并为之一空"⑤。在本溪甬子峪，俄军数千闯入，"先则搜山，硬拉耕牛牲畜，继则挨门翻掠财物、粮草，挞除男子，奸淫妇女，扒房砸锅，车地毁苗。本会三百余户，未有不受滋扰者。种种凌虐，实难面述。地有种完，被其践踏，不留寸草；地有未种，被其祸害，种子未留一粒。东作不兴，西收何望？众民之命，难以聊生"⑥。

本溪西北部是沙河会战的主战场，受害尤其严重，"原本富庶的村庄除了残垣断壁和偶尔看到的孤零零的烟囱外，什么都没有留下"⑦，仅边牛堡、苏麻堡的10个村屯就被拆毁房屋1165.5间，失耕土地9939亩，损失牲畜47头（见表1-2），人民惨遭屠戮，流离失所。据边牛堡子保长刘吉全战后向辽阳州的报告："日俄前敌占据本村，禾稼均被践踏，各家财物、牲畜一扫而空，住房被拆作烧柴。以后又按家收逐，囚男妇数百于一院，饥饿二日后，又赶上山。彼此开炮，枪弹如雨，哭声遍野，惨不忍闻。以致刘忠福等八人被枪毙命，受伤者不可胜数。现已平定，民渐回归，居食无

---

① 辽宁省档案馆编：《日俄战争档案史料》，辽宁古籍出版社，1995年，第56-57页。
② 辽宁省档案馆编：《日俄战争档案史料》，辽宁古籍出版社，1995年，第66-67页。
③ 辽宁省档案馆编：《日俄战争档案史料》，辽宁古籍出版社，1995年，第57-58页。
④ 《日俄战纪》第13期，商务印书馆，1907年，第85页。
⑤ 《甲辰中立之实状》，载马俊显修，刘熙春等纂：《怀仁县志》卷七兵事志，宣统元年（1909）铅印本。
⑥ 辽阳县公署档第14894卷，转引自陶元堂编：《近代辽宁人民的反帝爱国斗争（1840-1919）》，辽宁大学出版社，2009年，第192页。
⑦ ［英］杜格尔德·克拉斯蒂：《奉天三十年（1883—1913）——杜格尔德·克里斯蒂的经历与回忆》，张士尊、信丹娜译，湖北人民出版社，2007年，第157页。

计，况值春耕，既无子种，又无牛犁，男女老幼，势有呆立待毙之虞！"①
又据上苏麻堡保长王玉书的报告："去岁八九月间，本屯为日俄战地，禾稼
熟割俱被蹂躏。迨九月底俄兵将本屯男妇数百人逼逐北上，日军赶来，彼此
开枪，遂致陈盛元、高德及王忠贵、王忠花等被枪毙命。被难男妇惊惶失
措，夺路四散，所有财产房地牲畜等项掠毁一空。身等在外流离失所五月有
余，幸战事已过，民渐归回，野居穴处，饮雨餐风，农时过半而犁种全无，
哀鸿遍野，触目伤心，知我如此，不如无生。"②工商业也难逃噩运，边牛堡
子丰元恒烧锅瓦房96间被俄军付之一炬，财产货物油酒被洗掠一空③。

表1-2　日俄战争期间本溪部分村屯受难人数及财产损失情况统计表

所属乡保	村 屯	受难人数	成年		未成年		拆毁房间数（间）	失耕土地数（亩）	损失牲畜
			男	女	男	女			
苏麻堡子	上苏麻堡	342	116	103	63	60	134	1230	28
	下苏麻堡	204	73	55	37	39	61	1128	19
边牛录堡	本 堡	900	337	342	110	111	748.5	3369	
	胡守台	77	27	28	14	8	28	503	
	枣 沟	140	48	52	22	18	38	816	
	花家岭	109	46	40	13	10	37	375	
	姚家沟	124	52	38	17	17		318	
	大柳家峪	565	211	199	73	82	16	1021	
	小柳家峪	170	61	52	27	30	17	426	
	大 沟	217	86	73	34	24	86	753	
总计		2848	1057	982	410	399	1165.5	9939	47

资料来源：辽阳县公署档第14096卷，辽阳市档案馆藏。

---

① 辽阳县公署档第14891卷，转引自陶元堂编：《近代辽宁人民的反帝爱国斗争（1840-
1919）》，辽宁大学出版社，2009年，第190页。
②《辽阳城守尉德裕、辽阳知州沈金就日俄战事损失给盛京将军赵尔巽的禀文》（光绪三十一
年六月十九日），辽阳县公署档第14096卷，辽阳市档案馆藏。
③ 辽宁省档案馆编：《日俄战争档案史料》，辽宁古籍出版社，1995年，第470页。

据战后辽阳州给盛京将军赵尔巽的报告，战争期间，辽阳全州"被俄军误毙人命二百五十二口，损失财物约估值银一百九十四万四千九百二十七两五钱；日军误毙人命一百七十八口，损失财物约估值银四十九万零三百九十五两四钱五分；俄、日两军激战时，误毙人命二十一口，损失财物约估值银十六万九千零八十二两九钱三分。又，损害中立公家物产约估值银九万三千六百三十九两二钱六分"[1]。其中，仅今本溪地区部分村屯死亡人口即达69人（见表1-3），战后因伤病冻饿而死者更是难以计数。

表1-3 日俄战争期间本溪部分村屯受难人口统计表

村屯名称	死亡人数	受难者姓名
边牛录堡	6	隗文喜 曲官生 刘忠富 何 五 梁 大 郭于氏
枣 沟	2	何玉德 何尹氏
上苏麻堡	4	陈盛元 高 德 王忠贵 王忠花
下苏麻堡	1	冯德生
南苏麻堡	10	王太祥 杨宝泉 朱殿发 朱连升 何小四 孙永山 徐张氏 万刘氏 郑万曲 黄聚才
响山子	1	刘福清
侯家屯	5	岳玉仁 刘成元 张小肥 佟刘氏 李来春
代金峪	2	佟玉金 郭成金
三家子	5	郑有荣 郑有启 刘永吉 侯恩普 侯秉林
下平台子	4	刘殿元 刘殿清 刘忠富 郭姜氏
达贝沟	11	张德山 赵奎一 任宝启 杨永昌 赵玉恒 赵锡升 何文凯 赵二曾 赵二妞 高常山 朱石头
张其寨	6	谢袁氏 谢德宝 谢双姐 郭纯厚 高万福 赵德永
大黑贝	2	杨 富 杨 有
腰 堡	5	张连起 冯梁氏 宋洪才 谢起云 马恩方
黄木厂	2	王裕廷 谢三住

[1] 辽宁省档案馆编：《日俄战争档案史料》，辽宁古籍出版社，1995年，第447页。

续表

村屯名称	死亡人数	受难者姓名
八家子	1	崔王氏
本溪湖河东	1	杨张氏
本溪湖明山沟	1	杨小会
总　计	69	

资料来源：辽阳县公署档案14096卷，辽阳市档案馆藏。

为掠夺中国财富，转嫁战争成本，日俄两国还竞相发行纸钞，在战区强制推行。本溪商民把日本的军用票称为"手办"，俄国的军用票称为"羌帖"。日俄战争期间，日军在东北各地发行的军用票高达1.9亿元，俄国在战区发行的军用票"其数量颇巨，无法估计"[1]。这些军用票因没有准备金作保证，本溪商民拒绝使

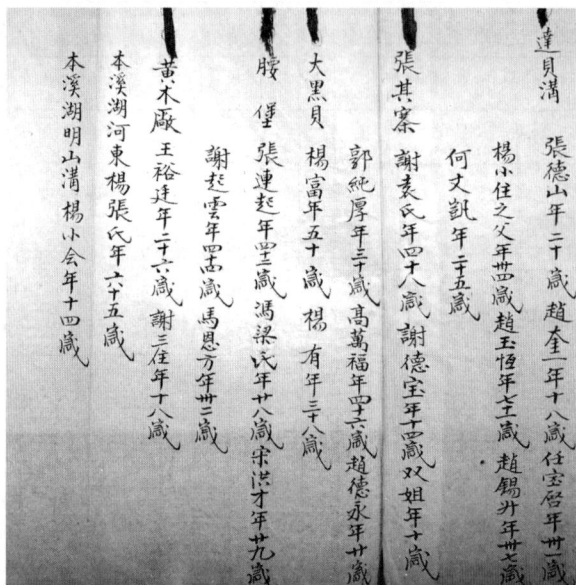

日俄战争期间本溪罹难民众名单（部分）

用。"而日军到处设卡，搜检甚严，有带大小洋者，辄以手票强易之……有携俄国羌帖者，轻则鞭楚，重则处死"[2]。日俄发行的这些军用票在战后全部变为废纸，仅怀仁县商会保存的羌帖金额就高达88636元[3]，本溪人民将之形容为"受羌伤"，足见损失之巨、掠夺之苦。

---

① 献可编著：《近百年来帝国主义在华银行发行纸币概况》，上海人民出版社，1958年，第174页。

② 《日俄战纪》第16期，商务印书馆，1907年，第75-76页。

③ 王伟：《日俄战争中经济掠夺的罪证》，载《中国钱币》2005年第3期。

日俄战争期间，日俄两国无视清政府声明中"我既局外，两国开战以前，开战以后，均不得招募华民匪类充当军队"的条规，拉拢、收买各地土匪头目，进行组织训练，使其变为本国正规军的辅助军事力量，去扰乱和破坏敌方的军事设施、战略物资、补给线和后方保障。

早在战前，俄军退役大尉马德里托夫便网罗原忠义军叛徒林成岱等股匪改编为"花膀子队"①，协助俄军追剿义军，掠夺鸭绿江一带的木材。"花膀子队"成立后，依仗俄国殖民者扶持，助纣为虐，烧杀淫掠，无恶不作，激起极大民愤。1903年4月，林成岱、刘奎五率股匪闯入连山关，"沿铺递片，捐敛路资"，将居民"绑拷烧烙，苦难言状，罄囊赎命。复将居户朱殿福新产之妇并年甫十三幼女，轮奸几毙"。在草河口，林、刘股匪"挨家搜掠钱财、马匹、衣饰等物，寻找妇女，任意玷辱，绑缚乡民，威逼拷打索钱，乡耆各集跪求，伊等心如铁石，毫无顾忌，稍拂其意，即横加鞭楚、烤烙、戕害，荼毒孳作，极不堪言"②。东边道尹袁大化决意剿灭林成岱，正告马德里托夫："尔欲庇匪，开衅亦所不辞。"③林成岱见势不妙，逃往烟台，被中国官府抓获"正法"，结束其一生。日俄开战后，马德里托夫又组织起"满洲马贼团"，其司令部设在赛马集。1904年3月8日，俄远东总督阿列克谢耶夫为此专门照会盛京总督增祺，称俄方已派马德里托夫自盛京至通化县，辽阳至怀仁县，辽阳至沙河子，通化县至怀仁县、宽甸县、凤凰城、岫岩州及大孤山道路"安设马拨"，"雇带枪华兵四千名"，要求增祺"饬知旗民各员及晓谕民人，并请迅将贵处队兵自该各处撤退"④。据1905年宋教仁的调查，当时"满洲马贼团"有刘永清、冷振东、孙竹轩、李四大人、张兆元等部，其中"张兆元为俄国统领，有花榜（膀）队千余……出没于通化以南怀仁各处"⑤，不断袭击日军，严重威胁日第一军

---

① 即华俄卫植军，是俄军组织的土匪武装，因其肩上或臂上都佩戴有"中俄旗式"标志，被中国民间称为"花膀子队"。

② 辽宁省档案馆、辽宁省社科院历史研究所编：《忠义军抗俄斗争档案史料》，辽沈书社，1984年，第559页。

③ 辽宁省档案馆、辽宁省社科院历史研究所编：《忠义军抗俄斗争档案史料》，辽沈书社，1984年，第551页。

④ 辽宁省档案馆编：《日俄战争档案史料》，辽宁古籍出版社，1995年，第83页。

⑤ 宋教仁：《二十世纪之梁山泊》，载陈旭麓主编：《宋教仁集》上册，中华书局，1981年，第12页。

的右翼。

日军在招募马贼方面也不遑多让，甚至远远超过沙俄。为了对付俄国马贼的骚扰，1904年5月7日，日军参谋本部决定在鸭绿江一带成立"特别工作班"，任命步兵少佐花田仲之助执行这项任务。5月28日，花田仲之助率领以玄洋社成员为骨干的16名队员自日本门司出发，前往东北，在第一军的帮助下，招募各类武装，并于6月21日在赛马集正式组成所谓的"满洲义军"，花田仲之助任"总帅"。7月22日，"满洲义军"经过激战，攻占了"满洲马贼团"驻守的碱厂，由此名声大振，队伍不断扩大，发展至1000余人，花田仲之助也以"花大人"之名而名噪一时。据日本满洲军司令部所编《满洲义军近情》报道：1904年11月后，"满洲义军"在兴京、怀仁、通化、新兵堡、龙城各地连续袭击俄军，在很短的时间里，同俄军交战40余次，均获胜利[1]。他们"时而从四面八方全线出击，时而化整为零，夜袭辎重，焚烧兵站，围攻厂舍，歼灭敌人有生力量。有时又充当日军的前锋，或组成游击队由侧面进行掩护，执行侦察，输送军需的任务"[2]。"满洲义军"还广泛联络"散处帽儿山、海龙城、抚顺、本溪湖各地之马贼不下六七千人"，"互通声气，一呼百应，故俄军欲挫义军乃至难之事"[3]。1905年4月，花田秘密派遣河本大作中尉前往拥有3000名马贼的杨二虎部当教官，企图策动杨二虎去侵占"间岛"（今吉林省延边朝鲜族自治州）作为根据地，变相将"间岛"控制在日本手中。当时杨二虎部根据地在桥头车站附近的白云寨。后来盛京将军赵尔巽派兵将杨部歼灭，使花田的阴谋破产。

日俄就是这样，不惜以中国人民的鲜血和生命，利用中国的人力物力，为其侵略中国服务，可谓阴险毒辣之极。

[1] 刘永祥、常家树：《日本侵华间谍与谋略》，辽宁大学出版社，1994年，第102页。
[2] ［日］都筑七部：《阴谋与梦想》，赵连泰、靳桂英译，吉林文史出版社，1988年，第18-19页。
[3] 赵尔巽档案全宗第131号，中国第一历史档案馆藏。

第五节　本溪县设治与安奉铁路交涉

一、奉天行政改革与本溪县设治

1894年甲午中日战争，1900年八国联军侵华战争，1904年日俄战争，中国东北十年间三遭兵燹，"官诎于交涉而内政不修，民苦于兵戎而本业坐废。旗蒙凋瘵，盗贼杂糅，受病既深且迫"①，可谓满目疮痍，内外交困，清廷的统治权威受到前所未有的挑战。1905年5月，清廷任命赵尔巽为盛京将军，谕其"破除常例，因时制宜，所有应兴应革及惩劝各项均并悉心体察"②，以尽快稳定地方政局，重建清廷在东北的统治秩序。

赵尔巽上任后，对奉天原有行政体制进行了大胆改革，裁撤奉天府尹，归并盛京五部，统一行政管理权。同时，对地方行政区划作出调整，根据行政需要选择适当地方设立新的治所，以加强对这些地方的管理。1906年12月8日，赵尔巽上奏清廷："辽阳属本溪湖附近一带，毗邻兴京（今新宾）、凤凰（今凤城）两厅属境，万山重叠，路径分歧，最易藏垢纳污，为盗贼渊薮，应另设知县一员，划辽阳、兴、凤三州厅地面，并归管辖，名曰本溪县，俾得就近控制，清乡缉匪，劝学牖民，以期治理有俾，究以何处设为治所相宜，应俟地界划清再行定夺。"③12月13日，清政府正式批准赵尔巽所请，设立本溪县④。

本溪县的设立，使本溪作为独立政区登上历史舞台，它的设立有着较为复杂的历史动因。

首先，本溪设治是整饬地方治安的需要。

本溪地区山高林密，地形错综复杂，特别是东山、本溪湖一带，煤窑

---

① 盛京将军赵尔巽：《奏为筹办奉省善后事宜各端情形事》（光绪三十一年十二月十四日），03-5764-083，中国第一历史档案馆藏。

② 赵尔巽档案全宗第101号，中国第一历史档案馆藏。

③ 盛京将军赵尔巽：《奏为续行查明奉旨岫岩州属庄河等处应添设厅县分防各治派员试办拟请饬部立案事》（光绪三十二年十月二十三日），04-01-02-0012-003，中国第一历史档案馆藏。

④ 《大清德宗景皇帝实录》卷五百六十五，光绪三十二年十月辛卯，中国第一历史档案馆电子版。

遍布，商民辐辏，"向为盗匪出没之区"①。早在1883年3月，盛京将军崇绮就上奏清廷："各窑挖掘煤斤所用人夫，每多匪类溷迹其间，实为地方隐患，即如辽阳州境内东山本溪湖一带窑洞，从前巨盗戴发等潜匿多年，不时纠伙肆劫，是其明证"，而且本溪湖距离盛京较近，各方利益纠缠，"豪族强宗更多包庇"②，必须设法加以限制，以期将隐患消灭在萌芽状态。为此，崇绮在本溪湖派兵驻巡，并设局抽收煤窑厘金，稽查盗匪，迈出了本溪设治的第一步。

日俄战争后，东北地区百业凋敝，失业者众多，加之大量武器散落民间，致使会党武装发展迅速，乡里豪猾之徒亦"动辄啸聚，椎埋剽掠"，"每股动数百人，少亦数十人。闾阎骚动，行旅裹足"，本溪地区治安日益恶化。

1905年10月，怀仁、通化等地会党起义不断，季逢春（季傻子）、黄金甲等率部四五百人进攻兴京（今新宾）、碱厂，该处清军总巡刘长春在赵甸迎击获胜，季逢春等退至东北平顶山、橙厂。清军乃兵分两路：刘长春率部绕过大北沟，包抄橙厂以北；负责统巡东路的清军副参领乌尔棍布自率主力由平顶山西南而进。在清军夹击下，黄金甲身受重伤，马驮以逸，季逢春穷蹙投诚③。

1906年5月，韩乐子起义军进攻辽阳，占据平顶山和瓦子峪一带，"竖旗设卡以抗官军"，清军前路3营会同兜剿。6月4日，清军发起总攻，自10时战至翌日晨2时，彼此互有伤亡。清军炮队续至，"连发大炮三四十出"，韩乐子不支，率众溃围逃窜。清军尾追至田猪哨地方，又与其鏖战一日，起义军占据民房，至晚乃退占山岭，仍负隅固守。深夜时分，侦知清军后路援军将至，余部百余人由泰侯庙向甫子峪方向窜逃。清军遂轻骑疾驰，将义军包围于甫子峪北荒沟，四面环攻，义军冒死向东北方向冲突，由刘胡子岭窜往汤沟。清军兵分两路：一路自后尾追，一路由东北金沟绕越其前，义军见大势已去，四散逃匿。6月11日，韩乐子逃至韭菜峪地方，为该

① 盛京将军崇绮：《奏为辽阳州本溪湖一带煤窑盗匪出没请停煤厘预防流弊事》（光绪九年九月二十七日），03-7124-020，中国第一历史档案馆藏。

② 《光绪九年正月二十二日京报全录》，载《申报》，1883年3月15日。

③ 中国第一历史档案馆编：《辛亥革命前十年间民变档案史料》上卷，中华书局，1985年，第88-89页。

处巡兵击毙①。

会党武装的频繁活动使清政府意识到，要维持本溪地方长治久安，就必须独立设治，摆脱地方自治状态，以方便政府就近控制。

其次，本溪设治是加强行政管理的需要。

辽阳设治时间较早，统辖地域过于辽阔，造成一些村镇距离治所极远，行政控制力量薄弱，以致"东境本溪湖等村至终岁不见州官文告"②。而且，从中日甲午战争开始，列强侵略触角渐由沿海深入内地，来到本溪地区传教、考察、经商的外国人日渐增多，尤其是日俄战争后，日本势力纷至沓来，修筑铁路，侵占矿山，地方涉外事务不断增多，对外交涉日益频繁，而相距较远之有司未能一一顾及，颇有鞭长莫及之感。此外，各项新政的推行以及战后重建的开展，均离不开地方官员相应的提倡、劝导，将来铁路沿线各开埠地方，亦需要专员就近规划、督饬，必须设立新治，加强日常行政管理，维护国家主权和民族权益。

再次，本溪设治是旗民分治管理体制改革的需要。

清朝定鼎北京后，将盛京作为陪都，逐步建立起旗民分治的二元管理体制，即按照所辖人口族属不同分设行政区划。以本溪所在辽阳地区为例，按照《光绪辽阳州乡土志》的记载："国初奉、锦二郡旗民杂居，编户则守牧治之，八旗则城守尉辖之。守牧所治外，有属本城城守尉辖者，有属他城守尉辖者，又有奉天将军专辖者，以故辽阳原界州治：西至烟狼寨五十里，外为牛庄界；东至官马山七十五里，外为凤凰界；南至黑峪八十里，外为海城界；北至杨家湾七十里，外为盛京将军专辖界；西南至鞍山，东南至浪子山，东北至十里河，西北至船城皆六十里。而辽阳城守尉辖界所至：东三百五十里至一堵墙兴京界；西一百二十里至网户屯广宁城守界；南一百三十里至生铁岭岫岩界；北至十里河承德县界；东南至分水岭一百六十里岫岩界；西南至新台子九十里海城界；东北至张起寨一百二十里抚顺界；西北至四方台九十里广宁界，比州治广逾数倍。"③可见，今

---

① 中国第一历史档案馆编：《辛亥革命前十年间民变档案史料》上卷，中华书局，1985年，第97—99页。

② 赵尔巽档案全宗第187号，中国第一历史档案馆藏。

③ 洪汝冲鉴定，白永贞纂：《辽阳州乡土志》，清光绪三十四年（1908）辽阳奉天习艺所铅印本。

本溪地区大部分为辽阳城守尉辖境，清初居住于此的也大多是旗人。

从理论上讲，旗民分治的二元政区设置有利于日常管理。然而清中叶后，随着大批汉人迁居关外，本溪地区汉族人口迅速增长，改变了当地人口结构，导致旗汉杂居现象日益突出。以清朝"龙兴之地"的兴京县西南23界（今属本溪县）为例，共有旗2408户，汉1368户，旗户男10414人，女8878人，汉户男5586人，女4564人，旗汉比例接近2∶1。而本溪地区旗（含蒙籍、汉军）汉（含回籍、客籍）比例更是达到1∶4（表1-4）。在这种情况下，旗汉政区难免会出现疆界错壤、交叉分布的情形，给基层管理带来不少困难。

表1-4　本溪地区人口结构表（1908年）

籍　贯		户　数	人口		
			男	女	合计
满籍		1380	5304	4772	10076
蒙籍		30	95	73	168
汉军		5303	20077	16605	36682
汉籍		7485	26816	24746	51562
回籍		258	988	848	1836
客籍	永住	16111	62608	51033	113641
	暂住	1390	4428	2673	7101
外国人		28	409	77	486
总　计		3985	120725	100827	221552

资料来源：奉天谘议局筹办处编：《奉天谘议局筹办处调查报告书》第2册第4卷，1908年，第5页。

旗民政区设置的二元并立，又自有一套自上而下的行政系统。在日常行政中，旗署官员品级较高，甚至有宗室专缺，往往目无民署官员，而府县各员则经常阴为阻挠、暗自掣肘，"凡应行查拿私参，经将军派委官兵前往，地方各官自宜会同查缉。乃近日拒捕殴差之事不一而足，地方官竟视同膜外，乡长、保甲并不协力擒捕，此皆因将军、府尹不相关涉，各分畛域之所致"①，导致双方各自为政、相互隔膜，缺乏必要的协调与合作。

1850年1月，本溪湖、火连寨地方回民刘耀与山东民人刘泳和等因争夺木筏聚众械斗，"毙伤良民多命"并"烧尸灭迹"。辽阳城守尉绵洵派官兵前往捕拿，刘耀等"施放枪炮拒捕，毙伤兵丁十名"②。对于这场造成上百人死亡的大械斗，辽阳州知州方发祥事前既疏于防范，事后又许久不能拿获人犯，待到盛京将军弈兴派员带兵拿获首从各犯解押到省，始以会同拿获上报，"显系捏词邀功"③。在盛京将军、奉天府尹以及刑宪四堂会审中，对首恶之外各伤一命的拟绞诸犯，双方处理意见再次两歧。负责主审的刑部笔帖式完颜·煦莼慷慨陈词："是案一百几十人命，仅仅止十四人实抵，我等执法如是之公耶？其已死之冤魂向谁要命？"④终将杀人者绳之以法。

这一典型案件，将"旗民分治"的体制弊端暴露无遗，本溪县的设立正是因应"旗民分治"向"旗民合治"政治体制转化的必然选择。

对地方设治，赵尔巽采取了极为谨慎的态度，必事先派人详细考察，反复论证，制定合理可行的设治方案之后始行试办，先设民官及分防之员，划分边界，选择适中之地设立治所，切实可行之后，再奏请对亟宜设治之各地方分别办理设治事宜，分别修建衙署，铸给相应的印信钤记。本溪县的设治正是遵循这一原则。

对新设之县治，赵尔巽本属意辽阳正东之牛心台。1906年8月，以奉天财政总局陈训为委员，前往勘明县治，分拨界址。陈训受命后，对牛心台等处"周历履勘"，绘具了详细的图注。经过一番考察，陈训认为，牛心台村地僻户稀，作为县治，不如距牛心台20里的本溪湖繁盛，且安奉铁路途经本溪湖，日人驻扎甚多，一旦将来开埠，"洋商络绎于途，保护稍有未周，即贻外人口实"，本溪湖"地面虽非适中，而形势实为扼要"，建议在"本溪湖添设县治，并请先行委员试办。俟有就绪，再行筹议一切办法，呈请奏咨立案"⑤。

---

① 《大清高宗纯皇帝实录》卷六百七十六，乾隆二十七年十二月己亥，中国第一历史档案馆电子版。

② 盛京将军弈兴：《奏为审拟辽阳城属回民刘耀与山东民人刘泳和等因争木筏聚众械斗致毙夺命拒伤官兵一案事》（道光三十年十月初一日），03-3910-042，中国第一历史档案馆藏。

③ 《大清宣宗成皇帝实录》卷四百七十六，道光三十年正月庚子，中国第一历史档案馆电子版。

④ 完颜·煦莼：《萃英堂老人自订年谱》，清同治刻本。

⑤ 《奉天省财政总局给奉天府的呈覆》（光绪三十二年十月初七日），辽阳县公署档第2721卷，辽阳市档案馆藏。

接到陈训的报告，1906年10月，赵尔巽以前安徽凤阳府通判周朝霖为试办委员，前往筹备本溪县设治事宜。

周朝霖，字雨青，1870年生于湖南湘乡县杨家滩（今属娄底涟源市），湘军悍将、湖南提督周宽世第五子①，荫生，恩赏六品顶戴。中日甲午战争中，以幕僚身份从江苏补用道李光久率新湘营援奉，与日军血战牛庄②。1896年，以特用五缺通判任安徽凤阳府通判，主管督捕、水利等事宜③，曾依法惩处调戏民女的洋工程师之仆役④。赵尔巽选择他担任本溪县首任设治委员，当与其熟悉辽东边务、具有对外交涉经验不无关系。

周朝霖到任后，对陈训所勘定界址进行了复核，认为，本溪县治所"以适中而论，应在小市"，只是本溪湖为省城通向东边之要冲，山势环耸，为省城东南屏障，在战略上具有特殊价值；而且，日人借保护铁道之名，在本溪湖驻军数百人，随军工商业者又数百人，与中国政府在开矿、设赌诸事上屡起冲突，如果县治设于他处，"则对于外人之抵抗力全归消灭，日后恐不堪设想"，故本溪县"设治处应以本溪湖为断"⑤。显然，对于治所的选择，周朝霖与陈训一样，更多是基于抵御日本侵略、维护国家主权的考虑，而非地理或经济上的考量。

按照陈训最初勘定的界限，辽阳州与本溪县以半拉山—长岭一线为界，以东划归本溪县管辖。1906年11月4日，周朝霖赴半拉山、黄堡一带勘定界址，"云从此以东皆归新治"，乡民闻之，"议论哗然"⑥。11月8日，半拉山、三家子等15村联名上书赵尔巽，反对划归本溪县；11月21日，孤家子、甜水站数十村屯亦上书恳请留属辽阳州，理由主要有三点：

① 周福兴等主修，周福明等纂修：《梅林周氏三修族谱（存著堂）》，1994年。

② 《栩缘日记》卷一，载王同愈著，顾廷龙编：《王同愈集》，上海古籍出版社，1998年，第160页。

③ 秦国经主编：《中国第一历史档案馆藏 清代官员履历档案全编》28，华东师范大学出版社，1997年，第253页。

④ 《凤浦铁路近闻——华籍仆役仗势欺人》，载《中外日报》，1904年6月14日。

⑤ 《周朝霖给奉天税务总局有关勘定本溪县界情形的呈文》（光绪三十三年三月二十九日），奉天税务监督署档第92卷，辽宁省档案馆藏。

⑥ 《三家子候选教谕汉教习陈诒彬等为辽东设治划界给赵尔巽的禀文》（光绪三十二年九月二十二日），辽阳县公署档第2721卷，辽阳市档案馆藏。

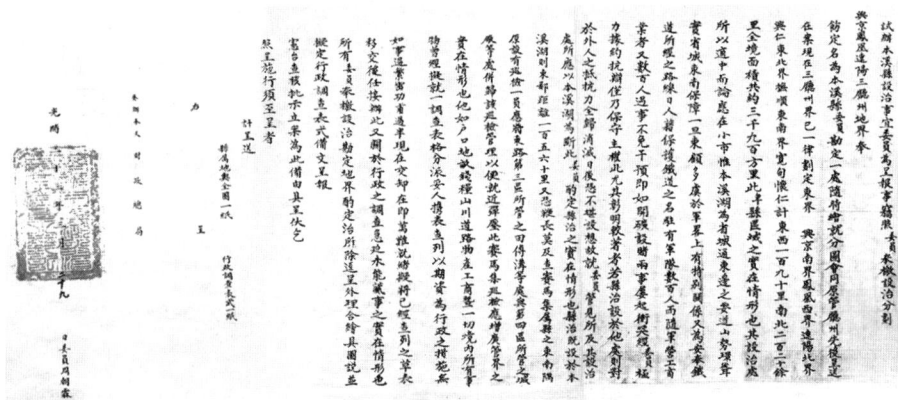

本溪县设治委员周朝霖就县治设置给盛京将军赵尔巽的报告

一是上述村屯距离本溪湖，较辽阳"不甚悬差"，且"赴东道路崎岖，岗峦重隔"，远不如与辽阳间道路平坦，交通便利。

二是兰河水道"涨消靡常，变迁不定"，且许多村堡与田土隔河分居，如按此划分县域，将造成"岁岁划界，村村割分"的局面。

三是上述村屯学堂、巡警、团练等组织机构已"粗立规模，渐可推广"，如划归新县，将导致原有团体中分，"财力亦绌，一切新政均须罢废"①。

对上述反对意见，周朝霖据理力争，认为：半拉山直至太子河北岸40余里，山脉接续不断，"的系天然界限"；太子河南岸，则由长岭一线东移至兰河流域为界线，"限界分明，毫无错混"。如按照上述村屯所请，以朝鲜岭为界，则治所本溪湖以西距离县界仅余25里，且"半拉山界线如有更动，则南河（兰河）界线亦须更动，方能齐整"②。而赵尔巽则认为，添官设治，本为便民起见，孤家子等村屯反映的情况"确有见地"，要求周朝霖与辽阳州体察情形，通筹全局，会商办理，"毋稍偏执"。

遵照赵尔巽指示，1907年4月，周朝霖会同辽阳州知州陶鹤章，亲履勘定辽阳州东路划归本溪县新治的土地，"计东自盘道岭与抚顺连界之处起，沿兴仁（县）边界西向，经肖家河、高家堡、张起寨、枣沟、松木堡、歪头山、柳家峪，折西南向，经朝鲜岭、王高玉岭、南大岭、郑家屯，渡太

①《孤家子、甜水站数十屯为界址毗连碍难划分悬恩挽回的呈文》（光绪三十二年十月初六日），辽阳县公署档第2721卷，辽阳市档案馆藏。

②《周朝霖给辽阳州知州陶鹤章的移文》（光绪三十二年十月），辽阳县公署档第14179卷，辽阳市档案馆藏。

资河，经瓦子峪、朴家湾、黄土地，渡细河，经宁家寨、老官岭、长背山、石门岭，东转十里，经王家崴斜向西南，经滴塔堡、摩天岭南向，经新开岭、八盘岭、白云山，折而东向，经车头岭、上万两河、荒店子、礓子岭、白蔓岭、千家岭，斜向东北，至分水岭与凤凰厅属之草河连界为止"，共计经线190里，北面纬线115里，南面纬线65里，共计边线380里，此经线以东划归本溪县管辖治理，共计142个村牌①。同时，将兴京抚民厅西南部23村、凤凰厅北部赛马集10村亦划入本溪县，全县东至碱厂边门东小平顶山，西至太子河西上瓦峪，南至青水亭，北至康大人山②，面积11610平方里，共划分为10个乡，175个村（表1-5），户口总数25833户，人口数195289人③。

表1-5　本溪县设治之初行政区划表

方位	区属	距离县治距离	村屯数
东路	林家堡子	县南100里	51
	田师傅沟	县东130里	
	碱　厂	县东南220里	
南路	赛马集	县南180里	41
	下马塘	县东南90里	
	白水寺	县东南100里	
西路	牛心台	县西南30里	43
	白云寨	县西南40里	
北路	望城冈	县东北120里	36
	边牛堡	县西北40里	

资料来源：吴廷燮：《奉天郡邑志》，1911年，本溪县条。村屯数171个，与前文不符，当为不包含县治村屯数。

① 《辽阳州、本溪县会同划界的公文》（光绪三十三年二月三十日），辽阳县公署档第2721卷，辽阳市档案馆藏。
② 奉天谘议局筹办处编：《奉天谘议局筹办处调查报告书》第2册第4卷，1908年，第1-2页。
③ 吴廷燮：《奉天郡邑志》，1911年，本溪县条。

　　设治之初，本溪县隶属东边道，治所初在牛心台，1907年3月迁至本溪湖，衙署设在本溪湖东街，称设治局，长官称总办，总理县政。另设办事官、通译、书记员各1人，辅助总办管理庶务。设治局下设吏、户、礼、兵、刑、工6科，由于设治未久，吏员缺乏，吏、礼、兵3科职能分由户、刑、工3科兼理，共设书吏19人、差役34人，初步建立起本溪县的行政架构①。1907年5月10日，赵尔巽离任前夕奏请清廷对新设治地方分别评定缺分，并确定分隶管辖权，本溪县设治局改称县署，总办改称知县，定为繁难题要缺，加理事同知衔，隶奉天府管辖，庶于考核一切，责有所归②。

　　县境划分既定，乃做田赋接收工作。辽阳州向本溪县划拨土地3061.7亩，凤凰厅向本溪县拨付土地173.6亩。辽、凤二厅州共拨归本溪县实征民地正银23两5钱5分8毫、耗银2两4钱9分9厘1毫、加赋耗羡银1两4钱5分6厘，地米41石1斗7升2合9勺9抄6撮5圭5粟，各项余地租银36两8钱5分7厘、学田租银4两2钱7分2厘，为本溪县政运行提供了经济上的保障③。

　　在创设机构、接收田赋同时，周朝霖派军警剿灭境内土匪，平定匪乱，待社会治安稳定之后即开始各项新政建设。

　　一是于县治设巡警总局，外屯分为3局、分15区，共养马步巡兵500余名。考虑到东部地区距离县治本溪湖180里，恐鞭长莫及，难于治理，乃将东路第三区所管田师傅沟及第四区碱厂等处划归赛马集原设之巡检管理，以便就近弹压。

　　二是于县治设两等小学1处，外屯创设初等小学2处，开本溪湖等地现代教育之先河④。

　　三是开展清赋，于治所设总局，外屯设分局，清查浮荒地亩，缴纳地价。在县境各处张贴清赋告示、章程，令民众自行赴衙署首报私垦浮多及各项荒地。此举遭到士绅阶层的抵制，公告数月"未一户赴署首报浮多"。

　　① 奉天谘议局筹办处编：《奉天谘议局筹办处调查报告书》第2册第4卷，1908年，第14页。
　　② 赵尔巽：《呈酌定添设厅县佐杂各缺未尽事宜清单》，03-5479-046，中国第一历史档案馆藏。
　　③《辽凤二厅州拨归本溪县额征地丁银米及各项余地租银钱并科则地亩个数目清册》，辽阳县公署档第14409卷，辽阳市档案馆藏。
　　④ 赵尔巽档案全宗第189号，中国第一历史档案馆藏。

1907年5月18日，本溪县第八区黄柏峪、长岭子、南坎等14牌会首联名上书，状告本溪县委员清丈山岭砬沟等荒地，逼勒首报，"征收骚动，人情汹汹，手足无措，虽妇孺童叟亦极惊惶失色"[①]。显然，周朝霖的清赋措施触及了士绅利益，对其非法侵占土地以及逃税行为有所遏制。

总之，本溪县的设治在本溪发展史上具有里程碑的意义，有利于加强对本溪地方的日常行政管理，维护社会治安的稳定，为经济发展提供了相对良好的社会环境，对于发展地方各项事业意义重大。更为重要的是，本溪县的设治对打击外来的政治、经济侵略，维护国家主权与民族利益具有重要作用。

二、安奉铁路修筑与维护利权的斗争

安奉铁路（今沈丹铁路），原系日俄战争期间日本为了从朝鲜调运物资、军队的迅捷，由日本临时军用铁道部运工修建的一条从安东至盛京的单线简易轻便铁路。1904年8月10日至11月3日，首先完成安东县城至凤凰城段路轨敷设工程，全长61千米；接着，又从凤凰城向下马塘方向延长敷设116千米，于1905年2月11日竣工。下马塘以北线路，最初打算修至辽阳，但随着战局发展，又决定改经桥头修至盛京，于1905年4月5日动工。不久，负责施工的临时铁道大队转移至新奉线修筑工地，改由临时军用铁道监部继续施工，将安东至下马塘间改为第一轻便铁道班（后改称安东县轻便铁道班），下马塘至盛京间为第二轻便铁道班（后改称下马塘轻便铁道班）。第二班自1905年8月10日着手施工。至同年12月3日完成下马塘至盛京间120千米敷设工程。1905年12月15日，安奉铁路首次全线通车，全长303.7千米[②]。

在下马塘至盛京段施工阶段，沙俄战败，日俄缔结《朴茨茅斯和约》，日俄战争结束。安奉简易铁路修筑，乃是日本基于军事上的需要，且铁路用地大半系征用民地，战争既已结束，按照国际惯例，安奉铁路理应拆除或者售卖给中国；而且从商业角度看，安奉铁路沿线没有近现代工业和矿

---

① 《具联名呈城东第八区十四牌众会首为俯叩天恩恳祈分清界限以恤民艰而解倒悬事》（光绪三十三年四月初七日），辽阳县公署档第14179卷，辽阳市档案馆藏。

② ［日］南满洲铁道株式会社公务课：《南满洲铁道安奉线纪要》，东京印刷株式会社，1913年，第5—7页。

山以及密集的人口群，在经营上"永远不能避免巨大亏损"①。但日本认为，安奉铁路战略价值巨大，肩负着开发满洲的重任，是日本国权、国势之所系。通过安奉铁路并与南满铁路相连接，日本的侵略触角将进一步深入东北腹地，"彼自仁川而奉天，自奉天北至长春，南至大连、旅顺，节节灵活，脉络贯通"②，对抗衡欧美势力对中国东北渗透，掠夺铁路沿线丰富的农矿资源，进而实现日本军国主义征服世界的"大陆政策"具有不可估量的作用。

正是基于这一认识，1905年12月22日，日本挟日俄战争胜利之余威，迫使清政府签订了《中日会议东三省事宜条约》，中国政府允将安奉铁路仍由日本接续经营，改为转运各国工商货物。除因运兵回国耽延12个月不计外，限以2年为改良竣工之期。自铁路改良竣工之日起，以15年为限。届时，将铁路各项建筑物估价售予中国，其改良办法，应由中日双方派员妥实商议，所有办理该路事务，中国政府援照东省铁路合同，派员查察经理③。自此，中日双方围绕安奉铁路沿线驻军与警察权、铁路改筑等一系列问题展开了一场旷日持久的交涉，本溪作为安奉铁路沿线重要地区不可避免地牵涉其中。

交涉首先围绕安奉铁路沿线驻军与警察权而展开。

日俄战争中，日本占据中国东北南部大片地区，其各级领事机构及关东都督府以保护日本"利益"为借口，强行设立守备队及警务机构染指地方警政；战后，又托辞保护日人生命财产，在安奉铁路沿线非法派驻护路警兵并在一些地方设立警察官吏出张所。日本此举，"不特有碍我行政主权，且欲各潜布其势力于奉天全省"④，其所部守备队和警察，又经常越出铁道界限，粗暴干涉中国地方事务，是对中国权益的进一步侵犯。为此，经清政府谈判，日本允诺在18个月内撤离驻奉日军，所有驻军时所占用公私产业一律交还中国，不以租用为名，强行占据。此外，居留于各地之日

① 何一民主编：《动力·结构·空间：多元视阈下中国城市历史发展研究》，四川大学出版社，2018年，第246页。
② 王彦威、王亮辑编：《清季外交史料》8，湖南师范大学出版社，2015年，第3987页。
③ 王彦威、王亮辑编：《清季外交史料》7，湖南师范大学出版社，2015年，第3515—3516页。
④《巡警总局呈请咨呈外部照会日本公使严饬驻奉领事遵守约章由》，JC010-01-001778，辽宁省档案馆藏。

人亦归中国政府保护、管束，日本无权另行设置警务机构自行管理。

　　然而就在驻军期限届满之际，驻本溪湖的日军换防。1907年3月21日，原驻扎之第五十三联队开赴别处，独立守备第四大队由日本开来填扎，"观其新兵远来，似无撤兵之意"。其第一中队在队长陆军步兵大尉石井一松率领下占据本溪县河东街一处民房存放军用品，并设小队守护。此事恰为在此整顿巡警、寻觅设治局办公处所的试办本溪县设治委员周朝霖发现，经询问得知，日本欲利用此处民房设立警察官吏出张所。日本的此项主张，显然与既定条约不符，令周朝霖"不胜骇异"，深恐此等举动妨碍中国主权。

　　兹事体大，1907年4月3日，周朝霖将此情禀报盛京将军赵尔巽。4月5日，赵尔巽札饬交涉总局迅即照商日总领事将撤废警察一事早日解决，并饬该处占租民房之日人即日退出，以免扰害地方。翌日，又将此情咨呈外务部。在咨文中，赵尔巽深入分析了日本此举的违约之处及其危害所在："查东三省附约第四款有占用中国公私各产业，撤兵时悉还中国官民接受明文。该县正值撤兵之时，该处拟租充局用之屋，又系民产，自应遵约办理，何得藉词占租？至设置警察，既非根据于条约上所许，又何得藉词复设？似此着着进步，若不严切据约诘阻，则前次并非军用必需者，勿致再有干预中国吏治之约，几成虚设。他款亦不可恃。奉省交涉，必日形艰险，无从措手。"要求日本驻奉总领事查照以前咨文，将交涉事宜迅速议结[1]。

　　外务部接到赵尔巽咨文后，即与日本驻华公使商讨奉天警务事宜。日使避重就轻，混淆护路警察与护路兵，企图以此掩盖其侵略事实，并未表明对日人强租民房设立警察出张所一事的态度，只是强调"护路兵俟营防造齐即行迁入，现暂须分驻铁路界外，请勿误会"。为此，赵尔巽建议外务部分两层照会日使，以杜绝其搪塞之辞："一、警察派出所应行撤废；二、沿铁路之护路警队，约内并无明文。不得于护路兵外添设，且不得藉此特设警署。"[2]

---

① 郭廷以、李育澍主编：《清季中日韩关系史料》，台湾"中央研究院"近代史研究所，1972年，第6384页。
　　② 王彦威、王亮辑编：《清季外交史料》7，湖南师范大学出版社，2015年，第3640页。

日本驻华公使给外务部的回复故伎重演，混淆安奉铁道的性质，为其非法派驻护路警兵寻找合理依据。以铁路沿线治安混乱，保护安奉铁道为借口，为其侵略行径开脱。

对于日使的托辞，赵尔巽明确指出："安奉铁道性质，全与东清铁道不同。日军撤退以后，该铁道当全归我国保护。此次日本擅设守备兵于铁道外，又派警官于车内，均属违约。若不及早据约驳阻，彼将视为默认。"①

面对奉天交涉总局要求撤去在安奉铁路沿线非法所设之警务机构的频繁照会，日本当局依旧强词狡辩，对其侵略行径不仅全无收敛，反而变本加厉。1907年8月6日，日军驻扎本溪湖守备队长石井一松强行逼勒租借民人王有土地6亩，侯永义土地2亩，徐财土地5亩，并于8日督饬工人填筑兵营地基。时已调任本溪、凤凰两处交涉巡警事宜委员的周朝霖当即传讯该地主，严加申斥，令其销废契约。同时照会石井，商令停工。石井回函对兵房营建一事"故作两可之词"。周朝霖揣其用意，认为日方"以误我于迟延，而阴以敏速之手段，一气呵成，以成骑虎之势。我若稍存疑虑，不以刚绝之语抵抗诘责，遏其野心，于大局实大有影响"②。当即上书新任东三省总督徐世昌，请其照会日本关东都督府暨日总领事，责令日方立即停工。

事情还未就此完结。8月13日，石井一松先是将王有等地主带至守备队"百般威吓"，当晚7时，又使副官户次速男、特务曹长田村等率兵闯入县街巡警局搜寻周朝霖。此时周朝霖已返回设在矿政局的寓所，户次等又追至矿政局，并封锁后山和左右巷口，自率20余人径直闯入周朝霖的办公室，"擎枪环立"，声称有中国巡警殴打日本苦力。周朝霖要求日方出示证据，户次等"无词以对"。随后户次又提出租拆民房一事，称系奉关东都督府命令，可不与中国官宪商议即可着手实施。周朝霖严词驳斥，坚称奉督抚宪命令，未经两国政府商议，日方不得任意建筑兵营。户次恼羞成怒，"声色俱厉，欲以兵力威胁"，周朝霖亦"正颜相向，坚不为动"，户次无可奈

---

① 奏办奉天交涉事务总局：《呈为遵札照会日军在本溪县占民房设警察官一事复称为在铁道保护乘客货物等因呈请由》，JC010-01-001778，辽宁省档案馆藏。

② 辽宁省档案馆编：《日本侵华罪行档案新辑》2，广西师范大学出版社，1999年，第126页。

何，乃与周朝霖商定和平会议之约而去①。

面对中方抗议与诘问，日方先是谎称租地与施工均系本溪县知县王式敏经手办理，且中方巡警屡次胁迫地主及建筑苦力，妨碍施工在先，户次并无以武力威迫周朝霖之事②。谎言被揭穿后，日方又诡辩称该地基系经各地主允诺借与守备队，"并不用何等强硬之手段"，且日方每年给付租金，并订立合同，妄图将这一侵害中国主权的政治事件淡化为单纯的经济纠纷。随后提出解决办法：将该地"作为铁道经营及保护必要上之铁道用地，将此事先行解决，至守备兵派驻问题，俟后日再议"③。

日本在本溪湖派驻军警的交涉暂告一段落，不久，围绕安奉铁路改筑事宜，中日双方再起波澜，这一次日方的主角，是南满洲铁道株式会社（简称"满铁"）。

1905年12月，中日双方签署《中日会议东三省事宜条约》，安奉铁路交由日方经营15年。1906年11月26日，日本违反原中俄关于南满铁路设立的相关条约条款，成立了旨在经营中国东北旅长、安奉铁路和铁路沿线附属矿山等的日本国策公司——南满洲铁道株式会社。"满铁"甫一成立，立即开始对安奉铁路的前期改筑准备。1908年春，由"满铁"副总裁中村市公亲自率队，对凤凰城、草河口至苏家屯一线进行测量，并秘密计划从陈相屯改线至苏家屯，企图将安奉铁路并入南满铁路，造成安奉铁路为南满铁路支线的事实。

此举引起了中方官宪的注意。1908年3月8日，周朝霖上报东三省总督徐世昌、奉天巡抚唐绍仪，称"满铁"派员在凤凰城"埋立标椿"，并分头向高丽门、草河口等处勘查，沿途皆有勘路标记，认为日方此举违反了条约有关安奉铁路改筑工程须经中日双方会商决定的规定，且铁路路线所经，系中方土地主权所在，非他人能擅动，"当此该路改良之秋，我若稍为

① 郭廷以、李育澍主编：《清季中日韩关系史料》，台湾"中央研究院"近代史研究所，1972年，第6639页。

② 郭廷以、李育澍主编：《清季中日韩关系史料》，台湾"中央研究院"近代史研究所，1972年，第6640页。

③ 郭廷以、李育澍主编：《清季中日韩关系史料》，台湾"中央研究院"近代史研究所，1972年，第6636页。

迁就，恐本款所载各语必致成为具文"①。徐世昌接到报告后，要求沿线地方派员"会勘"，并派奉天交涉司杨锡宪为委员前往调查，与日方进行交涉。5月21日，本溪县知县韩宝濂上报了境内日本人勘路情况，称此次改立标椿之处并不甚多，多在山岭及沿河地方，"揣其主义专在避山绕河，节省工料"②。

随着调查的深入，日本在安奉铁路沿线派遣守备队，设置所谓"满铁"附属地和警察官吏出张所等侵犯中国主权的行为，再度引起中国官宪的担忧。特别是凤凰城所属草河口（今属本溪县）为安奉铁路之要冲，自1907年春日本即派驻军警和"满铁"营业人员，至此时已达200余人。日本军警在草河口逐日清查中国居民及途经中国人，填造清册，少数中国人亦托庇于日本侵略势力之下，为虎作伥，"一入其境，恍与租界无异"。因草河口距离凤凰城180里，中国官宪"相隔窎远，稽察难周"，东边道尹钱鑅审度形势，拟在此设置巡警，以维护中国主权、保护商旅，并将此决定通告日本领事鲇延。不料日领事鲇延却声称中国政府拟在草河口铁道用地内设立巡警，专事巡逻，乃"重大问题"，妄称安奉铁路乃南满铁路支线，警察权归属日本所有，并要求中方将在凤凰城设置的巡警亦"一并撤去"③。

对于日方的诡辩，徐世昌极为愤怒，"夫所谓经营者，仅能经营铁路上之权利，铁轨以外均系中国土地，万不能稍为干预"④，草河口系中国土地，"我自在土地上设立我国之巡警乃中国自有主权，何得以用地内外为词无理阻挠？"徐一面严嘱新任东边道尹祁祖彝据理力争，以卫主权，复以凤凰厅同知谈国桓向日方守备队长商榷，晓以设置巡警乃中国内政。经过艰苦斡旋，日方终于同意中方在草河口设立巡警局的要求，谈国桓乃以高等警务毕业生董鸿志前往草河口勘定区所，筹办警局，中方维护国家主权的行动获得了初步成效。

1909年1月31日，日本向清政府外务部正式提交了安奉铁路改筑的外交照会，获得了清政府的允准。此前，日本驻奉天总领事小池张造和"满

① 辽宁省档案馆编：《日本侵华罪行档案新辑》2，广西师范大学出版社，1999年，第231—232页。

② 辽宁省档案馆编：《日本侵华罪行档案新辑》2，广西师范大学出版社，1999年，第280页。

③ 徐世昌编：《东三省政略》交涉·铁道交涉篇，台湾文海出版社，1965年，第2053页。

④ 辽宁省档案馆编：《日本侵华罪行档案新辑》2，广西师范大学出版社，1999年，第248—249页。

铁”副总裁国泽新兵卫卫即与徐世昌就铁路改筑事宜展开交涉。因"日本屡以用地附属地等名目为词，从中阻挠"，徐世昌希望在改筑工程开始前，"先将该铁路的性质、铁路警护及警察等问题议妥"，"以清权限而保主权"。

3月9日，应徐世昌之请，北京邮传部委员黄国璋、奉天工程局总办沈琪为中方代表，会同"满铁"代表岛竹次郎对安奉铁路改筑线路进行了实地勘察。黄国璋发现，按照日方勘定的改筑路线，新路途经本溪地区火连寨、本溪湖、下马塘、连山关、草河口等十多处村屯，其中，火连寨、本溪湖、连山关拆房最多；在本溪湖、草河口、连山关等处日本均设有守备队和警察，草河口还有日本小学校一处。日本商人大半租用民房，间有自盖木房者，也系占用民地且给价甚廉。

在得到黄国璋及其他地方官员的报告后，徐世昌意识到日本人进行路线测量规划不是为了改良铁路，而是对线路进行更改，试图将其并入南满铁路系统。日本方面对路线改动过大，"按该工程司预测之图新定路线，核以旧路，远者相距数里之遥，近者亦距四五丈、十数丈不等，所占地段皆民间田园庐墓"，并改用宽辙重轨，这实际上"是明于旧路之外，另筑新道，并非就旧筑之路酌要改良，违背约章，殊属不合"①。徐世昌为此向小池张造提出严正交涉，并坚持"在安奉线不设附属地；不配备守备兵；因清国设立警察，应撤除日本警察"。日方则认为徐世昌要求撤退警兵等要求，均与"改筑铁路毫无关系"，且已超出了地方官员的外交权限，将改筑铁路与附属地、军警问题纠缠在一起，是中方"拖延开工期限"的策略②。双方谈判就此陷入僵局。

1909年8月6日，日本驻华公使伊集院向清政府发出最后通牒式照会，声言"帝国政府……据条约上之权利，决定不俟贵国之协力，自行改筑安奉之线路"③。翌日，"满铁"施工人员在日本警察和守备队武装保护下，在本溪县福金岭段强行改造施工。在日方强大压力和清政府默许下，8月19日，新任东三省总督锡良同日方代表小池张造签署了《安奉铁路节略》，中

---

① 辽宁省档案馆编：《日本侵华罪行档案新辑》2，广西师范大学出版社，1999年，第300-301页。

② 吉林省社会科学院《满铁史资料》编辑组编：《满铁史资料》第2卷路权篇第2分册，中华书局，1979年，第384-385页。

③ 王彦威、王亮辑编：《清季外交史料》8，湖南师范大学出版社，2015年，第4062-4063页。

国政府同意日本进行宽轨改造施工，并同意就陈相屯至奉天线路、附属地购地等问题的具体细节再行商议。11 月 5 日，中日签署了《安奉铁路购地章程》，其规定日本在安奉铁路附近附属地的购地标准、价格等项事宜。这两份协议的签订，是清政府在安奉铁路改造、改线、土地等问题上的让步，使得中国政府在改筑问题上处于更加被动的尴尬局面，对日本借助安奉铁路改筑来扩大、巩固相关权益的行动，不仅没有约束力，反而使日本将安奉铁路变成与南满铁路同样性质的铁路提供了法理基础[1]。此后，安奉铁路改筑工程进度迅猛异常：1909 年 11 月 3 日，陈相屯至石桥子段完工并通车；1910 年 11 月 3 日，安东县至鸡冠山段完工；1911 年 1 月 15 日，石桥子至本溪湖段完工并通车；同年 10 月末，鸡冠山至本溪湖段完工。至此，安奉铁路标准轨道改建工程大部完工。

改筑期间，"满铁"总裁还训示安奉铁道设置购地局，令其掠夺铁路两旁的中国土地，致使本溪商民深受其害。1909 年 11 月 8 日，本溪知县王荷移文奉天购地局，称日人借铁道改筑工程占据民房、土地、墓园、水井等，逼令民间低价出卖，以致沿路居民"呈控禁阻者屡屡不绝"。其中，乔家堡子乔永正被强占坟地 26 冢，日人只给价 182 元；南坟赵庆魁被占坟地 1 冢，受价 7 元；深沟子张乾被占草房 6 间，受价 129.4 元；张天元被占草房 3 间，受价 79.8 元；下马塘车站边邵武被占草房 3 间，受价 103 元[2]。1910 年 1 月 3 日，本溪县地方自治筹办处上书锡良，称本溪县城东街旧有通衢一条，路南 500 余亩为安奉铁路改筑占用，路北亦被日人租占为军营，"中间仅余一路通达县街，实为一城之门户"。1909 年 12 月 22 日，日工程人员将此路阻断，作为"满铁"附属地新建小学堂之庭院，迫令商民绕行。"人民畏难，归市者多中途而返，以致商业萧条，为害甚巨。"[3]

面对日方侵犯中国主权的种种不法行为，以锡良为首的中国官吏亦试图加以限制。1910 年 1 月 11 日，锡良成立安奉铁路巡警总局，以廖楚材为总办、张可仕为会办，派巡弁 7 名、通译 5 名、巡长 40 人、巡警 350 人，分

[1] 马陵合：《安奉铁路交涉研究：以清末地方外交为视角》，载《安徽史学》2015 年第 5 期。
[2] 辽宁省档案馆编：《日本侵华罪行档案新辑》2，广西师范大学出版社，1999 年，第 347-348 页。
[3] 辽宁省档案馆编：《日本侵华罪行档案新辑》3，广西师范大学出版社，1999 年，第 45-56 页。

驻于铁路沿线一带，将总局设于本溪县，分局设于石桥子、草河口、鸡冠山、安东县①。锡良自设巡警总局的目的，在于"以维持公共之治安，且为撤退日本警兵之后盾"②，与日方就安奉铁路警察权的冲突自不可免。1911年2月13日，桥头第二分局管内工人茹士臣被日警姜恒起诬陷盗窃捕拿，中方巡警索还不果，有中国工人助华巡警，日警察署则召其守备队及日本居留民共数百人来增援，双方遂发生大冲突，中方死1人，伤10余人；日方也有2人受伤。日方犹不罢休，将中国警局团团围住，开枪攻击，用炸药炸毁警局大门，随即抢入，将负伤的2名日本人劫走，并挑落局内悬挂的中国国旗，又在警局外四处放火，且沿店搜寻殴打中国苦力。直至午夜12点，铁路巡警局总办廖楚材和本溪县令陶鹤章闻讯赶来劝止，始各四散③。双方交涉，日使对中方伤亡毫无悯恤，还趁机要求中方撤除巡警，必欲除之而后快④。此外，在铁路改筑过程中，中方也利用与日方会商之机，尽可能维护自身利益，如各车站用地，经中方核准，"已较日人原开数目减去过半"⑤，虽于大局无补，但毕竟对中国利权有所增益。

由于综合国力孱弱与时代局限，这场中日两国围绕安奉铁路改筑的较量最终以清政府的失败而惨淡收场。残酷的历史事实再一次证明，在强权横行的时代，弱小的被侵略国家仅仅依靠外交照会发出的微弱抗议根本不可能阻止侵略者既定的贪婪脚步。今天重新审视这段历史，既可以清楚地看到日本对中国东北政治权利的觊觎与染指，又可以深刻地感受到以赵尔巽、徐世昌、锡良、周朝霖等为代表的中国官员为维护国家主权，挽回民族权益的不懈努力及其无力改变现状的痛苦。此中情形，确如徐世昌在1906年赴东北考察后所呈递的《密陈通筹东三省全局折》中所言："观赵尔巽之于奉天，程德全之于黑龙江，亦何尝不苦心焦思，力求振作，然经年累月曾无成效之可期者，非必事局之万无可为与其才力之果有未逮，亦由种种阻碍、种种牵掣有以使然。"⑥道尽了那个时代中国官员对时局的不甘、苦衷与无奈。

---

① 李少军编译：《武昌起义前后在华日本人见闻集》，武汉大学出版社，2011年，第398页。
② 《收回安奉铁路警政》，载《广益丛报》，1910年3月10日。
③ 《日人枪击警局之骇闻》，载《申报》，1911年2月24日。死亡人数一说中方1死3伤，日方伤8人。
④ 王彦威、王亮辑编：《清季外交史料》9，湖南师范大学出版社，2015年，第4462页。
⑤ 王彦威、王亮辑编：《清季外交史料》8，湖南师范大学出版社，2015年，第4263页。
⑥ 徐世昌：《退耕堂政书》卷七奏议，中国书店，1984年，第13页。

第二章
资产阶级革命派在本溪的斗争

日俄战争的爆发，将清王朝的腐朽与没落暴露无遗。面对日俄等列强的瓜分豆剖，东北人民掀起声势浩大的反帝爱国民主运动浪潮。以孙中山为首的资产阶级革命派，联合会党武装和爱国官绅，为推翻清王朝的反动统治，反对北洋军阀窃据辛亥革命的胜利果实，在本溪地区组织发动了一系列武装起义，推动了本溪革命运动的发展。

第一节 同盟会的活动

一、张继、宋教仁运动"马侠"

中国同盟会简称同盟会，是孙中山创建的中国第一个全国性的资产阶级革命政党，1905年8月在日本东京成立。同盟会以"驱逐鞑虏，恢复中华"为革命纲领，主张通过暴力手段推翻清王朝的封建统治，建立资产阶级共和国。由于成立之初势力单薄，急需联合其他反清力量，建立革命的统一战线，同盟会乃将革命联合的目标指向了东北会党。

东北会党即活跃在东北地区的胡匪、马贼及部分下层群众秘密集合体的总称。东北会党诞生于明清之际，至1904年日俄战争爆发时已发展成一支具有50万众，活动区域遍及东北城乡和所有交通要道，并拥有强大武装的势力。在同盟会领导人中，宋教仁第一个注意到了东北会党的实力，并系统提出了联络"满洲马贼"、在东北开展武装反清斗争的战略构想。

宋教仁，字钝初，号渔父，湖南桃源人，是一位著名的资产阶级民主革命家。1904年，他与黄兴等在长沙创立革命团体华兴会，后因谋划湖南起义失败而逃亡日本，创办《二十世纪之支那》杂志，为发动革命做了大量组织和宣传工作。同盟会成立后，宋教仁被推选为司法部检事长，是同盟会第三号领导人。1905年5月，宋教仁发表《二十世纪之梁山泊》一文，系统介绍了东北各地"马贼"人数和武装情况，称赞他们是"二十世纪之梁山泊"，并首次冠以"马侠""马军"之称。宋教仁认为，马贼"皆我黄帝之子孙，四万万民族之分子"，"有十倍于杜兰斯树独立旗时之土地，有五倍于玛志尼建共和国时之徒众"，然而"不知自由独立为何物"，惟献媚于日俄帝国主义强盗与招盗之人清政府，"不亦大可羞也乎！"①既对马贼表示了同情并寄予厚望，又对他们丧失民族意识的行径进行了严正批判，是资产阶级革命派中正确论述东北会党的一篇佳作。

宋教仁的主张，得到了孙中山、黄兴等人的赞同和支持。1906年，同盟会派遣张继等人前往辽东，开展联络东北会党的活动。

张继，字溥泉，河北沧州人，1899年留学日本，1904年参与创立华兴会，1905年参加同盟会，任同盟会本部司法部判事兼直隶支部主盟人。1906年秋，张继携同盟会同志左雨农经山东烟台赴辽东，在牛庄（今营口）登岸，到奉天后，又会同日本人末永节（亦同盟会会员）来到安奉铁路桥头，拜访了著名会党首领杨二虎。杨二虎，原名杨国栋，"因强盛，人皆畏之，故名二虎也"②。张继向其"说以革命，不解；告以打天下方悟"③。此次张继到辽东，在本溪、奉天等地活动十余日，"热心调查东三省情形"，"暗中运动，招徕党羽"，"劝令各属胡匪入党，以倡党势"④。1906年末，张继返回日本东京，左雨农继续留在辽东，会同随即而来的同盟会山东支部主盟人徐镜心（公开身份是《盛京时报》主笔）继续开展联络会党的活动。他们"漫游各地，讲演主义，结纳豪杰"⑤，先后发展同盟会员300余人，为此后的联络、活动奠定了基础。同盟会的活动引起了清政

---

① 宋教仁：《二十世纪之梁山泊》，载陈旭麓主编：《宋教仁集》上册，中华书局，1981年，第11-13页。

② 宋教仁：《我之历史（宋教仁日记）》，载陈旭麓主编：《宋教仁集》下册，中华书局，1981年，第684页。

③《张溥泉先生回忆录·日记》，台湾文海出版社，1985年，第8页。

④《革命党之用意》，载《盛京时报》，1906年12月12日。

⑤ 丁惟汾：《徐镜心传》，载山东省政协文史资料委员会编：《山东文史集粹》上集，中国文史出版社，1998年，第55页。

府的极大恐慌，1906年12月4日，《盛京时报》载文报道："有孙文党羽张某来奉之消息，奉省官场为之惊动。"①

　　1906年12月28日，宋教仁在日本东京见到了刚刚由东北返回的张继，"谈及爪哇及满洲事甚悉"②，进一步了解到东北会党的分布情况，遂决定亲自前往东北组织"马军"起义。1907年3月23日，宋教仁和日本向导古川清由东京出发，到门司会合同盟会同志白逾桓，乘日船"咸兴丸"号，渡过黄海及鸭绿江，于4月1日抵达安东。4月3日，宋教仁、白逾桓以中国同盟会的名义致书此前张继等联络的杨二虎、李逢春、朱二角、金寿山等会党首领，称赞他们"集义辽海之间，以扶弱抑强，抗官济民为志"的侠义行为，号召他们"统合辽河东西、黑水南北之义军，合为一团，共举大事"，并表达了同盟会"欲与公等通好，南北交攻，共图大举"③的愿望。宋教仁的真诚使李逢春等为之折服。4月8日，李逢春邀请宋教仁前往大孤山，双方共同拟定了起义计划。此前，宋教仁派遣白逾桓赴凤凰城、本溪一带进行调查，收集资料。经过一番筹备，成立了同盟会辽东支部，作为领导起义的机关。6月，得悉同盟会领导惠州起义的消息，宋教仁立即指示白逾桓加紧起义筹划，"欲袭据辽宁，逼榆关、窥燕京"④，以达到南北交攻清廷的战略目的。

　　白逾桓，字楚香，湖北天门人，1904年留学日本，1905年加入同盟会，被推为干事，是同盟会早期的骨干会员之一。接到宋教仁指示后，白逾桓先是在本溪县碱厂招兵，并联络会党武装，谋袭军械厂，由于行事不密，事情刚刚有了眉目，就被清廷侦知，对其严加通缉。他随后潜入奉天，图谋再举，不幸被徐世昌逮捕⑤。宋教仁亦被迫返回东京，起义计划遂告流产。

　　张继、宋教仁和白逾桓等人在本溪等地联络"马侠"、筹划起义等活

　　①《革命党羽散投》，载《盛京时报》，1906年12月4日。

　　② 宋教仁：《我之历史（宋教仁日记）》，载陈旭麓主编：《宋教仁集》下册，中华书局，1981年，第701页。

　　③ 宋教仁：《我之历史（宋教仁日记）》，载陈旭麓主编：《宋教仁集》下册，中华书局，1981年，第727页。

　　④ 邹鲁：《中国国民党史稿》第4册，中华书局，1960年，第1654页。

　　⑤ 台湾中国国民党"中央"委员会党史委员会编：《革命先烈先进传》，中华民国各界纪念国父百年诞辰筹备委员会，1965年，第360页。

动，是同盟会在东北地区开展革命斗争的最早尝试。虽然没有达到预期目的，但却通过这一活动，创建了同盟会在东北的第一个支部——辽东支部，并团结起一批会党武装，为辛亥革命及其后本溪革命运动的发展积聚了力量，奠定了基础。

二、响应辛亥革命的斗争

1911年10月10日武昌起义的爆发，点燃了中国资产阶级民主革命的燎原烈火，东北的革命党人欢欣鼓舞，"分头秘密集会，共谋起义，促动关外三省独立"①。1912年1月1日，孙中山在南京成立中华民国临时政府，并宣誓就任中华民国临时大总统。为推动北方革命运动的发展，临时政府制定了六路北伐的计划，任命蓝天蔚为关外大都督，商震为关外民军总司令，朱霁青为参谋长。1912年2月1日夜至2日晨，北伐军主力在辽东半岛花园口、大孤山等处登陆。此举极大地鼓舞了本溪人民的革命斗志，在同盟会员石磊的领导下，本溪的革命党人联合会党武装，积极筹措武器弹药，准备伺机起义配合北伐军的行动。

石磊，原名石恒岱，字巨符，1889年生于奉天省辽阳县东新堡一个制皮业主家庭。他在奉天盛京陆军学堂毕业后，因成绩优异，被东三省总督府保送到日本士官学校深造。在日本，他与张榕、连承基等7名东北籍同学一起参加了同盟会，时称"东北七星"。1909年学成回国，被任命为新建陆军第二混成协司令部参谋。武昌起义爆发后，石磊率部在本溪、凤城、辽阳一带袭击清军，因其"心志坚定，军事娴习"，被蓝天蔚委任为"本溪湖一带总司令官"②。

1912年2月21日，革命党人和会党武装80余人聚集在本溪湖东北35里的肖家河子村③，约期起义。由于事机不密，被巡防队队官双凯臣和巡官苏某侦知，二人带领官军100余人进逼肖家河子村，剿捕革命军。2月23日早8时，双方接触交火。战斗进行约2个小时，革命军"被官军枪毙一名，生

---

① 李培基：《辛亥关外革命始末记》，载中国科学院近代史研究所近代史资料编辑组：《近代史资料》1957年第4期，科学出版社，1957年。

② 辽宁省档案馆编辑：《辛亥革命在辽宁档案史料》，辽宁省档案馆，1981年，第182页。

③ 今属本溪满族自治县高官镇。

擒一名，其余均各溃散"①。

在肖家河子起义失败的同时，由石磊带领的另一部分革命党人和会党武装在本溪湖起义的计划也遭到失败。

先时，石磊"潜匿"本溪湖"满铁"附属地日东旅馆，组织革命军300余人，"往来出入皆有日警等保护"，并由本溪湖日本警察署暗探小野福助引见商务、自治各会，索枪索款，并向桥捐局索取银洋百元，"约定即日进街起事"。本溪县知事陶鹤年闻讯，当即与本溪湖日本警察署署长岩本交涉，要求"取缔驱逐"石磊等人，岩本"置之不理"。2月23日清晨，石磊率随员由牛心台返回本溪湖，仍寓于日东旅馆，并派人给本溪知县陶鹤年送信，"逼要枪款"。老奸巨猾的陶鹤年一面虚与委蛇，回信邀请石磊到本溪县衙面议具体事宜，借以拖延时间；一面命令本溪县巡防及警防各队严密布防，密切关注革命党人的动向。当晚9时许，石磊率领随员10余人如约前往本溪县衙，与早已在此严守的巡防和警防队遭遇。官军上前盘查，革命军首先开火，"骤行枪伤警防长张万祥、巡兵李镇兵一名，立时仆地"，官军也开枪抵御。双方战斗许久，革命军寡不敌众，死伤多人，石磊亦被官军俘获，"余匪皆逃逸"②，起义遂遭失败。石磊后被押解至奉天都督署监禁，旋经孙中山营救出狱③。

由于在被官军击毙的革命军中有两名日本人，本溪湖日本警察署遂以此为借口，驱斥中方岗警，在夜间于县街站岗，严重侵犯了中国主权。奉天交涉司为此专门致函日本驻奉天总领事，列举石磊雇佣日人小野及伪充四川人之日人陈林清等"帮同向各处勒索枪款"，"如遇兵警查问，即有该日人保护"等事实，称："最可怪者，贵馆警察勤务小野福助身充警职，本应除暴安良，乃竟护匪勒捐，酿成人命，不知何所用意？贵国人御舟正一查为流弹所中，系属误伤，本司实深悯惜。至所称斋藤古二郎一名，全身内外均服中国衣装，且于深夜之际与匪混合，致被击毙，虽其情可悯，而事实不能无缘指为日人殊非的确。"严厉谴责了日方借革命党起事侵犯中国主权的行径，要求日方"务希将警署所派各警迅速饬令一体撤退，以清权

---

① 《〔本溪〕地面不靖之现状》，载《盛京时报》，1912年2月27日。
② 中国第一历史档案馆编：《清代档案史料丛编》第8辑，中华书局，1982年，第214页。
③ 石光符：《石磊烈士事迹》，载辽阳市政协学习宣传文史委员会编：《辽阳文史资料》第17辑，2007年，第2页。

限。并将纵匪为患之小野福助加以处罚"①。

肖家河子起义与本溪湖起义的失败，固然有清政府势力强大、革命军力量弱小等客观因素，但与石磊等领导人缺乏斗争经验，计划不周，鲁莽轻敌也有很大关系。经此一役，本溪的革命力量遭受到很大损失，只好暂时偃旗息鼓，以待时机。

第二节　中华革命党的活动

一、本溪湖起义

1912年2月南北议和后，中华民国临时政府迁都北京，辛亥革命的胜利果实被以袁世凯为首的北洋军阀窃取，同盟会领导的"二次革命"旋遭失败。北洋政府解散国会，废除"临时约法"，大肆捕杀革命党人，全国陷入一片白色恐怖之中。孙中山痛感同盟会组织涣散，为推翻袁世凯的反动独裁统治，建立真正的资产阶级民主共和国，于1913年末至1914年初在日本东京筹建了中华革命党。

中华革命党吸取了以往斗争注重南方、忽视北方的教训，决定"蹈暇抵隙"，"培植根基"②，将武装斗争的重点放在北洋军阀统治相对薄弱且又靠近袁世凯北京巢穴的东北地区，待到革命有一定基础时，再南北合举起义。1914年6月，中华革命党筹备部接到东北地区革命党人报告，得知东北因"青纱帐起，土匪活动频繁"，策动会党反袁的条件大体具备，东北党人正亟待总部派人前去发动起义。孙中山等分析了国内外形势，认为此时欧洲列强正处于第一次世界大战的边缘，无暇东顾，正是国内发动反袁革命的"绝好时机"，乃派遣陈中孚等由日本秘密潜入东北，组织起义。

陈中孚到东北后，以奉天为根据地，以开客栈、服装店为掩护，"往返于新民屯、本溪湖、抚顺及法库门、土门子之间，制订各方面进行革命之计划"。其起义的具体方案是"拟首起新民屯，其次法库门，而后本溪湖、

---

① 《奉天交涉司给日本驻奉天总领事照会》（1912年3月7日）。

② 台湾中国国民党"中央"委员会党史委员会编：《陈英士先生纪念集》，台湾裕台公司中华印刷厂，1977年，第210页。

抚顺亦相继而起"，最后占领省城奉天。特别是本溪湖，"四面环山，不易侵入"①，是起义军立足的理想所在。1914年7月初，陈中孚在本溪湖建立"关外讨袁军司令部"，自任总司令，并与本溪著名会党首领黄四懒王联络，共谋起义大计。

黄四懒王，原名黄廷俭，本溪县兴隆山②人，其家族几代为匪，本领高强，"放枪百发百中，有人传言伊能于数百步之外欲伤人左眼而决不移于右眼者"③，是东边道煊赫一时的会党首领。辛亥革命前后，同盟会与之联合，授予其大都督之职，率部活动于凤城、岫岩、宽甸、本溪和桓仁各县。在他的帮助下，陈中孚与钻天燕（张海波）、栾六（栾福斌）等会党武装亦取得联络。陈中孚还派遣日本同志长江清介到黄四懒王部工作，以加强对黄部的领导和控制④。

1914年9月4日，革命党人宇某在本溪湖活动时不慎被当地警察署拘捕。陈中孚得知情况后被迫提前发动起义。9月8日晚7时许，起义军300余人在革命党人徐炳炎的带领下，"俱穿军衣，高揭叛旗，上书讨袁军"⑤，进攻本溪县城。

起义军入城后，先以先锋18人包围巡警岗所，向岗内警察"宣言第三次革命"，迫令其缴械投降；随后径取县公署，与警卫"相战约一刻时"，警卫败走，起义军遂攻入县公署，拘禁县知事李仙根，将"署内所有卷宗及契纸尽行焚毁"⑥。与此同时，徐炳炎自率主力进攻警察局，又以10余人扮作商民，"佯为喧扬，谓革党三千各挟炸弹起事"⑦，警务长王宗翼闻之先遁，其余警察亦纷纷弃械而逃，起义军遂攻入警察局，由于人手不足，所得枪械多至无人扛⑧。至晚9时，起义军完全占领本溪县公署，随即打开

①　俞辛焞等译：《孙中山在日活动密录 1913年8月-1916年4月 日本外务省档案》，南开大学出版社，1990年，第657-658页。
②　今属本溪市明山区卧龙街道办事处。
③　《奉省胡匪之祸愈烈》，载《申报》，1915年12月2日。
④　陈鹏仁：《中国国民党在日本 1895-1914》，台湾中国国民党"中央"委员会党史委员会，1994年，第201-202页。
⑤　《本溪匪乱续志》，载《大公报》，1914年9月27日
⑥　《乱党在本溪起事之纪闻》，载《大公报》，1914年9月20日。
⑦　《本溪湖党人起事本末（一）》，载《申报》，1914年9月17日。
⑧　邱绍尹：《忆我的七兄邱丕振》，载中国人民政治协商会议掖县文史资料研究委员会编：《掖县文史资料》第1辑，1986年，第36页。

县狱，释放囚犯72人，"将老弱者驱去，年壮者悉与以枪械、军衣，迫令入伙"[1]。9日晨，有防军数十人赶来救援，与起义军交火，"死者三名、伤者数名"[2]，不敌退走。起义军"乃高揭讨袁旗帜"，占领本溪全埠，同时占据商务会及各银号，复在县中要隘"设卡防御"，并四出联络各处之革命党，"邀其齐集本溪以壮声势而图大举"[3]。

起义军占领本溪县城后，徐炳炎以关外讨袁军临时总司令名义在县街各处张贴布告，历数袁世凯政权"苛税增捐，毒刑酷政，倍于前清；杀士屠民，焚书坑儒，甚于秦政。甚至送国土，丧利权，天怒人怨，毫无顾忌；亡华夏，灭五族，死生关系，漠不关心"。强调起义军的目的乃是"顺人民之公意，誓除大害以恢复我自由民权"，同时颁布奖惩条例15条，严禁"淫焚掠杀"，并希望商绅能够"饷我民军"[4]，表明了起义军的革命性质以及与一般土匪劫掠的本质不同。

此次本溪湖起义，震动奉天全省。奉天巡按使张锡銮一面急令张作霖的二十七师十三团派骑兵两连"星驰前赴该县，相机剿办"；一面电饬东边镇守使马龙潭"飞速派遣马步军队前往痛剿"，并派兵在本溪县四路各要隘驻守盘查，防止起义军向外扩散以及其他各处之胡匪、革命党等加入，"以孤匪势"。同时，令史久骥暂摄县事，筹画善后；并分别电营口、辽阳、长春、安东等各处地方军警严加监察，"以防各处乱党等之聚集"[5]。此外，照会日本领事并转知南满铁路各站，如有大帮可疑之乘客，知照中国官军设法防拿。上下车之客人衣包行囊亦严加搜查，如有违禁之物务必扣留。9月17日，张锡銮电呈袁世凯，称"此次本溪乱事，知事李仙根于事前既无觉察，临时又多失措，以致劫狱占署，几酿巨变，实属有忝职守"[6]，北洋政府着即将李仙根褫职。

袁世凯对本次起义亦十分重视，认为奉天情形与他省迥殊，"藐兹小丑非速净根株，将来必贻巨害"，除派员前往奉天与张锡銮"会商一切办

---

① 《本溪匪乱续志》，载《大公报》，1914年9月27日。
② 《本溪湖党人起事本末（一）》，载《申报》，1914年9月17日。
③ 《本溪匪乱续志》，载《大公报》，1914年9月27日。
④ 《本溪湖党人起事本末（一）》，载《申报》，1914年9月17日。
⑤ 《本溪乱后之防范》，载《申报》，1914年9月21日。
⑥ 骆宝善、刘路生主编：《袁世凯全集》第32卷，河南大学出版社，2013年，第384页。

法"①，"会合三省兵力痛加剿办"外，还决定由中央特别供给饷项，"以期军用无缺"②。

本溪湖起义也引起了"满铁"附属地日本殖民当局的注意。9月9日，日本殖民当局以起义军"在日本租借地附近起事，将难以预料对日本造成何等损害，而且因此将在中国引起议论，这对彼此都为不利"③为借口，派守备队出兵镇压。同时，向日本关东都督府报告，将在奉天进行指挥的陈中孚等10余名重要成员拘留，迫令其解散革命军，并退出奉天。起义因系提前发动，准备并不充分，加之力量薄弱，迅速失败。宋春棠等13人遭官军俘获，惨遭杀害④。9月10日13时，随同起义的会党武装及被释罪犯等，由日军押送至后山窑、骆驼岭等处，分别遣散；其余革命党在收取2万元"遣散费"后，由日守备队"护送"至车站，为之买票北返⑤。

起义军撤出本溪县城后，部分零散起义军退入抚顺县千金寨，准备联合煤矿工人再次起事，但为抚顺县警署侦知，革命党人刘延汉、佟朋臣等7人不幸被捕⑥。陈中孚等领导人被迫转赴日本避难。

中华革命党组织的本溪湖起义在中日反动势力的联合绞杀下，最终失败了。这再一次暴露了日本帝国主义敌视中国革命的本来面目。孙中山谴责日本政府"对我们的运动似乎总是怀有恶感"⑦，对日本殖民当局镇压本溪湖起义的行为表示强烈愤慨。

二、栾六攻袭桓仁县城

本溪湖起义虽然失败了，但革命党人敢于选择靠近奉天省城、奉系军阀重兵驻守的统治中心起义，且一度攻占了战略要地本溪县城，这就从根本上暴露了军阀专制的虚弱本质，动摇了东北军阀统治的根基，进一步增

---

① 《大总统密派专员赴奉》，载《大公报》，1914年9月22日。
② 《大总统对于奉省乱事之注意》，载《大公报》，1914年9月26日。
③ 俞辛焞等译：《孙中山在日活动密录 1913年8月–1916年4月 日本外务省档案》，南开大学出版社，1990年，第659页。
④ 《政府公报》1915年5月（二），第402页。
⑤ 陈觉：《日本侵略东北史》，商务印书馆，1933年，第118–119页。
⑥ 《政府公报》1915年10月（二），第407–408页。
⑦ 俞辛焞等译：《孙中山在日活动密录 1913年8月–1916年4月 日本外务省档案》，南开大学出版社，1990年，第610–611页。

强了革命党人的必胜信念。此后，革命党人以及与之联合的本溪会党武装化整为零，采取游击方式，继续打击北洋军阀的反动统治。这其中，以栾六为首的会党武装活动最为活跃。

栾六，本名栾福斌，因兄弟间排行第六，人称"栾六"，桓仁县红塘石村碑登人[①]，因"被官府勒迫穷促无告"[②]而结帮起事。辛亥革命前后，栾六"投身乱党，伪号大都督"[③]，经常率部活动于桓仁县西部地区，其范围"西南恩堡，牛毛比邻。距拉古甲，东介土门"[④]。北洋军阀政府对栾六恨之入骨，称其为"积年巨匪"，而人民群众对他却十分喜爱，当时桓仁西部流传有"栾六哥、栾六哥，再来十趟也不多"的童谣。可见，这是一支受革命党影响和支持，专与反动军阀作对，深受群众欢迎的会党武装。

1913年前后，栾六一度为桓仁县官府所擒获，关押在监狱之中。1913年8月11日18时，会党20余人"改变农装，暗藏手枪、刀械"，乘点狱之际，"蜂涌进署院门，入狱劈毁各犯刑具"，将栾六等15人营救出狱。事起仓猝，护署、巡、法各警措手不及，"当场被拒伤巡兵一名、法警四名，抢去巡警日枪九枝"。是时，县知事费光国正在县议会议事，"陡闻乱声，急驰回署"，及至狱前，正遇军警赶来增援。栾六指挥众人一面射击，一面向县城南门奔逸。费光国督饬军警追击，"格毙逃犯七名，击下岖枪四杆"，然栾六等早已"涉江星散，搜寻无获"[⑤]。

栾六出狱后，率部转战东边道各县，"宽、桓零星小股或十数名或二三十名相继与蓝（栾）匪附合，势颇猖獗"，所部很快发展至300余人。官军对栾部"迭次痛剿，几将扑灭"，栾六乃率部西进本溪，与黄四懒王、柴述发联合，"匪焰复炽"[⑥]。本溪湖起义失败后，1914年11月27日，栾六联合黄四懒王等会党武装200余人，致函本溪县公署、商会，勒令释放囚犯，策

① 今属桓仁满族自治县华来镇碑登村。

② 《栾匪破城纪略》，载侯锡爵修，罗明述纂：《桓仁县志》卷十五兵士志，1930年抄本。

③ 《奉天将军兼巡按使段芝贵致北京统率办事处密电》（1915年11月6日），北洋政府陆军部档案，中国第二历史档案馆藏。

④ 王在镐：《蓝匪陷城记》，载侯锡爵修，罗明述纂：《桓仁县志》卷十六艺文志，1930年抄本。

⑤ 《奉天行政公署为电复怀仁县监狱被贼匪武装劫狱情形并勒限缉拿事》，JC010-01-001375，辽宁省档案馆藏。

⑥ 《政府公报》1915年9月（二），第275—276页。

划袭击本溪县城，与东边道镇守使马龙潭部发生激战，颇有伤亡。[1]1915年5月25日，栾六、黄四懒王、柴述发等趁本溪县所有军警外出剿匪、守御空虚之际，率部下200余人突进至距县街6里许的太子河南、铁桥西、唐家庄子等处，并致函县署，"扬言即日攻城"。此时，县知事史久骢闻讯，"急令各商户闭门禁止市井游人，急遣警士调队速归，以资防守"，并责成留守县街的东边镇守使随营学校校长朱子丹率学兵40余名担任守城之责，"分令学兵要路设卡、来往逡巡"。本溪湖河西商团武力颇为强大，亦持枪相助。栾六、黄四懒王闻讯未敢贸然进攻。是日16时，马龙潭遣右路巡防营携炮2门来援，"在煤铁公司南山设炮，与福金沟军警乡团四面围攻"。26日，栾六、黄四懒王以官军势大，向东撤退，"欢喜岭等处防军追击甚力，张营长头部受伤，军士亦伤数名"[2]。

栾六、黄四懒王等两次谋袭本溪县城，使奉天当局感到革命党势力"凶焰甚炽，势将蔓延"，乃"迭经布置各军，密授分途防剿之计"，致使义军损失甚大。1915年5、6月间，柴述发在本溪县响流哨被官军击毙，黄四懒王在旧孩岭被官军击溃，"仅以身免"[3]。义军乃化整为零，"分帮各窜"，继续坚持与官府周旋。

栾六与黄四懒王分手后，即率部200余人南下宽甸县与桓仁、本溪、凤城3县相毗邻的天桥沟小石湖。此处系栾六的大本营。然而官军亦追踪而至，双方激战6小时，栾部依凭熟悉地形以及丛林掩护，伤亡甚微，官军仅"毙匪三名，伤五名……获骡马二头，兵马阵毙两匹"。6月24日，栾六率部进袭桓仁县夹道子、大恩堡一带，遭当地反动警团阻击，栾部不敌，退往桓仁县西北二户来、铧尖子等处。官府调遣陆防军兵分两路进行包抄，栾部凭险据守。双方激战3小时，栾部寡不敌众，且战且走，撤至兴京县上青沟。此役，官军宣称"毙匪二，伤匪三，毙马二，获枪一"[4]，栾部受到一定损失。此后，栾六率部在兴京县上青沟、郑家堡子，宽甸县半拌岭等地

---

① 中国人民政治协商会议吉林委员会文史资料研究委员会编：《吉林文史资料选辑》第7辑，1985年，第126页。

②《奉省本溪县匪军激战纪》，载《申报》，1915年6月9日。

③《政府公报》1915年9月（二），第262—263页。

④《奉天将军张锡銮、巡按使张元奇致北京大总统府密电》（1915年7月12日），北洋政府陆军部档案，中国第二历史档案馆藏。

连续与官军交战，双方互有伤亡。

此时，在桓仁地区还活跃着一支以赵得山为首领的会党武装，该部"迭在本溪县境内捐抢掳赎"，共计80余人。1915年4月，经徐炳炎、徐绍先联络，赵得山被孙中山、黄兴委任为奉天第二师师长，乃"图谋大举"[①]。7月9日，赵得山探知桓仁警团大部被派往县境西南防堵"胡匪"，县城守备空虚，遂与栾六联合，两部共计300余人，从宽甸、桓仁交界的大南沟一带绕越山路重新进入桓仁县境，奔袭桓仁县城。14时，栾部的大队人马进抵县城南门外。县知事费光国"始闻耗惊慌无措，又素无防备"，仅警察一区20余人开枪抵御。未几，费光国"偕警察所长由城墙北隙先遁至牤牛哨（今浑江大坝）江沿"，城内警察"人心浮动，又无人指挥"[②]，在1人被栾部击毙后，当即溃散。18时，栾部"绕山分路包围，隔断兵路"[③]，顺利攻入桓仁县城内。费光国一面在县城外山上放卡，监视栾部动静；一面派人赴兴京县报告情况，并设法征调外区巡警增援。

栾部入城后，先至县署，将监押、习艺各犯65名一律释放，"结入该伙队内"。复将署内箱柜劈毁，"什物荡然"。据费光国事后查勘，共"损失征存未解契税洋二千零四十余元，清赋、地价、验契费等项五百余元，永寿公司入官煤勋变价洋八百元，统计公款三千四百余元，均已被抢无存。此外，并失去司法存款五百余元，收捐处地方存款八百余元。司法一科文卷焚毁无存"[④]。又烧毁"警所房屋五间，商民房屋二十余间"[⑤]。随后，在县城"勒绑富商大户二十余名，逼索捐款"，"且邀戏园角色为之演戏三天"[⑥]。这种只针对官府富户，对百姓秋毫无犯的举动，说明栾六绝非一般的土匪，而是具有鲜明革命色彩的"侠盗"。

桓仁县城被攻占，使北洋军阀政府大为惊慌，奉天将军张锡銮、巡按

① 《政府公报》1915年10月（二），第261-262页。
② 《栾匪破城纪略》，载侯锡爵修，罗明述纂：《桓仁县志》卷十五兵士志，1930年抄本。
③ 《奉天将军张锡銮、巡按使张元奇致北京大总统府密电》（1915年7月12日），北洋政府陆军部档案，中国第二历史档案馆藏。
④ 《奉天巡按使公署为财政厅详报桓仁县被匪陷城损失钱款等情查办事》，JC010-01-001268，辽宁省档案馆藏。
⑤ 《奉天将军张锡銮、巡按使张元奇致北京大总统府密电》（1915年7月13日），北洋政府陆军部档案，中国第二历史档案馆藏。
⑥ 《栾匪破城纪略》，载侯锡爵修，罗明述纂：《桓仁县志》卷十五兵士志，1930年抄本。

使张元奇即于7月12日电告北京政府，斥桓仁县知事费光国事前不能遵电严防，致"匪迹一至，即时失守，咎无可辞"，请先行褫职，戴罪立功，限3日内"克复"县城，并派人调查该知事有无弃城逃走情事，以凭核办。同时又气急败坏，严电前敌各军"星夜进攻"①。7月12日，栾六探知省巡防营兵至，率部主动撤离桓仁县城，撤向县东横道川；赵得山则向临江一带转移。张锡銮在接到费光国"克复"桓仁县城的电报后，即复电令其"合力剿击，悉数歼除"。同时，北京政府于15日以政事堂名义密电张锡銮等，转达袁世凯对于此事的"谕示"："据报桓仁县已经克复，匪众窜扰横道川各情形，著即会同严饬各军警协力追剿，迅速扑灭，勿稍松劲为要。并即将剿办情形及安抚商民、确查损失各节随时具报，交内务、陆军两部查照。"②可见其对于此事之重视。

栾六率部撤离桓仁县城后，转移至县城北北扁石哈达等处据山为险反抗官军。7月14日，栾六率部兵分两路，分袭桓仁县英英沟，通化县马蹄沟，并乘木排进袭通化县二道沟、江甸子等地。同日，栾部又在桓仁县南横路与据险设伏的傅翼忱所部官军发生战斗，力不能敌，失利退走。官军夸大战果，声称此役"匪毙三、伤十，毙马十一，获马二，子弹百余，鞍具、衣服甚多"③。奉天当局为此甚为恼火，认为桓仁县知事费光国"事前既失于防范，事后又听其逃飏"④，以"办事迂缓，治盗不力"⑤的罪名将其交由文官高等惩戒委员会议处，委前庄河县知事王济辉接署，并饬王济辉悬赏购缉，务将栾六、赵得山等获案严办。

此后，栾六率部转战桓仁、宽甸、通化、辑安、临江等地，神出鬼没，到处打击官军，搅得北洋政府上下寝食难安，既恨且怕。张锡銮称栾六为"积年巨匪"，认为其"较之黄（四懒王）、柴（述发）两匪尤为狡

---

① 《奉天将军张锡銮、巡按使张元奇致北京大总统府密电》（1915年7月12日），北洋政府陆军部档案，中国第二历史档案馆藏。

② 陈长河：《蓝六攻占桓仁城的前前后后》，载中国人民政治协商会议辽宁省桓仁县委员会文史资料委员会编：《桓仁文史资料》第3辑，1990年，第107—108页。

③ 《奉天将军张锡銮、巡按使张元奇致北京大总统府密电》（1915年7月20日），北洋政府陆军部档案，中国第二历史档案馆藏。

④ 《奉天烧商通匪之传闻》，载《大公报》，1915年11月15日。

⑤ 骆宝善、刘路生主编：《袁世凯全集》第32卷，河南大学出版社，2013年，第170页。

悍"，"蹂躏地方至八县之广，自窜陷桓仁县城以后其势益张"⑥；张元奇则哀叹栾六"三载于兹，终难擒获"①；袁世凯也为此专门"谕示"："著即督饬迅速剿平，勿任延扰，白狼之祸万不可再见于奉省。"②这里，袁世凯将栾六与同一时期纵横豫、鄂、皖、陕、甘五省的白朗起义相提并论，既可见其重视程度，又反映出其色厉内荏的虚弱本质。

为除掉栾六这个心腹大患，北洋政府开出重金悬赏，规定生擒者给洋5000元，击毙者给洋3000元，并分饬陆防各军及各县知事要"一体计诱"。重赏之下，必有勇夫。1915年7月29日，赵得山在西丰县遭军警围剿，不幸失败被俘，旋即处决③。右路巡防马队第三营前哨哨官杨隆泰则觅雇孟继贤等6人，令其"伪入匪伙"，骗取了栾六的信任。1915年10月3日夜，在宽甸县天桥沟石棚地方，孟继贤等趁栾六等熟睡之机，将栾六及其亲信共4人杀害，然后割下首级，赴营投报，并送往省城请验领赏。

栾六等不幸牺牲，并没有熄灭本溪人民反抗北洋军阀反动统治的斗争火焰。由黄四懒王领导的会党武装，仍与革命党人联合，利用东边道各县人民"抗债闹捐"热潮，坚持斗争，使反动当局胆战心惊，惶惶不可终日："侦闻巨匪黄四懒王投入乱党，急欲起事，注意安东，风声甚紧。仍难保无地痞密勾，使我人民抗债闹捐，诱令聚众纷纭，警防势难兼顾之际，伺隙窃发，星火燎原，乡民悔亦无及。"④

第三节 辽东护国军起义

一、辽东护国军起义的酝酿与发动

本溪湖起义及其后续武装暴动的失败使孙中山等认识到，此前东北反袁失利的主要原因，并非是缺少有利的外部客观环境，而是由于脱离广大

---

⑥《政府公报》1915年9月（二），第275-276页。

①《奉天将军兼巡按使段芝贵致北京统率办事处密电》（1915年11月6日），北洋政府陆军部档案，中国第二历史档案馆藏。

② 陈长河：《蓝六攻占桓仁城的前前后后》，载中国人民政治协商会议辽宁省桓仁县委员会文史资料委员会编：《桓仁文史资料》第3辑，1990年，第109-110页。

③《政府公报》1915年10月（二），第261-262页。

④ 辽宁省档案馆编：《奉系军阀密电》第1册，中华书局，1984年，第167页。

民众，一味地坚持"集中力量，择取一点，作奋力一击"①的单纯军事冒险所致。只有改变这种单一速效式的行动方式，深入下层群众，建立一个包括绿林会党在内的广泛的反袁统一战线，革命方能有一个光明的前途。进入1915年秋，全国的政治形势发生了重大变化。袁世凯继与日本签署卖国的"二十一条"后，又授意组织筹安会，公然为复辟帝制摇旗呐喊，其称帝野心已昭然若揭，反"帝制"的呼声在全国勃然兴起，护国反袁运动已由中华革命党一党孤军奋战，发展为资产阶级各派的联合行动。孙中山正确估量了客观形势的发展进程和走向，预感到组织全国规模的反袁大起义的时机已经成熟，乃派遣陈其美、戴季陶等赴大连，成立关外军事筹备处，派党员分赴东北各地，建立机关，联络会党，组建中华革命军，为反袁大起义作提前准备。本溪的黄四懒王等亦积极参与起事②。至1915年11月，中华革命党在大连、长春、海城、西安（今辽源）、法库、桓仁等地共组织起6支反袁武装，其中，以桓仁县知事王济辉等组织的辽东护国军筹划最早，声势最大，影响也最为深远。

王济辉，字焕青，1866年生于贵州婺川县（今务川县）三坑大弯，仡佬族③。1897年，中丁酉科举人。1905年赴日本法政大学留学。1907年3月，奉天省"借才内地"，王济辉来到东北，先后在临江、庄河等地任职，因其"坚忍奋发，缓急可恃"④，政绩卓著，被北洋政府授予六等嘉禾勋章。1915年7月，王济辉调署桓仁县知事。到任后，他大力整顿治安，"责成警队会合陆军进剿，擒获匪首铁万山（绰号铁公鸡）"⑤，使桓仁治安状况大为改观。

王济辉素有反对帝制、拥护共和的革命思想，"久与革党联络，且与（奉天革命党领导人）赵中鹄、段右军诸人相善"⑥。面对袁世凯的倒行逆施，1915年夏秋之际，王济辉联络县署承审员文怀亮、总务科长崔文会以及地方士绅佟宝泉（教育所长）、李国华等热血爱国之士，"密筹对付袁逆

---

① 张玉法：《中国现代史》，台湾东华书局，1977年，第140页。
② 程文、陈岳军编：《吴玉章往来书信集》，重庆大学出版社，1993年，第38页。
③ 今属贵州省遵义市务川仡佬族苗族自治县。
④ 骆宝善、刘路生主编：《袁世凯全集》第32卷，河南大学出版社，2013年，第170页。
⑤ 《东三省之崔苻录》，载《大公报》，1915年11月1日。
⑥ 《桓仁宣布独立之确耗》，载《盛京时报》，1916年5月4日。

之策",开始着手筹建护国军,并派遣长子王愚倩赴长江流域联络当地革命党人,以争取支持。王愚倩"涉淮(河)渡泗(水),溯(长)江入洞庭(湖),流连三湘,阅时近三月",然而其时"袁氏势焰正炽,搜捕党人极严",南方革命党"势力衰微",尚"无力远顾辽东","卒不得要领而还"。此即为"组织辽东护国军之起点"①。

　　1915年12月,蔡锷、唐继尧在云南起义反袁,护国战争爆发,全国纷纷响应。王济辉决定乘势而起,复派王愚倩赴庄河县联络其岳父邵兆中。邵兆中,字子峰,时任庄河县警长,辛亥革命时期曾任辽东民军东路军司令,"其威望为奉省东边各县防警之所畏服"②。早在1914年,邵兆中即在陈中孚、赵中鹄与鲍化南等的联络下重新展开革命活动,并担任了庄、复一带革命党的领导人。几乎在王愚倩赴南方联络同时,邵兆中也派人赴辽南、辽东各县"联络、召集同人",并在奉天、大连等地"设立机关"③。由于这些活动当时都是在极为秘密的状态下进行的,是故王济辉、邵兆中虽为儿女姻亲,却并不知晓彼此的革命活动。此时一经王愚倩沟通,双方遂一拍即合,合而为一,王济辉在桓仁的活动由此正式隶属于邵兆中等人领导的辽东、辽南反袁起义组织。尽管有了王济辉等桓仁革命党人的加入和东北反袁革命形势的渐次成熟,但根据当时辽东敌我力量的对比分析,邵兆中认为起义时机尚未成熟,乃议定:一、由邵兆中赴日本东京,向孙中山请示起义方略,筹集军资;二、由王济辉派人分赴奉天各地,策动防警响应;三、编练一支游击队,与桓仁县防警联合作为起义军主力。邵兆中、王济辉陆续派遣王振武、颜景明、杨一峰、王俊升、李德明等人,前赴山海关、庄河、安东、辽源、通化等地运动防警。至1916年2月,因中华革命党东京总部屡次电召赴日"商议一切",邵兆中乃同鲍化南由大连至东京,在中华革命党总部"面谒孙中山先生及本部同人",汇报辽东反袁起义筹备情况。孙中山以辽东"交涉棘手",并有宗社党"暗伏奉省",情况复杂,不宜过早举事,乃命邵兆中等暂缓返国,在东京"帮办交涉及筹备

---

　　① 中国第二历史档案馆编:《中华民国史档案资料汇编》第三辑军事(二),江苏古籍出版社,1991年,第369页。
　　② 王济辉:《辽东护国军始末记》,载《盛京时报》,1916年5月19日。
　　③《前辽东司令邵兆中报告起义始末记》,载《盛京时报》,1916年8月19日。

军资"①。从孙中山要求暂缓起义的意图看，主要是防止宗社党利用革命党反袁之机搞卖国、复辟活动，或过早暴露实力导致宗社党与地方军阀以及大连、安东租借内日本占领军合力镇压革命党。因而，在反袁的同时，东北革命党亦必须利用北洋军阀与宗社党之间的矛盾，先行做好削弱、瓦解宗社党势力的工作，并要努力争取租界内的日本军"保持中立"。

按照孙中山的指示，辽东革命党人暂时推迟了起义时间，但桓仁县筹划起义的工作依然在紧张进行中。至1916年4月初，游击队编制成军，防警亦联络就绪。为补充武器弹药的不足，王济辉派崔文会"假解款为名"，将上缴国库之1.7万元交由安东的革命党机关部"购运军械"②。并拟定了水旱两路进军，"一由鸭（绿）江取安东"，"一由宽甸县取凤城"③，各地革命军和联络之防警、驻防军群起响应，最后夺取奉天的起义计划。

此时，由云南首义的反袁护国战争在长江以南的广大地区取得了决定性的胜利，贵州、广西、广东、浙江、江苏等省相继宣告独立。在北方，一批长期活动于大连、青岛两地的东北和山东革命党人在中华革命党居正、陈中孚等人的领导下组成中华革命军东北军，开始进攻山东。在这种高涨的革命形势下，袁世凯被迫撤销帝制，但仍恋栈总统职位，无意下台，招致全国一片声讨之声。辽东革命党人认为起义的时机已经成熟，遂一致"电催（邵）兆中迅速回国"，并公推其为辽东护国军总司令，准备邵一回东北，立即举行起义。孙中山综合分析了东北及北方的反袁形势，同意邵兆中返回国内组织起义。但又嘱咐他继续"调查宗社党实在情形，随时电复"筹商起义。4月27日，邵兆中抵达大连。上岸后，他以与日本"交涉手续尚未完全"为由，通告各地革命机关"暂缓举动"。唯桓仁县由于"地处偏僻，交通梗塞"④，消息未及传到，加之起义消息提前泄露，故王济辉仍按原定计划于4月28日在桓仁单独率众举行起义，率先打响了辽东反袁护国的第一枪。

---

① 《前辽东司令邵兆中报告起义始末记》，载《盛京时报》，1916年8月19日。

② 王济辉：《辽东护国军始末记》，载《盛京时报》，1916年5月19日。

③ 中国第二历史档案馆编：《中华民国史档案资料汇编》第三辑军事（二），江苏古籍出版社，1991年，第369页。

④ 《前辽东司令邵兆中报告起义始末记》，载《盛京时报》，1916年8月19日。

二、桓仁独立与辽东护国军的斗争

辽东护国军的起义首先是以桓仁独立的行事为发端的。1916年4月中旬，崔文会由省城返回桓仁县，告之奉天当局催取解款甚急，王济辉决定提前发动起义，派遣县教育所长佟宝泉、绅士李国华、教官马寿田等人与各区区官、巡长和驻防军联络。4月27日，王济辉通令已齐集县城的四乡警区区官、团总将所部警团于28日晨带至县署广场参加全县警团会操，并邀请县驻防军管带杨泰隆、县警察所长王澄华等人于早8时到县署宴会，并参观游击队打靶，想借机扣押二人，宣布桓仁独立。不料，起义计划外泄，"是日未届宴会钟点，而王知事宣扬独立之风，也已传播街市"①。王澄华、杨泰隆等人闻讯后，一面托言抵制会操，一面托言通化匪警调防军进驻桓仁县城，起义面临功败垂成的危险。在这危急时刻，王济辉当机立断，立即发动起义。

4月28日早8时，王济辉邀请地方士绅李维周、孟芳邻等赴县衙，告以起义意旨，随即在县署外悬挂白旗，上书"宣告独立，保护商民"。以先前编练之游击队为主体，组成"辽东护国军"，遥举邵兆中为总司令，王济辉自任副司令兼总务部长，代行总司令职务。随后发布《组织共和军声罪致讨檄文》《致袁氏迫退位电》《致各省声明讨袁电》《致奉天驻省各国领事照会》等文电，大造革命舆论，历数袁世凯"假造民意，推翻共和""违法背誓，悍然不顾"②等种种罪行，号召辽东所有仁人志士"共举义旗"，以"附末师之肩背，壮南军之声援"，"会师辽沈，直捣燕京，谋诛元凶，戮其党羽，以泄戴天之愤"③，表明了护国军"永保共和，发扬民国之精神，扫除帝制之恶毒"④的坚定决心。在致各省通电中，护国军要求各省文武大员"利害从违，应早审定，切勿观望徘徊，贻羞后世"⑤。致各国领事照会则表示愿与各国修好，"凡在本护国军势力范围之内之外国侨民生命财产，完

---

① 辽宁省档案馆编：《奉系军阀密电》第1册，中华书局，1984年，第184页。
② 《致袁氏迫退位电》，载《民国日报》，1916年5月12日。
③ 《致各省声明讨袁电》，载《民国日报》，1916年5月12日。
④ 《辽东护国军总司令之宣言》（1916年4月6日），载《盛京时报》，1916年5月6日。
⑤ 陈长河：《辽东护国军反袁起义经过》，载《历史档案》1996年第2期。

全负保护责任",但要求各国政府"严守中立"立场①。讨袁檄文的发表,赢得了桓仁商学各界的赞同和支持,桓仁商会在街上"大放鞭炮,以示欢迎"②。

为壮大革命声势,迅速扩展起义影响,举事当日,王济辉即决定将县知事一职暂委县佐李邦藩代理,县总务科长则由士绅宫芳庭接任,共同负责维持全县日常行政工作。自己则与巡官郑殿元、胡耀先率兵向安东进发。由于警、防各军皆为效忠北洋政府之杨泰隆、王澄华等控制,相当一批原定参加起义的巡警无法脱身,王济辉检点将士不过60人,枪支弹药亦十分缺乏,不得已放弃原定水陆两路进军的计划,全军改由水路进发。

桓仁宣布独立后,起义军与反动军警双方应绅商等要求,为避免城中遭受损失未曾交火。及至王济辉出城,李邦藩、王澄华始"一面督警尾追,一面派警守护监狱"③。奉天盛武将军行署令通化县知事潘德荃前来桓仁,会同军警维持秩序,并等候派员接理。4月29日,李邦藩又电请张作霖"速派妥员前来接办"④,李旋即奉令代理。5月7日,新任桓仁县知事戴瑞珍到县视事。

起义军出城后,有不少高等小学及师范学校的年轻学生,基于爱国热情,投奔起义队伍。及至起义队伍沿浑江南下转入鸭绿江时,沿途来投者,亦复络绎不绝,起义军由原来的60余人增至100余人。4月29日,起义队伍经马圈子进抵沙尖子,即派佟宝泉、李国华等入市宣布讨袁护国意旨,并张贴《辽东护国军之布告》安抚民众,宣称:"大军到处,凡不应纳之苛税,不应借之公债,一切豁免,释民重负,以培元气。凡我父老兄弟、子侄甥舅及邦人诸友,切勿惊骇。官吏照常服务,四民各安生业。"⑤同时公布《辽东护国军行军纪律》以严肃军纪,称:"凡不听命令者、焚杀良民者,均予枪毙;凡强买强卖者、私入良家民房者、纵酒行凶者等,均予禁锢。"⑥"布告"和"行军纪律"的颁布,得到了广大民众的热烈欢

---

① 陈长河:《辽东护国军反袁起义经过》,载《历史档案》1996年第2期。
②《桓仁独立后之情形》,载《盛京时报》,1916年5月5日。
③ 辽宁省档案馆编:《奉系军阀密电》第1册,中华书局,1984年,第182页。
④ 辽宁省档案馆编:《奉系军阀密电》第1册,中华书局,1984年,第183页。
⑤《辽东护国军之布告》(1916年4月28日),载《盛京时报》,1916年5月6日。
⑥ 牛笛:《档案工作实践与历史档案研究》,中国矿业大学出版社,2002年,第215-216页。

迎和拥护，对于维护良好的军风纪也起到了积极作用。街上照常营业，毫无惊扰之状。当地商会派代表刘荫棠表示欢迎，王济辉将该商会送交县署的奉天省公债530元退回。即由沙尖子雇船沿浑江而下，是日夜宿于浑江口。

奉天将军张作霖效忠袁世凯，对于桓仁反袁独立采取敌视的态度。他生怕起义军将来与安东等地的革命党人合作大举，后果堪虞，乃急忙布置镇压措施，下令东边道及桓仁县各军政官员进行追堵，不使"漏网"。4月29日，张作霖电令东边镇守使马龙潭、东边道尹方大英"仰即会同督饬军警一体严拿，必有重赏"①。次日，电令桓仁县管带杨泰隆、警察所长王澄华等将追随王济辉起义之军警"查明严办，以警将来"②。又电令安东水警长黄庆阶"督警协缉，勿使漏网，捕得时必有重赏"③。马龙潭奉令后，急调军队，一由水路星夜驰赴沙尖子、浑江口一带堵截，一由陆路宽甸、通化两路进行追击，并电令宽甸等县警团"协同堵拿"④。5月1日，张作霖又令张景惠率领骑兵第二十七团1个营前往桓仁坐镇，旋赴宽甸县长甸地区主持"防剿"军事。王济辉率众离城后，管带杨泰隆曾间道赴东路浑江下游堵截，无奈"因彼舟我陆，以致未能追获"，杨也因此获咎革职，后经桓仁县各界代表张化新等致电张作霖代为说项，"伏准将杨营长仍留原差，以观后效"⑤。

4月30日，护国军分乘江艚3艘顺鸭绿江而下，进驻安东对岸之朝鲜碧潼。随行之学生及教师因体弱不克从军，悉行劝回。在此，护国军向袁世凯发出最后通牒——《致袁前总统请其速行退位电》，限其于48小时内答复，立即下台，接受特别法庭裁判。同时传檄各省，号召南方护国军一致行动，共同讨伐独夫民贼。由于袁世凯届时拒不答复，护国军遂主动发起三次战斗：

5月2日，护国军抵达宽甸县蒲石河口。蒲石河是桓仁通往宽甸、安东的必经重镇，敌人把守极严。为减少部队伤亡，王济辉先行派遣张世泰入

① 辽宁省档案馆编：《奉系军阀密电》第1册，中华书局，1984年，第182-183页。
② 辽宁省档案馆编：《奉系军阀密电》第1册，中华书局，1984年，第185页。
③ 辽宁省档案馆编：《奉系军阀密电》第1册，中华书局，1984年，第185页。
④ 辽宁省档案馆编：《奉系军阀密电》第1册，中华书局，1984年，第185-186页。
⑤ 辽宁省档案馆编：《奉系军阀密电》第1册，中华书局，1984年，第189页。

市张贴布告，晓以大义，受到当地商民热情拥护。该镇水警署长杨惠卿亦倒戈相投，"以枪十七支相送"①。而陆警头目则执迷不悟，"择险卡堵"，负隅顽抗。护国军不得已发起攻击。在连长徐麟阁等指挥下，义军战士勇往直前，"连破数卡"，将警团击散，击伤团兵、牌长各一名，俘其巡官一员，迫使警团就范，解除武装，"夺获步枪十四枝，子弹七百粒"。护国军大获全胜，遂占领蒲石河口。"所用军需品，照价给值，并派人保卫江面，商民及外人无不称颂"②，纷纷悬旗以示归顺。

护国军在蒲石河口的胜利，对奉天军阀当局震动极大，张作霖慌忙抽调所属53旅骑兵营、巡防步兵营及山炮队前往围剿。由于害怕护国军渡过鸭绿江，前赴新义州"勾结乱党，希图再举"③，5月2日，马龙潭亲赴安东与方大英会商，因虑义军地处朝鲜境内，"非我国权限所能剿捕"④，故拟借王济辉"盗款潜逃"为名，"照请日领知会韩警"⑤逮捕王济辉等人，并予以引渡。同日，张作霖复电马龙潭、方大英，称赞交涉引渡"办法甚是"，并令将王济辉、邵兆中"设法弋获"⑥，以绝后患。护国军在蒲石河口休整一日、补充部分枪支弹药后，于5月4日乘船下驶，至朝鲜昌城复舍舟登陆，拟由陆路向宽甸县城发起攻击。5月5日早4时，起义军行抵长甸迤北王八脖子⑦，适与张作霖所派巡防步兵第六营驻牛毛坞地方前哨哨官马玉山部相遇。经过一番激战，护国军斩获颇丰，"击毙巡防兵三名，伤六名，防兵势穷，来降者八名，并擒哨长色勒贺一人，夺获步枪十四枝，子弹二千九百粒，小枪一枝、子弹八十粒"⑧，而护国军亦战死2人，受伤5人⑨。马龙潭闻警，立即派兵驻守附近山岗要隘，防备护国军由长甸、苏甸方向向宽甸县城攻击，又在江沿及东岗两处堵截。当晚，王济辉复率军

---

① 王济辉：《辽东护国军始末记》，载《盛京时报》，1916年5月19日。

② 中国第二历史档案馆编：《中华民国史档案资料汇编》第三辑军事（二），江苏古籍出版社，1991年，第370页。

③ 辽宁省档案馆编：《奉系军阀密电》第1册，中华书局，1984年，第185页。

④ 辽宁省档案馆编：《奉系军阀密电》第1册，中华书局，1984年，第188页。

⑤ 辽宁省档案馆编：《奉系军阀密电》第1册，中华书局，1984年，第186-187页。

⑥ 辽宁省档案馆编：《奉系军阀密电》第1册，中华书局，1984年，第187页。

⑦ 一说永甸河口三岔子。

⑧ 王济辉：《辽东护国军始末记》，载《盛京时报》，1916年5月19日。

⑨ 辽宁省档案馆编：《奉系军阀密电》第1册，中华书局，1984年，第190页。

"于长甸河口二里许之各山遍插红旗，声势甚张，约有七八里之遥"①，见官兵防御甚严，复退至永甸河口附近老台沟，驻扎在距长甸20余里的大江口。

护国军虽连续取得两次战斗的胜利，但王济辉考虑到张作霖派遣的后继部队已陆续抵达宽甸，起义军孤军深入，独力难支，乃放弃进攻宽甸县城的计划，部队再次登舟，顺鸭绿江而下，向安东方向靠拢。5月7日拂晓，护国军行抵宽甸县长甸河口，突遭守敌偷袭，义军迅速集结兵力进行反击，双方激战4小时，"击毙敌兵三名，伤数名"，义军桓仁籍战士梁得全壮烈牺牲。因官军"据险守御"，护国军进攻受阻，暂时后撤②。

三、辽东护国军的解散与王济辉的命运

护国军攻打长甸河口受阻后，邵兆中致函在日本之孙中山，称："桓仁知事王济辉于二十八日独立，带军警攻安东，至长甸河口被阻，拟改道由韩岸至安东，请向日人交涉，令彼驻韩军队，勿得留难。"③孙中山接到邵的电报，反复斟酌，认为"奉省处特别地位，现在交涉棘手，骤然急进，恐生摎葛"④，乃复电邵兆中，要求护国军暂行遣散，"军队安置安东备用"⑤，领导人撤往安东，待"将来全省一致行动时，再作后图"⑥。邵兆中收到孙中山的复电，不敢违背，当即致函王济辉，要求护国军停止进攻，以待后命。义军接函后，经过讨论，为"顾全大局计"，王济辉遵从孙中山的指示，同意暂行罢兵。由日本伍长五岛酉治经手，将枪弹等暂时寄存于朝鲜新义州日本宪兵分遣所，王济辉自率少数官兵"安押枪械"赴安东驻扎，其余大部疏散于各地，保持联络，"再谋稳健进行方法"。邵兆中随即奔赴上海，与在沪国会议员"筹备军资"，并请求唐绍仪出面帮助"办

① 《奉天之桓仁事件》，载《申报》，1916年5月14日。
② 中国第二历史档案馆编：《中华民国史档案资料汇编》第三辑军事（二），江苏古籍出版社，1991年，第371页。
③ 陈长河：《辽东护国军反袁起义经过》，载《历史档案》1996年第2期。
④ 中国第二历史档案馆编：《中华民国史档案资料汇编》第三辑军事（二），江苏古籍出版社，1991年，第367页。
⑤ 陈长河：《辽东护国军反袁起义经过》，载《历史档案》1996年第2期。
⑥ 曲晓璠：《辽东护国军起义与民初东北反袁斗争》，载《辽宁师范大学学报》（社科版）1990年第4期。

理交涉"①。5月19日，王济辉在《盛京时报》署名发表《辽东护国军始末记》，将辽东护国军筹划、举事、战斗及暂行遣散之经过公之于世，表示"袁氏一日不退位，济辉与同志组织义军之举一日不懈"，"济辉一息尚存，即愿率我同人荷枪随诸君子后"②，表明了反袁到底的坚定决心。邵兆中等亦同时致书张作霖，声称："天下之事，顺义者昌；吊伐之师，以直为壮。袁氏以元首而行不义，已为天下人所共弃。滇黔两粤诸师为国讨伐，名正言顺，箪食壶浆，如望于道。虽有一二野心之将军起与反对，其败亡将不旋踵。吾党起义辽东亦本此意，兵旅虽少，义声震人。公若能顾全奉省，顾全天下之大局，宣布独立，某等均愿为公荷戈前驱，为国效力。公若迟疑不决，甘与吾党作敌，则吾党亦将以公敌视之，奉省大乱将不旋踵。"③并致函第二十八师师长冯德麟，利用冯、张之间的矛盾，要求冯氏联合洮源镇守使吴俊陞及东边镇守使马龙潭，以重兵压张去职，而后"会师榆关，进犁贼窟"，俾"建不世之勋，流无穷之誉"④。

在全国一片声讨之下，1916年6月6日，袁世凯忧病而死，黎元洪继任大总统，反袁护国运动胜利结束。但辽东护国军队伍1700余人一时却不易解散，且筹集军饷十分困难。经邵兆中与山东护国军领导人吴大洲等商定，将王济辉为首的辽东护国军600余官兵并入山东周村护国军。同时，在报纸刊登《辽东护国军合并之布告》并销毁印信。至此，这场发端于桓仁县，波及东边道数县的辽东护国军反袁运动正式画上了句号。

此次反袁起义，发动较为仓促，武器的购置、军费的筹措，在当时条件下，是极其困难艰巨的。收入之款，除挪用应解国家之公款4.1万余元外，其余"则由民党首领孙中山先生支给，及周村护国军都督吴大洲之接济，并大连商家之借用"，共计6万余元。款项之支出，"均系实报实销，并无丝毫冒滥"。起义一经结束，邵兆中等即造具《辽东护国军所需枪支子弹数目清折》及《辽东护国军收支各款数目四柱清折》，呈请北洋政府内务部"鉴核"，并提出其挪用之公款，实出不得已，应"随案请销"；借用之各

① 《前辽东司令邵兆中报告起义始末记》，载《盛京时报》，1916年8月19日。
② 王济辉：《辽东护国军始末记》，载《盛京时报》，1916年5月19日。
③ 《辽东护国军近信》，载《申报》，1916年6月4日。
④ 陈长河：《辽东护国军反袁起义经过》，载《历史档案》1996年第2期。

款，应由中央"担任偿还"之要求[①]。但北洋政府对此次起义本就恨之入骨，对它横加压制，及至起事结束，又图谋借经济问题搞所谓秋后算账，必欲置王济辉身败名裂而后快。早在起义初起时，张作霖及马龙潭等即诬指王济辉等为"携款潜逃""弃城逃遁"之叛逆。此后，张作霖又令桓仁代理县令李邦藩查明王济辉等"卷逃款项数目"，以为他日"核办"的依据[②]。孙中山在得悉此情后，颇为不平，特致函黎元洪和国务总理段祺瑞，代为声明，谓"前奉天桓仁县知事王济辉，举兵附护国军，拥护共和。后以恐惹交涉，由（孙）文饬令停止"，要求体念王济辉等"其事本因公，虽无殊功，仍予免罪"[③]，但北洋政府并不理睬。1916年10月，张作霖以"政务废弛、民怨沸腾且亏国家地方公款甚巨"为由，呈准黎元洪，要求将王济辉交由文官高等惩戒委员会"依法惩戒"[④]。1917年1月，经文官高等惩戒委员会议决，王济辉被以"废弛政务，亏空巨款"的罪名，受到"褫职"处分[⑤]。1918年，复提交法庭缉究处分。张作霖依然不肯善罢甘休，又咨文贵州省政府，要求查封王济辉原籍家产[⑥]。王济辉为此屡次上书北洋政府，要求取消处分、免予通缉、归还被封家产，均未有结果。1918年末，王济辉在北京病逝，年仅52岁。北洋政府追认其为革命功臣，进行厚葬，并令原籍婺川县举行隆重的追悼大会[⑦]。王济辉反袁护国的革命功业，终于得到了公正的评价。

四、辽东护国军起义的历史意义

辽东护国军起义，从1916年4月28日桓仁独立至5月7日自行解散，前后活动仅有10天，可谓昙花一现。它的失败，固然有敌强我弱、日方掣肘等不得已之苦衷，但与孙中山、邵兆中、王济辉等领导人对形势的错误估

---

① 中国第二历史档案馆编：《中华民国史档案资料汇编》第三辑军事（二），江苏古籍出版社，1991年，第367-368页。

② 辽宁省档案馆编：《奉系军阀密电》第1册，中华书局，1984年，第187页。

③ 广东省社会科学院历史研究所等编：《孙中山全集》第3卷，中华书局，1984年，第355页。

④ 《大总统令》，载《大公报》，1916年10月14日。

⑤ 《政府公报》1916年1月31日第380号，第3页。

⑥ 《军政府公报》1918年11月23日，修字第25号。

⑦ 铁木尔·达瓦买提主编：《中国少数民族文化大辞典 西南地区卷》，民族出版社，1998年，第625页。

计及作出的错误决策亦有很大关系。辽东护国军起义中途夭折，功亏一篑，使人遗憾。然而它作为东北革命党人在民国初年东北反袁革命极为艰难的历史条件下所发动组织的首次具有一定规模和影响的武装起义，却有着重要的历史意义。

首先，辽东护国军起义揭开了东北革命党人护国反袁革命的序幕。在此之前，东北革命党人虽多次密谋起义，但这些密谋一是规模小，基本上属于少数人的军事冒险；二是这些密谋通常在酝酿阶段即被地方军阀所镇压，未能在社会上产生太大的影响。而辽东护国军起义的爆发却使"东三省之沉闷为之一破"[1]，革命党人信心满怀地宣称："奉省各党军，不出旬月，复将发现轰轰烈烈之举动，惊醒白山黑水间酣睡之同胞，直起讨贼。"[2]此后东北各地"民气愤张"，反袁起义"接踵蜂起"、此起彼伏。仅在辽东护国军起义后的1个月内，计有辽北护国军起义，辽西护国军起义，海城、义县千人反袁起义先后爆发，从而加速了袁世凯政权的覆亡。

其次，辽东护国军起义推动了辽东尤其是起义军经过地区人民的觉醒。在辽东护国军起义的进军过程中，护国军曾发布了一系列的讨袁文告和声明，向东边道人民广泛宣传了护国讨袁运动的必要性、正义性及其伟大意义，使民众看到了护国讨袁的前景和希望，激发广大民众以前所未有的政治热情自觉地走上反袁道路。仅护国军起义的10天里，就先后有几百人陆续加入护国军参加讨袁，充分反映出护国军当时的强大政治影响。

再次，辽东护国军起义打乱了北洋军阀的反革命部署，有力地策应、支援了内地其他省区的革命运动。护国战争爆发后，袁世凯眼见南方护国军迅速向北逼近，北洋政权摇摇欲坠，急忙电令张作霖、冯德麟等东北军阀派兵南下，堵截护国军北上。为阻止袁世凯的这一反动计划的实现，东北革命党人赵中鹄、段右军、杨大实等自4月中旬开始几次发表公开通电，"规劝"张作霖抵制派兵进关，站在人民一边反对袁世凯。正在张作霖等人犹豫之际，辽东护国军起义爆发了，这就迫使张作霖集中力量对付东北的反袁革命，无暇顾及并进而放弃了组织军队南下的计划，从而间接地支援了南方革命。特别值得一提的是，以王济辉为首的一批原辽东护国军官兵

---

[1] 《辽东革命大风云》，载《民国日报》，1916年5月10日。

[2] 陈长河：《辽东护国军反袁起义经过》，载《历史档案》1996年第2期。

在加入居正领导的中华革命军东北军后，直接参加了进攻潍县、高密等地的战斗，为山东反袁革命也作出了贡献。

综观资产阶级革命派在本溪的斗争，一是起步早、时间长，几乎涵盖了同盟会和中华革命党在东北组织的所有重要斗争；二是斗争频繁，据不完全统计，仅筹划、发动的起义就达7次之多，这在东北乃至全国同等规模城市中也并不多见；三是影响较为深远，资产阶级革命领袖孙中山、宋教仁和北洋军阀头目袁世凯、张作霖均对本溪的革命斗争有所关注和指示，可见其地位和影响。

但不可否认的是，由于资产阶级革命派在对日本帝国主义的斗争策略上首鼠两端，一时对日本帝国主义敌视中国革命的态度掉以轻心，甚至幻想依靠其帮助取得革命成功；一时又过分顾忌日本帝国主义的干涉，不敢放手发动群众，以致错失革命大好时机。同时，单纯依赖东北会党，缺乏自身独立的武装力量。而会党既有反抗官府统治革命的一面，又有掳掠人民落后的一面，这就决定其不可能真正获得人民的认可和支持。再则，革命党组织涣散，缺乏坚强的领导，这从本溪武装起义计划多次泄露就可见一斑。这不仅是资产阶级革命派在本溪斗争失败的原因，也是其在全国屡战屡败的重要原因。这些不足，直至1922年孙中山在苏联和中国共产党帮助下改组中国国民党，创建黄埔军校才有所改观。

第三章
近代煤铁工业中心的形成

帝国主义的入侵，打断了本溪地区传统煤铁手工业独立自主的发展道路。通过合办、委任经营、包买等手段，日本帝国主义大肆侵夺本溪民族工矿企业，建立起中国东北最早的近代化煤铁联合企业——本溪湖煤铁公司，使本溪成为东北亚首屈一指的重工业中心，为中国工业发展奠定了技术与人才基础。但这一成就的取得是以中国资源被掠夺和主权被践踏为代价的，为维护国家主权和发展利益，本溪爱国官商和工人阶级与日本帝国主义展开了不屈不挠的斗争。

第一节　列强觊觎、掠夺本溪矿产资源

一、列强觊觎本溪矿产资源

本溪地区物产丰饶，特别是煤、铁等矿产资源得天独厚，向为中国东北南部煤铁手工业中心。清朝建立之初，即准许招募旗人开采白西湖（本溪湖）煤矿，盛京工部炸子厂（煤厂）官山就坐落在今本溪市境内蚂蚁村沟、黄旗沟、柳塘、新洞等处，除官庄壮丁开采外，还有向盛京将军衙门领票开采的窑户。至19世纪初，本溪煤铁手工业已颇为繁盛，共有29家煤窑同时开采[1]。《重修保安寺碑记》记载："凡我溪湖，铁矿、煤（煤）窑，利益无穷。"[2]鸦片战争后，随着"洋铁"输入渐多和开采条件恶化，本溪

---

① 佚名：《盛京通鉴》卷3，台湾文海出版社，1967年，第87页，该数字当包含今辽阳地区。
② 刘万东：《本溪湖煤铁史略》，东北师范大学出版社，2013年，第24页。

传统的煤铁手工业日趋衰落，但规模犹在，直至1903年清政府整顿矿业时，窑子峪、本溪湖尚有领取采煤票的煤商40余户，其中有关明忠开采的红脸沟煤矿、翁恩熙开采的赛马集煤矿、恩魁开采的徐家坟煤矿、佟万海开采的矿洞沟煤矿、白永贞开采的王家林子煤矿等①。诚然，这些煤矿均使用土法开采，效率低下，然假以时日，通过引进西方先进技术，未尝没有复兴的机会。但这些可能性，均随着帝国主义侵略最终沦为了泡影。

第二次鸦片战争后，随着资本主义工业发展所需工矿原料的增加，外国资本不可避免地对本溪丰富的矿产资源有所觊觎。在利益驱动下，纷纷打着"科学考察"的名义，采用西方新式技术和手段，对本溪地区的矿产资源进行非法勘察。

1869年6月，德国地质学家李希霍芬来到本溪，对当地煤铁手工业状况进行考察。在其专著《中国》一书中，李希霍芬这样描述：本溪湖"在南满诸煤矿中为最大。在矿地每吨1.25元，焦煤每担2吊（每吊160文）。运到牛庄后，每吨售价5—6两。一部分运往辽阳及牛庄，大部分被炼成焦煤，用以炼铁"。小市的煤"一部分运往辽阳及牛庄，大部分就地炼成焦煤，用以炼铁。每担售价160文，运到辽阳后，售价为400文。当地还有一绿矾厂，化炼煤矿中的黄铁矿"。赛马集出产的煤"几乎全为碎末，大都被炼成焦煤，就地炼铁。运输条件极坏，每担（合60.45公斤）售价120文，售煤加2倍"。"其地铁业之特色为以焦炭为颜料而不用木柴或木炭。又用坩埚炼生铁。"其生产工艺为"170个耐火陶土制成的圆柱形的桶子，每个4英尺高，8英寸宽，堆积起来，充填上敲碎了的矿石和木炭二者的一种混合物。桶和桶之间的空间塞上焦煤，后者分散在坩埚的周围和上面，成为一堆。然后全部燃着，并用一个风箱吹风。炼出的生铁还要送到一个小型高炉里重炼一次，就成为铸铁。再经过一次老式的精炼过程，就得出锻铁"。所需铁矿来自骆驼背子、庙儿沟、弟兄山等处，本溪湖、小市、赛马集等地②。

李希霍芬对本溪煤铁资源的考察受到西方列强的关注。1869—1870年，

---

① 李燕光、关捷主编：《满族通史》（修订版），辽宁民族出版社，2003年，第718页。
② ［德］李希霍芬：《中国》，转引自彭泽益编：《中国近代手工业资料》第2卷，三联书店，1957年，第160页、第145-146页。

英国驻营口领事阿德金斯对本溪湖煤田进行了初步勘探，认为本溪湖煤质优良，可与英国加的夫煤矿相媲美[1]。1873年4月24日，英国军舰西斯尔号在离开营口港时由本溪湖运了一车当地所产原煤进行试验，该军舰工程师普里格在致舰长利特的报告中谈道："我认为这些煤完全符合军舰锅炉的使用，在烟囱中有很少的烟尘残留，燃烧得很快，使蒸汽机工作良好。如果能与我国北方产的烟煤混合使用，将使燃烧更加迅速。这种煤超过所尝试过的中国和日本的任何品种，烟很小，颜色青灰，煤灰只占4%—5%，非常适合蒸汽机的使用。"[2]另一艘英国军舰萨库号的首席工程师麦克德也对本溪湖煤进行了实验，认为本溪湖煤与英国威尔士煤非常相似，适合蒸汽机使用，如果与台湾基隆所产煤混合使用，效果更佳。最后得出结论说本溪湖所产的煤比他所见过的任何中国、印度和日本的煤都要好。同时，美国、德国等国船只也普遍反映虽本溪湖煤与其他不易燃物质混合后燃烧缓慢，但本质上是一种好煤，适合轮船的使用。因此，阿德金斯建议英国政府支持英国商人开发本溪湖煤矿，以获取高额利润。[3]可见，英国早就对本溪湖煤矿等矿产觊觎已久。只是由于清政府的抵制，英国资本投资开发本溪湖煤矿的野心并没有立即实现。中日甲午战争至日俄战争期间，列强在东北展开矿权竞争，其策略多种多样，其中由各国私人或企业公司代表与华商合资经营的方式甚为普遍。1899年，营口英商同福公司收买本溪湖煤矿西山区域的24枚龙票。1902年与华商刘富卿等合办开采，1903年共采煤约1200万斤[4]。1900年，沙俄以镇压义和团运动为借口出兵中国东北，将侵略触角伸向本溪地区，于1903年派人非法勘探庙儿沟铁矿，意图开发，因日俄战争战败而未果。

作为帝国主义后起之秀，日本错过了欧美列强瓜分世界的"盛宴"，加之自身地域狭小，资源匮乏，对外掠夺的意图更加强烈，手段也更加卑下。日俄战争后，大批日本"商人"以胜利者的姿态纷纷涌入本溪地区。

---

① 英国南部港口，临近威尔士南部煤田，是英国著名产煤地。British parliamentary papers：China. Irish University Press 1971，Vol.10.Commercial reports，Newchwang，1872，P.392.

② British parliamentary papers：China. Irish University Press 1971，Vol.11.Commercial reports，Newchwang，1874，P.116.

③ British parliamentary papers：China. Irish University Press 1971，VoL.11. Commercial reports，Newchwang，1874，P.119.

④ ［日］南满洲铁道株式会社调查课编：《南满洲经济调查资料》第一，1912年，第187页。

在殖民当局和军警机构支持下，"勾结奸徒，迫胁乡长，私立合同，勘地拟采者，屡见叠出"①。

1905年12月8日，日本间谍友枝英三郎、江良文晖假扮商人②窜至赛马集，胁迫乡约贾有发等人订立合同，开采石灰窑子等6处煤矿。29日至30日，友枝英三郎又伙同石原正太郎等人窜至田师傅沟、碱厂等地，胁迫当地乡牌长订立煤矿开采合同。

按照日方提供的合同文本，在上述区域内"凡有煤之处，或山岚熟地"，均准日方开采，中方"不准改换他地，亦不准藉口他事，稍有阻拦"。即使没有订立合同的地区，其尚未开发的煤炭资源，按照合同，亦"不准租与他国及转卖别人"，唯有皇陵附近"致处碍龙脉风水者"并不开采，但无碍龙脉之处，"清国亦不准藉口阻挠"。采煤过程中，如有中方墓葬、房屋等"致碍开凿者"，双方须"商酌"办理，"秉公优给价值拆毁"。开办的煤矿由日方"自购机器，自募人夫开办"，其获利日方9/10，中方仅1/10，"此系永远生涯，并无租价，亦无年限，以煤出尽为度"。

单就合同文本而论，双方权利义务明显有失公允，中方利权受到巨大侵害。而且该合同还规定，遇有纠纷"均准禀请日本、清国官宪商酌判断，以昭公允"，这又是对清国主权赤裸裸的侵犯，自然招致清政府的强烈抗议。

1906年2月5日，奉天矿政调查局照会日驻奉军政官小山秋作，要求其派员会同该局帮办李吉往勘查办。小山旋回函称，日商拟开煤矿共有6处，"现已一律禁止"。矿政局于4月19日再度照会小山，但未获回复。

1907年1月，"日商"近藤正敬等3人突然来到赛马集，张贴"石原洋行锦隆公司炭矿事务所"字样。将该处中国人开办的煤矿"任意占采"，并强运煤炭50余车。赛马集矿政分局委员梁震当即向近藤等人索阅开矿证照，近藤答称已与赛马集一带乡保练长等订立开办煤矿合同。而询问各乡保练长，则皆曰："并无订立合同情事，系日人强逼将姓名录去。"

1月23日、2月3日，奉天交涉局两次照会日本总领事，要求其按中国

---

① 台湾"中央研究院"近代史研究院编：《矿务档：云南贵州奉天》，1960年，第3679-3693页。其下引文同，不注。

② 友枝英三郎，玄洋社骨干，甲午战争前曾参与在上海建立"日清贸易研究所"，培训间谍人员，搜集中国情报；江良文晖，日俄战争时期参加"守田特务班"，在辽东半岛等地搜集情报。

矿务章程禁止该矿非法开采，并札令本溪县按约驱逐。随后，日本总领事照复："石原正太郎已与中国人立有正当之契约，乃中日两国共同开办事业之基础，请予照准。"并附送合同前来。奉天交涉局理所当然地予以驳复，但日方"大率延不照覆，即覆亦以已立合同为藉口之资"。

相似的一幕还发生在牛心台。

1906年1月27日，日本第一军间谍庵谷忱（即前文庵谷些太）化身商人，胁迫牛心台保正王士魁、汪双福和高玉昌三人私立合同，开采该处老观碴子、王官沟、红脸沟、小南沟、大南沟、上牛心台、下牛心台地方煤矿。

5月初，"日商"吉川干次等来到牛心台，声言受庵谷忱委派前来开办煤矿，强行在红脸沟等处树椿画线。红脸沟等地原有华商吕秉虔开设的义顺公司在此经营，巡警局当即将此事上报辽阳州。盛京将军赵尔巽饬令辽阳知州鲜俊英与日本驻辽军政官水泽将雄磋商，禁止日商开采牛心台煤矿，并严惩私立合同的王士魁等人。5月14日，复令奉天交涉总局函致日军驻奉军政官，"谓牛心台等处一带矿产，我国人民资为生业，若任日商开采，则屯民生计顿绝，势必滋生事端，殊与治安有碍，应请速为转致辽阳军政官实力查禁"。

1907年3月，"日商"井上竹治、原田爨受庵谷忱委派，复至红脸沟等处强行占地招工开采，本溪县设治委员周朝霖率巡警前往诘阻。井上等初则妄称为抚顺天佑公司执事，继则以大仓财阀曾在本溪湖开采煤矿为辞。周朝霖当即驳斥井上：本溪煤矿现已查禁停采，必须向中国政府申报且与华商合资领照方准开办，即使是抚顺日商亦不得违约私自开矿，更不容任意越境开采。4月，日本驻奉天总领事吉田茂照会赵尔巽，声称庵谷忱已受日本关东都督府许可，与中国人订立合同在牛心台开矿，被本溪县设治委员周朝霖胁令停业，"此等行为蹂躏我军权限不问可知"，要求清政府惩处周朝霖并赔偿损失。

奉天交涉总局根据本溪县呈报，严词驳复日本领事照会，声明庵谷忱与王士魁等所立契约"并非国际所承认，本属毫无效力"，牛心台等矿区隶属于本溪湖，不在南满铁路界限内，日本都督府之许可，也未征得中国政府同意，故中方不予承认，且日商违背公理，侵犯华商权利，应立即停止非法开采，并赔偿中方损失。但井上等对中方政令置之不理，仍在红脸沟等处占住民房，私自开采。牛心台附近华商欲组织公司夺回矿权，庵谷忱复致书各股商，"大言恫喝，意在阻挠"，清政府无法可想，唯令各华商"协力坚持，勿受彼所摇惑而已"①。

从上述日本侵夺本溪矿产资源的史实可以看出：

一、所谓"日商"，无论友枝英三郎、江良文晖，还是石原正太郎和庵谷忱，多系日本间谍出身，或是与日本政府联系紧密的"政商"。其所为并非单纯的商业行为，而是受日本政府指使，为日本侵华政策服务的统一行动。

二、"日商"的惯用伎俩，无非先胁迫当地乡保和地主私立不平等之契约，造成所谓"既成事实"，再逼迫清政府承认。

三、"日商"侵夺本溪矿权的行动，受到日本领事馆、军政署和警察署等军政机构的全力支持与配合，不仅为其炮制假合同等行为背书，还未经中国政府同意向其授予采矿许可，公然践踏中方主权，体现出军政商合一的特点。

四、面对清政府的交涉，日方援引不平等条约条款任意曲解狡辩，理屈词穷就采取拖延战术，"或延搁不复，或藉口杀执"，致使事情无法通过外交渠道正常解决。为此盛京将军赵尔巽曾上书清廷大声疾呼："矿产本系国有物，非个人私产可比，故非禀请允准，即业主亦不能擅采，安得私立合同？此理中外皆然，无如日人以狡狯手段，故意延宕，遂使职局虽有可争之理，而无收效之期。"

二、本溪湖大仓煤矿的成立

同一时期，日本大仓财阀侵占本溪湖煤矿的过程更能体现上述特点。

大仓财阀的首脑大仓喜八郎，1837年生于日本越后国北蒲原郡新发田町。"明治维新"前，大仓借日本国内藩阀割据、穷兵黩武之机，从事军火生意，为倒幕军提供军火和辎重，在大发其财的同时，也与日本军政界建立了良好关系。日本侵台战争和甲午战争中，大仓自愿冒险担任日军军需供应商，赢得了日本军政界的信任。大仓也凭借这一特殊关系，大肆进行

---

① 徐世昌编：《东三省政略》交涉·矿务交涉篇，台湾文海出版社，1965年，第2087-2090页。

资本扩张，充当日本开拓经营殖民地的马前卒，一跃成为日本八大财阀之一。

日俄战争爆发后，大仓再一次充当了侵华日军的军需供应商。日军渡过鸭绿江不久，大仓即派人沿安奉铁路进行资源调查，认证了本溪湖煤田和庙儿沟铁矿确有开采价值。日俄战争以俄国战败告终，中国东北长春以南地区成了日本的"势力范围"。1905年11月，大仓派高桥利吉等对本溪湖煤田再次进行勘察，并绘制了矿区简图。11月30日，大仓以采煤供军需为借口，以居住在安东县的式村茂名义向日本驻辽阳殖民机构——关东总督府提出了开采本溪湖煤田的申请。12月18日，关东总督府以采煤"军用优先"，如有剩余可以对外贩卖为条件，非法批准了大仓的申请。日本资本家在中国领土上开矿办厂不向中国政府申请，而是由日本殖民军政府批准，这是对中国主权的严重侵害，连日方也不得不承认："大仓所获得的认可，不过是和日本军政当局之间的批准，是清国方面要求退还的占领开采。"①

大仓在日本军政当局的支持下，立即着手从日本订购机械设备，兴建工厂办公室、宿舍等。1906年1月17日，本溪湖大仓煤矿举行开井仪式，正式投产，时有主任以下职员18名，机器工、木工18名，日本工人30名，中国采煤工人80多名。

本溪湖煤田开采历史悠久，自煤炭露头以下360米间有许多旧矿坑，加之矿区地处太子河谷，地下水十分丰富，在雨季极其容易遭受水患，是以投产不久大仓煤矿矿井内即大量涌水，被迫停产。

5月，根据高津龟太郎绘制的地质测量图，确定可开采的煤层共有9层，储量约1.6亿吨，大仓乃决定在原有旧井基础上略为扩大，修建第一斜井，于8月31日正式出煤，当年采掘量为300吨。其间，大仓置中国工人死活于不顾，采取掠夺式开采方式，致使井下事故不断：11月11日发生透水事故，22名中国矿工被淹死于井下；12月1日又发生瓦斯爆炸，造成25名中国矿工死亡。

出于长期掠夺的考虑，大仓被迫采取措施，采用蒸汽动力进行井下通风和排水，又于1908年购置1台75千瓦发电机，向矿内供电。在采煤方式上，使用了当时较为先进的长壁法、长壁残柱法及注砂充填法，使煤矿产

---

① ［日］大仓财阀研究会编：《大仓财阀的研究》，近藤出版社，1982年，第426页。

能大增。至1908年8月，第一斜井日产量增至400吨，仅一线中国采煤工人即多达1500人。为扩大产能，大仓又分别于1907年11月、1910年1月开始修建第二斜井和第三斜井，使煤矿原煤产量逐年攀升，至1911年1月中日"合办"本溪湖煤矿有限公司建立，大仓财阀霸占本溪湖煤矿长达5年之久，共掠夺煤炭12.13万吨。

大仓财阀无视中国主权，非法强占中国人早已开采多年的煤矿，攫取了巨额利润，清政府自然不能等闲视之。

1906年10月，时任本溪县设治委员周朝霖将大仓强占开采本溪湖煤矿一事禀请盛京将军赵尔巽，请赵向奉天交涉总局、矿政局检查大仓煤矿有无存案，并请示应对办法。赵尔巽遂指示交涉总局照会日本驻奉天总领事荻原，禁阻大仓开采本溪湖煤矿，将该矿交还中国；同时令周朝霖会同辽阳交涉委员就近向日本驻辽阳副领事诘责禁阻。周朝霖又邀集大仓公司执事人高桥利吉，"以中日条约据理相诘"，高桥利吉谓"此矿系奉日军政署命令，许其开采至明年四月始止"。周朝霖驳斥道："现在战局已平，此等矿产即属于国际法之范围，不能复用军权主义，矧中日北京条约已订有专条，何得继续开采，违背约章？"高桥利吉无言以对，遂借口"已致书东京总公司转请本国驻奉总领事，不当与奉天交涉局议定章程，近因矿内患水，亦已停工矣"①。周朝霖前往查实后上报，赵尔巽复令交涉总局照会日领事查照，"毋任此后复行开采，以符定章"。日领事荻原遵照日本政府指令，复照赵尔巽，"以本溪湖系未曾撤兵区域，日人于该处掘煤以供军用，未便禁阻"②，并狡辩道："《中日会议东三省事宜条约》附约第六条中规定，中国政府将由安东县至奉天省城所造行军铁路，改为商用铁路，仍由日本接续经营。该路附近本溪湖煤矿附属煤坑，于我有采掘之权利，以供铁路所用。""帝国政府与贵我两国之和协特别重视，深望贵我之间常行亲睦交涉，无论依何条件，以本溪湖煤山为贵我共同经营均无异议。"

日本的这份复照，纯属强盗逻辑，以军事力量占领中国煤矿强行开采，而竟无耻地说成是日本的"权利"，还声称日本考虑到中日"亲睦""和协"，可以商讨共同"经营"开采煤矿。这种无耻谰言，当即遭到赵尔

---

① 徐世昌编：《东三省政略》交涉·矿务交涉篇，台湾文海出版社，1965年，第2073页。
② 虞和寅编著：《奉天本溪湖煤铁公司报告》，农商部矿政司，1926年，第14页。

巽的反驳："来照用意，该矿地位仍认为附属铁道，该矿采掘权仍认为贵国政府所有，特因两国亲睦起见，允为条件附之共同经营，未免本末倒置，本军督窃所不解。"并指出此次交涉的核心，是"采掘权利之谁属"，而不是共同经营的问题[①]。

赵尔巽的诘责自然得不到日方回应，无奈之下只得暂置勿议，但"令交涉局以文向总领事预先声明要其撤兵时照约归还我国"[②]。1907年1月，赵尔巽派奉天矿政局参事孙海环、何裕孙前往本溪湖，就煤矿开采及中国矿工遇难等事展开调查。在大仓授意下，高桥利吉以现届撤兵期限，情愿交还本溪湖煤矿，但以"所存汽机、房屋不致抛弃"为由，提出由中日合办的方式继续经营。孙海环等经过实地考察，认为本溪湖煤矿潜力巨大，而大仓侵占煤矿已成既成事实，全面收回矿权的可能性极小，遂向赵尔巽建议："日本主张中日合办，大仓自能同意，不如按此现状，实行中日合办，以利国权，否则一无所得。"[③]赵尔巽考虑"日商大仓系属股实富商，所请合办股份华商居其六，日商居其四，亦与部章相符，加以本溪湖矿山业难俯拾即是，居民零星罗掘，既未集有资本势不能强其领照，又急切难得股商。与其坐失事机，不若通融办理"。此时有安奉铁路改筑的传闻，赵尔巽唯恐日本会以修路为借口长期霸占本溪湖煤矿，果断同意了大仓的合办请求，令矿政调查局派员作为商家交际，先行试办，勘明矿界并与大仓议定合同草案，合办资金暂以官款筹拨，再续招有实力的中国商家接办。

不出赵尔巽所料，日本政府的胃口远不止本溪湖煤矿一处，而是企图霸占整个安奉铁路沿线的所有矿产资源。萩原为此照会赵尔巽，转达日本政府的回训，拒绝交还本溪湖煤矿。其依据：一是认为清政府已同意将安奉铁路由军用改为了商用，因此不再适用《会议东三省事宜条约》附约第四条中有关日本在战争结束后归还其因军事需要而占用中国公私各产业的规定；二是援引东清铁路、山东铁路惯例，认为日方享有安奉铁路附近煤矿的开采权；三是以《会议东三省事宜条约》附约第十二条中国政府允与

---

① 辽宁档案馆藏奉天交涉总局，实业卷，第228号。转引自周芄：《日本大仓与本溪煤铁公司》，《东北地方史研究》1988年第3期。

② 徐世昌编：《东三省政略》交涉·矿务交涉篇，台湾文海出版社，1965年，第2074页。

③ 辽宁档案馆藏奉天交涉总局，实业卷，第228号。转引自周芄：《日本大仓与本溪煤铁公司》，《东北地方史研究》1988年第3期。

日本以最优待遇的相关条款，认为本溪湖煤矿在日本撤军后应当继续交由日方经营。

对此，赵尔巽予以坚决驳复。他援引附约第六款及会议节要，认为安奉铁路虽在改良竣工前由日本经营，但中国享有该铁路的所有权，因此安奉铁路与东清铁路、山东铁路在性质上完全不同，"不得援附近煤矿可以开采之例"。至于日本所提出的中国应允其以最优待遇，赵尔巽则认为"条款明谓彼此两方面均按最优待国办理"，而不是片面最惠国待遇，因此日本的这一条理由也站不住脚。同时赵尔巽还提出了双方对于奉省铁路矿产应订立章程，以便双方共同遵守。虽几经交涉，但日方始终不予归还本溪湖煤矿[①]。

1907年6月，徐世昌接替赵尔巽就任东三省第一任总督。对于本溪湖煤矿问题，徐世昌亦十分关注，指出："前因大仓之请已有中日合办之议，适日领事始终坚拒不允交还，若不亟图变计，深恐延宕日久，耗失益多。"因此加紧与日方进行磋商，决定"仍照前次日商大仓所请中日合办情形拟由中日两国合资创设公司"。在徐世昌授意下，11月，奉天矿政调查局总办祁祖彝、本溪湖矿政局总办周朝霖和大仓煤矿执事人中村齐、式村茂就合办事宜展开谈判，并派员勘划矿区界址，清查矿区内官民地亩，绘制了详细的矿区图。

对清政府就解决本溪湖煤矿问题所展现的诚意以及所作让步，大仓并不领情，仍企图独占本溪湖煤矿，是以双方迟迟达不成协议。1908年4月，日本迫于国际舆论压力从东北撤军，日本驻辽阳军政署指示大仓煤矿，今后在日驻安东领事监督下，仍可继续经营，但须接受中国提出的合办方式。不得已之下，大仓喜八郎于1908年6月来到奉天，拜会东三省总督徐世昌、奉天巡抚唐绍仪，商谈本溪湖煤矿中日合办事宜。9月，徐世昌命祁祖彝、周朝霖与大仓拟定合同草案。11月，奉天矿政局新任总办徐廷爵赴本溪湖煤矿进行详细调查。大仓喜八郎也于1908年12月和1909年1月分别派出大仓粂马和门野重九郎赴奉天参加谈判。

在谈判过程中，中国和日本政府以及大仓财阀的目标并不一致。清政

---

① 徐世昌编：《东三省政略》交涉·矿务交涉篇，台湾文海出版社，1965年，第2075-2076页。

府为挽回利权，试图将本溪湖煤矿这种中日"合作"方式推广至日本独霸的抚顺煤矿、烟台煤矿以及南满铁路沿线的所有矿山，对今后安奉铁路沿线新开发矿山亦按照此种"合作"方式处理。但日本政府却声明抚顺、烟台煤矿等系日本既得利益，回绝了中方要求。而大仓则出于资本家的逐利本性，在股权、投资额以及税金等问题上与清政府反复博弈，一会威逼恫吓，一会抵赖狡辩，屡次制造事端。如将价值45.48万两的矿山旧设备谎报为100万元，意图讹诈中方。为此，新任东三省总督锡良展开针锋相对的斗争，于1909年两次派临城煤矿工程师邝荣光对本溪湖煤矿进行勘察评估，揭穿了大仓的谎言，维护了中方的利权。

此时，中国民主革命形势风起云涌，狡猾的大仓喜八郎预感到清政府即将垮台，为达到继续独霸本溪湖煤矿目的，开始蓄意拖延谈判进程。这种消极的态度不仅令清政府一筹莫展，亦令日本官方颇有微词。日本驻奉天总领事小池张造就批评大仓这种为一己之私，影响日方对中国东北全盘战略部署的做法："预测政局根基的扰乱，进而想象总督府之将颠覆，想在离乱中获取奇利，这不是稳妥的作风"，"基于虚构的想象，专门致力于利己之念，对清国方面不存半点诚意，特别是在当今微妙的时期，是大不可取的。"①

在日本政府的压力以及清政府的妥协让步下，1910年4月，大仓喜八郎再次赴华，迅速就合办事宜与清政府达成协议。1910年5月22日，清政府奉天交涉使韩国钧会同大仓喜八郎、日本驻奉天总领事小池张造签订了《中日合办本溪湖煤矿合同》。

按合同规定，合办后企业定名为"本溪湖商办煤矿有限公司"，合办期限30年，资本总额为北洋大龙元200万元，中日双方各出资100万元：日方以大仓煤矿机械设备、房屋、仓库物料等财产折价为100万元，中方将矿产资源作价35万元，再另缴股金65万元。公司总办由中日双方各委任1人，其余公务人员由两总办协商平均委派，所用矿工以雇用中国工人为主。1910年6月，清政府农工商部批准了该合同，派巢凤冈为公司首任中方总办，大仓财阀派岛冈亮太郎为首任日方总办。1911年1月1日，正式举行合办仪式，开始营业。至此，中国方面用了5年时间才从名义上争回了本溪湖煤矿的一半矿权。当时由中国同盟会主办的《民呼日报》曾载文疾呼："查

① ［日］大仓财阀研究会编：《大仓财阀的研究》，近藤出版社，1982年，第442页。

本溪煤矿为利甚溥，今者与日合办，则（主权）已失其半矣，然处此强权之下，奈何！奈何！"①

三、"二十一条"与本溪路矿权益的进一步丧失

日俄战争后，清政府为挽回利权，开拓税源，积极鼓励中国商民投资矿业。1906年2月，奉天设立矿政调查总局。6月，复设立本溪分局，饬令分局委员对管界内矿产资源进行详细调查。根据调查，至1909年，本溪县境内有已办煤矿10处（表3-1），未办各矿73处，其中煤矿6处、金矿26处、白金矿1处、铅矿17处、铜矿9处、铁矿6处、银矿2处、石棉矿4处、水晶矿1处、石炭矿1处；怀仁县有未办各矿26处，其中煤矿11处、金矿5处、铅矿4处、铁矿2处、石棉矿2处，银矿、铜矿各1处②。

表3-1　1909年本溪境内中国商民投资矿业调查表

序号	地点	领名人	开办时间
1	王甘沟	卢兴唐	光绪三十三年（1907年）二月
2	红脸沟、西洼子	高锡五	光绪三十四年（1908年）十一月
3	牛心台内柳树排子	孙家荣	光绪三十四年（1908年）九月
4	梨树沟	王彦	光绪三十四年（1908年）十月
5	赛马集东沟	翁恩熙	光绪三十四年（1908年）九月
6	黄柏峪	李上林	光绪三十四年（1908年）九月
7	梨树沟北山半坡	于德麟	光绪三十四年（1908年）十一月
8	红脸沟前央	关明忠	光绪三十四年（1908年）十一月
9	窑子峪	李秉中	光绪三十四年（1908年）九月
10	庙子沟	赵文禄	宣统元年（1909年）二月

资料来源：王树楠、吴廷燮、金毓黻等纂：《奉天通志》卷一百一十六实业志四，东北文史丛书编辑委员会，1983年影印本，第2624-2625页。

---

① 《失吾民之利权二》，载《民呼日报》，1909年5月15日。
② 王树楠、吴廷燮、金毓黻等纂：《奉天通志》卷一百一十六实业志四，东北文史丛书编辑委员会，1983年影印本，第2626-2628页。

迫至民国，中国商民投资本溪矿业的热度不减，至1915年，根据民国政府农商部调查，本溪境内新取得探采权的矿产共计13处（表3-2）。在新开办的矿中，不仅有传统煤铁矿，还有铜铅等有色金属矿，体现了本溪矿业发展的良好态势。

表3-2　1915年本溪境内中国商民投资矿业调查表

序号	矿地名称	矿种	矿区面积	权别	申请人或公司	发照时间
1	东菜子窑沟	煤	1000亩	采	孟凌云	1914.12
2	田师傅沟	煤	4331.94亩	采	孟凌云	1915.8
3	田师傅沟	煤	4269.12亩	采	孟凌云	1915.8
4	田师傅沟	煤	5400亩	采	孟凌云	1915.8
5	田师傅沟	煤	29方里	探	杨廼宾、孟凌云、王阁忱	1914.4
6	菜子沟	煤	27方里	探	杨廼宾、孟凌云、王阁忱	1914.4
7	马鹿沟	铁	135亩	探	葆真	1914.5
8	五里长坡	铜	500亩	探	李济臣	1914.5
9	红旗沟	铅	56.7亩	探	张鸿昌	1914.5
10	吉祥峪	铅	681.2亩	探	孙世荣	1914.11
11	下牛心台、小河口	铜	1146亩	探	张锡蕃	1914.12
12	朴家堡子、山城沟	煤	3方里380亩	探	朴玉权	1915.7
13	下牛心台、柳树排子	煤	864.8亩	探	王魁武	1915.7

资料来源：王树楠、吴廷燮、金毓黻等纂：《奉天通志》卷一百一十六实业志四，东北文史丛书编辑委员会，1983年影印本，第2636页。

就在本溪矿业发展欣欣向荣之际，1914—1918年，欧洲列强为重新瓜分世界和争夺全球霸权而爆发的一场世界级帝国主义战争，史称"第一次世界大战"。

一战的爆发为日本扩大侵华权益提供了绝好的时机。1914年8月，日本借口向德、奥宣战，随即占领青岛和胶济铁路沿线。1915年1月18日，日本公使日置益代表日本政府向北洋政府提出"二十一条"无理要求，威逼中国政府承认日本在南满及东蒙享有特殊利益，内容涵盖政治、经济、财政、警务、文化等各个方面，妄图将东北彻底变为日本的殖民地，其狠毒程度"足使中国亡国而有余"[1]。

袁世凯政府为复辟帝制，屈服于日本帝国主义淫威，签订了丧权辱国的"二十一条"卖国条约。其中《关于南满洲开矿事项之换文》规定："日本国臣民在南满洲左开各矿，除业已探勘或开采各矿区外，速行调查选定，中国政府即准其探勘或开采。但在矿业条例确定以前，应仿造现行办法办理。"[2]其所列9矿，即包含本溪县牛心台煤矿、田师傅沟煤矿以及鞍山站一带，由辽阳县起至本溪县铁矿。

"二十一条"卖国条约的签订使中华民族蒙受了奇耻大辱，激起全国人民的极大愤慨和强烈反对，虽最终迫使军阀政府宣布条约无效。但日本帝国主义当时和此后却常常援引"二十一条"条款作为扩张自身利权的武器，致使本溪矿业健康发展的轨迹被迫中断，大量路矿权益沦为日本帝国主义囊中之物。

（一）大仓财阀趁机再攫矿权

日本大仓财阀对本溪丰富的铁矿资源垂涎已久，早在侵占本溪湖煤矿之初，大仓喜八郎就把贪婪的目光投向了本溪湖附近的铁矿，一面派人对庙儿沟铁矿继续进行调查，一面亲自出马或委托代理人胁迫和利诱华商签订探矿协议。

1907年5月26日，大仓喜八郎的代表佐佐松贤识与辽阳镶红旗界郭姓族长郭翰福签订合同，在大庙沟南沟郭姓原业山厂"共同开垦刨铁矿"，而小庙沟南北沟出产铜矿，亦由"大仓组与郭姓同作生涯，永远绵长"[3]。

同年8月2日，大仓与华商周福朗签订了卧龙村铁矿的探矿合同。该合同载："在奉天本溪县属卧龙村地方，觅有一铁矿一所，彼此商拟合办"，"先行开办探矿"，"筹出探矿费银一万元整，开办探验苗线"，"开采股份应

---

① 胡绳：《帝国主义与中国政治》，三联书店，2012年，第218页。
② 辽宁省档案馆编：《奉系军阀密电》第1册，中华书局，1984年，第103页。
③ 本钢史志办公室编：《本钢志（1905—1985）》第一卷（中），辽宁人民出版社，1992年，第658页。

以华商六股、日商四股为准"。

同年12月，高津龟太郎代表大仓与柳塘华商柴修文"协商妥议"，向清政府呈请探勘本溪县境内梨树沟铁矿，"恳求发给勘矿执照"①。

至煤矿公司成立前，大仓财阀已先后攫得八盘岭、火连寨、杨树林子等铁矿以及窑子峪煤矿的优先采掘权。

1910年中日合办本溪湖煤矿公司成立后，上述特权被清政府取消。大仓并不甘心，乃借奉天省政府财政窘迫寻求贷款的时机，于1913年6月和1914年9月向奉天省政府提出了敷设本溪湖至碱厂轻便铁路以及开采溪碱铁路沿线和太子河沿岸10处铁矿（12个矿区）的申请。时民国肇兴，全国收回利权的呼声高涨。1913年11月，张謇出任北京政府农商总长，推行"棉铁主义"经济政策，提出"官营铁业之策"。1914年11月22日，袁世凯批准铁矿国有政策，规定："铁矿关系重要，拟定仿照食盐、煤油之例，作为国家专营，嗣后矿商请领铁矿执照，一律不准发给。其从前曾经领照之矿，除纯系华商股本得由部体察情形，于国有政策不相妨碍之范围内呈请大总统批准特许外，或将其矿权设法收回，或将矿砂由官收买，以示限制。"②12月15日，大仓的申请被设在长春的第二矿务监督署驳回。但是大仓仍不死心，于1915年2月趁日本帝国主义逼迫袁世凯签订卖国的"二十一条"之机，再次向中国政府提出呈请，并利用公司中国总办赵臣翼赴北京进行秘密活动。

赵臣翼，字燕荪，顺天大兴县（今属北京市）人，光绪九年（1883年）进士，历任金州海防厅同知、宁远州知州、东边道尹等职。此老久历官场，老于世故，平素不求有功，但求无过。在担任煤铁公司总办期间遇事推诿，不敢力争，致使公司大权多为日本人掌控。

赵臣翼此次受大仓喜八郎所托，为谋取荣华富贵，不惜出卖国家利益，往来奔波于本溪湖、奉天和北京之间，利用各种关系为大仓上下打点，甘效犬马之劳。其卖国行径深得日方"赞赏"，时任公司日方总办的岛冈亮太郎在给大仓喜八郎的信中就说："为公司而尽力的赵总办的深厚情

---

① 本钢史志办公室编：《本钢志（1905—1985）》第一卷（上），辽宁人民出版社，1989年，第369页。

② 《张謇等关于铁矿国有条陈》，全宗1038（2）案卷重165，中国第二历史档案馆藏。

谊，实在令人钦佩。"同时岛冈亮太郎对就要到手的铁矿权欣喜若狂，在信中还说："现在如果能把10处矿山弄到手，那是非常令人愉快的事情。翘足等待赵氏的报告。"[1]在赵臣翼的大肆活动之下，这12处铁矿的开采权终于在1915年7月得到了北京政府的"特殊批准"，具体如表3-3：

表3-3　大仓攫取的12处铁矿

矿山名	位置	矿区面积	矿床概况
梨树沟	本溪县西区距火连寨火车站1千米	2000亩	前寒武纪磁铁片岩，无富矿，贫矿270万吨（"满铁"地质调查所调查）
卧龙村	本溪县东乡距牛心台火车站1千米	1000亩	前寒武纪磁铁片岩，富矿少，贫矿（35%左右）10万吨（服部技师调查）
歪头山	本溪县西区侯家屯，距歪头山火车站1千米	1000亩	前寒武纪磁铁片岩，富矿少，贫矿2500万吨（"满铁"地质调查所调查）
戴金峪	本溪县西区戴金峪，邻接歪头山	1500亩	贫矿5000万吨（旅顺工大都留副教授调查）
马鹿沟	本溪县东区，距田师傅火车站3千米	167亩	接触交错矿床，贫矿（35%左右）不多
青山背	本溪县东区，距泉水火车站2千米	266.66亩	接触交错矿床，储量不多
骆驼背子	本溪县东乡，距本溪湖火车站东60千米	500亩	接触交错矿床，品位50%左右，储量200万吨（服部技师调查）
王子岗	本溪县东区，距本溪湖火车站东北48千米	440亩	不明
八盘岭	辽阳县界内，距寒岭1千米	333.33亩	前寒武纪磁铁片岩，富矿10万吨，贫矿35万吨
通远堡	凤城县通远堡车站南8.5千米	266.67亩	前寒武纪磁铁片岩，贫矿（30%以上）12万吨，富矿1.62万吨（"满铁"地质调查所调查）

---

[1]《本溪湖煤铁公司总办岛冈亮太郎给大仓喜八郎的信》（1915年6月26日），载［日］渡边渡等：《大仓财阀的研究（1）》，《东京经济大学会志》第94号，1976年1月，第102页。

矿山名	位置	矿区面积	矿床概况
太河沿（一区）	辽阳县界内，距宫原车站4千米	3455亩	前寒武纪磁铁片岩，富矿少，贫矿（35%左右）多
太河沿（二区）	辽阳县界内，邻接第一区	2375亩	

资料来源：［日］大仓财阀研究会编：《大仓财阀的研究》，近藤出版社，1982年，第531页；［日］沈阳抚顺本溪辽阳四县调查班：《本溪县调查报告书》，1933年，第71-74页。

事后，赵臣翼因与日方过从甚密，被中国政府罢免了公司总办职务。可是日本方面却非常怀念和感激赵臣翼，在1916年2月公司第五次股东会议上，大仓股东代表大仓喜七郎提出给公司前任总办赵臣翼2000元的慰劳金，并获得了通过。

大仓财阀在攫取12处铁矿开采权的同时，又将魔掌伸向了太子河上游的资源。

1915年1月9日，大仓喜八郎、大仓喜七郎和岛冈亮太郎等大仓财阀首要人物在鹤友俱乐部召开"太子河上游矿山会议"，确立了获取太子河上游森林、煤矿、铁矿和铜矿等特权的经营战略[1]。根据这一决策，公司不仅在孟凌云和邝文溪等华商经营的采煤事业中插一脚，还向中国政府报领了田师傅沟全家堡子煤矿的开采权，并于1916年12月获得批准。

本溪湖矿权的再度沦丧，令当时中国的有识之士痛心疾首：洋务运动后期代表人物盛宣怀在给时任东三省总督锡良电报中一再劝诫："本溪湖铁矿日人觊觎甚切，关系中国铁政甚大，乞饬巢守凤冈留意，勿为所扰。"[2] 孙中山在《建国方略》中也不无感慨地说："中国经营钢铁事业，现只有汉阳铁厂与南满洲之本溪湖铁厂，其资本又多为日本人所占有，虽云近来获利甚厚，亦不免有利权外溢之叹矣。"[3]

---

[1] ［日］大仓财阀研究会编：《大仓财阀的研究》，近藤出版社，1982年，第530页。
[2] 盛宣怀：《愚斋存稿》卷七十六电报五十三，1939年盛恩颐等刻本。
[3] 孙中山：《建国方略·实业计划》，载《孙中山选集》上卷，人民出版社，1956年，第330页。

（二）围绕溪碱铁路路权的争夺

牛心台位于本溪湖东南40里，其出产煤炭供应奉天、开原等南满铁路和安奉铁路沿线以及辽阳地方。煤炭的运输，小部分夏季利用太子河航运至辽阳，其余大部分则利用冬季太子河封冻时期，用大车运至本溪湖，再由此以铁路运往各地。随着牛心台煤矿的开发，外运的煤炭数量越来越多，仅1911年由本溪湖火车站发送的牛心台煤即达3.4万吨，利用太子河水运至辽阳的有0.5万吨，陆路用车运到奉天的约1万吨[1]。运输方式的落后，极大限制了牛心台煤炭的外运。运费的高昂，成为该地煤炭开发的最大障碍，尤其在春、秋两季，因有其他货物上市，引起大车费上涨，煤炭外运即完全陷于停顿。在本溪湖至牛心台间修筑轻便铁路，不仅会使煤炭运输成本大为降低，而且一年四季均可运输，有助于扩大销路，促进煤炭增产。此外，铁路的建成也会使其他物资的运输随之增加，从而为修建铁路的企业带来丰厚的利润。

1911年10月，直隶省河间府人刘锡臣与镇安县（今黑山县）人杜恩波、赵文生、王聚五等人筹划包销牛心台及周边产出的煤炭，并进一步动员王官沟煤矿经理王运升等人参加。为实现此项计划，他们拟在本溪湖至牛心台间修筑手推车铁路或马车铁路，因缺乏经营铁路的经验，刘锡臣便去找旧相识日本人菱川末吉协助，菱川主张改筑蒸汽机车铁路。由于资金缺乏，1912年5月，刘锡臣又找到铁岭日商权太亲吉。权太先是对创办人背景作了调查，发现杜恩波曾是二十七师师长张作霖的老师；刘锡臣是五品候补知府，且与杜恩波是同僚；赵文生是花翎都司；王聚五是资本家，均是有权有势的人物，又多系张作霖的同乡。凭借这些关系，权太认为该项目会得到张作霖的帮助。5月21日，权太伙同刘锡臣等人以创办牛溪铁路公司名义向本溪县提出申请，请求修建本溪湖至牛心台的轻便铁路。6月3日，本溪县议会以"创办有外国人参加的公司，有动用外国资本而招致利权外溢之虞"为由，驳回了权太等人的申请。刘锡臣乃在申请书中去掉权太，并称资金均在中国人中筹措，于6月5日再次提出申请，本溪县以有外国人参加嫌疑为由，仍未批准。

其后，刘锡臣改名刘辑五，在上述杜、赵、王等人之外又加入刘义垣

---

① ［日］南满洲铁道株式会社调查课编：《南满洲经济调查资料》第一，1912年，第202页。

为创办人，并劝诱本溪湖至牛心台沿线各村村长及有势力的人物，取得他们的支持。因担心牛心台附近从事煤炭运输的居民忧虑铁路建成影响他们的生计而反对这一计划，新公司将蒸汽动力火车改为马拉和手推的平车，公司名称亦由牛溪铁路公司更名为牛心台平车公司（亦称牛溪平车公司）。1912年9月，新公司以刘义垣为代表，向本溪县署再度提出申办请求，终获接受，并经由奉天劝业道上报至总督处。适逢奉天商工总会也有经营牛心台煤矿的计划，在其运作下，奉天都督赵尔巽于9月29日批示"公司创办人应与奉天商工总会会谈，以商议该公司的经营方针与开始营业后的运费标准"，意图由牛心台平车公司与奉天商工总会经营的煤矿合作，运输该矿煤炭，以此谋求牛心台煤矿的开发，进而供应南满地区工业用煤。

经营本溪湖煤铁公司的大仓财阀亦早有在此地修建轻便铁路的规划，并对铁路沿线作了经济调查。1912年初，大仓财阀以煤铁公司名义向本溪县署发出说帖，力陈在该地修建铁路是当务之急，随后于6月提出了在太子河沿岸修建轻便铁路的申请。赵尔巽命令交涉司、度支司与劝业道等共同研究此项申请。交涉司于9月派股员郝延钟与煤铁公司人员共同对沿线作了实地调查。根据调查结果，计划以奉小洋160万元修建全长80多千米的轻便铁路。当时正值全国掀起收回利权运动的高潮，奉天省议会以此举有利权外溢之虞否决了大仓财阀的申请。

权太提出的修建轻便铁路的申请与大仓财阀的计划产生了冲突，日本驻奉天总领事落合谦太郎乃命令权太必须停止此项计划。权太力陈自己的计划先于大仓财阀的计划，并已同中国方面建立了联系，难于取消，获得了日本当局的谅解。

1912年10月，本溪县遵照劝业道命令调查牛心台平车公司股东信用，令创办人呈报股东名单，刘辑五等乃以中国人充作股东上报。知县张云岚事前已得悉该公司有外国资本，因而并未直接发给许可，而是令其到居地镇安县官署开具证明。刘辑五等到镇安县办理手续，县署要求其出具15万元资本金的五分之一存入银行的证明。刘辑五等无法筹到这3万元资金，实际掌控公司而隐于幕后的权太亲吉乃与满铁取得联系。"满铁"早就对牛心台铁路的修筑垂涎三尺，双方一拍即合，由"满铁"总裁中村是公作保，以权太、沈保儒的名义从奉天正金银行借款3万元。1913年1月下旬，证明函件被送至本溪县署。

　　与此同时，大仓财阀筹建牛溪轻便铁路的活动仍在继续，并以煤铁公司的名义同时向本溪县署和奉天官宪提出申请。1913年3月25日，奉天省议会以"轻便铁路企业不在煤铁公司章程规定的营业范围以内，而且铁路用地也不在煤铁公司矿区以内"为由，否决了大仓的申请①。

　　权太从大仓财阀的失败中认识到，修筑铁路这样事关地方重大利害的事业必须仰赖当地权势人物的支持方能成功，于是劝诱本溪县议会议长金殿勋，请他出面组建新公司，将牛心台平车公司并入其中，原创办人悉数转为新公司股东。他们私下约定，在申请新公司的同时，撤销牛心台平车公司的申请，并且当此项申请被批准后，将该铁路建筑权转交给刘义垣。1913年3月，金殿勋向奉天官宪申请成立溪碱轻便铁路有限公司，募股自修由县街横经牛心台直至碱厂的轻便铁路，计90千米，共需募集资金银元120余万元。4月19日，奉天省议会审议通过了溪碱铁路公司招股简章。事关路权所在，该简章严格限制外资参股，"犹恐百密一疏，迭经严切申明，示以股票程式，防患未然"②。5月10日，奉天都督兼民政长张锡銮批准了该申请，金殿勋获得了修建本溪湖至碱厂铁路干线和通往各矿区支线的权利。

　　铁路建筑申请被批准后，权太让金殿勋将此项权利转交给刘义垣，权太又与刘义垣签订了将此项权利转交给权太公司的合同。同时，铁路建筑工程权也由公司创办人金殿勋、杜恩波、赵尊五转交给权太的买办魏成玉与刘辑五两人，让他们承包建筑工程。权太又与两名买办订立合同，一切建筑材料和钢轨车辆等均由权太购买。1913年7月4日，在铁岭日本领事馆办理登记证明，就这样，权太攫取了溪碱铁路的控制权。

　　该项工程预算共计17万元，为筹措资金，权太以修成后承办营业为条件，于1913年7月9日向"满铁"提出借款申请。"满铁"经与日本政府密商，同意了权太的请求。至此，溪碱铁路完全落入了日本当局及"满铁"之手。

　　1913年8月28日，溪碱轻便铁路公司被正式批准创办。公司办事处设在本溪县河西街，金殿勋名为经理，但实权却掌握在权太亲信刘辑五等人手中，权太又另派杨仪庭担任会计，监督公司全部事务。权太还向"满

---

① ［日］满铁调查部编：《满洲交通史稿》第九章第二节第二项。
② 台湾"中央研究院"近代史研究所编：《中日关系史料：路矿交涉》，中央研究院近代史研究所，1976年，第142页。

铁"申请借用工程人员。"满铁"派工务课员池谷、草野等人充作溪碱铁路公司雇员，自9月15日至9月末对铁路线路进行测量。由于公司事务均由权太等日本人经办，承包工程也由"满铁"特派员全权掌握，而金殿勋等名义上的所有者仅由公司领取50至150元左右的月薪，这令他们深感不满，遂通过本溪县知事沈明善上报张锡銮该工程系日本资本，以阻挠工程进行。权太等一面花重金收买金殿勋等，稳住中国当局；一面于10月6日强行施工，池谷等技术员以转包工的资格，自10月9日起开始在近山、近治地方进行土方工程和架桥工程等实地工作。10月中旬，奉天当局责令该公司停工，对日本人也发出同样命令。但权太等对中国政府命令置若罔闻，继续强行施工，企图造成既成事实，胁迫中方谈判达成有利于己的协议。

张锡銮根据本溪县的报告，令交涉员丁鉴修前往现场调查，得知溪碱轻便铁路公司确有外资渗透，便要求本溪湖日本官宪、日本警务署长和权太代理人梅津理下令停工。11月14日，外交部驻奉天交涉员于冲汉正式照会日本驻奉总领事落合谦太郎，要求停止施工，但日方不顾中方抗议，继续强行施工。日本守备队多次在铁路沿线进行军事演习，阻挠中国巡警执法。至1914年1月25日，太子河至牛心台间14.9千米铁路完工，于2月1日开始以煤为主的客货运输临时营业。

由于工程暴露出使用外国资本的事实，中国方面当事人受到奉天官府严厉追究，本溪县知事沈明善被撤职，金殿勋出逃，刘义垣、赵尊五、刘辑五、魏成玉等被捕入狱，溪碱铁路公司办事处关门休业。1913年12月起，权太公然在本溪湖永利街36号开设办事处，开始管理该铁路的一切事务。

张锡銮为收回铁路利权，派于冲汉与日方反复交涉，先以权太与刘义垣所订合同未经中国政府同意，中方概不承认；又拟由中方出资赎回路权，赔偿日方损失。但日本驻奉总领事落合以牛心台至碱厂段铁路即将开工为由，坚辞不允①。

中日交涉陷入僵局，大仓财阀却嗅到了从中取利的良机。

自修建轻便铁路的申请被奉天省议会否决后，大仓财阀并未停止活

---

① 台湾"中央研究院"近代史研究所编：《中日关系史料：路矿交涉》，中央研究院近代史研究所，1976年，第143页。

动，反复同中国当局交涉，1912年10月，因闻知刘辑五等修建轻便铁路的计划，大仓财阀以煤铁公司名义立即向本溪县署提交质问书，主张自己有优先权。本溪县署回称刘辑五只是计划修建以运输牛心台煤炭为目的的手推车铁路，而且尚未获得批准。其后不久，由于权太已着手施工，大仓财阀乃不断对各方面积极运作，并对金殿勋加以笼络，企图取代权太的权利。当权太与中方交涉停顿后，大仓再次向奉天民政署申请修建轻便铁路。张锡銮考虑此案"延宕愈久，损失愈多，近来交涉本无公理之可言，犹恐枝节横生，益非得计"，况本溪湖煤铁公司系中日合办企业，中方占有一半股份，与之合办"则我尚有可享之利益"，遂于1914年1月28日指示煤铁公司可与外交部驻奉天特派员协商决定批准本铁路的问题及其办法，大仓财阀的钻营活动至此终获突破。

但觊觎溪碱铁路这块肥肉的又岂止大仓财阀一家？经营牛心台煤矿的石本锷太郎就以其与奉天商务总会订立的开采牛心台煤矿的合同明确载有修建本溪湖至牛心台的运煤铁路的权利为据，声言已得到中国当局非正式允许，按程序最近即将获得北京政府批准，反对煤铁公司修建该铁路。不仅如此，石本还声称权太的行为也侵害了他的既得权益，因此提出抗议。煤铁公司、权太与石本三家争夺溪碱铁路建筑权，中国当局只好催促日方迅速解决争议问题。恰好日本铁道院铃木诚作来到东北，权太背后的"满铁"便趁此机会，委托他调解此项争议。经过一番交涉后，决定该铁路归"满铁"和本溪湖煤铁公司合办经营。

1914年4月29日，"满铁"与大仓组煤铁公司协商，签署备忘录，主要内容：溪碱轻便铁路事业由"满铁"会社和煤铁公司双方合办；资金由"满铁"会社出六成，煤铁公司出四成；煤铁公司的出资用款，由"满铁"借贷；轻便铁路公司总办由煤铁公司委派的中国人担任，总经理则由"满铁"委派的日本人担任，其余则按事务情况兼用中日两国人。后来根据石本提议，"满铁"出资七成，其中一成为石本所有。中国方面向煤铁公司支付75万元。1916年4月18日，"满铁"会社、本溪湖煤铁公司签订《溪碱铁路公所章程》，至此，围绕溪碱铁路路权的争夺始告一段落。

（三）围绕牛心台矿权的争夺

1915年7月，彩合公司在牛心台成立，这是"二十一条"签订后中国第一家中日"合办"企业。主要经营牛心台红脸沟及大小南沟无烟煤的采掘、销售及其附带事业，矿区面积1422亩，资本奉小洋10万元，中日各半，名为华商周自新和日商石本锁太郎合办，实际主要出资者和控制者均为石本，周自新则只是公司名义上的代表。

牛心台大小南沟和红脸沟矿区，原由华商辛茂第、高锡五等领办，分别于1907年8月、1911年4月经清政府农商部核准发照，其矿权完全属于华商。因资本不继，经奉天劝业道批准，由奉天商务总会与两矿合办义成煤厂，辛茂第、高锡五原领执照均归商会所有。兴办之初，由于土法开采成本高昂，加之庵谷忱等私立合同，强行开采，致使义成煤厂亏损连连。商会乃与石本锁太郎议定合资，由石本以奉小洋3.5万元入股，所得利润二者均分，但因合办手续、程序均不完备，始终没有得到矿务监督署的批准。

1916年1月23日晚，石本锁太郎指使其弟石本权四郎率人到小南沟义成煤厂阻止华工采煤，扎伤华工1人，致使双方冲突，日方受伤8人。日本警察署闻讯赶来，逮捕华工多人。本溪县知事毕维垣一面派巡警前往弹压，一面电禀奉天巡按使段芝贵。段芝贵乃派日本顾问町野会同周委员前往勘察交涉。日方态度蛮横，不仅拒绝将被捕华工交由本溪县处理，还要求中方赔偿医疗费及物品损失费1万日元，同时坚决要求封禁煤窑，惩办华工。奉天商务总会则于2月14日上书段芝贵，再次提及与石本"合办"事宜，称："商会办理此矿，含辛茹苦，已历六年，初意本欲保全此矿，继因当地绅民勾结日人批煤卖地，事事与商会为难，致令赔款四五万元，实有不得不合办之苦衷。淹至今日交涉横生，自非请求俯准赶速合办不足以清纠葛而杜将来。"[1]

段芝贵同意了商会的"合办"请求。1916年6月，中日双方几经交涉，就义成煤矿冲突一事达成协议，由华商刘化南、周自新、龙化南等赔偿日商6500元，暂由奉天商务总会垫付；红脸沟、小南沟被封煤窑所有接济华工粮食及薪资由商会承担[2]。1918年2月，彩合公司经北洋政府农商部批准发照，正式营业，合办期限30年。

中国政府在义成煤厂冲突交涉中的妥协退让，令石本气焰大张，不

---

[1]《奉天商务总会为赶速将日彩合公司合办以清隐患给段芝贵详》(1916年2月14日)，JC010-01-001906，辽宁省档案馆藏。

[2]《奉天巡按使公署为本溪县呈报日本与中国两公司矿工互殴并日警逮捕工人交涉情形事》(1916年7月24日)，JC010-01-001906，辽宁省档案馆藏。

久，他又将侵略的触角伸向了红脸沟的关家坟等煤矿。

1916年12月，华商袁占海向奉天省公署呈递了开采本溪县境内红脸沟关家坟、大深沟子等处煤矿的申请，经过省县有关部门勘验，查得矿图与实在地域相符，并无他人首报及其他妨害纠葛情事。北洋政府农商部于1917年9月核准发给矿照，并"令县饬警妥为保护"①。

袁占海拿到矿照后，购买设备，雇用人夫，于1917年10月投产。石本鑕太郎觊觎该矿已久，便要弄阴谋诡计，私下勾结见利忘义的当地村民关明振、关明喜，炮制了一份假的买卖协议，说已将这几处矿山卖与日本人，以便讹诈。还未及签字画押支付交易款项，就被该村村长关明亮查知。关村长立即报告给牛心台警察署，警察署将关明振、关明喜传到警所羁押，挫败了日本人的阴谋②。

日本人一计不成，便要起无赖。11月的一天，日本本溪湖警务支署长江刺家久藏面见本溪县知事单文坤，称袁占海的矿区与石本锁太郎的彩合公司矿区有包套。

所谓包套，就是占用了彩合公司地。

单文坤问：彩合公司现占矿区，系与奉天商务总会合办未成之矿，坐落在红脸沟、小南沟，与袁占海的大深沟子、关家坟矿区何涉？

江刺家久藏答：红脸沟、小南沟与大深沟子、关家坟相距甚近，不能说没有关系。

单文坤拿出袁占海原报核准的矿区图，对江刺家久藏说：袁占海所报大深沟、关家坟3处矿区边界与红脸沟、小南沟矿区边界相距均有七八十丈，并没有违反矿业条例规定。

江刺家久藏回答：依照1915年5月中日条约（即"二十一条"），牛心台煤矿准许日本人开采，关家坟、大深沟等处即在牛心台界内，不应批准袁占海开采！

单文坤据理力争：关家坟、大深沟虽距牛心台不远，条约内"牛心台"三字下，并没有明确声明包括某屯字样，即使完全在牛心台界内，条

① 辽宁省档案馆编：《奉系军阀档案史料汇编》3，江苏古籍出版社，1990年，第77页。
② 《本溪县保卫团第二团团总梁玉廷为红脸沟关家坟煤矿被关明振关明喜盗卖事的呈及本溪县公署的指令》（1917年12月8日），JC047-01-002086，辽宁省档案馆藏。

约允许日本人开采，而无禁止中国人独办的明文。

江刺家久藏蛮横道：无论如何，对日本人的权利有侵害，我就应当保护。今袁占海在该处开矿，实有害彩合公司营业，务请贵知事饬警封禁。

单文坤继续道：袁占海之矿系奉长官命令，饬警随时保护，不能凭空干涉，我绝不可能答应你的无理要求。

江刺家久藏面含怒色，威胁道：如果你不管，那我就派日本警察、宪兵直接去封禁。

单文坤亦正色道：贵支署长依恃强权，我自无法阻拦。但倘若因封禁惹得矿工反对，引起1916年1月义成煤厂互殴成伤那样的冲突，或者袁占海因被封禁受到种种损害，当由贵支署长一人负全责。

江刺家久藏又换了一副面孔，言道：照顾彼此交情，我有个和平办法，若令袁矿所出之煤，全数卖与彩合公司，则尚有磋商余地。

单文坤回道：这要看袁占海本人是否情愿，官府不能用权力压人，我征询一下袁占海的意见，再给你回复。

单文坤随即找来袁占海，询问他的意见。袁说：若牛心台等处所出之煤全被彩合公司把持专卖，则附近十数屯烧用烟煤都须向彩合公司购买，不仅价格高，且受种种刁难。因此，关姓合族提议由我牵头集资入股报领关家坟北山并大深沟子3处煤矿，这样既保住了主权，抵制了日本人；将来出煤，民户购用也方便，免受彩合公司欺压。若所出之煤为彩合公司包买，则重蹈覆辙，和矿权全归其掌握没什么两样，请知事拒绝为是。

单文坤于是婉言拒绝了江刺家久藏。江刺家久藏见威逼不成，竟于12月1日11时许率5名日警强闯关家坟、大深沟子煤矿，声言民国政府已将该地矿权许予日本，中国人若想开采，须与日方合办，勒令其停工。1918年6月，奉天省公署派调查委员刘日俞赴现场勘查，根据报告："袁占海所报关家坟及大深沟子煤矿确在牛心台区域之外，系属红脸沟界内，距牛心台区域边疆约二里许。"[1]这个官方的勘查结果证明袁占海经营的煤矿在牛心台区域之外，与彩合公司的矿区并无包套，且袁矿已获北洋政府农商部核准发给矿照，其经营完全合法、合理，应该准其继续经营开采。

---

[1]《本溪县公署委员刘日俞为查复矿商袁占海所报关家坟及大深沟子煤矿在牛心台区域之外系属红脸沟界内事的呈及本溪县公署的批》（1918年6月29日），JC047-01-002086，辽宁省档案馆藏。

然而，事态的发展却大出人们意料。大概是被江刺家久藏的查封吓破了胆，袁占海一改前衷，向奉天省政府呈请与石本的彩合公司订立卖煤合同。红脸沟居民关明义等亦控告袁占海暗中勾结石本侵占民地、盗押矿产，省长张作霖责成财政厅厅长王永江彻查①。1919年4月29日，王永江将调查结果上报张作霖："查袁占海与日商石本所订合同既由彩合公司办事员曲子庄具结证明属实。"②1920年1月24日，袁占海向奉天实业厅报告，称愿与日商渡边传市合办红脸沟煤矿。4月13日，实业厅长谈国桓呈报省长张作霖"请销袁占海矿权"。4月19日，张作霖批示："照例承销。"③

纵观此案，日本人欲图论诈，阴谋未成，便由警署江刺家久藏出面，谁知又遇县知事单文坤据理力争；江刺家文藏未占到便宜，恼羞成怒，调动日警对袁矿进行封禁，强迫停工，充分暴露了其动用武力强霸矿山的侵略嘴脸。可鄙！而华商袁占海从坚决维护矿权到勾结日人盗卖矿权、侵害乡里，亦暴露出民族资产阶级的软弱性和两面性。可悲！最后，奉系军阀政府以所谓"中日合办"的方式，屈服于日本侵略者的淫威，使日本侵略者达到了掠夺中国矿权的目的。可叹！

（四）围绕田师傅沟矿权的争夺

日本侵夺田师傅富华公司矿权的过程，同样一波三折。

1913年，孟凌云与兄长孟辅廷等人在本溪县田师傅沟集资创办了富华煤矿公司，公推王阁忱为总经理，孟凌云为副经理，经财政厅转呈农商部核准、发给矿照，于1914年4月营业。为防止股东弄权，公司规章明确规定：非经全体股东允许，不得将自己股份之全数转让他人，不准另报他股，亦不准加入外股，如有以自己分红、股份私自抵押外人，一经查出，即将双方权利视作无效，并将原有股本取消。在股东5人中，孟辅廷和王阁忱是本溪县警察所所长，杨廼宾是奉天省议员，金殿勋是本溪县议长，孟凌云是豪绅，皆系地方有钱有势的人物，是以富华公司很快发展成为田师

①《本溪县农民关明义为控袁占海等开矿侵占民地案县署畏势不究请饬提讯法办事给奉天省长公署的呈》（1918年12月7日）、《本溪县农民关明义、关殿升为报袁占海盗押矿权私订合同利权外溢恳请催缴矿照饬县查封事给奉天省长公署的呈》（1919年4月15日），JC010-01-001971，辽宁省档案馆藏。

②辽宁省档案馆编：《奉系军阀档案史料汇编》3，江苏古籍出版社，1990年，第274-275页。

③《奉天实业厅厅长谈国桓为报矿商袁占海报领开采本溪县大深沟子等处煤矿经查明资格不合请照例取销事给奉天省长公署的呈》（1920年4月13日），JC010-01-001971，辽宁省档案馆藏。

傅最大的煤炭开采商，雇用矿工达100余人，在头道沟、二道沟、三道沟共开设10个井口，矿区总面积达933公顷，日产煤30吨。

1915年，邝文溪的大顺公司在与富华公司第三矿区相邻的孔家堡子开矿，矿区面积400余公顷。同年，王殿绅的大有公司在与富华公司第一矿区相邻的闫家沟至杉松河一带开矿，矿区面积400余公顷。二公司因有大仓财阀入股，同属中日"合办"公司，对富华公司构成严重竞争。富华公司申报矿区面积虽大，但只有奉天财政厅实业司发给的勘矿执照，并无采矿执照，加之资本所限，无力全面开采，孟凌云遂决定将本矿产出之煤包卖与本溪湖煤铁公司18个月，获得押钱小洋1.5万元，以解资金等燃眉之急。

孟凌云的经营决策引起了王阁忱的恐慌。恰在此时，本溪湖煤铁公司日方总办岛岗亮太郎派人找到王阁忱，大谈中日协议（"二十一条"）已成，田师傅沟所有煤矿业经国家许与日人，劝其将股份及早出卖，免受损失。在日方蛊惑下，1915年8月25日，王阁忱违反富华公司规章，私自将股份作价1.2万元售与岛岗。此事很快为孟凌云所察，遂将王阁忱以"盗卖矿产"罪名告至本溪县。知事毕维垣立即着警察将王阁忱逮捕归案。孟凌云又上诉至农商部，将王阁忱股东资格注销。众股东复推孟凌云任总经理、杨荫宾为副经理。为防弊起见，公议将公司图章及各人私章寄存至奉天金城泉商号，议定非全体股东同意不得私用。大仓侵夺富华公司的阴谋未逞。

1916年12月，本溪湖煤铁公司在田师傅全家堡子的煤矿获得中国政府批准。加之大顺、大有两公司的竞争，使富华公司的经营愈发窘迫，不仅煤炭价格受到制约，且用工、运费等方面皆受到资本雄厚的日商胁迫，幸得公司占据田师傅煤田核心地带，"其矿质为白煤之冠，为东省所仅见之佳品"，且"煤量尤富，掘深三尺许，即见有极佳之煤，浑浑一片，明亮如镜"[1]。每年土法采煤尚可得6000余吨，可获纯利万余元。如此质量俱佳之煤矿，日本人安能袖手旁观？于是再次将分化瓦解的目标指向富华公司。

富华公司此时已取得采矿证照，亟待购置先进设备，扩大生产，而公司资本不足。1917年11月，孟凌云与杨荫宾商定，由熟悉银行业务的杨荫

---

[1] 之光：《本溪湖矿产调查》，载《东北文化月报》1927年11月。

宾赴省城奉天联系贷款，孟凌云写下委托书，并将公司公章和经理名章交由其使用。

此前，杨廼宾因久在奉天省议会和本溪县往来出入，结识了驻奉日本领事馆职员田中市野、华人买办马午桥以及在本溪县碱厂开办煤矿的日商深川喜次郎。由于孟凌云总揽富华公司经营大权，加之每年分红难以满足私欲，杨廼宾早就拜托田中等人帮其联络日商接盘变现。如今得此良机，杨廼宾乃私至金城泉，将众股东所存图章骗出，以全体股东名义与深川喜次郎订立合同，并盖上公章与全体股东名章。合同规定：深川喜次郎得矿权70%，杨廼宾得30%；深川喜次郎付与杨廼宾酬金13万元，先付1万元，余款待交易呈请农商部批准后再付。由于该合同部分条款与民国矿业条例的规定不符，难以通过审核，于是深川与杨廼宾合谋另立一份假合同，以此搪塞有关部门。事后，杨廼宾带深川偷偷回到田师傅查验矿质，不想被手眼通天的孟辅廷查知，立即将杨廼宾拘押。

孟凌云遂以"省议员盗卖矿产"将杨廼宾告至省财政厅。彼时，张作霖屡为日本以"二十一条"所挟，对盗卖矿权的行径深恶痛绝，当即指示王永江彻查。王永江得悉事情原委，批令：私订合同无效，饬令杨廼宾将所受日人款项1万元如数退回。并将批令情形咨转特派交涉员公署，由交涉署照会驻奉日总领事令日商深川将该合同取消。至于取消杨廼宾股东及追索公司图章，属于富华公司内部事项，应由孟凌云集合全体股东会议办理后，呈报财政厅或由全体股东声明作废。

孰料杨廼宾潜匿于奉天"满铁"附属地，拒不执行法令。1917年12月14日，孟凌云再次将杨廼宾诉至财政厅，直言不讳指出："如此行为不独有玷省议会之名誉，且为盗卖矿产之巨贼，倘任其日久逍遥，又不知与日人作何等之诡谋！"①张作霖得知此事甚为震怒，派人至省议会将杨廼宾捕获，直接交由奉天高等审判厅审理。

1918年1月26日，日本驻奉天总领事赤塚正助照会奉天省长张作霖："田师傅沟煤矿如贵省长所知，照中日条约应由中日合办之矿山之一。据闻，该煤矿关系者之一人杨廼宾者，因与日人深川缔结中日合办之契约，以盗卖国土被控，受贵国审判厅之审理。如果属实，即系违背中日条约之

---

① 辽宁省档案馆编：《奉系军阀档案史料汇编》3，江苏古籍出版社，1990年，第88页。

重大问题，请速将杨遁宾释放。为此照请查照办理。"

张作霖饬令财政厅、奉天高等审判厅迅即查明呈复核夺。未几，王永江向张作霖呈报了审查情况："中日合约"所指合办矿山选定之地必须在1915年5月25日前未经他人禀请探勘或开采。孟凌云等领办田师傅沟煤矿已于1914年4月领得探矿执照，并不在允许选定区域之列。是以杨遁宾与深川所订契约成立与否，应视杨遁宾是否违法为断。

奉天高等审判厅长沈家彝亦向张作霖呈报了审理情况："查杨遁宾违反矿章，触犯刑律，实属诈欺取财，依矿业条例第九十五条及刑律第三百八十二条，处以三等有期徒刑四年又二月，并褫夺公权全部十年。准予孟凌云等请求将该被告股东资格撤销，杨遁宾对于富华煤矿公司丧失股东资格，所入资本，俟判决确定后，向孟凌云等自行清理。"[①]

1918年1月31日，杨遁宾被当庭宣判，送入奉天模范监狱服刑，其奉天省议员资格也被褫夺。2月7日，张作霖将审判结果和审查结果通报日方，深川侵占富华煤矿的阴谋遂告失败。

事情至此似乎已经结束，然而最终结局却出现了戏剧性变化。

1919年3月16日，孟凌云与深川喜次郎签订"合办"契约，并"主动"向省财政厅提出呈请，要求"招添日股"。6月6日，驻奉日本总领事赤塚正助致函奉天财政厅，证明日本人深川喜次郎与杨遁宾所订契约"已作无效"处理。

6月13日，张作霖签发指令："财政厅呈孟凌云与日人深川合办田什付沟等处煤矿请示等情，应准进行，由该厅依例呈部核办由。呈悉，矿商孟凌云请将已办成之田什付沟等处煤矿，添招日股合办，其所送合同既经该厅审查尚无不合，自应准予进行。仰即由厅依例呈部核办，仍具报备查。此令。"[②]

究竟是什么原因，令曾经坚决反对王阁忱、杨遁宾盗卖矿权与日人的孟凌云与张作霖作出如此决策？

原来富华公司虽两次成功挫败日方阴谋，但面对资本、技术均占优势

---

　　①《奉天高等审判厅为报杨遁宾经沈阳地方厅受理判决检同判决书事给奉天省长公署的呈（附沈阳地方审判厅刑事判决书）》（1918年2月4日），JC010-01-001945，辽宁省档案馆藏。

　　②《奉天财政厅长王永江为报矿商孟凌云招日股合办煤矿应否可依例进行事给奉天省长张作霖的呈》（1919年5月8日），JC010-01-001945，辽宁省档案馆藏。

的日商围剿，处境却日益窘迫。为此，孟凌云数次向奉天省财政厅和东三省官银号申请贷款，却被告知银根紧张，政府根本无钱支持实业。而唯一能够提供贷款的日资银行，对华商贷款的条件十分苛刻。万般无奈之下，孟凌云只得联络曾与杨廼宾苟且的深川，以解燃眉之急。而张作霖亦有难言之隐，随着中日交涉事件的增加，一向对张作霖有求必应的日本政府开始在军事借款、铁路运输、附属地管理等方面屡屡刁难。而张作霖要在同国内军阀的竞逐中占得上风，坐稳"东北王"的宝座，就不得不仰赖日本的支持，是以必须在经济上对日方作出让步。不过可以肯定的是，即使有了股份，深川亦未能完全控制富华公司。1921年8月24日，富华公司重新登记为商办，深川已经从投资人名单中消失了。富华公司夹缝中挣扎求存的经历，彰显了那个时代民族工商业的悲哀与无奈。

袁占海和孟凌云的遭遇绝非个案。"二十一条"签订后，日本以公开合办、秘密合办、委任经营、包买矿石等手段侵占的本溪矿山，数量极为众多（表3-4）。根据《满蒙全书》第四卷和"满铁"调查课1921年6月的调查，在本溪县34家矿山企业中，日本独资6家，中日合办24家，中国人经营的仅6家。另据1929年"满铁"调查课统计，在本溪县以中日合办名义经营的矿山已达62家，其中煤矿29处，铁矿17处，金、银、铜及硫化铁15处，桓仁县有铅矿1处[①]。就这样，日本帝国主义牢牢控制了本溪的经济命脉。

表3-4　1915—1931年本溪县主要中日"合资"企业

时间	名称	地点	经营项目	中方	日方	资本额
1915.7	彩合公司	牛心台	煤矿	周自新	石本鑛太郎	10万小洋
1916.4	溪碱铁路公司	本溪湖	铁路	本溪湖煤铁公司	"满铁"会社	57万日元
1917	中华矿业公司	马鹿沟	煤矿	李鸿吉 尚志	大仓组	10万大洋
1917.4	双合公司	赛马集梨树沟	煤矿	于德麟 李成章	浅田龟吉	2万元

---

① ［日］满铁调查课：《关于满蒙中日合办事业》，1929年，第133–155页。

续表

时间	名称	地点	经营项目	中方	日方	资本额
1916.5	大顺公司	八盘岭	煤矿	邴文溪	大仓组 石本鑹太郎	50万小洋
1917.4	大有公司	杉松河 雷霹砬子	煤矿	王殿绅		
1918.9	广峪有限铅矿公司	吉祥峪	铅矿	孙世荣	饭田邦彦	4万小洋
1919	大德公司	梨树沟	煤矿	于德麟	饭田邦彦	10万小洋
1919.3	中日商办煤矿公司	田师傅沟	煤矿	孟凌云	深川喜次郎	60万日元
1919.4	福泉煤矿有限公司	泉水河子	煤矿	奉天省公署	冈部三郎	20万日元
1919.6	抚溪煤矿有限公司	李家窝棚等地	煤矿	依祥	昌平组南聪行	5万小洋
1919.10	东杉松河煤矿	杉松河 隋家堡子	煤矿	李聘三	中野升	2万小洋
1919.10	盘岭沟铜矿	盘岭	铜矿	李峰一 李聘三	不详	1万小洋
1919.10	旗匠沟后铅矿厂	旗匠沟	铅矿	李峰一 李聘三	不详	1万小洋
1921.11	华兴煤矿有限公司	红脸沟 关家坟	煤矿	朱清阁	渡边传市	12万小洋
1924.6	复兴公司	红脸沟 小南沟	煤矿	李景明	石本鑹太亮	50万小洋

资料来源:张雁深:《日本利用所谓"合办事业"侵华的历史》,三联书店,1958年,第191—202页;徐梗生:《中外合办煤铁矿业史话》,商务印书馆,1947年,第217—254页。

第二节 中日"合办"时期的本溪湖煤铁公司

一、本溪湖煤铁公司的成立

钢铁是工业的粮食，是支撑近代工业化社会运行的主要物质基础。大仓对钢铁产业的觊觎由来已久，早在19世纪末，大仓与三井物业即是日本最大的钢铁进口商，同时也是日本国营八幡制铁所指定的四大销售商之一。1903年，大仓更是通过向汉冶萍公司借款介入到中国的钢铁产业中，获取了丰厚的利润。

侵占本溪湖煤矿后，1907年7月和1908年5月，大仓先后延请八幡制铁所技师木户忠太郎、服部浅对本溪县南部的庙儿沟铁矿进行非法勘探，最后勘定该地区确是一大型磁铁矿，埋藏量达4.6亿吨，其中富矿1000万吨，极具开采价值。在当年协商成立中日合办本溪湖煤矿公司时，大仓就曾迫不及待地提出将庙儿沟铁矿也纳入该公司业务范围内一起经营，但清政府未予同意，经再三磋商，始允诺"俟煤矿发达时再行斟酌"[1]。大仓并不甘心，乃筹划与英国钢铁企业斯图尔特劳埃德公司和日本八幡制铁所合作，利用本溪湖冶炼的生铁原料进行锻制钢管的生产，并与浅野总一郎等人共同发起成立了日本钢管公司[2]。

随着调查的深入，大仓愈加发现本溪湖是发展钢铁工业最为理想之地。

关于本溪湖发展钢铁工业的优势，曾任煤铁公司中方总办的周大文有过精辟总结，他说：

"我国煤铁之丰富，夫人而知之矣。然或属煤矿，或为铁矿，求其兼擅煤铁之利而著于时者，除汉冶萍矿而外，要以本矿为首屈一指焉。""汉冶萍乃由三地名合组而成，以视本矿之产煤于斯，炼焦于斯，采矿石而镕生铁无不取给于斯，是又独得之利也。"[3]

日本学者加藤一进一步指出，本溪湖发展钢铁工业最大的优势是"保

---

[1] 李竞存：《奉天本溪湖制铁所之工程观》，载《实业杂志》1912年第4期。

[2] ［日］大仓财阀研究会编：《大仓财阀的研究》，近藤出版社，1982年，第445-446页。

[3] 《商办本溪湖煤铁有限公司创立廿周年纪念写真帖》周大文序言，1930年。

有丰富与近距离的制铁资源，大体上可以自给自足"。具体来说：

一、本溪湖煤矿出产的具有强黏结性煤，是"最适宜制铁用焦炭的原料"。

二、以本溪湖为中心有庙儿沟等12处铁矿，随着贫矿处理工艺的成熟，即有"可应付将来任何增产计划的矿石"。

三、作为高炉炼铁不可或缺熔剂的石灰石，形成了本溪湖煤矿及其附近的"地基"，"可称无尽宝藏"。

四、炼铁另一重要原料锰矿，产于相距不远的锦州，且大仓自有矿区，"产量甚为丰富"。

五、耐火黏土、硅石等其他原料，在本溪湖煤层之上下层及附近皆有出产，"可以充分自给"[①]。

这种"煤铁复合"的资源禀赋，几可与德国鲁尔与美国五大湖等近代钢铁工业中心相媲美，加之太子河丰富的水源以及安奉铁路运输的便利条件，使得本溪湖具有发展成为东北亚钢铁工业中心的得天独厚的条件。

大仓喜八郎自然了解本溪湖发展钢铁工业的优势，是以中日合办本溪湖煤矿一成立，大仓便迫不及待地再次向清政府提请开采庙儿沟铁矿和兴办炼铁事业。

大仓强调：公司远离海港，交通不便，受"满铁"抚顺煤矿的竞争，如若只从事煤炭开采，"于将来经营上非特难免诸多困难，且必陷于不利之地"，而本溪湖"为历史上有数制铁之地"，依托该地丰富的煤铁资源，"将来与他处竞争，必能占优胜之地位"，"故解决时机，不容稍缓"[②]。

清政府为大仓上述理由所动，于1911年6月派遣开平煤矿候补道吴仰曾、东京帝国大学矿冶系学生严恩棫，会同日方技师八幡制铁所大岛道太郎和服部渐，共同对庙儿沟铁矿进行复勘，最后确认了经营开采庙儿沟铁矿和附设制铁事业的可行性。

1911年9月，大仓喜八郎第三次来华，以取消合办前中日双方对煤矿机械设备估值差额为条件，同东三省总督赵尔巽就中日合资经营炼铁事业问

---

① ［日］加藤一：《满洲重工业地理条件：二.本溪湖制铁地带》，仲池译，载《国民新闻周刊》1942年第53期。
② 虞和寅编著：《奉天本溪湖煤铁公司报告》，农商部矿政司，1926年，第185页。

题展开谈判。9月23日，公司召开第一次全体股东会议，中方总办吴鼎昌提出兴办炼铁事业提案，大仓喜八郎趁机向担任公司督办的奉天交涉使许鼎霖提出在新建本溪湖炼铁厂周边100里内，除旧式炼铁作坊外，清政府不得批准同类炼铁企业，以保护资本、维持垄断地位[1]。

1911年10月6日，大仓喜八郎、日本驻奉天总领事小池张造和奉天交涉使许鼎霖，代表双方签订《中日合办本溪湖煤矿有限公司合同附加条款》，规定：公司取得庙儿沟铁矿的开采权，除经营煤矿外，"兼办采铁、制铁事宜"；增设炼铁部，再增加资本北洋大龙元200万元，中日各半[2]。1912年1月23日，经清政府批准，本溪湖煤矿正式更名为"本溪湖煤铁有限公司"（简称"本溪湖煤铁公司"）。

二、建设及生产情况

本溪湖煤铁公司成立后，开始进行炼铁厂的筹建。由于当时日本工业水平较低，是以炼铁厂主要机械设备均由欧洲先进国家引进。1913年9月，1号高炉开工建设，至1915年1月13日建成投产。

1号高炉炉体由英国伦敦Pearson Knowles工厂制造，有效高度（炉底至炉顶）20.3米，炉缸直径2.97米，炉口直径3.39米，进风口9个，预备进风口9个，放渣口2个，流生铁口1个，配McClure三焰道式热风炉3座。卷扬塔为德国J.Pohlig式自动斜卷扬机，所有矿石及焦炭、石灰石等材料悉自卷扬机借电力起上，送入高炉内[3]。炉容291立方米，日产生铁能力130吨。作为中国东北地区第一座现代高炉，其部分设备的先进程度即便是日本国营八幡制铁所也难以匹敌，堪称亚洲首屈一指。

基于降低运营成本考虑，在建造1号高炉同时，本溪湖煤铁公司即筹划2号高炉的建造。因资金紧张，直至1914年2月10日第三次全体股东大会方作出投资建设2号高炉和扩建煤矿的决议，公司资本额也由400万元增至700万元。

2号高炉施工未久，适逢第一次世界大战爆发，由欧洲订购的设备不能

---

[1]［日］大仓财阀研究会编：《大仓财阀的研究》，近藤出版社，1982年，第500页。

[2] 王彦威、王亮辑编：《清季外交史料》9，湖南师范大学出版社，2015年，第4618-4619页。

[3] 顾琅：《中国十大矿厂调查记》，商务印书馆，1916年，第75-78页。

按时运出，未订购的
设备更是无从指望，
公司乃决定按照1号
高炉的蓝本，由"满
铁"大连沙河口工厂
进行仿造，一些重要
设备向欧洲订货。
1917年12月10日，2
号高炉建成投产，炉
容增至301立方米，
日产生铁130吨。

本溪湖煤铁公司高炉出铁

除高炉外，还配套建设了洗煤厂、筛煤工场、焦炉、铸铁场等一系列
附属设施，设计由德国人进行，设备亦多由英德两国进口。工程技术方面
的指导则依靠八幡制铁所，由该厂的大岛道太郎和服部渐担当；公司初任
日方总办岛闪亮太郎也是由八幡制铁所转入大仓的。

本溪湖煤铁公司生铁冶炼方面的最大特点，是为日本海军炼制高级低
磷生铁。

所谓低磷铁，即磷、硫含量极少的纯生铁。以其为原料炼制的特殊
钢，因具有高韧性和抗冲击性的特点，是海军舰船制造尤其是大口径炮身
制造不可或缺的基础性原料。

低磷铁的炼制首先仰赖磷、硫含量低的铁矿石。普通的铁矿石通常含有
磷、硫、锰、硅和铜等杂质，即使运用还原加热法处理，也不能完全去除这
些杂质，反而难免会受到燃料中磷、硫等杂质的影响。虽然钢铁业界不断研
究消除这些杂质的冶炼方法，但最佳之道是利用杂质含量最少的铁矿石。

此前，日本的低磷铁供应主要依赖遥远的瑞典。随着第一次世界大战
的爆发，几个重要生产国的低磷铁产量因战事迅速萎缩，引起国际市场上
低磷铁价格的飙升，再加上海上航路的阻断，造成进口的断绝，这使日本
海军当局对实现低磷铁自给的愿望变得十分迫切。经过挑选和物色，发现
庙儿沟及其周边铁矿不仅矿石蕴藏量大而且纯度高。根据检测，南坟庙儿
沟的铁矿全部是磁铁矿，铜、硅、硫等杂质含量极低且容易去除，磷含量
更是低至0.015%以下。用这样的铁矿石经磁选后制成团矿，再以木炭燃料

来冶炼，就可以制造出品质优良的低磷铁。同时，大仓方面也展开实地调查，发现庙儿沟拥有的低磷优质矿石储量惊人，在世界上数一数二。将该矿石送至英国、瑞典两国进行低磷铁试验，亦取得良好效果。大仓喜八郎于是接受了日本海军试制低磷铁的建议。1915年7月31日，日本海军舰政本部长、海军中将村上格一与大仓代表双方签订了《建立低磷铁制造所》的协议。该协议共7条，规定自协议签订之日起2年内，大仓利用庙儿沟所产铁矿石，以木炭为燃料，按照海军规定的标准，每年生产低磷铁1万吨。

最初，大仓计划由本溪湖煤铁公司提供经过处理的精矿原料运至日本国内进行冶炼。为此，大仓在日本国内广岛县大竹町建立了山阳制铁所。以年产低磷铁1万吨为标准，修建了以木炭为燃料，一昼夜可生产20吨低磷铁的小型高炉2座，于1917年7月正式投产。同时，为处理庙儿沟的贫矿，大仓在庙儿沟铁山附近的南坟修建了选矿厂，利用磁力选矿制成含铁60%以上的精矿粉，选矿厂于1918年12月建成投产，日产精矿粉50吨。由于庙儿沟的富矿非常脆弱，在入炉冶炼前需要进行团矿化处理，又在本溪湖修建团矿厂，日产团矿100吨。并建成冶炼团矿的小型高炉2座，日产能为各20吨。矿石的预处理使本溪湖煤铁公司逐渐摆脱了早期混合使用朝鲜产矿石和自产矿石的状况，至20年代后半期，已经能够专门使用庙儿沟磁铁矿和普通团矿。

以上两地的建设费用总额高达260万日元，大仓以本溪湖煤铁公司为担保，向日本政府申请低息贷款，获得了海军省（海军部）的全力支持，大藏省（财政部）储金部经由兴业银行向大仓提供了200万日元（年利5%，偿还期20年）的政府资金贷款。当时日本政府为鼓励钢铁工业发展，采取了由海军省和公营八幡制铁所对民间钢铁企业给予技术指导、土地和税收优惠等诸多扶持政策，但以国家资金投入一家民营企业却是极为罕见的现象，足见本溪湖煤铁公司所谓"民营"的实质，以及低磷铁制造对日本军事的重要性，因此才能获得日本政府的特别保护①。

---

① ［日］大仓财阀研究会编：《大仓财阀的研究》，近藤出版社，1982年，第713-714页。当时的贷款利率在6%-10%之间，而以7.5%为最多，参见［日］高村直助：《日本资本主义史论》，密涅发书房，1980年，第143页。

大仓在日本国内试制低磷铁的尝试并不成功，直至1922年5月，山阳制铁所仍不能正常生产，加之一战后华盛顿会议对各国海军吨位的限制，致使日本国内舰船制造业对低磷铁的需求量骤减，日本海军与大仓的协议也随之终止。大仓就此向日本政府提出补偿要求，获得了200.14万日元的补偿款，金额仅次于日本制钢所和三菱、川崎两造船所。大仓不仅未受损失，而且在偿还大藏省贷款后仍保留本溪湖的相关设备，并获得了低磷铁试制的宝贵经验，再一次体现出日本政府与大仓非比寻常的关系。

其后，大仓决定将低磷铁的研制场所由国内移至本溪湖，燃料也由木炭改为焦炭。因为经过不断勘探，此时在本溪湖煤矿最上层的宝砟层中发现了理想的低磷煤，经检测，磷、硫含量分别低至0.48%、0.008%[1]。公司将此原料煤炼制成含灰分较少而强度较高的焦炭，于1921年9月成功试制出1689吨最低含磷0.012%、含硫0.006%的优质低磷铁，质量远高于瑞典进口同类产品。此后，本溪湖煤铁公司按照日本海军一级品标准（含磷小于0.025%，含硫小于0.015%）进行试制，分别于1925年生产了约2500吨、1927年生产了4000吨低磷铁，产品被送至日本海军吴、横须贺、舞鹤等工厂以及神户制铁所、住友铸钢所等厂家，使日本特殊武器材料的自给率大为提高。以此成功为开端，本溪湖煤铁公司正式开始了低磷铁的生产，输出量逐年提高。相较于瑞典采用木炭冶炼低磷铁的传统方法，本溪湖煤铁公司这种采用焦炭为原料冶炼的低磷铁无论是在大规模生产性还是产品成分均一性方面都具有极大的优势，因而逐渐取代了瑞典产低磷铁（表3-5），在日本军工生产中占据了日益重要的地位。至1931年，共生产低磷铁79063.66吨，为一战后因炼铁业萧条而生产经营陷入困境的本溪湖煤铁公司注射了一针强心剂，带来了很高的经济效益。

表3-5　本溪湖低磷铁与英国、瑞典低磷铁进口量比较表　　（单位：吨，含磷量<0.06%）

年份(年) ＼ 数值 ＼ 地点	本溪湖	英国	瑞典
1915	2829	36729	6868

---

[1] 李建德编辑；刘谦、耿步蟾校订：《中国矿业调查记》，共和印刷公司，1913年，第93页。

年份(年) \ 数值 \ 地点	本溪湖	英国	瑞典
1916	10731	31615	2777
1917	4534	5462	3767
1918	691	17846	4217
1919	8154	44762	10783
1920	837	58565	14158
1921	1674	22628	18065
1922	783	9726	4066
1923	647	6365	662
1924	409	7809	14075
1925	1281	8185	2958
1926	1544	7595	238
1927	3280	6727	2197
1928	4030	8397	1695
1929	8320	9134	814
1930	3515	4034	1960
1931	11280	3696	1481

资料来源：［日］大仓组编：《关于本溪湖煤铁公司》修正版（1938年7月），第9—10页。

　　煤炭是本溪湖煤铁公司另一项主要产品。

　　本溪湖煤矿成立时，其矿区"东至明山沟；西经柳塘、蚂蚁村沟、新洞沟，达于河头沟；南则横断太子河之平原，由岗子经孟家堡子至团山子"，总面积89平方里，后增至120平方里，共分为3个区，即东部本溪湖区、中部柳塘区、西部新洞区。整个煤田共分为16个煤层，其中可采8个煤层，其煤炭储量按时任煤矿采炭部长顾琅的统计，以太子河水平面下

2000尺计，约2.26亿吨①。1906年至1931年，本溪湖煤矿共开掘6个矿坑，具体如表3-6：

表3-6　本溪湖煤矿1906—1931年煤炭产量

矿坑 ＼ 项目	开坑时间	总出煤量	矿井深度
第一坑	1906年5月	190万吨	1738尺
第二坑	1907年11月	210万吨	1705尺
第三坑	1910年1月	300万吨	1650尺
柳塘坑	1911年1月	64万吨	620尺
第四坑	1918年2月	27万吨	635尺
第五坑	1626年5月	35万吨	970尺

资料来源：［日］沈阳抚顺本溪辽阳四县调查班：《本溪县调查报告书》，1933年，第59-64页。

　　就产量而言，除少数年份外，公司在合办期间煤炭产量基本是逐年增长的，至1930年，公司煤炭产量达到58.2万吨，为合办时期最高纪录。为处理原煤，公司于1911年建成辽宁第一座筛选厂，其设备购自日本，日选煤500吨。1917年建成辽宁第一座洗煤厂，其设备购自德国，选煤能力为100吨/小时，洗煤能力为85吨/小时。随着煤炭产量的不断增加，公司又于1928年建成洗煤能力为40吨/小时的第二洗煤厂。

　　煤炭的一大用途是制作炼铁所有焦炭。公司最初采用中国旧式圆窑炼焦，每炉月产焦约100吨，最多时公司约有这种焦窑200座。1926年，又建成黑田式焦炉一座，日产焦炭440吨。同时建成回收煤焦油和硫酸铵等副产品的化工车间，日产煤焦油12吨、硫酸氨3.5吨、硫酸9吨。

　　为配合煤铁生产，公司在合办时期还兴建了一系列附属设施：

　　1914年，本溪湖第一发电所安装1500千瓦机组2台，发电量534.6千瓦时/年。至1928年，公司已拥有透平发电机4台，其中德国AEG公司制1500

————————

① 顾琅：《中国十大矿厂调查记》，商务印书馆，1916年，第30-37页。

千瓦发电机2台、3000千瓦发电机1台，美国GE公司制2500千瓦发电机1台。

1915年，四眼沟石灰石矿投产，公司在石灰山和高炉厂区之间架设一条6200英尺索道，输送能力30吨/小时。

1916年，本溪湖中央工厂（机械工厂）建成，设有车、钳、铸造、钣金、锻造和木型等车间。

本溪湖中央工厂

1920年，公司购置3台注气机车，厂内铁路运输正式开始运行。至1928年，本溪湖厂区内铁路专用线长14.48千米，拥有无火机车8台、15至39吨货车49辆。

1921年，本溪湖耐火材料厂建成投产，主要产品有耐火砖、耐火泥、矿渣水泥、水泥瓦和矿渣砖等。至1928年，耐火砖生产能力为120吨/月。

至1931年九一八事变前，本溪湖煤铁公司已经由一家单纯经营煤炭开采事业的企业发展成为集采煤、炼焦、化工、铁矿开采、选矿、团矿、炼铁和发电等多种生产能力于一体的大型煤铁联合企业（表3-7），比汉冶萍公司更具典型性和代表性，本溪作为中国煤铁工业文明的发祥地和标本地，在中国近代经济史、日本侵华史上占有突出地位。

表3-7 1911—1931年本溪湖煤铁公司主要产品产量统计表 （单位：吨）

年度 （年） \ 品种 数量	煤	焦炭	铁矿石	生铁	其中低磷铁
1911	90352.00	1441.00			
1912	185199.00	2935.00			
1913	270782.13	11315.00			
1914	301014.02	25508.00			
1915	275777.02	45814.00	51000.94	29438.56	5068.62
1916	322625.60	69172.00	71753.30	49211.49	10576.67
1917	438008.51	92472.00	99569.50	37971.23	4896.96
1918	374964.98	99360.00	89174.05	44965.89	751.66
1919	416994.00	150816.00	79608.41	78841.29	11459.00
1920	439099.92	82416.00	85668.85	48845.40	4715.00
1921	338000.00	59671.00	56554.55	31017.92	2993.86
1922	285000.00	11944.00	0.00	0.00	0.00
1923	373000.00	45360.00	25513.30	24338.73	145.64
1924	450000.00	90864.00	65000.00	51950.00	420.34
1925	400000.00	80030.00	65000.00	50000.00	2994.26
1926	415000.00	91601.00	70000.00	51000.00	1241.80
1927	398000.00	84606.00	70000.00	50500.00	4438.51
1928	490000.00	96250.00	106000.00	63030.00	4275.67
1929	521000.00	121016.00	146500.00	76300.00	8850.09
1930	582000.00	132399.00	141060.00	85059.78	6039.58
1931	467700.00	90153.00	105600.00	65620.00	10196.00
合计	7834517.18	1485143.00	1328002.90	838090.29	79063.66

资料来源：《本钢史》编写组：《本钢史（1905-1980）》，辽宁人民出版社，1985年，第40页；［日］渡边渡等：《大仓财阀的研究（1）》，《东京经济大学会志》第94号，1976年1月，第95页。

三、销售及盈利情况

在高炉未投产之前，本溪湖煤铁公司对外销售的主要产品是煤和焦炭以及向周边地区输送的少量电力。由于"满铁"控制的铁路运力所限、运费高昂以及附近抚顺、烟台、牛心台和田师傅等煤矿的竞争，1913年至1914年，公司煤炭出现滞销，积压达10万余吨。焦炭也因质量低劣销路受限，1914年只售出2.02万吨，积压5000余吨。此后，随着洗煤、选煤厂的建成，焦炭质量提高，销路大有好转。煤炭的销售情况也因为与"满铁"协商降低了运费，再加上鞍山制铁所、朝鲜兼二浦制铁所需用焦煤和公司炼铁发展需用大量焦炭用煤而有所好转。

合办初期，公司煤炭销售去向大致有三：一是日本本土，二是朝鲜、中国东北等殖民地或势力范围，三是上海等中国内地。以1913年为例，三者所占比例分别占当年煤炭销售总额的31%、52%和17%①。然而随着日本军国主义侵略步伐的加速，自20世纪20年代中期开始，公司销往日本的煤炭大幅下降至年均5.60%，销往朝鲜和中国东北的煤炭则大幅增至年均94.40%，而原来占比超过17%的中国内地所占份额为零（表3-8），除一部分售予"满铁"作为动力煤外，大部分作为原料供应日本及其控制的朝鲜和中国东北的钢铁厂作炼焦之用（表3-9）。

表3-8 本溪湖煤铁公司煤炭销售情况 （单位：吨）

年份(年) \ 项目数值	销售合计	日本本土	占比	日本的殖民地和势力范围				占比
				中国东北	鞍山制铁所	兼二浦制铁所	朝鲜和中国东北另售	
1923	273079	18900	6.92%	110627	43587	61137	38828	93.08%
1924	228325	9869	4.32%	113883	40368	30956	33249	95.68%
1925	239843	26923	11.23%	127683	40311	34116	10810	88.77%
1926	215682	25441	11.80%	98937	56334	27902	7068	88.20%
1927	280202	23774	8.48%	107852	75813	37732	35031	91.52%

---

① ［日］大仓财阀研究会编：《大仓财阀的研究》，近藤出版社，1982年，第464页。

续表

年份（年） \ 数值 \ 项目	销售合计	日本本土	占比	日本的殖民地和势力范围				占比
				中国东北	鞍山制铁所	兼二浦制铁所	朝鲜和中国东北另售	
1928	288502	14479	5.02%	135862	82371	54287	1503	94.98%
1929	335511	11757	3.50%	160246	92898	69897	713	96.50%
1930	267278	6276	2.35%	82759	135315	40591	2337	97.65%
1931	260274	—	—	55611	148591	41692	14380	100%
合计	2388696	137419	5.75%	993460	715588	398310	143919	94.25%

资料来源：［日］大仓财阀研究会编：《大仓财阀的研究》，近藤出版社，1982年，第462页（原表数据有误，核对后更正）。

表3-9 1924—1931年大仓矿业的本溪湖煤契约额 　　　　　　　　　　　　（单位：吨）

工厂 \ 数值 \ 年份（年）	1924	1925	1926	1927	1928	1929	1930	1931
八幡制铁所	1000	6000	—	—	4000	—	—	—
东京瓦斯	—	4000	2000	4000	—	—	2500	1000
东邦瓦斯	—	300	500	—	—	—	—	—
大阪舍密炼焦厂	3024	—	—	—	—	—	—	—
东京舍密炼焦厂	—	—	—	70	—	500	—	—
龟山炼焦厂	—	—	—	200	550	1200	—	—
牧山炼焦厂	—	—	5500	4700	4000	8000	—	—
神奈川炼焦厂	—	1000	500	—	—	—	—	—
日本商事	14000	1000	6000	4000	1000	—	—	—
（日本小计）	18024	12300	14500	12970	9550	97010	2500	1000
朝鲜兼二浦制铁所	15000	36000—51000	41000	—	97000	75000	—	80000
合计	33024	48300—63300	55500	12970	106550	84700	2500	81000

资料来源：［日］大仓财阀研究会编：《大仓财阀的研究》，近藤出版社，1982年，第467页（原表数据有误，核对后更正）。

至于合办时期公司生铁的销售情况，以1927年和1929年为例（表3-10），可以清晰地看到公司生铁产量的绝大部分销往日本本土、殖民地以及中国东北，而在中国内地销售的数量仅占极小比重。并且公司销往日本、中国台湾的生铁均由大仓矿业会社代销，大仓矿业会社从中抽成，这就意味着大仓通过销售渠道又在"合办"过程中谋取了巨大的额外利益。而大仓矿业会社往往采取赊销策略，导致资金无法及时回笼，给公司造成巨大财政困难，引起中方强烈抗议。

表3-10 1927年和1929年本溪湖煤铁公司生铁销售情况　　　　　　　（单位：吨）

地点 ＼ 数值 ＼ 年份（年）	1927	1929
东京、横滨	15310	18268
新潟	60	1070
名古屋、四日市	5420	9560
大阪	11170	10277
门司、下关	2500	2100
台湾	2030	1091
中国东北、朝鲜	12586	—
青岛、烟台、天津	3360	5880
东京、大阪（低磷铁）	—	8320
计	52436	56566

资料来源：［日］大仓财阀研究会编：《大仓财阀的研究》，近藤出版社，1982年，第491页。

综合以上煤铁产品的销售情况可以看出，表面上公司直接销往日本的煤炭数量并不多，但本溪湖煤是主焦煤，系炼铁的必需原料，因此大部分通过日本控制的炼铁厂用于冶炼生铁而被掠走。而生铁的绝大部分被运往日本也说明了这一点。显然，本溪湖煤铁公司已经完全沦为日本帝国主义的原料基地。

　　再来看公司盈利状况。

　　帝国主义在殖民地半殖民地国家开矿办厂的主要目的，除了掠夺原料之外就是要榨取高额利润，这正如列宁所指出的"从殖民地所取得的额外利润，是现代资本主义财力的最主要源泉"[①]。日本帝国主义在本溪湖煤铁公司的经济侵略当然也不例外。

　　1905年至1910年大仓独办煤矿期间，所获利润当然为大仓所独吞，其获利具体数字因缺乏资料已不可考。1911年本溪湖煤铁公司成立后，其经营几经沉浮，盈利状况自然也是几起几落。

　　如前文所述，公司成立初期只从事开采煤炭，由于成本高昂，又发生矿难，因此业绩并不佳，1911年至1915年度公司的利润率只有2%—3%（表3-11）。

　　1915年后，公司开始冶炼生铁，作为当时中国东北唯一拥有现代化制铁设备的工厂，又适逢第一次世界大战带来炼铁业的繁荣，使公司1916年至1919年的年利润率平均达30.8%，年利润率最高的1918年更是高达47.8%，大仓就此赚得盆满钵满。

　　第一次世界大战的结束，使得日本国内对钢铁的需求骤减，加之"满铁"经营的鞍山制铁所开始低价竞争，导致公司生铁销售不振，1922年甚至一度停产，而且煤炭开采条件逐渐恶化，不易获利，公司唯有靠向鞍山制铁所等供给焦煤来维持经营，因此公司在1920年至1925年度的年平均利润率只有7.3%，可以说面临严峻挑战。

　　针对此状况，本溪湖煤铁公司一方面设法改善内部管理，通过缩小公司经营组织、减少人事费用等方式尽力降低成本；一方面积极寻求外部援助。在日本政府协调下，公司获得了"满铁"定量购买其所产煤炭并给予运煤车运费折扣、当局制铁奖励费以及出口到日本、中国台湾和朝鲜时的关税冲退等多项补助。这些补助占20世纪20年代后半期公司总利润的14.8%左右，而到经济危机严重的20世纪30年代初，补助费在公司总利润中的比重甚至高达80%—90%[②]。这再次印证了本溪湖煤铁公司并非什么民营企业，而是协助"满铁"贯彻日本控制中国东北地下资源的准"国策公司"的本质。

---

　　① ［苏联］列宁：《论民族问题》，中央民族学院研究部，1954年，第480页。
　　② ［日］大仓财阀研究会编：《大仓财阀的研究》，近藤出版社，1982年，第507-508页。

其具体盈利情况，如表3-11所示，公司在中日"合办"20年间，尽管有几年营业状况不佳年终股息分配为零，但还是年年获利的。根据此表数据计算，20年间公司共获利润龙银1506万元，平均年利润率为13.1%，甚至超过"满铁"同期的11.5%[①]。由于公司资本大部分为大仓财阀投入，这些利润大部分也自然为大仓所攫取。

表3-11　1911—1930年本溪湖煤铁公司资本、利润、股息表　　　　　　（单位：龙银元）

年份（年）＼项目数值	实缴资本额	利润	利润率	股息	股息率
1911	2000000	70246.91	3.5%	0	0%
1912	(2600000)	108631.30	4.2%	60000	约2.3%
1913	3400000	195282.10	5.7%	120000	约3.5%
1914		194425.76	4.0%	143000	约2.9%
1915		157969.31	3.2%	121000	约2.5%
1916	5150000	896287.36	17.4%	432000	约8.4%
1917		1646097.55	32.0%	824000	16%
1918		2460857.40	47.8%	1236000	24%
1919	5430000	1413266.89	26.0%	543000	10%
1920	(5973000)	418355.73	7.0%	179190	3%
1921		228102.06	3.8%	0	0%
1922		272406.14	4.6%	0	0%
1923		516632.86	8.6%	296650	5%
1924	6271000	643633.90	10.3%	313550	5%
1925	6583000	637965.67	9.7%	329150	5%
1926	6911000	898277.55	13.0%	552880	8%

---

① 陈真、逄先和等编：《中国近代工业史资料》第2辑，三联书店，1958年，第847页。

续表

项目 数值 年份 (年)	实缴资本额	利润	利润率	股息	股息率
1927	7000000	996141.10	14.2%	560000	8%
1928		1156739.62	16.5%	560000	8%
1929		1327831.02	19.0%	700000	10%
1930		821980.46	11.7%	不明	不明

资料来源：［日］渡边渡等：《大仓财阀的研究（1）》，《东京经济大学会志》第94号，1976年1月，第83页。

四、公司控制权的争夺

兴办中外合资企业，是近代以来帝国主义对华资本输出、进行经济侵略的重要方式之一。凭借资本、技术和产业上的优势，帝国主义逐渐掌控了合资企业的实权，本溪湖煤铁公司中日合办的历史，就充分说明了这一点。

（一）掌握公司资本控制权

本溪湖煤矿合办之初，为防止其他列强染指利益，日方在合同中特别规定：今后公司添加股本或借债"不得借用中日两国以外之款"[1]，以保持对公司资本的控制权。本溪湖煤铁公司成立后，因兼营炼铁事业，规定增加资金北洋大龙元200万元，中日双方各100万元，而中国中央政府积贫积弱，奉天省政府财政更是捉襟见肘，根本无力承担这笔资金。是以大仓此时向中方提出增资要求，其实质是逼迫中方对外借债。不得已之下，由奉天都督赵尔巽出面，于1912年10月16日向大仓组借款100万日元，九五折，实得95万日元，年息7.5厘，期限2年，利息由"满铁"从每年向奉天省政府缴纳的抚顺矿产税和报效金内直接支付。

1914年2月10日，公司第三次股东会议决定再增资龙银元300万元。为

---

[1]《中日合办本溪湖煤铁合同》（1910年5月22日），载尹寿松编：《中日条约汇纂》，中华书局，1924年，第123页。

此，同年10月16日，由奉天巡按使张锡銮出面，再次向大仓组借款50万日元，再加上第一次借款尚未偿还，共计150万日元，九五折，年息8厘，期限1年。这笔借款因到期无法偿还，先后延期两次，直至1917年10月16日才还清。

两次借款均为决定增资后中方直接向大仓组借款，相当于大仓组对公司的保息投资，而且借款条件严格，年利率7.5厘和8厘，再加上折扣和每次延期要支付的折扣，实际上每年利率远高于8厘。而公司的股息是年利8厘，还要视当年经营状况而定，中方实际上从公司得不到股息，反而要支付额外的利息，是赔本的买卖；而日方则可以稳收股息和利息，坐享其利。虽然公司合办合同规定资本中日各半，但经此借款，从1912年至1917年这5年间，日方资本实际上已占资本总数的80%。还需特别指出的是：这两次借款是以本溪湖煤铁公司中国股票、出井税，抚顺煤矿矿产税、报效金以及安东采木公司全部中国股票为担保。届时中方不能偿还贷款，这两家"中日合办"企业的控制权就将完全落入大仓之手，充分暴露出日本帝国主义企图独霸这些企业的野心。

此外，大仓还以资金短缺为由，召开股东大会讨论发行债券事宜。与会的中方代表虽然面露难色，却丝毫不敢忤逆日方的意思。1916年第五次股东会议顺利通过日方提议，开始发行总额为200万日元的债券，年息8厘。这些债券自然而然也全部为大仓所购买，如此，大仓不仅能够享有每年8厘的红利，更是顺势将公司资本控制权牢牢掌握在自己手中。

（二）减免税金和报效金的斗争

大仓财阀不仅牢牢控制了公司资本大权，而且不断侵犯中国权益，攫取更多的利益，请减税金和报效金的活动就是实例。

请减税金的活动始于1915年1月8日公司的第四次股东会议。在此次会上，大仓喜八郎提出：为了使公司煤铁产品畅销海外，由大仓向"满铁"方面交涉将煤炭运费由每吨每英里日金1分8厘减为8厘；同时要求中国股东和督办向中国政府申请将每吨生铁出口关税银1两2钱6分的税额减半。时任中国股东代表的奉天省政务厅长史纪常表示："关税系属中央执掌，需向中央请求。"[1]大仓请减关税的要求未能得逞。

---

[1]《商办本溪湖煤铁公司第五次股东会议记录》，JC010-01-001990，辽宁省档案馆藏。

　　此前，北洋政府于1914年3月颁定《矿业条例》，规定煤铁类的出井税仅为出产地平均市价的15‰，而根据合办合同，公司生产的煤铁每吨须纳出井税（即矿产税）库平银1钱，约合大洋1角4分，两相比较，几乎多出一倍。大仓自然不甘，乃于1916年7月通过公司中方总办王宰善向北京农商部呈文，以试探北洋政府对减低出井税的态度。

　　此呈文的主要内容有二：一是按照《矿业条例》，矿业税率系从价税，合同所订乃从量税，究竟该条"矿质"二字作何解释及有无一定范围？二是按照惯例，煤炭产量系以剔除石块后以净煤报税，铁矿石质太多，自明年起，拟以铁选机选出精矿后报税。虽均未正面提请减税，但前者意图从法律上、后者期望从事实上减低出井税的企图却明白无疑。

　　对王宰善的呈文，农商部当即根据合办合同和《矿业条例》加以核驳。对前者，农商部认为该合同系在《矿业条例》施行前签订，不得援引条例纳税；对后者，则依照合同附加条款认定所指乃是粗矿，不得于提选后再行报税。大仓减免出井税的试探没有成功。

　　大仓于是改变策略，利用1917年2月公司第六次股东会议之机，借口"满铁"已将运费减至8厘，要求中国政府将出井税或将公司自用煤出井税全部免除，意图造成既成事实，逼迫中国政府就范。

　　对此，北洋政府农商部给予严正驳斥：

　　第一，合同并无免除公司自用煤出井税的规定。

　　第二，公司第二座高炉投产后每天能炼生铁300吨，每天需煤约600吨，每年约20万吨，若全部免除，岂不免去出井税的大部？也就是说公司营业越发达，而中国政府收入反而越减少，断无此种办法。

　　第三，过去"满铁"运费每吨每英里达日金2分，本属太高，理应减少，减至8厘并不能认为最低，尤不能作为减免出井税的交换条件。

　　对于北洋政府的据理力争，大仓也颇感无奈，请免出井税的活动遂告失败。

　　大仓减免出井税的图谋虽然失败，但是减免报效金的活动却获得成功。

　　所谓"报效金"，即按照合办合同第四款的规定，公司挖掘中国境内的煤铁矿藏，需将每年纯利润的25%"报效"中国中央政府，若不上缴此费用，则无权进行开采。大仓早就对此项利润流向中方耿耿于怀，是以从合办之初就预谋废除此项条款，为此他大肆拉拢中国官僚、军阀，使其必要时支持自己。

1916年2月18日，公司召开第五次股东会议。日本股东代表大仓喜七郎提议在公司利润中按一定比例提取资金，作为公司总办和各职员的慰劳金，其具体数额为：公司督办为1%；中日两位总办为1.5%；各级职员为2%。此举不仅使公司上下皆大欢喜，更是讨好了中央政府所派督办——外交部特派奉天交涉员马廷亮。因为按照规定，督办不在公司办公，本不在公司"分红"之列。起初，马廷亮假意推辞，但大仓喜七郎坚持说："自后公司事业请督办格外尽力竭意保护，则股东等受益匪浅，此次慰劳请督办勿再推辞。"[1]大仓一席话，赤裸裸地暴露出其真正意图，而马廷亮也心领神会，欣然接受了这2000多元的慰劳金。

大仓的感情"投资"很快获得了回报。1917年2月5日，大仓喜七郎在第六次股东会议上发言，声称"报效金系外国人在贵国无矿业权时代，贵国政府又许其矿业权时，欲酬报中国政府，故有此报效金。现时势不同，贵国政府已允许外国人矿业权，似不应再收报效金"[2]，要求中方代表一并向中国中央政府施压，废除报效金制度。此外，日方总办岛冈亮太郎提出应从纯利中提取40万元充作固定资产折旧费。1916年公司所获纯利不过40余万元，如果按照岛冈的方案，那中方所得利润和报效金将微乎其微，因而遭到中国股东代表——奉天省财政厅厅长王树翰的反对。中方坚持要求日方按照合同规定向中国中央政府上缴报效金。大仓喜七郎则认为折旧费是客观事实，拒不履行合同，会议就此陷入僵局。就在这时，此前无功受禄的马廷亮跳了出来，提出一个"折中"方案。他一面假意"安抚"大仓，请求将合同中原本不存在的固定资产折旧费由40万元减至255384.65元；一面呵斥中方人员，要以"合办"大局为重，减低报效金数额，由此前的104702.53元降至41411.29元。在马廷亮的威逼利诱下，该"折中"方案获得中日双方股东的一致通过。作为中国中央政府的代表，马廷亮此举使中方损失高达6.3万余元，却令日方大获其利，如此"尽力竭意"地督办，确实没有辜负大仓的"厚望"！

马廷亮将此方案上报北洋政府，理所当然遭到批驳。农商部的批复

① 《商办本溪湖煤铁公司第五次股东会议记录》，JC010-01-001990，辽宁省档案馆藏。
② 《商办本溪湖煤铁公司第六次股东会议记录》，JC010-01-001991，辽宁省档案馆藏。

指出：

（一）合同中无所谓"固定资本消却金"（即固定资产折旧费）的项目。

（二）报效比率，载在合同，属于国家权利，股东会议，无权增减。

（三）即使有设立"固定资本消却金"之必要，亦应在股东利益项下提补，不得削减国家报效金。

中央政府的批复有理有据，令马廷亮和日方无言以对。随后，大仓开始拉拢东北地区的实际控制者张作霖向中央政府施压。后者为了与日本进行更广泛的"合作"，于同年5月在给农商部的咨文中称"公司报效难于补缴"。农商部虽仍坚持"遵照前案办理"，但从此中国中央政府就再未收到来自公司的报效金。

大仓减免报效金取得初步胜利，于是在1918年的第七次股东会议上如法炮制，一面从公司红利中提取35万元的固定资产折旧费，一面将中国股东代表主张的报效金281463.52元减至193963.52元。同时大仓在会上妄称报效金为"非常恶税"，要求中国政府"立即取消"。农商部对此当然不能核准，公文往返，直至1919年4月，才依张作霖的主张结案。张作霖的主张可归纳为两点：

第一，他认为大仓既坚持必须扣除固定资产折旧费后方为真正红利，"如不稍予通融，必复提全部变更合同之议，益形窒碍"，最好息事宁人。

第二，他认为报效金虽有减少，但华股红利却可增多，无异楚弓楚得。

这里所谓的"华股"，实际上就是奉天省政府的股份，也就是张作霖的股份，所以说华股红利增加，实际上就是张作霖的收入增加。当然日本股东也和张作霖一样从"红利增加"中捞到了好处，而吃亏的只有中国中央政府。不过当时农商部也对张作霖所谓日本人"必复提全部变更合同之议"有所顾虑，因而完全接受了张作霖的主张，只是表明"本案为合同之解释，而非合同的变更；自后如关变更合同，务应严予拒绝"而已[1]。终于目的达成的大仓却并未就此罢手，他有意羞辱中国政府，不厌其烦地向中国中央政府"申请"减免已经不存在的报效金，公文往来，历时长达10年！1928年后，中国政府终于"批准"彻底废除报效金，大仓获得了最后

---

[1]　徐梗生：《中外合办煤铁矿业史话》，商务印书馆，1947年，第222-223页。

的胜利。

（三）公司经营权的博弈

本溪湖煤铁公司成立后，制定了较为完备的规章制度，对公司机构设置、人事管理、组织决策等进行了明确规范。根据合办合同和公司总则的规定，公司最高决策组织是中日双方股东会议，其成员"以中日两国为限"。中国方面的股东是官股，即奉天省政府。1916年张作霖主政东北后，公司的中方股东即为以张作霖、张学良父子为代表的奉系军阀集团。日本方面的股东则是大仓喜八郎、大仓喜七郎父子为代表的大仓财阀。

股东会议分定期会议和临时会议两种。定期会议一年召开一次，定于每年正月内在公司开会，主要讨论上年度公司营业情况及账目、本年应付股息、红利、拟派花红和公积金数目；本年营业预算案和扩张业务预算书等公司日常重大事项。临时会议是应股东或公司总办的要求而随时召开的会议，主要讨论决定公司营业中所遇到的中日两总办不能解决的重大事项。自公司合办始至九一八事变止，共举行股东会议19次。

公司内负责日常管理的最高职务是总办。按照合同和总则细章规定，总办一职由两人担任，中日双方各派一人。其职权是"管理公司一切事务，且监视黜陟一切人员"。总办之下，设理事一职，亦由中日各出一名，其任务是协助总办工作，为总办出谋献策，并"受总办之命令执行公司事务"。理事之下，另设部、科。部长、科长人数不定；科长之外，还分为主事、技师、事务员、技手和雇员五等，基本按照中日双方数量对等原则委任。此外，中方另设督办一职，由奉天交涉司长官兼任，"以监督公司经营事务"①。但督办不在公司办公，一般情况仅出席股东会议。

上述双重管理人员的制度设计，其意图在于避免日方对公司管理中的完全控制，但相应地，也会使中方的工作受到日方牵制。这种中外制衡的关系俗称"华洋钳"，对维护中方权益有一定作用，但管理上的弊端也显而易见：一方面，同一工作安排中日两国人员，造成岗位设置叠床架屋，增加了人工成本；另一方面，中日两国人员的文化习俗差异，又导致沟通上的障碍，降低了工作效率。而且在实际运行中，"华洋钳"也并没有真正阻止日方对公司经营的全面把持。中国虽占着"法"的平等地位，日本却有

---

① 刘万东：《本溪湖煤铁史略》，东北师范大学出版社，2013年，第230页。

"人"的优势地位，其表现在：

根据合同规定，公司职员中日双方"平均委派"，但事实上由于中国缺乏合格技术人员，致使日方职员经常比中方多一至二倍，如据1915年调查，公司职员共计200人，其中中方占三分之一，日方占三分之二①。

根据合同，"该矿各项新旧工程，以及支付款项，须由两总办商妥签字后方可举行，并须随时报告督办"。而事实上则事事由日方总办独断专行，仅在付款时做做样子，通知一下华总办，对督办则不仅谈不上请示，事务报告也仅每年送达一次。

合同规定，公司公文和账册须用中、日两国文字缮写，"俾两总办易于阅核"。而事实上仅以日文为准，也多不送达中方总办②。

日方利用中方总办缺乏矿山管理经验，"每以营业部所辖各事为操矿山主要机关"，将中方职员多安排于此，而将矿业部等重要生产技术部门"全令日人任之"，致使公司技术大权完全由日方掌控③。

此外，日本还把持采购大权，上至机械设备、大宗原料，下到糨糊、纸张等办公用品，均优先选购日本货，尤其是大仓组各企业的产品，如对闻名中外、价格低廉的中国唐山马牌洋灰弃之不理，却选购质次价高的日本小野牌洋灰；执意选购日资安东火药厂生产的火药、雷管、导火线等产品，而拒购奉天兵工厂的优质产品，使得这些利润落入日本资本家特别是大仓财阀之手，而令中方蒙受了不应有的损失④。

造成上述现象的原因：

首先是中国政局动荡，各方政治势力你方唱罢我登场，致使中方督办、总办更替频繁。中日合办21年间，中方共计更换9次10任总办，特别是最初5年，日方总办"并未更易一人"，中方总办"则更易七次"⑤，长者不过一年，短则只有几月，即便意图有所作为，然未及熟悉公司状况即被调走，素有"五日京兆"之谓。似这般走马灯式地更换管理者简直如同儿

---

① 《专件：奉天本溪湖煤铁公司》（民国四年二月调查），载《中国实业杂志》1915年第5期。
② 徐梗生：《中外合办煤铁矿业史话》，商务印书馆，1947年，第225页。
③ 李建德编辑；刘谦、耿步蟾校订：《中国矿业调查记》，共和印刷公司，1913年，第113页。
④ 王一清：《本溪湖煤铁公司二十年》，载中国人民政治协商会议辽宁省暨沈阳市委员会文史资料研究委员会编：《文史资料选辑》第2辑，辽宁人民出版社，1963年，第75—76页。
⑤ 台湾"中央研究院"近代史研究所编：《中日关系史料：路矿交涉》，"中央研究院"近代史研究所，1976年，第126页。

戏，岂是办企业之理？

其次是这些中方管理者，或是旧官僚，或系军阀的私交、门客，他们大多不懂企业管理，不懂外文，缺乏科学常识，缺乏办事能力，唯知拉帮结伙，贪图个人私利，不问矿务兴衰。日本人也摸透了这些人的脾性，投其所好，结果获得极大的利益。最典型的就是前述第五任中方总办赵臣翼以及第七任中方总办谈国桢。

谈国桢，字饱帆，又字暂堪，镶白旗汉军，奉天承德县（1913年改称沈阳县）人，光绪二十一年（1895）进士，曾任翰林院庶吉士、黑龙江度支使兼管屯垦、东边道尹等职。此人是著名文学家和书法家，在任期间，每日唯吟诗习字，对公司事务甚少过问，加之体弱多病，常年住在沈阳家中，公司生产经营大权悉操之于日本人之手。谈在任10年，在历任中方总办中时间最久，一切事务唯任日本人裁决，致使中方利权丧失殆尽，公司所发生的重大事故、日方露骨的侵略行径，亦多发生在其任职期间，其尸位素餐，颟顸无能，难辞其咎。

第三是由于军阀混战，国家事实上处于分裂状态，而日本也正是借助这一点，拉拢扶持地方实力派，干扰对抗中央政府对公司的正常管理。如1914年民国农商部曾拟任命技术人员为中方总办代替赵臣翼，因遭到大仓和日本外务省强烈反对而作罢。再如前述大仓请减报效金的成功，正是利用了张作霖急于寻求日本支持和自肥的心理。这也致使国家对企业的管理有名无实，在中央政府所存公司卷宗中从未发现过奉天省缴解矿税的公文，1918年后甚至连普通公文对中央也懒得送了[1]。

当然，日本对公司的把持，毕竟是法外的把持，缺乏法理的依据。中方历届总办中的爱国人士就常常利用法规同日方展开博弈。

---

① 徐梗生：《中外合办煤铁矿业史话》，商务印书馆，1947年，第225页。

前总办　吴鼎昌　　　前总办　巢凤岗　　　前总办　张　书

前总办　王宰善　　前总办　赵臣翼（故）　前总办　葆　真（故）　前总办　管凤龢

　　第一任总办巢凤冈，字季仙，江苏武进县（今属常州市）人，历任法库抚民同知、奉天国税厅厅长、东三省官银号督办等职[1]。在中日关于本溪湖煤矿的交涉中，曾为中方首席代表。因熟悉情况，中日达成合办协议后出任中方总办。巢凤冈办事干练，雷厉风行，不惧日方恫吓、威胁，限制日方非法越界开采，维护中国主权，日人对其颇为畏惧，在任不满一年乃去职。

　　第六任总办王宰善，字荃士，江苏嘉定县（今上海嘉定区）人，日本东京高等工业学校毕业，光绪三十一年（1905年）奖赐举人[2]，曾任河南新乡知县[3]。王宰善精通日语和企业管理，是历任中方总办中最为出色的一位。他到任后，发现中方技术薄弱，乃向日方据理力争，补任中国籍工程技术人员30余人，皆系国内外高等专科学校出身，从而加强了中方在公司的话语权。他还与日方总办岛冈亮太郎交涉，革除公司开办以来只六七折纳税的积弊，改为十足缴纳，维护了中方利权，大仓喜八郎认为岛冈不是

---

① 张维骧编纂：《清代毗陵名人小传稿》卷十，常州旅沪同乡会，1944年，第27页。
② 范锺湘等修，金念祖等纂：《嘉定县续志》卷十科贡表，1930年印本。
③ 韩邦孚等修，田芸生纂：《新乡县续志》卷十职官志，1923年印本。

其对手，乃以岩濑德藏易之。令人遗憾的是，1916年3月袁世凯取消帝制旋即病死，张作霖趁势驱逐督理奉天军务兼巡按使段芝贵，独掌奉天大权，因王宰善是段之亲信，也随之去职。

第八和第十任总办李友兰，字香斋，奉天法库人。原系奉天省议会副议长，1927年由鸭绿江采木公司理事长转任斯职。李友兰为人精明干练，勇于任事。在任期间，整顿中方人事，撤换不称职员工，与日方交涉也是分毫必争，绝不退让，为中方夺回了一些权益。

第九任总办周大文，字华章，江苏无锡人。他是张学良亲信，1928年由东北电政监督转任煤铁公司总办。其人不懂企业管理，年轻贪图享乐，经常流连沈阳、哈尔滨等大城市，对公司事务疏于管理，常为时人所诟病。然而他也并非全无心肝，1927年，中日双方第十六次股东会议决定拟请增加矿区，周大文上书奉天省长，条陈利弊，力阻增区，主张自筹开辟，以启宝藏，而兴实业，"此举尤与此后收回矿权有百害而无一利。"1928年9月，周大文为收回本溪湖煤铁公司再次上书条陈，指出：奉省现有煤铁矿已经采办者，以此矿为最，而且不过十二年合同即满。为发达实业计，为保全主权计，以如期收回为最上之策，故收回各事项，应预作准备。为此，应筹集款项，以期赎回，培养中方冶金、采矿专门人才，还要对矿区扩展、铁路运输等问题详加考虑[1]，此项建议虽因周的调任未予施行，但也足见其一片爱国之心。

事实上作为中方股东代表的张作霖父子，也并不甘心完全受日本挟持，亦寻机运用政府公权力对公司进行管理。最典型的事例是1928年公司要求增展矿区，奉天省公署派人查勘，发现该公司大量越界采煤，遂不办理增区一事，并于1931年初判定越界采煤量为21.7万余吨，合现洋1557712元，处以罚金550元。农矿厅驳回日方提出的分期交煤抵偿的请求，指令该公司于5月25日前缴齐罚金和使用官地价银66630余两，7月15日以前缴清越界采煤所值金额。至九一八事变前，该公司向农矿厅缴纳罚款22万元。同时，农矿厅还追查该公司较原合同少纳煤税一事，省参议提议增收税

---

① 周大文：《关于本溪湖煤铁公司请求扩充矿区的意见书》，JC010-01-033513，辽宁省档案馆藏。

款①。

但不可否认的是，尽管中国政府和公司管理者作出了种种努力，力图挽回利权，却依然难以阻止本溪湖煤铁公司各项权利逐渐为日本把持这一事实。至九一八事变前，公司的"合办"已处于一种名存实亡的状态，与日本资本家独办差不多。所不同的是，奉天省的官僚、军阀从日本资本家榨取中国工人的超额利润中分得一杯残羹罢了。

尽管如此，作为近代东北创立的首家中日合资企业，本溪湖煤铁公司20年的创立与发展，依然有其进步意义。

首先，本溪湖煤铁公司的创立与发展，有利于打破本溪地区封闭的自然经济状态，促进社会发育，对推动本溪地区由传统农业社会向近代工业社会转型具有重要意义。

其次，本溪湖煤铁公司的创立与发展，有利于引进西方先进设备、技术和新型管理机制，培养了近代东北第一代产业工人和管理人员。

特别值得一提的是，由于近代中国积贫积弱，不仅工业人才匮乏，更缺乏工业人才施展才华的空间。而本溪湖煤铁公司的创立和发展，在客观上为中国工业人才的实践提供了平台，涌现出近代中国最早的一批工程师，顾琅和王正黼正是其中的杰出代表。

顾琅，原名芮体乾，后改名顾琅，字石臣，号硕臣，江苏江宁县（今南京市江宁区）人，南京矿路学堂毕业后负笈日本，就读东京帝国大学矿务科，回国后任天津直隶高等工业学堂教务长，1912年，顾琅受巢凤冈之邀担任本溪湖煤铁公司采炭部长兼制铁部长，筹建公司炼铁厂，以其丰富学识和管理才能令日方工程人员刮目相看。利用工作之便，顾琅对公司所属煤矿、铁矿进行调查，对公司生产建设等情况进行了详细记录，后收录于《中国十大矿厂调查记》一书，成为研究本溪湖煤铁公司的第一手宝贵资料；其与鲁迅合著的《中国矿产志》，是中国最早用近代科学理论研究地质学的著作，在中国科技史上占有一席之地。

王正黼，字子文，号儒冠，浙江奉化县（今宁波市奉化区）人，先后就读于北洋大学、美国哥伦比亚大学，获采矿冶金科硕士学位。1916年，王正黼受王宰善邀请担任本溪湖煤铁公司总工程师兼制铁部长，大力培育

① 孔经纬、傅笑枫：《奉系军阀官僚资本》，吉林大学出版社，1989年，第48-49页。

中方科技力量，延聘陈载虞、邹慰高分任制铁和矿科主任。1919年发起成立中国矿学会，任会长①。1921年后历任东北矿务局总办等职，创建、改扩建阜新、八道壕、西安、复州湾等煤矿，兴建八道壕发电厂，创建了本溪湖林场、大石桥滑石矿、五湖嘴砖厂、瓷窑等一系列工矿企业，堪称中国近代矿业工程的先驱。

此外，还有邝荣光②、严恩棫③、卢景贵④、靳树梁⑤……正是这一经由本溪湖煤铁公司锻炼的工程师群体，如星星之火洒遍中华大地，为推动整个中国的工业化进程和社会转型，发挥了积极作用。

第三节　工人阶级的形成与斗争

一、本溪工人阶级的形成

中国工人阶级是中国革命的领导阶级，是新生产力的代表，它伴随着帝国主义的入侵和中国民族资本主义的发展而成长壮大。本溪工人阶级的形成与全国工人阶级一样，经历了一个比较漫长的发展过程。19世纪末叶，随着本溪采煤和冶铁业的发展，出现了最初的工人群体。至1905年左右，本溪已有采煤、炼铁企业20余家，工人近千人。这些工人大多是来自农村贫苦无地的农民和城市破产的手工业者及城市贫民，他们构成了本溪工人阶级队伍的雏形。

---

① 《中国矿学会成立会》，载《大公报》，1919年4月14日。
② 邝荣光，广东台山人，早年留学美国，是中国最早的一批矿冶工程师。历任开平煤矿工程师、临城煤矿总工程师等职。1909年受命勘查本溪湖煤矿，为中国争回利权。其绘制的《直隶省地质图》《直隶省矿产图》填补了中国矿业史的一项空白。
③ 严恩棫，上海人，毕业于日本东京帝国大学矿冶工程系。1915年在本溪湖煤铁公司炼铁厂实习。后历任汉阳铁厂炼铁股股长、副厂长，资源委员会中央钢铁厂筹备委员会委员，云南钢铁厂厂长等职务，是中国钢铁冶金界先驱。
④ 卢景贵，辽宁沈阳人，毕业于美国伊利诺伊大学。历任本溪湖煤铁公司技师、津浦铁路机器师、交通部胶济路评价委员会委员、四洮铁路局局长、四洮路督办、洮昂铁路工程局局长、东北交通委员会路政处主任委员及总务处主任委员等职，著有《东北铁路网之计划》《东北路电述要》等著作。
⑤ 靳树梁，河北徐水人，毕业于北洋大学采冶系。历任云南钢铁厂工程师、威远铁厂厂长、本溪钢铁公司总工程师、东北工学院院长等职，著有《小型炼铁炉之设计》《现代冶铁学》等著作。

日俄战争之后，由于日本帝国主义的经济入侵，本溪农村的自然经济遭到严重破坏，失去土地的农民不断增多，城市的手工业者也相继破产。为了生存，这些失去土地的农民和破产的手工业者只好到矿山出卖劳动力，成为产业工人。此后，日本财阀为扩大生产，对劳动力的需求量不断增大，便唆使把头以欺骗等手段到山东、河北、河南等地招收工人。据1915年《本溪矿业调查》统计，本溪工人阶级队伍已发展至5126人[1]。1930年初，本溪湖煤铁公司拥有产业工人8624人[2]，加上地方小型煤矿、加工制造业和手工作坊中的工人，整个本溪地区的产业工人已超过万人。

本溪工人阶级自诞生之日起就深受帝国主义、封建主义、官僚资本主义的三重压迫，特别是受到日本帝国主义的残酷压迫和剥削。日本大仓财阀在控制本溪湖煤铁公司期间，勾结地方封建势力对本溪煤铁工人进行了极其残酷的剥削和压迫，工人工资之低、劳动时间之长、劳动条件之恶劣、生活境况之悲惨为世界各国工人中罕见。

日本帝国主义在中国开设工矿企业的目的，就是要利用中国廉价的劳动力和丰富的资源，剥削和榨取中国工人的剩余价值。《满洲开发四十年史》就直言不讳地写道："对法律上处于无权状态和奴隶性工厂中劳动的殖民地工人来说，只有肉体的物理损伤才是他们被掠夺的极限，因此，甚至保证其动物性的最低生活水平，只不过在极少数的场合才不得不加以考虑。这样才使日本在满洲经营重工业和向日本廉价供应煤铁的殖民地统治目的得以实现。"[3]

当时，本溪湖煤铁公司实行上厚下薄的工资制度，各级员工工资水平相差悬殊，具有典型的资本主义制度的剥削特点。合办期间，公司总办的年薪最初是龙银5000元，1916年增至7500元，后来又增至1万元。再加上每年分得的红利，年收入可达数万元，相当于几百名劳工一年的收入。一级职员的月薪为200至500元，每年还可获得相当于年薪一倍的慰劳金，也相当于几十名工人一年的收入。这些人待遇优厚，饫甘餍肥，而身处最底层的中国工人平均日工资却只有奉小洋0.7元左右，劳累终年，不得温饱。

① 本溪市地方志编纂办公室编：《本溪市志》第1卷，新华出版社，1991年，第511页。
② ［日］大仓财阀研究会编：《大仓财阀的研究》，近藤出版社，1982年，第535页。
③ ［日］满史会编：《满洲开发四十年史》上卷，《东北十四年沦陷史》辽宁编写组译，1987年，第64页。

表3-12是对1921年1月本溪湖煤铁公司各类工人工资状况的统计，从中可以看出，即便相同岗位，日本工人的工资也是中国工人的2至3倍。当时中国工人常说"黑爪子挣钱，给白爪子花"，充分体现了这一工资制度的极端不合理以及广大工人的不满。

表3-12　1921年1月本溪湖煤铁公司中日工人工资情况

科别类别	国　籍	工人数（人）	每日工资	
			低价（元）	高价（元）
坑务科	中国工人	3484	0.78	0.78
	日本工人	3	1.64	1.65
制材科	中国工人	257	0.59	0.60
	日本工人	6	1.94	1.94
熔矿科	中国工人	130	0.90	0.92
	日本工人	11	2.12	2.15
原料科	中国工人	115	0.66	0.66
	日本工人	4	2.16	2.16
采矿科	中国工人	836	0.81	0.82
	日本工人	14	2.37	2.38
机械科	中国工人	427	0.84	0.85
	日本工人	55	2.69	2.69
修筑科	中国工人	94	0.83	0.84
	日本工人	6	2.47	2.50
贩卖科	中国工人	2	0.62	0.63
	日本工人	—	1.19	1.20
庶务科	中国工人	85	0.62	0.63
	日本工人	—	1.19	1.2

科别 类别	国　籍	工人数（人）	每日工资	
			低价（元）	高价（元）
总　计	中国工人	5430	0.736	0.745
	日本工人	99	2.072	2.083
备考：按公司章程，各项工资，均以小洋计算。				

资料来源：虞和寅编著：《奉天本溪湖煤铁公司报告》，农商部矿政司，1926年，第78—79页。

　　日本帝国主义还利用封建把头对中国工人进行盘剥和压迫。封建把头制是本溪湖煤铁公司"以华治华"的主要劳动制度。利用封建把头，不仅便于招募和管理劳工，而且公司当局不必支付管理费用就可以攫取更大利润。把头招募来的工人，其人事关系不属于公司，占公司工人大多数的基本劳动力——采煤夫（采煤工）、掘进夫（掘进工）和采矿夫（铁矿采掘工人）均属此类。他们的工资实行计件包工制，公司不支付把头工资，大把头从所属工人工资中抽取9%的"手续费"，还可按规定支给赏金[1]。各级把头为多获取利益，不仅极力加重工人的劳动，还在经济上对工人进行敲骨吸髓的盘剥。他们在工人居住地周围开设商铺，以高于市场数倍的价格强行向手中无钱的工人赊销生活日用品和劳动用品，月末再由工人工资中扣除。如果工人稍有余钱，把头便在工人宿舍包娼贩毒、设赌抽头，用各种方法榨取工人的血汗钱。

　　在日本资本家和封建把头的双重剥削下，中国工人过着牛马不如的生活。他们吃的是玉米面和高粱米，质量低劣，价格奇昂，每月缴纳的伙食费占了工资的绝大部分；住的是简陋的宿舍（俗称"大房子"），不足10米长的床铺要睡30多人，拥挤不堪，夏如蒸笼，闷热臭秽，冬似冰窖，四壁结霜，甚至还有工人风餐露宿，住在不避寒暑的草棚窝铺里，"衣不蔽体，倒地而卧，面目黝黑，仅露白齿，狰狞可畏"[2]。

---

[1] 解学诗主编：《满铁史资料》第4卷煤铁篇第4分册，中华书局，1987年，第1279页。
[2]《奉天矿务局孙海环调查本溪湖等处矿产日记》，载《新闻报》，1907年2月22日。

经过上述层层盘剥和压榨，绝大多数工人都欠下了公司和把头的债。根据1924年的一次统计（表3-13），在28名工人中竟有26人欠公司的债，最多达132元，相当于1个工人7个月的工资，由此可见工人被压榨、盘剥到何种程度。

表3-13　1928年工人欠债清单　　　　　　　　　　　　　（单位：元）

姓名	欠款金额	姓名	欠款金额	姓名	欠款金额	姓名	欠款金额
王凤鸣	37.58	贾 义	11.00	贾芳义	39.77	郑兴茂	34.07
王昌寿	31.86	王永福	15.30	贾国义	62.94	韩茂兴	26.81
栗明珠	19.37	高仰忠	23.44	石应诏	27.53	张道德	28.30
李新华	2.87	张振岭	9.57	李召泰	35.82	袁恩延	21.15
阎德贵	0.20	程德明	16.87	刘先端	27.27	朱庆成	29.00
李兴增	18.51	张 俊	9.83	吴连忠		孟宪呈	28.16
王 朋	21.43	李春林	21.20	张永才		王长茂	132.00
合　计				739.91			

资料来源：本溪县公署档JC047-01-001839，辽宁省档案馆藏。

工人的劳动时长惊人。当时全世界各资本主义国家早已实行8小时工作制，而庙儿沟铁矿的工作时长是11个小时，是同期东北所有铁矿中工作时间最长的。本溪湖煤矿采取两班作业制，白班10个小时，夜班竟长达14个小时。劳动条件更是恶劣。矿工每天都在顶板破碎、水深过膝的环境下劳作，在漆黑的矿洞里一镐一镐地刨煤，通风不足使工人连气都喘不上来，还得把刨下来的煤装到麻袋或筐子里，一手持灯，一手扶地，在高不盈尺的窑洞里匍匐蛇行，一筐一袋地将煤运上去。

封建把头的无情盘剥、恶劣的生活与劳动条件以及超负荷的劳动强度，使本溪工人伤病不断。加之公司日本当局只关心利润多寡，安全工作乏人问津，亦缺少必要的防护设备，致使生产事故频发，许多工人因伤致残或被夺去生命。1919年3月2日、11日，本溪湖煤矿井下接连两次发生火灾。2日的火灾中死亡中国矿工23人；11日的火灾由于公司日本当局为保住矿山封闭了坑口，致使218名中国矿工惨死井下，从而酿成了合办时期最为惨重的一起事故。1912年至1924年，本溪湖煤铁公司生产事故共造成26897名矿工伤亡，其中死亡853人（表3-14），按照当时工人总数5529人（1921年1月数据）估

矿工在恶劣环境下采掘铁矿石

算，年均伤亡率374.21‰，死亡率11.87‰，也即是说，在正常年份每5名工人就有2人受伤，每1000名工人就有12人死亡。这一数值不仅远远高于同期美国3.26‰、日本3.17‰的矿工死亡率，也高于国内抚顺煤矿5.25‰的矿工死亡率，和保晋煤矿12.01‰的矿工伤亡率不相上下（表3-15）。如果比较每百万吨产煤矿工死亡人数的话，则更加令人触目惊心。据澳大利亚学者蒂姆·赖特统计，当时法、德、美、日等资本主义强国每生产100万吨煤炭矿工死亡人数分别为0.99人、1.14人、4.80人和21.18人，而同期本溪湖煤矿的死亡人数是212.14人，分别高出法、德、美、日等国214倍、186倍、44倍和10倍，即使相较国内井陉、保晋等煤矿也有2至8倍的差距。频繁的矿难，使奉系军阀政府都不得不加以关注。1931年5月7日，辽宁省农矿厅向本溪县发来训令，进行问责："近据本溪县迭次呈报：本溪煤矿工人在矿工作，洞内天板时常坠落，以致矿工被压身死，勘验案件月必数起。""经营矿业者对于工人应负切实保护之责，似此伤毙矿工事件叠起环生，当时虽属出于不测，然若于事先加意预防，何至屡罹巨害？"[1]由此可见，日本帝国主义对本溪工人的压榨到了何等残酷的程度！

---

[1]《辽宁省农矿厅为饬就近转知境内各矿对于矿业保安事项务须格外注意事给本溪县政府的训令》（1931年5月7日），本溪县公署档JC047-01-001854，辽宁省档案馆藏。

表3-14 本溪湖煤铁公司伤亡人数统计表

年度(年)\数值	死亡	负伤	合计	年度(年)\数值	死亡	负伤	合计
1912	40	976	1016	1919	261	2400	2661
1913	42	1457	1499	1920	56	2066	2122
1914	49	1414	1463	1921	44	1710	1754
1915	50	1701	1751	1922	42	1560	1602
1916	48	2027	2075	1923	53	3242	3295
1917	40	2001	2041	1924	82	3365	3447
1918	46	2125	2171	总计	853	26044	26897

资料来源：闵传经：《煤矿之灾变》，载东北矿学会编辑部编：《东北矿学会报》1929年第1卷第4期。

表3-15 本溪湖与国内外煤矿工人死亡率比较

国别/煤矿名		时期	每百万吨产量死亡人数	每千工人死亡人数
国际	法国	1922-1934	0.99	—
	德国	1922-1935	1.14	—
	美国	1910-1921	4.80	3.26
	日本	1899-1930	21.18	3.17
国内	井陉	1922-1933	25.70	—
	抚顺	1907-1919	69.21	5.35
	保晋	1918-1922	89.82	12.01
	本溪湖	1913-1923	212.14	—

资料来源：〔澳〕蒂姆·赖特：《中国经济和社会中的煤矿业 1895-1937》，丁长清译，东方出版社，1991年，第231-232页。

从上述史实可以看到，日本帝国主义掠夺本溪煤铁资源和攫取丰厚利润是建立在本溪工人累累白骨之上的。当时在工人中流传着这样一段顺口溜："吃着橡面窝窝头，披着破布麻袋头，铺块破席头，枕块破砖头，每天干活不见日头，四面石头夹个活肉球，死了扔到郊外地里头，成群野狗啃骨头。"[①]这凄惨的情形正是当时本溪煤铁工人苦难生活的真实写照。

哪里有压迫，哪里就有反抗。本溪工人阶级自诞生之日起，就不断掀起反对剥削和压迫的斗争。但是，同全国工人阶级一样，本溪工人阶级的早期斗争尚处在自发阶段，他们不了解自身受剥削、受压迫的根源，不知道怎样为本阶级的彻底解放而斗争，大多采取经济斗争手段；他们仇恨日本监工和封建把头，却没有明确的斗争目标和强有力的斗争手段，往往采取消极怠工、破坏机器设备、逃跑等斗争方式。此外，罢工已成为本溪工人采取的主要反抗方式之一。1905年至1919年，本溪工人阶级的罢工斗争有13次，虽然这些罢工斗争是自发的、凌乱的、要求是有限的，成功率极低，但已显示出本溪工人阶级反帝反封建的坚强意志和巨大力量。铁一般的事实表明，无产阶级要完成自己的历史使命，由自在阶级变为自为阶级，需要马克思主义的革命理论来指导，需要一个本阶级的革命政党来领导。

二、马克思主义的传播与工人运动大发展

1919年5月4日，北京爆发了反对帝国主义列强在巴黎和会上损害中国主权、反对北洋政府卖国政策的大规模青年学生爱国运动，史称"五四运动"。在京学习的本溪籍学生景佐纲、张壮飞、孙文斗、张恩鼎等积极投身运动之中。

五四运动的消息传至本溪后，在教育界和工商界爱国人士中引起强烈反响，纷纷谴责北洋政府的卖国行径。6月11日，时任本溪县知事李心曾的长子李秀实由北京来到本溪，邀集社会贤达和亲朋好友，介绍自己参加火烧赵家楼、怒打章宗祥的经过以及上海等地罢工、罢市、罢课爱国运动情况，宣传"外争国权，内惩国贼""还我青岛"，反对在巴黎和会签字等反帝爱国思想。他还在县公署门前石碑上奋笔疾书："反对卖国廿一条，诚忠

---

① 本溪市党史地方志办公室编著：《中国共产党本溪史》第1卷，辽宁人民出版社，2004年，第21页。

山不是日本租界地。"①这一斥敌心肺的文字，日本人见之低头，中国人则拍手称快。此举极大地激发了本溪人民的反帝爱国热忱，也令日本当局如芒在背，慌忙就此事照会奉天交涉署，声言李秀实乃"五四"密谋者之一，要求中国当局监督其活动并给予制裁。奉天交涉署以查无实据，批复"不予追究"②。

五四运动的热潮同样波及桓仁。7月，外交部俄文专修馆学生孙文斗、张恩鼎等由北京返乡，在桓仁县城东关、南关和雅河一带，以"观风问俗"为名，进行社会调查，宣传李大钊等人"劳工主义的战胜，也是庶民的胜利"③"试看将来的环球，必是赤旗的世界"④等马克思主义思想，并在一些学校建立同学读书会，在师生中传阅《新青年》《每周评论》等进步书籍。孙文斗还撰写了《国家之基础在少年之教育》等文章，在同学读书会上宣读⑤。

五四运动标志着中国旧民主主义革命的结束和新民主主义革命的开始，促进了马克思主义与中国工人运动的结合，特别是1921年中国共产党诞生后，东北地区工人运动开始蓬勃发展起来。在此影响下，本溪工人阶级觉悟日渐提高，罢工斗争此起彼伏。

1919年3月25日和5月25日，本溪湖煤铁公司75名工人因日本工人殴打中国工人，先后两次举行罢工，要求惩处施暴的日本人，迫使公司应允后复工。5月28日，本溪湖裕昌公司火连寨采煤所46名工人，因公司毁约克扣工资罢工，经公司劝诱，部分工人复工。6月11日，奉天水泥石灰会社本溪湖工场53名工人为增薪罢工，经资方同意后复工。7月6日，本溪湖溪碱铁路公司9名站务员为抵制日人站长无理监视和粗暴行为罢工，经协调于翌日复工。7月16日，本溪湖火车站全体铁路工人为反抗该站日人站长压迫中国工人罢工，并取得胜利。7月31日，本溪湖煤铁公司120名制材工人为增薪罢工3日，得到解决后复工。8月7日，本溪伊藤砖瓦厂50名工人为增

① 阴贵申：《山城也在怒吼——"五四"运动中的本溪》，载《党史纵横》1992年第2期。
② 《本溪市工人运动大事记》（解放前部分），载《本溪市志通讯》1986年第1期。
③ 李大钊：《庶民的胜利》，载《新青年》第5卷第5号，1918年10月15日。
④ 李大钊：《Bolshevism的胜利》，载《新青年》第5卷第5号，1918年11月15日。
⑤ 本溪市党史地方志办公室编著：《中国共产党本溪史》第1卷，辽宁人民出版社，2004年，第12页。

薪罢工4日，最后厂方为每名工人每日增薪3至4分。8月9日，本溪湖煤铁公司300余名工人因增薪通知发布迟缓而罢工2天，获解决后复工。8月26日，本溪湖煤铁公司庙儿沟铁矿111名工人因粮价暴涨要求增薪罢工2日，经劝说复工。10月3日，本溪湖煤铁公司500余名炼铁工人（内日本工人100名）为增加工资和缩短工时、改善工作条件而罢工。工人向公司当局提出了五个条件：1. 每日增加工资五成；2. 每月休息2天，不扣工资；3. 奖励多出铁增加工资四成；4. 每月28日定为工资发放日；5. 在适当地点设立厕所。罢工历时3天，取得胜利。1922年2月22日，本溪湖煤铁公司600余名工人为争人权、反压迫举行大罢工，向社会散发反日传单，并得到大连、沈阳等地工人的声援。5月8日，本溪湖碎石场80名工人为厂方欠薪罢工1日，取得胜利。同月，本溪湖煤铁公司选煤厂650名工人为增薪罢工5日，迫使资方增薪一至二成。

这一时期的本溪工人罢工斗争遍及煤矿、铁矿、铁路各系统。虽然每次罢工人数不多，但影响较大，鼓舞了工人阶级的斗志，当时工人编了一首歌谣："七九六十三，工人把脸翻，大把头来送钱，二把头来点烟。"表达了斗争胜利的喜悦。同时，罢工也在一定程度上震慑了日本当局，使其认识到中国工人是不可侮的。更为重要的是，这一时期本溪工人阶级的斗争已由自发斗争发展到自觉的、有组织的斗争，体现出联合斗争的趋势，并开始将要求改善待遇、提高工资等单纯的经济斗争同反对日本帝国主义压迫与奴役、争取人身自由、收回主权等政治斗争相联系，反帝反封建的性质日益明显。

当时，本溪流通的奉票一再贬值，日本人发行的金票价值却直线上升。工人每月工资以奉票计算，已经维持不了最低生活，再贬值工人就没有活路了。而狠心的把头就连贬值的奉票也不全数发给工人，每月只给工人发半月工资，另外半个月工资发给实物券，强迫工人到把头开设的商店以比市场高出30%—40%的价格购买生活用品。工人忍无可忍，经过秘密串联，4000余名采煤工人、炼铁工人及其他辅助工人联合起来，于1924年7月27日早7时，利用各坑口及熔炉工人交接班时间，拉响汽笛为令，拿着矿灯和生产工具，迅速集中到本溪湖南山上，开始了声势浩大的罢工。罢工工人派出代表向公司当局提出三点要求：1. 增加工资，坚决要求以金票计算工资；2. 反对只发半月工资；3. 开会须挂中国国旗。这次罢工坚持3

天，本溪湖周围大部分厂矿都停了产，迫使公司当局答应了工人提出的大工日工资提高1.2至1.5角，小工日工资提高4至6分的条件。这是本溪工人阶级第一次规模空前的大罢工，参加罢工的工人涉及本溪湖所有厂矿，初步显示了本溪工人阶级的组织纪律性和伟大力量，严重打击了日本帝国主义和封建把头的气焰，使工人生活暂时、部分地得到改善①。

本溪工人阶级的斗争也激发了广大市民的革命热情。1925年5月30日，英、日帝国主义在上海枪杀工人、学生，制造了震惊中外的五卅惨案。消息传到本溪后，本溪各界民众表示了极大的愤慨。6月中旬，本溪各校青年学生纷纷罢课，声援上海等地工人和学生的斗争。时任本溪县知事的张全福意识到事态严重，会同教育所长萧汉杰到各校"再四晓谕"，"以钧宪旨意恺（剀）切劝导，告以呼天抢地之非计，不如精心求学为它日沼吴之预备"②，责令各校长随时监察，迫使学生复课。在学生罢课同时，本溪工商界人士和市民也积极开展募捐和抵制日货的活动。8月，本溪籍奉天省议员黄德中，在《大公报》连载《外交善后办法与国人商榷书》，洋洋万余言，就五卅运动后内外政策向北洋政府建议，号召兴办实业、整军经武。本溪人民声援五卅运动的反帝爱国斗争，不仅给日本帝国主义和奉系军阀以很大打击，展现了中国人民的民族气节，维护了民族工商业利益，同时也锻炼了自身，在本溪工农民众中播下了革命火种。

本溪工人阶级的斗争同样得到年轻的中国共产党的关注与指导。1925年初，大连工学会委员长、社会主义青年团大连支部工运委员、共产党员傅景阳先后参加了全国铁路总工会第二次代表大会和第二次全国劳动大会。返回大连后，傅景阳认真贯彻大会制定的努力发展工会组织的方针，与工学会骨干唐宏经、秦茂轩等人深入南满铁路沿线各大城市及"满铁"附属地的重要工厂、矿山，积极筹划建立工会组织，开展工人运动。对此，日本反动学者高桥月南从帝国主义立场出发，不无忧虑地写道："工学会的活动分子曾去过鞍山制铁所、抚顺煤矿、本溪湖煤铁公司等满洲主要工厂致力于宣传工作，并想在这些地区设置工学会支部，然后将此联络起

① 本溪市总工会工运史研究室编：《本溪工人运动大事记专辑》，1987年，第1—4页。
② 辽宁省档案馆编：《奉系军阀密电》第2册，中华书局，1984年，第165页。沼吴，犹言灭吴。语出《左传·哀公元年》："越十年生聚，而十年教训，二十年之外，吴其为沼乎！"杜预注："谓吴宫室废坏，当为污池。"沼，名词动用，使吴为沼，即让吴国沦为沼地。

来形成全满工人团体，以掌握满洲地区工人运动的领导权。"工学会"本意是想与中国各地的工人团体联系起来，这等于从无风地带的关东州开始，直到在全满洲地区掀起一个打倒帝国主义的排外的工人运动"①。大连工学会的活动，使本溪工人阶级进一步了解到全国工人运动情况，认识到工人阶级团结起来维护自身利益和获得解放的巨大力量，推动了本溪工人运动向纵深发展。

1925年4月23日和26日，本溪湖煤铁公司选煤厂150名工人为增加工资先后两次罢工。同日，本溪湖煤矿300余名采煤工人举行罢工，争得临时补贴。5月，选煤厂650名工人为增加工资而罢工，取得增资两成的斗争成果。6月10日，本溪湖日商金田组、森桂组、森组中国工人同时罢工，要求增加工资，取得部分胜利。7月11日，本溪湖煤铁公司采煤工65人因作业环境危险要求提高工资，获得增资一成五。7月23日，本溪湖煤铁公司营缮工厂21名见习工人为反对日籍工人暴行罢工。11月25日，本溪湖煤矿400余名工人为抗议日本监工古野毒打中国新工人举行罢工，迫使日方将古野撤职，发给被打新工人医疗费500元。1926年1月，本溪湖煤铁公司煤矿工人要求在坑道内安装路灯、增加工资受到阻挠，工人痛打了大把头"马瘸子"，迫使公司当局答应了工人要求，罢工坚持1周取得胜利。2月至4月，本溪煤铁公司工人为增加工资连续举行6次罢工，均取得不同程度的胜利②。

1926年5月1日，在中国共产党积极促进下，第三次全国劳动大会在广州召开。本溪湖煤铁公司代表张子言、田冠忠出席了大会。这次大会通过的职工运动21项议案对全国的工人运动产生了深远影响。1926年11月，中共中央临时政治局扩大会议通过的《职工运动决议案》，将本溪湖煤铁公司列为秘密发动工人斗争、发展党组织的重点地区之一。这一决策有力地推动了本溪工人运动的发展，此后，本溪工人的罢工斗争更加如火如荼地开展起来，斗争规模也越来越大。

1926年9月26日，本溪湖煤铁公司2500名采煤工人，因奉票贬值、物价飞涨，要求按市价支付津贴，举行罢工，迫使公司将特殊津贴费由每日

---

① ［日］高桥月南：《大连中华工学会的内幕和起伏》，载满洲社会事业研究会编：《社会研究》第5卷第9、10号（1927年5、6月号）。

② 本溪市总工会工运史研究室编：《本溪工人运动大事记专辑》，1987年，第3—4页。

奉票1角提至3角，罢工取得胜利。1927年4月13日，本溪湖煤铁公司3900余名采煤工人因奉票贬值、物价飞涨，向公司提出按开支当天市场奉票牌价改用小银洋支付工资，举行同业罢工3天，迫使公司将常役夫增资四成，把头下属工人增资四成，奖金由原来每半吨小洋1角改为4角，支付制度维持不变，罢工取得部分胜利。1927年5月25日，本溪湖煤铁公司发电所全体中国工人，因日本职员永尾等诬陷中国工人金宝柱、刘胜全偷盗，被日本警察非法越界拘捕严刑逼供，举行罢工，造成发电所停电，厂矿停产，迫使公司当局出面向日本警察署交涉，释放金、刘二人，将永尾等人停职，罢工遂告平息①。1927年7月，本溪湖煤铁有限公司3000余名工人因日本宪兵无故刺死中国伙夫而举行罢工。这些罢工斗争不仅在维护工人阶级自身利益上取得了一定胜利，更重要的是使本溪工人阶级进一步认识到自身的力量，锻炼了队伍，为迎接更大规模革命风暴的到来做好了准备。

三、震惊中外的八二三大罢工

1927年4月至7月，国民党右派蒋介石、汪精卫集团相继发动反革命政变，疯狂屠杀共产党人和革命群众，第一次国共合作全面破裂，轰轰烈烈的国民大革命就此夭折，中国革命暂时转入低潮。

然而就在全国一片白色恐怖的时刻，1927年8月23日，在奉系军阀割据的中国东北，在日本财阀控制下的本溪湖煤铁公司却爆发了一场震惊中外的大罢工，史称本溪湖煤铁工人八二三大罢工。这次罢工规模之大、影响之广前所未有，远远超出经济斗争范畴，具有鲜明的政治色彩，而且民族矛盾、阶级矛盾交织碰撞，将日本殖民当局、奉系军阀政府和全国民众均卷入其间，并最终演化成一场影响全国的反对日本帝国主义侵略的大风暴。

八二三大罢工何以发生？究其根本，是日本帝国主义和封建军阀势力对本溪工人长期剥削与压迫的必然结果。而在此时发生，又有着极为深刻的内外诱因。

首先，八二三大罢工是中日民族矛盾激化的必然产物。

20世纪20年代初期，日本遭遇严重经济危机和美、英列强在华强有力

---

① ［日］满铁社长室人事课编：《昭和二年度南满洲劳动争议录》，1928年，第27–30页。

的竞争。日本田中义一政府为此一改此前扶持张作霖的政策，制定了"积极满蒙政策"，叫嚣"惟欲征服支那，必先征服满蒙，如欲征服世界，必先征服支那"，加速推行侵略中国东北的战略，宣称"凡东三省中国自办铁路认为于日本利益冲突者，应干涉之，不许建造"，在东北"设一大规模工厂，包揽东三省应需路轨及工业用钢铁材料"①，并要让日本在东北拥有"商租权""营业权"，日本人可以自由租借东北土地等，妄图把中国东北完全变为日本独霸的殖民地。这一赤裸裸的侵略政策一经曝光，立即激化了中国东北人民同日本帝国主义的民族矛盾。1927年4月，临江人民掀起声势浩大的反对日本设立领事馆的斗争，本溪工人阶级痛感国破家亡，对日本帝国主义的仇恨与日俱增。

其次，八二三大罢工是奉系军阀统治危机的必然产物。

1922年和1924年，以张作霖为首的奉系军阀出于争霸目的，接连两次发动直奉战争，穷兵黩武，致使奉天财政破产。张作霖点金乏术，为筹集军饷唯有大量增发货币，导致奉票连连贬值。据统计：1927年1月，奉票发行总额为3.2亿元，至6月发行总额已突破4亿元，短短半年增发超过25%。同期奉票兑现洋之价格，则由5.8元升至11元，贬值达90%，"奉票之毛荒，往往一昼夜间，贬价倍蓰焉"②。奉票的贬值致使物价飞涨，作为工人口粮的高粱价格，由一斗奉票2.8元涨至3.6元。由于工人工资皆以奉票计算，因此工人的实际收入是下降的。据当时日文资料记载，一名工人日均生活费为3.05元，加上购置毛巾、鞋子等生活必需品，每月需奉票120元，而一名工人月均实际收入仅约100元，即使累得骨断筋折，依然无法维持自身最低的生存。是以自1924年起，本溪工人为增加工资就不断掀起罢工斗争，双方积怨愈来愈深。

第三，八二三大罢工是工人运动向纵深发展的必然产物。

五四运动以来，特别是1921年中国共产党成立后，本溪工人阶级深受民族民主思想洗礼，民族意识和阶级觉悟不断加深，斗争手段和斗争经验日益丰富，这都为更大规模工人运动的开展奠定了基础。恰在此时，由于国民党右派集团的镇压，大批具有组织能力的进步工人和工运骨干转移到

---

① 《大连会议之重大性日本积极政策之要点》，载《大公报》，1927年8月18日。

② 章伯峰、李宗一：《北洋军阀》（五），武汉出版社，1990年，第427页。

东北地区，这就为本溪工人运动带来了火种。而奉系军阀当局此前为彰显其"开明"统治，建立起各色工会、社团和会馆等工人组织。这些官办工人组织虽然秉承奉系军阀意志，打着为工人谋福利的幌子干着麻痹工人阶级斗志的勾当，但无疑为工运的开展创造了便利条件，间接促进了工人觉醒，正如《盛京时报》评论八二三大罢工时所言："自奉天有'官办民众运动'以来，党人方面以为有机可乘，在宣传上获得许多利益，无可讳言，至少各方面工人因此受相当刺激。"[①]

正是在此背景下，1927年5月，从事工人运动的孙林和石云2人从抚顺直隶会馆来到本溪湖煤矿。他们深入井下，与工人同吃同住同劳动，交朋友，叙家常，向工人传输革命道理，讲解中国人民受压迫、受剥削的根源，号召大家团结起来，打倒日本帝国主义，为求生存、争独立而斗争。经过串联，很快将刘宰喜等工人骨干组织起来。

恰在此时，公司日本当局为进一步压榨和剥削工人，提高劳动效率，积极筹划改革奖金津贴制度，推行所谓的"速率制"。取消原有奖金和采煤工人每人必得的粮食津贴，改为按照出煤率支付。规定当班工人每日须完成劳动定额两车方能领取粮食津贴，"凡出煤一吨者，发给一元至一元五毛之奉票"；对完不成定额者则减发津贴。由于定额过高，工人即使累断筋骨也很难完成，实际上等同于取消了粮食津贴。而该津贴几占工人收入的70%，工人"穷终日之力而难得一饱"，自然怨声载道[②]。同时公司还减发了8月的粮食津贴。由于工人粮食津贴是以每月奉票行市涨落为标准核发，8月奉票平均市价稍有升值，则工人的粮食津贴相较7月减少了12元，这对工人而言无疑是一笔巨款，而实际上，8月的物价非但没有降低，反而因增税而飞涨，导致工人实际收入大为减少。公司这两项措施，均极大地损害了工人利益，是以8月20日一经颁布立即引起工人的极大不满。愤怒的情绪犹如一堆干柴，有一点火星就可燃起冲天大火。

孙林、石云决定抓住这一时机发动工人开展斗争。8月21日，他们以上山喝酒为名，邀集刘宰喜等人商议对策，拟定了四项条件：

1. 允许成立会馆（工会），其领导人由工人选举产生，每人每月出0.1

---

① 《论"本溪惨剧"（2）》，载《盛京时报》，1927年8月25日。

② 《日军在本溪湖屠杀华工》，载《黄报》，1927年8月30日。

元作为救济金；

2. 取消新工资制，提高工人待遇，日工资由0.4元增至1元，改善居住条件，增设澡堂、食堂等；

3. 实行八小时工作制，井下作业时间由每班12小时缩减为6小时，发给工人衣帽等劳保用品；

4. 不准打骂工人，取消把头监视矿工劳动，工资由工人自己领取。

随后，刘宰喜等人又联络、组织了50多名工人骨干，将这一斗争纲领印成传单分送至各厂矿，并派2名代表前往公司与日本总办岩濑德藏谈判，要求公司当局24小时内予以答复，否则即行罢工。岩濑不仅拒绝工人要求，还扣留了工人代表，扬言："凡不听劝告者予以解雇。""倘要罢工，就让停业，对工人绝不妥协。"

岩濑的态度进一步激怒了工人。8月23日16时，本溪湖茨沟煤矿三坑二班工人领灯后不下井，头班工人升井后不回家，纷纷聚集在灯房子里议论公司新工资制，一时间群情激愤。这时，孙林登上一处土台大声疾呼："工友弟兄们，我们派出向岩濑交涉工资改革的代表被他们扣起来了，并扬言工人不听劝告即开除，我们怎么办？"刘宰喜等工人骨干在台下顺势振臂高呼："我们不干了，同日本鬼子拼了！"这声音道出了矿工们的心声，一时间"我们要罢工""打倒日本鬼子"的口号声响彻天地。附近厂矿的工人闻讯赶来，很快汇集成数千人的洪流。罢工工人捣毁了灯房子，随后登上南山[①]。

罢工的声势虽令日方总办岩濑心惊，但骄横已久的他拒绝听从中方代理总办纪应湘劝告，而是采取以往同工人谈判解决问题的方式，坚持强硬立场，派公司坑务课长陆世勋、外勤取缔系主任张书坤、次席田冠忠等人向工人晓谕："如不复工，全部解雇。"同时秘密联系日本守备队和警察署，作镇压中国工人的准备。

陆、张、田等虽为公司高级职员，但对日方的骄横高压积怨已久，民族意识的驱使令其对工人的悲惨境遇深表同情，是以他们赶到南山后非但没有阻止工人的罢工行为，反而推波助澜道："吾等为诸君要求工资之提高

---

① 刘宝山：《山城怒潮——本溪湖煤铁工人八二三大罢工》，载《本溪市志通讯》1990年第1.2期。

已非一次，然每为日本侧干部岩濑总办所坚拒，吾人处此情形之下，如以普通办法碍难达到目的。"①

陆世勋等人走后，孙云、石林组织罢工骨干商议对策，说服了少数人夺枪同日本人硬拼的意见，决定利用公司中日高层间的矛盾，争取中方干部的支持，迫使岩濑屈服。于是一面动员工人向南山聚集，一面派人做中方职员的工作。

当晚7时许，就在日方当局贴出"公司不定期休业"公告并秘密调兵遣将之际，选煤厂、炼焦厂、耐火厂等厂工人相继关停机器，停止生产，聚集到南山，加入罢工队伍。中方代理总办纪应湘和取缔系主任张子言等亦告诫中国警察："对于工人务望勿加干涉。"②

7时20分，以煤矿工人为主体，罢工工人手持着锹镐棍棒，扯开面袋作旗子，高呼着"杀鬼""打鬼"的口号，兵分几路，浩浩荡荡奔向公司事务所、发电所、坑务科、炼铁厂等处。7时50分，张书坤、田冠忠等高级职员也公然加入罢工行列，指挥工人砸毁发电所，切断电源，致使公司电机车全部停运，高炉也停了火，城区陷入一片漆黑之中。愤怒的工人接着又返回南山，冲向制材科事务所，用镐把砸开门窗，痛殴了躲在里面正预谋镇压工人罢工的14名日本职员。

此时，公司日本总办岩濑气急败坏，如坐针毡，急忙将公司职员召集起来，商讨派日本军警进行镇压之策。中方代理总办纪应湘告以已请求中国警察前往弹压并保护发电所，没有请求日警的必要。岩濑说工人已经气势汹汹地打到发电所，该所现已停电停水，高炉再有30分钟即将爆裂，且日本职员生命财产实在危险，中国警察恐怕不得力，可否先令日本军警在公司门外桥边候命。纪应湘正告岩濑：公司系中国领土，恕不能任日本警察侵入，恐发生意外事变。如果担心危险，日本职员可全部暂行退出公司。这时有人前来报告日本军警已进入事务所。纪应湘随即诘问岩濑，岩濑推诿绝无此事，即使有，只是令其在事务所静候。纪应湘坚决不同意日警进入公司。正争执间，制材科日本职员竹下长义突然闯入会议室，咆哮狂叫，说制材科全体日本职员均被中国工人殴伤，为何岩濑不管？以棒击

---

① 《本溪暴动事件续志 魁、陆两课长被捕颠末》，载《盛京时报》，1927年8月30日。
② 辽宁省档案馆编：《满铁与劳工》第二辑8，广西师范大学出版社，2003年，第101页。

桌，砰砰作响。岩濑随即摆出凶恶架势，举掌击桌，杀气腾腾地说：汝何不允日本军警镇压？随即起身携在座日本军警和高级职员一哄而散①。

8时10分，本溪湖日本守备队队长羽山喜郎率领守备队、宪兵队和在乡军人等侵入矿

1927年本溪湖煤矿八二三大罢工中被工人破坏的选煤厂

区，在公司医院的西山大桥与由发电所转回的罢工队伍相遇。羽山下令日军向工人扑刺，工人手持镐把、铁锹与之展开殊死搏斗，"刀锋所至，血肉俱糜，哀嚎惨呼之声，在远共闻"②。激斗中，羽山被工人打伤，他兽性大发，下令向工人开枪。工人当场伤亡数人，为避免更大牺牲，孙林、石云当即组织工人撤回南山。罢工骨干立即召开会议，决定避敌锋芒，分散撤离，等待时机。孙云、石林和刘宰喜相约3日后在市郊骆驼岭会面研究下一步行动，后来由于刘宰喜的被捕，未能如愿。

南山罢工队伍疏散后，岩濑的血腥屠杀开始了。日军守备队以一部包围南山，将散在山上的工人赶到大房子里监视起来，一部沿街设卡，实行宵禁，盘查行人，不顺者杀，"各华工纷纷应声倒地，死伤累累，四出逃避"③，据目击者矿工杨纯义回忆："只三坑附近就陈尸二三十具，惨不忍睹"④。24日1时，由奉天、抚顺调来的69名日警与连山关守备队94人，全副武装，携带机关枪4挺，乘紧急列车先后到达，会同羽山包围了整个矿区。凌晨4时，日军数十人闯入工人宿舍，逐屋搜捕，工人稍有反抗当即格杀，即使卧病在床的无辜工人也难以幸免。"一时枪声、木棒声、工人呼救

---

① 辽宁省档案馆编：《满铁与劳工》第二辑8，广西师范大学出版社，2003年，第108—110页。
② 《本溪湖矿潮惨剧史 自黑夜追杀到擅捕科长》，载《大公报》，1927年10月2日。
③ 《日军在本溪湖屠杀华工》，载《黄报》，1927年8月30日。
④ 杨纯义：《我所经历的1927年本溪湖煤铁工人"八二三"大罢工》，载本溪市总工会工运史编写办公室编：《本溪工人反帝大风暴》，1985年，第56页。

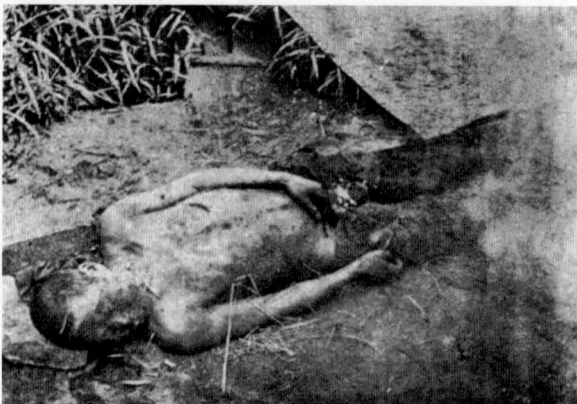

1927年本溪湖煤矿八二三大罢工中被日军杀害的中国矿工遗体

声大作，有伏于床下者，有裸体逃出者，概以刀枪连击带刺，将手无寸铁之工人，刺伤七八十名，登时毙命者亦六七名"[1]，还有的工人被装进麻袋扔进太子河。

暴行一直持续了3个小时，直至24日7时才停止。随后，日军又拘捕工头及工人共计270余名，"数十人为一组，绳系颈项，累累相连"[2]，押送至日警署，严刑逼供。据当时官方显然缩小了的数据，这次大屠杀前后共造成24名中国工人死亡、73人受伤、100余人失踪、306人被捕，另有数千人被监视，整个本溪湖矿区一时陷入白色恐怖之中[3]。

日军搜捕甫一开始，中方代理总办纪应湘即命人电诘岩濑，请其禁止。又以检查工人系公司自己职权，毋劳日本军警越俎代庖，建议由公司中日双方组成检查团自行检查，岩濑亦不同意。与本溪县知事杨书升等屡次要求前往现场核查，复为日军所阻。24日清晨，常居沈阳的中方总办谈国楫姗姗迟来，赴现场查勘情况，"只见满地玻璃碎片，而旋动之机械皆沉寂无声"，复至病院察验，见伤员"千疮百孔，惨不忍睹"，欲转往坑务科勘视欲往，被日兵所阻，乃折回事务所，与岩濑会商善后事宜[4]。

为推卸屠杀工人罪责并趁机削弱公司的中方势力，岩濑以罢工系中方职员授意和共产党煽动为由，通过日本警察署将公司中方高级职员坑务课长陆世勖、贩卖课长魁正、仓库主任曹宇航、取缔系主任张书坤、次席田冠忠逮捕，指控张、田是罢工祸首，陆、魁是幕后主谋，还派军警搜查其

---

① 梁宗鼎：《本溪湖煤铁公司最近风潮纪实》，载《矿冶》1927年第1卷第2期。
② 《本溪湖矿潮惨剧史（续）一星期间之经过颠末》，载《大公报》，1927年10月3日。
③ 辽宁省地方志编纂委员会办公室编：《辽宁省志 工会志》，辽宁科学技术出版社，1999年，第445页。
④ 《本溪湖矿潮惨剧史（续）一星期间之经过颠末》，载《大公报》，1927年10月3日。

家，发现陆、魁二人致省长莫德惠和交涉署长高清和的报告中有排日言辞，如获至宝，视作开脱屠杀工人罪责的把柄。

日本军警在本溪湖镇压工人罢工，野蛮屠杀华工的罪行，通过各种渠道很快传遍全国，激起了中国人民的公愤。8月25日晚，本溪举行市民大会，抗议日本军警暴行和践踏中国主权的行为，并成立本溪罢工后援会，以各种方式援助罢工工人。9月4日，沈阳召开有6万多市民参加的盛大集会，抗议日本军警屠杀本溪矿工的暴行。大会发表了爱国民主人士杜重远的《泣告东北父老兄弟姐妹书》，并举行了声势浩大的游行示威。游行队伍高举"反对田中内阁侵略政策""抗议日本军警在本溪湖惨杀工人"等标语，各商号门前高悬"愿同胞奋起图存，拒日人夺我权利；唤醒三千万民众，取消不平等条约"长联。所到之处，群众无不鼓掌高呼"誓死不为奴隶""彻底抵制侵略"等口号，悲壮之声震动全城。此次集会，"诚为奉垣空前未有之盛举，尤足证明一般人心反对日本侵略之坚决"①。中国矿冶协会、全国工程师学会等社团亦通电全国，抗议日本军警逮捕该会会员陆世勋、魁正，敦促日本当局释放被捕中国职员和工人。

国内外各大媒体也纷纷报道本溪湖惨案，奉天《盛京时报》先后刊登《本溪湖煤工暴动之骇闻》《本溪湖炼铁公司惨剧之真相》等10余篇文章进行连续报道。《大公报》《申报》《益世报》《民国日报》等国内主流媒体均冠以大标题《本溪湖矿大惨剧》《奉省本溪湖矿工暴动》《本溪湖惨剧引起公愤》《日军警镇压华工之暴行》等对罢工消息和日军暴行进行报道。与此同时，一些外国媒体，如路透社、东方社、电通社等也发文谴责日军屠杀中国工人罪行和侵犯中国主权的行为，如日本神户的英文报纸《日本纪实》就刊发长篇评论，一针见血地指出日本的侵略实质："本溪湖煤矿工人罢工，该矿并不在南满铁路区以内，而日警竟欲捉拿罢工领袖，致与华警发生冲突。又日警近复有搜捕所谓华人共产党员之举，依日人之理论，南满设置日警、绝不妨碍中国主权，转可增进中日邦交，而致经济上之大发展，然中国方面决不赞同此种意见。盖日本明明在租界以外扩张其治外法权，而强使中国人民归其管辖也。总之，日本在南满之权利，系以非法举动取之，且未得事后之承认者，其侵略方法乃以强力逐渐压迫，去中国之

_____

① 《本溪湖惨剧引起公愤》，载《益世报》，1927年9月6日。

政权而代以日人，每有一冲突事件发生，即为彼更进一步之借口也。"①

在民众和舆论压力下，中国奉天当局亦公开表示：日军屠杀本溪湖工人，"关系主权、民命甚大，若不达到圆满目的，不但有伤国权，且无以对亡魂"②。8月25日，奉天交涉署长高清和派罗镜寰来溪调查，并向日驻奉天总领事吉田茂抗议，日方不予理睬。26日，本溪县警察所长陈毓芳同日本警察署长梶山交涉，要求日方撤除军警哨卡，警备由中方担任。梶山以保护日侨为借口拒绝撤兵。28日，奉天交涉署派关庚泽会同日本副领事蜂谷到本溪实地调查，并在公司鹤友俱乐部展开谈判。双方针锋相对，中方坚决要求日方立即从厂区撤兵，释放中国员工并赔偿伤亡者；日方则拒绝撤兵，坚称罢工系中国职员指示，共产党煽动，要求将公司中方职员纪应湘、曲之仪、魁正、陆世勋、张书绅等5人解职，诬称"彼等在职一日，则暴行罢业之再发，认为事所难免"③。双方谈判陷入僵局。

在此形势下，奉系军阀当局迫于民众压力，从沈阳和凤凰城各调兵200名进驻本溪湖，以显示"强硬"立场。而日方鉴于奉天反日情绪日益高涨，如再僵持下去，既不利于罢工善后解决，更不利于今后"满蒙问题"交涉。更重要的是，煤铁公司工人人心不稳，消极怠工，水电供应不足，高炉随时有爆炸危险，将会造成无法挽回之损失，是以不得不放软身段。9月1日，奉天交涉署署长高清和同日本驻奉天总领事吉田茂再度展开谈判，双方最终达成协议：日本军警撤离公司，为死难者发放300至500元不等的抚恤金，工人工资不再以贬值的奉票而以金票为计算单位；作为交换，中方同意将参与罢工的91名工人"驱逐出境"，同时由公司以"清理内部"的名义清洗中方"不良分子"。历时近半个月的大罢工遂告结束。

关于此次罢工的领导者，尽管日本当局出于推卸屠杀责任和清洗中国员工目的，大肆鼓吹是中国共产党所为，且罢工的组织手段、斗争纲领等确与党的工作方式相吻合，然当时党负责东北工运的领导人唐宏经称"这

---

① 《日本之于满洲 神户英报之评论》，载《大公报》，1927年9月13日。
② 《莫德惠报告本溪湖惨案交涉》，载《益世报》，1927年9月3日。
③ 《中日交涉已破裂》，载《顺天时报》，1927年9月1日。

是自发的斗争，不是我党领导的"①；中共满洲省委书记陈为人给中央的报告亦称"本溪湖的矿工，曾自动的起来暴动"②；而日本方面经过调查，也没有找到切实的证据③。是以就目前的史料，还不足以证明这场罢工运动就是中国共产党组织发动的。但无论如何，这是一场在中国共产党思想、组织影响下的工人运动当无疑议。

"八二三"本溪工人大罢工，是东北工人运动史上最著名的罢工斗争之一，是东北民众反抗日本帝国主义洪流中的重要组成部分。它使日本当局在经济上损失多达20万银元，在政治上更是受到沉重打击。本溪煤铁工人大罢工的义旗一举，整个东北大地反抗日本帝国主义，维护民族独立的呼声大振，起到了唤醒民众的作用。日本当局在《盛京时报》上惊呼："东北排日形势，自本溪湖发生暴动事情后，益呈险恶状态，外务省当局颇为注意。"④

"八二三"本溪工人大罢工，用生命和鲜血谱写了一曲爱国反帝的悲壮赞歌，展示了本溪工人阶级不畏强暴，反抗日本侵略者残酷压迫的英勇斗争精神，锻炼了大批的工人优秀分子，为党在本溪开辟工作奠定了基础。1927年10月，中共中央派遣陈为人赴东北，筹建中共满洲省临时委员会。省临委成立后，在整顿和恢复地方党组织的基础上积极开展工人运动，派人深入本溪湖组织秘密工会、开展经济斗争⑤。同年11月，中共中央临时政治局扩大会议通过《职工运动决议案》，指出："……本溪湖等煤矿工人运动，须派专人去组织秘密工会，发动斗争，并发展党的组织。"1928年，中共中央给满洲省委的指示信中指出："在满洲以工人而论则为铁路、海员、矿山。以地域而论则为沈阳、大连、本溪湖、抚顺等地，党须艰苦地耐心地在工人中建立基础，以树立满洲革命中心力量。"1929年4月，中共满洲

　　①《第十四号唐宏经在职工运动问题讨论时的发言》（1928年7月6日），载中共中央党史研究室编：《中国共产党第六次全国代表大会档案文献选编》下卷，中共党史出版社，2015年，第736页。

　　②《陈为人关于中共满洲省临委工作情况给中央的报告》（1927年12月22日），载单文俊主编：《大连市志　中共地方组织志》，中央文献出版社，2001年，第697页。

　　③［日］满铁社长室人事课编：《昭和二年度南满洲劳动争议录》，1928年，第36页。

　　④《日当局重视本溪案》，载《盛京时报》，1927年8月29日。

　　⑤《陈为人关于满洲工作的报告》（1928年2月20日），载中共中央文献研究室中央档案馆编：《建党以来重要文献选编（一九二一——一九四九）》第5册，中国文献出版社，2011年，第112页。

省委派杨靖宇到本溪湖煤矿视察组织工作和工运情况。同年6月，中共六届中央执行委员会二次会议通过的《职工运动决议案》指出："矿工运动要以唐山、本溪湖、抚顺……为中心。"[1]中华全国总工会通过的《矿工运动决议案》亦指出："抚顺煤矿、本溪湖煤矿均属矿工工作应注意之点。"[2]在党的领导和影响下，本溪的工人运动更加如火如荼地开展起来，至1931年九一八事变前，本溪地区共发生较大规模工人罢工斗争15次。同年11月，全国苏维埃代表大会在江西瑞金召开，本溪湖一人作为矿工代表，应邀出席了大会。工人运动的大发展，使本溪工人阶级队伍得到锻炼，为中共本溪地方党组织的最终建立奠定了坚实基础。

---

[1]《职工运动决议案》（1929年6月），载中央档案馆编：《中共中央文件选集》第5册，中共中央党校出版社，1990年，第316页。

[2]《中国煤炭志·辽宁卷》编委会编：《中国煤炭志·辽宁卷》，煤炭工业出版社，1996年，第493页。

第四章
清末民初的本溪经济

近代以来，随着商品经济发展、移民迁入和资本主义入侵，大量官地、旗地向民地转化，本溪传统的八旗土地所有制趋于瓦解。水稻等新作物的引种和柞蚕业、麻业以及林下产业的发展，进一步促进了农业商品化，也推动了城镇的兴起和工商业的发展。继煤铁手工业后，农产品加工业、窑业、制香业不断壮大，成为本溪经济新的发展动力。

第一节　八旗土地所有制的瓦解与农业发展

一、各类旗地和民地

清代本溪的土地大体可以分为三种，即旗地、民地和公有地。

（一）旗地

旗地是政府官地或八旗名下的土地。按照产权性质，可以分为：官地，如盛京户部、礼部、工部、盛京内务府皇庄、王公王庄、八旗官员兵丁旗地、官兵随缺地、伍田地、驻防庄田、八旗公产、马厂、围场、祭田、充公地以及官荒等，这些土地都为清廷有关部门管理，所以列入官田；私地，如旗人红册地、民佃旗人余地等。

本溪地区旗地种类多样，主要类型有盛京内务府官庄，盛京礼部、工部官庄，王庄以及八旗官员兵丁旗地、官兵随缺地，占今本溪市区及本溪县耕地总面积的90%[①]。

---

① ［日］满铁总务部事务局调查课：《本溪湖碱厂间经济调查资料》，1915年，第34页。

盛京内务府官庄 又称皇庄，是清朝皇室所有的旗地。其主要来源于清入关前后圈占的田地和民人带地投充。后金民族政权进占辽沈后，掠夺汉民土地，圈给八旗王公贵族和官员兵丁，其中上三旗圈占的土地即成为皇家私产。入关后，清廷出于旗人长远利益考虑，防止汉人垦殖过多土地，圈占了大量土地留给满洲旗人，其中部分作为盛京内务府官庄，由所属包衣设庄耕种，也有由汉人承领耕种，分由盛京内务府会计司及三旗银两庄头处管理。

盛京内务府官庄分为粮庄、棉花庄、碱庄、果园和山场等，其数量有清一代不断变化：顺治八年（1651）盛京内务府官庄仅27所；康熙二十三年（1684）盛京附近增至97所，兴京附近增至20所，另有盐庄3所，棉花庄5所。此后皇庄及庄田数量不断增加，至嘉庆年间，奉天地区皇庄增至372所，庄田1941542亩。

盛京内务府官庄在本溪境内的具体数量及分布，目前没有找到确切的档案史料，不过依然可以从满族家谱与口碑资料中窥得蛛丝马迹。

根据实地调查，本溪县清河城关氏、吴氏、赵氏先祖，于顺治十年（1653）由吉林乌拉街奉调拨迁本溪，皆被分配至盛京内务府皇庄种"胭脂地"，《盛京内务府隐匿土地名册》就记载吴氏祖先吴黑达子在英守堡子领种内务府皇庄旗田[1]；清河城其他姓氏也多为盛京内务府皇庄包衣或盛京礼部、工部官庄壮丁后裔。

另据《盛京内务府镶黄旗满洲金氏家谱》记载，本溪县泥塔村金氏原为索绰罗氏，康熙年间因获罪由北京迁居泥岔台沟，于雍正四年（1726）入盛京内务府当差，《盛京内务府隐匿土地名册》中旗地庄头金二、金佛保、金皂保等即本金氏后裔[2]。

此外根据档案，还有说占、敖白、哈宁阿、阿思郎、角呼儿、大神保、西分珠、敖坎、阿几那、厄西那等40余满洲旗丁在本溪境内威宁营、高力营、小夹河、山城寨、泥岔里、英守堡子等地给盛京内务府皇庄当差，世代耕种皇庄旗地[3]。

---

① 雒树刚主编：《中国节日志春节 辽宁卷》，光明日报出版社，2016年，第264页。

② 《盛京内务府镶黄旗满洲金氏家谱》，载本溪市党史地方志办公室编：《辽东满族家谱选编》，辽宁民族出版社，2012年，第131页。

③ 李林等：《本溪县满族史》，辽宁民族出版社，1988年，第54页。

　　盛京内务府官庄的壮丁来源有三：上三旗牛录所属壮丁、因罪入官为奴发遣壮丁以及投充的汉人壮丁。汉人为求得庇佑，被迫带自己的田产投献于盛京内务府，为皇室纳租当差，从此成为皇庄的世袭奴仆，一言一行以至男婚女嫁皆须遵命行事，具有严格的人身依附关系。

　　与皇庄壮丁处于同样社会地位的还有内务府网户渔丁。当时，盛京内务府都虞司掌管山泽捕采事务。从事山泽捕采的生产者分为细鳞鱼丁户、杂色鱼丁户、蜜丁户、猎户、狐皮户、水獭皮户、鹳户、炭户，这些人统称为差丁，每年须按规定向盛京内务府交纳贡物。本溪县境内山高林密，河流众多，水质清澈，细鳞、鳌花等珍贵鱼种多出自水流湍急之处，是太子河特产，自然成为了贡品。盛京内务府在太子河沿岸设专捕细鳞渔丁30人，至乾隆朝增至140人，清末又降至30人。渔丁归盛京内务府都虞司管辖，每旗设千总1人，下设百总数人。据《盛京内务府》档案记载：今本溪县小市镇金氏，自二世祖金百万开始充当捕打细鳞鱼百总，其后代承袭百总、千总之职。至九世祖金文仕，十世祖金万俊，在清末仍任盛京内务府鱼百总，十世祖金万鼎任鱼千总，负责太子河自源头至辽阳东教厂老木城河段捕鱼纳贡。在《金氏家谱》中记载，当渔差的还有马、张、赵、李、景5姓，加上金氏共6户渔丁。清政府对捕鱼程序有严格规定，未经内务府允许，不得私自捕捞，不得在河中放木排，以防惊散鱼群。《马氏家谱》中记载："历年秋后，按班排人，于太子河上下，打取细鳞鱼。"另据赵氏族人回忆：每逢打鱼季节，赵氏家族中的6股12人（渔丁）由族长带领，在太子河拉网捕捞"黄姑鱼"，然后将每尾七八两重的鱼烤成金黄色鱼干，每年将3000余尾送往辽阳州，再转交盛京内务府。《马氏家谱》也记载："把细鳞鱼炙干包封送到都京（盛京）内务府衙门，该管官点数收领。"按清朝规定：细鳞鱼渔丁，每年上缴细鳞鱼50尾，杂色渔丁每年交缴杂色鱼500斤。细鳞鱼每尾折银4分，杂色鱼每斤折银3分[1]。

　　渔丁除应付渔差之徭外，还要种地解决口粮。据《马氏家谱》记载，马氏渔丁领红册地25日、升科地21日、内仓纳粮地4日。金氏有红册地312亩。此外，本溪地区还有炭户、猎户，主要分布在高官、汤沟。胭粉地主要分布在小市镇上、下堡村以及偏岭镇泥塔、红光等地。

---

　　① 李林：《满族宗谱研究》，辽宁民族出版社，2006年，第93页。

盛京礼部、工部官庄　即由盛京礼部、工部直接管理的官庄。清入关后，盛京作为陪都，设户、礼、兵、刑、工五部。与北京六部不同，盛京五部除比较传统的管理职能外，还直接管理部分旗务、旗地和旗人。其中，盛京户、礼、工下设有官庄，其收入分别用于盛京宫殿、陵寝修缮与祭祀。因史料中未见户部官庄在本溪境内分布，不再赘述，以下仅列举礼部、工部分布在本溪县境的官庄。

盛京礼部官庄，是盛京礼部为征收祭祀三陵、寺庙祭品而设置的庄园。按土地出产和纳租物不同，分为田庄、瓜菜园、果园、山场、英尊林及鱼泡6种。其中高家堡子、果子头梨树沟、山城沟、小岭山头等4处山果山场，皆坐落在今本溪市区西北部，"按年恭备陵寝大小祭祀供用干梨、葡萄、榛子、山梨红等项祭品"①。在火连寨还有果园1处，出产香梨、山里红、榛子。官庄的租物租额，自设庄以来几经变更，至清末，梨树沟等处山果官山夏秋两季输交鲜榛子6斗6升，榛子6石，黑葡萄2石3斗，干梨2600觔，山里红5石②。

同户、工二部官庄皆为汉军八旗正身旗人不同，礼部官庄的壮丁基本都是因罪流放辽东的犯人及其后代，"例皆永禁出身，不准居官考试"③，政治地位十分低下，但在官庄中却有世袭领种的庄园，有反抗庄头等增租夺佃的权利。其看山和看园的园头被称作果子头，由礼部任命，每人管理壮丁多寡不一，每届祭品成熟之际，率同壮丁等采取足额解交三陵衙门，甚至还享有养赡地，实际处于"二地主"的地位。清末，盛京礼部山果山场共有壮丁55人，分由4个山果园头管理：一处位于响山子西沟，由园头于广祥负责，另有金、龙、于、赵四姓14名壮丁分别管理；一处位于梨树沟，由园头高启振领7名壮丁管理；一处位于高家堡子，由园头高启明领壮丁23名管理；一处位于山城沟，由园头施某领壮丁11名管理④。1900年，沙俄入侵中国东北，山场壮丁因乱迁逃，无人看管，"官山竟被洋兵匪民任

---

① ［日］满铁总务部事务局调查课：《满洲旧惯调查报告书　皇产》，大同印书馆，1935年，附录第61页。
② ［日］满铁总务部事务局调查课：《满洲旧惯调查报告书　皇产》，大同印书馆，1935年，附录第55页。
③ 林崇山编：《宦海伏波大事记》，黑龙江人民出版社，1994年，第430页。
④ ［日］满铁总务部事务局调查课：《满洲旧惯调查报告书　皇产》，大同印书馆，1935年，第116页。

意斫伐"。1906年，三陵总理衙门给于广祥发执照，"将镶黄旗界内响山子处山果官山，东至新孩二岭顶，西至达家岭顶，南至葫芦顶沟，北至半拉山子顶"交予于广祥认真看管，"不准军民壮丁等私伐果树、垦田、斫柴、结舍等情，更不准窃食祭果"，并将四至内"无碍果树之处拟给开荒五日作为津贴看山之资"①。

盛京工部官庄的起源与礼部官庄大致相同。工部是掌管盛京宫殿、坛庙、陵寝、公廨及祠宇等类营缮事务的机关，所属官庄纯为满足上述有关供应而设。壮丁耕其官地，按年供以各项差徭。盛京工部官庄其土地数额包括壮丁及匠役人等地84989亩，还有苇塘地、黄瓦厂、木炭厂、灰厂、缸厂、铅厂、席厂、炸子厂等官地，总计224854亩，此外还有22处采木山场。壮丁皆为镶黄、正黄、正红等旗汉军旗人，系被裁撤的尚之信所辖藩兵，康熙年间议准盛京工部所属壮丁共1772名。本溪地区的工部官庄（表4-1）分布如下：

表4-1 本溪地区盛京工部官庄、官地分布

名 称	壮丁额	承领官地	供应差徭别	所在地
灰厂壮丁地	163	8313亩	按年供应白灰等项差徭	窑子峪、大碴子峪
炸子厂官山	83	3984亩	按年供应成造所需煤炭差事	蚂蚁村沟、黄旗沟、柳塘、新洞
炸子厂壮丁地				高价崴子、大岭、火连寨、朴家湾、大堡
木炭厂官山	107	7704亩	按年供应陵祭柴炭要差	达贝沟
木炭厂壮丁地				平台子、达贝沟
套袖峪采木山场	10	—	—	套袖峪周围50里
大石湖采木山场	32	—	—	大石湖周围65里

资料来源：王革生：《清代东北土地制度史》，辽宁大学出版社，1991年，第30-32页。

① ［日］满铁总务部事务局调查课：《满洲旧惯调查报告书 皇产》，大同印书馆，1935年，附录第63页。

木炭厂、炸子厂均归盛京工部右司掌管，采木山场归左司掌管。官庄主要向盛京工部交纳煤、白灰、采炭、木炭等实物租，这些都是修缮陵寝、宫殿及祭祀所必需的材料，即所谓官租。同时，因为官庄壮丁还领有旗地，还必须交纳国课，即旗租。这就是所谓的"一地两粮"，又称"一地两课"，即官庄同时交纳租税两种。如本溪窑子峪的窑厂烧造，以备"陵工需用白灰共六十万三千斤，向由工部壮丁烧运，例不动用钱粮"①，这就证实盛京工部官庄、官地官租、旗租的实际，也是盛京工部官庄、官地租的特殊性。

采木山场的经营，与工部其他官庄有所不同。清初，伐木由木商承领，发给执照。雍正元年（1723）规定：盛京本地人民如有能力，政府允许采伐，但应到盛京工部领取执照。乾隆二十一年（1756），因乱砍滥伐现象严重，伐而不植，于是规定：按砍木数抽分税银，并要说明木材长短与直径。从而改变了只收执照税，增加了税收，一定程度上遏制了随意砍伐。

乾隆二十四年（1759），将旺清、碱场两边门内大那录、梨树沟、小夹河等9处山场，由戍边台丁承领，其他12处仍归木商承领。以后又规定如台丁无承领之人，可由商人在台丁辖地承领。如无商人承领，由六边衙门挑选台丁领票砍木，照例纳税②。由于盛京工部对山场只伐不种，又没有严格的采伐制度，大量游民涌入山林，不论树木大小概行砍伐。至光绪年间，碱厂边门一带部分采木山场已经无树可伐、无木可采了。

除盛京礼部、工部官庄外，本溪境内响山村还有三陵所属祭果官山278块，共计33.46亩③。

王庄 即八旗王公庄田的简称，它是清代八旗王公贵族剥削农奴的重要形式。早在后金建立前后，努尔哈赤就将本溪县境东北部的部分土地分给女真八旗贝勒、官员，设立田庄。努尔哈赤先后征服了女真诸部，将其所俘居民大部分编户，小部分俘虏为奴；在与明朝的战争中，又俘获了大批汉族和朝鲜士兵。努尔哈赤将众多的奴隶分配给子侄与众官员，到他们

---

① 昆冈、李鸿章等修：《钦定大清会典事例（光绪朝）》卷九百五十九，光绪二十五年（1899）石印本。

② 昆冈、李鸿章等修：《钦定大清会典事例（光绪朝）》卷九百六十二，光绪二十五年（1899）石印本。

③ 奉天谘议局筹办处编：《奉天谘议局筹办处调查报告书》第2册第4卷，1908年，第36页。

的土地上耕种。由于后金辖地和耕地的不断扩大，以及奴隶的增加，大批奴隶庄田建立起来了。这些农庄是后来王庄的前身。农庄中奴隶一般不超过10人，在庄头管理下从事生产劳动，农产品全归主人占有。

天命六年（1621），后金进入辽沈地区。努尔哈赤为保持满族特权，解决本族的生活来源，将辽东的土地（包括清河城、孤山堡等地方）分给在那里的八旗人丁，每丁地6垧。由于八旗王公贵族占有大量的满汉人丁，因此分得了大片土地。次年4月规定：清河堡、一堵墙、碱厂、孤山、威宁营等本溪地区归正红旗管辖。当时努尔哈赤次子大贝勒代善（后封礼亲王）掌管两红旗，这样，本溪县的广大土地实际上成了两红旗代善的领地，两红族的王公贵族在这些土地上设庄，驱使奴仆耕种。

顺治元年（1644），清朝定都北京，满族大部分"从龙入关"，关外王庄所剩无几。随后，清廷列爵封赏，又陆续将辽东土地赐给皇子为庄田，王府驱使壮丁展边扩地，逼民投充，使王庄数目和面积不断地增加，使本溪县由清初的5个王府的王庄，到清末增至至少14个王府的王庄，耕地面积达数万亩之多。

清代皇子封爵即赐给庄田、牧场、山场、珠轩、佐领、马甲、钱粮、俸银禄米。封爵所得王庄可以继承。庄地可以传给子孙，分与亲族。八旗王公贵族从清朝计丁授田，或按爵位领受庄田地以后，其子孙长大成人后即分袭父祖遗产，不再从朝廷领取庄田人丁。王庄的田地、人丁及其财产逐代分传承袭。本溪县各王公贵族的庄田都是从父祖分传承袭下来的。例如礼亲王府庄田，至清末已传承12世。王府名称有的仍用原封爵位，如礼亲王府、裕王府；有的则利用自身封爵，如弼公府、全公府。

本溪境内的王庄主要分布在土质肥沃、水源充足的太子河、汤河沿岸。据不完全统计，清朝末年，本溪境内共有14位满洲公侯王庄，共计47787.1亩，占今本溪市区及本溪县耕地总量的60%[1]，具体情况如下：

礼亲王府（努尔哈赤第二子代善）庄田1777亩，主要分布在彩屯、赛梨寨等处[2]；

---

① ［日］满铁总务部事务局调查课：《本溪湖碱厂间经济调查资料》，1915年，第33页。

② 李林等：《本溪县满族家谱研究》，辽宁民族出版社，1988年，第56—57页。宗彬、裕王府、佟伯府同。

弼公府（代善曾孙弼礼克封辅国公）庄田 1547 亩，主要分布在富家楼、南甸子等处[①]。

恒公府（崇尚公府）（代善六世孙崇尚、七世孙恒勋袭辅国公）庄田 2600 亩，主要分布在富家楼、小甸子等处[②]。

克勤郡王府（代善长子岳托）恩至名下庄田 1844.4 亩，具体分布不详[③]；

敬谨亲王府（敬谨亲王尼堪）庄田 13716.1 亩，主要分布在小市、牛心台、卧龙等地[④]。

全公府（尼堪十二世孙全荣、全福）庄田 11855.9 亩，主要分布在汤沟、山城子、小市、牛心台、卧龙、偏岭等处[⑤]。

敬谨亲王府宗彬名下庄田 145 亩，具体分布不详。

安平贝勒府（努尔哈赤长孙杜度）庄田 7268 亩，主要分布在响山子、牛心台、卧龙、石桥子等处[⑥]。

怀愍贝子府（杜度七子萨弼谥号怀愍）庄田 922.2 亩，具体分布不详。

恪禧公府（豫亲王多铎四子察尼）庄田 4100 亩，主要分布在小孤山、高丽坟背、桥头等处。

豫亲王分支纯庆府庄田 120 亩，具体分布不详。

裕王府（顺治帝次子裕亲王福全及后代）庄田 1260 亩，主要分布在山城子等处。

佟伯府（佟养性子六十为二等伯）庄田 631.5 亩，主要分布在牛心坨、侯家屯等处。

此外，据 1915 年"满铁"《本溪湖碱厂间经济调查资料》，在山城寨和水洞（位于今观音阁水库淹没区，与本溪水洞非是一处）还有顺承郡王府

---

① 《弼公府坐落辽阳、沈阳、本溪地册》，JC010-01-032724，辽宁省档案馆藏。

② 《荣郡王后裔恒公府坐落辽中、本溪、北镇、义州、三家子等处地册》，JC010-01-032701，辽宁省档案馆藏。

③ 王革生：《清代东北土地制度史》，辽宁大学出版社，1991 年，第 258 页。以下怀愍贝子府、豫亲王分支纯庆府、恪禧公府同。

④ 《敬谨亲王东府京府地册》，JC010-01-032691，辽宁省档案馆藏。

⑤ 《京都和硕敬谨亲王奉恩辅国公全公府地册》，JC010-01-032691，辽宁省档案馆藏。

⑥ 高作鹏：《清代本溪县的王府庄园》，载中国人民政治协商会议辽宁省本溪县委员会文史资料研究委员会编：《本溪县文史资料》第 2 辑，1987 年，第 20 页。

（代善孙勒克德浑）少量庄田；在老官砬子有端都郡王（原文如此，疑为道光帝之孙端郡王载漪）庄田，亩数不详①。

八旗官员兵丁旗地　即八旗官员兵丁所占有的份地。清入关前后，除宗室贵族外，也给普通八旗官员兵丁按照品级授予18—120亩的份地，作为"八旗世业"，由官员兵丁自耕或由奴仆耕种，不准买卖。本溪地区的八旗官员兵丁旗地既有清入关前后圈占的土地，但更多来自清入关后满汉人民开垦的荒地。

顺治八年（1651），清廷准许出关开垦，冀、鲁、晋汉民陆续进入本溪地区开荒并加入八旗。康熙十九年（1680），清廷分定旗地额和民地额，对此前旗人开垦土地进行清丈，将姓名、地亩数注册，承认其合法性，从而将这些土地正式纳入旗地范畴。康熙二十五年（1686），清廷复向盛京、锦州、凤凰城等8处荒地"分拨旗丁、民丁，给牛屯垦。每十六丁内，二丁承种，余十四丁，助给口粮农器"②。由于顺治、康熙鼓励垦荒，拨丁屯种，大量旗地被开垦出来，本溪地区许多满族家谱均记述了这一筚路蓝缕的历程。

据《王氏族谱》记载：王氏原籍山东蓬莱，清初三世祖慧昶举族迁徙至辽阳城东240里的古堡磨石峪，"薙草开林，筑室启土"定居，康熙朝受田入册，隶属满洲镶红旗第一佐领③。《马氏族谱》记载：马氏原籍山东登州，二世祖马国庶"拨至辽阳城东大汤沟镶红旗界"，"于太子河南镶红旗界观音阁东南而草创宅园居焉"。五世祖马文炘复迁居小市，当时"此地尽是石堆野甸，吾祖于是劳心劳力，斩伐草木，夙兴夜寐，开垦土田，始得安居乐业"④。

满汉人民的垦荒，改变了清入关后本溪地区"荒城废堡，败瓦颓垣，沃野千里，有土无人"⑤的残破景象。据《盛京通志》记载，康熙三十二年（1693）清丈盛京旗地，兴京有旗地62784日2亩，辽阳146801日，凤凰城

---

① ［日］满铁总务部事务局调查课：《本溪湖碱厂间经济调查资料》，1915年，第34页。
② 鄂尔泰纂：《八旗通志初集》卷十八土田志一，乾隆四年（1739）武英殿本。
③ 《王氏族谱简析》，载李林等：《本溪县满族家谱研究》，辽宁民族出版社，1988年，第120页。
④ 《马氏族谱简析》，载李林等：《本溪县满族家谱研究》，辽宁民族出版社，1988年，第180-181页。
⑤ 《大清圣祖仁皇帝实录》卷二，顺治十八年三月至五月，中国第一历史档案馆电子版。

18285日；另据《八旗通志初集》记载：兴京界八旗官员兵丁、闲散人及其家属等地9681垧零5分，辽阳界内八旗官员兵丁地14809垧5亩，凤凰城界内（正黄旗屯与巴尔虎旗地）官员兵丁地33478垧5亩；碱厂、旺清门二边门官员兵丁地5476垧2亩8分。本溪境内旗地皆包含在上述3地旗地之内。

伴随盛京旗地的不断增加，管理体制也随之变化。康熙十八年（1679），清廷分定盛京所属地方旗地、民地界限，翌年又划旗民居住界限，"不许旗人、民人互相垦种，以滋争端"①。旗民分界后，实行旗民双重管理体制，"编户则守令治之，八旗则城守尉辖之"②。奉天将军及各城守尉所管界内旗地，又按八旗分界，本溪境内旗地分界大致为：

溪湖区北部，辽阳州镶黄旗界；

平山区、明山区、溪湖区南部、南芬区北部、本溪县观音阁街道办事处、小市镇、草河口镇，辽阳州镶红旗界；

南芬区南部、本溪县连山关镇，辽阳州正蓝旗界；

本溪县碱厂镇、田师傅镇、高官镇，太子河北兴京厅正白旗界，太子河南辽阳州镶红旗界，西北部兴京厅镶蓝旗界；

本溪县东营坊乡，东北部兴京厅正白旗界，西南部凤凰厅镶黄旗界；

本溪县清河城镇、南甸子镇，兴京厅正黄旗界；

本溪县草河城镇、草河口镇，凤凰厅镶黄旗界。

各旗管辖所属旗界内的旗地，旗人在各自旗界内耕作旗地。康熙三十二年（1693）丈量奉天旗地，以亩为准征豆草，规定："盛京旗人所种地亩，每年地一垧征豆一关东升，草一束。今将地亩丈量，不论何属之人，俱照八旗十三城所管地界，交与协领、城守尉等催追"③，这标志着东北旗地以亩为准征收赋税的开始。

康熙三十二年（1693）后30年间，由于土地开垦和典卖旗地之风日盛，旧的档册无法全面反映土地所有权和使用权，旗民不断发生土地纠纷。雍正四年（1726），清廷对盛京旗地再次进行清查分别造册，登记在红册内，称之为红册地。

---

① 鄂尔泰纂：《八旗通志初集》卷十八土田志一，乾隆四年（1739）武英殿本。
② 魏枢等纂：《盛京通志》卷十二，乾隆元年（1736）本。
③ 魏枢等纂：《盛京通志》卷二十四，乾隆元年（1736）本。

红册地的设置，同样在本溪地区的满族家谱中有所反映。《田氏家谱》记载：雍正四年，开科打地，遂占领名册地22日[①]。《张氏祖谱引》记载：张氏四世祖张永清，于雍正四年诏令放荒，领得本区红册地28日半[②]。《解氏族谱》记载：雍正六年（1728），领红册地24日。《贾氏谱书》记载：二世祖贾文学占兴京小峪红册地162.5亩，三世祖贾大占辽东田师傅沟、腰堡，归辽阳苏那海牛录册地120余亩[③]。《崔氏族谱》记载：雍正四年奉旨丈量土地，新增余地115顷2亩[④]。《马氏族谱》记载：马氏祖先领红册地25日，升科地21日，内仓地4日。

红册地"原系旗人产业，不准典卖与民，向有定例"[⑤]，清廷对其进行政策性保护，领受红册地的旗人也有向国家交纳赋税的义务。但是在盛京地区日益发展的商品经济影响下，限制买卖的规定受到猛烈冲击。乾隆二十三年（1758），清廷不得不批准旗人可以越旗买卖旗地，导致旗地犬牙交错的现象，同一旗里出现了旗屯、民屯和旗民混合屯，旗地、旗界逐渐废弛。借典租之名，旗民之间的土地买卖也屡禁不止，"旗民不交产"的禁令名存实亡。至光绪三十四年（1908），根据奉天谘议局筹办处对本溪县土地状况的统计，本溪县共有旗人红册地等30000余亩，占今本溪市区及本溪县耕地总面积的30%。

官兵随缺地　即职田。乾隆十三年（1748），清廷于饷额之外，将闲荒余地就近拨给八旗官员、兵丁耕种，"务须抵缺交代，勿使私自典卖"，称为"随缺地"。作为官有旗地的一种，随缺地实际是一种特别俸给制度，其目的在于保护旗人生计。

随缺地分官、兵两种：兵丁随缺地规定步兵支给5垧，马军支给10垧；官员随缺地则按照品级18—30垧不等，共计158280垧。乾隆五十七年

---

①《田氏族谱简析》，载李林等：《本溪县满族家谱研究》，辽宁民族出版社，1988年，第198-199页。

②《张氏祖谱引简析》，载李林等：《本溪县满族家谱研究》，辽宁民族出版社，1988年，第205页。

③《贾氏谱书简析》，载李林等：《本溪县满族家谱研究》，辽宁民族出版社，1988年，第200-201页。

④《正红旗汉军威宁营崔氏族谱》，载本溪市党史地方志办公室编：《辽东满族家谱选编》，辽宁民族出版社，2012年，第458页。

⑤昆冈、李鸿章等修：《钦定大清会典事例（光绪朝）》卷九百五十九，光绪二十五年（1899）石印本。

（1792）五月，乾隆皇帝上谕："从前原拨各城官兵，按品分等，给与地数……独三陵官兵，未经一律拨给"，命盛京将军查明覆奏①。是年八月，奉天将军琳宁拨出兴京、沈阳、开原、辽阳、凤凰城、广宁、牛庄等地空闲荒地9800余亩，支给三陵官员、兵丁。

光绪三十四年（1908），根据奉天谘议局筹办处调查，本溪县共有随缺地6687.15亩，其中碱厂边门章京衙门970.6亩，凤凰城守尉衙门1523.25亩，兴京协领衙门8.3亩，辽阳城守尉衙门4185亩②。另据民国初年清丈时统计，边牛录堡、牛心台、红脸沟、大峪、孤山子、三王坟、大浓湖等村有随缺地407亩；郭家堡、八道河子、碱厂堡、马家庄、观音阁、朴家堡、山城子村有随缺地343.5亩；马家庄、童家岭、田师傅沟，有随缺地173.8亩；黑老瓜沟、福金沟、郭家堡村，有随缺地163.9亩③。

除随缺地外，清代还在东北各地设有驿站，给驿卒也分配了土地，称之为站丁地。乾隆初年，连山关驿有壮丁20人，站丁地638垧95亩④。

（二）民地

民地是民人拥有的土地，占今本溪市区及本溪县耕地面积的比重少于10%，桓仁县耕地面积的99%以上。相对于旗地，民地则简单得多。按照田赋征收方式，可以分为额征米地、额征银地、清赋新升科地、额征民余地、额征加赋余地、额征减赋余地、新增余地、民典旗余地等项。

本溪地区民地的出现晚于旗地。明季辽东战乱频仍，人民死亡流徙，随着清朝定鼎燕京，大批满族"从龙入关"，致使东北地区更加荒芜凋敝。为保证军事开支、恢复农业生产，清政府颁定《辽东招民开垦条例》，招徕关内汉民垦荒定居。顺治十五年至十八年（1658—1661），辽阳、海城两州起科地总计48165亩，是为辽阳民地之始，此后辽阳民地规模不断扩大，至1906年辽阳州衙管理的全境民地总额共计242435亩⑤。光绪三十二年（1906）本溪建县，辽阳州拨本溪民地2990.5亩。另据《奉天全省财政说明书》统计，宣统末年，本溪地区共有民地321520亩。其中，本溪县3110

---

① 《大清高宗纯皇帝实录》卷一四〇五，乾隆五十七年五月下。
② 奉天谘议局筹办处编：《奉天谘议局筹办处调查报告书》第2册第4卷，1908年，第36页。
③ 李林等：《本溪县满族史》，辽宁民族出版社，1988年，第84页。
④ 鄂尔泰纂：《八旗通志初集》卷二十一土田志四，乾隆四年（1739）武英殿本。
⑤ 辽阳市土地规划管理局编：《辽阳市土地志》，大连出版社，1999年，第420页。

亩，怀仁县318410亩，其分类如下①：

额征米地 即征收米作为田赋之地。清朝肇基以来，向无粟米之征。其后草豆民地始按亩分别征米纳银，此为征米地的滥觞。《清朝通志》载：顺治十五年（1658）始定征赋之制，以每亩岁征银3分；康熙三十二年（1693）改征粟米，每亩征米约3升；康熙四十三年（1704）复改为征银，康熙五十六年（1717）仍征粟米，遂成定制。宣统年间，本溪县共有额征米地921亩，上则地每亩征米6升3合8勺；中则地每亩征米4升2合5勺；下则地征米2升1合2勺。每石向民署起解折色银8钱。

额征银地 即征收银子作为田额的土地。《清朝通志》载：雍正八年（1730）分起科地为下中上3则，每亩征银1—3分不等。宣统年间，本溪县共有额征银地921亩。上则地每亩征银3分4厘；中则地每亩征银2分4厘；下则地征银1分4厘。耗银以每1两正银1钱加征。怀仁县共有额征银地311600亩，每亩征正银2分，耗银1分。

清赋新升科地 奉天省地亩浮多，私垦所在多有。光绪三十二年（1906），盛京将军赵尔巽颁定清赋办法，规定凡没有纳粮的熟地以及各项开荒地准由民间据实首报，熟地当年起科，每亩征银5分；荒地4年起科，每亩分等则征银。宣统年间，怀仁县共有清赋新升科地6810亩，每亩征正银5分5厘，耗银1分。

额征减赋余地 定额外多余土地，因地力硗薄，经核查后可减少其课赋，谓之额征减赋余地。宣统年间，本溪县有额征减赋余地202亩，每亩征收正银3分。

额征加赋余地 定额外浮多土地，对其中土质肥沃者加收课赋，称额征加赋余地。宣统年间，本溪县共有额征加赋余地182亩。

额征民余地 亦作民人余地。对定额外开垦土地没有计入土地数者，经官查明作为余地按亩纳租，永远归民人承种，谓之额征民余地。宣统年间，本溪县共有民人余地776亩，每亩征银6分。

民典旗人余地 奉天为清朝发祥地，八旗军民咸集于此，分给田亩以作生计，谓之旗地。恪于"旗民不交产"的定例，旗人虽不能自耕，亦不敢售与民人，因此私相转典与民人。经旗署查明奏准，按照出典原额赎

---

① 《奉天全省财政说明书》，北京经济学会，1915年，第13-50页。

回。其浮多作为官有，准许民人报领升科，称之为民典旗人余地。宣统年间，本溪县共有民典旗人余地71亩，每亩征银5分。

额定新增余地　即在原有正额外私垦始行报出者。此种地亩有官地性质仍以租与民人按年分别收取租项。宣统年间，本溪县共有额定新增余地37亩，每亩征银3分。

除旗地、民地外，本溪地区还有公有地。公有地即集团所有的土地。根据光绪三十四年（1908）奉天谘议局筹办处的调查，本溪县有关帝庙香火地23亩，乡村会牧场27亩①、学田71亩；怀仁县有公会耕地333亩，牧场9亩，学田60亩②。

二、八旗土地所有制的瓦解

以官庄、王庄为代表的八旗大土地所有制，为满洲贵族提供了重要的经济来源，也是其特权地位得以世代相承袭的物质基础。清朝初年，由于实行分丁编庄，官庄、王庄内壮丁、佃户不但要向王府交纳王粮等实物，而且还为官庄、王府服役出差，即所谓当差纳粮，人身自由受到了严格限制。虽间有汉人带地投充庄地，投入佃种，向主人交纳地租，但比重不大，官庄、王庄内仍以农奴制生产关系占据主导地位。

至18世纪中叶，在汉族地主经济影响下，本溪地区官庄、王庄的经营与剥削方式发生了显著变化，逐渐由租佃关系取代了"以丁责粮"为主体的传统制度。

以盛京工部炸子厂为例。炸子厂（采煤厂）坐落在本溪县高家崴子、大岭等处。原设壮丁57名，后增加至83名。最初，每丁交煤1700斤，合计96900斤，后为141100斤，用以制造火药，缸窑制造缸、盆等用。乾隆年间，将原采煤官差转到随差地1日交辽阳市钱9吊800文，作小租交纳。此外，向辽阳旗仓交纳旗租（大租）辽阳市钱3吊。清末，也同样交纳每月1角的地亩租。

还有灰厂，是专为盛京故宫、辽东三陵生产修缮用石灰而设置的。原

---

① 奉天谘议局筹办处编：《奉天谘议局筹办处调查报告书》第8册第3卷，1908年，第20页。
② 奉天谘议局筹办处编：《奉天谘议局筹办处调查报告书》第2册第4卷，1908年，第36页。

坐落于本溪县窑子峪，因"石块多沙，灰性不甚胶粘"①，乃迁至窑子峪西南10千米的大砬子峪地方。灰厂设有工匠2人，壮丁137人，每年烧造石灰163000斤交给盛京工部。至乾隆三十一年（1766），规定100斤石灰折银1钱1分6厘至1钱2分6厘交纳官差。也就是说自乾隆年间，灰厂壮丁的官差折银交纳，163000斤折银为699两4钱8分至759两7钱8分。把石灰的折银摊派到灰厂壮丁随差地的1385日3亩上，每日地平均为银5钱4厘乃至4钱4分8厘②。

再看内务府。随着商品经济的发展，渔丁纳贡细鳞鱼已不是内务府得到细鳞鱼唯一途径。此外，由于过度捕捞，至乾隆朝时，太子河细鳞鱼已经少见。道光二年（1822）清朝遂取消渔差，改为交纳银两："奉旨统将细鳞鱼之贡差，折交银两，照数解京，渔丁仍照旧制，在太子河捕打鱼尾，变价抵交折色差银"③。《马氏家谱》也记载："迨至乾隆年间，则太子河细鳞鱼鲜少，然召奏上，变成银两。吾马氏之丁十名，每丁给银一两。河东疙砬子丁二名、河西小市堡子丁七名、一担山丁一名，共丁十名，给银十两。"④

王庄同样不能幸免。据本溪县《解氏族谱》记载，他们的先人原居吉林乌拉街，雍正六年（1728）迁居辽阳东山镶红旗属内汤沟哈食蚂火罗，领名注册地24日，随金王当差。"旧章每年按户充纳庄银若许，于嘉庆年间，移作地租，历年每日租银五钱，随地充当，将庄银免去"⑤。再如本溪全公府，"始本丁差地，继因丁有逃亡，全府遂将逃丁地收回，由府吃租，是后改为租地矣"。⑥这就是将原来"按户充纳庄银"的旧制，改为计田起租的租佃关系。

官庄、王庄经营方式的变化，极大增加了满族贵族的收入，却并未改变壮丁被剥削的命运。按照每日（6亩）租银5钱推算，仅全公府在本溪地

① 昆冈、李鸿章等修：《钦定大清会典事例（光绪朝）》卷九百五十九，光绪二十五年（1899）石印本。

② 王革生：《清代东北土地制度史》，辽宁大学出版社，1991年，第35-36页。

③ 李林等：《本溪县满族家谱研究》，辽宁民族出版社，1988年，第65页。

④《马氏族谱简析》，载李林等：《本溪县满族家谱研究》，辽宁民族出版社，1988年，第180页。

⑤《解氏族谱》，载《满族宗谱研究》，第306页。

⑥《（134）清丈局长张之涣致省议会函稿》，载中国科学院民族研究所辽宁少数民族社会历史调查组编：《满族历史档案资料选辑》，1963年，第274页。

区 11855.9 亩的土地,每年即可征银 988 两。而壮丁除须缴纳正赋外,还要向朝廷缴纳名目繁多的附加税。根据《和硕敬谨亲王现袭奉恩镇公国全公府丁差银两清册》记载,1910 年 2 月 5 日,朴氏庄头一次就缴纳差银 14.475 两。无论如何,朴氏毕竟还是庄头包衣,其所交纳的附加税比起一般壮丁来还要少些。在租佃制下的正赋和附加税,大多都落到壮丁头上,甚至父故,其子翌年还要"照册充当",子子孙孙都不得翻身①。

满洲贵族要从壮丁、佃户身上榨取更多的血汗,势必激化与后者的矛盾,导致壮丁、佃户的反抗斗争不断兴起。特别是普遍实行租佃制后,王府庄头以"水冲沙压"等名义私自典押盗卖庄地的现象屡有发生,许多庄头已经"俨有地主之资格,坐获厚利","私兑盗典,比比皆然"②。据光绪二十三年(1897)《敬谨亲王东府京府地册》统计:敬谨亲王府在本溪 29 处村屯共有原领名地 13716.01 亩(实际为 30000 余亩),因"多年经理人屡易,各有隐匿,假水冲、沙压、纸锞等名目希图免租",实际纳租地仅为 9372.3 亩,占原领名地亩数的 68.33%,实际地亩数的 31.24%,其中仅以水冲名义被庄头侵吞的土地即达 3517.8 亩③。

官庄佃户也往往将旗地"私相典售,视官地为己有",下面是几张盛京工部炸子厂旗地典卖的契约,从中可见当时情况④。

例一:

立典地契文约人徐文宽,因手乏不便,将自己红册地一段,计地一日半,坐落家北,同众人说和,情愿出典与张厚名下耕种,言明典价钱九百吊正,其钱笔下交足,并不短欠,空口无凭,立字为证。随带小租地亩。

嘉庆三年二月初九日

---

① 孙春日:《辽宁朴堡村朝鲜族社会历史调查》,载延边大学民族研究所编:《朝鲜族研究论丛》1,延边大学出版社,1987 年,第 68—69 页。

② 《奉天全省财政说明书》,北京经济学会,1915 年,第 111 页。

③ 《敬谨亲王东府京府地册》,JC010-01-032691,辽宁省档案馆藏。

④ [日]满铁总务部事务局调查课:《满洲旧惯调查报告书 皇产》,大同印书馆,1935 年,附录第 96—98 页。

例二：

立租贴文约人工部领催俊德。今有本炸子厂逃丁高佩官差地捌日半，奉堂拿出租与张海名下耕种。言明每日纳租钱九吊整。其钱许交不许要，其租价钱不到，地归本厂领催。同众言明交现租九月十五日一半，过年二月十五日交结。两家情愿，各无反悔，如遇反悔者，全在保人一面承管，恐口无凭，立租地文约为证，粮从地出。

嘉庆十九年七月十四日

例三：

立出典文约人蔡永盛，因有正用，将自己册地一段，坐落在本溪湖东道岗子，计地二日，同众说允，情愿出典于家侄蔡清升名下耕种。言明典价辽市钱一万两千吊正，其钱笔下交足，并不短欠，此系两家情愿，各无反悔，倘有反悔者，有中保一面承管，恐口无凭，立文为证。每年随带官差钱二十四吊、地亩钱六吊。计开四至，东至河，西至道，南至本姓，北至道。

光绪二十九年二月十八日

例四：

立典地契文约人萧玉满，系工部炸子厂壮丁，因正用无钱，今将本丁地一段三日坐落在辽阳城东本溪湖北头道岗子，烦人说合，情愿出典与本厂李永昌名下耕种，言明典价辽市钱一万陆千吊整，当日交足，分文不欠，自典二年，秋后钱到许赎，地归本主。钱若不到，还是耕种。此系两家情愿，并无反悔，如有反悔者，全在中保一面承管，恐口无凭，立典契文约为证。官差钱、地亩两项随地交纳。计地一段三日，南至垣墙东，北至李姓地，东至河，西至蔡姓地。

光绪三十年二月十九日

以上4例，时间从清朝中期直至清末，足见旗地典卖已是十分普遍的现象。而且绝大部分不注明典期，"名为典地当租，实与绝卖无异"①。

---

① 徐世昌编：《东三省政略》卷七财政，台湾文海出版社，1965年，第1247-1248页。

221

在庄头、丁佃侵隐、盗典、盗卖的冲击下，清政府不得不承认旗地私有化和民田化的既成事实，开始将部分被侵占的官庄丈放。光绪三十一年（1905），清政府开始丈放锦州官庄，推行盛京各地。内务府渔丁所开淤地也在丈放之列，将辽阳地界3800余亩如数放给原垦之户，耕种者交租税。渔丁贡差，按网抽费，交给渔业总局。光绪三十四年（1908），清政府开始查丈盛京粮庄浮多地亩。宣统二年（1910）奉天省又在清赋过程中规定："奉省各处官地，除王公府圈地外，其余各项官租地内如有浮多，准承种佃户首报升科，作为承业。"①根据宣统元年（1909）《奉天税务监督署档》乙第631号附表统计：本溪县已放熟地2057亩3分1厘，已放荒地14399亩9厘，共收价银额16069两2钱4分；怀仁县已放熟地6816亩8分，共收价银额10225两。宣统三年（1911）本溪县民地额3171.4亩4分；怀仁县民地额311608亩5分5厘②。但由于阻力颇大，直至清朝灭亡，尚未清丈完毕。

辛亥革命推翻了清王朝封建统治，但王公贵族的私产和世爵却得到保护，实际上王庄仍属王公所有，壮丁、佃户必须继续交纳庄租，不能抗租占地。但世代受王公贵族剥削压迫的本溪壮丁和佃户，乘王公贵族政治权力被剥夺之机，纷纷起来抗租夺地。据当时宗人府函称："自共和成立后，各庄佃对王公时生野心，抗租不交者有之，私自税契者有之，听地方团体主使附合观望者有之，甚至有为王公府产已画归国有者，一唱百和，殊于秋收地租大有窒碍。"③1913年9月，顺承郡王府上报民国政府："窃本府受赏之地，坐落奉天沈阳、辽阳、海城、本溪等地，向令本府旗丁承领，名曰庄头，由庄头招佃领种交租，历年除纳课赋之外，酌定租数交府，余归该庄头养赡家口，历有年所，毫无异词。即偶逢灾歉，在本府亦随即酌减缓免，而伊等亦无强索抗横之举。不期国体变更，共和肇兴，该庄佃不察共和之真象，竟将王产视为己有，不但额租连年拖欠，抑且有自行税契转售之事。"王府派属下官员前往接洽出售，劝庄头、壮丁、佃户承买庄地，

<hr />

① 《政府官报》第962号。转引自衣保中：《东北农业近代化研究》，吉林文史出版社，1990年，第81页。

② 王革生：《清代东北土地制度史》，辽宁大学出版社，1991年，第331—334页。

③ 《奉天公报》第628号，转引自周远廉：《清代八旗王公贵族兴衰史》，紫禁城出版社，2016年，第339页。

一些庄头佃户应允购买，另一些庄佃则"不仅连年抗租，并不交价领契，更不容他人价置"①。

旧贵族的哀号并不能阻挡时代车轮的前进。部分王公见封建剥削难以维系，开始纷纷拍卖庄田。1915年，奉天省政府颁定《查丈王公庄地章程》，对全省王庄进行清丈，分别由庄头、壮丁、典主、佃户交价承领，买后成为本人私有土地。收取的地价银钱，二成归国有，八成归原田主各王府所有。此后不久，关内外王公大部分丈放庄田取价，退出历史舞台，本溪共计丈放王庄土地7106.6亩②。但有少数王庄仍维持下来，仍归原佃户承种，本溪县的恒公府（崇尚公府）就在此列。

恒公府（崇尚公府）佃户、壮丁在全国形势鼓舞下，也掀起了激烈的拒交王租、抵制丁差反抗斗争，加速了王庄的灭亡。1917年秋，恒公府（崇尚公府）包衣达董成发等到本溪县富家楼恒公府（崇尚公府）庄地向佃户张学田、张学成、孟传顺、董景发、黄俊等催交租洋。张学田、张学成、张传库等承种孟国泰等领名地2530亩，每日地纳租价洋1.8元，每年应纳租洋455.4元。自1912年迄今共净欠租洋3187.8元。张学田等推托说，今年因旱灾歉收，各佃户又拖欠，历年欠租很多，筹措不及，请求来年再点数封纳。1918年秋，包衣达认为本年丰收，又协同代表、府员催收租款，各佃户不但不交前租，同时声称："地归民国，不能再纳王租，无论省、县有何布告，伊等万不遵从。"包衣达只得去县衙告状，请求派警协助催交，"以维私产，符优待条事，维护王公利益"。奉天省长公署批发承种佃户，应如数交纳，否则致干追押。

1919年，恒公府（崇尚公府）包衣达黄景文借王府特权，协警追索已经被废除的王府丁差，气焰嚣张，大有不纳不能生之势。佃户张村喜、孟传明据理抵制王府丁差，严词陈述："丁差本为前清一种特别恶劣不平等之税法，既造民国，当然在豁免之例。况税法原则本为平等，王公丁差乃属私税。斯税也，可行于专制，而不可行于共和。"乃称恒公府（崇尚公府）府包衣达黄景文，其形"严同霸道""张横之徒"。在壮丁、佃户的反抗之

---

① 顺承郡王府门上：《为旗丁抗租霸地呈请追究事》，中国第一历史档案馆藏：《宗人府堂稿》，转引自《清代八旗王公贵族兴衰史》，第359页。

② 刁书仁：《东北旗地研究》，吉林文史出版社，1993年，第297页。

下，奉天省长公署也不得不发文："协警逼索，殊属不合。"命本溪县知事传谕黄景文暂停催追。

王庄佃户、壮丁的抗租斗争，使王庄名存实亡。当时的地方政府，终于在1925年下达没收全部王庄的命令，"凡未经呈请丈放各王公庄园，自应一并收为省有"。自此，清朝王公贵族遗老退出了历史舞台，传承近300年的八旗土地所有制彻底消失[①]。

三、农业发展

近代以前，本溪地区地广人稀，农业发展缓慢，耕作方式依旧是传统粗放式，"种植之力，向称薄弱，未垦之地，十居二三，已治之地，亦或溉粪无术，择种未良，货弃于地而不收，力放于人而不举，收获丰歉，悉委诸天运之自然，而绝无考究"[②]。然而随着清末旗地的丈放以及弛禁放荒政策的实施，本溪地区人口急剧增加。据统计，宣统元年（1909），本溪地区总人口达到390132人，其中本溪县238932人，怀仁县151200人。本溪县因系刚刚建置，无法比较；怀仁县则比1877年建置之初增长124669人，短短30年增长近5倍，其中大部分是山东、河北移民。

在广大移民筚路蓝缕、胼手胝足的辛勤开发下，本溪地区农业得到开发，耕地面积迅速增长，耕地总面积达到714628亩，其中本溪县371033亩，怀仁县343595亩，占总面积的30.71%，几乎所有适于开垦的土地都开发净尽。在土地开发的基础上，本溪农产品的产量也达到一定规模。清朝末年，本溪地区普通年景的粮食种植面积达645506亩，其中本溪县353496亩，怀仁县292010亩，种植作物种类及产量（表4-2）如下：

表4-2　清末本溪地区主要粮食种植情况统计表

作物种类	本溪县		怀仁县		总计			
	面积（亩）	产量（斗）	面积（亩）	产量（斗）	面积（亩）	占比	产量（斗）	占比
高粱	85430	598010	75262	602096	160692	24.89%	1200106	27.35%

---

① 李林等：《本溪县满族史》，辽宁民族出版社，1988年，第119-120页。
② 刘培华、程道德、饶戈平：《帝国主义侵华简史》，黄山书社，1985年，第291页。

作物种类	本溪县		怀仁县		总计			
	面积（亩）	产量（斗）	面积（亩）	产量（斗）	面积（亩）	占比	产量（斗）	占比
粟	100481	602886	69498	416988	169979	26.33%	1019874	23.24%
玉米	59384	415688	66764	600876	126148	19.54%	1016564	23.17%
大豆	79387	476322	42726	299082	122113	18.92%	775404	17.67%
小豆	7957	39785	25107	175749	33064	5.12%	215624	4.91%
荞麦	13953	69765	1432	7160	15385	2.38%	76925	1.75%
绿豆	2385	11925			2385	0.37%	11925	0.27%
黍	4519	13557			4519	0.70%	13557	0.31%
大麦			2114	10570	2114	0.33%	10570	0.24%
小麦			5629	28145	5629	0.87%	28145	0.64%
水稻			3478	19129	3478	0.54%	19129	0.44%
总计	353496	2227938	292010	2159795	645506	100%	4387823	100%

资料来源：根据《奉天谘议局筹办处调查报告书》本溪县、怀仁县相关内容整理。

由表4-2可知，本溪地区主要粮食作物有高粱、粟、玉米、大豆，这4种作物种植面积占耕地总面积的89.68%，产量占粮食总产量的91.43%。不过随着鲁、冀流民和朝鲜移民的大量迁入，他们的饮食习惯开始对本溪地区产生影响，特别是水稻的试种与推广，深刻改变了本溪地区粮食种植结构与居民饮食习惯。

（一）水稻种植业的发展

本溪地处辽东丘陵区，气候和水资源条件本不适宜水稻种植，正如《东北通鉴》所言："东北素以大豆、高粱、粟、黍、玉蜀黍等为主要农产，对于水稻鲜有种植与提倡者。"[1]但朝鲜移民的陆续迁入，改变了这种状况。

---

[1] 东北文化社年鉴编印处：《东北年鉴》（1931），东北文化社年鉴编印处，1931年，第1349页。

朝鲜半岛毗邻中国东北地区，自古以来双方人员、经济与文化交流就十分频繁。日本明治维新后施行对外扩张的军国主义政策，逐渐吞并朝鲜，导致大量朝鲜移民迁居中国东北，与朝鲜山水相连的怀仁地区自然成为移民的首选地之一，至1908年，移居怀仁的朝鲜移民已达907户，4100人[①]。

朝鲜民族是个擅长在寒冷的北方种植水稻的民族。他们从迁入伊始，就沿着水源充足、土质肥沃的地区寻找适宜水田种植的地区安家落户、垦荒耕作。据韩桂铧著《在安东省的鲜人移民调查》记载，早在1845年，迁入中国境内的朝鲜垦民就已在浑江流域下露河、太平哨一带进行水稻试种，但后来终止[②]。1875年，朝鲜族韩姓、金姓农民在通化县下甸子、怀仁县上甸子开垦沼泽洼地试种水稻成功，并开始大力推广，怀仁由此成为近代东北最早开发水田的地区之一[③]。

怀仁水稻的试种成功，使过去许多难以利用的低洼淤荒土地具有开发成为良田的可能，拓展了怀仁农业潜力。而本地居民见种植水稻有利可图，亦纷纷招徕朝鲜移民开发水田"以图获厚利"[④]，怀仁县的水稻种植由此迅速推广开来，北甸子、碱厂沟、五里甸子、沙尖子等地相继开发水田成功，其中碱厂沟在1886年水田面积达100余亩；三道河子村水田距今亦有近120年的历史，从朝鲜引种的"京租"水稻，以色泽清澄、米味清香，享有"贡米"之美誉。群乐保的水稻，在清末民初就成为怀仁县的特产，每年对外输出达14石5斗，获银21两6钱[⑤]。同期，本溪湖以北的石桥子等地亦有朝鲜移民开垦的水田，面积约13500坪[⑥]。

---

① 马俊显修，刘熙春等纂：《怀仁县志》卷十三侨寓志，宣统元年（1909）铅印本。
② 桓仁县民族事务委员会朝鲜族志编纂小组：《桓仁县朝鲜族志》，1988年，第16页。
③ 关于近代东北最早进行水田开发的地区历来说法不一：1930年黄越川在《东三省水田志》记载："近则在四五十年前（1880-1890），当时韩人移住于鸭绿江上流，即通化县上甸子间，试种水稻，为其嚆矢，嗣后韩人移住者逐年繁盛，向来弃之草甸子及洼地无求而得之，以为耕作之用。于是传播至兴京、柳河、桓仁等县。"1933年全满朝鲜人民联合会《全满朝鲜人民联合会公报》记载1875年朝鲜韩姓农民在通化县上甸子开垦沼泽地、洼涝地，试种水稻获得好收成。1940年伪满洲农学会《满洲之水稻耕作研究》则记载1875年朝鲜族金某在桓仁县下甸子开发水田，试种水稻成功。考虑到当时桓仁县、通化县均尚未建县，畛域未清，且所记均为后人追忆，笔者认为近代东北开发水田并成功推广的最早区域当为桓仁县上甸子、洼泥甸子和通化县江甸子等浑江两岸之地。
④ 马俊显修，刘熙春等纂：《怀仁县志》卷十三侨寓志，宣统元年（1909）铅印本。
⑤ 《怀仁县乡土志》下编物产类，光绪三十四年（1908）抄本。
⑥ ［日］南满洲铁道株式会社调查课编：《南满洲经济调查报告资料》第一，1912年，第180页，1坪=3.306平方米。

同东北亚其他稻作经济发达地区相比，本溪水稻产业无论是在种植面积还是稻米产量方面都尚属落后，水稻产业的总体规模仍非常有限。直至国民时期，本溪的水稻产业才获得了真正进步。

这一时期水稻产业的大发展，首先得益于辽东地区商品经济的发展。随着沈阳、安东、辽阳、本溪湖、凤凰城、铁岭等地相继开辟为商埠，城市兴起，铁路交通运输网的初步形成，使粮豆市场和贸易异常活跃。而工商业的发展又促进了人口聚集，"日人、韩人及中国南部人来此者渐多，米之需求，即相随而日进"①。市场需求的扩大，使水田经营变得极为有利可图，从而刺激官僚、地主投资水稻产业。其次，由于第一次世界大战刺激世界市场粮价大幅上涨，奉系军阀政府为增加财政收入、扩充自身军备，亦全面推行土地丈放政策，劝奖国人种植水稻。奉天省政府为农矿厅拟具整顿全省水田计划事中奖励种稻办法，实施每亩准照八成缴纳水利，以一年为限，集资奖劝各局提倡新辟稻田在500亩以上者记功一次，在1000亩以上者记大功一次，在3000亩以上者提升，在5000亩以上者特别请奖，以示鼓励②。这一政策进一步刺激了水稻产业发展，1915年，本溪县范庄子、大岭、草河口等地有水稻种植面积26.1町，产量942石③。1917—1918年，本溪湖附近水稻种植面积已达195.1町，约合2902亩④。高丽营子、望城岗子、三家子等发展成为域内水稻的主要生产基地⑤。另据资料显示：1917年，本溪地区水稻种植面积共计5275亩，其中本溪县1152亩，桓仁县4123亩；1928年，地区水稻种植面积已发展至37373亩，本溪8101亩，桓仁29272亩，10年增长6倍余⑥。

水稻产业发展离不开地方主政者的积极促进。1918年8月，何焕典调署桓仁县知事。何上任后，"勘椎水稻，禁售林礁，查销私帖，维持储蓄"⑦，

① 黄越川：《东三省水田志》，美成印刷所，1930年，第24页。

② 《辽宁省农矿厅为报告拟具整顿全省水田计划请备案事给辽宁省政府的呈》，JC010-01-004525，辽宁省档案馆藏。

③ 郭葆琳、王兰馨编：《东三省农林垦务调查书》，神田印刷所，1915年，第125页。

④ ［日］满蒙文化协会编：《满蒙全书》第3卷，满洲日日新闻社，1923年，第349页。

⑤ 黄越川：《东三省水田志》，美成印刷所，1930年，第35页。

⑥ ［日］满蒙文化协会编：《满蒙全书》第3卷，满洲日日新闻社，1923年，第351-352页。

⑦ 《桓仁何侯循政碑记》，载本溪市博物馆编：《本溪碑志》，辽宁民族出版社，2016年，第187页。

推动了桓仁水稻产业的发展。没有完善的水利设施和先进的灌溉技术，稻作农业的发展便会举步维艰，正所谓"通沟河者，连年使得丰收；其不通沟河者，种水稻实无水可汲"，地方主政者自然深谙此理。1922年3月，奉省实业厅令，桓仁县设立水利分局，"掌管经征稻田水利事项"①，以郭作藩为局长，大力兴修水利设施，当年即开发水田5000余亩，至1923年增至20002亩，1924年复增至21500亩。1925年3月，水利分局长改易陈嵘峥，是年水田增至29026亩。1926年因春旱减少876亩，仅余28150亩。1929年复增至29960亩，"全境稻户获利颇厚"②。而地方政府亦从中获益，按照1亩水田亩捐2角计算③，仅此一项，1929年桓仁县就获得5992元的税收收入。本溪县水稻产业同样得到政府的大力提倡。1923年，本溪县知事温文对全县水稻种植情况进行调查，发现仅东二乡就有水稻5000余亩，收获颇佳。乃分饬各区长将区域内接近河流可改垦稻田地亩尽力改种水稻，并规定对改垦稻田年在5000亩以上者，由县酌请奉天省奖励；在2000亩以上者，由县酌予奖励④。

在政府的大力倡导下，本溪的水稻产业发展迅速。至1932年，桓仁县水稻产量47440石⑤。同期，本溪县水稻产量21300石，与高粱、大豆、玉米、粟等传统粮食作物的产量已相差无几。历经半个世纪的开发，水稻终于跻身本溪地区主要粮食作物之列。水稻产业的发展彻底改变了本溪地区饮食习惯，迨至民国初年，本溪地区亦是"衙署之常餐用米，菜饭馔饷用米，旅馆栈房之炊事用米，缙绅富豪之饭食用米，及至今日，食麦性之山东人亦渐变而为食米性矣"⑥。

（二）柞蚕业和麻业的发展

柞蚕亦称野蚕、山蚕，是中国特有的一种吐丝昆虫。据《野蚕录》记

---

① 侯锡爵修，罗明述纂：《桓仁县志》卷四官制志，1930年抄本。
② 侯锡爵修，罗明述纂：《桓仁县志》卷十实业志，1930年抄本。
③ 黄越川：《东三省水田志》，美成印刷所，1930年，第56页。
④《奉天省长公署指令第1079号：令本溪县知事呈拟实业计画由》（1923年5月6日），载《奉天公报》1923年第4010期。
⑤ 该数据源于1933年"满铁"对桓仁县所作的经济调查。由于辽宁民众自卫军的抵抗，1932年末桓仁县才沦陷，因此该数据可视作民国时期桓仁县经济状况的总结，下文引用同一来源数据，原因略同，不赘。
⑥ 郭葆琳、王兰馨编：《东三省农林垦务调查书》，神田印刷所，1915年，第120页。

载："桑蚕每岁止获利于春，而山蚕可兼收于秋。"正是由于易于养殖和多季生产的优点，柞蚕养殖在清代中期迅速在山东半岛扩展开来，并随着山东移民传入本溪地区，成为农民的重要副业之一。

本溪地区发展柞蚕业具有许多优势，概括起来有三。

首先，本溪地处辽东山地丘陵区，具有丰富天然的柞树资源。据《奉天通志》记载：本地区"山峦重复，树多柞栎，实为天然之最好蚕场"[1]。另据《南满洲经济调查资料》记载："本地区杂木林山众多，只比附近平地高一二百米，并不陡峭，且能抵御满洲特有的寒风，是饲养柞蚕的天然场所"。尤其是本溪所属分水岭以东山区，"最适于养蚕，是现今满洲地区屈指可数的柞蚕产地"[2]。《桓仁县志》亦称："土质地势最宜造林，杨、柳、松、柞、杉、槐等树无种不宜。"[3]根据调查，桓仁县4区共拥有柞树1065.5平方里，占山林面积总量的3.5%[4]。这就为发展柞蚕业提供了充足的饲料。加之"山地高亢，雨少晴多，蚕性恶湿，气候甚属适宜"，十分有利于柞蚕生长，"其蚕场之扩展，固所当然"[5]。

其次，营口开埠和安东丝织业的发达客观上刺激了本溪柞蚕业的发展。第二次鸦片战争后，营口（当时称牛庄）被迫开埠，由原来的海防小镇一跃成为客商云集，"船只来往频繁，帆樯如织"[6]的沿海商港。营口的开埠通商，客观上刺激了东北地区商品经济的发展。尤其是大豆、柞蚕丝等土特产品输出逐渐增多。其中柞蚕丝贸易尤以夏季期间最为旺盛，成为仅次于大豆三品（大豆、豆饼、豆油）输出的大宗商品。清末，"东北柞蚕茧产量超过山东，约占全国总产额的十分之六七"[7]。安东更是发展成为东北丝织业中心，至1921年已有柞蚕缫丝工厂63家，缫丝机13542台[8]，对原

① 王树楠、吴廷燮、金毓黻等纂：《奉天通志》卷一百二十一实业志九，东北文史丛书编辑委员会，1983年影印本，第2764页。

② ［日］南满洲铁道株式会社调查课编：《南满洲经济调查资料》第一，1912年，第174页。

③ 侯锡爵修，罗明述纂：《桓仁县志》卷十实业志，1930年抄本。

④ 王树楠、吴廷燮、金毓黻等纂：《奉天通志》卷一百一十八实业志六，东北文史丛书编辑委员会，1983年影印本，第2702-2708页。

⑤ 王树楠、吴廷燮、金毓黻等纂：《奉天通志》卷一百二十一实业志九，东北文史丛书编辑委员会，1983年影印本，第2764页。

⑥ 张研、孙燕京：《民国史料丛刊》803，大象出版社，2009年，第210页。

⑦《中国实业志》第5编·山东省，实业部国家贸易局，1934年，第222页。

⑧ 陈冬生：《清代山东柞蚕的生产发展与传播推广》，载《古今农业》1994年第1期。

料的需求骤增，进一步刺激了本溪地区柞蚕业的发展。据《奉天通志》记载：1908年，本溪县东南两区均为柞蚕场分布区，共有蚕户57处，蚕农172人，每年可收蚕茧1020万粒[1]。"满铁"《南满洲经济调查》亦记载：1909年，本溪县草河口一带有蚕农134户，每年蚕茧产量为五六十万粒；此外，分水岭一带也有蚕农七八十户[2]。民国时期，本溪柞蚕业规模进一步扩大。1917年，本溪县蚕户增长至325户，年收茧量1434担。1928年，本溪县2区、5区、8区共养蚕293把（每把大约山场150—300亩），产茧680万斤[3]。所产蚕茧全部运往安东，每年输出量约8000捆（每捆七八千粒），按照每捆价格15—18元计算，年产值约13.6万元[4]。相较于本溪县，桓仁县的柞蚕业规模更大。早在清末，每年输往安东等地的柞蚕茧即达60000粒，柞蚕丝156斤，二棚甸子更是远近闻名的柞蚕产地[5]。1919年，全县放养柞蚕7000把（每把60亩），蚕场面积49789亩[6]。

第三，与水稻产业一样，本溪地区柞蚕业能够迅速发展，同样得益于地方主政者的大力扶植。1902年，怀仁知县刘朝钧在境内"劝民植桑柞各树，兴养蚕之利"[7]。1909年，怀仁知县马俊显亦大力提倡种柞养蚕，曾专门颁定种柞养蚕章程，规定全县各地"按屯堡之大小、定种树（指柞树）之多寡，每大屯种植三百株，中屯二百株，小屯一百株"，并对盗伐成材之树者予以制裁，"一经审实，亦罚令补种十株，仍治以盗砍之罪"。又从宽甸县雇用蚕师，买茧种，指令每户"家有四名口以上者，养蚕五千个，八名口以上者，养蚕十千个"。对格外多种多养者给予奖励，强调"蚕农并举，不得偏废"。在这一政策鼓励下，全县39个乡保共种植柞树173700株，极大地促进了桓仁柞蚕业的发展[8]，政府亦获得可观税收，每年仅茧扣税即达大洋8440元[9]。本溪县历任知县对柞蚕业发展同样采取积极扶持政

---

① 王树楠、吴廷燮、金毓黻等纂：《奉天通志》卷一百二十一实业志九，东北文史丛书编辑委员会，1983年影印本，第2764页。

② ［日］南满洲铁道株式会社调查课编：《南满洲经济调查资料》第一，1912年，第211页。

③ 本溪市档案馆编：《本溪地区林业资源遭受破坏情况概述》，1993年，第11页。

④ ［日］沈阳抚顺本溪辽阳四县调查班：《本溪县调查报告书》，1933年，第43页。

⑤ 《怀仁县乡土志》下编物产志，光绪三十四年（1908）抄本。

⑥ 桓仁县地方志编纂委员会编：《桓仁县志》，方志出版社，1996年，第161页。

⑦ 马俊显修、刘熙春等纂：《怀仁县志》卷六勋职志，宣统元年（1909）铅印本。

⑧ 马俊显修、刘熙春等纂：《怀仁县志》卷八新政志，宣统元年（1909）铅印本。

⑨ 侯锡爵修、罗明述纂：《桓仁县志》卷七财赋志，1930年抄本。

策，大力提倡种植柞树。1919年6月至1923年8月，境内累计劝种成活柞树181500株。1923年，本溪县知事温文拟定实业发展计划，并报请省府批准。鼓励种柞养蚕，限期报领所有官有民有荒山，"以今年秋节为期，凡人民于限前具领荒山者，秋节后，即施行勒限该管警甲督促种植柞树（种柞最宜秋后），以策进行而收速效"。同时饬令各区将域内可放未放蚕场所在山主姓名和亩数详查报县，督促各山户"自今年秋蚕期起，其有力自己养放者，听其自放，即其无力自己养放之山户，亦得招人养放，务期凡可养放之处不令废置，悉行养放，以尽地利"①。1927年，代理县知事李镇东报请奉天省长公署批准，在县公署第一科内添设柞蚕股，附设柞蚕试验场，以培育柞蚕良种。1930年8月，本溪县教育局局长钟秀奇遵令转呈县公署，在"各校添授柞蚕功课，培养蚕业人才"。同年，成立县蚕业促进总会，竭力提倡蚕业改良②。所有这些都促进了本溪地区柞蚕业的健康发展。

麻是本溪地区另一种重要的经济作物。本溪所产之麻有两种：一为苘麻，通称青麻，其纤维可供纺织；一为线麻，子可榨油，皮沤为麻，坚实耐用。

太子河上游作为东山麻的产地自古闻名。上等线麻产地以"兴京所属地为最，总名东山，均在沈阳之东南"。据"满铁"《本溪县调查报告书》记载：本溪县出产的线麻，上至碱厂下至小甸子、望城岗子、高丽营子等地，集散在小市镇，或转运至抚顺县、千金寨及奉天，或经由牛心台运往辽阳，还有一部分运至凤凰城。其每年的集散量，碱厂约5万斤左右、小甸子16万斤、望城岗子21万斤、高丽营子4万斤，总计达46万斤。小甸子是仅有40余户的小村镇，麻商永泉长在此设一商铺从事麻交易，它将购入的麻打包成一捆90斤左右，冬季经陆路运往奉天。望城岗子有60余户，东山麻在附近产量最大。更东边苇子峪兴京县地方的麻也集散于此处。主要是直接运往奉天。民国初期的行市是上等麻30元，中等麻25元，下等麻22元左右。如此，线麻以非常高的价格买卖，在本溪湖县街，每斤麻售价约5

---

① 《奉天省长公署指令第1079号：令本溪县知事呈拟实业计画由》（1923年5月6日），载《奉天公报》1923年第4010期。
② 本溪满族自治县党史地方志办公室编：《本溪满族自治县志》上卷，辽宁民族出版社，2009年，第349页。

角。种植亩数大约在7500亩，亩产60余斤。其产出金额在12万余元[①]。同期，怀仁县的麻产量也很可观，1906年，怀仁县共输出线麻191440斤、绳麻25650斤、苘麻65716斤，获银共达176851.72两[②]。

（三）伐木业与林下产业的发展

本溪地区位于辽东山区，森林广布，特别是桓仁一带，封禁既久，至建治之时已是"兽鸟充轫，绝巢窟而野无居人，山嵯峨而径显猎迹"[③]的莽莽林海。然而近代以来，随着移民迁入、经济开发以及战争破坏，本溪森林资源遭到严重破坏。至清末，桓仁县除老秃顶子、牛毛大山、东西刀尖岭等少数地区因运输不便，采伐较少，原始森林得以保存外，其余早年"茂林青密之区，现已砍伐殆尽，一望皆秃山童童"[④]；本溪县"成林相者，皆在沟尾山巅。其材可供使用，面积颇大者，惟苇连山、连州岭、千大洋、罗圈沟岭等五处。其成零星小段者，思山岭附近数处及蒲石河、福山寺各附近处，其余沟内皆属耕地，岭上俱系童童"[⑤]。根据奉天劝业道调查，本溪县共有森林面积764顷，总株数62万株；另据史料记载，在江澜子岭、红盘道岭及房木道沟一带有森林面积781平方里，总材积218680尺缔[⑥]。桓仁县共有森林面积2090平方里，总材积1382536尺缔。具体分布情况详见表4-3。

表4-3　清末桓仁森林计算表

名　称 ＼ 区　域	横道川及上漏河与里岔沟	牛毛大山	八面威	东过岭及长冈	合计
面积（平方里）	1250	540	120	180	2090
平均直径（尺）	05	07	08	05	

---

① ［日］沈阳抚顺本溪辽阳四县调查班：《本溪县调查报告书》，1933年，第42—43页。
② 《怀仁县乡土志》下编物产志，光绪三十四年（1908）抄本。
③ 章樾：《初建怀仁县碑记》，载本溪市博物馆编：《本溪碑志》，辽宁民族出版社，2016年，第160页。
④ 侯锡爵修，罗明述纂：《桓仁县志》卷十实业志，1930年抄本。
⑤ 王树楠、吴廷燮、金毓黻等纂：《奉天通志》卷一百一十八实业志六，东北文史丛书编辑委员会，1983年影印本，第2715页。
⑥ 每尺缔约为0.334立方米。

区 域 名 称	横道川及上漏河 与里岔沟	牛毛大山	八面威	东过岭及长冈	合计
平均底面积（平方尺）	02	038	05	02	
平均高（尺）	10	16	35	8	
样木积（立方尺）	2	608	125	16	
标准株数	1800	3400	2400	1800	
标准材积（尺缔）	300	1216	2500	240	
总材积（尺缔）	375000	664336	300000	43200	1382536

资料来源：王树楠、吴廷燮、金毓黻等纂：《奉天通志》卷一百一十八实业志六，东北文史丛书编辑委员会，1983年影印本，第2707页。

民国成立后，1912年12月，北洋政府农林部公布《东三省国有林发放规则》，规定东三省国有林除国家直接经营外，全部发放，凡具有法人资格的中华民国公民都可以承领，从而使大片国有林转为私人承领。1922—1928年，本溪、桓仁两县共发放私人承领林地30处（表4-4），每处林场小者6方里，大者155方里，一般为数十方里。承领者有的放养柞蚕，有的雇把头砍木，亦有集股组织采木公司者，私人林业经营日益发展。

表4-4 本溪、桓仁境内私有林场统计表

序号	地点	面积	树种	承领人	承领时间
1	大小母猪沟	155方里	柞	张永安	1922.11
2	分水岭	45方里	柞杨	毕嗣惠	1923.2
3	砍椽子沟	40方里	柞杨桦椴	王福成	1923.5
4	汤沟	10方里	柞杨居多松椴次之	王志新	1923.9
5	小红石砬子	15方里	柞杨桦椴	张奎谦	1923.10
6	挂牌子	50方里	松杨桦柞	田治野	1923.11
7	大清沟	10方里	松杨榆椴	靳春荣	1923.11

序号	地点	面积	树种	承领人	承领时间
8	大夹砬子	11方里	榆杨桦柞	张学良	1924.7
9	铁刹山	37方里	榆杨居多松树次之	卢玉顺	1924.7
10	杉松河	136方里8分9厘	桦杨柞椴	荆艺田	1924.7
11	蕨菜排子	6方里4分6厘	桦杨柞椴	荆艺田	1924.7
12	大小错草峪	29方里8分5厘	桦杨柞椴	荆艺田	1924.7
13	房身沟	12方里8分7厘	桦杨柞椴	杨振玉	1924.7
14	小夹砬子	6方里7厘	桦杨柞椴	杨振玉	1924.7
15	白石砬子	10方里4分6厘	桦杨柞椴	杨振玉	1924.7
16	桦皮沟	25方里9分9厘	桦杨柞椴	杨振玉	1924.7
17	炼金沟	25方里5分6厘	桦杨柞椴	谈国楫	1924.7
18	小汤沟	83方里68亩	柞杨柲椴	孟辅廷	1925.5
19	杉松河	25方里	柞杨榆椴	刘长春	1925.5
20	杉松河	10方里	榆杨柞居多	祖　兴	1925.12
21	凉水泉子	12方里	松桦柞等	吴惠臣	1926.5
22	锡石沟	19方里	松柞	张德本	1926.5
23	蒲石河	42方里	柞多松次之	鄂福堂	1926.11
24	孙李沟	100方里	松杨瑟柞	潘景尧	1927.8
25	塘石沟	20方里	杨柞多松瑟次之	陈景福	1927.8
26	墙缝沟	42方里	松榆柞椴	崔兆祯	1928.1
27	龙爪沟	19方里	柞杨多松次之	王凤廷	1928.3
28	大石湖	15方里	松杨榆柞	马德山	1928.9
29	外三保	60方里	榆杨杂树	王盛魁	1924.5
30	大雅河	130方里	榆杨杂树	成思汉	1924.7

资料来源：王树楠、吴廷燮、金毓黻等纂：《奉天通志》卷一百一十八实业志六，东北文史丛书编辑委员会，1983年影印本，第2699-2700页。

伐木业是本溪林业经营的基本形式。本溪地区出产的木材主要是杂木，以柞树最多，榆树次之，椴、桦、黄菠萝、杨树等混杂，栂松、黄花松之类松柏科的树木稀少，树干不大，少有直径1尺以上的，

堆积在太子河岸等待运输的木材

大概都是3—7寸，可用于造屋、坑木、轻便铁路的枕木、木炭制造和家具制造等。

木材采伐的专业人员很少，大多系从附近农村临时雇佣。采伐者一队叫作班，人员少则五六人，多达三四十人。班里用班长，称为把头。把头资金充裕者少，大致通常是在春夏时先与碱厂或苇子峪的商铺订立合同，预先确定木材种类和采伐量，将其估价的一部分以现金或杂货、粮食等方式收取订金。至冬季才开始采伐。商铺也大多是有订货才与把头签约，因此每年采伐量由于订货多少而不同，民国初年，碱厂从事伐木的力工约有500人。

把头在冬季带领力工进山林伐木，伐木力工俗称砍手。边墙外的山林属于官有林，因此要交纳规定的伐木税。边墙内的山林属于王府地或旗地，因此要向管理者得到伐木许可，根据约定交付礼金。另外，在山下无木材税，但运输出去时，由税局征收规定的木材税。

采伐的木材，在山中按照所需长短截断，用牛马在解冻前运至附近河岸。这时签订合同的店铺派员到现场检查数量，支付合同余额。交易完成后，商铺另雇人将木材编成排筏。然后雇佣筏手将排筏运输至本店所在地。从洋胡子沟到碱厂，水路200余里，行程7—10日；从碱厂至本溪湖，平水情况下需要3—4日，至辽阳再加1—2日。运费到本溪湖每排10—12元，至辽阳15—18元。

民国时期，本溪县输出木材的集散地主要是碱厂和苇子峪两地。由于抚顺煤矿收购坑木，戊辰洋行在碱厂和苇子峪设立了办事处，本溪湖煤铁

公司也在碱厂和苇子峪河岸收购坑木，因此木材产量增加了两三成，每年输出量达432900根[1]。此外，桥头和连山关等地亦有少量输出，仅1923年两地就外运木材5627吨。同期，桓仁县木材输出量也十分巨大。1929年，鸭绿江采木公司自浑江流域采伐运至安东的木材，计有方材73116连，圆材43597.5连[2]。

这一时期，本溪地区伐木业的经营方式十分粗放。"其采伐时，概不计较何者可伐何者宜留，即林相最密之处亦不知间伐以图永久之利，遇有通直可材价格合算者，辄任便伐之"，丝毫不讲"搏节爱养"之道[3]。由于伐木业利润巨大，致使未经呈报私自盗伐的现象屡禁不止。1922年，仅蒲石河、南河峪（蓝河峪）两地被查获盗伐的木材即达1万余根，盗伐规模之大由此可见一斑。

乱砍滥伐不仅严重破坏林业资源，也造成水土流失并严重影响农业生产。为此，经孙中山倡议，民国政府于1915年颁定法规，以每年清明节为植树节，大力倡导植树造林，并由政府无偿供给苗木。1923年，本溪县公署在县街北大堡设苗圃5亩，每年可繁育白杨等苗木5000余株。1925年，桓仁县在县城东关设苗圃20亩，年产各类苗木20余万株，以供造林之用。每至是日，县知事躬率士绅等各界人士植树。由于吏治腐败，植树活动往往流于形式，以致植树多年，全境"实无特造之林区"。1928年初，白尚纯二度莅任本溪县知事，大力提倡植树造林。在给奉天省长公署的报告中，他力陈本溪之弊："本溪境内，山岭重叠，除有少数林木供世人采取外，泰半一望濯濯。设遇骤雨暴洪，则附近垄亩冈不受其冲洗，是以境内粮食常患不足，良有已也。"而植树造林"不特有山皆树，全境蔚然，而人民所获果实叶利，尤较平原为溥。既杀山洪之威，可保平原之地"[4]。基于这一认识，白尚纯认为"造林乃行政之要"，"林木常养，为废山获利之阶，亦即

---

① ［日］满铁总务部事务局调查课：《本溪湖碱厂间经济调查资料》，1915年，第61～64页。

② 本溪市档案馆编：《本溪地区林业资源遭受破坏情况概述》，1993年，第13～14页。1连=8尺。

③ 王树楠、吴廷燮、金毓黻等纂：《奉天通志》卷一百一十八实业志六，东北文史丛书编辑委员会，1983年影印本，第2717页。

④ 《本溪县公署为报县境环山大半秃童拟饬种木以庶材利并订奖惩规则以资观成请鉴核示遵事给奉天省长公署的呈》，JC010-01-004585，辽宁省档案馆藏。

本知事认为唯一先决之政策"①。在这一理念指导下，白尚纯召开专门会议，讨论植树造林、发展林业生产等事宜。会后制定并下发《民国十七年种树补充办法》《种树办法及奖惩规则》，规定"凡荒山、旷地、河畔等处，从前已种树木之地，应切实保护整理；未种植者，务于植树节前后赶速种植。对民间所报荒山多未种树，应由县斟酌土宜，勒令多种山柞或松柏各种。其有违令不办而报领已过三年者，即照章撤放"②。按照计划，全县预计首期植树 11.43 万株，余者分期照数补齐，由县警察署敦促严格执行。

民国时期，日本殖民者出于生产需求，采取收购、定点采伐与营造人工林相结合的方法从事林业生产。1912 年，"满铁"在本溪湖附属地设立苗圃③；1920 年，制定《安奉铁路造林计划书》；1921 年，基于铁路用地造林计划将苗圃面积增至 32881 平方米；1921—1927 年，累计在本溪湖管内铁道用地植树 846090 株④。本溪湖煤铁公司和抚顺炭矿为保证煤矿用坑木的供给也积极植树造林并予以奖励。1924 年，本溪湖煤铁公司报领本溪县国有林场 8 处，面积 218.68 平方里，造林用于坑木生产⑤。1926 年，抚顺炭矿制定奖励造林计划；1926—1936 年，累计在本溪湖等铁道用地植树 3055400 株。这一时期，日本殖民者还扶植"亲日"中国人合资建立了多家造林公司，最典型的就是 1922 年日商冈村弥太郎与于冲汉（时任东三省保安司令部参议）"合资"创办的安奉兄弟造林场。该林场由于冲汉等提供山场，日方提供树苗、技术指导和资金支持。1922—1929 年，在本溪县祁家堡至连山关、下马塘以及南坟、草河口等地累计栽种落叶松、红松、黑松等 360 余万株，总面积达 708 陌⑥。经多年经营，"使童山不毛之山巅，竟为浓荫翠绿之旷野"，成为近代本溪境内最大的人工林。

---

① 宋自然、高作鹏：《白尚纯轶事》，载中国人民政治协商会议辽宁省本溪县委员会文史资料研究委员会编：《本溪县文史资料》第 4 辑，第 74 页。

② 《植树简明规则》（1928 年），载《本溪县志》未刊稿，1983 年，第 304 页。

③ ［日］本溪湖地方事务所编：《本溪湖事情》，满洲日日新闻社印刷所，1936 年，第 17 页。

④ ［日］南满洲铁道株式会社总裁室地方部残务整理委员会编：《满铁附属地经营沿革全史》下卷，南满洲铁道株式会社，1939 年，第 659 页。

⑤ 本溪市档案馆编：《本溪地区林业资源遭受破坏情况概述》，1993 年，第 13-14 页。1 连 = 8 尺。

⑥ ［日］南满洲铁道株式会社总裁室地方部残务整理委员会编：《满铁附属地经营沿革全史》下卷，南满洲铁道株式会社，1939 年，第 662 页。1 陌 = 10 亩或 1 公顷。

本溪丰富的森林资源蕴含了无尽的宝藏，其中尤以人参等药材最为知名。

人参，古称地精、神草，五加科多年生草本植物，因具有极高的药用价值，享有"百草之王"的美誉，与貂皮、乌拉草并称"东北三宝"。本溪地处辽东山区，雨量充沛，气候凉爽，十分适宜人参的生长，人参采集和贸易的历史源远流长。迨至清代，满洲龙兴关外，本溪地区依然以出产质量优良的人参著称于世。据清代阮葵生所著《茶余客话》记载："人参肥而短者，产兴京以东诸山中，称东山货；瘦而长者，产宁古塔诸山中，名北山货。"①此兴京（今新宾）以东诸山，正当今桓仁之境。

为垄断人参资源，满洲八旗王公贵族，按旗分地采参。八旗人参山，顺治年间定于乌拉东南地方，即今吉林省永吉县乌拉老城以东以南的广袤地域。根据汉语译音，现可辨识位于今本溪境内的有10处（表4-5），分列如下：

表4-5 清代本溪地区分布的部分人参山场

旗　属	《柳边纪略》所记山场名	《吉林通志》所记山场名	分布地区
镶黄旗正黄旗	佟家河	佟佳江（佟佳河）	桓仁县东部浑江流域
正白旗镶白旗	刚山岭	康萨岭（康删岭）	桓仁县与通化县界山
正白旗正蓝旗	东胜阿谷	董鄂	桓仁县西部黛龙江流域
正白旗正蓝旗	瓦尔喀什（把罗）	瓦尔喀什	桓仁县华来镇瓦尔喀什村
正蓝旗	木敦家姆占	萨穆禅山	本溪县东营房乡草帽顶子山
正蓝旗	非牙郎阿	费叶棱乌	本溪、桓仁、新宾三县交界附近
正蓝旗镶红旗	加哈岭（加海）	嘉哈（河）	桓仁县与新宾县界山

---

① 阮葵生：《茶余客话》，上海古籍出版社，2012年，第490页。

续表

旗　属	《柳边纪略》所记山场名	《吉林通志》所记山场名	分布地区
正红旗	阿米大牙儿过		即昂巴雅尔古，桓仁县大雅河流域
镶红旗	沂澈东倭	伊彻东五	即新董鄂，桓仁县普乐堡附近
镶红旗	五什欣阿普大力	阿布达哩	即阿布达里岗，桓仁与新宾交界之老道沟岭
镶红旗	撒姆占河	萨穆禅哩	即碱厂河，本溪县东营房乡

资料来源：根据《柳边纪略》和《吉林通志》相关史料整理。

　　清中叶以降，由于需求量的增加，开始出现人工栽植的"秧参"（即园参）。1846年，今桓仁县二棚甸子镇所辖四平村和红汀子村就有参农进山搭棚，垦荒栽种人参。初时技术水平低下，人参产量很低。两村共有人参200帘，单帘产量仅5—7斤[1]。至1906年，桓仁县每年输出秧参1703斤，获银4138.84两；另有参须231斤，获银184.8两[2]。桓仁由此成为全国著名的人参之乡。

　　除人参外，本溪地区还出产多种药材。1906年，桓仁县每年出口各类药材（除人参外）22621斤，获银1834.32两。民国末期，本溪县年产各类药材286000斤（表4-6），具体如下：

表4-6　民国末期本溪县各类药材年产量

品　名	产量（斤）	单价（元）/斤	总价（元）	备　考
细　辛	17000	0.30	5100	细药材
黄　芪	13000	0.09	1170	细药材
五味子	8000	0.07	560	细药材
党　参	5000	0.2	1000	细药材

---

[1] 朱祥林主编：《桓仁人参志》，2015年，第49—50页。
[2] 《怀仁县乡土志》下编物产志，光绪三十四年（1908）抄本。

品　名	产量（斤）	单价（元）/斤	总价（元）	备　考
苍　术	22000	0.04	880	细药材
防　风	8000	0.08	640	细药材
黄柏皮	140000	0.015	2100	粗药材
木　通	20000	0.014	280	粗药材
木　贼	20000	0.01	200	粗药材
黄　芩	6000	0.05	300	粗药材
桔　梗	10000	0.07	700	粗药材
大荔枝	4000	0.05	200	粗药材
升　麻	6000	0.035	210	粗药材
葛　根	4000	0.08	320	粗药材
车前子	3000	0.03	90	粗药材
总　计	286000		13750	

资料来源：［日］沈阳抚顺本溪辽阳四县调查班：《本溪县调查报告书》，1933年，第45页。

菌类和动物皮毛也是重要的林下产品。本溪县的菌类多产自东边外四平街至平顶山一带，每年9月后上市，民国初期年产木耳6000斤、黄蘑50000斤、榆蘑约1000斤，木耳输出至奉天、辽阳，黄蘑和榆蘑输出到安东县[①]。桓仁县菌类产量亦很可观。1906年，桓仁县共外销黄蘑15308斤、木耳178斤，共获银1153.16两[②]。农闲时节，农民还进山狩猎，每年猎获的野兽皮毛在当地很少消费，大多销售至奉天等地区。1906年，桓仁县外销的动物毛皮计貂皮7张、狐狸皮30张、貉獾皮4张、山狸皮5张、骅子皮145张[③]。同一时期，本溪县每年外销的动物毛皮种类及数量如（表4-7）：

---

① ［日］满铁总务部事务局调查课：《本溪湖碱厂间经济调查资料》，1915年，第82页。
② 《怀仁县乡土志》下编物产类，光绪三十四年（1908）抄本。
③ 《怀仁县乡土志》下编物产类，光绪三十四年（1908）抄本。

表4-7　民国初期本溪县年外销动物毛皮统计

名　称	数量	单位	价　格
狐狸皮	500	张	七元至十三元
灰鼠皮	500	张	二角五分至三角
黄鼠狼皮	800	张	一元左右
獾子皮	200	张	五六角
貉子皮	200	张	四元至五元
貂皮山狐皮狼皮熊皮	150	张	

资料来源：〔日〕满铁总务部事务局调查课：《本溪湖碱厂间经济调查资料》，1915年，第82页。

第二节　民族工商业的发展

一、民族工业的兴起

清末民初，随着煤铁工业发展和人口聚集，促进了其他手工业的繁荣，本溪地区主要手工业门类有农产品加工业、窑业和制香业。

（一）农产品加工业

本溪地区的农产品加工业，主要有酿酒业、榨油业、磨坊和粉房。

酿酒业　亦称烧锅，是本溪域内最古老的手工业门类之一。清嘉庆十二年（1807），永泉长烧锅和永隆泉烧锅分别创办于清河城小甸子、田师傅沟口。清道光五年（1825），福兴魁烧锅在碱厂营业。这3家烧锅，是本溪地区最为著名的酿酒作坊，至民国初年，其经营状况如表4-8：

表4-8　民国初年本溪县三大烧锅经营状况

烧锅名	位置	副业	资本	班数	原料消耗量（石）	产量（斤）	输出量（斤）	使用人数
福兴魁	碱厂	杂谷输出农业	25000	二	高粱3600 大麦800 小豆360	300000	150000	64

续表

烧锅名	位置	副业	资本	班数	原料消耗量（石）	产量（斤）	输出量（斤）	使用人数
永隆泉	田师傅沟口	油房	25000	二	高粱3000 大麦700 小豆300	250000	150000	62
永泉长	小甸子	杂货 油房 粉房	40000	夏二 冬三	高粱6000 大麦1400 小豆600	500000	300000	94
合计				夏六 冬七	高粱12600 大麦2900 小豆1260	1050000	600000	220

资料来源：［日］满铁总务部事务局调查课：《本溪湖碱厂间经济调查资料》，1915年，第48页。

烧锅一般由柜房（营业部）、麴房（麴制造部）、酒房（高粱酒蒸馏部）3部分组成。柜房大掌柜以下从事烧酒制造的总监督，管理烧锅原料采购、保存、烧酒销售和副业经营等，制成烧酒保存及烧锅内各种杂务亦由柜上管理。麴房从事麴原料粉碎、炼制、麴子房堆积、制麴、成麴粉碎等。酒房从事原料粉碎，插入窑子房（发酵室）、甑房（蒸馏室）操作等。烧锅人员根据班次和副业有无各不相同，以小甸子永泉长为例，其组成如下：

一、柜房 ⎰掌柜的 7人（大掌柜1人，外柜2人，其他4人）
　　　　 ⎨伙　计 14人（含酒柜、杂货柜）
　　　　 ⎱杂　役 19人（含打杂的、马夫、车夫、猪倌、厨师等）

二、麴房 ⎰麴　班 9人 ⎰管箱的1人、端麴的2人、接团的2人
　　　　 ⎨　　　　　　⎱拌锅的2人、扛麴的1人、卧麴的1人
　　　　 ⎱杂　役 15人（含晒麴的）

三、酒房 酒　班（分3班，一班6人）18人 ⎰厨师1人、烧火的1人
　　　　　　　　　　　　　　　　　　　　⎨打水的1人、上锹的1人
　　　　　　　　　　　　　　　　　　　　⎱下锹的1人、拌案子1人

四、油房7人

五、粉房5人

合计：94人

其一班指蒸馏器1个，每班1日需用原料高粱4石8斗，相应的麹原料1石1斗2升，小豆4斗8升，可制高粱酒400斤。燃料一日每班消耗煤炭500斤。

原料主要取自烧锅附近出产，碱厂大麦则由苇子峪、平顶山输入。

麹子制造时间在每年阴历三月后八月前，其方法是将捣碎的原料放入模型中制成砖状，堆在麹子房中，45天左右成麹。福兴魁、永隆泉每年制麹1次，永泉长制麹2次。将做好的麹子再次粉碎，根据质量，将优等和劣等麹子适当混合。在4石高粱渣子中混入约320斤麹，封入窑子（发酵槽）里，经8—10日充分发酵形成秕子。取出后，再加入若干高粱渣子装入蒸馏器中，从灶下加火使其蒸馏，最后导入冷却器冷却后得到烧酒。蒸馏约1小时取出，撒布在地板上待其冷却。再加麹，封入窑中。另取新秕子加入高粱渣子制成相同的秕子。蒸馏超过5次后，酒精成分减少，将酒糟弃置于室外。制出的烧酒每次酒精成分都不一样，因此要适当混合成统一的酒精成分，贮存在瓮或篓中。

酿酒形成的酒糟每班可得1800斤，其价格每千斤4—5元，由于适合作猪饲料，所以各烧锅都大致饲养三四圈（一圈约40头）猪。

三大烧锅每年的工作日约340日。但夏季有时由于原料不足或者价格高等原因而选择休业，班数减少，因此每年工作日数是300—330日。

三大烧酒每年产量为105万斤，其中60万斤输出，其余在附近销售。输出地赛马集、四平街、苇子峪、平顶山等地约占四成，输出至安东、凤凰城约占六成。

烧锅需要宽敞的场所，一般都是本地经营规模最大的商号。同时饲养许多家畜，有十数辆车辆。一般都兼营其他业务。如小甸子永泉长兼营油房、粉房、杂货和经营杂粮、麻以及其他土特产的外销。

烧锅同样是桓仁县重要的手工业部门。民国时期，桓仁县有烧锅6家，其中最大的裕成泉烧锅年产能88000斤，年销售额21050元[1]。

榨油业　即油房。大豆是本溪地区主要农产品，利用域内及周边丰富的大豆资源，本溪发展出较为发达的榨油业。

---

① ［日］满铁安东事务所编：《东边道宽甸辑安桓仁通化各县经济调查报告书》（1933年9月），宽甸县党史地方志办公室、集安市档案局译，2015年，第245页。

民国初年，本溪地区榨油业规模较小，均使用旧式榨油法制油，主要油房数量及产品外销量如下（表4-9）：

表4-9 民国初年本溪县部分榨油业情况

地方	油房数	班数	年产量			外销量（枚）	原料大豆消费量（石）
			油（斤）	大豆饼（枚）	小豆饼（枚）		
碱　厂	3	3	60000	10000	4000	大豆饼10000	2000
小　市	2	1	4000	—	2000	—	200
高丽营子	2	2	30000	5000	2000	大豆饼5000	1000
小甸子	1	0.5	2000	—	1000	—	65
望城岗子	1	0.5	1000	—	500	—	35
合计	9	7	97000	15000	9500	大豆饼15000	3300

资料来源：［日］满铁总务部事务局调查课：《本溪湖碱厂间经济调查资料》，1915年，第51页。

油房一班通常3人：看碾子1人，烧火1人，泡豆1人。原料大豆均取自附近所产，每班一日榨油大豆3石，每石可产豆油30斤，豆饼320斤。豆饼有大小两种，大豆饼一块52斤，全部以外销为目的，除高丽营子、碱厂外没有其他地方生产。小豆饼用来作家畜饲料，碱厂小豆饼一枚26斤，高丽营子25斤，小甸子、望城岗子20斤，小市18斤。按上述生产量计算，每石黄豆可生产大豆饼6枚，小豆饼26斤的12枚。

燃料用煤取自附近所产，每班日耗45—50斤。榨油用的油包草全部使用附近出产。在碱厂街有公悦成、四合兴、双兴福等3家油房，每年消耗大豆原料约2000石，榨制豆油6万斤，另制得大豆饼1万块，小豆饼4000块。其中豆油供地方食用，小豆饼供作地方家畜饲料。大豆饼全部输出至辽阳及本溪湖。

民国中期后，随着本溪湖一跃成为本溪域内第一工商重镇，本溪湖的榨油业取代碱厂等地成为业内翘楚，张碗铺、广泰盛、义增合、义增永4家油房年产豆油51.9万斤、豆饼9.8万枚（表4-10）。

表4-10　民国时期本溪湖榨油业统计表

店名	所在地	豆油制造量（斤）	每斤价格（元）	总价（元）	豆饼制造量（枚）	每枚价格（元）	总价（元）
张碗铺	本溪湖河东街	185000	0.15	27750	32000	1.40	44800
广泰盛	本溪湖河东街	280000	0.15	42000	50000	1.40	70000
义增合	本溪湖河东街	30000	0.15	4500	11000	1.40	15400
义增永	本溪湖菜市	24000	0.15	3600	5000	1.40	7000
计		519000	0.15	77850	98000	1.40	137200

资料来源：［日］沈阳抚顺本溪辽阳四县调查班：《本溪县调查报告书》，1933年，第88—89页。

民国时期，桓仁有油房12家，最大的怡兴德年产豆油1万斤，豆饼2000块。

磨坊和粉房　民国初期，本溪地区6家磨坊均集中在碱厂地区。小麦原料自兴京新兵堡购入，规模较小，采用家畜拉磨制粉，年产量约5万斤。另有使用绿豆、小豆制作粉条的粉房17家，1石小豆可生产粉条180—190斤，主要满足附近需求，无外销（表4-11）。

表4-11　民国初期本溪地区本地粉房情况

地名	粉房户数	原料消费量（石）	产量（斤）
碱　厂	8	约220	约40000
高丽营子	4	30	5500
小　市	2	15	2800
韭菜峪	1	10	1800
小甸子	1	15	2800

地名	粉房户数	原料消费量（石）	产量（斤）
望城岗子	1	10	1800
合计	17	300	54700

资料来源：[日] 满铁总务部事务局调查课：《本溪湖碱厂间经济调查资料》，1915年，第53页。

（二）窑业

同煤铁业一样，窑业也是本溪地区具有悠久历史的手工业门类。所谓窑业，也称建筑材料工业，是将黏土、石英、石灰岩等非金属原料通过高热处理制造成陶瓷器、砖瓦、玻璃、水泥等制品的工业门类。按照《关东州施政三十年史》记载："明朝末期开始，在满洲本溪湖、缸窑①繁盛的甕器生产即值得大书一笔。"②另据《满铁附属地经营沿革全史》记载："陶器制造是（本溪）当地特有的手工业，同吉林缸窑镇的窑业一样，作为满洲地方工业必需品从古发展至今。当地具有丰富的黏土和煤炭原料，自古以来就向满洲各地和朝鲜方面输出产品，在全满洲享有盛名。其产品以水缸为主，年输出额达4万元，但其制造方法始终没有脱离手工业范畴，因此每年都有衰退的趋势。"③

由上述史料可知，本溪窑业的发展，首先得益于当地丰富的黏土和煤炭资源。近代以降，随着本溪煤炭业、制铁业的繁盛，人口的增加与集聚，日常生活和煤铁生产均需要大量陶瓷制品，促进了窑业的再度兴盛，逐渐发展成为与采煤、冶铁齐名的本溪地方三大产业。《古今中外陶磁汇编》清代窑器一章设专节介绍本溪窑业，称："本溪窑，在今辽宁省本溪县本溪湖，胎质粗厚，带黄色，多有黑釉或赤釉者，亦有带黄白色者。"④由此可见，至迟清末民初，本溪窑业已在全国享有一定的知名度。

---

① 今吉林市龙潭区东北部地区。
② [日] 关东局编：《关东州施政三十年史》，1936年，第459页。
③ [日] 南满洲铁道株式会社总裁室地方部残务整理委员会编：《满铁附属地经营沿革全史》下卷，南满洲铁道株式会社，1939年，第670页。
④ 叶麟趾编著：《古今中外陶磁汇编》，文奎堂书庄，1934年，第26页。

近代本溪湖的窑业肇兴于何时，历来看法不一。日本"满铁"经济调查会编制的《满洲陶瓷工业及其供需（后编）》认为始于乾隆年间；《支那矿业调查》则认为以同治年间开设的永旺窑、阚文窑以及光绪年间开设的德泰隆窑最为久远[①]。另据故老相传，道光年间，山西缸窑业主王永盛来本溪湖贩缸，意外发现本溪湖小后沟的黄土特别细黏，是烧造陶器的理想原料。王永盛如获至宝。当即买下小后沟荒地，建起永盛缸场，因质优价廉，产品畅销本溪湖及周边府县，王永盛因以致富[②]。这一传说虽然不尽准确[③]，但却揭示出近代本溪窑业同采煤、冶铁业一样，与山西商人的经贸活动密不可分。事实上，直至民国中期，本溪窑业的从业者依然多来自今山西长治地区，且掌握着核心技术，密不外传。至同治年间，本溪地区已有吕缸、顺成、广盛、福顺4家著名窑业工场，形成了买卖兴隆，产销两旺的繁荣局面，本溪湖亦以"窑街"闻名于世。

本溪湖这种陶业生产格局一直延续至民国初年。据1912年"满铁"调查课《南满洲经济调查资料》记载：本溪湖"缸窑（陶器制造所）有德泰、兴盛、万福、天增、宝泰、永盛6家窑，每家各有1个窑。本地的黏土属于炭质黏土，粘力强，素烧器皿颜色呈灰白色。每年从业时间自阴历四月至九月，共6个月。其他季节由于天气寒冷冻结，搅拌黏土困难停工。一窑烧制水缸200套（以大小3个为一套）大约需时1个月。从事操作的工匠30人，一人一日的工钱为2角5分（伙食由东主提供）。销售地区以奉天、辽阳、铁岭为主。一年的输出量约5000套。水缸大型一套4元，小型一套3—3.5元。一套盆（4个）二三角。"[④]另据1921年本溪县向奉天省实业厅呈报的工厂一览表（表4-12）统计：在本溪湖大堡、河西和四眼沟等地有永盛窑、万福窑和增盛窑等多家烧制水缸的窑场；在太子河南有万盛瓦窑、复盛窑和王金海窑等烧制砖瓦的窑场。其中，建于1904年4月的永盛窑是当时本溪最大的窑场之一，年产大缸500口、二缸450口、三缸330口、地

---

① ［日］满铁经济调查会编：《满洲陶瓷工业及其供需（后编）》，满洲日日新闻社印刷所，1935年，第43页。

② 本溪市地名委员会等编：《本溪地名轶事》，辽宁人民出版社，1992年，第174页。

③ 按照1921年本溪县政府的调查，永盛窑建于1904年。

④ ［日］南满洲铁道株式会社调查课编：《南满洲经济调查资料》第一，1912年，第192-193页。

缸 330 口、大酒海 120 个和小酒海80个。同年，本溪湖地区另一家著名窑场——德盛窑（原名王家窑）开始营业。德盛窑资本雄厚，建有烧窑4座，并重金延揽江西、唐山等地陶工，使德盛窑生产的陶瓷制品兼具景德镇窑"洁白透明"和唐山窑"洁白如玉"的特点。其拳头产品"湖缸"大都呈澄绿、绛紫色，沿宽壁薄，外部施釉，饰花鸟图案，缸体则标有"湖""寿""本溪湖"等字样，以坚实耐用，敲击声音清脆而闻名遐迩，远销唐山、哈尔滨等地，并在异地他乡留下了"酒装湖缸浓香醇烈，多年不变味"的口碑和佳话[1]，本溪湖民用窑业至此达于鼎盛。

表4-12 1921年本溪县政府向奉天省事业厅上报的工厂一览表（手工业）

名目	地点	资本	开办年月	出品	每年出产	用人额数	备考
万福窑	河西	4000	1912年2月	缸器	1200车	40	查本溪缸器工厂系为出产手工类之大宗，每车惯例以2口大缸为1车，其余盆罐等类以数目多寡推之。
永盛窑	大堡	3800	1904年4月	缸器	1200车	40	
增盛窑	四眼沟	4500	1918年4月	缸器	1200车	40	
万盛瓦窑	太子河南	1000	1915年4月	砖瓦	12万片	30	
复盛窑	太子河南	1000	1915年5月	砖瓦	6万片	25	
王金海窑	古山子	1200	1914年2月	砖瓦	8万片	30	
华兴工厂	后石沟	1000	1921年3月	大尺布	1万匹（每匹30尺）	28	

资料来源：本溪县公署档JC047-01-001765，辽宁省档案馆藏。

除本溪湖外，田师傅地区是本溪地区另一个窑业中心。据1915年"满铁"调查课《本溪湖碱厂间经济调查资料》记载："八盘岭至大堡一带大量生产陶器，其产品与制造方法与本溪湖类同。窑是呈馒头状的圆窑，也与本溪

---

[1] 孙诚主编：《本溪史话》，中国戏剧出版社，2004年，132-133页。

湖类同。窑分大小两种，大窑主要用于烧制缸类（水缸），称缸窑；小窑用于烧制酒瓶、酒壶、壶类、钵类，称土货窑。但习惯上一般将大小两窑都称为缸窑。"①相较于本溪湖，田师傅的制陶业规模不大，每家只有1口窑，共计7家窑场，年产水缸3400套（大小4个为一套）、八件子600套。此外，在白水寺、岔沟等地亦有零星窑业分布。

本溪湖窑场所需原料，取自本溪县柳塘村小后沟所产高硬度黏土，是以窑场必须预估一年所需原料数量，提前半年购入堆放在场地内，任风吹日晒使其风化。使用前，将需要粉碎的黏土铺于地上，用碌子碾碎。通常使用两个碌子，各由三四头驴马拉拽，其粉碎能力约为每天4吨。田师傅窑场黏土原料取自附近，土质较本溪湖稍优，则无需这一工序。黏土原料粉碎后经过筛选，加水揉和制成坯土，即可进入缸坯制作阶段。

本溪湖窑场使用二人挂辘轳制作缸坯。二人挂辘轳由大小不一的两个石圆盘组成，装于同一水平线上的圆盘，其外侧凿有小沟槽，并穿以麻绳，大圆盘直径2尺2寸、厚5寸，加装木柄；小圆盘直径2尺、厚5寸；放上坯土后，旋转木柄，绳子传导至小圆盘的装置，以制作缸坯。

本溪湖窑场使用準倒焰式大型窑烧制缸坯，这种二人挂辘轳——準倒焰式大型窑的组合是本溪湖大型窑场采用的普遍形式。本溪湖大型窑场至少配有4台辘轳，每个辘轳屋内3人，屋外2人，共5人一组，其工人多来自山西省壶关县②，从坯土成形到烧制完成的整套工序中，烧窑工完全不受工场主的干涉而独立操作。

缸坯制作完成后，须将其摆放在户外日晒六七天，待干燥后搬入仓库施釉保管。本溪湖窑场采用的釉料系由柳塘产黄土六成加高粱灰混合液制作而成。然后适时摆入窑中烧制。

如前所述，本溪湖窑场采用準倒焰式大型窑。这种窑窑室宽24尺，呈方形，高26尺，至顶部渐次收拢成圆锥形，从外部看呈圆形，所以叫馒头窑。但窑室内却是方形的，所以又叫角形窑。该窑一窑容量在300套以下。烧制时以砖及黏土将窑口密封，由窑外通过窑下的火口点火。烧窑前3天须慢慢加火，从第六天开始加大火力，至第十天灭火，再经过8天的冷却，即

---

① ［日］满铁总务部事务局调查课：《本溪湖碱厂间经济调查资料》，1915年，第53页。
② 今属山西省长治市。

可将烧制好的器具搬出。装窑3天，出窑2天，烧制一窑需要22天，再加上成形、干燥等工序，一窑全部工序完成大约需30天。一年作业时间为7个月，最多可烧制7窑。燃料为本溪湖所产之煤炭，一次烧窑需煤约500吨，田师傅窑场的工序与本溪湖大同小异，每次可烧制水缸170套（4个为一套），其水缸和土货烧制时间长短稍有不同，因此可同时烧制，缸窑可用于土货的烧制，但土货窑则不适合烧造水缸。其土货窑一次烧制的容量、种类、价格如表4-13。

表4-13　田师傅土货窑一次烧制容量、种类和价格

种类	一窑烧制容量（个）	每个价格	种类	一窑烧制容量（个）	每个价格
八件子	37	9角	小坛子	20	8分
淘捞壶	50	1角	黑锅子	40	8分
小口头子	100	4分	青箱子	20	8分
大口头子	50	8分	酒壶	100	3分
酒瓶子	50	1角	其他杂工器	200	

资料来源：［日］满铁总务部事务局调查课：《本溪湖碱厂间经济调查资料》，1915年，第55页。

本溪地区陶器的销路。本溪湖因有太子河水运之便，其生产的产品全部由陆路铁路运出。田师傅窑场的产品除少部分在本地销售，大部分用大车运至田师傅沟口太子河岸，再利用木排转运至下游本溪湖、辽阳等地。

清末民初，本溪地区窑业一度繁荣，并衍生出独特的窑业文化。据《澹盦志异》记载："吾国习俗迷信，喜媚神灵，凡百行业，莫不供有专神，谓能祈福保安，业烧缸窑者，供奉何神？则不可知；但每逢朔望，奉祀窑神爷，典礼甚隆，不敢稍亵渎也。本溪县大堡，万福缸窑，烧缸有年，窑神默佑，获利甚丰。窑主三少东毛凤翕，性喜渔色，姿情放浪，四月时，曾携所恋一姬，入缸窑参观，口讲指画，意颇自得。讵料妓甫走后，轰然作声，已经烧好之满窑大缸，全行倒塌，损失之巨，不下千金。窑主质窑工装窑不慎，致遭倒塌，众虽未信，然心异之。一月后，少东又

携湖春里名妓艳云，二次参观缸窑，不料重演前剧，窑又轰然倒塌，损失之数，不减于前。于是一般工人，咸纷纷议论，谓窑神不愿娼妓窥探，故两次倒窑，以示警戒云。"[1]

窑工将万福缸窑的两次倒窑与败落归罪于窑神惩戒，纯属牵强附会，但却反映出本溪传统窑业日渐落伍的事实。随着日本的经济入侵，大机器工业制造的陶瓷制品以其物美价廉迅速挤占了本溪窑业的传统市场。根据1924年8月"满铁"本溪湖地方事务所的调查，当地从事窑业制造的手工工场只余5家。至1935年更是下降到3家[2]，本溪窑业的衰落由此可见一斑。

（三）制香业

清朝末年，随着东北经济的开发，人口的聚集和交通的改善，宗教活动也日趋活跃，直接催生了本溪地区的制香业。1902年3月，春茂永香坊在小市建成，加工制作线香，年产值2200银元。当时汤河沿岸已有香磨10处，下游的香磨村更是因制香业而得名[3]。民国初期，本溪县的制香业更加繁荣。据1915年8月本溪县对域内商业情况的调查，汤河流域有加工线香原料的水磨40盘（户）[4]。同期，细河流域有香磨40户[5]。桓仁县的制香业也有所发展，据《桓仁县志》记载："土人以榆皮木料由水磨碾粉而制香条。"[6]桓仁最早的香铺——狄家香铺，就是此时开办的。民国中后期，本溪地区的制香业进入鼎盛时期。根据1926年7月的调查，本溪县建有水力制香磨坊131处，其中汤河流域38处、细河流域81处、草河流域8处、太子河流域4处。同期，桓仁县建有香磨14处，其中雅河流域12处、六河流域1处、富尔江流域1处。先后在两县设坊的香铺也有30余家。制香业由此成了本溪地区的支柱产业，根据1929年奉天省农矿厅对各县工艺原料品的

① 李逊梅：《澹盦志异》，仿古书店，1936年，第141页。
② ［日］满铁经济调查会编：《满洲陶瓷工业及其供需（后编）》，满洲日日新闻社印刷所，1935年，第44页。
③ 本溪满族自治县党史地方志办公室编：《本溪满族自治县志》上卷，辽宁民族出版社，2009年，第378页。
④ 本溪市档案馆编：《本溪制香业》，1992年，第1页，本溪市档案馆藏。
⑤ ［日］南满洲铁道株式会社调查课编：《南满洲经济调查报告资料》第一，1912年，第204页。
⑥ 侯锡爵修，罗明述纂：《桓仁县志》卷八物产志，1930年抄本。

调查，本溪县年产香料300万斤①，占该表统计的全省香料产量的99%，这还未包括桓仁县年产香料20万斤的数字，足见本溪制香业产能是多么巨大。

本溪地区的香磨和香铺，主要分布于细河、汤河、雅河等流域，这是因为香磨选址要求常年水量充足，水流又不能太大（水大修坝耗资大，又易淹磨），制香原料丰富，又有较好的运输条件。香磨业主制香，还要买磨、建磨坊、筑引水坝和坝沟，收购木粉原料等。单磨年吃料至少5万公斤，规模较大的磨坊年吃料可达20万公斤。香铺要盖厂房、仓库，制作压床，购置碾子、晾晒工具、烧柴、打香埂子、买香面、香料等。香铺的大小，是以桩子的多少来区分的，每副桩子产能约1万斤。大香铺有七八副桩子，小香铺仅有一副。一副桩，从和粉到压香、晒香、捆香、包装等于一条生产线。

制香的原料，按《奉天通志》所载"以榆皮及槐柞等木碾粉和檀麝等料制为条香"②。本溪制香的主料是柞木，因其资源丰富，价格便宜，且木质硬，香面沉而不浮，色泽浅，易着色，在成香原料中的比重达80%以上。主要配料是榆树皮面，起黏结作用，原料占比为15%。配料还有香料，主要有檀香木面、柏树根面、麝香面等，起增香作用，原料占比为1%—2%。还有姜黄，又称"鸡爪黄"，主要起染色作用，因杏木香为红色，不用染；柞木香为白色，需加进姜黄，成品香才为黄色，原料占比为1%。

制香的工艺比较简单，一是把原料磨成香面，二是把香面制成香条，前者由香磨完成，后者在香铺中制作。

关于香磨及其生产过程，《辽阳县志》这样记述："（香磨）其构造形式，用小豆石制磨，径五尺余，上下两扇，上扇厚尺有咫，用横木缚锁，不使之动，下扇厚尺许。中心贯以立木，名曰中管，管高丈余，上端干管于下扇磨其上，与磨面平；管之下端贯于水轮中心平置，以木为之，径一丈三四尺，轮下面有棱，由上流引水束之，使成陡势至磨处，直下冲击水轮。轮转下扇磨随之，其上盖屋，屋内地铺平板，磨在板上，香料用柞榆

---

① 王树楠、吴廷燮、金毓黻等纂：《奉天通志》卷一百一十四实业志二，东北文史丛书编辑委员会，1983年影印本，第2583页。
② 王树楠、吴廷燮、金毓黻等纂：《奉天通志》卷一百一十二物产志四，东北文史丛书编辑委员会，1983年影印本，第2515页。

槐杏等木斫成二三寸块，水浸湿，由上磨眼注入木屑，下以器承之，凡三次成细屑。"[1]本溪的香磨构造、磨房设计、生产工艺与《辽阳县志》记载略同，只是磨的上扇厚度更大，可达2尺8寸，上下扇厚度之比为3∶1。上扇重量大，能压住磨，粉碎效率高，且寿命长。

水是如何引至磨房下部水槽里冲击水轮的呢？从香磨堡当年香磨留下的遗迹可知，砌筑引水坝将水由几十米外河里引至坝沟，将水位提高，在磨房处形成2—3米高的落差，让水流直冲水车的涡轮叶片，轮片不停转动，带动固定在轮子铁轴上的石磨，流水不息，转动不止。木料先砍削成块后，进渣棚浇水，方可投入磨眼，反复磨三遍成粉状面子，卖给香铺。榆树皮因黏度大，则需用碾子轧，筛子过，直到轧成细面为止。

成品香由香铺生产，香铺买来原料后，将香面筛细，按比例拌入香料（姜黄、香料碾碎），再将香面放入池中（或大盆内），加入开水，用木棒搅拌，冷却后改用脚踹，直到将香面和成似蒸馒头面一样软硬程度，然后拍平，切后搓成一个个香棒，再放入香床（即香筒）挤压成条，理直筝上，用刀裁成适当长度（通常裁成三等份），再用带筛子眼的筝装满香条，拿到外面晾晒，叫晒香，春夏季可随意放在空地上，一两个日头即可晒干。秋冬季则需把筝搭在人工筑成的香埂子上，三四天方能晾干。晾晒干燥后的香条收回后，再经过绑、封、上垛、打包等工序，叫"干活"（与"湿活"相对应）。

收回来的干香条，长的用线捆，短的用纸包，其工序叫"绑香"。通常是150或200根香条绑成1束，称为1支。每5支香，下边放3支，上边放2支，用纸包在一起，叫1封，其工序称"封封"。封好的香，先入库，码上垛。待秋后出售时，用秫秸帘子，打成70—100封一个的大包[2]。

香磨的生产时间，大部分是春夏秋三季，一般由清明开始，至立冬前后，大约8个月时间，每天24小时昼夜不停。冬季因河水结冰，多数香磨停止生产。独有本溪县富家楼乡水洞的香磨，因为是暖泉水，不封冻可以终年转动。香铺的生产时间与此相近。春夏秋三季，便于香条晾晒，而冬天干燥困难，绝大多数香铺停止生产。

---

① 裴焕星修，白永贞纂：《辽阳县志》卷二十七实业志，1928年铅印本。
② 本溪市档案馆编：《本溪制香业》，1992年，第13-14页，本溪市档案馆藏。

香的种类很多，按照《追忆本溪县志纪要》的记载，有门香、平顶线香、料顶线香、截半香、料截半香，还有加以装饰、印上金字的金锭香、驱蚊用的盘香等①。香面因运输成本较高，主要销与附近香铺制作成品香销售。这些成品香的销路很广，近则销往本地，远则销往沈阳、抚顺、通化、四平、洮南、内蒙古和关内各地。也有部分香面销往外地，销量亦十分惊人。1915年《本溪湖碱厂间经济调查资料》载："汤河流域年产制香榆面40万斤，柞面30万斤，销出榆面30万斤，线香40万斤。"②每年的销售量基本等于生产量，无积压。

与其他行业一样，制香业也要纳税捐。根据1927年7月本溪县警察署香磨调查表显示，本溪县境内的香磨纳捐税种多达4种：地亩捐、水利捐、林务捐、木粉捐。一般地亩捐按二日、三日地纳，水利捐每年定12元，林务捐按每万斤2.4元纳，木粉捐按每千斤价值无定收取。香铺纳的税捐主要是制香税和商业税，比香磨的税捐要高得多，尤其是香的商业税，一般都在70%—80%以上。

税捐如此沉重，磨主和铺主们为何还要苦心经营呢？原因是制香业的利润非常丰厚。

《辽阳县志》载："每盘（香磨）……除人工、木料、纳税外，可得纯利万元。"③另据1928年桥头商务所统计报表显示："香铺一户，全年平均卖奉小洋12万元。"桥头河东村的戴广韬，依靠经营香磨发了家，不仅在邻村购置土地、山场，还在铁岭开了磨米厂。而香磨堡一位吕姓铺主，也因开香铺发了大财，不仅在本溪著名的大商铺"公悦成""广泰盛"有股份，还在朴家堡、久才峪等村购买了许多上等土地。

制香业不但富了磨主和铺主，也给当地农民增加了一个出卖劳力养家糊口的机会。正常情况下，一盘香磨需固定工5人，一个小香铺需20人，最大的香铺可达100人，按以上规模计算，制香业最兴盛时期，本溪地区从事制香业的固定工至少有1500人，这还不包括每年近2万个工日的临时工。如果加上由制香业带来的副业所需的劳力，数目是非常可观的。民国

---

① 沈曙东：《追忆本溪县志纪要》，1959年，第45页，本溪县档案馆藏。
② ［日］满铁总务部事务局调查课：《本溪湖碱厂间经济调查资料》，1915年，第56页。
③ 裴焕星修，白永贞纂：《辽阳县志》卷二十七实业志，1928年铅印本。

年间，在制香业最兴盛的香磨堡，几乎家家都有人在香磨和香铺做活，加上经商的，搞运输的，全堡150多名壮劳力差不多都派上了用场。

兴于晚清、发展于民初、鼎盛于20世纪30年代的制香业，客观上带动了本溪地区的经济发展，为山村自然经济走向大市场创造了契机。

除农产品加工、窑业和制香业外，本溪地区还有一些较为重要的手工业门类，试举如下：

制矾业。民国初年，本溪地区有席家、景家、丁家、杨家4户从事黑矾制造的手工作坊，其原料为取自牛心台煤矿出产一种名为"磷黄"的含硫高的煤炭。其制作方法，首先是将原煤置入铁锅添水煮沸一昼夜，待矿石完全溶解，将其移入缸中使之冷却结晶。一锅可制黑矾约6000斤，每家一年约制造10万斤黑矾。使用工人10人左右，本品用于染料和制革。至民国末期，杨矾厂年产黑矾约20万斤，任矾厂年产约15万斤，赵矾厂年产约15万斤，彩屯产40万斤，除少量出口外，大多销往省内其他地方以及长春等地[1]。

石灰业。前文已述，盛京内务府曾在本溪境内设灰厂，专为盛京故宫、辽东三陵生产修缮用石灰。清末民国，本溪湖及附近有中国人开设的石灰窑4座。1922—1926年，民族资本家卫新三、王秉新、曹辅廷、王佐卿4人共同投资奉币3.2万元，在本溪湖大堡和后石沟开设4座石灰窑，雇工240人，年产石灰达6万吨。正当民族工业蓬勃发展之际，日商资本蜂拥而至。1909年，日商伊藤丰吉租借中国人石灰山创办伊藤石灰工场，随后，日商饭塚、野村等相继开办了多家石

本溪湖石灰窑

---

① 郝凤文、徐茂堂：《本溪县早期商业》，载中国人民政治协商会议辽宁省本溪县委员会文史资料研究委员会编：《本溪县文史资料》第3辑，1988年，第106页。

灰生产企业。由于技术水平不高，加之竞争激烈，供过于求，至1917年全部倒闭。1918年，野中贞范外等人出资收购上述石灰企业合资组建中和公司，1919年改称奉天石灰水泥株式会社[①]，年产能16500吨。1920年，冈本熏创办本溪湖石灰公司，建有石灰窑8座，1927—1931年累计生产石灰36680吨。1922年，森雄二等集资创办满洲石灰商事株式会社，建有石灰窑6座，1929—1931年累计生产石灰4800吨[②]。1929年，东本美三郎创办美富号，建有石灰窑2座，年产能16500吨[③]。

烧炭业。民国初年，本溪湖及附近村庄有木炭窑5座，均只烧炭，不进行伐木及制成品销售，原料以榆木、柞木最多，消费地以辽阳、奉天为主。民国中叶，随着经济发展和人口增加，木炭消费量随之增加，本溪地区几乎有林的村庄均建有木炭窑。因烧炭者"或来自外县，或籍隶异乡，流品既杂"，乃实行许可证制度以方便管理。1925—1926年，本溪县公署发放的烧炭许可证达3877张。由于产量巨大，本溪出产的木炭"除供本地消费外，尚能外销，且远及辽南、华北"。其中，仅连山关和桥头两地1923年外运的木炭即达13428吨，大约消耗木材134280吨[④]。在促进经济发展的同时，也给本溪生态环境造成了巨大破坏。

制砚业。桥头金坑出产青紫云石，是制作砚台的优良原料，早在明清时期即有取之以制砚者，为本溪"特产之一宗"。惟其制作方法粗笨，工厂狭小，产品不甚畅销。1923年，本溪县知事温文拟定实业发展计划，鼓励各制砚厂技师悉心研求制砚方法，对开发新式样者经由县署鉴定并予以褒奖。制砚大师陈广庆，早年入清宫造办处，后迁至本溪桥头从事砚台制作。陈广庆努力摆脱宫廷制砚和桥头砚传统形制束缚，大胆创新，开创了以字为饰和素面砚之先河。他还将清宫松花砚的制作技法运用到桥头砚上，并借鉴其他砚种形制，创新出功能更加全面的多功能砚和组合砚。在保持原有特色同时，极大提升了桥头砚的文化内涵，形成了独特的艺术风格。在陈广庆等人努力下，本溪制砚业迅速发展。至20世纪20年代末，桥

① ［日］南满洲铁道株式会社总裁室地方部残务整理委员会编：《满铁附属地经营沿革全史》下卷，南满洲铁道株式会社，1939年，第669页。
② ［日］沈阳抚顺本溪辽阳四县调查班：《本溪县调查报告书》，1933年，第93—94页。
③ 《本溪市同胜石灰窑业》，载《本溪市志通讯》1986年增刊。
④ 本溪市档案馆编：《本溪地区林业资源遭受破坏情况概述》，1993年，第16页。

头等地年产石砚3500块，远销安东、大连、营口等地，出口1100块。1929年6月，浙江省政府在杭州举办首届溪湖博览会，主政东北的张学良将军征集辽东名产参展。此次展会上，由本溪湖万泰厚商号选送的一方桥头紫云石砚荣获一等奖，辽东名士白永贞欣然作诗志贺："关东山中奇宝开，蓝天红霞凝石材。能工巧匠雕辽砚，珍品独秀四宝斋。"桥头石砚自此始行以辽砚之名传开，名声大噪。辽砚制作也成为本溪地区又一具有代表性的手工业门类[①]。

二、商贸的繁荣与中心城镇的形成

（一）商贸的发展

本溪地处边徼，历史上并不以商贸知名。史载境内较早的市场建于明末。明万历三年（1575），明政府在清河城设马市，与女真人互市，"惟易米布猪盐，无马匹他违禁物"。碱厂堡也是商业重镇，女真等少数民族常来此与汉人互市，交换人参、貂皮等贵重商品。清乾隆年间，碱厂逢十为集，远近四方农商每逢集日咸集于此，进行贸易，一直持续至近代。

清中叶后，随着本溪煤铁资源的开发，大批山东、河北、山西商人来到本溪地区经商，在碱厂、小市、本溪湖等地相继建立了一批商号和手工作坊，其中闻名遐迩的碱厂大商号福兴魁烧锅，其经营历史可上溯至道光五年（1825），拥有资本25万吊。至光绪年间，碱厂、本溪湖、小市等地商业更加发达。光绪元年（1875），本溪湖街第一大商号张碗铺开业，经营粮油、杂货、布匹、绸缎、木材等，拥有资本2万元。光绪三十二年（1906）本溪县建治，促进了全境商业的发展，至1911年，县内商号共计41家。由于太子河水运发达，各大商号主要分布在太子河干支流沿岸的本溪湖、碱厂、小市、桥头、连山关、赛马集等地，特别是碱厂成为辽东商业重镇和物资集散地，辐射周边兴京、桓仁、宽甸、凤城等地。

民国时期，本溪县商业更加繁荣，大小商号遍布全境，商品输出与输入量逐年增加。据《本溪湖碱厂间经济调查资料》的统计，1914年，全县收获农产品约19万石，其中，销售4.68万石。销售的产品以线麻、黄烟、烧酒、豆饼等农副产品和初级加工为主，购进的商品主要以布匹、食盐、

---

① 姜峰：《关东辽砚古今谱》，辽海出版社，2011年，第30–31页。

糖类等轻工业品为主（表4-14、表4-15）。输出商品多由太子河水路运达本溪湖、辽阳等地。购入商品多由安东经由草河口转运全县各地，其余由本溪湖、奉天、辽阳、千金寨购进。碱厂、本溪湖、小市、小甸子、高丽营子、牛心台、桥头、石桥子、南芬、赛马集、下马塘均已成为县内商业重镇。全县资本金达万元以上的大商号有7家。1917年，全县大小商号已有160家。1925年，全县商号进一步发展至297家。至1929年，本溪县共有大小商号524家，相较1911年，商号总数增长近13倍，达到民国时期的巅峰。

表4-14　1914年本溪地区输入商品统计表

地方	黄豆(石)	高粱(石)	烧酒(斤)	线麻(斤)	黄烟(斤)	大豆饼(块)	榆面(斤)	线香(斤)	木材(木)	药材(斤)	煤炭(吨)
碱厂	12800	1000	150000	40000	40000	10000	—	—	241500	165000	—
田师傅沟	3500	500	150000	—	—	—	—	—	—	—	2000
马家城子	700	500	—	—	—	—	—	—	191400	—	—
小计	17000	2000	300000	40000	40000	10000	—	—	432900	165000	2000
小市	3000	1000	—	—	1500	—	300000	400000	—	—	—
韭菜峪	2000	300	—	—	—	—			—	134000	—
其他地方	2000	200	—	—	—	—			—	—	—
小计	7000	1500	—	—	1500	—	300000	400000	—	134000	—
小甸子	5000	300	300000	270000	—	—	—	—	—	—	—
望城岗子	3000	300	—	200000	—	—	—	—	—	—	—
高丽营子	5000	400	—	30000	—	5000	—	—	—	—	—
小计	13000	1000	300000	500000	—	5000	—	—	—	—	—

续表

地方	黄豆(石)	高粱(石)	烧酒(斤)	线麻(斤)	黄烟(斤)	大豆饼(块)	榆面(斤)	线香(斤)	木材(木)	药材(斤)	煤炭(吨)
牛心台	4500	800	—	—	—	—	—	—	—	—	80000
合计	41500	5300	600000	540000	41500	15000	300000	400000	432900	299000	82000

资料来源：［日］满铁总务部事务局调查课：《本溪湖碱厂间经济调查资料》，1915年，第6—7页。

表4-15　1914年本溪地区输入商品统计表

地名	白面(斤)	布匹类(匹)	砂糖类(斤)	食盐(斤)	生铁(斤)	石油(箱)	火柴(箱)
碱　厂	80000	248000	338000	3000000	100000	2000	300
红脸沟	10000	2000	2000	20000	8000	150	10
高丽营子	12000	2300	3800	70000	10000	100	20
小　市	20000	4000	3600	40000	10000	100	15
小甸子	48000	10400	5300	300000	13000	150	20
望城岗子	20000	2000	2300	20000	10000	200	10
合计	190000	268700	355000	3450000	151000	2700	375

资料来源：［日］满铁总务部事务局调查课：《本溪湖碱厂间经济调查资料》，1915年，第7—8页。

　　不仅商业数量大幅增长，商号的分布也有所变化。如表4-16所示，碱厂、小市等太子河沿线城镇商号数量在全县商号中的占比相对下降；本溪湖、桥头、连山关、牛心台等铁路沿线城镇商号数量在全县商号中的比重则大幅攀升；本溪湖超过碱厂，一跃成为本溪境内第一商业重镇，反映出本溪经济重心和经济发展形态的改变。

表4-16　民国时期本溪县商业分布变化表

时间 \ 数据 集镇	总计	其中							
		本溪湖	碱厂	桥头	赛马集	小市	连山关	下马塘	牛心台
1912	46	4	7	2	2	7	11	3	1
1917	160	50	24	36	19	11	6	7	7
1925	297	192	6	18	13	8	8	10	8
1929	524	188	28	64	39	25	25	10	16

资料来源：根据《民国十八年奉天省本溪县造送本溪县商号调查表》，辽宁省档案馆藏本溪县公署档案JC047-01-001767卷相关资料整理。

　　相较本溪县，桓仁县的商业发展历程较为简单。清光绪三年（1877）怀仁建县，商业活动趋于活跃。清末民初，桓仁县共有大小商家100余户，其中主要有新顺福（杂货铺，资本金4000两）、长隆泉（烧锅，资本金4000两）、吉顺庆、兴德东、庆来发（以上3家杂货铺，资本金均在3000两左右）等，其他资本金均不足1000两[1]。

　　怀仁县每年输出商品，"以农产之红粱、青豆为大宗，包米、小米次之；制造品以白酒、豆饼为大宗，线麻、烟叶、蓝靛次之"，皆由陆路经由兴京或永陵运往沈阳。随着安东开埠，浑江水运得以开发，在浑江沿线水陆交通便利的桓仁县城、沙尖子等处形成水旱码头。怀仁输出商品"多由水运出鸭绿直抵安东"。1907年，怀仁县共输出农副产品价值约白银749842.61两，输入白银145130.75两，以布匹、绸缎以及西洋进口轻工业品为主。进出口额相差5倍。造成此种现象的原因，"盖缘出口本顺流南下，不过六七日即可径达安东，及溯流返棹，则遥无定期，多经宽甸骡驮而至，艰滞异常"[2]。后来经过河道整修，清除礁石，使运输条件得以改善，促进了商品流通。1931年，桓仁县城和沙尖子年输入商品金额达478725元。同期，桓仁县商户总数达到274家（表4-17），主要商家有裕成泉、怡

① ［日］南满洲铁道株式会社调查课编：《南满洲经济调查资料》第二，1911年，第56页。
② 《怀仁县乡土志》下编物产类，光绪三十四年（1908）抄本。

兴德、吉顺庆、洪兴合等，资本金多在5000元以上（表4-18）。

表4-17 1929年桓仁县商业统计表

类别	户数	类别	户数	类别	户数	类别	户数
煤油公司代办处	2	酒店	8	罗圈铺	3	盐菜铺	6
烟草公司代办处	2	糕点店	14	灯笼铺	2	称铺	1
金店	2	茶食店	4	洋广货庄	14	绸缎铺	3
山货店	1	饭铺	26	鞭炮铺	1	蜡铺	2
笔店	1	鲜果铺	2	瓷器铺	3	理发铺	4
客栈	6	茶庄	3	大车铺	2	澡堂	1
马车店	2	鞋铺	6	缸铺	2	玻璃铺	3
花店	2	靴鞋铺	5	鞭杆铺	2	照相铺	2
肉铺	5	鞋帽铺	2	钟表铺	2	皮袄铺	2
药店	6	军衣庄	1	梨窖	4	绳麻铺	2
药铺	20	故衣铺	2	烟卷铺	15	画匠铺	2
豆腐坊	10	洗衣袄铺	1	烟袋铺	2	杂货铺	48
酱园	2	浆洗坊	5	布局	6	总计	274

资料来源：桓仁县地方志编纂委员会编：《桓仁县志》，方志出版社，1996年，第264页。

表4-18 民国末期桓仁县主要商家

商号	品种	建立时间	资本金（元）	出资者	总价格
裕成泉	烧锅兼粮栈	1924年	22000	天成栈	15624两
怡兴德	粮栈油坊精米所	1927年	12500	怡兴堂 袁霖普 袁扑把	38200两
吉顺庆	杂货兼粮栈	1879年	9000	亨增堂 福庆堂	26703两
庆和发	杂货兼粮栈	1915年	7000	白鸿一	33241两
玉斗德	杂货兼粮栈	1916年	7000	玉宝堂 峻德堂 王大榛 王大枝 王克章 经积堂	12532两

续表

商号	品种	建立时间	资本金（元）	出资者	总价格
玉丰和	杂货兼粮栈	1914年	7000	裕平德 母桂堂 玉宝堂 峻德堂	29300两
洪兴合	杂货兼粮栈	1917年	5750	克作建 赵子宝 王昭信 姜委和	24800两
聚生永	杂货兼粮栈	1912年	5500	聚生发	18564两
天发东	杂货兼粮栈	1927年	5000	庆合发 福和堂 积善堂 韩东堂	12962两
和顺东	杂货兼粮栈	1925年	4500	崔玉堂 沙洪年	16610两
东兴泰	杂货兼粮栈	1931年	4000	永兴堂 五福堂 东盛堂	15940两
复昌永	杂货兼粮栈	1912年	4000	宋作展	20695两
德隆源	杂货兼粮栈	1916年	4000	贞立堂 三余堂 润德堂 庆余堂 中和堂	12477两
洪兴德	杂货兼粮栈	1919年	3000	张东孝 袁立齐 王宣楼 魏明甫	32150两
德全成	杂货兼粮栈	1930年	3000	殷德堂	11160两
永丰裕	杂货兼粮栈	1928年	2000	天裕堂	9486两
协和泰	杂货兼粮栈	1929年	2000	永顺堂	16990两

资料来源：［日］满铁安东事务所编：《东边道宽甸辑安桓仁通化各县经济调查报告书》（1933年9月），宽甸县党史地方志办公室、集安市档案局译，2015年，第187—188页。

（二）中心集镇的形成

随着商业发展、人口聚集，在太子河、浑江沿岸水陆交通要冲以及铁路沿线崛起了一批工商业城镇，其中碱厂、本溪湖和沙尖子，并称为清末民初本溪地区三大商业重镇。

碱厂，为明代辽东十堡之一。明万历年间，当本溪地区还是人烟稀少的边缴之地时，这里已有居民900户，形成本溪最早的集镇之一。碱厂古镇的繁荣历经数百年而不衰，盖因其得天独厚的地理条件。这里地处本溪、新宾、凤城、桓仁、宽甸、抚顺各县边缘地带，成为方圆数百里广阔腹地的中心，土地肥沃，山林茂密，物产丰实，且乡路四通八达，水旱两路、货流畅通，形成枢纽，自然成为地区的商业、手工业中心以及辽东特产的集散地，素有先有碱厂后有本溪之说。

清末民初，随着牛庄、安东陆续开埠，碱厂作为辽东商业中心的地位愈发重要。据民国版《本溪县志》记载："碱厂，在县东百八十里，为本桓之咽喉，东西大街长约三里，街西太子河沿船舶争泊，水利颇饶；街南有古城。一街后有旧边门衙署，街中有商铺四十余家，居民近七百户，市肆繁荣，为各区冠。"①

碱厂街位于辽东山区并不多见的依山傍水的小平原上，东西二里，南北半里。街区稍不规则交叉，分为前街后街，由与后街平行的两巷及与此交叉的五条街巷构成。其中后街最长，但重要的商铺均位于前街。沿街房屋大多青砖青瓦，大商铺建有装修精美的高门脸；后街富有人家多四合院、影壁墙，建筑古朴别致。

市街的户数，民国初年计约934户，其中农户875户，商户25户，工户34户，人口共计5044人。有大小店铺45家，旅店有7家（表4-19）。碱厂的商业辐射区域，东南60里至桓仁县四平街，南40里至将军石，西40里自张家堡子至大堡、田师傅沟一带，北35里的马家城子，东北50里至苇子峪一带。每逢集日，远近四方的工匠和农民咸集于此。难得的经商宝地，吸引八方投资。做大买卖的山西人，开杂货铺的山东黄县、蓬莱人，开中药铺的河北武安人，开铁匠炉的山东章丘人，各种乡音不绝于耳，宛如通都大邑。从清乾隆至光绪年间相继出现较大的商店和作坊。大商店有公悦成、四合兴、会来祥、公昌泰、德泰兴、益盛公等。大作坊有著名的造酒厂福兴魁、恒兴泉。这两家烧锅共占用房屋200多间，佣工达120多人，日用原料粮谷约6石5斗（合2500余斤），每日可造酒400斤。还有油坊、染布坊以及收购各种山区药材、皮毛的山货庄等，共有商铺73户。

① 王树楠、吴廷燮、金毓黻等纂：《奉天通志》卷一百七十二军备志，东北文史丛书编辑委员会，1983年影印本，第1707页。

表4-19　民国初年碱厂主要商家统计表

店名	经营类别	资本主所在地	资本金（吊）	开设时间	经理人
福兴魁	烧锅	山西太谷	250000	道光五年	杨伟杰（山西太谷）
公悦成	杂货油房	山东	200000	光绪十年	卢鸣春（山东掖县）
亿合成	杂货	碱厂	100000	光绪三十年	张肇和（山东掖县）
四合兴	杂货油房木厂	直隶永平	130000	咸丰年间	张鹏鸶（兴京）
福兴贞	杂货磨坊	福兴魁的支店	50000	光绪廿七年	吴德晟（碱厂）
永隆祥	杂货磨坊	西沟	80000	道光年间	贾自发（直隶昌黎）
福裕长	杂货	碱厂	50000	光绪廿年	魏连庚（碱厂）
会来祥	杂货木厂	直隶	50000	同治年间	孙宝立（碱厂）
兴记号	杂货	碱厂	30000	光绪廿年	张凤枝（碱厂）
豫丰泰	杂货	直隶	30000	民国二年	孟广增（碱厂）
谦益新	杂货	碱厂	25000	未详	纪永清（碱厂）
裕生茂	杂货	直隶	25000	未详	未详
兴盛成	杂货	直隶	20000	未详	未详
义诚福	药铺	山西	35000	光绪十五年	未详
义兴隆	药铺	山西	30000	未详	未详

资料来源：[日] 满铁总务部事务局调查课：《本溪湖碱厂间经济调查资料》，1915年，第70-71页。

　　当时，由碱厂销往外地的商品以木材、粮谷、烧酒为主，兼有烟草、线麻、药材、皮张等。木材外销、运输主要靠水路。夏秋太子河水大时，将木材穿成排，由太子河顺流而下，运往本溪、辽阳等地。粮谷主要是大豆，也多由水路用小船运出。小船是将4条船连在一起，围上囤子载粮。其上搭棚，也可乘坐旅客。烧酒于冬季利用河面结冰的时机以马车运往本溪、草河口、凤城、安东等地。至于药材、菌类、皮货等贵重物品，则由商人搭乘车船或雇用脚夫马匹送往奉天、安东等地。烟草多销往营口、丹东、沈阳一带。由外地水陆运进的商品主要是生活必需品，如布匹、油、食盐、面粉、陶瓷器、日用杂货等，多从安东、奉天、辽阳、营口等地运进。

民国时期，本溪湖已发展成为域内第一工商城镇，但碱厂仍占据第二商业重镇的位置，时有工商店铺90多个，工商户共有220户，商业从业人员达1649人。大商店都是四合院，前屋销货，后屋住宿，两厢库房。全镇拥有800多户，9000多人口。资金1万元以上的有4户：福兴魁、公悦成、恒兴泉、德泰兴。本溪的公悦成商号是碱厂公悦成商号的分号。

本溪湖，位于火连寨河、本溪湖和太子河的交汇处，西北距奉天57千米，东南距离安东122千米。清初，本溪湖不过是赛马集联系奉天、辽阳方面所途经道路上的一个小村落，但1906年本溪设治后逐渐具备了城镇的形态。随着安奉铁路的建设和本溪湖煤铁公司的成立，本溪湖迅速繁荣起来。火连寨河流经市区，河右岸集中居住着煤铁公司及缸窑业者，称为河西街。商业区在左岸称为河东街，是全县商业金融中枢的地点。清末，本溪湖共有2018户，5890人，其中煤矿雇佣工人2000多人，还有"满铁"附属地和煤铁公司日本人300户，860人。

作为本溪地区商业上的后起之秀，1900年本溪湖的大小商家不过50家，但1911年即达到100余家。其中，杂货铺20余家，重要商号有张碗铺、源兴合、德庆合、兴隆海、兴隆魁、东盛和、东兴隆、泰和东、天德福、天增顺、大德庆、合成兴、福隆泰等10余家，其中最大的是张碗铺，兼营油房和磨坊，资本额约8000元，一年的销售额7万元左右。其他的规模基本相等，资本金3000—4000元，一年的销售额3万—4万元，资本者辽阳及本地各半。

本溪湖主要输出的商品煤炭、缸类、石灰、木炭，以奉天、辽阳为主，其他分布于安奉铁路沿线各地。大豆等农产品以及烟草、麻、药材及木材等经由碱厂向兴京输入；烧酒从姚千户屯、石官屯、柳匠屯等地输入，主要输出至大连、营口及辽阳。在输入品中，布匹、杂货等为大宗，主要由辽阳输入，约占总量的五成。随着安奉铁路开通，与安东、大连等地的贸易亦逐年增加，输入商品以石油、面粉、砂糖、大尺布为主。输入品大部分在本地消费，太子河上游地方属于碱厂市场的势力范围，因此销售市场相对狭小，其商业辐射范围主要有小市、小甸子、清河城、望城岗子、牛心台等地，其每年商品销售量见表4-20：

表4-20　民国初期本溪湖年销售商品统计

种　类	数　量	种　类	数　量
大尺布	600件	清水布	50件
套　布	30件	花旗布	200包
褡裢布	100包	苧　布	60包
市　布	60包	坎　布	150包
小线花旗布	50包	线	100包
青羽绸	250板	太西缎	100板
杂色羽绸	250包	印花洋机布	80匹
日代布	80匹	上白糖	300包
上奇白糖	250包	轻皮糖	300包
白冰糖	100包	火　柴	400箱
蜡　烛	250包	石　油	3000箱
面　粉	30000袋	烧　酒	200000斤
棉　花	8000斤	面　碱	12000斤
盐	700000斤	豆　油	40000斤

资料来源：［日］南满洲铁道株式会社调查课编：《南满洲经济调查资料》第一，1912年，第194页。

沙尖子，位于桓仁县城东南45千米漏河汇入浑江入口处。前有江水环绕，后踞城墙砬子，街道自北而南，长约1.5千米，因江岸有沙滩而得名。浑江"形势至此为之一变，两岸平阔，忽露沙滩，艚船、木排辏集此地"①。从清末至民国，沙尖子是浑江流域著名的水旱码头和繁荣一时的商埠，被誉为辽东"小上海"。

沙尖子之所以能够发展成为浑江下游的著名水旱码头，一是前临浑

---

① 王树楠、吴廷燮、金毓黻等纂：《奉天通志》卷一百六十三交通三航路下，东北文史丛书编辑委员会，1983年影印本，第3799页。

江，连接鸭绿江。江岸平阔，水深且平稳，适于舟船停泊，市镇近江仅数百米，装卸货物方便；航道宽阔，近处无险滩恶哨；位置适中，适于舟船中途宿泊。更主要的是沙尖子上游江道迂回曲折，航行十分困难，只能行驶装载量少的"尖嘴子"；而沙尖子以下江道宽阔，可以行驶装载200石粮的"敞口子"，货物运输至沙尖子后，可以"添载"，可以换船，十分便利。二是有一条连接县城的马车道。这条马车道，是光绪三年（1877）怀仁县首任知事章樾所建，全长65千米，可以通行马车。光绪十六年（1890），万清观住持道人徐圆志自筹8300吊钱，修通了长2.5千米、宽4米的石头蛮盘岭山路，又将通往沙尖子的路程缩短了15千米。此路一通，不但县内粮谷的大部分，远至柳河、通化、八道江一带的车辆也通过此路向沙尖子运粮，形成一条连接数县、蜿蜒数百里的运粮大道。而且沙尖子又处在桓、辑、宽三县接壤处，便于同邻县沟通，输出、输入极为方便，自然成为物资集散地，发展成为桓仁县内最大的商埠。

据《桓仁县志》记载：1930年，沙尖子居民达1333户，8853人。其中，工商户达到140多家，大型商户36家（表4-21）。最大商户德泰兴（酿酒）拥有资本2万元，怡兴和每年囤积粮谷达1.2万石。这些商号经营有道，大都集收购、仓储、运输、采购、销售于一身，临街开杂货铺，沿江岸一侧设栈囤粮。各大粮栈又都自己造船养船，雇用伙计最多达50多人，养船十五六只。最大财东满松三，不单在沙尖子开设多处商号，还在大泉源、通化等设立商店。商品零售最热闹的日子是每年4月18日"庙会"这一天，人们从四面八方涌向沙尖子，达万人左右，仅出售"麻花"的熟食摊点就足有1千米远。餐饮业、旅店业极为兴盛，沙尖子街有大型饭店5家，还有为数众多的小吃部；有旅店10多家，从漏河口至影壁山有60多家旅饭店。

表4-21 民国末期沙尖子主要商户统计

商号	业种	设立日期	资本金（元）	出资者	销售额（元）
永隆盛	粮栈兼杂货	1902年	7000	于耀祥	14000
怡祥永	粮栈兼杂货	1920年	7000	邹德仁	10500
东盛祥	粮栈兼杂货	1931年	5000	高绍岭	11500

续表

商号	业种	设立日期	资本金（元）	出资者	销售额（元）
吉顺合	杂货兼烟草	1925年	5000	吉顺庆、亭增堂	11000
源生德	杂货兼烟草	1919年	5000	曲书田	20362
福兴和	杂货兼烟草	1920年	4500	满松三	11300
福盛永	杂货兼烟草	1911年	5000	刘良善	13600

资料来源：[日]满铁安东事务所编：《东边道宽甸辑安桓仁通化各县经济调查报告书》（1933年9月），宽甸县党史地方志办公室、集安市档案局译，2015年，第209页。

　　沙尖子商业活动内容，随着季节变化而变化，进入秋冬以后，县内和邻近通化、柳河、八道江、临江等地的粮谷和土特产品，70%—80%运集沙尖子销售，再购回所需的商品，每日进出铁车达千余台。春融解冻后，则由浑江运赴安东出售，并由安东返运货物，销于县内各地，繁兴之状，不亚县城。为通行便利，不堵塞车辆，马车从北面进入沙尖子街，从南边江道返回，再折回原路，这在桓仁是最早实行单车道的街道。这期间，沙尖子街道上人欢马叫，叫卖声、收粮声、算账声，声声入耳。从春至夏，一直到初秋，是航运繁忙季节，一个航期最多达500多只槽船，忙于装卸，一派繁忙景象。每年由沙尖子输出的农副产品总额达141.82万元（表4-22）。同期，由沙尖子码头输入的布匹20余万匹，绸缎8万匹，牛皮1万张，纸张20余万匹，杂货价值100余万元。沙尖子由此成为浑江流域的贸易中心和货物转运中心。

表4-22　1930年沙尖子码头外运农副产品统计

品名	数量	单价（元）	总额（元）	发往地
大豆	80000石	15	1200000	安东
粳米	5000石	32	160000	
高粱	2500石	10	25000	
玉米	1600石	11	17600	
小豆	800石	17	13600	

续表

品名	数量	单价（元）	总额（元）	发往地
猪毛	800斤	0.1	80	
狗皮	200张	1	200	
元皮	150张	3.2	480	安东
麻	6000斤	0.2	1200	
计			1418160	

资料来源：〔日〕满铁安东事务所编：《东边道宽甸辑安桓仁通化各县经济调查报告书》（1933年9月），宽甸县党史地方志办公室、集安市档案局译，2015年，第213页。

第五章
二元结构下的本溪社会

第一节 "满铁"附属地对中国主权的侵害

九一八事变时，外国人包括关内的中国人都会奇怪，明明是中国的东三省，为什么日军能够迅速集结大量部队，而且还是装备精良、战力极强的正规部队？其实南满铁路线上的老百姓早就知道日本驻在东北的一支军队，他们已经在这里驻扎了二十多年。虽然在名义上是"铁路警察"，实际上装备精良，训练有素。不要说土匪，就是中国的正规军也不是其对手。这支军队就是虎狼之师——日本"关东军"的雏形，只不过最开始时叫铁路守备队。

一、安奉铁路与铁道守备队

安奉铁路原是日俄战争期间日本为了运送军需品而在安东至奉天间修筑的临时窄轨轻便军用铁路，1904年8月，由日本临时铁道大队动工修建，次年12月完工，全长303千米。当然，安奉铁路作为日本实施侵华战略的重要军事补给线，被强行塞入《朴茨茅斯和约》守备保护之列。

（一）安奉铁路的改筑

安奉铁路既未经清政府的允许，也不是战后由俄国手中继承的转让权益，日俄战后本应该立即拆除。可是日本非但不予拆除，反而于1905年签订《中日会议东三省事宜》正副约款之际，迫使清政府承允该路"仍由日本政府接续经营，改为转运各国工商货物"的经济铁路，继续经营15年。并于"满铁"开始营业之时，将其移交"满铁"经营。"满铁"接手后，认为这条路线会赔钱，曾建议改为由安东通向大石桥，并企图在动工改良前将沿线矿山弄到手，而一再勘测，迟迟不动工，违反了条约关于日本须于日军撤离后2年为改良竣工之期的规定。1909年初，突然提出更改线路，并改轻便铁路为4英尺8英寸半标准轨的要求。清政府以这一要求不符原约予以拒绝，表示：安奉线只限于原有路线的改良，不许加宽改造，并要求日本撤去铁路守备队与沿线日本警察。日本政府在交涉达不到目的时，便采取了强硬手段，待一切准备就绪，就在1909年8月6日，由日本公使伊集院彦吉向清政府发出最后通牒，声称"自行改筑"。不等清政府答复，"满铁"便于次日在福金岭隧道及其前后强行实施改筑。

清政府屈于日本的武力威胁，被迫于8月19日，即在"满铁"已经进行了强制改筑的13日之后，同日本政府签订了《中日议订安奉铁路节略》，答应了日本的全部要求。9月中旬全线动工。1911年11月1日全线开通，线路总长261.68千米，铁路占地2058.6公顷。该路有大小桥梁205座，最长的太子河铁桥长544公尺。"满铁"在改筑安奉路的同时，还不顾清政府的强烈反对，强迫清政府签订在鸭绿江架设铁桥的协定，在鸭绿江建造了铁桥，使安奉路与朝鲜京义铁路接轨，这又为日后日本要求享受陆路通商减税待遇埋下祸根。

"满铁"改筑安奉线，名义上是要"变临时军用铁路为永久的和平交通机构"[1]，实则是为了日军侵略中国时，可以通过朝鲜将军队更快地运到东北。安奉线通车后由东京到奉天只需60小时，较比大连航路缩短一半时间。在安奉线的开通典礼上，不仅"满铁"总裁、副总裁，连关东都督和朝鲜总督也都到场，就是由于安奉线军事意义远远高于经济意义的缘故。不仅如此，"满铁"在改筑安奉线之后，还大力修筑支线，哪里有矿产资源，就将支线修向哪里。安奉线及其支线在掠夺东北的矿产资源及其他各种资源方面，发挥了重要作用。如果说，南满铁路及其另外几条支线是日本帝国主义从沙俄手中间接夺取的中国权益的话，那么安奉线则是日本帝国主义以武力为后盾，直接从中国手中夺取的，是进行军事侵略与经济掠夺具有重大意义的第一条铁路。

---

① ［日］南满洲铁道株式会社总裁室弘报课编：《南满洲铁道株式会社三十年略史》，1937年，第72页。

（二）安奉铁路守备队的由来

1868年，日本通过明治维新"脱亚入欧"，开始走上资本主义道路，国力日渐强盛，产业革命出现高潮，急需对外商品输出和资本输出。但作为一个岛国，日本国内本身就资源匮乏、市场狭小，加之国内封建残余势力的浓厚及社会转型期各种矛盾的尖锐，以天皇为首的日本统治集团急于从对外扩张中寻求出路。1887年，日本政府制定了所谓"清国征讨策略"，逐渐演化为以侵略中国为中心的"大陆政策"。其第一步是攻占台湾，第二步是吞并朝鲜，第三步是进军满蒙，第四步是灭亡中国，第五步是征服亚洲，称霸世界，实现所谓的"八纮一宇"。甲午战争和日俄战争就是日本实现"大陆政策"前两个步骤的重要环节。

日俄战争后，为了攫取更多的利益，日俄双方于1905年9月签订了历史上臭名昭著的条约《朴茨茅斯和约》。大清帝国虽然拿回了险些被俄国人强占去的东三省主权，但该《和约》规定：俄国将旅顺口、大连湾及附近的领土领海的租借权转让给日本，将宽城至旅顺的铁路转让给日本。在条约中，两国公然协定在中国东北留驻护路兵，并规定："两订约国可留置守备兵，保护满洲各自之铁路线路，至守备兵人数，每千米不过十五名之数。"①

1905年12月22日，清政府又被迫与日本签订了《中日会议东三省事宜条约》，清政府承认了日俄《朴茨茅斯和约》中俄国让与日本的各种特权，同时开放辽阳等十六个城市为商埠，在奉天、营口、安东划定租界，在鸭绿江右岸地方设置木植公司和直接经营安奉铁路路权等等。这两个条约的签订，使日本在东三省的势力愈来愈强大，也使日本守备队的存在日趋"合理化"。

1907年，日本南满洲铁道株式会社（简称"满铁"）正式成立，不久日本陆军省、关东都督府便以保护南满铁路附属地周围的安全为名，依据日俄《朴茨茅斯和约》，组建南满洲铁道独立守备大队。而后来的历史证明，独立守备大队这支拥有几千名守备队员的武装部队在中国东北的土地上为所欲为，残害中国人民，做尽了坏事。

---

① 《朴茨茅斯和约》，载步平等编著：《东北国际约章汇释》，黑龙江人民出版社，1987年，第279–281页。

1911年11月，安奉铁路从安东修至陈相屯，开始营业，由南满洲铁路株式会社经营。1915年日本又强迫北洋政府将该路租期延长到99年。1918年继续动工修筑陈相屯至苏家屯段。1919年12月，铁路修至苏家屯与东清铁路支线接轨，至此改筑的安奉铁路全线开通，安东至苏家屯段全长260千米。在日本控制南满铁路的40年间，大量掠夺东北物资通过安奉铁路运往朝鲜，然后再运到日本。

日本人获得了南满铁路的修筑权和经营权以后，立即着手实施侵略扩张计划。在旅顺设立了关东州都督府，在各主要铁道沿线划定了附属地，迁移大量农民拓荒，迁入商民开辟市场，实行军事和经济入侵。后来的历史证明，这条深深插入辽宁腹地的陆路交通线，与南满铁路和大连港这条水陆交通线相配合，在日本帝国主义扩大侵略战争和加紧掠夺中朝两国人民方面，曾起了巨大作用。

二、对本溪侵略的进一步加深

1905年11月10日，日本陆军部根据无耻的《朴茨茅斯和约》，借口加强南满洲铁道警备，提出《独立守备大队编成要领》和《独立守备大队编成细则》，将日俄战争的留守部队和预备部队编成为满洲独立守备大队。1919年4月11日，日本"关东军"司令部在旅顺成立，独立守备大队由关东州都督府划归关东军司令部管辖，这支所谓的铁道守备部队就变成了关东军下辖的陆军步兵部队。

该部队名称初始定为"铁道守备大队"，但是日本陆军部经过考虑，分析了这支部队未来的军事预想、列国的外交干预、铁道的警备保护等因素，遂将其改为"独立守备大队"。虽然只是个部队名称，日本人就动尽了脑筋，足见其实施侵华军事、外交政策的谋划之远、运作之细。日本对军事细节和战略谋划的把握，于当今中国乃至世界防范日本的军国主义复活，仍具有借鉴和警示作用。

《独立守备大队编成要领》共计11条，不仅对这支特殊战略部队的将校级别、兵员来源、马匹武器、被服器具等予以明确规定，而且打破日本常规的兵役法制，将独立守备大队作为正规军队师团级别建设，将预备役的退伍军人作为现役军人进行招募，征兵范围扩大了。这样日本陆军部就避开了军事禁区，躲开了各国的外交干预，可以不动用正规的驻屯军，便能利用独立守备大队开展其不可告人的军事行动。从这个意义上说，独立守备大队是日本"关东军"的一支特种部队。

独立守备队创建初期，实行预备役、后备役志愿兵役制，由日本国内退役军人中征募。服役期满后，可转业充任"满铁"职工、关东厅警察，或从事企业、商业贸易活动。1916年，独立守备队改行现役兵役制。在日本国内各师团分配指标，征募志愿兵员。然后混合编队，集中于玄海滩搭船由大连港入境。在关东仓库留住一宿后，分赴其各自所属守备队入伍。

独立守备队的编制，在独立守备队司令部下统辖6个大队，每个大队下辖4个中队，每个中队下辖4个小队。每个大队设本部，其下属4个中队，包括3个步兵中队、1个骑兵中队（或山炮、机关枪中队）或为2个步兵中队、1个步炮中队、1个机关枪中队，亦有1个步兵中队、1个机关枪中队、1个步炮中队、1个骑兵中队的编制。大队长由大佐或中佐、中队长由大尉或中尉、小队长由少尉充任。每个大队约为900人。

按照《独立守备大队编成要领》，每个大队设大队本部和4个中队，大队本部设大队长、副官和各类主计、计手、军医、看护长、铳工长、蹄铁工长等官佐16人，马匹6匹；每个中队由士兵155名、马匹16匹组成，其中含炊事兵、喇叭手、铳工卒、鞍工卒、缝工卒、靴工卒等至少2名。有的大队还设有军乐队。编成后一个大队共计人员636人、马匹70匹。

根据《独立守备大队编成要领》之规定，日本陆军省同时编制了《独立守备大队编成要领》。《独立守备大队编成要领》经过审定共列25条，对独立守备大队的官佐及兵卒的编制征招、枪械的单兵配给、特种装备的种类配发进行了高标准配备。从其中的编制表和兵器表中可以看到，独立守备大队不仅兵力配置达到旅团级别，内部分工十分精细，兵种建置非常专业，而且针对东三省特殊的军事条件配发各种各样的器具，对枪支型号、背负行李乃至随身餐具都予以量化到单兵，真的可以说是"装备到牙齿"，反映了日本军事工业的发达，也体现了日本对独立守备大队这支特种部队的重视。

1906年1月31日，日本陆军大臣寺内正毅签发《独立守备大队勤务令》，对守备部队的警备法令执行、交涉事件管理、铁道官宪联络等予以规定，并明确各守备大队可以"独断专行"，赋予各守备大队相当大的铁路管理处置权。经过紧锣密鼓、外张内弛的筹备，1908年5月4日，独立守备队司令部在旅顺关东都督府将校集会所开始对外办公。

1915年《在乡军人须知》这份发往日本全国退役士兵的文件中，刊登了《独立守备队志愿者案内》[1]。这份明显不同于以往的兵役法，明确规定了独立守备大队的守备性质和优厚的军饷待遇，与现役军人一样享受晋升待遇、家属享受一样军属待遇。而且这个法案还指明了守备队退役者可以到满洲置业兴产，这对于在资源极度匮乏、市场拉动无力之中苦苦挣扎的日本商人和农民太有吸引力了。加之南满洲独立守备队虽然经常处置中国东北经常出现的马贼滋扰问题，但是其执行勤务的危险性和战斗频率比起战斗部队来明显降低，这样就吸引日俄战争后大量的退役军人到南满来做守备队员。

（一）连山关守备队的派驻

1929年，守备队规模显然壮大了，这种壮大在最高指挥官的军衔上有了答案。当时的独立守备队司令官已经是中将军衔了，就是说独立守备大队的将校配置已经达到了师团级别。当时独立守备大队还是6个大队的编制，分别驻扎在奉天、大石桥、公主岭、连山关、安东等地。到了1931年，独立守备队的驻军位置如下：司令官森连中将，驻公主岭；独立守备第一大队，驻公主岭；独立守备第二大队，驻沈阳；独立守备第三大队，驻大石桥；独立守备第四大队，驻连山关；独立守备第五大队，驻铁岭；独立守备第六大队，驻鞍山；中队34个，分别位于瓦房店、熊岳城、大石桥、千山、鞍山、昌图、四平街、郭家店、连山关、安东等地。分遣所37个，每个分遣所18人。独立守备队共计6481人，已达一个独立混成旅团的建制标准。

日本守备队从最初的组建，到后来与

日军本溪湖守备队

---

① ［日］日军友协会编：《在乡军人须知》，军友协会，1915年。

正规师团的合并,历时20多年,像"满铁"一样,由单纯的经济侵略进而转变成一支集政治、经济和军事为一体的军团,逐渐暴露出其欺骗与虚伪的一面,它的罪恶行径将永远为中国人民所牢记、所唾弃。

(二)刺刀下的本溪附属地

在交通极不发达的清末民初,随着安奉全线改筑完成和与京奉线连通,安奉铁路巨大的经济利益和辐射拉动作用逐渐显露出来,日本人对铁路涉及的驻军权、警察权、赋税权等相关利权的争夺日益白热化。

表5-1 安奉铁路(本溪段)经营业绩(1911年4月至9月)

站　　点	乘车/人	赁金/元	降车/人	发货/斤	运费/元	到货/斤
本溪湖	29634	19925	30221	393944	201731	3535045
火连寨	4535	1104	4535	2788316	2900	3172747
福　金	2145	580	2332	572684	446	48627
桥　头	14948	7110	12938	155595	9206	801116
南　坟	4779	2281	4716	15116115	15137	447551
连山关	4107	2283	3781	585718	4390	333675
祁家堡	2017	1153	1776	5628573	5112	25682
合　计	62165	34436	60299	25240945	238922	8364443

一时间日本报纸连篇累牍地报道本溪湖的矿藏,以钓鱼台、太子河美景为主题的各类宣传图片、照片、明信片如雪片般飞回日本,甚至将连山关、本溪湖附近的矿藏都印到了明信片上,把赤裸裸的贪念全写在脸上,不再做丝毫隐藏和掩盖。一些梦想一掘千金的商人蜂拥而至,倒买倾销东洋货,同时把煤炭、钢铁、木材等资源和大米、大豆等特产转运回日本。

独立守备队最初接受关东都督府的指挥,关东都督掌管着保护南满铁路的重任,可以在必要的时候使用兵力。从1919年4月开始,守备队改由"关东军"司令官统辖,"关东军"司令官可以在保护铁路线路的紧急情况下，动用兵力，美其名曰是"维护南满铁路的安全"，实际上干下了许多不可告人的勾当，严重地侵犯了中国的领土主权，对中国人民犯下了不可饶恕的罪行。

随着"满铁"经营规模的扩大与本溪湖煤铁公司的进入，大批日本铁道管理人员和采矿技师陆续搬进本溪湖附属地，加之连山关守备队的官佐家属被允许随军住到了各守备队兵营附近。在独立守备队的保护下，"满铁"设立经济情报部门，到处翻墙盗洞，测图探矿，形成地质、水利、森林、谷物、人种、牲畜、产业为主题的各类调查报告，这就是篇目庞杂、数量繁多的《满铁调查报告》，为日本的全民掠夺提供了确实的情报和线索。

（三）鸠占鹊巢，不断蚕食中国主权

"满铁"附属地原指南满铁路两条干线及支线的铁路用地，南满铁路主干线全长1129.1千米，占地面积1908年为182.76平方千米。其后，"满铁"以独立守备队的武力为后盾，巧取豪夺，拼命扩张，至1936年扩大到524.34平方千米，其中包括许多大大小小的城镇、市街用地及矿区。其中本溪湖附属地面积达到1.16平方千米。

随即凭借连山关守备队的军事干预和保护，"满铁"株式会社和其他日本商人便大张旗鼓地在附属地内大建商街，相继在本溪湖附近的各个集镇设置街区，实施殖民统治。

表5-2　本溪附属地街区分布

序号	地区	街　区	个数
1	本溪湖	驿前通、西一条街、西二条街、西三条街、东一条街、东二条街、东三条街、东四条街、东五条街、东六条街、东七条街、住吉町、石山町、永利町、桃月町、桃月町南通、旭町南通、旭町北通、大和町、大川町、敷岛町	21
2	石桥子	中兴街、中平街、升平街、永平街、公平街、长顺街、永成街、警安街、长安街、日升街、永安街	11
3	火连寨	山连街、荣昌街、新安街、富秀街	3
4	宫原	高安街、来瑞街	2

序号	地区	街　　区	个数
5	桥头	驿前通、西一条街、西二条街、西三条街、官岛町通、官岛町南通、官岛町北通、东一条街、东二条街、东三条街、鹿岛町通、鹿岛町北通、天神町	13
6	南坟	临川町、荣阳街、泰年街、瑞安街、新昌街、喜祥街、南沿街、桃李街、高佑街	9
7	下马塘	山远街、水都街	2
8	祁家堡	有利街、富来街	2
9	连山关	元町通、柳町通、新町通、守备队通	4

各个主要街区中都建立了规模不等的医院、学校等公共服务机构。同时设立本溪湖警务支署，并根据各个街区的治安需求和侵略目的，不顾中国地方官宪的反对和抵制，先后强行设置了12个警察官吏派出所。

安奉线连山关守备队与本溪附属地的日本警察狼狈为奸，逐渐把附属地管理成"国中之国"。"满铁"建设的商街一开始的目标是实施"满铁"守备队"除队兵"移民计划。这个计划是：从"满铁"沿线守备队退役兵当中选拔有农业经验和热心农事的士兵进行移民实验。由于退役兵经过军队的锻炼，身体健康，组织纪律性强，军事技术熟练，一旦发生战争，可以立即参加战斗，减少训练过程，并能成为部队的中坚力量。特别是经过几年的中国东北的生活，气候和环境已基本适应，无须调整。"满铁"认为，从守备队退役兵中选拔人员作为移民是最为合适的对象，对其在经济上给予贷款援助，在农业技术上给予充分指导，将会卓有成效，安心农事，定居中国东北。"满铁"从1914年开始，在守备队退役兵中陆续选拔人员作为移民对象。为了保证"除队兵"移民者安心农事，扎根于中国东北，避免过去移民中的弊端，"满铁"在移民对象选拔上作出了严格的具体求要和规定。同时，为了确保"除队兵"移民的健康发展，使其"经营成绩良好"，还最大限度地给予特殊的政策和保护。从实施情况看，"满铁"的如意算盘以失败告终。可在计划外，却吸引了相当多的日本商人到安奉线附属地置办产业。从1908年开始，截至1912年9月，安奉铁路本溪段各站点的附属地迁入了大量日本人口，其中：本溪湖529户1525人、火连寨12户62人、福金11户23人、桥头196户601人、南坟38户92人、下马塘19户64人、连山关43户119人、祁家堡13户27人，合计869户2513人。

（四）明火执仗，不断侵占当地资源

本溪县连山关地区地下富含各类矿藏，清朝末年受洋务运动倡办实业政策的刺激，这一地区有实力、有势力的商绅大户争相报领山林、土地，一时间金、铁、铜、铅及黏土采选业异常活跃，继而引来日本矿商的觊觎。随着日本人纷纷入股、合资、联办，疯狂掠夺矿产资源，导致奉天省政府、本溪县署与日驻奉使领馆之间交涉事件频发。比较典型的资源掠夺是木炭和铁矿。

当时，木炭是主要的民生商品，更是重要的军工原料，是炸药原料之一。日本人侵入东三省以前，是靠着朝鲜半岛的森林来进口木炭，可贫瘠的朝鲜山林并不富裕，很快就砍秃。日本人便把掠夺的眼光放在了中国东北。独立守备第四大队进驻安奉线连山关以后，"满铁"、大仓等日本军工企业便在守备队保护下，在安奉线周边大肆抢购木炭，弄得本来适度发展的木炭生意陡然爆发。奉天省公署不得不出台严苛的林政法规，但是仍然挡不住日商的贪婪和掠夺。一时间，日商雇用当地的老百姓，跑到山上砍树烧炭，专找合抱粗的大树砍，而且本来"山高林密"的连山关，山林之中烧炭的窑场烟气滚滚。几年工夫，草河口、祁家堡、鸡冠山、凤凰城和连山关铁路两侧的山林被砍伐殆尽。源源不断的木炭从安奉线运到朝鲜、运到日本。到1922年10月，每年日本进口安奉线的木炭竟然达到50万袋450吨，因为安奉线的木炭数量充足、品质优良，日本大阪的海军工厂、神户的炼钢厂、造船厂等均大量使用"满铁"沿线的木炭。

表5-3 安奉铁路沿线木炭产额五十多万袋（1921年度）

发送地	满洲各地	朝鲜	内地	其他
草河口	3895			1482
通远堡	3826	2505		
刘家河	2377	779		60
鸡冠山	1256			

续表

发送地	满洲各地	朝鲜	内地	其他
楸木庄	1090			100
凤凰城	641	20	421	
连山关	401	241	21	
合　计	16123	5542	450	2058

　　1915年6月，原籍日本大阪、在连山关投机杂货的日本商人武田二郎，理直气壮地向奉天日本总领事落合谦太郎打报告，说他在细河对岸、连山关村陈聚武、达子堡村杨成所有的山地附近发现了3处露头的储量可观、含量丰富的铁矿，申请筹资占地开采。当时本溪湖警务支署长江刺家久藏还对武田的开矿资质和报告内容进行了调查。对于武田开矿的申请，落合谦太郎表示爱莫能助。1909年9月4日，日本和清政府在北京签署《东三省交涉五案条款》，清政府被迫出让安奉铁路沿线矿产权益。迨至民国，民国政府积极倡导实业兴国，把矿业开采放到奉天省实业厅审批，涉外矿业开采更得经过省议会议决，鼓励和支持本国人发展采矿业，但是对矿权这一根本主权绝不允许外人插手。这样，日本人想要攫取辽东一带的采矿权，就难上加难了。

　　此时北洋东北陆军27师师长张作霖因为得到日本人军火和军费支持，便向日本人支招："在目前办理这种事业，如由总领事公开向都督提出，或者企图作为南满铁道会社的事业，恐怕都会引起民间的非议。所以，莫如不公开办理。如果作为适当的日本人个人事业，筹划日中合办，而着手进行，省议会方面也不一定特别反对。"①结果按照张作霖的路子果然屡试屡验，一时间日本人纷纷寻找中意的汉奸充当买办申办矿业。这样日本用"中日合办"的方式，大仓组获得了本溪湖的煤铁矿权，"满铁"顺利攫取了鞍山一带铁矿矿区八处。其中值得一提的是，不仅由连山关人秦日宣充当了鞍山制铁所的中方买办，而且背后的投资人除了日本"满铁"外，还有一位竟然是本溪县的大汉奸于冲汉。

---

　　① 解学诗主编：《满铁史资料》第4卷煤铁篇第3分册，中华书局，1987年，第953-955页。

1917年2月，住在本溪县连山关的日本商人和田常松勾结当地人杜鸿芝开设硫化铁采矿所，雇用当地苦力20名，对连山关苏家南沟的面积10万平方米的硫化铁矿进行开采。每年仅支付租金360元，租期为30年。而开矿资金竟然全部由"满铁"公司提供，这样的日资独大的合办事宜，明眼人一眼就能看出来是瞒天过海，竟然得到官方的批准许可。

1917年6月，本溪县连山关区吉祥峪村孙世荣向奉天省实业厅申请报领了矿山81亩，开办铅矿。不久日本人饭田邦彦入股，两人共同出资4万元，注册了广裕有限铅矿公司。而饭田竟然是东洋炭矿株式会社奉天支社长，这个"中日合办"的收益80%由东洋炭矿获得。

对于利润空间小和规模小的矿山，比如连山关杨金库、吴天恩、陈庆会等人开办的石材场、黏土矿，日本矿商均不得意。但连山关守备队却未放过，就在各个石矿附近设置射击场、训练场，守备队的各个中队隔三差五的野外作训、实弹射击，闹得这些小矿根本无法正常运营，相继陷入危机。

迨至张作霖担任东三省督军后，扩充军备、加强军力更需要日本人的巨资支撑，其一边大笔从日本人手中拿贷款，一边坚持以往的"成人之美"，日本有关"中日合办事业"的各种交涉也取得了张的积极配合。其实，所谓的"中日合办"，实际上与日人单独经营无异，因为日方在企业中所得份额一般都会远远超过其应得之份，中方所获得的股份，常常不过是森林、矿山等自然资源，或者日方不能合法获得的部分。"中日合办事业"成为日本经济侵略的得力工具，极大地阻碍和破坏了东三省民族经济的发展。

（五）颠倒黑白，不断挑起交涉纠纷

清末民初为了应对日益增多的中日外交交涉事件，奉吉黑三省官署中均设置通译官专司中日交涉，各道镇守使也都兼任着本地区的交涉委员，但是面对日本军警的不断挑衅和外交人员的颠倒黑白，包括本溪县公署在内的东北官署疲于应对交涉，毫无主权可言。

1911年5月28日，守备第三中队一等卒上田三次郎与同队的一等卒井村伊太郎等四五名兵士闲来无事，到本溪湖河东街荣乐亭料理店会餐。等到酒足饭饱已经是晚上六点，几个酩酊大醉的日本兵在河东街上到处横晃，便与正在巡逻的本溪县警务局巡警温德林等发生冲突，互相争吵直至揪打在一起。闻讯赶来的巡长胡俊性及守备队其他兵卒也忍不住拔剑执枪参与格斗，结果是几个酒醉的日本兵被打得鼻青脸肿，胡巡长也受伤了，头部挨了一棒子。守备队长同宪兵队长前往本溪县衙门，与知县陶鹤章交涉，结果是商定互相对部下进行训诫，避免将来再次发生殴斗。本来事出有因，责在日兵，但是日军守备队却通过日本报纸夸大双方斗殴事件，弄得辛亥革命前本不太平的本溪县名噪一时。

本溪湖战死者墓地之争。日俄战争结束后，驻扎在本溪湖的日军第一军，将日俄中阵亡的将士安葬在安奉铁道附属地外东边的太子河畔、骆驼山麓丘阜（一名忠魂山）上，并修建了战死者墓地，以第一军司令官黑木为桢的名义立起一块忠魂碑，并在附近四周挖了壕沟以示墓地范围。碑立起来之后，在本溪湖的军队和警察及铁道附属地的日本人便经常前去参拜，还在墓地周围扩建成公园。不久守备队又从本溪湖市街内搬出来，将新兵营建设在与墓地隔沟相望的明山下。

在墓地附近的耕地上原本石头较多，但是经过当地农民两三年的辛勤整理，耕作区域的逐渐扩张，墓地及周边日渐平整，日军墓地区域也逐渐缩小，一小半都被农民们种上了庄稼。

日军战死者墓地被开垦这件事，不久就被日夜在安奉铁路巡逻的本溪湖守备队发现了。1911年末，守备队村田恰中队长伙同本溪湖日警务署植村清沾署长，向本溪县知县陶鹤章提出交涉，要求当地农民停止耕作墓地周边土地，理由是日俄战争结束时，日本第一军选定该墓地，并把第一军剩余的军粮分给各地主作为补偿，当地农民也允许可以辟作战死者永远墓地，并承诺永不在墓地内耕作。

这陶鹤章办事谨慎，政声颇佳，徜徉奉天政界多年，深得盛京将军赵尔巽的器重。其在辽阳知州任上，面对"关东军"第二师团的种种挑衅和纠缠，从容办理交涉事务；更为重要的是，1906年陶鹤章还在辽阳任知州时，就曾经与本溪县设治委员、第一任知县周朝霖一起研究，将原本设在牛心台的县衙门挪到本溪湖，以应对日本人对本溪煤铁的掠夺侵略。

陶知县面对守备队的蛮横和日警署的霸道并不惊慌，慢条斯理地辩争：该墓地并未得到当地大地主——保安寺住持僧人纪芝思的允许，至于划定墓地时补偿给当地农民何等代价，日本人也未到县衙门登记，况且保安寺并未得到补偿。无论当时日军是否存在武力威胁、墓地是否依法划定，均未得到县衙门书面批准。而且墓地建在安奉铁路附属地之外，位于大清国土之上，占地面积过于广漠，有碍当地农民耕作，应缩小墓地范围。

村田队长和植村署长素知陶鹤章不好惹，遂将本溪湖官民的态度和墓地地图形成报告联名上报。不久关东都督府提出：对日俄战死者墓地，所在国应尽到保护义务。陶鹤章闻讯婉称：日军墓地处置一事非职权所能解决，须请示交涉司，由交涉司出面答复。

1912年1月8日，在奉天总领事落合谦太郎代表日本外务省和陆军省向奉天省交涉司提出交涉，但因本溪湖战死者墓地位于附属地之外，不受中日各项条约的限定。由大清盛京将军改任民国奉天省督军的赵尔巽提出，以前安奉铁路附属地涉及的中日条约是由前清签订的，是否有效还要由民国政府重新认定。日本人好不容易才弄到手的侵略条约在法理上都有问题了，有违其稳步侵入东三省的战略意图，就对日军战死者墓地交涉另辟他途。最终日本外务省责令"满铁"出资将墓地周边土地偷偷买下来，建设成公园。这样，当地老百姓在日军墓地的土地耕作和牲畜放养才稍作收敛。

1916年后，随着掌握东三省军政大权张作霖愈来愈倚重日本人的资助，日本人变得愈来愈嚣张，相继在连山关摩天岭建了"战绩纪念碑"，在日俄战争中日军阵亡较多的边牛录堡子后山、三王村附近、石河寨等多地建了纪念碑。

细河磨房之争。1915年2月1日，本溪县连山关的村长陈德全给署理本溪县的知事史久骙写了份密报，连山关火车站附属地之外的细河上原有线香水磨一座，系村长族侄陈庆溥的管业。因为日本雇人砍树烧炭，连山关周边树木砍伐殆尽，又无处采买，再加上连山关守备队的兵卒们屡次拆坝捉鱼，谁也不敢阻止，导致磨房逐渐倾颓，无力修理。因有连山关义兴公司的执事薛元俊商酌接买，不料闻讯而来的日本三福洋行欲与薛老板合股。陈村长深知水磨虽修造河身水面之上，亦属国土财产，非同小可，遂就薛元俊与洋行合股接买细河磨房一事向县行政公署请示。

知事史久骙是奉天省督军从军队中选拔出来的精英，因本溪县匪贼屡次滋扰地方，受省公署指派到本溪县剿匪。史久骙到本溪县后，才发现本溪县守备队之患猛于匪贼之乱。于是其激起守土情怀，谨慎办理交涉事务，最大限度地维护地方和百姓利益。这一次针对日本人的得寸进尺怒不可遏，提笔批道：

> 案关水上权，非外人所得。合股至内国人与内国人彼此转移，听其自便。现禀日本三福洋行欲与买主薛元俊合股之处，应不准行，并仰该村长随即阻止，探明报告，切切此批。

（六）草菅人命，不断侵害当地警民

连山关守备队与本溪湖日警署一起以保护铁路维持治安为名，在铁路周围为所欲为。守备队在铁路沿线附近任意枪杀中国居民，迫害中国警察，甚至干涉中国的内政事务，犯下了累累罪行。据记载：1927—1931年，石桥子张振奎被连山关守备队捕去后被火车轧死、千金沟村福金车站日人打死牲畜殴伤老妇、驻祁家堡日警逮捕华人严刑拷讯、日兵骑马踏伤连山关赵成国、凤城鸡冠山派出所巡长邵耀辰因携带手枪于本溪火车站被日警拘押、日警署巡捕越界擅捕下马塘商户、下马塘公安分所被日军搜去枪弹、守备队枪杀凤城张家堡子张作云、安东守备队枪杀途经铁路的中国木工张振奎……①类似这样的屠杀事件还有多起，中国政府多次向日外交机构提出严正声明，谴责日军的侵略行径。可日本领事总是以中国公民有盗窃行为理由进行搪塞，企图掩盖日本守备队在华犯下的滔天罪恶。

不仅如此，日本守备队在铁路附属地周围，多次与中国警察发生冲突，侵犯我国主权，干涉中国内政。

（七）秣马厉兵，不断开展军事演练

由于中日甲午战争和日俄战争均在连山关和摩天岭发生重大战事，所以日本陆军士官学校十分重视在连山关和摩天岭战斗中的经验总结，在其陆军步兵教材《小战例集》中，对两次战役发生连山关摩天岭、草河口、赛马集、碱厂等地区的战事指挥、攻击、防御、退却、射击、搜索、警戒等战例深入分析，提取其中的经验教训形成教材予以发放。这让士官学校毕业的守备队官佐都能按照教材的讲授重点，结合连山关乃至本溪县的实地，开展针对性强、适应性强的军事训练。

---

① 辽宁省档案馆馆存的民国本溪县公署"中日交涉案"卷。

1909年6月，连山关守备队本溪湖中队到达驻地后，立即开展步兵阵地训练。训练前，守备队在县城以北的山顶上修掘战壕，而事先中国官方未接到任何来自日方的通知和信函，本溪县知县王荷在其呈文中就曾经这样记载："窃到任后，查看境内日人尚能安分……于本月十七日雨后，突有日本守备队百余人在县北一里山顶上修掘战壕一道，宽二尺五六寸，长百余丈，人多任务速，半日而成。窥其意旨，似有所戒备而预设为防御者。"①由此可以看出，日本守备队从开始驻守在安奉线，到日军正规师团大举侵华之前，一直在挖壕沟、修桥梁，进行目标各异、强度不同的大规模军事演习，表面上打着保卫南满铁路安全的幌子，事实上已经成为"关东军"大举侵华前的帮凶。

1914—1931年，日军连山关守备队开展夜间行军、耐寒行军上百次，几乎每年都要搞上十几回。后来花样就多了，要么在明山沟演习机枪，要么在桥头搞空炮发火，要么与从朝鲜和沈阳起飞的飞行大队搞空地协作训练。守备队积极备战的认真劲，着实让中国人提心吊胆。每一次守备队都"严格"执行通报制度，一会儿要保护营地、一会儿要戒严市街、一会儿要封闭道路，弄得本溪县官民寝食不安，鸡犬不宁。

除了行军、射击、飞行等科目，中日外交每次出现焦点、热点和难点问题的时候，连山关守备队就会配合外交问题举行演习、行军，比如"满蒙问题"紧张了，守备队要演习步兵骑兵对抗；"朝共问题"突出了，守备队要演习山地游击；"韩侨问题"严重了，守备队要演习侨民保护；连日本天皇过生日，守备队也要搞庆祝礼炮队列演习。

1923年12月，连山关守备队长中佐今井信夫率领将校11人大张旗鼓地远赴吉林，对吉长线铁道沿线孤店子、桦皮厂等地日军进行山地战术指导。这一次长途战术交流过程中，今井中佐一行大摇大摆，既要到处耀武扬威，又怕中国人暗中破坏，便通报给日本驻奉天、长春使领馆，搅扰得吉林省官长孙烈臣、王树翰等人不得不训令吉林各县进行保护，生怕滋生外交事件。这样的事件在当时十分罕见，足以看出连山关守备队在山地战法及耐寒训练上确有可以宣扬之处，也可以看出独立守备队为侵略东北进行了有针对性的、行之有效的军事准备。

---

① 尹虹：《侵华战争前的日本守备队》，载《党史纵横》2005年05期。

至九一八事变前，独立守备队几千余人被编入日本的正规部队，与日本的正规军团一起，为侵略战争打基础的演习次数愈来愈密，规模愈来愈大，地域愈来愈广，淋漓尽致地暴露出它作为日本侵华工具之一的反动本质。而这时的张学良忙于抽调奉天陆军的精兵强将，进关为蒋介石的中原大战站台撑腰，驻屯在辽、吉各地的东北军不得不忙于追剿趁机作乱的马贼、胡匪，结果对守备队演练包围沈阳城的凶险信号无动于衷。

第二节　清末民初本溪社会变革

清政府为维护其统治，仿效外国预备立宪，于1909年颁布《城镇乡自治章程》，县衙署设地方自治事务所，基层设城、镇、乡初级自治组织，专办地方自治事宜。城、镇、乡自治会成为清末地方政权机构的组成部分。自治会设议事会和董事会，组成人员由地方公选合格绅民（多属豪绅）充任。议事会设正、副议长各1人。董事会为执行机构。县城董事会设总董、董事、名誉董事各1人。乡、镇董事会设乡董、乡佐各1人。自治会对当地学务、卫生、道路工程、农工商务、公共营业、慈善事业有议决权，经上级审核后交董事会执行。本溪县的区域自治机构划分为东、西、南、北4路区域，各设团练会及保正、会首、正练长、回民头等参与自治活动。1911年，本溪县成立城、乡议事会和董事会，全县1城、9乡各设乡董、乡佐。地方自治会名为专办地方公益事宜、辅佐官治，实为徒具自治之名、历行官治之实的一种政权形式，遂于1914年5月，因北洋政府实行大总统独裁专制而废止①。

一、本溪地方"自治"新政

1905年，赵尔巽出任东三省巡抚，恰逢清政府宣布对东北地区实行新政。清末民初的奉天新政对本溪的影响是根本性的，如本溪县的设治，表面看是赵尔巽实施新政举措之一，缘于"万山重叠，路径分歧，为盗渊薮"，实质是抗拒日本人对本溪矿产资源的觊觎掠夺，强化清政府在辽东的统治。民国文人沈曙东在《追忆本溪县志纪要》中记载："满清末年民国初

---

① 沈曙东：《追忆本溪县志纪要》，1959年，第3页，本溪县档案馆藏。

年，办过'改良变法'的地方自治、人民选举。县里的自治机关，叫参事会、县议会，各乡设乡议会。选举制度订得很严格，第一有选举权的，有文化的限制、财产的限制、出身的限制、职业的限制，还要是男性。其次有被选举权的资格更高，除非贵族、地主、富商和举监生员、当过官吏的士绅，就没有被选举权，选举时请客、贿买等问题普遍地出现。当选上了各级的议员，名叫民之代表，实际是一步登天，转到官场了。"

（一）清末奉天咨议局与本溪县选举

议员选举作为奉天新政的开端，东三省总督徐世昌倡办的奉天咨议局压根就没有本溪县议员。这是由于创设咨议局之际，本溪县的治所尚未明确，百废待兴，人口也不算多，虽没有本溪议员在咨议局发声，但是本溪县却把奉天新政创造的各种发展契机牢牢抓在手里。

选举事宜涉及所有国人，本溪县时任知县刘朝钧不敢怠慢，按部就班，并就复选初选、投票管理等项细节呈文请示办法。奉天省咨议局立即予以明确答复："……查议员及初选当选人额数分配之法，系由各属初选区将人名册造好，呈由复选监督申报，督抚宪按据各复选区名册，统算全省选举人有若干名，乃以定额五十名除之。假如奉天全省人名册上有十万人，以五十除十万得二千，是为每二千人中选出一议员。此数已定，再分配各复选区，就如奉天府人名册有二万人，照数应有议员十人，此督抚宪分配各复选区议员额数之算法也……"[1]本溪县公署关于议员选举的请示与回复，反映出奉天省推行新政的草率，对于民众立宪权益的漠视。

事实上，本溪县的议员选举也不令人满意。从公布的议员名单看，奉天咨议局也并不是没有本溪县的份儿，本溪县的议员名额是被辽阳袁金凯占去，而且遭到知情人员的弹劾。"奉天府辽阳当选议员袁绅金凯系辽阳州人，前有辽绅张炳辰在咨议局控该议员复选之时，有任私舞弊情事，当经局长张真午司使批饬辽阳州史牧查覆在案。兹闻辽阳州史耀五直刺刻已遵札查明禀复。据称，按照张炳辰所控各情逐款密查，毫无实据。询之初选当选诸绅，金称该议员袁金凯于复选之时，并无营私舞弊情事，且该议员平日乡望素孚，此次当选舆论翕服，并无异议云。"[2]这样辽阳人占用本

---

① 《奉天指示本溪令选举办法》，载《盛京时报》，1908年12月9日。
② 《复选举诉讼》，载《申报》，1909年11月12日。

溪县名额当选议员的事儿就定下来了，且袁金凯后来还当上了省议会的议长。

虽说咨议局没有本溪县籍的议员，但是奉天咨议局却不能将本溪置之度外。日本政府和"满铁"公司野蛮改筑安奉线，对本溪田地征用及搬迁动静极大，损及本溪百姓，多次惊动奉天咨议局。特别是辛亥前后的日本人"巧取"溪碱铁路修筑权，奉天咨议局亦严词否决日本人明晃晃的欺世盗名、赤裸裸的经济侵略。

1909年5月29日，怀仁县举行初选举开票，当选者及所得票数为：辛酉山109票、杨占春138票、李国华94票、王锦堂90票，候补二名：王廷勋81票、郑梦兰81票①。

（二）民初本溪县议事会的自治事务

清末民初的本溪县"自治"虽处在萌芽阶段，但依然对本溪的政治、经济、社会发挥了巨大的影响。辛亥民国肇始，末代东三省总督赵尔巽主持的奉天维持会苟延残喘，对政治、经济的统治均处于崩溃边缘。1912年10月，赵尔巽在调整各县知事时，调本溪县知事张云岚为大孤山税捐局长，任命浙江人金萃康为本溪县新任知事，遭到本溪县议事会的抵制，遂用团体名义上书揭批"金令尊前之种种劣迹，希冀收回成命"②。这一举动虽遭赵尔巽斥责，但本溪官绅的意见却被赵尔巽采纳。11月8日，金萃康补缺任命因各界颇不赞成，赵尔巽只得改派庆仁补缺③。可见当时议事会"自治"权利绝不是可有可无的配角，而是能够左右本溪政局的重要力量。

本溪县议事会还将"自治"权利延伸到其他行政干预，而且善作善成，成为佳话。1912年9月27日，本溪县议事会邀集官绅商学及警界全体人员到会开议，以"本溪山险地薄，乡民月纳地饷，苦无出产。若不及早设法维持，势将不堪其累。况时当木叶吹残，盗贼乏薮之际，意外之事不致再起"为由，提出"撤警防游击队兵四十名，并裁警官两员，以节虚糜，籍舒民出"④能够讨论决定警防力量的裁撤，说明议事会可以对新政实

---

① 《各省筹办咨议局》，载《申报》，1909年5月29日。
② 《本溪县反对县令致遭驳斥》，载《盛京时报》，1912年10月25日。
③ 《本溪县知事继任有人》，载《盛京时报》，1912年11月13日。
④ 《本溪县议事会体恤民艰》，载《盛京时报》，1912年11月2日。

施进行议决。随后，"县议事会前与警务公所议决，本月一日实行裁并警防巡警四十名，已载本报。兹悉昨将防警一律裁汰，被裁各警当联名呈恳警务公所略资体恤。当经批准每警一名着给恩饷五日，以示体恤，并传谕被撤防警，谓本公所拟添募马巡十名，如愿充斯差者，准予备补云云"。①对于县议事会的决议，县警务公所只能遵从，不敢稍作违逆。

随着奉天新政的推行，特别是民国初建，政令一新，本溪"自治"事务日渐走上正轨，但普通民众了解和行使政治权利的欲求仍很薄弱，真正关注和投身"自治"者为数不多。在奉天咨议局向奉天议会转型期间，无知的选民在本溪的议员选举还闹出很多笑话。"投票选举议员为人民应有之权，无如一般愚民不知选举为何事，竟有自甘放弃者。日昨城厢议事会投票选举，有请人书者，有代人运动者，亦有一人代投数票，种种怪象不堪言状。最可笑者，有举窑神庙旗杆，并举乞丐某者，呜呼，小民何其愚耶？"②

（三）奉天新政在本溪县的成就

本溪县设治本溪湖以后，在历任知县努力和地方官绅支持下，奉天新政的实业、教育、财税、农桑、警政、司法等举措在本溪县呈现出繁荣景象，"自治"事务也在有声有色地发达起来，为清末民初年轻的本溪赋予了勃勃生机。

——革新吏治。改捕盗营为巡警队，由司法科管理全县户籍，全县人口达18万人；本溪大小道教宫观达72处，呈现香火兴盛之状。

——兴办新学。设本溪县劝学所，儿童入学率为9.4%，开办一处师范传习所，有学生38人；碱厂边门设官立八旗初级小学校，有学生20名、教员2名，全年经费158两白银。

——丈放土地。共放熟地133.3余公顷、荒地933.3公顷，共收荒熟地价库平银19.1万两银；设本溪县税捐征收分局，并设6个固定征收所，5处临时所，归辽阳税捐征收局管辖。

——鼓励农商。设本溪县商务分会和本溪县分农会，行业管理和社会分工日渐现代化。县东南两区有养蚕户57户，蚕农172人，当年收蚕茧量

---

①《本溪裁汰警防兵》，载《盛京时报》，1912年11月6日。
②《本溪选举议员之怪现象》，载《盛京时报》，1912年12月20日。

10200千粒；对本溪县森林概况进行调查，基本查清了境内森林资源情况。

（四）民初桓仁县的新政与自治

民国前期，怀仁县被划定为奉天省第四选区，1912年3月1日初选，25岁以上县民有选举权和被选举权，怀仁县选出10名代表。4月1日，到兴京参加复选代表。1925年10月，进行第二次国民议会与省议会选举，桓仁县初选李国华1人为代表，然后参加复选代表。1931年2月，第三次进行国民议会和省议会代表选举，桓仁县由农、商、教各法团选出3名代表，再参加省代表决选。

县行政公署施政由清制知县一人独裁，改由地方会议决议。1921年12月，县地方会议做出筹设电话、归并村电、保甲购枪、清乡连坐、掩埋浮棺、整顿路政、调查户口、取缔韩侨独立等8项表决。1929年，县政府正式设立县政会议，按程序议决县内大事。每年至少开一次会议。1930年3月，县政会议共议决30件县内大事，包括缉查盗匪、公安教育、积谷缴粮、发流通债券、救灾贷款、禁止杂粮出口、种田不得占官道等事项。1931年12月，县政会议吸收机关团体、地方士绅参加共同表决，用变卖积谷款大洋1500元，救济外三保（体胥昌村）受雹灾的522户3455人的灾民。同时议决县财政局发放贷款大洋75000元、小洋30元。

（五）桓仁新政成效[①]

民国前期，随着奉天省长公署颁布《县知事须知》后，历任桓仁知事、县长励精图治，在严禁村会荷派、禁止烟赌、广劝卫生、平息微争、奖励工艺、保护商业、访询誉老、勤求民稳、劝种蓖麻、整理沟洫、宣讲教化、讲求农业、监查学塾、整顿义仓、劝财团以兴实业等方面均有建树。

——兴办实业。以查收游民，廓清盗源为宗旨，建立教养工厂，从事制鞋、木业加工、编织生产，极具化莠为良之效。兴起开矿热，有19户矿商申报开发滚马岭、四平街、松兰诸地煤、铁、铜、铅、金矿。

——发展农林。鉴于境内多江河，雇佣韩侨，传授种植水稻技术，至1929年达到29960亩，全境稻户，获利颇厚。1925年，在县城东设立苗圃，培植松、柏、杨、柳、糖槭各种苗木，常年给经费大洋2510元。

——保护商业。由于社会治安不宁，商业店铺屡受抢劫滋扰，县知事

---

① 桓仁县地方志编纂委员会编：《桓仁县志》，方志出版社，1996年，第498—501页。

劝商户建筑炮台，挖掘城壕百丈，商团添募练勇以资保护。至1929年，境内有大小商号、店铺、作坊404家。

——倡导科教。民国建立后，开始提倡科学，重视教育。1912—1919年共办学校46所，全境累计84所（其中私立小学2所）。1929年3月，县行政公署提出农民识字运动，要求各村国民学校内设民众学校，组织成年人识字，县城为成年人识字设民众识字学校1所。全县成年识字人34526人，占全县人口半数。是年识字人增加578人，识字人数达到35104人。农业生产倡导科学，县公署将稻田耕作法、蓖麻种植法、防虫法、改良种子、施肥方法，用白话文写成布告，张贴于乡村，劝农民学习改良。

二、区村制度与司法制度改革

日俄战争后，赵尔巽受命统揽东北政务，以守龙兴之地，重振祖宗基业，开始在政治、经济、军事、教育等多领域实施新政。其后徐世昌在推行新政方面走得更深更远，分设两厅、五司、二道，职责分工明确，官制、司法、实业、教育、警察等革新逐次推进。受此影响，本溪的政务、警务、司法均焕然一新。

（一）本溪县区村制的变革

本溪县境域的基层行政机构，清末为巡警区、城镇乡自治会。民国时期为区、村公所。本溪县建置之初，清政府将辽阳东部、凤城县东北部、兴京县（今新宾县）西南部部分村划归本溪县，并将全县划为8个区、185个乡、346个行政村。清末巡警区为区政权之始，政警合一，由巡官兼管地方行政，后改称区官。乡、村分别设乡长、村长各1人，掌管乡政、村政。每村设跑牌1人。第一区牛心台，辖36个乡；第二区小市，辖32个乡；第三区赛马集，辖17个乡；第四区碱厂，辖19个乡；第五区清河城，辖24个乡；第六区石桥子，辖25个乡；第七区桥头，辖11个乡；第八区连山关，辖21个乡。1913年，中华民国政府颁布的《村制大纲》规定，县公署设视察员，奉县长命令督促各村工作。全县在主要村置村公所，设村长、副村长掌管村政，并设雇员掌管会计、文书等项工作。村长、副村长由村董事会推选，上级予以承认。重要事情由村长召集村董事会议商讨决定。

1919年2月24日，本溪县知事李心曾在施政过程中，发现"村长一职，上之受官府之指挥，而奉行其政令。下之为一村之代表，而处理其公务。对于地方人民，有直接之关系。村长之良否，实关人民之利害，其职虽微，其责綦重。本溪全境村长百六十人，称职者虽不乏人，而不称职者，亦随在多有。查自近月以来，控告村长之案，层见迭出，或假公济私、鱼肉乡民，或藉端科派、侵蚀公款，种种弊端，不堪枚举。推原其故，皆由现任村长非其人耳"①。遂制定《公举村长章程》《村长办事规则》《规定官账简章》等规范性章程，并予以公布实施。这些章程在兴利除弊、发扬民主、厉行节约等方面做出了明确规定，意图实现"去宿弊与地方，即以增幸福与社会"的目的。从李心曾的《村长章程》看，清末民初以来，本溪县一方面强调区村自治，一方面加强行政官场，在选举、办事、财务等方面为全面推行区村制夯实了基础。

1923年后，张作霖在东北施行《区村制》《保甲法》。各区设区公所，置区长、助理员、书记各1人。《保甲法》规定，以每村10户为1甲，设甲长；10甲以上为1保，设保长；区设区保长，统归县保甲所长统辖。保甲所分为常驻和散在两类，常驻者发枪械，设置自卫团丁1小队，由保长统之。其任务是辅助警察缉捕盗贼、清查户口、查禁烟赌、执行连座法。

（二）桓仁县区村制的整理②

桓仁县辖境自清光绪初年设治时原分东西南北41保，迨1902年增设辑安（今集安）县治，县东路冲和、融和、蕴和、致和、祥和等5保划归辑安管辖后，除城关保不计外，现有36保，计东路雍和、熙和、时和、永和、煦和等5保；南路群乐、丰乐、普乐、庆乐、恺乐、平乐、衍乐、体乐、胥乐、昌乐等10保；西路太康、寿康、肇康、蕃康、降康、锡康、履康、阜康、建康、长康等10保；北路朋亲、惠亲、恒亲、周亲、洽亲、同亲、咸亲、因亲、睦亲、常亲等10保，向以保为主体，并无村名。

1922年，桓仁创设区长，变更村制。区长分为8区，保界遂形分裂。当时，区村制规定以民户200户以上者设村长副各一人，其零散小村联合若干村，内指定一主村，合设村长副各一，系为适合制度计，故化36保为76村。因各小村屯距离主村远近不同、势须均匀分配，遂将原定东南西北4路

① 辽宁省档案馆藏民国本溪县公署档案"李心曾知事制定《村长章程》"卷。
② 民国桓仁县档案"呈为取消增加新村规复原保改村俾易整理村政以利进行而节糜费并请补发前区村制规则及抄示吉侯两知事呈准设改区村原表情形谨请鉴核事"卷。

分界割裂打破，由8区区长将就地土名另编村名。

因原区划36保时，每保设公会一所，计设36所。变更76村后，每村各设公会，数既逾倍，用人亦多，耗费增巨。1928年8月，桓仁遵循奉颁村制大纲，将新增76村村名取消，恢复36保原名，仅将保字改为村字，改村附属之零散小村亦并分别各归原保。同时，参酌河北、山西两省村制办法，拟定村制大纲13条，并在村长副外有村董暨村监察委员并村民会议精审周详，秉诸公论。

（三）清末民初的本溪警察

桓仁建治初，实行清制，知县以下设吏、户、礼、兵、刑、工6房，各司其职。刑房是掌管命盗案件，受理刑事诉讼和管理监狱的主要治安机构。刑房内设经承1名、贴书若干名。六房之外，设有三班，专供传达公文、办案、抓人差遣之用。1898年，实行团练制，组建团练会勇（乡勇），地方联庄联屯，以保边、垦荒微、防匪患、维持地方治安。所需经费按地亩、人头课收。1906年，知县景霖奉奉天省令，废除团练制，开办巡警，县设巡警总局，局设总董。全县按东、南、西、北、中5路，设5个分局，分局设局董，全县警员362名。所需警饷，按地亩抽捐。各保设堡防，按保之大小，抽20—40岁的青壮年为丁，大保40名、中保30名、小保20名，经训练，有事从警，无事从农，寓警于农，以补助警力之不足。

1909年，改巡警总局为警务局，总董为警务长；改巡警分局为分区，局董为巡官。全县警员448名。各保仍设堡防。1911年，奉天将军赵尔巽通令改警务局为警防队，警务长为管带；各分区的巡官改为哨官；并增设预备巡警，县设总长。从县内住户中抽丁组成，定期训练，按管辖区域设预备巡警分驻所，由所长辖基层组织的百家长，百家长统辖十家长，十家长统辖预备巡警丁。

1912年，根据内务部通令，对警务名称不一者，一律改称警察，县设警察总局，改管带为警务长，哨官为区官。1913年，改警察总局为警务公所，警务长为所长。同年农历五月，改警务公所为警察事务所，内设总务、行政、司法、卫生4股，全县设8个警区、2个分驻所、1个消防队、1个卫生队。县城为一区，横道川为二区，生毛沟（今普乐堡镇牛毛沟村）为三区，二户来为四区，拐磨子为五区，四平街（今新宾县大四平乡）为六区，铧尖子为七区，沙尖子为八区；柞木台子、响水河子（今新宾县响水河子乡）2个分驻所，全县警察370名。1915年，改预警为保卫团，设团总。基层设保董、甲长、牌长。1918年，改警察事务所为警察所。增设警察队，下辖县城南关、响水河子、摇钱树3个分队。撤销保卫团，设立保甲，县设保甲事务所。1928年，改警察所为公安局，所长改称局长。内设总务、行政、司法、卫生4科。下辖县城、横道川、沙尖子、牛毛沟、八里甸子、四平街、二户来、铧尖子、野猪沟、拐磨子10个分局，设分局长。另设消防队、卫生队。全县警员362名。1919年，奉省令，保甲事务所改编为辽宁公安第三十八大队，改所长为大队长。大队设大队部，下设3个中队、9个分队，另有骑兵、炮兵2个独立分队，总人数450名。

本溪县建治之初，县署内设"三班三房"（捕班、马班、快班；刑吏礼房、兵工房、户房）。其中捕班负责逮捕盗贼和取缔赌博；马班负责保护官员、侦探秘密案件。除了奉天府尹还派员进驻本溪县的赛马集巡检衙门和碱厂边门衙门，负责维持治安、审理地方刑事、民事案件外，关于警察机构、职能及职级等改良与推进，均与桓仁县同步进行。至1929年3月，奉令撤销县警察所，改设本溪县公安局，各区成立公安分局。局内设总务、行政、司法3课和公安大队，配置局长1人、课长3人、课员6人、督察员1人、雇员4人、夫役4人、马巡长1人、马警5人、步巡长2人、步警21人。县公安大队配置大队长、副大队长各1人，会计员和文牍员各1人，中队长1人，分队长3人。同年，县内由5个区改划为县街、小市、赛马集、碱厂、望城岗子、石桥子、桥头、下马塘8个区，各区均设立公安分局。各分局设分局长1人、内勤员1人、外勤员1人，除一区分局配12名警士外，其他区均配警士8名。分局下设19个警察分所，全县共有警员109人。

（四）民初的本溪审判与检察

本溪县建制初，由知县兼理司法事宜。1910年8月，本溪县遵照通令裁撤"三班三房"，分设司法、行政、会计3科。司法科掌管审理命盗案件、民事及其他涉讼案件。1913年6月，司法独立，县署设立审检所，内设监督帮审员、帮审员各1人，掌管司法工作。翌年3月，审检所裁撤，司法事宜复归县署，置承审员1人，协助县知事掌管司法。1924年8月1日，经奉天省长公署1397号指令照准，本溪县设置司法公署，经当任监督审判官张绍谦同县知事白尚纯募现洋2.5万余元，呈奉天省批准，并开始筹建本溪县法院，内设监督审判官、审判官、司法检察官、总务书记官、记录书记官各1人，同时还设有收发员、雇员、丁役员等。1931年1月1日，本溪县司法公署改组为辽阳地方法院本溪分庭。内设监督审判官、审判官、司法检察官、总务书记官、记录书记官各1人，同时还设有收发员、雇员、丁役员等。下设检察处，处内设监督检察官、检察官各1人，书记官4人，检验吏1人，法警6人，厅丁4人。

建县初期，由知县兼理司法，知县亲自审理案件，为独任审判制度。后由县行政公署（相当于初级审判庭）审理案件，为独任审判，由审判官吏1人行使审判权。本溪县公署管辖第一审刑事、民事案件，并办理登记及其他非诉讼案件等。所管辖的刑事案件方面为判处1年以下有期徒刑或罚金银价100两以下的案件，以及盗窃罪、赃物罪（拟处死刑的由地方审判庭审理）。民事案件方面为债负、买卖契约等项银价200两以下的案件，以及房屋租赁、田地界限、雇佣契约（一年以下）和旅客房、饭费及行李、包件等诉讼。刑事、民事案件的诉讼概用诉状。刑事诉讼须由检察官提起公诉，但必须亲告者除外。民事诉讼非本人或代理人不得诉讼。职官、妇女、老幼、废疾为原告时，得委托他人代诉，而妇女、未成年人、诉棍和疯癫者不得充当代理人。诉讼程序采用控告式，即由被害人、当事人向司法机关提出控告。案件受理后，应进行公开审理，审判方法由承审员相机为之，不加限制，但不得非法凌辱。审讯录供要对诉讼人朗诵，如有差异立即改正。严格实行回避制度，凡主审官吏自为原告、被告或曾为该案证人、鉴定人，或与诉讼当事人为家族、姻亲以及有旧交嫌怨，恐于审判有偏颇，应自行回避或由检察官、诉讼当事人请求回避。准许辩护、上诉，上诉期限为自判词宣示之日起，刑事为5天，民事为10天。

民国前期，由县审检所设监督帮审员、帮审员各1人掌管司法。后改为县公署兼办司法，置承审员1人，佐县知事掌管司法，行使审判权。1917年8月，本溪县依据奉天省公署颁布的《奉天省清乡章程》，成立清乡机构，设承审员，有审判权。1918年4月21日，本溪县公署以布告规定了《诉讼当事人应知条例》。1919年7月16日，奉天高等审判、检察厅在423号训令中规定："状纸费用、讼费均须随到随收，不得使诉讼人携资守候，迟早无定。每月所收之罚金及没收拍卖等款，按月开列册报。民事案件至审判终结后，查明败诉人实系安心刁狡者，责令将讼费完全负担。"同年，奉天高等审判厅在582号训令中规定:"民、刑案件,县知事与承审员应按案件次序平均分配之,但县知事因行政事务繁多,得分配三分之一。"

桓仁建县初,实行清制,县内未设检察机构,司法与行政合一,由知县兼理司法,审理案件。光绪末年,县衙署设司法科,仍由知县兼理司法。1912年后,县行政公署、审检所职能履行及1929年司法公署的分离,均与本溪县同步①。

三、本溪普通教育与公共卫生发展

本溪地区开化较晚,本溪县设治前为辽阳、凤城、兴京三州县边远地带,教育事业极不发达,"当地的汉人多数是穷苦念不起书的,所以文化极端落伍"。②桓仁地区虽设治较本溪早30年,但"桓邑风气不开,智识鄙陋,初级教育虽渐发展,而师范高级学校寥若晨星,借才异地,每感用难,初级升学,尤多不便"。③因此,在奉天新政实施后,本溪、桓仁两县的教育都有长足发展,不仅官办的学堂、学校如雨后春笋迅速遍布辽东,而且民间绅商助学善举方兴未艾。

(一)本溪普通教育起步较早

自鸦片战争后,清政府沿袭科举制度,本溪县初等教育的形式以私塾和义塾为主。1907年8月,设八旗官学和县立小学堂,但儿童入学率很低。1908年,本溪县儿童入学率仅为9.4%。1909年,由任庭栋在边牛开办的私立女子小学校,这是本溪县第一个女子学校④。至1910年,本溪县有公立两等小学堂、初等小学堂、高等小学堂61所。除设立小学堂外,县内还有私塾158处。

1907年,县设劝学所,实行视学员制,辅助县行政长官管理全县学校行政工作。学校有公立、私立之分,政府办学称公立,个人或民间团体兴办的学校称私立。公立学校中又有县立、区立、村立之分。民国期间将劝学所改称教育公所,后又改称教育局,局长秉承县长管理县内中小学校教

① 桓仁县地方志编纂委员会编:《桓仁县志》,方志出版社,1996年,第536-552页。
② 沈曙东:《追忆本溪县志纪要》,1959年,第9页,本溪县档案馆藏。
③《呈报知事到任后创设师高学校五处并将办理情形备文恳请鉴核事》,民国桓仁县档案。
④ 潘喆:《刘济东的诗文与本溪的一些往事》,载中国人民政治协商会议本溪市溪湖区委员会编:《溪湖文史资料》第3辑,2003年,第32页。

育事务。1911—1931年，本溪县教育发展较快。1923年，本溪县公署正式取缔私塾，改组私立小学，将劝学所改为教育公所。1925年本溪县成立1所初等中学，教员3人。1929年，本溪县1所初级中学共有学生161人，当年，本溪县农民教育开始兴起，县内有10所民人学校358人入学。1930年，本溪县共有小学180所。

1907年，在本溪湖柳塘创办一所官立两等小学堂，学制6年（初小4年，高小2年），有教职员4人，学生78人。1908年，县内创办一处师范传习所，学生38人。同年全县有学龄儿童43355人，入学儿童4041人，入学率为9.32%。清宣统年间，除官立学堂外，还有私塾158处，入学儿童1848人。

1912年，本溪县内有私塾198所，学生2892人；1913年，有私塾182所，学生2777人；1918年有私塾152所，学生2280人。1921年，本溪县公署正式取缔私塾，改组私立小学。1926年本溪县公署规定，凡50户以上的村屯，均设立小学校。1930年，本溪县有公立高小22所，私立高小2所，公立小学211所，私立初小9所，计244所。

怀仁县建县初期，县内城乡即有私塾，1887年，官办的腾蛟、起凤、登瀛3所义塾在县城关帝庙院内始设，招收贫寒子弟就读。私塾和义塾，每塾一位先生。学生少则几人，多则10余人。各年级学生一同就读，施教不同内容。一般春季开课，冬季放假，修业年限不等。教学均采取先念后讲、熟记之后再讲解的方法。启蒙课程为《三字经》《百家姓》《杂字本》《千字文》等。高年级讲授《论语》《孟子》《中庸》《大学》。1905年，怀仁废科举，塾馆解散；兴新学，建立学校，称学堂。1906年，在县城南莲沼书院旧址成立怀仁县两等小学堂。1908年，全县设两等小学堂1处，3个班120名学生，教员6人；初等小学堂39处，40个班1266名学生，教职员116人。当年，全县7—15岁儿童20384人，就学1421人，占应入学数的6.97%。

1909年秋，怀仁县城创办女子初等小学堂1处，为怀仁女子学校之始，但入学者甚少。由于受传统的封建思想影响，人们对新学堂缺乏正确认识。同年怀仁举办改良私塾，共办45所，其中县城6所、县境东部21所、西部6所、南部5所、北部7所，共有学生450人，其中女生27人。至民国初期，县内虽仍有私塾存在，但学校逐渐增多。1931年，全县共设男子高级小学10所，女子高级小学1所；男子初级小学68所，女子初级小学8所，计87所，124个班4831名学生，140名教职员①。

（二）本溪卫生事业在曲折中进步

本溪县设治后，县公署设刑、吏、礼房统管卫生。1909年，县公署废"三班三房"，卫生事务由县巡警局统管，专门设卫生股，此为本溪县最早的卫生管理机构。其间，本溪县已有协盛广、天益堂、仁远堂、永裕堂等14家中药铺，中西医药人员42人，均为民间散医。清末，随着清政府封禁政策的废弛，大量关内移民到县内垦荒谋生，由于人口的增长，县内官办的药铺诊所及私人开办的药铺诊所开始增多。

本溪县建制前，县境内分属辽阳州、兴京厅、凤凰厅之边远山区，医疗卫生事业不发达，百姓医病靠走方郎中医治。1875年始有坐堂中医。1905年始有西医诊所。至建县时，中医店（堂）及从医人员逐渐增多。至民国期间，县内中西药铺和诊所已发展到120余家。

清末民初，本溪湖的公共卫生是不尽如人意的。"本邑市面通衢人民烦杂，一般无知之徒，每多任意便溺，现届夏令，行人易于触秽致疾。当此责任者，曷不设法建修便所，以保清洁而重卫生"。②民国初年，本溪的公共卫生问题一直未摆脱被日本人诟病的窘境。"县街向有厕所数十处，近来破坏不堪，无人整理。厕所内外污秽流溢，臭不可迩，警局亦不责令卫生夫收拾。当此盛暑之际，殊于卫生大有妨碍。有卫生之责者，何竟漫不介意也"。③

1912年，县警察所行政科内设卫生股，负责8个区的环境卫生、疾病预防等卫生事务。1913年10月，经东三省巡阅使奉天督军兼省长核准，成立"本溪县医学研究会"，负责传授医学学术研究及考核业医等事务。1919年8月，成立本溪县防疫事务所，主管疫病的防治。由县知事兼任所长，配副所长2人（由县警务所所长和县公署科长兼任）。该事务所为临时机构，设医官3人、隔离所夫役4人、病院夫役22人、埋葬夫役1人。1922年县防疫事务所撤销，1925年，"本溪县医学研究会"易名为"医药工会"，设会

---

① 桓仁县地方志编纂委员会编：《桓仁县志》，方志出版社，1996年，第683页。
② 《本溪道途污秽》，载《盛京时报》，1910年5月25日。
③ 《本溪不讲卫生》，载《盛京时报》，1912年8月12日。

长、副会长。1927年3月23日，本溪县"医药工会"设"牛痘传习所"。1929年，在县公安局组建卫生队，配备队长、警士、夫役等14人，负责县街内的卫生检查、收费和清扫事务。

桓仁县的医疗诊所设立比本溪县要早一些。1894年，时和保干沟子有位人称张先生的老中医，以银针、草药为乡人医治病患，为县内第一家私人诊所。1902年8月，山东文登县人王秀川，在怀仁县城开设自厚生中药房，卖药兼诊治，医务人员15名，为县内第一家中药房。1923年3月，任官志在县城开设第一家中、西医诊所，医务人员2名，西医西药始入桓仁。1925年，张中儒由抚顺来桓仁行医，西医在县内初步发展。1928年4月，牙科医生马翰如在县城开设第一家牙科医社，牙医1名。1919年春，县城有大林西医诊所开业，医务人员3名。1931年11月，同升医社开业，医务人员2名。1931年，县内有聚兴福、魁发德、大林、华济、汝舟等中、西医诊所26家，医务人员35名，其中，中医诊所16家，医务人员23名；西医诊所6家，医务人员8名；牙科医社4家，牙医4名。

（三）本溪中西医名医辈出

清末民初的本溪人生活条件十分恶劣，时有传染病发生，各种急慢性传染病，寄生虫病肆虐。据本溪县公署呈文记载："民国初期，瘟疫流行，天花、霍乱、伤寒、副伤寒等传染病猖獗，很多人死于各种传染病。"1875年，县内有中医田子方的祖父坐堂行医。清光绪中期，全县已有坐堂中医40余人。但大都是以中医、验方、土方治疗疾病。有的中医医疗水平很高，清末时期碱厂人赵德彭被推荐为御医；秀才魏远珍医术驰名本溪、凤城、兴京、桓仁、宽甸等地。世儒赵德茂弃儒学医，精于实践，晚年著《医林秘史》《外科专著》《气功专著》等3部书。九顶铁刹山道人李世香师承《傅青主女科》善治妇女病症，熬制膏药治疗毒疮、风寒、湿痹，效果显著，人称铁刹山膏药。名医李贯一，博览医学，精研"岐黄。"1906年，盛京将军署下令创办"中医学堂"（后定名为奉天医学研究所），根据训令，1912年，县内批准开办"中医传习所""中医学社"，有组织地培训中医药人员，开展中医治疗技术的传播与交流活动。中医科设有内科、妇科、儿科、眼科、喉科、针灸、正骨等科。1913年，本溪县医学研究会成立。本溪县公署呈文记载："本溪县周围800里，业医者亦数百余家。为医学之进行而求完善之目的，拟在本街入手，提倡创办医学研究会，会址设在县街，碱厂、赛马集设有分会。"1918年冬，时疫流行，患病甚多，本溪县医学研究会倡议名医详加研究，全力救治，用"嵩治时疫流行病方"治愈患者无数，收到奇效。1921年，县内有较大中药铺23家。山城子有磨石峪村孙立生、山城子沟于文廷、久才峪张廷贵3家中药铺，县街有协盛广、义和堂，河东街有春生堂、杏林堂，河西街有善义堂、广光堂、春生堂，菜市街有德生堂，后石沟有三指春药局，柳塘有华医药房，县郊有连山关天义堂，赛梨寨有德春堂、延春堂，碱厂有保善堂，望城岗子有济盛堂，边牛有德春堂，桥头有天生堂、保寿堂，赛马有兴顺增、同庆祥等中药铺。这些中药铺经营方式有3种：一是经营药材并聘有坐堂中医；二是单纯行医；三是单纯经营药材。1929年，在县街、桥头、磨石峪、赛马、赛梨寨、朴家堡、望城岗子、清河城、连山关、草河口、碱厂、田师傅、小市、下马塘、边牛录堡、岱金峪、腰堡等地有中医诊所72家。到1931年县内业医达234人，有中医店、房、堂、铺91家，其中56家有坐堂医生。较有名的有中药房、德生医禄、湖山医院、达善疗病所、济民疗病所、育民医院等。有影响的中医有刘俊、李贯一、王玉田、刘启陛、王德沛、程兰亭、李毓常、郭文明、寇筱阳、王坤等。

清朝末年，西医开始传入县境。日俄战争结束后，日本攫夺旅大及南满铁路特权。"满铁"（南满铁路株式会社）大连医院在本溪湖、草河口两地建立派出所和分诊所。设内科1个、病床48张、医疗人员23人，其中医师2人、护士6人。1909年，成立"满铁"本溪湖医院，有医务人员32人，病床47张。1915年，刘庆伍、李毓常先后在第一区后石沟村和河东街开办西医外科诊所和中西医内外科诊所。1916年，本溪湖煤铁公司创办南芬医院，有病床7张、医务人员3人。同年又创办有山医院，设病床60张，有医务人员20人。1923年，阎崇石创办崇石医院，有病床16张、医务人员3人。1929年，郭福秀创办早春医院，有病床25张、医务人员8人。至1931年，私立西医医院和西医诊所已达21家，分布在县境各区而多集中于县街。其中早春、述尧、普生、济民4家医院设有病床40余张。

1910年，本溪县传染及蔓延区域仅限西北一隅，12月21日，不知姓名的苦力一人由奉天入境，徒行至石桥子，疫死在破庙中，为县内发现之始，及至上平台大岭，高家崴子等处发生鼠疫，于是引起鼠疫流行。疫区大岭发病15人，侯家屯12人，高家崴子2人，上平台2人，共计31人。当时本溪县公署设防疫所4个、检验所3个、隔离所5个、收容所2个，派医官10人，办事员26人。12月23日至翌年1月21日，共收治住院70人，隔离84人，死亡尸体火化。为此石桥子各交通要道，断绝交通64天，灭鼠2289只①。1931年，本溪县发生鼠疫，患病350人，死亡3人。

第三节　本溪市民社会的兴起

19世纪前，本溪地区的百姓并无严格的市民观念，人们习惯于一边耕作田地，一边经商招徕各地苦力。随着安奉铁路附属地的划定，日本商人被"满铁"的招商政策吸引蜂拥而来，山东、河北的农民苦力也被本溪煤铁公司的招工广告所欺骗，纷纷到本溪湖来淘金，本溪湖顿时成为安奉铁路沿线最大的工业城市，近代本溪市民社会与市民意识便率先萌生于本溪。

1905年，日本大仓财团在本溪地区开矿、建厂、铺筑铁路，房屋建筑逐渐增多，溪湖峪前、顺山、明山沟、太子河南岸、东坟大桥下一带出现房屋群。1906年本溪县建治时，本溪湖房屋已具规模，共有2街9巷，300余家商铺，共1955户居民。同时大量日本人随本溪湖煤铁公司和南满铁道株式会社进驻本溪。一时间，日人沟串胡匪滋扰百姓噩耗层出不穷，朝鲜移民、铁路占地、驻军用地等交涉均以中方失败告终。日本大仓财阀和"满铁"公司的疯狂掠夺，使近代本溪工业得以快速发展，本溪这个辽沈门户呈现出畸形发达的景象。

设治之后的本溪以异乎寻常的速度，呈现出了新兴城市的繁荣景象。当时文人沈曙东曾有"灯火夜瞰。夜登北山，俯瞰市内电灯和熔矿炉火，相互辉映，成为奇观"②的记述，说明本溪湖已相当繁荣。

但本溪湖的城市繁荣是畸形的。民国文人崔芳秋记载："……至河西街，见马路未修，道上泥水深尺余，车马经过，四外喷溅，行人偶一不慎，则衣鞋被污，此可以见中国人之不讲求市政矣……出华街，入日租界，气象一新。马路宽平如镜，两旁路树整齐，绿荫茸茸可爱，中日界相

---

① 《奉天防疫总局东三省疫事报告书》，1912年，辽宁省图书馆藏。
② 沈曙东：《追忆本溪县志纪要》，1959年，第83页，本溪县档案馆藏。

距咫尺间，竟有若天堂地狱之分者……"①"满铁"对其附属地建设不遗余力，本溪湖成为辽东最早修建马路、引入自来水、铺设路灯、装置电话、开辟公园的城市，使得本溪民众在长达40年的半殖民地压迫中，逐渐萌生出现代意义上的市民意识。

本溪市民社会从形成那天开始，就有极强被动性和反抗性。"洋街"治安秩序、安全与卫生管理影响了本溪民众的思维和行为，强化了市民的公共意识，但是日本军警动辄使用暴力处置民事经济纠葛，激发了本溪市民的反抗意识。1910年11月，"南满州铁道株式会社"为了保障在本溪湖煤铁公司上班的日人子女上学，在本溪湖新市街水利町建设了寻常高等小学校、实业补习学校、实科女子学校等学校，并占据街道修筑了小学校运动场。由于强行堵道影响出行，引起市街市民的强烈反对②。但是弱国无外交，经过本溪县知县陶鹤章多次交涉，才达成协议。"南满洲铁道株式会社"副总裁国泽新兵同意另修新路供市民通行。陶知县无颜面对本溪父老，遂迫日本人在新市街日警署西墙立下一块记事碑，以作修路通行凭证，既是对日本人在中国土地上的肆意妄为的抗议，也算是对本溪市民的交代。碑文曰③：

> 花翎在任候补知府补用分府借补本溪县正堂纪录三次陶
> 　为勒石晓谕事。照得日本小学堂前公共街道堵筑作学生游戏场一案，经全境商民代表呈请交涉，一再磋商，兹准南满洲铁道株式会社副总裁国泽新兵照复，小学校运动场实无处可移，今特设新路以作永远交替之用。将来不论商民有何项重载大小车辆以及来往行人，均准在该路上通行无阻，所有修路费用均由株式会社担负，永远不向商民摊派，亦不向来往商民以及车驮牲畜收取捐税款项等因。诚恐各商民仍怀疑，除呈请交涉宪批准立案外，合行勒石晓谕于出入路口，俾众周知其，各懔遵毋违，特示。

---

① 崔芳秋：《游本溪东山神社记》，载《盛京时报》，1926年9月26日。
② 辽宁省档案馆编：《日本侵华罪行档案新辑》3，广西师范大学出版社，1999年，第45—50页。
③《白尚纯令重抄陶鹤章勒石晓谕事》，辽宁省档案馆藏本溪县公署档案。

1924年，白尚纯署理本溪县知事，为不再发生类似的"流氓外交"事件，令文牍照碑文抄录存查。日警署西墙早已被日本人拆毁无踪，但是这份记录着清末民初官员无奈心态、彰显着日本侵略者无耻嘴脸、饱含着本溪商民含羞忍辱的碑文却在老档案中留存下来。

同时，本溪地区庞大的苦力群体为日本商人倾销洋货提供了巨大的消费空间，商人们被迫转行做本溪煤铁的附属产业，对动荡的本溪乃至奉天政局无望的市民们纷纷选择抱团取暖，并接纳社会风尚的变化。

一、社团产生与组织运营

本溪历来受奉天统治者重视，清末民初的本溪虽然也有同盟会白逾桓折戟碱厂、辛亥石磊被俘本溪湖、黄蓝胡匪反袁等重大政治事件发生，但除了日本"满铁"及日商各类团体外，革命党、宗社党、朝鲜独立团等外力政治势力很难立足，相比奉天辽阳、法库、铁岭等同时期发展起来的城市，党团组织并不发达。"这时期出现的各种地方团体，有农务会、商务会、教育会、中医、佛道等社会团体虽说都要受官方的统辖，会员们只是交纳会费，遇到请愿、劝进等文告上署个团体的名词，看似官府的尾巴，实则却在夹缝中发展"[1]，在本溪的近代史上留下了坚实的脚印。

（一）本溪商务会与其社会影响

本溪县建治于本溪湖后，随着本溪煤铁资源的开发，促进工商业兴盛，逐渐形成了碱厂、本溪湖、小市、赛马集、桥头等商工集镇。为了有组织地发展商业，1909年10月，知县王荷主持在本溪县街溪湖成立奉天商务总会本溪分会。商务会设总理及协理各一名，由农工商选举任命。首任总理是本溪县街溪湖源兴和钱房执事常崇起，协理是张碗铺丝坊执事洪福纯。1914年，将商务会总理改称为正副会长；1930年8月，实行职务改革，废除正副会长，实行委员制。商务会依照商会法除处理一般事务外，还成立了私立小学校，对商民子弟进行教育，并成立了消防队努力维持市街消防。

本溪县商务会是在政府条例下设立的团体，组织内容根据章程规定内部的行动，利用与各国工商会议相同的内容。商务会主要承担维持商业秩

---

[1] 沈曙东：《追忆本溪县志纪要》，1959年，第3页，本溪县档案馆藏。

序和保卫的职能。由于战乱，工农商职工把土匪等掠夺的生产事业资金集中到城镇。作为商会的一个职能是制止兵匪抢夺财产、资金。商会派人与战乱者谈判说和，从而减少损失或提供少量军事费，以避免破坏和掠夺。商会的政治立场是使商业经营者不受欺侮，商会是政府和人民的关系与主人对仆人的关系相同。地方军阀为筹集军费，利用附加税、诉税、税收制度杂乱不统一，依靠掠夺的方法征税。由此引起商会强烈抗议，经常采用请愿、示威游行等抗拒纳税手段。

商会由工商界有势力的知识阶层掌握地方实权，还按行业成立了商务会工会委员会，共有会员146名，都是各商号的经理和执事人。本溪县商务会工会委员会主席王恒桐，常务委员为宋玉柱、张玉珊、王忠国；执行委员为王天格、张春山、杨公悦、赵汲三、袁井荣、郭庆年、施聚盼、王维清、张聚财；监察委员为王国治、赫鸿度、郭文明、张士昌、张孔。候补执行委员为洪呈民、王汲善、石春荣、刘子安、张绍堂；候补监察委员为王惠久、庞作正。

商务会会员按行业分：旅店业工会会员25人、饭店业工会会员46人、牛肉行工会会员17人、洋铁行工会会员11人、洗染行业工会会员9人，成衣业工会会员17人、医药业工会会员8人、木铺行业工会会员15人、皮革行业工会会员12人。

本溪县商务会还在其他大集镇分别成立商务分会。1909年，碱厂建立了商务分会，由各大商号经理、执事组成会长、会董轮流执政。1924年11月12日，碱厂商务分会会长四合兴执事王明兰、会董福兴魁执事李振甲和德泰兴执事张兴周；民国至日伪时期会长先后由福兴魁刘椿、公悦成卢鸣春、四合兴张鹏鸾、福兴贞吴晟、亿合成张启和、会来祥孙宝立、永隆祥王秉文、福裕长魏连庚、福兴魁杨传杰、四合兴王明兰、福兴贞赵德玉轮流当会长。

桥头商务分会于1910年5月成立。至1928年5月，会长先后由公信复商号郭炳沂、东增隆宋有事、天佑公司靳春霖、天聚成金成枝、德元堂刘振帮、王酒铺王在禄、天泰泉金永相、天聚成金成岐、阜丰泰扬锡祺轮流执政。

赛马集商务分会于1913年成立，至1928年5月，会长先后由永隆长施介忱、恒足润王日寰、裕盛泰任抢元、永隆生吴殿辅轮流执政。日伪时期草河口商务会会长由天佑公司刘儒斩、丰升远谢化东、恒兴号姜子善轮流执政。

商务会虽纯属自发群众组织，但其统筹兼顾，正常交易，实际上承担了商业管理职能。这个组织长达40余年，在本溪县商业发展史上起了重大作用。树大招风，本溪县商务会致力于本地商贸发展多有建树，形成与日本商人相抗衡的民族力量，招来日本人别有用心的挑衅和非议，《盛京时报》甚至炮制假新闻来污蔑商务会："本邑虽地处山僻，对于国民捐一事颇具热诚。去岁五月间十乡统捐洋二万八千余元，至七月间如数缴齐。县议事会存储。惟商务会抗不交纳，以致担延至今，至今尚有一半未领执照。噫，国民捐原为巩固国体起见，该商等何茅塞不开之甚耶。"①本溪县商务会立即予以回击："……诵读之不觉赧颜，不识此访员胸中卓见如此之高大也。但系既担访员，当访明确兼明事理，可知各省无论是何义务，有商会反抗落后者乎？在当访此捐十乡果交齐，即或齐存本县议事会，即为巩固国体乎？按查十乡国民捐共捐八千元有奇，缴会存储者三千四百来元，交者尚未居半，县议事会有卷可证。敝会必不承领，既受捐票，定能慨捐。况商界之捐不比散户，散户之捐三令五申，尚许不认，三催四讨，尚恐不齐。我商界之捐，朝捐夕解，谅亦不误前民舌报载我商界反抗此捐，敝未理论，伏思曲直自有公论，非以小部分所能褒贬也……"②

1920年，本溪县木商会成立，会长张相忱；木商总代表田德久。各地分别选出了木商会代表，祁家堡万顺公司经理田德久代表8家木商，本溪县森林天太公司经理雷震三、孙良忱代表45家木商，下马塘永盛公司经理付百川代表34家木商，桥头东兴木局经理李香馥代表6家木商，连山关福林木局经理王占元代表38家木商，草河口东兴木局、福利公司经理李秀峰、李兰亭代表51家木商。木商会长又先后由雷震三、李惠忱，副会长孟瑞麟、会懂刘世荣担任，还有帮办3人。

为维护商业治安秩序，1915年7月，本溪县商务分会组建商团，县公署委任张忠礼为县街商团团长，设团丁20名。1915年，全县比较大的商业集镇相继成立了商团，碱厂街商团团长先后有刘清坚、胡万一、魏连镇、果

① 《商务会抗不缴纳国民捐》，载《盛京时报》，1913年3月14日。
② 《商务会抗不缴纳国民捐更正函》，载《盛京时报》，1913年3月18日。

殿臣担任，设有团丁32人；赛马集商团团长吴炳南，设团丁14人。团丁是商务会的武装组织，每个团丁都有枪支武器，从而保护了商民，维护了经济秩序。

同时期，桓仁的商会组织也随着商业的发展顺势而生。1907年，怀仁县商会成立，由巨商推举总理、协理各1人，主持会务。入会商号52家。1909年，沙尖子成立商会，会董20人，主席曲喜田。1914年，奉天省农商部令，改组县商会，以卢运生为会长、李锡龄为副会长。

（二）本溪社团组织的应运而生

在民国初年本溪县商务会开创维权先河的同时，其他有识之士维护本领域利益的有效途径，各种社团组织开始逐渐建立起来。特别是为了应对"庙产兴学"对佛教和道教的冲击，本溪县的佛教会和道教会成为保护庙产的主导力量。1912年末，本溪县佛教会成立。"今日湖街僧人日见增多，访系为设立佛教会。闻已在河西街赁定奚豆腐房院内之房屋五间，暂作办事公所，并已举定思山岭主持僧心了然为正会长，玉皇阁住持僧德修为副会长矣"。[1]成立之初的佛教会与奉天佛教会形成合力，对全县庙产进行调查，"奉天佛教会日昨照会本街警务公所略谓，三二日内拟委本会僧人某员前来本溪，调查各庙产业，凭核办。如该僧道日，仰贵局妥为保护云"。佛教会、道教会成为民国初年本溪地区的社会活跃力量，反映了民初本溪地区宗教与教育的矛盾和对抗。

1913年10月9日，本溪县成立医学研究会，县监狱医官春和堂医士郭文明、本溪响山子名医金海峰当选为正副会长。医学研究会在加强病理药理研究和医药医术推广方面颇有建树，不仅培养了一大批中医人才，而且为县公署审理医疗纠纷提供医学佐证[2]。

二、社会福利和慈善事业的发展

清末民初，本溪虽系奉天省迅速崛起的城市，但其社会福利和慈善事业发展迟滞，远远不能满足当时弱势民众的需求。官方救济能力弱、民间慈善领域小，对于天灾人祸的本地灾民和外地难民，历任官署和绅商往往

---

① 《本溪创办佛教会》，载《盛京时报》，1912年12月1日。
② 《本溪县知事公署为陈凤海因病身死事》，辽宁省档案馆藏本溪县公署档案。

爱莫能助，当时常见的义仓、义地等善举在本溪也处于朝不保夕的状态。

（一）郑子东私发彩票案[①]

由于彩票满足了人们渴望一夜暴富的投机心理，私自发行彩票极易成为不法之徒的敛财手段和外国经济侵略的媒介，具有相当大的社会危害性。1919年12月，郑子东（名嘉春）与日本人冈本熏共同开设股份制金融企业"中日银号"，营业性质专为吸收存款，组织放贷。冈本熏为理事长（董事长），郑子东为专务理事（经理），最初计划筹集股本30万元，实际只筹到75000元。1922年10月，郑子东等人效仿日本公司的做法，施行有奖五年定期存款，实际就是私自发行彩票。当时在本溪县10个乡镇都设立了彩票代售点。每张彩票奉小洋1元，卖够5000张就开奖一次，共分6等奖，奖金总额为奉小洋1000元，净盈余奉小洋4000元。郑子东发行彩票获取大量利润之后，每日公然用发行彩票赚的钱吸食鸦片。郑子东等人私发彩票等种种劣行不久被反映到本溪县行政公署，县署考虑到中日银号属"合资企业"，有日本人背景，不敢追究。其他社会人士虽然义愤，但大多互相观望不敢从中过问。最后有人将此事密报了东三省巡阅使、奉天督军兼省长张作霖。

张作霖当即批示本溪县知事：现在有人举报本溪县街东有个叫郑子东的勾结日本人，以中日银号的名义发行彩票，并四处散发广告，利诱本地无知的百姓，这与诈骗谋财有什么区别？对该商号要予以取缔，不准再发行这种彩票，防止诈骗行为。必须严格按规定查禁，不得拖延和敷衍。

本溪县知事温文接到张作霖批示后当即给县商会发函，并派人调查，同时勒令郑子东按期将彩票收据如数收清并上报明细。7月6日，张作霖收到温文的办理回函，附带一份"情况说明"，称郑子东总共发出彩票收据1万张，现已收回8609张，还有1391张尚未收回。

7月9日，张作霖再次批示：回函收到了。关于查办郑子东发行彩票的事，上次本溪县知事已经汇报限定于6月10日以前收回，现在已经过了限期很多天，为什么还没收清？这个县知事实在是办事不力。责令马上落实，尽快收清上报。如果再有拖延，立即予以惩处。

[①]《民国时期彩票泛滥——灭老鼠、盖监狱都发行彩票》，载赵焕林主编：《辽宁风物》，辽宁人民出版社，2012年，第431页。

（二）碱厂存善堂公所

理善劝戒酒碱厂分会，设在碱厂后泉眼望泉山上，一个院落九间房，正房三间，东、西厢房各三间，都是砖瓦结构。前有后泉眼流出的小河，河水清澈透明，水声潺潺，再稍前则有高高耸立的元宝山，满山树木郁郁葱葱，鸟鸣于树上。后依美丽的望泉山，自然形成此地风景幽美、景色秀丽、空气清新、环境幽雅的景象。

1899年，本溪地区成立3个教会，其中理教传入碱厂。组织情况：理善戒烟酒总会设在北京，碱厂分会是在清朝后期成立的。此组织是开山杨忠（又名杨来宇）和尹明喜（人称尹老先师）二人组织起来的，是针对中国的具体情况和帝国主义对中国的侵略，是有组织、有目的、有领导、有计划组织起来的，主要揭发反对帝国主义往中国运大烟、想毒害中国人民的阴谋诡计。

碱厂分会长：李玉书（又名李陵阁）；理事长：杨玉林（又名杨福臣）；副理事长：马长连（又名马延西）；领政：先是董大爷董玉林（董老道），后换胡大爷胡绍堂（又名胥伍）。承办：王安福、杨玉林、徐绍田（又名徐忠伍）碱厂分会的新旧会员约有500多人。分会的宗旨是劝解中国人民戒烟酒，救死扶伤多行善，做到扶老携幼、童叟无欺、多做好事，目的达到人人不抽烟、不喝酒，反对帝国主义往中国运大烟，来毒害中国人民。

加入理善劝戒酒碱厂分会需本人要求，须有介绍人和保人，且须举行特定的仪式，交纳会费，还要开诵圣会，诵读的内容主要是："设摆茶会敬佛尊，文明进步入善门，在礼禁戒烟和酒，尊养性命保自身，烟能烧坏精和气，酒多损寿又伤身，大清鸦片把国害，民国又填吗啡针，又加烟卷商人狠，世人皆不喜前闻，几种毒物外洋运，运到中国害人民……"民国以后，像碱厂存善堂公所这样除旧布新、改良社会的具有近代风尚或多或少地带有慈善公益性质的新举措，对改良社会风气，促进社会的文明与进步具有积极意义。

（三）碱厂山东义冢

碱厂的山东人特别讲究同乡之谊，山东同乡会出钱在碱厂后沟买了块地，置办了"义冢"，专门安葬那些客死他乡的山东人。据《本溪碑志》记载碱厂山东同乡会公共墓地碑文，文曰："尝谓商汤爱民，生者相养，周文施仁，死者相安。此古之明王圣帝，于民之疾病死亡，犹不忍暴骨弃雍尸，委诸沟壑，况吾侪愚氓，讵忍坐视同乡之死亡者无容身之地乎！故特邀集诸人于山东同乡会公议，愿出钱壹百五拾余元，买于僧人觉慧庙产山麓一处，以作同乡公共茔地，坐落在本溪东碱厂后沟西山坡，四址以界石为限，以为吾同乡老稚死亡者永远埋葬之所。故略述之，以铭诸碑碣也哉。中华民国八年即己未六月二十八日敬立。"①

"生者相养，死者相安。"山东同乡公共墓地碑碑文浅显简约，博大深沉，既道出了山东苦力生时无钱成家、死后无颜回乡的无奈，又彰显了山东人乐善好施、同舟共济的侠义，这块碑无异是对外来山东创业者魂魄的寄托和奋斗者精神的缩影。

三、公共文化机构与市民文化形成

初具县镇风貌的本溪湖，文化娱乐业趋向繁荣。但受当时文化场所经营、市民文化转型、政府管理引导等因素影响，本溪文化事业有很多负面问题，经过了一个繁荣发达与沉渣泛起并存的发展历程。

（一）兴建湖山楼与本溪文化娱乐业

从本溪县设治开始，受本溪湖"满铁"附属地日本人公共文化娱乐业的影响，本溪地区的有识商客纷纷投资置业，逐渐在人口密集的本溪湖闹市建起多处茶园、戏园。以卖茶为主，演戏为辅，观众一边品茶，一边聆曲。为招揽茶客，园主出高额聘金从外埠各地邀来名伶，本溪市民大开眼界。可以说，茶园、戏院等公共休闲娱乐场所的繁盛，在拓宽本溪市民娱乐休闲空间和丰富市民业余生活的同时，也加强了市民间的联系和交往，大多的市民亦是纷纷乐于前往。

湖山楼大舞台1908年开始筹建，由本溪县商业联合会进行筹资，几经商讨最后定台址于本溪湖北山坡，由商会同地皮所有者刘兆琪、刘兆丰兄弟合股修建，经各界民众两年多的努力，于1911年11月正式落成。"本埠旧有同升、聚仙诸茶园，因园主所聘角色无甚出众，兼之花衣褴褛，席棚朽污，故而渐形冷落，赔累歇业。嗣经县议事会诸君为征收税款起见，当

---

① 《碱厂山东同乡公共墓地碑文》，载本溪市博物馆编：《本溪碑志》，辽宁民族出版社，2016年，第137页。

即募集股本六千余元，简选工师，建筑高楼，及修戏房十余间，刻已落成。适有王岐山者，视此营业尚可发达。昨在该会呈请赁此楼房，组织中和茶园，并谓现已聘到特色优伶多人，立待开办。当经该会一面照会警务公所，两相允可，始于月之一日开演云"①。湖山楼大舞台为砖木建筑，约700多个座席，分为池座（长凳）、包厢、雅座等，它虽然规模不宏，设备简陋，但确系本溪当时绝无仅有的大型演出场所。

湖山楼大舞台开张后几十年间，先后有几十个各地戏班来演出各种剧目近百出，另外还放映中外影片几十部。据《本溪戏曲志》载：1916年，评剧演员金菊花来溪演出《打狗劝夫》。1921年，京剧演员王汇川来溪演出《追韩信》。1928年12月，京剧四大名旦之一的程砚秋来溪演出7天。民国文人崔芳秋《湖山楼春宵琐记》载：湖山楼大舞台1928年4月5日上映电影《黑衣怪人》，4月19日上映电影《红楼梦》②。湖山楼大舞台的落成，为本溪戏剧事业发展提供了条件，1916年，评剧传入本溪，1921年，京剧传入本溪。金菊花、王汇川等著名艺人都是首先在湖山楼大舞台开锣叫座的。湖山楼大舞台对于当年京剧、评剧在本溪扎根并发展起了决定性的作用。

文化娱乐业繁荣的同时，各大茶园中打架斗殴等治安问题日渐突出，县公署只得派警察前去弹压。日本人经营的《盛京时报》死盯住文化娱乐业的负面问题，进而指责当局管理不当、百姓文明滞后。1910年6月12日，有警局股员某在同升茶园观剧，卖票的伙计不认识，向其钱文，致该股员大怒，扬言如查园内有无票者，务要重罚……③且本溪湖的娱乐业发展并不稳定，各大茶园只得勉力维持。1910年6月下旬，"丹桂茶园前与同升茶园争胜，邀到坤名角数名唱演，日久所入不敷开支，以致赔洋一千余元。日昨粘贴戏报，并不开演，而众债主已齐集该园索欠矣"④。不久，"同升茶园荒闭一节业志前报，兹探悉继其后者系自治研究员柴君，纠合同人筹备款项，就该园基址，仍行开演，凡邀请名坤角一切需费皆由该员等承认。至于该园主之戏楼、衣箱、器具等，议定将来所获利息以十分之三

---

① 《本溪戏园开演》，载《盛京时报》，1912年11月6日。
② 崔芳秋：《湖山楼春宵琐记》，载《大亚画报》1929年第148期。
③ 《股员亦有观剧权》，载《盛京时报》，1910年6月15日。
④ 《本溪梨园荒闭》，载《盛京时报》，1910年6月22日。

酬之，未识该园生意能达到此目的否"①。

由于戏园倡办者急功近利，违法经营问题随着而生。1910年11月27日，"本埠中和茶园园主王致和素不安分……竟在该园招聚赌匪，大开牌局。当被查街长警偷知，到场抓赌，经王某苦求限明午投案，该警彼时并未带人。惟将在赌七人按名计簿，遂将赌具获局报告长官，以待自首。次日及午尚无赌匪投案，该局复饬巡警至园传唤同赌七人，王某视其所来巡警甚少，彼即可吓令赌匪持械拒捕，该警被殴而回，景观当带同巡警多人，即将剧主王致和、王岐山、麻子红三人一并带局讯押严办云"②。

即便是这样，本溪的东北民间曲艺呈现出空前活跃的景象，关内来的就业人员又带来了许多家乡戏，本溪的娱乐场所大多都在同一时刻先后发生着变化，进行着转型，最终放低门槛、弯下身姿，成为本溪市民大众公共的娱乐活动载体。

（二）本溪乡村文化的滞后

1912年元旦，孙中山就任临时大总统后通电各省："中华民国改用阳历，以黄帝纪元四千六百零九年十一月十三日为中华民国元年元旦。"民国肇始，万象更新。至今仍被人们所津津乐道的"剪辫子"便是除旧布新的象征。实际上，在服饰、称谓、习惯等各方面与新政接轨，结果矫枉过正，传统历法和传统民俗与大清国民头上的辫子一样，也被民国官吏视为封建糟粕遭到变革和管制。

1924年2月15日，本溪湖县街上商号大有昌、德庆增和益和福要按照当地民俗举办太平秧歌，给当时的县知事白尚纯递了呈子："情因新正初度，时值春和，历年以来，人民咸称升平之时，诚有倡办太平歌，藉资庆祝，免生赌耍之举，商等际此新正，拟援习惯，联络商人多名，仍请举办太平秧歌一伙，自正月十三日起，至十六日灯下止，在街游行、演唱小曲、玩舞时艺，均与风化无碍，并无滋扰等弊，是以不揣冒昧，叩恳监督案下恩施格外，准予举办，以资相庆。倘蒙俯允，则感大德矣。"锦县人白尚纯虽然到本溪县不到一年，但他知道"大有昌"是本溪湖河西街上最大的烧酒商号，财东姜春华在本溪湖乃至本溪县声誉很

---

① 《本溪提议筹款》，载《盛京时报》，1910年7月5日。

② 《本溪戏园犯赌》，载《盛京时报》，1910年12月1日。

高。虽然往年春节因举办秧歌出现过藉端敛财、扰害秩序、伤风败俗等不轨情事，但"太平秧歌"乃本溪县春节民俗，百姓喜闻乐见，不得不摆上议程。于是其根据呈文的请求，本溪县公署连下两道公文，给警察所的训令要求何潜所长，带领警察严查三家商号举办秧歌的行为，如果发现有藉端敛财、扰害地方秩序及伤风败俗等情弊，立即取缔并追究商号执事人的责任。白知事准许商号兴办太平秧歌的谕令，很快就在公署衙门的公示牌上牌示出去。随后几天，县街上的各大户秦瑞麟、卢海廷、高威箴、梁玉铭联名要求操办太平歌以助庆贺而化愚氓，承诺绝不滋扰是非、伤风败俗。河西商务分会也提出歌演龙灯、狮子共庆升平。河西大户王德胜、张孟堂也以"以免春闲赌耍、联络桑梓感情"为由提出办理太平歌请示也获得白知事的批准[1]。

民国初年，本溪文化娱乐业是随着采矿业和商业的繁荣逐渐昌盛起来，但是县公署的管理却仍停留在"以禁为管"的封堵型管理模式上，面对百姓的传统文化娱乐日益高涨的迫切需求，动辄"拿案解办不贷"。1920年8月17日，听说石桥子区边牛录堡村"演戏酬神"的事，县警察事务所所长吴庆斌、石桥子分所代理巡官胡振德、巡长朱广舜先后带警前往禁止。边牛录堡村长邵殿元及会首因为戏台已搭、戏价已付、花费核销等理由，未听禁止。从奉天请来的戏班子为边牛百姓唱了两天戏。接到所长及巡官们的报告，一向开明的知事李心曾大发官威，将邵殿元传到县公署训斥一番，并拘押重罚[2]。无独有偶，1924年8月16日，听说连山关区上万两河村为祈雨，定于本月17日在该村演戏酬神，连山关区一分所巡官张忠志巡经查属实，就以该村"未经许可，私行演戏"为由，立即勒令予以禁止。事后，白尚纯知事责成警察事务所所长何潜会同连山关区长王铭熙协力查传。结果上万两河村提倡演戏人及村长都被严厉讯罚[3]。

民国初期，本溪县公署对文化娱乐的管理，基本沿袭了封建王朝"只许州官放火，不许百姓点灯"的惯例，同时也有对文化娱乐活动中出现的藉端敛财、扰害地方秩序及伤风败俗问题的忌惮，加之本溪县一到夏秋青

---

① 《本溪县街商号请办太平秧歌》，辽宁省档案馆藏民国本溪县公署档案。
② 《石桥子区边牛录堡村演戏酬神事》，辽宁省档案馆藏民国本溪县公署档案。
③ 《连山关上万两河村未经许可私行演戏事》，辽宁省档案馆藏民国本溪县公署档案。

纱帐起，胡匪出没之际，深恐胡匪借机作乱，滋生意外的顾虑。

清末至民国前期，桓仁境内文化活动主要是群众自发组织的自娱自乐和少数艺人的流动演出。每逢新春佳节和农闲期间，有扭秧歌、耍龙灯、舞狮子、打太平鼓、说大鼓书、唱皮影戏、二人转等演出活动[①]。

[①] 桓仁县地方志编纂委员会编：《桓仁县志》，方志出版社，1996年，第628页。

第六章
清末民初的文化、宗教与社会风俗

清末民初，本溪地区农业生产发展相对滞后，煤铁工业和商贸业初兴，文化也有了一定发展，戏曲歌舞演出、文学创作、地方志编修等取得较好成果。道教、佛教、伊斯兰教有所发展，基督教、天主教开始传入，各大宗教集结本溪，并行不悖，表明了本溪文化的开放性、多元性和包容性。本溪又是多民族聚居地区，各民族相互融合、相互学习和借鉴，形成了具有本溪地方特色和民族特色的社会风俗。

第一节　文化

一、戏曲歌舞演出

清光绪十四年（1888），怀仁县大水为患。次年，怀仁县公署尊奉清廷先制"凡疆土通天要隘皆立天后圣祠，以示祭神庇佑兴发水运"的诏谕，于光绪十七年（1891）重修天后宫庙院，设正殿名为"灵慈殿"，塑天后圣母金身。天后圣母据传是兴化府（福建莆田）林愿之女，死后屡显灵于海上，护土佑民，元朝时被敕封为天妃，立天妃庙享祭。清康熙年间追封为天后，谥"灵惠夫人"，人们尊称其为海神娘娘。庙院修竣后，按其旧俗，应备三牲祭品并设坛举行社戏，开光祭祀。时金作勋出任怀仁知县，令船帮由水路赴江南请莆仙戏班十余人来桓演出。

当时在天后宫去莲花泡道路中间搭一戏台名为吟凤阁，首场演出正值县城娘娘庙会（农历正月十八），远近百姓来逛庙会看戏者甚多。大戏连演3天，演出的曲目有《鸣凤记》《东海孝妇》《目连救母》《仙缘记》《张协状元》《拜月亭》《梅花簪》《单刀会》《翡翠园》等。该戏班演唱俱佳，器乐完备，颇有南曲特点，极受欢迎。金作勋每次看戏都为之喝彩称绝，船主、商号老板也纷纷予以赏赐①。天后宫社戏祭祀之后，桓仁浑江水运更加繁忙和兴旺起来。

清末民初之际，由于水上交通便利，商贸业进一步发展，桓仁镇、沙尖子两处商埠码头生意兴隆，因此常有各地戏班来桓仁演出。当时在县城东门里城隍庙前，农务会前院和东关小河沿两岸，陆续设坛搭台演出，其中小河沿边所建戏院为木质结构，场地可容纳观众近千人。戏班主要来自安东、奉天、宽甸等地，民国初期来桓仁演出的著名艺人有碧玉花、桑桂云、筱九霄、吴云楼等人；最大的戏班是来自宽甸的金家班，拥有150多名演员阵容，演出剧种以河北梆子为主，主要曲目有《白蛇传》《盗御马》等。桓仁当地票友也经常登台献艺，如戏曲票友、书曲艺人刘云山，外号"浪刘"，当时风华正茂，曾登台演出过许多传统戏曲，如在《大登殿》中饰薛平贵，在《斩黄袍》中饰宋太祖等，颇受好评，轰动一时②。

随着本溪湖煤铁业的发展和商贸业的繁兴，本溪湖的戏曲演出活动增多，催生了一批文化演出场所的建立。1911年12月，本溪地区第一座可容纳700余人的大剧院湖山楼建成（后又称北山大戏院），又陆续建起了共升茶园、共乐茶园、自然轩茶园等，1914年由本溪县公署确定戏票价格，湖山楼为0.8—1元，茶园（社）为0.3—0.5元。

本溪湖专业戏曲演出请到的京剧名角有：1922年7月，著名京剧演员白玉昆来溪演出10天，演出剧目有《过关斩将》《走麦城》《屯土山》《温酒斩华雄》等；1925年5月，著名京剧演员唐韵笙来溪，演出剧目有《全部汉寿亭侯》《驱车战将》《六国拜相》等；1928年3月，特邀著名京剧武生盖春来、著名京剧花旦金莲花来溪演出《十字坡》《铁笼山》《拾玉镯》等戏，共演出10天。最有影响的是1928年12月，本溪湖湖山楼大舞台经理姜占一正式代本溪煤铁工人邀来京剧四大名旦之一、著名表演艺术家程砚秋来溪演出，原定演出3天，但本溪广大观众热情挽留，又续演4天，结果场场爆

① 彭湃：《莆仙戏班到桓仁以后》，载政协辽宁省桓仁县委员会文史资料委员会编：《桓仁文史资料》第2辑，1987年，第77-80页。

② 彭湃：《莆仙戏班到桓仁以后》，载政协辽宁省桓仁县委员会文史资料委员会编：《桓仁文史资料》第2辑，1987年，第80-81页。

满，盛况空前。通往湖山楼大舞台的几条胡同都设有军警维持秩序，因程砚秋去剧院扮戏和演出归来，几条胡同都挤满观众争先恐后要一睹其风采①。邀请到的其他著名戏曲演员有：1920年3月，著名评剧演员李金顺与倪俊声合作，按合同在本溪湖山楼大舞台演出10天，结果演出半月，观众极为踊跃；1923年11月，著名河北梆子老生达子红来溪演出《走雪山》等；1927年12月，著名秦腔演员小香水来溪演出《拜寿算粮》等戏。

清末民初，本溪民间演出频繁而又火爆，尤其以二人转和秧歌最受欢迎。二人转旧称蹦蹦、落子，作为东北民间艺术，已有200多年历史，是在东北大秧歌、东北民歌和莲花落的基础上演变而来的，又吸收了东北大鼓、评剧等艺术形式的唱腔、表演而充实完善起来，其主要演出形式有单出头、二人转和拉场戏。光绪末年，本溪县边牛村就演出过小天台（拉场戏），边牛隐士潘恩重为此还专门写了竹枝词，说明二人转在当时是极受村民欢迎的。

清末民初，本溪地区最盛行的民间歌舞则属秧歌。东北秧歌起源于插秧耕田的劳动生活，同时也和古代祭祀农神祈求丰收有关。清代杨宾《柳边纪略》中记载："上元夜，好事者辄扮秧歌。"②可见，秧歌在清代已经盛行于东北地区。因秧歌形式诙谐，风格独特，是集火爆、泼辣、幽默、文静于一体的民间歌舞形式，所以极受人们的欢迎。

本溪地区的秧歌包括地秧歌（地蹦子）和高跷两种，中间往往穿插舞龙、舞狮、旱船等项目。尤其是每年正月十五上元节之夜，俨然是本溪城乡人民的狂欢节，本溪诗人刘济东对1924年本溪湖上元节的狂欢之夜的盛况就有过记载。

秧歌集歌舞表演于一体，其唱词既有固定的，也有临场现编的。民国初年就有《唱唱本溪湖》的秧歌调，现选择3段如下：

正月里来正月正，本溪湖景致说分明：日本街头火车站，太子河把船冲；周围大山好几重，火车奔奉要钻窟窿。

十月里来立了冬，窑街庙宇难说清：娘娘庙，兜率宫，圆通

① 肖哲、沈武编著：《本溪戏曲纵横》，1985年，第12—13页。
② 杨宾：《梅东草堂诗集·柳边纪略·塞外草》，黑龙江大学出版社，2014年，第420页。

观紧对日盛增；慈航关帝在大堡，老君药王分西东。

十三月是闰月年，鹤友俱乐部修在东山。顺山大道石条路，公会堂、诚忠山；寻常学校在前边，宪兵队衙门更威严！①

虽然是普通秧歌词，却将本溪湖的概况和特点作了通俗的描述，特别是"满铁"附属地的描述，使人们对当时半殖民地状态下的本溪湖有一种莫名的压抑和愤懑，因此无疑是有史料价值的。

通过对清末民初本溪地区戏曲歌舞演出的考察，可以归纳为以下3点：首先，本溪地区早在清代已有秧歌和社火、社戏的表演，而专业演出则是伴随着近代本溪水陆交通的发展、煤铁工业的兴起和商贸业的繁兴发展起来的，并由桓仁县首开先河，特别是本溪湖、碱厂、桓仁镇、沙尖子等商埠的崛起，使戏曲演出事业兴盛一时，以本溪湖湖山楼为代表的一批演出场所的兴建，使本溪的专业演出增多，丰富了本溪民众的社会文化生活，对此湖山楼功不可没。

其次，当时本溪地区的专业演出曲目是以京剧为主，评剧、河北梆子次之。由于受演出市场的影响，观众喜好各异，专业演出也呈现时演时停的状态，而演出商家为卖座赚钱，竞相邀请名角和新角，如邀请京剧名旦程砚秋来溪演出就曾轰动山城。由于票价原因，普通民众是看不起专业大戏的，因此他们更喜爱贴近百姓生活的二人转和秧歌等民间歌舞表演。

再次，当时本溪地方政府对戏曲和民间歌舞演出尚缺乏行之有效的管理，取缔无证戏园、书场，整顿演出市场无疑是正确的，但将个别戏园茶社的聚赌行为、个别曲目的低俗表演当成普遍现象，对此不加以分析、调查和有效地监管，如对二人转，以"伤风败俗"或"怕土匪袭扰"为名而一概加以取缔和禁止，如1913年6月，本溪县公署下令取缔并禁演蹦蹦戏（二人转）就是例证。这种因噎废食、以禁代管、一禁了之的消极管理，无疑是对广大民众文化生活的漠视，是剥夺广大民众享受文化生活的权利。地方政府一边对污染社会风气的吸毒、嫖娼、赌博等熟视无睹，听之任之，一边却对老百姓喜闻乐见的二人转横加干涉和禁止，这是地方政府对

---

① 韩惜时：《唱唱本溪湖——民国初期流行的秧歌》，载中国人民政治协商会议本溪市溪湖区委员会编：《溪湖文史资料》第3辑，2003年，第17—19页。

社会文化生活管控不力，是不作为或乱作为的表现。

二、诗歌吟唱

中国是诗的国度，而诗歌则是中国最早产生的一种文学体裁。诗歌是按照一定的音节、声调和韵律要求，采用凝练的语言、充沛的情感和丰富的想象来集中表现社会生活和人的精神世界。

清末民初的本溪，尽管建治稍晚，社会生产相对滞后，但文化并不贫瘠。时值国家鼎革，列强入侵，内忧外患，社会动荡，民不聊生，恰恰催生了一批本溪诗人和诗作。他们不分主籍客籍，创作题材比较广泛，或歌山川之壮美，或咏田园之乐趣；或吟民风之质朴，或斥兵匪之祸乱；或抒思乡之心绪，或挽悼亡之痛苦，因而留下了许多脍炙人口的诗篇。

这一时期，关于吟咏本溪山川名胜的诗歌，当以香农的《过摩天岭》为代表。

摩天岭地处分水岭以西，为本溪与辽阳界山，海拔969米，山势险峻，为古代中央王朝通往朝鲜的陆上孔道，历来为兵家必争之地。香农于1924年到此游历，写下《过摩天岭》诗一首。原诗如下：

> 万山似马来，时伏又时纵。东行注大荒，昂首顿一控。
> 穹绝天宇弓，横压地维甕。冰雪死千年，冥冥寒气重。
> 自古绝行人，山深魑魅众。何年破天荒，微径同凿空。
> 悬车上斗门，一线走山缝。马足血四流，路危强忍痛。
> 绝壁撼天风，厓崩危石动。直下千丈坡，目主心犹恐。
> 覆辙鉴前车，至此已无用。一滚落地中，快如出险梦[①]。

该诗写作手法独特，开篇即先声夺人："万山似马来，时伏又时纵。"万山如奔马，时伏时纵向东奔腾而来，却突然为大山所控扼，原来是摩天岭犹如穹绝天宇的大弓，直接将奔涌的群山阻塞横断。然后再写摩天岭冰雪千年不化，寒气阴森，山鬼众多而行人稀少，再写山路之险和作者乘马车历险，步步惊心，环环相扣。全诗以雄奇起势，以惊险落笔，可谓大起

---

① 香农：《过摩天岭》，载《大公报》，1924年4月3日。

大落。作者以夸饰的语言、丰富的想象，为我们描绘了摩天岭的恢宏气势和险绝的地势，读来赏心悦目，是诸多歌咏摩天岭诗作中的上品。

关于田园农事。近代本溪地区歌咏田园风光和农事的诗歌中，最具代表性的当属章樾的《劝农四时乐歌》。章樾为清光绪初年怀仁县第一任知县，在任5年，颇多建树，躬身农事，课农劝农是其主要政绩之一，而《劝农四时乐歌》便是最好的写照。全诗原文如下：

其一

林鸟底事春啼早，声声只道农家好。
冰融雪消土如油，一犁烟轻日景杲。
童子拍手换布谷，满耳山歌真绝倒。
南阡北陌带花锄，长堤绿遍茸茸草。
课农走马出山城，笑语垂髫黄发老。
扑面缓度麦苗风，周行鸭绿黄牛堡。
归来犹闻众鸟言，行乐何处无轩鹊。
一路花飞送舞筵，吩咐家童且莫扫。

其二

四月南风抽麦苗，荷锄人逐杏花遥。
五月柳絮满涧飞，牧童叱犊出林腰。
村庄初种故侯瓜，垄头犹过卖饧箫。
妇子南亩馌角黍，笑语不解伛偻蜩。
涂足沾体六月寒，侧笠分饮酒盈瓢。
三夏之乐乐如此，此中不识羲与尧。
我行爱渡千仞岗，农歌远送马蹄骄。
万峰苍翠原隰绿，雨后山程过迢迢。

其三

秋风粒粒报初成，前日课雨今课晴。
黄鸟喈喈鸠唤妇，鹅鸭同和田歌声。
啄黍鳞亩铺如云，红豆不数南国生。
晚饭儿女喁喁语，镰腰霍霍向月明。
早起浓露堆如珠，少妇缀履泥痕轻。

羯鼓偏挝催田夫，刘人均劳黍肉盈。

盈仓纳禾乐如何？报社簪花满乡城。

我心更慰三农望，笑度田畴问五更。

其四

三时农劳万宝归，爱人霜雪自霏霏。

羊脂铺地平如掌，填尽坳阱险途稀。

满载黍谷车辚辚，一鞭响答山争飞。

男儿绎络出沈阳，归来多买毡与绯。

稚子欢笑出门迎，蒸饼肉夹羔羊肥。

围炉妻子话灯前，新剪缯纩整棉衣。

神仙那及田家乐，推出寒山画掩扉。

一官清况农休笑，偏种梅花慰朝晖[1]。

时怀仁设治已历经数年，匪患基本肃清，社会比较安定，加上地方政府的轻徭薄赋和休养生息的政策，才有了怀仁农业的初步繁荣和田家之乐，才有了章樾《劝农四时乐歌》这篇组诗的诞生。

全诗分为4层，分别围绕山乡四季农事展开，并采用了民歌表现手法，这样才更接地气。

写春日之乐，开篇即为我们描绘山乡春播的景象，并借林鸟啼春和拟人化手法，唱出"声声只道农家好"，直奔主题，堪称点睛之笔。春日山乡，布谷声声，一犁烟轻，满耳山歌。诗人骑马出城，巡视和督催农事，一路上笑着与老人小孩打招呼，归来时又听到众鸟歌言，不由慨叹到处都是令人着迷和快乐的佳境啊！

写夏日之乐，时值夏锄，男人在田间挥汗铲地，也许正值端午佳节，妇女带着小孩给丈夫送来角黍（粽子），还送来米酒使丈夫驱寒和解乏，并对丈夫佝偻身子铲地姿态不解而取笑，并巧妙活用故侯瓜、馌南亩和佝偻蝈等典故。看到这温馨的场面和绿油油的田野，即便老百姓不懂得感谢朝廷的恩德又有什么关系呢？由于诗人心情大好，所以才有"农歌远送马蹄骄"。

---

① 侯锡爵修，罗明述纂：《桓仁县志》卷十六艺文志，1930年抄本。

写秋日之乐，秋天的田野一片金黄，庄稼成熟了，鸟儿和鹅鸭在欢快地啄食。到了秋收之时，农家要磨快镰刀，因此"镰腰霍霍向月明"；抢秋时不我待，所以击鼓为令，催唤人们下田收割。粮谷已将粮仓堆满，心中充满了喜悦之情，还要干什么呢？于是成群结队戴花携酒肉去祭拜土地神，这是当地的民俗。而诗人也深受感触，决心解决三农需要解决的问题，又亲自到田间向老农请教求计。

写冬日之乐，经过春、夏、秋的辛勤劳作，终于有了满满的收获，心情舒畅，就连霜雪也变得是那样的招人喜爱。诗人似乎看到了农家之乐：男人之乐是满载粮谷去交易，买来丝布和购办年货，因此"一鞭响答山争飞"；小孩之乐自然是"蒸饼肉夹羔羊肥"；妻子之乐则是围炉话灯前，"新剪缯纩整棉衣"。面对此情此景，诗人情不自禁地发出"神仙那及田家乐"的感叹，表示自己虽然收入不多，但也立志要像梅花一样高洁为官。

章樾这首《劝农四时乐歌》组诗，以民歌化的语言，通过对怀仁山乡春种、夏锄、秋收、冬藏四季农家之乐的描写，为我们展现了一幅辽东山乡的农事画卷和喜庆丰收、其乐融融的景象，表现出诗人亲民爱民、与民同乐的清官形象。须知这是距今140年前的清末，作为一名封建地方官员，能由衷地发出"我心更慰三农望""偏种梅花慰朝晖"的志向和情怀，自然是难能可贵的。全诗通俗晓畅，清新自然，读来令人回味无穷。同时，该诗亦有较高的史料价值，是考察清末怀仁县农业生产的重要参考史料。

关于苛征与兵匪祸患。清朝末年，国势日衰，列强入侵，战乱频仍。地方官府的苛捐杂税和连年的兵祸匪患，令本溪老百姓苦不堪言。反映这方面的诗歌当以潘恩重、蜀东秦氏的作品为代表。

潘恩重（1824—1907），字学山，汉军镶黄旗人，世居沈阳大东关，清辛亥科恩贡生，就职直隶州州判，后隐居不仕，闭门授徒。甲午战后，避居沈阳城东南边牛录堡（今属本溪市高新区），著有《心性考》《松翠山房文集》《学山诗集》，惜遭兵燹，无复存者。其《山农谣》诗如下：

山农谣

老农住山村，吏胥打柴门。老农力山田，从未见官人。

屏息对吏胥，官课封未误。吏胥怒横眉，云此来清赋。

汝纳十亩粮，种田逾百数。匿课十倍罚，在法不容恕。

老农前致词，山地殊硗瘠。频年山雨刷，百川落水泥。

高田石露骨，洼田淤弗涸。虽为百亩耕，难保十亩课。

哀诉词未终，吏胥赫然怒。铁锁缧老农，鞭扑将之去。

在这首《山农谣》诗中，作者以亲历亲闻，记述了山农开垦荒山和洼地，总算可以养家糊口，不料官府的吏胥闯进来，不分青红皂白，极其蛮横地以其耕田百亩却只交10亩赋税为由，对其予以10倍处罚，并不容许山农作任何解释，直接将老农用铁链绑走并加以鞭打的事实，无情地揭露和批判了封建官府赋税的苛刻和吏胥的凶蛮，表达了对普通劳动人民的深切同情。

再看潘恩重的这首《边氓叹》：

边氓叹

边氓垦边田，人称大财主。匪瞰难为家，门墙深自固。

军号何喤喤，军容整以肃。先锋飞马来，声言见乡富。

速备百人餐，饭毕待登路。启门接鞍马，粮秣为先预。

妇女近盘飧，主人缚庭树。操刀索金钱，破椟收财物。

误认匪为兵，悔恨向谁诉？补牢羊已亡，贼去门复杜。

军号何喤喤，闻声心撞鹿。梯墙瞰军容，仍是昨装服。

变色惩前车，杜门扛大木。十扣九不开，吓骂声俱怒。

官军拒不纳，定与匪通睦。猛如攻坚城，斩关竟飞渡。

长绳系主人，敲扑编妇竖。军令如严霜，无计逃斧锯。

哀哉边荒氓，危邦不可住[1]。

在这首《边氓叹》诗中，记述了边氓占山开荒，成为殷实富户，因常年闹土匪而加固院墙，不料土匪扮作官兵前来大肆劫掠。本来以为土匪走了便关上大门，谁想这次真的官兵来了，主人一看"仍是昨装服"，料定又是土匪抢劫，便扛来大木顶住大门而不给开门，因此惹怒官兵，强行攻入。结果被扣上"通匪"罪名被捕，等待边氓的是什么可想而知。作者愤

---

[1] 本溪市党史地方志办公室编：《本溪市志》第4卷，辽海出版社，2004年，第697页。

怒地控诉了兵匪不分，兵就是匪，匪也是兵，兵匪同祸的黑暗社会，最后发出"哀哉边荒氓，危邦不可住"的慨叹。《边氓叹》和《山农谣》一样，作者敢于揭露当时社会矛盾，对官府吏胥和兵祸匪患进行深刻地批判和鞭笞，也对腐朽没落的清王朝表达了强烈不满，一定程度上反映了人民的意愿。两首诗所反映的都是现实主义题材，当是本溪边牛录堡及附近发生的实事，因此是极具历史价值的。潘恩重这种现实主义写作手法无疑有杜甫遗风，亦堪称"诗史"。

蜀东秦氏与《由凤凰城避兵入关道经辽沈途中感怀》。清光绪三十年（1904年）春，日俄战争爆发，日军与俄军在安东鸭绿江对峙，作者为避战乱，由凤凰城经连山关越摩天岭奔辽沈途中时所见，写下10余首诗，选录2首如下：

其一①

海风吹雨暗长天，寂寞关河绝可怜。最是伤心看岭路，柴车络绎入云边。

（作者自注：俄人征民车千余悉编为官车，用以载运辎重。上摩天岭时，余适遇之。蜿蜒数十里，阗溢山谷，道为之阻。时春雪初消，积潦没膝，深者至四五尺，牲畜远行劳顿，一蹶即毙，日以百计焉。）

其二

残阳忍照汉山河，白岭绿江佳气多。野老宁知今昔异，沾衣也解涕滂沱。

（作者自注：沿途旅店迁避一空，投宿农家，必再三请始纳。然室如悬罄，父老辈聚述被兵骚扰情形，辄追慕昔日承平之盛，皆欷歔泣下。）

第一首写海风吹雨，战云密布，可怜无辜的辽东人民即将饱受日俄两个强盗的争雄而带来的灾难，而最令人伤心的是摩天岭上被俄军强征来的

---

① 蜀东秦氏来稿：《由凤凰城避兵入关道经辽沈途中感怀十四首》，载《大公报》，1904年8月11日。

民车车队，十分艰难地行走在陡峭险峻而又高耸入云的山路上。第二首写的是夕阳映照在中国辽东山川土地上，本来是白岭（山上积雪未化）绿江风光无限美好，但由于日俄两个列强在中国土地上开战，那么最遭殃的一定是中国的老百姓，而连山关当时父老乡亲感伤战乱而怀念昔日的承平之世时，都不禁老泪纵横。

作者通过对在连山关、摩天岭所见所闻的描写，痛斥了日俄帝国主义为争夺在中国的势力范围而燃起战火的罪恶行径，对清政府的腐朽没落和所谓"保持中立"表达了强烈愤慨，对无辜的辽东百姓寄予了无限的同情，表现了诗人忧国忧民的炽热情怀。日俄战争给本溪人民带来了无尽的伤痛和屈辱的记忆，而留下这段刻骨铭心的记忆片段，就有蜀东秦氏的这两首诗作。作者以史入诗，以诗载史，为后人留下了珍贵的记忆片段。

关于风俗民情。关于吟咏风俗民情的诗歌，主要是采用竹枝词的诗体。竹枝词原本为巴、渝一带民歌，唐代刘禹锡则将民歌变成诗体，对后世影响很大。竹枝词以吟咏风土民情为其主要特色，所以与地域文化结下了不解之缘。竹枝词长于状摹世态民情，始终洋溢着鲜活的文化个性和浓厚的乡土文化气息，因此对于社会文化史和历史人文地理等学科的研究等方面，都具有重要的史料价值。清末民初本溪地区吟咏风俗民情的竹枝词，当以潘恩重、刘济东为代表。

潘恩重《村女观剧竹枝词》共4首，今选录2首如下：

（一）

前村新演太平歌，女伴相邀队队过。

淡抹燕支浓染黛，要从月里显嫦娥。

（二）

传闻新演小天台，前后邻家递信来。

留得娇儿与乳母，教侬多看几时回①。

作者于清末避战乱隐居本溪边牛录堡，所写内容自然是边牛之事。第

---

① 潘喆：《潘恩重〈竹枝词〉与海怡亭〈潘恩重先生行述〉》，载中国人民政治协商会议本溪市溪湖区委员会编：《溪湖文史资料》第2辑，1992年，第99页。

一首写村里新来秧歌队（太平歌）表演秧歌，女伴相邀去观看，而女主人看戏前也要化妆一番，到时候也要展示一下自己。第二首写要新上演二人转（小天台拉场戏），村里前后邻家都捎信来约去看戏，女主人为过戏瘾，干脆把小孩交给乳母照料，自己则跑去看戏。由此可以看出，早在清末，本溪地区就已盛行秧歌、二人转等民间歌舞演出。作者这两首竹枝词写得清新、自然、饶有趣味。

刘济东与《本溪湖上元竹枝词》。刘济东（1893—?）名浚，字济东，以字行。本溪县边牛录堡（今属本溪市高新区）人。早年习读经史，又从父学医，并师从沈阳名医张得三，除精于灵素芪黄外，于诗文书法篆刻均有较高造诣。《本溪湖上元竹枝词》作于1924年上元节，全诗如下：

本溪湖上元竹枝词

其一

一街电烛月光侵，锣鼓喧阗乐兴深。

怪底游人塞巷望，灯官轿搭独杆临。

其二

高脚龙灯太少狮，游行街市舞参差。

劳工士女齐争睹，煤样丛中拥玉姿。

其三

眉眼横飞佻达情，结群怪舞不闻声。

良宵美景偏如此，犹道秧歌庆太平。

其四

灯市归来笑语华，坠钗跌足复丢娃。

不知已背闺中训，翻怨人丛乱似麻①。

上元节（俗称元宵节、灯节）是中国传统节日，其重要习俗之一就是娱乐狂欢，而本溪湖是本溪县城和本溪煤铁公司所在地，每逢上元节，以秧歌、舞狮、旱船等游行表演火爆而热烈，当晚则是各大商户灯会展示，

---

① 潘喆：《潘恩重〈竹枝词〉与海怡亭〈潘恩重先生行述〉》，载中国人民政治协商会议本溪市溪湖区委员会编：《溪湖文史资料》第2辑，1992年，第33-34页。

悬灯结彩，火树银花，争奇斗艳。并且元宵节与春节不同，男女老幼都有走出去活动的习俗，这样就出现了月光电烛共辉、劳工仕女同框、高跷舞狮火爆、观众人山人海的景象。不仅如此，作者还写出了由于看秧歌和观灯人太过拥挤，结果有丢钗的，有跌倒的，还有的妇女把小孩子也弄丢了。诗中虽然对她们有讥诮之意，却生动形象地写出了本溪湖上元节狂欢的盛况和具体情节，成为研究本溪近代民俗文化的重要史料。

三、方志编修

地方志作为一方之全书，在中国至少有2000多年的历史。地方志具有资料性、全面系统性和地域性诸特点，具有存史、资政和教化功能。我国方志编修历史悠久，卷帙浩繁。

本溪地区因设治时间较短，因此方志编修较晚。其中桓仁县于清光绪三年（1877）设治，至1931年九一八事变前50余年间，共编修乡土志1部，县志2部；本溪县于光绪三十二年（1906）设治，至九一八事变前25年间，共编修2部县志稿，因故遗失。

清末民初桓仁地方修志，是奉奉天省训令临时组织修志班底，或称县志编修馆，或称县志修查馆，志书编竣后便人散馆撤。其所编修的3部志书分别为《怀仁县乡土志》《怀仁县志》和《桓仁县志》。

《怀仁县乡土志》。清光绪三十三年（1907），由怀仁县知县景霖主修一份简志，不过区区两页，仅记地域、户口、地税、四至、交通，因其过简，实难称志。遂于次年重修《怀仁县乡土志》，全书分上、中、下3编。上编为历史类，包括沿革、政绩、兵事、耆旧、人类、户口、氏族、宗教、实业；中编为地理类，包括方域、区划、建置、形势、山脉、河流、道路、气候；下编为物产

清末民初桓仁县编修的3部方志

类，包括动物、植物、矿物、物品制造表。该志206页，近4万字。该志前有凡例，并特别说明："是书谨遵乡土志例目采辑成编，可考之事不厌求详，纪实之文务期于达，余则概从简略，免致附会。""未置本境以前，虽有统属多系荒理，古先名人故事历史缺如，编中所志皆建置后三十年之事。"①该乡土志于1908年付印，已初具县志雏形，但缺少乡土志编修人员名列、序言及页码。

《怀仁县志》。该志于宣统元年（1909）编修，是以奉化县（后改为梨树县）志为蓝本，在光绪三十四年（1908）《怀仁县乡土志》基础之上"略加增益，其有过略者详之，其有遗漏者补之"。总修为知县马俊显，纂修为兴京劝学所总董刘熙春，总校为怀仁县劝学所总董杨占春，另有协修、襄校、监缮、绘图，编修人员共有28人。《怀仁县志》全志共分4册，14卷，计有天文、地理（上、下）、建置、民赋、勋职、兵事、新政、人物、选举、物产、艺文、侨寓（附宗教）、杂录；卷末余义有地理类、民赋类、新政类。内附怀仁县图1张，全志为石印，16开，共228页。该志除正常入志内容外，又因地制宜，增加了气候与侨寓内容。增加气候部分，是因为"怀邑边地荒寒，风高气冽，与生民大有关系，故将气候详细著载，以征与腹地大不相同，斯为心乎民者应留心之事"②。增加侨寓部分，是因为来怀仁的韩侨骤增，光绪三十三年（1907）调查为514户2005口人，至宣统元年（1909）编修限制时，韩侨已达907户，共4100口人。两者皆根据县情而增设相关内容，是值得称道的。该志由知县马俊显两次作序，置于志后，虽然如此做法是奉上峰之命，但亦应置于卷首方可称序，而置于卷尾则应称跋。

《桓仁县志》。《桓仁县志》是1929年编修，1930年1月付梓。总监修为桓仁县知事侯锡爵，编辑为县公署第一科科长罗明述，校正为前代理奉天省省长白永贞，绘图、誊录、统校均为县内教育界人士，采访为警察所长、保甲所长、教育所长、农务会长、商务会长、各学校校长、各区区长等。《桓仁县志》共4册17卷，包括沿革、天文、地理、官制、民治、建置、财赋、物产、风俗、实业、交通、教育、宗教、人物、兵事、艺文、

---

① 《怀仁县乡土志》凡例，光绪三十四年（1908）抄本。
② 马俊显修，刘熙春等纂：《怀仁县志》凡例，宣统元年（1909）铅印本。

杂录。志书为石印，580页，并附有桓仁县舆图、桓仁县城图、桓仁县政府平面图各1张。由时任桓仁县长李沛如、前任县长侯锡爵作序。这部县志是符合县志编修规则，内容比较丰富的一部县志。

相较于《桓仁县志》，《本溪县志》则命运多舛。1914年初，本溪县公署奉令开始编修《本溪县志》，历时8个月方完成志稿，未及出版，便在当年县公署浩劫中化为灰烬。至1928年，县公署再次奉令编修县志，由县知事白尚纯指定县公署教育公所长萧汉杰主持编修，并在县教育公所内设立县志编辑委员会，萧兼任委员长，有委员10余人，其中以碱厂小学教师沈曙东为特聘委员专司此事。同时，县署要求各区、村、学校根据县志调查提纲，限期责成专人做好调查并上报。编修时在原来十几页的本溪县乡土志，辽阳、凤城、桓仁等县志作为参考引证。经过两年多时间的工作，将本溪县1906年至1928年间的历史编写成志稿。当时因资金原因，该志稿未能出版，存于县署总务科，因时局动荡而下落不明。后来沈曙东编写《追忆本溪县志纪要》时回忆："30多年，写过的东西，的确记不清楚，尤其是关于年代和数字，更觉模糊。"[1]两次编修县志，志稿皆未保存下来，颇有遗珠之憾。而后来追忆的部分内容因时间久远，资料散失，其价值亦远非原志可比。

纵观清末民初本溪地区编修方志，桓仁县修志之所以成功，首先是几位知县重视的结果，知县马俊显在《怀仁县志》序言中认为，方志"其所以劝善惩恶，正人心，备掌故，有益于政治良非浅鲜，是虽蕞尔下邑其不可以无志也明甚"。待县志编成，他还谦虚地说："窃以荒陬僻壤文献无征，仓猝成书，实不敢以完善自信。"[2]桓仁县知事侯锡爵认为："县之有志书犹国之有史乘也，政治法度代有变迁，文物民风时为沿革，苟无书史以志之，焉得考厥盛衰较其得失也哉！"[3]继任县长李沛如则认为："夫国有史而县有志，所以记掌故明沿革，代远年湮之事，沧桑更变之状，文献有征，典籍自赖，重纪实也。"不仅如此，"中外大同，交涉遂起。参考往迹，非志载难明事理真诠；规划江防，无掌故恐昧地形险易。邑志之修顾

① 沈曙东：《追忆本溪县志纪要》，1959年，第2页，本溪县档案馆藏。
② 马俊显：《创修怀仁县志序》，载马俊显修，刘熙春等纂：《怀仁县志》，宣统元年（1909）铅印本。
③ 侯锡爵：《桓仁县志序》，载侯锡爵修，罗明述纂：《桓仁县志》，1930年抄本。

不重欤？"①把编修《桓仁县志》提升到巩固边疆防卫的高度来认识，因此尽管当时"库藏告匮，印刷资巨"，仍千方百计筹资将县志付梓。

其次，《怀仁县乡土志》《怀仁县志》《桓仁县志》毕竟为清末民初所编修的旧志，其编修地方志的宗旨是要为统治阶级树碑立言，且不说志书的详简与史实的缺漏，仅就其观点和收录内容而言，就有许多错谬和糟粕之处，对农民起义军、义和团运动、忠义军抗俄等多有污蔑之词，如"忠义军南窜纪略""剿灭金匪垦荒安民之事略""拳匪扰乱本境之始末""栾匪破城纪略"等；宣扬封建礼教和"三从四德"，为贞洁烈女立传等。这些谬误和糟粕是需要加以批判和摒弃的。

再次，尽管桓仁县几部志书有观点上的谬误，然毕竟开本溪地区编修方志的先河，我们不能苛求前人。桓仁县几部方志不仅为我们留下了许多珍贵史料和地情信息，将清末民初50余年县情志之于书，传之后世，实为一方文化之盛事，是研究考察近代桓仁山川风物和人文历史不可多得的珍贵资料。需要特别指出的是，早在编修《怀仁县乡土志》时，编者就已考虑到"本境位置系东边要害之区，故于道路、津梁、山脉、河流、形势险要特详，至地理之建置则概从缺略"。②在编修《怀仁县志》时，正值清末变局，列强环伺，编者认为各郡邑志中例有六景八景之说，多属凑合，"兹以边防要地，务统形势之大局详加考查以备致用"③。编修方志同样要从维护国家边疆安全的立场出发，而不是一味跟风，这一点尤其值得称道和赞许。

四、文物发现

随着日俄战争的结束，日本取代俄国将中国东北"南满"地区划成自己的势力范围，在日本财阀大仓组对安奉线本溪煤铁资源进行非法调查开采的同时，一些日本学者如白鸟库吉、八木奘三郎等人也打着学术考察的幌子对本溪境内的文物古迹进行非法调查。包括对威宁营遗址、平顶山高句丽山城遗址以及石桥子、本溪湖、连山关、桥头等古迹、碑刻的踏查，

---

① 李沛如：《刊印桓仁县志序》，载侯锡爵修，罗明述纂：《桓仁县志》，1930年抄本。
②《怀仁县乡土志》凡例，光绪三十四年（1908）抄本。
③ 马俊显修，刘熙春等纂：《怀仁县志》凡例，宣统元年（1909）铅印本。

并陆续收入《满洲历史地理》《满洲旧迹志》等伪书籍。不仅如此，日本侵略者还大肆破坏文物古迹。1913年，日方为建设所谓的"忠魂碑"，霸占了本溪湖保安寺的地产，又出动日本守备队砸毁保安寺历代石碑，强占庙产，拆毁寺庙建筑。1934年夏，日本守备队到温泉寺一带"讨伐"抗日义勇军，因在二截岭被义勇军袭击，恼羞成怒，以温泉寺"藏匪"为名，将温泉寺古庙群付之一炬。

在清末民初本溪地区发现的文物中，最具轰动效应的当属怀仁县通沟口高句丽好太王碑的发现。清光绪三年（1877），清政府设怀仁县，在通沟口设分巡检司并归怀仁县管辖，怀仁县首任知县为章樾，其下属书启关月山首先发现了好太王碑。据谈国桓《手札》记载："近得高句丽好太王碑，尚不恶，当在光绪初叶时所拓。……奉天怀仁县设治时，兹其选者为章君樾，字幼樵，幕中关君月山，癖于金石，每采访诸野，获此碑于荒烟蔓草中，喜欲狂，手拓数字，分增同好，弟髫年犹见之，字颇精整。"[1]在1929年《跋》中又写道："关君月山，赠余手拓碑数枚，每纸一字。"叶昌炽于宣统元年（1909）在《语石》记载："高句丽好太王碑，在奉天怀仁县东三百九十里通沟口，边民斩山刊木始得之。"[2]

好太王碑

好太王碑，又称好大王碑，广开土王碑，碑址位于今吉林省集安市好太王乡好太王陵东侧。此碑为高句丽第二十

---

① 谈国桓：《手札》，转引自耿铁华、李乐营主编：《高句丽研究史》，吉林大学出版社，2012年，第49页。

② 叶昌炽：《语石·奉天一则》，转引自耿铁华、李乐营主编：《高句丽研究史》，吉林大学出版社，2012年，第40页。

代王长寿王为纪念其父好太王的功绩，于东晋安帝义熙十年（414）建立的。是由一块巨大的天然角砾凝灰岩石柱略加修琢而成，碑体呈方柱形，高6.39米，底部宽在1.39—1.97米之间，四面环刻碑文，共有文字1775个，其中141字已脱落无法辨认。

好太王为高句丽第十九代国王，名谈德，号永乐太王，在位22年，谥"国冈上广开土境平安好太王"，石碑刊刻于长寿王二年（414）。

自光绪三年（1877）关月山手拓碑文数字分赠同好后，人们争相捶拓，拓本很快传入京师，金石学家杨颐、盛昱、王志修等人先后对碑文进行了考释。杨颐于1887年撰《好太王碑考订》，盛昱于1889年撰《好太王碑释文》，王志修于1895年撰《高句丽永乐太王碑考》，是中国学者关于高句丽研究的最早成果，拉开了高句丽历史研究的序幕，史学家、金石学家潘祖荫、王懿荣、罗振玉、杨守敬等对该碑均有记录或考释，并引起中国、朝鲜、韩国、日本学者的高度关注。王志修还作诗赞曰："我皇驭宇之三载，衽席黎首开边疆。奇人自有神鬼护，逢时不敢名山藏。伐林架木拓碑出，得者宝之同琳琅。"①著名金石学家、收藏家、古文字学家容庚还专门收藏好太王碑原拓本4册。

高句丽好太王碑的发现，具有不可估量的学术价值和书法艺术价值。

首先从史学价值看，好太王碑虽形成于距今1600多年前的东晋时期，但史书上并无记载，直到清光绪三年（1877）关月山发现此碑，以后陆续有学者研究，才将这一重大发现公之于世。好太王碑的碑文内容分3个部分。第一部分记述高句丽建国的神话传说，说明高句丽始祖邹牟王是北夫余人，并简述好太王的行状；第二部分记述好太王征稗丽、伐百济、救新罗、败倭寇、征东夫余过程中攻城略地的军功战绩；第三部分根据好太王遗教，对好太王墓守墓人烟户来源和家数作了详细记载，并刻记不得转卖守墓人的法令。其中，关于"永乐五年，岁在乙未，王以稗丽不归□□，躬率往讨。过富山、□山，至盐水上，破其三部洛六七百营，牛马群羊，不可称数。于是旋驾，因过襄平道，东来□城，力城，北丰，五备海。游

---

① 王志修：《高句丽永乐太王古碑歌试院示诸生》，转引自耿铁华、李乐营主编：《高句丽研究史》，吉林大学出版社，2012年，第27页。

观土境，田猎而还"①。此段记载中的富山、盐水、力城、北丰等地名，有的当在今天本溪县、桓仁县境内。由上述可见，好太王碑是研究高句丽时期政治、军事、文化和社会制度不可或缺的重要文献。

至于好太王碑的书法艺术价值同样不可小觑。有人称该碑书法古拙浑厚，气象不凡，反映了魏晋时期汉字转变的特征；有人称该碑书法似隶似楷，方整纯厚，气韵神凝，别具风格。该碑作为一种典范被广泛临摹，同时被书法学者写进《中国书法史》。近现代书法篆刻家、美术理论家吴子复认为："看高句丽好太王碑出土于奉天，书法艺术稚拙纯真为魏晋碑刻之冠。"后又称："好太王碑憨态可掬，不拘平直，拙处倍有生机，庄者视之庄，谐者视之谐。"学者丛文俊则认为："好太王碑留有隶变痕迹的代表性作品，属于旧体铭石书并具有摩崖书法的特征。碑处边远地区，高句丽人接受使用汉字却无崇尚书法的风气，且时尚短，不谙于法度，也不受时尚影响，反而使其书法处于浑朴天然之中。"②

作为具有重要文物价值、史料研究价值和书法艺术价值的高句丽好太王碑，是时任怀仁县书启关月山于光绪三年（1877）在怀仁县通沟口的蔓草中发现，并引起中外学者的特别关注，发现的意义特别重大。至光绪二十八年（1902），清政府将怀仁县通沟口及怀仁县东路5个保划出，另设辑安县，好太王碑的发现成为一段永恒的记忆。2004年，桓仁五女山高句丽第一代王城、集安市高句丽王陵暨好太王碑同时被联合国教科文组织列为世界文化遗产名录，再次证明了好太王碑发现的巨大价值。

第二节　宗教

宗教是人类社会发展到一定历史阶段时出现的一种文化现象，属于社会特殊的意识形态。古时由于人类对宇宙的认知有限，进而相信现实世界之外存在着超自然的神或实体，使人对该一神秘产生敬畏和崇拜，从而引申出信仰认知及仪式活动体系。正如恩格斯所指出的："宗教是支配着人们

---

① 《国冈上广开境平安好太王碑碑文》，转引自任锡昆等：《好太王碑文印稿》，时代文艺出版社，2003年，第1页。

② 吴瑾：《关于好太王碑》（2019年12月2日），http://www.360doc.com/content/19/1202/10/34976898_876865975.shtml

日常生活的外部力量在人民头脑中的幻想的反映，在这种反映中，人间的力量采取了超人间的力量的形式。"①宗教的最初表现形式是法术、图腾崇拜、拜物教、万物有灵论等。后由多神崇拜发展到一神崇拜，由部落宗教演化为民族宗教，直至世界宗教，如佛教、基督教、伊斯兰教。

本溪为多宗教地区之一，而且历史久远，其中佛教、道教和伊斯兰教早在明代和明以前就已传入，基督教、天主教则于近代传入。清末民初，这五大宗教虽然教旨不同，信仰各异甚至冲突，却在本溪地区和平共处，充分反映出本溪地区开放包容的文化氛围。

一、道教、佛教、伊斯兰教的发展

（一）道教的发展

道教大规模传入本溪地区，当在明末清初。明崇祯三年（1630），江苏丹阳县人郭守真游历辽东，隐身于九顶铁刹山，后痛感无师不度，于清顺治六年（1649）到山东即墨马鞍山，拜龙门派第七代祖师李常明为师学道，后又在北京白云观受戒，回到铁刹山后开始布道收徒。康熙二年（1663）借盛京大旱祈雨成功，建立盛京三教堂（即今太清宫），先后收徒14人，并逐步使龙门派弟子和道观遍布全东北，也使九顶铁刹山成为东北道教龙门派的本山和发祥之地。

至清代中后期，本溪铁刹山道教式微，庙观破败，香客日稀。直至清末民初，龙门派第十八代至二十一代弟子殚精竭虑，致力于龙门道脉中兴，才使铁刹山龙门道脉又现生机并有所发展，其中孙永贵、觉明德、卢至顺功不可没。

孙永贵（1820—1886），河北大兴人，曾充碱厂边门关吏，37岁时在铁刹山出家，师从于教升。曾驻守本山10余年，后见下院三清观无人，香火不继，目击神伤，便下山住持，"褐衣蔬食，日事搏节，集腋成裘，鸠工庀材"，于光绪六年（1880）整修三清观，"因而接引道徒，广开教化，人渐皈依"②。

---

① 恩格斯：《反杜林论》，载《马克思恩格斯选集》第三卷，人民出版社，1972年，第354页。
② 《铁刹山三清观创守继承之事略》，载白永贞纂修，张杰贵等校：《增续九顶铁刹山志》，民族出版社，2011年，第229页。

对铁刹山贡献颇大者当属觉明德。觉明德（1868—？），兴京人，满族，为爱新觉罗氏，精通经书，酷爱黄老之学，年29岁以俗家弟子出家，师从张圆慧，后住持本山12年，"觉师硕学隽才，神机敏悟，胸有智珠，汇通玄理"。他对铁刹山有两大贡献。一是对铁刹山进行全面踏查，"于铁刹山全部形势经营点缀，皆锡以嘉名"。如铁刹山原名"铁叉山"，觉明德以其粗鄙，遂改名为"铁刹山"，一字之改，境界全出，前后判若云泥。二是硕学颖悟，会通仙释，"于观中弟子则教育有方，普施化雨，冀共成材，以迪前光而承道统"①。因其"在观中收徒授课，教育有方，及门者如坐春风，如沾化雨"②。

至民国以后，"刁黠之徒乘时结党树援，群起而谋牟夺庙宇财产，大有岌岌不保之虞"，卢至顺"力持其间，挽欲倒之狂澜，作中流之砥柱，历呈县府，据理以争，历数年心血，权利得以保存，大局于以底定"③。卢至顺（1876—1946），一名炉至顺，号向阳，原籍山东栖霞，先世由原籍迁居凤凰城通远堡，隶汉军镶黄旗。清光绪二十四年（1898）出家，后住持铁刹山云光洞与三清观。

卢至顺对铁刹山道教发展的贡献有3个方面。一是保护庙产，为保护铁刹山上千亩庙地，百余间房产，卢至顺力挽狂澜，不惜与佃户刘富、王树槐斗，与地方议事会斗，依法诉讼，据理力争，不屈不挠，并于1929年呈请辽宁省政府要求保护铁刹山名胜古迹，并由辽宁省民政厅、本溪县政府发文和布告予以保护。二是游历考察，搜集积累资料。第一次与觉明德于1905年游历千山、凤凰山、崂山；卢于1924年游历山东马鞍山、崂山；1933年卢又游历太白山和西岳华山，追根溯源，赓续龙门道统，为后来编修山志准备资料。三是筹资备料，历时9年，于下茅庵修建了正教官，修筑72磴盘山道，并为20世纪30年代大规模修山刻石准备了充分条件。

关于道教在桓仁的传播，据载："邱祖龙门派以后其宗遂衍于辽海以

① 《铁刹山三清观创守继承之事略》，载白永贞纂修，张杰贵等校：《增续九顶铁刹山志》，民族出版社，2011年，第229页。
② 《兴复铁刹山云光洞始末记》，载白永贞纂修，张杰贵等校：《增续九顶铁刹山志》，民族出版社，2011年，第231页。
③ 《铁刹山三清观创守继承之事略》，载白永贞纂修，张杰贵等校：《增续九顶铁刹山志》，民族出版社，2011年，第230页。

东，而境内道教相传始于设治以前。"[1]

　　清末民初，本溪地区的道教宫观分布，大致可分为3大区域。一是以铁刹山为中心及周边宫观群，除铁刹山八宝云光洞、乾坤洞、云台卷舒山天冠洞、三清观之外，又按八卦方位，兴建许多宫观庙宇，铁刹山西北（乾宫）修有南台紫云宫；正西（兑宫）太平沟有太平观；西南（坤宫）有千山无量观等；正南（离宫）大堡修有圣水宫、分水岭青云观、黄香峪三元宫；正北（坎宫）

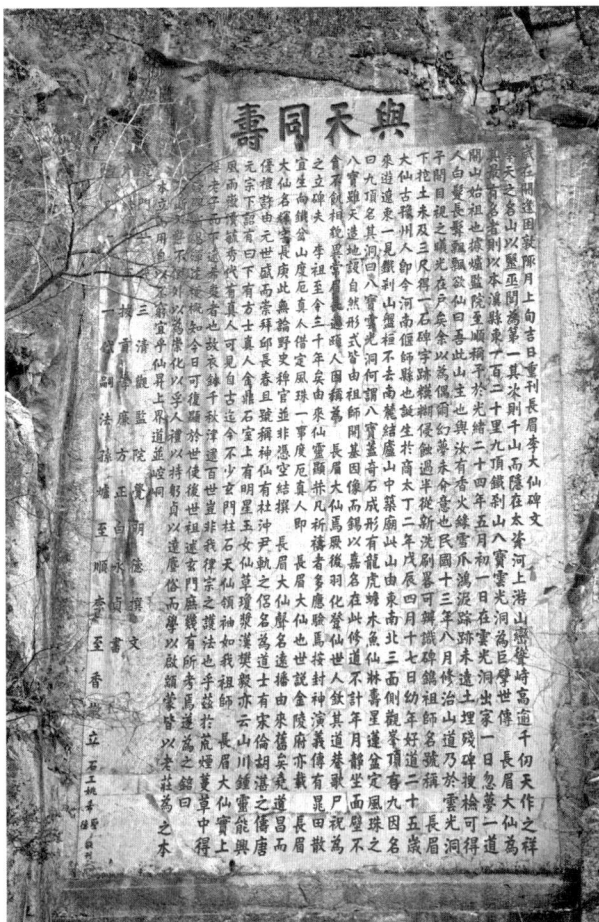

铁刹山石刻

苍龙山来龙宫；近边寺有朝阳观；东北（艮宫）河东正教宫；正东（震宫）有祥云宫；东南（巽宫）则有碱厂关帝庙。二是以平顶山玉皇庙、清虚观为中心的宫观群，如平顶山周边的三清观、龙凤观、三教观、朝阳观、斗姥宫、三圣宫、太和宫、老君庙等；本溪湖的龙王庙、药王庙、兜率宫、圆通观、关帝庙等。三是以桓仁天后宫为中心的宫观群，"县属五女山则有太清宫，转山子则有清华观，老道沟则有三清观，其羽客率皆男徒而无女冠"[2]。同一时期，桓仁县还有东关城隍庙，龙王庙，关帝庙，八里

――――――――

① 侯锡爵修，罗明述纂：《桓仁县志》卷十三宗教志，1930年抄本。
② 侯锡爵修，罗明述纂：《桓仁县志》卷十三宗教志，1930年抄本。

甸子太清宫，川里、双合老爷庙，五里甸子娘娘庙，八道沟天庆宫等。

桓仁县在章樾任知县期间，曾于光绪八年（1882）带头捐资修建关帝庙，不料于光绪十一年（1885）被大水冲毁。时任知县金作勋又主持在桓仁县城东门里建起关帝、龙王、城隍3座庙宇。由于浑江水运繁兴，商贸业发展，1929年桓仁、通化两县商家、船户集资，在原灵慈殿的基础上，重修了前后殿、钟鼓楼和山门，正殿主祀海神娘娘，前殿主祀关公，于1930年建成后，正式命名为天后宫。正殿有木匾"孚佑圣宫"4个大字。

据《奉天通志》记载，光绪三十四年（1908），本溪县有大小道教宫观72处。1930年，本溪县有道教信徒110人。

（二）佛教的发展

佛教与基督教、伊斯兰教并称为世界三大宗教，最早起源于印度，约于公元4世纪传入本溪地区。早期本溪地区佛教派别有真宗、真言宗、净土宗、禅宗、曹洞宗、日莲宗等。因本溪地区佛教信徒文化程度有限，难以接受深博的佛教理论，故多信奉崇拜重行轻理的禅宗和净土宗。

禅宗因主张传修禅定而得名。禅宗相传为南朝宋时的达摩所创，实际上是由道信创始，弘忍发展，惠能完善的中国化的佛教宗派。禅宗主张"不立文字，教外别传，直指人心，见性成佛"。禅宗的经典是以《楞伽经》为主，后来则是《金刚般若波罗蜜多经》（简称《金刚经》）。禅宗把佛性和智慧都视为人心所有，因而不重视读经、坐禅、礼佛、成律，而提倡"修心之成佛之行"，这便是本溪地区佛教信徒愿意接受禅宗派的主要原因。净土宗主要依据《阿弥陀经》《无量寿经》《观无量寿经》，心忆口念"南无阿弥陀佛"求往生极乐世界。见佛闻法，达于佛地，净土法门成为地方僧众的通习法门，即禅中有净，净中为禅[1]。

佛教戒律甚多，这里不再赘述，其主要活动有朝参、念佛、祭祀、传戒受戒等。

清末民初，佛教在本溪地区的发展呈下降趋势。光绪三十二年（1906）设本溪县时，全县共有寺庙100多处，僧人400余人。1929年本溪

---

① 本溪市党史地方志办公室编：《本溪市志》第4卷，辽海出版社，2004年，第596页。

县调查时，全县有佛教寺庙43处[1]，僧尼仅为64人，呈明显下降趋势。

清末民初本溪地区最大的佛教寺院当为温泉寺，始建于明代，经清康熙、乾隆年间重修，焕然一新，有大雄宝殿、天王殿及钟鼓楼，以及东西腰院等，惜20世纪30年代毁于日本侵略者之手。

本溪湖慈航寺，原名保安寺、后湖寺、观音寺，始建年代不详，清乾隆五十八年（1793）重修，后又经道光、同治年间重修，1913年又由思山岭保佑寺心慧修缮，1928年僧人卉莲增修，增加了讲经堂、斋堂、扩建山门，正式改名为慈航寺，而保安寺、后湖寺、观音寺均为慈航寺的原名。民国初年，慈航寺为前后殿各3楹，东西配房各3间，正殿供奉观音圣像，殿堂左右为文殊、普贤的主像，墙壁上绘有18罗汉画像。时每逢夏历二月十五日举办庙会，每月初一、十五，进香拜佛者不断。

保佑寺位于南芬思山岭村东后山，依山傍水，该寺约建于明末清初，康熙、乾隆年间数次重修。该寺占地近2000平方米，主体建筑由正殿、前殿、东西两厢、仓库等组成。正殿为大雄宝殿，供奉佛祖释迦牟尼塑像，两侧为文殊、普贤菩萨；前殿供奉弥勒佛，鳌山后为韦陀菩萨，东西侧为四大天王。寺院内树木参天，寺院庄严肃穆，钟声悠扬，颇为壮观。民国年间保佑寺达到鼎盛时期，财力雄厚，在本溪地区影响颇大，平均每年收租在1200石以上，最高达2700石。住持僧了然（即心慧）针对思山岭、桥头、南芬均无高级小学的实际，于1928年出资筹建了然高级小学校，除设五、六年级外，还设一个武术班，除教师由县政府开支外，其他费用均由寺里负担。因了然热心办学有功，当年还受到奉天省长所赠"热心教育"牌匾的奖掖[2]。

（三）伊斯兰教的发展

伊斯兰教是公元7世纪由麦加人穆罕默德创建的一种神教，与佛教、基督教并称为世界三大宗教。伊斯兰教于明朝正德年间（1506—1521）传入本溪。

伊斯兰教传入中国后曾先后在回族、维吾尔族、哈萨克族等少数民族

---

[1] 本溪满族自治县党史地方志办公室编：《本溪满族自治县志》上卷，辽宁民族出版社，2009年，第228-229页。

[2] 翁荣魁口述，李世威整理：《思山岭高级小学创建始末》，载政协本溪市南芬区委员会文史资料委员会编：《南芬文史资料》第1辑，1991年，第49页。

中传布。回族戴姓与何姓穆斯林跟随骆驼队来本溪火连寨经商落户开始，逐步形成了火连寨、营子、本溪湖河西和三会厂等回民聚居区，随着火连寨清真寺和溪湖茨沟两座清真寺相继建成，为伊斯兰教徒举行宗教仪式、传授宗教知识和礼拜活动等提供了场所，因此到清末民初，本溪伊斯兰教发展相对较快。

近代本溪地区第一位阿訇是火连寨清真寺的教长刘永祥，任职于清同治八年（1869），继有刘国端、刘升、刘文献、肖永泰等阿訇。自光绪二十六年（1900）起，先后在溪湖清真寺任阿訇的有赵金生、沙贵阿、刘升、张德明、张子文、陈贵等。本溪地区最早的伊斯兰教群众团体，是于1927年4月28日成立的本溪县清真教会，该会还制定了《教会简章》共两章11条。

本溪地区的伊斯兰教以信仰安拉为宇宙独一无二的神，穆罕默德是安拉的使者，为其全部信仰的核心。其基本信条是"信安拉""信天使""信经典""信先知""信后世"，尤以信安拉，相信安拉是创造万物、大仁大慈、赏善惩恶、无形象、无方位、无所不在的宇宙唯一的主宰。本溪地区的穆斯林极度相信和崇敬安拉（真主），把诵读《古兰经》（即《可兰经》）作为主课。

伊斯兰教有一套约束教徒行为的宗教制度，要求教徒遵守，即念、礼、斋、课、朝"五功"。所谓念，就是要教徒认识真主，承认安拉的独一无二，并承认穆罕默德是安拉的使者，而且要读出声来，故称为"念"。所谓礼，即礼拜，是一种宗教仪式，主要礼拜有3个时间：一是每日5次拜，分别为晨礼、晌礼、脯礼、昏礼和宵礼；二是每周一次聚礼在每星期六午后称为"主麻"拜；三是每年两次会礼，分别在开斋节和宰牲节（古尔邦节）举行。所谓斋，即斋戒，凡是教徒，只要不是病人、旅客、怀孕和哺乳的妇女，都必须在斋月（伊斯兰教历9月）里封斋一个月，每天从黎明到日落戒除一切饮食和房事。所谓课，即纳天课，是伊斯兰教以神的名义征收的一种课。所谓朝，即朝觐，伊斯兰教规定，凡身体健康，有经济能力的男女穆斯林，一生之内要去圣地麦加朝觐"克尔白"一次[1]。

伊斯兰教的宗教节日有开斋节（亦称大尔代节）、古尔邦节（亦称宰牲

---

[1] 中国社会科学院世界宗教研究所：《世界三大宗教》，1979年，第35页。

节）、圣纪节（亦称圣忌节）；圣会指法图麦会，是女穆斯林的圣会。在生活方面，伊斯兰教有严格禁食制度。《古兰经》中规定：教徒要食清洁之物，戒食自死物、血液和猪肉，如遇特殊情况也可变通；伊斯兰教禁止饮酒；教徒死后要用水洗和白布裹，进行土葬。

清末民初，本溪地区影响最大的清真寺是火连寨清真寺和溪湖清真寺。据1930年统计，本溪县有伊斯兰教教徒1995人。

二、基督教、天主教的传入

（一）基督教的传入

基督教与佛教、伊斯兰教并称为世界三大宗教。基督教于公元1世纪起源于巴勒斯坦，相传为耶稣所创立。基督教又称新教，包括天主教、新教、东正教及其他一些小的派别。基督教信仰上帝（或称天主）创造世界并主宰世界，耶稣基督是上帝的儿子降世成人，救赎人类。以《旧约全书》《新约全书》为圣经。

基督教的一个教派最早于公元7世纪的唐初传入中国，被称为景教。鸦片战争后，基督教作为殖民主义侵略工具开始大规模传入中国。基督教最早传入本溪地区是在清光绪二十一年（1895），本溪地区的基督教属于新教派系，同时又分为长老会、信义会两个派系。

长老会是基督教（新教）加尔文宗的教会，是由教徒推选长老管理教会，故称。1895年，辽阳教区牧师、英国人德教治来本溪传教，并在本溪湖河西红土岭创立本溪湖基督教长老会。之后，他经常派人来本溪湖传教，使信教者逐渐增加，首先入教的有张玉思、王梦之等人。光绪二十五年（1899），凤城基督教会草河口支会成立。宣统元年（1909），成立桥头祈祷处细河沟支会。1912年，成立小市教会；次年，在小市附近的东山、马家沟成立祈祷所。1929年，成立碱厂教会。清末民初，曾在本溪湖、小市、碱厂、桥头等教会任过牧师的有德教治、黄兰馥等人；任过长老的有陈东阜等人；任过传道士的有金避尘等人。

信义会是基督教（新教）路德宗的教会，"信义"二字取自该宗教主要教义"因信称义"，强调信奉耶稣，而不在于履行教会规条。信义会于鸦片战争后传入中国，清光绪二十七年（1901）始传入桓仁地区，日俄战争爆发后，宗教活动曾一度中断，直到光绪三十二年（1906）才得以恢复。

1915年桓仁县沙尖子镇成立基督教分会。1923年，桓仁教会定名为中华基督教信义会桓仁教会，时有教徒近200人。基督教信义会传入桓仁之初，因无专职牧师，而是由宽甸教会的牧师颜深义（丹麦人）不定期到桓仁传教并发展教徒，自宣统元年（1909）起才有专职牧师或传教士。先后在桓仁任过牧师的有赵仁斋、李菲格（丹麦人）等人；任过传教士的有赵仁斋、宫美德等人。

基督教的信仰。"其教以上帝为千古不泯之天神，万民皆其子孙，崇拜祷念，凡人生动息，饮食服御、交际往还，无不有上帝在其侧照临，故其徒博爱慈善，无忤无事"[①]。其实，基督教的信仰与其教宗旨密切相关。基督教长老会的宗旨是遵守神学与圣经，宣扬基督教义，履行人的清洁善良生活，自助自传，促进团结，顺从天命，遵守国法，以期将来升到天堂与神同在。其主要信仰有3个方面：一是创造天、地、万物的主宰真主和为人类赎罪而死的救世主基督；二是《旧约全书》《新约全书》是神的启示，是信仰的准则；三是以《使徒信经》和《圣经》的基本要求作为信仰的规范。信义会在信仰上与长老会并无大的差别，但信义会的宗旨是"因信称义"，因此更加严守基督各教派所通用的"十戒"（即十信条）：其一，我是耶和华，你的上帝，除了我以外，你不可有别的神；其二，你不为自己雕刻偶像，也不可以做什么形象，天上、地下、水中万物，不可跪拜那些偶像，也不可侍奉他；其三，你不可妄称耶和华你上帝的名；其四，你当纪念安息日守为圣日；其五，你当孝敬父母；其六，你不可杀人；其七，你不可奸淫；其八，你不可偷盗；其九，你不可做见证陷害人；其十，你不可贪慕人的房屋，不可贪慕人的妻和他的仆婢、牛、驴，并和他的一切所有[②]。

基督教的节日仪式。基督教的节日包括：圣诞节，是纪念传说中的耶稣诞生的节日，多数教会规定每年公历12月25日为圣诞日，本溪地区的圣诞日是在公历12月25日前后就近的星期日举行纪念活动。受难节，是基督教纪念耶稣受难的日子，是犹太人安息日的前一天，即星期五，基督教据此规定每年复活节前的星期五为受难节。复活节，基督教纪念耶稣复活的

① 侯锡爵修，罗明述纂：《桓仁县志》卷十三宗教志，1930年抄本。
② 本溪市党史地方志办公室编：《本溪市志》第4卷，辽海出版社，2004年，第603页。

节日，据《圣经》载耶稣被钉死于十字架后第三天复活。公元325年尼西亚会议规定每年过春分月圆后第一个星期日（3月21日—4月25日间）为复活节。16世纪西欧改用格里历后，正教因历法不同，其复活节的具体日期同天主教、新教常相差一二星期。

基督教的宗教仪式包括洗礼和礼拜。洗礼是基督教徒的入教仪式，洗礼时，主教者口诵规定的礼文，给受洗人在额上或头上注水，或让受洗礼人浸在水中，因此洗礼又称浸礼。礼拜是基督教（新教）的主要活动，一般于星期日在礼拜堂举行，其内容包括祈祷、唱诗、读经、讲道等项目。礼拜通常由牧师主持。

民国初年，本溪地区基督教会共创办3所教会学校。1915年2月，由辽阳教区提供小洋2790元，在本溪湖红土岭创办一所德育初级小学，实际上是只有一个教学班的复式教学，1927年时该校有学生30人，教师1人，同年停办。桓仁教会于民国初年附设桓仁教民小学校，为一班四级复式教学，有学生38人，教师1人。沙尖子教会于1917年创办基督教会学校，也是一班四级复式教学，教员为刘希千、王忠珍等人，有学生20人。

本溪地区基督教会的经费来源，一靠信徒奉献，二靠长老集资，三靠房租收入，其中本溪湖教会有不动产房屋21间，每年房租收入在2800多元，信徒奉献每年约700元。由于义和团运动和日俄战争的影响，本溪地区基督教的传播时断时续，信徒发展相对缓慢，据载到1930年，本溪县地区基督教徒仅有61人，桓仁县男女教徒共计160人。

（二）天主教的传入

天主教也称罗马公教或加特力教，为基督教的旧派，与正教、新教并称为基督教的三大教派。公元1世纪基督教产生不久，就逐渐分化为以希腊语地区为主的东派和以拉丁语地区为主的西派。1054年，东西两派正式分裂，以罗马教派为首的西派教会自称"公教"，即天主教，同自称"正教"的东派教会相对峙。

天主教曾于元、明两次传入中国，但当时影响力不大。1840年鸦片战争之后，伴随着英法等列强对中国的侵略，天主教开始在中国大规模传播。天主教最早传入本溪地区是在清光绪末年。光绪二十四年（1898），奉天教区派中国籍神父白云中在桓仁县城租赁民房传教，隶属于奉天（今沈阳）天主教区。1914年，奉天教区派中国籍神父赵达斗到本溪湖后石一带传教，曾租两间民房作为传教点，边传教边发展教徒。

天主教的教义与教规。天主教除崇拜天主（即上帝）和耶稣基督外，还尊玛利亚为"圣母"。其基本信条包括：天主圣父创造天地万物；天主圣子降生为人，救赎世人，并受难、复活、升天，世界末日将再次降临对世人审判、赏罚；天主圣神（即圣灵）感化人类；教会为基督所创立，有赦罪权，人人肉身将于世界末日复活，接受基督审判，善人得享永恒，恶人必受永苦等。

天主教的教规主要由"教徒四规则"和"教徒十戒"所组成。教徒四规则：凡主及诸占礼之日，要参加弥撒；遵守天主教所定的大、小斋期；告解圣体至少每年一次；资助教会经费。教徒十戒：钦崇天主万有之上；勿呼天主圣名以发虚誓；守占礼之日；孝敬父母；勿杀人；勿行邪淫；勿偷盗；勿妄证；勿贪他人妻；勿贪他人财物。

天主教的礼仪主要有7件圣事：一是圣礼，亦称洗礼，为教徒入教仪式；二是坚振，是坚定教徒信念的礼仪；三是告解，亦称忏悔，是教徒的一种赦罪仪式；四为圣体，把面饼和葡萄酒由主礼者在弥撒中祝圣，即为耶稣的肉体和血，教徒向神父办过告解后，才能去领圣体；五是终傅，主礼者为垂危病人施行的一种礼仪，由神父在病人身上抹圣油、念经文，要病人忏悔，谓之帮其灵魂得救；六为神品，亦称圣品，是修道生升为神圣人员的礼仪；七为婚配，即由神父主持的婚礼[1]。

天主教的主要日常活动是占礼，占礼又分为活期占礼与定期占礼两种。活期占礼以耶稣复活占礼作推算标准，常在每年春分节气后第一个月圆后的第一个星期日，复活后40天为耶稣升天占礼，第50天为圣神降临占礼；定期占礼，即固定日期的占礼，每年8月15日为圣母升天占礼，每年12月25日为耶稣圣诞占礼。

清末民初，天主教在本溪地区传播较慢。究其原因，一是传入时间较短，到九一八事变之前也不过20多年时间，并且在桓仁县城"仅余教堂一所，该教徒男女共计不及百人，亦无礼拜，其传教神甫常驻于奉天省城，岁或一至，亦无真谛以示乎众，宜其不振也"[2]。二是天主教教义只崇信天

---

[1] 本溪市党史地方志办公室编：《本溪市志》第4卷，辽海出版社，2004年，第605-606页。
[2] 侯锡爵修，罗明述纂：《桓仁县志》卷十三宗教志，1930年抄本。

主和基督，"崇上帝，辟多神，信灵魂，斥陶塑"，与中国当地民众的传统信仰和多神崇拜相悖，因此入教者少。三是天主教在本溪地区传教和发展教徒过程中，有强行勒索行为，或成为某些不法分子的庇护场所，而招致人们反感。四是遭遇庚子之变、义和团运动和日俄战争的影响。

三、日本宗教的侵入与反邪教斗争

（一）日本宗教的侵入

日俄战争结束后，日本成为战胜国，中国东北"南满"地区成为日本侵略者的势力范围，随着"满铁"附属地的建立和日本守备队的进驻，日本财阀对本溪煤铁资源掠夺开采，日本宗教开始侵入本溪地区。

首先侵入本溪地区的日本宗教势力是日本佛教各宗派。如日本曹洞宗大德寺于1911年10月13日最早在本溪湖建立；日本净土真宗本愿寺于1914年10月在本溪湖永利町建立出张所。净土真宗大谷派本愿寺于1914年10月在本溪湖旭町建立；净土真宗光明寺于1916年10月在本溪湖大和町建立；日莲宗本溪寺于1920年4月在旭町建立。据九一八事变后统计，日本在本溪湖地区的信徒，真宗占第一位350人，曹洞宗、净土宗、真言宗、日莲宗合计670人，神道、天理教、黑住教等约150人，教徒总计约有1170人。

日本宗教侵入本溪地区后影响最大的则要数神道教了。神道教是日本土生土长的固有宗教。日本《古事记》中就记载有"天孙降临"的神话，天皇是"现人神"以及天皇家族"万世一系"的观念。明治维新后，神道教自然与天皇制帝国主义国体结合起来，成为地道的"国家神道"。早在日俄战争时期，神道教随日本侵略者侵入中国东北地区。神道教的主要任务是"宣扬国家主义和神国思想，对内从精神上统治人民，对外为侵略战争服务，如为取得战争胜利进行祈祷，为鼓舞士气祈求'武运长久'等"[1]。

日俄战争结束后，日本侵略者便在"南满"铁路沿线的附属地陆续建立了神社。1914年8月，在本溪湖建立了第一处神社，原建于本溪湖东南隅日本守备队驻地附近，后迁至本溪市街神社山（原本溪市第二高中后山），祭神有皇祖"天照大神"，大国主命金山彦神、金正姬神，以及日俄战争以

---

① 王晓峰：《伪满时期日本对东北的宗教侵略研究》，社会科学文献出版社，2015年，第67页。

来战死的亡灵。神社建筑包括本殿、拜殿、社务所、宝物殿等。例祭日为
每年春秋两次，即5月15日和10月15日。1915年还将社神山辟为公园，占
地达101321平方米。到1931年九一八事变之前，日本在中国东北共建立神
社42处，其中在本溪铁路沿线的本溪湖、桥头、连山关、草河口就建有神
社6处（表6-1）。当然，这一时期对神社的参拜、祭祀主要还是驻本溪日军
和日本早期移民，目的是为了向日本驻军及移民、在"满"学生灌输效忠
天皇的武士道精神，甘愿充当侵略和镇压东北反日民众的工具，同时也是
为了宣扬日本移民思想，达到转移国内阶级矛盾的目的。在神道教的布教
过程中，尤以其天理、黑住、金光各派最为活跃，其中天理教派就在本
溪、连山关等地设立多个宣教所。

表6-1　1913—1931年日本在本溪设立神社一览表

序号	创立时间	神社名称	所在地
1	1913年3月	本溪湖神社	奉天省本溪湖
2	1914年8月	草河口神社	奉天省草河口
3	1915年8月8日	桥头神社	奉天省桥头
4	1919年6月	本溪湖惠比须神社	奉天省本溪湖
5	1920年8月13日	连山关神社	奉天省连山关
6	1931年6月	本溪湖稻荷神社	奉天省本溪湖

资料来源：王晓峰：《伪满时期日本对东北的宗教侵略研究》，社会科学文献出
版社，2015年，第210—211页。

　　除上述日本佛教寺庙和神社之外，日本当局为宣扬其在日俄战争中的所谓
战绩，还在安奉铁路沿线本溪湖、桥头、连山关、草河口等地建立战绩碑，还
有纪念战死者亡灵的忠灵塔、纳骨祠等，还将本是中国土地上的日军将领闲院
宫载仁亲王登上过的岩石称为"御指挥之岩"，将平山一带称作"宫原"；将日
本财阀大仓喜八郎的遗发碑之地命名为"诚忠山"，并辟为诚忠山公园。还有
什么"大本山""本田山"等，都带有典型的文化和宗教殖民色彩。
　　从九一八事变前日本神道教在本溪活动的轨迹看，首先，日本神道教
的活动与日本军国主义侵占本溪和东北的步调相一致，最初以随军布教的

方式渗透到中国东北，前往驻地慰问、布教和战时随军布教，不仅有对军队进行安慰和鼓励"义勇思想"的工作，而且还有搜集情报、刺探军情等间谍任务。因此，神道教一进入东北就充当了日本对外侵略战争的工具和帮凶，尽管当时还未侵略占领整个东北和大规模强迫中国民众信仰神道，但其宗教侵略性质是无法改变的。

其次，由于本溪民间宗教信仰的根深蒂固，再加上本溪民众反日情绪十分高涨，对日本神道信仰也极为排斥，还有神道与本溪民间信仰之间的差异很大，因此，这一时期的日本神道教的布教对象，主要局限于"满铁"本溪附属地的早期日本移民、日籍工矿职工和日本驻军。

再次，日本当局不仅在安奉铁路沿线本溪境内建立6处神社，而且还在沿线的本溪湖、桥头、连山关、草河口等地修建了许多"战绩"碑、"忠灵"塔、纳骨祠等纪念和参拜设施，极大地伤害了本溪人民的感情，带有典型的殖民色彩。虽然随着时间的推移，这些带有强烈的殖民色彩的建筑大多无存，但是刻印在本溪人民心中的那段屈辱的记忆却永远难以抹去。

（二）反邪教斗争

民国初期，辽东地区邪教势力泛滥，经省县地方公署查禁打击，大都遁形敛迹，唯有大圣门不仅不知收敛，反而冒充孔教会领取证书、徽章为护身符，"阳托孔教之名，阴行其邪教之实"，在本溪县东南各乡秘密传布，信从者较此前更多。1918年，李心曾任本溪县知事后，根据奉天省长公署关于查禁大圣门邪教的训令，部署警甲进行摸底调查，掌握东南各乡大圣门邪教活动情况，并已呈请核办多起。

李心曾经过调查了解到，"大圣教"在本溪屡禁不止的原因，是该大圣门打着孔教之名借机敛财，并持有孔教会会员和徽章为掩护，入会只要交奉小洋1元，即可入会。李心曾认为："窃思孔教会之设，原所以昌明圣学，维持道统，入会会员必系读书明礼之人，始为合格，若夫山僻愚氓，目不识丁，并不知孔教为何事。"孔教会吸收这样的人入会，不过是仅得入会会费小洋1元而已，因此，"孔教会有此会员，于孔教会并无何等裨益"，而"孔教会多此会员，孔教会且将为世所诟病"[①]。经过陈明利害，李心曾

---

① 《本溪县公署为报取缔邪教假托孔教等情事给奉天省长公署的呈》（1918年12月15日），JC010-01-018747，辽宁省档案馆藏。

向省府建议，即饬知奉省孔教会将会员资格从严限制，其不识文字、品流低下的，勿令其滥竽入会，已发证书的由各县查明其有冒充者，要将证书一律追回。今后孔教会如需广收会员，请由各县劝学所、教育会设立分会，由县知事督同学界员绅负责具体实施。这样，邪教假托孔教的流弊也可以消除。

奉天省长公署接到李心曾的呈报后，认为大圣门邪教秘密传布，惑众敛财"殊堪诧异"，"本溪如此，他邑可知。若不厉行禁阻，危言何堪设想"。因此下令奉天省孔教会进行会员整顿，将会员证书、徽章一并收缴，连同名册呈销，此后永远停止发给。"并通令各属，出示严禁，如有上列情事，立即按律重惩，不得稍有宽贷"①。经各地方官府的查禁，本溪县率先垂范，严格落实，才将大圣门邪教冒孔教之名聚众敛财的违法活动基本消除，从而有力地打击了本溪地方邪教势力。

第三节　社会风俗

社会风俗是一个地区的民族在共同的生产实践和社会交往中自发地逐渐形成的一种社会精神现象，反映出一个民族对自然、社会以及人与人之间关系的一些共同观点和看法，具有很强的民族性、地域性、社会性和传承性。本溪地区地处辽东边陲，建治较晚，近代的经济发展、生活方式、思想观念、文化发展相对滞后，所以民风"性情劲朴，不事文饰，尚慷慨，重廉耻"②，既蕴含着积极向上的内容，也带着浓厚的封建迷信色彩。

一、衣食居处习俗

（一）服饰习俗

服饰是人类社会发展的特殊记录符号，具有鲜明的历史痕迹和时代特征。清末民初，本溪地区经济发展相对落后，汉族服饰多与邻近地区趋同，个性反而并不十分突出。本地区民族服饰则以满族、朝鲜族最具特色。

---

① 《奉天省长公署为本溪县公署报取缔邪教假托孔教等情事给本溪县公署的指令》（1918年12月19日），JC010-01-018747，辽宁省档案馆藏。
② 侯锡爵修，罗明述纂：《桓仁县志》卷九风俗志，1930年抄本。

服装。清末民初，本溪地区普通汉民族的常服为长衫（袍）短褂，农民皆穿短衣，以方便劳作。"民人普通衣服惟布一种，服绸缎呢绒者甚少，颜色之中以青蓝为多，夏单冬棉，春秋夹衣，随时更易"[1]。长袍有单、夹、棉之分，并随季节更换。单袍又称长衫、大布衫，夹袍又称大夹袄，棉袍又称大棉袍。男女裤均为宽腰、肥腿、挼腰系带式，贫苦人家妇女则半衣衩裙。与乡村相比，城镇士女之服御则大相径庭，炫奇斗异，竞尚侈华[2]。

相较于汉族服装，满族服装则特色突出。满族民间装束主要有旗袍、马褂、坎肩、兜肚、皮大哈等。旗袍，满语称"衣介"，有单、夹、皮、棉之分，男女老少均穿。满族男子因冬季骑射，在旗袍袖口缝接毛皮所制外长内短的马蹄袖（即箭袖），放下后从外面遮住手背，以免冻僵。长袍外套马褂，有"长袍马褂"之称。民国以后，男袍逐渐废弃，而女式旗袍却不断更新，讲究装饰。窄袖变宽袖，面料为织花锦缎，而且加绣花卉、蝴蝶、流云等美丽多彩的图案，袍子的领口、袖口以及衣襟、开裰、底摆等边缘部位多道镶边，这种改进增添了华贵富丽之气和民族服饰的美感。特别是民国以后，没有旗民差别的禁律，许多汉族女性也都穿起令她们心仪已久的旗袍，并加以不断改进，其形式一般为直领、窄袖、右开大襟；缝扣袢，紧腰身，长至膝下，两侧开裰。还有无袖的时装旗袍，更能体现女性的文雅、高贵与大方，成为中国女性服装的代表。

坎肩则是女人的外套，老年妇女多为御寒之用，色彩与做工比较简单；年轻妇女则讲究质地、颜色、花样。套裤为无腰的棉裤筒，无裤裆，上缝有带子系于腰间，套裤原为满族狩猎时为御寒并便于行动而加穿，后多为老年妇女冷天穿着。马褂原为满族人骑马时穿的一种褂子，其实是套在外面的短衣。马褂套在袍外面穿，单、棉、夹纱随穿用季节而宜。其形制又有对襟、大襟和短襟3种。内袍外褂是清代满族的主要礼服。民国以后，马褂也是官方规定的服饰之一，商界民间亦流行。旗袄主要流行于满族民间，因其里面两层，故又称夹袄，袄面以布或缎为主，袄里以布为之，大襟、开衩，长于马甲，短于旗袍，女袄多绣以花样。兜肚为满族服

① 侯锡爵修，罗明述纂：《桓仁县志》卷九风俗志，1930年抄本。
② 《本溪县风俗概况》，载《本溪县政公报》1936年第2卷第1期。

饰，男女皆可穿用。其做法是取红布（或红绒布），一尺见方，去其一角，或做成鸭蛋形，上绣吉祥如意图案或各式花样，加上衬里，穿时紧贴前胸腹部，上端以细带或金属链系于项上，中部以带束于腰间，穿之可防风寒内侵。

鞋帽。清末民初，本溪地区汉族上层男士在春秋季节多穿皮鞋，夏季多穿高级布料便鞋，冬季穿毡鞋、蹚蹚马（熟牛皮制成的高腰防寒鞋），一般人春夏秋均穿纳底布鞋，冬季穿家制的带舌头棉鞋。富贵人家妇女春夏秋穿皮底缎面绣花便鞋，冬季穿毡鞋或高级布料制作的皮底棉鞋；一般贫困妇女春夏秋常穿自制的衲底软布方口拉带布鞋。本溪地区汉族士绅或上层社会人士，春秋时节戴缎面瓜皮帽或礼帽，夏季戴平顶洋草帽，冬季多戴皮耳扇帽、土耳其式皮帽；平民在春秋两季多戴毡帽头或布料瓜皮帽，夏季多戴苇编伞形草帽，冬季多戴兔皮、狗皮带耳扇棉帽或充填棉花的棉帽。

满族先民有"削木为屐"的习俗，到清代发展成为高跟木底的女鞋，有马蹄底鞋和花盆底鞋，多在盛装时穿用，走起路来轻盈娴雅。老年妇女的旗鞋以平木为底。官员穿方头靴，平民穿尖头靴，民间男子则喜穿靰鞡，以牛皮、猪皮缝制而成，本溪、桓仁民国时期有多家靰鞡铺。靰鞡内絮靰鞡草，穿起来轻便温暖，适于冬季狩猎、跑冰时穿用。满族不分男女老幼，一年四季都有戴帽子的习惯。男子春夏戴礼帽、伞形草帽，秋冬季戴暖帽、毛皮毡帽。妇女平日喜戴凉帽、平底帽，老年妇女冬季戴耳包、脑包等。女性最有特色是旗头（扇形冠），幼儿则有猫头、虎头帽等。

饰物。汉族妇女饰品，上层社会、富裕之家与贫寒人家，城镇与乡村相差极为悬殊。饰物主要有耳环、手镯、戒指、项链，多为富贵人家女性的饰物，平民妇女很少拥有。满族女性讲究穿戴首饰，用以饰发的主要是簪子。有偏簪、耳挖子簪、压鬓簪、珠花簪等，富贵者多金银美玉等制作，贫寒者往往以铜骨等代之。

（二）饮食习俗

民以食为天，食以味为先。本溪地区的近代饮食习俗极具地域性和民族性等特点，既有传统美食，又有风味小吃，并逐步形成了具有辽东特色的饮食文化。本溪地区的一些少数民族在饮食方面有禁忌：满族人不食狗肉；回族人不仅忌猪、禁食血和自死物，还禁食性情恶劣长相凶猛的畜禽，可食用的反刍畜禽，亦要经过专门的屠宰。

清末民初，本溪地区的汉族人，"上农之家，五谷悉备，饭食数易，平居不常食肉，遇年节则宰猪羊作盛馔，虽中产甚至下级之家，平素极俭，至是时亦丰其饮食"，①足以说明本地区居民对年节的重视程度，从中可以看出本溪地区汉族人家沿传下来的饮食习尚。

据资料所载，本溪地区汉族人家在清末民初的主食也不尽相同，桓仁县地区以玉米为大宗，秫米（高粱米）、小米均次之。本溪县东部地区民食与桓仁县相同，亦以玉米为主，小米及高粱米为辅；而西部地区则以高粱为大宗，小米次之，玉米、谷子则不常食用②。面粉、稻米则为上等人家的主食，在乡村普通人家则是用来待客或年节食用。主食玉米的做法主要是窝头、饼子、粥；高粱米主要做法有三：熬米而糜烂之曰粥，早餐多食之；淅之以水曰水饭，夏日多食之；沥汤而干之为干饭，佣人、劳力晨午皆食之③。

蔬菜夏秋之季为各类新鲜蔬菜，乡间多种萝卜、白菜、倭瓜、土豆、芸豆、茄子、黄瓜、大葱、韭菜等。冬春季主要有窖藏的鲜菜如白菜、萝卜、土豆、大葱等，俗称"暖菜"；干菜如蘑菇、木耳、豆角、辣椒等；腌菜如咸菜、酸菜等。豆腐，春夏之交，农家常自为之，原浆和卤，佐饭食之，曰水豆腐；冬或方切而冻之，曰冻豆腐，亦可储至来春④；以豆腐渣拌干菜炖炒而食则称小豆腐。

肉类猪肉牛羊肉城镇常有，乡间普通人家一般在腊月杀猪，并腌制猪肥肉为油，平时则少有。乡村中的小公鸡炖蘑菇、大黄米饭则为待客的最高礼遇。烧酒即高粱酒又名白酒，本溪县时有永隆泉、福兴魁等烧锅，桓仁县时有德泰兴、东聚涌、裕成泉等烧锅造酒，外销内需，饮者甚多；其次为农家自己所酿米酒，又称黄酒。

满族饮食颇有特色，黏食类有大黄米饭、年糕、油炸糕、黏火勺、黏

---

① 《本溪县风俗概况》，载《本溪县政公报》1936年第2卷第1期。

② 《本溪县风俗概况》，载《本溪县政公报》1936年第2卷第1期。

③ 王树楠、吴廷燮、金毓黻等纂：《奉天通志》卷九十九礼俗志三，东北文史丛书编辑委员会，1983年影印本，第2282页。

④ 王树楠、吴廷燮、金毓黻等纂：《奉天通志》卷九十九礼俗志三，东北文史丛书编辑委员会，1983年影印本，第2282页。

豆包、豆面卷子、洒糕、苏子叶饽饽；小米面类有牛舌饼、碗坨；玉米面类有菠萝叶饼（以晚春柞木嫩阔叶为皮，在皮上抹面，内夹菜馅）、玉米面饽饽、煎饼等，主食还有炒面、萨其玛、酸汤子等。酸汤子做法，用玉米浸泡多日，待米质松软，磨成水面，滤去渣皮，即为汤面，用汤子套挤成细条，注入沸水之中。其味微酸带甜，细腻滑润，食之健脾开胃，消乏解渴。满族副食中的肉类以猪肉为主，兼有牛羊肉等，忌食狗肉；蔬菜除白菜、酸菜、土豆等以外，还喜食山野菜。主要特色菜有火锅、白肉血肠、大炖菜、小豆腐。每逢杀猪待客时，都说请去吃血肠，而不说吃猪肉。其做法是将猪肉方块煮熟后趁热切成薄片，不做任何加工，不加调料。白片肉以五花肉为上乘，然后与煮熟的血肠一起下在已炖好的酸菜火锅中，这便是最传统的吃法。猪肘子的吃法也是白片，即所谓片肘花。食用油以猪油为主，兼用豆油、香油、麻油和苏子油。

关于本溪地区满族的饮食，在民国初年的本溪乡土启蒙教材《识字课本》中有这样的记载："南北大炕，高桌摆上。黄米干饭，大油熬汤。膀蹄肘子，切碎端上。四个盘子，先吃血肠。"[1]基本反映了本溪地区的饮食情况。

本溪地区朝鲜族饮食主要有冷面、泡菜、狗肉汤最具特色。朝鲜族冷面最为讲究，其味道甜中带酸，香里掺辣，清爽可口，也颇受汉族人喜爱。朝鲜族泡菜又称高丽咸菜或辣白菜，制作工序相对复杂，调料讲究，风味独特，也受到其他各民族的喜爱。

（三）居处习俗

居处是人类生活所必需，所谓安居方能乐业。居处习俗也因民族、地域、条件不同而各异。本溪地区历史上的先民也经历了洞穴居、半穴居到地面居这一段漫长的历史进程。随着清代关内移民的增加，农业的发展和近代煤铁资源的开发，本溪城镇和乡村居处条件不断改变，逐步形成了具有本溪地域和民族特色的居处文化。

清末民初，本溪地区乡村民居多草房，以草（苫房草）或秫秸苫盖，瓦房则次之。民居多3—5间，7间以上者甚少。房屋多坐北朝南，排山起脊。也有的房屋一头（一般为东头）接盖1间，称为"耳房"。正房之前有

---

① 李林等：《本溪县满族史》，辽宁民族出版社，1988年，第145页。

门房，东西俱有厢房，称为四合房、四合套或四合院。"乡村多茅舍，富有者则建瓦房，高墙墉，附炮台，用御盗贼，城镇多旧式瓦房，室中皆修土炕，不多置间壁，不设床榻"[①]。清末民初，本溪湖、碱厂等城镇多建瓦房，青砖青瓦，碱厂街是近代瓦房建筑群落的代表，至今仍有遗存。乡村民居庭院多阔敞，门多高大，以方便大车出入和堆放什物。

正房中间开门，与大门相对，入户为堂屋，屋中横隔板壁或照门，外间通行人，里间为厨灶、水缸。灶常作四方形、南北相对，俗称锅台。正房两侧，各以砖坯砌成烟囱，高过房沿，因边地多风和苫盖草房以防火险之故。东西两室，多为南北对面大炕，上铺芦席（即炕席），家人分尊卑寝息，炕的两端多放箱柜，以储衣物，南北炕靠山墙下，连有尺余宽的窄炕，俗称蔓子炕，上置箱柜，其上供神位，或摆祭器、瓶镜等。院墙既有石砌、砖砌，也有土坯砌筑，更多的是用木障柴篱。除门房院落外，还有砖门、板门，或编柴门及木条为门。

本溪地区满族建筑多数是五檩四曰，石砌黄泥心墙，内外拌泥的草房。每栋3间居多，5间、4间次之，5间的多是四合院的大户人家。每栋3间的东间开门，每栋5间的中间开门，每栋4间的东侧第二间开门。满族民居素有"口袋房、蔓子炕，烟囱坐在地面上"的说法。房屋3间东间开门，即是厨房，与内室有间壁，里面便是连二炕。连二炕之间无间壁，而设以吊搭加以间隔和遮挡。白天吊起，晚上放下，也有以木柜间隔。南北对面炕则以幔帐遮蔽。连二炕中的第二炕，炕下挖有烧火炕洞，冬季天冷时要另外烧火取暖。房屋5间者，中间开门，两边各两间，亦多为连二炕或对面炕。连二炕或南北对面大炕，都直通西山墙下，墙下有窄炕（即条炕）连接两炕成南、北、西三面炕，即为蔓字炕。西墙是满族祭祀祖先牌位的地方，因此以西炕为尊，南炕次之，北炕又次之。满族讲究一大家子一起和睦生活，几代人同居生活，老人不亡故，儿女不能分家，因此每户人口要有十几人甚至几十人。不仅如此，满族要在西屋山墙上安放着供祭祖先和神灵的祖宗板和神位，各家每年都要举行祭祀仪式，到时要有许多人参加一系列祭祀活动，都是在室内进行，因此需要有两三间通连的口袋式房屋才行。

---

① 《本溪县风俗概况》，载《本溪县政公报》1936年第2卷第1期。

本溪地区满族四合院建筑以南芬思山岭村翁家大院最为典型。翁氏原为满洲萨克达氏，为清末民初本溪地区满族大户。翁家大院实际包括"四勿堂""福寿堂""清善堂""大泽堂"和"瓦房"等建筑在内的建筑群落。"大泽堂"又称老院，为翁延才于民国初年所建，规模较大，是历史上真正的翁家大院。由于多种原因，翁家宅院至今尚保持原貌的只有"福寿堂"，即后来人们所称的翁家大院，为1920年前后翁荣春所建。有正房3间，青石基础，木制砖瓦结构，五檀五臼，方椽单檐，鱼鳞细瓦。外屋1间，以脊为界用8扇屏风相隔，住屋内地面用红松地板装修，窗斗上刻有云卷图案，窗棂和门上有鱼肠和回形图案。窗台下和炕沿下均镶有保暖木板。除正房外，有东西厢房各3间，建筑结构与正房相同，然装饰上不及正房。正房后有5间照房，用来存放杂物。门房3间，中间为门洞，两侧为碾磨房和仓库。门洞上有挡板，楔有榫卯，前后用木板封闭。四周院墙用青石砌筑，墙上青砖八字到顶，高达3米多。翁家大院的建筑规模、建筑材料及装饰等十分讲究，堪称本溪地区民国初年四合院建筑的标本。

本溪地区乡村民房窗户为木制，分上下两扇：下扇窗窗棂为矩形，糊窗户纸（即高丽纸或川帘纸）或镶玻璃；上扇窗窗棂则组成方形、菱形、寿字形或盘肠等图案，糊窗户纸。上扇窗一般向里开，挂窗用狍勾、木勾或铁丝勾。夏季炎热，也可以将上下两扇同时摘下来通风。本溪地区民户，窗户纸都糊在外面，这便是东北三大怪之一的"窗户纸糊在外"。首先增大窗户受阳光面积，起到保温作用；其次，因东北风多且大，窗户纸糊在外面受风面大，不易受损，并可避免窗棂中积聚泥沙灰尘；其三，冬季外寒内暖，窗户纸糊在里面，会因结霜融化成水而脱落，窗户纸糊在外面，融水结冰则不易掉落。此问题看似简单，却蕴含着科学常识和先民的智慧。

二、婚姻生育习俗

（一）婚姻习俗

婚姻为人生大事，是构成家庭、形成社会的基础，历来为人们所重视。不同民族的婚姻在其发展过程中，形成了不同的婚姻习俗，这些各具特色的婚姻习俗，既是不同民族特征的体现，也是本民族社会生活的反映。清末民初，本溪地区的汉族婚姻习俗和礼仪受古代"纳吉、问名、纳彩、纳征、请期、亲迎"六礼的影响，逐渐形成了一套纷繁复杂的程序和规范。满族人关后受汉族婚姻习俗的影响，也变得烦琐细密起来。

清末民初的本溪地区，婚姻多凭父母之命、媒妁之言，两家父母探看互访，即古礼之"问名"之意。然后求庚卜吉，俗称"合婚"，即古礼"纳吉"之意。婚约既成，由媒人议定聘礼，由男家择吉日备礼品，和近亲友同媒人送至女家，俗称"下定"，也称"过小礼"，女家宴请，俗称"换盅"，即古礼"纳彩"之意，满族婚俗则称"装烟"。迎娶前五六月，或二三月间，男家择吉日，准备衣服、簪环佩饰、猪酒等礼物，致送女家，俗称"过大礼"，即古礼"纳征"之意。民国初年，"聘礼多以金钱为主，丰者二三百元，俭者五六十元不等。至衣服各事均由女家开单媒人两造商榷斟酌制备"。[1]待婚期将近，由媒人送庚帖到女家，俗称"年命帖"，用红柬开列举行婚礼的时日、忌避的属相，赞以吉语，并以面食相赠，取日进蒸腾之意，与古礼"请期"之意相符合。

婚期前一日，新郎要以盛装拜祖、祭墓和拜尊长，然后披红乘马，部分宾客也乘马陪行，由鼓乐旗锣在前面引导，彩轿随行，绕行街市，俗称"走轿"。乡村无彩轿可以租车代之，以红布装饰。次日为"亲迎"，是正日子，礼仪也最为隆重。仍以鼓乐旗锣前导，并有娶亲女宾一人乘车一同前往女家迎娶新娘。

至于正式迎娶和婚礼仪式，到民国初期已有改革，可分为新式和旧式两种。旧式迎娶仪式，新郎至女家迎娶，先引婿拜祖先及岳父母，以红帕盖覆新娘头面，由其父兄抱送轿中至婿家，称"抱轿"。新郎先回家，在院中摆设香案。彩轿入门，由二女进送宝瓶，称"抱宝瓶"，新娘由女宾扶到香案前，待新郎行九叩首礼毕，扶新娘进门跨鞍马而入，然后新郎用秤杆挑去新娘首帕置于屋上，用袋贮红粮放于床前，上横放斧以音同福，新娘"坐福"升床。及黄昏后，高烧红烛，新郎新娘喝交杯酒，即古礼"合卺"之意。这天亲友来宾以礼物金钱相贺，俗称"上礼"。主人设酒筵款待亲友宾客，新郎敬酒叩谢，俗称"拜席"。婚礼次日新婚夫妇以盛装拜祖先、翁姑（公婆）、尊长与至亲长辈，各以簪环等物相答，俗称"上拜"[2]。其他

① 侯锡爵修，罗明述纂：《桓仁县志》卷九风俗志，1930年抄本。
② 侯锡爵修，罗明述纂：《桓仁县志》卷九风俗志，1930年抄本。

还有归宁（回酒）等习俗皆同旧制。新式婚礼是新娘下轿之后，由男女傧相引新郎新娘互拜，交换饰物，新郎新娘、主婚人、介绍人、证婚人等在结婚证书上盖章，新婚夫妇行拜礼等。

本溪地区居住的满族、汉族和蒙古族婚嫁习俗，大致如此。但信奉天主教、基督教者，则多于教堂举行婚礼，并由牧师、神父等讲经祈祷。回族婚嫁习俗也无大的区别，但是在新娘下轿后，由教长（阿訇）以阿拉伯文书写婚书、双方关系人，互执保存。

（二）生育习俗

生育本是繁衍后代、绵延人类的大事，由于民族地域、环境的差异，以及生理、禁忌等诸多因素的影响，使人的诞生颇具神秘色彩。清末民初本溪地区的生育习俗，既有昔日的陈规陋习，也有一定科学常识，但更多的是表达人们对人生诞育的美好愿望和期盼心理。

清末民初，本溪地区汉族、满族的生育习俗大同小异。乡间孕妇临产之时，须卷起炕席，土炕上铺以谷草，接产靠产婆助产，方法落后，又不卫生，因此妇婴死亡率较高。孩子生下来落于谷草之上，称为"落草"。如生男孩，产房门左侧挂桃弓柳箭，下挂一串附有红布条的铜钱；如生女孩，则挂红布条。产妇须休养一个月，俗称"坐月子""猫月子"。产后次日请身体好的妇女喂第一次奶，俗称"开奶"。产后第三天，要用大铜盆给孩子洗澡，俗称"洗三"。盆内为槐枝、艾蒿熬成的苦水，前来祝贺的亲友将钱物扔铜盆里，俗称"添盆"。负责给孩子洗澡的必须是丈夫健在、儿女双全的年长妇女。在给婴儿洗澡时，边洗边吟："洗洗头，做王侯……"，据说这样洗过的孩子身体健康，长大会有出息。然后用一根大葱轻打孩子3下，边打边说："一打聪明，二打伶俐，三打明明白白的。"打完之后，由孩子父亲将大葱扔到房上去，因"葱"与"聪"同意，以此寓意婴儿将来会聪明伶俐。

婴儿12日、满月、百岁（100天），要在一定范围内搞祝贺仪式。婴儿出生第十二天，亲友、邻居可以送鸡、蛋、肉、红糖、小米、挂面等给婴儿母亲，也可以送长命锁、小手镯等给婴儿，婴儿家长要杀猪摆席招待，俗称"伺候十二月"。"办满月"也称"办满口"，亲友在婴儿满月时前来送礼，在所送礼物中，一般要有胸前佩戴的长命锁。满月这天，婴儿姥姥家要面蒸"河里"即驹驹（鱼状或长蛇形，长尺许）。寓意生发，同时姥姥或舅舅家送摇车。婴儿家长要招待来宾和亲友，俗称"吃满月酒"，后称"请满月客"。婴儿出生100天，俗称"百岁"。婴儿姥姥家要蒸100个馒头相送，俗称"赠百岁"。

婴儿满月，要上悠车，这便是东北三大怪之一的"养活孩子吊起来"。源于满族先民在山中狩猎采集，用兽皮袋或悠车盛装婴儿挂在树间，可防野兽或虫蚁侵咬。后来一般用桦木软木板经熏蒸后弯成椭圆形的车帮，最后制成船形悠车，悬挂于室内南炕上方棚杆之上，车帮内漆深红油彩，外侧绘有吉祥图案和文字。母亲抱婴儿放入悠车，一边悠一边唱摇篮曲："悠悠哇，悠悠哇，悠悠小孩睡觉啦。狼来了，虎来了，马猴子跳墙过来啦（老和尚背着鼓来了）……"满族不论男女，都是以"睡扁头"为美，所以满族有给婴儿睡扁头、拉平肩、正体形的习俗。婴儿睡悠车时，还得将胳膊肘、膝盖、脚脖子用软布带拢住，一是防止婴儿在无人照顾时翻身掉出；二是为婴儿长大后能四肢端正，便于弓马骑射。

育儿习俗还有挂锁（换锁、改锁）、取名、抓周等习俗，这里不再赘述。

三、丧葬祭祀习俗

（一）丧葬习俗

丧葬习俗伴随着人类的产生而产生，随封建社会的发展，逐步形成了一套完整的丧葬礼仪风俗，名目繁多，程序复杂，而且不同民族也有不同的丧葬习俗。清末民初本溪的丧葬习俗，依然信奉神灵，使丧葬风俗充满了许多迷信色彩。

本溪地区丧葬习俗，"病者气绝，主丧者指冥路，纳钱于口，蒙帛于面，笼红绳于手足，是为小敛"。随即死者子女披麻戴孝去村外土地庙（无庙则在路口）前燃香烧纸，称为"报庙"，早、午、晚排队去小庙送"浆水饭"。然后请术士选择出殡日期，"停枢在堂，子孙女妇，环绕于侧，朝夕哭奠，焚化纸箔"[①]。贫者家3日为殡，富者或7日，或21日，或49日。每逢7日，则在家中祭奠，俗称"办七"。等到确定出殡日期，预先写出讣告，将丧葬仪式、议程书写好，遍告亲友。

至吊唁环节，丧家要扎灵棚，雇吹乐，诵经文，设宴待客。前来吊唁

---

① 《本溪县风俗概况》，载《本溪县政公报》1936年第2卷第1期。

的人或送钱，或送挽联祭幛。丧家并举行家祭辞灵等仪式。次日早晨正式发引（出殡），由丧家孝子执幡前导，众女眷扶柩哭于后，到坟地后筑土起坟。葬后3日，要到坟上培土，俗称"圆坟"。7天上坟烧纸，称"烧七"，到"七七"为止，而以"三七""五七"为大七。死后周年之日为重要祭日，尤以3周年为重。

本溪地区满族丧葬习俗经过漫长的历史演变，在许多方面已与汉族丧葬习俗相同，但仍保留着本民族的某些习俗。满族人家遭丧，亡者顺炕沿停放，长辈者高于炕沿，晚辈者低于炕沿。入殓时不走门而走窗户，男走左窗，女走右窗。一般丧家要停灵3天。第一天晚间要守夜，第二天中午开始祭吊，晚间辞灵，即向遗体告别。哭丧时，长辈人哭晚辈，坐着哭；平辈人哭平辈，蹲着哭；晚辈人哭长辈人，跪着哭。满族的棺材称"旗材"，旗材上宽下窄，中间起脊。未婚亡者用无底棺，即棺底要钻7个孔。辞灵时，将棺盖错开，司仪人"站月台"主持辞灵仪式。辞灵结束，将棺盖以3根铁钉钉好，俗称"渗钉"。治丧期间，院中立一高木杆，上挂"领魂幡"。出殡时，孝子执幡行走在队列前，俗称"走幡"。满族素有"烧七""月祭""周年祭"等丧俗。清明上坟不烧纸，要坟上插柳枝和五色纸扎的"佛头"。

回族丧葬不用棺椁，而以白布裹尸，请阿訇诵经，殓以匣棺，无论贫富，停丧不超过48小时，葬7日及百日，仍请阿訇诵经。信奉天主教、耶稣教者，亲人死亡，不请僧道，不扎纸活，由教友诵经祈祷等。

（二）祭祀习俗

祭祀在历史上极受汉、满等各民族的重视，并逐步形成了一系列的祭祀礼仪规范，祭祀又分为皇家祭祀、官方祭祀和民间祭祀。清末民初，本溪民间祭祀汉族主要有祭祖先、祭神灵、祭先贤等；满族则要祭祖、祭天、祭索绳等。这些祭祀大都与年节有关，祭祀神鬼旨在祈求神灵护佑，消灾解难等，祭祀祖先则视为传统伦理和孝道。

汉族祭祀习俗。清末民初，本溪地区汉族民间祭祀主要包括祭祖先、祭神灵。

祭祖先。中国汉民族自古即有敬祖、祭祖的传统，清末民初，本溪地区城乡各家都有家谱，于春节时供奉祖先。"民户岁时报本，率皆悬宗谱于堂前，设几案罗列祭品，小户为房间所限，皆书红纸宗亲牌位供于壁间，祭祀以元旦（春节）为最盛"①。大年三十将家谱请出张挂于中堂后墙之上，家谱上绘有高祖父、高祖母的肖像，下方列有各世已故祖先的名讳，供桌上摆好祭器、祭物。当晚全家老少依次跪于家谱前焚香叩头。正月初二或初三晚送神，收起家谱撤下供物（亦有人家只撤祭物，早晚焚香3次），元宵节再挂家谱，并与除夕晚一样去坟地焚香、烧纸祭祀、送灯，请祖宗回家过节。正月十六，收起家谱，撤下祭物。

春节之外，家中儿孙结婚，必在婚前去坟地焚香、烧纸祭祀祖宗。清明节、中元节、下元节为三大鬼节，均上坟祭祀。

祭神灵。本溪地区汉族民间祭神主要是供祭灶神和天地爷。天地爷（俗称天地牌）因是管收成的，因此一般设在粮仓之侧或房墙上，只摆上10个馒头和香炉（装有红高粱的器皿）。有些穷人家还自制财神（木板油印）画像，于除夕下午至初夜时分逐户送财神。接财神之家，要馈赠少许零钱。

民间祭灶习俗有大年、小年之分，小年即腊月二十三，大年即除夕。腊月二十三是祭灶日，俗称送灶神爷上天，即"辞灶"。相传灶神爷专司一家善恶，为一家之主，腊月二十三这一天灶神爷要回天上向玉帝述职，因此民间无论贫富，都要供奉灶神。这天下午，家中长辈要领孩子用秫秸扎成马（还有狗及麻雀），为灶神爷升天骑坐之用，狗和麻雀为随身之物，买好灶糖。晚饭前要在灶神牌前摆上一碗凉水、一碗高粱、一碗饲草，让它们吃饱，送灶神上天。祭灶前，要给灶神上一炷香。掌灯时分，主祭人再向灶神跪叩，然后将灶神像取下，用一小块灶糖粘其嘴上，目的让其上天后嘴甜一些，然后将灶神像与马、狗等物放在一起，或置于庭院，或于灶门前点燃焚烧送灶神升天。

祭灶仪式必须由男人主持，在仪式上要唱《送灶王歌》："你到上方见玉皇，莫忘回宫降吉祥。好话多多说，赖事莫张扬……"民间普遍承认灶神姓张，因此祭灶时，人们口中念念有词："灶王爷，本姓张。骑着马，挎着枪。上西天，见玉皇。好说多说，歹说少说。"②

本溪民间祭灶习俗虽然带有迷信色彩，却表达了人们渴望平安、祈善祛恶的良好愿望。供奉灶神，意在告诫家人，灶神每时每刻都在监视人们

---

① 侯锡爵修，罗明述纂：《桓仁县志》卷九风俗志，1930年抄本。
② 侯锡爵修，罗明述纂：《桓仁县志》卷九风俗志，1930年抄本。

的行动，要人们多做好事善事，不做恶事。

满族祭祀习俗。满族笃信萨满教，信奉天地，崇尚自然，把天、地、山、川、祖先等皆奉为神灵。"我朝自发祥肇始，即恭设堂子，立杆以祀天，又于寝宫正殿，设位以祀神"。①由此可见，满族祭杆、祭神习俗由来已久。清乾隆年间，钦定《满洲祭神祭天典礼》，从而使满族的祭祀之礼制度化了。而民间祭祀与朝廷不同，因满族原居住地址和部落不同，生活条件不同，祭祀规则也因之各异。但是祭祖必祭天（索罗杆），祭祖必祭歪里妈妈，这是一致的。

祭祀时间必须在冬、腊月择吉日进行，一般多在腊月二十七八日较多。祭祀时间为5天，共有4个步骤。开始两天准备祭祀物品，哪个时辰做什么，怎么做，在何处做，都有严格规矩。一般都要跪一条腿，不准说闲话，态度必须虔诚。

第三日称正日子，开始祭祖。这天清晨，将祖宗牌位取下，摆放供品。抓猪不绑嘴，抬至屋内，在祖宗案前"领牲"。然后杀掉解成8件，依原样摆好。结束时阖家人吃白片肉，外人不准吃。傍晚再抓一口猪先"领牲"再宰杀，同样解成8件，切碎肉，然后关门闭灯，行祭祀礼，叫"背灯祭"。结束后，阖家吃"背灯肉"，也叫"小肉饭"。一般认为是祭祀满族恩人"歪里（万历）妈妈"，据说"歪里妈妈"是李成梁小妾，因救努尔哈赤而被李成梁打死，因其死时衣服破碎赤身裸体，所以祭祀时恐其怕羞不敢出来，所以要背灯祭。

第四日祭天（祭杆）。黎明前将第三口猪抓好，抬至索罗杆子前"领牲"宰杀，将猪拱嘴、眼皮、尾巴、蹄子、肚皮都割下少许，再将猪皮扒下，剔下盆骨，大梁骨割5截，肋骨左3右2，肋扇肉左右2块，后腿各割1条，挖下锁骨，库根（肠头）1条。将零星肉下锅煮熟后切成肉丝，将末下在肉锅内。祭祀结束，大家随便吃，俗称吃"小人饭"。然后将猪皮毛燎净，切成大方块，煮熟后切成细条，大家继续吃，俗称"大人饭"（燎毛饭），外族人可以同吃，但3天内必须吃完所有肉饭，如有剩余要埋在杆下。

第五日祭索绳。开始将锁袋打开，拴好索绳。将小公猪绑好，在佛托

① 阿桂等纂，孙文良、陆玉华点校：《满洲源流考》，中国国际广播出版社，2016年，第373页。

妈妈案前"领牲"。然后宰杀煺毛，切块入锅煮熟后，如生猪样摆在方盘内，祭祀结束后拿入屋内共同食用，吃完后将索绳收入袋内。最后将吃剩的骨头、净水等扔在街村外柳树下[①]。

满族祭祀是通过对祖先、神灵的崇拜作为家族体系的精神支柱，和汉族祭祀一样，希望通过神灵的力量、祖先的力量摆脱苦难，获得幸福。虽然有浓厚的迷信色彩，但毕竟反映了人们的美好愿望和向往。

四、岁时习俗

中华民族的传统节日，涵盖了原始信仰、祭祀文化、天文历法、易理术数等人文与自然文化内容，蕴含着深刻而丰富的文化内涵，并清晰地记录了中华民族先民丰富多彩的社会文化内容。清末民初的本溪地区，尽管受生产发展水平、战乱频仍和贫富差别的影响，但节日文化依然氛围浓郁，异彩纷呈。

春节。夏历正月初一日为春节，旧称元旦、元日，为本溪地区最隆重的传统节日，汉族、满族、朝鲜族、蒙古族等均过此节。汉族一般过两天年，即腊月三十（腊月无三十，则将二十九当作三十）和正月初一；满族则过3天年，即从腊月三十到正月初二。届时家家以盛装于午夜设香烛祭祀天地神、灶神和祖先，供以水饺，燃放鞭炮，通宵达旦。举家团聚吃水饺，因其形似元宝，俗称"元宝汤"。家庭中和城市乡村互相拜年，平辈或作揖鞠躬，对尊长间有叩首者，俗称"拜年"。亲友家有小孩拜长辈，则赠增岁钱（又称压岁钱）。正月初五，俗称"破五"，家家以面包蒸饽饽而食。

元宵节。夏历正月十五日为上元节，又称元宵节、灯节，民间庆祝和娱乐活动实际为正月十四至十六3天。桓仁地区"家家供献元宵，通街悬灯结彩，施放花爆，乡人作剧呼曰秧歌，比户欢迎，谓其可以驱逐邪疫"[②]。本溪县则"每年元宵节前，又有举办高脚、秧歌、龙灯、旱船、狮子等，以为娱乐，兼庆升平也"[③]。商家预制各式彩灯悬于门上，或纱绢，或彩纸，"穷工极巧角胜争奇"。满族还盛行"拜灯官"风俗，由一人反穿皮

---

① 李林等：《本溪县满族史》，辽宁民族出版社，1988年，第153-154页。

② 侯锡爵修，罗明述纂：《桓仁县志》卷九风俗志，1930年抄本。

③《本溪县风俗概况》，载《本溪县政公报》1936年第2卷第1期。

褂，头戴硬盖帽，上插松树桄子，扮作灯官老爷，又一人扮灯官娘娘，身穿红袄，两耳夹大辣椒，二人乘轿走街串户，俗称"灯官出巡"。

元宵节不仅在家吃元宵，人间灯火照明，还要提灯上坟点燃，俗称"送灯"。元宵之夜与除夕不同，灯节之夜，家家男女老少都要出来观灯。正月十六，满族青年妇女、儿童要到冰上滚冰，俗称"轱辘冰""走百病"，或于日暮结伴到空地步行一周，或至邻家小坐而回，亦称"走百病"。朝鲜族在元宵节这天早晨要喝一盅酒，俗称"耳灵酒"，据说喝了这盅酒，这一年耳朵就灵。

中和节。夏历二月初二日为中和节，又称春龙节，俗称二月二、龙抬头日。因夏历二月初二前后是惊蛰，据说此时阳气上升，冬眠蛰居的龙可被春雷唤醒抬头，故有此说。这一天，"人家晨起以灶灰撒院中，左右作大圆圈，复由堂门撒至大门，延至井堰名曰引龙。妇女或以绵制成鸡形悬于室中，谓能避蚰蜒，制虫蚁。是日，多食春饼，至夕燃烛室中暗陬，俗称照虫烛"。[①]男子在这天剃"龙头"，儿童均在上衣背后佩"龙尾"，以示长大成才。是日还有禁忌，如不能动针线，据说动针线容易伤龙目；这天也不能铡草，因铡草容易铡龙头，因此民谚有"冬不推，腊不捣，二月二，不铡草"之说。

清明节。清明节即二十四节气中的清明当日，公历在4月5日前后，春分后第十五日，夏历一般在二、三月。是日，本溪城乡各家均依各自条件改善一次饭食，均吃豆腐、鸡蛋。清明节兼具自然与人文两大内涵，扫墓祭祖与踏青郊游是清明节的两大主题活动。宋代以后，扫墓成为清明节的主要活动，民间要携带果品纸钱去先人坟墓添土和祭奠；满族上坟则插"佛托"。清明节又称踏青节，映山红、桃花杏花相继开放，踏青郊游是很好的选择。清明一到，气温升高，正是春耕春种的大好时节，所以农谚有"清明忙种麦"和"清明前后，种瓜种豆"之说。民国时期已将清明节定为植树节。

端午节。夏历五月初五日为端午节，又称端阳节、夏节，俗称五月节。汉族、满族、朝鲜族均欢度此节。是日"人家檐端皆插蒲艾，上悬纸

① 王树楠、吴廷燮、金毓黻等纂：《奉天通志》卷九十八礼俗志二，东北文史丛书编辑委员会，1983年影印本，第2252页。

葫芦，食角黍，饮雄黄酒。小儿女颈腕缠五色丝线，又以黄布制小猴，青麻制小帚，佩胸际"①。桓仁县"家家食角黍（粽子）粉团，悬茧虎蒲艾于门，小儿之彩丝系臂，犹古续命缕之义"。②本溪县"家家于门外插蒲艾，悬纸葫芦，食角黍俗曰粽子"，"尚有系彩线于小孩腕上，谓之长命缕"。③用艾蒿、桃枝、雄黄酒祛灾解毒之意；悬剪纸葫芦则取可盛药饵之意；吃角黍（粽子）则有益智之意，一说为纪念屈原端午沉江之意。

虫王节。夏历六月初六日为虫王节，又称虫王会。昔日农民靠天吃饭，庄稼遭虫灾，就认为是神虫。相传六月初六是虫王生日，民间这天要杀猪祭祀，每户出一人去虫王庙祭拜，以求免生虫灾，还要由各家出钱在一起搞吃虫王会。在会上要唱《祈天谣》："老天爷，快下雨，包子馒头都敬你。老天爷，别刮风，鲜桃鲜果给你供。老天爷别起虫，吃完虫王快收兵。"再集体吃一顿饭，就算还了愿，认为可以免去虫灾。农村家家这天晾晒衣物，据说可以不遭虫蛀。还于此日做酱、腌物，据说可以经年不腐。还有的农家这天要到田间巡视，因此有"六月六，看谷秀"之说。节日食品为猪肉、麦面饼等。

乞巧节。夏历七月初七日为乞巧节，相传这天是牛郎织女一年一度相会之日。《荆梦岁时记》载："天河之东有织女，天帝之子也。年年织杼劳役，织成云锦天衣。天帝怜其独处，许嫁河西牵牛郎。嫁后遂废织纴，天帝怒，责令归河东，唯每年七月七日夜渡河一会。"是日"陈瓜果于庭，闺中以彩缕穿针乞巧，至夜，小儿女窃听于蓬棵瓜架下，谓隐约闻哭声"④。相传这一天没喜鹊，喜鹊都上天给牛郎织女搭桥去了。是夜女孩对着织女星，用彩线穿七孔针，意在向织女学针线，将来成为巧女。这一天出生的女孩，起名多带巧字。节日食品，多用模型做出各种面食，蒸熟食之，俗称"乞巧饭"。

中元节。夏历七月十五日为中元节，又称盂兰盆节、鬼节。起源于佛

---

① 王树楠、吴廷燮、金毓黻等纂：《奉天通志》卷九十八礼俗志二，东北文史丛书编辑委员会，1983年影印本，第2253页。

② 侯锡爵修，罗明述纂：《桓仁县志》卷九风俗志，1930年抄本。

③《本溪县风俗概况》，载《本溪县政公报》1936年第2卷第1期。

④ 王树楠、吴廷燮、金毓黻等纂：《奉天通志》卷九十八礼俗志二，东北文史丛书编辑委员会，1983年影印本，第2254页。

教节日，佛祖释迦牟尼的弟子目莲曾设百味果，供养十方僧众，救母于倒悬之中，于是佛教兴起盂兰盆会。是日致祭先茔如清明节，或晚上在路旁焚烧纸钱，还要沿河放灯，俗称"放河灯"。

中秋节。夏历八月十五日为中秋节，俗称八月节，又称秋节。中秋节为全家团圆的节日，也是农村喜庆丰收的节日，农村各家都要吃团圆饭。入夜皓月初升，全家赏月。以月饼鲜果陈设庭院桌上，焚香叩拜，或行礼默祈心愿，俗称"拜月"。

重阳节。夏历九月初九日为重阳节。关于重阳节习俗较早记载是汉代刘歆《西京杂记》所载，汉高祖爱妃戚夫人被吕后害死后，戚夫人的侍女贾佩兰也被逐出宫嫁给扶风人段儒，闲谈时曾提到她在宫廷时，每年九月九日佩茱萸，食蓬饵，饮菊花酒，以辟邪延寿。据梁吴均《续齐谐记》记载："汝南桓景，随费长房游学累年。长房谓曰：九月九日汝家中当灾，宜急去，令家人囊，盛茱萸以系臂，登高饮菊花酒，此祸可除。景如言，举家登山。夕还，见鸡犬牛羊一时暴死。长房闻之曰：此可代也。今世人九日登高饮酒，夫人带茱萸囊，盖始于此。"[1]此后，人们每逢九月九日，便登高、佩戴茱萸，饮菊花酒，以求免祸呈祥。满族还于是日采集靰子香花叶，以制草靰子香，节日食品为菊花糕等。

下元节。夏历十月初一日为下元节，又称鬼王节，家家扫墓，焚楮帛，俗称"送寒衣"。

腊八节。夏历十二月初八日为腊八节，俗称腊八。腊八是一种祭祀，昔日人们在冬日将尽时，用猎获的禽兽举行大祭，以祈福求寿，避灾迎祥。古代猎、腊字相通，"腊祭"即"猎祭"，所以把每年终了的十二月称为"腊月"，把十二月初八日称为"腊八"。腊八成为正式节日是在南北朝时期固定下来的。腊八又是佛祖释迦牟尼成道节，相传佛祖修行时，饿倒于地，一牧女给他吃了用各种黏米和糯米混合的杂烩饭，他食毕跑到河里洗了澡，在菩提树下静坐沉思，于十二月初八日修道成佛。为纪念此事，中国佛教徒于每年腊月初八日熬制"腊八粥"供佛。此俗在本溪民间亦广为流传。据《燕京岁时记》所载："腊八粥者，用黄米、白米、红米、小

---

① 王树楠、吴廷燮、金毓黻等纂：《奉天通志》卷九十八礼俗志二，东北文史丛书编辑委员会，1983年影印本，第2254页。

米、菱角米、栗子、红豇豆、去皮枣泥等，合水煮熟。外用染红桃仁、杏仁、瓜子、花生、榛穰、松子及白糖、红糖、琐琐葡萄，以作点染。"也有黄米和豆为粥，或杂以枣、栗食之，谓之"腊八粥"，香甜可口。因腊八距小年、春节已近，所以民谣中有"小孩小孩你别馋，过了腊八就是年"之说。

小年。夏历十二月二十三日，俗称"小年"，也称"辞灶日"。汉族、满族习俗，此日以香烛等供奉灶王，"以香饴纸马祀灶，以酒灌灶前，曰辞司命，俗呼曰过小年"[①]。供灶糖，扎纸马（或用秫秸半），插在装有高粱谷草的碗上，至晚焚灶王画像，意为送灶王上天，并祈其"上天言好事，下界保平安"。昔时农家所雇长工，多以此日为满工。

除夕。夏历十二月三十日（无三十则为二十九日）为除夕。过年是民间最盛大的节日，一般从腊八开始筹备，主要备年活动有杀年猪、做豆腐、扫尘、打年纸（办年货）、贴春联年画等。办年货，又称打年纸，吃、穿、用、玩等一应俱全。而且红纸、蜡烛、香、烧纸、灶神和天地爷、门神画像、鞭炮和年画，无论贫富都要买的。除夕的主要年事活动有贴春联年画（或提前完成）、吃年饭、包饺子（状如元宝，音似交子）、祭祖、守岁、辞岁、放鞭炮等。"家家悬灯结彩，粘贴春联，取除旧更新之义，竟夕不眠，曰守岁，致拜尊长，曰辞岁"[②]"贫乞者，多于晚间，持纸扎财神妈，向各家讨钱，呼曰送财神"[③]。吃年饭是除夕年俗中最为重要环节，有两大特色：一是年饭极为丰盛，菜肴必须是双数，无论贫富，鱼是必不可少的，以图"年年有余（鱼）"；二是全家要团圆，汉族习俗，每逢除夕，即使千里之外的亲人，也要兼程赶回，吃上这顿除夕的团圆饭。守岁之俗，古已有之，指终夜不眠，以待天明。"彻夜灯烛，长宵燕乐，谓之守岁，达旦乃已"[④]。旧时守岁，内容单调，一般民家，家人围火盆而坐，谈笑说乐，老年人讲故事，打谜语（即"破闷儿"），或打纸牌等。

通过对清末民初本溪地区岁时习俗的考察，我们可以得出如下共识：

---

① 侯锡爵修，罗明述纂：《桓仁县志》卷九风俗志，1930年抄本。
② 侯锡爵修，罗明述纂：《桓仁县志》卷九风俗志，1930年抄本。
③《本溪县风俗概况》，载《本溪县政公报》1936年第2卷第1期。
④ 王树楠、吴廷燮、金毓黻等纂：《奉天通志》卷九十八礼俗志二，东北文史丛书编辑委员会，1983年影印本，第2255页。

首先，传统节日以春节、清明节、端午节、中秋节为本溪民间四大传统节日，其中以春节（除夕）为民间最盛大节日。而历史上的上巳节（夏历三月初三日）、寒食节（清明节前一天）、祀山神节、虫王节、乞巧节等传统节日已逐渐淡化。还有冬至（蒸冬）、夏至（祭神祭祖、消夏避伏）、立春（鞭春牛、吃春饼）、立秋（抢秋膘）等节日的某些习俗至今仍在民间流行。其次，传统节日习俗，寄托了人们对美好生活的向往，或祛病消灾，迎福纳祥；或祭祖祀天，尊老敬贤；或阖家团圆，彰显亲情；或郊游登高，释放心绪。其中，有些节日习俗已绵延达数千年之久，已成为中华民族共同的精神家园。即使在后来日伪当局的奴役、压迫之下，包括将所谓的万寿节（伪满皇帝生日）、"建国"节（伪满建国）、明治节、天长节、祀孔等节日强加给东北人民，但也从未斩断本溪人民对中华传统节日文化的挚爱、坚守与传承。其三，本溪是汉、满、朝、蒙、回等多民族聚居地区，各民族除保持各自民族节日特色外，满、汉民族节日习俗已是大同小异。作为非物质文化遗产的传统节日文化及其习俗，随着时间的推移和科学的发展，一些旧的习俗将淡出人们的视野，而一些健康向上、丰富多彩的传统节日习俗仍将继续得到传承和弘扬。

第七章
日本对本地区的政治统治

日本自明治维新之后，资本主义经济迅速发展，走上了对外扩张的军国主义道路。由于日本国内资源匮乏，便将贪婪的魔爪伸向朝鲜和中国东北。占领满蒙，吞并中国，称霸亚洲和世界，成为日本政府的既定国策。

1929年爆发的世界性经济危机，使日本工农业生产急剧下降，失业人数激增，阶级矛盾加剧，政治危机加深。日本帝国主义为转移国内矛盾和视线，挽救危机，积极准备发动侵略中国的战争。由于国民党政府奉行"攘外必先安内"的政策，对日本的步步紧逼一味妥协退让，对日本"关东军"的寻衅"力避冲突"，更加助长了帝国主义的嚣张气焰，遂由日本"关东军"和日本军部策划，自爆沈阳柳条湖一段"南满"铁路，栽赃诬陷"中国军队挑衅"，发动武装侵华战争，并在数月之内，占领东北三省。

本溪作为安奉铁路要冲和重要的资源城市，成为最早沦陷的地区之一。在此后长达14年的时间里，日本侵略者对本溪人民实行了残酷的法西斯式的政治统治，极力推行反动政策法令，蓄意制造一系列惨案，使本溪人民陷入殖民地的苦难深渊。

第一节　日本对本地区的全面侵占

随着日本帝国主义对外扩张野心的日益膨胀，于1927年田中内阁时期就提出了所谓的新大陆政策，到1931年九一八事变前夕，日本已经形成了完整的变中国东北为日本殖民地的理论和政策，"满蒙是日本生命线""武力占领满蒙"已成为日本政府、军部、财阀和右翼团体的所谓共识，日本参谋本部《1931年度形势之判断》、日本"关东军"《处理满蒙问题方案》、日本陆军省《解决满蒙问题对策之大纲》等秘密文件，对武装侵占中国东北的具体方案、步骤乃至制造事件的时间、地点等，都作出了详尽的规定。因此，日本发动侵略中国东北的事变只是个时间问题。

一、九一八事变前本地区的紧张局势

日本"关东军"策划侵华事变的既定地点是沈阳，而本溪作为安奉铁路要冲和战略要地，又是九一八事变的相关地区，事变前的局势同样是十分复杂、紧张而又急迫的，因为日本侵略者在本溪地区已有了许多军事动作，挑起了一系列事件。

制造战争舆论。要发动侵略战争，舆论准备必不可少，除日本军部、政府外，日本右翼团体极力大造战争舆论，特别是1928年11月成立的日本右翼团体"满洲青年联盟"（其前身为"满洲青年议会"），以"关东军"为后盾，在"关东军"的指使下，以"满铁"社员为主体，很快在"满铁"沿线发展起来，该组织在旅顺、营口、鞍山、安东、奉天、本溪湖等地建立了24个支部，盟员发展至5000余人。其中，本溪湖支部就有成员161人。作为右翼法西斯政治团体，其目的是纠集日本在中国东北的右翼势力，对抗中国人民收回主权的民族解放运动，协助日本政府、军部推行武装侵占东北的方针和政策，以使满蒙的天地真正成为其"理想之乡"，极力煽动日本人，大肆制造侵华舆论，罗织中国"排日"罪状，极力鼓吹侵华，并于1929年初搞过把"满蒙之地真正变成我们的理想之乡"的巡回宣传，为在满蒙建立新国家而饶舌鼓唇。甚至派出游说团回日本国内游说，为侵略满蒙进行造势，甚至表示："若是发生事变，我三千会员为'满洲'建国而全力以赴。"1930年6月，"满洲青年联盟"还专门举办慰问日本铁道守备队的活动。其中，"满洲青年联盟"本溪湖支部负责慰问日本铁道守备队第四大队驻本溪湖第一中队和驻连山关第二、三中队[1]。

增加兵力，修筑碉堡。早在日俄战争之后，中国"南满"成为日本势力范围，在"南满"铁路沿线驻扎有铁道独立守备队。其中，在安奉线本溪至安东段就驻扎日本铁道独立守备队第四大队，大队部设在本溪县连山

---

[1] 辽宁省档案馆等编：《九一八事变前后的日本与中国东北·满铁秘档选编》，辽宁人民出版社，1991年，第51页。

关。随着日本蓄谋发动侵华战争，其在安奉线本溪区段的兵力也在不断增加。1929年，日军在石桥子、桥头各设一个分驻所，在南芬和草河口则各设一个分遣所，总兵力由1928年的550名左右增至1929年的707名（表7-1），其突然增兵显系为发动侵略战争做准备。

表7-1　安奉铁路沿线本溪区段日本守备队兵力配置表

年代 驻地　　　人数	1928	1929	
		建制	人数
石桥子	16	1个分驻所	18
桥　头	16	1个分驻所	18
连山关	320–340	2个中队	430
本溪湖	160–170	1个中队	205
南　芬	16	1个分遣所	18
草河口	16	1个分遣所	18
合　计	544–574		707

资料来源：根据《九一八事变前后的日本与中国东北·满铁密档选编》313-314页数据制成。

日军在增兵的同时，借口保护安奉铁路设施及交通运输的需要，又在安奉铁路沿线本溪区段修筑了许多碉堡（炮台）。1929年10月25日，本溪县公安大队发现日本人在本溪湖太子河沿本溪县师中用地内非法雇工人修筑炮台，当即予以制止，驱散人员，"该日人竟敢侵入内地任意建修军事炮台，其藐视国权蓄意叵测，蔑弃国际公法已达极点"。此事由伪本溪县公署呈报辽宁省交涉署向日方交涉。同月，日本驻辽阳工兵分遣队秘密来溪，在本溪县一、六、七、八共四区铁路沿线修筑炮台，事先以水泥制成缸筒，所以工事极为迅速，"日方竟于俄顷间骤筑炮台十九座，虽在铁道用地之内，然与国权亦有障碍"[①]。其中在第八区连山关区段就集中建筑12座

_____

[①]《本溪县公署为日军在太子河沿修筑炮台请制止事给辽宁交涉员署快邮代电》（1929年10月30日），载中国边疆史地研究中心等编：《东北边疆档案选辑》9，广西师范大学出版社，2007年，第276-277页。

炮台。

伪本溪县公署对日军在铁路沿线修筑炮台一事极为重视,派出县公安大队长带人经过认真调查,截至1930年5月,日方已在北起上平台子南至祁家堡铁路沿线修筑炮台38座。此事虽经呈报省有关部门出面交涉,但日方竟置之不理,继续增修。至1931年1月28日,共修筑大小炮台45座之多,"或用洋灰建筑,或用砖石垒砌,形式均如圆柱,各有铁板门一,周围各有炮眼若干孔。最大者体高二丈,径宽丈余,内部可余二十余人,并能容置机关枪、平射炮等类军器","小者体高或八九尺、径宽或五六尺不等,内部只可容六七人而已"①。日军在安奉线本溪区段大肆修筑炮台(碉堡)的用意十分明显,正如伪本溪县公署给辽宁省交涉署呈文中所指出那样:"日人包藏祸心已非一日,屡欲乘间抵隙肆其侵略政策,若不及早制止,将来养痈成患,为害实深。"②

蓄意挑衅,制造事端。驻本溪地区的日本守备队飞扬跋扈,屡次侵犯中国主权,随意逮捕甚至杀害华人,虽经中方多次交涉抗议却毫无收敛,仍一意孤行。1930年4月至1931年8月,日本军警在本溪铁路沿线随意逮捕和杀害中国人事件就有多起。1930年4月8日,本溪湖日本警察署以"搜查罪犯"为名,派人将本溪县第七区桥头西石哈寨住民张宝峰逮捕,当时经中方桥头公安分局警士"据理交涉将张宝峰引渡我方,以便侦询",而日方竟强硬将张带走,本溪县公安局继派翻译前往本溪湖日本警察局交涉时,日方竟又谎称并未逮捕,"一再解释,坚不承认"。县长徐家桓因"案关日人逮捕华人,亟应据理交涉"③,只有一面派员前往交涉,请求引渡,一面向辽宁省政府具文呈报,一面又传询张宝峰家属核实前因后果。10月4日,驻连山关日本守备队以南芬徐家堡子张振奎在南芬火车站搬置石块于轨道之上,以"有意妨碍交通"为名,逮捕后押入车中,当车行至古松沟河口

① 《本溪县县长徐家桓为查明日军沿安奉路线修建炮台数目事给外交部驻辽宁特派交涉员办事处呈文》(1930年5月7日),载中国边疆史地研究中心等编:《东北边疆档案选辑》9,广西师范大学出版社,2007年,第343页。

② 《本溪县县长徐家桓为查明日军沿安奉路线修建炮台数目事给外交部驻辽宁特派交涉员办事处呈文》(1929年10月30日),载中国边疆史地研究中心等编:《东北边疆档案选辑》9,广西师范大学出版社,2007年,第276—277页。

③ 《辽宁省政府为本溪县呈报七区西石哈寨住户张宝峰被日人逮捕等事》(1930年4月29日),JC010-01-001874,辽宁省档案馆藏。

时，张坠入车轨之间被轧身亡。经中方调查，实系日军用刀将其刺成重伤后致死，然后将其拖至洞内掀下火车。经县政府调查，"查搬置石块并无确证，仅系口头指证，此种据实不足以资为凭，则其无故逮捕华人即为约法所不许，且复刺戳尤属惨无人道，若非严重交涉后患曷堪设想？""将何以维约章而保主权？"①此案虽经中方交涉，最后仍不了了之。

更有甚者，1931年8月10日，驻本溪日本军警60余人忽将本溪县石桥子公安分局包围，原因是该村村民王起福父子因斗殴闯上铁道，日警要求引渡，而公安分局未允，于是派大队军警荷枪实弹包围分局，又赴王家捕人未获，"而日守备队竟不顾国际法理，出此蛮横，其势汹汹，如临大敌"。经县政府严正交涉，始于半夜撤走。此事件经呈报辽宁省政府向日方提出交涉，认为"该日警等藉端包围警局，实属蛮横无理"，"至王起福系属我国人民，断无引渡于日方之理"②。此事件披露后，在国内引起强烈反响，南京首都反日护侨救国会召开会议，议决3项：（1）电慰该县公安局；（2）呈外交部严重交涉；（3）由本会宣传部发表宣言，唤起各地民众援助③。

频繁进行军事演习。日本"关东军"为加紧对东北侵略的步伐，在东北"南满"地区沈阳、长春等重点城市、铁路沿线进行频繁的军事演习。1931年5月9日，本溪县第六区石桥子火车站前，有日本守备队步骑兵75名，携带机关枪，正向达贝沟进发。第六区公安分局长陈书利闻讯前往核对时，日本守备队负责人高野答称演习已为本溪县官方许可，而实际上本溪县政府已派员制止，公安分局事先也未接到通知，因此据理交涉，不想高野等日本官兵竟"置若罔闻""并均持枪相向，怒视眈眈，过走极端"。县长徐家桓在6月2日给辽宁省政府的呈文中指出："此次该日人擅在境内实施行军演习，事先并无照会，事后复不服制止，实属貌视约章已极，若不设法交涉，则日人肆无忌惮。"同年8月4日，日军独立守备队第二大队

---

①《本溪县公署为呈报交涉张振奎被日本守备队捕去后被火车轧死各情形请严重交涉由》（1930年10月24日），JC010-01-001874，辽宁省档案馆藏。

②《本溪县县长徐家桓为报日军警宪五十余名包围公安局强索人犯王起福事给辽宁省政府主席臧式毅呈文》（1930年8月11日），载中国边疆史地研究中心等编：《东北边疆档案选辑》9，广西师范大学出版社，2007年，第465-468页。

③《首都反日会临时会议》，载《申报》，1931年8月18日。

80人，自8月11日至15日之间举行军事演习，演习路线是由火连寨上火车，经大岭、高家岩（崴）子、响山子到石桥子下车，声称靠近安奉铁路沿线，并不靠近省城、商埠及民国兵营、工厂等重要地方①。同年9月4日至10日，日本驻连山关独立守备步兵第四大队约50人再次举行军演，演习区域在本溪县属连山关、摩天岭、榆树林子及孤家子等村与辽阳县属之样子岭、汤河沿等地②。

日军在中国土地上搞军事演习，依惯例必须向中国地方政府呈报并经过批准，起初尚能按规定送来一纸文书，告知有关事项，后来竟无视中国主权，未经批准擅自行动。日军在中国土地上的频繁军事演习，也给中国地方政府和人民群众生活乃至社会治安带来重大影响，破坏地区的安定，造成群众的恐慌。其军事演习开始时尚使用空包弹，后来竟全部实行实弹演习，充分暴露出日本侵略者欲以武力侵占东北的阴谋，是对中国主权的粗暴践踏。

种种迹象表明，日本帝国主义已经完成了武装侵略中国东北的一系列准备，战争已有一触即发之势，而处在安奉铁路沿线和煤铁之城的本溪上空同样已是战云密布。但是，处于执政地位的国民党政府，面对日本帝国主义的步步紧逼和磨刀霍霍，不是抓紧整军备战，而是奉行"攘外必先安内"的反动政策，调大军围剿苏区红军，对日本则一味地妥协退让，委曲求全，更加助长了日本帝国主义的嚣张气焰。所谓弱国无外交，强权面前无公理，将国家主权和民族安危寄托于国际社会的同情与干预，更无疑是与虎谋皮，中日一战已无可避免。

二、事变当日的本溪湖密谋

1931年5月，日本"关东军"参谋板垣征四郎等人完成了所谓的《满蒙问题处理方案》，要在中国东北制造"关东军"武装侵略的借口，并计划于同年9月28日在沈阳柳条湖爆炸"南满"铁路为契机，然后以武力侵占中国东北。6月，日本军部根据形势，又秘密召开以参谋本部情报部长建川美

---

① 《外交部驻辽宁特派员办事处为报日军第二大队在安奉铁路沿线军事演习事给辽宁省政府的呈文》（1931年8月4日），JC010-01-001858，辽宁省档案馆藏。
② 《外交部驻辽宁特派员王镜寰报连山关日军第四大队在本溪境内进行军事演习事给辽宁省政府的呈文》（1931年8月25日），JC010-01-001858，辽宁省档案馆藏。

次为委员长的陆军省和参谋本部的五课长会议，研究制定出《满蒙问题解决方案大纲》，主张以军事行动占领满蒙。日本军部与"关东军"侵占中国东北的计划除在时间上有差异外，其他方面则完全相同。

不料到9月中旬，由于日本"关东军"在柳条湖地方实施爆炸计划在日本国内泄露，陆相南次郎受到质询，于是派已是参谋本部作战部长的建川美次少将为特使，前往中国东北，向"关东军"转达军部近期暂缓动手的意见，即命建川去给"关东军""灭火"。而实际上，建川不仅压下了军部给"关东军"的信函，更故意泄露行踪，并在本溪湖秘密会晤板垣，成为九一八事变的幕后罪魁之一。

首先，建川是九一八事变中举足轻重的人物。建川美次少将是日本法西斯团体"樱会"的头目，与土肥原贤二、板垣征四郎、石原莞尔等人同为军国主义狂热分子，九一八事变前曾历任驻中国使馆武官、参谋本部第二部（情报部）长、第一部（作战部）长等要职。当军部决定派遣建川一人前往奉天时，小矶国昭就曾对南次郎说："那些青年人，非建川是压不住他们。"[1]日本驻奉天总领事林久治郎则说过："建川在参谋本部，执青年将校之牛耳，故敢于坚决执行此次大事，发动'满洲'事变。他和'关东军'参谋石原中佐一起，是此次'满洲'事变的核心人物。"[2]在主持制定《满蒙问题解决方案》秘密作战计划后，当关东军少佐花谷正征求建川对时局看法时，建川明确表示："如果冲突一旦发生即可听凭关东军作临机处置。"[3]这就表明了军部的态度。不仅如此，在受命出使奉天时，建川故意将1天行程拖延至3天，并授意参谋本部桥本课长，利用其与板垣的私人电报密码，连续发了3封电报，通知他们在他到达之前动手："消息已经走漏，必须立即采取行动。"[4]由此可见，日本军部十分清楚建川是坚决支持武力解决满蒙问题及对发动事变的态度，派他去东北表面上是"救火"，实

---

[1]［日］关宽治、岛田俊彦：《满洲事变》，王振锁、王家骅译，上海译文出版社，1983年，第195页。

[2]［日］林久治郎：《满洲事变与奉天总领事》，张德良译注，载政协沈阳市委员会文史资料研究委员会编：《沈阳文史资料》第7辑，1982年，第211页。

[3]［日］花谷正：《满洲事变是这样发生的》，张德良译，载政协沈阳市委员会文史资料研究委员会编：《沈阳文史资料》第2辑，1982年，第192页。

[4]［日］桥本欣五郎：《桥本大佐手记》，张德良译注，载政协沈阳市委员会文史资料研究委员会编：《沈阳文史资料》第7辑，1982年，第198页。

际上是要加速事变的提前发动，是火上浇油。

其二，在本溪湖密晤板垣是建川提出的要求。建川在授意桥本给"关东军"参谋部发出密电后，又与法西斯分子大川周明密谋，由大川派人乘飞机在辽阳与板垣联络，通知其届时到本溪湖与建川密晤。待一切安排就绪，建川才于9月15日乘火车和轮船，又经朝鲜前往东北。按理说军情紧急，他完全可乘飞机不过半日即可到达奉天，但他却将半日行程拖至3天，其实是在玩弄障眼法而已。至于选择在本溪湖密晤板垣，一是本溪湖距沈阳不过70千米，又有"满铁"附属地和日本守备队、宪兵队，是秘密会晤的最佳安全地点；二是在本溪湖密晤可以避开奉天城内的人多眼杂，特别是避开日本驻奉天总领馆的监视，建川不想让领事馆节外生枝，破坏"关东军"的既定计划；三是在本溪湖密晤以拖延时间，借机压下南次郎的密函，使板垣等人的行动不受任何干扰，也可以撇清自己直接指挥作战的嫌疑；四是建川于18日上午从安东乘火车，11时9分抵达本溪湖，17时18分再从本溪湖向沈阳行进，其间在本溪湖要滞留5个多小时，对两人密晤已经足够了。

其三，建川与板垣的特定关系使本溪湖密晤十分顺利。在建川向东北进发时，板垣已于17日回到沈阳，对柳条湖爆炸铁路进行再次的精心部署之后，便于18日上午乘车赴本溪湖迎接和密晤建川。据《天皇与日本国命》一书记载：两人在特等豪华车厢内进行了字斟句酌的"腹艺"式谈话。

> 板垣："您很好吧，长官？"
>
> 建川："嗯，说实话，我在车上没睡多久，我听说你们这些爱搞事的年轻人需要纪律约束，不过这一切都留待我好好睡上一觉之后再说吧。"
>
> 板垣："我们年轻人近来也是工作得很累了，长官。所以请不要对我们挑剔放心不下，等我们到了奉天，让我把您送到一家好旅店，我们明早再谈公事吧。"①

---

① ［美］戴维·贝尔加米尼：《天皇与日本国命 裕仁天皇引领的日本军国之路》上，王纪卿译，民主与建设出版社，2016年，第356页。

　　上述谈话内容是根据他们后来对朋友们所讲的政事记录而来，其真实程度尚无法考证，但有一点可以肯定，建川作为参谋本部作战部长和军部特使，密晤板垣的目的十分明确，就是要了解板垣、石原等人的真实态度和柳条湖行动的具体细节，并可以军部特使身份给予支持默许。而板垣作为其同学和下属，在事关中日关系和世界变局面前，他没有任何必要向军部特使和老同学隐瞒行动部署。而"关东军"的行动更需要日本军部和政府的全力支持，否则发动的事变也将功亏一篑，而策划多年的侵占中国东北的计划也将付诸东流。

　　其四，本溪湖密谋使建川心中托底，这在他抵达沈阳后的行动中足以证明。建川与板垣于17时18分同乘火车于19时05分抵达沈阳，"不消说，他们两人在此之前就已经进行了密谈"①。当晚10时，当进攻沈阳北大营的隆隆炮声传来，下榻在菊文酒店的建川禁不住地说："'关东军'的伙伴们知道是怎么回事！"然后安然入睡。9月19日晚，建川被请到"关东军"参谋部研究柳条湖事件善后时，立刻提出由清末废帝溥仪做傀儡来达到"以华治华"的目的，并就事变善后单独给日本军部拍发密电。这些事实表明，建川作为日本军部的中坚幕僚，从一开始就是九一八事变的秘密设计者和行动助推者，本溪湖则成为九一八事变的最后密谋地。

三、日本对本地区的军事占领

　　1931年9月18日夜，日本侵略者悍然发动九一八事变并占领沈阳。9月19日凌晨4时许，驻本溪县明山沟的日本守备队200余人突然包围并占领本溪县公署、县公安局和公安大队，并在本溪湖仕仁街后山上架起两挺机关枪。时任本溪县县长徐家桓，在国民政府"遇有日军挑衅，务须慎重，避免冲突"的命令下，不但未作任何抵抗，反而带领其部属卑躬屈膝迎接日军。随后，日军强行将本溪县公安局和本溪县公安大队（又称辽宁省公安第四十八大队）集体缴械，县长徐家桓、县公安局局长常赓尧、县公安大队长司乃德皆被日军监视起来。就这样，"本溪县政府在不抵抗中为日人缴

---

　　①　[日]关宽治、岛田俊彦著，王振锁、王家骅译：《满洲事变》，上海译文出版社，1983年，第224页。

械占领，街市中满布日兵来往巡逻"[①]。19日下午开始，日军封闭了本溪湖所有机关、学校、商店，驱散职员、学校师生及街上行人，占领了整个本溪湖地区。

9月19日，县城中小学校仍在上课。当日下午，本溪县师中学校中七级一年正在上第二堂课，由语文老师赵荣光讲解课文《梦见妈妈》。这时忽然听到飞机的轰鸣声，有数架日机在本溪湖上空盘旋，街上不时传来零乱的枪声。赵老师讲完这段课文，又让同学们将课本翻到《最后一课》课文。这是法国作家都德的作品，内容是1870年至1871年普法战争中，普鲁士军队战胜法军并占领法国领土阿尔萨斯，驻防的德军强迫法国学校教师授课时必须用德语，而不准用法语，违者将受到惩处。而法国教师韩麦尔却宣布最后一课用法语讲课，并谆谆教导学生必须把法国语言记在心里，永远别忘记了它。最后用颤抖的手在黑板上写下"法兰西万岁"，然后含泪走出教室。赵老师深情地讲完这篇课文后，也含着眼泪对同学们说："同学们！眼看日本人侵占了东北，我们也要走向《最后一课》的命运。"同学们听后都大哭不止[②]。同一时间，师中学校中六级正在上植物课，张金弓老师在讲课时突然停下，流着泪对同学们说："本溪这个鬼地方，去车站还得经过租界地，怕是回不去家了。"随后师中学校全体师生集合，校长李如翔通报日本人已占领省城沈阳和本溪县衙，学校被迫宣布停课和长期放假[③]。

日军占领本溪县城后，县政府已陷于瘫痪状态。10月8日，日军头目在县政府召集各机关及地方士绅开会，授意组织"维持会"，然后于14日午后1时，以"维持本溪治安，增进县利民福"为目的，通过所谓的《本溪县维持委员会章程》，在日军当局的监视之下，成立"本溪县维持委员会"，以原县长徐家桓为县维持委员会委员长，常赓尧、王源举、常崇起、苑清海等15人为委员[④]。同年11月8日，在日军主持和监督下，又成立"本溪县自治执行委员会"，李济东为委员长；指导委员长为日人中岛定夫，指导员为

① 张大焱：《本溪湖煤铁公司全体华员被日人压迫离职情形》，载《矿业周刊》1931年第168期。

② 谭会忠：《本溪县立师中学校发展概况简介》，载中国人民政治协商会议辽宁省本溪县委员会文史资料研究委员会编：《本溪县文史资料》第6辑，1991年，第4-5页。

③ 《钢校校史》编写组：《本溪钢铁学校沿革史》（一），载中国人民政治协商会议辽宁省本溪市委员会文史资料研究委员会编：《本溪文史资料》第1辑，1984年，第138页。

④ 陈觉：《九一八后国难痛史》，东北问题研究会，1932年，第138-139页。

河野正一、笹沼铁雄。"维持委员会"和"自治执行委员会"是日本侵略者利用汉奸和地方士绅建立的一种临时性的地方傀儡政权，其主要任务是为日本侵略者实现"以华治华"服务，成为其侵略和奴役本溪人民的工具和帮凶。

日本帝国主义发动事变，侵占沈阳和东北，激起了本溪工人阶级的强烈愤慨。9月20日，本溪煤铁公司南芬庙儿沟铁矿80多名工人举行罢工，抗议日本侵略中国东北。据史料记载：日军占领本溪县城后，"不料过四五日后，日人到处横行，（铁矿区内情形未详）在煤矿区内，计有采矿科电气运转系曹主任，第三井周技术员，选洗煤系系员二名，及制铁科杨科长、王技师，罗袁二事务员等相继被日本职员殴打，并曾将我国职员六名藉口有反日行动遭捕，拘留于日本宪兵队内施以刑讯，一星期始行释放"[1]。10月20日，日本"关东军"派员会同驻本溪湖日本守备队到本溪煤铁公司，召集公司未走的中国职员开会，宣布因时局关系，限令中国职员在3天内撤出公司，公司的大权全部为日本人所掌握，中日合办时期中方的350万元股金也全部被日本"关东军"占有。11月2日，公司日伪当局因害怕中国工人暴动，下令将中国工人一律裁撤，由于"华工无故被裁，关系生计"，公司500余名中国工人在刘孚胜、于得兴带领下，于3日到公司请愿复工，使公司日伪当局大为恼火，派来军警镇压，将工头刘孚胜等人逮捕关押，限令中国工人两小时登车离境，结果500余人中仅有200余人登车，其余逃散[2]。

日军占领本溪县时，桓仁县尚未被日军占领。驻防桓仁县的原东边道镇守使署第一团团长唐聚五密谋抗日，于1932年4月成立辽宁民众自卫军誓师抗日，桓仁地区为民众自卫军控制地区。1932年10月，日本"关东军"调集日军主力和伪满军从本溪、安东、营盘、南杂木、山城镇等多路出发，开始对以桓仁、通化为重点目标的东边道地区进行全面重点"讨伐"。10月16日，日军鲶江大队从西路进犯桓仁。19日，伪鸭江"剿匪"副司令徐文海部和日军茂木旅团第七十九联队、第三十联队陆续侵入桓仁县城。10月28日，成立伪桓仁县公署，周鼎为伪县长，日本人白木乔一为

---

[1] 张大焱：《本溪湖煤铁公司全体华员被日人压迫离职情形》，载《矿业周刊》1931年第168期。

[2] 《本溪华工被驱逐》，载《新天津报》，1931年11月7日。

参事官。

至此，本溪地区全部沦陷，本溪已由半殖民地半封建社会沦为日本帝国主义的殖民地，本溪人民从此陷入长达14年之久的奴役和苦难。

第二节　建立地方殖民机构与推行反动法令

日本侵占中国东北以后，为加强对东北地区的长期统治，掠夺东北丰富的资源，防范和镇压东北人民的反抗斗争，在扶植伪满傀儡政府的同时，还在东北地方建立起一整套完善的殖民统治机构，包括日伪地方军宪特机构、日伪地方行政机构和日伪地方警察机构，制定并在地方推行了一系列反动政策、法令，建立保甲制度。

一、日伪地方军宪特机构

日伪军宪特机构包括日本守备队、日本宪兵队和特务机构。

（一）日本守备队

1930年，日本铁道独立守备队第四大队及所属第二、三中队驻本溪县连山关，第一、四中队分别驻鸡冠山和安东。同时，日本独立守备第六大队第四中队（中队长北部邦雄大尉）200人驻本溪湖。

九一八事变后，日本独立守备第四大队和第六大队四中队，奉"关东军"命令，除控制安奉铁路沿线外，直接参与了对本溪、凤城和安东的军事占领行动，并参与镇压抗日军民。1934年，日本独立守备第四大队（中代）及所属第二中队（下村）驻连山关，第一中队仍驻鸡冠山，第三中队（柳大尉）驻本溪湖，第四中队驻安东。每个中队有步骑兵100余人。各中队均组成分遣队，派驻草河口、南芬、桥头、石桥子等铁路沿线。历任独立守备第四大队长的有板津直纯、山口、福本、大西、冈冶川、石田等。1937年至1938年间，该第四大队调驻通化，原驻大石桥的独立守备第三大队进驻连山关，大队长假久川。1941年至1942年间，第三大队调往太平洋战场，日本"关东军"从奉天调军机人员30名入驻连山关，直到"八一五"光复。

1936年，日本"关东军"第一师团调驻辽宁，其步兵第一旅团第五十七联队第三守备大队驻本溪县碱厂地区，大队部设于福兴魁烧锅，官兵共

400人，分别在田师傅的大堡、八盘岭和马城子设立中队部，兵力分别为50人、40人、60人。历任大队长为米岗中佐、片野中佐和喜多中佐。1933年10月，继日军侵占桓仁县城后，日本守备队一个中队200余人侵占桓仁县，其营房先后设于县城东关和西关，1938年调走。

驻本溪、桓仁日本守备队先后在桓仁县城西关、本溪县碱厂、桥头修建3处飞机场，直接参加"讨伐"镇压本溪地区抗日义勇军和抗联第一军第一师的抗日斗争，主导了本溪地区集家归屯并推行"三光"政策，犯下了累累罪行。

（二）日本驻本溪湖宪兵分队

日本驻本溪湖宪兵分队的前身是连山关宪兵分遣所，隶属于奉天宪兵队商埠分队。1932年，连山关宪兵分遣所迁至本溪湖，改称本溪湖宪兵分遣队，隶属于奉天宪兵队，内海、高桥等相继为队长。1939年后，先后由内清、竹内、江岛、冈本、要真茂任队长。宪兵分遣队长以下有班长，又设特务系（1942年一度改为战务系）、警务系和庶务系。1944年本溪湖宪兵分遣队由本溪湖迁至宫原紫金街，同时升格为本溪湖宪兵分队，并在各大厂矿和本溪湖、宫原火车站设立驻在点以加强控制。宪兵分遣队开始时只有十几个人，后由于逐步增兵，到1945年光复前已经发展宪补、密侦人员达50人左右，发展使用的嘱托（翻译）、腿子和联络员达70余人，宪兵分队人员总数为197名。

本溪湖宪兵队主要职责是负责监控军事警察、行政警察、司法警察和"防谍与思想对策"的双重任务，同时又是地方警务统制委员会执行机构。重点是对中共地下组织、各种反"满"抗日组织和人员的侦察，对煤铁公司特殊工人、普通工人，各工矿、学校、团体公教人员思想动向的调查掌握，对各种集会、游行及言论的搜集，对各工矿重大事故和盗窃案件的追查处理，担负日军后勤补给、工厂防卫和监督军需生产等。宪兵分队为有效进行特务活动，发展使用许多密侦、联络员、腿子和嘱托，并把魔爪伸向各个行业，如大小商号、企业厂矿、旅社、饭店、医院、影剧院、妓院、烟馆、杂货铺、寺庙等几乎都被其控制为活动据点[1]。

---

[1] 本溪市革委会人保组清查敌伪档案办公室：《日寇奉天宪兵队本溪湖宪兵分队资料汇编》，1974年，第1-5页，本溪市档案馆藏。

本溪湖宪兵分队为本溪地区最高特务机关，驻本溪湖日本守备队、日伪警察局、法院、公司特高系均得服从宪兵分队控制与指挥。为镇压本溪人民的反"满"抗日活动，本溪湖宪兵分队直接参加"讨伐"辽东地区抗日武装，开展所谓的"治安肃正"。1933年6月，逮捕本溪"特支"成员陈象毅，并破坏中共本溪"特支"组织，1936年又制造本溪湖"思想犯"案件。据不完全统计，1944年9月至1945年光复，本溪湖宪兵分队杀害了150多人。桓仁宪兵分遣队制造了桓仁县救国会惨案。

（三）伪本溪湖宪兵分团

日伪当局为巩固其法西斯统治，破坏和镇压人民的反抗斗争，于1943年6月成立了伪本溪湖宪兵分驻队，1944年10月升格改称"本溪湖宪兵分团"，日本宪兵少佐久光虎之助充任伪本溪湖宪兵分团长，伪满宪兵张英烈为分团团附。分团下设特务系，由张英烈兼主任。特务系有宪兵特务15名，并在社会上发展了嘱托、联络员16名①。其任务是专门负责对本溪湖工人、职员、市民及伪满军队进行秘密侦察，利用嘱托和伪军官兵组成情报网，密查所谓"非法言行"和反"满"抗日分子的活动，掌握我地下工作人员、爱国志士、伪军中的进步分子及其家属的思想动态，运用监视跟踪、书信检查等特务手段进行密侦和迫害。特务系依仗日本侵略者势力为非作歹，大肆搜捕、毒打、迫害爱国人士和进步分子，作恶多端，成为日本侵略者的帮凶。

（四）东边道特别工作部桓仁支部

日军为破坏、瓦解在桓仁地区的抗日武装力量，镇压抗日群众，于1936年至1938年建立了东边道特别工作部桓仁支部，隶属于桓仁县警务统制委员会，即日本驻桓仁宪兵队的分支机构，内设庶务、收复、调查、会计、宣传等科，下设拐磨子、横道川、五里甸子、四道河、二户来、马圈子工作班。

东边道特别工作部桓仁支部负责人先后为咸连浩、韩一，各科科长、各工作班长、工作人员都是清一色的亲日派朝鲜人。该机构是反动的武装特务组织，是桓仁日本宪兵队的重要帮凶，专门从事刺探情报、瓦解劝

---

① 本溪市革委会人保组清查敌伪档案办公室：《日伪奉天宪兵团本溪湖宪兵分团特务系资料汇编》，1972年5月，本溪市档案馆藏。

降、审讯逼供和处置被捕的抗日军民。[①]该组织秉承其日本宪兵队主子的旨意，极为凶残，凡是被抓进特别工作部的抗日志士，很难活着出来。该组织曾直接抓捕活动于桓仁、宽甸等地区的朝鲜革命党、朝鲜革命军领导人，交给日本宪兵队审讯并押送沈阳杀害，还直接参加并与日本宪兵队一起行动，逮捕审讯桓仁救国会组织成员，参与制造了"桓仁救国会惨案"。

二、日伪地方统治机构

日伪县（市）公署是伪满时期最基本的地方政权，是日伪当局统治东北人民的直接指挥机关。九一八事变伊始，日本侵略者一边出兵残酷镇压东北人民的反抗，一边开始夺取县级政权和建立伪政权的阴谋活动。"满洲青年联盟"和"大雄峰会"的成员，在策划成立伪自治指导部后，便以县自治指导员的身份专门在县一级政权收罗汉奸。1931年11月，伪本溪县维持委员会就改为"本溪县自治执行委员会"。1932年6月1日，"本溪县自治执行委员会"改为"本溪县公署"。同年7月5日伪满政府公布了县官制，县知事改称县长，日本人担任的县指导委员长改称参事官。为全面控制县一级地方大权，1932年至1935年又陆续配备了日本人警务指导官、经理指导官和产业指导官，实际把持和操纵本溪地方政治、经济、军警大权。

根据日伪当局制定的《县公署暂行处务规则》，县参事官不但可以代理县长，而且遇事有"重要或疑难事项"，伪县长不得单独处理，必须与日本人参事官共同"裁夺"。至于"机要事项"则专由参事官办理，伪县长不得与闻其事。因此，日本人参事官（或副县长）名义上是辅佐县长处理公务，实际上是监管操纵伪县长的行动，是实际操纵一个县生杀大权的土皇帝，是真正意义上的县长。县里的政治、经济、军事、警备、教育等实权均掌握在日本人手中，而且伪县公署的一些重要部门和重要岗位皆为日本人所把持。无论是本溪县历任伪县长陈荫翘、王荫椿、关庆琨、刘连瑞、王世修等，还是桓仁县历任伪县长周鼎、常荷禄、刘清一等，无不是仰人鼻息，看日本人脸色行事。

伪本溪县、桓仁县公署作为地方傀儡政权，是日伪当局实行殖民统治的重要帮凶和工具，他们不惜出卖国家和民族利益，积极为日伪侵略者效

---

① 郑赞一主编《桓仁朝鲜族200年》，2010年，第91—92页。

力卖命，在日伪当局实行保甲制度、集家归屯、"粮谷出荷"和"勤劳奉仕"等反动政策过程中充当帮凶。

1937年3月，日伪当局实行街制，在伪本溪县公署所在地本溪湖设街，日本政府玩弄政治骗局，以撤销"治外法权"名义，将"满铁"附属地交还伪满洲国政府，原"满铁"附属地本溪湖火车站、顺山、河沿一带并入本溪湖街。1939年10月1日，伪满政府将本溪湖街、宫原一带从本溪县划出，设置伪本溪湖市，隶属于伪奉天省。日本人鲛岛光彦、平野博、藤田、石田茂先后充任市长。

沦陷时期，日本侵略者对街村一级基层政权鞭长莫及，尚主要依靠原有的统治势力。1936年后开始实行暂行街村制度，街为次于市的城镇，村是所谓部落的结合，它在行政上受县以上伪政权的监管和管理。1932年，本溪县全县划为8个区、1个街、101个行政村。1937年，全县共划为25个大村、两个街、378个屯。1937年，桓仁县全县划为两个街、18个大村，村辖93个屯。1940年12月，日伪当局制定了《国民邻保组织确立纲要》，于1941年2月3日正式公布施行。根据这项反动法令，伪本溪湖市设21个区、105个班、1397个组。本溪、桓仁两县农村居民则组成屯、牌。日伪当局制定这一法令，目的就是将人民群众严密控制起来，日伪当局利用这些基层邻保组织，搜"出荷粮"、抓劳工、摊派捐税、"献纳储蓄"等，给本溪人民带来了无尽的苦难。

三、日伪警察机构

日伪当局为保证其法西斯政策的实施，于1932年起在东北建立了一系列警察机构和队伍，各省设警务厅，各市县都设有警察局或警务局（科），局下设警察署和警察队，署下设有派出所和分驻所。在县级警察机构中都委派日本人充任警务指导官，从上到下通过这些日本官员控制了该地区的警察机构。同年5月，根据伪满政府公布的所谓《关东警察署管辖权的归属文件》和《满洲国警察建设要纲》规定，伪警察权由中央管辖，省市警察局隶属于省长的指挥监督之下，县级警察局直接接受县长的监督指挥，并接受日本警备队的命令。

（一）日本本溪湖警察署

日俄战争后，日本侵略者窃取了在本溪湖及安奉铁路线的治外法权。

于1921年3月设立日
本关东厅本溪湖警察
署（俗称黑帽子衙
门）。九一八事变后，
日本殖民当局为扩大
其侵略势力，增加警
察人数，先后在北至
歪头山、南至祁家堡

本溪湖警察署炮兵演习

的安奉铁路沿线本溪区段，共建有13个派出所和分驻所。1930年6月至
1937年12月，先后担任本溪湖日本警察署署长的有植田德次、牧田太猪
藏、大内佐藏、田上乾吉、渡边正雄。1937年12月1日，撤废日本国"治
外法权"后，日本关东厅本溪湖警察署与本溪县衙伪警察署合并，改称
"本溪湖警察署"，其下辖分驻所也分别与所在地的县警务局下辖的警察署
或分驻所合并。1937年12月至1939年10月，充任本溪湖警察署署长的日本
人有新妻仙重郎、横山平四郎、羽田雄三。此外日本关东局警务部还兼管
桓仁警务分署。

　　1939年10月1日，本溪湖地区实行市、县分治，成立了伪本溪湖市公
署，本溪湖警察署改为伪本溪湖市警察厅。1941年1月2日改称伪本溪湖市
警务科，次年10月又改为伪本溪湖市警务局，隶属于伪市长。

（二）伪本溪县警务科

　　九一八事变后，日本驻本溪湖宪兵队接管了本溪县公安局，利用县公
安局和各分局原班人马，于次年3月将县公安局改称"警察局"，公安队改
成"警察队"。伪县警察局下辖8个分局、18个分驻所。1934年5月，伪县
警察局改为"县警务局"，设局长1人，日本首席警务指导官1人。日本人
指导官实际上是警务局的"太上皇"。伪警察大队下设3个步兵中队和1个
骑兵中队。1937年12月，县警务局改称"警务科"，科长皆由日本人充任。
科下设警务、保安、司法、特务、卫生5个股和警察队。全县共有7个"警
察署"，共有警察919名。其中，日本人103名，中国人816名。全县派出所
及分驻所由原来的18处增至68处。1944年7月，伪县警务局只设警务、保
安、特务3个股和特设警备队，下设5个警察署，24个分驻所。

（三）伪桓仁县警务科

1932年10月，日军侵占桓仁后，伪鸭江"剿匪"副司令徐文海率部随日军进占桓仁，设立伪桓仁县警务局，下辖10个分局，同时设伪警察大队部，有步骑兵8个中队，全县警察805名。1934年，日伪当局将伪县警务局下设的10个分局改称10个伪警察署，将伪警察大队455名武装警察改为"行政警察"，配备于各警察署中。伪警察大队仅保留1个中队、101名警员，1个骑兵中队、60名警员，全县有警员662名。1936年，伪县警务局下辖11个警察署、12个分驻所，有警员511名。有日本指挥官4名，加上"警察署"，共有警员557名。1938年，改伪警务局为"警务科"，科内设警务、司法、保安、特务4股。

日伪本溪县（市）、桓仁县警务部门及各级警察署和分驻所，是日本侵略者统治本溪人民的重要工具，干了许多残害本溪人民的罪恶勾当。他们按照日伪当局的命令，经常以各种罪名搜捕与迫害反"满"抗日人员和无辜群众，配合日伪军对抗日武装的"讨伐"与"围剿"，并参与制造骇人听闻的桓仁"西江惨案"。

在日伪当局推行集家归屯、修筑警备道路过程中，日伪警察更是全部出动，进行野蛮地驱赶民众、烧毁民房，给本溪人民带来了极大的痛苦和灾难。日本警察机构在日本侵占本溪期间，成为其殖民镇压机构的重要组成部分，它虽是以警卫租借地、"满铁"附属地和保护日本侨民而设置和派驻的，但实际上和日本军宪势力一起，横行于本溪地区，肆无忌惮地实行残酷的法西斯统治和镇压。

四、推行反动法令

日本帝国主义占领中国东北后，扶植建立了傀儡政权伪满洲国，日本"关东军"为强化对东北人民的殖民统治和镇压人民反抗，奉行"治安第一主义"，通过伪满政府制定了一系列反动的法律法规，从而使其逮捕、镇压、屠杀人民的罪恶行动被披上合法的外衣。这些反动的法律法规在本溪地区得到了全面推行，使本溪人民始终处于白色恐怖的笼罩之下。

为了强化治安，镇压抗日武装，维护其统治，在伪满政府成立不久，就于1932年9月12日公布了《治安警察法》，明确取缔人民结社、集会和言论自由。其中，第五条规定禁止秘密结社；第六条规定在室内为政事而集会必须在会前12小时向相应的警察署提出申请，说明会议的目的、场所及时间；第九条规定在室内外举行公众集会或者组织多数人参加的活动时，发起人要在3小时前向相应的警察署提出申请，说明活动的目的、场所、经路和时间；而第十条规定在街头大路和公共往来之处，不许张贴图画，散发传单，进行演讲，违者警察将予以禁止。《治安警察法》取缔本溪人民的结社、集会与言论自由，因此公开场合莫谈国事，如稍有不慎，就有可能罪名加身。

其后，日伪当局又公布《暂行惩治叛徒法》《暂行惩治盗匪法》，其目的十分明确，就是为了残酷镇压那些意图紊乱国家及危害或衰弱国家存念之基础组织结社者，以及武装反抗日伪当局的所谓"盗匪"。日伪当局把参与反对日伪统治的爱国民众团体诬为"叛徒"和"盗匪"，规定对他们严加惩治。《暂行惩治叛徒法》规定："首魁"处死刑，参与谋议或参加结社者无期徒刑或10年以上有期徒刑。尤其是第九条规定："意图犯第一条乃至第五条之罪而作预备者处无期徒刑或3年以上有期徒刑"。这就为日伪当局惩处本溪所谓的"思想犯"即反抗日伪统治的爱国志士提供了所谓的法律依据。

特别是《暂行惩治盗匪法》还规定：军队"讨伐"肃清成股"盗匪"时，除得临阵格杀外，得由军队司令官依其裁量斟酌处置，当场拿获盗匪，事态急迫有不能犹豫之情形时，得由该高级警察官依其裁量斟酌处置。这里不仅明确规定了军队司令官和高级警察官都有"临阵格杀"的权力，而且规定了他们在执行"讨伐"任务时，可根据事态紧迫程度而采取"裁量斟酌处置"。这些反动法令给予日伪军警宪特以无限的生杀大权，他们可以随心所欲地将本溪人民诬为"叛徒""盗匪"之名，擅自加以杀害，更加纵容了日伪军警的暴虐与凶残。他们仅在本溪就制造了许多次惨案，如桓仁县原伪协和分会会长孟昭堂因暗中参加救国会并为抗联输送军需物资，被日本宪兵队诬为"叛徒"毒打幽禁而死。他们不仅将人民正义的反抗行动称为"盗匪"，制造了"西江惨案""赛马惨案"等一系列惨案，更有甚者，日伪军警还经常下乡"讨伐"抗日武装，为炫耀所得战绩，有时还将无辜群众诬为"盗匪"，致使偏远山区许多抗日志士甚至无辜群众惨遭杀害。

日伪当局为防止城乡人民的反抗，相继公布了关于收缴和取缔民众使用武器的法令。1933年5月18日，公布《暂行枪炮取缔规则》。1935年11月1日，又公布《火药取缔法》《火药原料取缔法》。1936年，公布《枪炮取缔法》及该法的实施细则，并设置了相应专门机构，不断加强民间武器的收缴力度，对私藏武器与材料者，则加以罪名并横加残害。当时在本溪县赛马集附近地区就收缴民间各类枪支上千件。

1937年1月4日和11日，伪满政府又颁布《刑法》及《刑法实施办法》，详尽规定了各种犯罪的认定和处罚规则等，它比上述各法的条款更加全面、更为残酷。其中，对"反对帝室罪""内乱罪""背叛罪"列为各种犯罪之首，还列有"危害国家罪""妨害公务罪""妨害公安罪""危险物罪"等多款。关于"内乱罪"，即凡参加抗日斗争的爱国者均被定为"内乱罪"，其领导者处死刑，对"参与谋议或指挥群众者""其他掌握诸般要务者""服从者"则分别处死刑、无期徒刑、10年以下之徒刑或禁锢。

太平洋战争爆发后，日本军队在亚洲和太平洋战场节节败退，为稳定其战时后勤军需供应保障基地，日本对中国东北的统治变本加厉。1944年6月12日，伪满政府又进一步公布了《时局特别刑法》共74条，属于1937年伪《刑法》的强化版。它规定了各种各样的罪名，诸如"反对帝室罪""内乱罪""危害国家罪""学校保护法罪""治安维持法罪""思想犯""国事犯""嫌疑犯""经济犯"等50余种罪名，妄图以更加残酷的统治、更加严厉的手段来换取他们的苟延残喘。

由于上述一系列反动法令的公布与实施，日伪当局及其军警宪特更加肆无忌惮地到处制造白色恐怖，捕杀各族人民，以维护其摇摇欲坠的殖民统治。在各种反动法令的纵容和驱使下，举凡集家归屯、保甲连坐、"出荷""献纳""勤劳奉仕"，抽"国兵"、抓劳工等等，都变得合理合法，不知有多少本溪人为此而身陷囹圄，倾家荡产。日伪军警宪特更是横行霸道，随意敲诈勒索，任意杀戮。在白色恐怖之下，本溪人民不得不谨言慎行，因为吃一口大米饭就成为"国事犯"；说一句"我是中国人"，就成为"思想犯"；随便买卖一点东西就成为"经济犯"。甚至连做人的一点权利和尊严都没有，整天生活在提心吊胆的惶恐之中，这是对日伪当局所标榜的"王道乐土"新天地的极大讽刺。

五、实行保甲连坐

日本侵略者为在中国东北尽快地建立起殖民统治秩序，强制推行了反动的保甲制度。日伪当局认为，"建国之初我国的治安情况，如就匪徒达30多万人之多这一点就表明，治安情况是极其不好的，而且如果只依靠日满军警的力量，无论如何也是不能轻易取得肃正实效的"。日伪当局把中国历史王朝为维护封建统治而制定的保甲制度，注入了日本法西斯统治的内容，使两者结合成为维持其法西斯统治，残酷镇压和迫害东北人民的反动制度。

1933年12月22日，伪满政府公布了《暂行保甲法》。1934年1月和2月，又先后公布《暂行保甲法实施法》和《关于实行保甲法须知》。于1935年指定实施保甲特别工作的有本溪县，其后为桓仁县。《暂行保甲法》的内容，包括保甲制的组织、连坐法的应用和自卫团的规定3个方面。

保甲制度的组织基础是保、甲、牌制。《暂行保甲法》规定，对县以下的组织机构实行保、甲、牌制。根据该法，居民以10户为1牌，以10牌为1甲，以1村区域内的甲牌合为1保，以警察管辖区域内之甲合为1保。保设保长、副保长；甲设甲长、副甲长；牌设牌长1人。这些保、甲、牌由地方行政官长和警察署长指定，并接受警察署长的指挥监督，承担着预防"通匪"、经费征收、户口调查、收缴武器、辅助警察、官吏、制定保甲规约，对保甲内的居民要求严格遵守保甲章程。一句话，就是要本溪人民服服帖帖做日本侵略者的奴隶。桓仁县实施保甲法后，全县编为10保、95甲、1580牌。

保甲制的核心是连坐制度。《保甲法》中的连坐制度规定十分严酷和恶毒，牌之住民中有犯有所谓"扰乱治安"的各项"犯罪"，如"内乱罪""外患罪""公共危害罪"等之一者，各户均有连带责任，警察署长得以对该牌各家长课以2元以下连坐金，除非事先"报官"或"自首"。这样，就造成了保甲牌内的住户相互之间的监视与防范，邻里关系紧张，互不信任。一人犯科，全牌负责。即牌内一人犯过，除本人接受刑事制裁外，其余9户均须受到2元以下的连坐罚金，这正是保甲法的要点和核心。

伪自卫团是日伪军警的辅助力量。根据《保甲法》规定，保与甲还负有组织伪自卫团的义务，同时也有由警察署长命令组织起来的，却是冠以所属的保或甲的名称。伪自卫团的团员由管内居住一年以上、18岁以上至40岁以下分子（除公务员和残疾者）组成。伪自卫团负责人，设团总、副团总，团长、副团长，均由伪警察署长指定，并在伪警察署长、保长、甲长的指挥监督下，负责维持"公共秩序"。而保甲牌的费用及自卫团的经费与税捐一样，由保、甲或牌内居民必须缴纳。

在本溪县，这种强制性伪自卫团普遍建立之前，日伪当局为解决燃眉之急，首先控制和利用了在九一八事变前本溪县原有的自卫团体，如孟凌云曾在本溪县8个区编设自卫团，并招降纳叛，团下设中队，每个中队多则100人，少则40人，共有自卫团丁1716人。至1935年8月，本溪县伪自卫团又分为常备和预备两种，预备团员总数达23116人，其中，常备有1997人。至1941年，本溪县在25个大村和2个街（田师傅、桥头）设立17个伪自卫团，共有团丁3510人。1942年太平洋战争爆发后，日军主力从本溪地区撤走，本溪县又补充伪自卫团丁9898人①。据1936年12月统计，桓仁县有伪自卫团员584人。为保证保甲法的实施，日伪当局还配备了专职保甲指导官，专门从事强化巩固保甲制度工作，并进行保甲培训。

实施保甲制度和实施集家归屯一样，都是日伪当局"治安肃正"中的"治本"措施，并通过户口清查登记等措施将人民群众严密地控制起来。保甲自卫团担负着"集团部落"的警备，辅助伪警察维持治安，还配合日伪军对抗日武装进行"讨伐"，充当镇压人民的工具。1935年8月21日，桓仁县凉水河子伪自卫团窜至大荒沟，以"剿匪"为名，烧毁民房20间，抓走42名无辜群众，其中28人被抓到凉水河子万人坑砍头。伪自卫团充当日伪军警的帮凶，也自然成为东北人民革命军攻击的目标。1935年10月，第一军第一师突袭桓仁县第六区三道岭子伪警署，俘伪警和伪自卫团丁28人，缴步枪19支，土枪11门②。

日伪当局实施《暂行保甲法》给本溪人民带来了极大危害。其一，保甲制度将本溪人民禁锢在牌、甲、保的组织之中，使广大民众完全丧失了人身自由，既要遭受中国封建宗法关系与封建宗族关系的束缚，又要遭受日本法西斯殖民统治和压迫，并通过保甲组织将其各项反动政策法令直接下达到基层组织并严加控制。其二，由于实施保甲连坐，使本溪城乡广大

① 本溪市党史地方志办公室编著：《中国共产党本溪史》第1卷，辽宁人民出版社，2004年，第41页。
② 《伪奉天地方警务统治联络委员会文件摘编》，载本溪市党史地方志办公室编著：《本溪人民抗日斗争纪实》，沈阳出版社，2015年，第114页。

民众整日都处在彼此间的戒备、监视甚至仇视之中，极大地束缚了广大人民群众的抗日救国行动，遏制了人民群众同人民革命军等抗日武装的关系，从而使日伪当局达到了严密监视和镇压民众的反满抗日的目的。其三，随着保甲法的普及和伪自卫团数目的大量增加，一方面弥补了伪警察统治的不足，驱使他们经常配合伪军"讨伐"抗日军民，进而成为镇压民众的帮凶。其四，实施保甲法和组建伪自卫团，加重了本溪城乡民众的负担，令本溪人民苦不堪言。

直至1937年，由于日伪当局改行市、街、村制，实施了两年的保甲制才正式取消。

第三节　日伪当局的血腥暴行

日本侵略者侵占本溪以后，激起了本溪人民的强烈反抗，本溪义勇军奋起抗战，打击日寇，东北人民革命第一军驰骋本桓，频繁出击；本溪各阶层爱国民众也以不同方式开展反日斗争。日伪当局为巩固其殖民统治，对本溪人民的抗日斗争进行了持续不断的武力"讨伐"和血腥镇压，并推行集家归屯和"三光"政策，制造了一系列惨案，肆意屠杀无辜平民，犯下了滔天罪行。

一、"讨伐"镇压抗日武装

（一）对本溪义勇军的"讨伐"

从1931年10月到1932年8月，日本关东军"讨伐"的重点是黑龙江省马占山部原东北军、吉林救国军，以及辽西义勇军。由于当时日军兵力不足，主要集中于中长铁路和沈山线铁路附近地区，对兴起于辽东南三角地区的邓铁梅部东北民众自卫军和东边道地区的唐聚五部辽宁民众自卫军尚无暇南顾，主要是以伪奉天地区警备司令于芷山统领的伪满军为主，于1932年5月至9月，集中伪满军第一、第二两个支队和伪靖安游击队共4000余人，并有小股日军参与，对东边道唐聚五部进行"讨伐"。但在于部伪满军"讨伐"新宾时，被李春润部击败；在进攻宽甸时，辽宁民众自卫军与伪满军姜全我、徐文海作战时互有胜负，但伪满军在进攻桓仁时，于砍川岭被自卫军击败，未能踏进桓仁一步。"讨伐"结果，"匪势很强，奉天军在各方面节节撤退"①。

第二次讨伐，自1932年10月初到月末，日本"关东军"调集主力部队3个旅团，即骑兵第四旅团、混成第十四旅团、骑兵第一旅团，加上第二、八、十一师团各一部，伪满军及伪靖安游击队，共约两万余人，"讨伐"目标是在沈海、安奉铁路上的要点，缩小包围圈，欲将"反满抗日兵匪，特别是以唐聚五为头目的兵匪集团，包围在通化、桓仁地区歼灭之"，"力求捉住或杀死其头目唐聚五"②。日军于10月中旬，在飞行队的配合下，对通化、桓仁等地区的辽宁民众自卫军进行全面重点进攻。日军第十四师团高波第一骑兵旅团，进至朝阳镇、海龙一带；日军混成第十四旅团部署在英额门、营盘一带；日军茂木第四骑兵旅团集结于本溪桥头，经赛马集、暖阳、宽甸，沿宽甸——牛毛坞——普乐堡——桓仁大道进攻，于10月20日攻占桓仁县城。辽宁民众自卫军各部虽经过节节抵抗，但均告失败。其中，"收伏唐玉振以下约一千名，击毙二百七十多名"③。

辽宁民众自卫军大部溃散后，日本"关东军"又集中优势兵力，对辽东三角地区邓铁梅部东北民众自卫军等部进行重点"讨伐"。日军集中第二师团、第六师团各一部，与驻连山关日军独立守备第四大队等精锐部队和大批伪满军，自1932年12月至1934年5月，先后对这一地区进行了4次大讨伐，使邓铁梅等部义勇军遭受了重大损失，被迫化整为零活动，邓铁梅被捕牺牲，辽东三角地区抗日斗争转入低潮。

除对东边道和辽东三角地区讨伐外，日军还对活动于安奉铁路沿线的小股义勇军进行"讨伐"，据日伪《警察署讨伐匪贼出动次数调查》记载：1931年9月至1934年3月，本溪县日伪军警"讨伐"出动110次，共毙杀"匪贼"364人，伤615人④。另据日伪《康德三年前半期肃正工作效果表》记载：仅1936年桓仁县日伪军警就"讨伐"38次，共射杀"匪首"4人，

---

① 中央档案馆等编：《日本帝国主义侵华档案资料选编·东北"大讨伐"》，中华书局，1991年，第27页。
② 〔日〕参谋本部编：《满洲事变作战经过概要》第2卷，田琪之译，中华书局，1982年，第5页。
③ 中央档案馆等编：《日本帝国主义侵华档案资料选编·东北"大讨伐"》，中华书局，1991年，第30页。
④ 〔日〕关东局编：《关东局施政三十年史》，东京原书店，1974年，第180页。

射杀总数128人，负伤总数173人，逮捕总数9人[①]，日本细木部队在桓仁大恩堡"讨伐"时，杀害义勇军80人。

1936年1月至1937年2月，日伪当局专门组织日伪警察队，以本溪湖两侧为中心进行"讨伐"。其中，在本溪湖西北鹊鹤岭地区，与义

日伪军在本溪湖附近镇压抗日武装

勇军余部"双合""卫国""仁义"等部100名交战，在10月21日交战中，义勇军被射杀17人，被逮捕2人。从11月5日至13日，日军渡边部队与山口部队转战于本溪湖各地，"扫荡匪团"交战13次，射杀"敌匪"58名[②]。12月1日，日军渡边游击队在本溪县老金场"讨伐""占东洋""鹿鸣林"部义勇军，义勇军牺牲7名。次日又在三道林子附近与义勇军"老北风"部作战。

（二）对抗联第一军的"讨伐"

1934年2月至1938年间，东北人民革命军（1936年7月改称东北抗日联军）第一军挺进本溪、桓仁山区，开辟抗日游击根据地，神出鬼没地与日伪军展开游击作战，不断消灭敌人有生力量，令日伪当局十分恼火和头痛。为了从根本上消灭抗联部队及受抗联第一军改编的其他抗日武装，日本"关东军"于1936年4月制定了治安肃正三年计划，开始改变策略，对抗联第一军部队进行全方位立体"讨伐"。

一是实行"治标"与"治本"相结合。所谓治标即出动军队直接"讨伐"；所谓"治本"即实行集家归屯、设定无人区、强化警备道路和通讯网、户口清查登记等手段。"为使匪贼无存在之余地，通过捣毁匪贼山寨，组成集团部落、划定无人区、分离匪民等工作，使其孤立，然后进行讨伐加以歼灭"[③]。日伪当局先后在桓仁、本溪两县实行集家归屯的反动政策，

---

① 《省政汇览》第7辑，M4133-2卷，大连图书馆藏。

② 中央档案馆等编：《日本帝国主义侵华档案资料选编·东北"大讨伐"》，中华书局，1991年，第120、123-124页。

③ 中央档案馆等编：《日本帝国主义侵华档案资料选编·东北"大讨伐"》，中华书局，1991年，第218页。

切断了抗联第一军与人民群众的联系，使抗联部队失去了粮食、衣服、食盐等物资供应和住宿条件，不得不在山野露营，加上日伪军不间断的"讨伐"，使抗联第一军受到很大损失。

二是实行大部队"讨伐"与小股游击队的"讨伐"相结合。大规模"讨伐"如1936年6—7月，针对抗联第一军第一师西征，先后调集两千余人对一师西征部队进行围追堵截，并出动伪自卫团、棒子队站岗放哨，传递消息；同年11—12月，先后调集3000余人，对抗联第一军第三师西征部队进行"讨伐"，使抗联第一军两次西征均告失败。还有1937年2月、1938年2月，集中优势兵力对抗联第一师根据地本溪县和尚帽子进行大规模讨伐，使抗联第一师遭到重大损失。在大规模讨伐的同时，日军还针对抗联部队机动灵活作战的特点，派出日军小股游击队对抗联小股部队进行跟踪"讨伐"，如福本游击队、野田游击队、渡边游击队、黑崎游击队等。日军还进行化装偷袭，如1937年7月16日，当杨靖宇率领第一军向新宾黄土坎行进时，就遭到化装成朝鲜族群众的日伪军的突然袭击，中共南满省委组织部长李东光等15人不幸牺牲[1]。

三是实行军事讨伐与诱降相结合。日军在对抗联部队进行连续不断军事讨伐的同时，又采取了"怀柔"政策，对抗联部队中的意志薄弱者和接受抗联第一军改编的义勇军进行诱降。1936年7月，日本驻桓仁宪兵分遣队东边道特别工作部桓仁工作班利用日伪宪兵、特务，对接受抗联改编的义勇军进行劝降，至同年冬、次年初春，先后收降了数百名接受第一军改编或与第一军结盟的抗日武装。1937年12月至1938年6月，日军调来专事追踪、捕杀和诱降的长岛工作班在桓仁和本溪先后抓捕或迫降了胡国臣、安光勋、程斌、常伯英等抗联第一军或第一师的领导人，使抗联第一军暨本桓抗日游击根据地遭到毁灭性破坏。

二、实行集家归屯与"三光"政策

所谓集家归屯即建设"集团部落"，是日本"关东军"在东北沦陷区为消灭抗日武装和控制人民群众，而在抗日游击区强制实施的一种法西斯政策，即将散居于偏远山区自然村屯的居民强制驱赶搬迁到日伪当局指定的

---

① 赵俊清：《杨靖宇传》，黑龙江人民出版社，2015年，第275页。

聚居点集中监视居住，建立隔离设施和警备网，制造无人区，以实现所谓的"匪民分离"，从而达到消灭抗日武装的罪恶目的。

建立"集团部落"，实施集家归屯是日伪当局"治安肃正"计划中的"治本"措施之一，最早是1933年日伪当局在吉林的延吉、和龙、珲春3个县建立的"集团部落"。1934年12月3日，伪满民政部发布所谓的《集团部落建设》文告，根据日伪制定的《东边道复兴计划》，1935年开始在伪安东省桓仁县等县实施集家归屯，1936年开始在伪奉天省本溪县等地区加紧建设"集团部落"。

日伪当局规定，"集团部落"建设，原则上规定是以50户以上、150户以下为单位（后有所突破），部落原则上要求为200米×200米的正方形，并构筑防卫设施，如炮台、土墙、铁丝网和壕沟。每个部落原则上只设一个前门，多则也有设两个门或4个门的。"集团部落"建成后，由日伪军警或伪自卫团警备把守，被驱赶到"集团部落"的民众，毫无自由权利可言，经常受到日伪当局的迫害和摧残。比如，出入部落大门要携带身份证，或经伪村长、伪自卫团长签署的通行证，不准早出晚归，白天不许去远离部落的地方耕作，晚间更要受伪警察的监视与威胁，不准插门点灯，不许三五人一起走路谈话等。稍有违背，就会遭到毒打、抓捕甚至杀害。

本溪地区的集家归屯，一开始就充满了暴力和血腥。驻桓仁县和本溪县日本守备队和伪县公署，按照日本"关东军"的命令，出动日伪军警，将散居于山区自然村屯的居民强行驱赶到日伪当局指定的聚居地区集中并建起"集团部落"（又称围子）监视并控制起来，逾期不迁者，便烧房子杀人。1935年秋，桓仁县日伪当局在全县范围内强制群众集家归屯，凡山区零散住户，全部限期迁至当局指定的村内居住，企图割断人民群众与抗日联军的联系。凡拒绝搬迁，或来不及拆房搬东西的，即放火烧房子，仅5天之内，全县农村被强行烧毁、扒掉的民房就达3.8万余间，使上万人无家可归[1]。

在桓仁西路，日伪当局强迫民众从横道河子各沟岔直到高台子，一律集中到铧尖子西堡，最远处达15千米。为归屯强迁，日军和伪警察从沟里开始放火烧房子，除横道河子村会房子和高台子刘家大院外，所有房屋、

---

[1] 侯锡爵修，罗明述纂：《桓仁县志》卷十六艺文志，1930年抄本。

家具和地里庄稼全被烧光。川里谷草垛沟李春阳一家7口，因未按时搬迁，结果房子被烧毁，全家人被杀。在桓仁南路，1935年秋，农民正在收割庄稼，日本守备队突然开到横道川，抓住一批年轻农民，在每人后背贴上"放火队"的白纸，然后每人发盒火柴，被守备队持枪驱赶着，由红汀子开始，经四平街、摇钱树、刀尖岭各沟岔，见房就烧，长达35千米的山沟房子全被烧毁，强迫群众搬迁到沟外横道川围子住。1936年，在桓仁北路集家归屯中，除姜、宋、赵、朴4家大院保留未归屯外，其余140多个自然村屯的民房全被烧毁，强迫集中到30个"集团部落"之中①。

桓仁地区最大的"集团部落"要数木盂子村"集团部落"。1936年，在日军威逼下，木盂子村建成大围子，当时被驱赶到该围子里的群众有400多户。大围子修有围壕，拉上铁丝网，围子四角上修建了4座大炮台，还有16个小炮台，由伪保甲自卫团看守大炮楼，强迫群众轮流守护小炮楼。围子大门戒备森严，白天由日伪军站岗，晚上四门紧闭，不准外出。拐磨子的"集团部落"则由70多人的伪自卫团警备。

日军为集家归屯，达到"匪民分离"进而消灭抗日武装的目的，对不愿归屯的民众及房屋一律实行烧光、抢光、杀光"三光"政策，不仅烧房子，更制造惨案。1937年12月12日，驻宽甸下露河的日本守备队和伪警察90余人，来到桓仁县夹皮沟一带强行并屯，将该村内不愿归屯的30余名无辜农民驱赶到浑江岸边，然后由日军士兵用刺刀逐个刺入后心，推入江中，制造了"夹皮沟惨案"。其中村民张德盛一家7口全部遇难，最小的孩子尚未满月②。

本溪县是1936年开始实施集家归屯，伪县公署于1936年7月25日发布《关于实施集家法从速迁移之件》，内有"今为维持地方治安计，实施集家法，将各处零星住户迁移于另图所指附近部落"，并限定于7月底以前搬迁完毕，并制成《本溪县各区防护设施"集团部落"表》下发，全县计划建设264座"集团部落"并强制搬迁。但由于人民群众的强烈反对和抵制，加

① 桓仁县地方志编纂委员会编：《桓仁县志》，方志出版社，1996年，第579页。
② 王从安：《残酷的集家归屯》，载《魅力桓仁》编委会编：《魅力桓仁5·史话传说》，吉林文史出版社，2011年，第103页。

上仅限定5天时间搬迁完，实际上也根本做不到[①]。

1936年5月，驻碱厂的日本守备队到田师傅地区的茅庵、周厨沟、小张家堡后荒地及果峪沟，将上述自然村屯200余户400余间民房全部烧光，并枪杀无辜平民2人。1937年7月，日本侵略者将本溪大、小套峪两道沟里共278户民房全部烧毁，变成无人区。同年10月27日，仅一天时间，日军就将碱厂东部一带的东营房、洋湖沟、小东沟、红土甸子、小四平、老营沟等小屯子的300余间民房全部烧掉，大阳屯农民侯庆东全家12口人，被日军杀死6口。碱厂以东8个小村落，被日军烧毁民房1238间，有数十名居民被杀[②]。

本溪县从1936年开始实施集家归屯，由于广大人民群众的抵制和抗争，使日伪当局的集家归屯的进展受阻，当年虽然建立了一些"集团部落"，但真正有"防护能力"的只有21座，这令日伪当局十分恼怒，在其后的几年间，继续强制推行"集团部落"建设和"三光"政策。1940年6月1日，日伪当局又颁发所谓"村屯废合令"，在日本守备队的直接指挥下，伪本溪县公署共组成8个督战宣抚队，由伪县长关庆琨、伪参事官三松泰助和各科长、日本警务指导官担任队长，分赴全县8个区，指挥督导实施。各伪警察署长和全体伪警察进入各村第一线进行强制拆迁。凡是被迁屯落均限一周内拆搬完，到期不拆的农民房舍一律放火烧光，鸡犬不留，有些故土难离的老人惨遭杀害。

据初步统计，桓仁县前后共建设"集团部落"199座，其中1938年建成52座。本溪县从1936—1940年共建成"集团部落"255座，其中1936年建成21座，1940年建成28座。整个本溪县境内有上千个自然

日本侵略者在本溪地区建立的"集团部落"

---

① 《本溪县公署训令：本内行第一〇四号之二》（康德三年七月二十五日），载《本溪县政公报》1936年第2卷第5期。

② 本溪县志编委会编：《本溪县志》未刊稿，1983年，第596-597页。

村屯，计有75%的村屯被烧毁，这是日本侵略者欠下的又一笔血债①。

日伪当局在本溪地区实施集家归屯政策，给本溪人民带来了深重的灾难和影响。

第一，集家归屯是日本帝国主义极其残暴的法西斯统治政策，是与日本"关东军""治安肃正"计划中军事讨伐"治标"相呼应的"治本"措施之一，是"关东军"奉行"治安第一主义"的具体体现。集家归屯的过程，实质上就是日本侵略者实施"三光"政策、制造无人区的过程。在本溪地区集家归屯的过程中，数万间民房被烧毁，成百上千因不愿意搬迁或来不及搬迁的居民被杀害，本溪县后沟惨案、桓仁县夹皮沟惨案等就是例证。集家归屯后，原偏远山区即被列为"匪区"，即无人区，不准进入，如有进入者即遭枪杀。有的农民搬迁后，地里粮食未收拾，还有进深山砍柴走错路的，如遇上日伪军"讨伐队"即遭枪杀。集家归屯和"三光"政策惨无人道，灭绝人性，是日本帝国主义对本溪人民犯下的又一滔天罪行。

第二，集家归屯这一阴险毒辣政策的实施，割断了抗联第一军与本溪人民之间的血肉联系。日伪当局建设大量"集团部落"的罪恶目的，就是要使东北抗日武装"欲穿无衣、欲食无粮、欲住无屋，杜绝其活动之根源，使其穷困达于极点，俾陷于自行歼灭之境"②。集家归屯作为日伪当局对抗日武装特别是东北抗联所实施的经济封锁政策，与日伪当局实施的保甲制度、户口调查、警备道路、警备电话等"治本"措施相配套，给抗联第一军在给养、宿营、兵员补充和弹药补充方面造成了极大困难，给本溪地区抗日斗争形势带来了严峻影响。东北抗联第一路军副总司令魏拯民在1940年给中共中央的信中指出：由于日军"积极的采用了'集团部落'以及经济封锁等手段，斗争形势较前更尖锐化"，"由于敌人完成了集团部落，就造成我军粮食、物质上的很多困难，因而队内物质生活就逐日恶化下去"③。

---

① 谭会忠：《伪本溪县公署轶闻录》，载中国人民政治协商会议辽宁省本溪县委员会文史资料研究委员会编：《本溪县文史资料》第6辑，1991年，第46—47页。

② 禹硕基等编：《日本帝国主义在华暴行》，辽宁大学出版社，1989年，第544页。

③《魏拯民关于抗联第一路军发展概况致中共中央代表团的报告（节录）》（1940年4月），载《中国人民解放军历史资料丛书》编审委员会编：《东北抗日联军·文献》，白山出版社，2011年，第797—798页。

第三，集家归屯残酷地剥夺了本溪人民的民主和自由的权利，给本溪人民带来了深重灾难。集家归屯使大片土地被撂荒，仅桓仁县就撂荒土地达10万亩以上，本溪人民失去了世代赖以为生的土地和栖身的房屋，而归屯后的围子，又称"人圈"，警备森严，人们出入受到极大限制，实质上就是一座座变相的法西斯集中营。归屯前的偏远山区自然村屯大部分民房被烧毁，归屯后的人们不仅没有任何经济补偿，还被限制了人身自由。日本"关东军"参谋长东条英机说："集团部落的建设，虽暂时给居民以相当的痛苦，但由此可使行政权易于行使，且在思想对策上将会得到很大的利益。"① 而日伪当局却说集家归屯是为了"使其沐浴王道乐土的慈光，振兴民力，使民众能真正在王道治下安居乐业"②。人民群众被强迫迁入"集团部落"，居住行动被监视，出入受盘查，何来的"振兴民力"？农民的家园被烧毁，耕地被撂荒，又何来的"安居乐业"！

第四，集家归屯将本溪人民推向了更加苦难的深渊。居民被限制在"集团部落"里，生活条件极为恶劣，人民群众只好挖地窖子、搭马架子，过着缺粮少饮、饥寒交迫的悲惨生活。加上"集团部落"内卫生条件极差，房屋破漏，人口稠密，垃圾遍地，导致各种传染病普遍流行。连日伪当局也承认："本溪地区居民的穷困状况，在衣食住各方面都令人目不忍睹。""本地区所以发生斑疹伤寒、猩红热等瘟病，主要原因几乎都是由于衣食极端粗劣和杂居在残破与尚未建成的不完备房屋所致。"

日本侵略者在东北地区建立"集团部落"，受到国际社会的谴责。而日伪当局却颠倒黑白，极力辩解。明明是日军主导实施集家归屯，却诡称"集团部落的建设，务须在军警的长期保护下进行"，诡称"仍是由当地居民自主发起和官宪的指导吻合一致，由满洲国当局自行实施的，日本方面不过给予了援助而已"。明明是违背人民群众意愿而被暴力驱赶，却诡称"绝不是强制收容，而是他们为了自身生命财产的安全和欢迎自家经济的更生与发展，主动迁入的"。明明是日军野蛮烧毁群众原居村屯的房屋，却诡称"村落的破坏与烧毁，实际上乃是这些居民在其迁离后，预断到有被匪

---

① 《日本关东军参谋长东条英机关于东北防卫地区治安肃正问题的讲话（节录）》（1937年6月11日），载中国抗日战争军事史料丛书编审委员会编：《东北抗日联军参考资料》，解放军出版社，2015年，第193页。

② 陈本善等：《日本侵略中国东北史》，吉林大学出版社，1989年，第234页。

类所利用（匪类用这类房屋为根据地）的危险而采取的行动"①。这是典型的强盗逻辑。

三、制造系列惨案

日本侵略者侵占本溪期间，为巩固其法西斯统治，镇压本溪人民的反抗，在本溪实行白色恐怖，先后制造了桓仁救国会惨案、西江惨案、凉水河子惨案、赛马惨案等一系列血腥暴行，手段残忍，令人发指。

（一）桓仁救国会惨案

日伪当局为镇压东边道地区抗日武装，于1936年实施"治安肃正"计划，因此对桓仁作为"东边道治安唯一不良地区"格外关注。"怀疑在住民和匪贼之间或许有什么联系或密约"，因此在对抗联第一军进行军事"讨伐"、推行集家归屯的同时，派出大量特务和密探进行侦察，"发现无缘无故的以教育人员为中心，由官方有力者组成了反'满'抗日秘密结社北平救国会桓仁分会，同时大致了解了该组织在安东省普遍存在，其策划与活动的中心地是安东"②。因此，从9月7日开始到11月18日，出动大量军警，首先分批逮捕了桓仁救国分会人员，包括桓仁县教育会长孟继武、县内务局长邱占元、县商会会长钟德滋等115人。

日本宪兵队对被逮捕的爱国志士进行了严刑拷打，逼他们承认参加桓仁救国会的情况，包括采用上大挂、抱火盆、灌凉水、灌辣椒面、坐老虎凳、棍棒抽打，"每日每夜，宪兵队院内，身遭毒手的人们，呼天号地，遍体鳞伤，耳不忍闻，目不忍睹，昼难饮食，夜难成寐，惨不堪言"③。王在镐等4人在刑讯中被折磨致死。同年11月，有78人被日伪当局解送到沈阳伪奉天第一军管区司令部军法处复审，所谓复审也不过是走一下过场而已。最后，军法处以"叛国罪"和"国事犯"等罪名，分别判处死刑10人，无期徒刑5人，46人被判处有期徒刑。1937年1月12日和2月8日，李

---

① ［日］满洲国治安部警务司编：《满洲国警察史》上卷，吉林省公安厅公安史研究室、《东北沦陷十四年史》吉林编译组译，1990年，第233–235页。

② 《伪满中央警务统制委员会关于逮捕安东省内反满抗日秘密组织救（保）国会的综合材料》，载辽宁省教育志编纂委员会编：《辽宁教育史志资料》第3辑下，辽宁大学出版社，1990年，第851页。

③ 钟如森稿，邵文津整理：《无辜被抓"思想犯"，系身囹圄近七年》，载中国人民政治协商会议辽宁省桓仁县委员会文史资料委员会编：《桓仁文史资料》第1辑，1985年，第67–68页。

德恒、孟继武等10人被判处死刑，押至沈阳浑河沿，在高呼反日口号中英勇就义。

在桓仁救国会惨案中被判处徒刑的人员，先被关押在"奉天陆军监狱"未决监，身陷铁窗冰室，遭受非人摧残，饭稀难见米粒。当时狱中流行一首歌谣："秫米煮成两碗粥，鼻风吹得浪悠悠。碗中好似团团镜，苦命之人在里头！"[1]这是身陷囹圄的爱国知识分子悲惨处境的真实写照。

后来，日伪当局又将这些所谓的"犯人"转押至抚顺监狱，而且昼夜被戴上几公斤重的铁镣。开始都关在一个大屋里，白天即整天坐在地板上，不准讲话和看书报，大小便必须报告，甚至连咳嗽、吐痰，晚上睡觉翻身也得报告，毫无人权可言。

表7-2　桓仁县救国会惨案中部分受害人情况调查表

姓名	次章	年龄	所在单位	职务	受害情况		
					时间	地点	结果
孙承璞	玉山		桓仁县农务会	会长		桓仁日本宪兵队	刑讯打死
金祝庚	聚廷		桓仁县贫民工厂	原厂长		桓仁日本宪兵队	刑讯打死
王在镐	宅京		桓仁县教养工厂	前厂长		桓仁日本宪兵队	刑讯打死
邱占元	春伯	41	桓仁县内务局	局长	1936.10.12	桓仁日本宪兵队	刑讯打死
孟继武	作忱	48	桓仁县教育会	会长	1937.2.8	判处死刑　沈阳	惨遭枪杀
李德恒	景南	42	桓仁县师中学校	校长	1937.1.12	判处死刑　沈阳	惨遭枪杀
吕庆临	敬五	38	桓仁县职业中学	校长	1937.2.8	判处死刑　沈阳	惨遭枪杀

---

[1] 刘全波：《救国会事件》，载《魅力桓仁》编委会编：《魅力桓仁5·史话传说》，吉林文史出版社，2011年，第107页。

续表

姓名	次章	年龄	所在单位	职务	受害情况		
					时间	地点	结果
宋国昌	禹言	42	桓仁县女子中学	校长	1937.2.8	判处死刑 沈阳	惨遭枪杀
富广贵	云斋	36	铧尖子小学	校长	1937.2.8	判处死刑 沈阳	惨遭枪杀
关景春	麟书	46	北关小学	校长	1937.2.8	判处死刑 沈阳	惨遭枪杀
王世兴	居九	40	沙尖子小学	校长	1937.2.8	判处死刑 沈阳	惨遭枪杀
李秉钧	剑秋		普乐堡小学	校长	1937.2.8	判处死刑 沈阳	惨遭枪杀
刘子藩	介臣		协荣汽车公司	经理	1937.2.8	判处死刑 沈阳	惨遭枪杀
王增志			桓仁县警务局	警长	1937.2.8	判处死刑 沈阳	惨遭枪杀
聂振东			业主沟小学	校长	1937	在桓仁遇难	惨遭枪杀
杨国栋	翰忱	36	桓仁县图书馆	馆员	1937.5.2	抚顺监狱	病死狱中
王锡良	达善		桓仁县教育会	原副会长	1937	抚顺监狱	病死狱中
姜吉忠		30	桓仁县女子师范	教员	1937.11.24	抚顺监狱	病死狱中
李静波	迁彤	31	桓仁县师中学校	教员	1937.11.25	抚顺监狱	病死狱中
耿福清	镜轩		桓仁县师中学校	教员	1937	抚顺监狱	病死狱中
孙庆光	衍绪		铧尖子小学校	教员	1937.5	抚顺监狱	病死狱中
王仙洲		41	铧尖子小学校	教员	1937	抚顺监狱	病死狱中

续表

姓名	次章	年龄	所在单位	职务	受害情况		
					时间	地点	结果
刘永清		42	桓仁县税务局	科员	1937.12.22	抚顺监狱	病死狱中
臧咸九	乾元	32	桓仁县职业中学	教员	1937.11	抚顺监狱	病死狱中
史学忠	精乙	43	桓仁县职业中学	教员	1938.7.8	抚顺监狱	病死狱中
杨春芳	晓园	40	桓仁县内务局	科员	1940.6	抚顺监狱	病死狱中
王运兴		29	北关小学	教员	1940	抚顺监狱	病死狱中
徐建毅	宏轩	29	北关小学	教员	1941	抚顺监狱	病死狱中
王达山			桓仁县女子职业中学	教员		抚顺监狱	病死狱中
陈玉峰	云秀	27	东关小学校	教员	1936	被判15年抚顺	减刑出狱
李大华			桓仁县公署	视学	1936	被判15年抚顺	减刑出狱
李盛昌	衍宗		桓仁县女子中学	教员	1936	被判15年抚顺	减刑出狱
宋维清	筱泉		桓仁县教育股	股长	1936	被判15年抚顺	减刑出狱
钟如森	月川		北关小学校	教员	1936	被判13年零4个月	减刑出狱
孙正典	立行		北关小学校	教员	1936	被判13年零4个月	减刑出狱
安祝尧	绍唐		桓仁县职业中学	教员	1936	被判13年零4个月	减刑出狱
孙绍英	恺忱		桓仁县师中学校	教员	1936	被判13年零4个月	减刑出狱

抚顺监狱内的人犯劳动强度过大，但伙食极差。一日3餐，全部是带着霉味的高粱米稀粥，白菜、萝卜不洗净就下锅，既不卫生又吃不饱。后来狱中流行一句话，叫"茄子老吃，是不老不吃；黄瓜总吃，是不到种不吃"。由于监狱环境条件极差，劳动强度大，加上伙食差，有时又发生疫病，所以经常死人。仅1937年至1941年间，抚顺监狱中关押的桓仁县同案人犯就先后死亡14人之多[①]。即使因所谓特赦而减刑出狱人员，仍被列为"要视察人"，还要受到日伪特务的监视。

抚顺监狱的看守以权谋私，经常向受难者家属勒索钱物。桓仁县小商人陈鹏乙和弟弟、东关小学教员陈玉峰被判刑入狱后，老父亲因忧怨过度，致双目失明，重病不起。陈鹏乙妻子到抚顺探监时，刘姓看守向她许诺，只要肯拿出500元可保其男人出狱。她不加思考，就让家里变卖一间半房，凑够500元交到刘姓看守手中后，不料看守拿钱逃走，她急火攻心，得脑溢血死去。婆婆因此伤心过度精神恍惚，也不久病逝。仅一年半时间内，陈家被抓走两口，死了3口，已是家破人亡[②]。

（二）西江惨案

日军为破坏、瓦解桓仁地区的抗日武装力量，于1936年7月成立东边道特别工作部桓仁支部，并隶属于日本驻桓仁宪兵队，专门从事对桓仁地区抗日武装的招降工作。他们利用被俘后叛变的山林队张元礼等人参加招降，胁迫城镇士绅下乡作保，还强迫抗联人员和接受抗联改编的义勇军家属去山里或捎信招回自己的亲人，致使一些抗日武装人员发生动摇和叛变，接受抗联第一师改编的100余人到桓仁县伪警务科投降。至1936年末，又陆续将一些接受抗联第一师改编或与一师结盟的义勇军人员骗下山来，并让这些受降人员到桓仁县伪警务科采指纹、刺记号，然后放回家去。

1937年2月22日，桓仁县伪警务科将这些被收降人员集中到县城领"证明书"，然后将这些人送到东关警察训练所和几家客店里去住宿。2月23日早晨，日本守备队在西江实行戒严，并强迫行人、车夫和临时找来的人

① 国民党安东省教育厅：《抗日战争时期教育人员及其家属受害情况调查表》（1946.12-1947.2），《抗战时期文教人士殉难事迹》，载辽宁省教育志编纂委员会编：《辽宁教育史志资料》第3辑下，辽宁大学出版社，1990年，第856-870页。
② 王书绅：《我全家在伪满抓"思想犯"中的遭遇》，载中国人民政治协商会议辽宁省桓仁县委员会文史资料委员会编：《桓仁文史资料》第1辑，1985年，第70-73页。

员一起，在西江沿水深处（西江桥以下50米处）顺江砍成一个数十平方米的冰窟窿。8时余，将收降人员押至西关日本守备队大院，经审问后捆绑堵嘴，用4辆汽车先后拉到西江已凿好的冰窟窿边上，强迫跪倒。约10时许，由日本守备队长野田和宪兵分遣队长杉本指挥守备队、宪兵队用刀砍、枪刺将人杀死后再填到江里去。有的受难者不肯身首异处，便自己跳到江中。后来这些刽子手砍杀累了，就将人活活地推到冰窟窿中。这300余名来"领证"的人，除7个小孩和1个叛徒外，全部被杀害了，尸体填进冰窟，鲜血染红了西江冰面，其状惨不忍睹[1]。

在制造西江惨案之后，日军当局又命令各伪警察署，将收降后未到县城领"证明书"的人就地处决。接到日军命令后，拐磨子伪警察署长朱文元亲自带领保甲兵，一夜之间抓捕16人，于2月15日在老黑砬子枪杀之后，填入富尔江，有的被杀害后扔在冰面上不准收尸。半个月后，又在西古城子富尔江桥下哨口将7人推进江中淹死[2]。二户来伪警察署长黄金兰，于2月14日在南门外处决11人；沙尖子伪警察署在马圈子枪杀了19人。在这次骇人听闻的惨案中，日本侵略者共杀害500余人，这些死难者中，大多数是原辽宁民众自卫军战士，接受抗联改编或与其结盟抗日山林队人员，被俘的朝鲜革命军战士，支援过抗联和朝鲜革命军的各族群众，以及少数抗联第一军伤病员[3]。这就是发生在桓仁县、由日本侵略者制造的"西江惨案"。

（三）赛马惨案

1938年4月，日伪当局调集重兵对本溪县和尚帽子抗日根据地实施"讨伐"，妄图一举消灭抗联第一军第一师主力部队。日伪军从碱厂、赛马集、小市等地调集日伪军上千人，分3路对和尚帽子根据地进行"围剿"。敌人先在胡家堡子逼迫当地农民去大青沟、宋家街一带探路，然其派出的密探大都与抗联第一师有联系，反将日伪军进攻的情报提供给第一师。结果抗联第一师于4月13日在大青沟设伏，给进犯的日伪军以沉重打击，毙伤俘

---

① 王明玉、宋玉峰搜集整理《西江惨案》，载中国人民政治协商会议辽宁省桓仁县委员会文史资料委员会编：《桓仁文史资料》第1辑，1985年，第55—60页。

② 李世信：《富尔江惨案》，载中国人民政治协商会议辽宁省桓仁县委员会文史资料委员会编：《桓仁文史资料》第2辑，1987年，第28—30页。

③ 郑赞一主编：《桓仁朝鲜族200年》，2010年，第89页。

敌数十人，并缴获步兵炮、机枪和大量弹药。日伪军以绝对优势兵力，却遭到抗联伏击，损失惨重，这令日军恼羞成怒，怀疑内部有人"通匪"，并首先追查胡家堡子伪警察分所长孙烈钧的责任。孙为保命，便向上级报告，说当地屯、牌长"通匪"，并且列出了名单。

日本人接到报告后，便以开会为名，于4月20日至30日从桥头、蒲石河、城门沟、胡家堡子、榆树底、双岭子、苗家堡子等地将刘汉臣、李士仁、刘德福、李永宝、王喜德、韩德山、胡振义、黄文德、谢会清、赵长山、朴玉茂、李明发、李明家、苗永旺等30余位屯长、牌长和群众抓捕到赛马集，严刑拷打，于4月30日遭到集体杀害。行刑时每个人都被蒙眼堵嘴、装进麻袋里，用战刀砍或刺刀戳死，扔进大坑中，浇上汽油焚烧。其中桥头街副街长、爱国人士刘汉臣，于23日被捕，25日被装入麻袋后活活打死。这就是著名的"赛马惨案"①。

日伪侵略者在本溪地区除制造上述惨案外，还制造了凉水河子等惨案，为了镇压人民的反抗，不惜罗织各种罪名，施以各种手段进行屠戮，特别是对已放下武器的收降人员，仍然残忍地加以杀害，严重违反了国际公法。而面对日本侵略者的屠杀，本溪人民并未屈服于敌人的暴行，而是擦干烈士的鲜血，踏着烈士的足迹，继续与日本侵略者展开殊死斗争。

四、肆意屠杀无辜平民

日本侵略者在占领本溪期间，在"讨伐"抗日武装、镇压人民反抗、疯狂掠夺本溪资源的同时，公然违反国际公法，对手无寸铁的普通平民进行了惨无人道的屠杀，充分暴露出日本侵略者残忍嗜杀的豺狼本性，本溪县碱厂、连山关、桓仁华尖子庙沟就是日本侵略军杀害本溪平民的魔窟和杀人场。

1933年以后，日本"关东军"在碱厂驻有守备队，还设立了伪村公所、伪警察署和森林警察队。设在福兴魁大院的日本守备队、宪兵队、搜查班和设在崔油坊大院的伪警察署，则成为日伪军屠杀碱厂一带民众的两大魔窟，碱厂西北天（西北山脚）后沟和南城垣子边就是日本侵略者砍杀

---

① 宋自然：《日寇对和尚帽子根据地人民的大屠杀》，载中国人民政治协商会议辽宁省本溪县委员会文史资料研究委员会编：《本溪县文史资料》第2辑，1987年，第50—53页。

中国人的刑场。驻碱厂的日本守备队队长米冈、片野、喜多和伪警察署指导官小田等人，经常在这里杀害无辜的中国人。

日本守备队每次从碱厂出发去周边山区"讨伐"回村时，总是带回一大筐人头或一两串人耳朵，其实被杀的大都是中国平民，然后交伪警察署悬挂示众，用来恫吓当地居民，宣示日本侵略者的淫威。日本侵略者每次在碱厂西北天杀人时，都要由日本宪兵和伪警察将所谓人犯按倒坑边，然后由守备队长、指导官或宪兵队长等掌刀，先要将战刀蘸一下桶里的凉水，再将绑去的中国同胞逐个砍杀，鲜血喷溅，令人发指。日本侵略者在杀人之后，有时还要将人头摆在长条凳上，守备队长喜多和指导官小田等拄着战刀站在人头后面，强令本村的照相技师王显忠拍照。有时日本侵略者在杀人之后，命令伪警察从尸体上扒出人心拿走，给日本人下酒。

碱厂日军不仅经常以砍杀中国人取乐，还对无辜关押的中国人施以酷刑和侮辱取乐。日本指导官小田就是这样一个残害中国同胞，凌辱中国人的杀人狂。他不时就拉出几个被关押的中国男女"人犯"，先扒掉他们的衣裤，命令在他们面前扭秧歌、学狗叫，不顺从就是一顿毒打，然后用烟头烧乳房和小便。伪警察赵喜三对小田在伪警署折磨侮辱中国同胞取乐实在看不下去，回家后对邻居说："小田这些日本人不拿满洲人（即中国人）当人了！今天又拉出两名从屯下抓来的老头和妇女，一是公爹、一是儿媳，小田令人把他们的衣服扒光后，强令翁媳搂抱，因这翁媳俩反抗，被用烟头烧过后，又毒打昏死过去。简直是个野兽！"[1]

连山关是日本铁道独立守备第四大队部所在地，也是日本侵略者的杀人魔窟，当地群众把连山关称作"鬼门关"。九一八事变后，日本侵略者为镇压反满抗日力量和残害无辜百姓，于1932年在连山关关口外的细河岸边，修建了一座狼狗圈，除训练作战军犬外，还专门训练一批吃人肉的狼狗。为了训练这批狼狗的野性和兽性，他们将一些无辜百姓诬以"思想犯"等罪名，加以杀害后，掏出肠子和人心，装藏于稻草人体内，再将稻草人穿上中国人的服装，然后训练狼狗去撕咬。连山关中河村的李清会，经常为贫苦百姓出主意和跑腿儿办事，使地主王奎武怀恨在心，于是向日

---

① 李洪达：《忆日本侵略者对古镇碱厂的血腥统治》，载中国人民政治协商会议辽宁省本溪市委员会文史资料研究委员会编：《本溪文史资料》第4辑，1989年，第123—129页。

本守备队报告说李清会"通匪"。日本守备队便于1933年3月14日将李逮捕并严刑拷打,最后又将其大砍8块喂了狼狗。

该日本守备队经常随意抓来无辜群众杀害,以满足其兽欲。连山关棒槌岭村村民任长山、苑树清本都是忠厚的老实人,被日本守备队在半路上碰见后,硬说两人一个是"政治犯",一个是"经济犯",将他俩抓起来扔进狼狗圈,一群狼狗立刻向他俩扑上来,撕开肚子,吃掉五脏。两人就这样被无端残害,群众知道后无不为之落泪①。1936年秋,在本溪湖"思想犯"案件中被日军逮捕的大堡小学校长崔芳秋,最后就是惨死在连山关日本守备队的狼狗圈里。

日本驻桓仁守备队同样是杀人不眨眼的剑子手,除参与制造桓仁救国会惨案和西江惨案外,对无辜平民也肆意进行屠杀。桓仁县铧尖子村有个庙沟的地方,被当地人们称为"万人坑",就是日本侵略者在桓仁地区残杀无辜群众最多的地方。1937年3月2日下午,日军和铧尖子伪警察署及伪保甲兵20余人,突然到高台子村抓人,并首先闯进刘喜尧家,不由分说便将刘喜尧夫妇及16岁女儿捆绑起来。然后在全村进行大搜捕,共抓捕15人,带到铧尖子伪警察署。当天晚上,日军水野队长亲自对这些无辜的村民进行刑讯逼供。晚上10时许,水野又兽性发作,将刘喜尧的女儿拉到自己住室强奸。次日,毫无人性的水野又将其送给一个伪警察玩弄。刘喜尧夫妇和另外13名村民都被拉到庙沟"万人坑"枪杀。

日军头目水野、菊池在刑讯中总是恣意折磨和凌辱无辜群众。每次刑讯不分男女,先将受害人的衣裤剥光,然后用皮鞭抽、烙铁烙、灌凉水、坐老虎凳等酷刑,有时还用针扎下部和乳房,用火炭烧阴毛来取乐。一次,水野从川里谷草垛沟抓来刘姓夫妇,审讯时将他们的衣裤剥掉,强逼着他们当众交媾。女的因不堪忍受日军的侮辱,用手捂着脸跳进烧刑具的火堆里。最后,刘姓夫妇也被拉到庙沟砍杀。

水野和菊池等人每次去庙沟杀人,总是前边绑着所谓"人犯",后边跟着伪警察和保甲兵抬刑具。杀人之前,先割鼻子、耳朵或舌头,有时唤来狼狗扑咬,直到"人犯"被折磨得鲜血淋漓再砍人头,然后挂在庙沟周围

---

① 隋敏供稿、秦波整理:《伪满连山关狼狗圈》,载中国人民政治协商会议辽宁省本溪县委员会文史资料研究委员会编:《本溪县文史资料》第6辑,1991年,第57-58页。

的树上，一时间庙沟尸骨遍野，狼嗥鸦叫，景象十分凄惨。水野在铧尖子仅驻守了3个月，就有100名无辜平民惨死其手①。

日本侵略者不仅杀人如麻，而且花样百出。1934年夏，日军"讨伐队"来到拐磨子樊家屯，诬称樊家大院的樊庆林"通匪"，当着全院百余人的面，将其开膛破腹，取出心脏，被一个日本兵生吃掉。1935年在二户来，日军将一个中国青年蒙眼堵嘴，用绳索将其绑在河边的一棵树上，十几个日本兵轮流以活人当靶子，每人一刀，将其活活刺死②。

在日伪军组织实施对抗日武装的"讨伐"中，日军飞行队往往出动协助侦察和作战，对平民百姓也不放过。1936年4月24日至26日，伪满军邵本良部在"讨伐"杨靖宇的抗联第一军时，日军出动数架飞机协同侦察抗联部队动向时，在桓仁县木盂子、高俭地、马鹿泡等地狂轰滥炸，平民王金亮、梁福珍等15人被日机炸死，王玉山、王福山、梁福珍女儿3人被炸伤③。

人最基本的权利是生存权，而人的生命只有一次。日本侵略者占领本溪期间，在疯狂镇压抗日武装的同时，藐视国际公约，对手无寸铁的无辜平民，要杀便杀，要砍便砍，以随意剥夺本溪无辜平民的生命来炫耀其战绩，其性情之暴戾，其手段之残忍，已到了令人发指的地步，既违反人道，更泯灭人性。其根本原因，就是视中国人如草芥，从根本上漠视中国人的存在，而其实质就是日本法西斯在东北沦陷区实施的种族灭绝政策。这和日本侵略者口口声声的"王道乐土""日满一德一心""只有亲爱并无怨仇"是南辕北辙、大相径庭的。事实胜于雄辩，谎言就是谎言。本溪成百上千的无辜平民被屠杀，成千上万间民房被焚毁，无数事实早已戳穿了他们的无耻谰言。

---

① 王明玉、白尔杰：《日本侵略者在桓仁的罪行》，载中国人民政治协商会议辽宁省桓仁县委员会文史资料委员会编：《桓仁文史资料》第3辑，1990年，第126-128页。

② 王从安：《日军侵桓暴行》，载《魅力桓仁》编委会编：《魅力桓仁5·史话传说》，吉林文史出版社，2011年，第99-100页。

③ 单明生搜集整理《牵着鼻子走，歼灭邵本良》，载中国人民政治协商会议辽宁省桓仁县委员会文史资料委员会编：《桓仁文史资料》第1辑，1985年，第14页。

第八章
沦陷时期的"本溪湖煤铁公司"

九一八事变发生后，日军占领本溪县城。10月20日，日本"关东军"司令部派来一名参谋，会同本溪湖日本守备队长，到公司召集未走的中国职工开会。向他们宣布：因时局关系，限中国职员在3天以内撤出公司，否则生命财产不予保护。就这样，中国职员在日本侵略者的威逼之下撤出公司，公司的一切大权全部为日本人所掌握，日本侵略者实现了其独霸的目的。

第一节 "本溪湖煤铁公司"的增资与改组

一、"本溪湖煤铁公司"的第一次增资与改组

日军侵占东北全境后，"本溪湖煤铁公司"前后共进行了三次增资与改组。

九一八事变前，"满铁"是日本帝国主义侵略东北的中枢机关，日本的"经营满洲"，实际上是以"满铁"为主体的，"满铁"是日本侵略东北权益的集中代表。伪满洲国成立后，在"关东军"的支持下，"满铁"加紧了对东北地区工矿企业的操纵与掠夺。1932年9月9日，"关东军"司令官武藤信义与伪满洲国国务总理大臣郑孝胥签订了《关于规定国防上必需的矿业权的规定》，其中第二条规定"满洲国政府将另表所列各矿山的矿业权许给

日满两国政府协商指定的日满合办的法人"①，从而将矿山开采权出卖给日本帝国主义。

为达到统制煤炭资源开发的目的，1933年初，经"关东军"特务部和特别委员会研究，决定设立日满合办"满洲炭矿株式会社"（简称"满炭"），规定伪满洲国内主要煤矿将责成"满铁会社"及"满洲炭矿会社"收买、委托经营或包销。1934年5月，"满炭"以1600万元的资金成立，负责全东北的煤矿开发和生产。该会社的资本是"满铁"和伪满政府各投资50%。但是"满铁"系统的抚顺、烟台煤矿和大仓经营的本溪湖煤矿此时还不属于"满炭"的管辖范围。

1935年，日伪统治者对东北矿业实行统制，成立了完全由日资和日本人员控制的"满洲矿业开发会社"。1935年8月1日，又以伪满政府名义发布《矿业法》，规定未经开采之矿物为"国有"，凡欲经营矿业者应呈请产业部大臣批准，从而实行了矿业垄断，为日本垄断资本在东北开发矿产提供了条件。

表8-1　伪满时期本溪湖主要铁矿的矿种、品位和储量表　　　　　　（单位：千吨）

	品位	储量			
		确定	估计	预想	合计
本溪湖：庙儿沟	60-65	4090	5720		9810
八盘岭	53	1500			1500
通远堡	Fe45-Mn8	700	720		1420
歪头山	54	60	70		130
财神庙	50		120		120
北台沟	52		76		76
小市	60以上		480		480
温泉寺	50		100		100

①《关于规定国防上必需的矿业权的协定》（1932年9月9日），载戴逸、史全生主编：《中国近代史通鉴 1840-1949 南京国民政府时期》8，红旗出版社，1997年，第953页。

	品位	储量			
		确定	估计	预想	合计
田师傅	59		500		500
化皮峪	50		640		640
本溪湖：庙儿沟	34	398580	283500		682080
歪头山	35		97681	141750	239431
大河沿	35		82232	15400	97632
北台沟	36	10936	16504	17500	44940

资料来源：解学诗主编《满铁史资料》第 4 卷煤铁篇第 4 分册，中华书局，1987 年，第 1491 页。

从表 8-1 可以看出，本溪湖地区铁矿分布广泛，制铁条件十分优越，制铁所用的铁矿、煤炭、石灰石等原材料均产于本地，矿产丰富，交通便利，可谓得天独厚。本溪湖煤铁公司是中国最早炼制低磷铁的企业。早在九一八事变前，由"大仓"财阀控制的本溪湖煤铁公司和"满铁"属下的"鞍山制铁所"，这两家企业生产的生铁，几乎占当时全中国生铁产量的 97.3%[1]。日本侵占东北后，在侵略掠夺政策指导下，竭力扩充生产规模，东北的钢铁冶炼业继续被日本人所投资垄断。1932 年 12 月 22 日，"关东军"司令部提出一个所谓的《关于合并满洲制铁业的要纲案》，提出要设立一个"满洲制铁会社"。这个会社不但要实现拟议中的鞍山制铁所和"昭和制钢所"的合并，而且要在新会社成立前后收买"振兴公司"和弓长岭铁矿，在适当时机还要合并或收买"本溪湖煤铁公司"，以期形成一个单一的制铁会社，"开发已经发现或即将发现的炼铁资源，并统制其产销"[2]。但是在谈到合并"本溪湖煤铁公司"的问题时，因为拥有"本溪湖煤铁公司"权益并实际控制公司经营的"大仓"财阀坚决不同意，而未能即时实

---

[1] 王承礼主编：《中国东北沦陷十四年史纲要》，中国大百科全书出版社，1991 年，第 118 页。
[2]〔日〕关东军司令部：《关于合并满洲制铁业的要纲案》（1932 年 12 月 22 日），载〔日〕满铁经调会：《满洲工业开发方策的总括》，1935 年，第 113-115 页。

现。但是，因为代替原东北张学良政权的是伪满政权，所以，"本溪湖煤铁公司"也必须进行改组。

至1935年1月，"关东军"放弃了合并计划，于1月23日发表了《本溪湖煤铁有限公司处理纲要》。该《纲要》确定了"本溪湖煤铁公司"由"大仓"和伪满政府合办，规定了资本增加的数额和公司董事会的日"满"双方人员名额。于是，本溪湖煤铁公司在1935年进行了第一次改组。1935年8月30日，伪满洲国实业部大臣丁鉴修与日本财阀大仓喜八郎之子大仓喜七郎在长春签订了《关于设立本溪湖煤铁股份有限公司契约书》，决定设立"满洲国法人本溪湖煤铁股份有限公司"（以下称"公司"），继承商办本溪湖煤铁有限公司所拥有之矿业权和资产负债以及其他一切权利义务，基于清政府与已故大仓喜八郎之间签订之宣统二年4月14日、明治四十三年5月22日商办"本溪湖煤铁有限公司"合办契约及宣统三年8月15日、明治四十四年10月6日合约附加条款（以下称原契约）的精神，签订新的契约。

《契约书》第一条规定："本公司以经营下列事业为目的：一、煤炭、铁矿及其他炼铁业所必须的矿物的采掘；二、炼制铁和钢；三、煤炭、铁和钢的销售；四、以上各项的附带业务。"

《契约书》第二条规定："本公司的资本额为日元1千万元。满洲国政府将对商办本溪湖煤铁有限公司的出资作为日元4百万元的出资。大仓喜七郎将自己对商办本溪湖煤铁有限公司的出资和大仓矿业株式会社对商办本溪湖煤铁有限公司拥有的社债票面额日元2百万元作为大仓矿业株式会社名义下的日元6百万元出资。"

《契约书》第三条规定："本公司设理事长一人，副理事长一人，常务理事一人，理事四人以内，监事二人以内。"

《契约书》第五条规定："满洲国政府基于奖励满洲国制铁事业的精神，除对原契约规定的课税进行合理的改革外，就奖励制铁的方法充分进行考虑。但在上述改革进行前，按原契约办理课税。"[1]

按照协议规定：新公司资本总额为1000万日元，其中"大仓"出资600万日元（原中日合办时的公司日方股金龙银350万元，折合为400万日元；再加上合办时公司借"大仓组"的200万日元的社债，此时作为正式股金，

---

[1] 解学诗主编：《满铁史资料》第4卷煤铁篇第4分册，中华书局，1987年，第1357-1358页。

加入资本总额，共600万日元）；伪满政府出资400万日元（由日本"关东军"转过来的原公司中日合办时的中国政府方面的股金龙银350万元，折合为400万日元）。公司改称为"本溪湖煤铁股份有限公司"，正式成为"满洲国法人"。

1935年9月20日，召开了公司成立的发起人总会，会上决定了公司理事会人选。其名单如下：

理事长	梶山又吉	（原煤铁公司总办）
副理事长	张维垣	（奉天电车厂厂长）
常务理事	高桥岩太郎	（"大仓"矿业董事）
理事	日高长次郎	（"大仓"矿业）
理事	大崎新吉	（"大仓"矿业常务董事）
理事	胡宗瀛	（伪满财政部秘书科长）
理事	广　轮	（伪满新京在勤热河警备军陆军少将）
监事	岛冈亮太郎	（"大仓"矿业会长）
监事	宋文郁	（前伪满滨江市长）

至此，完成了伪满时期的第一次改组。这次重组是根据中日间的政治军事关系为背景而建立的，是由当时日本帝国主义在军事、经济、政治上对中国进行侵略扩张的必然结果，也可以说实现了大仓所希望的结果。经过这次改组，从资本方面也意味着大仓的优先经营权，公司经营大权仍然掌握在大仓家族手中，出资人的名义从过去的大仓喜七郎改变为大仓矿业名义。改组后，日本政府向伪满政府提出换文，要求伪满政府责成公司对重要军事原料低磷铁的利用和保存采取必要的措施，以保证日本海军订货的优先权等。1938年3月，公司又改称为"株式会社本溪湖煤铁公司"，成为名副其实的日本独霸企业。

表8-2 1936年末本溪湖煤铁股份有限公司企业概况表

会社名	设立年月	代表者	资本系统及资本额（元）	实缴金额（元）	会社及工厂所在地	产品及副产品种类	制造能力（吨）
本溪湖煤铁股份有限公司（日满法人）	1935.9	梶山又吉	大仓组，满洲国政府 10000000	10000000	本溪湖	煤炭 焦炭 生铁 硫氨 耐火砖及铁渣砖 其他焦炭副产品	700000 250000 150000 2000 — —

资料来源：伪满产业部大臣官房资料科：《康德三年度满洲国钢铁需给趋势表》，第8-9页。

二、"本溪湖煤铁公司"的第二次增资与改组

1937年，伪满政府根据《产业开发五年计划》而进入了所谓"经济建设时期"。就在此时，"日本产业株式会社"（简称"日产"）财阀鲇川义介的势力侵入我国东北。鲇川义介，是日本产业株式会社的社长，在当时"关东军"参谋长东条英机、第四课长片仓衷、伪总务厅长官星野直树以及鲇川的老友、同乡、伪产业部次长岸信介等的积极筹划协助下，将整个的"日产"会社转移到伪满。1937年10月29日达成"日产"移驻"满洲"的协议，并正式公布实施。伪满原来采取一业一会社制，而鲇川则主张从钢铁、煤炭等基础工业到飞机、汽车及其他制造工业一条龙综合经营。时值12月1日，日本撤废"治外法权"，遂将"日产"摇身一变，而具有"满洲国法人"资格，注册为"满洲重工业开发株式会社"（以下简称"满业"），资本总额为94270万日元（实缴76070万日元）[1]。伪满洲国则为其鸣锣开道，颁布了"满洲重工业开发株式会社管理法"，准许其享有在"满"经营重工业的独占权，准许其引进外资，在东边道资源开发上，不必拘泥于一业一社方针，可以进行新式地域性综合经营，建立各种子公司。

---

[1] 孙邦主编：《伪满史料丛书·经济掠夺》，吉林人民出版社，1993年，第337页。

"满业"侵入东北后，把伪满的"特殊公司"编入了它的势力范围之内，企图全面促进东北的重工业和化学工业的建设，以适应日本帝国主义扩大侵略战争的需要。与此同时，"满铁"不得不从重工业部门退了出来，将它属下的重工业移让给"满业"，"满铁"只保留了抚顺煤矿，成为一个单纯经营铁路的公司。"满业"成为继"满铁"之后日本在东北最重要的经济掠夺工具，日本对中国东北的经济掠夺，由依赖国家资本的"满铁"转向了依赖垄断资本的财团。

由于创办了"满业"，"本溪湖煤铁公司"也必须编在"满业"的属下，"满业"在钢铁业方面有三大支柱会社："鞍山昭和制钢所""本溪湖煤铁公司""东边道开发株式会社"。这当然就涉及改组的问题。

1938年，"本溪湖煤铁公司"的第二次改组逐渐具体化。6月15日，日本"关东军"与"大仓组"就这个问题进行了商谈。"关东军"片仓衷中佐提出：根据设立"满业"的宗旨，"鞍山昭和制钢所"55%的股份转让给了"满业"；"本溪湖煤铁公司"本应与"昭和制钢所"合并，但尊重其历史的特殊性，只将股份转让给"满业"55%，保留经营的独立性。但大仓喜七郎不接受，希望维持现状。后来经过谈判，双方形成了一个妥协方案：公司股份的55%转让"满业"，改变公司所持有的股票比率，即"大仓组"原来占有的60%股份变为40%，伪满政府则由原来占有股份40%降低到20%。在这种情况下，12月27日，由日本"关东军""大仓组"和伪满政府决定："本溪湖煤铁公司"的资本增至1亿日元，增加十倍。

1939年5月25日，伪满政府"产业部""大臣"吕荣寰和大仓喜七郎在长春签署了公司第二次改组协议。该协议规定：公司改组后资本增至1亿日元，出资比例是：伪满政府2000万日元，大仓4000万元，"满业"4000万日元，6月1日实行增资。

公司第二次改组后的理事会及其人选如下：

理事长	大崎新吉	（"大仓"）
常务理事	高桥岩太郎	（"大仓"）
理事	井门文三	（"大仓"）
理事	山本福三郎	（"大仓"）
理事	林猏之介	（"大仓"）

理事	大内穰	（"大仓"）
理事	鲇川义介	（"满业"）
理事	矢野美章	（"满业"）
理事	永积纯次郎	（"满业"）
理事	胡宗瀛	（伪满政府）
理事	广　轮	（伪满政府）
监事	岛冈亮太郎	（"大仓"）
监事	斋藤靖彦	（"满业"）
监事	张维垣	（伪满政府）

经过第二次改组，公司的经营权是怎样的呢？改组之际，有关方面一致同意的《关于实行增资后的经营方针及干部构成的谅解事项》中规定："关于公司的经营问题，鉴于'大仓'过去的技术功绩以及对将来的抱负，为了发挥其特长，同时，只要不违反'满洲'的钢铁政策的一般方针及建立'满洲重工业开发株式会社'的根本方针，则尊重大仓方面的积极方针"①，明确表示承认"大仓"的经营权。为此，理事长、常务理事（各1人），均由"大仓"方面来担任，理事会长由"满业"担任。最终，尽管"大仓"方面不满，公司还是纳入了"满业"系统之内，成了"满业"的子公司。

从表面上看，"本溪湖煤铁公司"和"满业"都是等额出资，"满业"参加"本溪湖煤铁公司"经营，是为了实现五年计划，向"本溪湖煤铁公司"提供必要的资金，但实际上并不限于此，还有"满业"向"昭和制钢所"投入资本，这些合起来，都是为了对整个"满洲"钢铁业进行一元化领导的目的。为此，必须把"本溪湖煤铁公司"置于"满业"资金的伞下，同时，"本溪湖煤铁公司"也因庞大的设备投资，从资金的需求上不得不接受"满业"参加。

三、"本溪湖煤铁公司"的第三次增资与改组

继1937年7月7日"卢沟桥事变"之后，1941年12月8日，日本帝国主

---

① 本钢史志编纂委员会办公室编：《本溪煤铁公司与大仓财阀》，1988年，第161页。

义又发动了太平洋战争。为加紧掠夺战争资源，1941年9月制定了所谓的《满洲产业开发第二次五年计划》，"本溪湖煤铁公司"生产的军工必需材料——低磷铁，成为日本帝国主义掠夺的主要目标。1941年12月30日，公司决定把资本再增加一倍，由原来1亿日元增加到2亿日元，出资比率为大仓8000万日元，"满业"8000万日元，伪满政府4000万日元。

经过这次增资，"本溪湖煤铁公司"的资本总额和当时"昭和制钢所"的资本相同，都是2亿日元，可见日本帝国主义对本溪地区煤铁资源的掠夺下了多么大的本钱。增资以后，公司的理事会也进行了相应的改组。改组后的理事会人选如下：

理事长	岛冈亮太郎
常务理事	畠山藏六
理事	井门文三
理事	大内穰
理事	守屋逸男
理事	大贯经次
理事	高崎达之助
理事	矢野耕治
理事	尚志
理事	寿聿彰
理事	八木闻一
监事	张维垣
监事	斋藤靖彦
监事	高桥岩太郎
顾问	古川淳三

第三次改组后，"大仓"仍然掌握着公司的经营管理大权。特别是公司中日合办时期的第一任总办，后来曾担任过"大仓"矿业会长的岛冈亮太郎，于1941年6月间又回到公司担任理事长。

有一点需要明确的是，实际上支配着伪满洲国的是"关东军"，而在经济方面则是处于它的保护下挥舞权势的"满业"。"本溪湖煤铁公司"的主要产品低磷生铁，最后差不多都供应给日本海军，这样日本海军把公司的低磷铁视为自己的"命根子"，"大仓"为了维持公司的既得权益，不成为"满洲"钢铁政策的牺牲品，打算依靠海军渡过难关，因此，海军、"大仓"与"关东军""满业"的对立经常发生。

1942年以后，由于全世界反法西斯战线形成并日益强大，日本在亚洲战场上节节败退，原燃料和各种物资非常紧缺。为了应付战时生产，日伪当局决定"确立单一的战时体制"，于1944年4月1日把"鞍山昭和制钢所""本溪湖煤铁公司"和通化"东边道开发株式会社"合并，成立"满洲制铁株式会社"，"以期在统一意志下，规定各会社应分担的工作，从而提高整个钢铁企业效率"。建立起分工如下的体制，即"东边道会社"开采炼铁原料的煤与铁矿石，"昭和制钢所"实行铁钢连续生产，"本溪湖煤铁公司"生产生铁。资本总额7.4亿日元。"满洲制铁"的本社，理所当然地设在"昭和制钢所"根据地的鞍山，同时在本溪湖、通化和日本东京设立分公司。关于"本溪湖煤铁公司"方面，对原有设备、人员都原封不动，作为该社的"本溪湖分社"继承下来，实质上和以前几乎未变。合并后"本溪湖煤铁公司"改称为"满洲制铁株式会社本溪湖支社"。关于人事方面，"满洲制铁株式会社"的第一任理事长由长期从事"满洲"炼铁业的"本溪湖煤铁公司"理事长岛冈亮太郎担任，"本溪湖支社"代理经理由井门文三担任。

从以上"本溪湖煤铁公司"在伪满时期的三次增资与改组的情况，我们可以看到日本帝国主义对我国东北经济侵略的规模不断扩大。从1935年到1941年仅6年的时间，"本溪湖煤铁公司"的资本总额就由1000万日元增加到2亿日元，增加了20倍。"本溪湖煤铁公司"是"大仓"财阀对外投资中规模较大的一个企业，"大仓"所蓄积资本的相当大的部分留在"本溪湖煤铁公司"，又在这里增值，在"满洲产业开发五年计划"的开展过程中，公司的大扩张政策，突破了"大仓"资金能力的限度，从而成为促使"大仓"财阀全体改组的原因，将原来的由"大仓"规定公司经营方针改变为由公司经营来左右"大仓"的形式了。特别需要指出的是在伪满时期，不仅公司合办时的中国股金被日本帝国主义独吞，变为剥削中国工人的资本，而且此后伪满政府对公司的投资，实质上也是从中国人民身上榨取来的资金拿给日本帝国主义，再来剥削中国人民。

第二节　两次产业开发五年计划与宫原厂区建设

日本占领中国东北后，获得了"为进行长期对外作战提供资源及其巩固的策源地"，便按其需要，确立称霸亚洲与世界的总体战时体制，来运作伪满经济发展的走向，妄图把伪满经济拉入日本经济圈，为其服务，变为一体。在此背景下，日军陆军中央部和"关东军"积极策划所谓的"开发"伪满经济的计划，日本对本溪经济的掠夺走上了垄断和独占的阶段。

一、"第一次产业开发五年计划"与公司承建任务

在日本军部主持下，以其制定的所谓的《满洲开发方策纲要》为基础，"关东军"操纵"满铁经济调查会""日满财政经济研究会"以及伪满殖民政权里的日本人高官，制定了"产业开发五年计划"，经日本政府审定，1937年1月25日"关东军"最后通过。

《满洲产业开发五年计划纲要》以1937—1941年为期，称为"第一次产业开发五年计划"。"第一次产业开发五年计划"是包括工矿、农牧、交通以及移民等方面的综合性计划。工矿业是主体，占全部投资的55%[1]。工矿业中以建立兵器、飞机、汽车、车辆等直接关系军备的机械工业和"开发铁、液体燃料、煤、电力等重要基础产业为重点，特别是将国防上所必须的铁、液体燃料的开发作为重点"[2]。这个计划是日本帝国主义对满洲经济侵略的计划，也是对满洲物资的掠夺计划。日本帝国主义的掠夺阴谋在钢铁计划中暴露得十分明显，"关于钢铁业，除促进东边道（系民国初年的行政区划，包括通化、临江、辑安、桓仁等县）及其他地区富矿资源的开发外，还应以现在的'昭和制钢所'及'本溪湖煤铁公司'为中心，并考虑日本的钢铁供求状况，以年产生铁253万吨，钢锭185万吨（钢材150万吨）为目标，力求增加生产"[3]。

1937年1月"关东军"司令部制定的《钢铁业开发纲要》中明确提出：

---

[1] 孙玉玲主编：《伪满史料丛书·伪满社会实相》，吉林文史出版社，2005年，第473页。
[2] 孙玉玲主编：《伪满史料丛书·伪满社会实相》，吉林文史出版社，2005年，第474页。
[3] 解学诗主编：《满铁史资料》第4卷煤铁篇第4分册，中华书局，1987年，第1372页。

“使昭和制钢所及本溪湖煤铁公司生产铁与钢，使将在东边道及其他地区开办的制铁所暂时只生产生铁。”其具体措施是：“须对属于本溪湖煤铁公司所有的本溪湖煤进行统制，使其每年再增产约80万吨，以充作全满炼铁所必需的粘结性煤，适当地配给各制铁所，供其配合使用。再者，须采取适当措施，开采田师傅沟等地的炼焦用煤。”①

根据伪满时期东北主要煤矿储量调查表显示，本溪湖煤矿埋藏量为200百万吨，田师傅煤矿埋藏量为175百万吨，牛心台煤矿埋藏量为11万吨②。经勘测，本溪湖煤矿含煤层属于二叠石炭纪，东西6千米，南北7千米，煤层达17层，其中主要煤层8层，厚度分别为0.6－3米。该煤矿产优质的炼铁用强胶质煤，尤其香段和宝砟层煤作为低磷焦炭用煤是无人不晓的③。田师傅煤矿在本溪湖东约80千米，碱厂西北约10千米，溪碱线通车后，有铁路之便，有三个坑口。牛心台煤矿位于伪本溪湖市东约17千米，太子河左岸，至本溪湖也可利用溪碱线之便。伪满时期，这几个煤矿的出煤量可达相当数目。根据“关东军”的要求，“本溪湖煤铁公司”决定对本溪湖的斜井区域开采底部煤层，达到年产95万吨的能力；开凿田师傅沟煤矿，达到年产20万吨的能力；在彩屯开凿竖井，达到年产35万吨的能力。

表8-3　钢铁增产五年计划总表（1937.2）

项目		生铁		钢		所需资金	
		数量（千吨）	%	数量（千吨）	%	数量（千元）	%
开发目标	现有能力 增产目标 五年后能力	850 1680 2530	100 198 298	580 1420 2000	100 245 345	257285	
各年度增产计划	1937　鞍　山 本溪湖	700 150	100	580 —	100	12780	100

① ［日］满铁调查部：《满洲五年计划立案书类》第2编第2卷《钢铁关系资料》。
② 解学诗主编：《满铁史资料》第4卷煤铁篇第2分册，中华书局，1987年，第796页。
③ ［日］满史会编：《满洲开发四十年史》上卷，《东北十四年沦陷史》辽宁编写组译，1987年，第738页。

续表

项目			生铁		钢		所需资金	
			数量（千吨）	%	数量（千吨）	%	数量（千元）	%
各年度增产计划	1938	鞍　山 本溪湖	1100 150	147	580 —	100	49085	382
	1939	鞍　山 本溪湖	1100 150	147	580 —	100	74600	584
	1940	鞍　山 本溪湖 东边道	1700 340 170	282	1500 500 —	345	112790	885
	1941	鞍　山 本溪湖 东边道	1700 530 300	298	1500 500 —	345	8000	63
百分比（最终年度各会社所占比重）		鞍　山 本溪湖 东边道	67 21 12	100	75 25 —	100		

资料来源：解学诗主编：《满铁史资料》第4卷煤铁篇第4分册，中华书局，1987年，第1373页。

从表8-3中可以看出，日本帝国主义对东北钢铁业的期待更加扩大了。为实现这个划时代的扩大生产，预定在扩建鞍山（昭和制钢所）及本溪湖原有工厂的同时，还要大力实现东边道富矿的开发。"昭和制钢所"和"本溪湖煤铁公司"成为完成该计划的核心。"关东军"提出，到1941年，"昭和制钢所"要达到年产生铁170万吨，"本溪湖煤铁公司"要达到年产生铁53万吨的计划。

伪满开始执行"五年计划"的当年，爆发了"七七事变"，日本经济迅速转为战时体制，为了适应所面临的紧急局势，"第一次产业开发五年计划"被重新修改，使矿工业部门的计划又大大增加。这也是伪满政府和日本政府及军部共同商议后确定的。

按照"关东军"的上述要求，"本溪湖煤铁公司"于1936年11月制定了公司的具体计划，并经过1937年2月和4月的二次修改，1937年4月26日，公司的生产计划和资金计划最后定案，并决定由"关东军"督促执行。

表8-4 本溪湖煤铁公司五年计划的生产计划（1937年4月26日）

（单位：千吨）

		现在能力和既定、增产计划				1937年度	1938年度	1939年度	1940年度	1941年度
		现在能力	着手中的既定计划	增产计划	计					
钢铁设备	高炉	150	—	400	550	150	着手建设600吨高炉二座150	150	增产完成 400 550	550
	炼钢厂	—	—	500	500	—	着手增产建设	—	增产完成 500	500
	初轧厂	—	—	500	500	—	着手增产建设（一套）	—	增产完成 500	500
	焦化厂	210	—	500	710	210	着手建设焦炉（120孔）210	210	增产完成 500 710	710
铁矿设备	贫矿开采	—	500	1400	1900	既100 100	100 既200	着手增产（庙儿沟）既300 500	增产完成 1400 1900	1900
	贫矿烧结厂	—	200	640	840	既75 75	着手增产建设（一套）75	既125 200	增产完成 640 840	840
	团矿烧结厂	195	80	640	915	195	既80 275	着手建设（一套）275	增产完成 649 915	915

续表

	现在能力和既定、增产计划				1937年度	1938年度	1939年度	1940年度	1941年度
	现在能力	着手中的既定计划	增产计划	计					
煤矿设备 斜井区域	700	—	250	950	着手增产建设700	增产一部完成100 800	增产计划150 余部完成950	950	950
田师傅沟	—	—	200	200	—	着手增产建设	增产完成200	200	200
竖井	—	—	350	350	着手增产建设	—	增产完成350	350	350
石灰石开采设备	200	—	400	600	200	200	着手增产建设200	增产完成400 600	600

资料来源：刘万东：《本溪湖煤铁史略》，东北师范大学出版社，2013年，第112页。

如表8-4所示，公司要在1937年至1941年这个五年计划期间，建设一昼夜产铁600吨的高炉两座，增产生铁40万吨，最后达到年产生铁55万吨的能力。这比原计划增加2万吨。同时为了实现铁、钢连续生产，还要建设年产50万吨的炼钢厂。与此相适应，焦炭要增产50万吨，达到年产71万吨的能力。炼铁原料方面：要着手每年开采庙儿沟的贫铁矿190万吨；建设贫矿烧结厂，达到年产烧结矿84万吨；增建团矿厂，达到年产团矿91.5万吨的能力。

表8-5 第一个产业五年计划本溪湖煤矿执行计划情况表

	1937		1938		1939		1940		1941	
	计划	实绩（吨）	计划（千吨）	实绩（吨）	计划（千吨）	实绩（吨）	计划（千吨）	实绩（吨）	计划（千吨）	实绩（吨）
本溪湖		776500	850	903600	1050	861108	1500	769024	1500	888699

资料来源：解学诗主编：《满铁史资料》第4卷煤铁篇第2分册，中华书局，1987年，第803页。

表8-5是本溪湖煤矿关于"第一个产业五年计划"的执行情况统计，只有1938年产量达到历史最高水平903600吨，超额完成计划，其他几年都没有完成计划目标。

"第一次产业开发计划"到1942年基本结束了，计划内的各项产业当中，几乎都没有达到预定的成果。尽管如此，日本帝国主义在"第一次产业开发五年计划"时期，还是掠夺了东北大量的战略物资，其中生铁470万吨，煤8550万吨，石油43万吨，铝1.5万吨，铅0.8万吨[1]。

二、"第二次产业开发五年计划"与公司扩建任务

"第一次产业开发计划"之后又制定了"第二次产业开发计划"。1941年9月至11月制定"第二次产业开发五年计划"期间，正逢太平洋战争爆发，计划则根据扩大了的侵略战争的要求进行修改，"第二次产业开发五年计划"是更加不择手段的紧急战时经济掠夺计划。

---

① 孙玉玲主编：《伪满史料丛书·伪满社会实相》，吉林文史出版社，2005年，第476页。

表8-6 伪满第二次产业五年计划中的钢铁和煤炭指标　　　　　　　　　　（单位：千吨）

部门数据 ＼ 年度	1942	1943	1944	1945	1946
生铁	1600	1910	2010	2220	2590
钢锭	705	975	1045	1045	1318
钢材	517	589	606	726	952
煤炭	27500	31455	35780	40230	44930

资料来源：姜念东等：《伪满洲国史》，吉林人民出版社，1980年，第284页。

　　此次计划的目标是确保"供应日本的物资"，即确保战争急需的工矿业产品及农副产品，工矿业产品依次为钢铁、煤炭、轻金属、非铁金属、有机合成物、电气、化工、纸浆、水泥、机械等。计划生铁产量为160万—259万吨，钢产量为517万—952万吨，煤炭产量为2750万—4493万吨。

表8-7 本溪湖地方铁矿埋藏量（1942年）

矿山名	庙儿沟铁矿山		财神庙铁矿山		歪头山铁矿山		小市铁矿山	田师傅铁矿山	卧龙铁矿山		梨树沟铁矿山	
品种	富矿	贫矿	富矿	贫矿	富矿	贫矿	富矿	富矿	富矿	贫矿	富矿	贫矿
埋藏量（万吨）	600	45000	6	10	探矿中	9000	48	50	探矿中	320	探矿中	700
可采量（万吨）	300	45000	5	10		9000	38	40		320	分析中	700
铁分 %	65.2	33.6	57.5	35.0	53.9	32.1	68.6	59.9	56.0	35.9		32.7
摘要	采掘中		采掘中		准备中							

资料来源：［日］满史会编：《满洲开发四十年史》上卷，《东北十四年沦陷史》辽宁编写组译，1987年，第762页。

　　为了最大限度地掠夺本溪湖资源，1942年日本帝国主义对本溪湖地方铁矿（包括庙儿沟、财神庙、歪头山、小市、田师傅、卧龙、梨树沟铁矿山）埋藏量进行详细勘测，其中以庙儿沟铁矿富矿埋藏量600万吨为最高。但侵略者根本不会考虑合理开采，完全是一种强盗行径，哪里矿石多含铁量高就采哪里，致使从1911年至1945年的35年间，庙儿沟铁矿富矿被掠走496万吨，竟超出富矿可采量196万吨（勘探可采量300万吨），使该矿富矿几乎无法继续开采。

为实现"第二次产业开发五年计划"，在"满业"钢铁工务部的参与下，"本溪湖煤铁公司"于1942年4月16日制订了《宫原工场扩张设备配置计划案》。该案要求宫原厂区的年生产能力达到生铁140万吨、团矿112万吨、烧结矿40万吨、焦炭200万吨、钢100万吨；并拟定宫原厂区再增建日产铁700吨高炉4座、600吨混铁炉2座、300吨预备精炼炉2座、150吨倾注式平炉4座、30吨转炉2座。

表8-8　本溪湖煤铁公司宫原厂区设备能力增长计划 　　　　　　　　（单位：吨）

工厂名	过去计划设备能力	增加设备能力	最后能力
生铁	400000	1000000	1400000
团矿	560000	560000	1120000
烧结	200000	200000	400000
焦炭	500000	1500000	2000000
制钢		1000000	1000000
钢坯		1000000	1000000
中板		100000	100000
薄板		80000	80000
小型		100000	100000
线材		100000	100000
带钢		370000	370000

资料来源：124-1-496，本溪市档案馆馆藏。

最后，这个计划因为日本帝国主义的失败和伪满政府的垮台而未能实现。

"第二次产业开发五年计划"，其实是"第一次产业开发五年计划"的延长和补充。然而，第二次计划因为是大东亚战争开始后的计划，随着日本形势的变化，有很多计划没能按预定进行。因此，"第二次产业开发计划"多次修正，可以说在计划和实行之间有很大的距离。实施的结果，部分地完成了目标，但随着战争的深入陷入僵局，最终也以失败告终。

从两次"产业开发五年计划"的本身来看，它并不是一个真正发展东北国民经济的计划，而是一个以建立军需工业为基础和掠夺战略物资为主要目标的伪满经济军事化的计划。其结果，导致部分重工业畸形发展，民用工业和农业萎缩，东北经济殖民地化的程度日益加深。

三、宫原厂区和彩屯竖井的建设概况

"本溪湖煤铁公司"为了完成日伪政府的"第一次产业开发五年计划"，于1937年7月开始了新厂区——宫原厂区的建设。主要是宫原炼铁厂第一、第二高炉（即今本钢3号、4号高炉），炼钢、炼焦、团矿及其附属设备，发电厂的动力设备等。与之相配套的庙儿沟铁矿的贫矿开采和富矿增采设施，6月就已着手建设。8月，宫原石灰石矿开采设施开始施工。同时开工的还有田师傅、牛心台等几座煤矿。

但是在宫原厂区和彩屯竖井的建设过程中，困难重重，先是劳动力的来源无法保证，然后在资金的筹集和各种建设物资的供应上更是不断遇到难题。日本帝国主义为了实现其野心勃勃的"五年计划"，为公司征集了数万名中国劳工，据公司1939年8月统计，当时仅在宫原厂区内的中国劳工就达2万余人。但是和其扩大的计划相比，劳动力仍然是不够的。1939年8月公司编制的所谓的《株式会社本溪湖煤铁公司事业概要》中在提到宫原新工厂的建设时，记载有"因目前时局的关系，人的资源，以及物的资材和其他一切材料上有很大的障碍"。当时伪满政府的"国币"发行额，1937年末为3.29亿元，财政预算的岁出则为5.86亿元，可是经过修改的"五年计划"每年平均投资额则需要12.5亿元。因此，这个计划注定是无法完成的。

本溪湖煤铁公司原来计划宫原厂区所建的两座高炉分别是1939年和1940年投产，而事实上都推迟了两年。第一高炉（今本钢3号炉）是1941

年10月15日上午11时开炉，炉容758立方米，设计能力日产铁600吨。当时，"满业"总裁鲇川义介，"关东军"和伪满政府的代表等参加了开炉典礼。公司理事长岛冈亮太郎点燃了炉火，并在仪式上致词，还宣读了"关东军"参谋长和伪满政府经济部大臣的祝词。第二高炉（今本钢4号高炉）1942年10月25日建成投产。这两座高炉在"第一个五年计划"时期内根本没有形成生产能力。宫原厂区1、2号高炉是当时世界上最先进的。原料由电机车牵引的矿车卸入矿槽，焦炭由焦化厂用倒短车运至矿槽前，再由斜桥式卷扬机把料罐所装原料吊至炉顶入炉。每次铁都要进行对硅、锰、磷、硫、碳的快速分析。主要产品是低磷铁。1941—1945年共生产生铁88万吨，其中60.36万吨低磷铁被运往日本用于军工生产。公司年生产铁的最高年份是1943年，为40.1万吨，还没有达到"第一次五年计划"所预想的55万吨的指标。关于钢、铁连续生产，用本溪生铁炼制普钢50万吨和100万吨的计划，更是泡影。

宫原厂区的铸铁机工程1938年动工，安装双链式铸铁机2台。

焦化厂是1936年开始建筑地基，1941年5月25日开始生产。第二座焦炉1942年建成。

与炼焦场及副产物回收同步进行建设的还有硫酸工场。煤焦系统由德国奥拓公司设计，成品系统由威廉公司、克罗公司、依平公司设计，硫酸工场是日本欧莎梅公司设计。

发电厂于1940年开始建设，先后安装了20000千瓦50赫兹发电机组3台，1580立方米/分汽轮鼓风机3台，12500千伏安60赫兹变换机1台，96—120吨/时锅炉5台等设备。

团矿工厂1940年开工建设。两个团矿各有隧道式团矿炉7座，分别于1940年8月和1942年9月建成。

彩屯竖井的建设是于1938年2月5日开始，开凿第一竖井。当时日本人曾设想开凿两口直径为7米，深度为530米的竖井：主井用于提升，副井用于回风。预计年产可达200万吨（日本人称之为"东洋第一大竖井"）。但是在建设过程中，也因为在资金、器材以及劳动力方面遇到困难，而一再延期，以至于到1945年日本投降时还没有形成生产能力。1945年8月15日，主井井底车场完成空重车道，西部运输大巷约400米；东部运输大巷与回风大巷掘至距井筒中心约500米处，遇F6大断层，因大冒顶而停工，西部回风道约500米,尚未达到副井井筒位置;采区准备工程尚未施工;副井只掘砌34.6米;主井绞车、变流机室、主井操车场设备安装工程已完成,但尚未试转;洗煤场设备安装后进行了试运转;机修厂设备安装尚未完成。也就是说,主井工程完成90%,副井只打了34.6米。日本投降后,彩屯竖井的建设随即停止。

关于"本溪湖煤铁公司"在伪满的"第一次五年计划"期间要求达到的煤炭增产计划,只是本溪煤矿斜井在产量最高的1944年,达到95.1万吨,实现了一部分计划,别无其他。距离"第一个五年计划"预定的煤炭150万吨和以后要达到的220万吨目标相差甚远。

第三节 "本溪湖煤铁公司"生产经营及对煤铁资源的掠夺

"本溪湖煤铁公司"生产的低磷铁和优质焦煤是发展军工业生产的重要原材料,因此本溪的煤铁资源自然成为日本帝国主义掠夺的重点目标。同时,为了掠夺本溪的煤铁资源,日本侵略者对中国劳工进行了极其残酷的剥削、奴役、压迫和屠杀。日本帝国主义对本溪的侵略与掠夺给本溪人民带来了深重的灾难。

一、"本溪湖煤铁公司"生产情况

1931年九一八事变之后,日本帝国主义侵略战争不断升级,1937年发动"七七事变",1941年12月又发动太平洋战争,把侵略战争扩大到太平洋和东南亚地区,为适应战争需要,日本帝国主义更加大力发展军需工业,因此"本溪湖煤铁公司"的生产情况自然成为其计划中的重点目标。从1932年到1945年伪满的14年中,"本溪湖煤铁公司"共生产煤1045万吨,焦炭371万吨,富铁矿363万吨,贫铁矿261万吨,生铁260万吨,其中低磷铁167万吨。此外,"本溪湖特殊钢株式会社"生产特殊钢11841吨,其中钢材5796吨。

表8-9　1932—1945年"本溪湖煤铁公司"主要产品产量统计表　　　　　（单位：吨）

年度＼数量＼品种	煤	焦炭	铁矿石 富矿	铁矿石 贫矿	生铁 总产量	生铁 其中低磷铁	特殊钢 钢	特殊钢 钢材
1932	502500	110516	105500		93732	47734		
1933	612000	164050	182000		123662	54667		
1934	672000	200460	235000		153357	89274		
1935	700000	202145	226000	966	154398	83492		
1936	700000	208600	243000	36300	156593	62854		
1937	770000	178700	203000	42104	133674	88219		
1938	863000	219000	252354	23440	141583	126675		
1939	950000	207420	252033	68837	144541	137046		
1940	774000	198130	309073	168359	123026	117222		
1941	750000	336307	397126	359365	208405	173906	3268	1677
1942	798000	433576	326120	355355	306457	168555	2154	1041
1943	865000	537508	371698	753405	401836	195040	2190	1050
1944	951000	568683	410262	616256	373445	262755	3522	1701
1945	551200	148061	116579	185666	88039	72339	707	327
合计	10458700	3713156	3629745	2610053	2602748	1679778	11841	5796

资料来源：1949年第53卷，本钢档案馆馆藏。

从表8-9分析可知，1932—1945年这期间的产品产量与九一八事变前的26年相比：煤是1.3倍，焦炭是2.7倍，富铁矿是2.7倍，生铁是3.2倍，低磷铁是2倍。这14年的生产量远远超过九一八事变前26年的产量。特别值得一提的是低磷铁的生产。在伪满14年中，公司低磷铁的产量逐年增加，而且在整个生铁生产中的比例也越来越大，尤其是1938年公司生产的低磷铁占生铁总产量的90%，1939年则达到95%以上，几乎全是低磷铁了。

表8-10　伪满后半期本溪各铁矿矿石产量数量表　　　　　　　　　（单位：吨）

地点＼数量＼年度		1937	1939	1940	1941	1942	1943	1944
本溪：庙儿沟	富	238011	294326	300988	330282	315508	350715	470382
	贫	40000	34399	40293	268133	257837	262594	242956
八盘岭	富	13682	37889	90778	63576	65579	63907	78224
财神庙	富	1603	2301	2673	1690	681	1487	2500
歪头山	富					5878	9489	14900
通远堡	富					6160	26076	46000

资料来源：解学诗主编：《满铁史资料》第4卷煤铁篇第4分册，中华书局，1987年，第1494-1495页。

　　从表8-10中可以看出，1937—1944年，庙儿沟铁矿富矿的产量为2300212吨，贫矿的产量为1146212吨。这在当时是值得夸耀的成绩。庙儿沟铁矿床与鞍山相同，是属于下部前寒武利亚纪的片岩，在片麻岩中形成层次的矿床。矿床由赤铁—磁铁—石英片岩的贫矿所组成，其中，把由磁铁矿所形成的富矿矿体的主要部分隔成三处。富矿矿体都是扁豆状"陷阱下"，介于上下相重的贫矿之中，由位开始的顺序是：上磐通，本通和岭南通。本通在最大的山顶露头部位使用古老的方法采掘。这个富矿带走向呈现出扁豆状，倾斜方向变化不太多，走向延长165米，倾斜延长450米以上，平均厚度约20米，岭南通走向延长约70米，最大厚度是20米。庙儿沟铁矿山在安奉线南芬站东北约7千米处，由南芬约30千米处与本溪湖车站连接，矿区面积为6.27平方千米。

　　从1941年12月太平洋战争后日军逐渐的劣势化，加上"本溪湖煤铁公司"工人对强迫劳动的抵制，公司的经营日趋困难，虽未受到直接损害，但1944年9月本溪地区有过空袭，在这种情况下，公司（从1944年4月以后改称为"满洲制铁株式会社本溪湖支社"）的生产实际进展的仍然很顺利，确实令人吃惊。关于生铁生产的实际情况是，1944年上半年取得了与最高峰时期的1943年上半年几乎相同的好成绩。但是，下半年则减少了二至三成，进入1945年，生产量下降得更快了。虽然截至1945年日本战败的8月15日为止生产还在进行。

二、"本溪湖煤铁公司"对外经营

伪满时期，"大仓"财阀为了把"本溪湖煤铁公司"建成一个托拉斯，所以在1934年的公司计划中就有在本溪地区建设水泥厂和电炉炼钢事业的安排。按此计划，相继于1935年成立了"本溪湖洋灰株式会社"，1936年成立了"本溪湖白云石工业株式会社"，1937年成立了"南定炭矿会社"（地点在山东淄博），1938年成立了"本溪湖特殊钢株式会社"。由此，初步形成"康采恩"组织。整个伪满时期，公司除了投资兴办上述4个"子公司"之外，还对"东边道开发株式会社""溪碱炭矿株式会社""溪碱铁路和本溪湖坑木株式会社"等十余个企业投资（公司对溪碱铁路的投资是在公司合办时期的1916年）。投资具体数额见表8-11：

表8-11 本溪湖煤铁公司对外投资一览表（1916—1943年）

投资企业	年份	投资额（万日元）
"溪碱铁路"	1916年	17.10
"生铁共同贩卖会社"	1932—1937年	9.25
"本溪湖坑木会社"	1933—1943年	102.23
"本溪湖洋灰株式会社"	1935—1943年	479.96
"满洲火药贩卖会社"	1935—1943年	49.50
"本溪湖白云石会社"	1936—1943年	17
"日满商事会社"	1937—1939年	12
"南定炭矿会社"	1937—1942年	30
"本溪湖特殊钢株式会社"	1938—1943年	402.50
"东边道开发株式会社"	1940—1943年	100
"溪碱炭矿会社"	1942—1943年	596.90
"满洲钢铁工务会社"	1942—1943年	150

投资企业	年份	投资额（万日元）
"满洲耐火砖组合"	1943年	0.9
"大陆化学工业会社"	1943年	62.5
"满洲矾土工业会社"	1943年	100
"协和铁矿会社"	1943年	400

资料来源：本钢史志办公室编：《本钢志（1905—1985）》第一卷（上），辽宁人民出版社，1989年，第34页。

"本溪湖洋灰株式会社"创建于1935年12月，起初资本为300万日元，1940年资本增至1500万日元。其主要股东是"大仓"和"浅野"两财阀，各持有股票的数额是："大仓"事业株式会社18.53万股，"浅野证券保有株式会社"5.96万股，"本溪湖煤铁公司"2.68万股，"满洲大仓商事株式会社"1.47万股，"澁泽同宗株式会社"0.48万股。"大仓"财阀的投资在资本总额中占据绝对的优势，显然对该公司具有支配权，公司董事长由"大仓"方面的大仓彦一郎担任。1936年9月彩屯水泥厂（即今本溪水泥厂）建成投产。1940年9月开始建设宫原水泥厂（即今本溪工源水泥厂）。

"本溪湖白云石工业株式会社"成立于1936年6月25日，资本金为30万日元。股票持有情况是："本溪湖煤铁公司"2900股，"大仓事业株式会社"1700股，"南满矿业株式会社"500股。"本溪湖煤铁公司"的股金在资本总额中占据支配地位，由煤铁公司的常务理事畠山藏六担任"白云石工业株式会社"董事会长。该会社主要从事白云石（耐火材料的一种）的开采、加工和出售，其主要的工厂和矿山在本溪湖和辽南南关岭。

"本溪湖特殊钢株式会社"的前身是煤铁公司的一个制造特殊钢的试验工厂，从1935年5月开始炼制特殊钢的试验，后来设备逐渐增加，设有5吨电炉、1吨电炉、高周波感应炉、轧钢机和1吨汽锤等各一台。1938年10月，"大仓"将这个试验工厂从煤铁公司中分离出来，成立了"本溪湖特殊钢株式会社"。同时在宫原着手建立新厂房和安装6吨与3.5吨电炉等设备，起初计划生产能力为年产特殊钢1万吨，达到年产5万吨的生产能力。1941年5月建成投产（即今本钢第一炼钢厂），当年生产特殊钢3868吨。所产特殊钢主要供应日本野战航空厂、陆军兵工厂和奉天兵工厂等，用于制造飞机、枪炮和刀剑等军工产品。特殊钢株式会社的资本是1000万日元，股东只有"大仓事业株式会社"和"本溪湖煤铁公司"两家。股票持有额为："大仓事业株式会社"10万股，"本溪湖煤铁公司"7万股。大仓喜七郎亲自担任"特殊钢株式会社"董事会长，企业完全由"大仓组"控制。

"溪碱炭矿株式会社"成立于1942年1月19日，资本5000万日元。股票持有情况是："满业"53.005万股，"满炭"35.037万股，"本溪湖煤铁公司"11.938万股。"溪碱炭矿株式会社"是日本帝国主义为了集中掠夺太子河流域（即溪碱铁路沿线）的煤炭资源，以适应当时大规模侵略战争的需要成立的。所以，把当时属于"满炭"的田师傅煤矿，属于"本溪湖煤铁公司"的田师傅和牛心台采煤所矿区合并组成"溪碱炭矿株式会社"。"满炭"和"本溪湖煤铁公司"以矿区和矿区的固定资产及物资作为资本，"满业"则全部缴纳现金。当时还计划对不属于"满炭"和"本溪湖煤铁公司"的牛心台煤矿组合（包括新兴煤矿公司、大昌煤矿公司和裕和矿业股份公司）进行收买，后来未能实现。

"东边道开发株式会社"是日伪政权于1938年9月14日在通化省通化市（今吉林省通化市）设立的。资本是1.4亿日元，股东有"满业"和"本溪湖煤铁公司"两家。其中"满业"的投资拥有277.94万股，"本溪湖煤铁公司"只有0.2万股。该会社的主要产品是煤、铁和钢等。东边道开发株式会社的主要厂矿有：二道江特殊钢试验所，二道江发电所；七道沟和大栗子沟铁矿；铁厂子、五道沟、石人沟和烟筒沟煤矿等。伪满时期日本帝国主义曾企图把"东边道开发株式会社"建成东北第三个大型钢铁联合企业，后因人、财、物力缺乏和伪满政府垮台而未实现。

三、日本侵略者对本溪煤铁资源的掠夺及影响

九一八事变前，"本溪湖煤铁有限公司"名为中日合办，但由于"大仓"财阀在资金和技术上的优势地位，加上中方总办调动频繁，且大都不懂得业务，致使公司大权掌握在"大仓"财阀手中，中日合办徒有虚名。合办期间，产品除少量运销国内外，绝大部分被劫运到日本。

九一八事变后，日本占领本溪，"本溪湖煤铁公司"结束了中日合办的形式，驱逐中国管理人员，变为日人独占，中国股东350万元的股金全部被"关

东军"掠走。伪满期间,公司产品除满足国内的少量需要外,其余几乎全部出口,主要销往日本、朝鲜。1935年9月25日,"本溪湖煤铁股份有限公司"和"大仓矿业股份有限公司"之间,签订的销售"本溪湖煤铁股份有限公司"生产的产品包销合同,其中第一条规定:"本溪湖煤铁股份有限公司生产的生铁、钢、煤、焦炭等一切产品的销售,委托给大仓矿业股份有限公司及大仓事业股份有限公司包销。"煤炭主要销售给"鞍山昭和制钢所"和朝鲜的"兼二浦炼铁厂"("三菱制铁会社")。生铁、低磷铁主要销往日本东京、大阪、吴海军工厂、"神户制钢所"及"八幡制铁所"。煤炭委托"大仓"对日本出口,对朝鲜和东北地区的销售则委托"满铁",生铁对日本出口也统包由"大仓"销售。下面以1932年度煤的使用和销售为例(表8-12),进行分析。

表8-12　1932年度本溪湖煤铁公司煤的使用和销售情况

使用和销售	数量(吨)	百分比(%)
焦炭原料	158207.16	28.9
公司杂用	41869.36	7.6
"满铁"转卖	83778	16
鞍山制铁所	142472.40	25.9
兼二浦制铁所	75456.82	13.6
发往日本	17016.80	3
其他	29400	5
合计	548200.54	100

资料来源:奉天省本溪县公署编:《本溪县经济调查(矿产编)》,1933年,本溪市档案馆藏。

　　从表8-12中看,直接发往日本的煤只占3%。但是,本溪煤是主焦煤,是炼铁所必需的原料,而输往"满铁"所属的"鞍山制铁所"和由日本控制的"朝鲜兼二浦制铁所"的煤就达39.5%,再加上公司本身留用的炼焦煤占28.9%,合计68.4%的本溪湖煤又由焦炭转化成生铁输往日本了,而公司杂用、"满铁"转卖和其他等三个项目中,实际上也有很大部分转到日本控制的企业,变换成其他形式而为日本侵略者所有。这样算来,至少有80%

以上的本溪湖煤被日本帝国主义所掠走。

1937年伪满洲国实行"第一次五年计划"后,规定全东北的炼铁厂一律混用30%的本溪湖煤,本溪湖煤便主要用于全东北的炼焦制铁。

关于日本帝国主义对本溪湖生铁的掠夺情况,见表8-13。

表8-13 本溪湖生铁运往日本国内数量

年份	本溪湖生铁（吨）
1926年	37249
1927年	36490
1928年	38200
1929年	51886
1930年	48360
1931年	51060
1932年	74280
1933年	101400
1934年	125275
1935年	123480
1936年	123809

资料来源:解学诗主编:《满铁史资料》第4卷煤铁篇第4分册,中华书局,1987年,第1508页。

从表8-13可以看出,随着侵略战争的不断扩大,本溪湖生铁输往日本的比例越来越大,逐年增加,1931年仅为51060吨,而在1936年则增到123809吨,因此本溪湖生铁的作用对于日本内地也就有其更重要的价值。再以1932年度生铁的销售量为例进行分析。

表8-14 1932年度本溪湖煤铁公司生铁销售量

发往地点	数量（吨）	百分比（%）
日本	78360	85
朝鲜	3210	3.5

发往地点	数量（吨）	百分比（%）
满洲	6310	6.8
天津	1500	1.6
青岛	720	0.8
上海	1590	1.7
公司自用	580	0.6
计	92270	100

资料来源：奉天省本溪县公署编：《本溪县经济调查（矿产编）》，1933年，本溪市档案馆藏[①]。

从表8-14所示，本溪湖生铁的85%直接输往日本国内。特别是1939年之后，公司生产的生铁几乎都是低磷铁，这些低磷铁全部被运往日本国内，主要供应日本吴海军工厂，为扩大军备，制造军舰之用。除了吴海军工厂，还供应日本陆军的大阪工厂等。因此，公司的低磷铁在日本陆海军的武器制造业中发挥着重要作用。

至于"本溪湖特殊钢株式会社"所生产的特殊钢，则更是全部用于制造飞机、大炮等军工产品。为了解决产品的运输问题，1938年日本帝国主义在本溪境内修筑了溪田铁路，1942年修筑了溪辽铁路（本溪——辽阳），将在本溪地区劫掠的物资运往大连，再由海路输向日本或战区。

综观日本帝国主义对本溪煤铁资源的掠夺，给本溪人民造成了深重的灾难和影响。

第一，日本侵略者对本溪煤铁资源的疯狂掠夺，将本溪变成日本军国主义扩大侵略战争的军需生产基地。

"大仓"财阀凭借日本殖民主义政策的保护，向本溪采煤、制铁业投入资本，大肆进行经济掠夺。大仓一向支持日本军国主义的发展，1927年他接受了日本海军吴工厂对低磷铁的订货，开始生产低磷铁，产量逐年增

[①] 因资料来源出处不同，此表中本溪湖生铁输往日本的数量78360吨与上表中的74280吨略有不同。

加，逐渐取代了过去瑞典进口的低磷铁。由于本溪湖低磷铁的增产，至九一八事变前累计生产约70万吨，使日本从第三国进口铁逐年减少，1936年度几乎接近于零的状态①。特别是实行所谓"满洲产业开发五年计划"以后，1937年开始建设本溪宫原钢铁工厂，1937年便生产生铁13.6万吨。自1938年"本溪湖特殊钢株式会社"成立以后，特殊钢生产规模也不断扩大，到1945年共生产特殊钢17021吨，其中有制造各种枪的轻武器用钢，有航空用的碳素钢和强韧钢，有军工用的不锈钢和高速钢，还有工具、弹簧钢、滚珠钢、耐热钢和发动机钢等。

"本溪湖煤铁公司"自1923年的低磷铁和1942年特殊钢的生产逐年增加，所生产的171.8万吨的低磷铁和1.76万吨特殊钢全部供应给日本海军吴工厂、日本陆军大阪工厂、日本人把持的商办株式会社"奉天造兵所"（兵工厂），日本陆军沈阳附近的文官屯"南满陆军造兵厂"②，制造军舰、战斗机、战车、坦克、大炮和各种枪支、炸弹、刀剑及机械设备等，用以屠杀中国人民，给中华民族带来了更加深重的灾难。

第二，日本侵略者对本溪煤铁资源的疯狂掠夺，攫取了巨额的利润，加深了中国人民的苦难。

自九一八事变后，日本帝国主义千方百计地采取各种手段掠夺本溪煤铁资源，侵吞本溪人民的血汗，从本溪掠走了大量的物资与财富。

表8-15　1931—1943年度本溪湖煤铁公司的资本、利润、股息

年度	实缴资本额（A）	利润（B）	利润率B/A%	股息（C）	股息率C/A%	暂收利润留成（D）	固定资产折旧和扩大生产基金等（E）	修正利润率（B+D+E）/A%
1931	7000000元	357955.61元	5.10	—				5.1
1932		934504.38	13.4	—	—		74289.00元	14.4
1933		2054858.52	29.4	1000000元	约14.28	112740.60元	42149.00	31.5

① 李秉刚主编：《历史的疤痕——辽宁境内万人坑》，东北大学出版社，2004年，第212页。
② 李秉刚主编：《历史的疤痕——辽宁境内万人坑》，东北大学出版社，2004年，第213页。

年度	实缴资本额（A）	利润（B）	利润率 B/A%	股息（C）	股息率 C/A%	暂收利润留成（D）	固定资产折旧和扩大生产基金等（E）	修正利润率（B+D+E）/A%
1934		3215946.65	45.9	560000	8	1761998.93		71.1
1935	10000000 日元	3211488.73 日元	38.3	680000 日元	8	1528602.51 日元		55.9
1936		2989056.95	29.9	800000	8	1375380.56		43.6
1937		3547479.02	35.5	800000	8	1677431.28		52.2
1938		8026753.70	80.3	?	?	3030575.02		110.6
1939 上	100000000	2322432.64	18.0	1012602.75	8	1168516.00	1358578.95 日元	38.3
1939 下		5167340.15	10.3	4000000	8	△1168516.00	1436831.14	10.9
1940 上		3545018.06	7.1	3000000	6	?	?	?
1940 下		1222955.25	2.4	—		?	1183589.24	4.8+?
1941 上		△2663802.72	△5.3	—		?	1683860.29	△2.0+?
1941 下		97801.49	0.2	—		?	2009066.11	4.2+?
1942 上	200000000	731388.54	(0.7)	—		?	1799740.14	(2.5+?)
1942 下		6780563.74	6.8	4500000	4.5	?	2608756.50	9.4+?
1943 上		3289780.04	3.3	3000000	3	?	?	?
1943 下		1089130.48	1.1	?	?	?	?	?

注：（1）1931—1934年单位是龙银；1935—1943年单位是日元。

（2）△符号是亏损数字

（3）（ ）内数字是推定数字。

资料来源：刘万东：《本溪湖煤铁史略》，东北师范大学出版社，2013年，第122—123页。

　　根据表8-15所列数字,经计算,1931—1934年,4年合计的利润额为龙银656万元,按1:1.14的比率,折合日元为748万元。而1935—1943年,9年合计的利润为3935万日元(已扣除1941年上半年的亏损额),这样,1931—1943年这13年中,日本侵略者从公司榨取利润达4683多万日元。这个数字还不包括1944年全年和1945年上半年的统计数字,因此,整个伪满时期日本侵略者从公司榨取的实际利润额,还要较此为高。

　　从表中还可看出,公司伪满时期的利润率也比合办时期明显高出,经过计算,1931—1943年这13年的平均利润率为24.8%,比合办时期高11.7%,而利润率最高的1938年竟达80.3%,这比合办时期利润率最高的1918年高出近一倍。

　　尤其值得注意的是表中的修正利润率。这一栏的数字是利润加上利润留成,再加上固定资产折旧和扩大生产基金之和与实缴资本额之比所得出的。这就证明表中利润一栏的数字是纯利(已经扣除利润留成和固定资产折旧,以及扩大生产基金)。所以修正利润率一栏的数字才较为接近地反映出公司的实际利润。这一栏中1931—1939年数字完整,按此计算,公司实际的平均年利润率为48.2%,这就比合办时期的平均年利润13.1%,高出35.1%,几乎高出3倍,而年利润最高的1938年竟然达到110.6%[1]。可见日本侵略者从"本溪湖煤铁公司"榨取的利润额之高是多么惊人。利润是工人创造的剩余价值的转化形式,因此,日本帝国主义所榨取的高额利润,更进一步证明了他们对本溪工人的剥削是何等残酷。

　　第三,日本侵略者对本溪煤铁资源的疯狂掠夺,给本溪资源造成了严重破坏。

　　日本侵略者对本溪煤铁资源的掠夺性开采极具破坏性。庙儿沟铁矿的富矿部分和本溪湖煤矿的优质煤成为他们掠夺的重要目标,他们实行"大采煤炭"和"前进扒两帮,一捅全落光"的采掘方法,不顾工人死活,强制矿工开采,哪里煤质好煤量多,即到哪里去采;哪里矿石含铁量高,就采哪里。在这种乱采乱挖的过程中,留下无数隐患,很多旧巷道、旧坑道不断冒水塌方,给后续开采造成了很大困难,而且回采率低,富矿资源濒于枯竭。

---

　　① 《本钢史》编写组:《本钢史(1905-1980)》,辽宁人民出版社,1985年,第110-111页。

随着日本侵略者对本溪煤铁资源的掠夺，日本商人也大量涌进本溪，侵吞本溪的民族工商业，他们在本溪建立株式会社和合资会社，大肆掠夺民脂民膏。日本侵略者为了加强物资配给，加紧搜刮资财，在伪本溪湖市设立经济科，内设商工股，强制推行物价统制和物资统制法①。同时，开发宫原（今平山）地区，大量掠夺矿产资源和本溪地区农副产品资源。1941年至1945年，日本人在本溪设置各种统制组合38个，各种经济、各个行业、各种物产无所不统，达到了统治高峰，并强制民族工商户纳入统制组合，固定区域，分配品种，定量供给。本溪民族资本家经营的煤炭业日趋衰落，本溪民族商业除广泰盛、张碗铺、公悦成等几家较大商业资本家借用"官银号"资本，尚能勉强维持生计外，其余中小资本家、手工业者由于与"官银号"素无联系，在潮水般的日货冲击下，纷纷倒闭。民族工商业在日本侵略者铁蹄之下举步维艰。

日本侵略者对本溪的经济掠夺，满足了日本国内经济发展和军事侵略的需要，但却使本溪人民彻底丧失了主权，致使本溪地区的民族工业、商业、农业发展遭到致命的遏制和打击而日趋衰落，本溪人民陷入了绝对贫困化的境地，本溪城市的发展被打下了难以弥补的畸形烙印。

第四，日本侵略者对本溪资源的疯狂掠夺是以掠夺奴役和残害中国劳工为前提的。

日本侵略者在对本溪煤铁资源的掠夺过程中，对本溪人民和劳工实行了人类历史上最残酷的法西斯统治。尤其是日本独占本溪后，为了无止境地掠夺煤铁资源，采取了"以战养战""以华制华"的方针，制定了所谓"地盘育成""一齐索出""勤劳奉仕"等侵略政策，通过招募、诱骗、强迫摊派、抓捕等手段，从华北和东北掠夺劳动力，并从1941年开始将关内被俘、被抓的抗日居民集中起来，分批押送到东北充当苦力。这些劳工被称为"特殊工人"，日本侵略者实行了野蛮的以中国劳工生命换取资源的人肉开采政策，公司实行封建把头制管理，工人每天劳动时间都在十几个小时。封建把头制是日本侵略者采用的"以华治华"主要劳动制度，日本帝国主义利用封建把头不仅便于招募和管理劳工，而且公司当局不必支付管

---

① 李秉刚主编：《历史的疤痕——辽宁境内万人坑》，东北大学出版社，2004年，第217页。

理费用，就可以取得更大的利润①。把头招募来的工人，其人事关系不属于公司，公司工人中大多数的基本劳动力——采煤夫（采煤工）、掘进夫（掘进工）和采矿夫（铁矿采掘工人）都属这类。公司工资是计件包工制，公司不支付把头工资，把头从下属工人工资中抽取10%的管理费，因此工人受公司和把头的双重剥削。

在日本资本家和把头的双重剥削下，矿工们过着牛马不如的生活。他们吃的是窝窝头、高粱米粥、橡子面、咸菜和盐豆，穿的是破旧的衣服，麻袋、水泥袋纸成了矿工的"万能衣"，下坑穿窑衣，升井当被褥，寒冬腊月也是这样，90%以上的工人根本没有被褥，睡的是土炕，盖的是天棚。生产事故多，生命无保障。工人们诅咒这地狱般的苦难生活："四块石头一块肉，鬼子把头喝人血，石头吃人肉，矿工爹娘养，葬在石里头。"日本侵略者在本溪地区留下了多处屠杀埋葬本溪人民的集中地和"万人坑"，给无数个家庭造成了妻离子散、家破人亡的灾难。环境恶劣，瘟疫流行，使本溪人民在奴役、事故、贫病交加、饥寒交迫中挣扎。

第四节　奴役残害中国劳工

日本帝国主义为掠夺本溪煤铁资源，对"本溪湖煤铁公司"的劳工进行了残酷的剥削和压榨，强迫他们在恶劣的环境中从事高强度的劳动，并进行非人道的折磨和虐待，"本溪煤铁公司"中国劳工的悲惨境遇在世界劳工历史上也是罕见的。

一、劳工来源及构成

本溪煤铁公司劳工来源于多种渠道，主要包括以下几个方面。

（一）普通劳工

普通劳工中，除因生活所迫，主动到本溪煤铁公司各厂矿的少数做工者外，大多属于后三种情况：其一是骗招。幸存劳工高彦喜家住山东省邹县大洪沟村，1941年时，因听同村姓刘的说：在本溪干活一天挣两块五，干8个小时，每天吃大米白面，于是会同周围各村共360余人，上火车来到

---

① 李秉刚主编：《历史的疤痕——辽宁境内万人坑》，东北大学出版社，2004年，第235页。

本溪南芬铁矿，才发现上当了。在天津谋生的尚宝德父子听本溪煤铁公司在天津大舞台招工，说到本溪吃得好，住楼房，楼上楼下，电灯电话，钱好挣，于是父子俩和其他被骗招的人上了火车，来到本溪煤矿当劳工。其二是强制募集，即强行抓捕。是指日军在其华北占领区动用军队及新民会宣传班的协助，强行抓捕和平居民当劳工，使无数无辜的百姓被从家乡抓到东北，被迫从事矿山、工厂苦力。如1942年4月，日军在河北省滦县杨各庄对张志广等70人进行抓捕后，押至唐山，连同当地关押的人一起被押上火车到本溪煤矿当劳工。其三是"地盘育成"和行政供出。1941年，伪民生部公布《工矿业、铁矿业等劳务署募集地盘设定要纲》，划分了各矿招募工人的地区。1942年5月，伪民生部又公布《关于重要煤矿业、铁矿业劳动者募集地盘设定之方针》，对各重要矿山企业的募集地盘进行分配，其中规定向"本溪湖煤铁公司"矿山供出劳工的地盘有辽中、康平、法库、铁岭、本溪、兴京、庄河、凤城、安东9个县[①]。

（二）勤劳奉公队

即日本"关东军"利用伪满政府通过行政手段征用中国劳工。1941年9月，日伪当局制定并实施《劳动兴国会法》，强迫中国男性公民特别是农民从事义务劳役。1942年1月，又公布《国民勤劳奉公法》，规定除有残疾和精神病患者外，年满20岁至23岁的青年男子，凡当"国兵"不合格者都必须参加勤劳奉公队，要每年无偿服劳役4个月，连续服役3年。1945年3月，又将年龄延至30岁，将服劳役年限由3年改为6年，每年6个月。铁岭县镇西堡泉眼村居民郝增太、杨永杰等人于1945年被征派为勤劳奉公队员，被征派到本溪宫原铁厂服苦役。庄河县供出劳工在本溪煤矿服劳役，1945年最后一期勤劳奉公大队，下设4个中队，中队下辖小队，每个小队在50人左右。

（三）特种劳工

即特殊工人。所谓特殊工人，按照日伪当局的定义，系指"（1）因犯罪嫌疑现正拘押于当地部队、宪兵队、县公署及警察分局等处者；（2）通过清乡抓捕的通匪嫌疑者；（3）讨伐作战中的俘虏；（4）有害于社会工作

---

① ［日］满铁劳动对策委员会：《满洲的劳动问题和满铁的劳务情况》（1942年5月），第28—30页，抚顺档案馆藏。

实施者；上项人员中品质不太坏并有劳动能力者"①。早在1937年"七七事变"后，华北日军就已开始把作战中俘虏的人员送到东北从事劳役。1939年，日军在中国沦陷区石家庄（石门）、青岛、天津、太原、济南、保定等地设置战俘集中营，关押战俘和抓捕来的无辜百姓。为了弥补东北劳工数量的不足，日本"关东军"与"华北驻屯军"、华北伪新民会协商向东北批量遣送特殊工人的计划。在强制遣送到东北的劳工中，有相当数量的特种劳工被称为特殊工人，主要是由华北、山东等地的八路军战俘，中条山等地的国民党战俘以及被抓捕的地方抗日人员和普通老百姓组成（表8-16）。被押解到本溪煤矿的首批特殊工人1498名，于1941年7月到本溪煤矿做苦力。至1943年6月，已累计押解来本溪特殊工人7430名②。

表8-16　本溪煤矿部分特殊工人来源情况表

姓名	原所在单位及职务	被俘时间	被俘地点	所在劳工集中营	同押送人数	来本矿时间	备注
翟文华	国民党军士兵	1941.5	山西中条山	平遥天津	600人	1941	
张凤翔	晋察冀第三军分区二团十连指导员	1941.7		保定	300余人	1941.10	
张育吾		1941.8	山西五台	济南	34人	1941.11	1943.4逃出
王庆锁	建屏县大队管理员	1941.秋	河北建屏	石家庄	200余人	1941.12	
孙连甲		1942.5		济南		1942.5	
吴英	中共山西五台县七区区委书记	1942春		太原		1942	1944年逃出

---

① 中央档案馆等编：《日本帝国主义侵华档案资料选编·东北经济掠夺》，中华书局，1991年，第935页。

② 辽宁省档案馆编：《满铁与劳工》第二辑3，广西师范大学出版社，2003年，第150-157页。

续表

姓名	原所在单位及职务	被俘时间	被俘地点	所在劳工集中营	同押送人数	来本矿时间	备注
吕效荣	中共五台县基干游击队党支部书记	1942夏		太原	400余人	1942	
刘江忠	锄奸干事	1942.4.4	来水县	石家庄		1942.5.17	
王泊生	中共冀南五地委书记	1942.5	河北武邑	石家庄	300余人	1942.7	不久逃出
信孟卜	中共武邑县委书记	1942.5	河北武邑	石家庄		1942.7	不久病故
张顺	抗大教员	1942.5	河北深县	石家庄		1942.7	因组织暴动事泄牺牲
田宝林		1942.5		石家庄		1942.7	1944.7逃出
雷鸣	冀南军区招待所	1942.4.9	河北清河	石家庄	200余人	1943.8	
陶守崇	中共平度县区委书记	1942	山东平度	青岛	20余人	1943年初	
郝振光	静乐县第八区区长	1943.2.17	山西静乐	太原	800余人	1943.5	
赵桂林		1942.8.18	山东郯城	石家庄		1943.8	

（四）监狱服刑人员

日伪当局还将监狱中囚禁的"犯人"驱赶到矿山从事繁重的苦役。本溪湖监狱原为奉天监狱本溪湖分监，1942年升为本溪湖监狱，即本溪刑务署。"1941年7月至1943年5月31日，本溪监狱每天派出400—800名已判决的犯人（主要由鞍山监狱提供）到本溪湖煤铁公司服劳役"。"又在1942年6月把奉天监狱本溪湖分监本溪湖煤铁公司宫原作业场收容所提升为本溪湖监狱"，这个新监狱的开设，缓解了承德、锦州、安东、辽阳、奉天第一监狱等地人满为患现象，是为了镇压中国人民又增加了一个法西斯机构[1]。1936年初开始，日本侵略者在南芬庙儿沟铁矿设立本溪南芬第二分监狱，后改称刑务支署，也称为"明生队"。"明生队"于1937年开始在南芬铁山下戴家店道北的4个大房子里，约有二三百人，都是从各地抓捕来的所谓"浮浪""经济犯""国事犯""嫌疑犯"等，还有从山西战场俘虏的八路军战俘"太原队"。1942年由戴家店迁至东沟门监狱，这时"明生队"人员已达3000余人，成为"本溪湖煤铁公司"最为廉价的劳动力来源之一。

（五）矫正辅导院收容人员

1942年冬，日伪当局开始筹设矫正辅导院事务，日本人中井久二就此事亲至本溪煤铁公司交涉，要求该企业接收矫正辅导院的收容者去服苦役，为这些人提供住宿及劳动场所等。1943年4月，日伪当局将伪司法部行刑司改为伪司法矫正总局，开设矫正辅导院。同年9月18日，公布《保安矫正法》和《思想矫正法》等反动法令，大肆抓捕无辜群众，关进矫正辅导院，强迫他们在矿山、工厂从事无偿劳役。"本溪矫正辅导院"成立于1943年10月。1944年8月，家住通化新开街的郑连陛正在饭馆做工，在大街上被抓捕，以其无职业（即"浮浪"）为名，被判两年"矫正"，与另外40余人一起被押送到"本溪湖矫正辅导院"服苦役[2]。

随着本溪煤铁产业规模的不断扩大，日本侵略者利用各种手段骗招、强征和抓捕，使"本溪湖煤铁公司"的劳工队伍不断扩大，产业工人已从1930年的8000余人猛增至1944年的6.2万余人。

二、奴役迫害劳工的主要手段

为加强对劳工的管理和压迫，"本溪湖煤铁公司"内部设有特高系、警备系、劳务系等部门，并与本溪湖地方军警和公司的日本监工、汉奸把头相互勾结，采取一系列措施对工人进行统治和压迫。

（一）把头制度下的双重盘剥和压榨

本溪煤矿实行把头制度，全矿（包括茨沟、柳塘）共有25个大把头，

---

[1] ［日］中井久二：《我害死了93000名中国人》，载《罪恶的自供状——新中国对日本战犯的历史审判》，解放军出版社，2001年，第113页。

[2] 《郑连陛控诉》，载中央档案馆等编：《日本帝国主义侵华档案资料选编·东北经济掠夺》，中华书局，1991年，第930-931页。

大把头手下又有二把头和许多小把头。大把头冯志异，手下有二把头马秉华和十几个小把头。他的柜下在茨沟有6个大房子。其中3个房子设有吊铺，将新来的工友安排到吊铺上睡。睡觉时工友上吊铺后，他便指使人将梯子撤掉，大小便均不得随便上下，逼得工友实在无法，不得不便在床铺上饭盒里。更残忍的是，冬天工友上外面大小便时，不准穿衣服、穿鞋，怕工友逃走。

冯志异对工友剥削虐待到了极点。不仅每月扣除工人全部工资的15%，还强迫工人入伙，克扣工人伙食费，致使工人伙食异常恶劣；他还在大房子设两处卖店，物品加价1倍后再卖给工人。为防止新招来的工人逃跑，把他们的衣物行李等以"保管"为名进行掠夺。不仅勒索活人，而且从死人身上勒索，工人死亡后丧葬费10元，他仅拿出2—4元命人把死人抬走，并将死者扒个精光，死者衣物行李及工薪等均为他侵吞，然后将侵吞的衣服转手作价卖给新工友。冯个人因此成为暴发户，他剥削来的财产除个人挥霍外，还在柳河县买地2000余亩，在沈阳买房23间，在彩家屯修建房屋12间[1]。

大把头与工人的工薪相差极为悬殊，如1933年4月本溪煤矿把头的工资为：王筑明969.35元、杨福泉995.48元、马永福772.43元、卢景先1288.34元、朱培诚541.33元。而同期工人的工资却极为可怜的每天几角钱，每月还要扣除伙食费5元。据本溪煤矿工人王焕章回忆："在这里入井好似进地狱，升坑如同入牢房，把头就是催命鬼，鬼子赛过活阎王。把头逼钱，监工揩油，每月挣的少得可怜的工资中，还要受他们的层层盘剥。有一天，我没向监工交掌子钱，正在井下干活，监工拿着榔头棍就向我打来，我一回头，正好打在眼眶上，至今眉间还留有一块伤疤。"[2]

在本溪煤矿，工人吃的是橡子面窝头，冻的烂土豆，偶尔吃点发霉的玉米面掺橡子面的窝头。茨沟煤矿工人身上没有衣服，睡觉没有被，脚上没有鞋，一排房子原来有800多名工人，多少个冬天过去了，只发了8条破

---

[1]《本溪人民法院刑事判决书》（本法刑字第407号），1952年1月30日，本溪市人民法院档案馆藏。

[2] 王焕章口述：《凄风苦雨四十年》，载本溪矿务局党委宣传部编：《矿工血泪》，1963年，第125页。

被子，50件棉衣，还搞抓阄，抓不到的就只好挨冻了[①]。麻袋片、水泥袋就成了他们的衣服。

（二）工作环境恶劣，劳动强度大，使劳工贫病交加

煤铁公司日伪当局和汉奸把头的残害，恶劣的环境和繁重的劳役，加上贫病交加，无时不在吞噬着劳工的生命，其悲惨的程度达到了极点。

矿工潘维新被骗招到本溪煤矿当劳工，不久因为生病下不了井。在把头逼迫下，只好由两个小工搀扶着下井，还没到掌子就一头栽倒不省人事。恍惚中被抬到了第四病栋，这里又脏又破，两铺对面炕挤满了病人，一片痛苦呻吟声。待他醒来后，吃的"病号饭"是黑乎乎的不知是什么搅的疙瘩糊涂，连点咸淡都没有。渴得要命时，他因为要活下来，就硬爬到病栋外的雪地上吃起雪来，才算硬挺了过来。待他能扶着灶台下地时，看到病栋四周已摆着一排排被扒得精光的尸首[②]。后来日伪当局名义上设立了小医院，但实际上病人根本治不好，反而死得更快。人还没等咽气，就被人把衣服扒光，扔进冰冷的太平房里，就是好人，连冻带饿也得折磨死。因此矿工们说："小医院挂号，南天门报庙。"[③]

茨沟煤矿工人早晨4点钟就得起来，5点钟领灯，到晚上8点钟才能上来，在煤坑里劳作十五六个小时，两头看到的都是星星。本来规定是一天挖1吨煤，实际上挖不了2吨煤你就别想上坑来，工作时间得不到半点休息，稍一伸腰就会遭到坑里的日本监工和二把头的一顿毒打。

由于矿工尸体扔在山上，每年春天到来，雪化冰消后尸体腐烂，臭气冲天，便成了传染病的温床，因而一到各种传染病盛行的季节，便给矿工带来可怕的灾难。1940—1942年，本溪煤矿爆发几次可怕的鼠疫，因得病人多，矿工们把它叫"大家瘟"，就是"窝子病"。大把头卢殿臣柜下有1500多名矿工，先后因"大家瘟"而死去，最后只剩下把头和管账先生几个人[④]。据郑连陛回忆，他从1944年11月至1945年2月在本溪矫正辅导院病号室4个月时间，病号室每天经常保持有200多人，每天都要死三四人，

---

① 《十四年来本溪煤矿工人的人间地狱生活》，载《东北日报》，1946年1月21日。

② 王焕章口述：《凄风苦雨四十年》，载本溪矿务局党委宣传部编：《矿工血泪》，1963年，第18—23页。

③ 潘喜廷等编写：《红色的矿山——本溪煤矿史话》，辽宁人民出版社，1962年，第30页。

④ 潘喜廷等编写：《红色的矿山——本溪煤矿史话》，辽宁人民出版社，1962年，第31页。

最多一天死十七八个人，4个多月里死了有400多人[1]。本溪矫正辅导院和刑务署，每天都有10余人死亡，到1945年7—8月时，每天竟有25—30人死亡。该地矫正辅导院与刑务署3年内共死亡1万人[2]。

矿工病重，汉奸把头不仅没有半点同情心，反而恨不得他们早点死。据矿工包景阳回忆，柳塘煤矿大房子有姓杨的哥俩，都得了霍乱，二把头刘拐子看他们病重，就让手下将哥俩抬到大房子头上。哥哥说："你们心太狠了，我还没死就把我拖出去了。"不到半天哥俩全死了[3]。

更惨无人道的是，有一批山东来的劳工，几百人挤在一间大房子里。只因为大房子里有的工人得了"大家瘟"，灭绝人性的日伪当局不仅不给医治，反而用电网将大房子圈起来隔离，撒上白灰作为禁区，断绝饮食，不准出入，结果把这些人都饿死在里面。更凶残的是，日本人又以防止蔓延为由，把发生传染病的地方，连人带房子一起烧掉。有一首《头字令》歌谣，悲痛地描述了矿工的遭遇："鬼子残暴没有头，把头欺压穷骨头，身上披着麻袋头，鞋破露着脚趾头，铺着半片破席头，枕着半块破砖头，吃着橡面窝窝头，病倒扔进坑（指万人坑）里头，成群野狗啃骨头。"[4]这就是矿工们血泪生活的真实写照，这就是矿工悲惨境遇的血泪控诉！

（三）实行人肉开采，导致矿难频发

日本侵略者为了更多地掠夺本溪煤铁资源，根本不考虑矿工的生命安全，采取极其疯狂的掠夺式开采政策，逼迫工人乱采乱掘，实行"前进扒两帮，一捅皆落光"和杀鸡取卵的蚕食式、残柱式采煤方法，以及大舞台式的大面积空顶作业，强制工人冒险作业，以人换煤，这就是典型的"人肉开采"政策。在此政策下，井下经常发生片帮、冒顶、跑车、透水、瓦斯爆炸等重大事故。

公司日伪当局对矿工的生命安全极为漠视，没有安全生产的保障措施，致使生产事故频发。1933年9月5日，本溪煤矿五坑瓦斯爆炸，死亡27人；1940年8月16日，本溪煤矿大斜坑电车道三平上瓦斯爆炸，死亡30余

①《郑连陞控诉》，载中央档案馆等编：《日本帝国主义侵华档案资料选编·东北经济掠夺》，中华书局，1991年，第930-931页。

② 刘信君、霍燎原主编：《中国东北史》第6卷，吉林文史出版社，2006年，第465页。

③ 包景阳回忆资料（1999年8月），本溪市党史地方志办公室藏。

④ 潘喜廷等编写：《红色的矿山——本溪煤矿史话》，辽宁人民出版社，1962年，第31-32页。

人。日伪当局根本不吸取教训，只想掠夺煤炭赚取利润，他们常挂在嘴边的一句话就是"中国人大大的有，死几个没关系！"

据幸存劳工翟文华回忆：井下日本监工极其狠毒，有一次，一个同班工友在井下被煤埋住，胳膊被挤坏了，痛得直叫。而日本监工不但不组织抢救，反而抢起大钳子就砸下去，一直砸到那名工友一动不动才罢休。瓦斯大爆炸那天，我因拉肚子没下井，侥幸躲过大爆炸一劫。由于没有劳动保护设施，大小事故天天有。有一天上夜班，我们5个人推矿车，结果跑车了，死了4人，仅剩我1人①。

太平洋战争爆发后，日本帝国主义为实现其所谓"大东亚共荣圈"的狂妄野心，对本溪煤矿开始了空前的劫掠性开采。本溪煤矿有17层煤，而一层、二层煤层厚而好采，于是在"大出炭"的口号下，采用了"吃五接，翻二接"的掠夺方法，更将支撑煤层的"保安柱"也挖掉，不仅使煤层遭到严重破坏，千疮百孔，也给中国矿工的生命安全带来极大威胁。矿工们流传这样的歌谣："日本鬼子真混蛋，三天两头大出炭。逼着咱们多挖煤，累得个个筋骨断。"由于连续不断地开展"努力出炭日"，又无任何安全保障，终于直接导致了1942年4月26日本溪煤矿瓦斯大爆炸，死伤矿工3000余人的大惨案。

（四）实行人身迫害和精神摧残

"本溪湖煤铁公司"日伪当局和汉奸把头狼狈为奸，他们不仅强迫中国劳工承担繁重的苦役，还毫无人性地对劳工进行人身和精神迫害，其手段之残忍，方法之毒辣，已经到了令人发指的程度。

据被抓到南芬铁矿"明生队"的劳工田凤口述，他23岁时正在哈尔滨给一家小工厂做电工，一夜晚上，突然被棒子队抓捕，诬陷他是"经济犯"，根本不容分辩，就将他和另外一些人用闷罐车押送到本溪南芬庙儿沟"明生队"，幸运的是他懂电工，还会做衣服，才得以幸存下来。他说在"明生队"，每天白天日伪当局将明生队员排成队押到老笼子道口，用笼子将人送到山上，用沉重的铁簸箕将矿石装上矿车，再推到溜井口倒下。每个矿车十几吨重，两个人每天要推12车，每天要干14个钟头，动作稍慢或完不成数，日本监工和汉奸把头的大镐把就打上身来，有许多劳工因受不

---

① 翟文华回忆资料（1999年8月），本溪市党史地方志办公室藏。

了虐待、折磨被逼得跳深井自杀，有的戴刑具装运矿车不够数，被当场打死的现象经常发生①。晚上回到大房子里，有些"犯人"还要遭受各种刑罚的折磨，包括灌辣椒水、腿肚压杠子、烧红烙铁烙人、滚地笼子、竹签刺手指等刑罚，还有水牢呛人和大柳树吊人冻冰棍等非人酷刑。夜晚"明生队"里常常是火光熊熊，严刑拷打声和矿工绝望、痛苦的嚎叫声不断。那些暴死、饿死、病死的和被打死的矿工被抬到小插秧等沟里，一层层摞起来，光抬死人的人就有100多人。南芬庙儿沟铁矿的劳工，尤其是"明生队"中"犯人"和特殊工人受到了更加残暴的奴役和虐待。当时流传着一首歌谣："一进庙儿沟，两眼泪交流。吃的橡子面，披的麻袋头。干的牛马活，时时遭毒手。鬼子汉奸吃人肉，早晚都得把命丢。"

本溪湖煤矿罹难矿工遗骨

在宫原制铁厂，日伪当局同样对苦力村的工人竭尽迫害之能事。在日伪时期建设宫原厂区的数万名劳工中，最后只有六七千人活下来，其余的中国劳工都被日本侵略者虐待、折磨致死。据当年曾在苦力村住过的老工人崔学明回忆，同他一起从山东来"本溪湖煤铁公司"的360多名工人，最后仅有60多人侥幸活了下来。1963年，本钢二铁厂新修翻渣线时，挖出多年被埋在"万人坑"里的中国劳工尸骨73具，这些尸骨中有的头骨被打塌，有的腿骨上还绑着一条条铁丝，这是日本侵略者残害和屠杀中国劳工的铁证②。

日本侵略者和汉奸把头不仅对中国劳工进行政治迫害、人身伤害，还有对劳工进行精神摧残。他们利用抽大烟、赌博和开妓院等手段腐蚀劳工

---

① 田凤口述资料（1963年7月），本溪市党史地方志办公室藏。

② 《本钢史》编写组：《本钢史（1905—1980）》，辽宁人民出版社，1985年，第122页。

思想，消磨劳工反抗意识，榨取劳工的血汗钱。工人因时常遭受打骂而精神失常，患精神病者难以计数。本溪煤矿杨发有柜下有一名工人因常遭打骂而精神失常，杨知道后便指使手下将其毒打致死后扔进南天门。

（五）对逃跑和反抗劳工进行镇压和屠杀

"本溪湖煤铁公司"日伪当局为镇压工人反抗，防止工人逃跑和破坏生产，组织暴动，以最大限度地掠夺本溪的煤铁资源，在煤铁公司内设有特高系、警备系等完备的监管系统，还有第二监狱（明生队）、水牢、狼狗圈等关押和残害中国劳工的机构和设施。

在本溪煤矿，只有日本监工和汉奸把头随意打骂和残害中国矿工，而不允许中国矿工有一丝一毫的不满和反抗，否则轻则棍棒加身，重则死于非命。老矿工齐永发，只因为顶撞了日本监工几句，日本监工便将他带到警卫室里严刑拷打。经矿工们再三求情作保，才把他解救出来，但人已被打得像血葫芦似的，矿工们是又气又恨，但为了救命，把他送到小医院急救，可进去不到两天就昏迷不醒，日本医生说治不了，就被扒光衣服扔进太平房里，次日又将其装进木箱子里，活活地扔进万人坑[①]。一个山东籍的工友叫金玉娥，不知怎么得罪了日本把头，被灌了大粪汤，3天就死了[②]。矿工们不甘心受奴役，就要逃出这座人间地狱。一个朱姓工人已逃出电网，又被抓了回来，被日本人打得一点声音都叫不出来，最后被扔进狼狗圈。1943年2月，一些特殊工人冲出电网逃跑。当时被打死两人，其余的抓回来喂了狼狗。

日本侵略者的奴役和镇压，没有吓倒中国矿工，他们酝酿着更大的行动。1944年4月，柳塘煤矿特殊工人张顺等人秘密策划特殊工人武装暴动，结果事泄，被日特侦知，张顺、孙少勇、田喜文、邓伯图等特殊工人党组织领导人不幸被捕。敌人为杀一儆百，将普通工人逼迫到南山一个空场上集合，当场枪杀了杨希岳等人。杨希岳就义前高呼："中国共产党万岁！""打倒日本帝国主义！"[③]张顺等人则在1945年日本投降前夕遇难。

---

① 潘喜廷等编写：《红色的矿山——本溪煤矿史话》，辽宁人民出版社，1962年，第30页。
② 翟文华回忆资料（1999年8月），本溪市党史地方志办公室藏。
③ 潘喜廷等编写：《红色的矿山——本溪煤矿史话》，辽宁人民出版社，1962年，第44页。

三、本溪煤矿四二六矿难真相

1942年4月26日，本溪煤矿发生了瓦斯煤尘大爆炸，这是世界采煤工业史上最大的灾难性事故，成为本溪人民心中永远抹不掉的伤痛，更是日本帝国主义疯狂掠夺本溪煤炭资源、实行"人肉开采"政策所犯下的滔天罪行。

（一）矿难发生经过

1942年4月26日是个星期天，天下着雨。这天早晨天还未亮，催班的二把头们和棒子队就逼迫矿工下井，开始一天的苦力劳役。由于低气压影响，暴风裹挟大雨，导致超高压送电线路发生故障，自上午10时45分开始井下数次停电。因停电时间过长，井下没有送入新鲜空气，使瓦斯大量增加。井下作业的矿工们呼吸困难，三番五次要求升井，遭到日本监工的蛮横拒绝。矿工们只好冒着生命危险，在此极端困难的条件下继续作业。下午2时1分发电所送电，日本人不去检查停电故障原因而强行送电，导致马达高热，产生电火花，点燃了井下积聚的瓦斯，从而引起了瓦斯和煤尘大爆炸。

下午2时8分，突然一声山崩地裂的轰响，一团团浓烟从柳塘坑口喷出，烟柱直冲云霄，随后整个矿区陷入烟海之中。"瓦斯爆炸了！"此时矿工家属，包括老人、孩子、妇女一起拼命地向矿里奔去，凄惨的哭喊声响成一片。

坑口内外一片狼藉，离坑口十几米远的地方，一个卖香烟的老头被崩得骨碎身裂，还有一个老头被坑口喷出的气浪抛到50米外的墙上摔成肉饼。坑内的铁轨被炸得拧成了麻花状，被崩碎的矿车碎片散落四处。坑内外到处都充积着血腥和难闻的气味。这时矿工家属越聚越多，已达数千人，哭天号地，悲声震野。

然而，公司日伪当局在爆炸发生后，为保护矿井，立刻调集矿警队封堵洞口，停止送风，并拉上电网，出动警备队用棍棒刺刀威逼手无寸铁的矿工家属们不准向前一步。一些妇女被逼无奈，披头散发地向电网冲击，声嘶力竭地呼喊着家人的名字，结果有些人竟因此触电而死。

本溪煤矿瓦斯爆炸矿难发生后，日伪当局为掩盖事实真相，随即派遣专家到现场调查，并撰写《本溪湖煤矿灾害事故报告书》，承认此次瓦斯爆炸中共死伤1527人，直接经济损失359330元。在死伤人员中，中国矿工死亡1493人，重伤44人，轻伤224人，另有31名日本人死亡（其中日本福冈煤矿学校实习学生29人，日本职员2人），中国职员死亡3人[①]。

日本媒体在对本溪煤矿瓦斯大爆炸的报道中，竟称"灾害极其轻微"，"会社当局即立时编成应急救援队，于一齐出动努力于受伤者之救出"[②]。对死难中国矿工的处理，由伪本溪湖市公署、伪本溪湖市协和会主持，由日本"关东军"、伪满民政部劳务司、伪奉天省和安东省劳务科及安东省行政供出劳工的庄河、安东、凤城各县副县长参加。装出"慈悲"面孔，给死难者发了抚恤金和一块更生布。为蒙蔽世人，于1943年8月在柳塘南山上建立一座肉丘坟并立有一碑，美其名曰"本溪湖煤铁公司产业战士殉职墓碑"，碑文上又罔顾事实，说矿难原因是"柳塘炭坑内瓦斯被风所袭，猝然爆发"，又捏造出遇难矿工1327人。

事实果真如此吗？面对这场特大矿难，日方并未真正公布本溪煤矿矿难真相，也未真正实施对井下中国矿工的应急救援，并且对遇难矿工数字进行隐瞒并自相矛盾。面对无数死难者的冤魂，面对日伪当局的颠倒黑白，让我们抽丝剥茧，去伪存真，揭示本溪湖矿难的真相，还历史本来面目。

（二）日伪当局的拙劣表演

本溪煤矿瓦斯矿难，从表面上看，似乎是因为停电送电而引起的井下瓦斯积聚和爆炸造成的一场特大安全事故。而更深层次原因，则是日本侵略者无视中国劳工生命安全，强行进行"人肉开采"政策而造成的特大惨案。根据有限的资料，让我们看一下日伪当局的一系列拙劣的表演，就不难看出这场特大矿难的真相和实质。

其一，封堵井口，停止通风。矿难发生后一个小时，"本溪湖煤铁公司"日伪当局害怕井下火灾烧毁矿井，竟不顾井下矿工的死活，灭绝人性地下令对尚在运转的老三坑和柳塘上层坑两台主风扇停止送风，并强行封堵井口，致使本来还有活命机会的至少数百名矿工在井下活活憋死。其中

---

①［日］株式会社本溪湖煤铁公司：《本溪湖煤矿灾害事故报告书》（1942年5月6日），张洪昆译，载辽宁省委党史研究室编：《辽宁省抗日战争时期人口伤亡和财产损失》，中共党史出版社，2015年，第192页。

②《本溪湖炭矿瓦斯事件　政府发表经过》，载《盛京时报》，1942年5月2日。

包括在一坑车场子外有200余名矿工尸体匍匐堆积在一起，多数人嘴上还绑着毛巾，一坑采区西二道也有百余名尸体（其中包括29名日本实习学生），这些人都是在爆炸时未死，而在争取脱险中皆因停风中毒而死①。明知停风和封堵井口会令井下还有生还可能的矿工中毒窒息而死，还堵口停风，这和故意杀人有何区别！

其二，救援日人，置中国矿工于不顾。矿难发生后，公司炭业部长今泉耕吉赶到后，听说上野健二还在井下时，便下令日本矿山救援队两个小队下井救援，置井下多个作业面中毒及受伤正在呻吟和尚有声息的中国矿工于不顾，在下层八道将上野健二和一些日本职员救上来。矿工王焕章所在五坑没有受到爆炸直接冲击，侥幸未死，便与别的工友救援上来7名受伤的中国矿工，不料升井后遭到日本人的一顿毒打："八嘎，你的良心大大的坏，满洲人大大的有，死了死了没关系，日本人统统救上来！"王焕章被逼无奈，又下井救上来两个日本人，并送去医院。而先救上来的7名中国矿工，停在坑口无人管，其中有两人因耽误救援而死去了②！而日伪当局却胡说"会社当即编成应急救援队一齐出动努力于受伤者之救出"，伪满洲国劳务兴国会理事长也说"目击诸君之殉难，痛心疾首，救援无术"。事实是根本不救或不准救援中国矿工。

其三，新闻封锁，欺骗世人。矿难发生后当天下午和晚上，一些井上矿工和侥幸生还的矿工纷纷向家里拍电报以报平安。4月27日早晨6时，本溪湖日本宪兵队便通知电报局"以后凡有关煤矿内容的电报请不要受理"，以封锁矿难消息。5月2日，《盛京时报》报道本溪湖炭矿瓦斯事件"灾害极轻微"，伪满劳务兴国会头目也说"由于公司当局出以敏速适当之措置，因而灾害极为轻微"。把瓦斯大爆炸造成几千工人伤亡的世界性矿难说成"损失极轻微"，充分表明日本侵略者毫无人性可言，惧怕遭到世界舆论的谴责。而日方在事故调查报告书中却说："采煤熟练工损失相当大，对生产有

① 张洪昆回忆，1999年12月补充整理。载栾莹、吕冬冬：《历史的见证——本溪湖劳工问题研究》，吉林人民出版社，2006年，第154-159页。
② 王焕章口述：《凄风苦雨四十年》，载本溪矿务局党委宣传部编：《矿工血泪》，1963年，第126页。

很大影响。"①原来,日伪当局重视的只是矿难对生产造成的影响,而绝非中国矿工的生命。

其四,虚情假意,致祭立碑。日伪当局为笼络人心,转移视线,又在矿难善后上大做文章。先由伪满皇帝颁赐内帑金,"以示圣恩高厚,存殁同深"。继则于5月12日举行祭葬仪式,日本陆军大臣、"关东军"司令官、伪满国务总理大臣、日"满"各机关公司等"均吊电吊词,以申痛悼"。伪劳务兴国会理事长梅野撰写祭文:"目击诸君之殉难,痛心疾首""悲从中来,涕泗滂沱""诸君虽死,死而犹荣,夫复何憾。"②继又则于1943年8月由公司当局在仕仁沟、太平沟两处重修共同墓地,"另筑神祠,以安幽魂。诸君泉下有知想当含笑瞑目也。"③从来不把中国劳工当人看,劳工干的是牛马活,吃的是猪狗食,一句"'满洲'人大大的有,死几个没关系",又何来的"痛心疾首""涕泗滂沱"?矿难导致数千个家庭离散和失去生活来源,死难矿工又岂能"含笑瞑目"!

其五,避重就轻,敷衍塞责。本溪湖煤矿瓦斯大爆炸是典型的特大安全生产事故,因为日本帝国主义是在"要煤不要人""要矿不要人"思想主导下,根本不管中国劳工的死活,也就自然谈不上技术安全措施和劳动保护。本溪煤矿每个采区只有一名瓦斯观测员,而且每周只下3天井,星期天也不在井下,因此发生波及几个采区的瓦斯爆炸事故,却没有一个瓦斯观测员受伤或死亡便说明问题。发生这样的特大安全生产事故并造成数千人的死伤,理当追究相关部门的责任,但公司当局却只将炭业部长今泉耕吉处以一年罚薪10%的处分而敷衍了事。

(三)四二六矿难死伤人数考证

本溪煤矿四二六瓦斯大爆炸到底死亡多少人?一直以来众说纷纭,却无定论。更让人不解的是日方披露的死亡数字也自相矛盾,各种出版物所引用的数字也不尽相同,对此我们可以作进一步分析。

---

① [日]株式会社本溪湖煤铁公司:《本溪湖煤矿灾害事故报告书》(1942年5月6日),载辽宁省委党史研究室编:《辽宁省抗日战争时期人口伤亡和财产损失》,中共党史出版社,2015年,第192页。

② 《本溪湖煤铁公司举行殉职职工合同社葬祭(附祭文)》,载《盛京时报》,1942年5月15日。

③ [日]岛岗亮太郎:《本溪湖煤铁公司产业战士殉职墓碑文》(1943年8月)。载本溪市博物馆编:《本溪碑志》,辽宁民族出版社,2016年,第368页。

其一，目前见到日方披露的死亡数字有3组：一是本溪湖肉丘坟碑文认定的1329人；二是事故报告书给出的1527人（其中死亡1493人，重伤44人）；三是经公司上报，后由伪满战犯武部六藏、古海忠之等人供述的1800人[①]。这3组数字自相矛盾，却各有出处，都是日本官方数字。是公司当局无法准确调查统计遇难人员伤亡数字吗？肯定不是，因为本溪煤矿每月矿工病伤、增减，每天出工、收工、患病等等都有统计登记制度，只不过是出于不可告人的目的，不敢直接披露真实伤亡数字罢了。但发生这样大的矿难，总要有所交代，因此肉丘坟碑文上的死亡数字才是公开数字，事故报告书和上报的两组数字都是不公开的。看似自相矛盾，又遮遮掩掩，不过是日方掩盖真相的手法，但这也并非真实的数字。

其二，从日方岛岗、梅野谈话、祭文及事故报告书中可以找到真相的蛛丝马迹。矿难发生后，"煤铁公司"岛岗亮太郎理事长在谈话中说："4月26日，本社煤矿柳塘坑内发生瓦斯爆炸事故，从业员中多数殉职者，殊与各方面以巨大烦累"，伪满劳务兴国会理事长梅野在祭文中称"因而灾害极为轻微，复旧异常顺利，但仍有多数工人因伤殉职者。"[②]这里提到的"多数"已露出破绽，"多数"当然不是指本溪煤矿劳工总数而言，而是指当日下井矿工中的多数。经查灾害事故报告书，4月26日当日本溪煤矿下井矿工人数为4442人，那么4442名矿工的多数肯定不是一半以下，即2221名及其以下。如按60%计算，就是4442的2/3是2665人；如按65%计算就是2853人；如按70%就是3094人。

其三，本溪煤矿5个采区中，只有三坑、五坑未受瓦斯爆炸波及外，位于爆炸中心区的一坑、二坑和柳塘下层坑，这3个采区只有少数矿工侥幸存活。因现有资料未记载各采区当日具体下井人数，我们暂且按5个采区平均值计算，每个采区在880人，当日这3个采区下井矿工当在2640人。2640人再减去已知重伤者44人，轻伤者224人，剩余2372人，当为接近遇难矿工人数。同时，当日在井下作业的为头班，正是头班未出来，二班已下去一部分人准备接班，至少也死伤数百人。

---

① 《古海忠之供词》，载中央档案馆等编：《日本帝国主义侵华档案资料选编·东北经济掠夺》，中华书局，1991年，第862页。
② 《本溪湖煤铁公司举行殉职职工合同社葬祭（附祭文）》，载《盛京时报》，1942年5月15日。

其四，在调查和考证遇难矿工人数时，还应考虑相关因素。《事故调查报告书》中称"查明收容尸体，除了因为冒顶被埋住的尸体外，凡已查明的尸体，到四月二十九日午前七时，大部分收容完了"①。说明经过3天查找收容，大部分已收容完毕，但大部分毕竟不是全部，仍有相当一部分死难者尸体未能找到，这应包括两个部分：一是处在瓦斯煤尘爆炸中心的矿工，已被炸得粉身碎骨，根本无法统计；二是因爆炸引起多处冒顶而被掩在煤层中的尸体，当时根本无法收容。直至1945年光复后，为恢复煤炭生产在清理巷道时，又在这些坑道内挖出20多矿车尸骨②。初步判断这两个部分遇难矿工亦有上千人。

其五，根据本溪煤矿矿难幸存者口述和相关资料记述，还有3000多人和2000多人的说法。矿难幸存者李永普、马国志、王焕章、韩凤鸣等人均认为遇难人数在3000人以上。而本溪矿务局党委宣传部编印的《红色的矿山》、庄河县政协编辑的《庄河文史资料》第7辑则认定为两千多人。此外，矿难中受伤的矿工也绝非日方披露的重伤44人，轻伤244人，因为当时茨沟、柳塘小医院和附近私立医院皆已住满受伤的矿工，并且有一部分轻伤矿工和轻微中毒矿工根本没有住院治疗，也不可能统计在内。

综合上述各点，笔者认为，本溪煤矿四二六瓦斯大爆炸中遇难人数当在2600人以上，如加上轻重伤矿工，总数当在3000人以上，这才是本溪湖矿难中最接近事实的数字。如果按死亡2600人统计，则占本溪煤矿劳工总数12478人的20%，而非日方事故报告书中所称的12%。

本溪煤矿四二六瓦斯大爆炸是世界采煤工业历史上最大，也是最为惨重的矿难事件，这次矿难无情地剥夺了2600多名中国矿工的宝贵生命，这是日本帝国主义疯狂掠夺本溪煤炭资源，实施"人肉开采"政策所直接造成的特大惨案，这是日本帝国主义一笔永远无法偿还的血债。

四、奴役残害中国劳工的严重后果简析

日本帝国主义侵占中国东北后，通过骗招、强征、抓捕大批劳工和战

---

① ［日］日本株式会社本溪湖煤铁公司：《本溪湖煤矿灾害事故报告书》（1942年5月6日），载辽宁省委党史研究室编：《辽宁省抗日战争时期人口伤亡和财产损失》，中共党史出版社，2015年，第193页。

② 尚宝德回忆（1999年8月），本溪市党史地方志办公室藏。

俘到"本溪湖煤铁公司"强制服苦役,从事极其繁重的劳役,过着集中营式的悲惨生活,大量的劳工因遭受奴役、折磨和迫害而丧生,带来了极其严重的后果和影响。

其一,日伪当局通过对中国劳工进行非人折磨和迫害,包括因打、因杀、因病、因饿、因累、因冻和安全事故,导致大量中国劳工死亡。本溪煤铁公司的6个万人坑,就是日本侵略者和汉奸把头相互勾结,奴役和残害中国劳工的历史见证。这6个万人坑是:位于本溪煤矿四坑口的仕人沟万人坑,占地6400平方米,是1942年4月26日本溪煤矿瓦斯大爆炸中死难矿工的集体墓葬;本溪煤矿南天门万人坑,位于柳塘南山沟,是占地10万平方米的天然大沟,该处劳工尸体多为1940年至1943年间因传染病流行肆虐而死难的矿工,后死人过多,根本不予掩埋,任凭死难矿工赤身裹体,狼撕狗掠;本溪煤矿太平沟万人坑,占地8000平方米,1942年4月26日本溪煤矿瓦斯爆炸后,余下部分和最后清理井下挖出的死难矿工尸骨埋葬此处;本溪煤矿矸石山万人坑,位于本溪湖月牙岭山上,占地面积9.8万平方米,柳塘矿井死难矿工,被用双绳吊车吊运到山上倒掉,与运去的矸石堆在一起,无人掩埋;本钢二铁厂万人坑,位于工源厂区今本钢二铁厂翻渣线一带,占地1万平方米,是当时宫原厂区死难劳工的埋葬之地;南芬庙儿沟万人坑,位于今本钢南芬露天矿东北侧庙儿沟环形山坳里,占地15万平方米,是庙儿沟铁矿死难矿工的埋葬之地,包括戴家店、三十六户、赵家堡、太阳沟、黑背沟都埋遍了劳工尸骨。

据党史专家李秉刚调查,1905—1945年,日本侵略者在对本溪进行经济掠夺过程中,形成了"本溪湖煤铁公司"6处万人坑,前后死难劳工合计约为13.5万人[①]。

其二,由于"本溪湖煤铁公司"大量中国劳工的死亡,给这些劳工的家庭带来了巨大的灾难和惨剧,不知有多少父母失去爱儿,多少孩子失去父亲,多少妻子失去丈夫,他们不仅痛失至亲,也同时失去了家庭的顶梁柱和经济生活来源,而导致家破人亡。齐齐哈尔的中年妇女黄玉贞,因丈夫逃避劳工被抓并判刑,押至本溪南芬庙儿沟铁矿服苦役,黄玉贞在家度日如年,终于熬到丈夫刑满的日子,因此不远千里来到庙儿沟"明生队"

---

① 李秉刚主编:《历史的疤痕——辽宁境内万人坑》,东北大学出版社,2004年,第230页。

接亲人回家，不料其丈夫在她来的前一天竟被日本人活活打死，扔进万人坑，黄玉贞得知噩耗，如五雷轰顶，跑到万人坑一遍遍地寻找，最后发现一具被扒光衣服的尸体，认出这就是自己日想夜盼的丈夫，便一头扑在丈夫尸体上哭得天昏地暗，最后精神失常，气绝于万人坑①。本溪煤矿矿工李志克遇难后，年迈的母亲因思念儿子哭瞎双眼，父亲因失去儿子水米不进，成天到山上呼唤着儿子："志克呀！你在哪儿……""儿子呀！快来叫爸爸看看……"几天后就疯了，没过几个月老两口就都先后离开了人世②。本溪湖矿难中遇难矿工多为庄河县劳工，庄河县劳工姜悦香被抓劳工到本溪煤矿采煤不到半年，就在四二六矿难中因日本人封堵井口而活活憋死。当年他刚到30岁，撇下寡妻和两个不满10岁的儿女。当他的骨灰被送回家时，全家人悲痛欲绝。

其三，日伪当局虐待战俘和劳工，使他们饿死、累死或被杀死是日本政府的既定政策，是极其阴险、残暴和泯灭人性的。日本人常用的口头语是"中国人大大的有，死几个没关系！"因为日伪当局大批掳掠中国劳工，除作为"以战养战"政策的重要组成部分，还包括含有异常隐藏、隐蔽而阴险的政治军事目的，即希图通过这种杀人手段，来消灭各种显现的或潜在抗日力量——以募集劳工的名义，把沦陷区大批中国青壮年集中起来，然后用沉重劳役和非人的折磨及直接虐杀，大量消灭这些有生力量③。

其四，日本侵略者奴役和残害"本溪湖煤铁公司"劳工的事实告诉我们，国家积贫积弱，民族必然饱受蹂躏，强权面前无公理，强盗面前无人权，这是日本侵略者横行霸道，践踏人权，奴役残害中国劳工的实质所在。只有国家民族强大，自立于世界民族之林，才能摆脱殖民统治，才能真正挺起胸膛和腰板做人。

　　① 潘长龄：《南芬庙儿沟万人坑》，本溪市党史地方志办公室藏。
　　② 潘喜廷等编写：《红色的矿山——本溪煤矿史话》，辽宁人民出版社，1962年，第35页。
　　③ 祁刚利、薛建中：《日本强掳与奴役中国劳工的几个问题》，载《日本侵华罪行国际学术研讨会文集》，新华出版社，1996年，第380页。

《本溪通史》中卷编者简介

　　孙　诚　辽宁宽甸人，1957年出生，满族。1982年毕业于辽宁大学历史系历史专业。历任本溪市档案馆馆长，本溪市档案局（馆）局（馆）长、党组书记，本溪市史志办主任，研究馆员。曾兼任中国档案学会文献编纂学术委员会委员，辽宁省历史学会常务理事，辽宁科技学院客座教授，本溪市政协文史工作专员。为本溪市文化史暨古典文学学科带头人。著有《董鄂氏人物传略》《地域文化与档案编研》《本溪市志·人物篇》《本溪赋》等；主编并出版《本溪历史人物传》《本溪地域文化丛书》《中国共产党本溪历史》第二卷，《本溪党史人物传》第一卷，《本溪英烈传》《建州女真暨董鄂部研究》《本溪人民抗日斗争纪实》《本溪抗美援朝纪实》等。曾获中国档案学会青年档案学术奖，中共中央党史研究室学术成果二等奖。

　　崔　维　辽宁本溪人，1978年出生。毕业于辽宁大学历史系，本溪市党史地方志办公室党史处处长，本溪市政协文史工作专员。先后主笔完成国家级调研项目"抗战时期人口伤亡及财产损失""革命遗址普查"和省级调研项目"辽宁棚户区改造"本溪部分；参与编纂《中国共产党本溪历史》第一、二卷，《本溪党史人物传》第一卷，《本溪英烈传》《本溪人民抗日斗争纪实》等党史专著10余部；在《东北史地》《满族研究》《本溪社会科学》等省市刊物发表《本溪人民抗日斗争的特点和历史地位》《满族佟佳氏马察地方考略》《太子河得名与满族（女真族）文化》《辛亥革命与本溪风云》等论文10余篇。

赵喜红　1971年6月出生，辽宁本溪人。现就职于本溪市档案馆（史志办），研究馆员。1992年毕业于辽宁大学历史系档案专业。本溪市政协文史工作专员。获评本溪市档案学学科带头人、首届本溪市档案专业优秀专家、辽宁省档案系统领军人才。参与编纂《本溪地域文化丛书》《建州女真遗迹考察纪实》《本溪抗美援朝纪实》等著作16部（21册）。著有《公共档案馆服务建设研究》。在国家、省市报纸杂志发表文章100余篇，获各级奖励60余项，其中有25项科研成果获市厅级以上奖励。

包国文　蒙古族，1981年4月生，辽宁阜新蒙古族自治县人。2005年辽宁大学历史专业毕业，2008年12月加入中国共产党。本溪市政协文史工作专员。参与编校《建州女真遗迹考察纪实》《本溪抗美援朝纪实》等本溪历史相关书籍；参与档案及地域文化方面课题多项，分获辽宁省档案局优秀编研成果奖；参与制作《光辉岁月　壮丽华章——纪念本溪解放60周年大型图片展》《百年盛典　世纪华章——本溪市庆祝中国共产党成立100周年主题展览》等多个档案图片展览和画册。

张达文　辽宁本溪人，1968年3月出生。毕业于辽宁师范大学历史教育专业，任教于本溪市实验中学。被聘为本溪市政协文史专员、辽宁省地名管理咨询论证专家、中国国家图书馆公开课讲师。多年致力于地方史研究，踏查足迹遍布本溪地区近现代遗址。保留本溪溪湖大桥工业遗址建言被政府采纳。主要讲座专题有《沈丹铁路与本溪》《本溪城防要塞》《本溪城市雏形》等。参与编纂《魅力本溪》等地方史书。

孟庆志　1970年3月出生于本溪县清河城。大专文化，中共本溪满族自治县县委宣传部办事员，本溪市政协文史工作专员。从事抗联史实和地域文化研究多年，撰写地方史研究文章数十篇，参与本溪抗联史实教育基地课程开发和抗联遗址遗迹开发利用工作，为打造"重走抗联路"抗联文化载体发挥了参谋和助手作用。

本溪通史

上卷

政协本溪市委员会　编

本卷主编：梁志龙　副主编：靳　军

辽宁人民出版社

图书在版编目（CIP）数据

本溪通史 / 政协本溪市委员会编. —沈阳：辽宁人
民出版社，2021.12
ISBN 978-7-205-10335-4

Ⅰ.①本… Ⅱ.①政… Ⅲ.①本溪—地方史 Ⅳ.①
K293.13

中国版本图书馆 CIP 数据核字（2021）第 234125 号

地图审图号：辽 ES〔2021〕2 号

出版发行：辽宁人民出版社
　　　　　地址：沈阳市和平区十一纬路 25 号　邮编：110003
　　　　　http://www.lnpph.com.cn
印　　刷：辽宁新华印务有限公司
幅面尺寸：170mm×240mm
印　　张：81.75
插　　页：24
字　　数：1340 千字
出版时间：2021 年 12 月第 1 版
印刷时间：2021 年 12 月第 1 次印刷
责任编辑：娄　瓴　高　丹　祁雪芬　贾　勇
封面设计：路　冲
版式设计：姿　兰
责任校对：刘再升
书　　号：ISBN 978-7-205-10335-4

定　　价：398.00 元（全三卷）

《本溪通史》编写组

上卷（古代部分）

主　　编：梁志龙

副 主 编：靳　军

编写人员：梁志龙　靳　军　姜大鹏　刘彦红

中、下卷（近代部分）

主　　编：孙　诚

副 主 编：崔　维

编写人员：孙　诚　崔　维　赵喜红　包国文
　　　　　张达文　孟庆志

《本溪通史》编务组

组　　长：李方凯

编务人员：曲少斌　孟庆福　王丽娜

《本溪通史》（上卷）
编写组

主   编：梁志龙

副 主 编：靳 军

编写人员：梁志龙   靳 军

              姜大鹏   刘彦红

本溪市政区图

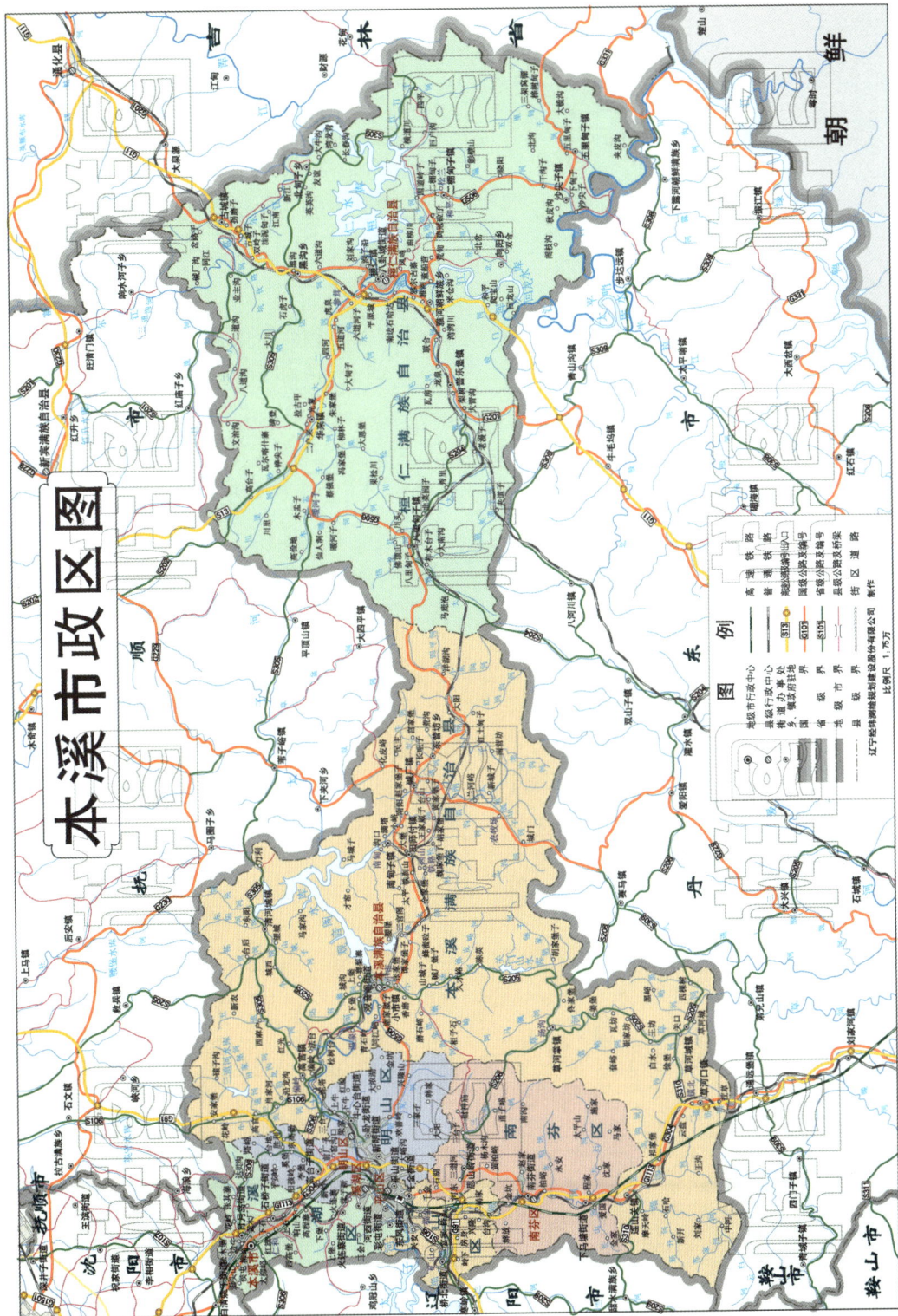

图例

比例尺 1:75万

吉林省

朝鲜

辽阳市

抚顺市

鞍山市

丹东市

桓仁满族自治县

本溪满族自治县

平山区

溪湖区

明山区

南芬区

本溪县庙后山旧石器时代遗址及周边环境

庙后山遗址
出土的烧骨

1981年贾兰坡先生（左四）考察庙后山遗址

桓仁县出土的旧石器时代石器

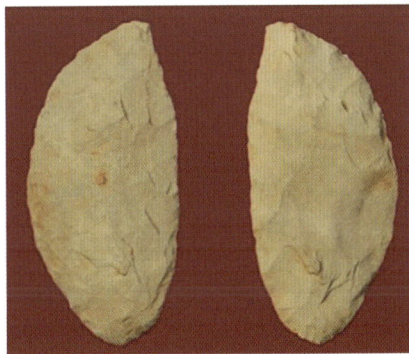
桓仁县出土的旧石器时代晚期桂叶形石器

本溪县马城子青铜时代洞穴墓地及周边环境

本溪县赵甸青铜时代遗址发掘现场

马城子洞穴墓地出土的石盘状器

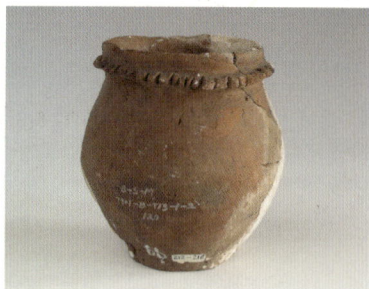

马城子洞穴墓地出土的陶罐

本溪县新城子青铜时代石棺墓地

新城子石棺墓出土的弦纹壶

平山区小孤家子青铜时代石棺墓出土的石剑

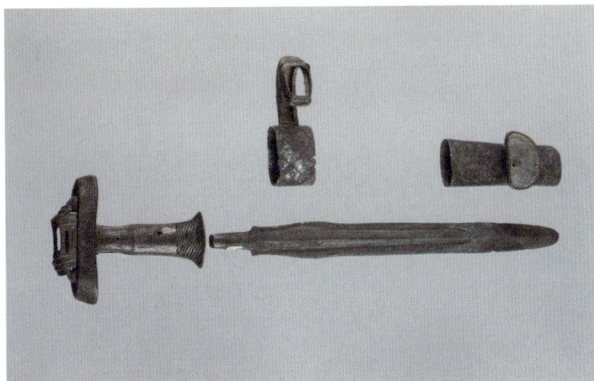
本溪县刘家哨战国时期石棺墓出土的青铜短剑

本溪县上堡战国时期石棺墓出土的绳纹陶罐

刘家哨石棺墓出土的铜兽形饰

桓仁县王义沟高句丽早期遗址及周边环境

桓仁县大恩堡高句丽早期石柱子

桓仁县冯家堡子高句丽早期大石盖积石墓

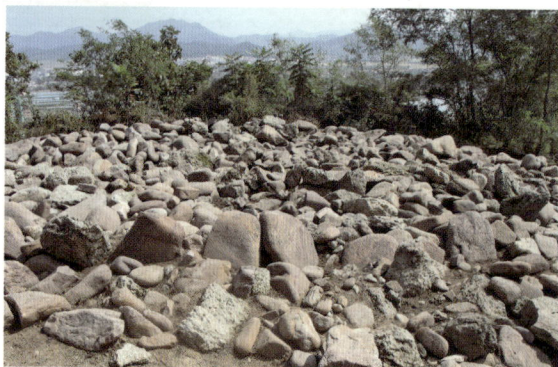

桓仁县望江楼高句丽早期积石墓

琉璃手镯

青铜铃

金丝扭环耳饰

铁车軎

石范

项饰

项饰

望江楼墓地出土的随葬品

高句丽早期都城——五女山山城

五女山山城东墙

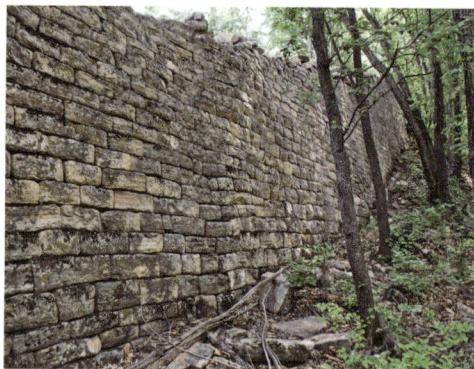
桓仁县高俭地高句丽山城北墙

桓仁县上古城子高句丽墓群

桓仁发现的高句丽瓦当

米仓沟将军墓墓室东南角

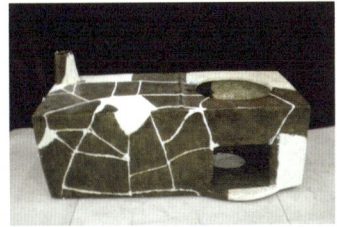

桓仁县米仓沟将军墓

米仓沟将军墓出土的釉陶灶

五女山出土的金代铜印

五女山出土的金代玉飞天透雕牌饰

平山区千金沟金代铜钱窖藏

本溪湖窑址出土的元代瓷壶

桓仁县五女山东麓明代建
州女真瓮村遗址

桓仁县建州女真栋鄂部牛
毛寨遗址

本溪县明代清河堡遗址

清河城出土的明代瓦当

明山区窟窿山明代烽火台

本溪县明代辽东边墙

本溪县新城子明代《创筑孤山新堡记》石碑

萨尔浒战役东路战场的富察之野

本溪县铁刹山乾坤洞

桓仁县建州女真历史陈列馆

桓仁五女山博物馆

本溪市博物馆

本溪市区一角

序　言

　　《本溪通史》历经5载（2017—2021）已于近日完稿。全书分古代（上）、近代（中、下）两卷，共100万字。对本溪地区自远古到近代的历史，本着详近略远的原则，作了深入系统的叙述。本书总编、本溪市政协孙旭东主席嘱我作序，以盛情难却，乃欣然应之。

　　我长期从事清史、满族史研究，早在40多年前撰写博士论文《满族从部落到国家的发展》时，已开始关注本溪桓仁。桓仁是满族自治县，2005年我第一次到桓仁，境内五女山城，是高句丽第一代王城。15世纪上半叶，满族先世建州女真，在首领李满住率领下迁入五女山一带，繁衍生聚，发展壮大。迄至17世纪初，始有清太祖努尔哈赤在苏子河畔的建国。我造访五女山城博物馆时，馆内只有关于高句丽的展览，于建州女真史迹却付阙如。我向当地领导建言，五女山城虽因高句丽王城而申遗，但不能因此忽略它与满族历史的密切关联。满族所建清朝统治中国近三百年，开疆拓土，奠定了今日中国之疆域。满族还是今天中国第二大少数民族。无论从哪个角度讲，山城博物馆都应该补入建州女真的历史。当地领导欣然接受我的建议，于是才有五女山城历史的完篇。近二十多年来，我因工作关系，与桓仁、本溪领导、文史专家多有交往。尤其九年前兼任吉林师范大学教授以来，或开会，或考察，或以文会友，或带师生实习，屡次造访

本溪、桓仁，都受到当地朋友的热情接待。从桓仁五女山到本溪平顶山，从董鄂山城、清河古城到萨尔浒古战场遗址，我们栉风沐雨，一路走来，在寻古探幽的过程中，逐渐加深了了解，也增进了彼此的感情。我与旭东的交往，也始于彼时。旭东时任桓仁县长，尽管工作繁忙，对满族研究、地方史研究却倾注着极大热情。他生于斯，长于斯，对故乡大地、父老乡亲始终怀抱一颗赤子之心，更给我留下深刻印象。这次旭东嘱我作序，无论于公于私，都难以推却，盖缘于此。

明清大儒顾炎武说过："人之患在好为人序"，并自叙"平居以此自警，不敢为人作序。"史学巨擘章学诚《文史通义》则说："书之有序，所以明作书之旨也，非以为观美也。"足见为人作序，是一件慎之又慎的事。一则要对自己负责，二则要对作者负责。首先要对著作有比较深入的了解。否则，只作浮泛之论，或言不及义，不仅愧对作者，亦令读者见笑。通阅全书，我将其优点概括为如下六点：

一是资料翔实。作者利用史料丰富，主要有官私史书、档案文献、考古报告、报刊日志。其中许多资料为首次发掘，诸如中央到地方各级档案，本溪墓志碑刻、文史资料、田野调查报告等尤具特色。为全书撰写奠定了坚实基础。

二是地域特色。本溪位于辽宁省东部山区，用今天的视角看，其地理位置似乎偏离东三省的主道。然而，纵观历史，它在东北史乃至中国史上却据有得天独厚的地位，并扮演了重要角色。举其荦荦大者：50万年前，以旧石器时代庙后山遗址为代表，本溪被誉为"东北第一人的故乡"。作为高句丽兴起之地，五女山上曾矗立第一代王城。明代前期，随着建州女真迁入，拉开了满族崛起的序幕，并为清朝肇建奠定了坚实根基。史家因有"大清源于建州，建州兴于桓仁"之概括。本溪四山环绕，矿藏丰富，煤铁业的兴起曾拔得东北工业的头筹。所谓"南有汉冶萍，北有本溪湖"，足见其影响之大。近代以来，国家积弱积贫，内忧外患纷至沓来，英雄的本溪

人民始终战斗在抵御外侮的第一线。九一八事变后，从本溪义勇军的揭竿而起，到东北抗联第一军的武装斗争，再到杨靖宇等一大批英烈赴汤蹈火、前仆后继的不朽业绩，无不彰显了中华民族反抗外敌侵略的钢铁意志和不屈精神。凡此种种，都是本溪历史的亮点。将这些亮点连接起来，就谱成一曲波澜壮阔的本溪历史的主旋律。

三是研究深入。作者在充分吸收前人成果基础上，以本溪地区为空间范围，就一系列专题作了深入考察。诸如高句丽研究，建州女真与李满住、董鄂部研究，晚清变局下本溪开边与设治研究，甲午本溪战场研究，日俄战争本溪战场研究，辛亥革命时期同盟会、中华革命党、辽东护国军研究，民国时期本溪工商业的繁荣与中心城镇形成研究，地方"自治"与市民社会兴起等，足补史书之缺。书中有关中日"合办"本溪湖煤铁公司的历史，为揭露日帝对东北地区的经济侵略提供了典型个案；有关日帝在本溪的军政统治，全面披露其实施殖民统治的真相。其中系列惨案，读来令人发指。法西斯主义的累累罪行，已被牢牢钉在历史的耻辱柱上。

四是本地专家贡献突出。书中许多研究，都是本地文史专家筚路蓝缕、长期耕耘的成果。其中，诸如桓仁青铜时代墓葬、石棺墓、青铜短剑墓，高句丽墓与壁画，高句丽山城调查，金代窖藏官印及铜镜研究，建州女真遗迹考察等，尤见功力。这些成果，凝结了本溪几代文史工作者的执着追求。厚积才能薄发，勤耕才有硕果。本溪文史工作者，当之无愧矣！

五是客观求实。作者治学态度谨严，对史料精于考辨，对旧说亦不盲目信从。对历史现象和人物，不溢美不虚饰，继承了中国史学秉笔直书、实事求是的优良传统。这在当前虚骄之风甚嚣尘上的氛围下，尤其值得肯定。近代卷作者，通过辨析，纠正前人有关义和团两次攻打本溪教堂之说；作者在讴歌抗联第一军英雄事迹的同时，对两次西征的失败原因作了认真分析。关于苏军进入东北，既肯定其打败日本关东军的重要贡献，也不讳言其大规模拆除工业设施、铁路设备运回国内的斑斑劣迹。关于本溪

土地改革运动，既考察运动开展的背景、过程、成绩、影响，也总结了运动中"左"的错误所造成的损失和纠偏工作。这种求实精神，不仅为世人留下一段信史，也为有关部门治国理政，总结经验教训，提供了宝贵镜鉴。

六是意义深远。本溪地区历史悠久，自古以来就是多民族交融荟萃之地。商周秦汉时期的汉、濊貊、夫余，魏晋隋唐时期的高句丽、鲜卑、渤海，辽契丹，金女真，元蒙古，清满族，诸多民族叱咤风云，你来我往，以本溪大地为舞台，导演了一幕幕惊天动地、荡气回肠的史诗。而本溪地区各民族的汇聚陶融，及其与中原内地关系的发展，则是中华民族生生不息、不断壮大的缩影和生动写照。

总之，《本溪通史》的出版，是本溪市文化建设的一件盛事。不仅把本溪史研究向前推进了一大步，对开展国情教育，传播乡土文化，弘扬爱国主义精神，均有积极意义。我有幸成为本书的第一位读者，又何其乐哉！

刘小萌

2021年10月15日

目 录

绪　论

　　本溪名称源于本溪湖，本溪湖为清代早期的一个地名，但本溪历史却源远流长，50万年前人类便在这里的庙后山一带生存繁衍，因此本溪被称作"东北第一人的故乡"。

　　本溪位于辽宁省东部山区，东邻吉林省通化市，西接辽阳市，南临丹东市，北与沈阳市、抚顺市交界，总面积8411.3平方千米，下辖2个满族自治县、4个区和1个高新技术产业开发区，共设35个街道办事处、18个镇、5个乡、228个社区、287个行政村，总人口132.6万人。

　　本溪山脉属于长白山余脉，境内重峦叠嶂，高峰耸立，地势东部、中部较高，南部较低，高逾千米的山峰就有10多座，桓仁县境内佛顶山（原名老秃顶子）主峰为全境最高处，海拔高度1367.78米，素有"辽宁屋脊"之称。许多高山成为现今市域、县域的界山，如花脖子山（桓仁、宽甸交界）、草帽顶子山（本溪、桓仁交界）。本溪山多地少，山地面积占全境面积的80%，耕地面积占8.7%，水面和其他用地占11.3%，构成了"八山一水一分田"的自然地貌。

　　本溪境内河流密布，有大小河流近200条，流域面积大于100平方千米的有19条，其中浑江、太子河和草河三大河流形成了本溪的主要水系。浑江为鸭绿江中国一侧最大支流，古称盐难水、沸流水、佟佳江等，发源于吉林省白山市哈尔雅范山，自东北向西南流经吉林白山市、通化市，再流经辽宁省桓仁、宽甸两县，汇入鸭绿江，全长445千米，其中流经桓仁境内150千米。浑江在桓仁境内流向曲折，水量充沛，主要支流有富尔江、雅河、六道河等。太子河古称大梁水、东梁河等，其源有二，一出本溪县，俗称南太子河，一出新宾县，俗称北太子河，两源在本溪县南甸镇马城子村附近合流，西南经本溪、辽阳两市，在海城三岔河处与浑河相汇，注入辽河，最终流入渤海。全长413千米，其中流经本溪境内168千米。

本溪是东北老工业基地，矿藏和地质遗迹丰富，因此有"地质博物馆"的美誉。现已发现煤、铁、铜、锌、石膏、大理石等矿产8大类45种，其中铁矿石已探明储量27亿吨以上，石灰石矿储量2.1亿吨，溶剂石灰储量1.3亿吨。历史上，由于本溪煤铁资源丰厚，采煤冶铁成为这里的早期工业。明代在这里设立了5处铁场百户所，为东宁卫、三万卫提供军民用铁。清代，冶铁和采煤规模都在不断扩大，大量外来人口流入本溪，从事煤铁生产，一个移民城市逐渐形成。

本溪山高林密，林业用地1000万亩，人均7.5亩，是辽宁中部城市群重要的水源涵养林区和辽东天然次生林区，共有木本植物47科100属251种，其中有红豆杉、红松、油松等珍贵木种，也有遍布山岗的落叶松、柞、桦、枫、椴、榆、柳等木材，森林蓄积量4860万立方米，占辽宁省森林蓄积量的26%；森林覆盖率74%（其中桓仁县、本溪县分别为78%和76%），居辽宁首位，被称为辽东"绿色屏障"。特殊的地理环境，滋育了品种多、数量大的中药材，据统计，本溪现已发现可用于制药的植物、动物和矿物1117种，自然蕴藏量2200万千克，其中人参、细辛、五味等药材驰名中外，功效深得好评。清代盛京内务府在桓仁地区设有人参山场十余处，这为人工栽培人参提供了条件。随着柳条边的解禁，中原移民大量涌入边外的桓仁一带，开荒垦殖，挖参采药，逐渐掌握了人参培植技术，桓仁出现了人工栽植的人参，这些人工栽植的人参，被称作"移山参""园参"等。植被茂盛、水源充足的客观环境，也给农业发展带来了益处。清代光绪元年（1875），朝鲜移民在今桓仁县富尔江边的下甸子村试种水稻成功，水稻栽种由此向邻近地区及东北地区传播开来。近代东北水田的开端，始于桓仁。由于桓仁生产的稻米质量优异，曾经作为贡品入贡朝廷。

特殊的地理环境，使得本溪历史文化与山结下了不解之缘。

目前发现的中国东北最早的人类生活在庙后山洞穴里，新石器时代太子河上游的人类依然把山间洞穴当作家园，青铜时代的人们生活在背风向阳的山坡上，而马城子文化的主人则将洞穴视作阴宅，成为死后安身之所。出于防御需要，高句丽第一个山上王都就建在气势磅礴的五女山上，随着高句丽势力的扩大，本溪地区的山上陆续出现了一批山城，如高俭地山城、平顶山山城等，它们居高临下，占据地利。明代修筑的辽东边墙，在高高低低的山上逶迤而行。明末，道教龙门派进入东北，第一个落脚点就在太子河畔的铁刹山上。

本溪历史上的地域文化，可以说是一种"山文化"。

本溪市境内目前发现的不可移动文物1215处，其中本溪县437处，桓仁县459处，溪湖区及高新区93处，明山区113处，平山区52处，南芬区61处。本溪市现有全国重点文物保护单位10处，分别是五女山山城（含米仓沟壁画墓、上古城子墓群）、庙后山遗址、高俭地山城、下古城子城址、边牛山城、望江楼墓地、雅河墓群、冯家堡子墓地、马城子墓地、本溪湖工业遗产群。另有省级文物保护单位15处，市级文物保护单位64处。本溪市现有国家级非物质文化遗产代表性项目5项，分别是本溪朝鲜族农乐舞（乞粒舞）、本溪社火、北京评书（本溪田连元）、砚台制作技艺（松花石砚制作技艺）、桓仁盘炕技艺。另有省级非物质文化遗产代表性项目11项，市级非物质文化遗产代表性项目26项。各级文物保护单位及非物质文化遗产代表性项目，是本溪历史文化的精髓。

历史上，本溪宗教文化较为发达。十六国时期，中国境内佛教盛行，公元372年，前秦国王苻坚派遣僧人顺道来到高句丽国都，送来佛像及佛经，两年后，僧人阿道又来到了高句丽。高句丽为此建了两座佛寺，安置两位僧人。唐代，高句丽出于政治考虑，又将道教引入，形成儒、释、道并盛的局面。边牛山城内发现的金代法铃及铜钹、建筑构件等遗物，应与佛教有关，推测出土地点应该是一处金代寺院遗址。明清两代佛教和道教更是在本溪广泛传播，留下许多寺庙遗址和石碑、石刻，特别是本溪县境内的铁刹山，峰岩灵秀，树木参天，是东北道教龙门派的发祥之地，保留着庙宇、古洞、摩崖石刻等众多的道教文化遗存。

奇丽的山水，孕育了独具特色的本溪古代地域文化。

早在50万年前，庙后山人就创造了以大石器为代表的旧石器时代早期文化。庙后山人已经掌握了石器和骨器的制造技术，进一步加工石器重点部位的技术臻于成熟。庙后山遗址发现了灰烬层、炭屑及烧骨，证明庙后山人已经掌握人工取火、用火和保存火种的本领。由于特殊的地理位置，在华北远古文化向朝鲜半岛及更远地区的传播过程中，庙后山遗址起到了桥梁作用。庙后山遗址是目前东北地区发现的最早的人类居住址，因此被称为"东北第一人的故乡"。

新石器时代的本溪地区，人类活动范围更加广泛，发现的遗址有的位于水畔台地上，有的则位于太子河附近的山洞里。桓仁浑江岸边凤鸣遗址发现了刻划席纹陶片，距今约6000年，是本溪地区目前所见最早的新石器时代遗物。本溪地区新石器时代的先民，在洞穴内，在江岸或山坡上，营造浅穴式的房子，过起了定居生活。他们磨制石器、烧制陶器，并进行原始农业的生产。

夏、商、周时期，本溪文化展现出了另一番景象，进入历史上第一个繁盛阶段。分布于太子河上游的马城子文化，是辽东地区青铜时代早期文化之一，距今约3000年，它在接受西邻高台山文化影响的同时，又以强劲态势北上，渗入第二松花江流域西团山文化之中，并与鸭绿江左岸同期文化有着密切交往。太子河上游的马城子文化以营造洞穴墓地为特征，在东北地区独树一帜。当时活动在本溪地区的族群，主要是貊人。马城子文化、桓仁大梨树沟文化，当为早期的貊人活动遗存。

战国时期，先进的中原文化进入辽东山地，泥质陶器、铁器及货币开始向貊人领域传输，极大地改变了貊人文化面貌。从本溪发现的战国时期青铜短剑墓中，可以看见中原文化与当地文化的融合。公元前3世纪前后，燕昭王在北方开设上谷、渔阳、右北平、辽西、辽东五郡，本溪由此进入中原政权辖区。公元前221年，秦统一六国的灭燕战争，波及本溪，战后，本溪纳入秦朝版图。汉武帝元封四年（前107），增设玄菟、乐浪等四郡，强化了郡县统治，遂使当地文化发生巨变。在燕、秦、汉经营辽东时期，本溪得到了新的开发，居住场所从山上渐渐移向了台地和河岸。

西汉建昭二年（前37），扶余王子朱蒙在今桓仁境内建立了高句丽王国。建国初期的高句丽，设有平地都城和山上都城，平地都城名叫"卒本城"，即今下古城子城址，山上都城名叫"纥升骨城"，即闻名中外的五女山山城。王族和大臣们平时住在平地都城，发生战争时则退守山上都城。从这里出发，高句丽走过700余年的峥嵘岁月，在横空出世的五女山上，敲响了高句丽初期王权的强力音符，奏出东北亚历史交响曲的恢宏篇章。五女山山城有着特殊的历史地位及强大的影响力，2004年第28届世界遗产大会上，被列入世界文化遗产名录，成为中国第30处世界文化遗产。公元5世纪初期，高句丽占领了太子河流域，在本溪县及本溪市区，陆续修筑了下堡山城、平顶山山城、李家堡子山城、边牛山城等，加强了这一地区的防御能力，形成了新的防御体系。高句丽好太王及长寿王时期，军事实力增强，势力范围扩大，国力发展进入鼎盛阶段，本溪地区的高句丽山城，很多都是这一时期的遗存。在隋、唐与高句丽的多次战争中，本溪不仅是隋、唐军队进军路线的必经之地，而且有的战役就发生在本溪，唐太宗攻拔横山城、磨米城战役，就发生在本溪。高宗时，唐军由新城出发，前往高句丽故都国内城，一路东南行，沿途攻取或受降的苍岩、哥勿城就在桓仁境内。高句丽灭亡后，唐在今桓仁境内设哥勿州都督府，管辖高句丽遗民。

10—19世纪，本溪历经了辽、金、元、明、清诸朝的统治，在这千年历史中，政权的创建者多为少数民族，如辽朝建立者是契丹，金朝建立者是女真，元朝建立者是蒙古，清朝建立者是建州女真。这一阶段，民族间的不同文化相互渗透、借鉴、融合，不断形成新的共同体。

辽代，本溪市区及本溪县归属东京辽阳府，桓仁县归属西京鸭绿府正州。辽灭渤海国后，曾将部分渤海遗民迁于梁水，就是今天的太子河流域。金朝，是女真人在东北地区建立的政权，后迁都北京，先后灭掉辽和北宋，统辖中国北部。本溪市区及本溪县归属辽阳府，桓仁县归属婆速府，境内分布着多个猛安、谋克等基层组织，并有军事机构驻扎这里。金代本溪地区社会发展再次步入繁兴阶段，发现的遗迹、遗物较多，多方金代官印的发现尤为重要，对于了解当时本地军、政设置价值极高，多处金代铜钱窖藏的发现，反映了金代末期社会的动荡不安。元代，本溪归属辽阳行省管辖，境内设有连山关驿站。市区唐庄子墓葬、本溪县万利墓葬，为本地重要的元代墓葬遗存。元末，爆发了红巾军起义，起义军攻入辽东，元朝的统治遭到沉痛打击，元代遗臣趁机各立山头，争为雄长。辽阳行省平章高家奴聚兵本溪平顶山上，割据一方。元代本溪湖烧制瓷器的窑址已有了较大规模，主要产品为日用瓷器，有壶、碗、钵等，釉色有白、酱、黑等，纹饰多为花草，其上常见的文字有福、禄、寿。

1368年，朱元璋在南京称帝，建立了明朝，而辽东地区依旧被元朝遗臣割据分治，不为初兴的大明政权所有。洪武四年（1371），朱元璋决定收复辽东，派出大军从山东登莱渡海而来。第二年，明军攻下高家奴占据的平顶山及老鸦山寨，从此本溪进入了明朝版图。洪武十三年（1380），明朝在辽东及附近地区设置了五个千户所，其中草河千户所设于今本溪境内，统领归顺的蒙古、女真等少数民族。明朝在本溪的机构设置，始于草河千户所。

元末明初，久居牡丹江等处的建州女真不断南迁，永乐二十一年（1423），在酋长李满住的率领下，由凤州（今吉林省海龙县境内）继续辗转南下，来到婆猪江（浑江）流域的兀剌山（桓仁五女山）南，落脚在山麓的瓮村，从此，建州女真在桓仁逐渐壮大起来，开始了从部落向国家迈进的艰难历程。在后来的发展过程中，建州女真形成许多部落，分分合合，最终取得统一。万历十六年（1588），浑江岸边的董鄂部归附努尔哈赤，双方实现了强强联合，为后金政权的建立夯实了基础。当建州女真为主体的后金政权的创建者们把战争矛头指向明朝辽东边堡之时，朱明政权掌控的历史方向，开始急剧变轨。1644年，以满族人为主的八旗铁骑终于踏入北京紫禁城，大明王朝的国祚走到了尽头。新兴大清帝国的八面旗帜，在中原大地上猎猎飘扬，飒飒作响。奔流着浑江的桓仁热土，聆听了大清王朝的最初胎动。这里连绵不绝的群山，仿佛坚硬的基石一样，托起了清王朝的帝国大厦。故有清史专家对此做了高度概括："大清源于建州，建州兴于桓仁。"

清代初期，为了维护皇家利益，在东北修筑了柳条边，禁止人们进入边外地区进行耕种、樵牧、采矿。沿边设有十六边门，本溪县境内的碱厂边门是其中的一处。咸丰、同治年间，柳条边封禁渐弛，形同虚设，前来垦荒者愈来愈多。柳条边的封禁，曾一度制约了本溪开发。随着土地私垦日多，游民渐集，光绪三年（1877），清政府决定设立怀仁县（后改称桓仁）。县城平面呈八卦形，周长三里，设有三门，劳作五载，始告完竣。将城市设为八卦形的建筑理念，寓含着中国传统文化："城象八卦，以宣八风；门开三元，以立三才。"本溪素以煤铁著称，清初因铁质优异深受官民笃爱，生产规模不断扩大。乾隆年间煤业发展迅速，国家曾以颁发龙票的方式规范开采。为了强化这里的煤铁工业管理，光绪三十二年（1906）设立了本溪县，从此，本溪开始走向工业城市道路。

第一章
旧石器时代的本溪

本溪境内有多处旧石器时代遗址，其中最著名的为庙后山遗址，这里出土了人类化石、打制石器、动物化石、用火遗迹等，时代距今约50万年，因此被誉为"东北第一人的故乡"。桓仁县牛鼻子遗址、本溪县养树圈遗址等，发现部分石器风化程度较深，某些特征与庙后山遗址出土石器相似，推测年代相当于庙后山遗址或略晚。在本溪境内的太子河及其支流汤河沿岸阶地上，在浑江及其支流大雅河、富尔江沿岸阶地上，发现了十多处旧石器时代晚期遗址，如王家崴子西山遗址、香蘑南山遗址、大坡遗址等，这些遗址表明，旧石器时代晚期人类在本溪地区的活动愈加频繁。

第一节　东北第一人的故乡

庙后山遗址是目前东北地区发现的最早人类居住址（图1-1），发现的牙齿化石、股骨残段化石，分属多个不同个体，表明有一群人在这里活动。庙后山人多以碰砧法和锤击法制造大石器，并掌握了用火技术，他们通过狩猎和采集获得食物，维系生命。有学者说，庙后山遗址像桥梁一样，连接着与邻近国家的远古文化传播[1]。

一、庙后山遗址的发现

本溪满族自治县山城子乡山城子村，有座庙后山，位于东经124°7′50″、北纬40°14′49″，海拔高度450米，多年前曾是山城子村的采石

---

[1] 贾兰坡：《庙后山——辽宁省本溪市旧石器文化遗址》"序"，文物出版社，1986年，第1页。

图 1-1 庙后山遗址

场。1978年3月的一天，一阵轰鸣的炮声过后，采石场上空的烟雾逐渐消失，在325米高的山坡上出现了一个黑黝黝的洞穴。采石的农民惊诧不已，这生满灌木和杂草的山坡下面，怎么会埋着一个洞穴？

于是大家争抢着奔向洞穴，要看个究竟。在洞口崩落的石块中，居然散落着许多形状像动物骨骼、质地却像石头的东西。有人就说这不会是化石吧？得赶紧报告国家！于是，采石农民马上把这个发现报告给了上级部门。很快，辽宁省博物馆派来两位从事旧石器考古的专业人员，他们来到现场后，看到了更多的化石标本，又惊又喜。经鉴定，其中一件是比较完

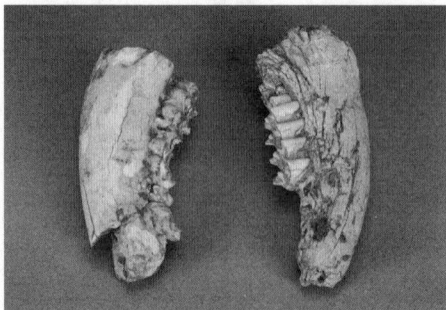

图 1-2 肿骨鹿下颌骨化石

整的肿骨鹿下颌骨（图1-2），上面保留牙齿数枚，石化程度很深。肿骨鹿生存在距今100万—20万年期间的中更新世时期，是一种大型鹿科动物，因其下颌肢肿厚而得名，是旧石器早期人类狩猎的主要对象之一，距今20万年开始，肿骨鹿逐渐灭绝，是中更新世地质时代的

典型标准化石。根据肿骨鹿化石的发现，庙后山遗址的相对年代得到了初步确定。次日，省博物馆领导和专业人员驱车前往庙后山采石场，在棕黄色砂质黏土中找到了更多的动物化石和石器石料。考察得出的结论是：庙后山洞穴的洞口向南，周围环境良好，适合古人类居住，采集的石器表明，这里应当是一处人类的早期遗址。从此，"东北第一人的故乡"开始初现端倪。

为了搞清遗址的性质和年代，经报请辽宁省文化厅批准，自1978年至1980年，由辽宁省博物馆、本溪市博物馆、本溪县文化局的文物考古人员联合组队，对庙后山遗址连续进行了3次发掘（图1-3），出土了人类化石、人工打制石器和大量动物化石，从而确定了庙后山是一处旧石器时代早期古人类遗址，对庙后山遗址发掘成果的整理研究工作也随之陆续展开。时隔30多年，2012年7月，考古队又对庙后山遗址进行了发掘，他们采用现代考古学方法，结合发掘、保护与展示相结合的理念，获得了一大批珍贵的新资料。

图1-3　贾兰坡先生在庙后山遗址

二、庙后山人

古人类学认为，化石是过去生物的遗骸或留下来的印记，是人类进化的证据。当生物死亡（不论是自然死亡或是其他原因死亡）之后，尸体迅速被泥沙覆盖，在长期被掩埋和隔氧条件下，生物的皮、毛和有机质的软质部分逐渐被分解殆尽，余下的骨骼、牙齿和角质等硬的部分，经地下水的作用，其纤维质不断被水中各种矿物质所替代。但原有的结构和构造依然没有改变，久而久之，便形成坚硬如石的骨骼和牙齿，古生物学把这个过程叫作石化过程。在通常情况下，石化过程需要一万年以上。

庙后山遗址的化石，埋藏在不同的地层当中。自然界地层形成的顺序是自下而上依次堆积，越在下面的地层，时代也就越久远，反之，越在上面的地层时代也就越近。在正常情况下，居住于同一地点的人类活动形成的堆积也是按时间的早晚自下而上依次堆积形成的，其下部地层中包含的遗迹、遗物在年代上应早于上部地层。当然，实际情况中，在自然界本身的堆积情况下，会同时存在人类活动的影响，地层在形成过程中就会受到人类活动与自然力的双重作用。庙后山遗址有8个地层，其中的第4—6层，地质时代为中更新世中晚期，出土了人类化石、石器和标准的中更新世脊椎动物化石。

人类化石是庙后山遗址最为珍贵的遗存。第5层中部出土的一枚犬齿，属于直立人化石。石化程度较深，呈浅褐色，齿冠部分已全部磨损，只保留齿冠下面一部分，冠面呈圆形，单齿根，齿根较粗，略为侧扁，齿根长，纵沟不明显，整体观察起来比现代人的要长而粗壮，属老年右侧犬齿。另在第5、6层之间发现的人类右侧上第三臼齿化石，咬合面轮廓近于心形，由于严重磨蚀，各齿尖和斜脊不复存在，但齿冠四尖尚可看到痕迹，时代为中更新世晚期，属直立人阶段。在第6层上部发现的人类右下第一臼齿化石，齿冠磨蚀程度中等，牙齿尖的水泥质已暴露，咬合面近于方形，齿冠经磨蚀后留下四个齿尖，但齿尖之间沟纹还清晰。从形态和测量结果观察，这颗牙齿粗壮而长，咬合面纹理简单，属于智人阶段化石（图1-4）。股骨化石则是在第6层底发现的，长68.9毫米，保留骨干中段，小转子下方骨壁厚2.4毫米，滋养孔部位骨壁厚3.95毫米，与现代人相比，骨壁明显增厚，股骨脊相当发育，厚4—5厘米，表现出特征较为原始（图1-5）。

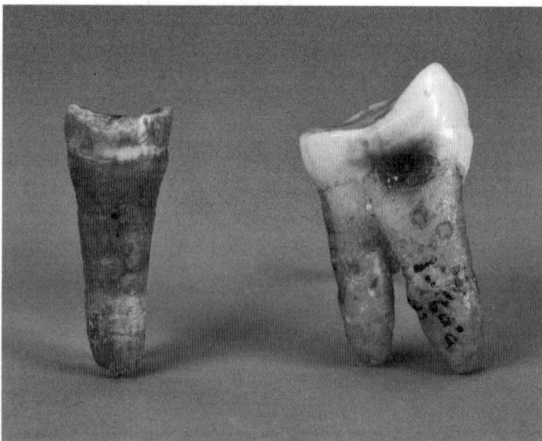

图1-4　人类右上犬齿与右下第一臼齿化石

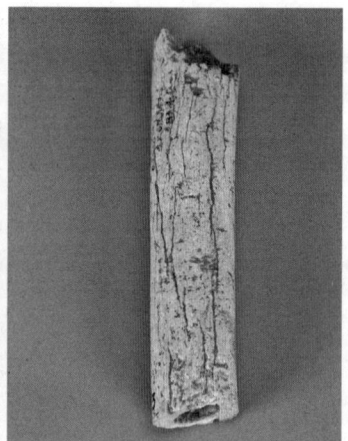

图1-5　人类股骨残段化石

人类的进化发展经历了古猿—能人—直立人—智人四个阶段，智人又分为早期智人、晚期智人。其中古猿只能使用天然工具；能人可以制造简单的工具（石器）；直立人会打制不同用途的石器，学会了用火；智人已经学会了人工取火，会制造精细的石器和骨器，能用骨针缝制兽皮衣物，可用标枪和长矛进行狩猎、捕鱼。庙后山遗址人类化石材料发现较少，仅有犬齿、臼齿和一段股骨，这给详细研究这时期人类体质特征带来一定困难。但根据庙后山遗址发现的古老动物化石和较原始的工具以及地层沉积顺序和年代测定，庙后山人属于直立人阶段，虽前臼齿有进步特征，接近早期智人，不过所属文化时代仍属旧石器时代早期。直立人阶段的人类化石在国内发现较少，能反映这时期人类体质特征的是著名的北京人化石。庙后山人埋藏地层时代相当于中更新世中晚期，与北京人洞穴的中上部堆积一致。

有学者将庙后山人定位在直立人向早期智人转化的关键阶段，经过远古时代的漫长岁月，世代生息繁衍在这片土地上。庙后山人类化石出自明确地层，年代测定准确，这些材料在我国东北地区古人类学的发现和研究中具有重要学术价值。通过对庙后山出土的人类化石的研究，我们仿佛看到了庙后山人在这一区域的生存状况。当时，人类居住在向阳洞穴里，对面是阳光充沛的台地，西侧是奔流的汤河，附近是层层叠叠的山岭，岭上山林密布，汤河两岸是繁茂的草地，大型食草动物在奔跑，食肉类动物卧藏于密林丛中。庙后山人就在这样原始的环境中，从事着制作工具、狩猎、采集等艰苦的活动。

三、山洞里的火种

庙后山遗址用火痕迹主要集中在第5、6层，即与人类化石、石器同层位，用火迹象表现在有一薄层灰烬，厚5厘米，由粉末状黑色物质组成，内含零星的炭屑和烧骨（图1-6）。烧骨主要是动物肢骨片，火烧程度不一，骨体表面呈灰褐色或灰绿色，个别骨壁烧裂，这些现象均是庙后山人

图1-6　炭屑

在洞内生活用火所为。当时的庙后山人应是利用天然发生的火,如雷电击中树木或者物质腐败发热引起的火,庙后山人从这些天然火中获取火种,生起篝火,加以保管,不断填放燃料,使之持续燃烧。

火是自然界中最早被人类所控制、利用的一种威力强大的能源,它是光源,也是热源,是得力的生活工具,也是致命的武器。在漫长的旧石器时代,人类利用火来烧制食物、取暖、照明、驱逐猛兽和蚊虫,以解决温饱、安身立命,所以火的发明与使用是人类历史上的一次飞跃。凭借使用火,人类逐步摆脱完全受制于外部环境的被动局面,获得了越来越多的自由,人类用火的技术也随着生产力的进步、时间的推移而逐步提高。人类从何时开始用火尚未有定论,从考古资料来看,距今180万年前的元谋人遗址,就发现了零星炭屑,这可能是我国最早的用火遗迹。但用火最可靠、材料最丰富的应是周口店北京人遗址,该遗址的剖面可以看到多个灰烬层,里面有大量烧骨、烧石、木炭等。

火带来的最大好处在于人类开始能够烧烤、烹饪食物。有些食物在自然形态的时候,人类不能很好地消化吸收,比如一些植物果实、根茎、动物的生肉,等等。有了火的作用,食物就会发生化学变化,同时也会发生生物上的变化,经过烹调的食物,病菌和寄生虫就会被杀死,这在很大程度上保障了人类的饮食卫生,从而促进人类身体素质的提升和寿命的延长。

庙后山遗址发现的灰烬层、炭屑及烧骨,证明庙后山人已经掌握了人工取火、用火和保存火种的本领。火的使用,拓宽了人类的食物种类,促进了人类体质的发展和脑的进化,大大提高了人类适应自然环境的能力,推动了社会进步。庙后山遗址的用火遗迹,闪烁着人类的智慧之光。

四、工具制造业

庙后山遗址出土了76件石制品,主要出自第4—6层,石制品的原料主要是黑色、灰绿色石英砂岩,此外还有安山岩和少量脉石英,经调查,这些石制品的原料均采自附近汤河砾石层中(图1-7)。

石制品包括石核、石片和石器三大类。

第一类为石核。

石核为多面体石核,系在石料母体上利用各种方法打下石片,然后在石片刃部加工石器,余下的石块称石核,一般在石核上都遗留有石片疤

图1-7 原始人制作工具

痕、打击点、放射线等迹象（图1-8）。
有的石核可再利用，加工成石球等重型
工具。石核是旧石器中最为常见和重要
的石制品类型，它在地域分布上遍及世
界各地，在时代分布上从旧石器时代的
最早阶段一直延续到最晚阶段。在世界
不同地区和时代的石器组合中，石核都

图1-8 石核

具有重要的研究价值，它凝结了古人类技术和行为的多方面信息，是探索
旧石器时代人类演化和文化发展的珍贵物质载体。

　　石核的原型应是人类在河滩、古砾石层或基岩内有意识挑选或开采到
的普通砾石（鹅卵石）或岩块，我们通常称之为"石料"。在备料工作完成
后，古人类使用剥片工具（石头、鹿角和硬木等）在这些石料上的特定部
位进行打击、敲砸或挤压，使其局部破裂，从而获得片状的坯材，这些片
状坯材中形状合适且边缘锋利者可以直接投入使用，另一部分则可以在其
边缘、尖部或其他部位进行"二次修理"，从而形成各类工具。

　　第二类为石片。

图1-9　石片

石片是从石核上通过剥片或打片产生的片状坯材（图1-9），也是制作石器的毛坯，古人类在打下的石片的基础上，进一步加工成各种类型的石片石器，如刮削器、尖状器、雕刻器、石钻、砍砸器等，较大较厚的石片被加工成大型砍砸器、石斧、石锤、三棱尖状器等重型石核石器。根据石片的形状、疤痕制法形式，庙后山人打制石片主要采用锤击法、碰砧法、砸击法三种。

古人剥取石片采取不同的剥片方法和技术，在旧石器时代，直接打击法、间接打击法和压制法是三类主要的剥片方法。

在整个旧石器时代，直接打击法是最常用也是延续时代最长的剥片方式，根据不同的剥片操作方式，又包括锤击法、砸击法、碰砧法和摔碰法等多种剥片技术类型。旧石器时代最常用的剥片方式是锤击法，剥片技术则可大致划分为简单剥片和复杂剥片两大类。

第三类为石器。

庙后山遗址出土的典型石器共26件，分为刮削器、尖状器、石钻、砍砸器和石球等类型。刮削器按其刃缘的类型和修理石器的方法，可分为复刃刮削器、直刃刮削器和凹刃刮削器。一般刮削器的刃部都打制得比较粗糙，刃缘不平，不甚锋利，但器型较规整。砍砸器可分为小型砍砸器、大型砍砸

图1-10　把手经过修理的砍砸器

器、圆形砍砸器等，是用较厚重石片加工而成，刃缘较厚钝，表面有使用痕迹，有的砍砸器的一侧边缘有修理把手的形态，适于方便合理地使用

图1-11　石球

（图1-10）。石球是一种狩猎工具，用多面体砾石加工而成，石球表面有重叠的疤痕和棱脊，制作较粗糙，个体大小不等，最大者930克，最小者300克，直径为6—10厘米，石球数量发现不多（图1-11）。

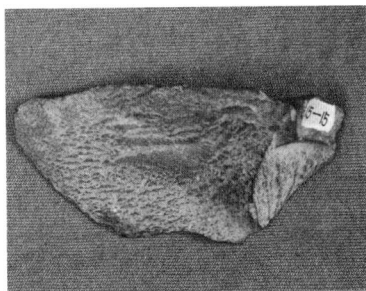
图1-12　刮削器

图1-13　尖状器

图1-14　石钻

　　庙后山遗址出土的石制品多以灰黑色石英砂岩为原料，这是我国旧石器遗址中常用的石材，这种变质岩的硬度、致密度和韧性等物理性能虽不及晚期的燧石原料优越，但也是比较好的选择，庙后山人熟练掌握这种优质原料生产石器，说明当时人类已经有了制作工具的一套技能。石器工艺可分为两大类，一类是以锤击方法打制的小石片，生产出刮削器、尖状器、石钻等小型石片石器（图1-12、1-13、1-14）。另一类是以碰砧法打制的大石片，用交互打击法生产出大型砍砸器、手斧、石锤等重型石器。而这种技术在东北旧石器遗址中仅此一处，如把手经过修理的大型砍砸器，却见于华北地区周口店等遗址，在朝鲜半岛全谷里遗址中也发现过相似的器型，说明庙后山遗址在远古华北文化向邻近国家的传播上，是一个关键的输送点。

　　旧石器时代的骨器，一般指用钻、挖、剔、锯、磨等技术制作的骨制品，如骨锥、骨针、骨叉、骨镞等。这种技术在旧石器时代晚期出现，器型也非常精美，也有用动物牙齿齿根钻孔、制成各种饰品。然而在旧石器时代早、中期人类使用打制技术生产骨器，均利用大型哺乳动物肢骨片或鹿角等比较坚硬的部分来制作。一般来讲，遗址发现这种打制骨器较少，只有在制作石器的原料比较缺乏或石料硬度不理想情况下，人类才开始尝试用骨骼制作骨器。我国在周口店遗址、金牛山遗址都发现过早期打制骨器。

　　庙后山遗址发现几件人类有意识加工的骨器（图1-15），尽管制作比较

图1-15　尖状骨器

简单和粗糙，但经观察破碎痕迹，比较典型的骨制品有三件，都出自第6层，它们是用哺乳动物肢骨片制成，骨片厚度都在0.6—0.8厘米，所以是较大的哺乳动物肢骨。打制方法都是沿骨髓腔向骨壁方向进行打击，其刃部较锋利，形成锯齿状刃缘，刃角都小于30°，可做刮削器使用。还有一件在骨片上端，打成尖形刃，呈凿子形，似尖状器，具有挖掘工具的功能。

早期打制骨器的使用，是人类长期在生产生活中不断总结经验的结果。这个时期的骨器都比较粗糙，器型简单，使用功能单一，规格也不固定。人类打制的骨器往往形成较锋利的刃缘，可做刮削器使用。另外一种可做尖状器使用。所以有考古学家总结旧石器时代早期打制骨器分两种类型，即刃类骨器和尖类骨器，用这种骨器补充石器工具的不足。

五、采集和狩猎

旧石器时代的人类，食住条件十分简陋，生存条件非常艰苦，加之自然灾害如风雨雷电的袭击、凶猛野兽的侵害，以及疾病的折磨等，他们的生命无时无刻不在承受着威胁和危害。但就在这样的环境中，原始先民们通过艰苦卓绝的斗争，在不断向困难挑战的同时，创造了原始文化。

自然界能为人类提供丰富的食物来源，根据对旧石器时代劳动生产力的了解，当时人们以采集和挖掘野生植物的果实、根茎为主，其主要工具是尖状器、砍斫器。

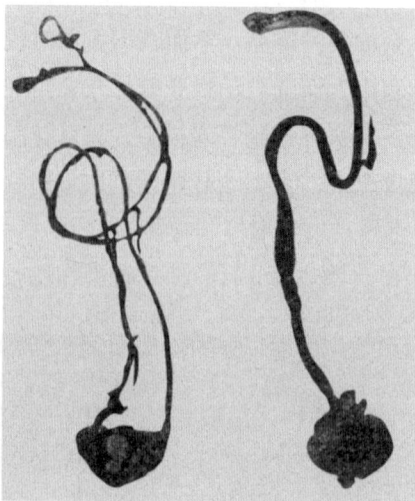

图1-16　石球使用方法

狩猎是当时人类的一种经济来源。狩猎对象有两种：一是猎取一些小型动物，如鼠、兔等，或者昆虫、禽类，这是比较容易、便捷的狩猎活动。二是猎取大型哺乳动物，以食草类的鹿、马、犀牛等为主。庙后山发现的石球就是当时人类主要的狩猎工具，石球可能被包裹在一个树皮或其他植物纤维编织的网袋里，网袋收口处留有可供猎人摆臂摇动的绳索状物，推测形状及使用方式近似后世的"流星索"（图1-16）。

直立人或早期智人的狩猎方式，大致以持续追逐动物和集体围猎动物为主。持续追猎动物是先由几个有经验的人，根据最细小的印迹辨认动物群活动情况，进行跟踪，然后持续追赶。许多有蹄类动物经常是循弧形路线奔跑，猎人再分头沿线去追赶，当动物跑得精疲力竭倒地时便即行猎取。

围猎也是依靠集体的力量，利用良好的地形将动物尾追到裂隙、山涧，使动物无法逃脱，大家再共同射杀致死。在长期的人类活动中，这种狩猎是常用的方式。靠集体的智慧和能力获取食物来源，这本身就意味着当时人们有可能在获取食物时具有一定的组织性和计划性。

六、庙后山动物群

在地球历史中，不同时代必然有不同进化阶段的动物种类，每个地区都有特色的动物组合群落，直到距今300万年前人类诞生，地球上生物再次迎来新的变化，大多数现存的哺乳动物相继灭亡，一批新的更新世哺乳动物诞生了。如第三纪古老的动物剑齿虎，到第四纪更新世早、中期逐渐灭绝。一切生物都是从简单到复杂，从低级到高级不断地进化着，永远不会停止在一个水平上。在生物进化过程中，新的种类不会重复已有的种类，也不会重复曾有过的进程。

庙后山遗址发现大量动物化石，这些化石是研究庙后山遗址那个古老年代里，曾经的生命和生物物种存在的证据。庙后山遗址大量动物化石的发现，是继我国周口店北京人遗址发现的动物群之后，国内发现的少有的庞大动物群之一，东北地区动物品类最为丰富的一次。庙后山动物群的时代跨度很长，有第三纪种类的古老动物，也有代表中更新世具有时代意义的典型动物，也有延续生存在晚更新世的种类，说明这批动物长期与人类共存在本溪这片土地上，对研究动物的演化、生态特征、进化规律具有重要意义。

庙后山动物群种类齐全，有长鼻目、食虫目、啮齿目、灵长目、兔形目、食肉目、奇蹄目、偶蹄目，包括了辽东地区第四纪哺乳动物纲目中的大多类别。其中啮齿目里就有14种，食肉目里有22种，偶蹄目里有15种，此外有鸟类、鱼类、爬行类数种，这个庞大动物群构成了当时本溪地区动物王国的世界。

由于地理位置特殊，庙后山动物群与华北动物群及东北其他地方动物

图1-17 梅氏犀牙齿化石

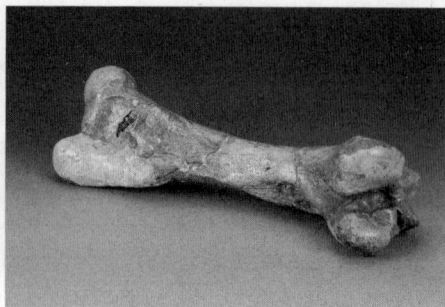

图1-18 水牛股骨

群之间关系密切，与北京人动物群、营口金牛山动物群最为相似。北京人动物群的主要种类，多见于庙后山动物群中，如麝鼩、硕猕猴、旱獭、仓鼠、达呼尔鼠兔、豪猪、鼢鼠、河狸、变异狼、中华貉、棕熊、狗獾、鬣狗、剑齿虎、猎豹、梅氏犀（图1-17）、普氏野马、三门马、李氏野猪、香麝、斑鹿、肿骨鹿、麋、水牛（图1-18）等，其中有一部分动物已灭绝。根据动物化石的出土层位，确立了以第4、5、6层为代表的中更新世中、晚期"庙后山组"地层剖面，并确立了以第7、8层为代表的晚更新世"山城子组"地层剖面。两个剖面代表了两个时间阶段，不同时间阶段的动物可以分作喜暖和耐寒两大群落。早期庙后山组喜暖动物种属较多，有梅氏犀、水牛、硕猕猴等，晚期山城子组动物则适于干冷环境，有旱獭、洞熊、羚羊等。两组不同的动物群落，反映了当时庙后山周围气候环境由温暖湿润向凉爽干燥的变迁过程①。

第二节　养树圈遗址

养树圈遗址位于本溪满族自治县偏岭镇养树圈村西南山上，海拔高度180米，面积约8000平方米。东北距养树圈村300米，东距太子河550米（图1-19）。从周围环境来看，此处距太子河很近，利于取水。位于基座阶地，地势较高，地面开阔平坦，适合古人类活动。根据养树圈遗址的石器特征，可将其归入大石器工业类型。

---

① 本节内容主要参考文献：辽宁省博物馆、本溪市博物馆：《庙后山——辽宁省本溪市旧石器文化遗址》，文物出版社，1986年。

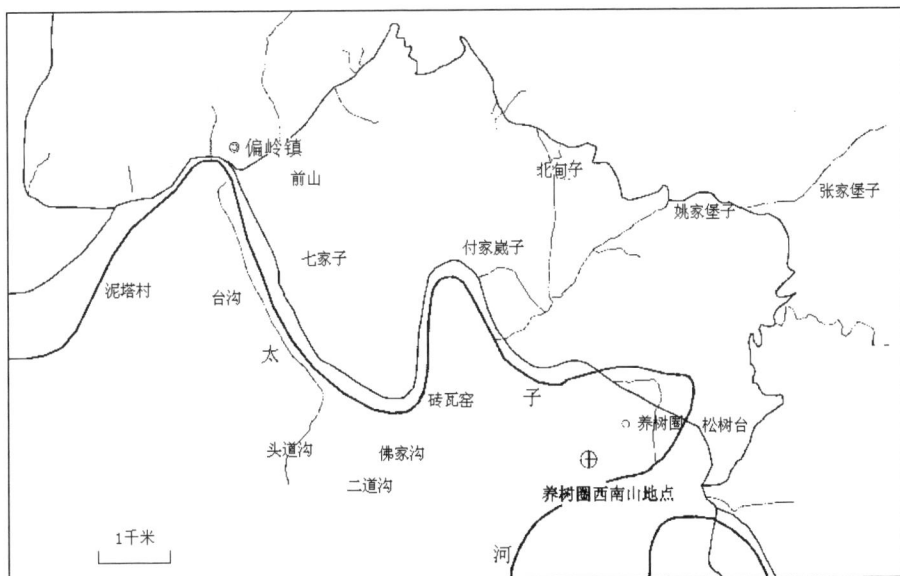

图1-19 养树圈遗址位置图

一、采集的石器

遗址共发现石器57件，均采自地表耕土层。分为石核、石片、断块和工具四类。其中石核4件、石片10件、断块2件、工具41件。

石核均为锤击石核，根据台面数量可以分为双台面和多台面两类。石核的原料为角岩，以锤击法剥片，多使用打制台面，并不断调整剥片的方向，在一个台面周围形成多个剥片面，从而使石核表面产生众多剥片疤，可见当时人们对石核的利用率较高。

石片10件，均为完整锤击石片，原料有角岩和砂岩。其中3件为人工台面，其余7件为自然台面。完整石片中以自然台面居多，人工台面占少数，可能由于当时人们在进行剥片之前大多不去除石皮，只选择适合的原料进行剥片。而人工台面的出现表明人们为了获取合适的石片，在剥片之前已有修理台面以及调整台面角的意识，体现出剥片技术的进步。其中有2件风化较严重，表面呈浅灰色，其余风化程度则较轻。

工具共41件。其中包括未经加工修理直接使用的二类工具23件和经过加工修理的三类工具18件，不见一类工具。研究者将这些工具分为三类：一类是制作石器的工具（石锤、石砧）；二类是未经加工直接使用的工具；

三类是将片状或块状毛坯经过加工修理（修刃、修型和修理把手）的工具。二类工具的原料均为角岩，为锤击石片。工具类型有刮削器和砍砸器。工具均以角岩为原料，剥片后直接使用，石片背面由砾石面和石片疤两部分组成，砾石面保留较多，在刃缘两侧均有明显的使用疤。三类工具类型有刮削器和砍砸器。刮削器采用锤击法双向修理，刃部较薄且锋利。当时已经对工具形态和把手部位进行了修理和调整，以角岩为主要原料，将石片打制成毛坯，然后进行二步加工修理。

该遗址石器工业特征主要有以下几点：一是石器原料种类集中，仅有角岩和砂岩两种，应为就近取材。又以角岩为大宗，石质较为细腻，品质较好，在某种程度上证明，当时的人们已对石器原料进行了筛选。二是石器类型丰富，包括石核、石片、断块和工具四类，其中工具数量最多，其次是石片和石核，断块数量最少。工具类型则包括刮削器和砍砸器两种。三是根据石器的重量，可大致将其划分为小型、中型、大型和特大型四个等级，中型数量最多，其次为小型，再次是大型和特大型。通过分类统计来看，石核、石片和断块以小型、中型为主；工具以中型为主，其次为小型。四是石核的台面和剥片面较多，其中人工台面较为常见，体现出当时人们有意识地调整台面和剥片面以提高石核利用率的想法。五是很多工具均以锤击法制成，方式多为双向修理，其中以正向修理为主，修疤多位于刃缘的背面一侧。有的工具还对器形及把手部位进行了修理，以达到器形的对称美观和便于执握使用的目的。

二、文化特征

东北地区的旧石器时代工业可划分为三个大的类型：以庙后山遗址为代表的大石器工业类型；以金牛山遗址为代表的小石器工业类型，以大布苏地点为代表的细石器工业类型。

养树圈旧石器时代遗址属大石器工业类型，它同庙后山遗址具有相似之处：石器类型包括石核、石片和工具，工具中的刮削器占有相当大的比例，剥片方式以锤击法为主，工具的加工和修理都比较简单，采用硬锤进行直接加工。但养树圈遗址的剥片方法中不见庙后山遗址大量出现的碰砧法，同时也不见庙后山遗址中发现的薄刃斧和石球等工具类型。推测此处应为当时人类狩猎、采集活动的临时性场所。

从石器的分布和层位分析，石器出自耕土层以下的黄色亚黏土中，为更新世的典型堆积。从石器的加工技法及工具组合看，该处石器和同属一个地区的庙后山遗址的石器显现出一定的一致性，有2件石器风化程度较深，表面呈浅灰色，与庙后山遗址基本相同，其余石器风化较轻，说明该地点存在两个不同时期的文化遗存，年代跨度较大。推测养树圈遗址的年代最早应与庙后山遗址中期相当，最晚不会晚于旧石器时代晚期①。

第三节 牛鼻子遗址

牛鼻子遗址位于桓仁县沙尖子镇闹枝沟村，海拔高度155米，面积约10000平方米。西北距闹枝沟村1800米，东距浑江200米（图1-20）。遗址四周均为山地，最高峰海拔高度473米。东侧浑江自南向北经过，为桓仁县

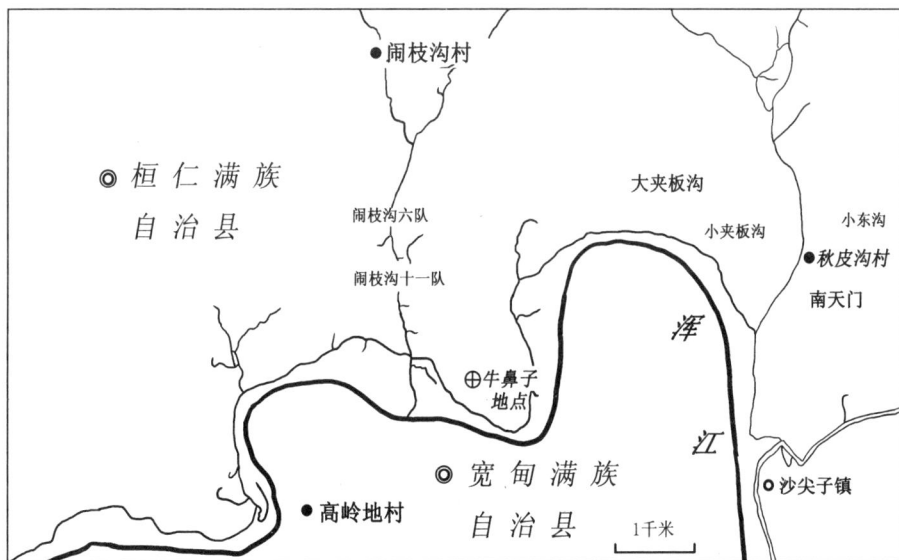

图1-20 牛鼻子遗址位置图

---

① 本节内容主要参考并直接引用了下列文献：石晶、陈全家、李霞等：《本溪养树圈西南山地点发现的石器研究》，《边疆考古研究》第19辑，科学出版社，2016年；程新民、陈全家、王春雪：《辽宁东部山地本溪地区旧石器时代人地关系初探》，《边疆考古研究》第14辑，科学出版社，2013年。

与宽甸县的界河。宽甸一侧为侵蚀岸，桓仁一侧为堆积岸，堆积岸为南北向的冲积阶地、堆积阶地和河漫滩。遗址地势较高，地面开阔平坦，山坡向阳，日照充足，便于取水、采集食物和狩猎，是古人类选择居住址的理想地点。

该遗址发现的石器属于典型的北方大石器工业类型，不论是从石器原料的选取、剥片和修理方式、工具组合的形式，还是从部分石器表面风化的程度来看，牛鼻子遗址石器与同属一个地区的庙后山遗址早期石器都显现出高度的一致性，少量石器出于黄色黏土地层中，推测年代同庙后山遗址的年代相当，为旧石器时代早、中期。但也有个别石器的表面风化较轻，因此不排除有旧石器晚期的石器。

一、石器种类和特征

在遗址上共采集石器88件，石器类型包括石核、石片、断块和各类工具。原料有石英砂岩、角岩、板岩、泥岩、流纹斑岩、安山岩和长石斑岩等。其中以石英砂岩为主，占石器总量的37.5%，安山岩和长石斑岩最少，分别占2.3%和1.1%。以角岩、板岩、流纹斑岩、安山岩为原料的石器表面风化程度最轻，以石英砂岩和长石斑岩为原料的石器表面风化较严重，而以砂岩为原料的石器表面呈浅灰色，风化最重，石器的原料种类多样，品质参差不齐，但以石英砂岩、角岩数量最多。当时人类虽就近取材，但是已经经过筛选。石器类型以石核、石片的数量最多，占石器数量的56%。石核台面数量较多，多者达5个，明显的剥片疤多达35个，石核的利用率比较高。工具组合丰富，包括刮削器、砍砸器、手斧和剥片尖头器。可见人类在此进行了较长一段时间的生产活动。

石核共11件。根据剥片方法的不同可分为锤击石核和砸击石核。其中锤击石核9件，根据台面的多少则可分为双台面石核和多台面石核。从石核的原料来看，石料尺寸较大，均长93.2毫米，均重301.4克。在制造过程中，根据石料的形状使用不同的剥片方法，盘状、扁平状或不规则状的石料用锤击法剥片，而规则的长方体石料运用砸击法剥片。从台面来看，自然台面和人工台面数目相当，人工台面以打制台面为主，当时人类已经采用去除石皮这一步骤。其他种类的人工台面并不多见，可能与原料品质不高、原料易于获得有关。从剥片方式来看，多数石核为复向剥片，其次为交互、对向剥片，同向剥片不见。由此可见，当时的石器制造者在剥片过程中尽量多地创造剥片机会。从剥片数量来看，石核的使用率很高。

完整石片中线状台面居多，占55%，而线状台面绝大多数是以自然面为台面，直接剥片形成的。打制台面数量占17%，这可能与人们已经意识到在进行剥片之前先行去除石皮，抑或想得到适合剥片的台面角有关。自然台面占14%，最少的是有疤台面和点状台面。推测当时的人们在对石核进行剥片时，首先以自然表面为台面，产生的石片作为二类工具直接使用，或者成为三类工具的毛坯；也可以先行去除石皮，然后以剥片疤作为台面继续剥片，产生石片。其间使用了同向、转向、对向和复向的剥片方法，从而获得大量石片，大大提高了石核的使用率。

工具共38件，包括一类工具、二类工具（使用石片）和三类工具。

一类工具3件，均为双端石锤，原料为角岩和长石斑岩，石锤的剥片疤数量多，使用率较高，可能经过较长时间的使用。该地点发现的石锤石料主要选择硬度、质地和韧性均较好的角岩，形状为长条形，便于把握。两件石锤体积重量较大，一件石锤体积重量较小，推测在用途上可能有剥片石锤与修理石锤之分。石锤均为双端石锤，有2—4个使用面，剥片疤最多达35个，使用率较高，说明当时人们一旦找到适合的石锤就会进行多次使用，直至无法使用为止。

二类工具12件，均为锤击石片直接使用的刮削器，可分为单刃刮削器和双刃刮削器。其中一件刃上的折断和崩疤分布集中且呈陡坎状，应是曾经利用它加工过硬质物体的遗迹。当时人们选择使用石片时十分关注石片的4个属性：尺寸、刃形、刃长和刃角。刮削器所需的石片尺寸不宜过大，平均长85.4毫米，宽63.1毫米，厚22.4毫米，重132.4克，属于中型。这样的尺寸重量均比较适合使用，把握起来手感较好。

三类工具23件。工具类型有刮削器、砍砸器、手斧和剥片尖头器。刮削器17件，可分为单刃和双刃，原料为石英砂岩。底缘经过两面修理，在劈裂面和背面均有两层鱼鳞状修疤，既打薄器身也便于把握。有的石器经过两面加工，修出锯齿状直刃，修疤深，形状为鱼鳞状。

三类工具的工艺特点较为突出：一是选择毛坯时以片状毛坯为主，个别使用块状毛坯。二是工具修理之前，石器制造者对毛坯进行整体规划，确定了刃的位置，并对把手的位置和器物整体形态进行设计。三是根据毛坯的情况进行选择性的修刃、修型和修把手。修刃为修整刃缘形状和刃角；修型为规范器型的大小、形状；修把手为修理出圆钝刃缘，便于把握。三种修理选择其一、其二或者全选皆可。可见当时人们加工工具的提前规划、过程严密和灵活运用。

牛鼻子遗址石器工业特征有如下几点：一是石器原料种类多，其中以石英砂岩所占比例最大，其他原料按所占比例大小依次为角岩、砂岩、泥岩、流纹斑岩、板岩、安山岩和长石斑岩。原料体积比较大，石质良莠不齐。二是根据石器的重量，大致可将石器划分为小型、中型、大型和特大型4个等级。其中中型数量最多，其次为小型，再次是大型。通过分类统计来看，石核以大型和中型为主，石片以小型为主，断块为大型；工具以中型和大型为主，其次为小型，特大型最少。三是石器类型丰富，包括石核、石片、断块和工具。石片数量最多，其次是三类工具、二类工具、石核、一类工具，断块最少。工具包括一类、二类和三类工具。工具类型多样，有石锤、刮削器、砍砸器、手斧和剥片尖头器。石核有锤击石核和砸击石核，锤击石核居多。石核最多有5个台面，多达35个剥片疤。石核的利用率较高，大多数石核一直使用到废弃阶段。四是石片数量最多，占石器总数的43%。石片可分为完整石片和断片，均以硬锤剥片为主。五是二类工具均为刮削器，占工具总数的34.4%，单刃和双刃数目相当。二类工具的刃缘是直接使用锋利的石片边缘，不加修理。六是三类工具以片状毛坯为主，修整较深，应为硬锤修理。复向修理居多，其次是正向，反向最少。修疤形态以鱼鳞状为主，个别为阶梯状。三类工具修型、修把手和修刃的修疤大小不同。由此体现出石器制造者在工具修理过程中的顺序性。

二、与周边遗址的关系

根据文化特点、工业传统和分布地区，我国东北地区的旧石器可划分为三种类型：第一种类型是主要分布在东部山区的以大石器为主的工业遗址，包括庙后山遗址、新乡砖厂、抚松仙人洞和小南山地点等。第二种类型是主要分布在东北中部丘陵地带的以小石器为主的工业遗址，包括金牛山、小孤山、鸽子洞、周家油坊和阎家岗等。第三种类型是主要分布在东北西部草原地带的以细石器为主的工业，包括大布苏、大坎子、大兴屯和十八站等地点。根据牛鼻子地点石器特征可将其归入大石器工业类型。值得一提的是，牛鼻子地点发现的剥片尖头器在我国是首次发现，此类工具曾在韩国忠州北道丹阳郡垂杨介旧石器遗址中发现，是垂杨介石器组合中颇具特征的器物，被称为"有舌石片尖状器"，这说明了旧石器时代东北亚地区文化交流较为深远。

　　牛鼻子遗址发现的旧石器原料主要为灰黑色石英砂岩，以中型为主；锤击法为主，砸击法为辅；锤击石片一般不修理台面；工具组合以刮削器为主，另有砍砸器、少量石斧和剥片尖头器。工具加工为硬锤法，复向修理为主，正向、反向修理为辅。石器的工业特征和庙后山旧石器遗址早期的石器特征具有相似性。通过对牛鼻子遗址石器工业特征的分析，该遗址的性质可能为当时人类进行狩猎、采集和石器加工的活动场所[1]。

第四节　晚期遗址

　　旧石器时代晚期，本溪地区人类活动范围扩大，遗址点数量增多，现已发现近20处，这些遗址仍有少量位于山洞里，如本溪县东洞遗址，但大部分遗址位于地势较为平坦、取水方便的河畔二级或三级阶地上，如本溪县王家崴子西山遗址、桓仁县大坡遗址。石器制作仍以打制大石器为主，继续沿袭着当地旧石器时代早期的工艺特色。

一、太子河上游的遗址

东洞遗址[2]

　　位于庙后山遗址东约100米的山坡上，海拔高度350米，洞口南向，洞内东西长19米，南北宽9米，面积171平方米，在对庙后山遗址进行发掘的同时，对该洞也进行了发掘。发掘面积24平方米，堆积厚度7.5米。洞内堆积发现两个时代文化遗物，上部是灰黑色黏质砂土含碎石层，含有青铜时代的磨光石器、陶器等，下部是棕黄色土夹灰岩角砾层，出土斑鹿、鼢鼠、最后斑鬣狗、野猪等晚更新世动物化石。

---

　　① 本节内容主要参考并直接引用文献：陈全家、李霞等：《辽宁桓仁闹枝沟牛鼻子地点发现的旧石器》，《边疆考古研究》第13辑，科学出版社，2013年。
　　② 关于东洞遗址内容的编写，参考并直接引用了《庙后山——辽宁省本溪市旧石器文化遗址》"附录：东洞遗址"，文物出版社，1986年，第98页。

东洞遗址在上更新统地层堆积中出土了人类化石，时代属于晚更新世后期，碳14年代测定同层位动物化石为距今28040±680年，文化时代为旧石器时代晚期，在人类发展阶段属晚期智人。发现的化石包括顶骨两件、桡骨一件。两件顶骨化石属于不同的人类个体，石化程度一般，均属一岁左右的幼儿。一件颅内脑膜中动脉压迹清晰，可断定为右侧顶骨，骨壁厚

图1-21　幼儿顶骨化石

度为1.8毫米，保留人字缝的大部分，边缘有明显锯齿状结构，顶结不很发育，骨壁表面光滑，比现代幼儿顶骨明显粗壮。另一件顶骨碎片厚度1.8毫米，属颞骨和枕骨之间的部分，骨片内膜中间保留一条比较粗壮和清晰的血管压迹（图1-21）。桡骨系小孩个体，桡骨小头和

桡骨茎突部的软骨部分已不存在，表明骨体的两端骺均未愈合，弯曲度较大，长170.8毫米，中部横径12.2毫米，从测量部位来看与现代人相似（图1-22）。

东洞遗址发现1件石器，为人工打制的石片，原料为石英砂岩，以锤击法打击制作，台面呈三角形，背面有石片疤。

东洞遗址发现遗物虽少，但却说明了本溪山地在旧石器时代晚期，仍是人类较为理想的居住和活动的地方，对于研究辽东山地旧石器时代晚期人类分布及发展状况，具有较大意义。

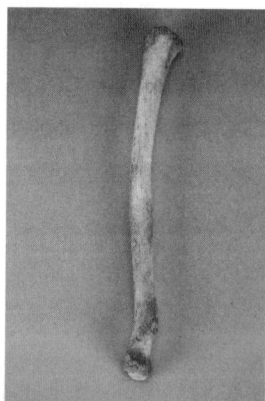

图1-22　小孩桡骨化石

王家崴子西山遗址[①]

位于本溪县碱厂镇王家崴子村，遗址西、北、东三面均为高山，最高为金口峪北山，海拔高度674米，南侧580米为太子河的一条支流，这条支

---

① 王家崴子西山遗址的编写，参考并直接引用了陈全家、李霞等：《本溪王家崴子西山旧石器地点发现的石器研究》，《第十三届中国古脊椎动物学学术年会论文集》，海洋出版社，2012年，第27页。

流自西向东流入太子河，河谷较宽（图1-23）。遗址面积约500平方米，石器分布在阶地的黄色耕土层上。

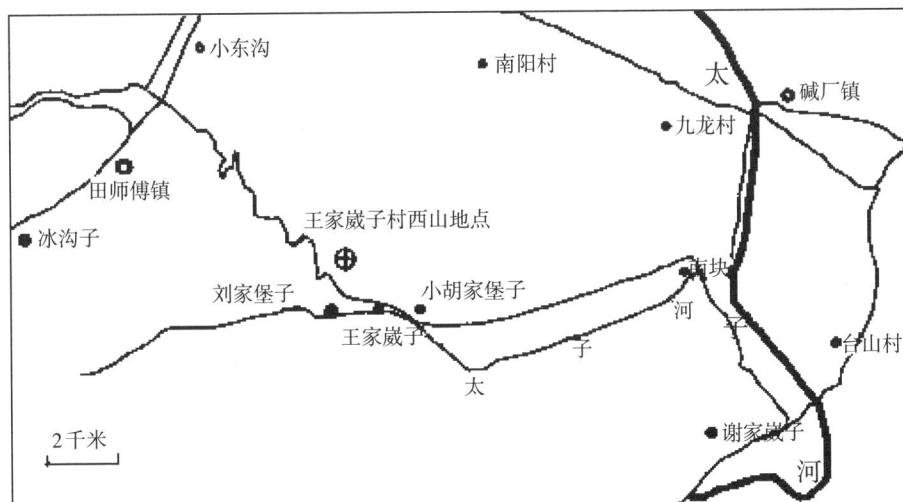

图1-23 王家崴子西山遗址位置图

采集石器24件，包括石核、石片和工具。石核3件，均为锤击石核。根据台面的数量可以分为单台面石核和多台面石核。完整石片4件。断片1件，原料为砂岩。工具16件，其中包括石片未经加工修理直接使用的二类工具4件、经过加工修理的三类工具12件。二、三类工具均为刮削器，分为单刃和双刃两类。

王家崴子西山遗址石器工业特征为：一是石器的原料以角岩为主，另外还有砂岩和石英岩，石器表面大部分保留多少不等的砾石面，原料应为就近采自太子河的漫滩上。二是从石器类型看，有石核、石片和工具。其中工具最多，其次为石片和石核。石核均为锤击石核，剥片面的石片疤较少，除砾石面外还有冻融现象产生的崩疤，石核的利用率较低。石片均为锤击石片，只有一件断片，可能与其原料有关，砂岩与角岩相比，质地不够细腻，较易断裂。工具均为刮削器，器型单一，其中三类工具的比例较大，反映出工具的修理比例较高，说明当时人们对石器加工技术的掌握已达到一定程度。三是从毛坯的选择来看，绝大多数石器所使用的毛坯为片状毛坯，多保留有一定的砾石面。四是从石器的形态大小看，以石片石器工具为主，没有大型砍斫器、石球等重型工具。五是石器的加工和修理均采用锤击法，修理方式以正向为主，工具修理粗糙。

学者们根据目前的研究成果，将东北地区的旧石器时代工业分为三个大的类型，根据王家崴子村西山地点的石器特征，将其归入大石器工业类型。该地点同庙后山遗址相比具有相似之处：石器类型包括石核、石片和工具，工具中的刮削器占有相当大的比例；剥片方式以锤击法为主；工具的加工和修理都比较简单，采用硬锤进行直接加工。但王家崴子西山遗址的剥片方法中不见庙后山遗址大量出现的碰砧法；工具类型比较单一，不见庙后山遗址中发现的砍砸器、薄刃斧和石球。

该遗址发现的石器均位于太子河支流侵蚀阶地的黄色耕土层上，从石器的保存情况和制作工艺来看，与庙后山遗址相比，石器风化不严重，加工工艺和石器类型均属于旧石器时代中国北方的石片工业传统，推测其年代为旧石器时代晚期或者稍早些。

香蘑南山遗址①

位于本溪县香蘑村南、汤河西岸，北距香蘑村530米，东距河南村270米（图1-24），分布面积5000平方米。香蘑南山遗址四面环山，地势东高西

图1-24　香蘑南山遗址位置图

---

① 关于香蘑南山遗址内容的编写，参考并直接引用了李霞、陈全家等：《辽宁本溪香蘑南山发现的旧石器》，《边疆考古研究》第14辑，科学出版社，2014年。

低，海拔高度一般在400—700米。遗址位于汤河侵蚀阶地上，背靠高山，地势较高，地面平坦，离水源近，便于古人生活，是人类有意识选择的生活地点。香蘑南山地点没有发现文化层，表层为黄色耕土层，石器均采自这一层。

采集石器30件，类型有石核、石片、断块和工具。原料以石英砂岩为主，占石器总量的60%；角岩次之，占30%；板岩最少，占10%。石核6件，均为锤击石核，根据台面数量分为单台面石核和多台面石核。石片均为锤击石片，原料以角岩为主，其次为石英砂岩、板岩，大小形状不一。根据石片的完整程度，可分为完整石片和断片两种。断块1件，原料为石英砂岩，呈块状，为剥片时崩裂所致。断块较少的原因，可能是古人打制技术较为娴熟，产生的废品较少。工具共12件，根据功能分为刮削器和砍砸器。

香蘑南山遗址石器工业特征为：一是原料的种类较单一，仅有石英砂岩、角岩和板岩。二是石器数量虽少，但种类较全，包括石核、石片、断块和工具。工具数量最多，其次是石片、石核、断块。三是石核分为单台面石核和多台面石核，人工台面和自然台面数量相当，剥片方式均为锤击。四是仅有二类和三类工具，占石器总数的40%，工具比例较高，可以推知此地应为工具的使用地或遗弃地，而非石器加工场。工具中仅一件双刃器，其余均为单刃器。五是二类工具占石器总数的16.7%，均为单刃器，仅有刮削器和砍砸器。三类工具均采用硬锤修理，不见重叠修疤；以正向修理为主，即从劈裂面向背面加工；也有反向修理和复向修理。

该遗址中有一件典型器物，即用双阳面技法打制而成的单台面双阳面石核。双阳面石核的工艺流程为：选择石核的凸起面剥下规则的圆形、半圆形或椭圆形石片，新产生的厚石片一般有宽厚规则的半锥体，以此厚石片为石核，以破裂面为剥片面继续剥片，由此便产生双阳面石核。用这种方法剥取的石片两面均为凸起的半锥体，其形状和厚度较易控制。双阳面技法主要分布于非洲部分地区，在丁村遗址中也有类似发现。该遗址中双阳面技法反映了三者之间的技术思想和行为特点存在一定的相似性。至于这种相似性是文化交流还是文化趋同所致，尚需更多证据做进一步的讨论。

香蘑南山遗址的石器，在原料、剥片技术和工具类型等方面，均符合以庙后山为代表的大石器工业类型的特征，属大石器工业类型。但香蘑南山遗址又有自己的特色，比如石器原料以石英砂岩为主，种类相对单一；剥片技术上，庙后山遗址以锤击法和碰砧法为主，南山遗址则均为锤击法；南山遗址工具类型组合简单，仅有刮削器、砍砸器，由此推测此地古人类所从事的生业模式较单一。

香蘑南山遗址的石器均采自地表耕土层，无地层也无其他确切的断代依据，因此其年代只能通过与周围旧石器遗址对比，以及根据发现石器的打制技术、原料、工具类型组合等方面来推测。通过对比发现其与庙后山遗址相似，但石器风化程度较轻，由此推测该遗址的年代最晚不会超过更新世，应为晚更新世末期，考古学年代则为旧石器时代晚期。

二、浑江中下游的遗址

大坡遗址[①]

位于桓仁县二棚甸子镇二棚甸子村第五居民组大坡的阶地上（图1-25），海拔高度365米，面积约10000平方米，坐西朝东，地势平坦开阔，四周均为高山。浑江支流在其东侧由南向北流入浑江。该遗址无文化层，石器分布在阶地的黄色耕土层上。采集石器41件，包括石核、石片和工具三类。其中石核2件，石片16件，工具23件。

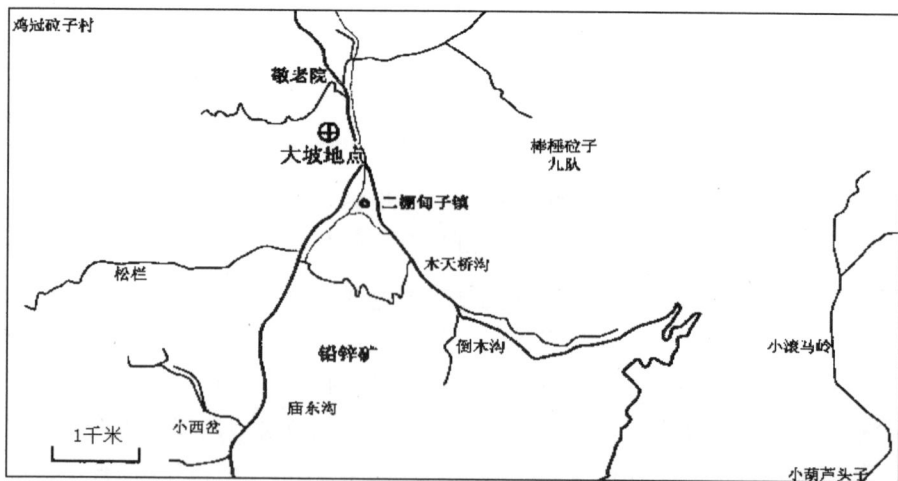

图1-25　大坡遗址位置图

① 大坡遗址的编写，参考并直接引用了陈全家、石晶等：《辽宁桓仁大坡旧石器地点发现的石器》，《边疆考古研究》第15辑，科学出版社，2015年。

　　石核均为锤击石核。根据台面数量可以分为单台面和双台面两类。大坡遗址发现的石核数量较少，尺寸较小。原料有硅质泥岩和闪长岩两种。台面为人工台面，当时人们在进行剥片时就注意到对台面角的调整，以提高石核的利用率。采用锤击法进行剥片，石核表面均无砾石面保留。石片均以闪长岩为原料，且以人工台面居多，表明人们为了获取合适的石片，在剥片之前已有修理台面、调整台面角的意识。石片的背面多由石片疤组成，体现了剥片技术的进步。石片的边缘较钝，多有断口，可能与原料有关。工具中二类工具12件、三类工具11件，不见一类工具，类型有刮削器、砍研器和薄刃斧。二类工具以闪长岩为主要原料，剥取石片后直接使用。在工具刃缘两侧均有明显的使用疤痕。三类工具亦以闪长岩为主要原料，多以石片为毛坯，在剥取石片后进行加工修理。工具的背面多为石片疤，保留砾石面的较少。刃口多采用锤击法正、反向修理，修疤最多可达3层。

　　大坡遗址石器工业特征为：一是石器原料种类有闪长岩、流纹岩、硅质泥岩和石英砂岩四类。其中以闪长岩为主，有36件，流岩和硅质泥岩有2件，石英砂岩1件，应为就近取材。二是石器类型丰富，包括石核、石片和工具三类，其中工具包括不经过加工修理直接使用的二类工具和经过加工修理的三类工具。工具数量最多，其次是石片，再次是石核。三是根据石器的重量，可大致将其划分为小型、中型、大型和特大型四个等级，其中中型数量最多，其次为小型，再次是大型，特大型最少。通过分类统计来看，大坡地点发现的石器以小型、中型为主。四是石核的尺寸较小，台面和剥片面也较少，人工打制台面的使用，体现出当时人们已开始注意到对台面角的调整。五是绝大多数工具背面均为石片疤，保留砾石面的较少。六是三类工具的修理方法均为锤击法，以硬锤直接修理。修理方式多为正向和反向修理，其中以正向为主，连续密集的修疤多位于刃缘的背面。七是从工具的加工距离来看，以器身宽度的1/10和1/3为界，划分为较远（修疤长度超过器身宽度1/3）、中等（介于两者之间）和较近（修疤长度未超过器宽1/10）三类，大部分工具的加工距离较近，其次为中等，无加工距离较远的工具，说明大坡遗址工具加工修理技术还较为简单。八是工具除修理刃缘部分外，修型和修把手的行为也同时存在。

　　大坡遗址的石器为大石器工业类型，同庙后山遗址相比具有相似之处：石器类型包括石核、石片和工具，其中工具均有刮削器、砍砸器和薄刃斧，刮削器占有相当大的比例；剥片方式以锤击法为主；工具的加工和修理都比较简单，采用硬锤进行直接加工。但大坡遗址不见庙后山遗址中发现的石球等工具。

大坡遗址石器的原料以闪长岩为主，闪长岩是当地最为常见的石料，可见人们在制造石器时就近取材。石器类型中工具数量最多，石核、石片的数量较少，推测人们在此进行了短期的生产活动。从周围环境来看，遗址距离浑江支流很近，便于取水。所处阶地地势较高，地面开阔平坦，适合古人类活动。通过对大坡遗址石器工业特征的分析，推测遗址应为当时人类狩猎、采集活动的临时性场所。

大坡遗址石器分布在较高地势的侵蚀阶地上，地表出露的黄色耕土层应为更新世的典型堆积。从石器的加工技法及工具组合看，大坡遗址的石器与同属一个地区的庙后山旧石器遗址的石器显现出高度的一致性；从保存情况来看，大坡地点发现的石器与庙后山遗址相比，石器的风化程度不严重，但局部保留钙质结核，推测大坡遗址的年代应晚于庙后山遗址，但最晚不会晚于旧石器时代晚期。

三、本溪地区地质结构与旧石器时代晚期遗址关系

本溪地区有太子河和浑江两大水系，沿岸山地适合古人类活动，旧石器时代晚期，这里古人类活动和居住地点增多。

太子河支流汤河，发源于本溪县南部的汤沟，汤河两岸是古人类活动的主要场所。浑江是鸭绿江支流，发源于白山市，流经桓仁县，浑江两岸也是古人类活动的主要场所。这些河流都经受了辽宁山地新构造运动四次抬升和稳定，分别形成了河流的四级阶地，即在新构造稳定时形成阶地面，新构造运动上升时形成阶地陡坎。

本溪地区的河流都发育有四级阶地，最高的四级阶地都是侵蚀阶地，三级阶地以侵蚀阶地为主，基座阶地为辅，二级阶地和一级阶地均为冲积阶地。四级、三级和二级阶地是古人类主要活动的场所，一级阶地在当时（一万年前）还没有形成。一般认为四级阶地形成于早更新世，三级阶地形成于中更新世，二级阶地形成于晚更新世，一级阶地和河漫滩形成于全新世。但在本溪地区发现旧石器遗址的形成时代大大晚于阶地的形成时代。

这是由于这些遗址沉积物披盖在四级、三级和二级阶地之上的，所以出现在该黄土层的石器应属于晚更新世，考古时代为旧石器时代中、晚期，由于本溪地区旧石器大多出现在这个层位，故其大多属于旧石器时代中、晚期。这些阶地的形成为古人类提供了良好的生活场所。古人类主要在向阳、离河床近的地带活动，那里四周地形开阔，便于瞭望、及时发现猎物和防止野兽的侵袭，特别是河流拐弯处的突出部位，是古人类打猎、捕鱼的最佳地区，也是现在寻找旧石器的首选场所。

在古人类遗址中最多最易保存的文化遗存是石器，因为它不易风化，可以在地层中长期保存，所以石器成为研究古人类最直接的证据，而石器石料与地质学上的矿物学和岩石学密切相关。古人类制造工具通常选用硬度大、致密、光滑、不易崩裂、有光泽、有一定颜色的矿物和岩石作为石料。本溪地区素有"地质摇篮"之称，因为这里地层发育齐全，岩石种类众多。自然界中的岩石，根据成因可分为岩浆岩、沉积岩和变质岩三大类。在本溪地区石器原料中，最多的是岩浆岩和变质岩，变质岩原料主要是板岩、角岩、石英岩和少量蛇纹岩。沉积岩原料主要是石英砂岩、细砂岩。作为本溪地区旧石器遗址的主要石料，它们具有硬度大、致密均一的特点，容易形成贝壳状断口，都是最易加工成工具的石料。由于太子河和浑江都是山区河流，坡度大、流速快、动能大，能搬运大石块，并磨成大砾石，古人很容易采集到大块石料，为加工成大石片工业类型奠定了基础。

在本溪县的太子河流域和桓仁县的浑江流域，发现的众多旧石器遗址，除庙后山和东洞遗址外，均分布在河流两岸的阶地上。虽然本溪地区石灰岩分布非常广，有大小洞穴近200处，但只有庙后山和东洞属洞穴遗址，说明当时古人类为了生活方便，选择洞穴并不是普遍行为。为了自身的生存和发展，古人类合理地利用自然环境和资源，建立了和谐的人与自然关系。当时的人类，可能使用木材、石块和兽皮等，搭建起了简易的棚屋作为住所，同时，他们的居地接近高山和河流，以一些植物的果实和根茎为食物，同时集体捕猎野兽、捕捞河湖中的鱼蚌来维持生活[1]。

---

[1] 本节的编写，参考并直接引用了程新民、陈全家、王春雪：《辽宁东部山地本溪地区旧石器时代人地关系初探》，《边疆考古研究》第14期，科学出版社，2013年。

第二章
新石器时代的本溪

    考古工作的不断深入和考古资料的不断积累，逐步揭开了本溪地区新石器时代文化面貌。浑江流域的桓仁境内，发现新石器时代遗址和采集遗物地点8处，其中3处进行了考古发掘，太子河流域的本溪境内，发现新石器时代遗址9处，其中8处进行了考古发掘。这些新石器时代遗址，通常是在发掘青铜时代或高句丽遗存时发现的，地层上面常常叠压着晚期文化遗存。

    这些遗址的年代跨度较大，属于不同的多种文化。由于地层堆积过于浅薄及发掘技术的限制，太子河上游洞穴下层新石器时代遗存曾被视作一种文化，有关学者通过类型学研究，提出洞穴下层遗存含有三种特色鲜明的新石器时代文化遗存，分别属于年代有别的三种独立的考古学文化，这一研究结果，为太子河上游新石器时代文化编年提供了学术支撑。

    本溪地区新石器时代遗址年代呈连续性发展，最早的遗物发现于桓仁浑江岸边凤鸣遗址，采集有压印席纹陶片，其中一件为筒形罐口沿，距今约6000年。太子河上游洞穴下层新石器时代文化中，年代较早的遗存距今约5000年，这个年代的遗存也见于桓仁地区。年代距今4000—4500年的北沟—石佛山文化，在本溪、桓仁两县也有发现。筒形罐是东北地区新石器时代主要的陶器类型，沿用时间相当长久，器形一般为敞口，直壁或斜壁，平底。遗址中普遍存在筒形罐，是本溪地区新石器时代文化的一大特征。

第一节　浑江岸边的遗址

    桓仁位于浑江中下游，山高水长，适合古代渔猎经济发展，早在旧石器时代这里就有人类居住、活动。到了新石器时代，人类活动范围进一步扩大，居住地点多在浑江岸边的二级阶地上，也有特例，在高山之巅或洞穴之内。这一时期的遗址主要有凤鸣遗址、牛鼻子遗址、王义沟遗址，以及五女山第一期文化。通过考古发掘获知，生活在牛鼻子及王义沟遗址的人们，已经形成具有一定规模的聚落，营造浅穴式房子，过着定居生活。早期遗址表现出的文化面貌，与辽东半岛及鸭绿江下游流域同期遗址，具有多方面的相似性，表明两者关系密切。中、晚期遗址除与上述地点仍然保持联系外，同时与附近的太子河上游遗址也有关联，并与朝鲜半岛北部文化有着交往。

一、遗址概况

凤鸣遗址，位于桓仁县桓仁镇凤鸣村，坐落在浑江北岸的台地上，1989年9月，考古工作者对桓仁县凤鸣电站库区进行文物调查，在凤鸣遗址所在的江岸上，采集到数片新石器时期陶片，其中一片陶片为筒形罐口沿，红褐色，手制，器壁较厚，口沿下宽约3厘米的地方为素面，再下，刻划2—3周弦纹，弦纹下面，压印席纹，长17厘米，高19厘米。这件筒形

图2-1 凤鸣遗址采集的筒形罐口沿

罐口沿弧度较小，如果复原，直径约50厘米，应该是一件大型陶器的口沿（图2-1）。采集的另外几件陶片，器表也有压印纹饰。具有这种压印纹饰的陶片，在牛鼻子、五女山也有零星发现。

牛鼻子遗址，位于桓仁县沙尖子镇闹枝沟村牛鼻子屯，坐落在浑江岸边二级阶地上，2001年进行了考古发掘（图2-2）。遗址分上、下两层，上层为青铜时期遗存，下层为新石器时期遗存，发现新石器时期房址4

图2-2 牛鼻子遗址发掘现场

图2-3 牛鼻子遗址下层出土的筒形罐

处，出土有新石器时期刻划纹陶片及筒形罐等遗物。房址均为浅穴式，平面呈长方形。其中一处房址内出土一件筒形罐，夹砂灰褐陶，手制，平唇，口沿微敛，斜壁，深腹，平底，口沿下及近底部为素面带，腹上饰刻划弦纹，口径19.5厘米，底径10厘米，高23.5厘米（图2-3）。在地层中还发现了压印纹陶片，陶质和纹饰与凤鸣遗址采集的陶片相似，两者应为同一时期的文化遗物。

王义沟遗址，位于桓仁县北甸子乡北甸子村盛家街，坐落在浑江支流富尔江南岸的山坡上，遗址分为上、下两层，上层为两汉时期的高句丽早期遗存，下层为新石器时期遗存（图2-4）。新石器时期遗存发现的房址平面均为圆角长方形，为浅穴式，其中13号房址具有典型性，这处房址长3.1米，宽2.4米，地面较平、较硬，局部保留有踩踏面。室内略靠西部设有火灶。火灶以7块长条状及片状河卵石围砌，有的河卵石半埋地下，平面呈圆形，长70厘米，宽60厘米，高15厘米。灶口西

图2-4 王义沟遗址远景

图2-5　王义沟遗址下层灶址

图2-6　王义沟遗址下层出土的筒形罐

向，宽25厘米。灶内下面存在较厚的红烧土烘烤面（图2-5）。门道位于西壁北侧，平面呈长方形，长60厘米、宽80厘米。在灶址附近出土一件筒形罐，为夹砂灰褐陶，尖唇，深腹，平底，器表饰刻划之字纹，近底部无纹饰（图2-6）。第25号房址也是新石器时期房址，长4米，宽2.7米。灶址位于室内偏东处的地面上，以三块石头围筑，平面呈Ⅱ形。房址外侧发现3个柱洞，均为圆形，直壁，径长35—52厘米，深10—20厘米。在室内地面上，发现较多刻划纹陶片。

五女山一期文化，主要分布在五女山城西门附近，遗迹仅发现一处残存的房址，这处房址只存北部一角，为半地穴式建筑，从残存部分观察，平面应为长方形，保留下来的居住面呈黄褐色，较平且坚硬。出土的陶壶为夹砂红褐陶，直颈微斜，溜肩，颈上饰刻划弦纹、复线三角纹，颈下饰一周齿状附加堆纹，肩上饰菱形网格纹带，腹部分块刻饰之字纹条带，残高31.2厘米。另外出土4件筒形罐口沿，夹砂红褐陶或灰褐陶，圆唇，侈口或直口，器表饰刻划戳点纹、平行弦纹、之字纹、斜线纹、竖线纹等。地层中采集这一时期的筒形罐口沿有5件，陶片30余件，多为夹砂红褐陶，次为灰褐陶，少量为黄褐陶，纹饰中刻划之字纹数量最多，此外还有平行弦纹、斜线纹、戳点纹、菱形网格纹等[1]。

---

[1]　辽宁省文物考古研究所编著：《五女山城——1996—1999、2003年五女山城调查发掘报告》，文物出版社，2004年，第51页。

图2-7 大井地遗址采集陶片

大井地遗址，位于桓仁县雅河乡董船营村浑江岸边的台地上，现为耕地，近年村民在这里建设草莓大棚等，使遗址遭到了破坏。2015年全国第三次文物普查时发现该遗址，面积较大，约有一万平方米，采集新石器时代遗物主要为刻划纹陶片及筒形罐口沿，陶质多为夹砂灰褐陶，纹饰多为刻划斜线纹、弦纹、戳划短线纹、回字纹等（图2-7）。

董船营遗址（图2-8），位于桓仁县雅河乡董船营村四组渡口北侧，坐落在一条山岗的坡地中，遗址面积不大，约2000平方米，2015年全国第三次文物普查时发现。采集遗物主要为新石器时代筒形罐陶片，多为夹砂黑褐陶和灰褐陶，表面饰有刻划纹，其中一件口沿为尖唇，折沿，沿下饰三角形锥点纹，腹上饰纵横直线纹及交织形成的网格纹。另有一件筒形罐口

图2-8 董船营遗址

沿残片为夹砂灰褐陶，尖唇，唇下饰三条横弦纹，再下饰斜线纹（可能是之字纹的局部），采集的陶片多饰之字纹。

二、遗址年代与其他考古学文化的关系

桓仁地区目前发现最早的新石器时代遗物，为凤鸣遗址等处采集的压印纹陶片（图2-9），其中凤鸣遗址采集的筒形罐口沿，与鸭绿江流域的后洼遗址下层出土的大筒形罐几乎一致，采集的具有压点的席纹陶片也见于后洼遗址下层[①]，说明两者关系密切，应该属于同一种考古学文化。这种压印纹筒形罐在沿海地区的大连小珠山遗址下层亦有出土[②]。根据碳14测定数据，后洼遗址下层年代距

图2-9　凤鸣遗址发现的压印纹陶片

今应在6000年前。小珠山遗址发掘者推定下层年代距今亦约6000年前，近年有学者对小珠山遗址下层进行了新的测年，测定结果显示其年代为距今6700—6300年[③]。根据这些年代数据推测，凤鸣遗址采集的筒形罐口沿及压印纹陶片的年代，应与后洼遗址下层及小珠山遗址下层相当，大体在6000年前。小珠山遗址下层与后洼遗址下层同属一种考古学文化，一般称作小珠山下层文化。属于这种文化的遗物，在桓仁牛鼻子遗址、五女山上也曾有过零星发现，说明小珠山下层文化在桓仁地区有一定的分布范围。

小珠山下层文化主要分布于大连沿海地区和辽东半岛黄海沿岸，这种文化所属遗物在桓仁出土，说明远在6000年前，该文化已从沿海地区深入辽东山地，它在空间的走势可能是由辽东半岛南端的沿海地区北上，经丹东地区的黄海沿岸，沿鸭绿江再上，进入辽东山地的浑江流域。这种文化移动的背景，应与当时人群往来与迁徙有关。

---

① 许玉林等：《辽宁东沟县后洼遗址发掘概要》，《文物》1989年第12期。
② 辽宁省博物馆等：《长海县广鹿岛大长山岛贝丘遗址》，《考古学报》1981年第1期。
③ 张雪莲等：《辽宁长海小珠山遗址考古学文化的年代序列》，《考古》2016年第5期。

牛鼻子遗址出土的筒形罐为夹砂灰褐陶质，饰不规则弦纹，在大井地遗址采集遗物中也有这类陶片，两处遗址应属同一文化，年代应该相当。后洼遗址上层多见饰有这类纹饰的筒形罐，太子河上游洞穴下层新石器时代文化中，这类器物也较为流行。以牛鼻子遗址为代表的桓仁地区这类新石器时代遗存，与后洼上层文化密切相关。根据碳14测定结果，后洼上层文化年代距今约5000年。

王义沟遗址、董船营遗址及五女山一期出土的文化陶器上，普遍流行折曲状之字纹，五女山第一期文化陶器形制和纹饰与鸭绿江右岸和浑江流域已经发现的新石器时代晚期遗存比较接近。陶器上常见的刻划连续折曲之字纹，是鸭绿江右岸和浑江流域新石器时代晚期陶器上流行的主要纹饰，如东沟石佛山、西泉眼遗址[1]等出土的陶器上，就普遍饰有这种纹饰。千山腹地的岫岩北沟新石器时代晚期遗址中也曾见到饰有这种纹饰的折沿罐[2]，此外，这种纹饰在朝鲜半岛北部西浦项遗址第五期新石器时代晚期遗存及金滩里遗址中也较为流行[3]。值得注意的是，五女山一期文化中的陶壶颈下饰有齿状附加堆纹，在辽东地区青铜时代早期陶器中也常见齿状附加堆纹。据上述比较，五女山一期文化的时代上限不会早于新石器时代晚期，下限或许已经进入青铜时代，其年代距今约4500—4000年。

三、生活与生产

桓仁地区新石器时代的人类，已经进入定居生活。

凤鸣遗址虽然仅仅采集到压印席纹筒形罐口沿及残片，但在同一文化的后洼遗址下层却发现了较多房址，一般在大房址周围分布着很多小房址，说明这一时期已经出现了聚落。

牛鼻子遗址发现的4处新石器时代房址，距离较近，一处挨着一处，可能是一个小型家族的住地。王义沟遗址及五女山上，都有新石器时代房址的发现，王义沟发现的房址内设有灶址，推测一户人家应为一个固定的炊

---

① 丹东市文化局文物普查队：《丹东市东沟县新石器时代遗址调查和试掘》，《考古》1984年第1期。

② 许玉林等：《辽宁岫岩北沟西山遗址发掘简报》，《考古》1992年第5期。

③ 朝鲜社科院考古研究所编、李云铎译：《朝鲜考古学概要》，黑龙江文物出版编辑室，1983年，第52页。

煮单元。

遗址所在地的环境，可能与居住者生产活动有关。位于浑江岸边的遗址，既方便渔业生产，也方便对附近土地进行耕植。在董船营遗址采集到一件石铲（图2-10），应为农耕用具。而居住在高山之巅的人们从事的活动，不排除与狩猎有关。

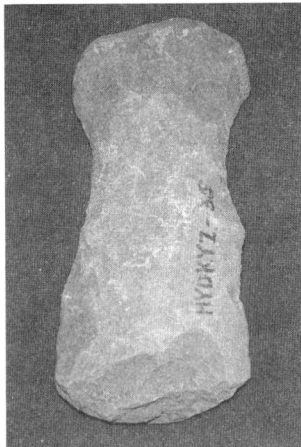

图2-10　董船营遗址采集石铲

第二节　太子河上游洞穴下层文化

本溪地区太子河上游喀斯特地貌发育良好，形成了许多石灰岩溶洞，新石器时代，人类利用洞穴冬暖夏凉的自然环境，把一些洞穴当作了家，在洞里居住，留下了独特的洞穴遗址。一般洞穴堆积分作两层，上层为青铜时代洞穴墓地，下层多有新石器时代遗存。

目前，在已经发掘的洞穴中，存在下层文化的有马城子A洞、B洞、D洞，北甸A洞，张家堡A洞，本溪水洞，近边寺A洞，三官阁龙洞等，下层含有文化的堆积普遍较薄，在这薄薄的土层中，出土遗物的面貌又有较大的变化，反映了在时代上有早晚的区别。出土遗物主要有石铲、玉斧、筒形罐、骨鱼镖、骨坠等，在有的洞内还发现了房址，是本溪地区特有的古代洞穴之家。

一、遗址概况

马城子B洞，位于本溪县南甸镇马城子村东崴子屯东侧山崖上，海拔高度290米，相对高度30米，太子河在崖下由东向西流过（图2-11）。洞口北向，文化堆积分作两层，上层为青铜时代墓地，下层为新石器时代遗存。在洞穴偏东处的下层堆积中，发现一处居住址。居住址平面呈圆形，径长5米，

图2-11　马城子B洞外景

在偏东的地面上，用5块自然石块，围砌着简单的火灶，平面呈长方形，长70厘米，宽60厘米，南边有一筒形罐，北侧发现几片刻划纹陶片。火灶四周堆满了黑灰，灰内混杂有已经碳化的核桃壳和榛子壳。在居住址东北、西南两侧边缘，发现两个近圆形的红烧土台，东侧的直径40厘米，西侧的直径50厘米，高度25厘米，发掘者推测，红烧土台的形成，和人们居住洞内的取火驱寒、引火照明有关。南侧地面上，发现了鱼骨、野猪牙、狍子角等遗物，西北部地面上，发现了4件网坠。居住面是较硬的红烧土，局部有草拌泥现象，其上堆积一层厚2—5厘米的松软灰烬（图2-12）。出土遗物较多，石器有打制石斧、石铲

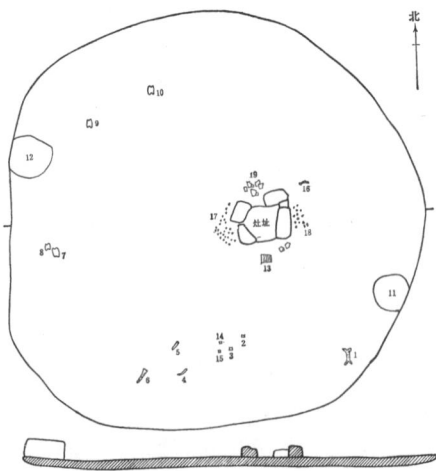

图2-12　马城子B洞下层房址平、剖面图

（图2-13）、石磨棒、磨石、石镞、玉斧（图2-14）等，陶器主要为筒形罐（图2-15），多为黄褐陶和灰褐陶，陶土内有的夹砂或夹滑石粉、蚌壳粉，有的内壁抹光，多呈黑色。纹饰有网格纹、人字纹、交叉纹、平行斜线纹、横

图2-13　马城子B洞下层出土的石铲

图2-14　马城子B洞下层出土的玉斧

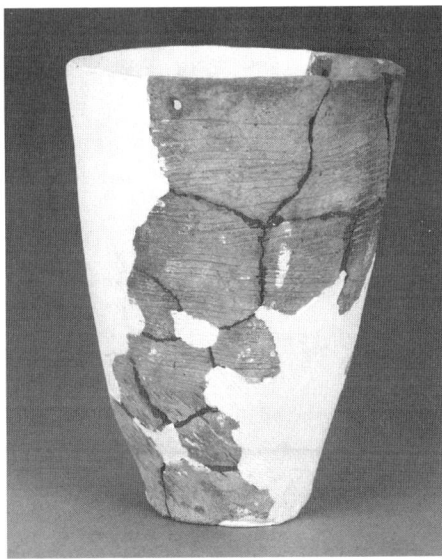

图2-15　马城子B洞下层出土的筒形罐

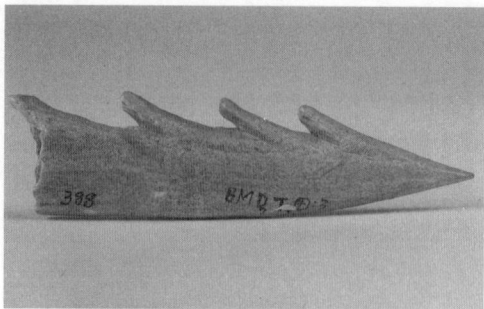

图2-16 马城子B洞下层出土的骨鱼镖

线纹、三角纹、编织纹、短线
纹、麦粒纹、指甲纹等，一件器
物上常常并用两种纹饰。另外还
出土了骨锥、骨鱼镖（图2-
16）、虎牙饰、野猪牙饰、蚌壳
饰、狍子角、狗下颌骨、鳖背壳
片、鱼脊椎骨、鱼刺、榛子壳、
核桃壳等①。

北甸A洞，位于本溪县南甸镇北甸村南1千米处的山麓，洞口东向，东约0.5千米即为太子河，相对高度约20米，当地村民称之为放牛洞，因洞口呈三角形，又称三角洞（图2-17）。1984年进行了考古发掘，洞内堆积分为上、下两层，下层为新石器时代遗存，发现房址一座。这座房址的平面呈椭圆形，长2.9米，宽2米，地面经过火烤，形成厚约10—20厘米草拌泥红烧土地面，红烧土的断面分作三层，说明房址的使用时间较长，曾经三次

图2-17 北甸A洞外景

① 辽宁省文物考古研究所等：《马城子——太子河上游洞穴遗存》，文物出版社，1991年，第4页。

修缮铺抹。地面上，摆放着谷物脱壳的石磨盘和石磨棒。在房址外围，很有规律地分布着石板，可能是用来支撑木柱的础石。出土石器有打制石器、石斧、石铲（图2-18）、石磨盘、研磨器、玉刻刀等，出土陶器有筒形罐，多为夹砂灰褐陶，夹滑石粉及蚌壳粉，器表多饰刻划纹，主要有斜线纹、弦纹、短线纹、人字纹、麦粒纹、篦纹等，出土的陶网坠多以碎陶片制成，陶片上具有泥条状堆塑纹。另外，还出土了牙刀、骨刀、骨鱼镖（图2-19）、骨锥、骨坠、牙饰、蚌壳饰等①。

图2-18　北甸A洞下层出土的石铲　　　图2-19　北甸A洞出土的骨鱼镖

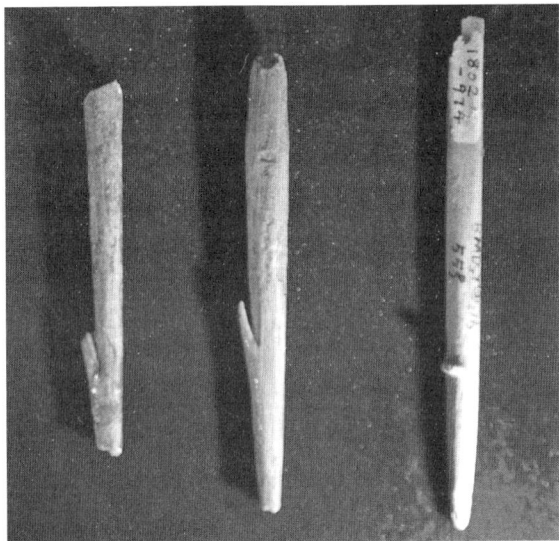

　　张家堡A洞，位于本溪县小市镇张家堡村东后山崖壁上，相对高度40余米，西距小市镇5千米。1986年进行了考古发掘，在第5层堆积中，发现了新石器时代遗物。遗物主要有2件打制石铲、1件鹿角器、5件筒形罐及筒形罐口沿等。陶质多含滑石粉、蚌壳粉，器表为灰褐或黄褐色，刻划纹饰有平行弧线纹、麦粒纹、指甲掐压纹，亦见堆塑泥条纹②。

　　本溪水洞遗址，位于本溪县小市镇谢家崴子村西1.5千米，遗址坐落在

---

①　辽宁省文物考古研究所等：《马城子——太子河上游洞穴遗存》，文物出版社，1991年，第22页。

②　辽宁省文物考古研究所等：《马城子——太子河上游洞穴遗存》，文物出版社，1991年，第35页。

水洞洞口处，1983年进行发掘。下层为新石器时代遗存。出土刻划纹陶片较多，器形多为筒形罐，陶质多为灰褐色，夹滑石粉，纹饰主要有指甲纹、网格纹、斜线组成的三角纹、三角纹内填篦点纹等，并出土有打制石器[①]。

二、年代不同的三种文化

太子河上游洞穴下层，在薄薄的地层堆积中，含有三种不同时间段落的新石器时代文化。

第一种文化，有学者称之为"水洞下层文化"，并认为其年代应该与沈阳新乐下层文化、小珠山下层文化相当，属于公元前4000年以前的新石器遗存。器物主要为筒形罐，纹饰主要有弦纹、人字纹、网格纹、锥刺纹、凹点纹等，见于马城子B洞、北甸A洞、张家堡A洞、本溪水洞等[②]，其实，这种文化表现出来的面貌与后洼上层更趋一致，因此，这种文化应属后洼上层文化，年代距今约5000年。这是洞穴下层文化中年代最早的一种，在本溪县境内分布范围较广。

第二种文化，属于偏堡子文化，器物主要为陶网坠（图2-20），这些陶网坠大多是用废弃的陶片及残碎的陶器口沿制成，表面多见纵向条状堆塑

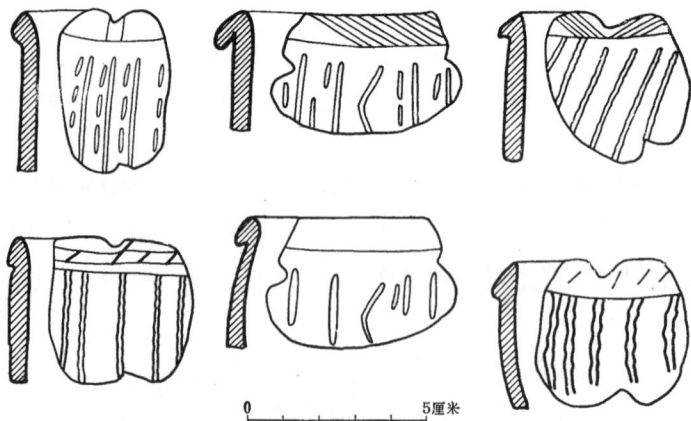

图2-20　洞穴下层出土的陶网坠

---

① 齐俊、刘兴林：《本溪水洞遗址及附近的遗迹和遗物》，《辽海文物学刊》1988年第1期。
② 赵宾福、杜占伟：《太子河上游三种文化的辨识——论本溪地区水洞下层文化、偏堡子文化和北沟文化》，《中国国家博物馆馆刊》2001年第10期。

纹，这种陶罐口沿常常加厚，形成外叠唇，有的唇上刻划斜短线纹，北甸A洞出土稍多，马城子A洞、B洞，张家堡A洞也有发现。偏堡子文化出现于新石器时代晚期，最初因发现于新民市偏堡子遗址而得名。分布范围较广，辽宁沈阳地区、大连地区、丹东地区，内蒙古自治区奈曼旗、扎鲁特旗等地都有发现，本溪太子河上游也在它的分布范围之内。第二种文化年代，距今应为5000—4500年。

第三种文化，属于北沟文化。这种文化主要分布于鸭绿江下游的丹东地区，经过考古发掘的遗址有岫岩北沟、东沟石佛山、西泉眼等，陶器以折沿鼓腹罐为大宗。洞穴下层这种文化器物仅在马城子B洞有发现，数量很少，也以折沿罐为主，纹饰多为人字纹，刻划得比较潦草。北沟文化年代距今为4500—4000年。

太子河上游洞穴下层三种文化的存在，为本溪地区新石器时代编年提供了资料和依据。距今5000—4000年，太子河上游的人类，经历了三个不同文化阶段，后者对前者在物质文化上虽有所承袭，但更多方面表现出的却是一种新的文化面貌。

三、生活状况及社会经济的发展

太子河上游本溪地区新石器时代遗址，经过发掘的都是洞穴遗址，洞外遗址虽有发现，但没有进行过考古发掘。因此对于当时的社会状况，只能根据洞穴下层遗存进行尽可能的复原。

在马城子B洞、北甸A洞内，分别发现两处属于下层的房址，房址内出土的筒形罐及陶片等器物表明，两处房址属于洞穴下层第一种文化。洞穴虽然具有冬暖夏凉的特征，但无遮拦的洞口及空旷的洞室，会将不安全感带给洞内的居住者，为了改变这种状况，古人在洞内建起了房屋，居住环境得到了优化。房屋不仅是人们起居之处，也是从事生产活动的地方。北甸A洞房址地面上出土的磨盘及研磨器表明，人们加工粮食就是在屋内完成。为了解决洞内潮湿问题，房址内居住面经过烘烤，形成干燥、坚实的红烧土地面。

渔猎、采集和农耕是主要的生产活动，也是当时经济生活的主要来源。人们居住的洞穴，位于山崖上，大都临近河边，这从地理条件上，为人们从事渔猎和采集提供了方便。洞穴下层文化中的渔业发达，不仅出土了数量较多的石网坠、陶网坠，还出土了骨鱼叉、骨鱼镖。网捕和叉鱼，应为当时比较流行的捕鱼方式。在房址和地层中，还出土了鱼脊椎骨、鱼刺、龟壳残片等遗物，这可能是人类食余的弃物。遗址中出土的虎牙饰件、野猪牙及其饰件、狍子角、鹿角等，应该来自人们猎取的动物体上，说明狩猎也是人们经常进行的一种生产活动，出土的石镞，表明弓箭是狩猎的主要工具。至少在三个洞穴里，发现了碳化的核桃、榛子，可见采集作为增加食物的补充手段，依然是秋季里人们从事的主要生产活动。

洞穴下层出土的石铲极具特色，均为打制，型式分为多种，平面有尖状桃形的，有弧刃的，有鞋底状的。石铲是一种农耕工具，稍长的柄部与木棒捆缠在一起，形状如同现今使用的锹，既可掘土也可锄草。石铲的出土，证明当时农业已经发生。北方是粟、黍农作物的主产地，洞穴下层人类种植的农作物品种，应该就是粟和黍。马城子B洞房址内出土的石磨盘和研磨器，当为粟、黍的脱粒工具。

马城子洞穴下层文化出土有制作精美的玉斧、玉凿、玉刻刀等，表面经过精心磨制，光洁、圆润，制玉工业，代表着当时最高的生产技艺。这些玉器的出现，可能为辽西地区红山文化贵玉习俗东传的结果。

第三章
青铜时代的本溪

本溪地区进入青铜时代的时间，约在公元前20世纪，这一点可以在本溪县南甸镇马城子村近边寺A洞墓地1号墓碳14测定数据得到佐证，该墓出土的木炭碳14测定数据为3735±80年及树轮校正年代4075±100年。本溪地区青铜时代时间跨度，与中原地区夏商周时期大体相当或略晚。

本溪地区青铜时代具有代表性的文化为马城子文化、大梨树沟文化，这两个文化名称，均来自考古学。考古学文化，是指同一个历史时期的、不以分布地点为转移的遗迹、遗物的综合体，同样的工具、用具以及相同的制造技术等是同一种文化的特征。

马城子文化是辽东地区青铜时代早期文化之一，它在接受西邻高台山文化影响的同时，又以强劲态势北上，渗入第二松花江流域西团山文化之中，并与鸭绿江左岸同期文化有着密切交往。该文化流行洞穴墓葬，洞内营建的具有简单石圹的墓葬，是东北地区石棺墓的起源。大梨树沟文化主要分布于浑江流域，桓仁地区为其重点分布地域，它以夹细砂红陶、黑陶为主，流行石棺墓和土坑墓，折腹钵、口沿下饰附加堆纹的陶罐，是这一文化的典型器物。

马城子文化和大梨树沟文化，可能是古代早期分布于不同地域的貊族遗存。

第一节　太子河上游马城子文化

马城子村位于本溪县南甸乡太子河南、北两源相汇处。在马城子村东一里许的东崴子西侧的山崖处，并排有3个规模较大的天然洞穴，1983年开始对马城子3个洞穴进行发掘，分别编号为A、B、D洞。经过对考古发掘资料的整理和研究，发现了一种辽东地区早期青铜时代文化，考古学界将其命名为马城子文化。

马城子文化遗址多位于背风向阳的山坡上，墓葬分为洞穴墓地和石棺墓两种。目前发现马城子文化遗址30余处，洞穴墓地50余处。已经发掘的遗址有庙后山西山坡遗址、观音阁后山遗址、赵甸遗址、石桥子柜子山遗址、桥头望海楼遗址等，已经发掘的洞穴墓地有马城子A、B、C洞，近边寺A洞，庙后山B洞，本溪水洞，张家堡A洞等。这一文化在辽东山地延续了上千年，具有相对的稳定性，它与夏家店下层文化隔辽河并行发展，在我国北方多民族地区早期青铜文化发展史上，具有重要的学术价值和意义。

一、山坡上的聚落

青铜时代随着生产力的发展，生产工具逐步改进，生产技术水平大大提高，劳动力人口增加，农耕文化渐渐普及，在这一背景下，太子河上游地区土著居民逐渐告别了阴暗潮湿的山洞，走向了洞外世界。经过多年考古调查和发掘，在太子河上游地区发现较多聚落址。这些聚落址大多分布在背风向阳、临近河水的山坡上（图3-1）。有的聚落址面积，几乎与现代的小村庄相

图3-1　北甸后山遗址

当，在聚落址外侧，用石头垒砌着防护墙，例如赵甸遗址等。通过考古发掘，遗址中发现了多处房屋遗址，房址平面一般呈长方形或圆形，屋内地面有的铺筑石板，有的经火烧烤，平整而坚硬，屋内设有火灶，灶旁多置大型陶器，出土石器多为斧、刀、凿等。

这里，介绍两处青铜时代较为典型的遗址。

庙后山西山坡遗址，位于本溪县小市镇山城子村，坐落在山坡上，山坡两侧山岗隆起，形成两边高、中间低的马鞍子形状，面积约3600平方米（图3-2）。1982年进行了考古发掘，在遗址中部偏下位置，布置长10米、宽2米的探沟一条，地层堆积分为4层，遗物多出自第2层中。发现好

图3-2 庙后山西山坡遗址

多草拌泥烧土块，在一块较大的烧土块上，还保留着8厘米粗的柱洞痕迹，有的烧土块上保留着两根柱痕。这些烧土块，应该和房屋建筑有关。出土石器主要有石刀、齿状器、石斧、环状石器等，陶器主要有壶、甑、碗、钵、罐等①。遗址位于山城子B洞墓地西侧约150米处，两者出土遗物相似性较高，文化性质相同，应有密切关系，分析墓地主人生前居住的地方就

———————————

① 辽宁省博物馆等：《辽宁本溪县庙后山洞穴墓地发掘简报》，《考古》1985年第6期。

是这里。

赵甸遗址，位于太子河、清河两水交汇的三角地带，背山面水，坐落在赵甸后山的台地上。遗址西北侧不远处有一个山洞，洞中有水，向外涌出，人称此洞为"水洞"，洞中流出的暖水，通过数百米的曲折河道汇入太子河。古代先民选择的这一居住地十分理想。赵甸遗址5号房址，是一座土石结构的长方形房址，南北长11.4米、东西宽3.8米，中间设有灶址及取暖所用的火盆。火盆无底，半埋地下，口朝下倒置，底铺1米见方的薄石板，盆内尚存细腻的淡白色灰烬。火盆周围10厘米宽范围内因烧灼形成坚硬的土圈。屋内正中南北向排列6件大型陶壶，其中4件等距离分布，间距均为1.9米。屋内南侧有一个长方形土坑，长80厘米、宽50厘米、深30厘米，坑中有大量的灰烬，出土有磨光黑陶残器、猪、羊、鸡动物骨骼等遗物。坑外西南角摆放1件褐色陶鼎（图3-3）、6件陶壶（图3-4），其中3件壶内存有鸡骨。从器物的陈放、房址与土坑的布局分析，这座房址可能和祭祀有关①。

图3-3 赵甸遗址出土的陶鼎

图3-4 赵甸遗址出土的陶壶

二、洞穴墓地

极具特色的洞穴墓地，是马城子文化的主要墓葬形式，一般位于相对高度25—100米的山崖石灰岩溶洞内，为氏族公共墓地。洞内墓葬数量不

① 李恭笃：《试论马城子文化》，《寻觅与探索——中国东北原始文化考古论文集》，文物出版社，2014年，第348页。

一，排列密集，少者10余座，多者50余座，有叠压现象。葬式分为三种，一为拣骨二次火葬，数量最多，二为原地火葬，三为未经焚烧的仰身直肢葬或屈肢葬。老年墓葬一般居于洞穴中心位置，多为原地火葬，焚烧程度较重，未经焚烧的仰身直肢葬者，多为青壮年男女，埋葬地点多在洞壁旁边，不同年龄不同性别的死者，葬式有别。早期不见墓圹和葬具，晚期阶段，个别墓葬出现了石块或石板垒砌的矮小石圹，这类墓葬对石棺墓的产生有着直接影响。

洞内每座墓葬随葬品数量多寡不一，少者数件，多者30余件，反映社会已经出现贫富差别。陶器为手制，主要有罐、壶、钵等，石器多为磨制，制作精良，斧、锛、铲、凿等较为常见。男性墓葬大多随葬成套的石斧、石锛、石凿等木作工具，当时木作技术比较发达，可能已经出现专司木作的匠人。女性随葬品则多见纺轮，表明男女分工较为明确。随葬有猪、狗、鸡及鹿的骨骼，反映了当时家庭饲养业及狩猎业比较发达。

洞穴墓地出土的环状器、多齿器、棍棒头等，制艺精湛，是石器制作水平的最高代表，在中心圆孔的壁上，留有旋转制作时的螺纹。其中有的可能是狩猎工具，有的则是部落酋长的权杖。

马城子B洞，位于本溪县南甸镇马城子村东崴子东侧的太子河左岸断崖上，太子河在洞前从东向西流过（图3-5）。洞内平面呈马蹄形，面积约75

图3-5　马城子A洞、B洞外景

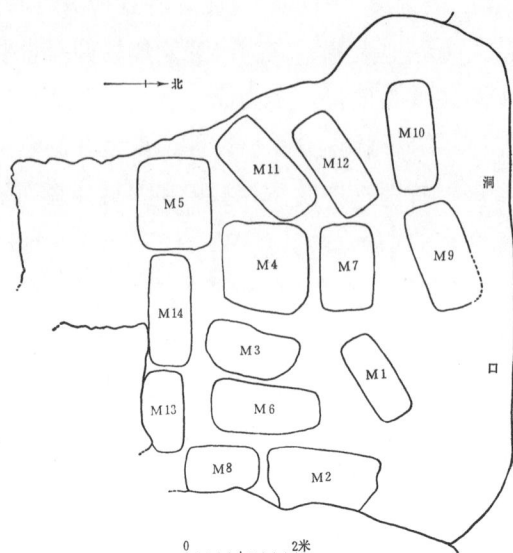

图3-6　马城子B洞墓葬分布图

平方米，发现墓葬14座，彼此间没有叠压打破关系（图3-6）。洞内有3座墓葬有葬具，其中4号墓在墓中四角各放一体积较大的石块，6号墓用较大的长石条砌筑长方形石圹，这已具有后期石棺墓的雏形。14座墓葬皆为单人葬，分属三种不同埋葬形式：一为未经焚烧的仰身直肢葬，二为原地火葬，三为拣骨火葬。拣骨火葬即人死之后，在其他地点先埋葬或存放一段时间，待尸体腐烂后，将骨骼收拢起来再行火葬。14座墓葬共出土器物132件，其中生产工具57件，有石斧、石凿、石刀、石镞、石纺轮、石网坠、骨锥等。生活用具66件，皆为陶器，以壶（图3-7）、罐为多，钵、碗次之，陶质有夹砂和泥质两种，陶色以红褐为主，也有少量为土黄色和灰褐色，器表多为素面，大型直领壶口沿和腹部饰有附加堆纹，有些陶壶器表有饰红陶衣现象，器耳有鋬耳、桥状耳、乳丁耳等。陶器皆为手制，以分制合成法为制陶的技术手段，即分别把颈、腹、底、器耳制成后，再进行衔接合成，故易在接口处断裂。出土饰品9件，有牙饰、蚌坠、穿孔蚌壳、石

图3-7　马城子B洞出土的陶壶

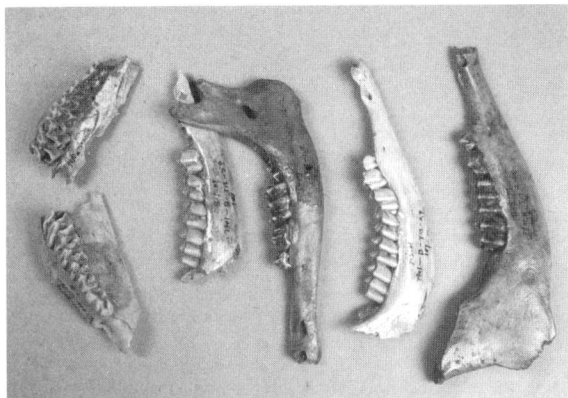

图3-8　马城子洞穴墓地出土的动物骨骼

串珠等。另外，在部分墓葬中，出土有少量的猪、羊、狗、鹿等家畜和动物骨骼（图3-8）[1]。马城子B洞墓地与近边寺A洞隔河相望，两者地层堆积与墓葬出土陶器相近，近边寺A洞1号墓碳14测定年代数据为3735±80年，树轮校正年代为4075±100年，因此马城子B洞年代应该也在这个年代跨度内。

张家堡A洞，位于本溪县小市镇张家堡村东，原县水泥厂后山断崖上，坐落在一座天然石灰岩溶洞内，面积约100平方米。洞内墓葬分布较为密集，墓葬间存在叠压、打破关系，在2、3、4不同地层堆积中，共计清理出52座墓葬。部分墓葬附有葬具，墓底铺石板及用石块垒砌石圹成为简单的石棺，其中一座墓葬内发现有木板腐烂的痕迹，这表明具有先进文化的木棺葬制可能对当时当地的氏族文化产生了一定影响。在52座墓葬中，原地火葬和拣骨火葬墓50座，非火葬墓2座；单人葬墓47座，成人与儿童合葬墓5座。葬式分为仰身屈肢葬（图3-9）、仰身直肢葬、俯身葬、侧身葬等。在一处墓地中，以一种葬式为主、多种葬式并存的现象，反映了土著文化在保持自己本身传统习惯的同时，也在逐渐接受外来文化的影响。每座墓葬都有随葬品，多寡不一，多者30余件，少者一两件。52座墓葬总计出

图3-9　张家堡A洞48号墓

---

[1] 辽宁省文物考古研究所等：《马城子——太子河上游洞穴遗存》，文物出版社，1994年，第89页。

图3-10 张家堡A洞20号墓随葬品分布情况

图3-11 张家堡A洞14号墓出土的麻织品

土506件随葬品（图3-10），其中以陶器最多，共计309件，生产工具166件，饰品31件。14号墓出土了一件死者穿着的折叠四层的衣服残袖，经鉴定为麻类纤维织物（图3-11），这件织物织线纤细，经纬缜密，可见当时手工纺织业已经达到了较高水平。出土的陶器虽多素面，但常用圆点纹、指甲纹、附加堆纹等简单纹饰在沿、颈、肩、腹部略加装饰点缀。陶器多耳亦是陶器的一大特点，器耳的种类有横耳、錾耳、乳丁耳等。双耳、三耳、四耳的情况皆有。有的陶罐上桥状横耳和半圆形錾耳并用。有些器耳已失去了使用价值，演变成了一种装饰。陶质以粗砂陶为主，细砂陶次之，夹蚌壳粉的最少。罐、碗、盆、杯多粗砂陶。斜颈壶和钵形器多细砂陶，器表规整磨光。其他器物做工粗疏。随葬陶器组合有壶、罐、钵和壶、罐、碗两种。墓葬中出土的生产工具，多为磨制石器。石斧，刃宽而锋利，形体规整，通体磨光。锛、凿类一般磨制精致光泽，刃部锋利平齐。斧、锛、凿往往配套成组随葬。生产工具向定型化、专业化方向发展。造型独特的鱼形石刀、宽大圆角的长方形石刀都别具一格。墓地出土的装饰品有铜手镯等，种类和数量虽然不多，但却反映着当时人们的审美意识。当时太子河上游地区采矿及冶铜技术并不发达，珍贵铜制饰品的出现，应受到当时人们的格外珍视。在一些墓葬中，随葬有猪头和猪下颌骨，有的甚至随葬幼猪，反映了当时人们已经开始进行饲养家畜，人们的食品结构得到改善，可有计划地获取肉类制品。张家堡A洞洞穴墓地从出土的器物的种类、数量、形制等与马城子B洞相比较，都有了长足的进步，其形成年代应晚于马城子 B 洞，经碳 14 测定年代上限距今约 3585±65 年，树轮校正年代为 3885±90 年，下限距今约 2980±55 年，树轮校正 3135±95 年，应属太子河上游洞穴墓地中、晚期遗存，相当于中原商末至西周初期[①]。

三、文化特征及族属

青铜时代太子河上游马城子文化先民们死后都葬在洞穴墓地里，不挖穴、不封土，头向不尽一致，有的向洞口，有的向山下水流方向，多为单人葬，双人合葬墓少，合葬墓皆为成年女性与儿童，不见成年男女合葬墓。埋葬形式有拣骨火葬、原地火葬和非火葬三种。原地火葬比较复杂，有仰身葬、屈肢葬，偶见俯身和侧身葬；未经火化的墓葬有仰身直肢葬和仰身屈肢葬，有的双手交于胸前，拣骨火葬中的骨骼比较零乱。多数墓葬无葬具，部分墓葬中的骨架下铺石板，少数墓用石块砌筑石圹，个别墓用石板筑石棺，偶见原始木棺痕。马城子文化的墓葬形制发展过程，从无葬具到简易葬具进而发展到石圹、石棺墓是一个较为漫长的过程。

随葬品比较丰富，主要是陶器和石器。随葬品的多寡、优劣因墓而异。陶器随葬位置多在头、脚两侧。顺洞壁而葬者陶器多摆放在洞壁下。石器一般刃口向外，陈放在尸骨两侧或集中在腰间部位。拣骨火葬墓的陶、石器多陈放在墓内四周。有用猪、鹿、狗下颌骨随葬的习俗。

洞穴火葬墓地常见多层叠压埋葬的现象。火葬与洞室有机地结合成一体，是马城子文化墓葬的突出特点。火葬墓的焚烧程度，是有区别、分层次的。根据死者年龄、辈分、性别、地位的不同，来决定其焚烧时间、火温和所用燃料的多少。

生产工具以石器为主，石器制作精致，一般棱角整齐，通体磨光（图 3-12）。规格多样，向定型化、专业化、规范化的方向发展。

石器中主要以斧、锛、凿为主。石斧、石锛多为长方形、梯形，薄厚各异，横截面有圆、椭圆、扁平等形状。石凿多为长条形、方锥或圆锥形体。以上三种石器，从刃部观察有平刃、斜刃、弧刃之分。大型板状石斧也占有一定比例。石刀有半月形、长条形、梯形、鱼形等，其刃部有单面

---

① 辽宁省文物考古研究所等：《马城子——太子河上游洞穴遗存》，文物出版社，1994 年，第 89 页。

图3-12　洞穴墓地出土的石器

刃和双面刃之别。石器中还有
棍棒头、环状石器、石镞、石
铲等。绯沿刻有短齿状棍棒头
为相邻的别种文化所未见。这
种棍棒头器形独特，磨制，筒
状，近中部外凸，分别耸起长
短各异的圆筒。在突出的绯沿
上，刻划齿状短线。圆筒内孔
壁上，留有制作时形成的螺旋
纹（图3-13）。石镞以柳叶
形、三角形为主，有平尾、凸
尾和平脊、起脊之分。另有少

图3-13　山城子B洞墓地出土的石棍棒头

量带铤的石、骨镞。纺织工具有石纺轮和陶纺轮。石纺轮器形稍大，形制单一。陶纺轮比重轻，形制丰富多样。

装饰品有石珠、石坠、蚌坠、牙饰、束发器等，仅出土少量小型青铜饰品，有长方形、圆形带孔的饰件和环形铜饰件等（图3-14）。

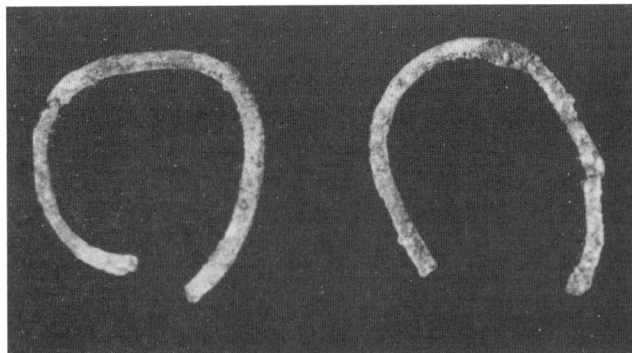

图3-14　张家堡A洞墓地出土的环形铜饰件

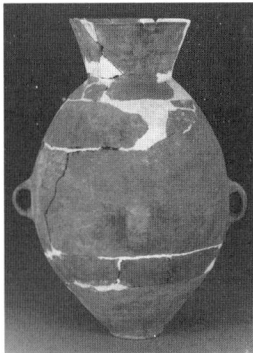

图3-15　山城子C洞墓地出土的陶壶

陶器是反映某一文化类型特征和时代的最灵敏实物标本。马城子文化生活实用陶器，陶色以红褐色为主，其次为灰褐色，晚期出现少量黑砂陶。陶质较粗，陶土中含有细砂粒。大型炊具的陶质含粗砂粒。器形有壶（图3-15）、罐、碗、钵、盆、杯等。陶器具有多叠唇、多耳、多圈足的特征（图3-16）。墓葬中不见豆和三足器，遗址中有鼎和甗，不见鬲和鬶，以素面陶为主。纹饰有圆点、长点、麦粒形凹坑纹，刻划纹，指甲纹，水波纹，附加堆纹等。上述纹饰多施于各类器物的口沿、肩及腹部。陶器制法均为手制，多采用泥条套接法。

图3-16　马城子墓地出土的陶器

马城子文化的石器制造业，已具有规范化、专业化、定型化的特点。根据出土的大量农业生产工具可以推断，马城子文化的经济形态是以男子劳动为主的农业经济，农业是当时生产的主要部门，在经济成分中占据着主导地位。

陶器是反映考古学文化特征的重要标志。马城子文化的陶器，既展现出地方土著文化的古朴风貌，又反映出制陶工业的发达和农耕经济的昌盛。从陶器的随葬规律看，陶壶多伴随斧、锛、凿而出，陶钵、罐多伴随纺轮和装饰品而出，前者多为男性墓，而后者则多为女性墓。这一点，可以判明当时的生产劳动中男女间的分工较为明确。

农业经济越发展，生活中所需要的陶器数量和种类就越多，而为死者送葬，出现了专门为随葬烧制的小型冥器，来代替大型生活实用器皿，为社会节约了人力和物力，是社会进步的一种表现。

张家堡A洞4座墓葬出土的小件铜器，经中国科学院金属研究所鉴定均系铜、锡合金。从洞穴墓葬出土的少量小型铜饰件和随葬的生产工具分析，当时还是以石器为主。马城子文化还处在早期青铜文化阶段。青铜冶铸技术的出现，是生产技术上的一次飞跃。制造金属工具的工艺过程，远比制作石器复杂得多，需要多种不同层次的社会劳动组织、接续协作才能完成。如采矿、冶炼、铸造都需要社会分工连续合作。一个人可以独立制作出一件石器，但一个人是无法生产出一件青铜器的。青铜冶铸技术的出现，促使社会劳动分工向着多分支、多层次、专业化方向发展。

马城子文化虽然以农业经济为主，但家庭饲养、渔猎和采集经济亦有相应的发展，用猪、鹿下颌骨随葬，是洞穴墓葬普遍流行的一种葬俗，有三分之一的墓葬发现了猪骨或动物骨骼，多数墓葬发现的是猪下颌骨，也有的墓发现的是猪肩胛骨和肱骨，还有部分墓是用鹿下颌骨、鹿掌骨、鸡骨随葬。经鉴定，这其中有一定数量的不足一年的家养幼猪。猪有多种用途，肉可食，皮可衣，还可用作宗教仪式上的牺牲品。

埋葬制度和丧葬习俗是古代社会现实生活的真实写照和缩影，社会的发展变化，必然引起埋葬制度的变化，并且在墓葬中得到反映。太子河流域的洞穴墓葬，是一种古老葬俗，这种葬俗之所以能够延续下来，其一，与这一地区多山、多洞穴的特殊环境有关。其二，生长在这一地区的古代居民，从他们的祖先起，几代人一直在洞穴里居住、生活、繁衍、发展，对洞穴有着极其深厚的感情。当他们的子孙后代学会建房迁居于台地之后，仍按传统习惯将死去的亲人葬回"老家"洞穴中去。他们崇拜洞穴，认为洞穴最坚固、安全，可避风雨、防寒暑，将亲人的尸骨葬在洞内焚烧，把灵魂引至天堂是最理想的葬礼。

洞穴墓葬中不论男女老少大体都有随葬品，只是在随葬品的数量上出现了差异，多者20—30件，少者一二件。墓葬排列有序而集中，葬式繁多而统一，一方面说明以血缘关系为纽带的氏族制残余还尚未完全消失，另一方面表明氏族部落内部确实出现了贫富分化现象。

通过墓葬资料的分析，在马城子文化时期，私有制处在一种萌芽状态，尚未进入阶级社会，正处于文明社会的前夜。在发掘赵甸村落遗址时，在聚落址东南侧发掘出一道围绕遗址的防护石围墙。另外，在马城子部分洞穴墓葬中的遗骸，可见被石镞击中致伤、致死的痕迹。这反映出青铜文化初期的社会并不安宁，部落之间的战争接连不断。为了掠夺财物，部落之间战争频繁出现。劳动者们为了防御财产被掠夺，不得不在村寨周围筑起围墙和壕沟。还有不幸者，在战争中中箭身亡，葬于洞穴。

马城子文化具体归属于古代哪个民族的问题，同样可以在对考古实体的研究和文献材料分析中找到答案。

史书记载的貊人应是马城子文化所代表的族群。

从文献上考证，貊人原分布在中原北部，随着华夏势力的不断发展壮大，一部分貊人被融入华夏族，而另一部分则逐渐退向辽东。《诗经·大雅·韩奕》载："溥彼韩城，燕师所完，以先祖受命，因时百蛮。王锡韩侯，其追其貊，奄受北国。"《尚书·武成》载："华夏蛮貊。"《周礼·夏官》云："职方氏，掌四夷八蛮七闽九貊五戎六狄之人民。""貊"在古文中亦作貉。因为时代和居住地区不同，文献中对貊人的称谓亦有多种，经常见到的有北发（周人称貊为北发）、貊国等。《山海经》记载，在汉水（今辽河上游的东北）有"貊国"。《三国史记》中记载的梁貊，可能就是生活在大梁水（今太子河）流域的貊人，这可能是保存貊人单纯成分较久，而且力量较强大的一支。

从西周至两汉时期，貊人在辽东活动的线索是清楚的。我国古代东方确实存在一个庞大的貊人部落体系，其文化特征和风俗习惯大体相类。从考古资料中，可寻觅到一些貊族传统文化的线索。商周时期或更早，貊人在辽东就有了相当雄厚的基础，物质文化有了相当的发展。小水貊的貊弓著名于世，名曰"檀弓"。弓与箭是不可分离的统一体，有好弓必有好箭，好箭的核心是镞。马城子文化出土的大量制作精致的石镞，从一个侧面反映出貊弓的精良，生动逼真的考古材料与历史文献记载的一致性，说明"貊弓"有着久远的历史。

从时间、地域和文化内涵考察，马城子文化与文献记载貊人活动的区域相吻合，因此马城子文化应是貊族先人的文化遗存。

四、马城子文化的传播与交流

马城子文化延续千年时光，这一点在本溪及周边地区考古发掘出土的遗物中得到佐证。在广袤的东北亚土地上，以太子河上游马城子为中心，南至大连（双砣子三期文化），西至阜新、彰武（高台山文化），北至吉林松花江上游（西团山文化），东至朝鲜半岛西北部，都能找到3000年前马城子文化的身影，这在当地出土的青铜时代陶器遗物和墓葬形制中可以见到影响。

图3-17　山城子C洞墓地2号墓出土的弦纹壶

在辽东半岛南端双砣子三期文化于家村砣头墓地出土几件腹饰贴耳弦纹陶壶，与之相似的器物可在山城子C洞墓地中2号墓找到（图3-17），辽东半岛后来兴起的双房文化类型，经考古发掘出土的碗口横桥耳陶壶，与其普遍存在的板石立支或块石垒砌的石棺墓砌筑形制，应是受到马城子文化的影响。

高台山文化也是一种早期青铜时代文化，主要分布于阜新、彰武、康平、法库等地，与马城子文化年代范围大致相当。马城子文化对高台山文化的影响主要体现在斜颈壶、直颈罐等方面，而后者对前者的影响主要体现在竖桥耳壶、敞口竖耳盆及圈足器等方面，这说明两者在各自发展演进时存在文化交流关系，这种交流在两者早期发展时便已存在①。

马城子文化中晚期向辽宁北部延伸，进入吉林松花江上游地区，与早期西团山文化产生交集，二者之间除陶器有某种层面的相似外，在葬制葬俗上，也有着雷同之处。马城子文化晚期的洞穴墓葬和西团山文化早期墓葬时间相吻合，经碳14年代测定当属西周初期。马城子B洞是马城子文化早期洞穴墓葬代表，洞中6号墓用较大的长石条砌筑长方形石圹，已具有石棺墓雏形，而在中晚期的洞穴中，都分别找到了以板石立支或块石垒砌石棺为葬具的墓葬，数量随着时间的推移而增加，同时也出现了尸骨叠压埋葬的现象，而随着社会经济的发展、人口的增加，为埋葬死去部落成员在辽东舒缓的坡地上，同样开始砌筑大量的石棺墓。

在朝鲜半岛西北部新岩里和美松里等地出土的青铜时代遗物，无论在典型陶器（壶、罐、碗）、陶质还是纹饰等方面，都与马城子文化存在着无法割裂的联系。

人是文化的传承与延续的主要载体，而文化的先进性和包容性是这种文化得以承袭和发展的保障。马城子文化能够历经千年，与其天然的地理优势和丰富的文化内涵密不可分。

第二节　浑江流域大梨树沟文化

浑江是鸭绿江一条重要支流，流域内土质肥沃，水源充足，非常适合古人类生活和居住。经过多年的考古调查，发现青铜时代大梨树沟文化遗址10余处，如凤鸣遗址、姚山遗址、大梨树沟前山遗址等，大多数位于山坡上，少量位于江岸台地上，这种文化的墓葬，目前发现较少，大梨树沟墓葬是较为典型的代表。

一、遗址的分布

大梨树沟文化遗址主要分布在浑江流域，在邻近的宽甸县下金坑、通化市拉拉屯北岗也有发现②。

---

① 张春梅、赵希英：《从马城子文化看辽东地区早期文化》，《文化学刊》2010年第4期。
② 庞志国：《吉林通化拉拉屯北岗青铜时代遗址》，《辽海文物学刊》1991年第2期。

主要遗址介绍如下：

大梨树沟前山遗址，位于桓仁县古城镇洼泥甸子村大梨树沟前山山坡上，面积约4000平方米，地势为东南高，西北低，地表分布有零星的夹砂红陶片（图3-18）。近年遗址局部被改作葡萄园，翻地时曾发现石刀、石磨盘、陶器底、陶器口沿等，口沿下有锯齿状附加堆纹。这些遗物与大梨树沟墓地出土遗物具有一致性，两者应有密切联系。遗址可能为墓主人生前居住的地方。

图3-18　大梨树沟前山遗址

姚山遗址，位于桓仁县木盂子镇蔡俄堡村东南50米地势较缓的山坡上，坐北朝南，背风向阳（图3-19）。遗址面积约4000平方米。采集的石器有石斧、石刀、石网坠，陶器可辨器形有壶、罐，均为平底，陶质为夹砂和夹滑石粉，烧制火候较高，陶色多为褐色，灰褐色较少，另有用陶片制作的陶纺轮。

台西沟遗址，位于桓仁县六河乡上古城子村西北一座小山岗上，山岗呈南北走向，遗址处于耕地中，南北长200米，东西宽150米，由于常年农耕播种，地表暴露的遗物较多，采集遗物以石器为主，可分打制石器、磨

图3-19 姚山遗址

制石器和琢制石器三类，采集陶器可辨器形有陶罐等，陶器耳较多。

拉古甲遗址，位于桓仁县二户来镇拉古甲村陈家沟，坐落缓坡台地上，遗址较小，面积约2000平方米，地表分布有打制石器、陶器残片等。

曹家堡子遗址，位于桓仁县八里甸子镇韭菜园子村曹家堡子，遗址面积约1500平方米，采集有石斧、石锄、陶器口沿等[①]。

二、大梨树沟墓葬

位于桓仁县古城镇镇洼泥甸子村大梨树沟西北150米的山麓坡地上，山坡下为公路，公路下为一条季节河，西约700米为浑江支流富尔江。这里早年常有大石板被雨水冲露。考古调查判明，这里是一处已遭破坏的石棺墓群（图3-20）。1987年，修路工在此取土时，有几块石板随着砂土一同滑落下来，其中有一块石板不曾移位，立砌，稍向内倾斜，长约150厘米、宽约100厘米，厚约10厘米，这块石板应该是墓葬立砌的石壁。在遗物出土地点的南侧，又发现三块石头呈墙基状排列，似为墓壁基层砌石，分析墓葬形

---

① 齐俊：《辽宁桓仁浑江流域新石器至青铜时期的遗址和遗物》，《北方文物》1991年第1期。

图3-20　大梨树沟墓地外景

制为石棺墓，墓壁存在板石立砌和块石垒砌两种形制。

采集和出土有石器和陶器，石器分打制石器与磨制石器两种，打制石器仅有一件石刀，磨制石器有斧、锛、刀、镞、坠饰等。陶器均含细砂和滑石粉，陶质匀称，手感滑腻，手制，主要为夹砂红陶，次为红褐陶，少量为夹砂黑陶和黑褐陶，多素面，罕见纹饰，仅在罐、碗口沿下周见有附加堆纹，表现出一种装饰特点。器耳小巧，不具实用价值，也是一种装饰。出土陶器有罐、碗、钵、壶等（图3-21）。这种陶器的残碎陶片，桓仁凤鸣遗址等处都有发现，与宽甸下金坑遗址发现的陶片也一致，说明该文化主要分布于浑江流域。①

图3-21　大梨树沟墓葬出土的陶器

---

① 梁志龙：《桓仁大梨树沟青铜时代墓葬调查》，《辽海文物学刊》1991年第2期。

三、文化面貌

大梨树沟文化面貌较为复杂，石刀发现的数量较多，网坠、石镞等渔猎工具出土较少，表明当时农耕生产已占社会经济的主要地位，同时辅有少量的渔猎经济。出土的部分陶壶，形制与太子河上游青铜时代马城子文化陶壶相近，两者应有联系。出土的折腹罐、高足钵等器物，与高台山文化同类器物较为接近，表明两者联系较为密切。这一文化在分布地域上与汉代高句丽文化分布地域大体重合，它可能和高句丽远祖貊族有关。

第三节　石棺墓

石棺墓是西周时期出现在辽东及周边地区的一种墓葬形制，本溪是石棺墓的主要分布区。太子河上游洞穴墓地已见石棺墓雏形，数量较少，结构相对简单。石棺墓平面多呈长方形，少数呈梯形，四壁以块石垒砌或板石立支，部分底部铺有石板，墓顶常常覆有大石为盖。墓内多为单人仰身直肢葬，个别者为双人葬。战国晚期至汉代初期，随着中原文化的到来，石棺墓渐渐消失，取而代之的是土坑墓、积石墓。本溪地区发现的石棺墓主要有新城子石棺墓地、南芬西山石棺墓地、大梨树沟石棺墓地等。本溪地区石棺墓数量由少到多，形制、葬制由简到繁，是一个较为漫长的历史过程，反映了3000多年前辽东山地经济、文化、意识形态的发展进程。

一、马城子文化洞穴墓地中的石棺墓

太子河上游洞穴墓地中石棺墓的墓葬形制出现在中、晚期，所占比例较少，在发掘的马城子、山城子、张家堡、北甸洞穴墓地145座墓葬中，仅有16座墓葬周围，用石块围砌一层石圹，这应是辽东山地青铜时代石棺墓的雏形。

马城子B洞6号墓，在死者尸骨两侧，用长条形石块摆筑一层长方形石圹，长2米、宽0.9米、高0.2—0.8米。该墓在石圹内铺好较大柴薪，将躯体安放在柴薪之上，而后燃火进行焚烧，为原地火葬墓。从残存的人骨观察，火葬前似为仰身直肢。随葬品有陶纺轮5件，石斧、石网坠、骨锥、牙饰、猪獠牙各1件。石斧随葬在左手腕部，陶纺轮、石网坠、骨锥置于腰部

及下臂内外两侧。颈部佩戴牙饰1枚。另外，在右胫骨旁还有1枚猪獠牙。人骨经鉴定为40岁左右的女性（图3-22）。

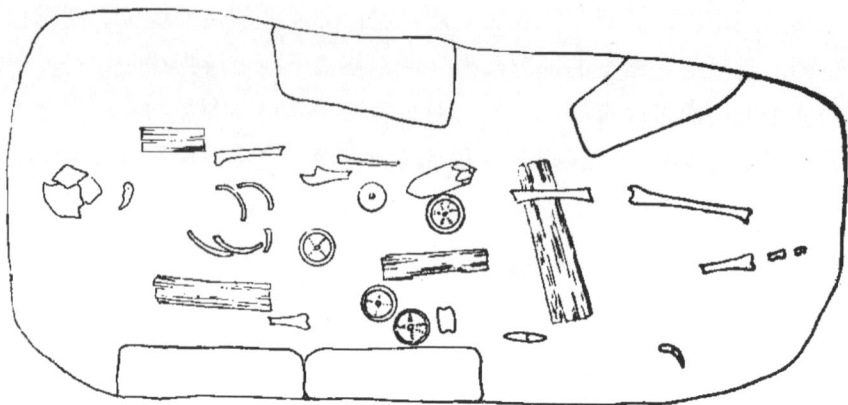

图3-22　马城子B洞6号墓平面图

张家堡A洞42号墓，墓周系用自然石块砌筑不甚规整的长方形石圹，长2米、宽1.1米、高0.2—0.3米，在石圹四周发现宽3—4厘米、厚2厘米的木板腐烂痕迹。人骨架保存较好，面部朝上，头微右倾，平躺，两臂靠

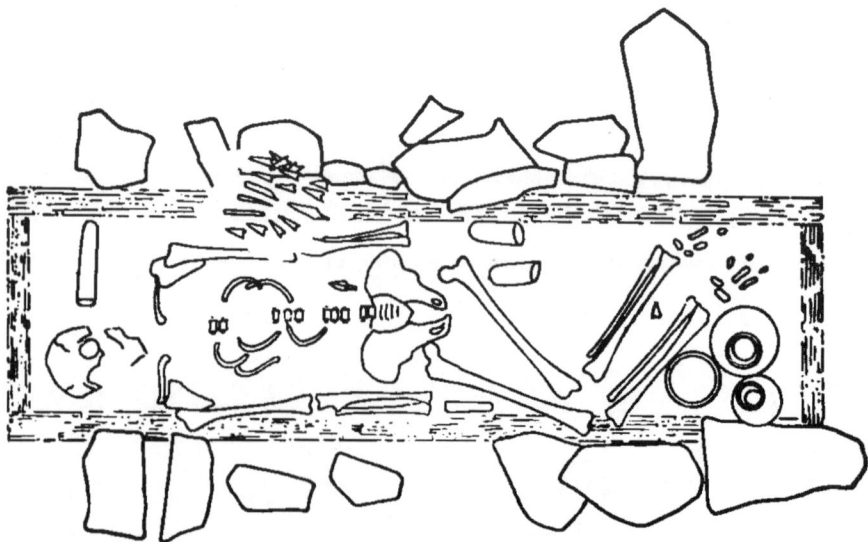

图3-23　张家堡A洞42号墓平面图

近身旁伸直，下肢向左屈度较甚，未经火葬。随葬品丰富，计33件，1件叠唇陶钵、2件斜颈陶壶，分别随葬在右胫、趾骨旁，2件石斧及石锛、石凿各1件，分别随葬在股骨两侧及头骨左侧，3件骨锥、21件石镞及1件石凿，陈放在左上臂骨旁。人骨经鉴定为一老年男性（图3-23）。

张家堡A洞39号墓，系用青灰色页岩石板立砌长方形石棺，仅存局部，两侧倒塌，石板厚2—3厘米，石棺长2.4米、宽0.62米、存高0.5米。葬者上身经轻微火烧，人骨架保存尚好，为仰身直肢，两腿叉开。随葬品集中陈放在骨架右侧。颈部佩戴石串珠及蚌串饰，其中石珠达705枚，蚌饰14枚，右臂旁随葬1件石铲，腰部右侧陈放横耳陶钵和斜颈陶壶，股骨右侧随葬3件陶、石纺轮（图3-24）。葬者为一成年女性[①]。

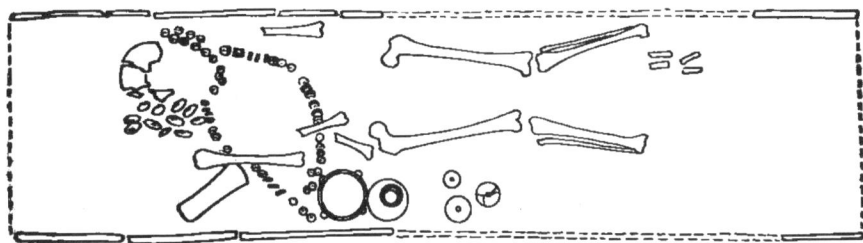

图3-24 张家堡A洞39号墓平面图

马城子洞穴墓葬中的石棺墓对于研究辽东地区青铜时代考古学文化谱系及同时期石构墓葬具有重要意义。研究辽东地区石构墓葬离不开马城子文化墓葬。作为研究东北地区青铜时期石构墓起源和演进的重要依据，马城子洞穴墓葬中的石棺墓遗存，很可能为长白山地部分石构墓葬遗存的源头。

二、新城子石棺墓地

新城子石棺墓地，位于本溪县东营房镇新城子村，坐落在当地人称为"大片地"的一处台地上，分布范围大约5000平方米。2006年春，对墓地进行了考古发掘。

---

① 辽宁省文物考古研究所等：《马城子——太子河上游洞穴遗存》，文物出版社，1991年，第156页。

发掘清理的16座墓葬，呈三行有序排列（图3-25），墓葬形制基本相同，均从原地表向下挖出平面近圆角长方形、斜壁、平底的墓坑，坑内以石板或石块垒砌石棺，以整块大石板封盖（有的石板可能因被破坏已不存），封盖石板置于原地表上，有的石板上面还有积石。棺内不见人骨，仅4号墓发现两颗人牙。多数墓葬发现了随葬品，随葬品分陶器和石器两种。器壁极薄的弦纹壶极具特色。此外，墓壁凹缺处和少数墓葬填土内见有陶器碎片，可能和墓葬封盖前的祭祀活动有关①。

图3-25　新城子石棺墓地俯瞰

新城子墓葬出土的器物组合主要为弦纹壶或素面壶与有成对横桥耳的球腹罐共存，这与马城子洞穴晚期墓葬中陶器组合相吻合，该墓地始建年代应不晚于西周初期。

新城子石棺墓类型分布于辽河以东的地区，鸭绿江下游凤城市东山、西山墓葬形制与之相似，同样在朝鲜西北部新岩里和美松里墓葬中也有发现，说明朝鲜半岛石棺墓起源，应与新城子石棺墓类型有着密切联系。

有学者将以新城子墓地为代表的文化遗存，称为"新城子文化"，认为这一文化源自当地的马城子文化，这一文化"以石棺墓为主要墓葬类型，

_____

① 辽宁省文物考古研究所等：《辽宁本溪县新城子青铜时代墓地》，《考古》2010年第9期。

以壶及横耳罐为典型陶器组合，分布于辽河以东属辽河流域的广大地区，流行年代为西周早期至春秋晚期"[1]。

三、西山石棺墓地

西山石棺墓地，位于南芬区南芬村西山坡上，东约50米为太子河支流细河，1999年对墓地进行了考古发掘。发现墓葬10座。墓葬按四壁构筑方式分为三种，一是板石立支，二是块石叠砌，三是立支和叠砌相互结合，墓顶均覆盖大石板（图3-26）。其中7座墓葬发现人骨和随葬器物，随葬器物共计13件，1件为石纺轮，其余皆为陶器，其中陶壶7件，陶碗3件，器底2件，其中一种陶壶口部呈碗状，高度几近壶身的一半，是随葬品中的代表性器物。

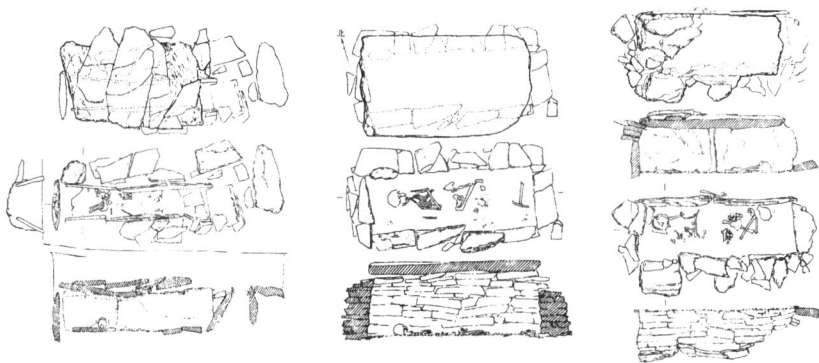

图3-26 西山墓地石棺墓三种形制

西山石棺墓地出土的部分陶壶与吉林西团山墓地相关陶器近似，两者应有一定联系，年代大体相当于西周晚期[2]。

本溪地区的青铜时代文化特别是马城子文化是一种包含了居住址、洞穴墓葬、石棺墓葬等多层次的文化类型，揭示出了辽东地区青铜文化丰富多彩的文化内涵。它清楚地表明，广泛分布于辽东地区的这支古文化遗存，既不同于辽南、辽西地区的原始文化，也有别于辽宁其他地区的早期

---

[1] 华玉冰、王来柱：《新城子文化初步研究》，《考古》2011年第6期。
[2] 万欣、梁志龙、马毅：《本溪南芬西山石棺墓》，《辽宁考古文集》，辽宁民族出版社，2003年。

青铜文化，展现出鲜明的文化特征。距今3000—4000年前，在广阔的辽东山区，雄踞着一支强大的氏族部落集团，隔辽河与夏家店下层文化对峙。马城子文化存续期间，与下辽河区、辽东半岛南部沿海区、丹东及朝鲜半岛的诸早期青铜文化都有不同程度的相互影响。西团山文化的形成及东北系青铜短铜剑在辽东地区的广泛流布也正与这个时期文化变迁的历史环境有关。著名考古学者赵宾福先生认为，可以把辽东北部地区以往发现的多种文化归为同一种考古学文化，将其统称为马城子文化[1]。

---

① 赵宾福：《中国东北地区夏至战国时期的考古学文化研究》，科学出版社，2009年，第195页。

第四章
战国秦汉时期的本溪

　　战国时期（前475—前221），七国争雄，旷日持久，经过燕昭王的改革，地处北方的燕国由弱而强，军事势力和文化影响如滔滔巨浪，不断涌向辽东，进入本溪山地，在与土著文化相互冲击和碰撞下，渐渐浸入了这片山脉连绵的土地，促变了当地文化的迅速转型，滋生了新的文化共同体。以石棺墓、青铜短剑、圆叠唇筒形罐为代表的土著文化，在坚持传统的同时，吸纳并接受了来自西方的中原文化。在本期的遗址和墓葬中，两种文化遗物伴存现象经常可见。燕在击走东胡之后，设立了上谷、渔阳、右北平、辽西、辽东五郡，本溪市区及本溪县归属辽东郡，进入了中原政权的辖区，桓仁县虽为辽东外徼，没有直接进入中原辖区，但中原文化对这里的影响依然强大。为了保护新设郡县的安全，燕修筑了向北到达辽东郡襄平（今辽阳市）的长城。专家推论，这段长城经过了太子河上游的本溪地区，威宁营遗址可能与燕长城有关[1]。中原风格的陶器、铁器、货币的输入，大大改变了原住民的生产和生活方式。公元前221年，秦灭燕统一六国，本溪纳入秦朝版图。公元前108年，汉武帝于东北及朝鲜半岛北部增设乐浪、临屯、真番、玄菟四郡，强化了中央集权下的郡县统治，本溪地域内的政治、经济、文化发生巨变。

第一节　青铜短剑墓

　　在燕国势力进入本溪之前的战国早期，这里仍是貊族的活动区域，出

---

①　王绵厚、朴文英：《中国东北与东北亚古代交通史》，辽宁人民出版社，2016年，第42页。

土的青铜器表明，文化面貌与朝阳地区十二台营子、沈阳地区郑家洼子类型极其相似，关系密切，应属同一种文化。战国晚期，在石棺墓继续流行的同时，出现了土坑墓，随葬品中不乏精美的青铜短剑等传统遗物，但来自中原地区的铁器、泥质灰陶及货币开始作为随葬品出现在墓葬中，文化因素复杂化的背景，恰是民族融合的反映。广泛分布于东北地区的青铜短剑，并不是某一民族或某一考古学文化所独有，林沄先生曾经指出，这种短剑"应是濊貊（包括高句丽、夫余等）、真番、朝鲜等族的祖先所共有的一种遗物"①。

一、战国早中期青铜短剑墓

战国早中期青铜短剑墓在本溪地区发现3座，两座位于梁家村，另一座位于金家村。

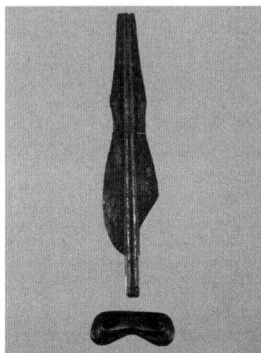

图4-1　梁家1号墓出土的青铜短剑

图4-2　梁家1号墓出土的铜镜

梁家青铜短剑墓，位于本溪市明山区高台子镇梁家村，这里有两座石棺墓，1号墓出土了1件青铜短剑和1件青铜镜。青铜短剑为曲刃，柱状脊，脊前部有一凸棱，脊延至尾部形成短铤，叶尾弧收，剑锋及剑叶一侧后部残缺。短剑的加重器呈枕状，为黑色磁铁矿磨制，加重器长5.5厘米、宽2.9厘米、厚2.7厘米（图4-1）。该剑残长28.2厘米、宽5.3厘米。出土的青铜镜为圆形，外缘一周稍微凸起，饰不规则三角纹，镜缘内饰勾连雷纹，中间填平行线纹，镜上方有两个左右并列的竖桥状纽，直径13.1厘米、厚0.6厘米（图4-2）。根据出土遗物分析，这座墓葬的年代为战国早期。2号墓出土1件青铜短剑，剑身细长，直刃，柱状脊，中心脊线及侧线分明，剖面呈六棱柱状，脊两侧各有一道血槽，尖部下凹明显，叶尾弧收，短茎。长28.6厘米、宽3.5厘米②。

---

① 林沄：《中国东北系铜剑初论》，《考古学报》1980年第2期。
② 魏海波：《本溪梁家出土青铜短剑和双钮铜镜》，《辽宁文物》1984年第6期。

金家青铜短剑墓，位于本溪市平山区桥头镇金家村，2012年发现时已遭破坏，墓葬形制不明。出土器物有铜壶1件、青铜短剑2件、铜镜形饰2件、铜镜1件、铜肩甲式饰件等。铜壶为长颈，鼓腹，平底，颈部及腹部饰凹弦纹，口径6.7厘米、腹径12厘米、底径4.5厘米（图4-3）。两件短剑形制大体相同，其中一件较为完好，保存有剑身和剑柄，剑身前部较窄瘦，刃部较直，后部略宽肥，剑

图4-3　金家青铜短剑墓出土的铜壶

脊前部经过研磨，剖面呈六棱柱形，后部剖面呈圆柱形，长32.5厘米、宽9.7厘米。剑柄为T字形，柄筒空心，喇叭口，饰斜线纹，柄部分节明显，柄盘底平，饰V形纹，盘壁饰细密三角纹。剑柄长10厘米、宽8厘米。两件铜镜形饰均为圆形，凸面，弓形单钮，一件径长24.2厘米，另一件径长

图4-4　金家青铜短剑墓出土的铜肩甲式饰件

21厘米。出土的铜镜也是凸面，弓形钮，径长10.2厘米。铜肩甲式饰件，有报告称之为"斧囊"，平面近椭圆形，凸面，凹背，有节，边缘饰勾连雷纹，背部有3个半环状穿（图4-4）。此外，墓中还出有铜削、铜节约、方形牌饰、绿松石饰件等。

二、战国晚期青铜短剑墓

本溪地区发现的战国晚期青铜短剑墓较多，刘家哨及上堡墓葬为其代表。

刘家哨石棺墓，位于本溪县富楼乡刘家哨村，1978年发现，现已被观音阁水库淹没。墓葬四壁以石块垒砌，墓底平铺一层小石板，墓顶并列覆盖两块大石板，墓室平面呈长方形，长约2米、宽约1.5米。墓内系单人葬，头南脚北，随葬品规格较高。

这座墓葬随葬多件青铜器，主要以青铜短剑为主，此外还有铜矛、铜镜、铜兽形饰等。

出土青铜短剑3件，其中一件是目前东北地区保存最为完整的青铜短

剑，该剑由剑身、剑柄、加重器、加重器护件、剑镖、剑钩等部分组成。剑身前部平直，后部弧曲，叶刃锋利，锋部尖锐，中间脊通体经过研磨，棱线分明。剑叶上的血槽前部形成凹沟，长37.3厘米、宽3.5厘米。剑柄呈"T"字形，分为盘与筒两部分，两者经过焊接相连，盘部束腰，两端微微下垂，盘壁表面饰细密三角纹，盘底表面饰对称V形纹。筒部有凸结，喇叭口，近口处饰斜线纹。在盘部和筒部内壁上，均遗留有丝麻残迹。在盘部内，对置两个铁矿石磨制的加重器。在盘口上面，倒扣着筒瓦状的加重器护件，两侧有长条状镂孔。将剑身、剑柄及加重器护件组装起来后，通长45厘米。该剑的剑鞘，可能是木质或皮质等有机体制作的，因腐烂而未能保留下来，但剑鞘上的铜剑镖和铜剑钩，却完好地得以保留。剑镖是剑鞘前端的物件，前窄后宽，近前部锻接一个碗状物。剑镖正面饰三角几何纹，背面和碗状物外面饰席纹，侧面及前端Z字纹，长12.6厘米、宽4—4.6厘米、厚1.5—2.5厘米。剑钩由钩和套筒铸造组成，钩的形状好似蛇头，颈部折曲，头部弯垂，小眼如豆，吻部微张，背面饰斜线网格纹，蛇头侧面饰之字形锯齿纹。套筒为管状，侧视为椭圆形，表面饰席纹。剑钩长12厘米、宽3.9厘米（图4-5）。

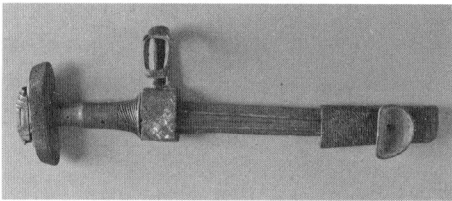

图4-5 刘家哨石棺墓出土的青铜短剑

出土的铜镜也非常精美，圆形，直径17.8厘米，镜缘凸起，剖面呈三角形，在铜镜的背面，铸有两周较粗的凸弦纹，将纹饰分作内外两区，内区纹饰为单线勾勒的六只鸟纹，形似大雁，长喙，曲颈，如浮水面。外区为两组由三条细线相互缠绕形成的绳索状纹。镜座内有桥状双钮，上下横列（图4-6）。

图4-6 刘家哨石棺墓出土的铜镜

出土的兽形饰共有两件，形状大体相同，长6.6厘米、宽3厘米、高3.2厘米，呈蹲伏在地上的姿态，双目圆睁，向外突出，臀部隆起，身上铸出一条条凸棱，象征纷披的毛发，两件兽形饰形状如羊。

在这座墓里，还出土了陶器残片，既有夹砂黑褐陶，也有泥质灰陶[1]。

上堡石棺墓地，位于本溪县小市镇上堡村，坐落在太子河冲积平原上，这里共发现4座石棺墓，出土了2件青铜短剑、4件夹砂圆叠唇筒形陶罐、4件泥质绳纹陶罐、1件铁凿及铜饰件、管状石珠等。

墓内出土的青铜短剑，分作两种形制，一种和刘家哨墓葬出土的短剑相近，剑身前部窄瘦、平直，后部略宽、弧曲，长32.7厘米、宽3厘米，剑柄也是T字形，盘部外壁饰繁密的勾连方格纹及三角纹。另一种剑身则较为特殊，窄瘦，折刃，明显分作前后两段，剑锋至折刃处为前段，约占叶刃的四分之三，折刃处至叶尾为后段。前段经过精心研磨，剑脊棱线明显；后段不作研磨，剑脊为圆柱状（图4-7）。

墓中出土陶器的陶质不同，可分两类，一类是夹砂陶器，器形皆为筒形罐，陶质比较疏松，内含较大的砂粒，外表颜色多为黑褐色和灰褐色，手制，圆叠唇口沿，溜肩，深腹，平底，中上部向外略鼓。另一

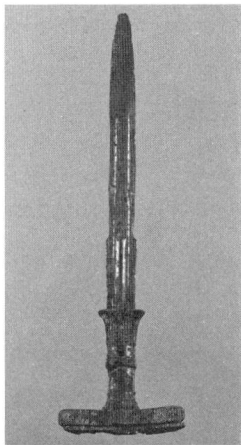

图4-7　上堡石棺墓出土的青铜短剑

类是泥质绳纹陶罐，可分两种形制，均为轮制，一种为方唇，展沿，束颈，鼓腹，平底，质地较为坚实，在器表上饰绳纹后，再划出多周弦纹（图4-8）。另一种为圆唇，侈口，短领，鼓腹，腹下及器底饰绳纹[2]。两种陶器，分别为两种文化的产品。

朴堡石棺墓，位于本溪县小市镇朴堡村，坐落在汤河左岸。墓葬以石板立支构筑，墓底平铺小石板。墓中出土随葬品有青铜短剑、蟠螭纹铜镜、铜环各1件及陶罐、陶壶残片。

图4-8　上堡石棺墓出土的陶壶

出土的青铜短剑形制特别，剑身与剑柄相接，相接的方法是：剑茎及剑身尾部插入剑柄喇叭形口内，然后浇灌铅、锡之类的溶液，冷却后，剑

---

① 梁志龙：《辽宁本溪刘家哨发现青铜短剑墓》，《考古》1992年第4期。
② 魏海波、梁志龙：《辽宁本溪县上堡青铜短剑墓》，《文物》1998年第6期。

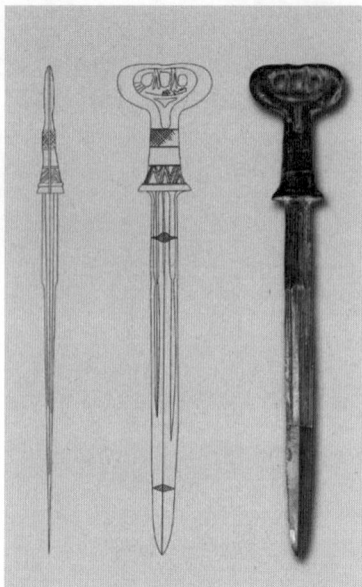

图4-9 朴堡石棺墓出土的青铜短剑

图4-10 朴堡石棺墓出土的铜镜

身与剑柄牢牢地结为一体。剑身平直,折刃,尾部略外撇,折刃处向后,打磨出六棱形柱状脊。剑柄为触角式,形状为两只站立的鸟儿回首相向,左右两侧弧曲,似为外凸的鸟腹,顶部略平,状如两鸟细颈回伸,中部垂饰两个"∧"形纹,表示张开的鸟喙,下部饰斜线纹,应是简化的羽毛。该剑通长45.4厘米(图4-9)。这种形制的短剑,目前仅发现两件,另一件出土于吉林省通化市。

出土的铜镜为圆形,直径9.1厘米,窄缘,缘内饰一周弦纹,镜中间是半圆形小钮,钮座外饰两周弦纹,在两组弦纹之间,饰繁密的蟠螭纹。蟠螭纹,有学者称之为"窝粒状羽状地纹",由圆点和卷曲的弧线组成,状如小蝌蚪(图4-10)。

出土的铜环直径6.4厘米,剖面呈圆形,环体较粗,可能是手镯之类的饰物。

值得注意的是墓中出土的陶器质地,同样分作夹砂和泥质两类,其中夹砂筒形罐与上堡石棺墓出土者几乎一样,手制,形制也是圆叠唇,溜肩,平底;出土的陶壶则为泥质灰陶,轮制,形制为方唇,侈口,短颈,鼓肩[①]。

在桓仁县,也发现了出土青铜短剑的墓葬,但墓葬形制与太子河上游青铜短剑墓葬有别,多为大石盖墓及积石墓。

大甸子墓葬,位于桓仁县四河乡大甸子村,1974年发现并遭到破坏,墓葬上面覆盖一块厚重的大石板,墓室四壁由四块石板组成,墓底由卵石加黄泥铺平,火葬,墓底存有一层经过火烧过的碎骨。出土1件青铜短剑,

---

① 梁志龙、魏海波:《辽宁本溪县朴堡发现青铜短剑墓》,《考古》2005年第10期。

残存中段，火烧后变形，剑身窄瘦，刃部平直，残长19.2厘米、宽2.7厘米。出土铜镞2件，一件为三翼有銎式，一件为三翼有鋋式。并出有石棍棒头、石管穿起的项饰（图4-11）、弹簧状铜耳环及200多枚燕国刀币[1]。

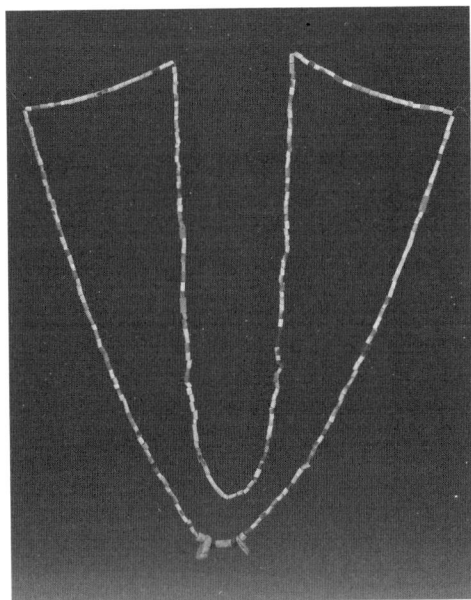

图4-11　大甸子墓葬出土的项饰

图4-12　刘家大院墓葬出土的铜矛

刘家大院墓葬，位于桓仁县四河乡大甸子村刘家大院一户村民房后菜地中，1990年发现，出土地点为高约1米的河卵石堆积的石堆子，当地称之为"石格子"，应该为积石墓。村民平整土地，拆除这个石格子时，在地下约0.5米处的河卵石中，发现1件青铜短剑和1件铜矛，短剑长锋、直刃，剑身通长34厘米、宽2.1厘米。铜矛为銎脊式，两边叶上筑有纵向凸弦纹，长18.2厘米、宽2.7厘米（图4-12）。采集有夹砂圆叠唇筒形罐口沿及灰黑色夹砂陶片。

三、墓葬年代、族属及文化面貌

梁家墓葬出土短剑及其加重器，形制与朝阳十二台营子一号墓[2]出土的

---

[1] 曾昭藏、齐俊：《桓仁大甸子发现青铜短剑墓》，《辽宁文物》1998年第1期。

[2] 朱贵：《辽宁朝阳十二台营子青铜短剑墓》，《考古学报》1960年第1期。

短剑形近，出土的几何纹铜镜，与十二台营子三号墓出土的铜镜也非常相似，十二台营子墓葬年代被推定为春秋晚期或战国早期，因此梁家墓葬年代亦应如此。金家墓葬出土的铜镜形饰、铜肩甲式饰件，可以在沈阳郑家洼子6512号墓[①]中找到相似的器物，出土的铜壶，形制与6512号墓出土的弦纹陶壶非常接近，郑家洼子墓葬年代与十二台营子墓葬相当，也被推定为春秋末期到战国初期。考虑金家墓葬出土的青铜短剑中有一件节尖不显、锋略长的特征，其年代可能略晚于郑家洼子，但最迟不会晚于战国中期。

刘家哨、上堡、朴堡及桓仁地区出土的青铜短剑，从形制上看，均为短剑晚期流行的样式，年代为战国晚期，有的可能进入西汉早期。伴出的随葬品的年代也是如此。有学者将本溪地区含有青铜短剑的文化归入考古学上的双房文化晚期，将其年代也推定为"相当于战国时期"[②]。

研究者多将十二台营子、郑家洼子类型的族属推定为东胡，但战国早期太子河上游本溪地区是否为东胡的活动区域，现在尚无定论的确切依据，如果将其视作貊人遗存，可能性似乎更大。青铜时代这里便是貊人的活动区域，西汉时期兴起于桓仁的高句丽民族，历史上曾被视作貊人，《后汉书·高句丽传》记载："句丽一名貊耳，有别种，依小水为居，因名曰小水貊。"战国时期太子河上游及浑江流域为貊人领域的观点，具有较高的可信度。

太子河上游青铜短剑墓，形制仍然是辽东山地流传已久的石棺墓，说明葬者应该是当地的原住民，但在随葬品中，却出现了土著与外来的两种不同文化特色。一种是本族固有的器物，如青铜短剑、圆叠唇筒形罐；另一种则是来自中原的器物，如泥质陶罐、陶壶、铁器、刀币等。

上堡墓葬出土的夹砂和泥质两类陶器，风格迥异，分别来自不同的文化。筒形罐是东北地区自新石器时代沿袭下来的器物，为土著文化的典型代表，泥质绳纹陶器，则是中原传统文化的典型代表。刘家哨墓内出土的随葬品这种现象也很明显，出土的夹砂黑褐陶片，也是当地制陶业的产

① 沈阳故宫博物馆等：《辽宁郑家洼子的两座青铜时代墓葬》，《考古学报》1976年第1期。
② 赵宾福：《中国东北地区夏至战国时期的考古学文化研究》，科学出版社，2009年，第194页。

品，而泥质灰陶残片，则是中原陶系产品。两种陶系产品共出同一墓内，说明土著文化接受了中原文化，两者的相互融合，逐步加深。上堡墓葬随葬品中中原器物数量较多，反映出中原文化此时已经深入辽东山地，并占据着强势地位。

朴堡墓中出土的蟠螭纹铜镜，与中原发现的同类镜极为相似，很可能是中原地区的输入品，但也不排除当地人模仿中原铜镜自行铸造的可能。刘家哨墓葬出土的铜镜，保存着东北系铜镜双钮特点，但背面两周凸起的弦纹，却是战国以来中原地区铜镜上常见的重圈纹的翻版。小小一面镜子映照出的背景，是中原文化与土著文化的相互融合。

青铜短剑和铜镜作为随葬品的行为，应该有一种思想意识和信仰的支撑。墓中的短剑和铜镜，可能和古代萨满巫术有关。刘家哨墓内随葬品规格较高，葬者不会是当时的普通民众，极有可能是一位部落酋领，兼有政巫双重身份。

第二节　燕国对本溪地区的统治

在燕国经营辽东时期，本溪得到了新的开发，被纳入中原郡县统治范围之内，文化面貌发生了大的变化。多种形式的墓葬并存，透视着当地居民的族属较为复杂。随着中原泥质陶器、铁器的输入和货币的使用，当地的生产和生活方式得到了改变。

一、燕长城

为了防范东胡等少数民族的侵袭，燕国筑造了长城，这道长城在辽西的具体走向基本明确，但在辽东的走向尚不明晰。有专家考证，燕国长城经过了太子河上游①。

公元前3世纪，燕昭王发兵攻打东胡，《史记·匈奴列传》说："燕有贤将秦开，为质于胡，胡人甚信之。归而袭破走东胡，东胡却千余里。燕亦筑长城，自造阳至襄平，置上谷、渔阳、右北平、辽西、辽东郡以拒胡。"根据这条史料记载，燕长城从造阳（今河北省赤城县附近）至襄平（今辽

---

① 孙守道：《汉代辽东长城列燧遗迹考》，《辽海文物学刊》1992年第2期。

宁省辽阳市），绵延不绝。在修筑长城的同时，燕国又设置了五个郡，其中辽东郡治襄平（今辽阳），管辖医巫闾山以东的广大地区，太子河上游的本溪在其管辖范围之内，这是中原政权首次将辽东纳入郡县统治，辽阳也成为了太子河流域兴起的最早城市。有人考证说，燕设辽东郡，郡下设有县级行政单位①，此时，本溪地区太子河流域无疑应该归属同一水域的辽东郡襄平县管辖。这次燕国筑造的长城，当在辽东郡以东地区通过。《水经注》记载："大梁水出北塞外，西南流，至辽阳入小辽水。"大梁水即今日的太子河，它有南北二源，北源出新宾县平顶山，俗称北太子河，南源出本溪县兰河峪，俗称南太子河，两源在本溪县北甸子附近汇合，西南经小市、本溪、辽阳等地，最终合于浑河，入辽河。"大梁水出北塞外"的"北塞"，指的就是长城。孙守道先生曾说："此北塞无疑是指辽东北的古长城塞，其行经方位，我认为是在今本溪小市迤东之地跨过。"②战国时期，浑江流域的桓仁地区应为高句丽民族活动地境，经过太子河上游的"北塞"，主要目的不是防拒东胡，根据当时民族居地判断，它的设立，防拒对象应该是东边的高句丽。《晋书·江统传》引《徙戎论》说，荥阳的高句丽人"本居辽东塞外"。这个"辽东塞"和 "北塞"所指应为同一地理概念，就是燕国始筑的辽东早期长城，本溪境内长城之外居住的民族，正是高句丽。

根据本溪地区发现的战国遗物分布状况，推测燕长城在本溪的行经路线如下：

由抚顺县海浪乡进入本溪境内，经过张其寨乡下翻身、黄木厂，沿太子河支流威宁营河南下，过高台子，至威宁营战国遗址，再沿太子河东进，经牛心台、台沟、法台、松树台等，至本溪水洞、通江峪后，又经上堡、赛梨寨、刘家哨、赵甸，似由马城子（明一堵墙）附近跨过太子河，转而沿南太子河上行，经南甸、九龙口，至碱厂。再沿南太子河上行，过兰河峪（明设南河峪墩）、新城子（明孤山新堡），过城门村，入凤城境，与叆阳接③。明《辽东志》记载："古长城，即蒙恬所筑，其在辽东界者，东西千余里，东汉以来，城皆湮没，本朝时加修筑。"据此可知，明代辽东

① 李宇峰：《东北郡县制始于燕国的考古学观察》，《东北亚历史地理研究》，中州古籍出版社，1998年。
② 孙守道：《汉代辽东长城列燧遗迹考》，《辽海文物学刊》1992年第2期。
③ 梁志龙、王俊辉：《关于早期长城行经本溪地区的推论》，《辽宁长城》第4辑，2002年。

边墙，利用了早期长城。

这条起于本溪市区北部，沿太子河进入本溪东部山区的线路，当是长城的行经路线，这即有"大梁水出北塞外"等文献的依据，又有遗物佐证。该段线路的北部起点，尤其引人注目。这里的下翻身、黄木厂曾发现大量刀币、布币、一化钱，与其衔接

图4-13　威宁营遗址出土的战国乳钉纹瓦当

的抚顺县海浪乡，亦曾多次发现刀币，如巴沟村、松树嘴子村、房身村，重要的是，在下海浪南台地烽火台，甚至发现了泥质绳纹陶片。威宁营遗址出有泥质黑灰色乳钉纹瓦当（图4-13），此为战国之物，出土板瓦上的绳纹，常常被横抹出间隔带，此亦战国板瓦作风。太子河上游上堡、朴堡、刘家哨石棺墓及赵甸墓葬，所见泥质绳纹陶器，战国风格更是明显。这些遗物的出现，很可能和燕筑长城有关。

二、铁器的传入

战国晚期，随着中原文化的东来，铁器传入了本溪地区，主要有铁钁、铁锸、铁掐刀等农具，此外，也有少量的生活用具和兵器，如铁凿、铁削、铁镞、铁戈等。铁器逐渐取代了石器，生产能力大大提高，剩余产品的增多，为社会发展积蓄了物质力量。

图4-14　桓仁地区出土的铁钁

本溪地区出土战国铁器中数量最多的是铁钁（图4-14），有的出于古人生活的遗址，有的出于墓葬。如本溪县九龙遗址、桓仁县抽水洞遗址、小荒沟遗址、龙家沟遗址、南芬火车站附近墓葬等。铁钁，是一种掘土工具，功用近似于后世的板状镐头，平面一般呈长方形，刃部平直，侧视呈楔形，銎口呈长方形，内空，

用于安装木柄。本溪出土的铁钁一般可分作大、小两类，形制基本相同，两类铁钁常常共出同一个地点，如桓仁抽水洞遗址、南芬火车站附近墓葬就是如此。大的铁钁一般长约16厘米、宽约7厘米、厚约3厘米，小的一般长9厘米、宽6厘米、厚约2厘米。

铁锸主要见于桓仁县王义沟遗址，在五女山三期文化地层堆积中也有发现，它是木锸的刃部，平面呈长方形，侧视呈楔形，形体长而窄，銎口为长方形，内空，安装在木锸的端头，主要用于翻掘泥土，耕地播种。

图4-15　桓仁地区出土的铁掐刀

铁掐刀是一种收割工具，主要用来掐割农作物的穗子。在桓仁三道河墓葬出土了4件，均为锻制，平面呈梯形，平背，刃近直，中部略凹，近背处有双孔，一般长13厘米、宽4厘米、厚0.3厘米（图4-15）。

此外，在本溪湖龙洞还发现了战国时期的铁戈、铁削等武器和工具，在上堡石棺墓中还发现了战国铁凿，在桓仁大甸子墓葬也发现了铁削之类的小型切割工具。

本溪地区目前还没有发现早期采矿遗址及冶铁作坊，分析当时的铁器应该是中原地区的输入品。这些输入品的大量出现，并流布到当地生产和生活的多个层面，其背景应该是大量中原移民的涌来。先进中原文化的出现，势必促动土著文化的改观，尤其是铁器的传入，大大提高了当地的生产能力，原来需要以笨拙的石器进行的生产，现今改作了铁器，耕地面积势必扩大，农作物的收获时间快速缩短。正是在这种背景下，居于浑江流域的高句丽民族，得到了来自中原的政治样板和先进工具的给养，迅速发展起来，最终建立了王国。

三、货币的传入

战国晚期，本溪开始出现燕国铸行的刀币、布币、一化钱等，"以物易物"的原始贸易模式受到冲击。货币在本地区的流通，加速了本地商业和经济发展。象征财富的这些货币，曾作为随葬品埋入墓内。本溪发现的刀币和布币窖藏的特殊考古现象，应与社会动荡有关。

本溪县和本溪市区出土战国货币的地点主要有：

本溪县小市镇张家堡子墓葬，1983年发现，出土刀币20余枚。

本溪县高官镇三合村窖藏，1998年发现，出土刀币200枚。

明山区卧龙镇大浓湖村窖藏，1980年发现，出土布币200枚。

南芬区金坑村窖藏，1988年发现，出土刀币100枚。

南芬区程家村窖藏，1989年发现，出土刀币400枚。

南芬火车站附近墓葬，1993年发现，出土刀币46枚。

石桥子高新区上翻身村窖藏，1984年发现，出土布币170枚。

石桥子高新区上翻身村窖藏，1999年发现，出土刀币100余枚、一化钱100余枚。

桓仁县出土战国货币的地点主要有：

桓仁县大甸子青铜短剑墓，1974年发现，出土刀币200枚。

桓仁县三道河子村窖藏，1986年发现，出土刀币100余枚、一化钱100余枚。

桓仁县回龙村一座被破坏的墓葬，1990年发现，出土刀币200余枚、一化钱1500余枚。

桓仁县抽水洞窖藏，1994年发现，出土刀币280枚。

桓仁抽水洞遗址，1994年发掘，出土少量布币和一化钱。

本溪地区出土的刀币，形制大体相同，多为折背刀，面文为眉眼状的"燕"字，背文不同，较为复杂，有"左""右""左一""左二""右一""右二"及"外丑金"等文字，有的仅铸有单个数字，如"五""六"等（图4-16）。布币形状如古代的铲，细部有别，一种是平首，平肩，尖足，

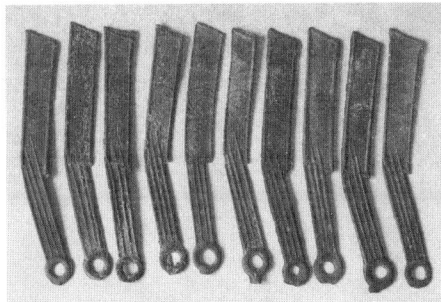

图4-16 本溪地区出土的刀币

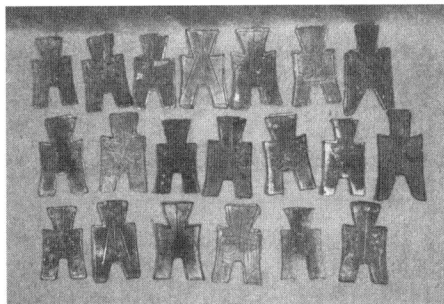

图4-17 本溪地区出土的布币

另一种是平首，耸肩，方足，裆部有方、圆之分，表面铸有文字，多为地名，如"安阳""襄平""襄垣""阴平""史邑"等（图4-17）。一化钱是形状较小的圆钱，有方孔，其上常常铸有"一化"两字。

战国时期燕国货币作为随葬品出现在墓中，表明货币已是财富的象征物，在社会经济生活中，具有财产意义，已经充当了等价交换物。货币窖藏的多处发现，反映了当时社会存在一定时期的波动。波动的局势下，逃亡的人们将平日积蓄的货币，偷偷地埋藏在地下。埋藏货币的主人，也许在战乱中死亡，也许返乡后，忘记了埋藏地点，因此这些货币在阴暗的地下，沉默了两千余年。

第三节　秦朝的统治

秦国前后用10年时间完成了中国统一，从此结束了春秋以来诸侯割据混战的局面，建立了中国历史上第一个中央集权国家。秦王朝实施郡县制，沿用了燕国在辽东地区的郡制管理体系，在秦国统一中国前后，其势力远及本溪地区。公元前238年，秦王政开始筹划统一六国的战争，公元前236年，开始采取不同策略，陆续攻伐韩、赵、魏三国，燕王喜惶惶不可终日，深谙唇亡齿寒之理，却无计可施，公元前227年，燕太子丹孤注一掷，实施"斩首行动"，即历史上著名的"荆轲刺秦王"，刺杀行动最终失败。秦王政震怒，派将军王翦、辛胜率军对燕作战，击破燕军，进围燕都。燕军斗志大丧，已无固守首都决心，遂向辽东撤退，使秦军轻取蓟城。王翦攻克燕国首都后，立即派将军李信率军急追东退的燕军，追击到衍水，击破燕太子丹率领的残部。此时逃到太子河流域的燕国统治者，认为秦军攻燕，是完全由太子丹的谋刺阴谋引起，祸起于太子丹。在代王嘉的劝说下，燕王派遣使臣在衍水之畔斩杀了太子丹，献首于秦以求和。但秦军并没有因此而停止其军事进攻。公元前222年，王贲奉命攻伐燕国在辽东的残余势力，俘获燕王喜，燕国彻底灭亡。

一、秦国的遗迹与遗物

本溪地区发现的秦朝遗迹主要有抽水洞遗址等。

抽水洞遗址，位于桓仁县桓仁镇大甸子村抽水洞西侧山坡上，遗址西至山峰，东抵泉水，面积较大，约16000平方米。1994年进行了局部发掘，地层堆积约0.5米。发现房址2处，均为半地下式建筑，平面分别为圆形和长方形。遗址出土石器有斧、刀、剑等，出土陶器有壶、罐口沿及器底，陶质分夹砂灰陶及泥质灰陶，后者常常饰绳纹，出土铁器有镬、掐刀、削、镞等，另有两枚三棱铁铤铜镞（图4-18），同时出土有明刀币、一化钱、安阳布币、秦半两等货币[①]。

1、2、6. 陶器口沿 3、4. 陶器器耳 5. 陶器器盖 7. 陶器器底 8. 骨簪 9. 陶豆柄 10. 石斧 11. 石杵
12. 石刀 13、20. 陶纺轮 14. 羊首陶塑 15. 鸟形铁饰件 16. 陶鱼网坠 17. 铁掐刀 18. 石剑 19. 扁方形铁镞
21. 铁镞 22. 铁铤三翼镞 23. 铁铤铜镞 24. 小铁刀 25. 铁削 26. 铁镬（1、2、6约为1/6，余约为1/3）

图4-18 抽水洞遗址出土的器物

　　光头砬子窖藏，位于桓仁县古城镇洼泥甸子村光头砬子南麓，此处山坡较陡，窖藏位于山坡下。21世纪初，修建二北公路时，村民在此取土垫路，发现一处货币窖藏，出土货币约200枚，较多的是刀币和一化钱，另发现秦半两钱，据此分析，窖藏年代下限不晚于秦。

---

① 武家昌、王俊辉：《辽宁桓仁县抽水洞遗址发掘》，《北方文物》2003年第2期。

图4-19　四道河子出土的铜戈

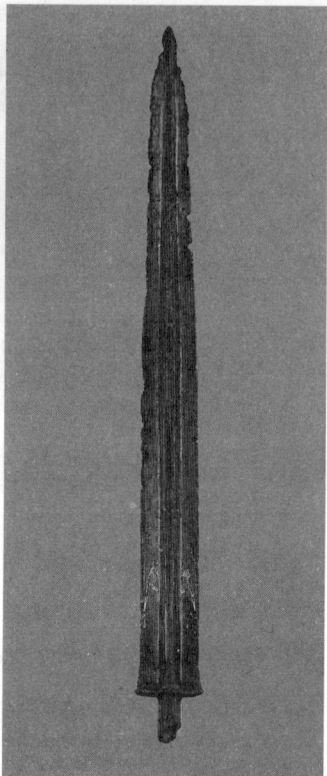

图4-20　王沟玉岭出土的铜剑

桓仁县四道河子村附近田地中，曾发现1件铜戈，戈为长援、平脊，锋略上翘，内后部周边有刃，长26.1厘米、宽12.5厘米、厚0.7厘米（图4-19）。此为秦戈，可能为秦征伐燕国时的遗物①。

溪湖区火连寨乡王沟玉岭，曾出土1件铜剑，剑长40.8厘米、宽4厘米，剑体光滑，通体施灰绿色烤漆，直刃，凸脊，空心茎，近叶尾双面均铸有相同的鸟翼形纹饰②，该纹饰与浙江发现的越王青铜铍上的纹饰相近，应是越国兵器（图4-20）。推测秦国在统一中国的战争中，越国制造的这件青铜剑随着秦国军队进入本溪地区。

二、燕太子丹与衍水

燕太子丹，姬姓，名丹，战国燕王喜之子。少年时曾在赵国做人质，与时为少年的嬴政交好。秦灭"三晋"前夕，被送至秦国当人质，公元前232年，逃回燕国。公元前227年，派遣荆轲以送督亢地图及樊於期首级为名，赴秦刺杀秦王嬴政未果。秦急攻燕，与燕王喜同逃辽东。为了挽救燕之国运，燕王喜用代王嘉之计，斩下太子丹的头颅献给了秦国。

---

① 《桓仁满族自治县文物志》，内部出版，1979年，第87页。
② 本溪市博物馆编：《本溪文物集粹》，辽宁美术出版社，2011年。

衍水，名称初见于《史记·王翦列传》："秦将李信者，年少壮勇，尝以兵数千逐燕太子丹至于衍水中，卒破得丹。"《史记·刺客列传》又说："其后李信迫丹，丹匿衍水中，燕王乃使使斩太子丹，欲献之秦。"关于衍水，唐司马贞《索隐》说："水名，在辽东。"明顾祖禹《读史方舆纪要》说："太子河在司东北五里。……或曰，太子河即故衍水，燕太子丹匿于衍水中，后人因名为太子河。"《清一统志·奉天府一》说："衍水，今太子河。"有人考证，衍水不是今太子河，而是浑江[①]。浑江古称"盐难水""淹水""掩水"等，《好太王碑》称之为"盐水"，淹、掩、盐，皆通"衍"，因古音之转，书写通假所致。因此，燕太子丹被斩之地，不在太子河，而在浑江。

第四节　辽东郡和玄菟郡

《史记·匈奴列传》记载："燕亦筑长城，自造阳至襄平，置上谷、渔阳、右北平、辽西、辽东郡以拒胡。"这是最早关于辽东郡的文字记载。《史记·朝鲜列传》记载："自始全燕时，尝略属真番、朝鲜，为置吏，筑障塞。秦灭燕，属辽东外徼。" 辽东郡，秦汉时期始终得以保留。到了西晋时期，中央集权掌控开始出现衰落，地方少数民族政权开始崛起，辽东郡制逐渐消亡。秦汉时期，太子河上游的本溪县属辽东郡，浑江中下游的桓仁县属辽东外徼。《汉书·地理志》载："玄菟郡，武帝元封四年（前82）开。"玄菟郡辖县有三：高句丽县、西盖马县、上殷台县。郡治最初设在朝鲜半岛，后来迁徙到高句丽西北地方，即今新宾县永陵南城址。桓仁地区当时属玄菟郡管辖。

一、本溪境内汉代遗迹

威宁营遗址，位于本溪市明山区威宁营村耕地中，分布面积约5000平方米，中心地区地势略高于周边（图4-21），遗址内地表散落大量遗物，主要有残陶豆、残陶罐，陶质多为泥质灰陶，火候较硬，轮制，器表多饰有绳纹、沟槽纹，筒瓦和板瓦也多有发现，凸面多饰有绳纹、凹沟纹、菱形纹

---

① 梁志龙：《太子河名称考实》，《北方文物》2006年第2期。

图4-21　威宁营遗址

等，另采集到一枚乳丁纹半瓦当。根据遗址内发现的遗物分析，时代应为战国晚期到西汉初期，这处遗址，很可能是当时辽东郡辖属的一处屯戍据点。

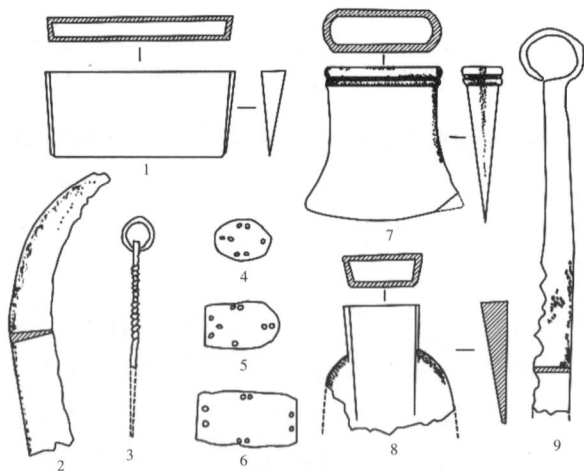

1. 锸　2. 钩形铁刀　3. 钻孔器　4. 胄片　5. 青片A
6. 青片B　7. 斧　8. 铁铲　9. 环首铁刀

图4-22　南甸墓葬出土的器物

南甸汉代墓葬，位于本溪满族自治县南甸镇滴塔堡子。1984年秋季，村民在果树园子挖土修蓄水池时，在地下约2米深处发现一批汉代铁器和少许人骨残段，这批铁器有铁甲片、铁锸、铁环首刀、铁钩形刀、铁斧、铁铲、铁钻孔器等（图4-22）①。这座墓葬的葬者，很可能是戍边人员。

六道沟汉代遗址，位于本溪县连山关镇连山关村六道沟，1998年发现并发掘。遗址面积约5000平方米，堆积厚约1米。发现房址2处，其中一处房址内留有火炕遗迹，火炕内砌有一条烟道，烟道两侧立支板石，上覆石板。出土遗物主要有绳纹板瓦、筒瓦及陶甑、陶罐、铁镬、铁锸等。瓦片集中出土于遗址下部，分布较有规律，似为屋顶倒塌后的一次性堆积。目前，沈丹高速公路穿过遗址南部，遗址北部尚有保留。六道沟遗址位于古代辽东通向朝鲜交通要路，可能与汉代交通驿站有关。

二、玄菟郡与高句丽县

《三国志·魏书·东沃沮传》："汉初，燕亡人卫满王朝鲜，时沃沮皆属焉。汉武帝元封二年，伐朝鲜，杀满孙右渠，分其地为四郡。"前109年，西汉征卫满，并于次年灭其国，置玄菟、乐浪、临屯、真番四郡。汉昭帝始元五年（前82），调整玄菟郡疆界，废真番郡、临屯郡，并把当中部分编入玄菟郡及乐浪郡。玄菟郡郡治几度迁址，所辖区域几经变化，高句丽县为玄菟郡郡治，位于新宾县永陵南城址，今桓仁地区归其管辖，这一区域正是当时高句丽人聚居之地。《后汉书·高句骊传》载："武帝灭朝鲜，以高句骊为县，使属玄菟。汉时赐鼓吹伎人，常从玄菟郡受朝服衣帻，高句丽令主其名籍。后稍骄恣，不复诣郡，于东界筑小城，置朝服衣帻其中，岁时来取之，今胡犹名此城为帻沟溇。沟溇者，句丽名城也。"高句丽县的县令具体主管高句丽族的有关事宜，其最重要的应当是着力贯彻朝廷的边疆少数民族政策。高句丽县令主管高句丽人的名籍，可见高句丽人已被纳入郡、县地方政府的有效管辖之下。西汉建昭二年（前37），扶余王子朱蒙在玄菟郡高句丽县所辖的卒本（今桓仁境内）建立政权，定都纥升古城，史称"高句丽"，并与西汉中央政权保持较为密切的关系。西汉末年王莽篡权，将高句丽王改为下句丽侯，激怒了高句丽人，东北边疆的安定遭到了破坏。

---

① 杨永葆：《本溪南甸滴塔堡子发现汉代铁器》，《辽海文物学刊》1994年第2期。

第五节 高句丽在桓仁建国

高句丽本为貊人的一支，起源于浑江中下游的桓仁地区。汉元帝建昭二年（前37），北扶余王子朱蒙在宫廷斗争中遭到打压，避难南下，来到浑江流域，在玄菟郡高句丽县境内的卒本（在今桓仁地区）建立政权，号称"高句丽"。初期都城建有两座，一座位于平地上，即史书所说的"卒本"，一座位于山上，即史书所说的"纥升骨城"（今桓仁县五女山山城），王公大臣平时住在平地都城，战时则退守山上都城。通过征伐，高句丽逐步统一了周边部落，疆域得到了不断扩大。在吸收中原及周边民族先进文化的同时，形成了自己的文化特色。从桓仁出发，高句丽走过了七百余年的辉煌历史。

一、涓奴部和高句丽神庙

高句丽早在建国前，就形成了五大部落集团，史书称作"五族"或"五部"。《后汉书·高句骊传》："凡有五族，有消奴部、绝奴部、顺奴部、灌奴部、桂娄部。本消奴部为王，稍微弱，后桂娄部代之。"这里的消奴部，应为涓奴部。《三国志·魏书·高句丽传》载："本有五族，有涓奴部、绝奴部、顺奴部、灌奴部、桂娄部。本涓奴部为王，稍微弱，今桂娄部代之。"高句丽的"五族"，又有其他称谓，唐李贤注《后汉书》："案今高丽五部：一曰内部，一名黄部，即桂娄部也；二曰北部，一名后部，即绝奴部也；三曰东部，一名左部，即顺奴部也；四曰南部，一名前部，即灌奴部也；五曰西部，一名右部，即消奴部也。"

桂娄称内部，"内"乃中央位置，可见其他五部方位名称的确定，是以桂娄部为基点的。桂娄部是高句丽第二王都所在地，即今吉林省集安市，它的西部，正是今天的桓仁县，因此高句丽的西部涓奴，应在桓仁县。

由于涓奴部地近汉辽东郡和玄菟郡，接受中原文化的途径更为便捷，发展水平曾在五部之中位居前列，势力强大，因此早期高句丽王产生于涓奴部，可以说涓奴部是高句丽早期的王族。后来不知何因，势力微弱，而居住在鸭绿江流域的桂娄部崛起，取而代之，成为了高句丽的王族。

尽管涓奴部失去了往日为王的地位，但依然享受着许多特权。《三国志·魏书·高句丽传》："王之宗族，其大加皆称古雏加。涓奴部本国主，今虽不王，适统大人，得称古雏加，亦得立宗庙，祠灵星、社稷。"已经不再称王的涓奴部嫡传的领导人，由于曾经做过高句丽的"国主"，具有王族血统，因此可以称"古雏加"。古雏加是高句丽官职名称，有学者考证，"在高句丽早期能担当古雏加官职者唯有高句丽王之宗族或五部之王族"[1]。《后汉书·高句骊传》李贤注："古邹大加，高丽掌宾客之官，如鸿胪也。"古邹即古雏，据此推论，涓奴部的古雏加，可能具有外交自主权。这点，说明涓奴部在某些领域，享有与高句丽国家相同的权利。

涓奴部还享有建立和祭祀宗庙、社稷的特权。

高句丽是一个俗重鬼神的民族，祀典尤多，史书谓其"多淫祀"，见于史载者有祭天、祭日、祭灵星、祭社稷、祭鬼神、祭山川、祭禭神、祭始祖朱蒙、祭女神柳花，等等。如此繁众的祀典，多具本族特色。涓奴部祭祀的社稷，即是土地神和谷神，与农业相关，而祭祀的宗庙，很可能就是高句丽的神庙，庙里祭祀的是始祖之母及始祖朱蒙。

《三国史记·高句丽本纪·大武神王》："三年（20）春三月，立东明王庙。"东明即朱蒙，亦即高句丽始祖。大武神王在哪里建立了东明王庙？《三国史记》没有明确记载，但其后记载祭祀始祖庙的国王们，前往的地点都是卒本。大武神王创立的东明王庙，应该就是卒本的始祖庙。

此外，这里还应有夫余女神庙，即传说的朱蒙之母庙。

《北史·高句丽传》说："有神庙二所：一曰夫余神，刻木作妇人像；一曰高登神，云是其始祖、夫余神之子。并置官司，遣人守护。盖河伯女、朱蒙云。"

两座神庙在哪儿？《北史》也没有直说，当时高句丽"都平壤城"，照常理推测，国庙设在平壤才对。然而《三国史记》中的高句丽安臧、平原、荣留三王卒本祭祖，都由平壤而来，于是我们有理由相信，《北史》记载的两座神庙，就是卒本的神庙。两座神庙，应该是由涓奴部宗庙演变而来。

关于高句丽国王卒本祭祖的相关情况，制表如下。

---

[1] 高福顺：《高句丽中央官制研究》，吉林大学出版社，2015年，第115页。

王序	王号	时间	《三国史记》记载	都城
8	新大王	三年（167）	秋九月，王如卒本，祀始祖庙。冬十月，王至自卒本。	国内
9	故国川王	二年（180）	秋九月，王如卒本，祀始祖庙。	国内
11	东川王	二年（228）	春二月，王如卒本，祀始祖庙，大赦。	国内
12	中川王	十三年（260）	秋九月，王如卒本，祀始祖庙。	国内
16	故国原王	二年（332）	春二月，王如卒本，祀始祖庙。巡问百姓老病，赈给。三月，至自卒本。	国内
22	安臧王	三年（521）	夏四月，王幸卒本，祀始祖庙。五月，王至自卒本，所经州邑贫乏者，赐谷人一斛。	平壤
25	平原王	二年（560）	春二月，王幸卒本，祀始祖庙。三月，王至自卒本，所经州郡狱囚，除二死皆原之。	平壤
27	荣留王	二年（619）	夏四月，王幸卒本，祀始祖庙。五月，王至自卒本。	平壤

本世纪初，在桓仁县城附近凤鸣村浑江岸边田地中，先后发现两件高句丽卷云纹瓦当。《旧唐书·高丽传》说：高句丽多以茅草苫盖屋顶，只有佛寺、神庙、王宫、官府的屋顶才使用瓦来覆盖。据此，桓仁出土卷云纹瓦当的地方，很可能就是高句丽神庙所在地。

史书上记载的小水貊，所指也是涓奴部。

《后汉书·高句骊传》："句丽一名貊耳，有别种，依小水为居，因名小水貊。出好弓，所谓貊弓是也。"《三国志·魏书·高句丽传》："又有小水貊，句丽作国，依大水而居，西安平县北有小水，南流入海，句丽别种依小水作国，因名之为小水貊。出好弓，所谓貊弓是也。"《魏略》："又有小水貊，俗好弯弓，所谓貊弓是也。"句丽是高句丽的省称。句丽做国所依的大水，即今鸭绿江，相对而言，小水，只能是鸭绿江的某条支流。中外史家多年提出小水貊即浑江的观点可信。大水和小水的比较，除却自然条件外，还应考虑一定的社会条件，既然小水貊能够"作国"，当非一般的等闲部族，史书着重对它进行记录，也说明它在高句丽国中占有一定地位。因此小水貊所指，应该就是涓奴部。

高句丽五部之中，桂娄部之外，最有特权的便是涓奴部了。作为初期的国主，后虽不王，仍然具有其他部族不可攀比的优越地位，不仅建有自己的宗庙，还可以独立组织祭祀灵星和社稷活动，俨然高句丽的国中之国。这些，正是小水貊"作国"的具体写照。

小水貊的特产是弓，《魏略》说小水貊"俗好弯弓"，可见这个民族善于射箭。这种民俗是有传统的，高句丽第一代国王朱蒙善于射箭，据说他的名字来自扶余方言，意思就是善射。《三国史记·高句丽本纪》记载朱蒙"年甫七岁，嶷然异常，自作弓矢射之，百发百中，扶余俗语，善射为朱蒙，故以名云"。小水貊的弓被称作"好弓"，质量一定优异。三国时期，高句丽曾经遣使向东吴孙权贡献角弓，作为高句丽贡品的角弓，应该由"貊弓"发展而来。

近年在桓仁地区发掘的小荒沟遗址、王义沟遗址、冯家堡子墓地、上砬头大石盖墓、龙头山岩穴石盖墓、小北旺墓地及大恩堡石柱子等，应该就是涓奴部（小水貊）的遗存。

二、朱蒙南下

朱蒙是高句丽第一代国王的名字，又被写作东明、邹牟等。关于朱蒙降世，许多史料都有一段神话般的记述。

传说扶余国王金蛙刚刚嗣位的时候，在优渤水旁发现一位女子，名叫柳花，是河伯的女儿。柳花告诉金蛙说，有一次她和弟弟们出游，与自称为天帝子的解慕漱私通于鸭绿江边的熊心山下，因遭父母贬谪，居住在优渤水旁。金蛙觉得柳花身世蹊跷，便将她纳为侍妾。回宫后，把她关闭在一间屋子内。说来奇怪，外面的阳光透过屋子，总是照射在柳花身上，柳花左躲右闪，阳光就左照右射。有一天，一个大如鸡子的气团从天而下，柳花因此有了身孕。后来柳花生下了一个大卵，重如五升。扶余王厌恶大卵，先把它抛给了狗，狗不吃，又把它丢给了猪，猪也不吃，于是把它扔在了道上，牛马遇见了，远远地躲开，最后把它丢到了荒野，没想到却引来一群群鸟儿，张开翅膀呵护着它。扶余王只好拿出了刀，想剖开大卵，却怎么也割不破。无奈，只好把大卵还给了柳花。柳花用柔软的布帛包裹起大卵，放在暖洋洋的地方，卵壳突然破裂，里面出来了一个"骨表英奇"的男孩，这个男孩，就是朱蒙。

这则看似荒诞的传说，实际上反映了高句丽人的太阳崇拜意识。在中国古代东方民族中，普遍流行卵生神话。传说中的殷商先妣简狄，便因吞食了燕卵生下了先祖契；满族先妣佛库伦，则因吞食了朱果而生下了先祖布库里雍顺。所谓"卵""鸡子""朱果"，就是古代人们所说的"日精"，这些圆形物质，在古代人的眼里，就是太阳的缩影。另外，"朱蒙"与"朱明"音通，两者所含的意思相同，朱明，本是古代对太阳的称谓，《广雅》："日名耀灵，一名朱明。"汉代学者王逸也说："朱明，日也。"由此可见，高句丽是崇拜日神的民族，第一代王朱蒙的名字，用的就是日神的名字。

朱蒙刚到七岁的时候，就表现出了与众不同的能力。尤其在射技方面，手法更是非凡。他常常自己制作弓矢，远射近射，都是百发百中。善射的朱蒙，经常与扶余王金蛙另外七个儿子在一起游玩，七个儿子的射技都不如朱蒙，于是小小年纪便萌生了嫉恨之心。金蛙的长子带素跑到父王那里，对父王说："朱蒙不是正常出生的人，性格又勇猛，看他那样子将有不轨的志向，现在如不早早地解决他，日后恐怕生出祸患。"扶余王没有听信带素的谗言，但却给了朱蒙一个又苦又累的微贱的活计，让他去养马。

朱蒙在养马过程中，施用了心计。他在骏马的舌根下暗插了短针，让它不能正常进食，慢慢消瘦了下来，对那些笨马却加料饲养，喂得滚瓜溜圆。扶余王不知内里缘由，挑选肥马自乘，把瘦马留给了朱蒙。一次，扶余举行大型田猎活动，由于朱蒙善射，扶余王有意刁难他，仅仅给了他一支箭。朱蒙虽然只有一支箭，却反复使用，射获了大批野兽，于是又引起了各位王子和大臣的嫉恨，预谋杀害他。母亲柳花暗中得知此事后，偷偷告诉了朱蒙，劝他快些逃走，并鼓励他说："凭你的才智勇略，到哪里不可以开创一片天地呢？与其留在这里受辱，不如远走高飞去建功立业。"

在母亲的劝导下，朱蒙逃出了扶余国。

扶余国，是中国东北古代少数民族建立的一个地方政权，兴起时间大致在战国晚期至汉初。王都扶余城，即今吉林省吉林市南山城子古城。从朱蒙身世可以看出，朱蒙原为扶余王子，虽然才技超群，由于其母不是正妃，庶出的朱蒙因此屡遭陷害，最后不得不弃国南下，到新的地方去施展才力。

朱蒙逃出扶余后，身边仅有三人跟随，他们日奔夜走，来到了一条名叫奄利（今浑江）的大河旁，河上无桥，深不可渡。这时，扶余的追兵越来越近。危难中，朱蒙只好向水神祷告，他说："我是太阳的儿子、河伯的外孙，今天逃到这里，追兵就要撵上来了，怎么才能渡过这条河呢？"话音刚落，水中鱼鳖纷纷浮出，搭成了一道桥梁。朱蒙等人踏桥而过，鱼鳖忽地解散，沉到了水底。追兵只好隔河相望，悻悻而归。

鱼鳖浮桥，显然是神话故事，但它却反映了高句丽人对水神的信仰。

过河后，朱蒙来到毛屯谷（有的史料说是普述水），遇见了三人，一人身穿麻衣，一人身穿衲衣，另一个人身穿水藻衣。朱蒙根据三人的能力特点，让他们负责不同的事情。其实，这三个人应是当时桓仁境内的部落酋领，他们的衣着，可能代表了当地的三种经济状态，麻衣者应为农耕，衲衣者应为狩猎，水藻衣者应为渔捞。朱蒙遂率一行人，来到了卒本川，在当地土著人的帮助下，开始着手建立高句丽王国。

三、高句丽建国

《三国史记》记载，朱蒙从扶余南下，过了毛屯谷，来到卒本川，"观其土壤肥美，山河险固，遂欲都焉，而未遑作宫室，但结庐于沸流水上居之。国号高句丽，因以高为氏"[①]。

关于卒本所在，主要有三种说法：一、桓仁下古城子；二、桓仁北甸子村；三、桓仁县高丽墓子村。尽管说法有异，但卒本位于桓仁境内则无异议。

朱蒙建立高句丽王国的时间，为汉元帝建昭二年（前37），当时朱蒙22岁。有史料说，朱蒙来到卒本的时候，这里已经存在着一个卒本扶余国，国王没有儿子，当他见到了朱蒙后，觉得朱蒙不是一般人物，于是把第二个女儿嫁给了他。国王死后，朱蒙嗣位。朱蒙的妻子生了两个儿子，老大叫沸流，老二叫温祚。温祚长大后到了朝鲜半岛，建立了百济国。又有史料说，朱蒙所娶妻子名字叫召西奴，是卒本人延陁勃的女儿，她最初嫁给了优台，优台死后，她"寡居于卒本"。朱蒙建国时，娶召西奴为妃，她对

---

① 金富轼：《三国史记》（校勘本），吉林文史出版社，2003年，第175页。

朱蒙"开基创业，颇有内助"。综合两条史料分析，延陁勃可能就是卒本扶余国王，召西奴就是他的第二个女儿。

朱蒙建国，借助了卒本扶余的力量。但其统治阶层的构成，则是多方人物的聚合。一方面，是跟随朱蒙由北扶余逃难而来的同行者，《魏书》记为二人，即乌引、乌违，《三国史记》记为三人，即乌伊、摩离、陕父。其实，这应该是一个群体，《冉牟墓志》的作者牟头娄曾说"奴客祖先于□□□夫余随圣王来"[1]，《高慈墓志》也说，"先祖随朱蒙王平海东诸夷，建高丽国"[2]，可见跟随朱蒙来到卒本的还有牟头娄及高慈的祖先。另一方面，是朱蒙沿途收纳的土著部落酋领，《三国史记》记载朱蒙"行至毛屯谷，遇三人，其一人著麻衣，一人著衲衣，一人著水藻衣"，朱蒙称其为"三贤"，并分别赐姓，"遂揆其能，各任以事"[3]。再有，则是卒本扶余的旧民，如妃子召西奴。另外，建国初期大臣中有扶芬奴、扶尉猒等人，这些人名字前边的"扶"字，和卒本扶余不无关系。

朱蒙建国，政权草创，曾在卒本举行过开国仪式。

朝鲜李奎报《东明王篇》注引《旧三国史》："王自坐茀（茅）蕝之上，略定君臣之位。"茅蕝，是古人用来标志尊卑地位的标识物。在朱蒙的开国仪式上设置了茅蕝，说明举行了仪式，这个仪式可能简单，却带有许多原始色彩。

建国后，朱蒙便开始对周边部落进行征伐。《三国史记》记载，由于当时地境与靺鞨部落相连，朱蒙担心受到侵犯劫夺，于是将其远远驱走。靺鞨在新建立的高句丽政权的打击下，从此不敢"犯境"。汉代并没有"靺鞨"这个称谓，这里的靺鞨，可能是《三国史记》作者借用隋唐时期出现的靺鞨名称，指代当时的一个小部落。

不久，又通过射箭比试，征服了沸流国。

《三国史记》对此事记载如下："王见沸流水中，有菜叶逐流下，知有人在上流者，因以猎往寻，至沸流国。其国王松让出见曰：'寡人僻在海隅，未尝得见君子，今日邂逅，不亦幸乎！然不知君子自何而来。'答

① 吉林省文物志编委会：《集安县文物志》（内部出版），1984年，第124页
② 罗振玉校录：《唐代海东藩阀志存》，石印本，1937年。
③ 金富轼：《三国史记》（校勘本），吉林文史出版社，2003年，第175页。

曰：'我是天地子，来都于某所。'松让曰：'我累世为王，地小不容两主，君立都日浅，为我附庸可乎？'王忿其言，因与之斗辩，亦相射以校艺，松让不能抗。"第二年（前36）六月，"松让以国来降，以其地为多勿都，封松让为主。丽语谓复旧土为多勿，故以名焉"[1]。

朱蒙六年（前32），命令乌伊、扶芬奴攻打太白山东南荇人国，夺取了他们的土地，并建城设邑。

朱蒙十年（前28），命令扶尉狘攻打并灭亡了北沃沮，并建城设邑。

通过征伐的胜利，高句丽领土得到了扩大，军事力量得到了提高，国力也逐步强大起来。

朱蒙十九年（前19）四月，朱蒙在扶余的妻子及儿子类利一同来到卒本，一家人重新团聚，朱蒙非常高兴，遂将类利立为太子。九月，朱蒙便去世了，年龄只有四十岁。

关于朱蒙去世，文献中有如下记载：

《好太王碑》：朱蒙"不乐世位，天遣黄龙来下迎王，王于忽本东岗，履龙首升天"。后一句有人隶定为"黄龙负升天"。如把这段碑文翻译成现代话，大意应该是这样的：朱蒙对世间的王位不感兴趣了，上天因而派遣黄龙下到人间来迎接他，朱蒙在忽本东岗那个地方，踏着龙首升天了。

《三国史记》："秋九月，王升遐，时年四十岁，葬龙山，号东明圣王。"

《东明王篇》注引《旧三国史》："秋九月，王升天不下，时年四十。太子以所遗玉鞭，葬于龙山。"

根据上述史料，我们知道朱蒙的葬地名叫龙山。或许在高句丽的传说中，朱蒙是天帝之子，说他死亡是一种忌讳，于是把他的死亡说成是踏龙上天，又因这个缘故，他的葬地便被叫作了龙山。

四、高句丽王都

高句丽中、后期都城均设有两座，一座是平地城，另一座是山城，这种双城的都城制度，早在高句丽建国初期就已经出现。平地城和山城的相互结合，构成了高句丽王都的特殊格局。高句丽早期的两座王都，一座是卒本，一座是纥升骨城。

---

① 金富轼：《三国史记》（校勘本），吉林文史出版社，2003年，第175页。

卒本，是高句丽最初建国的地方，也是高句丽初期平地上的王都，它与山上王都相比，自然条件优越，适宜活动，应是王公大臣们日常起居之处，有关家国大事的商讨与决断，除却特例者外，大都发生于此。

多人推断卒本就是现今桓仁县下古城子城址。

下古城子城址位于桓仁县桓仁镇下古城子村（图4-23），距桓仁县城西北约3千米，地处浑江西岸的平原上，地势突起，高出周围地面0.5—1米，高出浑江水面约5米，东北约10千米为五女山山城，两者同在浑江右岸，上下相望，互为依托。下古城子城址现存西、南、北三面城墙，东墙因遭浑江冲刷久已不存。北墙存长240米，东段外高1米左右，内与现地面大致相平，西段渐高，西北角为现存城墙最高点，外高2米余，内高出现地面约1米。西墙长170米，北段外高1—2米，内稍高于地表，整段城墙向南渐低，至南端仅可看出土塄残迹，墙外为水壕，壕宽约10米，多段干涸，仅深处有水，已被辟作养鱼池，最初可能为筑城挖土时掘出，后被作为护城河使用。南墙存长205米，基本上已被夷平，仅在局部段落可以辨出土塄残迹。根据南墙与北墙东段走势，推测东墙长度应在200米左右。该城现存三面城墙总长618米，推测原来周长应在800米左右。城内村路主要有两条，大体呈十字相交，两条道路向四方伸展，均由城墙通过，通口当与城门有

图4-23　下古城子城址

关。据村内老人介绍，该城
原有东、南二门，但据现有
状况观察，西、北通口亦似
门道，分析该城可能设过四
门（图4-24）。

1998年，考古工作者对
城墙进行了解剖发掘。城墙
为夯土筑造，夯土有黄土、
黑灰土、黄色泥沙、黄沙
等，夯打程度轻重不一，城
墙剖面呈梯形，下宽15.2

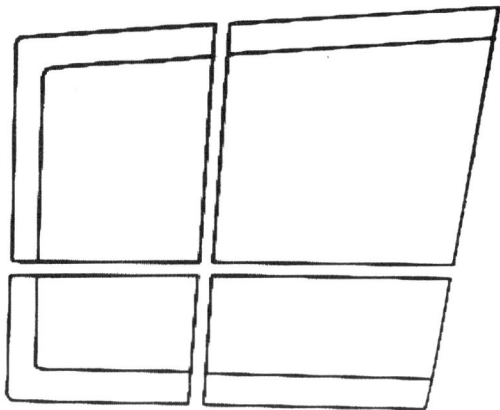

图4-24 下古城子城址平面图

米、上宽8.4米、存高1.4米。发掘和采集遗物比较复杂，时代不一，有青
铜时代遗物，也有高句丽早、中期遗物，说明这里人类活动时间较长。城
内多见方唇折沿陶罐，有的在腹部上侧对置竖桥状耳，这种陶罐为五女山
第三期文化陶器中的典型器物，时代相当于两汉之际，为高句丽建国初期
的物质遗存。这点，说明高句丽建国初期，下古城子城址与五女山山城存
在相同的文化因素①。

《三国史记》记载朱蒙六年（前32）"神雀集宫廷"，十年（前28）"鸾
集于王台"，琉璃明王二年（前18）"神雀集王廷"，宫廷、王台、王廷，都
应是建于卒本城内的宫室及其附属建筑。

建国四年后（前34），朱蒙又建筑了山上都城纥升骨城，即今桓仁县五
女山山城。

《魏书·高句丽传》记载："朱蒙遂至普述水，遇见三人，其一著麻
衣，一人著纳衣，一人著水藻衣，与朱蒙至纥升骨城，遂居焉，号曰高句
丽，因以为氏焉。"《三国史记·高句丽本纪》：朱蒙三年（前35）"春三
月，黄龙见于鹘岭。秋七月，庆云见鹘岭南，其色青赤。四年（前34）夏
四月，云雾四起，人不辨色七日。秋七月，营作城郭宫室"。这条记载虽没
有谈到城郭宫室建于何地，但被视作祥瑞的黄龙和庆云出现的鹘岭，应该

---

① 辽宁省文物考古研究所等：《五女山城》附录《桓仁县下古城子高句丽城址1998年调查与
试掘报告》，文物出版社，2004年，第304页。

101

就是都城所在的山峰。骨、鹘音同，骨城之名，或许就来自鹘岭。《好太王碑》记载朱蒙南下渡过奄利大水后，"于沸流谷忽本西，城山上而建都焉"。这座建于山上的都城，应该就是纥升骨城。

关于朱蒙建立山上王都，还有一个神话故事。

《旧三国史》记载："七月玄云起鹘岭，人不见其山，唯闻数千人声，以起土功。王曰：'天为我筑城。'七日，云雾自散，城郭宫台自然成，王拜皇天就居。"

作为高句丽初期王都的纥升骨城，就是现今的五女山山城，它位于桓仁县城东北8.5千米的五女山上，海拔高度806.32米（图4-25），山下东、南两侧原为浑江，现为水库区域，隔江旧有高丽墓子村，分布有大量高句丽时期的墓葬，现已被浑江水库淹没。五女山所在地自古便是水陆要冲，如今仍是交通枢纽，地理位置十分重要。

五女山主峰在半山腰处突兀拔起，四周峭壁如削，挺拔峻峭，高逾百米，主峰顶部地势较为平坦。山城就建在平坦的山顶和东部山坡，它规模宏大，体系完备，开创了高句丽民族构筑山城的先河。

山城平面呈不规则长方形，形状如一只单靴，南北长约1540米，东西

图4-25　俯瞰五女山

宽350—550米，面积约60万平方米。山城由山上和山下两部分组成，山上部分即为该山的主峰，位于山城的西部和西南部，海拔高度平均在800米左右，地势比较平坦，四周峭壁如削，南北长600米，东西宽110—200米，为古人主要的活动区域，城内遗迹大都分布在这里。

城墙形制可分两类，一类是天然墙，即利用山间陡峭的悬崖或突起的山脊岗梁直接作为屏障，不见人工作为。另一类是人工墙，即人工修筑的石墙。山城城墙大部分为天然墙，仅在山下东南部山势稍缓处和重要豁口处，以及西门两侧、山上东北谷筑有人工墙（图4-26）。

图4-26 五女山山城东墙

城墙全长4754米，其中天然墙长4189米，人工墙长565米。另外在山上的东北谷，还筑有一号、二号两道石墙，一号墙长23米，二号墙长18米，两道石墙相距80米，应为封堵进入山顶的防线。

山城设有三处城门，分别为南门、东门、西门。南门位于南墙第四段东端，南墙沿着山梁由西向东砌筑，接近断崖时留下空隙，形成门址。南门因地制宜，筑造简单，门道宽2.3米，马道由门内通过。东门位于东墙第二段和第三段之间，两侧城墙前后错位，形成简易瓮门，门宽4.3米，一条马道由门道通过，逶迤通向山下。西门位于山上部分主峰西侧，筑于一条山谷的上口，门道宽3米，门道两侧筑有石墙，南侧石墙较短，与石崖相接，北侧石墙北段如侧翼砌筑在石崖上（图4-27）。石墙与山崖结合，构成了内凹的瓮门。门内分别设有南北两个对置的门卫室，门道中设有两个门枢础石，分析原有门柱及两扇大门，门外以自然石板铺设5级石

图4-27 五女山山城西门

阶。门外与十八盘古道相接。

山城有两处水源,一处为山顶的蓄水池,位于山上中部临近西南峭壁的地方,是山顶地势最低洼处,俗称天池(图4-28)。平面呈长方形,状如石槽,四周多为岩壁,西壁为人工砌筑的石壁,池底为不平整的基岩,由东向西倾斜,池口长11.5米、宽3.3—5米,最深处1.5米。蓄水池东壁外侧有一个滤水井,以块石和楔形石砌筑,井水与池水隔墙潜通,平面呈长方形,长0.9米、宽0.7米、深1.2米。另一处水源位于山下东墙第九段城墙内附近,是一处天然泉水,由于常年流动,形成了圆形水池,池径约2米,深0.5米。

图4-28　五女山山城蓄水池

山顶瞭望台位于山城东南端,俗称"点将台",海拔高度806.32米,是山城的制高点,为自然形成的石台,台面较平,略向东南倾斜,台上现存一个开凿的圆形小坑,径长10厘米,深8厘米,可能是残留的柱洞痕迹。台长17米、宽15米,站在台上,居高临下,视野开阔,是山城监控浑江水陆及其两岸陆路的最佳瞭望地点。

山城发现五期文化,其中第三期文化为高句丽早期文化,主要遗迹有一号大型建筑、部分房址及灰坑,时代相当于两汉之际。一号大型建筑址,位于城内山上部分西南部,平面呈长方形,长13.8米,宽6—7.2米,南部现存

6块础石（原来应为7块，西侧第二、三块之间缺失一块），呈东西一线排列，间距大体相当，一般在1米左右，础石置于地表，石面比较平整，略见加工迹象。北侧边缘为人工开凿的土坎，土坎高出地面25厘米左右，东、西两侧未见础石，也没有土坎遗迹。地面为黄褐色土，板结，坚硬。出土遗物仅有五铢、大泉五十各一枚。这处大型建筑，等级较高，不为一般民众的居住址，可能与高句丽初期在五女山上建立王都有着密切关系。

卒本和纥升骨城，构成了高句丽初期复合式都城格局。平时，高句丽王公大臣居住在平地都城卒本，战时则转徙山上，居于纥升骨城。

五女山山城城墙构筑形态具有较多的原始性，城墙外壁砌筑1—5层大石条作为墙基的作法，内壁壁面以块石和板石砌筑的风格，在其他高句丽早期山城中很少见到。五女山山城城墙虽然相对具有一些原始性，但它毕竟采用了新的石料和砌筑手段，构筑了一种前所未见的墙体。这种墙体的出现，应是高句丽民族势力步入新阶段的反映。规模宏大、体系完备的五女山山城，文化内涵十分丰富，距今虽然已有2000多年的历史，但保存仍然较好。它是中国历史上山城建筑进入划时代阶段的标志，具有里程碑意义。它不仅奠定了高句丽山城的建筑模式，也对东北亚其他国家和地区古代山城的发展产生了重大影响。从这里开始，高句丽民族逐步扩大活动领域，历经700余年，创造了极具特色的历史文化[1]。

五、琉璃明王

琉璃明王是高句丽第二代王，他的名字叫类利，也叫孺留。

朱蒙在扶余时，曾娶礼氏为妻，逃离扶余时，礼氏恰好怀孕，不久生下一个男孩，就是类利。由于父亲不在身边，小时候的类利经常遭到歧视。一天，类利在田间玩耍，用弹弓打雀，不小心把一位妇人用来提水的瓦罐打破了。妇人大怒，骂他是没有父亲的孩子，因此才这般淘气。惭愧的类利回到家里，问他的母亲："我父何人？今在何处？"他的母亲回答说："你的父亲是一个了不起的人，由于不被国人容纳，逃向了南边，在那里建国称王。他走的时候对我说：'如果我生了男孩，就告诉他，我有一件遗物，藏在七棱石之上、松木之下。如果他能得到这件遗物，就可以证明

---

① 五女山城介绍，参考了辽宁省文物考古研究所等：《五女山城》，文物出版社，2004年。

他是我的儿子。'"于是类利就经常跑到山谷里去寻找，却找不到这件遗物。一天他拖着疲惫的身子从山谷里回来，突然听见正厅的柱础间有声音，就近一看，那块础石正好有七个棱，其上立着松木柱子，于是在柱子下面搜得一段残剑。类利拿着这段残剑，与屋智、句邹、都祖等三人，和他的母亲礼氏一起，离开了扶余国，经过一番奔波，于朱蒙十九年（前19年）四月来到了卒本。类利把残剑呈给父亲朱蒙，朱蒙拿出了自己保存的一段残剑，两段残剑相接，恰好连为一把剑。朱蒙非常高兴，把类利立为太子。九月，朱蒙去世，类利继承了王位，史称琉璃明王。

琉璃明王十一年（前9），发兵攻打鲜卑，获得大胜。起初，琉璃明王对群臣说："鲜卑依凭地理险要，经常骚扰我们，时机对他们有利，他们便出来侵扰，时机不利，他们就入城固守。"在琉璃明王和大臣扶芬奴的率领下，利用反间计，兵分两路，攻下了鲜卑城池，从此鲜卑成为了高句丽的属国。这里的鲜卑，可能是鲜卑的一个部落。

这一时期扶余为高句丽北部的劲敌，对高句丽的安全构成了较大威胁。琉璃明王十四年（前6）春正月，扶余王带素遣使前来高句丽国，请交换质子。琉璃明王本打算派太子都切作为人质前往扶余，但都切胆小，不敢前往。带素对此怀恨在心。十一月，带素率兵五万前来攻打高句丽，恰遇大雪，兵卒多冻死，于是撤兵而回。高句丽免去了一场灾难。

琉璃明王二十二年（3），把国都从纥升骨城迁到了国内（今吉林省集安市），高句丽的统治中心从浑江迁到了鸭绿江边。迁都的动因，富有戏剧性。这年三月，举行郊祭时，用于祭祀的猪跑掉了，琉璃明王命令掌牲官薛支追赶这头猪，薛支追到尉那岩把猪抓到了，放在了国内一户人家圈养。薛支回来后对琉璃明王说："臣逐豕至国内尉那岩，见其山水深险，地宜五谷，又多麋鹿鱼鳖之产。王若移都，则不唯民力之无穷，又可免兵革之患也。"八月发生了地震。九月，琉璃明王亲自到国内观察地势。第二年十月，高句丽都城迁到了国内，同时修筑尉那岩城（今集安丸都山城）。这次高句丽迁都，都城周围环境发生了变化，为高句丽日后的发展，奠定了新的基础。

琉璃明王有着较高的汉文化修养，具有因事赋诗的才华。他的《黄鸟诗》，是保存下来的东北最早的一首诗："翩翩黄鸟，雌雄相依。念我之独，谁其与归。"诗四言四句，用比兴手法，写出了作者对爱妃雉姬的怜爱及自己的孤独心境，极具《诗经》韵味。显然作者读过《诗经》，并熟练地掌握了写诗技能。

王莽新朝建立之初的始建国元年（公元9年，琉璃明王二十八年），派遣五威将王奇等人，前往少数民族地区，颁发新朝印绶，收回西汉印绶，并大赦天下。东来的将领，到了玄菟、乐浪、高句丽、扶余等地，过去称王的少数民族政权，一律改称侯，高句丽王被称作高句丽侯，高句丽王国被称作高句丽侯国。王莽的这种高压政策，引起了少数民族的极大不满。始建国四年（公元12年，琉璃明王三十一年），王莽征募高句丽兵，讨伐匈奴，高句丽兵不想出征，州郡官员强迫他们出行，高句丽兵后来都逃出了塞外，"犯法为寇"，辽西大尹田谭发兵追讨高句丽逃兵，反被高句丽人杀害。州郡官员把这个罪过算到了高句丽侯邹身上，大将严尤上奏说："貊人（此指高句丽人）犯法，不从侯邹开始，今天如果把这个罪过放到侯邹身上，恐怕他们趁机就要作乱，如此，扶余之属必有响应的人。匈奴还没有制服，扶余、高句丽族属又行反叛，这是大忧患啊。"王莽没有听取严尤的奏言，遭到高句丽等族的反叛。王莽于是下诏，命令严尤攻打高句丽。严尤诱骗高句丽侯邹进入塞内，将侯邹杀死，并将侯邹首级传入首都长安。王莽大悦，更名高句丽为下句丽，布告天下。

六、解明旧都理政

琉璃明王迁都后，他的儿子解明仍在旧都卒本理政。

琉璃明王二十年（公元1年），太子都切去世。两年后高句丽迁都到国内，迁都后的第二年（琉璃明王二十三年，公元4年）的春天，立解明为太子，对高句丽国内的罪人实施了大赦。

琉璃明王二十七年（公元8年）正月，仍在故都的解明"有力而好勇"，附近的黄龙国国王听说后，派去使者以赠送强弓为由，试探一下解明的勇力到底如何。当着使者的面，解明拉开了那把弓，没费太大的力气，便把这弓拉折了，并对使者说："不是我有力量，是你们的弓不强劲啊。"黄龙国王听说了这事儿，很是惭愧。

这事儿也传到了琉璃明王的耳朵里，琉璃明王觉得解明此事做得有点过头了，非常愤怒，于是传话给黄龙国王说："解明是个不孝之子，请你为我除掉他。"三月，黄龙国王又派使者邀请太子解明到黄龙国相见。解明准备前往，有人劝告他："现在黄龙国没有缘由请你相见，他们的用意不可料想啊。"解明回答说："上天不想杀害我，黄龙国王又能把我怎么样？"于是去了黄龙国。本来，黄龙国王最初设了计策，想利用这次机会杀掉解明，等到见了解明后，却慑于解明威力，不敢加害了。翌年，琉璃明王派人谴责解明，说："吾迁都欲安民以固邦业，汝不我随，而恃刚力结怨于邻国，为子之道其若是乎？"并赐剑令其自裁。解明接过剑来，就要自杀，有人制止他，说："大王原来的太子都切已经死了，现在你是太子，正是接续王位的人，现在使者来了你就自杀，怎么知道这里没有诈呢？"解明说："过去黄龙国赠我强弓，我怕他们轻视我国，因此把它拉断来回示他们，没想到却遭到父王的责难。父王把我视作不孝之子，赐剑让我自裁。父王之命能逃过去吗？"于是解明来到砺津东原，"以枪插地，走马触之而死"。是年，解明21岁，死后被葬于东原，并在这里为他立了庙，或因解明触枪而死，这里又被叫作了枪原。

解明折断黄龙国赠弓，本来是一件区区小事，何以惹得老父如此大怒？借刀杀人不成，又行恶令赐死，置之死地然后罢休？所作所为，着实叫人不解。解明可能利用旧都的政治条件，割据称王，老父号令如耳旁之风，因此方遭杀身之祸。"不孝"之子解明，死后居然立有庙宇，这也是一件怪事。历史上高句丽有三人享有庙祀，一是始祖朱蒙，二是朱蒙母柳花，三便是这个解明。而且，解明庙的创立时间早于始祖朱蒙庙11年。试想，一个不孝王子，死后怎能得此殊遇？解明称王，这也是一条旁证。解明之明，表面看来应是名字，然而这里最有疑问：第一，此与其祖东明之明同；第二，又与其父琉璃明王之明同。如果将它视作名字，祖孙三代焉有同名之理？如果视作谥号，祖孙三代又焉能同谥？最切实的解释，便是解明称王，遂得此称，那个明字，亦当东明之省，东明，极有可能是王的代称。

据此推测，高句丽迁都国内后，故都卒本（今桓仁地区）一度成为太子解明的辖地，具有与黄龙等国外交的独立权利。

第六节　高句丽早期居住址和墓葬

高句丽是一个生活在大山深谷中的民族，早期居住址具有山地特色，《三国志·高句丽传》记载高句丽境内"多大山深谷，无原泽"，因此人们

"随山谷以为居，食涧水"。目前本溪地区发现的高句丽早期居住址，均位于桓仁地区。居住址的环境选择，与《三国志》的记载基本一致，都在山坡上。这点，与青铜时代居住选址有着共性。高句丽早期墓葬在《三国志》中也有较为形象的记述："厚葬，金银财币尽于送死，积石为封，列种松柏。"高句丽早期流行的积石墓，最显著的特征即是以石头堆筑墓丘，墓葬外周构筑简单的坛，防止堆积上去的石头向外坍落，流行火葬。有的墓群排列有序，应该与聚族而葬有关。

一、早期居住址

王义沟遗址，位于桓仁县北甸子乡北甸子村盛家街屯西南约一千米处的一座小山坡上，1996年发现。遗址所在的小山坡当地俗称南大台子，遗址东北部为一条山沟，西面、北面为断崖，断崖下面就是浑江支流富尔江，富尔江在距离遗址约5千米处汇入浑江。自2006年开始，对遗址进行了多次发掘（图4-29）。

遗址下层为新石器时代遗存，上层为高句丽早期遗存。

图4-29　王义沟遗址发掘现场

高句丽早期，这里是一处位居山地的小村落。发现房址20余座，均为半地穴式，平面多呈长方形和圆形。现介绍几处保存较好的房址。

1号房址：为半地下式建筑，平面呈圆角长方形，南北长4.6米、东西宽2.7米。房址内东北角筑有一座长方形土台，台侧壁面抹有一层较薄的黄泥，台长2.1米、宽1.1米、高0.2米。房址内筑有折尺形火炕，内设一条烟道。折尺形火炕位于室内东北角，南侧烟道位于地面近中部，北侧烟道位于土台上，整体由低向高砌筑，即由地面上的南侧烟道转向土台上的北侧烟道，如此修筑，利于炊烟爬升。土台上的火炕烟道隔梁多以小石板立支，石板多移位，上口向外倾斜，地面上的烟道隔梁多为小块石，仅余数块。在火炕转角处及地面烟道内，存有3块稍大的石板，均塌落烟道内，可能为原烟道上的铺石，即炕面石。位于地面的火炕烟道长0.8、北侧烟道长1.5米，宽20—30厘米、高10—20厘米。灶址位于南侧烟道西端，已毁，仅在地表发现红烧土遗迹，红烧土面积大体呈不规则椭圆形，南北长约70厘米、东西宽约40厘米。在室内地面近东南角处，也有红烧土，平面呈圆形，径长55厘米，可能为临时灶址。房内出土有夹砂红褐陶单耳杯、夹砂黄褐陶甑、陶网坠、纺轮、石镞等。

3号房址：为深穴式建筑，形如土坑，平面呈圆形，壁略斜，上口径长3.7米、地面径长3.2米、深1.4米。壁面抹有一层黄泥，厚5—10厘米，大多脱落，但在东壁底部尚有较好的保留。地面平整，近东壁处的地面上，有红烧土烘烤面，应为灶址，平面近圆形，径长0.9米，红烧土面上，有较多的黑色烧土及炭粒。在室外东北角有一柱洞，平面呈椭圆形，长70厘米、宽50厘米、深55厘米。室内出土有陶甑。这类深穴房址，可能与御寒有关。

19号房址：为半地穴式建筑，平面呈梯形，西宽东窄，东西长4.2米、南北宽2.1—3.6米、最深处0.4米。房址内东壁下留有生土台，台与东壁等长，宽0.7—1米，高0.2—0.3米，低于东壁0.2米。台顶不甚平整，有凹凸现象，整体由东向西略呈斜坡状。生土台外缘南侧，有一块较大的石头，已酥裂，长0.6米、宽0.3米、高0.4米。紧挨大石南侧，摆放一块小河卵石，长45厘米、宽20厘米、厚10厘米。南壁下亦留有一条生土台，宽25厘米、高15厘米，低于南壁15厘米。西北角也留有生土台，南北长1.3米、东西宽1.25米、高0.45米，该台西北外缘基本与地面相平，有摆放的小河卵石，可能是房址在此处的外缘轮廓。在此生土台东侧，横卧一块巨石，已裂为数块，南北长1.1米、东西宽0.8、高0.3米，此石根部入于生土层中，当系自然山石，建房挖基础时当即存在，但未清除，可能具有保护台土的作用。灶址筑于这个生土台上，平面呈圆形，径长0.9米。灶内及灶口经火烧后，形成较厚的红烧土堆积。灶门南向，朝向室内，灶门未见立石，宽20厘米、高10厘米。灶口呈圆形，径长40厘米、深10厘米。灶门外有一个椭圆形浅坑，长40厘米、宽30、深10厘米。室外东侧有一条小沟，内有3个柱洞，该沟可能是埋柱子的栅沟，沟长3.1米、宽0.4—0.5米、深0.3米，沟底不平整。共发现柱洞10个，其中8个分布在室外，2个分布在室内，柱洞平面为圆形或椭圆形，斜壁，有的深达70厘米，有的洞底铺垫小石板。房址西侧外面，分布2个石柱础，一南一北排列，相距1米。两柱础间，为门道所在。这座房址面积较大，柱洞的发现，为复原该房址的面貌提供了基础资料。

王义沟遗址发现灰坑10余个，以平面形状来看，大致分为两种：一种平面呈圆形，这种灰坑大多数较浅，口径在1米以下，出土遗物较少；另一种平面近似椭圆形，长径一般都在1.5米以上，最深处都在50厘米以上，出土遗物较多，有的坑内具有生土二层台，因而怀疑原为储藏物品的窖穴，废弃后作了灰坑使用。

王义沟遗址出土的陶器，多为夹砂陶，陶色主要为黄褐色、红褐色、灰褐色三种，并发现数量较少的泥质灰陶及泥质绳纹陶，绳纹大致又可分为粗、细两种。出土遗物有罐、甑、碗、豆、钵、杯、纺轮和网坠等。出土的石器以磨制石器为主，从器形大小上可划分两类，大型石器有石斧、石锛、石锄、石刀、石锤、石磨棒、石磨盘、器盖等，小型石器有石凿、石镞、石网坠等。铁器出土数量较多，有镰、

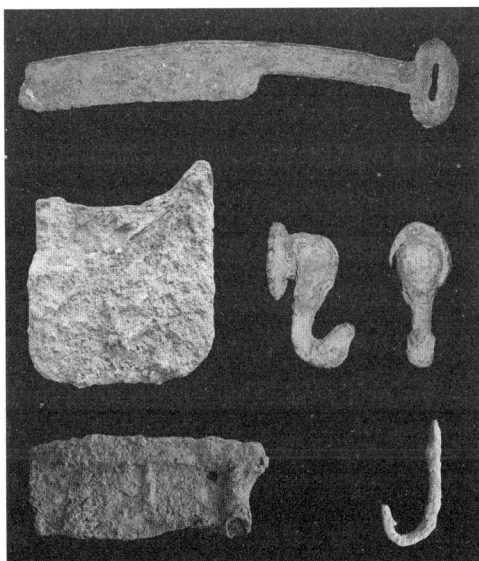

图4-30 王义沟遗址出土的铁器

钁、鱼钩、镞等（图4-30）。

王义沟遗址出土的遗物从来源上看，分属于不同的考古学文化，既有属于当地土生土长的土著文化，又有从外面传入的泥质灰陶及铁器为代表的汉文化，从中可以看见汉文化对高句丽文化的影响及两种文化的相互融合状态。

小荒沟遗址（图4-31），位于桓仁县古城镇小荒沟村西南一处山坳里，坐北朝南，避风向阳，东、西、北三面皆是隆起的山峰或山脊，将遗址环抱其中。东500米为浑江支流富尔江，江水由北流来，折东后南下。遗址所在的山坡下有泉眼。分布面积约3000平方米，2018年进行了考古发掘，取得了较大收获。

图4-31 小荒沟遗址

发现房址4座，编号为F1-F4，均为半地穴式，平面近圆角长方形，保存的现状不是太好。F1长4.05米、宽0.4米、深0.3—0.8米。红烧土灶位于房址中间部，平面呈椭圆形，长0.8米、宽0.55米，灶周围散落有少量白色火山岩石。房址外围没发现柱洞。房址内出土有陶壶、陶罐、陶钵、网坠等遗物。F2房壁较直，底部北高南低，长2.7米、宽2.2米、深0.2米。房址东北部发现红烧土灶，平面呈椭圆形。F3长2.1米、宽1.8米、深0.3米。中间偏南部发现近椭圆形红烧土灶，长 0.8 米、宽 0.7 米。房址直壁向下，底部北高南低。房址内出土陶壶、陶罐、陶钵、网坠、石镞等遗物。F4 长 2.5 米、宽 2.2 米、深 0.6 米。房址东壁内收向下，其余三壁较直向下。底部南高北低。北部发现红烧土灶，平面呈椭圆形，长 0.6 厘米、宽 0.4 米。房址内出土有陶壶、陶罐、网坠、石刀、石凿、石球、石料等遗物。发现的护坡墙位于遗址中部，残长近 30 米，依山地走势而修建。发现的圆形石台建筑，位于遗址近中部处，半径近 9 米，以石块围砌。

出土器物可分为陶器、石器和铁器三大类。陶器，从陶质上来看，夹砂陶占绝大多数，可分为夹粗砂、夹细砂两种，泥质陶数量很少，仅零星发现了一些素面或绳纹灰陶片，陶色主要为黄褐色、红褐色、灰褐色三种，以素面为主，也发现了少量戳点与划纹陶片，器形可辨的有壶、罐、钵、杯、纺轮和网坠等。石器以磨制石器为主，打制为辅，主要有石斧、石锛、石刀、石锤、石磨棒、器盖、石剑、石凿、石镞、石网坠等。铁器多为铁镢，大多残损。

此外，过去曾经在遗址中采集有骨锥，龟甲片等遗物。

小荒沟遗址文化面貌与近年发掘的王义沟遗址基本一致，两者均位于富尔江沿岸，应为同一文化，均属高句丽建国前后的遗存。

桓仁地区是高句丽的发祥地，地上地下保留有较多高句丽遗迹，目前发现的多为墓葬和山城，高句丽平民生活和居住的遗址发现数量甚微，发现的高句丽早期遗址更少，因此，小荒沟遗址的发现十分重要。小荒沟遗址面积较大，堆积较厚，从采集和发掘出来的遗物观察，既有高句丽建国前后的物质遗存，如陶叠唇罐、陶豆等，也有早于高句丽早期文化的遗存，如夹砂红褐陶器等，沿用时间较长，文化内涵丰富，对于追溯高句丽前文化，意义重大。小荒沟遗址出土的铁镢等铁器，说明高句丽建国前后接受了汉文化影响，也说明汉文化进入桓仁山区，促进了当地高句丽民族生产力的发展，对于高句丽建国起到了积极作用。

二、早期墓葬

小北旺墓地，位于桓仁县雅河乡南边石哈达村，共有 8 座墓葬，分别位于山头或山岗上，均为积石墓。1 号墓位于墓地最西部，居于一座独立的小山头上，2 号墓和 3 号墓位于墓地中部，居于一条东西向的较平坦的山梁上，两座墓葬相连，其他墓葬位于一条南北向的山岗上，山岗由北向南渐次低矮下来（图4-32）。

图4-32　小北旺墓地所在的山岗

介绍墓地几座重要的墓葬。

1号墓是墓地中地理位置最高的一座，墓葬独居山头，坐北朝南，为积石岩穴墓。山头原为裸露的砬子，砬子北高南低，墓葬凿岩为穴，就开凿在砬子上，砬子石质比较疏松，因此穴壁开凿得不规整，凹凸不平。墓底随就砬子地势，也呈北高南低的形态。墓穴平面呈不规则长方形，南北长2.5米、宽1.5米、深0.5米。

墓穴内及墓顶，积石为封。在岩穴四壁顶上，摆置较大的河卵石及山石，增加了墓圹高度，由墓底至积石顶高0.7厘米。墓葬积石平面呈椭圆形，长6.7、宽6.4米。积石顺着山坡和砬子堆筑，多为山石，石色泛青，少量为较大的河卵石。大型河卵石多铺筑在积石堆的外侧，目的是防止其内积石的滑落。墓圹内填充的石头较小，有的碎裂，有的表面略呈红色；墓底石面局部发黑、发红；接近墓底的泥土，颜色发黑，含零星炭粒；墓内出土的人骨残片经过火烧。诸多迹象表明，该墓应为原地火葬。

出土器物有陶罐、陶壶、砺石、玉珠、半环状铁环等。

2号墓位于东西走向的一条山岗上，山岗上比较平坦，南部略低。墓葬为积石墓，积石主要为山石，也有河卵石，但数量很少。墓葬积石平面呈东西长的圆角长方形，长6.8米、宽5.7米、高0.3米。

墓底平铺一块完整的大石板，石板上部平坦，平面呈长方形，长3.6米、宽2.05米、厚0.3米，石板下面中部有约10厘米的空隙，空隙处补垫两块石头，一为石块，一为河卵石。圹室位于积石中部，四壁破坏较重，西侧南部与东侧南北两端保存稍好，可以见出有石块叠筑现象。圹室四壁高40—60厘米。墓外积石有酥裂现象，出土的部分陶器有的烧灼变形，石斧被烧裂，出土的人骨残片具有明显的烧灼痕迹，据此分析该墓为火葬墓。

出土有石斧、陶罐、陶壶、青铜短剑锋部等，出土石镞数量较多，约40件，分三类，一为三棱式，二为凹尾式，三为双翼式。

　　5号墓位于一条南北走向山岗的下部，为墓底铺筑石板的积石墓，墓葬早年被盗。积石随着山势堆积，北部为坡上，积石堆积较矮，南部为坡下，积石分层堆积，渐次增高（图4-33）。较大的石头多分布在积石外侧，目的是为了阻止墓上积石滑落。积石平面呈南北长的椭圆形，长10米、宽8.6米、高0.6—1米。观察北侧积石边缘为一条直线，据此分析，积石最初的形态可能为长方形，后被扰乱，形成今日的形状。积石多为山石，也有少量的河

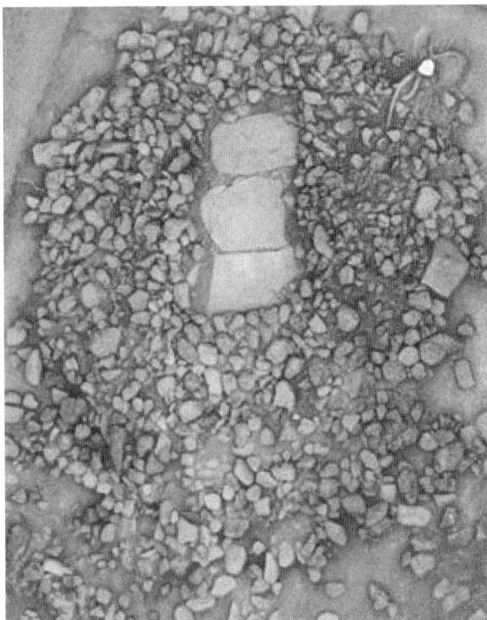

图4-33　小北旺5号墓

卵石。墓底平铺3块大石板，铺底石缝隙间，填充小鹅卵石，墓底长305厘米、宽144—180厘米。墓圹壁面不规整，参差不齐，北、东、西侧存高55厘米，南侧破坏较重，几与铺底石相平。墓葬发现少量人骨残片，有烧灼迹象。分析这也是一座火葬墓。出土遗物有铁镞、石珠和少量陶片等。

　　小北旺墓地虽然均为积石墓，但构筑方式及墓葬形制不完全相同，根据墓葬的墓底及圹室等内部结构判断，这里存在四种积石墓，第一种为墓底以大石铺筑的积石墓，第二种为凿岩为穴的积石墓，第三种为石棺石盖积石墓，第四种为河沙铺底积石墓。墓葬形制的细部区别，可能表明这些墓葬在时序发展上有接续的轨迹可寻，但也不排除墓葬主人生前的地位不同，导致了墓葬形制及规格的变化。

桓仁地区高句丽时期墓葬分布较为广泛，从20世纪50年代开始，便在这里陆陆续续地开展了考古发掘工作，目前发现的最早的高句丽墓葬，为21世纪初期发掘的望江楼墓地。这处墓地时代被推定为两汉之际，相当于高句丽建国前后。小北旺墓地与望江楼墓地距离较近，两者在文化面貌上有相似之处，因此在时间上也不会相去太远。

2号墓出土遗物较为丰富，陶器复原多件，有高圈足罐、斜领壶、叠唇罐等，重要的是墓葬出土了弦纹壶残件。另外出土有石斧、石镞、青铜短剑残段等遗物。弦纹壶多出土于辽东地区石棺墓，积石墓中极少见到，流行时间一般被推定为西周晚期至春秋早期，其实，这种陶壶延续时间很长，传布地域很广，据有关学者研究，战国时期弦纹壶依然存在。考虑2号墓出土有弦纹壶及青铜短剑残段等遗物，有鉴于此，其时代很可能延入战国晚期或汉初。小北旺积石墓中的2号、5号墓与大连地区楼上、卧龙泉积石墓近似点较多，双方应该存在源流关系。桓仁地区是高句丽建国之地，五女山城及下古城子城址为高句丽建国初期的王都。小北旺墓地的发掘，对探寻高句丽前文化及早期文化形态，探寻高句丽民族的起源，无疑具有重要价值。

冯家堡子墓地[①]，位于桓仁县华来镇冯家堡子村，主要坐落在村外果松川河（又称南河）和西河岸边的二级阶地及附近山坡上，共有墓葬近40座，分布较为分散，墓葬形制主要为石盖积石墓、积石墓、方坛积石墓等，时代不一，为研究高句丽起源及墓葬形制的演变，具有重要价值。

这里介绍几座早期墓葬。

3号墓：位于Ⅱ区东侧田地中的一道土塄上，为石盖积石墓，积石堆平面近椭圆形，由碎石块和河卵石构成，东西长3.2米、南北宽2.8米、高0.3米。圹室位于积石堆中部，平面呈长方形，长1.8米、宽0.8米、高0.25米，四周墓壁以块石砌筑，多被破坏，北壁保存稍好，圹室内填充河卵石，其上覆盖一块大石板，平面略呈长方形，长1.8米、宽1.5米、厚0.25米，石板略有倾斜，西高东低。墓底基本与地面相平，平铺两块大石板，一大一小，大者长1.3米、宽0.9米、厚0.1米，小者长0.7米、宽0.5米、厚

---

① 辽宁省文物考古研究所等：《辽宁桓仁县冯家堡子积石墓群的发掘》，《考古》2016年第9期。

0.1米，两者相接，表面平整。未见遗物。

4号墓：位于3号墓南侧，两者相距约1米，为积石墓。积石堆平面近方形，由碎石块和河卵石构成，长4.3米、宽4.1米、高0.3米。墓室位于积石堆中部，平面呈长方形，长2米、宽0.9米、高0.1—0.3米，四壁以薄石板与扁薄的河卵石砌筑（图4-34），具体构筑细节为：北壁西段平铺一层石板，中部立支一块扁薄河卵石，因受火，已酥裂，东段则平铺或立支稍大些的河卵石及薄石板；南壁以薄石板平砌1—2层，砌筑较规整；东壁下部借用河沙为壁，沙上平铺一层小石板及扁薄河卵石片；西壁已被破坏。墓底分两层，下层铺筑一层薄石板，缝隙中填充稍大的河卵石，不甚平整，上层是在薄石板上面，又平铺一层厚约5厘米的小河卵石，人骨及遗物均出于河卵石面上。火葬，墓室内填充的许多薄石板被烧成红色，有的已酥裂。其内火烧遗骨较多，西部多为头骨残片，北壁中部附近发现有肱骨残段，东部见有股骨残段，分析火葬前死者应为头西脚东。在墓室东部出土陶壶2件、陶豆2件，西部出土由管状石珠穿缀而成项饰1件。

图4-34　冯家堡子墓地4号墓

5号墓：位于4号墓东约200米，坐落在田地中，为大石盖积石墓，积石堆已遭破坏，现存部分平面呈长方形，长4.2米、宽3.6米、高0.5米。积石堆上覆压一块非常厚重的大石，该石东侧断裂，平面呈不规则长方形，长2.5米、宽1.8米、厚0.7米（图4-35）。墓室位于大石盖下的河卵石堆积中，平面呈长方形，长1.9米、宽1.1米。高0.3米米，四壁以河卵石构筑，参差不齐。火葬，墓内封石经火烧灼，多酥裂。墓内为二人葬，分两次埋葬，上层墓底距墓口0.2—0.4米，底铺河卵石及少量碎石块，凹凸不平，在

图4-35　冯家堡子墓地5号墓

中部发现有脊椎骨，西部见有头骨残片，火烧程度不高，出土陶壶1件，陶罐2件。下层墓底距墓口0.3—0.4米，铺筑一层河卵石，稍平，发现的人骨烧灼较重，且不集中，出土石剑1件。

冯家堡子墓葬类型比较复杂，多种类型并存，多为积石石圹墓，积石堆上多封盖厚重的大石盖，是该墓地积石墓的一大特征，根据墓葬形式及出土遗物分析，冯家堡子墓地早期墓葬的年代相当于西汉时期，应为高句丽建国前后的遗存。出土陶器与高句丽早期陶器有着许多相似点，说明大石盖墓是高句丽早期的墓葬形式。积石石盖墓为桓仁地区新见的墓葬形制，墓室顶部的大石板，依然保留着早期大石盖墓葬中的大石盖形态，这种墓葬似乎为石盖墓与积石墓结合的产物。4号积石墓形制虽然较小，出土遗物却较多，对于研究高句丽早期文化，意义重大。

望江楼墓地，位于桓仁县雅河乡南边石哈达村北的一条山岗上，山岗大体呈东西走向，由西向东渐低，岗南为缓平的坡地，岗北为陡峭的山崖，浑江在崖下由西向东流过（图4-36），过浑江即为桓仁县城。墓地共由6座积石墓构成，大体沿着山岗走向呈纵向排列。墓葬均由鹅卵石和碎山石堆积筑成，平面均呈不规则椭圆形，外观如似隆

图4-36　望江楼墓地所在的山冈

图4-37　俯瞰望江楼墓地

起的石包。墓葬外周，多以较大的河卵石围筑列墙，形成初步的基坛。6座墓葬中有4座墓葬借助山岗突起的端头修筑，另外两座墓葬修筑在山岗的缓坡上。由于墓葬所在的地势有着起伏的落差，因此筑墓时地势高处积石较低，地势低处积石则较高（图4-37）。1号墓、4号墓、6号墓三座墓葬形制较大，其中1号墓位于岗上最高处，全部以鹅卵石修筑，积石堆长11.8米、宽11.5米、存高0.5米，4号墓位于墓群中部，也以鹅卵石修筑，积石堆长15米、宽13米、存高1.6米，6号墓位于墓群最下端，主要以鹅卵石修筑，墓顶及墓东部散见山石，积石堆长13.5米、宽13米、存高1.5米（图4-38）。2号墓和3号墓规模较小，2号墓多以碎

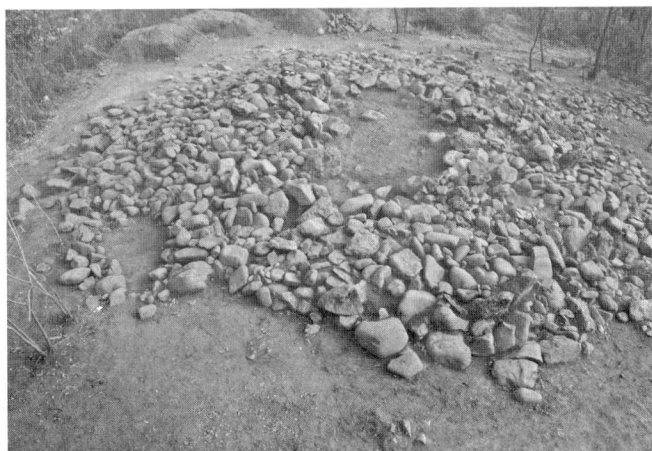

图4-38　望江楼墓地6号墓

山石堆积筑成，偶见鹅卵石，积石堆长3.6米、宽3.4米、存高0.4米。3号墓则以鹅卵石堆筑，积石堆长7米、宽6.5米、存高0.5米。墓葬外围堆积的鹅卵石规模较大，其上堆积的鹅卵石则较小。4号墓、6号墓北部积石还可看出由下向上层层堆积的现象。值得注意的是，1号墓西北部、6号墓西南部积石外缘，分别保留着一段向内斜立的扁平状的大型鹅卵石和山石，这些斜立的石头之间几乎没有明显的空隙，一块紧挨一块，形成一排石墙。显然，这些石头主要起倚护作用，防止墓上的积石下滑或倒塌。为了固定倚护石，在倚护石的外侧基部，局部又砌筑一道鹅卵石进行顶压，这点，6号墓表现得比较明显。另外，在3号墓、4号墓北部积石外侧，分别发现一个用鹅卵石围砌的不规则石圈，石圈内径一般长0.3米左右，圈内出土陶片较多，初步分析，这个石圈可能与墓祭有关。

每座墓葬的墓室，大体都位于墓葬的中部，形制近似长方形，根据构筑特点的不同，可分两类，一类筑于地下，一类筑于地上。筑于地下的有1号墓、4号墓两座，所谓筑于地下，并非整个墓室全部在地下构筑，而是仅将墓室所在范围内的山皮或山岩向下挖掘或开凿出较浅的长方形墓圹，为了取平墓底，坡上挖凿稍深，坡下则较浅。4号墓墓室底部所在处为山岩，北高南低，因此在山岩上开凿出的墓圹北深南浅，该墓墓室平面略近圆角长方形，长3.5米、宽2.9米、最深处0.3米、最浅处仅有0.1米。由于墓葬被毁严重，挖凿的墓圹四周上缘，尤其是较浅的南部上缘是否接砌了鹅卵石墓壁，已不清楚。墓底平铺一层小鹅卵石，在小鹅卵石的上面和缝隙中，发现残碎的人骨和一些珠饰。在墓室内的东北角和西北角，还保留着拳头大小的鹅卵石堆积，厚约0.3米，其上则为鹅卵石积石堆。推测死者葬后，曾以拳头大小的鹅卵石填充墓室，然后又以稍大些的鹅卵石将整个墓室包封。1号墓墓室底部系挖掘山皮土形成，平面近长方形，长2.5米、宽1.7米、深0.15米许，墓底平铺一层小鹅卵石和砸碎的鹅卵石块，墓圹四周上部是否接砌鹅卵石墓壁，亦不清楚。墓室筑于地上的墓葬有2号墓、3号墓、6号墓，这类墓葬的墓室构筑方法是，先在山岗上筑出积石封堆，同时留出墓室空地，墓室四周摆砌的鹅卵石和山石较大，形成不太规则的墓壁，然后在墓室内平铺含有小鹅卵石的沙石作为墓底，由于沙石直接铺在漫坡的山皮上，因此坡上铺筑的沙石较薄，坡下铺筑的沙石则较厚。6号墓墓室平面亦近长方形，长4米、宽2米、深0.3米，墓底铺筑的沙石厚

10—27厘米不等。在墓底的沙石上面，也发现了一些填充的拳头大小的鹅卵石，由于被破坏，这类鹅卵石的堆积情况已经不详。墓葬中发现的人骨均为火烧后的碎骨，墓底铺石亦有火烧迹象，墓内还发现了零星炭粒，出土的随葬品有的经火烧灼而炸裂或变形，据此可知，墓葬采用了火葬。

　　墓葬清理出的陶器可分夹粗砂灰褐陶和黑褐陶、夹细砂红褐陶、泥质灰陶数种，从陶器口沿和底部观察，器形有壶、罐、三足器等。这些陶器残片，大都发现于墓葬积石缝隙中、西北部积石封堆外部的原地表上及石圈内，仅有M1的部分陶片出土于墓室内，未见完整陶器。这种现象似乎表明，随葬陶器多置于墓外，而且存在毁器习俗。随葬品中的大宗为项饰上的珠饰（图4-39），出土珠饰的墓葬有1号墓、3号墓、4号墓、6号墓，其中4号墓、6号墓出土数量较多，珠饰质料有玛瑙、水晶、管

图4-39　望江楼墓地出土的璎珞

玉、玻璃、绿松石等，形制有六棱柱状、算珠状、圆球状、枣核状、菱形、三角形等多种，有的珠饰具有平行线纹的人工蚀花，制作十分精美。此外，清理出的随葬品还有石斧、石研磨器、石网坠、铜铃、铜环、铜镯、铜指环、铜泡饰、铁马衔、铁钩、铁镞、铁削、银指环、玻璃手镯、玻璃耳瑱等。

　　桓仁为高句丽民族早期活动的主要区域，这里留有许多高句丽早期遗迹。20世纪50年代，考古工作者曾对桓仁水库淹没区内的高句丽墓葬进行了发掘，90年代初期，又对水库边缘存留的高句丽早期墓葬进行了发掘，但尚未发现与望江楼相似的墓葬。望江楼墓地中的墓葬，虽然每座都是孤立的一座，但根据它们的排列序列观察，似呈串状分布，即由高向低逐步发展，在时间上似应存在早晚关系，这处墓地，极有可能是某个家族的墓地。

　　望江楼墓葬出土的珠饰，在汉代前后的东北地区边疆民族遗存中曾有过普遍的发现，如辽阳三道壕汉代村落遗址、辽宁西丰西岔沟墓地、吉林

榆树老河深二期文化墓葬、黑龙江平洋墓葬等，玻璃耳瑱曾见于辽阳三道壕汉代村落遗址、老河深二期文化墓葬，铜铃与西岔沟墓地出土的铜铃如出一辙。上述比较资料的年代，一般被推定为西汉中晚期至东汉初期，因此，望江楼墓地的年代应与之相当。这一时期，正是高句丽在桓仁建国前后阶段，因此，望江楼墓葬应为高句丽建国前后的遗存，墓主人应是高句丽建国初期的贵族。

望江楼墓葬出土的夹粗砂灰褐或黑褐色陶器残片，与本地早期铁器时代遗址中的陶器质地大体一致，说明望江楼墓葬的陶器在质地上与土著文化一脉相承，而出土的泥质灰陶则明显为中原文化因素，说明望江楼墓葬受到了中原文化的影响。此外，墓地中发现的玻璃珠饰、耳瑱，亦应是中原的舶来品。望江楼墓葬出土遗物表现出的复杂的文化因素，反映了高句丽文化起源的多元性，由此分析，高句丽建国应是多种文化融汇碰撞的结果。

第五章
魏晋南北朝时期的本溪

汉魏之际，辽东地区先由公孙氏政权割据50余年，再经历曹魏和西晋的短暂统一，原住在长城之外的鲜卑人南下，进入辽西、辽东地区。晋廷南迁之后，本溪地区太子河上游，一度由前燕政权控制。公元5世纪初，高句丽政权完全占领了辽河以东地区，本溪成为高句丽腹地。魏晋南北朝时期，政权频繁更迭，民族经常迁徙，社会局势动荡，百姓难得安定。在多个民族迁徙、杂居过程中，逐渐走向融合之路，不同特色的文化取长补短，形成了新的文化面貌。

第一节　公孙政权的割据

东汉末年的黄巾大起义，瓦解了中央王朝的统治。在镇压黄巾起义的过程中，地方豪强组织军队，形成了大大小小的军阀，割据一方，争夺土地。公孙氏利用这种形势，占领了包括今本溪在内的辽东地区，建立政权，这个政权起初名义上仍是东汉王朝的地方政权，待到曹魏政权建立时，又成为曹魏政权名义上的地方官。公孙氏统治辽东，经三代四主，前后计50年。

一、公孙氏割据辽东

公孙氏政权的创立者公孙度，是一位很有作为的人物，其生平也颇具戏剧色彩，在他统治辽东的16年时间里，东北地区的经济文化得到了有效发展。公孙度，字升济，辽东郡襄平（今辽阳市）人，祖先本是中原的汉族人氏，战国晚期燕国占领辽东之后，率领族人迁来辽东，从此世居于此。公孙度的父亲公孙延因事逃避官吏的追捕，举家迁居玄菟郡，被当时的玄菟太守公孙琙任命为郡吏。公孙琙赏识公孙度，资助他拜师学习，并为他娶妻。东汉末年，朝廷诏令各郡国推举能人贤士，公孙度以对策得中，得职尚书郎，后来又升任冀州刺史，却因故被罢免了。中平六年（189），汉灵帝驾崩，大将军何进与宦官张让争仪，引发朝廷动乱。董卓带兵进京都，诛何进，废少帝，立献帝，擅国政。为了笼络人心，董卓访求天下名士，授以各级官职。公孙度因同乡徐荣推荐，出任辽东太守。

辽东襄平为当时东北重镇，也是辽东郡治所在地，从中原迁居东北的豪强贵族多聚集在襄平。公孙度以郡吏起家，本非贵族，出身微末，因而辽东诸豪对他颇为轻视。公孙度到任，以霹雳手段镇压和打击辽东豪强大族，将襄平令、辽东属国公孙昭当众拷打致死，又诛杀田韶等百余名贵族，经此一番血腥整顿，郡中震粟，满境肃然。另一方面，公孙度礼贤下士，广罗人才，安抚流民，礼遇从中原迁居东北的士大夫。北海管宁、邴原，平原王烈，乐安国渊，还有东莱太史慈等当时名士，都先后越海投奔公孙度，受到优礼和重用。在军事和外交方面，公孙度又"东伐高句丽，西击乌丸，威行海外"[①]。

公孙度任辽东太守的第二年，即汉献帝初平元年（190），他对亲信郡吏柳毅、阳仪等人说：记载预言的"谶书"上说，"孙登当为天子"，如今太守姓公孙，字升济，升就是登，言下之意，自己名为公孙度，就是预言中的孙登。公孙度又对下属们说：汉朝的气数已尽，当与你们共同图谋称王。柳毅等人领会了公孙度割据辽东称王称雄的意图，纷纷附和迎合。公孙度先从辽东郡中分设出中辽郡，设置太守。然后，利用东汉末年中原军阀混战、朝廷无力顾及东北之机，在辽东地区不断扩张自己的势力，并出兵越海收东莱诸县，设置营州刺史。不久，又控制了玄菟、乐浪两郡。公孙度自称辽东侯、平州牧，追封其父公孙延为建义侯。公孙度已经成为东北地区实际上的霸主，但仍立汉二祖之庙，表示对汉朝的尊崇和服从。

曹操当政时期，专注于角逐中原，为了笼络公孙度，安稳东北地区局势，曹操上表皇帝，拜公孙度为武威将军，封永宁乡侯。公孙度明白曹操用意，所以对曹操的示好不以为然，公开宣称"我王辽东，何永宁也"，将

---

① 陈寿：《三国志》卷8《公孙度传》，中华书局，1959年，第252页。

朝廷颁发的印绶扔到武库中不予理会。公孙度虽然对曹操"挟天子以令诸侯"的做法持不满态度，但又不敢与曹操公然对抗。汉献帝建安九年（204），公孙度去世，庶子公孙康嗣位。曹操为了稳定北方，对公孙康依然采取笼络安抚政策。建安十二年（207），曹操东征三郡乌桓，袁尚、袁熙与三郡乌桓首领兵败，逃至辽东，投奔公孙康，公孙康在审时度势之后，将袁氏兄弟斩首，把首级献给曹操，以示臣服。曹操表奏公孙康为襄平侯、左将军。但公孙康和公孙度一样，并不是真正臣服。

公孙康死，诸子年幼，位传其弟公孙恭。曹丕篡汉，建立魏朝，遣使拜公孙恭为车骑将军，封平郭侯、辽东太守，并追赠公孙康为大司马。公孙恭性格懦弱，优柔无断，魏明帝太和二年（228），公孙康之子公孙渊胁迫公孙恭让位于己，曹魏政权默认了这一既成事实，并拜公孙渊为扬烈将军、辽东太守。公孙渊嗣位，主动遣使江东，与东吴往来联系，从此卷入了魏、吴争战之中。最终公孙渊被司马懿所灭。

公孙氏割据辽东时期，本溪县及本溪市区，在其割据政权管辖内，桓仁则为高句丽统治区域。

二、司马懿平定辽东

公孙渊迫于形势，虽暂时表示归附魏国，但公孙氏与曹魏之间的矛盾并未得到根本解决，时刻防备遭到魏国的暗算。魏国派遣使节傅容、聂夔到辽东册封公孙渊为乐浪郡公、大司马之时，公孙渊部下汇报说，魏国使者当中有个叫左骏伯的大力勇士，不是寻常人，可能是刺客，须严加提防。于是，公孙渊安置魏国使团居住在襄平学馆中，先派步兵和骑兵把魏国使团包围起来，然后在严密保护之下，进入学馆中，接见魏国使者，接受魏国的官职。又多次对宾客口出不服从魏国的话，攻讦魏国朝廷。曹魏政权认为，公孙氏政权是北方地区的一大隐患，且将东方的少数民族与中原政权的联系隔断，对中原政权的利益造成了威胁乃至伤害，所以一直寻找适当的时机将其征服。

曹魏征讨公孙氏政权，第一次是在太和六年（232），因公孙渊与东吴联系交通，魏明帝命令汝南太守田豫督率青州的军队出海路、幽州刺史王雄统军自陆路讨伐辽东。陆军在辽西与公孙氏的军队稍一接触即败回，水军则在撤回途中设伏并成功地袭击了东吴的船队。景初元年（237），曹魏再次决定出兵讨伐公孙渊,以名将毌丘俭为元帅。毌丘俭原任荆州刺史。为了讨伐公孙渊,曹魏特将毌丘俭从湖北调到北方,任命其为幽州刺史,加度辽将军、拜乌桓校尉,督率幽州诸路军队,以讨辽东。毌丘俭调动各路兵马,包括鲜卑、乌桓的军队,屯兵于辽东南界。公孙渊得知毌丘俭奉旨征讨的信息,也开始调集军队,"逆俭于辽隧"①。时值农历七月,连降大雨十余日,辽水暴涨,魏军失利,毌丘俭率军撤回右北平,曹魏第二次征讨公孙氏又失败了。公孙渊获得胜利后,自立为燕王,建元绍汉,置百官公卿,并遣使册封鲜卑各部首领,劝诱他们侵扰曹魏北方。

景初二年(238),曹魏为了彻底解决辽东问题,决定三征公孙氏政权。此时,蜀汉丞相诸葛亮已死,曹魏西线的军事威胁暂时得以缓解,驻扎长安负责西线防务的司马懿,被魏明帝召回,任命为征伐辽东的统帅,并发兵四万。在朝臣们讨论出兵问题时,有人认为动用四万人马数量过多,"役费难供"。魏明帝坚持说:"四千里争战,虽云用奇,亦当用力,不得稍计役费也。"又问司马懿需要多少时间能消灭公孙氏政权,司马懿回答:"往百日,攻百日,还百日,以六十日为休息,如此,一年足矣。"②公孙渊得知司马懿率兵征辽东,遣使求救于吴。吴主孙权本来要斩杀公孙氏使臣,后来听从大臣建议,假装允诺公孙渊的请求,实际准备借机到辽东掳掠财物和人口。

公孙渊派大将杨祚、卑衍率领步骑精兵驻扎于辽隧,在辽河下游"围堑二十余里",构筑了坚固的防线,企图阻击魏军渡河。出兵之前,魏明帝曾问司马懿,公孙渊可能会采取什么策略对抗魏军。司马懿答道:"渊弃城欲走,上计也;据辽东拒大军,其次也;坐守襄平,此成禽耳。"③此时,公孙氏采取的就是"据辽东拒大军"的策略。魏军诸将纷纷请命攻打,司马懿说:公孙氏牢筑防御工事,就是想要拖延时间,磨掉魏军的锐气,从而"老吾兵也",若是此时攻打,一战之下,难以奏功,兵疲马乏,士气受挫,正是中计。司马懿探明公孙氏精锐部队都集中在辽隧防线,料定襄平空虚,于是虚张声势,命部分军队明里攻打公孙军队南路,暗中却将魏军

---

① 司马光:《资治通鉴》卷73 "魏明帝景初元年",上海古籍出版社,1997年,第642页。
② 司马光:《资治通鉴》卷74 "魏明帝景初二年",上海古籍出版社,1997年,第646页。
③ 司马光:《资治通鉴》卷74 "魏明帝景初二年",上海古籍出版社,1997年,第646页。

主力运动到辽隧之北，偷渡辽河，直捣襄平。杨祚、卑衍等得知魏军主力动向，恐襄平被围，无奈之下，率领军队连夜回援襄平，行进至首山（今辽阳市南首山），与魏军交战，杨祚等溃败。司马懿遂率大军进围襄平。

时值七月雨季，辽水大涨，魏军的运输船从辽河河口（时称历林口）溯河而上，通过太子河将粮草、物资直接送到辽阳城下，满足军队供应。但由于天气的原因，魏军仅能围困襄平城，无法进攻，大水平地而涨数尺，三军将士皆生恐惧，很多人想把军营移到水小的地方。司马懿下令，军中敢言移营者斩。都督令史张静触犯此令，司马懿立即将其处死，魏军于是安定下来，继续围城。魏国朝廷闻知前线状况，许多大臣都主张罢兵班师。魏明帝对司马懿高度信任，认为司马懿能够"临危制变"，生擒公孙渊指日可待。在魏明帝的坚持下，司马懿率军继续围城，并在雨停之后，堆造土山，挖掘地道，驱使楼车，昼夜攻城，不休不止。城中粮食吃尽，死者相枕，甚至发生了人吃人的惨剧。杨祚率先出降。此时，襄平城的陷落只在早晚之间。

公孙渊无计可施，只好先后两次派遣使者出城求见司马懿，请求送亲属到魏国当人质，以换取魏军解围退兵。司马懿让使者回报公孙渊："军事大要有五，能战当战，不能战当守，不能守当走，余二事但有降与死耳。"[1]这就是明确告诉公孙渊，若是不肯投降，只有死路一条，不须送人质来了。八月壬午日，魏军终于攻陷襄平，公孙渊与其子公孙修率数百骑兵突围而出，向东南方向逃窜，被魏兵追斩于梁水（今太子河）之上，首级被送回京师。司马懿占领襄平后，实行了野蛮的屠杀政策，十五岁以上的男子共七千余人，尽皆杀死，并做成了"京观"，即将尸体集中堆起来，盖土夯实，形成金字塔形的土堆，以此夸耀武功。又杀死公孙政权的"公卿以下"诸多官员，"戮其将军毕盛等二千余人"。一时血流成河，惨莫大焉，公孙氏政权至此灭亡[2]。

公孙氏割据辽东50年，其最主要的政绩就是守边、保境、安民。由于中原地区长期处于军阀混战状态，辽东地区相对安定，所以在公孙氏统治辽东期间，大批中原人口越海逃奔辽东，外来人口中，从贫苦的农民到封

---

① 司马光：《资治通鉴》卷74 "魏明帝景初二年"，上海古籍出版社，1997年，第647页。
② 房玄龄等：《晋书》卷1《宣帝纪》，中华书局，1974年，第12页。

建士大夫，包含了各个阶层。这个阶段，辽东人民安居乐业，着力生产发展，地方经济逐渐繁荣起来。同时，先进的生产技术和科学文化知识也随着中原流民一起来到了辽东，在贤人能士的人格魅力影响下，当地人民的生活方式、思维模式、风俗习惯等，多有改变。司马懿攻破襄平，得辽东人口30万，可知当时公孙氏统治地区也是全国人口比较密集的地方。曹魏征伐辽东，灭公孙氏，虽然消灭了割据势力，统一了辽东地区，但无疑也严重破坏了辽东地区的经济文化，特别是司马懿攻克襄平后，进行了野蛮的屠杀，给辽东地区带来了巨大的灾难。此外，曹魏还允许中原流民"欲还乡者，恣听之"，导致辽东移民的大批回流。景初三年（239），东吴军队在辽南登陆，居民多被掠往江东。此后辽东地区的人口逐渐减少，村落萧条，土地荒芜，已完全失去公孙氏统治辽东时的繁荣景象。总之，司马懿征伐辽东，客观上对辽东地区的经济和文化产生了破坏性的后果。

第二节　毌丘俭征讨高句丽

高句丽对辽东地区的觊觎由来已久，在其政权建立的早期就已开始，并在其后数代，因向辽东地区扩张而引发数次战争。至曹魏时期，毌丘俭征讨高句丽，攻入高句丽都城丸都，追击东川王直至肃慎南界，高句丽遭到近乎毁灭性的打击。

一、高句丽向辽东扩张

高句丽进攻辽东的历史，始于王莽时期，终于后燕，而中原政权和辽东地方政权对高句丽的进攻屡屡还以反击和征伐。历史不断发展，形势不断变化，最终在十六国后燕时，高句丽占领了辽东地区。总的说来，1世纪中叶至3世纪末，为高句丽攻掠辽东时期，3世纪末至5世纪初，为高句丽与慕容鲜卑争夺辽东时期。今桓仁县是高句丽政权建立之初的王都所在，今本溪县和市区等地则是在后燕时期被高句丽纳入版图之中。

东汉和曹魏时期，高句丽自太祖大王至东川王向辽东的扩张可分为三个阶段：第一阶段是公元2世纪上半叶东汉衰弱时期，高句丽太祖大王先后7次攻掠辽东郡和玄菟郡：105—106年攻掠辽东，118年夏攻掠玄菟，121年春攻掠辽东、玄菟，121年夏攻掠辽东辽隧县，121年秋攻掠玄菟，122年攻掠辽东，146年攻掠辽东西安平县。高句丽入辽东侵扰、夺掠数次，双方损失较大。这一阶段以高句丽王宫死、遂成继位，高句丽降属玄菟告终。第二阶段为新大王时期，双方交战两次，互有胜负。汉末高句丽故国川王、山上王与辽东、玄菟相安无事，高句丽诸王西进辽东没有实质进展。第三阶段为曹魏剿灭公孙氏后，高句丽东川王再次发兵抄掠辽东，由此导致毌丘俭大举讨伐高句丽，攻入丸都。此后中川、西川、烽上诸王时期无力攻掠辽东，处于积蓄力量时期。

曹魏消灭公孙氏割据政权以后，"辽东、带方、乐浪、玄菟四郡皆平"①，"景初中，大兴师旅，诛渊，又潜军浮海，收乐浪，带方之郡，而后海表谧然，东夷屈服"②。辽东、辽西及朝鲜半岛的北部地区，又重新列入曹魏正式统辖范围之内。日益强大的高句丽政权，对曹魏在东北地区的统治产生了很大威胁，因此曹魏两次出兵征讨高句丽，并在形式上统一了整个东北地区。256年，司马氏建立晋朝，史称西晋，对包括辽宁在内的东北地区也曾实现短暂的统一。

整个魏晋时期，辽宁地区民族关系最显著的特点是汉族与少数民族互相融合，汉族人数减少，东部鲜卑的宇文、段部、慕容部则先后内迁到辽西和辽东地区，民族关系十分复杂。此时中原王朝对辽东辽西地区的一些少数民族政权，并不能做到直接有效控制，尤其是高句丽政权，对中原曹魏王朝时附时叛，或与公孙氏联合，或与东吴政权暗中往来，成为曹魏东北边疆的重大隐患，所以曹魏政权在平定公孙渊之后，即开始着手解决高句丽问题。

公孙度称霸辽东时，高句丽曾一度依附公孙氏政权，高句丽王伯固更是派遣军队协助公孙度"击富山贼"③。伯固死后，其弟拔奇、伊夷模争夺王位，兄弟二人反目成仇，拔奇德行才干不足，国人共立伊夷模为王，伊夷模即山上王延尤。拔奇失势，遂率领三万余人投降归附公孙康，回到高句丽最初兴起时所居的沸流水流域，即今桓仁浑江流域，这一行为严重分裂了高句丽。伊夷模死后，国人立其子位宫为高句丽王。景初二年

---

① 司马光：《资治通鉴》卷74 "魏明帝景初二年"，上海古籍出版社，1997年，第646页。
② 陈寿：《三国志》卷30《东夷传》，中华书局，1959年，第840页。
③ 陈寿：《三国志》卷30《高句丽传》，中华书局，1959年，第844页。

（238），司马懿率兵讨伐公孙渊，位宫派遣主簿大加率领军队数千人，协助司马懿。虽然高句丽方面有这样的效忠行为，但曹魏对于位宫暗中结交东吴的举动也有所了解，十分不满，加之高句丽不断扩张势力，将朝鲜半岛东部沿海土地先后征服，实力日益增强，所以曹魏决定讨伐高句丽，遏制其发展势头。曹魏正始三年（242），位宫派军寇略辽东郡西安平县（今丹东市暖河尖古城），终于引发了双方之间的战争。

二、沸流水之战

正始五年（244），高句丽屡次侵扰辽东地境，魏齐王决定派军前往征讨。曹魏此次征讨高句丽，以幽州刺史毌丘俭为主帅。毌丘俭曾于景初元年（237）领兵征讨公孙渊，无功而还。第二年，毌丘俭作为司马懿的副手，参与了讨伐辽东的军事行动，在消灭公孙氏政权之后，因功进封安邑侯。毌丘俭征讨高句丽的军事行动一共有两次，最早的记载见于《三国志》，但《三国志》中关于毌丘俭征高句丽的时间说法并不统一：一是正始中征讨，正始六年再次征讨；二是正始五年；三是正始七年春二月。后出的《北史》和《三国史记》则以上述三种说法为本，各有采用。

《三国志·毌丘俭传》记载："正始中，俭以高句丽数侵叛，督诸军步骑万人出玄菟，从诸道讨之。句丽王宫将步骑二万人，进军沸流水上，大战梁口，宫连破走。俭遂束马县车，以登丸都，屠句丽所都，斩获首虏以千数……宫单将妻子逃窜。俭引军还。六年，复征之，宫遂奔买沟。俭遣玄菟太守王颀追之，过沃沮千有余里，至肃慎氏南界。刻石纪功，刊丸都之山，铭不耐之城。"梁口，应是富尔江入浑江之口处，梁口之所以称口，当因其适位于今富尔江与浑江合流处而得名，此处现有江口村。

《三国史记》记载："东川王二十年（正始七年，246）秋八月，魏遣幽州刺史毌丘俭将万人，出玄菟来侵。王将步骑二万人逆战于沸流水上，败之，斩首三千余级。又引兵再战于梁貊之谷，又败之，斩获三千余人。王谓诸将曰：'魏之大兵反不如我之小兵。毌丘俭者，魏之名将。今日命在我掌握之中乎！'乃领铁骑五千进而击之。俭为方阵，决死而战。我军大溃，死者一万八千余人。王以一千余骑奔鸭绿原。冬十月，俭攻陷丸都城，屠之。乃遣将军王颀追王，王奔南沃沮。……是役也，魏将到肃慎南界，刻石纪功。又刊丸都山，铭不耐城而归。"①

据考，毌丘俭第一次征讨高句丽应在正始五年（244）。毌丘俭督率步兵骑兵万人，"出玄菟，从诸道讨之"。高句丽国王宫则率"步骑二万人"，在沸流水地区迎战魏军并取得胜利，"斩首三千余级"。随后，双方军队"再战于梁貊之谷"，高句丽再次胜利并"斩获三千余人"。高句丽王两战两胜，不免得意，对将领们说：魏国大兵，战斗力反倒不如我高句丽小兵，毌丘俭号称是魏国有名的将军，今天他的命运也在我掌握之中了！在这种轻敌思想下，高句丽军队再次发动进攻，以五千骑兵冲击魏军。毌丘俭组织军队结为方阵，决死而战，高句丽军大败溃散，高句丽国王领着一千余骑兵，败走鸭绿原。毌丘俭大破高句丽军队之后，乘胜挥师东进，渡过浑江，沿高句丽南道，直捣高句丽都城。冬十月，魏军直捣其统治中心丸都（今吉林省集安市北5华里的丸都山城），"束马悬车，以登丸都，屠句丽所都，斩获首虏以千数"。

对于毌丘俭军队来说，此战胜利，既报了辽东之仇，又攻占了丸都城。但是已经进入冬季，天气逐渐变冷，出征将士需要休整，粮草辎重也需补充，毌丘俭于是撤军。毌丘俭从丸都撤军之后，高句丽王又重新集结力量，逐渐将部众聚集起来。鉴于这种状况，正始六年（245），毌丘俭对高句丽发动了第二次讨伐，当然，这次征讨可以视为上次征讨的延续，即一次征讨中的第二个阶段。高句丽王再次兵败，仓皇逃往北沃沮，毌丘俭命王顾领兵追击，"过沃沮千有余里，至肃慎氏南界，刻石纪功，刊丸都之山，铭不耐之城"②。并派刘茂、弓遵等统军队攻伐高句丽控制的东濊，大力削弱高句丽的势力。

毌丘俭第二次征讨高句丽胜利后所刊刻之碑石，名为毌丘俭纪功碑，是光绪三十年（1904），奉天省辑安县（今吉林省集安市）筑路乡民在县城西17千米的板岔岭西北天沟山坡上发现的，经县令吴光国鉴定为毌丘俭征讨高句丽之残碑。该残碑是整碑的上部一角，系用赭红色含石英颗粒岩石修琢而成，表面加工平整。碑石虽残，碑文尚可辨识，对于研究毌丘俭征

---

① 金富轼：《三国史记》（校勘本）卷17《高句丽·东川王》，吉林文史出版社，2003年，第209—210页。

② 陈寿：《三国志》卷26《毌丘俭传》，中华书局，1959年，第762页。

高句丽的时间问题，当是可靠的文字资料。毌丘俭纪功碑残石现收藏在辽宁省博物馆，正面阴刻汉字隶书碑文7行48字，经王国维补正，碑文如下：

"正始三年高句丽反，督七牙门讨句丽，五年……无复遗寇。六年五月旋师。讨寇将军魏乌丸单于寇娄敦、威寇将军都亭侯、行裨将军领玄菟太守王颀、行裨将军……"

虽然该残碑碑文中并未出现毌丘俭之名，但根据碑文中的"正始三年高句丽""讨句丽五"和"六年五月旋"等所示的时间和史实，参照中国古代相关史籍的记载，完全可以确定其为毌丘俭征讨高句丽胜利后所刊刻之碑石。

在毌丘俭征高句丽的相关史料中，见"沸流水""梁貊之谷"等。沸流水是指今天的哪条水，学界众说纷纭，总的说来有以下几种说法：大同江、鸭绿江、浑河、浑江、富尔江、浑江及其支流富尔江。沸流作为水名，应是浑江及其支流富尔江的通称，若将沸流作为地名，则指浑江中下游地区，包括富尔江流域，即今桓仁、通化南部和新宾东部①。双方交战战场在《三国史记》及《东国通鉴》中均作梁貊之谷，《三国志》则称梁口。梁貊之谷当是今桓仁北甸子乡富尔江入浑江口处，此处地域辽阔，适合古代大战的战场。

宣统元年（1909）版《桓仁县志·地理志》载："喇哈城，在城东北六十里，富尔江由此会入浑江，四围皆山，山脉伏而向西南，为土冈环结，周遭约在数里。城建于此，不知何代所筑，迄今基址犹存。城内外地势宽平，土甚厚。居民耕种其间，得枪头箭铲等物，其形式均非近时军器。"这座喇哈城，或与古梁貊有关②。

第三节 三燕势力进入太子河流域

慕容部是鲜卑族当中一个杰出部落，作为少数民族部落，在中国历史上影响颇深，东晋十六国时期，由鲜卑慕容氏建立的政权有前燕、后燕、西燕、南燕、吐谷浑等。其中前燕、后燕和冯氏北燕的统治中心都曾建在

① 梁志龙：《沸流杂考》，《北方文物》1997 年第4期。
② 孙诚主编：《本溪史话·梁口之战》，中国戏剧出版社，2004年，第56—58页。

今辽宁的朝阳市，史称"三燕"。本溪的历史与慕容鲜卑部及"三燕"也有着极为密切的关系。

一、慕容燕政权的建立

慕容鲜卑是东胡的后裔，为东部鲜卑分部，迁居辽西地区后，在杰出领袖慕容廆及其子慕容皝的领导下，积极吸收中原汉文化，迅速改变了本民族落后的生产方式，开始了封建化的进程。特别是慕容廆，劝课农桑，发展教育，设置郡县，安置流亡，在政治、经济、军事、文化等诸方面都取得了显著的功绩，为辽宁地区开发、民族融合作出了重要贡献，也为前燕政权的建立奠定了坚实的基础。经慕容廆、慕容皝父子两代苦心经营，建立了以辽西为统治中心的地方政权，但名义上还隶属于晋王朝。晋朝对东北地区的少数民族实行怀柔政策，一方面设立东夷校尉，管理各部朝贡、封赏、贸易等事宜，另一方面又给予各部充分自治的权力，由其部落首领负责管理部内事务，册封各部尊长，授予晋朝官爵，上至王侯，下至邑长、百长。如在东北地区考古发现的晋代官印中就有"晋乌丸归义侯""晋鲜卑率善中郎将""晋鲜卑归义侯"[1]"晋高句丽率善邑长""晋高句丽率善百长"等[2]。

西汉初年，东胡被匈奴冒顿单于击溃，遂分为鲜卑、乌桓两大支，分别聚居在大鲜卑山和乌桓山周围。曹魏时期，乌桓人大部分被迁往中原，北部的鲜卑部落开始迁入塞内，慕容部则在首领莫护跋率领下，迁居辽西。莫护跋是慕容廆的曾祖，曾协助司马懿平定公孙氏割据政权，被封为率义王，定居于大棘城之北。莫护跋之子木延，正始年间追随毌丘俭东征高句丽，因功得赐号鲜卑大都督、左贤王。木延之子涉归，"以全柳城之功，进拜鲜卑单于，迁邑于辽东北，于是渐慕诸夏之风采"[3]。

慕容涉归死，弟慕容耐自立为首领。慕容耐想要杀掉慕容涉归之子慕容廆，慕容廆逃亡至辽东，藏身汉人徐郁家以躲避灾祸。晋太康五年（284），慕容部族人杀死慕容耐，迎回慕容廆以承部族首领之位。慕容廆继

---

① 杨泓：《鲜卑遗迹的发现与研究》，《新中国的考古发现和研究》，文物出版社，1984年，第561页。

② 吉林省文物志编委会：《集安县文物志》（内部出版），1984年，第242—243页。

③ 房玄龄等：《晋书》卷108《慕容廆载记》，中华书局，1974年，第2803页。

立后，其庶兄吐谷浑率其部众西迁，后定居在陇西，建立了吐谷浑政权。慕容涉归在世时与辽西鲜卑宇文部有私怨，慕容廆为替父报仇，上表朝廷，请求讨伐宇文部，晋武帝不准其奏。慕容廆遂领兵入寇辽西，抄掠昌黎，攻略郡县。又东伐扶余，破其都城，逼得扶余王依虑自杀，掠扶余部众万余人而归。晋东夷校尉何龛为了遏制慕容部势力扩张，派兵迎立依虑之子回国，重建扶余。慕容廆派军阻止扶余复国，被何龛击败。随后，慕容廆亲至东夷校尉府请降，受到晋朝优待，封为鲜卑都督。太康十年（289），慕容廆将其统治中心从辽东迁到徒河的青山。元康四年（294），再迁至大棘城，此后慕容廆及其子慕容皝在辽西不断发展，接受晋朝册封，尊崇晋室，远交近攻，势力越来越强大，经过长期的武力争夺，先后击败诸多竞争对手，慕容部的基业得以建立和不断巩固。

西晋初年，在辽西地区还有两个鲜卑部落，即段部和宇文部，势力与慕容部不相上下。当时宇文、段氏、慕容三部在辽西地区呈三足鼎立之势。宇文部与慕容部之间经常发生武力冲突。西晋初年，慕容廆曾几次主动攻击宇文部，但因晋朝干涉，未能奏效。宇文部逐渐强大，开始进攻慕容部。晋惠帝太安初年（302），宇文部攻击慕容部，被慕容廆打败。宇文部又调集大军包围了慕容部的统治中心大棘城。生死关头，慕容廆毫不畏惧，穿戴盔甲，亲冒矢石，身先士卒，驰骋突击，终得击溃宇文部，遂追杀百里，斩俘宇文部万余人。

东晋元帝大兴二年（319），平州刺史、东夷校尉崔毖谋划消灭慕容氏，暗中唆使高句丽、宇文、段氏合击慕容廆。慕容廆沉着应对，先是在敌方联军合兵之初，避其锋锐，不与交战，深沟高垒，坚守不出，以待其变。然后使用离间计，破坏三部联盟，高句丽、段氏中计撤兵。联军只剩宇文部，慕容廆利用宇文部首领自大轻敌的心理，集中优势兵力发动攻击，先命慕容皝统领精兵方阵与宇文部正面交锋，又命慕容翰率领奇兵从侧翼直捣宇文部营中纵火，宇文部惊慌大败，首领悉独官逃走，部众多被俘虏。慕容廆随即进军辽东，崔毖自知不敌，率数十骑弃平州逃往高句丽。"其众悉降于廆，廆以其子仁为征虏将军，镇辽东，官府、市里，安堵如故。"[1]此役沉重打击了宇文部的同时，辽东地区也被纳入了慕容部的控

---

① 司马光：《资治通鉴》卷91"晋元帝大兴二年"，上海古籍出版社，1997年，第803页。

制范围。慕容廆死，其第三子慕容皝立，慕容皝庶兄慕容翰骁勇而有谋略，声威甚隆，慕容皝忌之。慕容皝"用法严峻，国人多不自安"①，兄弟之间矛盾激化，形同水火，慕容翰与其子亡命段部避祸。慕容仁与慕容昭密谋举兵废慕容皝，计划泄露，慕容皝赐慕容昭自裁，随后率军五千，讨伐慕容仁，两军大战，慕容皝军溃败，辽东城（即今辽阳市）守将孙机开城投降了慕容仁，东夷校尉封抽、护军乙逸、辽东相韩矫等皆弃城逃跑，封奕和慕容汗亦狼狈返回辽西。慕容皝经此役之败，完全丧失了辽东领土。慕容仁占领辽东之地后，自称平州刺史、辽东公，并与段氏、宇文及其他鲜卑部互相联系，扣押了晋成帝派往辽东册封慕容皝的使者。

晋成帝咸和九年（334），段部首领段辽派兵袭击慕容部的徒河城，又遣其弟段兰与慕容翰攻打柳城。慕容皝派兵救柳城，为段部击败。段氏又派专使到辽东平郭与慕容仁联系，支持其背叛慕容皝的行动。咸康二年（336）正月，慕容皝发兵辽东，亲讨慕容仁。慕容皝采纳了司马高诩的建议，由海路践冰而行，奇袭平郭，取得胜利，生擒慕容仁，辽东地区又重新回到了慕容皝的控制之下。这一年，段部又与宇文部联合进攻慕容部。慕容皝亲统五万精兵，在柳城附近大破段、宇文联军。慕容皝后又与石赵联合攻打段部。东晋咸康三年（337），慕容皝称王，国号为燕，史称前燕。咸康四年（338），慕容皝终于灭掉段部。

二、慕容氏与高句丽争夺辽东地区

西晋时期的东北，各部族有力者割据一方，这样分裂的局势为高句丽发展势力提供了良好的机会。慕容鲜卑在辽东等地的活动，势必与高句丽发生冲突，二者为了争夺辽东曾发生过多次战争。东晋初年，慕容鲜卑强大起来，在与高句丽的交锋中屡屡获胜，迫使高句丽请求结盟，遏制了高句丽向西发展的势头。

晋惠帝元康三年（高句丽烽上王二年，293），八月，慕容氏与高句丽之间发生了第一次武力冲突。慕容廆率兵进攻高句丽，烽上王抵挡不住，仓皇离开都城，逃往新城。慕容廆领兵追赶，途中遇见接应烽上王的高句丽新城宰北部小兄高奴子所率500骑兵，双方激战，慕容廆败退。高奴子以

---

① 司马光：《资治通鉴》卷95"晋成帝咸和八年"，上海古籍出版社，1997年，第839页。

"救驾"有功，晋爵为大兄。晋元康六年（烽上王五年，296），慕容廆第二次东讨高句丽，统兵深入高句丽腹地故国原（今吉林省集安市郊），将烽上王之父西川王的墓挖掘破坏。慕容廆撤兵后，慕容鲜卑仍然不断侵扰高句丽，烽上王召集群臣讨论如何应对兵马精强、屡犯疆域的慕容鲜卑。国相仓助利认为高奴子贤良勇敢，是御敌安民的最佳人选，除此之外，没有可用之人。高奴子前有"救驾"之功，素有贤勇的盛名，同时，新城是当时高句丽的西部军事重镇，故烽上王采纳国相仓助利的建议，命高奴子为新城太守以防御慕容氏。

慕容鲜卑两次攻打高句丽，由于实力还不是很强大，并不能从根本上控制高句丽。高句丽美川王利用这一有利形势，从302年到319年，曾多次出兵攻扰辽东地区的郡县。302年，"王率兵三万侵玄菟郡，虏获八千人，移之平壤"；311年，"遣将袭取辽东西安平"；313年，"侵乐浪郡，虏获男女二千余口"；314年，"南侵带方郡"；315年，"攻破玄菟城，杀获甚众"[1]。面对高句丽的威胁，慕容鲜卑避免正面交锋以保存实力，对于高句丽一时难以应制，唯有被动防御。

东晋初年，慕容鲜卑多次击败进犯辽东的高句丽。高句丽遣使请和，双方征战一度停止。

东晋成康八年（342）十月，燕王慕容皝迁都龙城（今朝阳市）。先投段部又奔宇文部的慕容翰，此时已回到燕，他认为高句丽始终是燕的心腹之患，宜先除之，故向慕容皝建议，先取高句丽，再灭宇文，"然后中原可图"。慕容皝采纳了这个建议，决定再次出兵讨伐高句丽。东讨高句丽有南、北两条进军路线，北道平阔，南道险狭。众将都想从北道进军，唯有慕容翰详细分析敌情后认为：高句丽方面若以常情推断，一定以为燕军将从北道进军，所以会重视北道，忽视南道。所以燕王可率领精兵从南道进击，攻其不意，夺取丸都城不为难事。另外派遣一支偏师，从北道进发，即使北道战事不顺，但是南道战事足以使得高句丽"腹心已溃、四肢无能为也"[2]。慕容皝采纳了他的意见。

---

① 金富轼：《三国史记》（校勘本）卷17《高句丽·美川王》，吉林文史出版社，2003年，第216页。

② 司马光：《资治通鉴》卷97"晋穆帝永和元年"，上海古籍出版社，1997年，第858页。

　　十一月，慕容皝对高句丽发动了大规模的战争。正如慕容翰所料，高句丽王钊以精兵守北道，自率羸弱兵卒守南道，结果被燕军轻易击溃，高句丽王单骑逃走，其都城丸都（今吉林集安市丸都山城）陷落。高句丽王逃入断熊谷中，燕军一路紧追，擒获高句丽王母亲、王妃。从北道进发的燕军战败，消息传来，慕容皝决定不复穷追死打，派遣使臣，招降高句丽王，高句丽王惧怕，不敢与慕容皝相见。韩寿向慕容皝献策说：高句丽之地不便戍守，现在主逃民散，潜伏山谷，一旦回军，重又纠集，仍可为患，应载其父尸，因其生母而归，作为牵制。慕容皝采纳韩寿的计策，掳高句丽王的母亲周氏及其妻子，又掘其父乙弗利墓，以车载其尸，掠高句丽男女5万余口，焚烧宫室，毁坏丸都城而还。

　　高句丽此役之前，与慕容鲜卑的实力旗鼓相当，此役之后，遭到沉重打击，实力遭到严重削弱，暂时无力与前燕较量了。次年（343）春二月，高句丽王派遣王弟出使前燕，贡珍宝异物千数，称臣于慕容皝，燕归还其父尸体，但还是留下其母作为人质。同年七月，高句丽移都平壤黄城。345年冬，慕容皝令其子慕容恪攻打高句丽，"拔南苏，置戍而还"①。

　　东晋永和四年（348），慕容皝去世。第二年慕容皝第二子慕容俊继任燕王，接受晋朝册封，高句丽王遣使贡方物，请还其母，慕容俊准许高句丽的请求，派殿中将军刀龚送归高句丽，并按旧例颁给高句丽王征东大将军、营州刺史、乐浪公等官爵称号。在与前秦的争锋中，前燕逐渐处于弱势。370年，前燕被前秦灭亡，太傅慕容评投高句丽，被执送前秦。

　　东晋太元九年（384），先前降附前秦的慕容鲜卑贵族慕容垂（慕容皝第五子）建立后燕，与高句丽一方面相互攻伐，争夺焦点主要在辽东地区，另一方面双方又有和平交往，名义上沿袭前燕时确定的宗属关系。随着后燕政权的衰落和灭亡，高句丽逐步控制了辽东等郡。

　　在前燕开拓中原之时，高句丽在小兽林王统治下，着力恢复农业和手工业生产，发展教育、宗教、文化事业，国家逐渐富足，军事力量增强，与周边地区保持相对和平的状态，对辽东地区没有采取军事行动，但是对南部的百济有过两次小规模的战争。小兽林王死，其弟伊连继位，史称故

---

　　① 金富轼：《三国史记》（校勘本）卷17《高句丽·故国原王》，吉林文史出版社，2003年，第220页。

国壤王。385年，即故国壤王二年的夏六月，高句丽出兵4万袭击辽东。当时，后燕带方王慕容佐镇守龙城，得到消息后派司马郝景率兵救援，被高句丽击败，辽东、玄菟二郡陷于高句丽。同年冬十一月，慕容垂遣弟慕容农率军攻伐高句丽并取得胜利，将辽东、玄菟二郡收复。高句丽广开土王即位后，遣使贡方物于后燕。396年，慕容垂死，子慕容宝立，任命高句丽王为平州牧，封辽东、带方二国王。此时，拓跋魏逐渐强大起来，与后燕屡有冲突，后燕则在争斗中失地丧众，败象日显。高句丽利用这一时机，一度攻略辽东郡。398年，慕容宝被杀，子慕容盛立。次年二月，慕容盛以高句丽王傲慢无礼为借口，亲自率兵3万，以骠骑大将军慕容熙为前锋，攻入高句丽，拔新城、南苏二城，拓地700余里，迁徙5000余户而还。

后燕在与拓跋魏的争夺中，实力消耗很大，对地处其版图东北的辽东、玄菟、带方等地区的控制日渐减弱。东晋隆安五年（401），慕容盛被部下所杀，慕容熙立。高句丽好太王乘机派兵攻击后燕，平州刺史慕容归弃城而逃。元兴三年（404）慕容熙企图恢复对辽东的控制，率兵攻打辽东城。城将攻破，慕容熙下令诸军将士不得先登，须等待他与皇后来到后乘舆而入，因此贻误战机，城内守军得以喘息、修整城防，使得后燕军最终未能攻克。

第二年十二月，慕容熙准备北袭契丹，后见契丹势众，于是扔掉辎重，轻兵突袭高句丽木底城，不克而还。这是慕容后燕与高句丽之间的最后一次战争，以慕容鲜卑的失败告终。义熙三年（407），慕容熙被将军冯跋所杀，后燕灭亡。同年春三月，高句丽遣使到接续后燕的北燕建立联系。北燕王慕容云祖父本是高句丽人，在慕容宝还是太子时，慕容云因为武艺高强随侍慕容宝左右，并被慕容宝收为养子，赐姓慕容氏。

慕容鲜卑与高句丽争夺辽东地区的过程，按其力量对比变化大致可分为三个阶段：一是293—331年，均势阶段。慕容廆初建鲜卑政权，慕容廆依附西晋，吞灭相邻诸部族、政权，对高句丽发起主动攻击。高句丽利用东北地区鲜卑诸部的纷争混乱局势，频繁侵扰辽东地区，慕容鲜卑因强敌环伺，不能根本遏制高句丽的袭扰。二是331—383年，慕容鲜卑强势阶段。前燕戡平内乱，削弱鲜卑段部、宇文部势力之后，将矛头指向高句丽，旨在消除高句丽对辽东地区的威胁，为南下中原扫平障碍。前燕发动了对高句丽的大规模战争，攻入高句丽都城，几乎灭亡高句丽政权。三是

384—405年，高句丽夺取辽东阶段。后燕建立后，与高句丽展开对辽东的争夺。405年冬，后燕长途奔袭高句丽失败，木底城之战，后燕不克而还，高句丽终在好太王时期攻占辽东，战胜慕容鲜卑，完成了几代人吞并辽东的夙愿。

三、小市地区的三燕遗存

小市晋墓，位于本溪县政府所在地的小市镇内，1960年发现并进行了清理。清理报告对墓葬有比较全面的描述，引述如下：

墓室石筑，平面呈丁字形，由主室、前廊和左右耳室三部分构成。墓室四壁均用大小厚薄不等的石块平砌。墓口上距地表2米，壁高1.5米，墓底全长3.6米、宽1.9米。方向172度。主室的东西两壁皆用石块压缝平砌，自下而上内收呈弧形。南北长2.5米、东西宽1.75米。壁面普遍抹有一层白灰，厚3—6厘米。室内西侧有石板铺成的尸床，与主室等长，宽50厘米。尸床下铺有一层厚30厘米的卵石，卵石下面还垫有一层较薄的石板，更下有厚约10厘米的炭灰层。在主室的南部筑有东西向的前廊。前廊东西两端各砌出一个耳室。前廊东西横长1.3米，宽与耳室南北之长等同。前廊地面比主室地面略低20厘米。两个耳室俱用两层石板铺砌成小台，它比前廊地面高出20厘米，与主室地面相平。耳室的北壁皆用整块石板支筑，长、高皆75厘米，宽50厘米。墓口用三块大石板搭盖为顶，并铺有一层炭灰，其上又用较大砾石包封。墓门前方立堵一块大石板，十分牢固（图5-1）。清理该墓时在主室内发现有木板痕迹和褐色漆片，漆片上有朱色纹饰，墓内还出有不少铁钉，有的且附着木痕，可以推知有木棺葬具，棺上涂褐色漆并绘有

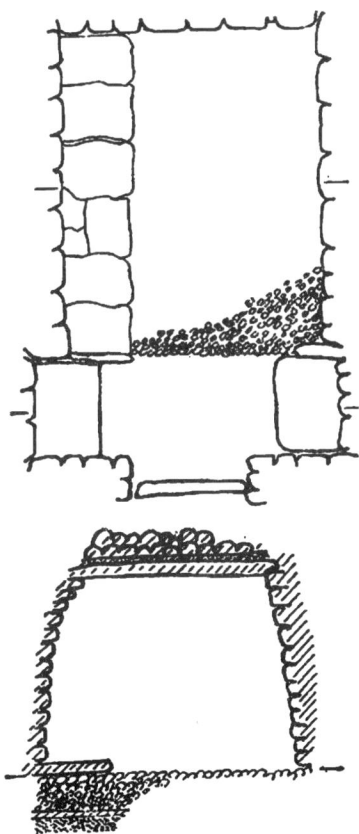

图5-1 小市晋墓平、剖面图

图5-2　小市晋墓出土的陶器

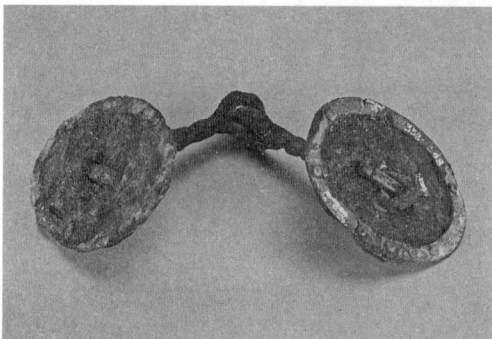

图5-3　小市晋墓出土的铁马衔镳

花纹。墓内出土器物有陶壶、陶罐（图5-2）、金手镯、银钗、铁马衔镳（图5-3）、铁镞等①。

小市中心街墓葬，位于本溪县小市镇中心饭店地下及其附近，共存两座，1960年发现后，由于客观条件限制，未作发掘，1986年4月，饭店进行改建，借此时机，方对两座墓葬进行了正式发掘。墓葬位于镇中心街中段东侧，北距小市火车站1千米、距太子河1.5千米，东距汤河500米，汤河北流1.3千米后入太子河。该墓实际位于太子河和汤河冲积平原上。发掘报告对两座墓葬分别作了如下介绍：

1号墓位于中心饭店地下，早年被盗，墓顶盗洞犹存。该墓由墓道、墓室和龛室组成，平面呈凸字形（图5-4）。墓口距地表70厘米。墓道两壁及墓室四壁，均以大小不等、厚薄不一的块石压缝叠砌，表面平齐。墓道高出墓室地面20厘米，底铺小石板，上覆一块大石板。墓道长86厘米、宽92厘米、高90厘米，墓道口立一巨石封堵。墓室底部铺小石板，石板下铺一层厚约5—8厘米的白灰，白灰下为一层河卵石。墓壁下部砌筑较为平直，向上则逐层叠涩内收。墓顶平搭三块厚重石板。墓室长2.9米、宽1.8米、高1.9米。墓室南部东西两壁分别筑有龛室，两龛对称而置，高出墓底40厘

---

① 辽宁省博物馆：《辽宁本溪晋墓》，《考古》1984年第8期。

米。龛室大小相若，平面近方形，边长约50厘米、高40厘米。墓内发现腐朽的木板，当系木棺残迹，因朽烂较重，故棺制不明。但从板灰残存面积观察，木棺为南北顺置。该墓出有陶钵、铁棺环、铁棺钉等遗物。

2号墓位于1号墓东南20余米处，系石室墓，无墓门、墓道，平面呈长方形，方向270°，墓口距地表70厘米（图5-5）。墓室长3.4米、宽1.52米、高1.5米，该墓保存较好。墓底铺两块平整的大石板，墓室四壁以块石层层压缝平砌，壁面垂直，西壁向上砌至1.06米处西折，砌出一平台。台长同墓宽，宽38厘米、高44厘米。墓顶平铺厚重石条和石板。墓内仅见几块人骨，无木棺葬具及随葬品①。

小市地区发现的这三座墓葬，形制较为特殊，对于研究三燕文化及三燕与高句丽的关系，具有重要价值。

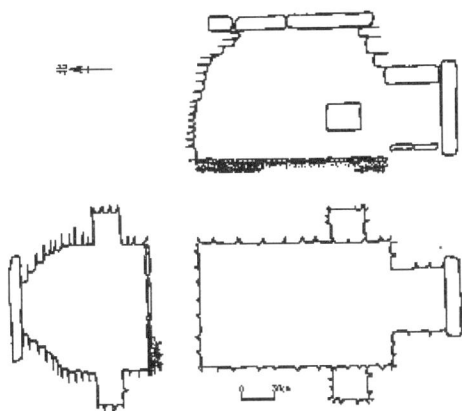

图5-4　小市中心街1号墓平、剖面图

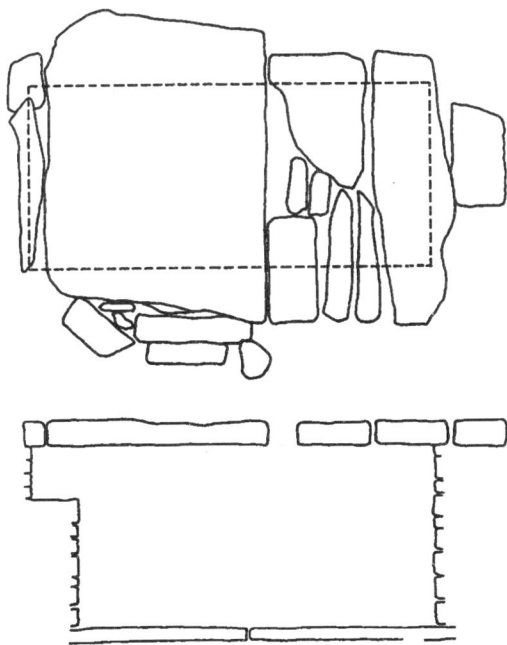

图5-5　小市中心街2号墓平、剖面图

① 齐俊、梁志龙：《辽宁本溪县小市中心街高句丽墓》，《北方文物》2001年第2期。

第四节　高句丽山城

　　辽东地区是高句丽政权建立之地及与中原王朝争夺势力范围的重点区域，因为战争的需要，高句丽在这一阶段修筑了许多山城。这些山城，相互联络，互为掎角之势，根据山城规模，可分大、中、小城，每座山城设有城主，负责山城的管理，在守城御敌的战斗中，发挥指挥官的作用。

一、山城的分类

　　随着高句丽的对外扩张，统治区域逐步扩大，山城建筑也陆续增多。在桓仁、本溪地区的高句丽山城，大多建于这一时期。山城不仅具有军事防御作用，同时也具有行政管理的职能，在山城之内设置各级长官，小型山城中的军事长官服从于大型山城的军事长官。山城是高句丽人战时屯聚守卫之处，平时则散随山谷而居，或者居于平地城内。战争时期，山城内驻扎的军民较多。本溪地区高句丽山城有五女山城、高俭地山城、瓦房沟山城、城墙砬子山城、李家堡子山城、上堡山城、边牛山城、平顶山山城等。

　　高句丽山城为了达到以防御为主、攻守兼备的目的，在山势、地形的选择以及平面的布局诸方面，形成了几种大致相同的类型，即山顶形、簸箕形、"筑断为城"型、左右城（内外城）型四种。根据城墙所用材料则可将山城分为石筑、土石混筑、土筑[1]。

　　第一，山顶形。此类山城主要部分位于山顶，规模较大的如桓仁五女山山城、本溪市区平顶山山城等。这类山城占居的山顶，比较平坦，直接利用山顶部天然存在的平坦地形作为活动空间，山城四周多为悬崖峭壁，或一面稍微缓和，缓和之处修筑城墙，其他地方或以悬崖为天然墙，或再筑城墙。山城脚下，多有河流经过。山顶型山城由于所处地势较高，山顶的平坦地形一般较少，因此活动空间较小，不能容纳大量的兵力。

　　第二，簸箕形。此类山城城墙多修在环形山脊之上，山脊往往是三面

---

　　[1] 魏存成：《中国境内发现的高句丽山城》，《社会科学战线》2011年第1期；魏存成：《新中国成立以来高句丽考古的主要发现与研究》，《社会科学战线》2014年第2期。

高、一面低，山势陡峭之处，则以自然悬崖为壁，不筑城墙，而在山势平缓低凹之处则必修城墙，城内有纵深的山谷和开阔的坡地。大、中型山城中，该类型山城达半数以上。城门多建于地势较低的谷口或山口，有的建有瓮城加强防御。山城内一般有大、小溪谷或坡度小的倾斜面，因此生活空间比山顶型山城要大很多，便于兵民驻防。本溪地区高俭地山城、瓦房沟山城、边牛山城、李家堡子山城等，即为该类形制的山城。

第三，"筑断为城"型。"筑断为城"的名称，来源于《高丽记》对乌骨城（今凤凰山山城）的记述："乌骨山在国西北，夷言屋山……高丽于南北峡口筑断为城，此即夷藩枢要之所也。"[1]这种筑断为城的筑城手段，在本溪地区高句丽山城中多有发现，如五女山山城东墙谷口段落、平顶山豁口处的石墙等。

第四，左右城（内外城）。顾名思义，这类山城是由两部分组成，有的形状如两片肺叶，左右分布，有的则上下分布，这种布局，可能与城内防御、生产分工有关系。

二、山城的规模与构筑特点

高句丽山城大小不一，大的周长超过万米，小的周长数百米，这和山城的地位、作用及其所在地点、修筑年代等因素有关。根据山城规模，将高句丽山城分为大型山城、中型山城、小型山城。不同规模的山城互相照应，构成了高句丽严密的防御体系，《翰苑》注引《高丽记》曰："其诸大城置耨萨，比都督，诸城置处闾，比刺史，亦谓之道使，道使治所名之曰备，诸小城置可逻达，比长史，又城置娄肖，比县令。"[2]可见其等级是很分明的。文献所说的"大城"，数量很少，地位却突出。

周长在3000米以上的高句丽大型山城，除做过都城的桓仁五女山城和集安山城子山城之外，其余绝大部分位于高句丽的西部防线和今辽阳至丹东的交通沿线，修筑时间大都在四、五世纪之后。周长在1000—3000米之间的中型山城，接近一半，如高俭地山城、李家堡子山城等。它们或穿插于上述大型山城之间，或作为地区性的中心城址，其作用仍很重要。中型

---

① 《翰苑》注引《高丽记》，金毓黻：《辽海丛书》（缩印本），辽沈书社，1985年，第2519页。
② 《翰苑》注引《高丽记》，金毓黻：《辽海丛书》（缩印本），辽沈书社，1985年，第2518页。

山城的分布从高句丽初、中期的腹地到中、后期的发展地区皆有发现，所以其年代是早晚都有。

高句丽山城充分利用山势，城墙大多沿着山脊行走，因此形制不规整。一座山城的城墙多是一种结构，有的则是两种甚至三种结构。石筑的为主，土石混筑、土筑的较少。其中石筑山城，不仅在高句丽初期的中心地区桓仁占绝对多数，而且在中、后期的西部防线和朝鲜半岛地区也占多数。高句丽山城土筑结构的出现和使用，从时代上看多属于高句丽中后期，同时又与山城所在的地理环境、地质条件以及当地原有文化因素有着直接的关系。土石混筑的结构也占有一定比例，它应该是石筑与土筑两种结构相互结合和过渡的形式[1]。

高句丽早期的政治中心在今桓仁地区，因此这一地区分布的高句丽山城多为高句丽早期山城，如五女山城、城墙砬子山城、瓦房沟山城等，采用以石筑城的筑法，使用楔形石配合梭形石、大石条、块石、板石等石材，以干打垒法砌筑城墙[2]。凡是用此法垒筑的城墙，石材一般都要经过加工，为一头大一头小的楔形石。垒筑时平整的宽面向外，小头朝向墙芯一侧。每层逐渐收分，各层石之间压缝垒砌，墙内用长条状的梭形石或石条拉压，缝隙处用碎石填充。由于逐层内收，一般又是处于坡状之地，有一定倾斜度，以防坍塌。这样砌成的石壁相当牢固，以致有时墙皮坍塌，而墙芯依然坚实不倒。

高句丽修建山城，主要出于军事防御目的，因此城墙外壁一般修筑得较高，并且比较陡峭。石筑城墙顶部外侧，有的地方筑有女墙。在不少山城女墙的内侧又发现成排的小型石洞。石洞的作用，有人认为是竖立滚木礌石立柱用的，也有人认为是放置弩机的。根据文献记载及石洞形态，有人认为石洞是在城墙上增置木墙雉堞时，用于固定横搭的木板或木杆而竖立木桩用的，即洞中原应立柱，柱上横列木板或原木，从而增加墙体的高度[3]。

---

① 魏存成：《中国境内发现的高句丽山城》，《社会科学战线》2011年第1期。
② 辽宁省文物考古研究所：《五女山城——1996~1999、2003年桓仁五女山城调查发掘报告》，文物出版社，2004年，第292页。
③ 辽宁省文物考古研究所：《五女山城——1996~1999、2003年桓仁五女山城调查发掘报告》，文物出版社，2004年，第292页。

高句丽山城的主门，大都设于山谷最低处，这里，恰是山水流出山谷的地方。此外，根据具体情况，还设有多个便门，以供战事不利时人员的逃离。一座山城可以设几个城门，只有个别小型山城才设一个城门。主要门址地势较低，城内水溪则从此流出，所以在城门旁往往另设水门，水门处有的修筑水坝或涵洞。为了加强防御，重要城门又多修有瓮城。

三、高句丽南北道

高句丽南北道，很多学者对此作过讨论[1]。

晋咸康八年（342），前燕慕容皝攻讨高句丽，兵分南北两路，从此高句丽南北道见于记载。最早记载这场战争的史书，当为北齐魏收所撰《魏书·高句丽》，书中只言及南陕，却未提出南北道。《晋书·载记·慕容皝》记述的则略详细，出现了"南陕""北置"字样，并有"北路"的直接称谓："咸康七年（341），皝迁都龙城。率劲卒四万，入自南陕，以伐宇文、高句丽。又使翰及子垂为前锋；遣长史王寓勒众万五千，从北置而进。高句丽王钊谓皝军之从北路也，乃遣其弟武统精锐五万拒北置，躬率弱卒以防南陕。翰与钊战于木底，大败之，乘胜遂入丸都。"明确提出"南道""北道"说法的史籍是《资治通鉴》，其中《晋纪》记载："高句丽有二道，其北道平阔，南道险陕。众欲从北道。翰曰：'虏以常情料之，必谓大军从北道，当重北而轻南，王宜率锐兵从南道击之，出其不意，丸都不足取也。别遣偏师出北道，纵有蹉跌，其腹心已溃，四肢无能为也。'皝从之。"

南陕、北置，有人认为是高句丽两座城址的名称[2]。金毓黻谓："陕者，狭也，南道险陕，故名南陕。"意即南道乃是山间险恶的狭窄之路。又云："置字从直，应有平直之意。"意为北道乃平直之路。"陕""置"两字，是对南北道所处自然环境的描绘。司马光撰写《资治通鉴》时，弃"南陕""北置"而不用，改称"北道平阔，南道险陕"，实际上已经对南陕、北置做出了正确解释。这次前燕与高句丽的战争之前，中原军队进攻高句丽，多从北道进发。慕容翰曾在339年讨伐过高句丽，不久又坐镇辽东，十分熟悉高句丽国情，掌握道路交通情况，充分了解高句丽"重北轻

---

① 本节参考并直接引用了梁志龙：《高句丽南北道新探》，《社会科学战线》1995年第1期。
② 孔进己：《东北历史地理》（第二卷），黑龙江人民出版社，1989年，第97、99页。

南"的固有心态，于是建议慕容皝攻其不备、出其不意，以重兵杀向南道，致使偏信"常情"的高句丽未能做出准确预判和防守，重兵把守北道，羸兵把守南道，结果损失惨重。

高句丽利用南北道的历史非常久远。《后汉书·高句丽传》："建光元年（121）春，幽州刺史冯焕、玄菟太守姚光、辽东太守蔡讽等，将兵出塞击之，捕斩涉貊渠帅，获兵马财物。（高句丽王）宫乃遣遂成，因据险厄，以遮大军，而潜遣三千人攻玄菟、辽东。"高句丽王一面令遂成阻挡前来征讨的汉朝军队，一面秘密派遣三千兵马从其他路线，攻向玄菟和辽东。考虑高句丽有南北二道，可以推测，一方从北路来，另一方从南路去。

高句丽建国之后，对玄菟郡时叛时属。高句丽设县之初，汉赐鼓吹伎人，高句丽"常从玄菟郡受朝服衣帻"[1]，"至殇、安之间，句丽王宫数寇辽东，更属玄菟。辽东太守蔡风、玄菟太守姚光，以宫为二郡害，兴师伐之"。又，"宫密遣军攻玄菟，焚烧候城"[2]。东汉永初五年（111），高句丽又"遣使如汉，贡献方物，求属玄菟"[3]。高句丽和玄菟郡之间的友好交往或战争冲突来去的路途，就是高句丽南北道产生的基础。换句话说，高句丽南北道的前身，是高句丽和玄菟郡之间的两条道路，随着两者往来的日益频繁，得以逐步发展和最终定型。

高句丽南北道的走向应当如下：

北道走向：自新宾县永陵镇二道河子古城（玄菟郡第二郡治）发轫，溯苏子河东行，过新宾县城，又过红升乡，至旺清门，南折，改顺富尔江下行，至转水湖村，此地有转水湖山城。稍下，至响水河子，又下，经双砬子村，附近有黑沟山城，过豹子洞村，入桓仁县境。至碱厂沟村，此地农人耕田，常见铁镞等兵器。再行，过业主沟乡，又行，过老砬子村，旧名高丽街，附近有高丽道岭。再行，过古年岭，《奉天通志》云："岭南有古城遗址。"又过西古城子，旋至东古城子，附近有高句丽墓群，又过洼泥甸子、新江、老黑背等村，村庄附近均曾发现高句丽墓群。过北甸子村后，富尔江注入浑江。北甸子村附近有喇哈城址，现已被浑江水库淹没，

① 陈寿：《三国志》卷30《高句丽传》，中华书局，1959年，第843页。
② 陈寿：《三国志》卷30《高句丽传》，中华书局，1959年，第845页。
③ 范晔：《后汉书》卷85《高句丽传》，中华书局，1965年，第728页。

这里亦见大量高句丽墓葬。渡浑江后则入吉林省集安市辖境，迎面便是霸王朝山城。沿新开河谷东南行，经财源、花甸子、前锋、台上等村镇，经王八脖子岭附近，过望波岭关隘，逾板岔岭，20世纪60年代修筑板岔岭公路时，曾发现马镫、铁矛、铁刀、四齿器、铁镢等遗物，《毌丘俭纪功碑》出土于附近的西北天沟。再经石庙子，终至集安。该路基本由苏子河、富尔江、新开河、麻线河四条水系组成，在"多大山深谷"的高句丽境内，可称"平阔"。

南道走向：亦由新宾县永陵镇二道河子古城发轫，南下，过榆树镇，再过哈山、彭家、都督等村，至岔路子，过嘎叭寨，逾老道沟岭，老道者，古老道路之谓也。逾岭后入桓仁境南下，过老营沟、川里村，此地有高句丽墓群。至六道河源头，稍行，至高俭地村，此地有高俭地山城。沿河东行，过木盂子镇，又过蔡俄堡、冯家堡子，至柳林子，村后有一山城，当地人称高丽城，附近有高句丽墓群。稍北，至二户来镇。续行六道河，至四道河子，经六道河子村，至上古城子村，此地有高句丽墓群。稍行，过下古城子村，村内即是一座土城。北上十余里，至五女山城。东南渡浑江后，过二棚甸子镇所属马大营子、横道川、巨户沟诸村，循漏河南下，过影壁山、二道阳岔，至干沟子，东部有北沟关隘。至沙尖子镇，此地有城墙砬子山城。由此沿浑江而下，至五里甸子镇瓦房沟，此地有瓦房沟山城，出江岗即入集安境。从浑江口东折，至外岔沟，附近有七个顶子关隘，又过老边墙关隘，旋至凉水乡。东北行，过榆林、太平、麻线等乡镇，终至集安。该路攀山越岭，曲折险峻，称之"险陕"，绝无虚夸。

第五节　高句丽墓葬

高句丽墓葬分积石墓和封土墓两大类，早期为积石墓，晚期为封土墓。本溪高句丽墓葬主要集中在桓仁浑江流域，这里也是辽宁地区高句丽墓葬主要分布区。

一、高句丽积石墓类型及葬俗

有学者根据外部结构和内部结构，将高句丽积石墓划分为无坛石圹墓、方坛石圹墓、方坛阶梯石圹墓、方坛石室墓、方坛阶梯石室墓几种类型①。这一时期方坛阶梯石圹墓、方坛石室墓、方坛阶梯石室墓流行。4世纪前后，由于受到辽东地区汉文化和佛教文化的影响，高句丽墓制葬俗发生了重要变化，封土石室墓开始流行，积石墓与火葬逐渐消失，并出现了规格较高的壁画墓。《北史·高句丽传》说："死者殡在屋内，经三年，择吉日而葬。居父母及夫丧，服皆三年，兄弟三月。初终哭泣，葬则鼓舞作乐以送之。埋讫，取死者生时服玩车马置墓侧，会葬者争取而去。"所谓"死者殡在屋内"，很可能就是将死者尸骨安放于棺木后，寄放在建于山野中简易的茅草棚子里，三年后，再选择一个吉日安葬。高句丽的服丧日期与中原几乎一样，父母及丈夫死后，都要服丧三年，而兄弟则服丧三个月。但是高句丽送葬习俗很是特别，人刚刚死去的时候，家人哭泣，送葬时则"鼓舞作乐"。埋葬完死者后，又将死者生前穿、用的"服玩车马"放置在墓旁，等待送葬的人争抢而去，葬礼方告结束。

关于高句丽墓葬的分布排列，由于高句丽处于"多大山深谷，无原泽"之地，故其墓葬大都分布在山坡、山脚或河谷两旁。相比之下，积石墓多在地势较高之处，封土墓多在地势低平之处。其中，积石墓往往依地势高低自上而下成纵行排列，每行长达几十米乃至百米以上，考古学将其称作"串墓"。

二、桓仁地区重要的高句丽墓地

现介绍几处这一时期桓仁地区重要的高句丽墓地及墓葬。

高丽墓子墓地，位于桓仁县原高丽墓子村，现已淹没在桓仁水库之下。共有墓葬240余座，墓葬由村南山岗顶部顺山坡向下发展，一直延伸到村内平地，长达1000余米，大体呈纵行排列，由高向低渐渐增多。1958—1959年发掘了34座墓葬，1994年又对高山上的余存墓葬进行了发掘。墓葬年代上限可到汉晋。这是桓仁地区规模最大的一处高句丽墓地，从墓葬数量、形制、分布规律观察，墓地的形成经过了较长时间。墓群南端为积石大墓区，共约70座。最南端也是最顶部的墓葬时间最早，出土的包银铜带鐥的贴片上，饰有相对的4个镂空卷云纹，时代约在3世纪末至4世纪初期，其北邻为两座墓葬，再往北依次又接筑了30多座墓葬，大体呈

---

① 魏存成：《高句丽积石墓的类型和演变》，《考古学报》1987年第3期。

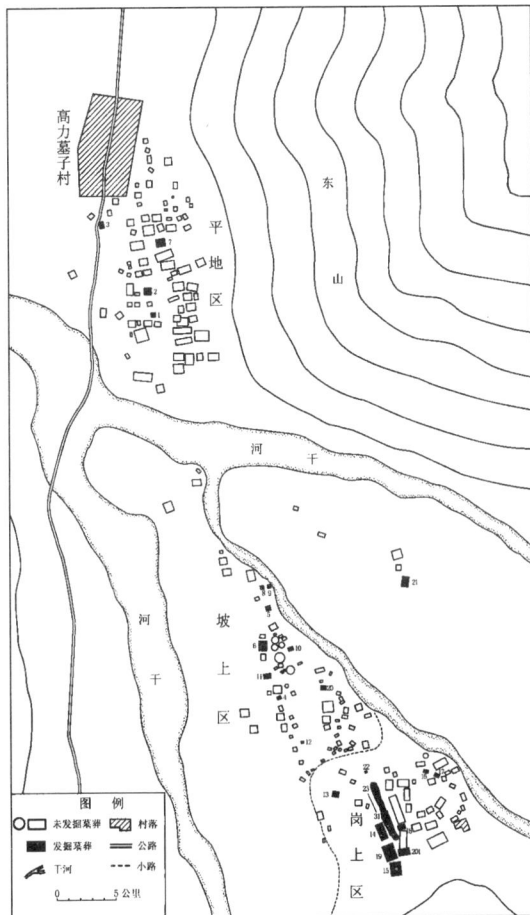

图5-6　高丽墓子墓地墓葬分布图

图5-7　高丽墓子墓地出土的陶罐

四行纵列顺山坡下延，中间两列长达 80 米，墓墓相连。凡北墓全无南壁，皆倚南墓北墙接砌出墓室（图5-6、图5-7）。可知此类墓葬没有南墓便无北墓，形成时间上南墓先筑，北墓后成。墓葬是由南向北随时代发展起来的。四行积石墓排列有序，并形成越往北时代越晚的趋向①。这个墓地，墓葬分为大、中、小三型，表现出墓主人生前地位的差别，说明高句丽等级制度十分严格②。

上古城子墓群，位于桓仁县桓仁镇平原城村上古城子自然屯北部，是一处高句丽时期重要的积石墓群。墓葬大多呈串状分布，由西向东排列，有的墓与墓之间相互连接，串状排列的墓葬可能反映了高句丽民族聚族而葬的习俗。在一些墓葬的顶部，暴露出的小石块有经火烧灼的迹象，墓群

---

① 陈大为：《桓仁县考古调查发掘简报》，《考古》1960年第1期。

② 杨泓：《高句丽墓葬的新发现》，《新中国的考古发现和研究》，文物出版社，1984年，第554页。

中的部分墓葬，可能采用了火葬方式。

墓葬形制可分两类，一类是积石墓，数量较少，现存3座，均以鹅卵石堆积而成，四周无坛，平面一般呈长方形，26号墓规模较大，长9米、宽8米、高近2米，墓顶有凹陷坑，分析应是墓室所在的地方。另一类是方坛积石墓，数量较多，现有27座，四周均以稍作加工的条石和大石砌筑基坛，有的基坛砌筑三层大石，坛高1米余。有的坛中已有大石板外露，分析应是墓室建筑。坛内及墓室顶部积封鹅卵石，墓葬平面均为长方形，其中大型墓葬较多，如1、2、14号墓等，其中1号墓长9.5米、宽7.5米、高2米，14号墓长16米、宽12米、高1米余（图5-8）。

图5-8 俯瞰上古城子墓群

根据有关研究结果表明，高句丽方坛积石墓流行于3世纪前后，上古城子墓群的时代应与此相当，为高句丽中期的墓葬。上古城子墓群距离高句丽初期都城五女山城仅有10余千米，距离高句丽初期平原都城下古城子城址仅有2千米，墓主人生前极有可能为下古城子城址的居民。它对于研究高句丽墓制葬俗的变化具有较大意义。

桓仁将军墓^①，又称米仓沟墓，位于桓仁县雅河乡米仓沟村北约500米的山岗上，此处为山岗最高点，浑江从西北方向流来，绕过山岗转向西南流去。

将军墓封土呈覆斗状，四边棱角现今依然分明。底部平面近方形，东西长45米，南北宽41米，周长172米，高7.2米（图5-9）。封土为黄沙土夯筑，比较坚实，接近墓室外壁处，发现用来防水和防潮的木炭和白灰封护层。

图5-9　将军墓外景

墓室由甬道、南、北耳室、主室组成，皆以加工规整的巨石砌筑，石面光洁，表面抹有一层薄薄的白灰（图5-10）。

甬道长5.4米，宽1.48米，顶部铺筑平整的大石板，由外向内分三段呈阶梯状逐层递减，高1.6—2米。在靠近甬道外端处，

图5-10　将军墓墓室结构

设有封墓石，封墓石为长方形巨石叠筑，现存两层。在封墓石外侧，堆积大量鹅卵石，并用白灰灌浆。

① 关于将军墓的介绍，参考并直接引用了武家昌、梁志龙、王俊辉：《桓仁米仓沟高句丽壁画墓》，《辽宁考古文集》，辽宁民族出版社，2003年。

　　南、北耳室分别位于甬道近中部的两侧，两者互对，大小相若，平面均为长方形，南耳室长1.6米、宽1.17米、高1.34米，北耳室长1.58米、宽1.16米、高1.34米，耳室地面高于甬道地面0.2米。耳室壁面及顶部均绘有壁画，地面亦绘有壁画，但漶漫严重，仅隐约可见。

　　甬道内口与主室之间设有石门。门楣、门框、门槛均由石条构成，两扇门扉以石板制作，已被盗墓者拆下，放在甬道内。门框宽9厘米，门槛宽20厘米、高12厘米，门扉长150厘米、宽70厘米、厚6厘米，两面四边绘有黑色框带。

　　主室平面呈方形，边长3.5米，四壁均以精磨的大石条平行砌筑，壁高2米。四壁上面为平行叠涩藻井，以三层叠涩石构筑，每层叠涩石高26—48厘米不等，墓顶扣压一块覆斗状大石。墓室地面平置两具石棺床，南北并列，形制相同，均为整块大石雕琢而成，规整光滑，平面呈长方形，长2.54米，宽1.22米，高0.4米，两床间距0.6米。墓室地面亦以平整的大石铺筑。由地面至藻井顶部，高3.5米，主室四壁及藻井均绘有壁画。

　　壁画内容多为装饰图案，以莲花为主，另有变形莲花纹、双龙纹、王字云纹等。莲花主要绘于主室四壁及第二、三层叠涩石正面，均为侧视莲花，莲花以黑红两色绘制，四壁上的莲花分行排列，每壁都有五行，保存较好，色泽鲜艳（图5-11）。变形莲花纹绘于第一层叠涩石的正面，共分三行排列，单个莲花的整体形象好似火焰，上端为一朵圆尖状的莲蕾，下为一个椭圆形圈，圈外两侧分别绘制下垂的柳叶状物，犹似花萼，再下为向两侧延伸的根茎状物，似为藕根（图5-12）。双龙纹绘于四壁上下及门周，先以赭色涂出宽约17厘米的底带，再用墨色在其上绘制双龙纹，双龙分两

图5-11　将军墓墓室壁画

图5-12　壁画中的变形莲花纹

行排列，上层双龙纹形象完整，两者相对，折角，张口，交颈，曲爪，弓身，曲尾，双龙中间绘有吉祥图案"胜"。下层双龙纹仅绘出双龙的上半部，而无下半部。四壁下面的双龙纹多已漫漶，局部地方隐约可见。王字云纹绘于耳室及叠涩石的底面，分行排列，状如织锦图案，流云呈椭圆形的半环状，两端回曲，内里绘一"王"字。藻井顶部亦绘有壁画，因早年盗墓者凿穿墓顶而入墓室，壁画已被盗墓者凿石时震落，今已不可确知其内容，但从残存迹象观察，似为一朵正视大莲花的周围，等距离分布着8朵小莲花。

米仓沟将军墓封土高大，墓室宏伟，结构谨严，筑造精细，墓室布局与构造与集安长川2号墓相同，但在筑墓技艺与规格等方面，都远远超过了同类墓葬。将军墓对于研究高句丽墓葬形制的变化与发展，具有重要的参考价值，是高句丽壁画墓编年研究的重要资料。

墓内壁画保存较好，有的色泽至今仍然鲜艳。壁画内容以莲花为主，莲花均为侧视莲花，墨线勾边，朱红设色，排列整齐，错落有致，满壁灿然，夺人眼目。莲花应和佛教有关，壁画中大量莲花的出现，反映了墓主人生前对佛教的信奉。壁画中的变形莲花和双龙纹，是目前高句丽墓葬中首次发现的壁画图案，其中双龙纹与中原地区战国秦汉龙纹有许多相似之处，由此可见中原文化对高句丽的影响。将军墓壁画在绘画艺术上带有自己的特色，布局工整，设色讲究，在内容上运用装饰纹样作为主题，无疑，将军墓壁画是高句丽民族艺术史上的一朵奇葩。

将军墓不仅封土高大，墓室宏伟，出土的随葬品规格也较高，其中釉陶灶为目前所见高句丽时期最大的陶灶，随葬的铜器大都鎏金。根据该墓诸多线索分析，墓主人生前应是地位显赫的贵族或更具权势的皇家人物。

该墓早年虽经盗掘，但依然出土了一批珍贵的随葬器物，主要有黄绿釉陶灶、黄绿釉四耳展沿罐、鎏金铜带扣、鎏金铜铃形饰、鎏金铜铊尾、鎏金铜梅花形饰件、鎏金铜簪、金摇叶、金泡饰、铁铲、铁穿头、铁碗、木鞍桥残件、靴形石等。

根据高句丽壁画墓的编年研究，将军墓的年代大体应在4世纪末至5世纪初期。虽然高句丽以桓仁为都仅有40年的时间，但迁都之后，作为初期都城的桓仁在高句丽王国中，仍然具有较高的特殊地位。将军墓这座大型墓葬的出现，应是这一历史现象的反映。

第六章
隋唐时期的本溪

隋朝建立之初，高句丽多次派遣使臣入隋朝贡。开皇九年（589），隋军灭掉位于江南的陈国，全国得到了统一。第二年，隋文帝赐书高句丽平原王，对其"虽称藩附，诚节未尽"进行谴责。开皇十八年（598），高句丽婴阳王率军一万多人侵犯辽西，引起隋文帝发兵征讨。隋炀帝时期，曾经三次征讨高句丽，高句丽经此打击，国势走向衰落。大业八年（612）隋炀帝第一次东征，过辽河后，围攻辽东城，隋朝大将于仲文兵过乌骨城，进至鸭绿江边。行军路线，都应该经过今本溪地境。618年，唐朝建立，唐高祖李渊吸取隋朝征讨高句丽失败的教训，实施"仁恕之道"，将战争中俘获及流落中原的高句丽人"遣送"归国，而高句丽建武王也将战争中滞留在高句丽境内的1万多唐人"以礼送还"，赢得了唐高祖的欢心。武德七年（624），高句丽使臣入唐朝贡，并请颁发历法。唐高祖派遣前刑部尚书沈叔安前往高句丽，册封建武王为上柱国、辽东郡王、高丽王。由此，唐与高句丽关系得到了改善，双方互信程度得到了加强。唐太宗贞观十六年（642），高句丽西部大人盖苏文发动政变，杀死建武，把建武的侄子宝藏立为国王，自立为莫离支，擅权专国。这一事件，引起唐朝的极度愤慨。贞观十八年（644），唐朝开始大规模进讨高句丽，第二年二月，唐太宗从洛阳出发，亲率大军前去参与和指挥这场战争，战争中攻下高句丽10座城池，给予高句丽沉重打击。乾封元年（666），盖苏文去世，他的三个儿子因争权夺势发生内讧，长子泉男生派遣他的儿子前往唐朝求救。唐高宗马上派出契苾何力、庞同善等大将，作为泉男生的援军，"同讨高丽"。总章元年（668），在唐和新罗联军的打击下，高句丽灭亡。

第一节　隋与高句丽的关系

隋朝建立之初，时值高句丽平原王高阳在位。隋文帝杨坚对高句丽采取了以和为主的基本政策，高句丽也在隋朝建立之初派使臣朝贺，表明附属关系。《隋书·高祖纪》记载："开皇元年（581）十二月壬寅，高句丽王高阳遣使朝贡，授阳大将军、辽东郡公。"隋文帝在位时期，高句丽入贡频率较高，590年平原王死，子婴阳继位，文帝敕封"辽东郡公"。高句丽遣使致谢并讨封。文帝续加封"高句丽王"，591年婴阳王两次遣使，入隋朝贡。在此基础之上，双方一直维持着友好关系。开皇十八年（598），高丽王高元寇略辽西，对隋朝发起了武装挑衅，双方关系发生了转变。

一、高句丽寇略辽西

开皇十八年（598），高句丽联合靺鞨，攻辽西军事驻地，史书记载："元率靺鞨之众万余骑寇辽西，营州总管韦冲击走之。高祖闻而大怒，命幼子汉王杨谅、上柱国王世积为行军元帅，前陈国大将周罗侯为水军总管，率大军三十万，分水陆两路进攻高句丽。"尽管两军遭遇恶劣天气，"船多漂没"，无功而返，但高句丽王却也就此罢兵，遣使谢罪，自称"辽东粪土臣元"，并恢复了每年遣使朝贡。隋与高句丽双方虽没有发生大规模战争，表面关系缓和，但是彼此之间裂痕已明显增大，为此后隋炀帝三征高句丽埋下了伏笔。

二、隋炀帝对高句丽的征讨

隋炀帝继位，中原归于一统，国力蒸蒸日上，高昌、突厥等民族首领都来进贡朝贺，唯有东北高句丽无人来朝。大业六年（610），隋在山东设府，专养军马。又征农夫运粮草至辽西郡泸河、怀远两镇囤积。大业七年（611）二月，炀帝下诏征高句丽。在此之前，他已向全国下总征兵令，不论远近，全部到涿郡集中。征发60万人推车运粮，各种船只相接千里，装载着兵甲与攻城器械，路上来往数十万人，日夜兼程。当年逢天灾，山东、河南发大水淹没30多个郡。天灾人祸，使各地农民起义风起云涌。出征的兵士无心作战，大军尚未出征就埋下了失败的种子。大业八年（612）

正月，各路军基本聚齐，隋炀帝即令发兵，号称200万人，命令日发一军，相距40里，连营渐进。头尾相接，鼓角相闻，旌旗相望。御营紧随其后，绵延80里。总共用了40天才出发完毕。直到三月，大军才行进至辽水（今辽河）西岸，布阵进攻，高句丽寡不敌众，大败。五月，隋军乘胜围攻辽东城（今辽阳）。高句丽据守不出，每当要陷落之际，便言投降，隋军停止进攻，驰报请示，而炀帝接受投降圣旨刚到，高句丽兵却又拒降，反复多次，隋炀帝大怒，亲临辽东城督战，但各城均不克。由黄县公来护儿率水军渡海北上，从浿水（今大同江）进入高句丽境内，距平壤60里，与高句丽军交战大胜。但4万精甲被诱入平壤城，高元弟建武率500名敢死军士突然出现，隋军大败。来护儿不敢停留陆地，接应各军退回海上。后来各军奉诏班师。大业九年（613）正月，隋炀帝又诏令全国军队到涿郡集结。三月，从东都（今河南洛阳）出发，再征高句丽。四月渡过辽水，攻辽东城，至六月仍不下。这时突然发生楚国公杨玄感造反事件，斛斯政叛逃高句丽。隋炀帝决定撤军回师。辎重、营垒、帐幕等全部抛弃而去。大业十年（614）二月，炀帝再诏全国军队，集中涿郡，准备三征高句丽。三月，隋炀帝到涿郡，四月，到北平郡（今河北卢龙），七月，到达辽西怀远镇。此时天下已大乱，军队多半过期不到。高句丽也因连年战争，无力对抗。来护儿率水军渡海，准备攻平壤。吸取以往直接渡海抵平壤城下失败的教训，先渡海到辽东半岛南端，然后再走陆路和内河航行相结合的路线，首先到金州卑沙城（今大连金州区大黑山山城），大破高句丽军，高元震惊，派使者送叛将斛斯政于辽东城下，请求投降。隋炀帝大喜，八月，炀帝自怀远撤兵，十月，返回西京长安。

第二节　唐与高句丽的关系

唐初与高句丽的正常关系，维系了多年。高句丽盖苏文弑杀亲唐的高句丽国王建武后，唐与高句丽关系开始发生重大冲突。唐太宗征讨高句丽时，攻下高句丽10座山城，其中横山城、磨米城当在本溪境内。唐高宗乾封元年（666），高句丽统治阶层发生内讧，在高句丽莫离支泉男生的请求下，唐对高句丽发起了全面征讨，其中攻拔的苍岩城及举降之城哥勿，当在今桓仁境内。高句丽灭亡后，唐在高句丽境内设置了安东都护府，府下辖署的哥勿州都督府，应该就设立在哥勿城内。

一、唐太宗对高句丽的征讨

唐太宗时期，先后三次征讨高句丽，第一次为贞观十八年（644），发兵的直接原因，乃是盖苏文杀掉了亲唐的建武王，专权祸国，破坏了建立许久的唐朝和高句丽藩属关系。十一月，唐太宗任命李勣为辽东道行军大总管，率领步军从柳城出发，任命张亮为平壤道行军大总管，率领舟师从莱州出发，十万大军，水陆并进，发向高句丽。第二年二月，唐太宗亲统六军，从洛阳出发，进军高句丽。李勣率军过辽河，首先攻下高句丽盖牟城（今沈阳市塔山山城），设立了盖州。五月，李勣进军辽东城（今辽阳市），不久，唐太宗也到了辽东城下。唐军借助风势，火焚城内屋宇，攻下城池，俘虏万余敌兵，大获全胜，于此设辽州。唐军又攻下辽东城附近的白岩城（今灯塔市燕州城），设岩州。这次征讨，唐军攻城略地，取得了辉煌战果。"凡征高丽，拔玄菟、横山、盖牟、磨米、辽东、白岩、卑沙、麦谷、银山、后黄十城。徙辽、盖、岩三州户口入中国者七万人。"[1]据考证，这次攻下的十城中，有的就位于本溪境内。

横山山城，推测为今平顶山山城，它位于本溪市区东南部平顶山上，海拔高度661.2米，是本溪市区的制高点（图6-1）。山顶平坦，山下北约5

图6-1　平顶山

---

[1] 司马光：《资治通鉴》卷97"唐太宗贞观十九年"，上海古籍出版社，1997年，第1809页。

千米为太子河。山城位于山巅，平面为不规则长方形，东西长约840米，南北宽约400米。城墙基本以山顶边缘为基线，可分两类，一类是山险墙，直接借助矗立的岩壁，无人工迹象，城墙多为此类。另一类是人工墙，石筑，石料多为楔形石，坍塌较为严重。一般基部宽4米，顶部宽3米，

图6-2　平顶山山城石墙

保存较好的段落高近2米（图6-2）。北墙长842米，南墙长1217米，西墙长654米，东墙长470米。城设四门，分别位于南墙东侧、西侧和北墙东侧、西侧。其中位于南墙东侧的城门，应为山城的主要通道。这里为一条山沟，沟上口宽约30米，两侧为石壁，西侧较高，沿山沟下行，可经南天门村到达山下。所谓"南天门"，最初指的可能就是这里。

城内主要遗迹有角城、蓄水池、水井、瞭望台等。

角城位于城内东南角，筑在较低的石台上，平面呈凸字形，北侧与东西横亘的崖壁相接，其他三面筑墙，东墙长30米，西墙长23米，南墙长6米，外壁最高4米。在角城北侧有一个人工挖掘的土坑，平面近圆形，径长6米、深1米。蓄水池位于城内中南部，原来为低洼的土坑，平面大体呈椭圆形，径长约10米，现已毁坏。城内现存两口水井，其中一口水井位于城内中北部，另一口水井位于山上东南侧玉皇庙附近，井口平面均呈圆形，径长1米余，井壁石筑。瞭望台位于城内东北角，是城内的制高点。台为土石混筑，平面呈椭圆形，底部长15米、宽12米，顶部长8米、宽6米，高2米余，台顶南侧有一个凹坑，平面呈椭圆形，长1.5米、宽1.2米、深0.8米。城内西南侧较缓的山坡上，有人工砌筑的台地，这里可能为城内军民的主要居住区。采集遗物有高句丽时期铁矛、铁镞、铁铲、陶壶口沿、陶罐口沿、陶盆口沿、陶器底等①。

平顶山顶部平坦，适合人类居住，又因山壁陡峭，易守难攻，具有较

---

① 梁志龙、马毅：《辽宁本溪市平顶山高句丽山城调查》，《东北史地》2009年第5期。

高的军事价值，因此成为历史上兵家必争之地。平顶山山城，应该就是高句丽横山城。横山，显然是汉语名称，它的得名，应和山的形态相关。横，相对的是纵，山而称"横"，表明该山具有横向的特征。平顶山顶部平坦，与"横"字恰好相当。

图6-3　边牛山城

图6-4　边牛山城蓄水池

磨米山城，即为本溪境内的边牛山城（图6-3），位于本溪市石桥子高新区边牛村，山城土筑，分内外两城，内城位于东侧，外城位于西侧，外城城墙比起内城城墙单薄。内城城墙大多沿着山脊修筑，东墙有一段外壁墙体脱落，暴露出来城墙是以沙土夯筑的，夯层明显，每层厚10—12厘米，墙体非常坚硬。内城平面呈不规则梯形，周长1235米。西墙筑于山口处，底宽23米，顶宽6米，高11.2米。城墙东北角、东南角分别为山城制高点，筑有角台。内城设有4门，3处位于西墙，从北向南依次为正门、水门、便门。另一处门址位于东墙。外城平面呈不规则长方形，南北两侧城墙筑于山脊上，西墙筑于山口平地，残损较重。城内遗迹有蓄水池（图6-4）、瞭望台、土坑、台地等，采集遗物有泥质灰陶片、石臼等。

清杨同桂《盛京疆域考》将磨米州推定在奉天府境，当代学者进一步将其推定为边牛山城。宋代江少虞《事实类苑》曾记载一件"古铜鱼符"，与磨米州相关：有人在寿光县（今山东省寿光市）的稻田中，拾到"古铜鱼左符"，红铜材质，长二寸许。符背刻鱼，头尾鳞鳍，一应俱全。符面刻"同"字，当是与另一半鱼符"合信"之用。最重要的是，符上刻有主人官职、名讳："左云麾将军、行磨米州刺史、持节磨米州诸军事高从政。"高从政应该就是高句丽降附唐朝的磨米州的最高首领。宋代，这件古铜鱼符在山东发现，可能磨米城的一部分高句丽降人，后来被迁入山东地区。与磨米州相关的历史人物还有唐高级将领高质、高慈父子。二人本是高句丽降将，其先祖追随朱蒙王建立高句丽政权，功勋卓著，世为本国高官贵族。唐总章元年（668），高质率族人归顺大唐，并接受唐官职，从此为唐王朝东征西讨，屡立功勋。唐万岁通天元年（696）五月，营州城附近的契丹首领李尽忠、孙万荣等杀死当地官员，举兵反叛，攻陷营州，随后纵兵抄掠，历时一年余，史称"营州之乱"。高氏父子受命征讨，前期取得重大战果，但最后在磨米州"城孤地绝，兵尽矢穷"的情况下，被契丹叛军击败。高质父子"为虏所执，词色懔然，不屈凶威，遂被屠害"。为表彰高氏父子，唐朝追赠官职，以慰亡魂，并"特令编入史册"。

加尸城，也叫黎山城，即为李家堡子山城，《三国史记》说："黎山城，本加尸达忽。"达忽，为高句丽语，意思就是城。该城虽然不在攻下的10座山城之中，但与这场战争有关。《旧唐书·高丽传》记载，唐军渡过辽水之后，高句丽莫离支盖苏文派遣加尸城七百人增援盖牟城防守，李勣攻下盖牟城，将其全部俘获，这些人请求跟随唐军效力。唐太宗对他们说："谁不想获得你们的效力啊？但你们的家人都在加尸城，你们为我去打仗，他们就将被高句丽人杀死。破坏了一家妻儿老小，得到你们一人的效力，我不忍心啊！"于是把他们全部放了回去。

李家堡子山城位于本溪县草河口镇南约3千米江草村李家堡子屯，依山而建，为簸箕形山城（图6-5），多以石筑墙，东墙、北墙各有一段利用了自然山体。南墙长507米，西墙长779米，北墙长385米，东墙长923米，周长2594米，其中人工城墙长2349米，天然墙长245米。山城设有两座角台，分别位于山城的西南和西北角。全城共发现3处门址，分别为南门、西门、东门。南门为山城主要通道并附有水渠。西门保存较好，墙体高大。东门保存不好，规模也较小。南门泄水渠现存部分位于门道东侧向下2米处，北高南低，暴露长度为35米。两侧渠壁均以楔形石砌筑，其上原有覆盖的大石板，现多不存。城内遗迹主要有瞭望台、泉眼等。瞭望台位于西

图6-5　李家堡子山城

墙中部内侧15米处的山脊上，台下为峭壁。海拔高度433米，视野开阔，平面近方形，台顶南北长4.5米、东西宽4米，台底东西长10米、南北宽6.6米、存高2米。城内西南部有泉眼一处，位于泄水渠的北端，水从山体岩石缝隙中流出，形成一个天然水池，池径约2米，深0.3米，为城内目前发现的重要水源。李家堡子山城与凤凰山山城（高句丽乌骨城）相去不远，作为乌骨城的前方屏障，具有重要的军事意义。

二、唐高宗对高句丽的征讨

唐太宗兵退辽东之后，攻下的城池，有些又回到了高句丽手中，横山山城（今本溪市平顶山山城）便是一例。

唐高宗显庆四年（659），唐军又发动了一次小规模的东征，再次攻打横山。《旧唐书·薛仁贵传》记载，薛仁贵"又与梁建方、契苾何力于辽东，共高丽大将温沙门战于横山，仁贵匹马先入，莫不应弦而倒，高丽有善射者，于石城下射杀十余人。仁贵单骑直往冲之，其贼弓矢俱失，手不能举，便生擒之"。《资治通鉴》记载这次战役发生在十一月："显庆四年十一月，右领军中郎将薛仁贵等与高丽将温沙门战于横山，破之。"

唐高宗乾封元年（666），高句丽莫离支盖苏文去世，长子泉男生继位，因与"其弟男建、男产不睦"，兄弟"相怨"，于是"各树朋党，以相攻击"。男生"初知国政，出巡诸城"，把国事交给了留守王都的男建、男产。不久，"男建自为莫离支"，发兵攻讨男生，男生退保高句丽故都国内城，"使其子献诚诣阙求救"，投向了唐政权。六月，唐高宗任命左骁卫大将军契苾何力为辽东安抚大使，率军接应泉男生。同时，又任命庞同善、高侃为行军总管，薛仁贵、李谨行为后援，发向辽东。九月，庞同善同高句丽军队交锋，打败了高丽兵马，泉男生率师来会。十二月，又任命李勣为辽东道行军大总管，征伐高句丽。

这次战争中的几个地点，和本溪有关。

《旧唐书·薛仁贵传》："乾封初，高句丽大将泉男生率众内附。高宗遣庞同善、高侃等迎接之。男生弟男建率国人逆击同善等，诏仁贵统兵为后援。同善等至新城，夜为贼所袭，仁贵领骁勇赴救。……仁贵横击之，贼众大败，斩首五千余级，遂拔其南苏、木底、苍岩等三城，始与男生相会。"《新唐书·薛仁贵传》亦云："仁贵击虏断为二，众即溃，斩馘五千，拔南苏、木底、苍岩三城，遂会男生军。"《三国史记》："薛仁贵引兵横击之，杀我军五万余人，拔南苏、木底、苍岩三城，与泉男生合。"

新城，即今抚顺市高尔山城。薛仁贵从这里出发，连续攻下了南苏、木底、苍岩三城，才与男生相会。南苏、木底、苍岩，应该是由新城通向国内城线路上的三座高句丽山城。南苏城，当得名于南苏水（今苏子河），大多数学者认为，新宾五龙山城即为高句丽南苏城。该城位于新宾县上夹河镇五龙村，东距永陵南城址30多千米，平面近等腰三角形，石筑，周长2107米。木底城，应是永陵南城址，该城址位于苏子河中游，居处中原与高句丽来往的交通要道上，该城为第二玄菟郡址，高句丽占领后，把这城的玄菟名字改称木底。城址附近有高句丽河南山城一座，它和平地上的永陵南城址相距甚近，上下相望，共同构成了木底复合式的城市布局。

苍岩城，即今桓仁县高俭地山城。

战争中薛仁贵从新城东进高句丽腹地，渐次经过南苏、木底、苍岩，最后与男生相会。关于相会之地，即是哥勿，哥勿系纥升骨城的又一称谓，纥升骨城简称骨城，哥勿乃骨字反切。准此，苍岩当在木底之次，哥勿之前，居于两者之间。高俭地山城位于桓仁县木盂子镇高俭地村，北距永陵南城址30多千米，东距五女山山城40多千米，里距相当，恰在两者之

图6-6 高俭地山城

间。从永陵南下经高俭地，再折向东南至五女山，自古便是一条山间通
道，现在仍是连贯的道路。山城沿山脊筑墙。山脊突起，呈口字形回抱，
圈住了一片谷地（图6-6），平面呈不规则长方形，城墙石筑（图6-7），西
墙长267米，北墙长391米，东墙长332米，南墙长383米，全长1373米，

图6-7 高俭地山城北墙

山城共设三门，西墙1门，
北墙1门，东墙1门，南墙
无门。西门位于西墙南端，
接近西南角。方向250°，宽
7米。西门居于山城的最低
点，它不仅是山城与外界联
系的主要通道，也是山城唯
一的泄水口①。沿墙设有2
座马面，一座位于北门东
侧，另一座位于东门北侧，
平面近方形。发现2处登墙

① 梁志龙、王俊辉：《辽宁省桓仁县高俭地高句丽山城调查》，《东北史地》2011年第1期。

坡道，系沿着城墙内壁建筑的登上城墙顶部的坡道。城墙三处转点，分别位于3座孤峰之巅，峰巅兀然耸立，站立其上远望，视野开阔，具备良好的瞭望条件，分析当初可能作为瞭望台使用。城内遗迹多分布于北部和东南部地势平缓地带，主要有蓄水池、土坑、石砌地穴等。出土遗物有陶壶口沿、陶器底、隋五铢、铁锉、铁车辖、铁甲片等。考古发掘的北门，门址两侧外壁石头有酥裂现象，附近多见黑色炭粒，有的保存面积较大，为木头经火后的遗存，有的石头上留下烟火熏黑迹象，一些出土陶片火烧后变形或变轻，甚至互相粘贴一起，据此分析，门址经过火烧。这可能和战事有关①。

三、高句丽千里长城

唐代，高句丽惧怕强大的唐政权对它实施打击，曾经修筑过千里长城。这道长城，用了16年的时间方才修完。

唐贞观二年（628），唐攻破突厥颉利可汗后，高句丽国王建武（荣留王）派遣使者来到唐朝国都表示祝贺，并献封域图以示臣服。贞观五年（631），唐朝派出广州都督府司马长孙师前往高句丽，收集、掩埋、祭祀隋朝时战死在高句丽境内的士兵遗骨，并扒毁了高句丽立起来的"京观"。这座京观，是高句丽集中许多隋朝战死的将士尸骨堆筑起来的高大的坟冢，带有炫耀战绩的意味。从唐朝的这些大的举动中，建武感觉到了来自唐朝的强大压力，害怕唐朝攻伐高句丽，于是开始修筑长城。对此，文献有如下记载：

《旧唐书·高丽传》："五年（631），诏遣广州都督府司马长孙师收瘗隋时战亡骸骨，毁高句丽所立京观。建武惧伐其国，乃筑长城，东北自扶余城，西南至海，千有余里。"《新唐书·高丽传》："帝诏广州司马长孙师临瘗隋士战骴，毁高句丽所立京观。建武惧，乃筑长城千里，东北首扶余，西南属之海。"《三国史记·高句丽本纪》：荣留王十四年（631），"唐遣广州司马长孙师临瘗隋战士骸骨，祭之，毁当时所立京观。春二月，王动众筑长城，东北自扶余城，西南至海。千有余里，凡一十六年毕功。"高句丽

① 樊圣英、梁志龙等：《2008—2009年辽宁桓仁县高俭地高句丽山城发掘简报》，《东北史地》2012年第3期。

盖苏文曾经监筑长城工役,《三国史记·高句丽本纪》:荣留王二十五年(642):"王命西部大人盖苏文,监长城之役。"

关于高句丽长城形态,研究观点不同,主要有两种观点:

第一种观点认为高句丽长城确有实体,为土筑长城,持此观点的学者认为,吉林境内德惠、农安、公主岭、梨树、四平及辽宁境内昌图、营口等地的所谓"老边岗",就是高句丽千里长城的实体。这里的"边岗",很多地方没有遗迹,只保留了"边岗"地名[1]。

第二种观点认为高句丽长城不是一条带状实体长城,而是由若干山城组成的一条联防线。持此观点的学者认为,高句丽大型山城多分布在辽河以东不甚远的沿河一线,中型山城多在辽河以东较远处的较大河流孔道中,小型山城则分布在大型和中型山城的周围,贞观五年高句丽所筑的长城,最终形成了高句丽山城的现有体系,从而在高句丽西界前沿,形成了一条长达千里有余的山城联防线[2]。

根据第二种观点判断,本溪及附近地区一些高句丽山城,亦应纳入高句丽千里长城进行考量,如浑江流域的高俭地山城、太子河流域的杉松山城、太子城、下堡山城、平顶山山城、李家堡子山城等,相互联络,东西排列,形成了一道山城组群构筑的防御体系。

四、高句丽政权灭亡

唐贞观十六年(642),高句丽发生了政变。

东部大人、监筑长城之役的盖苏文,因其"凶残不道",引起愤恨,国王建武和一些大臣秘密商议,准备诛杀盖苏文。不料内中消息被盖苏文发觉,于是盖苏文采取先发制人的策略,以大阅兵为借口,把高句丽各部领导人召请过来,并设宴邀请大臣前来观看。客人到了,盖苏文一声令下,一百多个大臣被杀死。然后盖苏文驰入王宫,亲手杀了国王建武,把建武的尸体砍为数段,扔到了沟里。重新立建武的侄子宝藏为高句丽王,把自己封为莫离支。莫离支的官职,相当于中国的兵部尚书兼中书令。自此,

① 张福友等:《高句丽千里长城》,吉林人民出版社,2010年,第247页。
② 陈大为:《辽宁境内的高句丽遗迹》,《辽海文物学刊》1989年第1期。

盖苏文"号令远近，专制国事"①。盖苏文弑君，引起唐朝极大愤慨，唐太宗率军亲征高句丽，这是一个主要原因。

盖苏文篡政，埋下了高句丽灭亡的伏笔。

唐乾封元年（666）六月，盖苏文去世，长子男生继位为莫离支，掌揽大权。因与"其弟男建、男产不睦"，兄弟"相怨"，于是"各树朋党，以相攻击"，产生内讧。男生"初知国政，出巡诸城"，把国事交给了留守王都的男建、男产。此时兄弟情悌已生裂隙，男生出巡乃不得已之举，《旧唐书·高丽传》说，男生"为二弟所逐"，似有道理。男建假托国王高藏的命令，召男生回平壤，"男生惧，不敢归"。不久，"男建自为莫离支"，发兵攻讨男生，男生退保高句丽故都国内城（今吉林省集安市），派遣其子泉献诚入唐求救，投向了唐政权。

唐高宗任命左骁卫大将军契苾何力为辽东道安抚大使，率兵前往迎接男生。又任命泉献诚为右武卫将军，充当向导。又任命右金吾卫将军庞同善、营州都督高侃为行军总管，一同前去讨伐高句丽。同时任命左武卫将军薛仁贵、左监门将军李谨行殿后，也发向辽东。十二月，任命李勣为辽东道行军大总管，庞同善、契苾何力为副大总管。

乾封二年（667）九月，李勣率军至新城（今抚顺高尔山山城），占据城外西南一带，"据山筑栅，且攻且守"。迫于强大的唐军压力，新城师夫仇等人把城主捆绑起来，开门投降。李勣留下契苾何力守护新城，庞同善率军也来到新城驻守。夜里，泉男建派遣高句丽兵向庞同善驻扎的营地发起袭击，薛仁贵前来援救，大破高句丽兵，斩首数百级。庞同善等将领率军又进至金山，与高句丽大战，击溃高句丽兵，斩首五千级，乘胜而进，连续攻下高句丽南苏、木底、苍岩三城，与男生相会。契苾何力是进攻的指挥者，当时，高句丽兵十五万众，屯于辽水，又领数万靺鞨兵占据南苏城，契苾何力"奋击破之，斩首万级，乘胜进拔八城"②。《旧唐书·契苾何力传》记载为"凡拔七城"。在唐军进兵途中，有的高句丽城听从泉男生的旨意，投降了唐军。《新唐书·泉男生传》说："举哥勿、南苏、仓岩等城以降。"

---

① 司马光：《资治通鉴》卷96"唐太宗贞观十六年"，上海古籍出版社，1997年，第1794页。
② 欧阳修等：《新唐书》卷110《契苾何力传》，中华书局，1975年，第4120页。

唐总章元年（668）九月，各路唐军渡过鸭绿水，围困平壤城。一个月后，高句丽国王宝藏派男产率98位大臣手持白幡，来到李勣行营投降。而男建仍然"闭门拒守"，并且频频派兵出城挑战，屡屡败归。不久，男建把军事大权交给了僧人信诚，信诚秘密遣人到李勣那里，请为内应。五天后，信诚大开城门，唐军鼓噪登城，一举取胜。男建自杀未遂，被唐军擒获。

高句丽政权于是灭亡。

五、哥勿州都督府

高句丽灭亡后，唐朝在平壤设安东都护府统领高句丽全境，下设9个都督府，42个州，100个县，任命薛仁贵为安东都护，率兵2万镇守。《旧唐书·地理志》："总章元年九月，司空李勣平高句丽。高句丽本五部，一百七十六城，户六十九万七千。其年十二月，分高丽地为九都督府，四十二州，一百县。置安东都护府于平壤城以统之。用其酋为都督、刺史、县令，令将军薛仁贵以兵二万镇安东府。……初置，领羁縻州十四。"文中记载了部分都督府及部分羁縻州的名称：新城州都督府、辽城州都督府、哥勿州都督府、建安州都督府；南苏州、木底州、盖牟州、代那州、仓岩州、磨米州、积利州、黎山州、延津州、安市州。

九个都督府中的哥勿州都督府，设于今桓仁，州治应是高句丽第一个都城纥升骨城，即今辽宁省桓仁县五女山山城，换句话说，哥勿城与纥升骨城，同城异名，早期史籍作纥升骨城，晚期则作哥勿。

高句丽城址，一城常常有两个名称或多名，这种现象的出现，固然有多方面的原因，其中不能排除因高句丽和中原及东北其他民族语言不同，而产生的听觉误差。纥升骨城又简称鹘城。哥勿两字，正是鹘字的反切。哥勿，也作甘勿主或甘勿伊忽，《三国史记》："鸭绿水以北已降城十一：掠岩城、木底城、薮口城、南苏城、甘勿主城，本甘勿伊忽。"甘、哥两字声母相同，甘勿同哥勿一样，亦是骨字的反切。甘勿主城，亦即哥勿城。

唐乾封元年（666），哥勿曾是泉男生临时避居的地方，他与前来接应的唐军相会之处，就在哥勿城。

《旧唐书·高丽传》：男生据国内之后，"其子献诚诣阙求哀，诏令左骁卫大将军契苾何力率兵应接之，男生脱身来奔。"《新唐书·高丽传》："男生据国内城，遣子献城入朝求救。九月，（庞）同善破高丽兵，男生率师来会。"《三国史记·高句丽本纪》:"六月,高宗左骁卫大将军契苾何力帅兵应接之,男生脱身奔唐。"男生弃离国内,"来奔""来会""奔唐"的地点在哪儿?诸书均未明言,此时唐军未下或方下新城,男生内迁幅度不会太大。唐军将领与男生会合之地,无疑就是男生"来奔""来会"的地方。男生系从国内城内迁,暂居以待唐军,唐军是在攻下苍岩之后,乃与男生相会。会合地点应在国内和苍岩之间,应该就是哥勿城。

《新唐书·泉男生传》:"男生走保国内城,率其众与契丹。靺鞨兵内附。诏契苾何力率兵援之,男生乃免,授平壤道行军大总管,兼持节、安抚大使,举哥勿、南苏、仓岩等城以降。""举哥勿、南苏、仓岩等城以降",就是说,哥勿、南苏、仓岩是男生献降之城,但寻检别处史料,异于此说,南苏、苍岩二城乃唐军以武力拔下,《新唐书·高宗本纪》:"李勣败高丽,克夫余、南苏、木底、苍岩城。"《新唐书·高丽传》:薛仁贵"拔南苏、木底、苍岩三城,与勣会。"《新唐书·薛仁贵传》:"拔南苏、木底、苍岩三城,遂会男生军。"《旧唐书·契苾何力传》还较详细地记载了南苏之战:"高丽有众十五万,屯于辽水,又引靺鞨数万据南苏城。何力奋击,皆大破之,斩首万余级,乘胜而进,凡拔七城。"南苏、苍岩确为唐军攻拔,所谓"举哥勿、南苏、仓岩等城以降",应排除南苏、苍岩,举降之城,唯哥勿一地而已。男生独举哥勿以降唐军,表明男生此时所居之地应是哥勿,他与唐军将领相会亦应在此。对此我们可做如下描述:唐军东征,沿途攻克南苏、木底、苍岩诸城,军至哥勿,避居城内的男生,始与唐军相会,男生遂将自己占据的哥勿城献给了唐军。

男生与诸弟分裂,向西内附,先后经历了高句丽三个都城。首先脱离了当时的国都平壤,来到高句丽留都国内,然后从国内出奔,避居高句丽第一个都城纥升骨城,即当时的哥勿城。男生选择哥勿作为最后的落脚点,一方面这里逼近辽东,便于接触前来救应的唐军,另一方面,这里也便于高句丽割据势力活动。

唐灭高句丽后,在今桓仁地区设立哥勿州都督府,所辖地域应该是今辽东东部地区。

第三节　高句丽文化

高句丽民族在汉文化的熏濡之下，文化发展较快，较早地接受了儒家学说。在保留原始宗教的同时，先后引进了佛教和道教，在几代国王的推崇下，佛教一度成为高句丽的国教。高句丽是喜欢歌舞的民族，有着自己独特的乐器和音乐。体育项目较多，有投壶、射箭、蹴鞠、相扑等。保留下来的诗歌数量虽然较少，却有较高的艺术性。

一、高句丽佛教和道教

高句丽本是信仰原始宗教的民族，俗称"俗多淫祀"。4世纪中期前后，佛教进入高句丽，历经小兽林王、故国壤王、好太王的悉力推行，确立了牢固的地位，成为国教。唐代，道教被引入高句丽，一度受到极高的礼遇。

史载高句丽"信佛法，敬鬼神"[①]，概括地揭示了高句丽中后期的宗教特色。

《三国史记·高句丽本纪·小兽林王》记载："二年（372）夏六月，秦王符坚遣使及浮屠顺道，送佛像、经文。王遣使回谢，以贡方物。"一般认定，这是高句丽奉信佛教之始。但据梁朝释慧皎《高僧传》记录，佛教传入高句丽时间是在晋太元末年："释昙始，关中人，自出家以后，多有异迹，晋孝武帝太元之末（396），赍经律数十部，往辽东宣化，显授三乘，立以归戒，盖高句丽闻道之始也。"

根据考古资料，佛教进入高句丽的时间可能更早。

高句丽壁画墓中常见莲花图案，此与佛教有关。佛家认为，欲往极乐世界必由莲花化生，莲花，几乎就是佛教的象征。绘有莲花图案较早的墓葬是冬寿墓，该墓位于朝鲜安岳地区，壁画以人物为主，散见莲花、莲座、舒叶，宿白先生指出，这些图案及藻井形制，均与佛教装饰和建筑艺术有关[②]。墓主人冬寿原为慕容皝司马，东晋咸康二年（336）逃入高句

---

① 李延寿等：《北史》卷79《高句丽传》，中华书局，1974年，第3116页。
② 宿白：《朝鲜安岳所发现的冬寿墓》，《文物参考资料》1986年4期。

丽，永和十三年（357）去世，客居高句丽20余年。据此分析，佛教传入高句丽的时间，最迟不晚于冬寿卒年，亦即4世纪50年代。集安地区高句丽早期以人物生活为主题的壁画墓中，亦见零星的莲花图案，一般绘于甬道或藻井顶部，如麻线沟1号墓、通沟12号墓等。

另外，高句丽又见主室四壁或藻井分行绘制莲朵的壁画墓，如集安长川2号墓、桓仁县将军墓等。置身墓室之中，仿佛进入莲花世界，四壁莲花盛开，佛光四溢。集安长川1号壁画墓，绘有莲花、护法狮子、飞天、莲花化生童子、菩萨、礼佛图等大量与佛教内容相关的壁画，反映了高句丽佛教鼎盛时期的情景。

高句丽佛教最初源自哪里？有人提出源自前燕[①]。永和元年（345），前燕曾在龙山创建龙翔佛寺，但其政权从未佞佛，范文澜先生曾说"前燕专用儒学，不行佛教"[②]，很有道理。高句丽佛教来源，有两个地点值得注意，一是后赵，二是东晋。十六国时期，后赵是崇佛最盛的地区之一，石勒、石虎尊奉释图澄，均是狂热的佛教信徒。高句丽美川王三十一年（330），曾遣使后赵，受到石勒宴请。使臣车马，或许载回了后赵佛风。338年，石虎谋伐昌黎，"运谷三十万斛诣高句丽"，屯为军资，双方关系，非同一般。东晋时期，佛教在江南进一步发展，高句丽与东晋保有朝贡关系，《梁书·东夷传》："自晋过江，泛海东使，有高句丽、百济。"史载故国原王六年（336）、十三年（343），均遣使东晋，贡献方物。这条朝贡的海路，或许亦是佛教最初传入高句丽的孔道。

小兽林王二年（372）以前，佛教在高句丽境内已经非常流行了，并且影响到上层社会。小兽林王二年（372）及其稍后，"邀秦僧，创佛宇"[③]，标志着高句丽政权正式接受佛教。小兽林王四年（374），中原僧人阿道又来，次年"始创肖门寺，以置顺道。又创伊弗兰寺，以置阿道"[④]。故国壤王九年（392），"下教崇信佛法求福"[⑤]。次年，广开土王"创九寺于平

---

① 董高：《三燕佛教略考》，《辽海文物学刊》1996年第1期。
② 范文澜：《中国通史》第二编，人民出版社，1964年，第345页。
③ 《东国史略·高句丽》。
④ 金富轼：《三国史记》（校勘本）卷18《高句丽·小兽林王》，吉林文史出版社，2003年，第221页。
⑤ 金富轼：《三国史记》（校勘本）卷18《高句丽·故国壤王》，吉林文史出版社，2003年，第223页。

壤"①。经过三代国王的悉力推行，佛教在高句丽确定了牢固的位置。

考古发现的高句丽寺庙遗址主要有朝鲜定陵寺、清岩里废寺等。

唐朝初期，高句丽开始信奉道教，先后两次遣使入唐，求学黄老，每次都得到了唐朝的鼓励和支持。

唐高祖武德七年（624），道教进入高句丽境内，受到非同寻常的礼遇。《旧唐书·高丽传》："武德七年，遣前刑部尚书沈叔安往册建武为上柱国、辽东郡王、高丽王，仍将天尊像及道士往彼，为之讲《老子》，其王及道俗等观听者数千人。"《新唐书·高丽传》亦载此事："命道士以像法往，为讲《老子》，建武大悦，率国人共听之，日数千人。"

翌年，高句丽急急派出人员，入唐学道。《册府元龟·外臣部》："武德八年（625），高句丽遣人来学道、佛法，诏许之。"《三国史记·高句丽·荣留王本纪》："八年，王遣人入唐，求学佛老法，帝许之。"入唐的高句丽人，学道亦学佛，说明高句丽政权是在奉佛情势下，引进道教的。

唐太宗贞观十七年（643），高句丽再次遣使入唐求道。《三国史记·高句丽本纪·宝藏王》："二年（643）三月，（盖）苏文告王曰：'三教譬如鼎足，阙一不可，今儒释并兴，而道教未盛，非所谓备天下之道术者也。伏请遣使于唐，求道教以训国人。'大王深然之，奉表陈请，太宗遣叔达等八人，并赐老子《道德经》。王喜，取僧寺馆之。"《三国史记·盖苏文传》："闻中国三教并行，而国家道教尚缺，请遣使于唐求之。"本次高句丽提倡道教，力度大增。

叔达八人进入高句丽后，分占名山大川，广兴道法，大展道术，开始了道教在高句丽的上升行程。国家崇道，佛教地位受到威胁，不扬自抑，开始下降。《三国遗事·宝藏奉老》："以佛寺为道馆，尊道士坐儒士之上。"岂止儒士，僧人也在道士之下。由于佛不敌道，佛教徒又无力改变统治者的态度，只好采取消极的逃避方法，以示抗争。著名的盘龙寺普德和尚，就因国家奉道，不信佛法，南移完山孤大山。

集安五盔坟4号墓壁画中，有一绘制八卦图的人物形象，身着羽衣，跣足披发，有人推测该人是一位道士。据有关学者研究，这个八卦图，是中

---

① 金富轼：《三国史记》（校勘本）卷18《高句丽·广开土王》，吉林文史出版社，2003年，第223页。

国目前所见最早的八卦图像，图中八卦方位的排列，与当前易学界流行的先天、后天八卦排序迥异，从而证明汉代以来存在多种版本的易学体系①。

高句丽晚期，道教进入衰落阶段。

高句丽本来信佛，突然崇道，其历史背景，是唐朝道教地位的急遽升高。

唐高祖初得天下，为了拔高李氏自家门第，遂与道教宗主老子李聃攀上了祖孙关系。史载武德三年（620），高祖派人在羊角山建立老子庙并致祭，七年（624），亲至终南山，拜谒老子庙。这年，沈叔安前往高句丽讲述《老子》，上至国王，下至百姓，听众每日高达数千人次，盛况空前，这一隆重场面，与其说高句丽对道教萌生浓厚兴趣，不如说高句丽是在向崇道的唐朝表达臣服的心迹。

二、高句丽音乐和体育

高句丽是能歌善舞的民族，《三国志》说，"其民喜歌舞，国中邑落，暮夜男女群聚，相就歌戏"。《北史》也说高句丽"好歌舞"。

早在汉代，汉王朝根据这一习俗，曾赐给高句丽"鼓吹技人"②。

5世纪，高句丽乐舞传到刘宋，被称作"高句丽乐"或"高丽伎"。

《北史》说，高句丽"乐有五弦、琴、筝、箄篥、横吹、箫、鼓之属，吹芦以和曲"。

据《隋书》记载，高句丽歌曲有《芝栖》，舞曲有《歌芝栖》，由弹筝、卧箜篌、竖箜篌、琵琶、五弦、笛、笙、箫、小箄篥、桃皮箄篥、腰鼓、担鼓、贝等十四种乐器伴奏，组成一部歌舞，共需二十八人表演。

《旧唐书·音乐志》记载的高句丽乐舞是这样的：艺人头戴紫罗帽，帽子上插着鸟羽，身穿黄大袖的衣服和大口裤，脚穿红色皮靴，腰系五色绦绳。其中有四位舞蹈者，头后挽着椎髻，前额涂抹大红色脂粉，并饰有金珰。另有两位舞蹈者身穿黄色短衣和裙子，红色泛黄的裤子，脚穿黑色皮靴，衣袖极长，两人"并立而舞"。乐器有弹筝、搊筝、卧箜篌、竖箜篌、琵琶、义觜笛、笛、笙、箫、小箄篥、大箄篥、桃皮箄篥、腰鼓、齐鼓、

---

① 米鸿宾：《中国易学标本地——神奇桓仁》，中国画报出版社，2008年，第31页。
② 陈寿：《三国志》卷30《高句丽传》，中华书局，1959年，第843页。

担鼓、贝等。武则天时，还存有25曲高句丽乐舞，到了后来，仅有一曲流传，而且表演服装也简化了，失去了本来的风貌。

《新唐书》记载的高句丽乐器与《旧唐书》有所不同，为弹筝、掐筝、凤首箜篌、卧箜篌、竖箜篌、琵琶、五弦、义觜笛、笙、葫芦笙、箫、小筚篥、桃皮筚篥、腰鼓、齐鼓、担鼓、龟头鼓、铁板、贝、大筚篥等。其中琵琶"以蛇皮为槽，厚寸余，有鳞甲，楸木为面，象牙为杆拨，画国王形"。高句丽也有胡旋舞，舞者站立在毯子上，"旋转如飞"。

目前发现的高句丽墓壁画中，有许多高句丽乐舞及其乐器的图像。4世纪的壁画中，乐器主要有琴、阮咸、角、埙等，5世纪的壁画中则出现了竖琴、长笛、排箫、大角、小角、双口角、横笛、腰鼓、担鼓、齐鼓、建鼓、铙、铁板、磬等20余种。

高句丽墓壁画中的舞蹈最引人注目的是长袖舞，舞者双臂舒展，广袖长垂，一般两人一组，三组一队，动作协调，舞姿婀娜。唐代大诗人李白曾写诗咏赞高句丽舞蹈："金花折风帽，白马小迟回。翩翩舞广袖，似鸟海东来。"概括而形象地描述了高句丽舞蹈服饰和舞蹈的动作符号。

高句丽有许多体育项目。

角骶，既是百戏节目，也是一项体育运动。在高句丽角骶墓、舞俑墓中，都绘有这种图像，壁画中两个体格健壮的男子，跣足，下身系着犊鼻裈，相互捉着对方的裤腰，奋力竞技。说明角骶是高句丽比较普及的一种体育、娱乐活动。

此外，高句丽人的体育活动还有围棋、投壶、蹴鞠。《旧唐书》说，高句丽"好围棋、投壶之戏，人能蹴鞠"。《新唐书》也说，高句丽"俗喜弈、投壶、蹴鞠"。

围棋，是中国的一项发明，传入高句丽后，得到广泛的喜爱，甚至成为高句丽民俗的组成部分。

中国古代士大夫宴饮时，常常手执箭矢，投向远处的壶，这种投掷游戏，被称作"投壶"。随着社会发展，高句丽民间以投壶为乐的现象越来越普遍。投壶，寓锻炼于游戏之中，是一项较受喜爱的民间体育运动。

蹴鞠，就是踢球。它起源于我国的春秋战国时期，是一项古老的体育运动，据有关资料记载，蹴鞠分直接对抗、间接对抗和白打三种形式，后来渐由对抗性比赛逐步演变为表演性竞技。蹴鞠运动传入高句丽后，同样受到了欢迎。

高句丽还有一项重要的体育运动，就是射箭。高句丽民族善于骑射，第一代王朱蒙立国之初，就是通过射技的比试，夺得了联盟的领导权。唐代，在扃堂里学习的平民子弟，不仅要读书，还要"习射"，在很小的时候，就开始接受这种具有军事意义的体育锻炼。新旧《唐书》记载，唐天授中，武则天曾令宰相及南北衙文武官内选出五位善射者比试射技，胜者奖励金银实物。赛后，有人推让早年投入中原的高句丽盖苏文的孙子泉献诚为第一，献诚又推让他人为第一，他人复让献诚。献诚见善射者"皆非华人"，担心日后"唐官以善射为耻"，于是奏请罢免此事，武则天采纳了这一建议。

这件事情说明，"工骑射"是高句丽民族的固有传统。

三、高句丽诗歌

目前存世的高句丽诗歌共有四篇，均为汉诗，作者有国王、僧人、将军及平民。由作者的不同身份可以推知，高句丽诗歌创作曾经深入到社会的不同层面，许多人都掌握汉诗的创作方法。

> 翩翩黄鸟，
> 雌雄相依。
> 念我之独，
> 谁其与归？

这首诗是高句丽第二代王琉璃明王写的，也是东北地区现存的第一首诗歌，这首诗产生地点是现今辽宁省桓仁县，创作背景如下：

公元前19年，高句丽第一代王朱蒙去世，其子类利于卒本（在今桓仁县）继承王位，史称琉璃明王。第二年七月，娶多勿侯松让之女为妃，没想到，到了来年十月，松妃便病逝了。琉璃明王重新娶了两个美女作为继室，一位叫禾姬，家住鹘川，是高句丽人，一位叫雉姬，是汉人。新娶的两位妃子为了争得琉璃明王的宠爱，常常暗中较劲，不相和好。琉璃明王只好在凉谷建造了东、西二宫，分别安置禾姬和雉姬。

琉璃明王非常爱好打猎，有一次，琉璃明王巡狩箕山，七天没有回宫。这时，两位妃子趁国王不在身边又一次吵闹了起来。禾姬大骂雉姬，说她是汉家婢妾，不知礼节。雉姬受不了这般辱骂，只好羞惭出走。琉璃明王回来闻听此事，二话没说，策马便去追赶雉姬。无奈雉姬心灰意冷，任凭琉璃明王百般劝说，只是不回。类利无奈只好独自返回。在返宫的路上，类利累了，栖息在一棵大树下。他仰望树上，看见黄鸟双双飞落，不免想起自己和雉姬的婚恋悲剧，于是写下了这首诗。诗虽然很短，仅仅四句，却极具古风之味，从中可以见到《诗经》的影响，它用比兴手法，道出了当时类利的孤寂心情，内里流露出对雉姬的深深爱恋。

> 三桠五叶，
> 背阳向阴。
> 欲来求我，
> 椴树相寻。

这也是一首四言诗，题目叫《人参赞》。诗人以人参的口吻，借助拟人化的手法，道出了人参的植物形态，生长环境。该诗最初很可能是采参者之间传唱的民谣，后来经过文人的润色和加工。

> 迥石直升空，平湖四望通。
> 岩隈恒洒浪，树杪镇遥风。
> 偃流还渍影，侵霞更上红。
> 独拔群峰外，孤秀白云中。

诗中的"岩隈"，有的版本作"岩根"。

这诗题目叫《咏孤石》，作者是高句丽僧人定法，最初载于唐徐坚《初学记·石第九》。关于定法生平，文献没有更多的记载，《初学记》记载他的身份是"陈高骊定法师"，由此分析，他本是高句丽人，在陈国出家为僧，因此《初学记》作者在他的法名和祖籍前边，标注了国家名称"陈"。这首诗歌具有较强的艺术性，从中可以看出定法汉文素养很高，说明他在中国有过长期的生活，熟悉掌握了汉诗创作方法。陈朝是中国历史上南朝的最后一个朝代，557年建国，589年被隋灭亡。该诗的创作年代就在这短

175

短的30多年里。这首诗在平仄格律方面，非常讲究，已是一首比较严格的五言律诗。律诗，发轫于南朝，至唐代初期方始定型，盛唐时期走向成熟。诗中通过对孤石的吟咏，赞颂了不畏浪击、不惧风撼的坚韧精神。

> 神策究天文，
>
> 妙算穷地理。
>
> 战胜功既高，
>
> 知足愿云止。

这首诗的作者是高句丽大将乙支文德，作于隋大业八年（612），是战争中赠给隋右翊卫大将军于仲文的劝谏诗作，后人因称此诗题目为《遗于仲文》。

乙支文德，是高句丽将领，史书说他"资沉鸷，有智数，兼解属文"[1]。隋大业八年，隋炀帝率军亲征高句丽，于仲文领兵奔向乐浪道，军队路过乌骨城（今辽宁凤城市凤凰山山城）时，他将军队中赢弱的驴马数千头挑选出来，"置于军后"，然后佯装率军继续东进。高句丽不知这里有计，派兵出城掩袭后头部队。于仲文麾兵回击，大破高句丽军，解决了前行的后顾之忧。军至鸭绿江边，高句丽王派乙支文德前来"诈降"，拖延于仲文进军步伐，争取平壤城的防备时间。此前，隋炀帝密谕于仲文，如果遇到高句丽国王及乙支文德，"必擒之"。乙支文德进入于仲文大营，于仲文便要将其扣压。当时尚书右丞刘士龙为慰抚使，坚决反对。无奈，于仲文只好放走了乙支文德，既而后悔，于是又派人追上乙支文德，哄骗说："于将军还有话要说，请你再回去。"乙支文德识破隋军用意，没有上当返回，而是渡过鸭绿江，回奔平壤。于仲文选出精锐骑兵渡过鸭绿江追杀而来，每战皆胜。乙支文德于是写下了上面这首诗，赠给于仲文。于仲文复信一篇，向乙支文德继续劝降[2]。

这首诗创作于战争中，或因兵马倥偬，没有时间深入加工或仔细吟

---

① 金富轼：《三国史记》（校勘本）卷44《高句丽·乙支文德传》，吉林文史出版社，2003年，第505页。

② 魏征：《隋书》卷60《于仲文传》，中华书局，1973，第1455页。

哦，艺术性并不是很高，但作者却将诗歌赋予了实用价值，以此劝告隋朝大将于仲文就此罢兵。诗的前两句表面看来是在夸赞于仲文的非凡能力，说他"神策""妙算"，上晓天文，下明地理，其中不乏捧杀的意味。第三句说的是于仲文兵过鸭绿江连连获胜，已经取得了赫赫战功，末一句则直接提出劝告：希望你知足而停止征伐。

　　现存高句丽诗歌虽然仅有四首，但年代跨度极大，由汉至唐，历经700余年。由此我们推测，历史上，高句丽诗歌创作的数量应该很多，由于种种原因，大都散佚，未能得以保留罢了。

第七章
渤海及辽金元时期的本溪

　　唐代地方政权渤海国统治辖域辽阔，辽东地区归其辖领，但所见遗物极少，桓仁曾发现渤海国瓦当、陶罐等，弥足珍贵，这些遗物，应该与设于桓仁的渤海西京鸭绿府正州有关。辽灭渤海后，曾在牡丹江流域建立东丹属国，安抚降民。天显三年（928），在左相耶律羽之的建议下，部分东丹国的渤海遗民被迁往梁水（今太子河），来到本溪。为了管理高句丽和渤海旧域遗民，辽代在桓仁设立正州（今下古城子城址）和东那县。金代，本溪地区社会发展再次步入繁兴阶段，发现的遗迹较多。五女山五期文化即为金代遗存，房址分布密集，内设东北传统的折尺形火炕。本溪发现的多方金代官印，对于了解当时本地军、政设置价值较高。发现的多处铜钱窖藏，反映了金代末期社会的动荡。元代，本溪归属辽阳行省管辖，境内设有连山关驿站。市区唐庄子墓葬、本溪县万利墓葬，为本地重要的元代遗存。元末，爆发了红巾军起义，起义军攻入辽东，元朝的统治遭到沉重打击，元代遗臣趁机各立山头，互为雄长。辽阳行省平章高家奴聚兵平顶山上，割据一方。

第一节　渤海和辽代的统治

　　唐武则天圣历元年（698），渤海建国，这是靺鞨人建立的地方政权，强盛时期的统治范围包括中国东北辽河以东地区、朝鲜北部及俄罗斯远东局部地区，立国时间长达二百余年，号称"海东盛国"。渤海国王接受唐朝册封，并向唐朝称臣，"渤海的疆域，是唐帝国版图的一角"①。渤海正州，设于桓仁境内。桓仁发现的莲花纹瓦当等渤海遗物，应与正州有关。

辽是契丹人建立的政权，天显三年（926），辽太祖耶律阿保机亲率大军，围攻渤海上京龙泉府，迫使渤海君臣出城投降，渤海疆域自此纳入辽的版图。为了安抚、管理渤海遗民，建立了东丹国。在争夺皇位斗争中失利的太子耶律倍做了东丹国王。不久，在东丹国右次相耶律羽之建议下，东丹国南迁，部分遗民徙居太子河流域。

一、渤海正州

渤海设有五京，其中西京鸭渌府辖领的正州，设在多人推定的高句丽建国初期的平原都城卒本，即今桓仁下古城子城址。《旧唐书·渤海传》云："高丽故地为西京，曰鸭渌府，领神、桓、丰、正四州。"《辽史·地理志》云："渌州，鸭渌军节度，本高丽故国，渤海号西京鸭渌府，城高三丈，广轮二十里，都督神、桓、丰、正四州事。"渌州之名乃取鸭渌之渌，治神州，今吉林省临江县。

正州，后人也称作沸流郡。《辽史·地理志》有这样的记载："正州，本沸流王故地，国为公孙康所并，渤海置沸流郡，有沸流水，户五百，隶渌州，在西北三百八十里，统县一，东那县，本汉东耐县地，在州西七十里。"

文中的沸流王，指的就是高句丽第一代王朱蒙；所谓"沸流王故地"，当然就是朱蒙建国之地；沸流水，指的就是浑江。这里提供的历史和地理信息，指向地点均为今天的桓仁。

这里所说的公孙康吞并沸流国，所指当是高句丽王子拔奇投靠公孙康之事。《三国志·高句丽传》对此有记载：高句丽第八代王伯固死后，长子拔奇和幼子伊夷模争夺王位，"拔奇不肖，国人便共立伊夷模为王"，"拔奇怨为兄而不得立，与涓奴加各将下户三万余口诣康（公孙康）降，还住沸流水"。

按《辽史》所说，正州在渌州西北三百八十里，现桓仁下古城子城址，与渌州所在地临江县之间的距离恰相吻合，但其方位却有龃龉，桓仁不在临江西北，而在西南。假若正州果真设于临江西北三百八十里，则已深入长白山区，此地不仅不是高句丽兴起之地，也无沸流水，因此《辽

① 李殿福、孙玉良：《渤海国》，文物出版社，1987年，第55页。

史》"西北"一词，实是西南之误。另者，《辽史》"渤海置沸流郡"之说，不确，渤海建置，京、府、州、县，无郡之设，更无沸流郡之设，渤海之时，此地亦名正州，所谓沸流郡，当因州城临近浑江，后人据此而称之罢了。

分析《辽史》所言，正州所在之地，应该具备下列三个基本条件。第一，在渌州（今临江县）西南（《辽史》误作西北）三百八十里；第二，此地乃沸流王（高句丽王朱蒙）故地；第三，城址及其附近，应见渤海遗物。前两项条件均与下古城子相符，而第三个条件的渤海遗物，在城址附近及五女山上，都有发现。城址附近凤

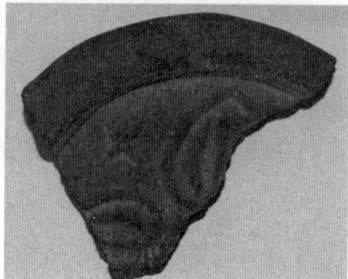

图7-1 凤鸣遗址发现的渤海莲花纹瓦当

鸣村靠近浑江岸边的地方，曾因江水冲刷，暴露出许多遗物，其中渤海遗物有莲花纹瓦当（图7-1）、盘口罐、铁镢、铁刀等。五女山上出土有渤海时期的陶罐、陶器盖、铁削、铁鼻等。

二、辽代正州及东那县

辽代继承了渤海正州的设置，州内仅有500户人家，烟火萧索。加强管理高句丽和渤海旧域遗民，应为设立正州的主要目的。

正州下设一县，名字叫东那县，"东那"一名的来源，应和高句丽部族之名有关。《后汉书·高句丽传》云："凡有五族，有消奴部、绝奴部、顺奴部、灌奴部、桂娄部。"奴，《三国史记》多作"那"，如灌奴部作"灌那部"，此外还有椽那、朱那、藻那等。据音韵分析，高句丽部名或地名中屡见的奴、那、耐、内等，均为一音之转，互相通用，因此，东那和东耐本同，该名应源于高句丽部族，辽沿用而已。

图7-2 桓仁八里甸子出土的契丹文铜印

正州即下古城子城址，依循《辽史》提供的东那县"在州西七十里"的方位和距离分析，应在桓仁县八里甸子一带，也就是大雅河上游。目前，这里虽然尚无发现与之对应的城址，然而辽金遗物却常有出土，1986年，曾出土过一方辽代契丹文铜印（图7-2），1975年，还曾发现金代札迪吉弼罕毛克印。这些遗物的发现，无疑对寻找

东那县地，提供了十分重要的线索。

三、渤海国遗民迁入太子河流域

辽灭渤海后，曾在牡丹江流域建立东丹属国，安抚渤海降民。天显三年（928），在东丹国右次相耶律羽之的建议下，东丹国南迁至今辽阳一带，部分渤海遗民被迁往梁水（今太子河），来到辽阳和本溪等地居住。耶律羽之在奏表中这样说："渤海昔畏南朝，险阻自卫，居忽汗城。今去上京辽邈，既不为用，又不罢戍，果何为哉？先帝因彼离心，乘衅而动，故不战而克。天授人与，彼一时也。遗种浸以蕃息，今居远境，恐为后患。梁水之地，乃其故乡，地衍土沃，有木铁盐鱼之利。乘其微弱，徙还其民，万世长策也。彼得故乡，又获木铁盐鱼之饶，必安居乐业。"[①]

辽太宗很快采纳了这一建议，下诏迁徙东丹国民到梁水流域，负责落实这一政策的大臣，正是建议人耶律羽之。东丹国的南迁，把新的文化带入了太子河流域。

第二节　金时期的本溪

1115年，完颜氏建立了金朝。金朝统治中国北部地区达119年之久，在中华大地上，曾与南宋、西夏鼎足而立。进入金代后，本溪地区社会发展再次步入繁兴阶段，发现的遗迹较多。五女山五期文化即为金代遗存，房址分布密集，内设东北传统的折尺形火炕。本溪发现的多方金代官印，对于了解当时本地军、政设置价值较高。发现的多处铜钱窖藏，反映了金代末期社会的动荡。

一、女真源流与金朝建国

完颜氏是辽代生女真的一支。女真作为一个民族的名称，最早见于五代时期。女真就是古代文献中的肃慎。肃慎是我国东北地区最古老的民族之一，周朝统治者称"肃慎、燕、亳，吾北土也"[②]。说明肃慎曾从属于中原王

---

① 脱脱：《辽史》卷75《耶律羽之传》，中华书局，1974年，第1238页。
② 杨伯峻：《春秋左传注》，《昭公九年》，中华书局，1981年，第1308页。

朝周朝。秦汉时期，肃慎后裔被中原史料记载为"挹娄"，"挹娄"是满语"岩穴"之意[1]，挹娄人即"穴居之人"。南北朝时期，这一民族被称作"勿吉"，《魏书·勿吉传》谓："勿吉国……旧肃慎国也。"北齐时，勿吉又转音为"靺鞨"，勿吉和靺鞨，皆是对同一女真语的不同汉译，意为"老林"或"森林"。唐代靺鞨居住在黑龙江、松花江流域，分为七个种姓的七个部族，其中以粟末部和黑水部实力最强。辽代女真分为熟女真、生女真，《金史》记载："其南者籍契丹，号熟女真；其在北者不在契丹籍，号生女真。生女真地有混同江、长白山，混同江亦号黑龙江，所谓'白山黑水'是也。"[2]即徙居于辽阳以南地区被辽收入编户的是熟女真，在北部故地不隶辽籍的是生女真。

辽天庆二年（1112），辽天祚帝"春捺钵"到混同江钓鱼，千里之内的少数民族酋长都来朝见，天祚帝命各部酋长"次第歌舞"，至阿骨打，辞以不能。天祚帝看出阿骨打不驯服之意，欲借他故诛之，赖萧奉先劝谏而罢[3]。天庆四年（1114）九月，阿骨打起兵反辽。在誓师大会上，阿骨打称："世事辽国，恪修职贡，定乌春、窝谋罕之乱，破萧海里之众，有功不省，而侵侮是加。罪人阿速，屡请不遣。今将问罪于辽，天地其鉴佑之。"[4]一举攻克辽朝控制女真族的前哨城宁江州。正在秋猎的天祚帝闻讯大为震惊，召集大臣商量对策，决定派萧嗣先领兵至松花江出河店攻打阿骨打。阿骨打亲率3700名女真兵，夜渡松花江，出其不意，大败辽军，追杀百余里，萧嗣先狼狈逃窜。出河店战役后，女真人的军队已发展到一万人。辽人曾说："女真兵若满万，则不可敌。"[5]阿骨打乘胜攻克宾州、祥州、咸州，其势力已发展到了今辽宁北部地区。天庆五年（1115）正月初一，阿骨打接受群臣劝进，在今黑龙江阿城市东南的白城称帝，国号金，年号收国，一个以女真族为主体的王朝诞生了。

二、金初战绩与本溪行政归属

完颜阿骨打史称金太祖，身为皇帝的他，仍然亲自领兵东征西讨，辽

① 阿桂等撰：《满洲源流考》，中国国际广播出版社，2016年，第14页。
② 脱脱：《金史》卷1《始祖本纪》，中华书局，1975年，第2页。
③ 脱脱：《辽史》卷27《天祚皇帝本纪》，中华书局，1974年，第326页。
④ 脱脱：《金史》卷2《太祖本纪》，中华书局，1975年，第24页。
⑤ 脱脱：《金史》卷2《太祖本纪》，中华书局，1975年，第25页。

天庆五年（1115）正月末，攻克达鲁古城（今吉林松原市古城子），"得其耕具数千"。九月，又克辽东北军事重镇黄龙府。天祚帝亲自统兵十余万（号称70万）到骕门，金太祖以2万军队在护步达岗（今黑龙江五常西、吉林榆树一带）与辽军决战。辽军败绩，"死者相属百余里"[①]，天祚帝一日夜溃逃500里。

金太祖起兵之初，女真人就与辽东地区的渤海人发生了关系。太祖领兵攻宁江州，海州刺史渤海人高仙寿按照辽朝部署，率所部渤海兵北上增援宁江州。金兵克宁江州，"获防御史大药师奴，阴纵之，使招谕辽人"。大药师奴应是渤海王族的后裔。同时暗中放走辽阳籍的渤海俘虏，让他们回乡向渤海人做宣传："女真、渤海本同一家，我兴师伐罪，不滥及无辜。"[②]渤海人与女真人确属同源，都是肃慎后裔。金太祖对渤海人的宣传攻势收到了明显的效果。怀柔的民族政策使得许多辽东渤海人归附了金朝，将渤海人转化为女真反辽同盟。

金收国二年（1116）正月，东京渤海人高永昌举兵复国，占据东京，称大渤海国皇帝，国号大元，建元隆基，占据辽东50余州。五月，金太祖完颜阿骨打遣金军攻取辽州、沈州，陷东京城，高永昌逃跑，后被擒杀。东京辽阳府等54州及辽籍女真人余部投降金军，东京辽阳府遂纳入金国版图。辽东经此动乱后，局势渐渐平静下来。今本溪地区就是在这个时候被金国纳入版图之中的。收国二年（1116），金军开始进攻辽南，金朝占领辽朝东京之后，曾与辽朝进行谈判，和谈破裂后，金人开始进攻辽西。天辅七年（1123），辽西地区州县皆被金兵占领，辽宁全境纳入了金朝版图。

在金朝统治的120年中，辽东地方行政建置曾多次变化。金初设东南路都统司，以镇高丽。天会十年（1132），东京道改为南京路都统司，海陵王天德二年（1150），改为东京路都统司，又改东京兵马都部署司为东京辽阳都总管府，后改置东京留守司。辽阳府辖四县一镇：辽阳县、鹤野县、宜丰县、石城县、长宜镇（鹤野县所辖）。金章宗时，全国共置十九路，与今辽宁有关的是东京路、北京路和咸平路。路以下设州县，辖汉人和渤海人，设猛安谋克辖女真、契丹和奚人。在女真人集中的上京路和东京路，

---

① 脱脱：《金史》卷2《太祖本纪》，中华书局，1975年，第27、28页。
② 脱脱：《金史》卷2《太祖本纪》，中华书局，1975年，第27页。

又设立低一级的小路，相当于节度州级别，是为路下领路。小路共有6个，上京路设有4个小路：蒲峪、合懒、恤品、胡里改；东京路设有2个小路：曷苏馆、婆速府。小路所辖皆为猛安谋克户，婆速府路就是金朝设在东京路下的低级路之一，本路所辖均为猛安谋克户，治所在今丹东市九连城。本溪市区及本溪县归属辽阳府，桓仁县归属婆速府。

三、前代山城的再次利用

本溪境内高句丽城址普遍被金代沿用，发现的金代遗迹和遗物较多。

五女山城是高句丽初期都城，到了金代，山上又有了人类活动。考古发掘的五女山城第五期文化，就是金代遗存。这一时期的遗迹在山上有着广泛的分布，经过考古发掘，发现房址28处，灰坑5处，出土了数量较多的陶器、铁器、瓷器、货币等遗物。五女山上西南侧有一处金代房址，为半地下式，室内设有折尺形火炕，平面为圆角长方形。所谓半地下式，就是在地上挖一个不太深的坑，在坑里面砌筑火炕之类的屋内设施。五女山西侧也有一处金代房址，平面呈长方形，在半地下的室内西、南侧，沿着坑壁，修筑一铺折尺形火炕。火炕设有三条烟道，烟道隔梁用小石头砌筑，上面平铺石板，形成炕面，火炕高出地面20厘米左右。在火炕的东端，挖有一个土坑似的椭圆形灶址，在火炕北端，有一个小小的圆形土坑，应该是树立烟囱的地方。室内东壁靠南处，设有宽约60厘米的门道。房址内出土遗物有陶盆、陶罐、陶甑、铁碗、铁菜刀、铁羹匙、铁熨斗、铜镜等生活用具，铁镐、砺石等生产工具，也有铁镞等兵器，还出土了24枚唐、宋铜钱。

在五女山中部北侧，发现了两枚铜印，一枚是经略使司之印（图7-3），另一枚是安抚使司之印（图7-4），在第12号房址内，还出土了一枚都统所印，这些铜印的发现，说明山上

图7-3　五女山出土的金代经略使司之印

图7-4　五女山出土的金代安抚使司之印

应该有金代官署设置。五女山金代房址内出土的遗物，既有生活用具和农业生产工具，也有较多的铁矛、铁镞、铁甲片等武器装备，山上的居民，应该是具有军民合一组织的成员，平时为民，战时则为兵。

石桥子边牛山城，是高句丽晚期城址，即高句丽磨米州，金时也被沿用。城内地表上，经常可以采集到金代陶片。1992年春天，村民在城内耕种，发现了铜鎏金法铃、铜钹等遗物，是佛家做法事时的重要法器。考古调查时，又发现地表散布许多板瓦残片及建筑构件，推测这里应是一座佛寺废墟①。

本溪市区的平顶山，也是高句丽时期的一座山城，金代，这里也居住着很多人。山上发现的金代遗物较多，主要为陶器残片和铁器，还有好多给粮食脱壳的石臼。

在平地上，也有金人的生活居住址。桓仁县下古城子城址内，也出土了较多金代遗物。桓仁县凤鸣村附近的浑江岸边，近年发现了一批金代遗物，出土地点比较集中，铁器较多，有残碎的铁锅、铁犁铧、铁镰、铁耙子、铁锁、铁权等，出土的同类农具中，有多种形式，以适应不同用途、不同情况的农耕生产需要，如犁铧有大小之别，铧上附加的分土器有深耕用的大型犁铧，也有翻土用的犁镜，还有浅播、中耕用的小犁铧、铁蹚头等，形制与当时中原农具基本一致。金代农具的进步，一是随农业的迅速发展的需要而被创造出来，二是在不断南拓疆土的过程中，具有相当高水平的宋代农业技术和农业生产工具传到了北方，因此金、宋中晚期的农具有时很难区别，反映出金代东北地区的农业水平已经与宋代农业先进水平非常接近。

本溪水洞靠近洞口处，也是一处金代遗址。洞内出土了大量金代遗物，主要有夹砂褐色素面陶片、瓷片、骨梭、骨锥、陶网坠、铜簪、铁钩、铁钥匙、铁剪刀、崇宁重宝铜钱、铁镞等。

四、窖藏

本溪金代窖藏内容不一，既有瓷器和日常用品窖藏，也有佛教法器窖藏，此外还曾发现大宗的铜钱窖藏。

---

① 梁志龙：《本溪发现四处金代窖藏》，《辽金史论文集》（七），辽宁人民出版社，1995年。

　　1989年9月，平山区北台镇岭下村通天沟西侧山坡上，在村民挖地时发现板瓦和大缸残片、人物故事镜和素面铜镜、铁剪和铁锹。窖藏深约1.5米，外周多是残碎缸片，分析器物最初可能放在缸里，然后下埋。通天沟窖藏出土的人物故事镜，纹饰为金代铜镜上常见的纹饰。窖藏地点及周围发现较多板瓦，说明此地原有房屋建筑，由于未作发掘，建筑规模尚不清楚。①

图7-5　铜鎏金法铃

　　1992年4月，溪湖区石桥子镇边牛村村民在边牛山城内耕地时，发现铜钹等遗物，考古人员前去调查时，又在地表发现了板瓦残片及建筑构件，初步认为该处是一座寺庙遗址，铜钹等遗物为法器窖藏。窖藏位于边牛山城西南隅，地势较平。窖藏呈圆坑状，上距地表30厘米，开口径长1米许，下深50厘米。出土铜钹共计9件，互相叠压，扣置，大者在上，小者在下，最底处是一件平放的法铃（图7-5），法铃下平放一块石板，铜钹周围，镶砌一圈板瓦。另外还出土了陶兽首构件、陶凤首构件、陶手形饰件、勾滴、鱼尾形和丁字形构件等。板瓦多为泥质灰陶和灰褐陶，仅有少量为泥质红陶。此外，还发现了泥质灰陶片及白瓷片等遗物②。

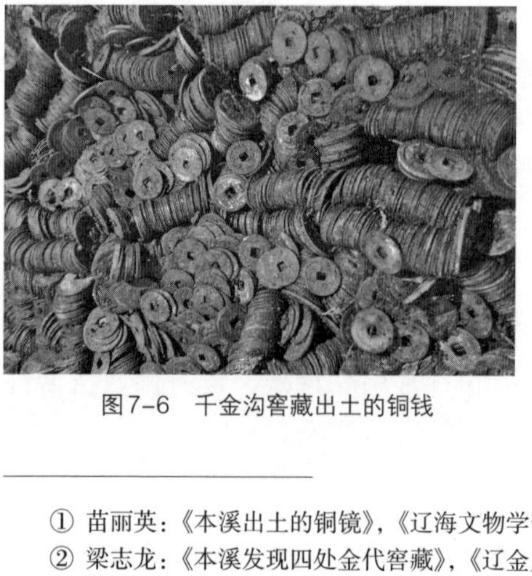

图7-6　千金沟窖藏出土的铜钱

　　2017年3月，在千金沟304国道旁发现铜钱窖藏，铜钱储存在一口瓷缸中，瓷缸埋在地下，瓷缸口沿上距地表0.7米，瓷缸已经残裂，酱釉，口径51厘米、最大腹径75厘米、高80厘米。铜钱重量共约550斤，数量近7万枚。这批窖藏钱币数量较大，在本溪出土的铜钱窖藏

---

① 苗丽英：《本溪出土的铜镜》，《辽海文物学刊》1994年第1期。
② 梁志龙：《本溪发现四处金代窖藏》，《辽金史论文集》（七），辽宁人民出版社，1995年。

中，极为罕见（图7-6）。整理出的铜钱，时代跨度从汉至金代，种类较多，同一时代的铜钱，也有大小、轻重、成分、质料、版别、钱面文字、钱背符号等诸多区别。按照时代和钱文将之分为76种，其中有汉代铜钱1种、隋代铜钱1种、唐代铜钱2种、五代十国铜钱3种、宋代铜钱67种、金代铜钱2种。从窖藏铜钱的种类看，以南宋"淳熙元宝"（1174年始铸）及金代"大定通宝"（1178年始铸）的铸行年代为最晚，换言之，"淳熙元宝""大定通宝"是千金沟铜钱窖藏中的下限品种。

五、出土的铜印和铜镜

本溪出土金代官印多件，介绍如下。

安抚司印，1984年4月发现于本溪市明山区卧龙乡附近山坡上。印呈方形，边长7.6厘米、厚1.5厘米，印背为一梯形直钮，顶端阴刻一"上"字。通高5.1厘米。印文为汉字阳文九叠篆书："安抚司印"。右侧以不规则楷书阴刻"安抚印"三字，其中"印"字有缺笔（图7-7）。《金史·百官志》云："承安三年（1198）以上京、东京等提刑司并为一，提刑使兼宣抚使劝农采访事……复改宣抚为安抚，各设安抚判官一员、提刑一员，通四员。安抚司，掌镇抚人民、讥察边防军旅、审录重刑事。"又《金史·章宗纪》云："承安三年春正月……并上京、东京两路提刑司为一，提刑使、副兼安抚使、副，安抚专掌教习武事，毋令改其本俗。"

图7-7　安抚司印

安抚判官还"专管千户谋克"。由上可知安抚司的主要职责。《金史·百官志》又载，安抚使为正三品，副使为正四品。本溪地近辽阳（金代东京路治），金时属东京路管辖，这枚铜印，极有可能为东京路安抚司遗物①。

安抚使司之印，2003年发现于桓仁县五女山上。印面为方形，边长7.3厘米、厚1.2厘米。直钮，钮长2.9厘米、宽1.3厘米、高3.2厘米。印文为汉字阳文九叠篆："安抚使司之印"。印背右侧刻"安抚使"三字，钮顶面

---

① 梁志龙：《本溪地区发现古代官印及金代刻铭铜镜》，《北方文物》1992年第1期。

刻一"上"字。

经略使司之印，2003年发现于桓仁县五女山上。印面为方形，边长7.3厘米、厚1.3厘米。直钮，钮长3厘米、宽1.4厘米、高3.6厘米。印文为汉字阳文九叠篆："经略使司之印"。印背右侧刻"经略使之印"，钮顶刻一"上"字。金代经略使是武职，总领一地的军事要务。《金史·完颜霆传》记载，兴定二年，宋金大战，"经略使阿不罕奴失刺率兵扼战"，其下都统、副统等"身先士卒"，保护了城址的安全。《金史·苗道润传》记载，苗道润本为"河北义军队长""有勇略，敢战斗，能得众心"，曾经"遣人诣南京求官封"，被任命为宣武将军、同知顺天府节度使事。贞祐四年（1216），"复战有功，迁骠骑上将军、中都路经略使、兼知中山府事"。《金史·王福传》又载，王福，"本河北义军"，因战功升为同知横海军节度使事、沧州经略副使。兴定三年，上书言："沧州东滨沧海，西连真定，北备大兵，可谓要地。乞选重臣为经略使，得便宜从事，以镇抚军民。"朝廷即以王福为沧州经略使。

都统所印：1996年出土于桓仁县五女山第12号房址内。印面为方形，边长6.6厘米、宽6.5厘米、厚1.5厘米，直钮，钮长3厘米、宽1.8厘米、高3厘米。印文为汉字阳文九叠篆："都统所印"。钮顶刻一"上"字。金代末期，扩充义军，都统之设，迅速增多。《金史·兵志》云："云光间，时招义军，以三十人为一谋克，五谋克为一千户，四千户为一万户，四万户为一副统，两副统为一都统。"

宋建谋克之印：1982年，发现于本溪县南甸镇东明村。印面为方形，边长6.3厘米、高5.3厘米。梯形直钮，钮顶阴刻一"上"字，印文为汉字阳文九叠篆："宋建谋克之印"，印背右侧阴刻"大定十年五月"，左侧刻"少府监造"，印侧面分别刻有"宋建谋克之印"和"系合右猛安下"等字（图7-8）。宋建，应该是地名，猛安和谋克是金代军民合一的基层组织，《金史·兵志》记载，"平居则听以佃渔射猎习为劳事"，"其部长曰孛堇，行兵则称曰猛安、谋克，从

图7-8 宋建谋克之印

其多寡以为号，猛安者，千夫长也，谋克者，百夫长也。"猛安、谋克编制人员，曾多次变动。1114年，金太祖举兵反辽，开始规定300户为一谋克，10谋克为一猛安。

行尚书六部印：1979年，桓仁县凤鸣村出土。印呈方形，长7.6厘米、宽7.5厘米、厚2厘米。梯形直钮，长3.9厘米、宽2厘米、高3.1厘米。印文为汉字阳文九叠篆书："行尚书六部印"，印侧右边阴刻楷书"尚书印"三字，钮顶阴刻"上"字。《金史·侯挚传》云：贞祐二年（1214）侯挚曾为"行六部侍郎"，三年四月，同签枢密院阿勒根讹论等人认为："'侯挚有过人之才，倘假以便宜之权，使募兵转粮，事无不克，可升为尚书，以总制永锡、庆寿两军。'于是以挚为太常卿，行尚书六部事，往来应给之。"《金史·承晖传》云："户部侍郎侯挚行尚书六部，往来应给，终无一兵至中都者。"行尚书六部，其职责主要为"募兵转粮""往来应给"[1]。

扎迪吉弼罕毛克印：1975年4月，发现于桓仁县八里甸子镇马鹿泡村。印面近方形，长7.4厘米、宽7.3厘米、厚1.5厘米。梯形直钮，钮高3厘米。印文为汉字阳文九叠篆："扎迪吉弼罕毛克印"。扎迪吉弼罕应为地名，毛克，亦称"毛毛可"，即谋克的不同写法[2]。

总领提控所印：1986年6月，发现于明山区卧龙乡大浓湖村，印呈方形，长6.9厘米、宽6.8厘米、厚1.3厘米。梯形直钮，长3.8厘米、宽1.8厘米、高2.7厘米。印文为汉字阳文九叠篆书："总领提控所印"。印钮顶端刻一"上"字，印背右侧刻"兴定七年六月□日"，印背左侧刻"东京□部

图7-9　总领提控所印

造"，印侧右刻"总领提控所印"，左刻"总领"两字（图7-9）。《金史·古里甲石伦传》中曾载，贞祐二年（1214），古里甲石伦迁任同知太原府事时，奏请召集义军，"仍三十人为一谋克，五谋克为一千户，四千户为一万户，四万户为一副统，两副统为一都统，外设一总领提控"。《金史·兵志》又云："元光间，时招义军以三十人为一谋克，五谋克为一

---

① 梁志龙：《本溪地区发现古代官印及金代刻铭铜镜》，《北方文物》1992年第1期。
② 桓仁满族自治县文物志编纂委员会：《桓仁满族自治县文物志》，内部出版，1990年，第116页。

千户，四千户为一万户，四万户为一副统，两副统为一都统，此复国初之名也。然又外设一总领提控，故当时皆称元帅为总领云。"又据背款得知，此印铸于兴定七年，兴定为金宣宗完颜珣的第二个年号，仅行用六年（1217—1222），所谓"七年"，应为元光二年（1223）之误，可能当时年号虽改，但铸印者不知，故生舛错。金代"袭辽制，设五京"，印背刻款"东京□部造"中的"东京"，为五京之一，其路治即在今辽阳市①。

本溪地区出土的金代文物中，有许多铜镜。

本溪县连山关镇出土的人物故事镜，镜下连铸直柄，径长10.4、厚0.8厘米。柄呈长梯形，中凹如槽，长9.9厘米、宽1.6—2.2厘米，镜背右下方坐有一人，头着乌纱帽，斜倚书案，左手支颐，对面站立一人，双手向右斜扬，如禀告状。上端松叶扶疏，左上角一轮圆日，浮出云层，左侧有山石（图7-10）。还有一件人物故事镜，在本溪县谢家崴子水洞出土，直径13.3厘米、厚0.5厘米，圆形，窄缘，半圆钮。主体图案为人物故事，右侧有一人头挽高髻，倚坐状，背有屏风，下方三人步行，中间者手捧琴瑟之

图7-10　连山关出土的人物故事镜

物，前后各为一童子。左侧栏杆环护一树，枝叶婆娑，遮掩上部。镜缘錾刻"辽东巡府"及押记②。本溪县草河掌乡草河掌村、兰河峪乡等地出土的飞鸟祥云镜，形状大体相同，直径6.9厘米、厚0.3厘米，上方有立钮。镜背中间有两周弦纹，将纹饰分为内外区，又有一"十"字，将内区分解为四部，相对饰飞鸟及祥云图案。外区在"十"字线之间，加饰四条短线，分为八部，间隔饰飞鸟及祥云图案。

桓仁县也有金代铜镜出土，如1986年出土于五女山城的飞鸟祥云镜，径长6.9厘米，厚0.2厘米，缘略凸，顶端外缘立置半圆形钮。镜背中间有一周复线弦纹，将纹饰分作内外区，又有一复线十字通贯镜背，将内区分

---

① 梁志龙：《本溪地区发现古代官印及金代刻铭铜镜》，《北方文物》1992年第1期。
② 梁志龙：《本溪地区发现古代官印及金代刻铭铜镜》，《北方文物》1992年第1期。

解为八块，间饰飞鸟祥云，镜缘有栉齿纹。1992年4月，拐磨子镇范家屯一座被破坏的古墓出土一件有柄神仙故事镜，镜面径长9.7厘米、缘厚0.6厘米，柄略近梯形，长8.5厘米、宽1.8—2.4厘米，镜背纹饰可分内外二区，外区饰一周缠枝花纹带。内区为神仙故事，左侧一树挺拔，渐上，枝叶遮绕上部，树下一人端坐，身着长袖袍服，头挽发髻，胸飘长髯，状如神仙，右侧亦有一人，站立，手持一物，似收敛的华盖，左侧一鹤展翅飞翔，鹤上铸有一轮圆月，下方一龟呈昂首爬动状。镜缘左侧浅刻两个文字，似为女真文，不识，柄中饰祥云纹。

平山区曾出土过3面金代铜镜，1989年9月出土于北台镇岭下村的龟鹤人物镜，径长15.1厘米、厚0.5厘米，圆钮，缘略窄。纹饰为右侧一人坐于树下，树枝由上侧曲绕左侧，左侧亦有一人，形稍小，头梳圆髻。镜下绿草丛生，有一龟一鹤，龟昂首爬动，鹤直立。1993年8月，桥头镇尚家村小孤家子一座被破坏的墓葬中出土两件铜镜，一是缠枝牡丹纹镜，径长12.3厘米、厚0.4厘米，中有半圆形钮。镜缘略凸，缘内有两周弦纹圈，圈内饰三朵形状相同的缠枝牡丹花卉，花卉饱满，分层绽放，花下细茎弯曲，三五绿叶附茎而生，该镜纹饰精美，富有特色。另一是司候司镜，镜背平素，无纹饰，镜缘凸起，略宽，半圆形钮，径长19.7厘米，缘厚0.7厘米，缘上刻"司候司"三字。《金史·地理上》记载："抚州下，镇宁军节度使。明昌四年置司候司，承安二年升为节镇。"《金史·食货志》又载："其行盐之界，各视其地宜。黄县场行黄县，巨凤场行登州司候司。"司候司当为节镇之下的官府设置。《金史·仪卫下》规定司候判官二人，居于正九品之下，其位似为从九品[1]。

第三节　元时期的本溪

元朝是以蒙古族为主体建立的政权，建国之初，国名称为"蒙古"。1233年，蒙古占领了辽东地区，本溪地区被纳入蒙古的领域。元朝设立辽阳行中书省，简称辽阳行省，本溪在其辖区之内。元朝还在辽东地区建立起比较完整的邮传体系，连山关驿站是这一体系的重要组成部分。本溪这

---

[1] 苗丽英：《本溪出土的铜镜》，《辽海文物学刊》1994年第1期。

一时期遗留下的墓葬和窑址，都是当时社会历史的载体与见证。

一、元代对辽东的统辖

辽金两代，蒙古在草原上发展成二十多个部落，铁木真统一各部形成蒙古族体。1206年，铁木真在斡难河（今鄂嫩河）源召开全蒙古的库里尔台会议，并被推选为成吉思汗，蒙古汗国成立。

元太祖六年（1211）四月，成吉思汗亲统大军进攻金朝，当时辽西、辽东诸州已被蒙古攻破，但蒙古军队仅掳掠人口和财物，并没有占领城池。《元史·太祖纪》记载，蒙古将领遮别攻东京城（今辽阳）的时间是在太祖七年（1212）十二月："遮别攻东京不拔，即引去。"第二年，蒙古军队为了驰援耶律留哥的叛金活动，再一次进入辽宁境内。五月，金完颜承裕率60万大军征讨活动在辽北地区的耶律留哥，留哥求救于蒙古，蒙古派出军队与耶律留哥会师于金山（在今西辽河以北），不久，联合部队大败金兵于迪古脑儿。当时成吉思汗的蒙古军队共分成三路攻金，其中一路由成吉思汗弟弟拙赤哈撒儿统领，攻打辽西和辽东，以配合耶律留哥的起义军作战。

元太祖九年（1214）九月，蒙古军队又兵分两路南下攻金。一路由三木合、石抹明安等统领，再一次进围中都，另一路由木华黎指挥，进军辽西和辽东，太祖十一年（1216）七月，占领辽西地区。蒙古统一辽东地区，经过了一个漫长的过程。从太祖六年（1211）开始，辽东地区先后经过了耶律留哥独立、蒲鲜万奴东夏国统治，加之蒙古和金朝的几股势力长期角逐，直到元太宗五年（1233），蒙古军队灭了东夏国，才统一了辽东地区。

元朝全国本部置有中书省一、行中书省十一，共十二大政区，与东北有关的是辽阳行中书省，简称辽阳行省，管理包括黑龙江下游、库页岛在内的整个东北地区。辽阳行省在元初时曾几设几废，经过复杂曲折的过程，直到至元二十四年（1287）消灭了乃颜叛乱集团后才确立起来。辽阳行省所辖的路、府、州、县前后也曾发生变化。元代，本溪市区及本溪县归属辽阳行省辽阳路管辖，桓仁县归属婆娑府路管辖，后归属婆娑府巡检司管辖。

二、红巾军在本溪的活动

元朝末年，蒙古军队战斗力已经衰落，朝廷对地方社会的控制也日渐松弛，政治腐败，剥削加重，贫富不均，社会矛盾不断激化，自然灾害不断发生，元朝开始走向覆灭的边缘。

至正十一年（1351）五月，刘福通、韩山童起兵反元，军队佩戴红色头巾作为标志，因而被称为红巾军。又因起义军是利用白莲教组织起来的，烧香拜佛，故又称"香军"。

为了维护统治，元朝不断组织军队讨伐红巾军。至正十四年（1354），元朝决心彻底消除叛乱，派遣丞相脱脱统率四十万大军南征。辽阳行省远离红巾军活动的地域，军队大都被调往内地平乱，统率"东北之兵"的是木华黎的后裔朵儿只。至正十八年（1358），由红巾军关先生、破头潘、沙刘二率领的中路军攻陷上都，随后向辽阳行省进军。此时，朵儿只率领的军队并没有返回辽阳行省，而是奉命驻守扬州。至正十九年（1359）正月，红巾军攻克辽阳行省的治所懿州城，随后进军"海、盖、复、金四州及辽阳路。所过杀掠、逃窜殆尽"①。

红巾军进入辽西地区时，奉行的仍是一贯的流寇主义策略。关先生等人率领主力进入辽东地区之后，突然改变了行动策略，开始守城抗元。

在红巾军控制辽东大部分地区的三年里，辽东半岛的社会秩序遭到了很大程度的破坏，一些地方豪强为了保护家族财产和人身安全，组织乡兵抗击红巾军。自唐朝中后期至辽金，大量的渤海人、契丹人、女真人迁入辽东地区，大量内地移民也迁入辽东，改变了当地社会的族群分布格局，促进了当地商业、农业的发展，其中部分移民后裔如刘益等人，凭借经济实力与个人威望，逐渐成为地方豪强，在一定程度上改变了当地的社会结构②。

辽东社会豪强集团以刘益、高家奴等人为代表。

《辽东志》在记述刘益集团据守的得利赢城时写道："在复州城东八十

---

① 《辽东志》卷8《杂志》，金毓黻：《辽海丛书》缩印本（一），辽沈书社，1984年，第464页。
② 杜洪涛：《元明之际辽东的豪强集团与社会变迁》，《史林》2016年1期。

里，元季土人筑之以避兵。"①该书又载："高家奴团结乡民，结寨于老鸦山""王哈剌不花团结民兵于复州"②。刘益、高家奴、王哈剌不花三人皆不见于《元史》，参照他们或为"土人"，或"团结乡民""团结民兵"的行动，特别是刘、高二人据守的地方是山城或山寨，可知刘益集团、高家奴集团、王哈剌不花集团皆为豪强武装。

至正二十一年（1361）十月，关先生等率领红巾军主力十余万人进入高丽。至正二十二年（1362）正月，已经占领高丽京城的红巾军遭到高丽将领安祐、李芳实等人率领的二十万大军的围攻。关先生、沙刘二等将领被高丽人谋杀，红巾军主力损失过半，破头潘率领余众遁还。在红巾军进入高丽期间，地方豪强接管了辽东社会。至正二十二年（1362）四月，当败退的红巾军撤退至辽阳行省境内时，遭到了地方武装的截击，高家奴率领的武装力量擒获了破头潘，四千多名红巾军将士战死。

辽东豪强如高家奴等，在对抗红巾军的过程中，逐渐巩固了他们在地方社会的支配地位，发展成割据一方的强大势力，使得日渐衰弱的元廷也不得不使出拉拢手段，在平定"红巾军之乱"后，授予辽东豪强高家奴、洪保保、刘益辽阳行省平章的职务。《辽东志》载："元丞相也速以余兵遁栖大宁，辽阳行省丞相也先不花驻兵开原，洪保保据辽阳，王哈剌不花团结民兵于复州，刘益亦以兵屯得利赢城，高家奴聚平顶山。各置部众，多至万余人，少不下数千，互相雄长，无所统属。"③

三、元代本溪驿站

元代，今本溪县南部的连山关作为通向朝鲜的重要枢纽，曾设驿站。

元代驿路的开辟始于成吉思汗西征时，沿西征路线设立驿站以保证军事征服行动的物资运送、情报传递和给养供给，每征一地都恢复或建立驿站系统。忽必烈统一中国后，在全国范围内实行驿站制度，以元大都为中心，设立与扩大了驿站交通，辐射整个统治区域。

忽必烈命令高丽也要设立驿站并与元境相接相通，连山站就是辽阳行

①《辽东志》卷1《地理志》，金毓黻：《辽海丛书》缩印本（一），辽沈书社，1984年，第368页。
②《辽东志》卷8《杂志》，金毓黻：《辽海丛书》缩印本（一），辽沈书社，1984年，第464页。
③《辽东志》卷8《杂志》，金毓黻：《辽海丛书》缩印本（一），辽沈书社，1984年，第464页。

省辖区内元、丽驿道上的一站。金朝末年，蒙古南下夺取辽东。1218年，蒙古军队进入朝鲜半岛，与高丽王朝相约"两国永为兄弟"。随后数十年，双方时战时和，直到忽必烈统治时期，才再次永结"甥舅之好"[1]，宗藩关系确立之后，双方经济和文化交流日益增多，对交通运输的需求和标准也随之提高了。根据元代末年的《析津志》"天下站名"所记驿站，从元通往朝鲜半岛的路线，从大都出发，经过通州、夏店，到达蓟州，然后从蓟州可分两路到达北京大宁（大明城），再从北京大宁出发，经恩州、花道等10站到达驿安（今阜新县），再经懿州熊山、崖头到达彰义，从彰义又分两路，"一路正东至沈州，一路正东偏南至洞仙"，前一路线是：彰义向正东至沈州（今沈阳市），正南百二十里至东京（今辽阳市），东南六十里至头馆（今辽阳县水库区），正东六十里至甜水（今辽阳东南甜水镇），正微南六十五里至连山（今本溪连山关），七十里至龙凤（今凤城通远堡），七十里至斜烈（今为凤城薛礼站），七十里至开州（今凤城市），六十里至汤站（今凤城南汤山城），四十里至驿昌站（今丹东九连城），由此过鸭绿江，东至谊州（今朝鲜平安北道新义州）[2]。

上述这些站，应属辽阳行省所辖。《元史》载："辽阳等处行中书省所辖，总计一百二十处：陆站一百五处，马六千五百一十五匹，车二千六百二十一辆，牛五千二百五十九只。狗站一十五处，元设站户三百，狗三千只，后除绝亡倒死外，实在站户二百八十九，狗二百一十八只。"[3]

元代的驿站是在合理的距离内，在适当的地点设立站点，一般是每60里左右设一站，通过一系列的站点将交通线路连接起来，形成全国范围内的驿站交通网络。每站有一定数量的人员和交通工具，并有专门的房舍，负责接待来往的使臣[4]。给驿站配备一些人和牲畜，并配送食物等，专门有站户负责驿站的马匹、食物。

元太宗十二年（1240），高丽金坵作为使团书状官出使蒙古，过今本溪县草河口后，又过分水岭，写下了《分水岭途中》一诗，云："杜鹃声里但青山，竟日行穿翠密间。渡一溪流知几曲，送潺潺了又潺潺。"使团继续前

① 虞集：《道园学古录·送宪部张乐明大夫使还海东诗序》，商务印书馆，1935年。
② 熊梦祥：《析津志辑佚》，北京古籍出版社，1983年。
③ 宋濂等：《元史》卷101《站赤》，中华书局，1976年，第2593页。
④ 陈高华：《黑城元代站赤登记簿初探》，《中国社会科学院研究生院学报》，2002年第5期。

行，就是连山关了。明代顾祖禹《读史方舆纪要》中说："连山关，位于辽阳东南百八十里，地有连山，故名，朝鲜入贡之道也，有官兵戍守。"

四、本溪湖窑和墓葬

本溪湖窑是近年发现的元代窑址，位于本溪市溪湖区河东街道办事处井泉社区，在这里发现了瓷器和大量残碎瓷片。近年该地建楼挖掘地基时，发现窑址堆积的垃圾厚约5米，垃圾中有大量煤渣子，分析当时使用的烧窑燃料是煤炭。本溪湖窑址是东北地区重要的烧制瓷器的窑址，主要

图7-11　本溪湖窑采集瓷片等遗物

产品为日用瓷器，有壶、碗、钵等，釉色有白、酱、黑等，纹饰多为花草，其上常见的文字有福、禄、寿。（图7-11）

这里介绍三座本溪发现的元代墓葬①。

千金沟墓葬：位于本溪市本钢结核病院院内。1983年9月发现，墓葬上距地表1.3米，发现瓷器3件。其中一件为葫芦瓶，小口束颈、形体上小下大，呈亚腰葫芦形，圈足。黑釉酱斑，斑纹点缀均匀，釉面光亮，尽底处露胎，胎质不纯，造型规整。高28厘米、口径2.9厘米、底径9厘米。出土的白釉小盘为圆唇，敞口，浅盘，圈足，周身施满白釉，盘内饰有两朵黑花，黑白分明，图案清晰，盘口沿部分釉面有残豁，釉下略有开片，高3.5厘米、口径11.6厘米、底径3.5厘米。

唐庄子墓葬：1971年10月发现，墓中出土瓷器6件，包括白釉黑花玉壶春瓶和白釉黑花盆各1件，钧窑钵和钧窑盘各1件，天蓝釉钧窑碗2件。其中，白釉黑花玉壶春瓶，圆唇，喇叭口，细颈，溜肩，鼓腹，圈足，施白釉，未及底，肩及腹部饰三组弦纹，饰黑褐色花草纹，底露胎，呈紫色，高31厘米、口径7.2厘米、腹径18.3厘米、底径9.6厘米。出土的2件

① 元代墓葬参考并直接引用了齐俊：《本溪地区发现辽金时期遗物》，《博物馆研究》1995年第3期。

图7-12　钧窑碗

钧窑碗，形体相似，大小有别，圆唇，弧腹，圈足，碗内外均施满釉，釉呈天蓝色，釉面浑厚，柔和，碗内壁有一处紫红色斑块，蓝色釉面上悬浮着圆球状小颗粒，似散射的短波光，碗外壁近底部有垂釉现象，足露胎，胎呈紫色，圈足心稍凸，大碗高10.2厘米，口径21.9厘米，底径6.9厘米（图7-12）；小碗高9.1厘米，口径19.3厘米，底径6.4厘米。

万利墓葬：1981年10月，本溪县富楼乡万利村村民在建房挖地基时发现。该墓是用未经修整的石块垒砌方形墓圹，圹内放置白釉黑花瓷罐，罐上扣一乳白釉瓷碗，腹部人为凿成三个小圆形孔眼。该罐高23厘米、口径17.3厘米、腹径26厘米、底径11.5厘米，圆唇，短领微斜，鼓腹，圈足，领外对称置双系，已残缺。肩及腹下饰多条弦纹，肩上及腹上饰黑花，花纹点缀随意，富有流动感。白釉，腹下及底无釉。与磁州窑的白釉黑花瓷器相比，本溪地区这两个墓葬出土的白釉黑花玉壶春瓶（图7-13）、罐，具有同一时期磁州窑系白釉黑花的典型特征。

图7-13　白釉黑花玉壶春瓶

197

第八章
明时期的本溪

　　洪武元年（1368），明军攻克元大都，明朝建立。王朝始建，统治不稳。元顺帝拥兵北边，蒙古侵扰东北，辽东残元势力对抗，形势对明朝统治者极为不利。为统治好北国版图，朱元璋对辽东统一采取武力和怀柔相结合的政策，派马云、叶旺北上扫清辽东残元势力，同时设置地方政权机构——辽东都司，对辽东采取军事统治，使辽东得到了很好的管理。明永乐年间，生活在吉林境内辉发河流域的建州女真遭到蒙古侵扰，在奏请并得到明廷的允许后，建州卫第三代领导人李满住率众举族南迁至婆猪江地面（今辽宁桓仁县）居住，逐渐发展壮大，完成了建州卫、建州左卫、建州右卫三卫的聚合。随着女真势力的强大，明廷又修筑了辽东边墙对建州女真进行控制。围绕着辽东边墙，明与后金展开了边墙内外的战争，在彼此的碰撞中，建州女真势力渐渐做大，不再接受明廷管制，明在辽东的统治逐渐失去控制。

第一节　明初对本溪的收复

　　明初，元顺帝拥兵北疆，实力雄厚，曾组织元军反攻，威胁明廷。蒙古又不时侵扰东北，其中以兀良哈各部对辽东威胁最大。辽东的残元势力高家奴拥兵雄厚，占山为王。多股势力彼此相依，互为声援，阻碍明朝对辽东的接管。洪武四年（1371），明太祖朱元璋派马云、叶旺远赴辽东，肃清了元朝在辽东地区的残余势力，将"神京左臂"的辽东纳入明朝版图，因地施政，设立了具有军事与行政职能性质的地方政权——辽东都司。

一、高家奴聚众老鸦山寨

洪武元年（1368），朱元璋依靠农民起义军的力量，推翻元朝统治，建立了明朝。元、明鼎革时，明统治基础并不巩固。元朝残余势力尚控制着北方和东北的大部分地区。元顺帝盘踞上都（今内蒙古锡林郭勒盟正蓝旗东的开平），拥兵北边，具有一定的力量。东北的蒙古各部残余势力相互争雄，辽东元朝遗臣各自为王，这些残余势力控制着北方，威胁着始建不久的明王朝，辽东的政治形势对明来说十分棘手。

高家奴是这一时期本溪地区挑战明朝的关键人物。

高家奴，元末辽东人，在平定"红巾之乱"的过程中，雄霸本溪，占据本溪地方支配地位，拥有两个大本营，一个是老鸦山，另一个是平顶山，两者均在今本溪市境内。

高家奴的兴起与红巾军有关。

至正十七年（1357），刘福通领导的红巾军向元进击，其中由关先生、潘诚（绰号破头潘）等人统领的大军挥戈北上，次年十二月攻破元朝第二大政治中心上都，在此停留数日，又迅速转战辽东各地，攻陷辽阳。至正十九年（1359）四月，破头潘等人占领辽东半岛的金、复、海、盖四州及辽阳路。由于地域相近，起义军曾多次进攻高丽（今朝鲜）地界，至正二十年（1360）四月，元军开始反攻，七月红巾军失败。此时的辽东已不再是红巾军的天下。进入高丽的红巾军主力没有处理好与高丽关系，孤军深入，结果被亲元的高丽军击败。至正二十二年（1362）一月，关先生等人战死，其中红巾军领导人之一破头潘，率领十余万红巾军重返辽东，破头潘被辽阳行省同知高家奴擒获，高家奴威望由此大振。

《辽东志》卷八《杂志》记载："先是，高家奴团结乡民，结寨于老鸦山。至是，以其众袭破头潘，擒送京师。以高家奴为辽阳行中书省平章事，寻征入朝，授翰林承旨。"这段史料说明，红巾军领袖人物破头潘是被以高家奴为首的乡民组织擒获，擒获后又送至京城的。高家奴因此升官，被元朝任命为辽阳行中书省平章事，后被征召入朝，授职翰林承旨，从此，做了朝廷里的文官。高家奴在京城做官时日不多，便又回到了他的根据地老鸦山寨。

老鸦山寨目前尚未被发现，根据史料记载，它在辽阳城东二百里。《辽东志》卷一《地理·古迹》："老鸦山，去辽阳城二百余里，其山四险而内宽，洪武初，都指挥叶旺攻走元平章高家奴于此。"《全辽志》卷一《山川》："老鸦山，（辽阳）城东二百里，元平章高家奴聚兵于此。"辽阳城东二百里，正是今本溪县太子河上游。根据老鸦山"其山四险而内宽"的地理特征，这个元明时期辽东历史上著名的山寨，应该在峻岭怀抱的山地上。

《辽东志》卷八《杂志》记载了元末明初辽东及附近地区的割据状态："元丞相也速以余遁栖大宁，辽阳行省丞相也先不花驻兵开原，洪保保据辽阳，王哈拉不花团结民兵于复州，刘益亦以兵屯得利赢城，高家奴据平顶山，各置部众，多至万余人，少不下数千，互相雄长，无所统属。"

其中高家奴占据的平顶山，就是位于今本溪市区的平顶山。

《辽东志》卷一《地理》："平顶山，城东一百里，山周三十里，其顶平敞可耕稼，有泉涌出，以石八角甃之，其中有鱼。""城东"之城，即为辽阳，由辽阳向东一百里，即是本溪市区。平顶山历来是兵家必争之地，山顶地势平坦，视野辽阔，主峰四面石壁峭立，在战事以冷兵器时代为主的古代，这里仿佛一处天然的防御大本营，早在汉唐时代的高句丽及金代，都利用着山势的独特条件，在此筑城御敌。

二、马云、叶旺出兵辽东

洪武初年，辽东出现了高家奴集团和刘益集团双雄兵力的局面，辽东元朝的残余势力还很雄厚，在辽阳、沈阳、开原几处都有重兵盘踞，明朝为夺取东北的统治权，与蒙古残余势力进行了激烈的斗争。

洪武三年（1370）九月，朱元璋认为收复东北边疆时机已经成熟，决定派遣大将叶旺和马云向辽东进军，对辽东进行武力勘定，加强对辽东地区的有效管辖。马云、叶旺由山东登州渡海北上，直抵旅顺，屯兵金州，将军事力量推进辽东。同时，明廷又命靖海侯吴祯率舟师运粮及军饷至辽东，收复辽东势在必行。

马云、叶旺审时度势，两人并未匆匆挥兵鏖战，而是先文后武，把招抚放在了首位。《辽东志》卷五《官师》记载，马云与叶旺相与谋划："辽东新附，反侧者尚多，若遽以兵临之，杀伤必众。今宜广布德威，致其来服，不从，征之未晚也。"招抚极为奏效，元朝遗留势力，"远近翕然归者，相属于道"。

在这种人心向背十分明了的情况下，高家奴仍然未降，并且第二年（洪武五年，1372）正月，伙同於山不花、纳哈出等人，侵入朝鲜泥城、江界等处。马云、叶旺发出檄文，对高家奴进行招抚，但高家奴凭借平顶山和老鸦山寨，继续与明军抗衡。对此，马云铁下征伐决心，说："高家奴恃险梗化，不举兵讨之，无以示威。"

大军遂向平顶山和老鸦山进发。《辽东志》卷八《杂志》："进军平顶山，攻破高家奴于老鸦山寨，走之，未几来降。"《辽东志》卷五《叶旺传》："攻走平章高家奴，遂进至辽东。"《辽东志》卷五《马云传》："由是帅精锐，直抵其寨，击破之，高家奴亡走。自后家奴势孤，诣云请降，纳之。"明军先下平顶山，然后向东纵深进军，再剿老鸦山寨。高家奴败走，不久，归降马云。当时，守御辽阳的徐玉，也跟随大军前去征讨高家奴，一直追到浑河，《四镇三关志》记载，壬子年（洪武五年，1372），徐玉"从叶旺征老鸦山寨，攻走高家奴，追至浑河，大获人口、马牛"。

辽东平定后，朱元璋对马云、叶旺大加赞赏，派遣使臣前来慰劳，并发《劳辽东都卫指挥》诏书，其中说："辽东诸将，忠义于天，得获渠魁，不负委托。"这里的"渠魁"（首领），包括高家奴。高家奴投降后，积极为明效力。洪武九年（1376），他曾经致书朝鲜政府，谈及归顺后的感想："仆自洪武五年（1372）归降朝廷，数年之间，深蒙厚恩，非笔舌一言能尽也。"洪武十九年（1386）十二月，时任辽东都司指挥签事的高家奴，受明太祖朱元璋的派遣，与徐质一起，前往朝鲜刷还元末避寇东来的沈阳军民，同时又索买马匹三千。这次出使朝鲜，高家奴受到了朝鲜国王的宴请，二月，方才归国。

根据高家奴屯踞地点老鸦山、平顶山的地理位置推测，他的籍贯，有可能就是本溪。

为了解决军饷，马云、叶旺鼓励军民屯田种地，特别是叶旺主持辽东屯田十七年之久，垦田万余顷，成效显著。在辽东都司各卫军士的齐心劳作下，辽东出现了"数千里内，阡陌相连，屯堡相望"的兴旺景象。屯田数量大增，为辽东发展提供了充足的后勤保障。元代诗人阎长言写有《婆娑道中》一诗，内云"泉源疏地脉，田垄上山腰"，记述了当时山地状况。如今。在本溪地区山上多可发现旧时梯田，大多数当为元、明时期营建。

第二节　草河千户所与草河堡

草河千户所，是明代初期设于本溪地区的重要基层统治机构。

草河千户所的主要任务是接纳和安抚归顺的女真人。建州女真首领李满住移居婆猪江（今桓仁地界）后，由于不堪朝鲜军队的打击，曾经准备迁居草河，但未得到朝廷允许。成化十七年（1481）或稍后，在千户所的基础上，设立了草河堡，它为巩固明代对辽东的有效统治，发挥了重要作用。

一、草河千户所

为了强化统治，明朝在辽东地区陆续建起了卫所及相关管理机构，洪武六年（1378）闰十一月，"置定辽右卫于辽阳城之北，立所属千户所五"，这是明朝在辽东地区首次设立千户所，七年（1379）正月，对定辽都卫辖属的卫所进行了调整。十三年（1380），又增设五个千户所。《全辽志·沿革志·东宁卫》记载："洪武十三年置五千户所，曰东宁、女直、南京、海洋、草河，各领所部夷人。"

这五个千户所，直属定辽都卫。

草河千户所，是明代设于本溪地区最早的统治机构。

"各领所部夷人"应是设立这批千户所的目的，这里所说的"夷人"，主要为女真人，但不排除归降的元朝军民和迁徙而来的高丽人。草河千户所的设置，确实与招抚元朝军民及女真人有关。《明实录》记载："洪武十五年夏四月辛丑，辽东东宁、草河千户所，招降故元合罗城万户府校卒及鸭绿江东遗民凡二千六百八十六人，送至辽阳，诏以衣给之。"合罗城万户府，即合兰府，是元朝设置的万户府之一，归属辽阳行省开元路，位于今朝鲜咸镜南道咸兴，辖内女真人居多，音近缘故，《高丽史》又把它写作"哈刺"。

洪武十九年（1386），设东宁卫，对草河等五千户所进行了调整，改为左、右、中、前、后五所，《全辽志·沿革志》："东宁卫，十九年置卫，并五所为左、右、前、后四千户所，仍置中及中左二千户，以谪戍者实之。"

二、李满住奏请徙居草河

李满住是建州女真第三代首领，永乐二十一年（1423），因居住在辉发河流域的凤州古城屡次遭到蒙古侵扰，在奏请并得到明廷的允许后，率众迁徙到婆猪江地面（今辽宁桓仁县）居住。正统元年（1436），又因忽剌温（海西女真）的侵害，准备迁徙草河地区。

对忠于明廷的建州卫女真人，朝廷十分关注。明成祖朱棣率军亲征元残余蒙古势力时，建州女真人从征有功，为明王朝对东北边陲地域的统治，作出了积极的贡献。对此，明帝随即命令辽东总兵巫凯制定具体安置方案，要求其在"毋弛边备，毋失夷情"的情况下，妥善安置李满住所部。

辽东总兵官对李满住准备迁徙草河之事的计议，《明实录》无载，但可以肯定地说，计议结果否定了李满住迁居草河的奏请。迁徙草河没有得到明廷的允准，李满住只好向北移动，从婆猪江流域进入浑河流域。

李满住为什么选择草河作为迁徙目的地？应该有两个重要原因，一是这里距离当时的辽东首府辽阳很近，可以得到明朝直接的庇护。二是这里归顺的女真人较多，可能已经形成了一定的势力群体，其中与李满住有着密切关系的大有人在，李满住计划迁徙草河，与这个群体不无关系。

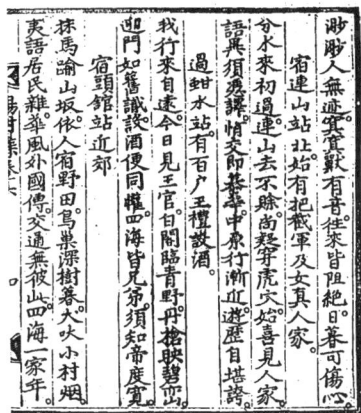

图8-1　权近《奉使录》书影

洪武二十二年（1389），朝鲜使臣权近出使南京，撰有《奉使录》，"凡有接于耳目者，必记而诗之"[1]。他路过本溪境内的连山关时，作诗一首，题目为《宿连山站北，始有把截军及女真人家》，诗中有云："尚疑穿虎穴，始喜见人家。语异须凭译，游历自堪夸。"[2]（图8-1）连山关距离草河城约三十五千米，权近看见这里除了把截军之外，就是女真人家。由此推知，当时草河一带，女真人家当会更多。李满住率

---

① 权近：《奉使录》，韩基中编：《燕行录全集》（一），韩国东国大学出版社，2001年，第157页。

② 权近：《奉使录》，韩基中编：《燕行录全集》（一），韩国东国大学出版社，2001年，第162页。

领建州卫迁徙婆猪江后，建州卫及与建州卫关系密切的毛怜卫酋首，多有徙居东宁卫者。女真和明朝相互往来的人们，应该为李满住提供了草河环境的生存优越性，受此影响，李满住才形成了徙居草河的愿望。

李满住拟徙草河，所指应该是草河流域，其地方辖属权，应为草河千户所。

三、草河堡

草河堡，位于辽宁省本溪县草河城镇草河城村内，居处草河上游，它是在草河千户所基础上建立起来的。《盛京通志》记载："草河城，周围一里一百六十步，南一门。"1982年考古调查表明，草河堡遗址平面呈长方形，南北长140米，东西宽96米，堡内地势高出周围约1米，四面城墙尚存1米多高，城墙为土、

图8-2　草河堡遗址

石、砖结构，墙内夯土，壁面砌石包砖，基部多以大石条砌筑（图8-2）。

成化三年（1467），明朝与朝鲜出兵合击建州女真，朝鲜军队攻入婆猪江流域，李满住及其多位家人遇难，建州女真受到前所未有的打击。战争结束后，为了加强边疆的防御能力，这场战争的明朝指挥者之一李秉，迅速提出设堡固边的奏疏，得到明廷的允许。同时，李秉又举荐参加这场战争的游击将军韩斌升任辽阳副总兵一职，筑城之事，后由韩斌负责。有史料说，草河堡是辽阳副总兵韩斌所建。《全辽志·韩斌传》云："进辽阳副总兵，建东州、马根单、清河、碱场、叆阳、凤凰、汤站、镇东、镇夷、草河，十堡拒守，相属千里。"[①]

实际上，这十座城堡，并非同时兴建，有的也不是韩斌提议设置。

最初修建的是辽阳东部"五堡"，即东州、马根单、清河、碱场、叆阳，始筑时间为成化五年（1469），确为韩斌所建。数年之后，又修建了凤

---

①《全辽志》卷4《韩斌传》，金毓黻：《辽海丛书》缩印本（一），辽沈书社，1984年，第626页。

凰、镇东、镇夷等三堡，始建时间为成化十七年（1481），筑堡目的主要是为了迎接朝鲜使臣来往，防拒女真人劫路，筑堡的直接原因，则为前一年九月初四夜晚，朝鲜使臣回国途中，"行至东八站开州（凤凰山附近）地面"，遭到建州女真"约二千余骑"的抢掠①。

草河堡的修筑，文献不曾记载，但是汤站堡的修建与草河堡的修建有着相互佐证的间接关系。汤站堡的修建规划，是成化十七年（1481）都督同知缑谦提出的。汤站建堡，虽与凤凰城同年提出，建成则是很晚的事了。

草河堡具体修建时间，文献记载阙如。最初，明朝并没有想在草河千户所地方建立城堡的打算，而是想在今天的草河口设立城堡。

草河口也称草河口子，位于历史上的东八站沿途，是朝鲜至辽阳交通路上的重要地点，与草河城东西为掎角之势，两者相距约16千米。草河城虽然不在东八站沿线上，但它在地理位置上与当时的暖阳堡更为接近，是太子河上游与鸭绿江下游重要通道的连接点，对于扼制东部鸭绿江流域女真势力内侵，具有重要的战略地位，尤其对东八站上草河口、连山关的捍蔽作用，不可低估。

推测草河堡的设立时间，很可能与汤站同时，汤站堡始建于弘治九年（1496）。文献不载草河堡设立时间的原因可能有二：第一，这里最初是草河千户所，可能设有所城，改而为堡，变化不甚明显；第二，草河堡不在当时中朝交通要道上，因此没有引起人们的注意②。

第三节　建州女真

明代女真分布范围很广，"东濒海，西接兀良哈，南邻朝鲜，北至奴儿干、北海"③。按照地区分布、生活方式、经济状况等，又分为海西女真、建州女真和野人女真三大部，各部由若干大小不等的部落组成。居住在黑龙江两岸和乌苏里江流域的为"野人女真"（或称东海女真）；居住在开元（今俄罗斯乌苏里斯克古城）以东和松花江中游一带的称"海西女真"；居

---

① 吴晗：《李朝实录中的中国史料》（二），中华书局，1980年，第668页。
② 梁志龙、马毅：《明代草河堡考》，《辽宁省博物馆馆刊》，2019年第1期。
③ 《大明一统志·女真传》。

于长白山北部图们江、牡丹江和绥芬河流域的则为"建州女真"。建州女真是三部女真中影响最大的部落，后来取代明王朝，建立起清王朝，统治中国270余年。后金天聪九年（1635），皇太极将其所属女真族名正式命名为"满洲"，这标志着满族共同体的形成，从此满族作为一个新的民族登上了历史舞台。建州女真包括建州卫、建州左卫、右卫及毛怜卫，建州女真迁徙婆猪江流域（今桓仁）后，赢得了发展、壮大的机会，由小到大，由弱到强，最终形成了强大的民族共同体，为清朝的建立夯实了基础。

一、建州卫的设立及初期迁徙

1368年正月，朱元璋在南京称帝，建立明朝，建元洪武。为避免势力尚存的北元与高丽联合，明朝统治者积极拉拢高丽，采取友好的外交政策。明洪武三年（1370），北元仍然控制着今桓仁地区，高丽王朝派遣大军越过鸭绿江，直抵五女山城下，领兵的将领就是后来建立朝鲜王朝的李成桂。据《高丽史》记载，正月，李成桂率领骑兵五千、步兵一万，渡过鸭绿江，攻至浑江流域。时任东宁府同知李吾鲁帖木儿，听闻高丽兵来，"移保于罗山城"，想要凭借山城险要的形势来抵抗高丽军队。东宁府是元朝的官府，位于今辽阳。于罗山城，就是今天的五女山山城。吾鲁帖木儿兵力较弱，率管下三百余户投降了李成桂。五女山守将高安慰因城拒守。李成桂未携带自己的弓箭，于是取过随从的弓，"用片箭射之"，一共射了七十余箭，每箭都射中守城兵将的头部。守城兵将被李成桂的神射震慑住了，士气低落，高安慰见状，知道大势已去，难以继续支撑，在夜间丢下老婆孩子，从城上顺下绳子逃跑了。第二天，城中"头目二十余人，率其众出降"，"诸城望风皆降，得户凡万余"①。

明洪武四年（1371）七月，明太祖朱元璋在辽阳设置定辽都卫指挥使司，总辖辽东诸卫军马。明洪武八年（1375）十月，朱元璋改"定辽都卫"为"辽东都指挥使司"，并派遣官员深入女真地区，宣谕政策，进行招抚。此后，在东北女真地区设立诸多都司卫所，都司卫所的长官则由女真酋长们担任，《皇明通纪》说："永乐二年（1404）十二月，分女直地，建

---

① 郑麟趾等：《高丽史》卷42《恭愍王世家》，西南大学出版社、人民出版社，2014年，第1291页。

置都司卫所。时海西女直野人头目来朝，设建州、毛怜、必里、兀者、赤不罕等卫。封其头目为都督、都指挥、千百户、镇抚等官，赐印及诰，俾仍旧俗，各统其属，以时朝贡。"①

在这样的历史形势下，建州卫建立起来了。建州卫是明代建州女真的重要组成部分，其主体是兀良哈部，即元代五万户（后仅存三万户）之一的胡里改万户府。元末明初，中原连年战争，对女真失去有效约束，部分女真投靠了当时尚未成为朝鲜国王的李成桂，其中就包括阿哈出在内的故元时期的女真三个万户。阿哈出是居住在今图们江上游会宁及其西部的兀良哈部首领，称火儿阿豆漫，即元史所谓胡里改万户；猛哥帖木儿是居住在会宁至古茂山一带的斡朵里部首领，称斡朵里豆漫，即元史之斡朵怜万户；居住在今稳城、钟城、庆源以及我国珲春河口地区的托温部及毛怜兀良哈部，前者首领是高卜儿阙，后者首领是把儿逊。此外，今庆源、镜城、甲山、两江道、咸镜北道和咸镜南道地区均广泛分布着女真人②。高卜儿阙为托温豆漫，即元史之桃温万户。元代的万户，与明代的指挥使相当。

胡里改部最初居住在松花江下游依兰（三姓），元末明初，由于自然条件的影响，加之受到野人女真的袭击，胡里改部和斡朵里部相继向南迁徙。明洪武五年（1372）前后，胡里改部沿牡丹江向南迁徙到训春河口（珲春河口）一带；斡朵里部初居训春河口，后又迁至图们江以南朝鲜庆源、镜城地面。

明永乐元年（1403）六月，永乐皇帝敕谕："女真吾都里、兀良哈等，招抚之，使献贡。"开始招安朝鲜半岛的女真部落。十一月，在胡里改住地设置了建州卫军民指挥使司，任命阿哈出为首任建州卫指挥使，其他小酋则"为千户所镇抚，赐诰印、冠带、袭衣及钞币有差"③。朱棣还是燕王时，曾于明洪武十九年（1386）"纳于虚出（阿哈出）女"为妃。朱棣即位后，封阿哈出之女为三皇后，阿哈出作为"三后之父"④，顺理成章地成为皇亲国戚，因而得到了明廷的信任和重用。朱棣也是想要利用阿哈出在女

① 陈建：《皇明通纪》，中华书局，2008年，第414页。
② 姜龙范：《洪武至永乐初年围绕女真问题所展开的中朝交涉》，《延边大学学报》1998年4期。
③ 《明实录》永乐元年十一月辛丑。
④ 吴晗辑：《朝鲜李朝实录中的中国史料》（一），中华书局，1980年，第205页。

真中的影响力，加强对女真部落的招抚。永乐二年（1404）六月，明廷派"辽东千户、三万卫千户等赍敕谕及赏赐，与杨内史（杨进保）偕来"①，途经朝鲜到建州卫，授予阿哈出以参政之职。

建州卫名称的来历，有学者认为"建州一名来源于原渤海率宾府下辖的建州"②，阿哈出率部众沿牡丹江南下，首先迁徙到了绥芬河流域，而绥芬河流域是原渤海国五京十五府六十二州中的率宾府所辖，"率宾府领华、建、益三州"③，阿哈出部落在洪武末、永乐初的居处，正是原建州之地，故立卫时以建州为名。

明永乐二年（1404）三月，忽的河、法胡河等处女真野人头目哈剌等，来到明廷，明成祖下旨将这两地一起并入建州卫。十二月，辽东总旗张孛罗、小旗王罗哈等，奉敕谕经朝鲜到建州卫地，此行的目的是赐给阿哈出诏书，勉励他在招谕女真事务中继续发挥作用。图们江南北女真诸部纷纷到京，纳贡赋、受敕封。这些女真以建州卫为中心，形成了建州女真，"东方诸夷之为卫所甚众，而建州领之，其名曰建州女真"④。在阿哈出的荐举下，明朝经过反复地说服劝谕，使女真斡朵里部猛哥帖木儿最终来归，并入建州卫，后来明朝又为猛哥帖木儿分置了建州左卫。毛怜兀良哈部把儿逊在猛哥帖木儿带动下归附，明朝为之设立毛怜卫。而这些卫当中，"建州实居中雄长，地最要害"⑤，建州卫成为明朝管辖东北地区南部和东部山区女真的重要机构。

由于阿哈出的忠诚与功绩，明帝特赐其姓名为李诚善（一说李思诚）。永乐三年（1405）九月，阿哈出的长子金时家奴（释加奴）被明帝授予建州卫指挥使，明廷仍通过他招谕和管辖长白山以东的女真部落。明永乐八年（1410），阿哈出、释加奴父子随明成祖朱棣征讨鞑靼，释加奴因功被赐姓名为李显忠。明永乐十年（1412）前后，李显忠承袭阿哈出建州卫首领的位置。明永乐二十年（1422）前后，李显忠死，其子李满住继任为建州卫首领。

---

① 吴晗辑：《朝鲜李朝实录中的中国史料》（一），中华书局，1980年，第203页。
② 张泰湘：《论建州女真源流与南迁》，《北方论丛》1985年2期。
③ 欧阳修等：《新唐书》卷219《渤海传》，中华书局，1975年，第6182页。
④ 《明实录》万历十七年七月辛亥。
⑤ 计六奇：《明季北略》卷1《建州之始》，中华书局，1984年，第1页。

　　建州女真诸部所居住的地区，自然条件和地理位置较为优越，利于发展，土地肥沃，适于农耕，接近汉地和朝鲜，便于在互市通商中输进铁制农具、耕牛和先进生产技术，农业经济、手工业经济发展均较快，成为女真族最具实力的中心地区。

二、建州左卫的设立

　　建州左卫的首任酋领是猛哥帖木儿（？—1433），《清太祖武皇帝实录》中记为"孟特木"或"孟特穆"，是努尔哈赤的六世祖，努尔哈赤建国后追尊其为"肇祖原皇帝"。元末明初，猛哥帖木儿作为女真名酋，在诸多重大事件中，扮演了重要角色。

　　猛哥帖木儿的父亲挥厚，在元朝受封斡朵怜部豆漫，元朝末年，猛哥帖木儿袭职。元末明初，猛哥帖木儿与居住在其北方的女真部落兀狄哈互相争斗。兀狄哈有许多部族，如骨看兀狄哈、嫌真兀狄哈、速平江兀狄哈等。此时袭击猛哥帖木儿的是兀狄哈达乙麻赤部。猛哥帖木儿同时还遭到西边蒙古人的侵扰，于是决定率部迁徙。明洪武五年（1372），猛哥帖木儿率斡朵里部迁到图们江下游训春河口奚关城，洪武二十年（1387）前后，进入朝鲜半岛东北庆源、镜城一带居住。洪武二十一年（1388），又率部移住于图们江上游右岸，即今朝鲜东北境内的阿木河流域，与高丽人杂居共处。阿木河，又称斡木河，即今朝鲜会宁。

　　猛哥帖木儿等女真首领与朝鲜李成桂往来密切，《龙飞御天歌》记载："东北一道，本肇基之地，畏威怀德久矣。野人酋长远至移阑豆漫，皆来服事，常佩弓剑，入卫潜邸，昵侍左右，东征西伐，靡不从焉。如女真则斡朵里豆漫夹温猛哥帖木儿、火儿阿豆漫古论纳哈出、托温豆漫高卜儿阙。"

　　斡朵里部是中国东北少数民族部落，实力雄厚，猛哥帖木儿本人在女真部落中更是威望颇高，所以，明朝政府十分重视招抚猛哥帖木儿。永乐元年（1403），明朝永乐皇帝敕谕朝鲜，要求朝鲜将猛哥帖木儿女真部落的管理权交回明朝。永乐二年（1404）四月，永乐皇帝又遣使臣王可仁赍敕前往女真地区，宣布："朕即大位，天下太平，四海内外，皆同一家"[①]，劝谕猛哥帖木儿等归顺明朝。朝鲜也极力拉拢猛哥帖木儿，连续赏赐猛哥

---

① 吴晗辑：《朝鲜李朝实录中的中国史料》（一），中华书局，1980年，第198页。

帖木儿及部下物品，试图暗中阻止女真归附明廷。

明成祖通过建州卫指挥使阿哈出的推荐，知晓猛哥帖木儿实际上倾心大明，于是在明永乐三年（1405）正月，再次派遣官员到阿木河处招谕猛哥帖木儿。三月，又派出使臣王教化，带着赐物及圣旨前去招谕猛哥帖木儿，并令朝鲜方面协助明朝的招抚工作。

经过明朝使臣王教化的说服，以及受建州卫阿哈出的影响，永乐三年（1405）五月，猛哥帖木儿接迎敕书，收受了明廷赐物，打算亲赴明都受封。朝鲜太宗闻知，又派人极力挽留猛哥帖木儿。明成祖对于朝鲜阻挠猛哥帖木儿回归明廷非常愤怒，敕谕斥责朝鲜国王。这道敕谕措辞严厉，朝鲜太宗不敢继续阻拦，只好放猛哥帖木儿归入大明。

据《李朝实录》记载，阿哈出长子释家奴娶猛哥帖木儿之妹为妻，释家奴子李满住是猛哥帖木儿外甥，因而猛哥帖木儿乃是李满住之舅。猛哥帖木儿之子都赤又娶了阿哈出次子猛哥不花之女为妻，阿哈出之女是明成祖的"三皇后"，因此猛哥帖木儿乃是"皇后之亲"。永乐三年（1405）九月，猛哥帖木儿随同王教化赶赴明朝京师，朝见明成祖，被授予建州卫都指挥使，成为了大明官员。

明永乐九年（1411）四月，猛哥帖木儿以曾经侵扰庆源而惧怕朝鲜攻伐为借口，由阿木河徙于凤州，与阿哈出建州卫共同居住，经常派人入明朝贡，与明廷的关系更加密切。永乐十年（1412），猛哥帖木儿入京朝贡时，明廷将建州卫析置出建州左卫，猛哥帖木儿成为首任建州左卫指挥使。

三、毛怜卫与寄住毛怜卫

毛怜卫及其建立，与建州卫关系甚密。在阿哈出的推荐下，永乐皇帝大力招抚把儿逊等女真酋领。

明朝设立毛怜卫之前，朝鲜重视并拉拢把儿逊，把儿逊同朝鲜的关系相对友好，交流频繁。永乐三年（1405），永乐皇帝派千户王教化招谕猛哥帖木儿归服明廷时，也曾约见把儿逊，但是把儿逊拒绝与使臣会面，并言："我等仰事朝鲜，……无贰心。"①

永乐三年（1405）四月，明廷派百户金声携带皇帝谕旨，专程招谕把

---

① 吴晗辑：《朝鲜李朝实录中的中国史料》（一），中华书局，1980年，第208页。

儿逊等女真首领，允诺给予各种优惠政策，谕旨言："朕今即位三年，天下太平，四海内外皆同一家，恐尔等不知，不相统属，强凌弱，众暴寡，何宁息之有？今遣百户金声等以朕意谕尔，并赐尔彩币等物。尔等若能敬顺天意，诚心来朝，各立卫，分给印信，授以名分、赏赐，俾尔世居本土，自相统属，打围放牧，各安生理，经商买卖，从便往来，共享太平之福。"①不久，猛哥帖木儿回归明朝，把儿逊也随之归服。

永乐三年（1405）十二月，"毛怜等处野人头目把儿逊六十四人"来到明廷朝拜，明廷设立毛怜卫，以把儿逊为首任指挥使，"赐诰印、冠带、袭衣及钞币有差"②。毛怜卫设置后，与建州卫联系密切。朝鲜文献记载：建州卫到朝鲜朝贡，要途经毛怜卫；毛怜卫朝贡大明，必经建州卫，两卫"声势相倚"。建州、毛怜等卫的设置，是女真归附明朝的重大标志性事件，对明朝掌控东北疆域非常有利。

永乐八年（1410）三月，朝鲜太宗派吉州道察理使赵涓，以追击嫌真兀狄哈为名，把毛怜卫指挥把儿逊、阿古车、著和等人，诱至豆门（图们）杀死。毛怜卫遭到沉重打击。

毛怜卫初设，其居地为毛怜，从永乐皇帝敕书及《朝鲜实录》中所云"毛怜等处"之语，可知"毛怜"本是地名。

把儿逊死后，毛怜卫指挥使一职本应由其子阿里袭职，却由建州卫的猛哥不花得到，这是不寻常的。明永乐九年（1411）九月，明廷"命建州卫指挥佥事猛哥不花等十八人，为毛怜等卫指挥使、千百户等官，赐之钞币，盖从建州卫都指挥李显忠所举也"③。从此，毛怜卫的首领发生变化。明廷将毛怜卫指挥使授予猛哥不花，其做法明显特殊于其他女真卫所。明廷如此作为，自有其原因。一是建州卫深得明廷优渥待遇。阿哈出作为较早归附的重要女真首领，与其子嗣得到了明廷厚待。李显忠即释家奴，是阿哈出之子，猛哥不花之兄。永乐皇帝亲征阿鲁台，释家奴等从征有功，明廷宠渥正深，遂奏请将毛怜卫授其弟猛哥不花，获得批准。

永乐二十二年（1424）三月，"毛怜卫指挥猛哥不花遣指挥佥事王吉，

①《明代满蒙史料·李朝实录抄》（第一册），文海出版社有限公司，1953年，第165页
②《明实录》永乐三年十二月乙酉、甲戌。
③《明实录》永乐九年九月辛酉。

率所部从征。上嘉之，赐赍吉等有差"①。七月，明仁宗登基。八月，"升毛怜卫指挥使猛哥不花为右军都督府佥事，赐钞币遣还，嘉其从征迤北之劳也"②。九月，"升掌毛怜卫右军都督佥事猛哥不花为中军都督同知，仍掌毛怜卫"③。对于这一连串的升迁，《明实录》给出了这样的解释："猛哥不花初以土酋归顺，因立毛怜卫，命为指挥，统其众，事太宗、仁宗，咸尽勤诚，累官至都督佥事。至是嘉之，故有是命。"

猛哥不花实际所掌应是"寄住毛怜卫"。所谓"寄住"，意为卫名虽是"毛怜"，但不住毛怜地区，即把儿逊毛怜卫所在，而是"寄住"在婆猪江流域。据考，"寄住"之事当在受职毛怜卫指挥之前，"寄住"之始并无"寄住毛怜卫"之名称。宣德八年（1433）八月，朝鲜国王向明朝使臣崔真询问婆猪江人即建州卫人住处，崔真说："婆猪江人前在忽剌温地面方州。太宗皇帝北征时，时家老、猛哥不花等，到时波豆站，奏曰：'我等之居，境连达达地面，数来侵伐，愿移于婆猪江。皇帝许之，徙居婆猪江。'"

猛哥不花到婆猪江居住时，其部众从根本上而言，都是建州卫人，但在建州卫内又相对独立。这些既是建州卫人、又是"毛怜卫人"的女真，当不是旧毛怜卫人。旧毛怜卫不会心甘情愿地奉他卫酋目为自己首领，猛哥不花也不会到非本族的旧毛怜处任职，于是，毛怜卫出现了朝廷任命的首领与原卫所部众"远隔"的现象。

正统七年（1442）正月，因旧印丢失，明廷正式发给毛怜卫"掌卫事都督同知李撒满答失里"印信④，结束了自猛哥不花开始的毛怜卫首领无卫印的现象。《明实录》如此介绍撒满答失里："女直人，祖阿哈出，永乐中赐姓名李诚善，父猛哥不花，累官至都督同知，总掌毛怜等卫。及是，撒满答失里来朝，自陈世受国恩，欲居京自效。嘉其忠诚，锡赉有加。以其世居塞外，部属相安，仍令扶绥其众，以扞边围，赐敕谕遣之。"⑤明宣德四年（1429）三月，猛哥不花已经故去，故由其子撒满答失里袭职，"命故掌毛怜卫事都督同知猛哥不花子撒满答失里袭为都督佥事，仍掌毛怜

①《明实录》永乐二十二年三月壬辰。
②《明实录》永乐二十二年八月己卯。
③《明实录》永乐二十二年九月丁巳。
④《明实录》正统七年正月庚辰。
⑤《明实录》宣德十年五月辛巳。

卫"①。宣德十年（1435）五月，撒满答失里由都督金事升为都督同知②。正统二年（1437）五月，"命都督同知李撒满答失里仍掌毛怜等卫事"③。正统七年（1442）三月，"升毛怜卫都督同知李撒满答失里为右都督，仍掌卫事，以其守职来朝故也"④。正统十年（1445）三月，"毛怜卫右都督李撒满答失里奏，愿居京自效。上从之，赐名曰忠"⑤。

　　史料中出现"寄住毛怜卫"时，有时直接冠以"建州"二字，如成化十九年（1483）六月，"命建州卫寄住毛怜卫三姓夷人郎引答赤忽等二百五十家，每岁于毛怜进贡例一百名外，增其人一十二名"⑥。又，弘治十六年（1503）三月，"辽东镇巡官奏称，寄住毛怜卫俱欲朝贡。兵部覆奏：建州寄住毛怜卫女直，岁有来朝之数"⑦。

　　毛怜卫是建州卫的子卫，也是建州女真的重要组成部分。毛怜，满语意为"马"。毛怜卫所属部种，跟建州卫所属部种一样，《李朝实录》称之为兀良哈，毛怜卫为"东北（或豆满江）兀良哈"，建州卫为"婆猪江兀良哈"，这说明了建州卫和毛怜卫同为建州女真的主体⑧。

四、李满住在婆猪江的早期经历

　　李满住（？—1467），建州卫著名首领，生平历史与本溪极为密切。李满住是首任建州卫指挥使阿哈出的孙子，第二任建州卫指挥使释家奴的儿子，李满住为第三任建州卫指挥使。李满住率领建州卫活动在辽东东北部、东部，积极发展农业、手工业、商业，加强与左卫、右卫、毛怜卫等部落间的联系，多次组织各部落间的共同行动，在建州女真的聚集和发展中发挥了重要作用，是明代中前期建州女真历史上的核心人物（图8-3）。李满住时期的建州女真，对明朝和朝鲜，均有进贡的恭顺与侵掠的摩擦，所以既得到明朝羁縻和朝鲜的笼络，也遭受了明朝和朝鲜的军事打击。

---

　　①《明实录》宣德四年三月壬子。
　　②《明实录》宣宗十年五月辛巳。
　　③《明实录》正统二年五月辛卯。
　　④《明实录》正统七年三月丁丑。
　　⑤《明实录》正统十年三月辛巳。
　　⑥《明实录》成化十九年六月癸未。
　　⑦《明实录》弘治十六年三月乙亥。
　　⑧ 蒋秀松：《李朝实录中的兀良哈》，《黑龙江文物丛刊》1983年第1期。

李满住和建州卫原本住在回波江方州（辉发河流域的凤州），由于受到忽刺温野人、鞑靼人的骚扰，永乐二十一年（1423）四月，"都司李满住率管下……等一千余户，到婆猪江居住"。此为史料中较早见李满住处。朝鲜人称其为"都司"，当是此时其父释加奴已死，李满住接任建州卫酋长。《李朝实录》记载李满住"去癸卯年蒙圣旨，许于婆猪江多回坪等处居住"[①]，"癸卯年"即永乐二十一年（1423）。

图8-3　李满住画像

李满住率管下一千余户，南迁到鸭绿江支流婆猪江边的兀喇山城（今桓仁五女山城）南麓一带，在长途迁移中，粮食有较大损耗，第二年（1424）春天，建州卫严重饥荒，无口粮、无种子、无盐酱，"乞丐过活"。李满住及其部众靠狩猎和采集，挺过艰难的日子，开始耕种土地。兀刺山城在明代始终是建州女真的重要据点（图8-4），直到弘治十年（1497），《李朝实录》中还明确记载山城是建州、毛怜二卫战时安置妻小的地方。

图8-4　五女山东麓建州女真遗址中的碾房

李满住本不姓李，"李"是明朝皇帝赐给满住祖、父的姓。史料中也可见其他女真人得赐姓名之

---

① 吴晗辑：《朝鲜李朝实录中的中国史料》（一），中华书局，1980年，第314页。

事，如《明实录》："永乐八年八月乙卯，升建州卫千户督卜为指挥佥事，赐姓名张志义。赐百户阿剌失姓名李从善，可捏姓名郭以诚，俱为正千户。"

有学者认为，李满住姓"佟"或"童"，这是从地名的演变上推论得出的论点。李满住在永乐二十一年（1423）率部到婆猪江居住，婆猪江后改称"佟家江"或"佟佳江"，当是在李满住居住之后而有的名字。

婆猪江流域接近朝鲜边境，因此建州卫等女真部落与朝鲜联系较为密切。宣德五年（1430），李满住为从朝鲜获得生活生产物资，曾与朝鲜方面商讨开展贸易，未能成功。李满住上奏明朝，诉说欲与朝鲜交易，而朝鲜不允之事，希望明廷命令朝鲜对建州开放商市。明朝认为朝鲜不与天朝境内的建州女真交易是正确的，但是允许李满住在辽东境上与明贸易。李满住与朝鲜贸易不成，转而依靠武力劫掠朝鲜的财物，二者关系逐渐恶化。朝鲜收留并将从建州卫逃跑的辽东汉民送回明朝辽东都司，李满住向朝鲜索求遭到拒绝，进一步加深了二者之间的矛盾。李满住常派骑兵突袭朝鲜，掠夺边民牛马。李满住的掠夺，引起了朝鲜的极大恐慌，视之为西北边境的严重威胁，并蓄谋消灭李满住。

宣德七年（1432）十二月，野人女真兀狄哈忽剌温的一百余名骑兵，突入朝鲜闾延镇（今朝鲜慈江道东北），掠去男女六十四名。李满住与猛哥帖木儿合击忽剌温，夺回被掠人口，并送归朝鲜。朝鲜却认定建州卫女真是闾延事件的主谋，是李满住装作忽剌温野人所为，并以此上奏明廷，作为出兵征讨李满住的理由。宣德八年（1433）四月十九日，朝鲜派出四路军马突袭李满住部落，这是朝鲜对建州女真第一次大规模征伐。大军压境，矛头直指李满住所居住的瓮村，建州卫在毫无防备之下，仓促应战，李满住被箭射伤，"身被九创"，逃上兀剌山城，妻小"死于锋刃"，部下人民被杀者甚多，许多敕谕、诰命等文件也被抢走[①]。

其后，明辽东总兵官都督巫凯上奏明廷，建议谴责朝鲜的侵略行为，要求追查朝鲜擅自发兵建州之罪。明宣宗认为"远夷争竞，是非不明，岂可偏听"，宣德九年（1434）八月，明廷派出使臣前往朝鲜与女真诸部进行调解，令双方互相退还在冲突中所掠人口和财产。朝鲜拒不归还战利品，于是李满住"潜寇闾延，射杀男女各一"，报复朝鲜。李满住与朝鲜的关系

---

① 吴晗辑：《朝鲜李朝实录中的中国史料》（一），中华书局，1980年，第236页。

日渐恶化。朝鲜世宗警告李满住："尔若终无改心，罪盈恶积，自取灭亡，则悔不可追"①。

为躲避朝鲜军队的越江杀戮，李满住再次率领建州卫迁徙，移居婆猪江支流富尔江畔吾弥府。这里土地肥沃，有愁许山城可守，比瓮村要安全许多。正统二年（1437）六月，朝鲜侦查人员潜至吾弥府，看见富尔江两岸"大野"都被建州女真耕种开垦，到处可见农民和耕牛，在水边有十八户人家，而在山间的人家更多，"不能遍视"，展现出一片勃勃生机的景象。

正统二年（1437）七月，朝鲜世宗传旨平安道监司："俟机潜灭婆猪江李满住。"九月七日，朝鲜军队开始进攻李满住建州卫，这是朝鲜对建州女真第二次大规模征伐，目标仍然是兀剌山城及吾弥府等处。朝鲜主将是平安道都节制使李葳等，率领4700余人自江界渡江，直趋吾弥府等处；上护军李桦率领1818人自理山渡江，进攻兀喇山南红拖里；大护军郑德成率领1200余人，亦自理山渡江，进攻兀喇山南阿闲。理山即浑江入鸭绿江江口的对岸，江界即今朝鲜楚山，两地距今桓仁县沙尖子较近。兀弥府在今桓仁县古城镇古城子村。由于李满住等建州卫首领对朝鲜的入侵早有预料和戒备，提前转移到了山谷地区躲避，损失不大。朝鲜军队转战近十日，所获甚微，又连续两次遭到建州卫的夜间突袭，无奈退兵。

由于朝鲜屡次征伐，生活不得安稳，李满住多次向明廷请求内迁，正统三年（1438）六月，终获明廷批准，建州卫移至苏子河上游灶突山（满语为呼兰哈达，在今辽宁省新宾县永陵镇旧老城附近）。

关于李满住一生所得明廷官职，最早见于《李朝实录》记载，明永乐二十一年（1423），李满住迁往婆猪江时，朝鲜称其为"都司"，但李满住此时没有被明廷正式授职。《明实录》载：宣德元年（1426），"赐建州卫舍人李满住等钞币、袭衣、靴韈有差。"所谓"舍人"，指尚未承袭父职的武职官员子弟，明廷称满住为"舍人"，而不称任何官职，满住此时当未得到明廷授职。李满柱正式得到明廷授职是在宣德四年（1429），这年满住"奏请入朝充侍卫"，明廷不许，但赐敕谕，正式授满住建州卫都指挥佥事一职。正统五年（1440），凡察、董山率建州左卫迁至三土河与婆猪江以西东古河一带，与李满住所居十分接近，两卫活动于今桓仁、新宾两县的广大

---

① 吴晗辑：《朝鲜李朝实录中的中国史料》（一），中华书局，1980年，第392页。

地区。正统七年（1442），明廷析建州左卫为二，再设建州右卫，同年，明廷"升建州卫都指挥佥事李满住为都督佥事，仍掌卫事"。正统十二年（1447），"升建州卫都督佥事李满住为都督同知"。

明王朝在少数民族地区设立都司卫所，带有明显的羁縻性质，对于归附的女真人，"官其酋长"，品级、官服以及属官设置参照中原官制，却不发给俸禄，仍使其居于旧地并治理和约束部族。明廷也给女真人颁发敕书和官印，但那仅是女真人所掌卫所、官职名称和品级的官方文书证明，以及女真人用以赴京朝贡并获得朝廷赏赐的身份凭证。女真卫所的官职和辖地均世袭，一般是父子相承，这些均异于中原地区官员管理模式。

五、三卫聚合

永乐十年（1412），明廷设置建州左卫指挥使司，委任猛哥帖木儿为指挥使，凡察为左卫指挥佥事。凡察（？—1451），是猛哥帖木儿的同母异父弟弟。宣德七年（1432），明廷晋升凡察为都指挥佥事，宣德八年（1433），凡察又被明晋升为建州卫都指挥使。同年，猛哥帖木儿及其长子权豆被杀害，次子董山（1419—1467）被掳走，部落离散，凡察负伤逃到朝鲜东良北，即今图们江上游茂山地区。朝鲜趁机拓境，对女真人加以压迫。翌年四月，凡察到北京朝贡，明宣宗敕谕凡察承袭猛哥帖木儿都督佥事一职，全权负责建州左卫事宜。由于旧印失落，又给凡察新的诰命和印信。

凡察赴明朝京师途中曾到婆猪江建州卫都指挥李满住居处，此时的李满住，因为被朝鲜征伐，难以抵抗，于是极力劝诱左卫迁移婆猪江，两卫共住，以便合兵抵抗外敌。凡察回到部落后，积极准备移居婆猪江。朝鲜方面知悉，认为"凡察，奸暴人也"，若与李满住联合，必成朝鲜祸患，大臣们建议"整军严备，以应事变"[1]，朝鲜世宗主张笼络并留下凡察。宣德十年（1435），李满住向明帝陈奏，凡察在朝鲜阿木河地面居住，受到朝鲜压迫，生活艰难，欲移来建州卫"一处住坐"，朝鲜阻挡不肯放行。明帝敕谕朝鲜世宗，予以责问。朝鲜大臣认为是凡察诬奏，对凡察予以严厉斥

---

① 吴晗辑：《朝鲜李朝实录中的中国史料》（一），中华书局，1980年，第380页。

责。凡察告天发誓，表示"无移去之意"，愿意"永世归顺"①。

此时，董山回到阿木河与凡察一起居住，并且承袭了其父猛哥帖木儿的职位，成为左卫指挥使。董山，史料中又作童仓、充尚、充善。正统二年（1437），董山上奏明廷，请求允许他与其叔父凡察率领建州左卫迁移到辽东与都指挥李满住一起居住，得到明英宗同意，并分别敕谕告知李满住和朝鲜，要求朝鲜将凡察、董山等护送至毛怜卫居地，由郎卜尔罕"转运出来"②。朝鲜君臣认为，建州左卫与建州卫聚居一处是同心作贼，如此将致使朝鲜边患不绝。故而，朝鲜世宗上表明帝，表示想让左卫留下。明英宗答应了朝鲜所请。为了能将董山等长期留驻于朝鲜境内，使建州左卫充当朝鲜东北边境的藩篱，朝鲜先在经济利益上加以拉拢，授予董山官职，并与董山联姻。

李满住没有达到让凡察等移居的目的，遂在正统四年（1439）三月，再次向明廷奏称，居于朝鲜境内的凡察等不思报效皇朝，背国负恩，甘愿听令于朝鲜，还劝诱李满住等前去朝鲜国一同居住，收留逃叛杨木答兀属下的人口。明朝皇帝接到奏文后，派出使臣前去敕谕凡察，命令其带领左卫，以及收留的逃叛杨木答兀属下人户，共同返回明朝地面，到辽东李满住处一起聚住。明帝同时敕谕朝鲜国王不可阻挡凡察的搬移，还要差人将他们护送出境。朝鲜王朝回奏明廷，称李满住虚捏事实，凡察等已安生乐业，并无迁移之心。

因受到仇敌"野人"的威胁以及朝鲜兵马的骚扰，加之李满住的不断劝说，凡察、董山最终还是决定迁徙到李满住处共同居住，但是朝鲜百般阻挠，无法成行。于是凡察、董山多次奏请明帝，请求督促朝鲜放行，明英宗不允。凡察与董山移归之意已决，已经做好迁移的准备。正统五年（1440）四月，凡察与董山等率所部三百余户举家逃走。朝鲜大臣闻讯后领兵追击，董山等弃其资产马畜，逃到兀良哈都乙温处。朝鲜大臣令都乙温拘留董山等，并请都乙温劝说凡察、董山回归。但凡察、董山等并不为所动，继续迁徙。六月，率管下三百余户逃到了婆猪江李满住居处。建州左卫与建州卫的会合，标志着建州部落初步形成了新的联合体。明英宗责备

---

① 吴晗辑：《朝鲜李朝实录中的中国史料》（一），中华书局，1980年，第380页。
② 《明实录》正统二年二月辛酉。

图8-5　老砬子建州女真房址

凡察无故擅自迁徙，警告凡察"不许纤毫有犯。若其不顺天道，不遵朝命，自生衅端，天灾人祸，必不免矣"。同时敕谕朝鲜世宗，如果凡察不返回朝鲜，与李满住一起居住，"亦听其便，不许故生衅端，侵轶邻境，以取罪愆"①。明朝实际上默许了建州女真在辽东的聚合（图8-5）。

　　建州左卫与建州卫聚合后，经过发展农业生产，进行贸易交换，力量逐渐强大起来，这更加引起了朝鲜的不安。朝鲜向明廷提出"请令凡察等还旧居，以安边民"②，明朝政府并没有答应。凡察迁到明朝境内后，由于朝鲜方面仍旧将逃到其境内的女真人及汉人送归明朝，因而凡察与李满住多次联合寇犯朝鲜边境，杀害朝鲜边民，掠夺朝鲜牲畜，朝鲜向明廷奏报，明朝英宗警告凡察及李满住"毋犯朝鲜，……若不遵朕言，擅动人马，自作不靖，必有天殃人祸，尔等其慎之"③。明英宗又多次敕谕朝鲜国王，妥善处理好在边境冲突中俘获的女真人口，做好边境地区的防范。明

①《明实录》正统五年九月庚子。
②《明实录》正统五年十一月己丑。
③《明实录》正统六年七月乙卯。

朝在政治上将女真视为"内藩",朝鲜为"外藩",但由于文化上的原因,把女真人看成是"野人",朝鲜文明程度较高,是"礼仪之邦",因而对女真人存有民族偏见,更加倾向于朝鲜一边,因而朝鲜王朝对建州女真十分轻视。

建州左卫在迁徙之后,发生了争印事件。董山藏有明廷赐给其父猛哥帖木儿的旧印,而其叔父凡察持有皇帝颁发的新信,这样就造成一卫之中有新旧两印。迁回婆猪江后,董山、凡察围绕建州左卫指挥使的官职,纷争不已。明朝派大臣前去调查,随后为了调解董山与凡察之间的争端,正统七年(1442)二月,明廷将建州左卫分成两卫,即左卫与右卫。将董山的职位从都督佥事升为都督同知,掌管建州左卫;将凡察的职位从都督佥事升为都督同知,掌管建州右卫。董山使用建州左卫旧印,凡察则给予建州右卫新印①。

从此,建州女真就分为建州卫、建州左卫和建州右卫,合称"建州三卫",建州三卫和毛怜卫是建州女真的核心,成为后来满族的主体部分。清王朝的祖先归属建州左卫,是建州女真的重要组成部分,而建州女真正是在迁徙、聚居到桓仁之后,才有了发展繁衍壮大的环境,从桓仁发端,建州女真从小到大、从弱到强、从零散的部落到形成强大的民族共同体,为清朝的建立奠定了基础。

六、双岭之战

正统十四年(1449),明英宗在土木堡(今河北怀来东)被蒙古瓦剌部首领也先俘虏,史称"土木之变",其后,明朝统治开始逐渐衰落。建州三卫首领李满住、凡察、董山等人误以为明朝大势已去,便都依附了瓦剌部。明景帝即位,多次击退瓦剌的入侵,对政治、经济、军事等方面进行了整顿和改革,推动明朝政治由乱而治。董山、李满住等建州女真首领曾在也先之乱时,到辽东地区抢掠人口财物,明朝对此决定不予追究,女真各部酋长接受明朝招抚,辽东地区进入相对稳定的一个时期。李满住、董山常率人入京朝贡,明朝给予他们丰厚赏赐。天顺年间,明朝应董山奏请,在抚顺设立马市。正统至成化年间,明朝腐败日盛,辽东边臣守将对

---

① 《明实录》正统七年二月甲辰。

建州女真及其他部族强行索贿，中饱私囊，马市的正常贸易受到严重阻碍。又限制建州、毛怜女真入贡人数，强行提高贡物标准，使得女真在利益上的欲望不能得到满足，激起李满住、董山等建州女真首领的愤恨，于是建州女真屡屡兴师犯边，抄掠辽东。

随着李满住、凡察的衰老，董山在三卫中的位置逐渐上升，主要体现在他组织和带领女真各部劫掠明朝和朝鲜边境的军事行动上。董山对明朝"阳为孝顺，阴从抄掠"[①]，表面接受明朝招抚，向明朝贡献方物，暗地里却不时出兵辽东地区进行骚扰，掠夺耕牛、马匹、衣物和人口，明朝政府对建州女真既予以怀柔羁縻，又进行武力打击。董山为首的建州女真大肆抄掠辽东，抢劫人口和财物，明朝东部边境不得安宁，建州女真与明朝关系迅速恶化。"建州等卫女真都督李满住、董山等自正统十四年以来乘间窃掠边境，辽东为之困蔽。"[②]明宪宗即位，董山主动到明廷朝见，并请求明帝"进秩"晋爵，没有获准，仅得"赐以丝缎"。董山气愤，于是从成化二年（1466）起，率建州女真人频繁进犯辽东都司辖区。

成化三年（1467）正月，海西女真和建州女真合兵三千余众，从鸦鹘关进入明朝内地，一路寇掠到佛僧洞。鸦鹘关，即今新宾县苇子峪乡三道关村；佛僧洞，就是现在的本溪水洞。女真此次进犯的地区正在副总兵施英辖区内。施英见军情紧急，急令驻扎在奉集堡的署都指挥佥事邓佐，率军五百先往御敌。入寇明边的女真，一路上都没遇见有力的抵抗，故而耀武扬威，十分骄狂。邓佐率军猛然杀到，迎头痛击，将猝不及防的女真斩杀了千余人。女真见邓佐勇不可当，加之掳掠已足，于是开始撤退。邓佐追击到树遮岭，与女真大部队遭遇，于是命令属下击鼓，然后一马当先，率军冲入敌群。女真被明军咬得太紧，无法顺利撤退，只好返身与明军厮杀。然而，就在双方都杀红了眼睛，已经形成僵持局势的时候，明军中有位军官心生恐惧，寻机策马逃了。骑兵们见有军官逃跑，军心开始慌乱起来，在本就是人数占优的女真攻击下，很快就不能保持有效的战斗阵列，"众遂溃"。溃军之际，只剩下五十余忠诚的骑兵，围在邓佐身边，与女真殊死战斗。邓佐环顾四周，分析战况，认为此时五百骑兵只剩五十，已经

---

① 《明实录》成化三年正月庚午。
② 《明实录》景泰二年十月乙酉。

不能发挥骑兵的冲杀优势了。于是命令这五十骑兵下马结阵，封住女真的退路。

女真此时虽然人数比明军多，但是多日奔袭、掠夺，加之这一日与邓佐军的死命相搏，就想着赶快返回部落，抢来的钱粮人口牲畜都不要了也罢。女真既生退意，众头目一番商议后，纷纷下马，向邓佐跪拜，连连叩头，苦苦哀求，请求放行。邓佐命令士兵继续杀敌，不许放走一个女真人，"督战益急"，不死不休。女真见状，明白今日不战则无退路，于是也都发狠死战。很快，战斗再次白热化。邓佐素以"善骑射"闻名军中，此时，邓佐将身边将士的箭筒收集到自己身边，箭不停发，每发必中。因为频繁地拉弓弦，邓佐右手拉弓发箭的拇指已经被弦剔得露出指骨来了。女真见附近有大柳树，便去急急砍倒，做成挡箭的大盾，向前推进，待得接近明军时，便与明军近身对砍。就这样，明军弓箭不能有效发挥远距离杀敌的功效，士兵也接连被女真砍杀殆尽，施英副总兵的援军却始终未到。邓佐力已竭，箭已尽，知道败局已定，仰天悲叹："上苍啊！我已无力再战，但怎能落入贼人手中！"言罢，拔出佩刀，决然自刎，壮烈殉国。树遮岭，地近佛僧洞，邓佐殉国处应在今本溪境内。

邓佐先祖曾是元朝的万户，明初迁任辽东都指挥佥事，有子八人，长子邓英，仍任辽东都指挥佥事。邓英有子七人，长子即为邓佐。邓佐，因承父荫，袭为定辽前卫指挥使，"仪表魁梧，性资刚勇""善骑射，有胆力"，因此得到上级赏识，成化二年（1466）九月，被提拔为"署都指挥佥事"，署即代理、享受待遇，都指挥佥事为正三品衔。本来拟调京营，但尚未成行，辽东镇守主官便上奏朝廷，请求留下邓佐这员良将，以应对女真掠边的战事，于是邓佐被留在广宁统军。成化三年正月，随副总兵施英带领兵马到奉集堡驻扎，同年殉国。

中国自古就有"生而正直，死而为神"的说法，如关羽、岳飞等，生时忠勇报国，身后均受人世间千百年的香火。邓佐殉国，得到了明廷为之"立祠"的哀荣，《全辽志·宦业》"邓佐传"记载："守臣奏其事，立祠旌表，谕祭，都御使吴祯为撰碑记。"《全辽志·祀典》"邓将军祠"条有云："祠在辽阳，祀都指挥邓佐。成化丁亥，东山与虏血战，阵殁。戊子八月，诏立祠，谕祭。"《辽阳县志》云："邓将军庙，在辽阳城南，明弘治间，为定辽前卫指挥使邓佐建。"1968年，辽阳市辽阳县首山镇响山子村出土邓佐与其夫人杨氏之墓志,《邓佐墓志》记载了邓佐生平事迹,并简略记载了双岭之战。

七、丁亥之役

成化三年（1467）三月,董山联合毛怜、海西女真,"杀虏官军人畜及器械等物",进犯连山关、开元、抚顺等地[①]。四月,董山又"纠合毛怜等处夷人侵犯边境,虏掠人畜"[②]。明朝敕谕董山等首领:"尔女真卫所,乃我祖宗所设,世授尔以官职,积年朝贡,所得赏赐,亦已厚矣,正当感恩图报,以全臣节。今乃背义忘恩,纵其部下,犯我边境,边将屡请起调大军,直捣尔境征剿。朕念尔处人民,俱是朝廷赤子,中间有善有恶,不可一概诛戮,特广天地之量,姑置不究。仍降敕示尔,尔宜敬顺天道,深体朝廷好生之德,戒谕部属,令其革新向化,改过自新,即将原掠人畜一一送还,以赎前罪,自今各安生理,依时朝贡,永享太平之福。若仍长恶不悛,大军一出,追悔无及矣。尔其钦承朕命,毋怠毋忽。"[③]董山等不以为意,五月,再次进犯明朝边境。"一岁间寇边者九十七次,杀掳人口十余万"[④]。自开原至辽阳六百余里,"数万余家,率被残破"[⑤]。

建州卫生产、生活品主要来源于明及朝鲜,但是明朝对女真实施封锁政策,所以女真对朝鲜更为依赖。受经济利益驱使,建州卫派到朝鲜的人数和次数较多,朝鲜经济负担逐渐沉重起来,而朝鲜因为与女真人来往密切,也受到明朝方面的申斥。于是,朝鲜开始限制建州卫的往来,这样建州女真就得不到预期中的赏赐,加之朝鲜收留从李满住处逃跑的奴隶,招致了李满住的不满,于是李满住表面上接受朝鲜的招抚,暗地里却多次寇掠朝鲜边境江界、闾延等地,杀掳百姓,抢夺牛马,严重威胁着朝鲜边境的安全。这些劫掠行动,李满住多是主要组织者。朝鲜方面意识到边患问题的严重性,君臣一致主张讨伐建州卫女真,并预先制订了征讨计划:以具致宽为都体察使,康纯、吴子庆、鱼有沼、崔适、李克均等为裨将,率

---

① 《明实录》成化三年三月戊寅。

② 《明实录》成化三年四月癸亥。

③ 《明实录》成化三年四月癸亥。

④ 赵辅:《平夷赋》,金毓黻《辽海丛书》缩印本（一）,辽沈书社,1984,第679页。

⑤ 《明实录》成化三年七月甲子。

领精兵一万五千，分五道进攻。但是由于担心明朝会斥责其擅自杀戮，所以一直没有发兵。

成化三年（1467），明廷决定剿灭建州女真。五月，明廷命左都御史李秉提督军务，武靖伯赵辅佩靖虏将军印充总兵官，往辽东调兵，征讨建州女真。七月，入京进贡的董山等人自京返回途中，明宪宗下旨，将董山等人扣留在广宁城（今辽宁北镇），"董山等为谩语，袖出刃刺译者"，明朝遂以建州三卫悖逆不道、屡次犯边为由，杀死董山等二十六人，其余人等羁押于狱中①。八月，辽东左都御史李秉、武靖伯赵辅向朝鲜移送咨文，告知明廷将出兵讨伐建州女真，"捣其巢穴，绝其种类"，且明朝皇帝已经下旨，谕令朝鲜派遣军队，夹攻建州，截断其后路。九月，明廷敕谕朝鲜派遣军队配合明军剿灭建州女真，并约定了共同进攻的日期。朝鲜方面认为：朝鲜与明利害相关，"中国不靖，则我国亦不得宁矣"②，而且明军征讨，正与此前朝鲜君臣所议出兵之事相合，所以接到明朝敕谕后，朝鲜立即出兵，与明朝联合进攻建州三卫。

明朝方面，总兵韩斌率领一万三千兵，九月二十日先行出发，经通远堡、草河口方向进攻。总兵裴显率一万三千兵，九月二十二日发向碱场。中营二万六千兵，在李秉、赵辅统率下，九月二十四日从抚顺鸦鹘关出兵，"自抚顺经薄刀山、粘鱼岭，过五岭，度苏子河，至古城"③。十月初四日，"抵巢攻剿"。总兵官王英率一万三千兵，发向抚顺所。参将孙璟率一万三千兵从铁岭卫方向进攻。据李秉战后上奏战报，此役明军斩杀建州三卫245人，生擒34人，俘获女真男妇106人，夺回被掳男妇617人。获得大量牛马牲畜，搜出敕书、朝鲜国帖文及番书器械等件，焚烧女真居所，建州女真多年积蓄尽毁，"巢穴蓄积荡然一空"，残存的女真人，奔逃到深山老林之中，隐藏起来，躲避明军追杀，"以保残喘"④。

朝鲜方面则是在九月二十五日，由康纯、鱼有沼、南怡率精兵一万余，分兵两路，攻打婆猪江女真，李满住及其建州卫是朝鲜军队主要攻击目标。康纯、南怡率右路军由满浦地区渡过鸭绿江，九月二十九日，攻入

---

① 《明实录》成化三年七月甲子。

② 吴晗辑：《朝鲜李朝实录中的中国史料》（二），中华书局，1980年，第573页。

③ 赵辅：《平夷赋》，金毓黻：《辽海丛书》缩印本（一），辽沈书社，1984，第679页。

④ 《明实录》成化三年十月甲寅。

李满住居住的瓮村（今桓仁五女山南麓）。李满住此时已经年迈，对朝鲜军队的突然袭击没有充分准备，与其子古纳哈等被朝鲜军队斩杀，李满住、古纳哈等人的妻子被生擒，横行鸭绿江南北数十年的建州女真大酋长李满住，最终死在朝鲜人手里。九月三十日，鱼有沼率左路军自高沙里入攻兀弥府（今桓仁县古城镇西古城子村）。据朝鲜方面统计，此役战果：斩首286级，生擒23人，获马17匹、牛10头，杀牛马229匹，焚烧庐舍195座及其积聚217所，收其家产，并获被掳的辽东东宁卫男子1名、妇女6名。朝鲜左右两路军队等待明朝军队多日，未得会合，于是退军。

明与朝鲜的大规模联合讨伐，给建州女真以致命的打击，建州三卫人员死亡总计1700多人，李满住父子被杀。为表彰朝鲜出兵助剿建州女真的战功，明帝特意派遣内臣金辅带着敕书到朝鲜，对国王李琭大加褒奖。

李满住是建州女真的杰出代表人物，推动了女真特别是建州女真的融合和发展，对满族共同体的形成具有重大贡献，其生平初期，在为明朝守疆固土、繁衍人民、开发辽东等方面，均有突出表现。但是，在其迁徙至桓仁之后，数年之间，"同时得罪了两个大国，又不能得第三者的障庇，在明和朝鲜双方夹击下，无地退避，终于束手被灭，建州为之骤衰"[1]。

成化五年（1469）六月，明廷命弓之加茂为建州卫都督并赐印，弓之加茂是李满住之孙、李豆里之子。弓之加茂死后，由其弟完者秃（达罕）袭职。完者秃

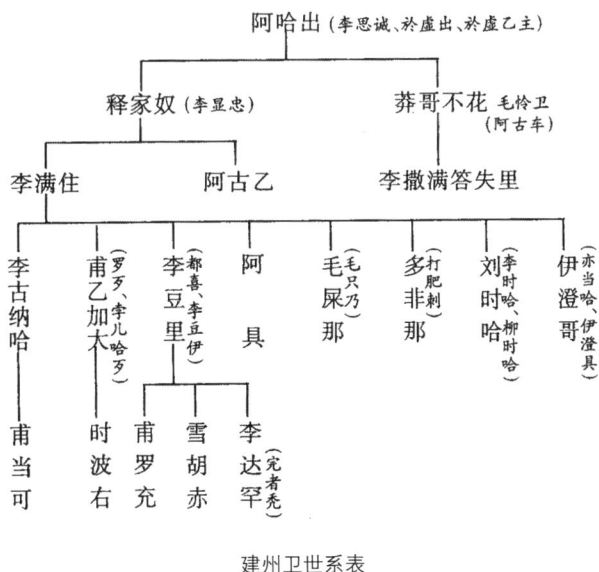

```
阿哈出 (李思诚、於虚出、於虚乙主)
├── 释家奴 (李显忠)
│    ├── 李满住
│    │    ├── 李古纳哈 ── 甫当可
│    │    ├── 甫乙加太 (罗歹、李儿哈歹) ── 时波右
│    │    ├── 李豆里 (都喜、李豆伊)
│    │    │    ├── 甫罗充
│    │    │    ├── 雪胡赤
│    │    │    └── 李达罕 (完者秃)
│    │    ├── 阿具
│    │    ├── 毛屎那 (毛只乃)
│    │    ├── 多非那 (打肥刺)
│    │    ├── 刘时哈 (李时哈、柳时哈)
│    │    └── 伊澄哥 (亦当哈、伊澄具)
│    └── 阿古乙
└── 莽哥不花 毛怜卫 (阿古车)
     └── 李撒满答失里
```

建州卫世系表

---

[1]《朝鲜李朝实录中的李满住》，吴晗：《读史札记》，生活·读书·新知三联书店，1956年，第52页。

致仕后，由长子弗剌答袭职，弗剌答死，其子童子袭职。建州左卫在董山死后，其子脱罗（吐老）袭职为都指挥同知。脱罗死，其子脱原保袭职。建州右卫由凡察之子卜花秃（亦作甫下土）袭职，卜花秃死，其子尚哈袭职。由于朝鲜的多次讨伐以及明朝的军事镇压，建州女真势力沉寂了几十年，在这段时间内，建州女真处于相对稳定的发展阶段。

明朝方面称本次军事行动为"成化犁庭"，这一年是农历丁亥年，故史称此战为"丁亥之役"。

八、满族名称来自满住

关于满族一称的来源，有过很多解释，而孟森的解释可能最具有合理性，他的观点是，满洲来自满住。后金天聪九年（1635）十月，皇太极宣谕："我国原有满洲、哈达、乌喇、叶赫、辉发等名，向者无知之人，往往称为诸申。夫诸申之号，乃席北超墨尔根之裔，实与我国无涉。我国建号满洲，统绪绵远，相传弈世。自今以后，一切人等，止称我国满洲原名，不得仍前妄称。"从此满洲定名。

满洲是满住的音转。满住，本来不是某个人的名字，而是女真语中对具有权势者的尊称，即如孟森所言："系最大酋长之称，建州人历代相传如此。" 李满住原名我们无从知晓，但他被称作满住，应该是在他取得建州卫统治权之后。

努尔哈赤也被称作"满住"。

万历四十七年（1619），发生了萨尔浒大战，朝鲜军投降后金之后，以为退出战场便可以回国，但后金一名将领却对他们说："满住在城中，不可不往见而回。"这里的"满住"，所指即是努尔哈赤。

溯源满住一词，当为隋唐时期的"瞒咄"。《隋书·鞨鞨传》曰："渠帅曰大莫弗瞒咄。"《新唐书·黑水鞨鞨传》曰："其酋曰大莫拂瞒咄，世相承为长。"李满住之名，承袭了隋唐时期鞨鞨人的酋长之谓，对后来出现的满洲一称，具有启示意义。

李满住是建州女真的杰出代表，"在建州史中是一个著名的领袖，假如把建州史分成两期，以努尔哈赤代表后期，无疑地李满住是前期的代表人物"[1]。李满住和努尔哈赤是建州女真不同时期的领袖，为建州女真的发展各自作出了巨大贡献，历史是具有延续性的，如果说努尔哈赤是集大成者，那么李满住就是最初的开拓者。李满住作为建州女真首领人物，有远见、有作为，他的主要贡献之一，就是在15世纪20年代初的关键时刻，率部南迁婆猪江，为建州女真开辟了一块广阔的、条件优良的根据地，李满住率众南迁，在建州女真发展史上是划时代的事件。其后，建州女真在婆猪江（浑江）和苏子河（浑河）上游之间的广阔土地上发展、壮大起来。

李满住统领部众积极发展生产，吸收辽东汉族先进的生产技术，开垦耕耘，壮大经济实力，推动了女真社会的进步和发展，使建州卫势力迅速壮大，并使建州左卫、建州右卫、毛怜卫等诸部女真向建州卫靠拢并形成大聚居的局面，对满族共同体的形成奠定了基础。

从李满住率众迁居桓仁开始，至1644年清军入关为止，在二百余年的时光里，建州女真从弱小到强大，从分散到聚集，不断发展，不断壮大，最后定格为以北京为都的大清政权。

以满住名称作为族名，称"满洲"，其内或许也有对李满住的怀念意义。

第四节　建州女真的发展

明朝最初设置建州卫到建州女真的统一，经历了分散、迁徙、聚合，住地由北至南的变迁，逐渐形成了建州女真大联盟。在不同时期领军人物的带领下，建州女真不断发展，助推了后来满族共同体的形成，也为取代明朝在辽东设置的辽东都司的统治，为后金政权的建立打下了坚实的基础。在建州女真的发展过程中，各部族的归附，让建州女真如虎添翼，焕发勃勃生机。栋鄂部在王兀堂的领导下，势力逐渐强大。后在何和礼的带领下，与努尔哈赤实现了联合，在努尔哈赤整合建州、统一女真的历程中，发挥了极其重要的作用。

一、栋鄂部和王兀堂

栋鄂部又称董鄂部、东郭部等，其名来自东古河（今桓仁大雅河支流黛龙江），它是明代建州女真的一个部族。栋鄂部产生于桓仁，后经不断发展、壮大，领域囊括了明代清河城边墙之外的东部向南至鸭绿江的广大地域，占据了今桓仁、宽甸东北部，因此，王兀堂被称作"迤东都督"。据清史专家孟森等人研究，栋鄂部的属卫是毛怜卫，他说："隆、万间之王兀堂，即毛怜卫酋。"又云："毛怜自猛哥不花后，以王兀堂为悍酋。"并进一步考证说："冬古河，即董鄂河，董鄂，《清实录》中或作东果，或作东郭，或作栋鄂。《清实录》谓毛怜卫为东郭卫，或当时因居冬古河流域，本有此名，或清时不愿提明代卫名而改之，皆不可知。要其冬古河之名，则明代自有之，可以考董鄂之来由，与毛怜之方位矣。"[1]王兀堂为酋首的毛怜卫，很可能是寄住毛怜卫。

栋鄂部迁居之地栋鄂河流域，土质肥沃，水源充足，为其发展提供了良好的自然环境。

栋鄂部有城，规模较大。《盛京通志》："东峨城周九里，东西三里，南北三里，四门。"这里的东峨城，即栋鄂城。有研究人员考证，栋鄂城位于今桓仁县八里甸子镇韭菜园子村[2]。

王兀堂是董鄂部首领，其人即为克辄巴颜。

《四镇三关志·夷部·辽东镇》："建州等卫酋首曰兀堂佟克赤、曰佟老莺、曰张三郎打希、曰阿古李奴才、曰草场佟大官儿、曰光头张三、曰王呆、曰忙子胜、曰革力佟乃哥。"（图8-6）这里每人的名字前以"曰"字作为开始的标志，以免姓名的字数过多造成阅读混乱。无论"曰"字后面文字多少，都表明是同一个人的不同名字。这里同一个人的不同名字一般有两个，一个是通用的名字，另一个是女真人习用的名字或者绰号，如果用现代人的表述方法，其中另一个名字常常需要加以括号，如兀堂佟克赤，应该写作兀堂（佟克赤），阿古李奴才，应该写作阿古（李奴才），草场佟大官儿，则应写作草场（佟大官儿），括号中的名字，表明是前者的另一个

---

① 孟森：《满族开国史讲义》，中华书局，2006年，第92、93页。
② 王从安：《王从安文集》，吉林文史出版社，2011年，第158页。

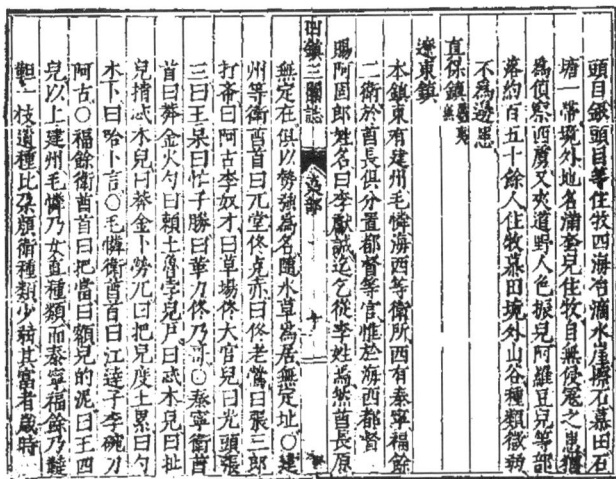

图8-6　《四镇三关志》关于王兀堂等人的记载

称谓。如此，佟克赤无疑是兀堂的另一个名字。兀堂应该就是王兀堂，明代史料经常把王兀堂简称为兀堂可证，如《万历武功录·王台列传》："当是时，建州有王杲之酋、鹅头之酋、忙于（子）胜之酋、兀堂之酋。"

方孔炤《全边略记》："万历八年，建州夷兀堂犯瑷阳、宽奠，又犯永奠。"克赤，应该就是克彻或克辙，三者是同一名字的音变。他就是后来董鄂部首领何和礼的祖父。《清史稿·何和礼传》云："何和礼祖曰克彻巴颜，父曰额勒吉，兄曰屯珠鲁巴颜，世为其部长。"《清太祖高皇帝实录》载："董鄂部主克辙巴颜之孙何和礼亦率本部军民来归，上以长女妻之，授为一等大臣。"从"佟克赤"一名中可以确认，王兀堂的女真姓氏为佟。《清史稿·王台列传》说："明于东边酋长称汗者，皆译为'王'某，若以王为姓。"由是推知，王兀堂的王姓，是明代人加给这位在女真中称王的首领[1]。

《太祖高皇帝实录》记载，宁古塔部努尔哈赤祖父觉昌安的弟弟宝实，有一个儿子叫阿哈纳，打算聘娶萨克达部的头领巴斯翰的妹妹为妻，但巴斯翰嫌弃宝实家贫，把妹妹嫁给了董鄂部主克辙巴颜的儿子额尔机。一天晚上，额尔机从妻子家返回，路过阿布达里岭（今桓仁洼子沟附近），遭到托漠河部九个贼人劫杀，贼人中有个人名字也叫阿哈纳，贼人喊他名字，被他人听见，于是告诉了克辙巴颜。克辙巴颜遂领兵攻打宁古塔部东、南二路，宁古塔部几乎不能抵抗。为此，宁古塔部兄弟们提出应该聚居一处，这样才能集中力量对敌，但却遭到了觉昌安另一个弟弟索长阿儿子吴

---

① 梁志龙、崔维：《王兀堂为克辙巴颜小考》，《第七届辽宁史学论坛暨萨尔浒之役400周年与全球化背景下的辽宁地方史研究学术研讨会论文集》，2019年。

泰的反对，吴泰说：大家居住一处，哪有那么多地方放牧牲口、耕种庄稼？吴泰于是向他岳父哈达酋长王台借兵，两次攻打董鄂部，夺取了几个寨子。自从借兵之后，宁古塔势力有所衰弱。从这件事情中，可见当时董鄂部比宁古塔部生活较为富足、势力强大。

王兀堂初起之时，对明朝恭顺有加，遵规守法。《清史稿》说，王兀堂"奉约束惟谨"，《万历武功录》也说，海西女真哈达部的王台"最忠于汉"，而王兀堂"亦董德，与他酋异"。并举了一个例子。建州女真另一个首领王杲经常向明朝发难，明廷只好暂时取消了马市交易和赏赐，女真人的生活出现了窘困状态。这时候恰逢孤山堡（今本溪县孤山）有建设工役，好多女真人就去路上劫夺做工人行囊里的衣服，同时又抢夺汉人。一次，王兀堂、王台等女真首领，发现路上几个女真人用铁锁链锁着3个汉人，于是他们解救下汉人，并把6个女真人捕获，一同交给了明朝地方守备使，受到了赏赐。

由于王兀堂采取"忠于汉"的正确发展思路，内部日渐强大。16世纪中期，在建州卫失去职能作用后，王兀堂招兵买马，栋鄂部逐渐发展起来，称雄一方，成为建州女真各部中的强大者，势力所至，北起浑江，西至抚顺南部，南过宽甸六堡边外，直至鸭绿江边。

万历初期，国家军政大事交由张居正主持裁决，社会经济持续发展，对外军事也接连获胜，朝廷呈现中兴气象。为了加强边防，明朝辽东边将把注意力集中到既是军事要地又有可耕之田的宽甸六堡地区。

万历元年（1573），明朝左司马汪道昆阅边，来到辽东，辽东总兵李成梁提出建议说："长岭、张其哈剌佃子，东邻兀堂，北旁王杲，乃诸夷必争之地，今兀堂不欲争，王杲又不能争，莫若乘是时，移孤山张其哈剌佃子，险山移边外宽奠子，江沿台移长佃子，仍应接朝鲜贡道。宁东移双堆儿，新安移长岭，大佃子堡移建散，皆筑城建堡。以险山、宁东、江沿台、大佃子、新安地多不毛，军无可耕故也。"[①]

其实，所谓"兀堂不欲争"的这些地方，是王兀堂部族放牧之地。

不久，明朝兵部右侍郎张学颜巡查辽东，王兀堂率数十位女真酋长环

---

① 瞿九思：《万历武功录》，《清入关前史料选辑》（第一辑），中国人民大学出版社，1984年，第28页。

跪在张学颜马前，说："此是房中往牧处，今既修堡，塞我来道，我众不得入内围猎，又不敢进抢，日食将焉用之?"于是王兀堂愿意以儿子为人质，请求在宽甸等地开设马市进行交易，并保证不统领女真人侵犯新堡诸地。

万历四年（1576），宽奠、长奠、永奠、大奠、新奠、孤山六堡工程竣工，新筑各堡之间相互联络，远者七八十里，近者五六十里，形成了走势呈弓字形的防御女真人的一道防线。宽甸六堡的移建，使明与女真的军事态势发生了变化。移建宽甸六堡，对明是扩边展地，既能进攻和压制女真各部的发展，又能将明边界拓展二百余里；对王兀堂部族来说，则是丢土缩地，以往的围猎之区，膏腴之地，在短短的几年内便丧失了，因此造成了女真人集体心理上的伤痛。经过张学颜奏请，六堡建成后，朝廷批准了在宽甸、永甸开设马市，这对王兀堂部族起到了一定的疏导作用，边境一度出现了安宁的局面。然而好景不长，由于马市上的交易不公平，引发了王兀堂部的强烈不满。

万历七年（1579），王兀堂部族在宽甸进行互市，明宽甸参将徐国辅的弟弟徐国臣，强行以低价购买女真人出售的人参，女真人不欲交易，于是徐国辅等人就将数十名女真人绑掠、殴打，有的人伤势严重，几乎被打死。这种强买豪夺，蛮横无理的行径，惹怒了女真人。尽管事后明朝依法处理了徐国辅，但埋在女真人心里的怨怒却无法消弭，盗边、侵边的事情不时发生。八月，建州酋领佟马虎等300余人，在松子岭牧马，不入马市交易，声言秋深时节进入边内。王兀堂于是试探着开始派遣部族之人，多者五十余人，少者三十余人，不时地骚扰或侵盗新甸、永甸、长甸等城堡。

第二年，王兀堂对明廷不许赴京朝贡，又不给马市大赏极为不满，于是在董鄂寨与赵锁罗骨、末合章金等人"换箭发誓"，以兀堂为统帅，以栋鄂部为主体，与其他部族组成了军事联盟。各部人马计有七千余人，准备攻打瑷阳、宽甸等城堡。同时派遣部族人前往明朝边城，要挟辽东守臣："如马法不欲我众入塞，当开朝京金路及大赏则可，不然者，请以新月之一二日，击宽甸、瑷阳城堡。"[①]战火就这样燃烧起来。

王兀堂的要挟，李成梁心知肚明，他本可以疏导方式，平息事端，但

---

① 瞿九思：《万历武功录》，《清入关前史料选辑》（第一辑），中国人民大学出版社，1984年，第28页。

李成梁愤恨王兀堂言辞不敬，气焰嚣张，于是亲自坐镇宽甸，调兵遣将，决定攻打王兀堂部族。

万历九年（1581）三月二日，明军第一次出征。五日，两军在新水冲交锋。不久，王兀堂将600骑兵分为两支，一支奔叆阳堡，一支奔黄岭岗。黄岭岗之战，明军不利。十一日，王兀堂部众想从叆阳孤山台侵入边塞之内，没有成功。十三日，从永甸堡十岔口进入边内，道上横行，吹响海螺，无所顾忌。李成梁又调来副总兵的军队，直捣王兀堂部族。王兀堂部族"见汉兵盛不可当"，丢掉了旌旗鼓角，纷纷逃出塞外。

李成梁决定出塞追逐王兀堂部族，他将部队编为三个方阵，辽东将领几乎都参加了这次战役。李成梁战前下令："敢逗留不进者，斩首以徇三军。"明军从叆阳出边，深入二百余里，行至雅儿匮地方（又称雅尔古，今桓仁雅河乡南老台村），女真人藏身寨子里，坚壁不出。过了一段时间，骑兵披甲上马，和明军鏖战，而步兵则登山鼓噪呐喊。李成梁再次下令，向寨子及山上进攻。战马嘶鸣，杀气蔽空。经过一场厮杀，寨子被明军攻下，王兀堂部众损失惨重。明军取得的战果如下："斩勒勒把都等首凡七百五十四级，夺获男妇凡一百六十人，汉人蒋升等凡六人，胡马凡三百六十一匹，盔甲器械无算。"明朝将这次战役称为"雅儿匮之捷"。

雅儿匮一战，王兀堂元气大伤，为了报复此次惨败，同年十一月，王兀堂重整旗鼓，率部从宽甸堡再入明边，被明军姚大节击败，67人被杀，11人被俘。经此一败，王兀堂从此势衰，无力再战，且去向不明，莫知所终，史书谓之"遁伏"。

明军经过战争，压制了王兀堂的发展，致使董鄂部势力衰落，客观上，这为努尔哈赤部族后来的崛起，消灭了一个具有实力的对手。

二、何和礼归附努尔哈赤

明朝后期，原建州三卫已经分裂成许多各自独立的部，各部之间相互征战、侵扰、兼并，部落联盟重新组合为苏克素浒部、浑河部、哲陈部、栋鄂部、完颜部五个新的地域集团。嘉靖晚期和万历初期，建州五部中苏克素浒部和栋鄂部实力渐强，两部因各自称雄产生了矛盾，并引发了战争。

何和礼，明嘉靖三十八年（1561）生于瓦尔喀什（今桓仁县华来镇洼子沟村），是董鄂部的第三位首领。

万历十四年（1586），何和礼接替其兄屯珠鲁成为栋鄂部部长，时年26岁。他年轻有为，治理有方，凭借本部族优越的地理位置和丰富的自然资源，很快将栋鄂部从战争创伤中拯救起来，再次走向强大。

栋鄂部的强大，引起努尔哈赤的关注。

万历十一年（1583），努尔哈赤率部起兵，仅仅用了三年时间，先后统一了浑河部、哲陈部等，势力大增，威名远扬。努尔哈赤虽有统一建州女真之志，但觉得用兵栋鄂部不能奏效。因为以前率兵攻打栋鄂部齐吉达城和翁科洛城时，付出了惨痛的代价。他深知"恩威并行，顺者以德服，逆者以兵临"的道理，因此有意将栋鄂部招纳在自己的势力之下。

万历十六年（1588）三月，努尔哈赤派大臣沙津带领使团一行二十余人，到栋鄂寨拜访何和礼，诚恳邀请何和礼到佛阿拉城做客。四月，努尔哈赤纳娶海西女真哈达贝勒王台的外孙女纳喇氏为妃，欲前往迎娶，特邀请何和礼率兵扈从。何和礼高兴应允，率三十骑侍卫随行。扈从结束后，努尔哈赤将其邀请到佛阿拉城，努尔哈赤与他的弟弟舒尔哈奇，还有十几名文臣武将，在佛阿拉城迎接贵宾何和礼。居住期间，努尔哈赤与何和礼经常聚首相谈，纵论古今，推心置腹，对女真各部纷争的局面表示担忧，大有相见恨晚之叹。在佛阿拉城居住的日子里，努尔哈赤陪何和礼参观各处军营、观看士兵操练，每日诸将大宴小宴轮流款待，何和礼在佛阿拉城受到了极高礼遇。努尔哈赤有意流露招纳之意，希望何和礼能与自己合兵一处，共创大业。

何和礼在与努尔哈赤的接触和会谈中，由衷地感到努尔哈赤具有雄才大略，将来必成大业。努尔哈赤要完成女真各部的统一，进而实现霸业，尤其需要栋鄂部的支持和何和礼这样难得的将才。何和礼"性宽和，识量宏远"，给努尔哈赤留下了极深的印象。

接触时间虽短，何和礼却下了决心，决定与努尔哈赤实现联合，完成女真各部的统一大业。

何和礼返回栋鄂部后，力排众议，率领本部五百精骑兵，来到努尔哈赤驻地佛阿拉城，走出了栋鄂部具有历史意义的一步。之后，又有鲁克素、阿格巴颜等栋鄂部支系，也先后投向努尔哈赤。何和礼及栋鄂部的到来，使努尔哈赤实力陡然大增，如虎添翼，为统一女真各部和对抗明廷奠定了坚实的基础。

努尔哈赤特将自己的长女册封为固伦公主，嫁给何和礼为妻，人称"东果格格"，努尔哈赤对何和礼的器重程度由此可见一斑。通过这种联姻，何和礼成为努尔哈赤女婿，为努尔哈赤的亲信之人，被授予头等大臣，分掌兵权，人们习惯称其为"栋鄂额驸"（额驸即驸马）、"固伦额驸"。

何和礼本有妻子，也善于骑射，听说丈夫在外又娶了别的女人，十分恼怒，于是率领留在栋鄂部的人马，杀向佛阿拉城，要与何和礼决战。何和礼听说妻子前来，便率人马出迎，并向妻子说明缘由。可是妻子根本不听丈夫的解释，竟然要兵戎相见，后经努尔哈赤的当面劝谕，何和礼妻子不仅罢兵，而且也归顺了努尔哈赤。

努尔哈赤对何和礼十分器重，处理军政大事，首先密议于何和礼，然后再付诸实施。何和礼由于办事认真，深谋远虑，很少有失误之事，因此努尔哈赤嘱其不离左右以议军机。

万历三十三年（1605），努尔哈赤初定旗制，何和礼所率归附的栋鄂部隶属正红旗，何和礼任本旗总管大臣。万历三十六年（1608），在征讨乌拉的战役中，何和礼努力行间，破敌有功。万历三十九年（1611），何和礼在攻打渥集部扎库塔城时，发挥了重要作用。万历四十三年（1615），满洲八旗制度正式建立，何和礼仍然隶属正红旗。次年正月，努尔哈赤称汗建国，改元天命，何和礼、额亦都、费英东、安费扬古和扈尔汉被任命为议政五大臣，参与国政管理。

三、扈尔汉

扈尔汉，佟佳氏，明嘉靖四十六年（1575）生于雅尔湖地方（今桓仁县雅河乡南老台村）。父扈拉瑚，又称好罗厚，是努尔哈赤的姐夫。

15世纪初，扈尔汉的先祖随建州女真迁徙到今雅河乡一带，逐步发展壮大，归附努尔哈赤时，在此居住已经长达一百余年。雅尔湖，清史又称雅尔古，是建州女真重要的崛起之地。早在明朝末年，雅尔湖一带已经形成了一个以佟佳氏为主组成的雅尔古部。扈拉瑚任酋长时，正值努尔哈赤统一建州女真之际。雅尔古部是否归附努尔哈赤，内部斗争十分激烈，意见不相统一。作为努尔哈赤的姐夫，扈拉瑚看准了努尔哈赤是能成就大事的英雄，内心决定要支持努尔哈赤，完成统一大业。万历十六年（1588）

夏，栋鄂部在何和礼的率领下，率五百兵士归附努尔哈赤。相继，栋鄂部城主伦布率四百人归附，瓦尔喀什部的阿格巴彦、兑齐巴颜也率部归附。这些部落的相继归附，极大地影响了雅尔古部。万历十六年（1588）秋，扈拉瑚率五百户也毅然归附了努尔哈赤，壮大了努尔哈赤的军事实力，雅尔古部被编为三个牛录。

归附努尔哈赤时，扈尔汉十三岁，他机智勇敢，聪明过人，努尔哈赤十分喜欢，将他收为养子，赐姓觉罗，授一等大臣。扈尔汉随侍努尔哈赤左右，恪尽职守，备受努尔哈赤信任。在历次战斗中，扈尔汉跟随努尔哈赤学到了很多军事知识，迅速成长起来。成年以后，隶满洲正白旗，领兵作战。扈尔汉在统一东北女真过程中，参加了征海西乌拉部、征黑龙江野人女真的战斗，在进攻抚顺战役和萨尔浒大战中，都有扈尔汉的身影。

万历三十五年（1607），乌碣岩大战，扈尔汉以二百后金士兵与一万乌拉士兵血战，杀得乌拉兵尸横遍野，创造了以少胜多的奇迹。此次战役，扈尔汉率军斩杀三千乌拉兵士，缴获战马五千。这是扈尔汉第一次带兵打的一个大胜仗，从此，历战无数，捷报频传。因此，扈尔汉被努尔哈赤赐号"达尔汗侍卫"，成为后金赫赫有名的功臣。

万历四十三年（1615），努尔哈赤创建八旗制度，扈尔汉被编入正白旗，旗主是皇太极。万历四十四年（1616）正月初一，努尔哈赤称汗登位，建立"大金"，建都赫图阿拉，确立四大贝勒、五大臣，扈尔汉是五大臣中最年轻的一位。努尔哈赤曾对四大贝勒说："辖阿哥（扈尔汉）既是继你们之后的五阿哥"，以后"凡事之举，辖阿哥与四贝勒平坐"。

万历四十四年（1616）七月，东海萨哈连部和虎尔哈部杀了后金在其地做生意的商人，努尔哈赤派扈尔汉和安费扬古率兵两千前去征讨，一路连取野人女真三十六寨。八月，扈尔汉等将领又在黑龙江北岸攻取十一寨，招降了野人女真使犬（今俄罗斯墩墩河以东）、诺罗（今俄罗斯饶力河附近）、锡拉忻（今俄罗斯七星河一带）诸部，将这三部人口一起带到辽东，黑龙江流域从此也划入后金的版图。

萨尔浒大战中，努尔哈赤采取"凭尔几路来，我只一路去"的作战方略，集中兵力，先破明军西路军，然后视战况各个击破。努尔哈赤命代善、何和礼、阿巴海和扈尔汉带两千人马为先锋，迅速西进，迎战杜松。扈尔汉奋力冲杀，以一当十，锐不可当。尚间崖围歼战打响后，扈尔汉率兵击败明将马林，不慎肩膀被明军火器击伤。又奔东部战场，再次用计谋引诱刘綖。

天命五年（1620），努尔哈赤进攻沈阳，扈尔汉带兵跟随。战斗中，扈尔汉一马当先，率兵包围并斩杀了明军总兵贺世贤，取得了攻破沈阳城的胜利。努尔哈赤对身为右翼指挥的扈尔汉，在率兵进入沈阳城时，因没有乘明军溃败攻入城中，贻误战机，十分气愤，处罚了他。扈尔汉不服，据理力争，冒犯了天威。随即命画地为牢，将扈尔汉监禁三日。此后，扈尔汉不再受宠。天命八年（1623）十月，扈尔汉抑郁而逝，终年四十八岁。

第五节　明代边墙和沿边城堡

明长城又称"边墙"，是明王朝在北方建立的系统防御设施。明朝的北方边防体系分为九镇（九边），设于洪武八年（1375）的"辽东镇"是九镇之一。

辽宁境内的明代长城，史称"辽东边墙"，它东起鸭绿江右岸的今丹东市宽甸县虎山，西至今绥中县李家堡乡锥子山下的吾名口。《辽东志》中最早记载筑辽东边墙为正统二年（1437）二月，定辽前卫指挥佥事毕恭"言边五事"，其中谈到了请筑辽河内辽东边墙之事，此为修筑辽东边墙第一阶段。修筑的第二阶段，集中在明成化至嘉靖年间，主要是成化年间对辽东山地边墙的增筑，也有对正统年间所建边墙的补筑。成化三年（1467）"丁亥之役"后，为加强辽东地区的防御和守边计略，开始在辽宁东部山区修筑城堡和边墙。从成化五年（1469）开始，陆续修筑东州、马根单、清河、碱场、叆阳等堡。嘉靖二十五年（1546），本溪地区又增筑一堵墙堡、孤山堡，至此，辽东边墙构筑基本完成。万历年间，建州女真再度强大。为防御建州女真，加强鸭绿江西岸的经略，时任辽东总兵李成梁提出奏议，"移建孤山堡於张其哈剌佃，险山堡於宽佃，江沿、新安四堡於长佃、长岭诸处。仍以孤山、险山二参将戍之，可拓地七八百里，益收耕牧之利"。李成梁的奏议获准后，从万历元年（1573）至万历六年（1578）间，完成了对辽东"宽甸六堡"的拓筑，宽甸六堡，即孤山新堡、新奠堡、宽奠堡、大奠堡、永奠堡、长奠堡。此次拓边，将边墙防御的前沿，推进至靠近建州女真腹地，从而改善了辽东东、西两翼防卫女真的形势，同时也使屯边范围在鸭绿江右岸北移一二百里，解决了部分军屯问题。

本溪地区保存许多明代辽东镇长城相关遗迹，其中墙体共计33段，总长约46千米，城堡7座，烽火台200多座。

一、本溪境内的明代边墙

本溪境内明代边墙具体走向为：自凤城与本溪交接的牡丹顶起，沿高险山脊向北，越过海拔1063米的老麦垛岭，经东营房红土甸子西山、瓜瓢沟、塔耙沟西山，越过本桓公路，顺东营房岔路沟西山岗、阳地沟、碱厂镇李家堡子东山至姜大碴子。又从碱厂镇石墙沟沿化皮峪西山山脊向北，在此出现两道墙体：一道过段家沟，在四道沟处拐向东北，沿本溪县和新宾县交界处以东，从当地人所称的"东山坡"经金斗峪二顶子地段，进入抚顺市境；另一道起自南甸乡滴塔畜牧场北山岗，由新宾县和本溪县交界处向西北，在老光顶折向北，至南甸乡马城子村李王沟。本溪境内因地形、地貌复杂多变，所筑边墙穿行在沟谷，一般筑于交通要地及相对低矮的山脊上，结构也有多种形式，有人工墙体，也有山险墙（利用天然陡峭的山体为墙），而且墙体多不连贯。这与《全辽志》记载的"若乃山谷之险，天造地设，崇形势，据险隘，察远近"是大致吻合的。

本溪明代边墙以山险墙为主，人工墙较少。现存人工墙体主要有劈山墙、石墙和土墙等。《全辽志》记载："自马根单起至孤山南界止，木柞墙五千四百四十七丈，内外虎牢十五空，共二千一百一十丈，板筑墙八百丈。"由是可知，本溪境内还筑有木柞墙，即以柞木为材料修筑的墙体，今因年代久远，无迹可寻。

现存保存较好的石墙段落有：

塔耙沟段，位于东营房乡塔耙沟西北200米山脊上，呈南北走向，全长1500米。该段城墙为土墙，就地掘土堆筑，外掘壕，向内堆土。墙顶宽1.2米、底宽2.1—3米、残高0.8—1.5米、壕宽2—3米。

李家堡子段，位于碱厂镇李家堡子村东北800米山脊上，海拔高度568米，呈东南—西北走向，该段城墙为石筑墙体，全长949米，以毛石干垒而成。墙体外侧垒砌相对较高，底宽3.1—4米、顶宽1.2—3.1米、残高0.5—0.8米（图8-7）。

化皮峪边墙1段，起于碱厂镇碱厂村六组西北1150米山脊上，止于化

图8-7 李家堡子边墙远景

皮峪村西南2000米的山脊上，呈东南—西北走向，全长861米。该段墙体为劈山墙，以自然山体为基础，将山体东侧劈凿形成立陡的墙体，现高5—11米（图8-8）。

图8-8 化皮峪山险墙

化皮峪边墙2段，起于化皮峪村西南2000米的山脊上，止于化皮峪村西北2200米山脊上，呈东南—西北走向，东南接化皮峪边墙1段，西北接化皮峪边墙3段，墙体全长418米。该段墙体为石墙，墙身用毛石干垒，现存5—7层，底宽2.7米、顶宽1.5米、残高0.8—1.3米。

化皮峪长城3段，起于化皮峪村西北2200米的山脊上，止于段家沟西南1000米山脊上，呈东南—西北走向，东南接化皮峪边墙2段，西北接段家沟边墙1段，墙体之上有铺舍建筑遗存，平面为圆形，直径3.5米、高0.7米、墙厚0.5米。铺舍平时作为边墙守军休息处所，战时可为掩体。

李王沟1段，起于南甸镇马城子村二道河子东2500米山脊上，止于南甸镇马城子村二道河子东2300米山脊上。呈东南—西北走向，东南接老光顶边墙，西北接李王沟边墙2段，全长141米。该段墙体为石墙，用条石垒砌，内填碎石块，墙宽1.5米、残高1—1.7米。所用石块规格不一，质地为石灰岩，西约4千米为明代一堵墙堡。

老光顶段，位于新宾、本溪两县交界处老光顶山崖上，呈东南—西北走向，该段墙体全部为山险，全长6600米，直接利用山体陡峭、多悬崖的地势形成了天然屏障。

二、烽火台

烽火台，亦称烽燧、狼烟台等，是古代边疆戍兵用燃放烟火传递军事情报的设施。唐人李贤注《后汉书·光武帝纪》说："边方备警急，作高土台，台上作桔皋，桔皋头有兜零，以薪草置其中，常低之，有寇即燃火，举之以相告，曰烽。又多积薪，寇至即燔之，望其烟，曰燧。昼则燔燧，夜乃举烽。"由此可知，烽用于夜间放火报警，燧用于白昼施烟报警。由于烽燧一般均设在用土筑成的高台之上，故又称烽火台。明代也采用这种方法，传递军事警报和信息。边台发现敌情，首先燔燧举烽，传到腹里接火台，接连传送报警，直至军事指挥部，或者传至京师。

本溪境内明代烽火台有200余座，大多建于山顶，视野开阔，两两相望，形状不一，大小不等，可谓"十里一墩，五里一台"。大的状如小城，可容数十人生活起居；小的形如土包，可燃点烽火（图8-9）。

这里介绍几座保存较好的烽火台。

白堡烽火台：位于本溪县碱厂镇白堡村北100米山顶上，状似土丘，残高6.5米，台底直径长12米，台顶直径长3.5米。台基周围散落石块青砖，由此推断，构筑方式应为外侧用砖、石包砌，台内填土。台基外有围壕。

图8-9　烽火台遗址

化皮峪烽火台：位于本溪县碱厂镇化皮峪村四组北500米山峰上，平面为圆形，剖面为梯形，似土丘。台体用土、石、砖混筑，台顶径长5米、台底径长12米、残高3.2米。该烽火台位于边墙外侧，敌寇来袭，可及早提醒边墙附近流动的守军做好应敌准备。

马平沟烽火台：位于本溪县小市镇观音阁村东北约200米的小山顶上，海拔高度280米，形如一座小型山城。城外四周地势较陡，城墙以板石砌筑，平面呈长方形，南北长20米、东西宽10米，墙宽1.3米、高1.5米，北墙中间设门。城内地势平坦，站在城内远望，视野开阔。

后塔烽火台：位于南芬区思山岭乡后塔村东300米山顶上，形如一座小型山城。城借山势而建，东、北、西三面为悬崖，南面是唯一通道，因此建有南墙。平面近似椭圆形，东西长40米，南北宽15米。南墙石料为当地所产，经过简单加工，墙基采用大石块砌筑，向上石块渐小，城墙内壁高0.6米，外壁高1—2.4米。

二道河烽火台：位于南芬区思山岭乡三道河村山顶上，共有大小两个烽火台，南北相距15米。南台较大，平面呈圆形，底部直径12米，顶部直径2米，高4米。台体外面用石块砌筑，石料采用当地的青云石，其内填土。北台较小，以青云石板垒砌，内填土，平面呈方形，边长2.5米，高0.6米。

思山岭烽火台：位于南芬区思山岭乡思山岭村东北500米处的山顶上，台址平面呈长方形，长10米、宽6米、高2.5米，形如一座小城。以稍作加工的青云石块砌筑城墙，墙宽1.2米，东墙中部设有门道，宽1.5米。北墙则加宽为2.5米。

窟窿山烽火台：位于明山区卧龙街道办事处兴隆山村窟窿山山顶。依山就势而建，顶部较为平坦，平面呈长方形，东西长10米、南北宽7米、高4米，东、南、北三侧，以加工规整石块层层叠砌，台西侧为平缓的山脉，东、南方向视野开阔。

三、清河堡和清河马市

清河堡，位于本溪县清河城镇清河城村，建于明成化五年（1469）。《辽东志》记载："清河堡，官军四百八十四员名，堡土山势临境，白家佃可按伏，威宁营可屯兵，鸦鹘关口、代子河通贼道路，碱厂、马根单二堡兵马可为策应。"堡下辖管的烽火台有靖镇空、靖安空、靖镇墩、向化岭墩、靖虏空、靖虏墩、东安墩、鸦鹘关墩、盘岭墩、松树口墩、太子河墩。

嘉靖二十五年（1546），为加强明边东部军事力量，明王朝又在清河堡附近增建了孤山堡、一堵墙堡和散羊峪堡。《全辽志》记载："清河堡，官军原额六百三十七员名。本堡原系提调，嘉靖三十九年，抚按会题准改为守备，管辖七堡，加添兵马五百名，共一千四十二员名。"下辖烽火台又增加了松树口墩、鸦鹘关墩、东安墩、靖安墩、靖虏墩、靖虏空墩、向化岭墩、靖夷墩、靖镇墩、江见背台、佟家峪台、小鸦鹘关山台、青山路台、丁家峪台、佛僧岭台、水红峪台。

万历四十六年（1618），努尔哈赤举兵反明，五月攻克抚顺。七月，攻打清河城。后金军高竖云梯，"不避锋刃，飞跃而上"。明朝守将邹储贤率众将士拼命死守。守城千余名炮手同时发炮，"滚木矢石齐下"，后金军伤亡惨重。双方数次交战，未有结果。后金利用木板斜搭木棚，防御城上滚木礌石袭击，进而拆砖挖墙，城破，蜂拥而入。守将邹储贤、张旆战死，清河失陷。

清河堡城墙外壁下部用石条砌筑，上部砌砖。现东墙、北墙、南墙部分墙体尚有保留，东墙现存墙基长550米，宽8.8米，高0.5—2.45米，北墙现存墙基长520米，宽8米，高2.8—3米，西墙仅存10米，墙体顶宽2—3米，底宽5—8米，高1—3米。南墙部分段落还保留有原来砌筑的风貌，现存墙基长480米，宽1.5—3米，高0.5—3米。城墙现存三个

图8-10　俯瞰清河堡遗址

角台，分别位于东北角、西北角、东南角。北墙存有两个马面，南墙存有一个马面，各长8.5米、宽4.5米、高2米。城设四门。《盛京通志》记载："清河城周围四里零一百八十八步，东、西、南、北四门。"（图8-10）

2005年9月，清河城镇一村民在挖沟时，距地表1.6米深的地下发现了一件石狮，保存较为完整，雕工精湛，狮身高1.3米，基座高0.7米。石质为浅绿色泥质灰岩，基座为淡黄色细砂岩。与石狮同时出土的陶片有严重的火烧痕迹，石狮周围遗留大量的灰烬、炭粒。分析石狮应是清河堡衙署门口的镇宅之兽。清河之役，守将邹储贤放火焚烧了自家衙署，以示与敌死战的决心。这里的火焚遗迹，似与这段史实有关。

清河设有马市。

清河马市设于嘉靖十九年（1540）之前，明代辽东马市多设于关口处，故清河马市亦当在鸦鹘关附近。有史料记载嘉靖十九年鸦鹘关已失，这里尚存抚夷厅基址，显然这个基址应为嘉靖十九年前留下的遗迹。

清河马市主要交易的物品是人参，《清太祖高皇帝实录》："我国产东珠、人参、紫貂、元狐、猞猁狲诸珍异之物，足备服用，于抚顺、清河、宽奠、瑷阳四关口互市，以通商贾，自此国富民殷。"

四、明代本溪境内的重要边堡

碱场堡，位于本溪县碱厂镇碱厂村南边田地中，当地人故称该堡为"南城子"。明成化三年（1467）九月，明朝和朝鲜分别出兵，攻剿建州女真后，参战将领李秉迅速上书朝廷，建议在辽东边疆地区修墙筑堡，加强防务。成化五年（1465），在辽东地区新设五堡：暧阳、碱场、清河、马根单、东州。其实碱场堡的名字，早在成化三年（1467）就已经出现在《明实录》中："成化三年正月庚辰，虏寇入辽东碱场堡及鸦鹘山屯、梁家台等处，纵火焚堡门、营舍，大肆杀掠而去。"至迟在成化三年九月，明朝和朝鲜尚未攻剿建州之前，碱场堡已经存在，该堡建有堡门、营舍，当然也应该有驻军。成化五年（1469）修建碱场堡，应该是在原有堡城基础上的改建。《辽东志》记载："碱场堡，官军四百六十一员名，堡上山势临境，舍人寨可按伏，代子河通贼道路，清河、暧阳二堡兵马可为策应。"其下罗列了由碱场堡管属的17座墩台：孤山墩、南河墩、夹河山城墩、隋行墩、小岭空、小岭墩、土台墩、傅二墩、夹河墩、石墙墩、新瓦子峪墩、赵百户冲墩、碱场墩、金宝空、厦生河墩、金宝墩、旧瓦子峪墩。碱场堡最高首领是提调，到了嘉靖四十三年（1564），这个提调也被撤销了。《明实录》："革辽东碱场、孤山二堡提调官，以守臣言其地有清河守备，官多军少故也。"

本溪境内保存较好的明代边墙主要集中在碱厂、东营房境内，其中碱厂境内有李家堡子长城、石墙沟长城、石墙沟西山长城、化皮峪长城、段家沟长城、四道沟长城、东山坡长城等段落。明代，碱场堡发生战事较多，战争对方多为建州女真。成化十三年（1477）建州等卫四千兵力围劫碱场堡，明军从东州、抚顺等地，分四路共出兵一万三千五百人前来救援，暧阳指挥官刘聪半路战死。不久，建州女真乘胜侵掠清河、暧阳二堡，"副总兵韩斌逗留不进，令停俸戴罪杀贼"[1]。万历四十六年（1618）七月，努尔哈赤攻下清河堡后，附近城堡守军纷纷逃亡，弃城而遁，碱场守军也是如此。《满洲实录》："一堵墙、碱场二城官民弃城走。（努尔哈赤）遂论功行赏毕，起兵向辽阳行二日，复撤回，拆一堵墙、碱场二城，

---

[1]《明实录》成化十三年十一月壬午。

将周围之粮运尽，方班师。"①

　　一堵墙堡，位于本溪县南甸乡马城子村，现已被观音阁水库淹没。《全辽志》记载：一堵墙堡为嘉靖二十五年（1546）修建，有"官军五百六员名"，下辖5座墩台：小夹河墩、傅二墩、夹河山城墩、代子河台、盘岭墩。《岫岩志略》记载一堵墙堡："周围三里六十步，南二门。"考古工作者曾对该堡进行过调查，调查结果是：城为长方形，东西长约250米，南北宽约200米，南设一门，门宽6米，城墙为砖石包砌内外壁面，砖早已拆除，只存外包石块部分，南墙及西墙包石部分尚清晰可见，墙残高2米余，底基宽6米。各角有台，北墙中间有上帝庙基址②。

　　孤山堡，位于本溪县碱场镇孤山畜牧场，据《岫岩志略》记载："孤山城，城北二百五十里，周围二里三十步，南一门。"《全辽志》载孤山堡下辖7座烽火台：矮岭台、隋行墩、埋塔峪台、孤山台、干岔儿台、大张台、小南河台。孤山堡修筑于嘉靖二十五年（1546），堡建成后，归瑗阳守备管辖，嘉靖四十三年（1564），改隶于清河守备管辖，并裁革了孤山堡原设的提调官。早年，考古工作者对该堡进行了调查，调查结果表明，孤山堡平面呈方形，边长200米，城墙原为砖石砌筑，现只存土墙残基，基宽6米，残高1.8米③。

五、万历初期展边筑堡

　　明隆庆到万历初年，以王杲、王兀堂为代表的建州女真，势力渐渐强大，成为明朝后期兴起的建州女真两大部落。万历元年（1573），明廷听从辽东总兵李成梁的建议，决定拓展边境，修筑宽甸等六堡。万历二年（1574）开始部署实施，万历六年（1578）陆续建成。新建成的六堡为孤山新堡、宽奠、长奠、永奠、新奠、大奠（奠，也写作甸或佃）。六座堡城中，宽甸等五堡位于今宽甸境内，孤山新堡位于今本溪境内。

　　《明史·张学颜传》："辽阳镇东二百余里，旧有孤山堡，巡按御史张铎增置险山五堡，然与辽镇声援不接。都御史王之诰奏设险山参将，辖六堡

---

① 祁美琴、强光美：《满文满洲实录译编》，中国人民大学出版社，2015年，第191页。
② 刘谦：《明辽东镇长城及防御考》，文物出版社，1989年，第123页。
③ 刘谦：《明辽东镇长城及防御考》，文物出版社，1989年，第134页。

一十二城，分守瑷阳。又以其地不毛，欲移置宽甸，以时绌不果。"《明史·李成梁传》又载："万历初元时，兵部侍郎汪道昆阅边，成梁献议移建孤山堡于张其哈剌甸，险山堡于宽甸，江沿新安四堡于长甸、长岭诸处，仍以孤山、险山二参将戍之，可拓地七八百里，益收耕牧之利。道昆上于朝，报可。"根据李成梁的建议，这六堡其实是移建，原孤山堡移于孤山新堡，险山堡移于宽甸，江沿台堡移于长甸，新安堡移于长岭，宁东堡移于双堆儿，大甸堡移于散等。本来，孤山堡应该移至张其哈剌甸子，但因张其哈剌甸子地当"虏冲"，负责移堡的清河守备王惟屏"畏虏惮劳，伪称不便"，未在原议地方张其哈剌甸子建新堡，因新堡地址与原议不符，王惟屏受到了免职处分，参与建堡的各官一律不给奖赏。万历三十七年（1609），熊廷弼在巡按辽东时曾到过张其哈剌甸子，他这样记载张其哈喇甸子："初入口，仅并骑，渐入渐宽，周围数十里，中坦，而四面皆巉岩峭壁。"

孤山新堡，平面呈方形，边长300米，城墙外壁以加工石料砌筑，墙内夯土，现今保存较好的段落，底部尚宽10米，顶宽3米，高5米。设有南北二门，北门宽8米，南门宽4米，门外设有半圆形瓮城。万历四年（1576）堡成之日，在北门附近立一石碑，名为《创筑孤山新堡记》，碑高170厘米、宽83厘米、厚15厘米。碑中记录了建堡经过及该堡形制、堡内设施等。碑为张学颜撰文，碑末署有李成梁等多名职官名称。据碑文记载，当时城墙上建有门角敌台九座，皆以砖石包砌，现西北角、东南角及西墙中部，尚可见出敌台形状（图8-11）。

图8-11　俯瞰孤山新堡遗址

第六节　边墙内的世界

在辽东边墙西侧的本溪境内，生活着汉人，他们中的大多数人从事着农耕生产，靠着瘠薄的山地，维持着日常生活。这里也有具有军事意义的城堡建筑，威宁营堡就是比较典型的一例。此外，这里的山上，也设立了一座座烽火台，维系着与沿边城堡的联系。在铁器被广泛应用到军事、生活多个领域的明朝，盛产煤铁的本溪，受到了强力关注，辽东都司辖署的三万卫、东宁卫、定辽后卫的5个铁场百户所设在了本溪，本溪冶铁业得到了空前发展。自古有一条道路，连接着辽东与朝鲜，进入明代，这条道路利用率更高了。这条道路通过本溪县南境，并设有连山关关口，来来往往的中朝使臣，历经艰辛，一路轻歌低吟，以日记和诗歌的形式，记录着所见所闻所感。

一、威宁营与冶铁

威宁营，是明代设于本溪境内的一座堡城，位于明山区高台子街道办事处威宁营村，太子河在堡南约50米处向西流去，威宁营河在西南约百米处注入太子河，实际上，威宁营堡就设在这两条河流交汇点附近。

威宁营是个历史悠久的地方，这里存在战国晚期至汉代初期遗址。依山面水，交通便利，土地平衍，地力肥沃，适宜人类居住，因此到了明代，一座城堡屹然在这里矗立了起来。《盛京通志》记载了这座城堡的规模："威宁营城，周围二里，东西二门，明时筑城，置铁场百户所于此。"

近年对威宁营堡进行了考古勘探，结果如下：城堡如今全部覆盖在现地表之下，平面呈长方形，北城墙和南城墙长320米，西城墙和东城墙长260米，墙宽10米左右，墙内为夯土，内外壁面为砖石砌筑。城外有两道护城河，内护城河宽10米，深约3米，距离城墙20米左右，沿着城墙绕了一圈，外护城河宽约6米，深约2米，距离城墙87米左右，沿着东、南、北三面城墙半环，西面借助太子河（图8-12）。城墙的勘探数据与《盛京通志》记载的数目大致相同。

威宁营堡建于明代的具体时间，在史料上没有发现相关记录。现在能查到记载威宁营堡的最早文献，是明代《辽东志》，在这本书里，威宁营出

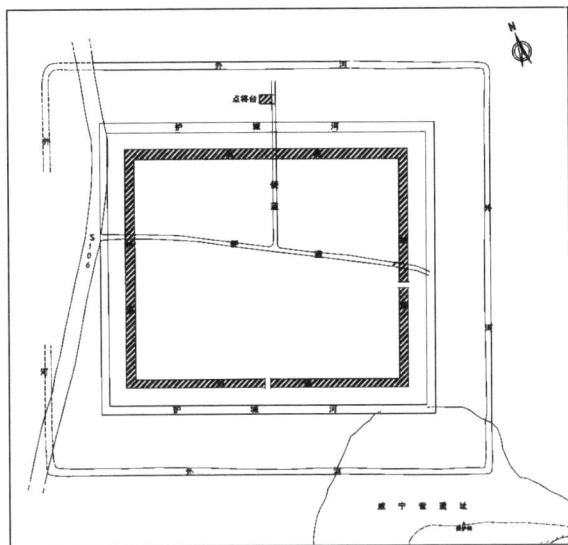

图8-12 威宁营堡遗址勘探平面图

现了四次。第一次出现在"辽东河东地方总图"上，在辽阳城东、太子河中上游绘有"威宁营堡"。第二次出现在《建置志》："三万卫，铁场百户所，威宁营东。"第三次出现在《兵食志》："威宁营，官军一百五十一员名，本堡原无边墩。"第四次也出现在《兵食志》："清河堡，官军四百八十四员名，堡土山势临境，白家佃可按伏，威宁营可屯兵。"《辽东志》最初纂于明永乐年间，后来屡经重修，我们今天见到的本子依据的是嘉靖十六年（1537）辽东巡抚任洛的重修本。可以认定，嘉靖十六年，威宁营堡已经存在。

威宁营堡占有重要的地理位置，北上可入沈阳，西去可至辽阳，东进可至辽东重镇清河堡，军事意义凸显。它虽然是清河堡屯驻援兵的重要场所，但与奉集堡（在今沈阳苏家屯区）联系更为密切。

明《四镇三关志·辽阳形胜》记载："中路沈阳城，洪武二十三年建，隆庆三年修。奉集堡，缓；威宁营堡，缓。"这里，威宁营堡置于沈阳城下面，可知威宁营堡一度归属沈阳城管辖。嘉靖四十三年（1564），皇帝对新任辽东副总兵韩承庆敕谕中所列各堡名单中，威宁营堡排在归属沈阳城管辖的奉集堡之后，万历元年（1573）皇帝对新任辽东副总兵杨腾敕谕中所列各堡名单中，威宁营堡也排在奉集堡之后，两则敕谕中威宁营堡的排名位置，侧面说明了它的归属。

《明实录》记载，嘉靖三十九年（1560）五月己卯，"治威宁营等堡失事罪，发分守辽阳副总兵王重禄、定辽左卫指挥同知陈可、东宁卫指挥金事王廷兰俱戍边"。威宁营等堡失事详情不见记载，很可能与头一年十一月夷人寇掠辽阳有关。

万历三十七年（1609），熊廷弼巡按辽东，踏察疆界，发现堡城"多系乱石堆垛"，损毁严重，于是筹资修筑，"遂使东路城堡，雉堞云连"，其中修补碱场、威宁营等城堡壕墙五处，这是威宁营见于记载的最后一次修筑。万历四十七年（1620）萨尔浒大战后，明朝再次起用熊廷弼经略辽东，第二年六月，熊廷弼从奉集堡出发，到了威宁营，然后经叆阳等地，对辽东防线进行考察，亲见亲闻，获取了第一手资料。

本溪地区铁矿石丰富，历史上冶铁业发达。明代，有三个卫的铁场百户所设在本溪地区。

三万卫的铁场就设在威宁营。三万卫，位于今开原市老城内。永乐九年（1411）四月己巳，工部右侍郎刘仲谦上书说："辽东都司三万卫，地临边境，成造兵器，用铁数多，卒难应办。宜依定辽左卫例，设置铁场，定拨畸零军百十二名，以其半炒铁备用，半屯田以给。"这时的铁场是否设在威宁营不便遽论，如果此时三万卫铁场与嘉靖十六年（1537）《辽东志》所记铁场地点一致，说明早在永乐九年之前，威宁营堡就已经存在。《辽东志》记载三万卫有炒铁军54名，每年

图8-13　王官沟冶铁遗址中的采矿场

产铁10035斤。嘉靖四十四年（1565）《全辽志》记载三万卫冶铁年产量为20412斤，比起《辽东志》记载的数量，超过了一倍。位于太子河南岸的王官沟冶铁遗址，地处威宁营东部，这里可能就是三万卫铁场百户所所在地。遗址面积长约200米，宽约150米，地表上存留数量较多的冶铁残渣和坩埚残片，并有明显的采矿遗迹及开采下来的铁矿石堆积（图8-13）。

东宁卫的铁场百户所有两个，"一在阴湖屯，一在窑子峪"。阴湖屯，即今本溪湖一带；窑子峪，位于本溪县高官镇窑子峪村，这里富有煤炭资源。如今在本溪湖附近的蚂蚁村沟、豆腐房沟、柳塘等地，都能发现大量

图8-14 豆腐房沟冶铁遗址中的坩埚

的冶铁遗存，最多的就是残碎的坩埚（图8-14）、煤渣及铁渣子。《辽东志》记载东宁卫有炒铁军70名，年产铁17619斤。

定辽后卫也有两个铁场百户所，"一在连州峪，一在平顶山"。连州峪具体位置不详。本溪是山区，地名中常见"峪"字，如大峪、高峪、广峪等，据此分析，连州峪极有可能在今本溪境内。平顶山，位于本溪市区内。《辽东志》记载定辽后卫有炒铁军117名，年产铁22091斤。

二、金得时起义

明朝万历中后期，辽东地区民族之间的纠纷和战争连年四起，长期不息，广大居民常年遭受战争的摧残和蹂躏。一些明朝边将贪赃枉法，欺压、剥削百姓，官民矛盾越发严重，引起百姓武装抗争。万历二十八年（1600），孤山堡金得时发动的暴动，就是发生在本溪地区影响很大的一次农民起义。

孤山堡位于今本溪县东营房乡孤山子村，是明代辽东防线上的一个军事城堡。万历元年（1573），李成梁提出移建孤山堡于三十里外的张其哈喇甸子，但因负责将领清河守备王惟屏"畏房惮劳"，只在旧堡东北十里新建一堡，是为孤山新堡。金得时起义时，孤山堡已经废弃。

金得时起义发生于万历二十八年（1600）七月，《朝鲜李朝实录》"宣祖实录"记载：万历二十八年七月庚申，朝鲜使臣南以信奏禀辽东见闻，谈到了在辽东"闻有术士金得时"起义的事情，说起义军有四五万人。由此看来，这次起义，至迟在七月份，已经形成了相当大的规模。而起义的酝酿阶段，则将更早。

起义领导人金得时，是当地的一位农民，一些史料上称他为"锄耰边氓"，或"辽东余丁"。他主要以宗教的形式，组织和发动了这场暴动。据《明实录》等书记载，金得时自称"佛祖"，而且用七件宝物装饰了自己十二岁的儿子，称之为"东方真主"。当时，一些政府官员称金得时是"妖民""左道惑众"，而把起义军说成是"烧香诳诱之徒"。起义军就是利用佛教的外衣作为掩护，进行联系和活动的。这种起义，明朝其他地方也曾发生，很像东汉张角发动的黄巾起义。

起义队伍发展迅速，不断壮大，起义人员也不仅仅有农民，其中还包括一些镇守辽东的兵士和活动在起义范围附近的女真少数民族。这点，从《朝鲜李朝实录》中的一段记载可以看出，九月壬戌这天，吴都司同朝鲜国王谈到金得时起义之事时说：金得时"前日所率数百余名，与鞑子相连，几近二万，逃兵且尽入"。这里的"逃兵"，无疑是那些逃离军队而前来参加起义军的明朝士兵，而"鞑子"，当指女真人。

这支农民军利用有利的山区地形，"手持大铤，囤居山谷"，在孤山堡和清河城一带展开了积极的活动。由于该地处于辽东边陲，又邻近朝鲜地境，因此对明政府和朝鲜王府威胁很大。

八月乙酉这天，起义军三千多人在孤山堡附近的虎听谷，举行了声势浩大的聚会，明蓟辽总督邢珍，鉴于起义军所处的特殊地理环境，上书朝廷，主张对起义军应"多方招谕"，"令其归正解散"，同时仍应继续严加"捍御"，防止起义队伍深入当时女真人活动地区，"酿成后患"，打算以此措略，彻底瓦解起义军。明神宗皇帝亲下旨令，命令总督"擒拿首恶正法，解散余党归农，若抗拒不服，即行剿办"。而且，在这之前的七月，明朝就已经派遣了祖总兵进驻广宁，以观事态的变动。朝鲜方面，忧虑更多，主要是担心起义军一旦被明军镇压，无路可走，奔入朝鲜，必将骚扰其境。因此，也相应采取了一系列防御措施。由此可见，这次起义声威巨大。

九月，起义军在山上，受到明军的严厉封锁，粮断食绝，只靠着树皮、树叶和一些糠秕充饥。当时，朝鲜新义州府尹许琐曾派人到辽东探听金得时起义的军情。该人回后报称：一天，起义军"乘夜下山"，闯入山下的明军营堡。这次活动的主要目的，显然系抢夺粮食。当时，明军张参政发现后，进行招抚，劝其解散，同时发给起义军"免死帖"，笼络意志薄弱的起义军人员。由于种种原因，起义军散去了三分之一，力量受到了削弱。

但更多的起义军并未受抚，仍然坚持斗争，进行活动。因此，明政府一反"招谕"的政策，开始派兵进行镇压，实行"剿办"。九月十九日，在明军的镇压下，起义队伍失败了，领导人金得时在战斗中身负重伤，被明军"生擒"，不久，因伤死亡。

金得时起义虽然时间较短，刚刚兴起就被镇压下去，但在辽东农民起义史上，却留下了浓重的一笔。

三、连山关与中朝使臣之路

连山关，又称连山站、连山把截等，位于本溪县连山关镇棒槌岭村，元代就在这里设立了驿站，它是中国与朝鲜往来路上的重要孔道。《辽东志》说："连山关，（辽阳）城东南一百八十里，朝鲜入贡之道。"《读史方舆纪要》说："连山关，司东南百八十里。地有连山，因名。朝鲜入贡之道也，向有官军戍守。"《明实录》记载，嘉靖四十三年（1564），连山关可能残败了，因此巡抚辽东都御史王之诰请求"修复连山关，以谨朝鲜入贡之路"，得到朝廷允许。《全辽志·夷人入贡》记载朝鲜入贡时，"至辽东界地方连山关，转报都司"，说明连山关是朝鲜使臣进入中国后的第一个关口，朝鲜使臣到来后，连山关需派人前赴辽东都司（今辽阳）呈报相关情况，便于辽东都司提前做好接待朝鲜使臣的准备事项。

连山关关口设在棒槌岭，这里筑有两座瞭望台，一座位于棒槌岭附近的小山包上，山势较为独立，东为较陡的崖壁，下临细河，南北两侧为缓坡，西与一条低矮的土岗相接。瞭望台平面呈长方形，长21.5米，宽19米，高5米。台周基部以石砌筑，台下附近发现较多青砖，基石上原来可能砌筑砖壁，台内填土坚硬，似经夯打。台顶平坦，散落有瓦片，台上当有亭类建筑（图8-15）。西侧土岗有一豁口，现为公路通过处，当地人称之为关口。在棒槌岭老街里约200米处，另有一座瞭望台，坐落在北山山顶，南、北、西三面为陡峭的悬崖，东为细河谷地，向西150米即为棒槌岭瞭望台。这座瞭望台平面呈圆形，径长4.6米，高2米。四周以石块砌筑，内填山土和碎石。根据周边地势观察，该台主要用来监控细河谷地。

《李朝实录》记载，世宗十八年（正统元年，1436）闰六月癸未，朝鲜有位大臣向国王上"制寇之策"，说他曾经来过中国，"见连山站烽火排设之处，不于高山之顶，又不以程途远近，皆设于山腰相望之处，人家近地，无上下高山之弊。掌烽火之人，常在台上候望贼变"。这里的连山站烽火，所指就是连山关瞭望台。

图8-15　棒槌岭烽火台

通过连山关的这条古道，中朝使臣往来不绝。

明代使臣出使朝鲜的路途，在国内主要经过的地点有北京、山海关、辽阳、鸭绿江等，而由辽阳至鸭绿江间，使臣们沿着山路，走过了本溪县域的南部地区，经由的主要地点有高岭（又称为大高岭、摩天岭）、连山关、分水岭、草河口等（图8-16）。景泰元年（1450），35岁的翰林院侍讲倪谦出使朝鲜，回国后著《朝鲜纪事》一卷，其中关于路经今本溪县域的记载是这样几句话："正月戊子，新寨起程，过高岭，至连山东关口宿。东关是华夷界限。己丑，出东关，过分水岭，过龙凤山下营。"这里的东关，即连山关；分水岭，位于草河口；龙凤山，位于凤城市通远堡。

朝鲜使臣走的也是这条路。

弘治元年，朝鲜使臣崔薄回国途中，经过了连山关等地，他在日记中做了如下记载：六月初一，翻过辽阳境内的显得岭、青石岭，又过甜水河，"东南逾高岭，岭巉岩盘曲，过泰子河，至连山关"。又溯连山河而上，晚上投宿在白家庄民家。第二天早晨，到分水岭。嘉靖十六年（1537），朝鲜使臣丁焕前往北京，也走过了这条路，他在日记中说，七月初四晚上，住在"草河洞接官亭前坪"，草河洞，即今草河口。初五日，早行，过分水岭，至连山关。"关抱东西项，管出入之讥。村落七八余屋，栖在山

图8-16 中韩使节之路摩天岭段落

阿”。本来关口设有百户，然而丁焕等人却没有见到。他们又过甓河、高岭、椽子洞、甜水站，至青石岭，向辽阳而进。

万历二年，朝鲜使臣许葑出使北京，他在日记中记录了连山关及所经附近地方的有关情况，现将他的这段日记抄录下面：

“六月二十日癸亥，朝昼阴，夕晴。先遣李廷敏往辽东修怀远馆，仍致礼物于连山馆把截所千户。朝过镇夷堡，堡一名通远。历一堵场、稠林子、罗将塔、草河洞。踰分水岭午饷。有水至岭下，分作二支，一南为八渡河上游，一北流入辽东太子河。岭之得名由此。遇官差拿贼人五名以去，或车载，或步行。问之，则一杀人者，一强盗，三人则偷我国马匹于江边。义州飞报，故俱将受罪于都司云。又历大河架子台，至连山关。关设重门，以讥察行人，千户掌之，而闾落荒废，只有五六家。关有前、后川。又过将军庙，庙在山隅高处，不知谁氏，有僧守之。”

连山关与建州女真活动地境相近，曾经遭到女真人的抢掠。《李朝实录》记载："明景泰元年（1450）十一月十七日，李满住管下二百余人自连山把截至青石洞，多抢去人物。"《明实录》记载："成化三年（1467）三月戊寅，建州、海西女直入连山关、通远堡、开原、抚顺抢掠。"成化十六年（1480）由于朝鲜使臣屡遭建州劫掠，因此提出更改贡道的请求，朝鲜设计的新贡道由鸭绿江直抵前屯（今辽宁绥中），不再经过连山关，但遭到了明朝廷的否决。

连山关及本溪县南部地区的摩天岭、分水岭、草河口等地，是明代频繁的中朝使节陆路往来必经之地，山路崎岖，马蹄声声，使节往来的脚步，诠释着大明王朝与藩邦属国的多重关系。

四、中朝使臣的诗歌

明代出使朝鲜的使臣，多为能诗善赋的文人，他们常常利用诗歌这种文学形式，把沿途所经、所看及进入朝鲜后的见闻记录下来，日后可以作为史料进行查阅。使臣到来之前，朝鲜国王都要从各地选招多位才华超群的文人墨客，陪伴使臣在朝鲜国内活动。当这些陪臣读过明朝使臣的诗歌之后，常常步韵奉和，写出同一题目的另外一些诗章。每次使臣结束使命准备归国或归国后，朝鲜国王则敕命有关部门，将这些来来往往的唱和诗作及相关文赋收集起来，印制成书，统一命名为《皇华集》。

《皇华集》里收录了6位明朝使臣路经本溪境内时写下的诗作25首。这些作品，不仅具有文学价值，也具有史料价值。这些使臣，多是名倾当世的文坛大家，本溪山水在他们的笔底，有着雄壮之美、苍凉之美。

朝鲜使臣也多是这样，他们沿途用汉字吟诗作文，留下了许多佳作。

通过连山关的这条中朝往来之路，是一条诗歌之路。

景泰元年（1450）出使朝鲜的倪谦，路过连山关时已是寒冬，但在他的眼里，这里的冬色就是一幅山水画，他在《连山道中书所见》诗中这样写道：

> 景物娱人有万端，眼前俱作画图看。
> 一株古木依苍石，只欠扶疏竹几竿。

这一夜，他住在连山关，写下了《宿连山关》：

入夜檐前雪乱飞，起看庭院路浑迷。

天公知我东关出，故散琼花衬马蹄。

朝鲜使臣李承召《十五日过连山把截》这样写道：

山连横万垒，据险此为关。

地僻烟台古，时清戍鼓开。

村居依洞口，石路转林间。

去去难怀苦，多添鬓上斑。

朝鲜使臣李詹路过连山关时，遇到雨雪天，他以一首《初六日到连山站，黄昏雨作，俄变为雪》的绝句，记下了山中雪景：

山灵送雨欲留人，忽向中宵变玉尘。

晓起坐惊梅满树，仲冬先报帝城春。

万历三十四年（1606）奉命出使朝鲜的朱之蕃，翻过摩天岭，写下了《十八日早度高岭》一诗：

万山春雪霁，溪水奏新声。

岭峻高空近，云开远岫明。

逢迎开玉垒，唱答有金钲。

千仞回悬涧，环看后骑行。

朝鲜使臣写摩天岭的诗歌更多。

万历二十六年（1598）李恒福过摩天岭，作《高岭岭上杜鹃花盛开》：

昨行青石今高岭，过尽重峦似到家。

四月边山寒料峭，林间喜见杜鹃花。

嘉靖十三年（1533），苏世让出使中国，作《高岭》：

高岭峨峨插帝青，烟岚深锁旧来程。

丹崖碧巘云吞吐，翠木苍藤昼晦暝。

正值夏初犹爽朗，若教秋晚转凄清。

应须借得龙眠手，写取真形上短屏。

朱之蕃还写过一首《草河口》：

飞花正好漫流香，饮雉闲来顾影翔。

触石声喧寻壑转，不知何事自奔忙。

朝鲜使臣李睟光于万历十八年（1590）出使中国，夜宿草河口，作《宿草河洞，是夜大风寒》，诗曰：

秋尽关河驿路艰，客窗愁伴小灯残。

无端雁背西风恶，吹作征人一夜寒。

使臣们路过本溪境内分水岭、将军庙、丁家岭等地，也都留下了诗歌。这些诗歌，不仅是使臣们的文学创作，也是当时的历史记录。

第七节　宗　教

明代本溪地区的宗教，主要有佛教和道教，诸多佛寺道观甚至传承至今。目前所见最早的佛寺遗址，为明嘉靖三十九年（1560）修建的双泉寺遗址，在这处遗址附近的山崖上，尚存多处明代石刻。此外，白马寺、石佛寺、宝峰寺，温泉寺、慈航寺等，也都是建于明代的寺庙。由于历史上关羽死后被神化，后世普遍崇奉其人，明代封关羽为帝后，各地纷纷建起了关帝庙，本溪亦有关帝庙之建。明代崇祯三年（1630），久居辽阳的江苏丹阳人郭守真，隐居本溪县铁刹山上，将道教中的全真道龙门派传入本境，开创出东北道教复兴和发展的新局面。另外，萨满教和伊斯兰教也有传播。萨满教是历史悠久的原始宗教，是原始社会巫教的一种，在本溪地区，明代女真族和后来的满族人尤为信仰。伊斯兰教的传播历史则可以追溯到明代天启元年（1621），在今火连寨营子村曾建有一座清真寺，由于资金不足，仅建六座草房，后被烧毁。清朝时，当地穆斯林又在原址予以重修。

一、佛教

明朝自洪武元年（1368）设立善世（佛教）、玄教（道教）二院，洪武十四年（1381）即行革罢。洪武十五年（1382），设置僧录司、道录司。僧录司是明代佛教最高管理机构，设官左、右善世各一人，正六品；左、右阐教各一人，从六品；左、右讲经各一人，正八品；左、右党义各一人，从八品。各府县则设有僧纲司，选择精通经典、戒行端洁的出家人来担任管理职务。将全国僧人定为三等：曰禅、曰讲、曰教。明代，本溪佛教有了进一步发展，境内有寺院十余处，时至今日，很多佛教寺庙已经消失，但许多寺庙留下了石碑、石刻等历史文化遗存，这些石碑和山崖上镌刻的文字，记载着一处处寺庙修筑的缘起和经过。下面介绍几处明代佛寺。

图8-17　双泉寺摩崖石刻

双泉寺：位于本溪县高官镇高官村田家堡子西南约500米的山坡上，寺庙久已坍颓，现为乱石杂土堆积的废墟。寺庙附近的山岩上，刻有6处文字。石刻分布面积大小不一，文字分为楷书和行书，字体大小不尽相同，刻字风格也比较古朴自然，大部分文字清晰可辨。石刻内容分别是"大明国""南膳部州""皇图""嘉靖三十九年惠喜修双泉寺""辽东都司万历十一年修造"和庙产四方界限，另有一处石刻上则是众多僧人的法号，僧人多为"惠"字辈，其上有祖满、普受和"性"字辈僧人四人[1]，以及王、于、汤、朱、曹五位"善友"，应当是修庙时的功德主（图8-17）。

---

[1] 本溪市博物馆：《本溪碑志》，辽宁民族出版社，2016年，第6页。

温泉寺，位于本溪县小市镇青石岭村太子河畔，西距本溪市区40千米，依山傍水，环境优雅，庙中立有清代石碑，碑文描述此地"白云来往，松涛怒号，人居其中，宛然如在蓬莱阆苑"，"前有太水，清波环绕，后有层峦，耸翠照临，左右诸岭，实为壮观，固东山之第一胜境也"。又有温泉，"浴之能去病，故远近有病者，就而浴之，果不药而瘳者亦甚夥"。①明末，温泉寺所在地区归清河堡管辖，故该地温泉又称清河泉、清河汤泉、清河温泉。温泉寺最初名为三官庙，寺旁有温泉，寺后有山岭，所以又称汤山寺。后金天命十一年（1626），清太祖努尔哈赤痈疽突发，七月二十三日，努尔哈赤来到温泉寺沐浴疗伤。八月十一日，病势沉重，乘船沿太子河而下，返还沈阳，病逝于离沈阳20千米的瑷鸡堡，终年68岁。

石佛寺：位于本溪县连山关镇摩天岭村花家堡子庙后沟南山的半山腰处，因庙内供奉关羽神像，又称将军庙或关将军庙。正殿内供奉着释迦牟尼佛和地藏王菩萨等多尊佛像，东西两壁彩绘十八罗汉像，正殿东南约5米处为偏殿，供奉的佛像本是山顶一块自然生成、凸起如人形的石柱，远望如佛菩萨，站在山上俯瞰世间，于是人们将其雕刻成佛像，并为之建起佛殿以遮风挡雨。石佛，指的就是东偏殿里的这尊佛像。东偏殿西南约3米处的自然岩石上，立有佛塔，塔身为7个圆石柱由下向上、由大到小地依次叠垒起来，每两个石柱之间以1块四角向上翘起的方形石板相隔，石板共计6块，板、柱共同构成了一座别具特色的七层佛塔。石佛、石塔在"文革"期间均被砸毁，2000年重修庙宇时，复将佛像黏合修补、涂彩重塑，并重立石塔。明代万历时期，朝鲜使臣出使中国，由石佛寺所在的山下通过，在他们的出使日记中，对此寺多有记载。

白马寺：位于南芬区下马塘镇程家村东北2千米的山坡山，寺庙旧址位于一座山洞内，洞称青峰洞，洞口坐北朝南，宽1.5米，高2.5米，进深11米。明万历二十七年（1599）四月二十八日立有石碑，碑首呈半圆形，阳面雕饰云龙纹，阴刻双钩隶书"佛日增辉"，宽82厘米、高62厘米、厚8厘米。碑身及碑首边缘雕饰缠枝花卉纹，碑身高128厘米、宽67厘米、厚8厘米。碑文题为"修建佛殿僧房碑记"，根据碑文记载，这里本有庙宇，后有千山某寺僧人来到此处，"乐山习静"，当地人李世仁等为之捐款"重构殿

① 本溪市博物馆：《本溪碑志》，辽宁民族出版社，2016年，第23、32页。

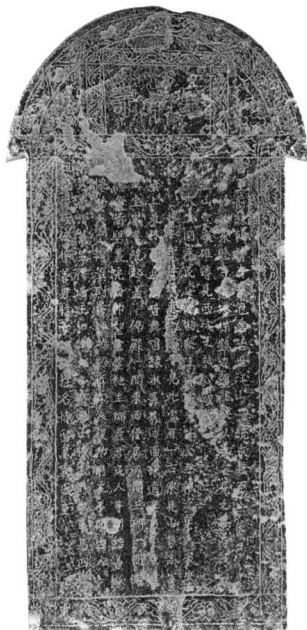

图8-18《宝峰寺碑记》拓片

宇，供奉佛真法宝，设鼓、钟、僧房"①。

宝峰寺：位于本溪县碱厂镇赵家堡村后砍山坡上，明万历三十四年（1606）建成，二月十九日立碑以志，碑文记载当地旧有古刹一座，所在之处"实乃宝地"（图8-18）。于是有朴有库、朴有禄，同僧人惠沅等，在古刹的基础上，兴建"宝峰寺院"，希望"修寺建塔，保镇边疆社稷"，规模是"佛殿一间、东西僧房四间、三门一间，两墙龛图，塑画完备"。碑文引用佛教典故："岂不闻古人梁武帝舍苇笠，得帝王四十九年，庞居士将家财牛羊马匹舍祖师，得成佛位。"碑中记载的僧人有惠沅、惠江、惠海等。

二、道教

道教是中国本土产生的宗教，因此历来有着较为广泛的社会基础。朱元璋起自民间，对于道教有特殊的感情，经常阅读道教的经典《道德经》。明初功臣刘基，信奉道教，精通天文地理术数之法。明建国后道教与佛教一样，成为朝廷确定的官方宗教。掌管全国道教事务的机构为玄教院。洪武四年（1371），玄教院被革罢。次年开始由朝廷发给道士度牒。十五年（1382），始置道录司，设左、右正各一人，正六品；左、右演法各一人，从六品；左、右至灵各一人，正八品；左、右玄义各一人，从八品。明代本溪地区，道教亦有传播，并留下诸多遗迹。

明末清初，道教龙门派第八代弟子郭守真在今本溪县境内太子河畔九顶铁刹山修道（图8-19），嗣后于沈阳太清宫大兴道法，将龙门派道统弘扬光大，成为东北道教龙门派的开山祖师。郭守真，字致虚，法号静阳子，明万历三十四年（1606）九月二十九日出生于南京丹阳县（今江苏省丹阳

---

① 本溪市博物馆：《本溪碑志》，辽宁民族出版社，2016年，第382页。

图8-19 铁刹山乾坤洞

市）定远村。天资聪明机敏，读书过目不忘。青少年时期，正值明末战乱四起，民不聊生之时，便立志修行。崇祯三年（1630），24岁的郭守真由辽阳来到九顶铁刹山，心中快慰，决定隐居，潜心修行17年，开始时对儒、佛、道一体尊崇，后来专心致志地钻研黄老之学，虽然竭心尽力，却一直未能窥见道教的真正源头，于是决定下山访道。自清顺治四年（1647）开始，历经两年多时间，寻师问道，足迹几乎遍布关内的名山大川，后来在全真教龙门派第七代祖师紫气真人李常明和昆阳子王常月的教导下，道法有成，又回到九顶铁刹山，净心修行，广收门徒。东北道教的大发展实源于郭守真，全真教龙门派的弟子遍布全东北，九顶铁刹山则成为东北道教龙门派的发源地。

三、民间信仰的萨满教

萨满教在东北和北方许多民族中流传，是一种历史悠久的原始宗教，是原始社会巫教的一种，明代女真族和后来的满族人尤为信仰。萨满教崇信鬼神，认为天地万物皆有神灵。萨满教的祭司称萨满，又作"珊蛮"，"女真语巫妪也"，意为因兴奋而狂舞之人，实际上就是跳神的巫人。信仰萨满教的人认为萨满能沟通天地鬼神，"通变如神"。男萨满称为"师公"，女萨满称为"师婆"。萨满教认为，世界有上界、中界、下界三层，分别居住着神、人、魔。萨满主要职能是：在氏族宗教节日或重大事件发生时，举行祭祀祈祷仪式；担任"巫师"，为人"跳神"治病、消除灾祸、求儿求女、保畜兴旺。萨满必备的神具有神帽、神衣、神靴、神鼓、神杖以及各种神偶等。萨满教的宗教仪式主要通过萨满跳神表现出来。萨满仪式的举行时间，一般在晚间，萨满穿戴好神衣、神帽，右手拿神鼓，左手拿鼓槌，跳舞击鼓，高唱神曲，形似癫狂，颇为神秘。本溪是建州女真及满族长期活动的地方，这里应是萨满教流行的地区。

第九章
后金及清代早中期的本溪

明朝末年政治腐败、边防松弛，导致了明王朝封建社会无可挽救的灭亡。以新兴、强健姿态出现的满洲贵族创建的后金政权结束了一个衰败停滞的局面。它的崛起、兴盛，为走向衰亡的封建社会注入了新的生机。明万历十一年（1583），努尔哈赤以父、祖"遗甲十三副"起兵，转战白山黑水之间，历时三十余年，统一女真各部，形成了一个勇于奋进的满族共同体。万历四十四年（1616）努尔哈赤称汗立国，建元天命，国号金（史称后金）。两年后，亲率兵马，连陷抚顺、清河等地，拉开了征明战争的序幕。翌年，明朝发兵十万，分四路进剿赫图阿拉，战争结果，明军惨败，后金从而取得了对太子河上游等地的控制权。清朝初期，柳条边的设立，一度阻碍了本溪地区的经济发展，后因丰厚的煤铁资源，本溪湖一带成为了采矿、冶铁工人的聚居地。本溪湖生产的铁，质地优异，因此生产规模不断扩大。乾隆年间煤业发展迅速，国家曾以颁发龙票的方式规范开采。

第一节　后金政权的建立

明万历十一年（1583），努尔哈赤经过三十多年的艰苦奋战，以少胜多，以弱胜强。尤其重要的是，栋鄂部何和礼、扈尔汉率众归附，加强了努尔哈赤的力量，先后统一了建州女真、海西女真、黑龙江女真三大部，结束了女真社会的长期分裂、割据、动乱的局面，推动了女真社会的发展和满族共同体的形成。万历四十六年（1618）四月，努尔哈赤以"七大恨"告天，向明宣战，经过较量，明朝最终丢掉了对东北的统治权。

一、统一女真各部

努尔哈赤出生于建州部斡朵里氏族的贵族家庭，是建州女真斡多里部首领猛哥帖木儿六世孙，姓爱新觉罗。祖、父都是世袭的建州卫指挥。祖、父遇难后，明朝先后封他为建州左卫都督，后加封龙虎将军。自明万历十一年（1583）五月至四十七年（1619）八月，努尔哈赤用了36年的时间进行了统一战争。万历十六年（1588），统一建州五部。万历二十二年（1594），兼并长白山部，其后又兼并海西四部，征服东海女真，最终统一了分散在东北地区的女真各部，"环满洲而居者，皆为削平，国势日盛"。统一建州女真各部，仅仅是努尔哈赤完成统一大业的第一步。

古勒山大战发生在万历二十一年（1593）九月，叶赫首领布寨、纳林布禄主动挑起这场战争，他们纠结九部联军三万人，兵分三路向建州进犯，意在一举消灭建州。战争的结果是九部联军惨败，布寨被杀，纳林布禄不久亦忧愤而死。努尔哈赤获得战马三千多匹，盔甲千副，威名大震，原来孤立于各部以外的局面开始改变，形成了新的力量对比，东北地区各部族均已无法同努尔哈赤抗衡。努尔哈赤开始利用有利形势，对海西四部展开攻势，先近后远，各个击破。

海西女真因居住在海西江（松花江）流域而得名，包括叶赫、哈达、辉发和乌拉四部，也叫扈伦四部。哈达部，居住在哈达河（今开原市八棵树镇东南的清河上游）流域，万历初期的哈达首领王台，对明廷忠顺，势力强大，"延袤千里，保塞甚盛"[1]。辉发部，在今吉林省辉南县境内，原居于黑龙江流域，后迁徙至松花江支流辉发河，因地得名。乌拉部，统治者为纳喇氏，居住在乌拉河（今松花江上游），因此得名。叶赫部，居住在叶赫河（今通河）流域而得名，也称北关。

万历二十七年（1599）九月，努尔哈赤带兵攻打哈达部，城破，孟格布禄被俘，后被诛杀。万历二十九年（1601），在明廷的责令下，努尔哈赤护送孟格布禄之子吴尔古岱返回哈达为贝勒。同年，哈达大饥，向明乞讨粮食而明未予理睬，又向努尔哈赤求援，努尔哈赤趁势将哈达灭掉。

辉发部后因权力继承问题产生内乱，部主拜因达里向努尔哈赤请求援

---

① 赵尔巽：《清史稿》卷223《万传》，上海古籍出版社、上海书店，第1004页。

兵。努尔哈赤派兵千人镇压叛乱者，及时安抚企图叛乱的辉发部众。局势刚有转机，拜因达里就首鼠两端，在建州和叶赫之间左右摇摆，成为两部之间一种中间势力。万历三十五年（1607）九月，努尔哈赤率兵攻打辉发。大兵一到，立即攻城，战不多时，城门失守，辉发城陷落，这是继哈达之后，海西女真四部中第二个被努尔哈赤统一的女真部落。

为笼络乌拉部，努尔哈赤与乌拉部主布占泰先后五次联姻，七次盟誓。布占泰外亲内忌，不断发展自己的势力。万历三十五年（1607）三月，乌拉部与建州部终于在争夺朝鲜王国六镇"藩胡"的事情上，爆发了乌碣岩大战，布占泰战败。万历四十一年（1613）正月，布占泰主动与叶赫示好，与建州违约。努尔哈赤只好再次出兵乌拉，同布占泰展开了最后的较量。战争结果，乌拉军溃败，布占泰"仅以身免，投叶赫国而去"。

叶赫在海西四部中实力最强，又有大明的军事保护，努尔哈赤进攻叶赫，必然引起明朝的震动。不搬掉这个大国，就不能拉开与叶赫的最后决战。天命三年（1619）三月，萨尔浒战役后金大获全胜，战后，努尔哈赤率部北上攻打叶赫，城破，叶赫东西二城城主金台石、布扬古被绞死，叶赫所属城寨均降后金。

努尔哈赤统一四部之后，去掉了后顾之忧，军事实力更加强大，奠定了向南进入辽沈的基础。

二、何和礼与扈尔汉的战绩

何和礼和扈尔汉的归附，使努尔哈赤如虎添翼，兵力骤增数倍。据统计，当时栋鄂部实力应为兵马四千余人，人口五万余人，这些兵力和人口，最后成为努尔哈赤政治力量的重要组成部分。万历十六年（1588）九月，何和礼出征的第一仗是攻破建州五部最后一部完颜部，此后，分别于万历十七年（1589）和万历十九年（1591），先后参加了攻打兆佳城和长白山鸭绿江部的战斗。万历三十五年（1607）三月，乌碣岩大战，扈尔汉作为先头部队，领兵与布占泰相峙一夜，带兵二百同乌拉军先锋血战，为后援部队到来赢得宝贵时间。待兵合一处，扈尔汉率领大军如摧枯拉朽，打得乌拉部兵四处溃散，此战大震建州威风，一个纷乱的民族开始踏入统一。万历三十八年（1610）十二月，扈尔汉再战渥集部，一路讨伐，以统率一千兵马，带回九千人的历史记录，威名响彻白山黑水。努尔哈赤大嘉其功，奖甲胄、赏战马，赐号"达尔汉侍卫"。征渥集部，先后为努尔哈赤增加十余万人口，将渥集部的地盘完全划入努尔哈赤的版图。此后征讨东海萨哈连部，血战十八日，又将黑龙江流域划归努尔哈赤版图。扈尔汉为努尔哈赤统一女真、扩大建州领地立下了赫赫战功。万历三十九年（1611）十二月，努尔哈赤命何和礼、扈尔汉等率兵二千，往征窝集部的虎尔哈路。兵围扎库塔城，三日招之不下，遂攻克其城，斩首千余人，俘获二千人。扎库塔城攻下后，周围各路慑于建州兵马的威胁，皆被招抚，随军来到赫图阿拉。这次远征，使建州女真统属的势力范围一直延伸到黑龙江、乌苏里江一带。

面对乌拉布占泰的反复失信，在何和礼的建议下，努尔哈赤率三万大军亲征海西乌拉部，何和礼、扈尔汉等领兵随征。在建州大军压境的情况下，努尔哈赤对布占泰犹存招顺的希望，动了恻隐之心，等待着他能悔悔归降。此时，布占泰阳奉阴违，一面派使者向努尔哈赤请罪，一面又亲率三万乌拉兵马前来抵御。何和礼见状，向努尔哈赤说道："我军远道征伐，利于速战速决。现在他们既然列阵以待，我军可利用这平原旷野，一鼓作气将其擒杀。假如错过了这个歼敌的机会，那么我军厉兵秣马，到底是为了什么呢？"努尔哈赤听了何和礼的话，觉得有道理。于是命令将士与乌拉开战。何和礼身先士卒，冲向敌阵。乌拉兵抵不过建州军潮水般的冲击，阵脚大乱，纷纷抛戈弃甲，败北溃散。布占泰见大势已去，只身逃往叶赫，乌拉从此灭亡。在决定后金命运的萨尔浒大战中，栋鄂部官兵倾巢而出，敢于当先，成为后金军一支勇猛无敌的生力军。东线战场是在栋鄂部的故乡展开的，为何和礼原来管辖之地。何和礼率领少数兵丁，阻截了刘綎的东路军。萨尔浒之战，何和礼、扈尔汉及所部兵马起到了至关重要的作用。后金天命八年（1623）八月，扈尔汉病逝于沈阳，时年48岁。一年后，何和礼突发疾病，死于自己的官衙之内，时年64岁。努尔哈赤痛哭于何和礼灵柩前，失声道："我们一起并肩作战而又十分友好的诸位大臣都已不在人世了，上天为什么不让他们留下一位给我送终呢？"他对何和礼的爱惜之情，由此可见。

三、创建后金政权

后金政权的建立是在努尔哈赤统一女真各部的过程中开始的。

努尔哈赤能在明王朝腋下成长，重要的一点就是他初期的军事行动，从不触及明王朝的边境利益。李成梁雄视辽东时，努尔哈赤羽翼未丰，他以朝贡、守边、忠顺、效力等表面行为，赚取李成梁的信任，让明朝廷看见的是一个俯首称臣的女真首领。万历十一年（1583），努尔哈赤以"无名常胡"之子，被授予都指挥使，万历十七年（1589），续升都督佥事，万历十九年（1591）授左都督，万历二十三年（1593），被封为龙虎将军。龙虎将军在女真部落中是崇勋，至高无上。努尔哈赤不断晋封，在明代边关史上闻所未闻。大明的庇护是一个大保护伞，努尔哈赤统一女真需要明廷的这个大保护伞为其遮风挡雨，而明廷期望培植安边的顺臣，两方的需要，成就了努尔哈赤的大业。最后，在努尔哈赤不断坐大的情况之下，明朝只能听之任之，任凭其发展壮大，直至达到最后称臣和称雄的历史转换。

万历四十三年（1615），努尔哈赤做出了一个重大举措，在赫图阿拉城完成了一次决定建州长治久安的军事整编——创建八旗。八旗制度是努尔哈赤对传统的组织形式进行改造，变成一种适合战争需要的新的组织形式。在这种结构框架下，把分散的女真各部以政治、军事、行政连接成一个组织严密的社会机构。努尔哈赤统辖八旗，总揽大权，是八旗的最高统帅，努尔哈赤的子侄们则分别担任各旗的旗主。八旗是军政合一的体制，又是民政组织，"出则为兵，入则为民；耕战二事，未尝偏废"。努尔哈赤"以它作纲，把女真社会的军事、行政、生产统治起来"①。

同年，努尔哈赤进一步完善了国政，设立了最高军政机构——议政五大臣制度。首先设立议政五大臣和十名扎尔固齐（满语，官名，又称断事官）。凡大小案件，要先由扎尔固齐初审，再上达五大臣复审，五大臣复审后，上告众贝勒，重大案件报努尔哈赤最后裁决。如此循序问答，准许被审的人申辩。努尔哈赤把大部分精力用在了内政上，建立健全了行政体制和司法体制，改变完善了军队体制，建立了知人任事的官员选拔制度，所辖区域得到了空前的治理，帝业已具有雏形。

万历四十四年（1616）正月初一，努尔哈赤在赫图阿拉举行隆重庄严仪式，在仪式上，努尔哈赤登上皇位，称汗建国，国号曰"金"，年号"天命"，历史上，又一个女真人建立的金国诞生了。这一年努尔哈赤58岁。后

① 阎崇年：《努尔哈赤传》，北京出版社，1983年，第132页。

金政权的建立，是女真历史发展过程中的一个里程碑，它标志着努尔哈赤摆脱了与明的隶属关系，一个新兴政权在辽沈大地发生并发展。

四、七大恨与计取抚顺

万历四十六年（1618），努尔哈赤以"七大恨"告天，以此作为征明檄文，向明宣战。

"七大恨"的内容是：一、明朝无故杀害努尔哈赤的祖父和父亲。二、明朝偏袒叶赫、哈达女真，欺压建州女真。三、明朝违反双方划定的范围，强令努尔哈赤抵偿其越境所杀的汉人人命。四、明朝在建州与叶赫争战中出兵帮助叶赫。五、明朝支持叶赫部背弃盟誓，将已许嫁努尔哈赤的女人转嫁蒙古。六、明朝驱逐居住在边境的建州百姓，毁坏其房屋田地。七、明朝派遣官员赴建州作威作福。

"七大恨"是与明决裂的宣战书，表达了女真人对明廷压迫政策的不满与抱怨，也是努尔哈赤反叛明朝的托辞。以此开始，后金结束了与明王朝的臣属关系，以国家的姿态、对等的身份开始与明分庭抗礼。

"七大恨"檄文宣布后，后金攻打的第一个目标就是辽东重镇抚顺城。

抚顺城建于洪武十七年（1384），是明朝设于辽东的边防重镇，是明朝抵制北方民族入侵防御体系中的重要地带。抚顺、东洲、马根丹三城，互为犄角，可以随时出兵，捣入女真腹地。努尔哈赤伐明，首先要解决的问题，就是拔掉抚顺城这个钉子，从而才能长驱直入地向西发展。

天命三年（1618）四月，努尔哈赤获知抚顺游击李永芳要在四月十五日抚顺关开马市。得此消息，努尔哈赤即刻展开部署，在思想动员、修整器械、申明军纪、军事训练等方面做了细致充分的准备工作。四月初八，召开了秘密军事会议，采纳了四贝勒皇太极计取抚顺的建议，"以精兵伪作商人，混入城中，内外夹击，大事必成"[1]。四月十三日，后金大军出发，兵分两路，逼近抚顺。左四旗兵取东洲、马根丹二处，努尔哈赤亲率右四旗大军，直逼抚顺城。此前一日，努尔哈赤派人到抚顺马市送信，声言有三千女真人将于次日来此进行贸易。十五日寅时，假扮商人的后金先遣队到抚顺叩市，当城里的内应打开城门后，这些人一下子变成了努尔哈赤的

---

① 计六奇：《明季北略》卷1《建州之始》，中华书局，1984年，第8页。

八旗兵。努尔哈赤率领人马突至城下，包围了抚顺城。全城沸腾，炮火烛天。此前，努尔哈赤曾派人递送守城游击李永芳书信一封，劝其投降。李永芳见后金军架梯登城，知大势已去，于是乘马出城而降，拱手让出了抚顺城。东州堡、马根丹堡也很快被攻破，努尔哈赤计取辽东重镇抚顺城大功告成。后金兵拆毁抚顺城，尽分人、畜、财物，运回赫图阿拉大本营。

努尔哈赤以"七大恨"告天，拉起大旗走上了推翻明王朝的道路。夺取抚顺后，再下清河，后金开始由守转攻。两年后，连克辽阳和沈阳，占领大片辽东疆域，问鼎中原成为可能。

第二节 清河堡战役

明朝嘉靖及万历时期，建州女真日渐强大，时常与明朝戍边军队发生冲突，为了稳定东北边疆局势，明王朝修筑了辽东边墙，沿墙设有城堡及烽火台等军事设施，驻军把守。位于本溪县清河城镇的清河堡是当年辽东重镇，是明通往后金的咽喉要道、前哨阵地、抚顺以南的交通枢纽。明与后金时期著名的萨尔浒之战中，明南路军就是由清河堡出兵，又从这里撤回，才保有了明在辽东的部分兵力。正因为清河堡是明朝辽东边关的大门，所以成为后金统治者觊觎之地、必争之处。

为了打开沿太子河通向辽阳的锁钥，万历四十七年（1618）七月，努尔哈赤率领大军，直扑清河堡，与守城明军展开了殊死激战，取得了最后胜利。后金及清代征明过程中，屠城之举，常常发生。清河城万余明朝守军，降与不降，几乎全部被杀，这场战争，后金首开屠城之举。

一、历史背景

清河堡，始建于明成化五年（1469），位于今本溪县北部，群山环抱，形势险要，北近沈阳，南临暖阳，西连辽阳，东接抚顺，与建州女真为邻。它既是明朝辽东东段长城的指挥中心，也是辽沈屏障。

清河堡平面呈正方形，周长500米，初建时城高6米，城墙宽3米，采用条石青砖砌筑，墙顶外设箭垛，城外有烽火台16座。初设提调，嘉靖三十九年（1560）改升守备，统辖东州、马根单、散羊峪、一堵墙、碱厂、孤山等堡。

成化三年（1467）九月，明朝以建州三卫悖逆不道、屡次犯边为由，联合朝鲜，直指建州卫所在地婆猪江兀弥府一带。朝鲜兵马"抵巢攻剿"，杀死李满住及他的儿子古纳哈、孙子普罗充等人，掠走李满住的妻子和儿媳。退兵前，又放火烧掉了女真人的房舍、积谷。

战后，明朝在辽东山区修建了东洲、马根单、清河、碱场、叆阳五堡，在堡外，修建了边墙及烽火台。

万历四十六年（1618），后金攻下抚顺后，明经略杨镐、驻守清河的参将邹储贤意识到后金下一个目标必是清河堡。杨镐对此非常重视，一面给清河堡供给"火药神枪，铅子铁弹之类"的守城武器，一面调集各堡兵力增援清河堡。战前，驻守清河堡的兵将约六千四百人，加上城内百姓共计一万余人。杨镐还为邹储贤制定了一套作战方案，"用兵设伏于城外山径小路或山间狭地，实施阻击，万不可拥兵于城，束手待毙"[①]。邹储贤表面应允，却没照做，这场清河之战结果，走向了明王朝设想的另一面。

二、战役经过

明万历四十六年（1618）七月二十日，后金兵马从赫图阿拉出发，下午天落雨，晚上转晴。第二天，努尔哈赤来到鸦鹘关，夜宿于此。鸦鹘关是清河城的关口，曾设有马市。清河守备邹储贤闻讯，即刻下令召回城外的军士和百姓，闭门据守。邹储贤采取"固守"之策，准备在时间的消耗中，等待援军，形成内外夹击，置敌于死地。守城副将张旆要求出城迎战，主张把部队埋伏在敌兵必经的山谷两侧，设伏制胜，守堡官张云程也极力相劝出城迎敌，邹储贤均不采纳。这时，城外响起一片"开门"的叫声，原来在外打柴割草的几百名军士，远远望见城门顿闭，纷纷跑回。邹储贤担心有敌兵混迹其中，愣是不让守军开门，一律拒之门外。

七月二十一日，后金兵进逼清河城。二十二日五更时分，清河城被围得水泄不通。后金兵士立起云梯，不避锋刃而上。明朝守军登城守门，拼死抵抗。邹储贤下令炮手和弓箭手同时发炮放箭，顷刻间，城上火炮一时放响，滚木矢石齐下，高架云梯的后金兵，伤亡惨重。从寅时到未时，双方数次交战，未有结果。

---

① 滕绍箴：《努尔哈赤评传》，辽宁人民出版社，1985年，第149页。

清河堡久攻不下，努尔哈赤于是命令士兵把一些大木头和木板运到城下，斜搭在城墙上，形成简易防护棚，防御城上滚木礌石袭击。后金军在"防护棚"下把城墙东北角挖开一个大洞，兵士们由这个大洞一拥而入，进入了城里，张旆在城头战死。为了表示与后金血战到底的决心，邹储贤杀掉爱马，下令"尽焚衙宇"，表现出誓与清河共存亡的气概。邹储贤率领明军残部在南门与后金兵厮杀，直至力屈，死于刀枪之下。后金兵入城后，无论军民，尽皆斩杀，清河万余军民，无人幸免。

图9-1《满洲实录》"太祖率兵克清河城"

后金夺下清河堡，在这里住了四天，分俘房，拆城墙。附近一堵墙和碱场堡守城明军，听说清河堡失陷，闻风丧胆，早已跑得所剩无几。努尔哈赤把这两座城堡的城墙拆了，把地下窖穴里的粮食统统搬走，放马又把地里的庄稼全部吃掉，押着新获得的三千俘虏凯旋（图9-1）。

三、战后的形势变化

清河一战，后金在明辽东防线上撕开了一条口子。

清河城的陷落，使明朝失去了辽东前沿屏障。努尔哈赤命令拆毁一堵墙、碱厂二城，致使明军从清河城到抚顺一带无法存身。"清河既失，全辽震动"，明朝兵科给事宗赵兴邦在给明神宗奏折中说："清河不守，辽之藩篱尽撤而辽阳危矣，辽阳危而全辽不可知矣。"[1]清河陷落，万历皇帝也感觉到了严重性："辽左覆军陨将，建州势焰益张，边事十分危急。"

清河战后，努尔哈赤摸到了大明王朝已国脉垂危，不再惧怕外强中干

---

[1] 赵兴邦：《清河失守大将寡谋疏》，程开祜：《筹辽硕画》卷10，第13页。

的明王朝，开始明目张胆地进兵辽沈，在军事上由守势改变为攻势。

第三节　萨尔浒大战东南战场

万历四十七年（1619），明朝发兵十万，进剿后金都城赫图阿拉，意欲一举歼灭后金政权。为了这次战争，明朝做了一系列准备活动。十万余人，号称四十七万，兵分四路，奔向后金都城赫图阿拉。杨镐曾做过辽东巡抚，以其熟悉辽事，为本次战争的辽东总指挥，坐镇沈阳。四路情况如下：以山海关总兵官杜松统领西路，率兵三万，从沈阳出发，过抚顺关，由浑河西岸进攻赫图阿拉。以辽东总兵官李如柏统南路，率兵近三万人，从清河城出鸦鹘关进攻赫图阿拉。以总兵官马林统北路，率兵一万五千人（包括部分叶赫兵），自开原、铁岭出三岔口，进攻赫图阿拉。以总兵官刘綎为东路，率兵近二万八千人（包括一万三千朝鲜兵），自宽甸过桓仁进攻赫图阿拉。

四路大军中的东、南两路，分别途经桓仁和本溪县。

东路由宽甸出发，行至桓仁洼子沟一带，遭遇埋伏，全军覆没，总兵官刘綎战死。南路由清河城出发，行至清河路上，因西、北二路兵败，被辽东经略杨镐急急招回，方免全军覆没。

萨尔浒大战，成为明与后金战争的转折点，四路明军一败涂地，大明颓势已成，积重难返。

一、战争起因

万历四十四年（1616），后金政权建立后，开始与明王朝分庭抗礼，不再接受明朝管束。

万历四十六年（1618，后金天命三年），努尔哈赤亲率后金兵马，举兵征明。四月，攻打抚顺，抚顺城守将李永芳投降，七月，攻打清河堡，城内万余军民几乎全部丧亡，明王朝经营数百年的辽东边墙顷刻坍塌。

萨尔浒之战是由努尔哈赤攻打抚顺城和清河堡为导火索，直接引起的。为了消灭这个威胁极大的后金政权，以除肘腋之患，保护辽东的统治权不再遭受继续损害，这就酿成了关乎明亡清兴的萨尔浒之战。

二、东路战场

明朝东路军由明军和朝鲜军组成，刘綎任总兵，率兵二万八千人，其中有一万三千人为朝鲜兵。姜弘立、金景瑞为朝鲜军的正副元帅，乔一琦为监军，受总兵刘綎节制。

二月二十八日西路军出师，驱兵速进，暗想争立头功，兵渡浑河时，遭到伏击。攻夺吉林崖界藩山城时，明军驻扎的萨尔浒大营失守，军心动摇，逃兵多达万余人，最后在后金合围中，总兵官杜松面中一箭，落马而死，西路溃败。

三月初二日北路军出师，中午时分听到杜松提前一天到达浑河，于是整军向二道关方向赶去。初三日清晨，努尔哈赤已经向北路军攻来，明军先锋营接战不久，总兵官马林便率后军先逃了，其后万人尾随，狼狈逃窜，被后金兵打得溃不成军。

西、北两路军败，刘綎全然不知。

获胜后的后金兵马，开始迎战东路刘綎军。

刘綎，字子绶，号省吾，生于嘉靖二十九年（1550），为明朝后期西南地区有名的大将，素以勇猛著称，力气大，武艺高，身经百战，名闻海内。他善用大刀，能使一口重一百二十斤的镔铁大刀，在马上旋转如飞，人送外号"刘大刀"。此次出战，因来不及从四川调兵，大部分兵员是从浙江调集，共计一万五千人。朝鲜派出的兵马附属于东路军，受刘綎指挥。东路军由宽甸出发，进入今桓仁境内牛毛沟，翻过牛毛岭，进入今桓仁华来镇洼子沟，兵败（图9-2）。当时朝鲜随军幕僚李民寏写有《栅中日录》，比较详细地记载了东路军行军及作战情况。

二月二十五日，刘綎来到榛子头（在今宽甸境内），朝鲜元帅姜弘立来见，双方组成东路军。东路军所行道路上，都是峻岭和丛林，山路艰险，不仅行军速度深受影响，也隔绝了与其他路的联系。明军在前，五千朝鲜鸟铳手居中，其余朝鲜军在姜弘

图9-2 桓仁出土的明万历年铜铳

立率领下殿后。过了宽甸、桓仁交界的拜东葛岭（即今桓仁境内的坎川岭），进入了努尔哈赤辖域的栋鄂部地盘（即今桓仁县境内）。二十七日，明军和朝鲜军分别宿营于平顶山和拜东葛岭附近。二十八日，从牛毛沟翻过牛毛大岭，傍黑到达牛毛寨（今桓仁县四道河子乡大甸子），明军与朝鲜军"相联下营"。二十九日，朝鲜军队因粮饷不足，后援不继，饥卒行军十分缓慢，两军只好在牛毛寨休息了一天。三月初一日，东路军继续前进，仍是明军在前，朝鲜军在后。过牛毛寨以后，"道里平坦，川涧险恶"。三月初二日，继续进军，午时抵深河（今桓仁县华来镇境内）。后金栋鄂部的三个牛录额真额尔纳、额赫、托保率五六百骑在此设防，结阵以待东路军。两军在深河交锋，打了东路军进军后的第一仗。后金军伤亡较多，牛录额真额尔纳和额赫战死，折兵五十人，托保率残兵退走，东路军小胜。为接济粮草，东路军又在深河附近滞留一日。初三日，朝鲜军内已无存粮，"掠于部落，得其埋谷，以石擂碎，糜粥而食"。初四日，在各路军声悉不闻、信息不通的境况下，饥寒交迫的东路军又继续前进。

努尔哈赤对东路和南路两路的策略是，以四千兵驻守赫图阿拉，防守南路军，自己坐镇指挥，其余全部杀向刘綎所率领的东路。命令扈尔汉统兵一千，速速东去，继命二贝勒阿敏率兵两千启程，又派大贝勒代善、三贝勒莽古尔泰、四贝勒皇太极率四万主力，即刻东进。代善等人在瓦尔喀什（今桓仁县华来镇洼子沟，图9-3），与先期到达的前哨队伍二贝勒阿

图9-3 洼子沟战场遗址

敏、大将扈尔汉会师。阿敏在瓦尔喀什南谷中设下埋伏，代善"隐伏山谷"进行休整，待机而动。来路已被后金切断，包围歼灭刘綎军的态势已经形成，刘綎毫无察觉地走进了后金为其布置好的伏击圈中。李民寏在《栅中日录》中说："天将（刘綎）疾驱先行，数十里间，分掠部落，不成行伍。胡将贵盈哥（代善）领三万余骑，自西路达夜驰来，晓过家哈岭，隐伏山谷。"

后金将领为诱惑东路军急进，以利就歼，从杜松军降卒中挑选了一个浙江兵，令他拿着打败杜松时获得的令箭，快马来到刘綎那里，谎称西路军已进抵后金都城，请刘綎军急速前行。刘綎不信，质问来人，我和杜松是平级关系，杜松怎能用令箭催进。其人诡称，迫于事急，不是用令箭传达，只是以令箭作为信物。刘綎又说，原先约定，先到敌城以放炮为号，现在，西路军既已先到敌城，为何不放炮？来人这时才知道原有放炮的暗约。于是，机警地说，放炮不如骑马报信准确。刘綎闻此，急令军卒火速前进。行进途中，刘綎"遥闻大炮之声，隐隐发于西北"①。

初四日上午，东路军先锋到达阿布达里岗（桓仁洼子沟附近的山岗），与早已埋伏在这里的代善大军遭遇。一番厮杀，明先锋营很快被歼灭。埋伏于瓦尔喀什南谷的阿敏和扈尔汉部从明

图9-4《满洲实录》"攻破刘綎营"

----

① 引自阎崇年：《明亡清兴六十年》（上），中华书局，2006年，第70页。

军尾部杀过来，代善部从前面瓦尔喀什密林冲杀而来，刘綎未及布阵，被后金兵马拦腰截为两段，前有代善等人截杀，后有扈尔汉等数千兵马堵截，从巳时到酉时，刘綎身上多处受伤，又战，两臂受伤，却仍然左右冲杀。《明史纪事本末》又说："綎面中一刀，截去半颊，犹左右冲突，手歼数十人而死。"一代明将战死在了桓仁（图9-4）。刘綎养子刘招孙，背负刘綎尸身，手持大刀，与后金军拼杀，亦力竭而死。战后，万历皇帝遣史祭奠阵亡将士，"恤綎家"，天启初年追赠少保，世荫指挥佥事，立祠曰"表忠"。

姜弘立率朝鲜兵因军粮迟迟不能运到而与明军拉开一段距离，初四日到达富察之野（今桓仁华来镇富沙河北岸，图9-5），见前面"回飙忽起，烟尘涨天"，姜弘立下令左、中、右三营立即抢占山头布阵，无奈，左营已结阵于平地，再移于山上已来不及。后金兵迅猛突入朝鲜营中。朝鲜兵卒已无战意，有的士卒抛下武器不动，偃旗息鼓，遣官求降。初五日，姜弘立率全军投降。监军乔一琦投崖而死。

富察之野西1千米的路北有一个小沟，叫半截沟，自20世纪80年代以来，村民们经常在半截沟西侧的小山上发现被水冲刷而裸露于地面的人马

图9-5　富察之野

尸骨、铠甲片、铁刀、铁蒺藜、铅丸、万历通宝等明朝时期的遗物，显然，这是萨尔浒大战东路战场的一处遗址。有人分析，这处遗址，可能是后金兵斩杀明军溃卒之处。初五日，后金军押着朝鲜兵返归赫图阿拉路上，才走了四五里路，"见浙兵数千屯据山上，盖昨日溃卒也"，数百名后金骑兵"驰突而上"，一会儿的工夫，便将山上的浙兵斩杀无余。

三、东路战场上的后金将帅

东路战场上，后金将帅们对明军监视、袭扰、断绝明军的呼应和支援等各个环节衔接得非常妥当，牵制了刘綎军队的进程，取得了萨尔浒大战最后决定性的胜利。

参加萨尔浒大战东路战场的后金将领主要有下列人员。

何和礼被派往东线阻截刘綎军进军。何和礼率领少数兵丁回栋鄂部后，各牛录军民一呼百应，纷纷响应，很快组织兵民近万人。在通往赫图阿拉城的栋鄂路上，何和礼砍伐大树，设置路障，分兵守险，布兵有序。第一道防线设在牛毛岭上。牛毛寨附近山高林密，路途艰险，何和礼率领将士利用地利条件，伐木设障，"所砍大木，纵横涧谷，使人马不得通行"。第二道防线设在深河。两军在深河交锋，总兵官刘綎命令朝鲜兵炮手放炮，后金诱敌，"败走登山"。何和礼以小股兵马不断袭扰明军，致使东路军行军迟缓，延搁数日。《啸亭杂录》说："萨尔浒之战，足以败明师者，皆公（何和礼）兵马之力也。"[1]

围歼西路杜松、北路马林的战斗中，扈尔汉单骑冲阵，救代善于危急之中。打败马林后，臂膀受伤的扈尔汉没有片刻休息，即奔向了东路战场。遵照努尔哈赤嘱咐，扈尔汉对刘綎采取牵制，阻挠其进军速度，让后方得以休整一夜，以备次日再战，最终在预期的时间内，把刘綎牵制到阿布达里岗。二贝勒阿敏率兵两千，配合扈尔汉阻击刘綎军。阿敏，努尔哈赤胞弟舒尔哈齐之子，一生驰骋疆场，功劳卓著，天命元年（1616）被封为"四大贝勒"之一。在东路战场上，阿敏和扈尔汉率部猛扑狠打，取得辉煌战果。

东路指挥作战的将领是代善和皇太极。击败西北两路明军之后，努尔

---

① 昭梿：《啸亭杂录》卷2《何温顺公》，中华书局，1986年，第52页。

哈赤命大贝勒代善、三贝勒莽古尔泰、四贝勒皇太极率四万主力，相继进入东路战场。在瓦尔喀什，代善等与先期到达的阿敏、扈尔汉会师。诸贝勒的军队在密林中设好埋伏，布下天罗地网，以待东路明军。代善、莽古尔泰、皇太极在前，阿敏和扈尔汉在尾部收口。当刘綎军陷入后金设在阿布达里岗的伏击圈中，大贝勒代善和四贝勒皇太极，各领左右四旗三万余人，从前面瓦尔喀什密林冲杀而来，隐伏在山顶、丛林、溪谷中的后金伏军四起，皇太极又率兵从山上驰下，刘綎军一下被打乱，顷刻大溃。

莽古尔泰，是努尔哈赤第五子，少时随父征伐，英勇善战，萨尔浒大战中，先随努尔哈赤歼灭明总兵杜松所率大军，复又南下歼灭刘綎东路明军。

萨尔浒大战东线战场，后金将帅个个英勇，鼎力配合，方才取得了胜利。

四、李如柏兵退清河堡

萨尔浒大战中，明四路大军有两路经由本溪地区，一路为刘綎率领的东路军，一路为李如柏率领的南路军。

李如柏，字子贞，铁岭人，明将李成梁第二子，官为辽东总兵，习知辽东事情。萨尔浒之战，在杨镐的建议下，以原官职出任辽东总兵，统领南路三万人，从清河城出鸦鹘关进攻赫图阿拉。

二月二十九日，明对后金的围剿就拉开了序幕，后金兵刚做好迎战的准备，努尔哈赤就得到探报：清河路发现明军。努尔哈赤清醒地意识到，西路杜松军是首战的重点，于是决定用二百兵防守南路。后金在北路报捷后，努尔哈赤迅速采取新的策略：以四千兵驻守赫图阿拉，防南路军进犯，其余全部杀向东路，劫杀刘綎所部。

三月一日，李如柏率南路军出清河鸦鹘关。三月三日会师于赫图阿拉的时期已过，他依旧逗留观望，迟迟不动。当刘綎东路军与后金兵浴血奋战于阿布达里岗时，副将贺世贤就劝李如柏往救，李如柏不听，按兵不动。战后，有大臣说："若使清河闻警，李如柏少听贺世贤之计，偏师策应，杀入重围，刘綎当不至死，或夹击成功，未可知也。"①

---

① 《明实录》万历四十七年四月戊辰。

败象已著，坐镇沈阳的杨镐急发撤兵令箭到清河路，接到令箭后，李如柏急速回师，退出清河堡。后撤时，后金兵在虎拦路大声呐喊，惊得明军各自夺路，自相践踏，多有伤亡。

四路大军，三路败没，仅有李如柏一路保全，战后饱受非议，后为言官弹劾，一年半后辽事更坏，此事再被提及，李如柏下狱自裁。

史载李如柏与努尔哈赤有着千丝万缕的关系，李如柏娶努尔哈赤胞弟舒尔哈齐之女为妻，生育第三子。万历三十三年（1605）二月，舒尔哈齐之妻病故，李成梁命人置办二十桌酒席，外带牲畜前往吊祭。民间故有"奴酋女婿做镇守，未知辽东落谁手"①之句。李如柏与总兵杨镐关系更是密切，杨镐曾与李如梅（李成梁第五子）合作多年，后来力荐李如梅出任总兵官，被言官挡下。萨尔浒大战，杨镐把距离赫图阿拉都城最近的南路交给李如柏，目的就是让李如柏军队免遭行军路途之苦。如此为李如柏着想，绝非偶然。

五、萨尔浒大战明军失败原因

萨尔浒大战，明军的失败与明朝政府腐败有着直接关系。万历皇帝不上朝已二十年，廷臣见皇上一面"如大旱之求时雨"②。此与蒸蒸日上的后金政权父子君臣的同心合力形成了鲜明对比。

导致明军萨尔浒大战惨败的原因主要有下列几个方面：

其一，主观原因是用帅不当，指挥失误。杨镐是四路军总指挥，虽在明廷任官三十余载，但多是在官场周旋，业绩平平，无胜任军事的才能。《明史·杨镐传》记载：杨镐，刚愎自用，不懂兵法，但会讨好上级，得到重任。明朝竟然重用这样未谙兵事、少打胜仗的书生，来指挥关系社稷存亡的萨尔浒大战，焉能不败。

其二，客观原因是刘綖率领的队伍，器械简陋、兵卒混杂，所行路途迂远，山险道狭，后金又对该路实行坚壁清野，伐木设障，致使行军速度缓慢。开战时间定在二、三月，辽东二月天气，寒冷异常，刘綖军中多半是浙江兵，远道而来，从未经历过如此寒冷天气，实违天时，因此失败。

① 《明实录》万历四十七年五月癸未朔。
② 滕绍箴：《努尔哈赤评传》，辽宁人民出版社，1985年，第195页。

其三，战前军心不稳，将心不一，困难重重。总兵杜松、刘綎已接到命令，却逗留不前。二月二十一日誓师后天降大雪，行军困难，杜松、刘綎一致请求后延发兵日期，遭到杨镐怒斥。

萨尔浒大战是后金兴盛与明廷衰亡的重要标志，是中国历史上明、后金政局转折的一次关键战事。明军三路败绩报至京师，万民骇愕，举朝震惊。"覆军杀将，千古无此败衄。"战后，明在辽东陷入被动，从此节节败退，由进攻转为防御，而后金方面由防御转为进攻。

第四节　后金的统治

萨尔浒大战之后，本溪大部分地区落入了后金手中。努尔哈赤占领辽阳，本溪全部进入了后金领域。为了反对异族统治，被占领的本溪地区汉民，常常以逃跑的方式表示反抗。毛文龙在本溪地区频繁活动，给后金政权造成了很大威胁。天命十一年（1626），努尔哈赤背患痈疽，前来清河温泉（今本溪县温泉寺）治疗，在这里，努尔哈赤度过了生命中的最后时光。

一、全面占领本溪地区

万历四十六年（1618）七月，努尔哈赤攻下清河城后，并没有占据这里，而是退兵回到了赫图阿拉，这里几乎成了无人地带。萨尔浒大战后，明朝势力退出了辽东东部山区，天命六年（1621），努尔哈赤率兵打下辽阳，至此，本溪全境进入后金辖域之内。

努尔哈赤强迫辽东汉人"剃发"，是对汉人施行高压态势的一种表现形式。努尔哈赤每攻下一个汉区，即下令汉人"剃发"，以此作为归降后金的标志。剃发是从攻陷抚顺城开始的，抚顺城陷后，李永芳降金，立竿见影地做了辽东剃发第一人，"城民近万人及抚顺被掳军丁八百余人，又尽髡为夷"[1]。此后攻下清河、开原、铁岭、沈阳、辽阳后，均强令汉人剃发。努尔哈赤将拒不剃发的汉人杀掉，收其妻、子分给八旗官兵为奴。故有"留头不留发，留发不留头"的民谣。汉人为争取原有的留发自由，他们采取叛逃、暴动、投毒等明与暗的形式，反抗后金的暴行。

---

[1]　于燕芳：《剿奴议撮》，国立中央大学图书馆，1928年，第1页。

辽东汉民终日为奴，苦累不堪，劳动所得被后金奴隶主占有，于是开始频频逃亡、造反。天命八年（1623），清河温泉的人由于害怕后金女真人的侵扰，"逃往他村"避难。连山关也有六十人的汉人男女，赶着马牛集体外逃。

后金军占领辽阳刚刚两个月，汉人把毒投入饮用水和食盐中、把猪毒死出售给女真人，引起努尔哈赤的高度警觉。努尔哈赤严令查禁，规定出售物品店铺主必须把自己的姓名刻在木和石上，立在店前，以便中毒后追查。本族妇女买食物要把店主的姓名记下，必须说清卖主是谁等办法，密切监视投毒人。女真人单身行走，偶被汉人用棍击毙，这让努尔哈赤恐慌。努尔哈赤下令女真人外出要十人"结伙而行""有违令少一人罚银一两，外出还要必须携带弓和撒袋"。

二、毛文龙的活动

东江镇总兵毛文龙率领的东江军，在后金腹地以"打游击"的方式多次奇袭努尔哈赤大后方，成为后金的心腹大患。毛文龙的活动有力地牵制了后金西进的步伐。

毛文龙（1576—1629），一名伯龙，字振南，浙江钱塘（今杭州）人，自幼丧父，随母寄宿浙江舅父家中。母亲沈家为浙江名门旺户，"杭州甲族，以沈为最"，受家门影响，毛文龙学习儒家文化，研读经书，同时对兵法表现出了强烈的兴趣，这些，为他习武从戎打下了基础。

后来，毛文龙过继给辽东鞍山的伯父毛得春为嗣子，只身北上。通过舅父沈光祚的举荐，成为辽东总兵李成梁的"补内丁千总"，即高级家丁。后来，因其"善骑射"，在武举考试中"名列第六"，升百户长，后官至辽阳守备，成为一名军官。

泰昌元年（1620）十月，毛文龙"倡议捐资，承造生牛皮制盾甲、滚马牌、镰火箭、火砖、火榴、火鸦等器"，率先垂范，不计个人得失，自己解囊"捐资采料"[1]。后金攻占辽东后，毛文龙逃到沿海岛屿上，在他的抗金行动感召下，招收辽民数十万，辽东沿海鹿岛、长山岛等七处岛屿又重新回到明廷的管辖之下，辽东沿海原降为后金的岛官，积极配合，闻风而

---

[1] 毛承斗辑：《东江疏揭塘报节抄》，浙江古籍出版社，1986年，第152页。

动，又重新与后金为敌，掀起了抗金热潮。

毛文龙屡次渡江袭扰后金腹地，对辽东发起了一系列的攻势。

天启三年（1623）八月十六日，东江军守备盛文举、毛凤翔、王国祚等领兵行进到把截岭（今本溪县连山关），发现后金兵，于是，带兵守备命令官兵埋伏在把截岭道路东西两侧，只派赵文仪带领三百家丁，引诱后金兵过岭。当后金兵过岭时，埋伏东西两侧的东江军顿时东西夹攻，砍死后金兵无数。然后，下令放火四面烧山，顿时烟雾满天，后金兵怀疑东江军甚多，没敢追赶。

天启三年（1623）十月，毛文龙东江军行至凉马甸子，抓获两名后金兵，经审问得知，后金各寨十有八九的官兵前去攻打山海关，各寨仅留二分人员守寨。十三日，东江军在离董骨寨（即栋鄂寨）三十里处下营，传令官兵三更做饭，待到五更时分，骑兵冲出，至董骨寨，奋力攻打，斩获首级二十六颗，夺得马七十六匹、牛六十头、猪羊二百二十八只，兵器一百八十件。寨里其他的后金人，乘天未明，逃出城寨。东江军杀牛宰羊，犒劳官兵。在此休息一夜，天明拔营前进，至牛毛寨。分为三个营，安营扎寨。并派千总王仲禄哨探牛毛寨虚实。哨探回报，后金人都逃跑，牛毛寨是空寨。于是，传令各将官进驻牛毛寨。十六日，前锋哨探发现后金兵，东江官兵迅速占据险隘地势，以观察后金动静。十七日，后金兵马出现，东江军步兵这时被安排在前，骑兵在后，击鼓先登，枪炮齐发，官兵奋勇砍杀，斩杀首级一百一十二颗，战马九十四匹，兵器二百三十件，后金兵败逃。

天启六年（1626）正月二十一日，东江军星夜疾驰至威宁营，四更时，这里仍处于黑夜，正是后金兵睡得最沉的时候，东江军潜入后金大营，发起围歼战。顿时，喊杀声四起，活擒后金兵六名、斩首六级，获战马九匹、弓箭一大捆。

崇祯二年（1629年）五月，袁崇焕以谈饷阅兵、犒赏吏卒为名，率军至双岛，邀毛文龙来到双岛议事。商谈破裂，袁崇焕亮出尚方宝剑，将毛文龙拿下，数他十二大罪，然后命令水营都司赵可怀执崇祯的尚方宝剑，将毛文龙斩于帐前。一代辽东大将，没有死在疆场，却命丧同室操戈的顶头上司手中。当听到袁崇焕奏报时，崇祯甚是惊讶。

毛文龙戎马一生，戍边二十余年，以东江为根据地，有力地牵制了后金军力西进，使得后金无法有效地对辽西和大明本土进行进攻。天启皇帝亦曾对毛文龙说："使奴狼顾而不敢西向，惟尔是赖。"

三、努尔哈赤在温泉寺

努尔哈赤生命的最后时光，是在本溪温泉寺（图9-6）度过的。

图9-6 温泉寺

天命十一年（1626），努尔哈赤背患痈疽来温泉坐汤治疗。他是七月二十三日来的，到了八月七日，伤势转重，乘船顺太子河而下，然后逆行浑河，准备返回沈阳。十一日，船到了艾家堡（也叫暖鸡堡），距离沈阳还有四十里，努尔哈赤死在了船上。初更时分，大臣们在沉沉夜色里，轮番肩负着努尔哈赤的遗体，进入了宫中。对此，《满洲实录》做了如下记载："七月二十三日，帝不豫，诣清河温泉，坐汤十三日，大渐，欲还京，遂乘舟顺太子河而下，遣人召后迎之，于浑河相遇。至艾家堡，离沈阳四十里，八月十一日庚戌未时崩，在位十一年，寿六十八。国政及子孙遗命预有告诫，临终遂不言及。群臣更番舁奉，夜初更至沈阳，入宫中。诸王大臣并官民号恸不绝。"

朝鲜《李朝实录》也记载了关于努尔哈赤死亡的情报，第一次得到情报的时间是九月辛未（初二）：铁山府使安景深驰启："都督传言，奴酋八月十一日在新城身亡云云。"

奴酋，所指为努尔哈赤。新城，当是孤山新堡，即今本溪县兰河峪乡新城子村。这个情报中关于努尔哈赤死亡地点有误。九天后，朝鲜又得到了第二个情报："庚寅（九月廿一日），平安监司尹暄驰启曰：奴酋去七月间得肉毒病，沐浴于辽东温井，而病势渐重，回向沈阳之际，中路而毙。"

这里的"辽东温井"，指的就是本溪温泉。

天启六年（1626）九月初二日，时任明左都督平辽总兵官毛文龙上书朝廷，其内提到了努尔哈赤在狗儿岭汤泉"洗疮"。

"耿仲明至今年八月初二日急归报臣：老奴背生恶疮，带兵三千，见在威宁堡狗儿岭汤泉洗疮，请臣急发精兵一万，竟可取奴。臣时兵皆饥饿，拍手无声，心痒面热，多方设处，随于本月初四日，差千总石景选、毛永科带兵一百五十名，前往细探。老奴背果患疮，带兵下营狗儿岭汤泉洗疮。石景选、毛永科兵少粮微，不忍失此机会，即于对岭高山顶上，初十黑夜，枪炮呐喊，以寒奴胆。奴贼惊恐，次早上船顺水西去。此石景选、毛永科差回确报也。又差千总毛士德直入沈阳探听奴情，归报老奴在狗儿岭病体虚弱，被职差兵枪炮一惊，死而复醒。十一日，急急要归沈阳，上船行至辽阳西古城堡河边，本日午时命绝。此毛士德沈阳探归确报也。"

根据《满文老档》记载，努尔哈赤到温泉后，进行了下列活动。

八月初一，派侄子阿敏祭祀先父及祖辈，祈祷保佑自己早日康复。祭文说："父，你的子汗病了，所以置父你的像祭祀，使子我的病速愈，无论做什么都要扶助。愈后，每月朔日将仍旧不断地祭祀。如果不愈，我将怎么样呢？"祭祀时，杀了三头牛，烧了纸钱。

八月初二，努尔哈赤询问各位贝勒对待老人之礼及丧礼是否过繁？"定简便的礼怎么样？"认为"晚辈敬谨之礼"过于烦琐，"服丧之礼过于悲痛"。"如果全部废除，将是好的"。同日，给额克星额颁敕一份文书。

八月初三，规定各位贝勒对人口及家畜买卖收税的标准，除却人口、马、牛、骡、驴、羊、山羊外，其他交易物品停止收税。

八月初四，授予在衙门审案的8位通事为千总；大贝勒代善手下的吴备御向努尔哈赤申诉自己有功无赏，授予其参将之职；镶蓝旗汉人游击朱吉文上书叙功，努尔哈赤也将他提升为参将。

努尔哈赤在温泉疗伤，很可能住在当时的庙里。

近来有观点认为，八月七日，努尔哈赤已经死于温泉寺，但为了稳定民情，其子皇太极等人秘不发丧，直到将努尔哈赤遗骸由太子河、浑河运回沈阳宫廷后，方才公布了消息。

戎马一生的努尔哈赤去世，终年68岁。他死后葬在沈阳城东，所葬陵墓称之为"福陵"。

第五节　清代早中期的本溪

清王朝对东北这块"龙兴之地"十分重视，但是历代君主所施行的政策有所不同。顺治皇帝迁都，东北大地为之一空，出现了萧条的景象。统治者实行移民政策，充实东北，开发土地，却又修筑柳条边，对部分地区进行封禁。八旗驻防和王庄的存在，对本溪地区的人口和社会经济产生了较大的影响。

一、柳条边和碱厂边门

清王朝在统一东北地区和入关以后，在东北辽河流域和吉林部分地区修建柳条边，实行封禁，主要目的是保护这处"发祥重地""祖宗肇迹兴王之所""龙兴之地"，把这一地区划为特殊地带，严禁其他各族人入内，以防止损害所谓"龙脉"，巩固其"根本"，从政治、经济、军事、文化等各方面维护满族的既得利益；同时，也是保护东北地区生产的皇室所需人参、东珠等特产供物。

柳条边修建的方式是修浚边壕、沿壕植柳，清初学者杨宾在《柳边纪略》中记述道："今辽东皆插柳为边，高者三四尺，低者一二尺，若中土之竹篱；而挖壕于其外，人呼为柳条边，又曰条子边。"柳条边的筑法是：用土堆成高、宽各1米的土堤，土堤上每隔1.7米插柳条3株，每株间再用绳联结横条柳枝，即所谓"插柳结绳"。土堤外侧，挖掘深2.7米、底宽1.7米、口宽2.7米的边壕，以禁止人们越跨。实际上柳条边就是一条标志禁区和界限的柳条篱笆，同时也是盛京、宁古塔、内蒙古几个行政区的分

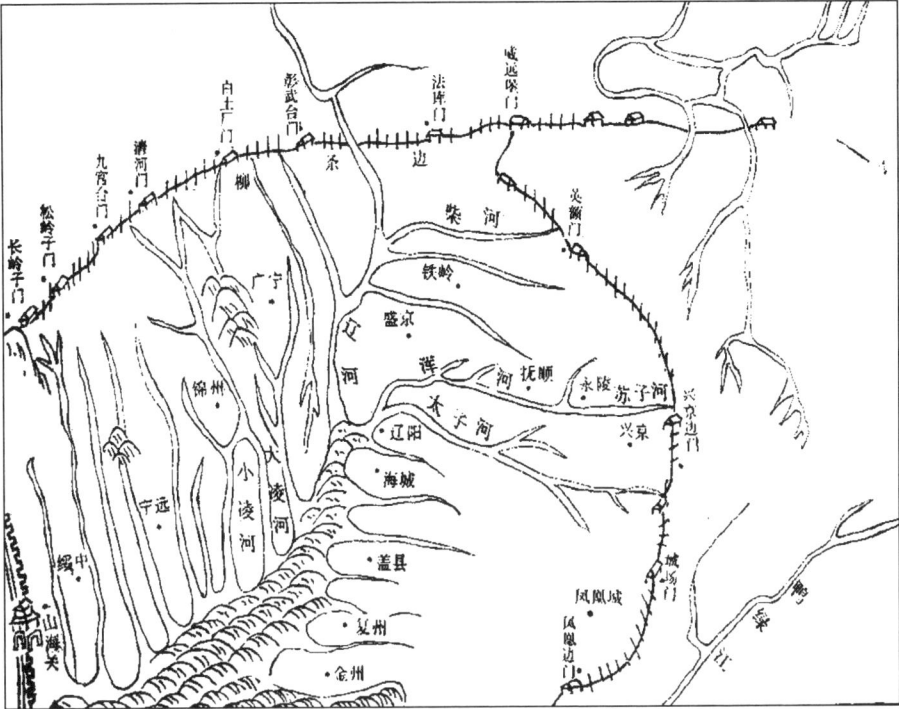

图9-7　柳条边分布图

界线（图9-7）。

　　柳条边大规模修筑则在顺治、康熙年间，以此分成两个阶段。第一阶段为顺治年间（1644—1661），称为"老边"，也叫盛京边墙。老边从山海关北接长城起，穿过辽西平原，向北至开原威远堡，沿途设十座边门，旨在防止蒙古向东游牧。又向南折，经清原、新宾、本溪、宽甸、凤城、东沟，与海相接，总长近1000千米，沿途设有六座边门，目的在于限制汉人入关。这六座边门，地理位置重要，"威远堡门连接通往吉林、宁古塔、黑龙江等处之大道；凤凰城门与朝鲜国接壤；英峨、汪清、碱厂、爱哈等门，六座边门皆设置城守尉，由盛京兵部管理，统辖于奉天将军，雍正时期还专设六边门总管，总管私参越边事宜"。第二阶段为康熙九年至二十年（1670—1681），称为"新边"，南起威远堡，北至今吉林市，长345千米，设四座边门。

　　柳条边首先由新宾县进入本溪市辖属的桓仁县境。进入点为桓仁县业主沟乡二道沟村，在村北大体沿新宾与桓仁两县县界西行，过八道沟村北，又过二户来镇小文治沟、马道沟村北，再过铧尖子镇横道河子村二道沟自然屯，折而南下，依然沿新宾、桓仁交界线行走，过木盂子镇高俭地村西，复又进入新宾境，过新宾县大四平乡西河掌村后，开始进入本溪县。沿新宾与本溪两县县界，曲折西行，至本溪县碱厂镇桦皮峪村小平岭，脱离新宾与本溪两县县界，完全进入本溪县境。西南而下，经桦皮峪村、碱厂镇东营坊后，又向东折，过荒沟、边门、二道沟等地，又折向西南，过水栅栏子、南营坊、边沟崴子，南下，出本溪县境入凤城。

柳条边行经本溪地区的长度，大约100千米。目前，本溪地区保存较好的柳条边段落，有以下几处。

二道沟柳条边遗迹，位于桓仁县业主沟乡二道沟村北，根据地形可分为三段：1. 西山段；2. 河谷段；3. 北山段。西山段位于大青沟北坡。一条宽宽的土堤由山上向下直伸，土堤两侧掘有深沟。土堤呈堎状，底宽3米，上宽1—2米，高0.5—1米，沟宽1米，深1米许，该段长约100米。河谷段系指西山段下延后，穿过山下平原及河谷的段落，该段为一条长沟，沟宽3米，深1—2米，沟两侧有高约1米的土堎，全长1500余米。北山段位于边沟子山坡上，遗迹不甚明显，但仍可看出时深时浅的土沟。该段长20余米。

高俭地柳条边遗迹，位于桓仁县木盂子镇高俭地村西，根据地形可分为两段：1. 山坡段；2. 河谷段。山坡段位于头道沟门西侧的山坡上，沿山坡南北横向分布一条壕沟，沟宽3—5米，深1.5—2米，长约80米，沟侧有土堎堆积。河谷段位于山下平地中，系弯折的土沟，沟宽2米左右，深1.5米许，沟内现有山水流淌，全长200余米。

边沟柳条边遗迹，位于本溪县东营坊荒沟边门自然屯西约100米处，根据地形可分两段：1. 山坡段；2. 平地段。山坡段沿边门附近的山脊，由东北向西南行走，系一条大壕沟，由于常年受雨水冲刷，沟内存有淤泥，但沟侧土堎依然可辨。沟口宽2米左右，沟深1米，全长约7千米。平地段位于荒沟村与边门之间的平地上，北与山坡段相接，现今几乎淤平，遗迹已不清楚。过去在平地段的柳条边中间，曾设有一门，故称边门，此即碱厂边门所在地（图9-8）。

本溪境内的柳条边是研究清史的重要遗迹，其中有两点值得注意。第一，桓仁县二道沟柳条边北山段，两沟之间垒起土堤的筑法，与其他地方一沟两侧垒起土堤的筑法不同，而这种筑法，不见于文献记载。第二，本溪县边沟柳条边遗迹经过的边门，应是当时十六边门之一的碱厂边门。尽管当时称作碱厂边门，但它却未设在碱厂，而是设在了荒沟。为什么称作碱厂边门呢？原因可能是当时当地归属碱厂管辖，故有此称。碱厂边门设有门楼，门楼悬挂匾额，

图9-8　碱场边门所在的荒沟

旁边设有差房。守门设正五品武官防御1员，文官笔帖式1员，称"文武二章京"。另有领催5员，满汉八旗兵45人。边门设卡，禁止人们随便出入。

边外的人参、貂皮等珍稀特产，禁止私自采捕贩卖，而是由官府或指定的满洲贵族采捕，内地汉人出关和出柳条边开垦与居住均受到严格的限制。《柳边纪略》说："柳条边外山野、江河产珠、人参、貂、獭、猞猁狲、雕、鹿、狍、鲟鳇鱼诸物，设官督丁，每岁以时采捕，俱有定所、定额，核其多寡而赏罚之，或特遣大人监督，甚重其事。至王公宗室，亦各按旗分地，令其采捕。"[1]柳条边穿过本溪地区，桓仁大部位于柳条边外。《柳边纪略》记载八旗采参地点中，有几处位于本溪地区，如镶黄旗和正黄旗的"人参山"，均有佟家河，应该就是佟家江（今浑江）；正白旗和镶白旗的"人参山"，均有刚山岭，即今桓仁与通化的分界岭；正蓝旗的"人参山"，有加哈岭、瓦尔喀什等，加哈岭即今桓仁与新宾交界岭，瓦尔喀什即今桓仁华来镇洼子沟。清朝初期设立的柳条边，本溪大部地区被列入封禁之地，人烟稀少，植被再次茂密起来，中药材的生长，得到了新的人文环境。

康熙十七年（1678），规定"采参人等行走兴京、英额、加木禅、碱阳

---

①《柳边纪略》卷3，金毓黻：《辽海丛书》缩印本（一），辽沈书社，1984，第252页。

等四门，设玛法二员、笔帖式一员、门兵十名，查看计数放出"①。加木禅门，即碱厂边门。

雍正年间，边门巡查制度进一步完善，特别是对于人参私采现象的治理更为严格、更为规范。刨夫需在领票后，凭借参票、腰牌过边，边门章京负责查验，但是，碱场等处边门作为民人私采人参的"潜入""越边"的记载，还是屡屡见诸史料。雍正元年（1723），盛京将军唐保住奏："所有私采人参之人皆由兴京、碱厂、爱哈、英额、威远堡五门潜入。"②雍正特任工科给事中永福为副都御史，总管威远堡等六处边门采参事宜，将六所边门参务统一管理，加强各边门巡查人参私采工作。永福就任后，每年都会向雍正皇帝上奏六边门处查处私刨人参案例，如雍正十一年（1733）九月，旺清、英额、碱厂等边门，拿获越边者共29人，人参27.3两，参须10.82两，生参66根等。乾隆年间，随着东北封禁政策的全面推行，柳条边的防守进一步强化。管理和巡禁两项职能逐步明确并分开，由文武官员承担不同的责任。

二、顺治年间中原移民的涌入

顺治皇帝迁都北京，从清统治者及八旗官兵与家属，到广大奴役和农民，近乎所有臣民跟随顺治帝从辽沈地区迁移至京畿地区，即所谓"从龙入关"，包括本溪在内的东北地区为之一空。这次大迁徙"帝行在前，诸王及其家属辎重继之，弥满道路"③，从顺治元年（1644）八月开始，到顺治三年（1646）二月尚未结束，至少持续一年半时间，直接导致东北地区人口稀少，土地荒芜，社会经济遭到严重破坏。明清战争和顺治迁都，滞缓了东北经济的发展，也带来了严重的边疆危机。

清朝统治者入关后，在全国范围内恢复农业生产，同时也关注到东北地区的一系列问题，开始着手充实东北地区的经济及军事实力，鼓励关内汉人移民，并提供诸多优厚条件。顺治元年（1644）谕令："州县卫所荒

---

① 《钦定大清会典事例》卷232《户部·处分例·参务》，《续修四库全书》第801册，上海古籍出版社，2002年，732页。

② 《雍正朝满文朱批奏折全译》，中国第一历史档案馆译编，黄山书社，1998年，第325、326页。

③ 吴晗辑：《朝鲜李朝实录中的中国史料》（九），中华书局，1980年，第3736页。

地，无主者分给流民及官兵屯种，有主者官给牛种，三年起科。"①顺治六年（1649年），又提出："民为邦本，食为民天，自兵兴以来，地荒民逃，赋税不充，今欲作养生息，使之复业力农""务使逃民复业。田地垦辟渐多。各州县以招民劝垦之多寡为优劣，……载入考成"②。顺治十年（1653）颁布了辽东招民开垦令："顺治十年定例，辽东招民开垦至百名者，文授知县，武授守备；六十名以上，文授州同、州判，武授千总；五十名以上，文授县丞、主簿，武授百总。招民数多者，每百名加一级。所招民每口给月粮一斗，每地一垧给种六升，每百名给牛二十只。"③顺治十一年（1654）六月，顺治皇帝颁诏天下："饥民有愿赴辽东就食耕种者，山海关章京不得拦阻，所在章京及府州县官，随民愿往处所，拨与田地，酌给种粮，安插抚养，毋致失所，仍将收过人数，详开报部奏闻。"④康熙皇帝即位后，加大了鼓励开垦、恢复社会经济的力度。康熙元年（1662），清政府颁令各省荒地自次年起限五年内垦完⑤。康熙二年（1663）宣布"辽东招民百名者，不必考试，俱以知县录用"⑥。对前往开垦者生产、生活尽力予以扶持，附近荒地、房基，酌量圈给⑦。

　　总的说来，辽东招民开垦条例颁布以后，由于清朝政府采取积极的政策，顺治十年（1653）后到康熙八年（1669）之前，辽东移民活动较为活跃，移民数量和土地开垦数量达到高峰。

　　本溪市近年发现了许多清朝墓碑，碑文记述了家族先祖从河北、山东等地迁至本溪的历史，由其可知清朝向本溪地区移民的情况，对研究清初东北土地开发政策具有重要的史料价值。其中具有代表意义、保存较完整的有5通石碑，分别是平山区乔氏家族墓地墓碑2通、宋氏家族墓地墓碑2通、周氏家族墓地墓碑1通。

　　宋氏家族墓地墓碑共有2通，分别立于咸丰、同治年间，均在平山区桥头镇尚家村东山西侧坡地上。碑文记载其"始祖初系顺天永平府迁安县"

---

① 《清实录》顺治元年八月乙亥。
② 《清实录》顺治六年四月壬子。
③ 阿桂等：《盛京通志》（缩印本）卷35《户口》，辽沈出版社，1997年，第639页。
④ 《清实录》顺治十一年六月庚辰。
⑤ 《康熙会典》卷20《户部·开垦》，台湾文海出版社有限公司，1992年，第858页。
⑥ 陈梦雷、蒋廷锡：《古今图书集成》卷52《食货典》，中华书局，1985年，第82729页。
⑦ 《清实录》康熙二年正月壬午、己丑。

图9-9 宋天荣茔兆序碑

人氏，顺治二年（1645）时，遵照顺治皇帝圣旨，"迁居奉天府辽阳城东石河寨处"（图9-9）。周氏家族墓地墓碑位于平山区桥头镇河东村，立于伪满康德九年（1942），碑文记载"始祖原系山东莱州府平度州人氏，迨至太祖周成富、李氏，于顺治八年来至关东辽阳城北黄金屯居住"。

乔氏家族墓地共有两处，均在平山区桥头镇尚家村，其一位于北岔沟东山半山坡上，立碑时间为"同治二年二月二十六日"（图9-10），另一位于二道岭子松树沟，立碑时间为宣统二年十月初一日。根据两通石碑上镌文可知，两处墓地当为同祖而分两支。碑文记述的是乔氏家族迁徙到本溪的历史：清顺治八年（1651），祖籍是直隶省永平府乐亭县（今河北省唐山市乐亭县）的乔氏兄弟乔良才、乔良库、乔良玉，遵照顺治皇帝圣旨，"由原籍迁移奉天（今沈阳），投报辽阳州治下安乐社五甲民"，落户在"辽阳城东一百二十里厢红旗界石河寨二道岭子"，即现在的本溪市桥头镇尚家村五组二道岭子。迁徙之后，乔氏家族墓地选在村东南松树沟门河沟北面，"先立始祖印纪昭灵一塚，迨后历世考妣俱依昭穆之责分辈安葬"。《周礼·春官·冢人》："先王之葬居中，以昭穆为左右。"郑玄注："先王造茔者，昭居左，穆居右，夹处东西。"此虽为王族墓制，但后来已经被儒家宗法制度渗透了的中国社会广泛接受和实行，以此来分别宗族墓地内的内部的长幼次序、亲疏远近。乔氏家族墓地二百余年来修建

图9-10 乔氏家族茔兆序碑

的三十余座墓葬，就是依照"昭穆"的顺序安葬的。

顺、康年间清政府大力鼓励内地汉人出关垦荒，辽东招民开垦不仅改变了清初民生凋敝的景象，而且奠定了东北农业迅速发展的基础，也是清初近百年东北农业发展历程的一个缩影。在满、汉各族人民长期辛勤的努力下，大片宜耕的荒地被开发成了肥沃的良田，地区之间耕种水平的差距也在不断缩小。雍正年间，连续多年农业丰收，使东北地区在历史上第一次成为当时全国主要的商品粮产区之一，而且带动了东北地区的采矿、粮食加工、烧酒酿造、纺织、造船等手工业、商业贸易及其他各业的发展，促进了东北地区的经济开发。

三、八旗驻防

辽宁地区自古以来就是汉、满、蒙古等民族生息、繁衍的地方。汉族分散居住在辽宁的各个城镇之中，满族主要居住在辽东地区，蒙古族则生活在辽西草原上。在满族统一辽宁的过程中，汉人、蒙古人纷纷归附清廷，大量汉、蒙古壮丁被编入八旗。顺治皇帝入关前，命何洛会等人统兵镇守盛京等处。当时由清朝八旗镇守的城堡共有熊岳、锦州、宁远、凤凰城、兴京、义州、新城、牛庄、岫岩、东京、盖州、海州、鞍山、广宁等14城。据统计，盛京各城驻防总人数12450人。清朝在京畿地区站稳脚跟以后，八旗官兵陆续被调往前线，盛京地区驻军人数迅速减少[①]。顺治二年（1645）三月，何洛会被调往山西前线，叶克书继任盛京总管。驻防盛京的八旗官兵此时多随何洛会入关。四月，清朝派遣8名汉军章京前往盛京驻防。据《八旗通志》载："奉天府驻防：顺治元年初设满洲镶黄旗、正黄旗、正白旗、镶红旗、正蓝旗、镶蓝旗兵各九十名，铁匠各四名。正红旗、镶白旗兵各九十名，铁匠各二名。"

康熙十七年（1680），清廷将新编入满洲八旗的副都统布克头属下31佐领迁到辽宁，规模为"户口一千一百三十一户，壮丁三千五百三十一名，眷属共一万一千一百八十口"[②]。康熙三十一年（1692），因生计艰

①　张士尊：《清朝东北移民与社会变迁》，《辽宁省哲学社会科学获奖成果汇编（2003—2004年度）》，辽宁人民出版社，2007年，第540—546页。

②　《盛京通鉴》卷3，《近代中国史料丛刊》，57—58册，台北：文海出版社，1966年。

难，清廷允准蒙古巴尔虎人5000余户，从海拉尔河流域移驻辽宁，并从中选拔1000名丁壮，编成10个佐领[①]。康熙三十八年（1699），清廷又将编入满洲八旗的锡伯人迁到辽宁驻防。雍正末年，辽宁八旗兵力达到2万余人，分别驻防在锦州府、义州、山海关、金州、开原、兴京、凤凰城、复州、岫岩、熊岳、辽阳、广宁、宁远、巨流河、白旗堡、小黑山、间阳驿等地区。本溪地区的历史当时多记载在辽阳历史中，盖因当时本溪由辽阳管辖。

八旗制度形成和完善于清朝入关之前，八旗汉军基本上由东北的汉族居民组成，但满洲八旗中也有很多汉人。顺治、康熙、乾隆时期，有些迁入的内地移民陆续加入旗籍，成为旗人。顺治六年（1649）正月，清朝政府允许关内辽人返回辽东，顺治皇帝的上谕明确规定："有愿入满洲旗内者，即入旗内。"[②]后来，非辽籍的移民可以入旗，加入各城驻防八旗后，由盛京内务府衙门安置。本溪《王氏族谱》，修于嘉庆二十五年（1820），其谱序中记载："本贯山东蓬莱县人，村落居址莫可考矣，致此之家□缘荒岁频仍，流寇侵扰，天人交迫，存济维艰，不得已而舍故居，赴关东。阅数郡抵辽阳，去城东二百四十余里，有古堡名磨士峪者，遂家焉。幸我熙朝受天明命，子惠万民，授田入册，旗分镶红旗第一佐领。"[③]本溪《马氏族谱序》记载："吾马氏原籍山东登州府栖霞县马家营居住，及后于大清开国以来，吾始祖携眷远适异国，不惮顺治十三年跋山涉水之劳，至涉他邦，弗辞航海梯山之苦，辞故土，来至关东盛京城北八里洼子窑居住，于经营事业，克勤克俭，服勤稼穑。及至二世祖国之时，谨奉堂邑谕：拨至辽阳城东大汤沟镶红旗界，于太子河南镶红旗界观音阁庙东南，而草创宅园居焉。当斯时，乃入都京内务府正黄旗，以当鱼差，于是领受银两，置买船网，历年秋后，按班排人，于太子河上下，打取细鳞鱼，炙干包封送到都京内务府衙门，该管官点数收领。迨至乾隆年间，则太子河细鳞鱼鲜少，然后奏上变成银两，吾马氏之丁十名，每丁给银一两。"[④]

随着旗人人口的增长，加之兵额的限制，旗人披甲当兵者数量有限，

① 《盛京通鉴》卷3，《近代中国史料丛刊》，57—58册，台北：文海出版社，1966年。
② 《清实录》顺治六年正月己卯。
③ 李林：《满洲家谱选编》，辽宁民族出版社，1988年，第454页。
④ 李林：《满族宗谱研究》，辽宁民族出版社，1992年，299、300页。

大多数人要自谋生路。康熙帝在首次东巡时即要求盛京将军阿穆尔图等官员："满汉人民，悉赖农业，须多方劝谕，开垦耕种，俾各遂生计。"[1]清廷给予驻防旗人优厚的土地开发政策。一是按丁无偿分配土地。《钦定八旗通志》："驻防官员量给园地，甲兵、壮丁每名给地五晌。"[2]二是减轻田赋。旗地起初不必承担赋税，直到康熙三十二年（1693）开始征收草豆，但额度远低于民地。

四、八旗王庄公田

王庄即八旗王公庄田的简称，它是清朝八旗王公贵族剥削农奴的重要形式和载体。王庄的土地是清廷赏赐给八旗诸王、开国功臣的，在王庄里役使壮丁进行建设、生产和经营等活动。本溪地区的王庄历史可以回溯到后金建立前后，努尔哈赤将今本溪县东北部的土地，分给女真八旗贝勒、官员设立田庄。努尔哈赤先后征服了女真诸部，大部分俘虏被编户，小部分俘虏成为奴隶。在与明朝的战争中，又俘获了大批汉族和朝鲜士兵。努尔哈赤将众多的奴隶分配给子侄众官员，到他们的土地上耕种。由于后金辖地和耕地的不断扩大，以及奴隶的增加，大批农奴庄田建立起来了。这些农庄就是后来王庄的前身。农庄中奴隶一般不超过10人，在庄头管理下从事生产劳动，农产品全归主人占有。

天命六年（1621），后金进入辽沈地区。努尔哈赤为了保持满族特权，解决本族的生活来源，将辽东包括清河城、孤山堡等地方的土地分给八旗人丁，每丁分地六晌。八旗王公贵族原本就占有大量的满汉人丁，因此分得了大片土地。次年四月规定：清河堡、一堵墙、碱厂、孤山、威宁营等本溪地区归正红旗管辖。当时努尔哈赤次子大贝勒代善掌管两红旗，本溪县的广大土地实际上成了代善的领地，两红旗的王公贵族在这些土地上设庄，驱使奴仆耕种生产。顺治元年（1644），清朝定都北京，大部分满族人"从龙入关"，关外王庄所剩无几。随后，清廷列爵封赏，又陆续将辽东土地赐给皇族为庄田，王府驱使壮丁展边扩地，逼民投充，使王庄数目和面积不断增加，清初，今本溪县境内有三个王府的王庄，到清末增至九个王

[1]《清实录》康熙十年九月辛未。
[2]《钦定八旗通志》卷73。

府的王庄，耕地面积达数万亩之多。

清初八旗王公庄田的来源之一，是按世爵分领园地。顺治二年（1645）题准："给诸王、贝勒、贝子、公等大庄每所地一百三十垧（或一百二十垧至七十垧不等），半庄每所地六十五垧（或六十垧至四十垧不等）。园每所地三十垧（或二十五垧至十垧不等）。"顺治五年（1648）题准："亲王给园十所，郡王给园七所，每所地三十垧。"六年（1649）题准："袭封王、贝勒、贝子、公等，伊祖父所遗园地，除拨给应得之数外，其余地亩，不必撤出，仍留本家。"七年（1650）题准："给公主园地各六十垧，郡主园地各三十垧。"又题准："拨给亲王园八所，公园二所，每所地三十垧，嗣后凡封王、贝勒、贝子、公等，俱照此例拨给。"不仅如此，对世爵也有规定，"公、侯、伯、精奇尼哈番（子）各三十垧，阿思哈尼哈番（男）各二十垧，阿达哈哈番（轻车都尉）各十五垧，拜他喇布勒哈番（骑都尉）各十垧"[①]。以后又有所增加。

另外是"按丁给地"。当时规定："每人六赏（垧），一赏六亩，共地三十六亩，如家有壮丁二名，该地七十亩，人多者，照数加增。"[②]"按丁给地"是八旗王公庄园扩展的重要途径。清初八旗王公通过战争俘获、赏赐，占有大量的人丁，当时有"满汉一等功臣，占丁百名"的规定，但是八旗王公中占有"千丁或八九百丁者"大有人在。入关前后代善所领的正红旗，有包衣佐领18个，济尔哈朗领有的镶蓝旗10个佐领。下五旗共有56个佐领，按每佐领编丁200计算，约有11000丁，占有土地约30万亩。此外还有专门从事打牲、牧放、采集、捕猎等人丁，他们也须计丁领地，如此加起来占有土地数额更为巨大。

除了按爵位领取园地和按丁给地之外，八旗王公还利用逼民投充的方式获得大量的土地。所谓投充，实际上就是允许八旗官民招收贫民役垦，使之成为近似佃农、农奴性质的农户。

投充又造成逃人的问题，《清史稿》载："八旗以俘获为奴仆，主遇之虐，辄亡去。汉民有愿隶八旗为奴仆者，谓之'投充'，主遇之虐，亦亡去。逃人法自此起。"逃人法是清朝为严禁八旗奴仆逃亡和其他八旗人员逃

---

① 本段引文均见《康熙大清会典》卷21。
② 刘献廷：《广阳杂记》卷1。

旗而颁布的法令。天命十一年（1626）始颁，中经多次更改。其内容有对逃亡者的处罚规定，还有关于惩罚窝主、奖励检举、奖惩有关官吏和办事人员等的规定。此外，盛京五部中的户部、礼部、工部，也都有本部官庄，生产品大部分供应清廷在盛京皇室的宫殿、坛庙、陵寝之用，实际也应属于皇庄的组成部分。其中，盛京礼部官庄的分布重点是辽阳、沈阳，本溪境内的火连寨是其酸梨果园[①]。

　　本溪县境内的王庄，主要分布在土质肥沃、水源充足的太子河、汤河沿岸。据载，全公府（敬谨亲王尼堪12世孙全荣、全福）庄田，在今汤沟、山城子、小市、牛心台、卧龙、偏岭等地，地亩达11855.4亩；礼亲王府（代善）庄田在彩屯原有地亩279块、赛梨寨207块，地亩1777亩；弼公府（代善孙弼礼克封辅国公）庄田主要分布在今富家楼、南甸子，地亩1547亩；裕王府（裕亲王福全及后代）地亩1260亩；佟伯府（佟养性子六十为二等伯）庄田在牛心坨、侯家屯，地亩631.5亩；安平贝勒府（褚英长子杜度）庄田主要坐落于牛心台、卧龙、石桥子、响山子一带，据《东北各官署档案》中《安平贝勒府上赏圈地地册》记载，安平贝勒府庄园旗地达7000余亩；敬谨亲王府（尼堪）宗彬名下庄田145亩；另有恒公府、崇尚公府的庄田，亩数不清。

　　本溪市石桥子镇响山子村的东山坡有一座坟墓叫金王坟。此坟原来规模很大，四周均砌青砖围墙，墓前有一门可出入，到了新中国成立初期围墙已毁坏无存，仅剩坟墓的遗址。据《奉天通志》载："金王坟，在响山子东山，距县三十五里。古松苍蔚，巨碑矗立，清初金王葬处也。"金王坟内葬的就是安平贝勒杜度，是清太祖努尔哈赤长子褚英之子，他在少年时即随军征战，因屡建奇功受命统领正白旗，后驻守辽阳安平，钦赐安平贝勒。崇德六年（1641）八月，皇太极率军围攻锦州之后，返还盛京（今沈阳），留杜度围锦州。翌年（1642）杜度病死，时年46岁。杜度死后初葬辽阳，后迁响山子，即其王庄所在。清雍正二年（1724），清世宗特旨立碑墓道，以记其功（图9-11）。

　　清朝初年，由于实行分丁编庄，王庄内壮丁、佃户不但要向王府交纳王粮等实物，而且还为王府服役出差，即所谓当差纳粮，人身自由受到了

---

　　①《盛京通志》（缩印本）卷38《田赋二》，辽沈出版社，1997年，第682页。

图9-11 多罗安平贝勒杜度碑
拓片

严格限制，王庄内仍然是封建初期的农奴制生产关系。间有汉人带地投充庄地，投人佃种，向主人交纳地租，但租佃制在全部王府庄园中处于次要地位。到18世纪中期，盛京官员兵丁旗地中盛行租佃制，典卖旗地之风冲击着王庄。本溪地区王庄也逐渐由农奴制向租佃制转化，租佃制取代了农奴制。由于满汉经济交流，生产力的发展，这时王庄内部生产关系发生变化，同时由于典卖的盛行，王庄的存在出现了危机。

清初的东北王庄既不是旧八旗旗主"托克索"（农庄）式的奴隶制，也不是封建小耕经济的租佃制，而是封建农奴制。无论圈拨庄还是投充庄都一样。这是满族社会发展规律的必然。即便到清朝中期以后，圈地地丁、投充地丁，庄主仍可随意典卖。从圈占、投充地的民人来看，原本是成熟封建小农经济的农民现为农奴，倒是更加重了他们的灾难，因为王庄本质上是封建农奴制的经济形态①。但是，客观上来看，本溪清代的先人们在王庄上辛勤耕耘劳作，大片土地得以开发利用，为本溪的农业发展作出了贡献。

五、煤铁开采

本溪地处辽宁东部山区，盛产煤铁，境内蕴藏着极其丰富的矿产资源，目前已探明的，有煤、铁、铜、铅、铀、石灰石、耐火黏土和铝矾土等几十种矿藏，尤以煤铁和石灰石资源最为丰富。

本溪地区不仅矿产丰富，且开发历史悠久，特别是煤铁开发历史源远

---

① 王革生：《清代东北王庄》，《满族研究》1989年第1期。

流长。本溪湖采煤的历史至少可上溯到元明时期，清代煤炭业在明代基础
上得以进一步发展，开采范围和规模不断扩大。清代本溪煤炭开采技术
上，受到工业文明影响而有了新的进步，同时政府的管理政策也有重要的
调整。1931年7月，本溪湖煤铁公司中国总办李友兰说："本溪湖煤矿明清
两代有采掘，因纯系土法采掘不深即行终止，是故废坑累累，蓄水量与年
俱增，而采掘遗迹又极不易考查。公司用机械采掘，各坑深度均在废坑之
下，以故采至旧坑附近，每易透水，稍一不慎，为祸甚剧。"

　　清朝，本溪地区成为中国东北南部的冶铁、采煤中心。清初，统治者
认为盛京地区是其祖先的发祥之地，恐居民开矿会挖断"龙脉"，所以，对
辽东地区实行"封禁"政策，不准人民开矿，但是为了发展农业生产，又
不得不允许本溪湖等地区的冶铁业存在。清雍正四年（1726），奉天将军噶
尔弼上疏："除杯犀湖等处所产铁为居民犁具所必需，无须禁止外，请将辽
阳之黄波罗峪、开原属之打金场，均照锦州大悲岭例永禁开采，以靖地
方。"雍正五年（1727）正月，清廷下令"奉天金银铜铅等矿，虽久禁开
采，而窃掘者尚多，利之所在，聚集多人，恐其中潜藏匪类，致生事端，
除杯犀湖等处所产铁为居民犁具所必需，勿须禁止"，其余各矿一律禁止开
采[1]。雍正十三年（1735），山西太原府盂县人杨春海会同铁匠多人来到后
湖、柳塘一带，从事采煤和炼铁业。另据本溪湖药王庙雍正十二年
（1734）的一块石碑记载："盛京奉天府城东南百余里，有本溪湖。环湖诸
山发源长白，绵亘数千里，纠缪曲盘，循太子河而上。山水之气锺而宝藏
焉，故铁、窑洞之利不一而足。"可知雍正年间此处煤、铁开采之盛。

　　乾隆年间，本溪地区的煤铁业更为繁盛。乾隆版《盛京通志》载："本
溪湖山，城（辽阳州）东一百二十里，峰峦回抱，多产煤铁，本溪湖发源
于此。"又云："（盛京物产）煤，出本溪湖诸山，生者曰炸子，炼去浊烟曰
焦子，可代柴炭。"[2]乾隆四年（1739）七月，奉天府尹吴应枚在奏折中称
"通省止有辽阳州界内北西湖半岭等山，开设煤窑二十三座，离省一百二十
里，运贩附近各处"。这里的"北西湖"即今"本溪湖"。乾隆五年
（1740）四月，王大臣议复，兵部左侍郎舒赫德奏称："查奉天所属各地方

---

①　李洵等点校：《钦定八旗通志》卷173《噶尔弼传》，吉林文史出版社，2002年。

②　《盛京通志》（缩印本）卷106《物产》，辽沈出版社，1997年，第1563页。

山内，因出铅觔、硫磺等物，曾经严禁偷凿，但谋利之徒总以出煤为辞，就中偷取铅觔、硫磺，希图获利。……今请将奉天城东南白西湖地方供应陵寝煤斤，从前开过煤窑不干例禁外，其余虽有煤斤，永行严禁，不许挖取。"①

乾隆十年（1745）御史和其衷上《根本四计疏》，奏报自己在"稽察盛京事务"的两年里，"广咨博访，悉心体察"所得到的当地情况，认为"奉天东南之北西湖一带，逼近盛京，因地多产煤，现已开采有年，附近旗民，实属利赖，亦并未闻有聚匪生事之端"。且建议朝廷处置锦州宁远一带煤矿招商开采事宜时，可以参考"查照北西湖之例，斟酌定议奏明办理，于旗民生计亦有裨益"②。乾隆三十八年（1773）盛京将军弘晌奏称："白西虎（即本溪湖）煤窑开采年久未能丰裕，请于迤南之鹞子峪、复州所属之五虎嘴（即五湖嘴）招募旗人开采，照例征税。"乾隆三十九年（1774）三月，盛京将军兼内务府大臣宗室弘晌奏："奉天辽阳境内，惟恃白西虎山煤窑分给，但开挖年久，未能似前丰裕，而开原、广宁、牛庄等城，运用络绎，价长数倍。复州等城，距窑数百里，运致维艰，查白西虎山迤南之鹞子峪、复州所属之五虎嘴，均属产煤地方，并无关碍陵寝风水，应请招募旗人自行出资开采，由臣会同府尹，各给印照一纸，造具夫役姓名册，报地方官查复，照例征收税银，作为正项。"皇帝下旨，认为可行③。

清廷允许煤炭开采，但限定开采范围。为了加强对煤窑的控制与管理，规范矿业秩序，清廷要求在煤炭生产集中、煤窑数量多的地方，实行采煤执照制度。采煤执照又称窑照、煤照、煤票、印票、龙票、煤窑证。开采煤窑者，先要向清廷申请报批，经审核同意开采才获发采煤执照。对开采者来说，执照是获准采煤的合法凭证。对官府来说，执照是核查各煤窑以及征税的依据。这种制度的前提，就是未经批准不得擅自开采。有史料记载：乾隆四十年（1775），煤商毛成章在北溪湖之黄旗沟处领票一张，兰怀周在茨儿沟等处领票一张，郭兴良在明山沟处领票一张，常松、邱文显二名在四眼沟处领票一张，开采煤窑输纳税课在案，今据该商毛成章等

① 《清实录》乾隆五年四月甲午。
② 《道光皇朝经世文编》卷35《户政十·八旗生计》。
③ 《清实录》乾隆三十九年三月丁巳。

报称，所开窑洞坍塌不出煤炸，将原领印票五张及所欠三年税银二百六十四两一钱二分一并呈交。经查验窑座窑洞坍塌不出煤炸属实，将交窑票五张并交三年税银①。同年，煤商侯亮在北溪湖之东柳塘处领票一张，程德在北溪湖之蚂蚁村沟处领票一张，贾福在北溪湖之下窑处领票一张，杨支美、杨富春二名在北溪湖之黄旗沟处各领票一张，共开煤窑五座，输纳税课在案。据该商侯亮等称所开窑座近因刨透水泉，窑洞坍塌不出煤炸，难以刨采，谨将原领印票五张呈交。情况属实，封闭煤窑，销毁印票五张②。煤商民人李化良在北溪湖之下窑处领票一张，程有仁在北溪湖之新洞沟处领票一张，共开煤窑两座，输纳税课，该商报称因开采年久窑洞坍塌不出煤炸，谨将原领印票一张呈明回缴等情呈报。乾隆四十七年（1782），领票期扣至五十二年（1787）止，每年应交税银据以如数交完③。乾隆四十七年（1782），煤商民人赵进孝在北溪湖之黄旗沟处承领煤票一张，开窑一座④。乾隆四十八年（1783），窑户杨廷威原领北溪湖之蚂蚁村沟处煤票一张，因刨透水泉，窑洞坍塌，实难开采，将原领印票一并呈交⑤。乾隆五十一年（1786），煤商民人张碧□请领北溪湖之东柳塘处煤票一张，开窑一座⑥。采煤执照即龙票的出现，是我国煤炭资源管理上的一大进步，清廷一方面加强了对煤窑的监督管理，也减少了私办滥开煤窑、争讼斗殴事件，作为一种管理制度，为推动经济的发展提供了政治保障。

本溪明清采煤业是和本溪的土法冶铁业紧密相连的，所采之煤主要用于炼焦冶铁，其次用于烧制陶器和做家用燃料。依据道光七年（1827年）本溪湖畔慈航寺（当时称保安寺）所立的《重修保安寺碑记》载："凡我溪湖，

---

① 吏部尚书永贵暂行兼署工部尚书事务《为核议盛京将军题请封闭煤商毛成章所开煤窑》，乾隆四十六年三月二十日，《工科题本》，档号：02-01-008-002090-0016。

② 盛京将军永玮《为题请封闭北溪湖之东柳塘等处煤炸窑口事》，乾隆四十九年二月十三日，《工科题本》，档号：02-01-008-002162-0019。

③ 工部尚书金简《为核议盛京将军题请北溪湖之下窑新洞沟等处煤窑二座严行封停缴回印票事》，乾隆五十年八月初八，《工科题本》，档号：02-01-008-002183-0010。

④ 署理盛京将军庆贵《为北溪湖之黄旗沟处煤窑题请封闭并缴回印票事》，乾隆五十三年四月十四日，《工科题本》，档号：02-01-008-002218-0005。

⑤ 工部尚书缊布《为核议盛京将军题请封闭煤商信朝桂杨成林所开煤窑并题报封闭日期事》，嘉庆七年四月十五日，《工科题本》，档号：02-01-008-002588-0010。

⑥ 工部尚书金简《为核议盛京将军题请封闭北溪湖之东柳塘处煤窑事》，乾隆五十二年七月初七，《工科题本》，档号：02-01-008-002349-0008。

铁矿、煤窑，利益无穷。"该石碑碑文末尾所记的施主姓名与物品银两中，刻有"山西太原府盂县清池村张聚武施正中黄缎帐幔一联，银十四两"的字样，说明本溪湖的煤铁生产与山西人之间有着联系。当时，本溪湖、小市、田师傅沟和赛马集炼铁工场的冶铁方法与山西的冶炼方法相同。

炼铁的方式大略而言，即用本地出产的煤炼成焦炭，再从附近的矿山运来铁矿石进行冶炼。具体说来，首先是用耐火黏土制成坩埚，这种坩埚是高约1尺，周围1.35尺的圆筒，在其中放置铁矿石和焦炭。再把这些坩埚放在长约十四五尺，宽约八九尺堆着干柴和焦煤的火床上，在坩埚的空隙之间再塞上焦煤，每次放置坩埚的数量约100个。然后在火床上点火，用风箱吹风助燃。经一昼夜，即可将坩埚内的铁矿石熔化，待铁水凝后，将坩埚敲碎，取出生铁。生铁还要放在用花岗石造的炉子里再炼一次，将熔化的铁水由流出口放出，装入铁篓之内，然后使铁水再流入铸型，最后才能得到成品。成品主要是犁、铧等农具和铁锅等家具。本溪湖的明山沟和蚂蚁村沟等处都有过去土法炼铁的遗址，在这些地方曾出土过大量昔时炼铁用的坩埚及其碎片。铁矿石的来源，如田师傅沟炼铁工场所用的铁矿石，是从骆驼背子等矿山运来，赛马集炼铁工场用的铁矿石来自弟兄山等处。同治九年（1870），本溪湖铁矿石售价是每千斤17吊（每吊160文），铁器的售价是每斤32文。

六、本溪名称来源

本溪名称来源于本溪湖，明代称阴湖屯，本溪湖当时应名"阴湖"，大概是因湖处山洞之中，较为隐蔽，且近之阴气袭人，故名。本溪湖，位于本溪市溪湖区河西街道办事处大堡社区后湖公园（现已更名为本溪湖公园，图9-12）内卧云山西麓崖下，为洞中小湖，湖水面积不足20平方米，号称"世界上最小的湖"。洞壁为石灰岩质，洞口朝东，宽约10米，高约15米，入洞5米便可看见清澈湖水，水面低于洞口约2米。洞口上方石崖上为石刻，中心内容为"辽东本溪湖"5个大字，左侧竖刻"大清同治八年菊月谷旦立"，同治八年为1869年。题字者为辽东处士高昇先。

关于本溪湖的得名，众说纷纭。有人称，该湖底上宽下窄，状如犀牛之角，故名"杯犀湖"。一说湖小而深，敞口小底，宛如一杯清水，故称之为"杯犀湖"。清朝史料中，除"杯犀湖"外，另有"碑西湖""白溪湖"

图9-12 本溪湖

"白西虎""北西湖""北溪湖"等名称，这些名称，均为音同、音近或音转。应是对同一事物不同汉语文字的表达，换言之，是对"杯犀湖"（含其他发音名称）的不同汉语音译。清雍正十二年（1734），取"杯犀湖"谐音改称"本溪湖"。但直到乾隆年间，辽宁地区的军政官员将本溪湖地区煤铁开发情况上奏朝廷时，这些名称在奏折中仍均有使用，并未完全更改为"本溪湖"。

分析"杯犀"等名称的原本发音，应来源于满语对此湖的称呼。东北地区的地名，向来与满语有着较深的联系。新宾县南杂木镇，杂木意为"牛鞅子"；"萨尔浒战役"中的萨尔浒，乃一山城，其词意为"壁橱"，以其山势险峭，形似壁橱而得名。有人考证，"杯犀"当为满语"杯或尼属开"的缩写，意为"绵羊之角"。这一说法是较为可信的。本溪地区现有行政区划中的本溪市、本溪满族自治县、溪湖区三个名称，均来自本溪湖。

本溪古代大事记

旧石器时代早期

距今约50万年

庙后山遗址是目前发现的中国最北的一处旧石器时代早期遗址，也是目前发现的东北地区最早的人类居住址，因此被称作"东北第一人的故乡"。庙后山遗址出土了3颗人牙和一段人类股骨化石，分属4个不同年龄阶段的个体。庙后山人已经掌握了石器和骨器的制造技术，掌握了人工取火、用火和保存火种的本领。由于地理位置的原因，在华北远古文化向朝鲜半岛及更远地区的传播过程中，起到了桥梁作用。

桓仁县沙尖子镇牛鼻子遗址，年代较早，采集遗物种类较多，表明人类在此活动较为频繁。通过比较，牛鼻子遗址采集石器与庙后山遗址出土石器有较多相似处，年代大致相当或略晚。

旧石器时代中晚期

距今约20万—1万年

本溪县养树圈遗址采集石器类型包括石核、石片和工具，工具中的刮削器占有相当大的比例，剥片方式以锤击法为主，工具的加工和修理都比较简单，采用硬锤进行直接加工。剥片方法中不见庙后山遗址大量使用的碰砧法，同时也不见庙后山遗址中发现的薄刃斧和石球等工具，推测年代当在旧石器时代中晚期。

桓仁大坡遗址坐落在阶地上，人们就近取材，制造石器，从出土石器观察，年代应为旧石器时代晚期。

本溪县庙后山东洞遗址，出土了人类化石，时代属于晚更新世后期，碳14年代测定同层位动物化石为距今28040±680年，为旧石器时代晚期，在人类发展阶段属晚期智人。

新石器时代

距今约6000年

桓仁凤鸣遗址采集的压印纹陶片及筒形罐口沿，与鸭绿江流域的后洼遗址下层出土的大筒形罐几乎一致，采集的压印席纹陶片也见于后洼遗址下层，说明两者关系密切，应该属于同一种考古学文化。这种压印纹筒形罐在沿海地区的大连小珠山遗址下层亦有出土。这种陶片，在桓仁牛鼻子遗址、五女山上也曾有过零星发现，说明小珠山下层文化在桓仁地区有一定的分布范围。

距今约5000年

本溪县太子河上游洞穴下层，普遍存在这一时期的遗址，当时人类利用洞穴作为居住之家，他们在从事渔猎和采集的同时，也从事农耕生产。出土的骨鱼镖和骨镞，应与渔猎有关，出土的石铲则为农耕工具。

桓仁地区这一时期遗址主要有王义沟遗址、大井地遗址以及五女山第一期文化，当时人们住在江岸或山上，已经形成具有一定规模的聚落，营造浅穴式的房子，过着定居生活。

距今约4500年

这一时期的遗址，仅在太子河上游马城子B洞下层有所发现，出土遗物数量很少，以折沿罐为主，纹饰多为人字纹，刻划得比较潦草。这种文化属于北沟文化，主要分布于鸭绿江下游的丹东地区，经过考古发掘的遗址有岫岩北沟、东沟石佛山、西泉眼等。

青铜时代

距今3000—4000年

本溪市区及本溪县为马城子文化核心区，早期流行洞穴墓地，稍晚则流行石棺墓。墓中随葬品多寡不一，表明当时的社会已经出现贫富差别，出现了劳作分工。这时期的遗址多分布于背风向阳、邻近河水的山坡上，屋内地面有的铺筑石板，有的经火烧烤，平整而坚硬。

桓仁浑江流域属于大梨树沟文化主要分布区，主要遗址有凤鸣遗址、姚山遗址、大梨树沟前山遗址等，墓葬流行石棺墓及土坑墓，出土石器有斧、锛、刀、镞、坠饰等，陶器内含细沙，在罐、碗口沿下饰有附加堆纹或小型鋬耳，是这一文化器型的一大特征。出土的折腹钵与高台山文化同类器物较为接近，二者应有关联。

战国秦汉时期

公元前3世纪前后

燕将秦开击破东胡，东胡退却千余里，于是燕国开始修筑长城，从造阳到襄平（泛指辽东地区），同时设立了上谷、渔阳、右北平、辽西、辽东五郡。太子河上游的本溪县及本溪市区，归属辽东郡管辖，本溪由此进入中原政权辖区。本溪地区发现的青铜短剑墓，具有明显的土著文化与汉文化相互融合的因素，应是这一事件的反映。

燕王喜二十八年（前227）

燕太子丹刺杀秦王政行动失败。秦王派将军王翦、辛胜率军对燕作战，击破燕军，进围燕都。

燕王喜二十九年（前226），秦军击败燕国军队，占领了燕国都城蓟城，燕王喜与燕太子丹逃到辽东郡襄平（今辽阳），秦军仍然穷追不舍，燕王喜听信代王嘉的劝告，杀死了藏身衍水的太子丹，把太子丹的首级献给了秦国。

燕王喜三十三年（前222），秦统一六国的灭燕战争波及本溪，战后，本溪纳入秦朝版图。

元封四年（前107）

汉武帝在辽东及朝鲜半岛北部设玄菟、乐浪、真番、临屯四郡，强化了郡县统治，遂使当地文化发生巨变。浑江流域的桓仁地区归玄菟郡管辖。

建昭二年（前37）

高句丽建国。

朱蒙由扶余国南下，至卒本川（在今桓仁县），看到这里土壤肥美、山河险固，于是在此建立了高句丽国。建国后，攘斥靺鞨，征服沸流，巩固了政权。

建昭五年（前34）

朱蒙在五女山上建立了山上王都纥升骨城，即今五女山城。

鸿嘉二年（前19）

四月，朱蒙长子类利及朱蒙元妻礼氏从扶余来到卒本，朱蒙非常高兴，立类利为太子。

九月，朱蒙去世，卒年40岁，葬于忽本东岗（一说龙山）。太子类利继位，称为琉璃明王或孺留王。

建平元年（前6）

正月，扶余王带素遣使来到高句丽国，请交质子，琉璃明王慑于扶余强大，准备让太子都切作为人质前往扶余国，都切恐惧不敢去，惹恼了带素。

十一月，带素率兵五万前来攻打高句丽，恰逢天降大雪，扶余兵士多冻死，于是回兵，高句丽免去了一场战争危难。

元始二年（2）

三月，举行祭祀时，用来祭祀的猪跑掉了，琉璃明王命令掌管祭牲的官员薛支前去追赶，追到了，放在国内尉那岩（今吉林省集安市）一户人家寄养。薛支回来后劝琉璃明王迁都国内。九月，琉璃明王到国内考察地势。

元始三年（3）

琉璃明王迁都国内。

始建国元年（9）

太子解明在故都卒本掌政，因显示国威得罪了黄龙国。琉璃明王听说后，派人前往卒本痛责解明，并赐剑令其自裁。解明无奈，在砺津东原（在今桓仁地区）以矛插地，骑在快速奔驰的马上，触矛而死。

王莽派遣五威将王奇等人，前往少数民族地区，颁发新朝印绶，收回西汉印绶，并大赦天下。东来的将领，到了玄菟、乐浪、高句丽、扶余等地，过去称王的少数民族政权，一律改称侯，高句丽王被称作高句丽侯，高句丽王国被称作高句丽侯国。王莽的这种高压政策，引起了少数民族的极大不满。

始建国四年（12）

王莽征募高句丽兵讨伐匈奴，高句丽兵不想出征，州郡官员强迫他们出行，高句丽兵后来都逃出了塞外，王莽命令大将严尤攻打高句丽。严尤诱骗高句丽侯邹进入塞内，将侯邹杀死，并将侯邹首级传入首都长安，王莽把高句丽更名为下句丽，布告天下。

建安二年（197）

高句丽王伯固死后，长子拔奇在和小子伊夷模争夺王位时失利，拔奇于是与涓奴加率领三万户百姓投向了公孙康，回到了沸流水（今桓仁境内的浑江）居住。

中平六年（189）

公孙度因同乡徐荣推荐，出任辽东太守。

魏晋南北朝时期

景初二年（238）

曹魏以司马懿为征伐辽东的统帅，发兵四万。司马懿攻克襄平，实行了野蛮的屠杀政策，十五岁以上的男子共七千余人，尽皆杀死，并做成了"京观"，杀死公孙政权"公卿以下"诸多官员，"戮其将军毕盛等二千余人"。

正始三年（242）

高句丽王位宫派军寇略辽东郡西安平县（今丹东市暖河尖古城）。曹魏征讨高句丽，以幽州刺史毌丘俭为主帅。

正始五年（244）

毌丘俭第一次征讨高句丽。高句丽国王宫率军在沸流水迎战魏军并取得胜利，"斩首三千余级"。随后，双方军队"再战于梁貊之谷"。其后，毌丘俭大破高句丽军队，乘胜挥师东进，渡过浑江，直捣高句丽都城。

泰始元年（266）

司马氏废曹魏建立晋朝，史称西晋。

泰始十年（274）

卫瓘向朝廷上表，建议在东北设平州。朝廷纳其议，于咸宁二年（276）正式"分昌黎、辽东、带方、乐浪等郡国五，置平州"，共辖有五郡三十县。

太兴二年（319）

平州刺史、东夷校尉崔毖谋划消灭慕容氏，暗中唆使高句丽、宇文、段氏合击慕容廆。慕容廆沉着应对并取得胜利。

咸康五年（339）

慕容皝出兵攻打高句丽，双方军队再次会战新城，高句丽王乞降，燕军撤回。翌年（340），高句丽王遣世子到大棘城拜谒慕容皝，表示臣服。

咸康八年（342）

十一月，慕容皝对高句丽发动了大规模的战争。高句丽王单骑逃走，其都城丸都（今吉林集安市丸都山城）陷落。慕容皝掳高句丽王的母亲周氏及其妻子，又掘其父乙弗利墓，以车载其尸，掠高句丽男女五万余口，焚烧宫室，毁坏丸都而还。

隋唐时期

开皇元年（581）

十二月，高句丽平原王高阳遣使朝贡，隋朝授高阳大将军、辽东郡公。

开皇十七年（597）

高句丽王高元联合靺鞨进攻辽西，被营州总管韦冲击败。隋首征辽东，发大军三十万，分水陆两路进攻高句丽。因遭遇恶劣天气、疾病、"船多漂没"等原因无功而返。

大业八年（612）

正月，隋炀帝出兵，号称二百万，进攻高句丽。三月，隋军行进至辽水（今辽河）西岸，布阵进攻，高句丽大败。五月，隋军乘胜围攻辽东城（今辽阳），不克。

大业九年（613）

正月，隋炀帝又诏令全国军队到涿郡集结。三月，隋炀帝从东都（今河南洛阳）出发二征高句丽。四月，隋炀帝渡过辽水，攻辽东城，至六月仍不下。国内突然发生楚国公杨玄感造反事件，隋炀帝决定撤军回师。二征高句丽无功而返。

大业十年（614）

二月，隋炀帝再诏全国军队，集中涿郡，准备三征高句丽。七月，隋炀帝到达辽西怀远镇。来护儿在金州卑沙城（今大连金州区大黑山山城）大破高句丽军，高句丽王震惊，请求投降。八月，隋军班师。

武德五年（622）

高句丽国王遵照唐高祖李渊的旨意，将战争中滞留在高句丽境内的隋朝一万多名士兵，先后送还。

武德六年（623）

唐高祖派遣道士携带天尊法像及道家典籍，前往高句丽讲授《老子》，每天数千人前来听讲，听讲者有高句丽国王、大臣、百姓。

贞观五年（631）

二月，高句丽开始修筑长城，东北始自扶余城，西南至海，千有余里。

贞观十六年（642）

高句丽盖苏文发动政变，杀死高句丽国王建武，自立为莫离支，开始专国。

贞观十八年（644）

十一月，唐太宗任命李勣为辽东道行军大总管，率领步军从柳城出发，任命张亮为平壤道行军大总管，率领舟师从莱州出发，十万大军，水陆并进，发向高句丽。

贞观十九年（645）

二月，唐太宗从洛阳出发，亲统六军征讨高句丽。唐军攻城略地，取得了辉煌战果，攻下高句丽玄菟、横山、盖牟、磨米、辽东、白岩、卑沙、麦谷、银山、后黄等十城，其中横山、磨米城位于今本溪境内。

贞观二十一年（647）

五月，李勣率兵渡过辽河，经过高句丽南苏等城，进一步深入高句丽腹地，高句丽背城拒战，李勣焚烧高句丽城郭而还。

贞观二十二年（648）

唐太宗命右武卫大将军薛万彻率战舰由莱州渡海，进军高句丽。围攻鸭绿江畔泊汋城，获胜。

显庆四年（659）

十一月，薛仁贵与梁建方、契苾何力共同攻打横山城（今本溪平顶山），高丽大将温沙门应战，薛仁贵一马当先，于城下射杀十余人。最后唐军攻下了横山城。

乾封元年（666）

高句丽莫离支盖苏文去世，长子泉男生继位，因与其弟男建、男产不睦，各树朋党，以相攻击。男生退保高句丽故都国内城，派遣其子献诚到唐朝国都求救。唐左骁卫大将军契苾何力率军接应泉男生。同时，唐派出多支军队，开始征伐高句丽。

乾封二年（667）

九月，唐军攻下新城（今抚顺高尔山山城）之后，乘胜而进，连续攻下高句丽南苏、木底、苍岩三城，与男生相会。在唐军进兵途中，有的高句丽城听从泉男生的旨意，投降了唐军，哥勿城就是其中的一座。苍岩城，即今桓仁高俭地山城；哥勿城，即今桓仁五女山城（早期称作纥升骨城），唐军与男生相会地点，就是哥勿城。

总章元年（668）

九月，各路唐军渡过鸭绿水，围困平壤城。一个月后，平壤城陷落，高句丽政权灭亡。唐在平壤设安东都护府，以薛仁贵为都护，统领高句丽旧域。安东都护府下设9个都督府，其中哥勿都督府设于今桓仁地区。

圣历元年（698）

渤海建国，大祚荣成为第一代国王。至第三代王大钦茂时，效法唐朝行政制度，地方上设京、府、州、县，其中西京鸭绿府下辖的正州，设于今桓仁县境内。

辽金元时期

辽天显三年（928）

辽灭渤海后，曾在牡丹江流域建立东丹属国，安抚渤海降民。在东丹国右次相耶律羽之的建议下，天显三年（928）东丹国南迁至今辽阳一带，部分渤海遗民被迁往梁水（今太子河），来到辽阳和本溪等地居住。

辽在辽东承袭了渤海旧制，在今桓仁设立了正州及东那县。

金收国二年（1116）

正月，东京裨将、渤海人高永昌举兵复国占据东京。杀留守肖保先，称大渤海国皇帝，国号大元，建元隆基，占据辽东50余州。五月，金太祖完颜阿骨打遣金军攻取辽州、沈州，陷东京城。高永昌逃跑，后被擒杀。东京辽阳府等54州及辽籍女真人余部投降金军，东京辽阳府遂纳入金国版图。今本溪地区就是在这个时候，被金国纳入版图之中。

天德二年（1150）

改南京路都统司为东京路都统司，改东京兵马都部署司为东京辽阳都总管府，后改置东京留守司。辽阳府辖4县1镇：辽阳县、鹤野县、宜丰县、石城县、长宜镇(鹤野县所辖)等，均在今辽阳境内，辽阳县治所与辽阳府同。本溪市区及本溪县归属辽阳府，桓仁县归属婆速府。东京路又称东京辽阳府路，治所在今辽阳市。

贞祐三年（1215）

十月，辽东宣抚使蒲鲜万奴在东京叛金自立，自称天王，国号大真，改元天泰。其时蒙古将领木华黎趁乱占领东京。

天兴二年（1233）

蒙古占领了辽东地区，本溪地区被纳入蒙古政权辖域之内。元朝设立辽阳行中书省，简称辽阳行省，本溪在其辖区之内。

元至正十八年（1358）

由关先生、破头潘、沙刘儿率领的红巾军中路军攻陷上都，随后向辽阳行省进军。在红巾军控制辽东大部分地区期间，辽东地方豪强为了保护家族财产和人身安全，组织乡兵抗击红巾军。

明及清代早中期

洪武元年（1368）

朱元璋依靠农民起义军的力量，推翻元朝统治，建立明王朝。元末遗臣高家奴在本溪拥有两个大本营，一个是老鸦山，另一个是平顶山。

洪武三年（1370）

北元仍然控制着今桓仁地区，高丽王朝派遣李成桂率大军越过鸭绿江，直抵五女山城下。

洪武四年（1371）

朱元璋派遣大将叶旺和马云向辽东进军，马云、叶旺由山东登州渡海而来，直抵旅顺，屯兵金州，将军事力量推进辽东。高家奴凭借平顶山和老鸦山寨，与明军抗衡。不久，明军攻陷平顶山及老鸦山寨，高家奴逃跑，后归降明军。

洪武八年（1375）

十月，朱元璋改"定辽都卫"为"辽东都指挥使司"，并派遣官员深入女真地区，宣谕政策，进行招抚。在东北女真地区设立诸多都司卫所，都司卫所的长官则由女真酋长们担任。

洪武十三年（1380）

增设东宁、女直、南京、海洋、草河千户所。草河千户所，是明代初期设于本溪地区的重要基层统治机构。

永乐元年（1403）

十一月，设置建州卫军民指挥使司，任命阿哈出为首任建州卫指挥使。

永乐二年（1404）

三月，忽的河、法胡河等处女真一起并入建州卫。

永乐三年（1405）

九月，阿哈出的长子金时家奴（即释加奴）被明朝授予"建州卫指挥使"。翌年，阿哈出率胡里改部西迁至辉发河上游的凤州，明廷仍通过他招谕和管辖长白山以东的女真部落。

十二月，明廷设立毛怜卫，以把儿逊为首任指挥使。

永乐八年（1410）

阿哈出、释加奴父子随明成祖朱棣征讨鞑靼，释加奴因功被赐姓名为李显忠。

永乐二十年（1422）前后

李显忠死，其子李满住继任为建州卫首领。

永乐二十一年（1423）

四月，李满住在奏请并得到明廷的允许后，率管下一千余户，迁到婆猪江（浑江）流域与叔父猛哥不花的毛怜卫聚居，住在兀喇山城（今桓仁五女山城南麓）一带。

永乐二十二年（1424）

春天，建州卫严重饥荒，无口粮、无种子、无盐酱，"乞丐过活"，此时没有抢掠朝鲜边民的事件。李满住及其部众靠狩猎和采集野果，挺过艰难时期，并开始耕种土地。此后建州女真势力逐渐发展壮大。

宣德八年（1433）

四月，朝鲜派出四路军马突袭李满住部落，建州卫毫无防备，仓促应战，李满住被射伤，"身被九创"，逃上兀剌山城，妻小"死于锋刃"，部下人民被杀者甚多，并且敕谕诰命等文件也被抢走。

正统元年（1436）

因忽剌温（海西女真）的侵害，李满住准备迁徙草河地区，没有得到明廷的允准，李满住只好向北移动，从婆猪江流域进入浑河流域。

正统二年（1437）

董山上奏明廷，请求允许他与其叔父凡察率领建州左卫迁移到辽东与都指挥李满住一起居住，得到明英宗同意。

九月，朝鲜军队进攻李满住建州卫，这是朝鲜对建州女真第二次大规模征伐，目标仍然是兀剌山城以及吾弥府等处。由于李满住等建州卫首领对朝鲜的入侵早有预料和戒备，提前转移到了山谷地区躲避，损失不大。朝鲜军队转战近十日，所获甚微，又连续两次遭到建州卫的夜间突袭，无奈退兵。

正统十二年（1447）

明廷升建州卫都督金事李满住为都督同知。

成化三年（1467）

正月，海西女真和建州女真合兵三千余众，从鸦鹘关进入明朝内地，一路寇掠到佛僧洞，明署都指挥佥事邓佐率军迎战，殉国于今本溪县清河城双岭。

三月，董山联合毛怜、海西女真，进犯连山关、抚顺等地。

五月，明廷命左都御史李秉提督军务，武靖伯赵辅佩靖虏将军印充总兵官，往辽东调兵，征建州女真。

七月，董山等人自京返回途中，明宪宗下旨，将董山等人扣留在广宁城（今辽宁北镇），并杀死董山。

八月，辽东左都御史李秉、武靖伯赵辅向朝鲜移送咨文，告知明廷将出兵讨伐建州女真，与朝鲜相约夹攻建州。

九月，明廷敕谕朝鲜派遣军队配合明军剿灭建州女真，并约定了共同进攻的日期。二十五日，朝鲜康纯、鱼有沼、南怡率精兵一万余，分兵两路，攻打婆猪江女真，李满住与其子古纳哈等被朝鲜军队斩杀，李满住、古纳哈等人的妻子、妇女被生擒。九月三十日，鱼有沼率左路军自高沙里入攻兀弥府（桓仁县拐磨子镇西古城子）。明与朝鲜的大规模联合讨伐，给建州女真以致命的打击，建州三卫人员死亡总计1700多人。

成化五年（1469）

为了防御建州女真的侵扰，明朝开始修筑东州、马根单、清河、碱场、叆阳五堡，并在五堡之外，修筑边墙及烽火台。

嘉靖二十五年（1546）

成化五年设立的清河等五堡距离悬远，在张铎的建议下，明朝又在原堡之间，增建散羊峪、一堵墙、孤山、险山、江沿台五堡，其中一堵墙、孤山二堡位于今本溪县境内。

成化十五年（1479）

十月，明朝和朝鲜再度联军，对建州女真进行了讨伐，擒斩女真百姓，焚烧庐舍及其积聚。

万历元年（1573）

在李成梁的建议下，明朝开始展边筑堡，向外拓地，将旧堡移建新的地方。其中孤山堡移建张其哈剌佃子、险山堡移建宽甸、江沿台堡移建长甸、宁东堡移建双堆、新安堡移建长岭、大甸堡移建散等。

万历八年（1580）

四月，建州女真王兀堂等因不满明朝拓边，多次纠众入侵永奠等堡，辽东总兵李成梁督兵追击，出塞，至雅儿匮（今桓仁雅河乡南老台村山上），双方大战，王兀堂部损失惨重。

十一月，王兀堂再次率众从宽奠堡入犯，辽东副总兵姚大节督兵追击，至葛禄寨，王兀堂部再次遭到打击，从此王兀堂"遁伏"。

万历十六年（1588）

何和礼率领栋鄂部。归附努尔哈赤，扈拉虎率部五百户归附努尔哈赤。

万历二十八年（1600）

七月，在孤山堡一带爆发了金得时起义。起义领导人金得时，是当地的一位农民，他以宗教的形式，组织和发动了这场暴动。九月十九日，在明军的镇压下，起义队伍失败了，领导人金得时在战斗中身负重伤，被明军生擒，不久因伤死亡。

万历四十四年（1616）

努尔哈赤在赫图阿拉建立金国，史称后金，年号为天命。

万历四十六年（1618）

四月，努尔哈赤以"七大恨"告天，向明宣战。五月，努尔哈赤率军攻取抚顺城，守将李永芳投降。七月，努尔哈赤率军围攻清河堡，与守城明军展开了殊死激战。清河城万余明朝守军，几乎全部丧亡。清河堡失守，动摇了附近城堡守军的意志，他们纷纷选择了逃亡，弃城而遁，由此本溪东部山区，落入后金囊中。

万历四十七年（1619）

明朝发兵十万（号称四十七万），分兵四路，进剿后金都城赫图阿拉。明朝希望通过这次战争，把刚刚诞生的后金政权一举歼灭。东、南两路经由本溪地区。东路由宽甸出发，行至桓仁满族自治县洼子沟一带，遭遇埋伏，全军覆没，总兵官刘綎战死。南路由清河城出发，行至清河路上，因西、北二路兵败，被辽东经略杨镐急急招回，方免全军覆没。

天启元年（1621）

努尔哈赤率兵占领辽阳，至此，本溪全境进入后金辖域之内。在后金最初统治期间，汉人不堪女真人的侵扰，采取多种方式进行反抗。

天启三年（1623）

毛文龙部经常在今本溪、桓仁地区活动。八月，毛文龙部攻打把截岭（今本溪县连山关）。十月，攻打董骨寨（栋鄂寨），又进至牛毛寨。

天命十一年（1626）

七月二十三日，努尔哈赤背患痈疽，至清河汤泉（今本溪县温泉寺）治疗。八月七日，伤势转重，乘船顺太子河而下，然后逆行浑河，准备返回沈阳。十一日，船行至距离沈阳还有四十里的爱鸡堡，努尔哈赤去世，终年68岁。努尔哈赤在本溪温泉寺度过了生命的最后时光。

天聪七年（1633）

三月，修建碱场新城。

顺治元年（1644）

八月，顺治皇帝迁都北京，从清统治者及八旗官兵与家属，到广大奴仆和农民，近乎所有臣民跟随福临从辽沈地区迁移至京畿地区，即所谓"从龙入关"，包括本溪在内的东北地区为之一空。

顺治六年（1649年）

正月，清朝政府允许关内辽人返回辽东，顺治皇帝的上谕明确规定："有愿入满洲旗内者，即入旗内。"后来，非辽籍的移民可以入旗，加入各城驻防八旗后，由盛京内务府衙门安置。本溪王氏、马氏家族，即是由山东迁徙而来，编为旗民。

顺治十年（1653）

清廷颁布了辽东招民开垦令："顺治十年定例，辽东招民开垦至百名者，文授知县，武授守备；六十名以上，文授州同、州判，武授千总；五十名以上，文授县丞、主簿，武授百总。招民数多者，每百名加一级。所招民每口给月粮一斗，每地一晌给种六升，每百名给牛二十只。"

康熙二十八年（1689）

"盛京旗民日增，较前稠密"，清廷认为必须增设地方管理官员。因奉天"游民甚多"，要求地方官"劝民务农"。

《本溪通史》上卷编者简介

梁志龙　1954年5月出生于辽宁省凤城市，毕业于南开大学历史系，曾任本溪市博物馆副馆长、研究馆员。参加和主持本溪地区20余项考古调查和发掘项目，其中将军墓发掘被评为新中国成立五十年来辽宁省十大考古新发现，五女山山城发掘被评为1999年全国十大考古新发现。学术兼职有辽宁省文物考古学会常务理事、辽宁省文博系统高级职称评委会委员、辽宁省可移动文物专家、本溪市政协文史工作专员等。获得荣誉称号主要有辽宁省文化系统先进工作者、本溪市科学技术拔尖人才、本溪市首批优秀专家。在国家和省级学术刊物上发表论文60余篇，主编并出版专著有《沸流集——高句丽及辽东史地论稿》《本溪文物集粹》《本溪碑志》等，共著《五女山城》考古报告，被评为2004年全国文博十佳图书。

靳　军　1974年出生于辽宁省本溪市，1997年毕业于辽宁大学历史系，获得学士学位，同年进入本溪市博物馆参加工作，现任本溪市博物馆馆长、副研究馆员、本溪市政协文史工作专员，主要从事辽东地域长城文化、高句丽文化研究。多次参与省内重大考古发掘、调查及相关文物保护工作，2007—2011年担任省长城资源调查队队长，负责本溪、丹东地区燕秦汉长城和明长城遗迹调查工作。作为主要撰稿人，参与了《辽宁省燕秦汉长城资源调查报告》《辽宁省明长城资源调查报告》《本溪市文化志》《本溪文化通览》等的编写工作，在国内多个学术刊物发表文物、考古研究文章十余篇。

姜大鹏　1983年出生于辽宁省本溪县，满族，毕业于沈阳师范大学文学院，就职于本溪市文物保护中心，系文博专业副研究馆员。曾在国家、省、市各级刊物上发表文物、历史类文章百余篇，参与多项国家级重点考古发掘和调查勘探项目。现为辽宁省文物综合管理专家、辽宁省辽金契丹女真史学会会员、本溪市政协文史工作专员、十三届本溪市政协参政议政人才库专家、本溪市新型智库专家、本溪市作家协会会员、本溪市书法家协会会员。

刘彦红　1966年出生于辽宁省本溪市，1988年毕业于辽宁大学历史系，现在本溪市博物馆工作，现任研究馆员、本溪市政协文史工作专员，为本溪市第五届社会科学学科带头人。主要从事明、清史研究，曾参与编撰《本溪文化志》《建州女真遗迹考察纪实》《本溪文物集萃》等学术著作。撰写的《明代孤山堡与孤山新堡》《辽东十大守城之一——清河城被后金攻陷始末》《本溪境内柳条边及保存较好的段落》等10余篇论文，在国家、省、市级刊物上发表，并多次荣获我市二、三等社科成果奖。

本溪通史

下卷

政协本溪市委员会　编

本卷主编：孙　诚　副主编：崔　维

辽宁人民出版社

《本溪通史》编写组

上卷（古代部分）

主　　编：梁志龙

副主编：靳　军

编写人员：梁志龙　靳　军　姜大鹏　刘彦红

中、下卷（近代部分）

主　　编：孙　诚

副主编：崔　维

编写人员：孙　诚　崔　维　赵喜红　包国文

张达文　孟庆志

《本溪通史》编务组

组　　长：李方凯

编务人员：曲少斌　孟庆福　王丽娜

《本溪通史》（下卷）
编写组

主　　编：孙　诚

副 主 编：崔　维

编写人员：孙　诚　崔　维　赵喜红

　　　　　包国文　张达文　孟庆志

本溪市太子河北岸城区一角

　　本钢博物馆位于辽宁省本溪市明山区北光路15号，2006年12月正式建成对外开放，本钢集团公司是我国具有百年历史的大型钢铁联合企业，一部本钢百年史记录了中国冶金工业发展史的历程。

东北抗联史实陈列馆位于本溪满族自治县小市镇，于2005年7月开工，2007年5月建成开馆，馆藏文物2120件，先后被授予全国爱国主义教育示范基地、全国国防教育基地等荣誉称号。

东北抗日义勇军纪念馆位于桓仁满族自治县桓仁镇北山公园，2017年7月开工兴建，2018年9月建成开放，馆藏文物1350件，先后被授予全国爱国主义教育示范基地、国家级抗战纪念设施等荣誉称号。

　　2017年5月4日下午，市政协召开《本溪通史》编撰启动工作会议，市政协主席孙旭东与参加会议的市政协领导、《本溪通史》编撰委员会成员单位负责同志和市政协文史工作专员合影留念。一排左起：市政协副主席于祥、市政协主席孙旭东、市政协副主席李振亮、市政协副主席刘亚光。二排左起：市史志办党史处处长崔维、市档案局编研处处长赵喜红、本钢博物馆馆长史建国、市政协学宣文史委主任李方凯、市社科联主席高治寰、市史志办主任孙诚、市政协办公厅主任吕忠伟、市文广局局长王雨亭、考古专家梁志龙、市档案局副局长张仁庆、市档案局征集处副处长包国文、市博物馆陈列部主任姜大鹏。

《本溪通史》编撰工作专家咨询论证会

  2018年7月12日上午,市政协召开《本溪通史》编撰工作专家咨询论证会,市政协主席孙旭东与参加会议的市政协文史工作顾问、《本溪通史》编撰委员会成员和市政协文史工作专员合影留念。一排左起:市政协秘书长汤永广、鞍山师范学院教授张士尊、中央民族大学教授赵令志、北京大学教授徐凯、市政协主席孙旭东、国家清史编委会纪传组副组长李治亭、吉林大学教授魏存成、通化师范学院教授耿铁华、市政协副主席董安鑫。二排左起:市政协研究室主任张兆云、市社科联主席高治襄、满族史专家张德玉、市档案局局长梁志国、市文广局局长王雨亭、史志专家孙诚、市民委主任陈文斐、考古专家梁志龙、市财政局副局长赵革、市政协办公厅主任吕忠伟。三排左起:市博物馆陈列部主任姜大鹏、市档案局征集处副处长包国文、市博物馆副馆长靳军、本钢博物馆馆长史建国、市政协学宣文史委主任李方凯、市第二十一中学一级教师张达文、市史志办党史处处长崔维、市档案局编研处处长赵喜红、市博物馆研究馆员刘彦红。

　　2018年7月16日下午，中国社会科学院"资深学者登峰工程"首席专家、近代史研究所研究员、博士生导师刘小萌（左二）带领吉林师范大学满学研究院的有关同志来溪，就做好《本溪通史》编撰工作进行指导。

序　言

　　《本溪通史》历经5载（2017—2021）已于近日完稿。全书分古代（上）、近代（中、下）两卷，共100万字。对本溪地区自远古到近代的历史，本着详近略远的原则，作了深入系统的叙述。本书总编、本溪市政协孙旭东主席嘱我作序，以盛情难却，乃欣然应之。

　　我长期从事清史、满族史研究，早在40多年前撰写博士论文《满族从部落到国家的发展》时，已开始关注本溪桓仁。桓仁是满族自治县，2005年我第一次到桓仁，境内五女山城，是高句丽第一代王城。15世纪上半叶，满族先世建州女真，在首领李满住率领下迁入五女山一带，繁衍生聚，发展壮大。迄至17世纪初，始有清太祖努尔哈赤在苏子河畔的建国。我造访五女山城博物馆时，馆内只有关于高句丽的展览，于建州女真史迹却付阙如。我向当地领导建言，五女山城虽因高句丽王城而申遗，但不能因此忽略它与满族历史的密切关联。满族所建清朝统治中国近三百年，开疆拓土，奠定了今日中国之疆域。满族还是今天中国第二大少数民族。无论从哪个角度讲，山城博物馆都应该补入建州女真的历史。当地领导欣然接受我的建议，于是才有五女山城历史的完篇。近二十多年来，我因工作关系，与桓仁、本溪领导、文史专家多有交往。尤其九年前兼任吉林师范大学教授以来，或开会，或考察，或以文会友，或带师生实习，屡次造访

本溪、桓仁，都受到当地朋友的热情接待。从桓仁五女山到本溪平顶山，从董鄂山城、清河古城到萨尔浒古战场遗址，我们栉风沐雨，一路走来，在寻古探幽的过程中，逐渐加深了了解，也增进了彼此的感情。我与旭东的交往，也始于彼时。旭东时任桓仁县长，尽管工作繁忙，对满族研究、地方史研究却倾注着极大热情。他生于斯，长于斯，对故乡大地、父老乡亲始终怀抱一颗赤子之心，更给我留下深刻印象。这次旭东嘱我作序，无论于公于私，都难以推却，盖缘于此。

明清大儒顾炎武说过："人之患在好为人序"，并自叙"平居以此自警，不敢为人作序。"史学巨擘章学诚《文史通义》则说："书之有序，所以明作书之旨也，非以为观美也。"足见为人作序，是一件慎之又慎的事。一则要对自己负责，二则要对作者负责。首先要对著作有比较深入的了解。否则，只作浮泛之论，或言不及义，不仅愧对作者，亦令读者见笑。通阅全书，我将其优点概括为如下六点：

一是资料翔实。作者利用史料丰富，主要有官私史书、档案文献、考古报告、报刊日志。其中许多资料为首次发掘，诸如中央到地方各级档案，本溪墓志碑刻、文史资料、田野调查报告等尤具特色。为全书撰写奠定了坚实基础。

二是地域特色。本溪位于辽宁省东部山区，用今天的视角看，其地理位置似乎偏离东三省的主道。然而，纵观历史，它在东北史乃至中国史上却据有得天独厚的地位，并扮演了重要角色。举其荦荦大者：50万年前，以旧石器时代庙后山遗址为代表，本溪被誉为"东北第一人的故乡"。作为高句丽兴起之地，五女山上曾矗立第一代王城。明代前期，随着建州女真迁入，拉开了满族崛起的序幕，并为清朝肇建奠定了坚实根基。史家因有"大清源于建州，建州兴于桓仁"之概括。本溪四山环绕，矿藏丰富，煤铁业的兴起曾拔得东北工业的头筹。所谓"南有汉冶萍，北有本溪湖"，足见其影响之大。近代以来，国家积弱积贫，内忧外患纷至沓来，英雄的本溪

人民始终战斗在抵御外侮的第一线。九一八事变后，从本溪义勇军的揭竿而起，到东北抗联第一军的武装斗争，再到杨靖宇等一大批英烈赴汤蹈火、前仆后继的不朽业绩，无不彰显了中华民族反抗外敌侵略的钢铁意志和不屈精神。凡此种种，都是本溪历史的亮点。将这些亮点连接起来，就谱成一曲波澜壮阔的本溪历史的主旋律。

三是研究深入。作者在充分吸收前人成果基础上，以本溪地区为空间范围，就一系列专题作了深入考察。诸如高句丽研究，建州女真与李满住、董鄂部研究，晚清变局下本溪开边与设治研究，甲午本溪战场研究，日俄战争本溪战场研究，辛亥革命时期同盟会、中华革命党、辽东护国军研究，民国时期本溪工商业的繁荣与中心城镇形成研究，地方"自治"与市民社会兴起等，足补史书之缺。书中有关中日"合办"本溪湖煤铁公司的历史，为揭露日帝对东北地区的经济侵略提供了典型个案；有关日帝在本溪的军政统治，全面披露其实施殖民统治的真相。其中系列惨案，读来令人发指。法西斯主义的累累罪行，已被牢牢钉在历史的耻辱柱上。

四是本地专家贡献突出。书中许多研究，都是本地文史专家筚路蓝缕、长期耕耘的成果。其中，诸如桓仁青铜时代墓葬、石棺墓、青铜短剑墓，高句丽墓与壁画，高句丽山城调查，金代窖藏官印及铜镜研究，建州女真遗迹考察等，尤见功力。这些成果，凝结了本溪几代文史工作者的执着追求。厚积才能薄发，勤耕才有硕果。本溪文史工作者，当之无愧矣！

五是客观求实。作者治学态度谨严，对史料精于考辨，对旧说亦不盲目信从。对历史现象和人物，不溢美不虚饰，继承了中国史学秉笔直书、实事求是的优良传统。这在当前虚骄之风甚嚣尘上的氛围下，尤其值得肯定。近代卷作者，通过辨析，纠正前人有关义和团两次攻打本溪教堂之说；作者在讴歌抗联第一军英雄事迹的同时，对两次西征的失败原因作了认真分析。关于苏军进入东北，既肯定其打败日本关东军的重要贡献，也不讳言其大规模拆除工业设施、铁路设备运回国内的斑斑劣迹。关于本溪

土地改革运动，既考察运动开展的背景、过程、成绩、影响，也总结了运动中"左"的错误所造成的损失和纠偏工作。这种求实精神，不仅为世人留下一段信史，也为有关部门治国理政，总结经验教训，提供了宝贵镜鉴。

六是意义深远。本溪地区历史悠久，自古以来就是多民族交融荟萃之地。商周秦汉时期的汉、濊貊、夫余，魏晋隋唐时期的高句丽、鲜卑、渤海，辽契丹，金女真，元蒙古，清满族，诸多民族叱咤风云，你来我往，以本溪大地为舞台，导演了一幕幕惊天动地、荡气回肠的史诗。而本溪地区各民族的汇聚陶融，及其与中原内地关系的发展，则是中华民族生生不息、不断壮大的缩影和生动写照。

总之，《本溪通史》的出版，是本溪市文化建设的一件盛事。不仅把本溪史研究向前推进了一大步，对开展国情教育，传播乡土文化，弘扬爱国主义精神，均有积极意义。我有幸成为本书的第一位读者，又何其乐哉！

刘小萌

2021年10月15日

目　录

第一章
沦陷时期的社会经济与城建交通

东北沦陷时期，由于日本帝国主义的残酷统治和大肆掠夺，本溪社会经济遭到严重的摧残和破坏。在农业方面，日本侵略者通过地籍整理、商租权登记、移民开拓、"粮谷出荷""勤劳奉仕"等一系列措施，掠夺了大量土地、农产品和农村劳动力资源，严重破坏了本溪的农业生产关系，阻碍了农村生产力的发展，使本溪广大农民走向破产和日益贫困。在工商业方面，日本侵略者在经济统制旗帜下，通过掌控商工组织，建立会社及各种组合和日资工商业的垄断和侵吞，给本溪民族工商业带来了巨大冲击，致使民族工业举步维艰，民族商业日渐萧条，市民生活极度贫困。日本侵略者出于对煤铁能源城市的长期占领和掠夺需要，本溪近代城市的规划建设从一开始就带有浓厚的殖民色彩，加上对本溪地区交通运输的垄断经营，本溪近代社会经济和城市建设的畸形化发展从一开始就被打上了殖民侵略和掠夺的历史烙印。

第一节　饱受劫难的农业

日伪统治初期，本溪县土地仍归地主所有，据1932年调查，本溪县因山岳垂叠，平地缺乏，农业发展落后，大农（年收在700元以上）甚少，小农（年收在300元以上）甚多，有300亩以上农户仅有12户，300亩到400亩者5户，400亩到500亩者3户，700亩到800亩者3户，1000亩以上者仅1户。全县农户的农副业收入扣除（田赋亩捐、亩捐附加税和出产货税、出产粮税、牲畜税、豆税、村税、县税）后，户均收入63元，人均收入8

元，与沈阳、怀德县（今公主岭市）比仅分别及其二分之一与四分之一①。由于日本帝国主义的入侵，使原本落后的本溪农业饱受劫难。

自1936年起，日本帝国主义为加强殖民统治和经济掠夺，实行了地籍整理、移民开拓、"粮谷出荷""勤劳奉仕"等一系列反动劫掠政策，给东北地区的农业、农村经济和社会生产力带来了巨大破坏，造成东北农业危机的加剧。本溪农业、农村和农民也饱受劫难，特别是封建剥削和日本殖民的双重压迫，农业走向衰弱，农民负担沉重，贫困化程度日益加深。

一、大肆掠夺土地

日本侵略者掠夺我国东北土地的活动由来已久，特别是在1931年九一八事变之后，其掠夺东北土地的活动更加肆无忌惮，并通过各种手段和方式来进行。

首先，通过"地籍整理"进行掠夺。为了实现范围内对东北土地进行掠夺，伪满政府于1932年5月在伪民政部下设立土地局，以掌管地籍整理事宜，1935年8月成立临时土地制度调查会，1936年3月又在伪国务院设立地籍整理局，开始实施为期8年的地籍整理计划。所谓"地籍整理"就是"设立地籍，为使土地权得到永久的维护而奠定基础的一系列行为"。其内容包括确定地籍区划、审查土地所有权，登记土地所有者姓名、土地坐落、地号、种类、面积、等级、价格，绘制土地图册等（表1-1）。

表1-1　本溪县地籍整理情况调查表

土地所有者类别	面积（公顷）	占总户数（%）	占土地总面积（%）
大土地所有者	6.67	4.22	40.42
中土地所有者	2	14.76	35.88
小土地所有者	1	15.47	13.71
零散土地所有者	（不足1公顷）	33.04	9.99
无地者		32.51	

资料来源：《本溪满族自治县志》下卷，第239页。

---

① ［日］沈阳抚顺本溪辽阳四县调查班编：《本溪县调查报告书》，1933年，第646页。

经过1936年至1942年土地清丈，全县每人平均占有耕地0.12公顷，而地主和富农每人平均却占有耕地0.8公顷以上，贫农每人平均占有耕地0.06公顷。清丈后，按土地质量划分等级（宅地按房价和土地价值计算，农耕地按当年收入定等级），造册发照，按照纳税。

日伪当局如此兴师动众，并且不惜重金开展土地调查，其目的是十分明确的，那就是以"地籍整理"为名，行掠夺之实，借此将"国有地""公有地""逆产地"予以没收，既使日本利用各种手段掠夺的土地合法化，又利于日伪当局进行土地交易和征收土地税赋。

其次，通过商租形式攫取土地。早在九一八事变之前，日本就通过不平等条约和合办名义，在本溪湖、桥头、连山关等地辟有"满铁"附属地；通过中日合办"本溪湖煤铁有限公司"等占据了本溪湖、宫源、南坟等大片土地和矿山。九一八事变后，为使日本侵略者所掠土地合法化，日本人以商租形式攫取土地的活动更是变本加厉，有增无减。1933年6月，伪满政府公布所谓《商租权登记法》，肯定日本人已取得之商租权，换发执照。于1936年9月由伪满政府公布了《商租权整理法》，对"过去日本人取得的商租权，作为一般国内法（民法）的权利之土地所有权，予以承认"[1]，从而使日本人以各种形式所侵占的土地合法化。并在相关训令中规定自1936年7月1日以后，日本人"即取得土地所有权、地表权、永佃权、土地使用权、典权、贷借土地权等有关一切土地权利"[2]。

再次，通过低价强买土地。以"公用"或强制剥夺东北农民的土地，是日本侵略者的惯用手法。名义上是"收买"土地，但却对地价定得非常低，和强抢明夺没有区别。连日本侵略者自己也承认："适于农耕的土地已经全被中国人所占有，为取得理想的移民地只有强制收用原居民的既有土地。"伪本溪湖市第一区唐家堡子和张家堡子属于农村区，两个堡子总计有81户人家，其中有三分之二以上是靠着1224亩土地为生。1940年，日伪当局通过伪市公署，以每亩最高28元、最低16—17元的价格将土地大部分霸占。被强制收买的土地中，有40亩是日本人用于修建高尔夫球场，有72亩

---

① ［日］满洲国史编纂刊行会编：《满洲国史·分论》上卷，黑龙江省社会科学院历史研究所译，1990年，第90页。

② 《关于商租权整理诸法令集》，载《朝鲜人民会联合会会报》第44号，附录。转引自孔经纬：《新编中国东北地区经济史》，吉林教育出版社，1994年，第445页。

栽种了树木，有420亩被日本人和朝鲜人占有，还有210亩山坡地被撂荒。可是土地是农民的命根子，没有土地便失去生活依靠。于是两个堡子部分村民只好又向伪政府再三请求，才将剩下的240亩地租给本村农民耕种，而租价则每亩在180—230元之间，一年租价竟10倍于卖价[①]。以低价强买土地与直接掠夺的强盗行径没有区别。

最后，通过武力驱赶掠夺土地。日伪当局以"治安肃正"为名，为孤立、封锁抗联武装，实现所谓"匪民分离"，由日军主导，伪满地方政府和军警参与，于1935年、1936年分别在桓仁县和本溪县实施"集家归屯"政策，将偏远山区和自然屯、沟沟岔岔的住户全部强制驱赶到当局指定的地点"围子"集中监视居住。这样，就使得农民远离原住地，造成土地大面积撂荒，本溪、桓仁两县撂荒耕地总计在40万亩以上。日伪当局或将偏远山区列为"匪区"，或将撂荒土地收归"国有"而加以侵占。而归屯后的农民还要被强迫去参加修围子、修路。进入日伪统治后期，日伪当局为掠夺更多农产品，在安东、奉天等地恢复使用因归屯并户所造成的二荒地，才允许农民离开"集团部落"去复垦原撂荒土地。

二、农业衰弱与农民破产

由于日本帝国主义的侵略和残酷的殖民统治，直接造成了东北农业的衰退和农民的极度贫困，也造成了本溪农业的严重衰弱的局面。其主要表现在几个方面：

其一，主要粮豆作物生产在低谷中徘徊。从本溪县1932—1945年粮豆作物产量统计简表（表1-2）看，除去1934年、1935年因日伪当局通过航摄耕地面积扩增而使粮豆总产量分别达到10616万公斤、8430万公斤以外，只有1940、1941年两年总产量分别为7400.4万公斤和6693.7万公斤，平均单产分别为133公斤、136公斤，其他各年粮豆总产量均在低水平徘徊。除1932年因战乱和危机影响，粮豆播种面积和总产量骤减外，以1940年粮谷总产量7400.4万公斤、单产为133公斤为参照系，其他9年中只有1941年总产量减产706.7万公斤、单产超过上年3公斤，其他8年的粮豆总产量减少数量均在1000万公斤至2000万公斤，单产在97—127公斤之间徘徊。如果

---

① 黄仁：《两个小堡子的土地与负担》，载《东北日报》，1946年1月24日。

再将缴纳"出荷"粮等因素计算在内，农民的贫困程度便可想而知了。尽管日伪统治后期对本溪地区农业生产采取了诸如农地复兴、化肥推广、品种改良等增产措施，旨在加大搜刮和掠夺农产品的力度，但因受到农民抵触等因素影响而收效不大。

表1-2 本溪县1932—1945年粮豆作物产量统计简表

年份	播种面积（亩）	总产量（万公斤）	单产（公斤）	备注
1932	324000	4378.95	135	战乱影响
1934	833900	10616	127.5	航摄增扩
1935	869600	8430	97	特大洪灾
1937	549757	5687.9	103.5	
1938	555570	6051.3	109	
1939	549200	5397.2	98.5	
1940	556680	7400.4	133	
1941	491970	6693.7	136	
1942	462730	5722	123.5	
1943	436100	5223.2	102	
1944	624125	6141.8	98.5	
1945	461380	5866.6	127	八一五光复

资料来源：根据《本溪县志》（未刊稿）相关数据制作。

其二，农民耕作没有自主权，种什么、禁种什么、种多少全由日本人说了算。1936年，为防止抗日武装利用青纱帐袭击日军和破坏交通，日伪当局发出所谓的训令："查铁道国道两侧接近地方，种植高粱苞米等易于潜藏匪人，于警备上诸多障碍，故凡于已设外并新设中之铁路及国道，限定在铁路两侧五百米、国道两侧二百米地域内不得种高禾植物。"[①]由于本溪

————————

① 《伪奉天省公署训令 令各县长：铁道并国道两侧禁种高禾植物之件》（奉警发第365号），载《本溪县政公报》1936年第2卷第3期。

地处安奉铁路要冲，加上"国道"纵横，而高粱、玉米又是本溪人的食粮大宗，因而引发了本溪农民的抵制和请愿。连日伪当局也承认："由于高粱、玉米等为主要作物，又是当地农民的主食，遂造成了口粮短缺，收入减少。以此为理由，很多农民向各地警务机关请愿，请求采取某些缓和办法。"[1]不仅如此，日伪当局在实施"集家归屯"后，将偏远山区划为"无人区"，禁止农民或原住农民进入，并在接近抗日游击区地区禁种玉米、土豆、大豆等可直接食用作物。由于"划无人区，经济圈缩小，荒地增多，影响农民的经济生活甚大"。

由于政策多变，让农民无所适从。说让种棉花，桓仁县于1932年种植棉花2436亩，本溪县于1934年种植1300亩。唐家堡子唐绍滋有27亩地，1944年春种了大豆已经出芽，日本人忽然又说要种菜，马上就得锄掉，改种蔬菜和萝卜[2]。

其三，粮食、饲料严重缺乏，导致农业畜力和家畜急剧减少。由于粮食和饲料短缺，本溪县作为农业生产畜力的大牲畜（牛、马、骡、驴）1934年为38178头（匹），到1936年就下降到19125头（匹），下降50%。其中，牛从15693头骤降至3398头，下降78.3%。短短两年时间，农民就因粮食、饲料缺少而忍痛卖杀了12295头畜力牛（表1-3）。本溪县到1943年大牲畜才恢复到24888头，仍远未恢复到1934年的水平。桓仁县1929年有大牲畜21150头（匹），到1942年仅剩下13176头（匹）。许多农民因饲养不起大牲畜而忍痛杀掉，使农业生产和家庭生活均受到很大影响。同时，从本溪县的家畜羊、猪两项指标对比看，下降幅度同样是十分惊人的。

表1-3　本溪县1934—1936年家畜饲养情况统计表

年份＼畜别数量	牛	马	骡	驴	羊	猪
1934	15693	5603	5977	10905	75032	29434

---

[1] ［日］满洲国治安部警务司编：《满洲国警察史》上卷，吉林省公安厅公安史研究室、《东北沦陷十四年史》吉林编译组译，1990年，第237页。

[2] 黄仁：《两个小堡子的土地与负担》，载《东北日报》，1946年1月24日。

续表

年份＼数量 畜别	牛	马	骡	驴	羊	猪
1935	10932	3463	3888	6149	5216	38470
1936	3398	3622	5120	6985	2377	11150

其四，农产品价格下跌与农民日趋贫困。一是主要出口农产品的大豆三品（大豆、豆油、豆粕）的出口不景气和价格下跌，同时粮食三品（高粱、小米、玉米）和杂粮的价格下跌。二是由于日伪当局粮谷"出荷"政策，农民辛苦一年所打下的粮食被以极低的官价强行掠夺，农民因缺粮又不得不花几倍甚至十几倍的市场价买粮吃，而贫苦农民则只好吃野菜、草根、树叶艰难度日。

本溪农业衰弱的主要原因，是日本帝国主义的入侵带来的灾难，特别是日本侵略者对本溪土地的大肆掠夺，使本溪农业遭到极大的破坏，严重阻碍了本溪农业生产的发展，加上日军入侵造成的战乱影响以及强征民夫、牛马和粮食等，都极大地破坏了农业生产。同时，日伪当局沿袭封建土地所有制，特别是地主阶级占有农村绝大多数土地的状况不仅没有改变，而且通过"地籍整理"得到确认和保护，这成为日本侵略者进行殖民统治的社会基础。本溪地区广大农民面临日本殖民统治者压迫和封建地主阶级剥削的双重压迫，造成生活贫困，致使原本分散而又落后的小农经济更加衰弱。

正是日本侵略者和封建地主阶级的双重压迫，造成了本溪农民的破产。地主对农民的剥削，除正常租粮外，还采取上打租方式，即每年春天，交对半或三四成租子，租户没有存粮，势必要高利借贷，买粮交租，便无形提高了租额，往往租户因还不起账而把仅有的一点土地房产作抵押，慢慢地便被地主所吞并去[1]。

由于日本侵略者通过"地籍整理""集家归屯"和开拓移民等措施，对本溪农村土地进行大肆掠夺，"致使富农经济之衰落，自耕农流为佃农，佃

---

[1] 方青：《东北农村经济的过去与现在》，载《东北日报》，1946年4月12日。

农变为雇农，雇（农）再度破产，变成苦力、流氓、乞丐、胡匪、强盗、吸鸦片者、耍手（即赌钱者）等等"。①伪本溪湖市唐家堡子唐绍义家原本有200多亩地，以往每年吃租子80多石，是本村的最富户。1941年，日本人通过伪市公署，以低价强行收买了他的土地，唐绍义因此忧郁而死，丢下70岁老母、中年妻子和3个小孩，过着艰难的日子。桥头区房市屯的农民被日伪当局以建设飞机场的名义夺去了自己的土地，弄得多数人没有法子生活下去，冬天就冻死过人，有的人家全家只藏一床破被子，白天没有衣裳穿，又不能出门找活干②。

由于日本的殖民侵略，本溪地区的地主阶级的组织成分也在发生变化，因而滋生了新兴地主，大多出身于土匪、把头、流氓、特务、伪警察、伪村屯长等。他们成为新特权人物，一方面为日本主子征收租税，一方面通过买地强制雇工无偿劳动，克扣勒索农民财物，剥削压迫广大农民。如本溪煤矿大把头冯志异、石桥子伪大村长徐宝贤、下石桥伪屯长吴振樵等均属此类。冯志异通过剥削、压榨煤矿劳工，搜刮克扣劳工钱财，仅在柳河县就买地2000亩，在沈阳、本溪买建房35间，成为名符其实的汉奸把头兼新兴大地主③。本溪县小市伪警察署警务主任日人船本勘二男无恶不作，仅强占民田就达200多亩，成为新兴的异族地主④。

日本殖民统治者和封建地主阶级的双重剥削和压迫，犹如两座大山，压得本溪广大农民喘不过气来，特别是农产品价格的跌落和失去赖以维持生活的土地，使他们陷入破产的境地。若遇到灾年和疾病，就更没有活路了。"农产品价格的跌落使他们现金收入极度减少，结果使过去已经背负的许多债务愈加增大。他们的经济遂陷入破产"，"农民披星戴月、早出晚归的劳作，连最低级下等的生活都得不到保证，如今说他们在生死边缘挣扎也不为过"。⑤最后农民宁可不种地，到工矿去出劳力，才能保证自己不饿死，更不要说养家糊口了。这就是沦陷时期本溪广大农民难以逃避的悲惨命运。

① 李方晨：《崩溃过程中的东北农村》，载《益世报》，1934年7月21日。
② 黄仁：《两个小堡子的土地与负担》，载《东北日报》，1946年1月24日。
③ 《本溪市人民法院刑事判决书》1952年本法刑字第407号，本溪市人民法院档案馆藏。
④ 《小市区人民讨血债，两次集会公审罪犯》，载《东北日报》，1946年1月31日。
⑤ ［日］沈阳抚顺本溪辽阳四县调查班：《本溪县调查报告书》，1933年，第19-20页。

三、"粮谷出荷"

东北沦陷时期，日本帝国主义为掠夺东北粮食资源，实行了极其残酷的"粮谷出荷"政策。这是日本侵略者给东北地区的农业、农村和农民制造最为深重的灾难之一。

在日伪统治初期，日本侵略者获取东北农产品包括粮食和经济作物，主要通过商贸手段来进行。到1937年日本全面侵华，日本"关东军"通过伪满政府对东北农产品实行经济统制，并于1938年11月出台《米谷管理法》，首先对稻米进行统制。1939年10月又公布《主要特产物专管法》和《主要粮谷统制法》，对大豆、豆饼、豆油及高粱、玉米、谷子以及大豆、苏子等的购入、出卖、输入、输出及加工进行统制和廉价收刮。至1940年，几乎将全部农产品纳入统制。

随着侵略战争的持久和扩大，日本侵略者将粮谷购销统制改变为强行购销，即推行所谓的"粮谷出荷"政策，强迫农民低价出售粮食。又于1939年和1940年分别公布了《米谷管理法施行规则》和《细则》，对稻米、高粱、玉米等的生产、交换、运输配给等都作了强制性规定。

为了加强对东北地区农产品的全面掠夺，日伪当局于1937年成立农事合作社机构，1940年3月又公布《兴农合作社法》。本溪县农事合作社于1938年2月成立，1940年4月县农事合作社与金融合作社合并，成立兴农合作社，名义上是"根据国家的计划促进农业的发展，在政府统制下谋求农业者的福利"，实际上是重点从事农产品的检查、贮藏、运输、加工和销售，农业仓库、农产品交易所的经营等，已具有行政机构的某些职能。实际上是对农村经济进一步掠夺，垄断农村全部农产品。本溪县伪县长刘连瑞兼任县兴农合作社社长，日本人村井任理事长负责其事，设有总务系、事业系、信用系和交易场，人员达118人之多。县社下设连山关、小市、草河口、清河城4个支店，本溪湖、桥头、小市、北甸子等10个交易所，次年又减少到5个交易所（场）。成立兴农合作社这样庞大机构的重要职责之一，就是为了对本溪农民进行残酷的剥削与迫害。农民把粮食送到交易场，被交易场人员直取米2斤做定等的标准，并故意压低等级，农民稍有争辩，就要受到谩骂和毒打，所以农民都气愤地说：兴农合作社就是"坑农合作社"。

日伪当局为达到掠夺粮食的"出荷"目的和搜荷的高度计划性，采取所谓的"先钱"制度和奖励政策，即以本年度的出荷预定数量作为指标，分摊到各地区，为保证按时完成，按每百公斤先付给定金的办法（即所谓"先钱"制度），秋收时不管丰歉，均按"出荷"契约征收。同时，日伪当局还规定农民每缴纳1000公斤出荷粮奖励布20尺，棉花1斤，线两轴，手套1副，肥皂2块。农民可持票在指定的配售店购买实物，但大部分人实际上买不到东西。到1943年，又取消了预购契约制度，实行按各县耕种面积分配出荷数量并最后落实到村，强行摊派到广大农民身上。

"粮谷出荷"的政策是极其残忍和恶毒的。在本溪，农民辛苦劳作一年，几乎一半的收获要被迫作为"出荷粮"。据记载，1941年，桓仁县出荷粮食、油料5460吨，其中大豆2040吨，小麦430吨，玉米2223吨，水稻421吨，杂粮283吨，油料630吨。1943年，全县粮食出荷量达到了21725吨，占全县粮食总产量的45.1%。全县农业人口人均负担粮食"出荷"179公斤[1]。

1943年至1944年，日本帝国主义为满足其侵略战争的需要，以"协助大东亚圣战"为名，加大"出荷"数量，并以"报恩出荷""紧急出荷"等名义，进行层层加码，强迫农民出荷，更变本加厉地进行疯狂掠夺，令本溪广大农民不堪重负。

日伪当局规定农民不得随意出售粮食，而必须在日伪当局指定的交易场所出售，"不得在农产物交易场所或地方行政官署指定之场所以外之场所卖渡粮谷。"否则即视为违法，要接受处罚，由此还引发了一场官司。1941年6月，本溪县铁刹山三清观监院炉至顺，为保护古迹和修山刻石筹资需要，将庙产土地打下的10车高粱卖给"本溪湖煤铁公司"，结果在南甸火车站被兴农合作社的粮食交易场人员扣下，称其违反了所谓的《米谷统制法》，并于7月将此案移交伪县警务科，9月移交地方法院检察厅，准备处以500元罚金。炉至顺见在本溪已无法申理，便于9月21日上诉到伪奉天省地方法院。称南甸交易市场只收大豆，不收高粱，故出卖给"煤铁公司"，而且比政府配给粮价少收1角，有何违法之处？遂于12月11日判定：铁刹山三清观于违反《米谷管理法》并未成立，按和解办法，罚款20元，高粱归

---

① 桓仁县地方志编纂委员会编：《桓仁县志》，方志出版社，1996年，第271页。

米谷交易场给价收买①。

为了大肆搜刮农民粮食，确保完成"出荷"量，日伪当局在各市县设立"出荷督励部"，由县长为督励本部长，由日本人副县长实际指挥，形成了地方伪行政机关、伪协和会、伪兴农合作社三位一体的强制出荷组织，每到秋收时节，便下到各村屯逼迫农民出荷。凡未交或未交足出荷粮的农民，都要挨户进行搜查，包括庭院、菜窖、仓房、柴垛、猪圈、炕灶、烟囱等，进行翻箱倒柜，抢夺粮食，并拷打农民，搅得村屯鸡犬不宁。据阎铁毅回忆，当年本溪县出荷粮督励人员在张其寨乡下督励时，农民因交不起出荷粮而被打得哭天号地，搅得整个村屯惶惶不安。不仅粮谷要"出荷"，还有"猪出荷"等，规定个人不得随便买卖和杀猪。下石桥子有个寡妇，因为家中一口猪病了杀掉，第二天屯长吴振樵说她没出荷，私自杀猪吃，结果罚款150元，叫爹也不行②。

日伪当局实施的"粮谷出荷"恶政，属于超经济的强制政策，对中国东北广大农民进行敲骨吸髓式的压榨和掠夺，给本溪人民带来了深重的灾难。本溪地区广大农民被迫以极低的价格，将自己辛苦一年所获粮食近半"出荷"。桓仁县虽然出产水稻，但农民除留稻种外，连一粒大米都吃不上。日伪当局的"出荷"政策，使本溪广大农民忍饥挨饿，或以野菜、草根、树叶充饥，或卖儿卖女，逃荒要饭，甚至被逼自杀。这就是日伪当局大肆吹捧的"满洲国是新天地"和"王道乐土"下农民生活的真实写照。

四、"开拓团"移民

日本帝国主义侵占中国东北后，就开始了武装移民，但初期的移民还带有试验性质和准备阶段，而真正大规模移民侵略则始于1936年的百万户移民计划。

1935年，日本拓务省出台所谓的《关于满洲移民根本方针之件》，即百万户移民计划。计划从1936年开始，用20年时间向中国东北移民100万户，总计500万人。1936年，日本政府将该计划列为"七大国策"之一，伪

---

① 《卖粮上诉案》，载白永贞纂修，张杰贵等校：《增续九顶铁刹山志》，民族出版社，2011年，第293页。

② 《本溪下石桥千余群众集会清算屯长贪污获胜》，载《东北日报》，1946年1月29日。

满政府也将接收安置日本移民列为"三大国策"之一。日本政府企图通过百万户移民，解决日本人的过剩和土地紧张的矛盾，并借此达到掠夺和永远霸占土地的目的，这是中国东北农村的一场土地浩劫。

日本"关东军"曾将东北地区划分为3个地带，本溪等地区被划为开拓第三地带，即属于铁路沿线、工业重镇、交通要冲、重要城镇和重要河川沿岸地区。同时，本溪还是著名的抗日游击区，将本溪列为第三开拓地带，向本溪地区移民，其目的在于加强对本溪地区的经济掠夺和防止我抗日军民的袭击，以及起到"强化治安"的作用。日本所谓移民"开拓团"，实际上就是依仗"关东军"和日伪当局的特权势力，用极低的价格强制收买东北农民的耕地、好地，名曰"开拓"农田，实则是移民侵略，巩固其殖民统治，扩展其"国土"。

侵入桓仁地区的日本"开拓团"，是于1940年2月，先后分3批从日本本州岛秋田县迁来农民60户、260余口人，到桓仁县普乐堡定居种地。由伪桓仁县公署出面，事先选好地区、地块，清丈亩数，再找到土地所有者强行购买，并立下契约，限期交地。土地价格，水田按每亩60元，旱田按每亩40元。房屋则是经过伪县公署下令逼迫原住户无代价腾出提供给日本移民居住。

桓仁日本"开拓团"总部设在普乐堡，团长为夏井永吉，副团长为夏村。1941年2月，又从普乐堡总团中拨出18户农民，集体迁至二户来村的龙头定居，建立龙头开拓分团，夏村为分团长。普乐堡总团和龙头分团各设一所日本小学校。普乐堡总团共征用普乐堡、胜利、牛毛沟部分住户好地1500余亩（其中水田800亩），耕种的品种有水稻、玉米、大豆、高粱、荞麦、土豆、蔬菜等，耕作方式与中国大致相同，每年粮食总产量约20万公斤。由于地多人少，日本人便只耕作水田，农忙时雇短工；旱田则全部出租给当地农民，日本人只吃租息。龙头分团共占耕地3000亩（其中水田1000亩），经营品种和经营方式与总团基本相同。所收获粮食由团长负责支配，除以收获中按人口定量发放外，剩余部分卖"出荷"粮。[①]

1941年，日本从其国内迁来一部分农民组织"开拓团"，先到黑龙江扎

---

① 张成礼整理：《日本桓仁"开拓团"的始末》，载中国人民政治协商会议辽宁省桓仁县委员会文史资料委员会编：《桓仁文史资料》第1辑，1985年，第85-88页。

兰屯，后由扎兰屯又迁至本溪县碱厂南台山落户。全团共有35户，140余口人。他们为征占土地，将三家子、台山、碱厂沟、南滴台头子的农民强迫迁至新宾县的梁岭子、颜子房等地，还有的迁到碱厂附近的黄家堡、化皮峪、谢家崴子等地。该团团长为大木，团部设在台山苗圃。"开拓团"居民大部分住在三家子、台山、碱厂沟和滴台头子。"开拓团"农具由团部发给，每户都发给洋犁和马拉胶轮车。他们将台山、苗圃、三家子、碱厂沟、滴台头子的一些好地共5000余亩全部征占经营，廉价雇用中国农民30余人为他们耕种土地，从中进行剥削。所种作物，有水稻、玉米、大豆，蔬菜有土豆、萝卜、白菜、瓜类、桔梗等①。

日本移民"开拓团"是典型的侵略、占领和掠夺性质的别动队。首先，日本移民"开拓团"作为伪满政府和日本政府的既定政策，其目的是十分明显的，就是要"尽快增加满洲的日本人人口"，以实现对中国东北进行长期的殖民统治和经济掠夺而实施的移民侵略，进而达到其拓展"国土"和掠夺农产品的罪恶目的，这无疑是对东北农村和农民的一场空前浩劫。

其次，由于伪满政府通过《开拓团法》，使日本"开拓团"在中国东北土地上"依法"成为特殊的法人，"开拓团"以团长为中心，行政机构采取街村制，经济结构为协同组合，实行领导一元化，日本"开拓团"实际上已成为在中国东北土地上建立的"特区"，成为日本在东北基层组织的细胞，并通过"开拓团"的组织形式，不断将东北占领的土地变成其"国土"。

再次，日本"开拓团"在本溪期间名为开拓，实际上根本没有开拓新的耕地，而是强占中国农民的耕地并低价强买上万亩耕地，并无偿占有原住民的房屋的强盗行径，从而使原住民流离失所。日本"开拓团"对旱田采取租给中国农民的经营方式，从中吃租剥削，进而成为中国土地上的异族地主，而原住民则成为日本移民的佃户。

最后，随着太平洋战争爆发，日本政府急需大量兵员，驻桓仁、本溪日本"开拓团"中的青壮年男子大都应征入伍，大部分成为日本侵略战争的炮灰，仅剩下的老弱病残和妇幼，在战争结束后又沦为难民落荒而逃，

---

① 《访台山大队记录，叙述人赵承相》（1982年5月），本溪县党史地方志办公室藏。

成为等待遣返的日侨难民。日本"开拓团"既充当了日本帝国主义侵略中国东北的工具和帮凶，同时也成为其侵略战争的牺牲品。

五、抓劳工与"勤劳奉仕"

日本帝国主义为掠夺中国劳动力为其侵略战争服务，于1938年12月，日伪当局指定并公布了所谓的《劳动统制法》，1941年9月又确定了所谓的《劳务新体制要纲》，确保所谓的劳务新体制并开始在东北农村征集大量劳工。同年，公布所谓的《劳工法》，规定年满25岁到40岁男性公民，都有服劳役义务。

本溪、桓仁两县公署内设劳务科，下设劳务股、征兵股、勤奉股，人们称之为"三抓股"。劳务股专门负责征集和训练劳工，并到矿山服劳役。当时按各村屯公布应出劳工人数，各村屯则按应服劳工人数中实行轮流摊派制度，更多的人则雇工，由应服劳役人口中分摊费用。所雇劳工编成劳工大队，多到矿山去服劳役。有的劳工因受不了繁重的劳动强度和极差的伙食以及监工打骂，就开小差逃跑，被抓回来就是一顿毒打，还得再去服劳役。这种抓劳工制度，不知有多少无辜农民被折磨打死或自残、自杀，搞得家破人亡，妻离子散。本溪县谭家堡的谭会清被抓劳工，3次逃跑，两次被抓回遭到毒打，最后一次没等抓回，就在谭家堡子的一棵大柳树上悬树自尽，其妻改嫁，两个男孩成了孤儿①。

"勤劳奉仕"是日伪当局剥削压榨中国人力资源的残酷的劳务形式。1942年11月，伪满政府公布所谓的《国民勤劳奉公法》和《国民勤劳奉公队编成令》，并于1943年1月正式实施。规定凡是21岁到23岁的男性公民，伪国兵检查不合格的，皆属勤劳奉仕的对象（又称"国兵漏"），每年要服4个月的勤劳奉仕义务（即义务服劳役），要服役3年（后改为每年服役6个月，服役6年）②。

伪本溪县公署于1943年成立"本溪县勤劳奉仕司令部"，由伪县长刘连瑞任司令，副县长日人平山节为副司令，司令部设有部副，由各科长兼

---

① 谭会忠：《伪本溪县公署轶闻录》，载中国人民政治协商会议辽宁省本溪县委员会文史资料研究委员会编：《本溪县文史资料》第6辑，1991年，第49-50页。

② 中央档案馆等编：《日本帝国主义侵华档案资料选编·东北经济掠夺》，中华书局，1991年，第899页。

任。当年组建成1个大队、3个中队、15个小队、45个分队共900人。大队长为孟广德（一说为赵德明）。该大队当年主要承担修筑哈大公路的任务。1943年，在海城管内的牛庄、岳家屯、小码头一带修路。1944年，在鞍山、西大淑堡、王家堡一带修筑公路。1945年，在本溪市内福金岭为"本溪煤铁公司"修建房屋。修路时，一般为春季开化动工，秋季上冻收工。队员们每天早出晚归，十分劳累，每人每天要自挖自装自挑10立方米土石，若完不成任务就得挨日本监工和"勤奉队长"的毒打。加上吃不饱，穿不暖，"勤奉队员"经常有人被折磨致死。仅1943年在海城修哈大公路时，第一中队第五小队的60名"勤奉队员"中，就有8名暴死或饿死，死去的人竟被日本人残忍地垫了路基，侥幸活下来的人也大多非病即残[①]。"勤奉队员"从事的劳役极其艰苦，每月仅有微薄的2.4元伪满币的津贴，还要被大、中、小队长勒索。"勤奉队"头目还用开设赌场，或硬性请客送礼等形式，使"勤奉队员"受尽盘剥。桓仁水电工地的劳工队伍中，既有桓仁县当地的"劳动报国队"，也有桓仁、柳河、通化各县的"勤劳奉公队"，其中桓仁县"勤劳奉公"大队长谢荣昌，人称"谢扒皮"，一个大队数百名劳工，都挨过他的毒打。

日伪统治后期，由于日伪当局通过抓劳工和"勤劳奉仕"，对本溪和东北农村的劳动力进行大肆掠夺，给农民带来了巨大的灾难。对劳工的强征、摊派和奴役压榨，给本溪地区的劳工本人带来了精神和肉体的伤害，而且给本溪社会带来重大影响，加重了农民负担，造成了农村劳动力的严重缺乏和对本溪农业生产的严重破坏。

第二节　殖民地下的工业命运

东北沦陷时期，日本帝国主义通过伪满政府先后制定了经济建设要纲和两个产业五年计划，更加肆无忌惮地掠夺东北工业和矿产资源。在本溪，日本侵略者垄断和控制了本溪工业命脉，并对本溪广大工人进行残酷的剥削和压榨。在日资工业的垄断、冲击和侵吞下，本溪民族工业步履

---

① 孟繁贤：《伪满时期的勤劳俸仕》，载中国人民政治协商会议辽宁省本溪县委员会文史资料研究委员会编：《本溪县文史资料》第3辑，1988年，第60页。

艰难。

一、日资工业的垄断和掠夺

九一八事变后,本溪成为日本的殖民地。日本侵略者在大肆掠夺本溪煤铁资源的同时,也加大了对本溪其他工业和矿产资源的垄断、控制和掠夺的力度,包括特殊钢生产、建材工业生产、化学工业生产、有色金属开采及水电等资源的生产与开发,致使本溪经济命脉几乎被完全垄断和掌控。

建设特殊钢试验工场,支持侵略战争。在1936年日伪当局制订产业开发第一个五年计划(1937—1941)之时,东北当时还没有独立生产特殊钢的厂家,而"本溪湖煤铁公司"在本溪湖扩建的特殊钢试验工场、轧钢场及1937年新建的特殊钢宫原工场已具备一定规模,"大仓"财阀认为成立特殊钢株式会社,与公司分离自成体系的时机和条件已经成熟,于是提议成立特殊钢株式会社,得到伪满政府和日本军部的支持,日本军方决定军用特殊钢完全由本溪湖来生产,用以供应日本军工生产和补充日本国内资源的短缺。

经过一段时间的筹备,特殊钢株式会社正式成立,工场分为宫原工场和本溪湖工场。至此,特殊钢生产管理正式从"本溪湖煤铁公司"分离出来,自成体系,并成为东北第一家独立生产特殊钢的厂家。"大仓"财阀首脑大仓喜七郎亲自担任会社董事长。会社股数总计20万股,大仓旗下的"本溪湖煤铁公司""大仓矿业""大仓"组即占98.4%,因此绝大部分股份为"大仓"财阀所垄断。会社成立之初,定年产量为2万吨(实际年产量1万吨),资本金为1000万日元,实际缴纳资金250万元,到1942年已增至625万日元,"奉天造兵所"亦加入投资行列。到1943年7月增资至2000万日元,所增加的1000万日元全部出自"满洲重工业开发株式会社",从此"本溪湖特殊钢株式会社"被"满业"所控制。

本溪湖特殊钢试验工场从1935年1吨电炉投产到1938年主要设备均已形成生产能力。特殊钢生产主要产品:一是轻武器用钢,仅枪用钢就有8个品种,1941年至1945年总计生产枪用钢667吨,刀剑用钢169吨;二是航空用钢,主要有航空用碳素钢1197吨,强韧钢48吨;三是军工用不锈钢和高速钢,1941—1945年总计生产不锈钢94吨,高速钢273吨;四是生产工业纯铁,主要供应奉天兵工厂做枪炮弹壳材料,1942年仅生产1吨,1943年增至42吨，1944年猛增至423吨。除上述钢种外，还生产出碳素工具钢、特殊工具钢、汽车用钢、滚珠钢等。自1938年成立至1945年，共生产特殊钢17021吨。其中，1941—1945年，共生产特殊钢钢锭11385吨、钢材5791吨[1]。

"本溪湖特殊钢株式会社"的建立，作为日本军需生产基地，是日本帝国主义扩大侵略战争的产物。"本溪湖特殊钢株式会社"生产的特殊钢，主要供给日本"奉天造兵所"和"南满陆军造兵厂"，为其制造军工产品，制造战斗机、战车、坦克、大炮和各种枪支、刀剑及机械设备等，用以屠杀中国人民。特殊钢的生产与日本侵略战争相配合，给中华民族带来了深重的灾难，本溪湖特殊钢实验工场和其所生产的各种军工用钢，成为日本帝国主义对华侵略的实证。

掠夺有色金属。随着日本侵略者掠夺本溪矿产资源的加剧，又把目光盯上了本溪有色金属资源。1938年10月，由"满洲矿山株式会社"正式接管桓仁铅矿，在松兰、滚马岭、西岔等地进行勘探和开采，于1940年修建选矿厂，1942年7月投产。矿山株式会社采矿所长先后由谷田海、安孙子、渡边敬一担任，下设庶务、采矿、劳务、调度等科和选矿厂，全矿有管理人员92人（有中国人82人），工人共有1500人。

桓仁铅矿由于矿产资源丰富，引起日本人的极大贪欲，因而增加投资，包括采矿、运输、电气、选矿设备等。出矿和处理矿量逐年增加，1945年，出矿量每月平均近万吨；选矿日处理矿量1943年为100吨，1944年为150吨，1945年达到400吨，当年处理矿量总计为84813吨。选矿实收率，1942—1945年平均为铅85.5%，锌74%，铜85.3%。1944年，该矿产量占东北境内冶金矿山总产量比例为：锌占52%，铅占17%，铜占3%，银占16%。1938—1945年，共掘进坑道40多条，10551延长米，采出矿石17万吨，生产铅精矿含量5008吨，锌含量9134吨，铜含量181吨[2]，产品除精铜矿运往奉天（沈阳）制冶所加工外，其余全部运回日本。

马鹿沟铜矿位于本溪县泉水村蜂蜜砬子境内，清末即有中国人和日本

① 本溪钢铁（集团）特殊钢有限公司：《历尽沧桑》，1988年，第32—40页。
② 王学良：《桓仁铜锌矿开发简史》，载中国人民政治协商会议辽宁省桓仁县委员会文史资料委员会编：《桓仁文史资料》第3辑，1990年，第136—138页。

财阀数次开采。1931年9月，该矿由"满洲铜铅矿业公司"经营，修建日处理矿石50吨的选矿场1处，每日生产铜0.5吨。1935年，新建日处理矿石300吨的选矿场1处，安装日处理矿石150吨的球磨机两台，1937年竣工正式运营。1938年时，每月处理矿石120吨，生产精铜3—4吨[1]。

垄断建材行业，大肆掠夺建筑用原材料。九一八事变后，日本侵略者更加明目张胆地掠夺东北地区的经济资源。1935年12月，日本侵略者在攫取本溪煤铁资源的同时，为利用石灰石和黏土资源，由日本财阀大仓喜八郎纠合浅野、涩谷、古河三财阀筹资300万日元，在本溪彩家屯筹建"本溪湖洋灰有限公司"（本溪水泥厂前身）。1936年10月1日，第一条生产线建成投产，设计年产水泥10万吨。主要建筑有原料堆放场、黏土粉碎及干燥室、磨房、回转窑及煤磨房、变电所、包装机房、化验室、仓库、生料库、厂内铁路专用线等。主要设备有破碎机、生料磨、水泥磨、回转窑、蒸汽锅炉、5000KVA发电机、架空运输索道等。共有员工360人。1938年，扩建第二条生产线，设计年生产水泥20万吨。在福金沟新开1处石灰石矿，1940年竣工投产，增设蒸汽机车等设备。1940年，资金增至1500万元伪国币。1940年6月，又于宫原团山子新建水泥分厂（工源水泥厂前身），于1942年竣工投产，当年生产水泥2万吨。1936—1945年，共生产水泥1416621吨。其中，彩屯厂生产1258951吨，宫原厂生产157670吨[2]。

日本资本家对本溪黏土矿进行掠夺开采。1934年，日人八丁进入牛心台黏土矿进行规模性开采；1937年，日伪当局在牛心台建立轻金属株式会社直属采矿场；在牛心台红脸沟、王官沟和松树岭等地进行露天或巷道采掘耐火黏土，年产量在5万吨以上。1941年，日本人千叶进入牛心台矿区开设协和铁山矿，采掘耐火黏土。1944年，"轻金属株式会社"直属采矿场扩建后改为"满洲矾土会社"，并对本溪耐火黏土进行掠夺式开采，最高年产量达10万多吨[3]。

1931—1945年间，日伪当局在本溪县共建有64处石灰石专业公司，对

---

① 本溪满族自治县党史地方志办公室编：《本溪满族自治县志》上卷，辽宁民族出版社，2009年，第433页。

② 本溪市地方志编纂办公室编：《本溪市志》第2卷，大连出版社，1998年，第363页。

③ 本溪满族自治县党史地方志办公室编：《本溪满族自治县志》上卷，辽宁民族出版社，2009年，第435页。

全县石灰工业进行垄断。1940年，日本人在彩家屯开办陶瓷厂，以牛心台黏土为原料，采用机械制造瓷砖，月产瓷砖8万块。至1945年日本投降前夕，本溪建材工业已发展到以水泥生产为主，以石灰石、耐火黏土、硅石、滑石开采和砖瓦、陶瓷、石灰窑业为辅的建材工业体系，但这些企业绝大多数都在日伪当局的垄断和控制之下，并进行大肆掠夺，而民族资本建材工业则寥寥无几[①]。

垄断掠夺电力资源。电力资源是日本侵略者垄断和掠夺的重点，1914—1945年的32年间，日本人在本溪地区先后建立7个火力发电所（站），计有本溪湖发电所（1914年建成）、连山关发电所（1925年建成，1933年因亏损关闭）、彩家屯洋灰工场余热电站（1936年建成）、本溪湖煤铁公司第二发电所（1938年建成）、田师傅发电所（1939年建成）、本溪湖煤铁公司第三发电所（1941年建成）、宫原工场余热电站（1942年建成）。到1944年末，6个发电所（站）总装机容量计9.8万千瓦，年发电量5000余万千瓦时。

由于本溪地区电力全系火电，因此在日伪产业五年计划中明确提出"水主火从"的方针。继1937年开发建设鸭绿江水丰电站之后，在对浑江流域进行水文地质勘测的基础上，于1941年1月通过"佐藤株式会社"等殖民机构垄断了浑江的水利资源。确定在桓仁县城东北的牤牛哨建设水力发电站1座，并在泡子沿村设置了"佐藤株式会社"桓仁电站建设处，并从桓仁、柳河、通化等用骗招、强征等手段，组成"劳工报国队""勤劳奉公队"到桓仁水电站从事苦役。从1941年到1945年，在牤牛哨浑江右岸筑起施工围堰并进行坝体基础浇制，左岸围堰砌筑基础工程相继进行[②]。直到1945年8月15日日本投降，工程告停，日本殖民当局掠夺桓仁水利资源计划未遂，但却留下日本帝国主义侵占掠夺中国水电资源和奴役残害中国劳工的铁证。

在东北沦陷时期，日本殖民当局为扩大侵略战争和实现其所谓的经济建设要纲、产业五年计划，先后对本溪地区的钢铁、煤炭、电力、机械、建材、化工、有色金属等工业和矿产进行垄断和掠夺，充分暴露了日本帝国主义的强盗行径和贪婪本性。由于日本侵略者的垄断、掠夺和冲击，致

---

① 沈玉成主编：《本溪城市史》，社会科学文献出版社，1995年，第122-123页。
② 本溪市地方志编纂办公室编：《本溪市志》第2卷，大连出版社，1998年，第528-529页。

使本溪民族工业经营惨淡，步履艰难，本溪经济特别是工业经济的从属化程度日益加深。

二、日资企业对中国工人的剥削奴役

在日本殖民当局垄断和掠夺本溪工矿资源的同时，日本资本家为攫取巨额利润，不惜以牺牲中国工人的健康和生命为代价，对中国工人进行残酷的剥削和压迫。中国工人工作环境极其恶劣，从事着繁重的劳役，经常遭受日本监工和把头的打骂，生命安全没有任何保障。

"过三关"与"卖身契"。日本工矿当局像看押犯人一样对待中国劳工，制定了严苛的管理制度，中国工人必须遵守，如"本溪湖特殊钢试验工场"的工人们每天上班都要过三道关。一是大门关，工场周围都用铁丝网包围，工人下班要排队从大门出场，日本人和汉奸把头可任意搜身，看谁不顺眼就打嘴巴子罚站，工人受尽凌辱。二是翻牌关，工人每天上班都要把写有自己名字的牌子翻过来，一旦来晚了，把头不但不让翻牌，还要罚你白干一天活。而工人为了挣钱活命，只有忍受，否则不仅保不住饭碗，还要被毒打或开除。三是"礼貌"关，工人在工场内遇到日本人，必须先打招呼鞠躬问好，否则即遭报复。一个加热工友，因看见日本监工没打招呼，日本监工便怀恨在心，在一次钢出炉上锻锤一打就裂，日本监工发现后凶相毕露，操起铁钳就夹住这名加热工友手指，疼得该工友大声惨叫，幸在场工人上来解围，日本监工才赶紧溜走①。

日伪当局对中国工人十分歧视并百般刁难。"本溪湖洋灰公司"的中国工人被录用之后，被要求双手十指采集指纹卡片，立档存查，还有出入社证。内容包括：坚决遵守公司规定和命令，如因个人过失或违反制度给工厂造成损失甘愿赔偿，坚守保密规定，绝不使怠工发生，随时可以解雇，绝不提出异议等，还要有两个保证人，这是典型的单方面的义务承诺，而没有个人的权利，和卖身契没什么两样，这就是日本资本家的冷酷无情②。

食宿条件极差。"本溪湖特殊钢试验工场"工人在日本监工和汉奸把头

---

① 本溪钢铁（集团）特殊钢有限公司编：《历尽沧桑》，1988年，第41页。
② 王志方：《伪满时期的东北水泥工业》，载中国人民政治协商会议辽宁省暨沈阳市委员会文史资料研究委员会编：《文史资料选辑》第5辑，辽宁人民出版社，1965年，第90-91页。

的奴役下，生活环境极其恶劣，工人住的是大工棚，冬不避寒，四壁透风；夏不遮雨，地上积水。工人有的连铺盖都没有，铺草垫子枕砖头。吃的是发霉的高粱米、苞米面、橡子面、糠麸子，橡子

刘家沟劳工房

面吃得全身浮肿。桓仁水电站的劳工住刘家沟村6栋水泥筒子房，阴暗潮湿，跳蚤蚊虫叮咬，有的工友生了疥疮却无药医治。到了冬天最难熬，工房、床铺没有一点热乎气儿，水盆里的水都冻成冰，工友们只好几个人缩成一团，互相靠身体来取暖，每个人手脚都冻坏了，严寒威胁着劳工的生命。开始吃的是高粱米，后来吃混合面、橡子面，每顿3两窝头，一碗白水清汤，橡子面又苦又涩，难以下咽。劳工还经常患痢疾、肝炎、浮肿，一个个瘦骨嶙峋[1]。

待遇天壤之别。同样在一个工场，中日工人待遇可谓天差地别。在本溪水泥厂，医务所不给中国工人治病，商店货物不卖给中国工人，职工俱乐部和共同浴室，中国工人也没有资格进去。至于工薪待遇更是如此，以1935年本溪水泥厂工薪标准为例，日本人工资分为五级，经理、厂长、科长、股长、科员，经理月薪为500—1000元，科员月薪为20—100元。级外为佣员，日薪最高为4元。工薪之外，日本人还有"在满津贴"等为工薪的45%。1935年，中国工人的日薪平均没有超过0.5元的，最低为0.28元，最高为0.65元。日薪之外，没有任何津贴和附加工资。日本工人的月薪收入为100—130元，而且每年一次能增加0.3—0.8元；中国工人日薪额每年一次只能增加0.02—0.1元。还有奖金，公司经理每年要得几万元，科长要得

---

[1] 邵文津：《疤痕——在当劳工的岁月里》，载中国人民政治协商会议辽宁省桓仁县委员会文史资料委员会编：《桓仁文史资料》第2辑，1987年，第34—35页。

15个月的奖金，日本工人能得4个月的奖金，而中国工人中最突出者，最多能得到1个月的奖金，而且还要以"身元保证金"名义扣去20%或给你部分公债券，名义上是个人储蓄性质，工厂付利息，退职时一次退还，实际上这是日本资本家对中国工人的变相工资克扣。因为中国工人往往是不堪虐待和压迫而走死逃亡，这样，"身元保证金"就全部进入资本家的腰包①。

生命安全无保障。劳工吃的是猪狗食，干的却是牛马活。在桓仁水电站工地，桓仁劳工大队负责从江心往10米高的坝基上抬土，每人每天的任务是3立方米。一天累得直打晃，动作稍微慢一点，被工头发现就是拳打脚踢，还要罚跪。日本殖民当局根本不把中国劳工当人看，劳工生命安全无保障，伤亡事故屡屡发生。

有一次桓仁水电站围堰浇注混凝土，有两名劳工因连累带饥饿，不慎失足掉到下面，日本人站在旁边却无动于衷，不但不管不顾，反而强令继续浇注。还有一天上午，从围堰外用卷扬机绞斗车时，因钢丝绳拉断，站在车上的8名劳工全部跌落下来，当场摔死4名，幸存者也是折胳膊断腿。日本人不仅不同情，竟以此取乐，连说"好玩，好玩"。②水电工地作业环境恶劣，工人根本没有任何安全生产和劳动保护措施，不知有多少劳工死于非命，有的累饿而死，有的被水淹死，有的被放炮的飞石砸死。有一天下大雨，桓仁劳工大队第三中队第二小队的劳工去装运钢轨，因汽车前后搭得短，加上道路泥泞坑洼不平，结果汽车一颠簸，造成钢轨下落，4名劳工被砸死3个，剩下1个也成重伤。

面对日本殖民当局的奴役和压迫，中国工人也奋起反抗。桓仁水电站工地的工头多是亲日的朝鲜人，仗势欺人，工人们称其为"二鬼子"。有一天，桓仁县劳工大队第三小队的劳工因天热，脱光膀子用水龙头互相洗头冲身，结果没注意喷到一个朝鲜工头身上。这人大怒，冲上去夺过水管子猛向劳工们喷去，因全管开放后压力大，劳工们被冲倒地和四处躲闪。恰在这时，有柳河县的"勤劳奉公队"扛着铁锹路过，见此情景，愤怒地冲上前去，一顿锹镐把这个"二鬼子"劈得倒在地上一命呜呼，"勤劳奉公

---

① 王志方：《伪满时期的东北水泥工业》，载中国人民政治协商会议辽宁省暨沈阳市委员会文史资料研究委员会编：《文史资料选辑》第5辑，1965年，第91-93页。
② 张宝玉：《劳工血泪》，载中国人民政治协商会议辽宁省桓仁县委员会文史资料委员会编：《桓仁文史资料》第3辑，1990年，第37页。

队"也一哄而散。事后日本守备队将桓仁劳工小队抓进桓仁监狱刑讯，关押了40多天才放出来①。

"本溪湖洋灰公司"的工人对日伪当局剥削压榨中国工人的行径十分痛恨，千方百计地破坏生产。1940年3月，工人故意把3号生料磨减速机油箱放掉，造成减速机牙轮全被啃掉的重大事故，使生料磨变成废品。日本人因而惊呼："八路大大的有！"多名工人被捕受到刑讯拷打，有一名姓耿的工人还被日本人扔进了狼狗圈。1941年5月，由本溪湖洋灰公司装满水泥运送关内的列车，因机车轴瓦被工人撒上了沙子，开到苏家屯时发生轴瓦化掉，车轴折断的特大事故，日伪当局将沿线当班人员100多人抓去刑讯拷打，有的工人被折磨得遍体鳞伤②。

日本殖民当局为垄断本溪工业经济命脉，掠夺本溪丰富的矿产资源，获取巨额利润，视中国工人为奴隶、为牛马，为榨取中国工人的血汗而无所不用其极，中国工人遭受非人的待遇和折磨，境遇十分悲惨。但是，中国工人阶级并未屈服，伺机抗争，如破坏敌人的运输、制造生产事故、反抗人身迫害等行动，给日本殖民当局以有力地回击，表现了中国工人阶级不畏强暴的反抗精神。

三、民族工业步履艰难

东北沦陷时期，在日本殖民当局的"经济建设要纲""产业五年计划"和实行经济统制的大环境下，在日资工业垄断、掠夺和冲击之下，原本落后的本溪民族工业变得更加羸弱不堪，处境艰难，生存空间被挤压，生产原料被统制，再加上税率上涨，或关门倒闭，或经营乏策，或被日资侵吞，这就是沦陷时期本溪民族工业的命运。

其一，政策打压，多数关闭。本溪地区的民族工业大部分属于手工业，即手工作坊经营模式，数量虽多，但资金少，规模小，技术落后，缺乏竞争力。其中，还有一部分是工商一体，前店后厂模式。1930年，桓仁全县私营手工业有90多家，从业人员450余人。东北沦陷之后，手工业生

① 邵文津：《疤痕——在当劳工的岁月里》，载中国人民政治协商会议辽宁省桓仁县委员会文史资料委员会：《桓仁文史资料》第2辑，1987年，第37—38页。
② 本溪水泥厂宋殿九回忆（1961年3月20日）；李运增回忆（1961年7月20日），本溪市党史地方志办公室藏。

产遭到严重摧残。1936年时，全县手工业下降到52家，从业人员下降到256人[①]。到1938年后，日伪当局实行经济统制，逐步控制、垄断工业原材料的生产、销售和运输，特别是到日伪统治后期，民族手工业大部倒闭，幸存企业也处于半年生产半年闲的状况。

1936年，桓仁县有"裕成泉""东聚涌""德泰兴"3家较大的烧锅，从业人员共有120人。后因酿酒原料被统制和大增税，光复前夕，全县多数酒厂倒闭，仅剩"裕成泉""东聚涌"两家，也处在半停产状态，年生产白酒仅有200吨。1936年，桓仁县有铁铧炉、铁匠炉9家，从业人员23人，到光复前夕仅剩3家铁匠炉，还是处在半停产状态。豆油加工，1935年桓仁县有私营油坊6家，年产豆油2万公斤。食品加工，1936年县内有馃业10家，从业人员46人，主要生产蛋糕、饼干等糕点，到光复前，因食品制造原料影响，企业萧条，多数企业关闭。[②]

本溪县在九一八事变前有5家酒厂，计县街1处（本溪湖），沟口1处，小甸子1处，碱厂两处，到日伪统治后期，仅剩县街和歪头山两处[③]。九一八事变前，县内有成衣局、做衣庄31户，到八一五光复前大部分关闭，仅剩8户。本溪县粮米加工业到1939年已有20多户，其中广泰盛等8户拥有碾米机8台、清水米机4台、蒸汽机1台，日产文化米（高粱米）7000公斤、大米4000公斤。1940年时，本溪湖及郊区共有油坊16户，日产豆油5500公斤、豆饼2200枚[④]。后日伪当局公布《重要特产专管办法》，对粮栈业、油坊业提出苛刻要求，并对粮谷等实行配给，使粮油加工业受到极大限制，到日伪统治后期则处于半停产状态。

其二，经营乏策，生不逢时。一些民族工业出资人或经营者对日伪当局的政策缺乏研究，对市场行情缺乏了解和预测，对原材料价格和进货渠道没有疏通，盲目开厂，结果可想而知。1940年8月，由本溪湖私营景记印刷局出资伪满币5万元，建设本溪湖汽水厂，并委托汽水厂经理吕星联监工修建，共建厂房、仓库及办公室10多间，于当年10月竣工。这是本溪地区

---

① 桓仁县地方志编纂委员会编：《桓仁县志》，方志出版社，1996年，第240页。
② 桓仁县地方志编纂委员会编：《桓仁县志》，方志出版社，1996年，第251—258页。
③ 沈曙东：《追忆本溪县志纪要》，1959年，第63页，本溪县档案馆藏。
④ 本溪满族自治县党史地方志办公室编：《本溪满族自治县志》上卷，辽宁民族出版社，2009年，第444—448页。

最早建立的汽水厂，而且市场前景看好，但因日伪当局对清凉饮料的限制，虽屡经请求终未获批准，一直没有开业，可谓生不逢时。经历类似命运的还有水胶厂。1942年，由孙秀滋发起并召集股东19名，投资伪满币15.5万元筹建兴农制胶厂。经理孙秀滋，副经理张命凡，于当年6月开始修建厂房18间，安装锅炉1座、气罐6个、碎骨机1台、制胶机2台、风扇1台及其他电气设备，并于1944年1月开工生产。这是本溪地区最早的水胶厂。到同年底，共生产成品水胶8000公斤。就在该厂踌躇满志之时，却因原材料来源奇缺，生产成本过高，市场销售价格过低，不得不于1945年4月间全部停产[1]。

其三，内部产权纠纷，外资乘机侵吞。本溪县山城沟煤矿，位于山城子之东，泉水西南，煤炭储量较大，而且为优质无烟煤。早在1920年，就由当地东西16屯代表16人联合报矿，筹资2万元，成立义和煤矿进行开采。到30年代中期，年产量已达到1万吨以上。就是这样一个利润丰厚、前景十分看好的地方合资煤矿，却因内部管理缺位和矿权纠纷，而给日本人以可乘之机，最终落入日本资本家之手。

1936年，因该煤矿留交税款被煤矿管理人员王安民侵占用光，如不能按期交税，日伪当局就要查封迫卖煤矿。王安民经托人与杨耀宗、戴逢溪商定，借款1000元，许给两人矿权四分之三，并以矿照抵押担保。当时王未与任何联署人商量，进行非法交易，从而引起产权纠纷，造成严重后果。1937年春，杨、戴2人便派人到矿山要四分之三矿权，强制参加煤矿管理未遂后，便委托日本名律师向本溪法院起诉，控告报矿联署权利16人，要求承认杨、戴拥有四分之三矿权。被告方亦聘请律师针锋相对，称王安民私自抵押矿权非法，原告起诉无效，应予驳回。开庭过后不久，在16名联署人中的朴献廷等12人认定杨、戴两人以日本为后台，因此官司注定要输，便去长春找到原本就对本溪煤矿觊觎已久的伪满红十字会会长崛江宪治，将12人矿权出卖，这样一个煤矿竟出现两个四分之三矿权被出卖，而且索要矿权的两伙都是有强大政治势力的日本人，从而使案情更为复杂。后又几经法院审理和日方胁迫，被告方也机智应对，并不屈服。杨、戴两人见打多年官司也未得到任何好处，于是将矿照转押给日本人得款两万元

---

[1] 本溪市地方志编纂办公室编：《本溪之最》，白山出版社，1993年，第118-119页。

了事。

一波未平，一波又起。因朴献廷等将12人矿权以4000元出卖给崛江宪治，从而引起与崛江打第二次官司。崛江收买12人矿权后到伪满经济部办理更名手续时，因无原联署16人同意未给登记，因此到本溪法院申请调解，要求被告方谭会忠（原联署人谭广吉之子）等4人或卖4人矿权，或承认其收买的3/4矿权。被告方以伪满民法规定"共有物之分割，依共有人协议之方法行之"为由拒绝，调解无效。崛江见法院调解无效后，便又找到伪本溪县公署总务科长日本人中村东太郎出面，欲以行政手段压迫时为总务科科员的谭会忠就范。又被谭会忠等人将中村提起行政诉讼，理由是县公署作为行政机关无权干涉煤矿事务，使崛江计划又遭失败。

该案几经周折，已成骑虎难下之势。最后经伪经济部技佐李庆伯分析并建议，与"鞍山昭和制钢所"张玺和合作，由张出头出钱买回12人矿权。这样由伪本溪县副县长平山节于1941年3月协调矿权持有者双方争端，经过调解，由张玺和出资20万元买下崛江手中的12人矿权。之后又经过协商，将总计16人矿权合为8份，张玺和为5/8，谭会忠、王如九、李国良各占1/8，这样原报矿16人名义取消，代之以4人名义，并将煤矿以年租金10万元伪满币租给曲桂林。享有新联署权利的4人按股进行分配，共8股，每股为1.25万元，至此，义和煤矿改名为久和煤矿。

久和煤矿成立后，定名为"久和煤矿株式会社"，名义上属于中日合资经营的股份公司，"久和"两字出自"鞍山昭和制钢所"总裁久留岛秀三郎及其代理人张玺和的名字，实际上山城沟煤矿已被日本人侵占。"久和煤矿"成立后，由日方注资1000万元，并大量任用日本人担任管理和技术工作，实行机械化开采，采煤矿工总数达到500余人，年产煤达到10万吨，[①]已步入大型煤矿的行列。

山城沟煤矿作为地方民族工业企业，煤炭储量较多，煤质优良，利润较丰，发展前景看好。然而由于管理出现漏洞，多数联署人畏惧日人势力而处置失策，导致矿权纠纷历时5载，几经反复，法院审理，庭外调解，行政干预，结果被日本人乘虚而入，先被崛江大赚一笔，后被久留岛坐收渔

---

① 谭会忠：《往昔的山城沟煤矿》，载中国人民政治协商会议辽宁省本溪县委员会文史资料研究委员会编：《本溪县文史资料》第1辑，1986年，第24—46页。

人之利。"久和煤矿"名为中日合资，实则已被日资侵吞。山城沟矿权纠纷案，既暴露了日本人贪得无厌的丑恶嘴脸，也反映出部分中国矿权联署人的短视与无奈，从而成为沦陷时期本溪民族工业命途多舛的典型案例。

第三节　日渐凋敝的商业

东北沦陷时期，日伪当局为垄断和控制东北商业经济，制定了一系列统制和配给政策法令，并通过许多手段，严禁自由贸易，实行物资统制、专卖和配给，迫害商界人士，从而使本溪民族商业日渐凋敝，人民生活更加贫困。

一、商业组织演变及日方的垄断与统制

1931年九一八事变后，日军侵占东北，本溪地区商业一时陷入混乱状态，但商会组织并未解体。不久，本溪县县长徐家桓在日本人指令下，筹建本溪县治安维持会，吸收了商会会长和地方士绅参加。1932年6月，伪本溪县公署正式成立，商会组织延续下来。在日伪统治前期，本溪县商会仍在本溪湖圆通观办公，会长由本溪湖各大商号执事（经理）轮流担任。如"广泰盛"王源举、"公悦成"宋玉柱、"张碗铺"高泽普等人均担任过县商会会长，刘万俊、常崇起、张玉山等人担任过副会长。本溪地区的商贸重镇如碱厂、沙尖子、桥头等也有自己的商会组织。

商会组织的主要职责和任务是：负责维护工商业者利益，解决工商业者相互之间的利益纠纷，谋求工商业发展等事宜。本溪县商会组织之下，又组成若干个同业公会，如百货、粮食、纺织、印刷、铁工、五金、旅店、饭店、妓院、理发、中药、照相、水产、果品、运输等30多个同业公会，各公举会长1人，理事若干名。日伪统治前期，商会组织已发挥不了什么作用，除了收房租和会费外不能有其他活动。[①]本溪县商会利用圆通观后院创办了本溪湖商立小学1处，有学生200余人。

从1938年开始，日伪当局为实行经济统制，公布了一系列法规政策，

---

① 谭会忠：《本溪县商会简史》，载中国人民政治协商会议辽宁省本溪县委员会文史资料研究委员会编：《本溪县文史资料》第6辑，1991年，第60页。

限制民族商业的发展。1939年10月成立伪本溪湖市，实行市、县分治，本溪县商会组织统由日本人接管，成立伪本溪湖市商工公会，调伪本溪县警务科长牛谷保太郎任理事长，"本溪湖煤铁公司"总裁任名誉理事长。1941年，伪本溪湖市商工公会会长为高桥岩大郎，副会长为宫崎小三郎、王源举、郭枝善，常务理事有小原良介等。还设有生活必需品小卖联盟两处（简称小卖联盟，一处在宫原，一处在桥头），伪本溪湖市小卖联盟理事长为宫崎小三郎，副理事长为小杉原之助、聂镇溪，理事为牛谷保太郎、近藤次郎、广部一成、驹井传藏、王惠亭、高泽普、王辅臣等；监事为大塚正房、常崇起。桓仁县商会（后为商工公会）会长先后由宋良弼、王浩谦、孙福义等人担任，商工公会设主事1人，由日本人担任。至此，原本溪县商会瓦解，本溪地区商会组织均被日本人掌控。

从九一八事变至1938年，日伪当局对民族商业多采取温和限制政策。随着对华战争的扩大，日伪当局便开始大肆掠夺农产品资源，来支持其侵略战争。1937年，日伪当局对人民生活必需品食盐、火柴、煤油、粮食实行专卖，除指令商号办理专卖营业许可证外，限制经营，限量出售。1938年，伪产业部公布《屠宰场施行细则》，对猪肉、牛羊肉业户要求办营业执照，不准私宰私运，一律要到屠宰场屠宰并缴屠宰税。伪治安部公布《旅店公寓取缔规则》《饮食业店取缔规则》，对旅店公寓严加盘查，对大米白面实行统制。1939年后，日伪当局的统制更加严酷，所有的物资都实行配给制，直接取消了商家各自采购物资的权利，而由日本配给组合及小卖联盟等统一调拨。已被日本人控制的伪本溪湖商工公会，也积极配合日伪的统制政策，"在商工部门各方面都制订了指导计划并付诸实施。各营业者也从过去旧式的商法中觉醒，在相互扶助的理念下，追求共存共荣"。①本溪民族商业受到挤压和冲击，根本不存在什么"共存共荣"。同年，伪产业部公布《实施毛皮皮革类配给统制细则》和《棉制品统制法规》，对棉制品、皮革制品实行统制配给制度，普通百姓穿衣也要受到限制。同年10月和11月，日伪当局分别公布了《主要特产物专管法》和《主要粮谷统制法》，前者对象是大豆、豆饼和豆油，后者则是针对高粱、玉米和谷子。1940年，又公布了《粮谷管理法实施细则》25条，对高粱、

---

① ［日］本溪湖商工公会编：《本溪湖商工要览》，1939年，第42页。

玉米、小米、大麦等11种农产品的生产、交换、运输、配给都作了强制性规定。

由于日本侵略者对东北资源特别是农产品的大肆掠夺，导致商品短缺，物价上涨。日伪当局于1941年7月28日公布了《物价及物资统制法》（即七二五停价令），明令一些主要商品价格冻结在1941年7月25日价格水准上，以抑制价格过快上涨。对主要物资和生活用品，由主管部大臣指令贩卖价格，并对买卖手续费、转卖差益金，以及制造、加工、修理和承揽费、租赁费等都实行限价。由于该停价令的实施，物价冻结，致使市场有价无货，使本溪民族商业更加萧条。

日伪当局为强化对民族商业的统制力度，采取多管齐下的手段。一是通过日伪政府以行政法令进行规范；二是通过商工公会、小卖联盟等行业组织进行垄断控制；三是通过各业主管部门和专卖局进行监管；四是通过经济警察等进行监督查处。并且在市镇、乡村都分别划分经济封锁圈，包括农产品"出荷"都指定交易市场，物资进货渠道、运输等均被统制起来，严禁自由贸易。

由于日伪当局的经济统制，商家缺少物资，无利可图，有的被迫转入日伪生产部门，或成为配给店。而民营小本工场，因缺乏原料，也大多倒闭。连饭店也关了门，远来过客，到处找不到饭吃。一些商家为了生存，便千方百计从调拨来的物资中不按原数配售，从中抽头，而将剩余部分高价出售，从中获取高额利润。因为缺少粮食，还有一些商家只好设法高价买卖粮谷，一些小工场为支撑门市不得不去走私，于是有的被经济警察以"经济犯"为名加以逮捕或拘留。当时本溪湖差不多每个商家，都被经济警察以"经济犯"的罪名逮捕、拘留或敲诈过。一经发现有私货之后，鞭打之外，或10倍甚至50倍的罚款，或送交"辅导院"，或充当劳役1—2年。稍有反抗，就会被扣上"反满抗日"的帽子，而成为"思想犯"。

二、民族商业由兴而衰

由于近代煤铁工业的滥觞、人口的增长和城镇的形成，以及太子河、浑江水运的兴起，本溪地区民族商业在清末民初取得了较快发展，并于1930年前后达到鼎盛时期。其后随着日本帝国主义殖民侵略和经济上垄断掠夺的加深，本溪民族商业每况愈下，直到走向萧条和衰落。

从本溪地区商业经营资质的组织形态看，可以划分为以下4种：一是个人出资单独经营，即出资经营皆依靠个人的资金和本领，但收效甚少，这种经营形态在本溪地区所占比例较小。二是个人出资共同经营，即以一个法人或企业团体单独出资者及劳务出资者组织起来，而且出资者在营业开始时，要对营业种类及利益分配和其他重要事项作出协定，明确经营权限等，属于这种经营形态者较多。三是共同出资共同经营，这是本溪民族商业的普遍形态，如几个出资者单独经营，确定经营权限，委以他人；出资者中的一名或几名掌管经营；出资者中一名或几名和其他经营者参与共同经营。四是股份组织。

趋利和唯利是图是资本的秉性，本溪民族资本家亦概莫能外。财东与掌柜是想尽办法多赚红利多分钱，不会考虑广大民众的消费需求。本溪民族商业除正常的购销经营方式外，为赚取高额利润而不择手段，可谓无孔不入。一是看准行情，坐地交易，如本溪湖大商号要从大连往本溪购进面粉，只要大连、营口的市价高于本溪，便就地卖出，这样既免花运费和积压资金，又可以多赚利润。二是垫付资金压价购买，大商号在木业购销上往往采取先与各地木客挂钩，供给木客资金，然后再压价收购，从中获取高额利润。三是采取"买青"手段，农民在春耕前往往因解决不了衣食问题，或在青黄不接时求借无路的情况下，无法维持生活，只有托人求保到城市大商号"卖青"，商家便借机以最低价格议定，秋后无论丰歉和涨价多高，都不准农民更改。四是高利贷剥削，这是商家惯用的剥削手段之一，利息一般都在三四分，最高可达10%左右，"公悦成"当时抵押放贷在1.2万元以上，"张碗铺"定期放贷也在1.15万元，农民借高利贷必须用资产和土地作抵押。

东北沦陷初期，本溪地区的民族商业受战乱和社会影响，并有日资商业侵入，已从整体上呈现衰弱趋势，当时本溪地区商家约在2000户以上，其中本溪县境内就有1705家。到1941年，伪本溪湖市、县有商业992户。至1945年八一五光复前夕，伪本溪湖市、县仅有商业450户，其中日本商业250家，中国商业200家。本溪地区三大商业交易中心，即本溪湖、碱厂和桓仁沙尖子三大商埠业也经历了从兴盛到衰落的历史。现对其兴衰作以分述。

（一）本溪湖商埠的兴衰

本溪湖为安奉铁路沿线重镇和商业中心之一，随本溪湖煤铁工业的发展而迅速崛起，地处太子河畔的狭长地带，并东西走向，本溪湖河流经市区，河右为本溪湖煤铁公司及缸窑业，河左岸成为河东街即为本溪湖商业中心。

本溪湖大商号及其沿革如表1-4：

表1-4　1933年本溪湖街大商号沿革一览表

商号名称	经营范围	支店	开设年月	资本	出资人	支配人
广泰盛	绸缎、棉布、机械类、米谷商	广泰德	1912年2月	58800元	马作孚50万元	王源举
公悦成	杂货、丝房、米谷商	公悦成（碱厂）	1924年6月	31000元	王介福20万元	宋玉柱
张碗铺	绸缎、棉布、机械类、油房、米谷商	信成当	清光绪八年七月	30000元	张成箕30万元	高福润
福增利	杂货、米谷商	福增涌（奉天）福昌利（龙口、黄县）	宣统元年五月	35000元	王星五30万元	王中国
源兴和	杂货、棉布、米谷商		光绪二十五年二月	21000元	赵增元韩楹林贺洪信	常崇起
日增盛	杂货、棉布		1923年4月	12000元	金润轩杨公悦	杨乐溥
义增合	杂货、棉布、机械类、油房	义增当、义增银号	光绪三十年五月	5000元	王国治10万元	王庆福
天益永	洋杂货			3000元	赵　洋	赵汲三
天兴福	杂货、棉布		1931年7月	3000元	姚太德	姚宣三

在对本溪县街资本金在1000元以上的49家商号调查中，共有资本金314970元，年销售额在305万元。其他均为资本金在1000元以下的小商户，其销售额根据县征收的营业税来推算，在100万元左右，加在一起，本

溪湖（本溪县街）的年销售额约在400万元。

现将本溪湖著名商业经营者（资本金在2000元以上）列表（表1-5）
如下：

表1-5 本溪湖县街著名商业经营者一览表

店名	职业	资本金（元）	年销售额（元）	年收购额（元）	租金（元）	贷款（元）	雇佣人数
广泰盛	织品粮商油房	58800	650000	600000	5300	36000	95
永和银号	兑换业	35000	72000	72000	13266	8980	11
福增利	杂货	35000	450000	455000	12000	20000	70
公悦成	杂货粮商	30000	330000	270000	10000	10000	71
张碗铺	杂货粮商	30000	300000	270000	3650	17500	98
源兴和	杂货	21000	127000	100000	1200	7000	45
晟增长记	杂货	18800	90000	77000		8000	34
义增永	粮米	7000	62000	40000			16
福顺长	铁锅鉾炉	6000	14000	2000			11
华兴涌	染房	5500	50000	40000			29
义顺和	糕点	3900	18000	12000			15
福合银号	钱庄	3500	150000	150000			6
振兴源	铁蓆铺	3000	15000	9000			6
天兴福	杂货	3000	15670	19750		3000	9
天益永	洋行	3000	23500	14200			13
谭梨窑	畑梨	3000	32800	24000			8
福兴号	钱铺	3000	150000	150000			5
增盛铭	金店	3000	10800	7900			8
三盛合	粮米	2070	52000	45000	5000		12
义增合	粮米	2000	41000	38000			22
德兴泰	畑梨	2000	6000	8000			5

续表

店名	职业	资本金 （元）	年销售额 （元）	年收购额 （元）	租金 （元）	贷款 （元）	雇佣人数
福生东	粮米	2000	26000	13000			9
新华池	澡堂	2000	5400				26
湖山久	粮米	2000	6000	4000			8
仁义合	粮米	2000	16068	13740			5
福聚合	粮米	2000	38386	31250	4220	5443	10
有记厚	粮米	2000	6000	5000	2000		4
庆和成	药铺	2000	10500	5500			17

资料来源：[日]沈阳抚顺本溪辽阳四县调查队主编：《本溪县调查报告书》，1933年，第92—94页。

从1938年开始，日本殖民统治者为扩大侵华战争，加大对东北经济掠夺的力度，通过伪满政府公布了一系列经济统制配给法令进行强制约束，通过商工公会和各种组合实行行业垄断经营，通过地方伪市县公署经济科及专卖局等主管部门进行监管，从农产品到工业产品，从生产、加工、交易、运输到粮食、油料、棉花配给，几乎无所不统，如成立料理店组合、饮食店组合、木炭商组合、马车人力组合、猪肉商组合、煤油贩卖组合、商店组合、木业商组合、饭馆组合等等。同时，日资商业迅速发展，并注入大量资金，对民族商业进行垄断和控制，使民族商业受到极大的限制和冲击，许多商户纷纷关门破产。据1939年资料记载，本溪湖商户只有18个行业580户，其中日本商户166户，中国商户414户。虽然从1939年的资料本身看，本溪湖日方商户远不及中国商户数，主要商店销售额和日方料理店营业额似乎不算高，但其玩具、糕点、文具、乐器及大量洋货充斥本溪市场，对本溪民族商业传统日用品同样带来巨大的冲击，而且这还是经济统制和粮食配给刚刚开始的情况。

本溪湖日方主要商店销售额、日方料理店和中方主要商店营业额见表1-6、表1-7。

表1-6 日方主要商店销售额

品类	"康德"三年（日元）	"康德"四年（日元）	"康德"五年（日元）
外国商品	50229	64745	57179
唐装	25970	33290	43711
杂货	106817	131719	241976
药品	20325	23461	44771
度量衡	1780	8416	3519
书籍杂志	14243	38929	48797
文具	16147	25901	36994
乐器	7204	11910	16237
体育用品	2827	3878	5223
糕点	10772	36610	49739
鲜鱼	5050	12950	18300
玩具	1730	4190	4343
总计	263094	395999	570789

日方料理店营业额对街内日本人5户、朝鲜人3户进行的调查。

品类	"康德"三年	"康德"四年	"康德"五年
艺伎	89862	129845	192983
女招待	14482	12175	8676
酒肴费	85613	105473	151928
共计	189957	247493	353587

表1-7 中方主要商店销售额

品类	金额	品类	金额
大米	184449	木材	147664
高粱	438438	蔬菜	40826
其他谷类	685984	灯火燃料	24850

续表

品类	金额	品类	金额
白面	692914	书籍文具	14280
外国商品	138960	食品	131081
杂货	2259464	表和鞋	229821
鱼肉	104900	精染料	107173
糕点	62164	其他	849156
药品	36294	总计	6148418

资料来源：［日］本溪湖商工公会编：《本溪湖商工要览》，1939年，第44—47页。

从本溪湖66户中方商户的调查中可以看出，1938年5—12月的销售额为614.84万元，看似数字可观，须知这是日伪当局的经济统制法令尚未全面实施的状况，中方商户经销的商品除百货副食外，大多为大米、白面、高粱、谷类、蔬菜，这些商品恰恰是日后被严格统制的物资。

从1940年起，随着日本侵略者经济统制的不断加深，本溪民族商业如秋风落叶、严霜枯草，快步走向衰落。本溪湖商业凋敝，市场萧条，许多民族商号纷纷关门倒闭。

本溪湖商埠衰落的原因。首先，是日本殖民侵略和经济掠夺的必然结果。日本侵略者占领本溪，在对本溪人民进行殖民统治的同时，更要无限制地大肆掠夺本溪各种资源，并通过众多的会社、组合来垄断和控制本溪的经济命脉。至1940年，日本株式会社已增加到31处（包括"张碗铺"等两家中国商号与日商合资股份商号），拥有总资金达到11801万元，而"张碗铺"等两家中国大商号的资金仅为8万元，仅占31家会社总资金的万分之七。到1943年，日商会社组合已发展到38家，中国商号被强制纳入组合，民族商业的命运可想而知。

其次，由于日伪当局实行经济统制和配给，控制各类农业品和工业产品的生产、交易、运输、配给，禁止自由贸易，极大地破坏了本溪营商环境。由于各种统制无所不统，民族商业的生存空间被挤压而日渐凋敝。加上苛捐杂税名目繁多，日伪警特敲诈勒索，使民族商业苦不堪言。仅以"满洲饭店"为例，当时是本溪地区首屈一指的大饭店，而且还是本溪湖饭店的组合长，由本溪煤矿几位大把头出资，又有伪警佐坐镇，伙计30余人，兴隆一时。可惜好景不长，由于日伪警特、官僚公吏等蜂拥而至成为饭店常客，不仅白吃，还要吃好的，又都是不敢得罪的"主顾"。尤其是米面统配之下，饭店难以为继，加上两次被控"经济犯"，最后于1944年7月被市税捐局拍卖资产而倒闭。

再次，由于日本侵略者为掠夺更多本溪煤铁等资源，在两次产业开发五年计划期间，大规模扩建"本溪湖煤铁公司"宫原厂区，包括新建炼铁高炉、特钢试验工场、机械加工、发电所、焦化厂，以及建成彩屯、宫原水泥厂，新建彩屯煤矿竖井等工程，使宫原地区已成为本溪工业重心，加上伪本溪湖市人口急剧增长，市区扩张并南移，宫原火车站的修建，本溪煤铁公司大楼的落成，伪本溪湖市公署南迁宫原，本溪湖市商业贸易也逐步向宫原新市区转移，遂使本溪湖原有的商业中心地位逐渐走向衰落。

（二）碱厂商埠的衰落

碱厂是本溪地区又一商贸中心，地理交通区位特殊，为抚顺、新宾、宽甸、桓仁、凤城、本溪6县的交通枢纽，不仅有陆路交通，更有水路。1933年时，碱厂街市户数有900户，人口约6000人。有大小商号45家，其中营业者有40余户。在30年代中前期，在陆路交通尚不发达情况下，水路交通却十分便利，输出的商品以木材、烧酒、大豆为大宗；其次是烟叶、麻类、中药材和皮张。木材西下本溪、辽阳，烧酒则大部运往安东，大豆7成水运至本溪湖、辽阳，3成以大车运至安东。

碱厂商号成立时间较久，表1-8所列15家商号即有10家开设于清道光至光绪年间，比本溪湖商号成立时间还久。碱厂商号资本金在1万元以上的有4户，而且都是老字号。

表1-8　1933年碱厂著名商铺一览表

店名	经营类别	资本主所在地	资本金（元）	开设时间	经理人
福兴魁	烧锅	山西太谷	25000	道光五年	杨伟杰
公悦成	杂货油房	山东	20000	光绪十年	卢鸣春
亿合成	杂货	碱厂	10000	光绪三十年	张肇和
四合兴	杂货油房	直隶	13000	咸丰年间	张鹏翯

续表

店名	经营类别	资本主所在地	资本金（元）	开设时间	经理人
福兴贞	杂货油房磨坊	山西太古	5000	光绪廿七年	吴德晟
永隆祥	杂货油房磨坊	西沟	8000	道光年间	贾自发
福裕长	杂货油房磨坊	碱厂	5000	光绪廿年	魏连庚
会来祥	杂货	直隶	5000	同治年间	孙宝立
兴记号	杂货木厂	碱厂	3000	光绪廿年	张凤枝
豫丰泰	杂货	直隶	3000	民国二年	孟广增
谦益新	杂货	碱厂	2500	未详	纪永清
裕生茂	杂货	直隶	3000	未详	未详
兴盛成	杂货	直隶	3500	未详	未详
义诚福	药铺	山西	3500	光绪十五年	未详
义兴隆	药铺	山西	3000	未详	未详

资料来源：[日]沈阳抚顺本溪辽阳四县调查队主编：《本溪县调查报告书》，1933年，第102-103页。

碱厂虽为商埠重镇，地理位置相对优越，但由于距离大都市较远，本地居民消费水平低，生活必需品需求量小，因此商业贸易规模不大，并且很少坚守一业，基本上都是杂货兼营农产品、木材及其他特产。日军侵占碱厂后，烧杀抢掠，无恶不作，加上义勇军集聚，土匪出没，战事频繁，社会动荡。沦陷后期，日伪当局实行农产品统制，营商环境恶化，民族商业日渐萧条。特别是溪田铁路建成通车，田师傅工业重镇兴起，加上太子河水运逐渐萧条，碱厂部分商贸业已向田师傅等地转移，碱厂作为本溪地区的商埠重镇呈现明显衰落态势。

（三）沙尖子及桓仁商埠的兴衰

沙尖子原为桓仁及附近地区货物集散地。清末民初，桓仁、通化、新宾等地农副产品的输出，大多过境水运至沙尖子，再由沙尖子码头通过浑江水运至安东等地。由于"沙尖子上游的河道迂回较大，航行十分困难，因此输入货物都在沙尖镇登陆，换乘马车发送至各地。最近，随着内地市场的发展，不断有货物直接从安东或奉天方面输入，沙尖镇呈现逐步衰退的趋势"。沙尖镇商会"会员数有100多家大商店，但是在事变以后休业的商店达到了二分之一以上，现在非常不景气"。其输出品总额从1929年的212万元，下降至1932年的95.7万元①。

东北沦陷后期，由于主要农产品被日伪当局垄断，人民生活必需品又实行专卖和配给，农民生产的粮食被迫"出荷"，私营商业货源无保障，加上各种捐税名目繁多，使民族商业经营受到极大限制。此外，1937年开始，日本人在鸭绿江拉古哨修建水丰电站，浑江航道受阻。加上通化铁路开始通车，桓仁附近几县的商品流通渠道由水运改为铁路运输，沙尖子商埠遂彻底走向衰落。

不仅沙尖子商埠如此，桓仁县民族商业同样难逃衰落的命运。1929年全县私营商业达到226户。到1936年，县内民族商业便锐减至104户。到1944年则仅存89户，从业人员238人。早在1938年10月，日伪当局就成立了特产品专管会社，开始对特产品实行统制，严禁私商买卖。1939年，日本侵略者为扩大侵略战争，成立零卖联盟统配组织，连地方杂货铺经营的商品也采取按比例分配的控制办法，同年下半年又规定370多种生活必需品的零售价格，实行特产专卖制。1940年10月又制定《粮谷管理法》以取代《粮谷统制法》，扩大粮谷管制范围，使民族商业更加萧条和衰落，各大商号或停业，或改小号，小号改小店，小店改摊床。这就是东北沦陷时期本溪民族商业的惨景。

表1-9　桓仁县1944年私营商业情况表

类别	合计	杂货业	摊床	糕点	酱园	饭店	理发	照相	浴池	车板店	药店
户数	89	18	27	6	3	10	5	4	1	7	8
人数	238	58	29	20	11	20	18	21	9	24	27

资料来源：桓仁县地方志编纂委员会编：《桓仁县志》，方志出版社，1996年，第265页。

---

① ［日］满铁安东事务所编：《东边道宽甸辑安桓仁通化各县经济调查报告书》（1933年9月），宽甸县党史地方志办公室、集安市档案局译，2015年，第207-214页。

三、昙花一现的"张碗铺"改组

在20世纪二三十
年代，在本溪乃至辽
东地区，"张碗铺"的
名号堪称名闻遐迩。
不仅因为该商号创立
于清光绪元年（1875
年），不仅因为它与
"公悦成""广泰盛"
"福增利"并列为本溪
四大商号，而且因为
该商号的财东是大名
鼎鼎的张星南。

本溪县"张碗铺"改组无限公司成立全体摄影纪念

张星南是辽阳人，曾先后担任过民国奉天省参议会议长、伪满道德会
会长等职，财大气粗，人脉颇广，是本溪湖"张碗铺"的独资财东。"张碗
铺"执事高泽普，在本溪商海打拼20余年，颇有经商才能，何况已担任
"张碗铺"执事多年，经验丰富，他看到日本商业经营模式，颇有所感，决
心学习借鉴日本经验，对"张碗铺"进行改组。1937年，他首先派二掌柜
任焕周赴日本考察商业经营的经验做法，回来之后，通过对日本经商模式
进行消化理解，经财东张星南同意，并呈报伪满政府批准，对"张碗铺"
进行改组，正式成立"张碗铺无限责任公司"。所谓无限责任公司，即将商
业责任与投资人的责任连为一体，当企业的全部财产不足清偿到期债务
时，投资人要以个人全部财产用以清偿，这也恰恰表明了张星南这位投资
人的雄厚实力。

公司成立后，高泽普担任经理，任焕周任副经理，同时对各位掌柜职
责进行重新调整，阎世武分管信成当，由王贵普具体主持；沈兴武负责
"张碗铺"本部，刘正孚主管业务；李孝先为驻沈掌柜；李泽生主管财务会
计；李佩珩主管东行粮栈及油坊业务；徐云阁负责木局业务。当时"张碗
铺"及所属各部有伙计、雇员、学徒共100余人。

当"张碗铺无限责任公司"的招牌一挂出来，立刻在本溪引起不小的

轰动。因为"张碗铺"通过改组以后，确实彰显革新气象。吸收日本经营经验，废除了掌柜、劳金、伙计、学徒等称谓，改称经理、职员、店员；废除多年来实行的财务流水账，代之以日本式的商业簿记账，实行财务分类明细计算会计制度；脱掉了长袍大褂，改穿西服或学生式的制服，并佩戴上篆体的"张"字公司徽章。还选送青年店员赵振华等人到日本普通学校学习日语。对职员、店员实行年度评定工资制，按月预付薪金。职工内部实行通账方式（注账方式支付）购销货物，年终结账、评奖。"张碗铺"这次改革，打破了传统的商业管理模式，引进了日本先进的商业管理模式，开本溪地区商业风气之先。改组当年，"张碗铺"的纯利润就在2万元以上。

就当时而言，"张碗铺"的改组无疑是成功的。其成功的原因是：其一，"张碗铺"善于从事跨行业的多种经营。由于本溪地区社会购买力水平较低，因此经营品种单一很难立足和获利。所以"张碗铺"除经营日用百货之外，还经营粮栈，收集粮食，经销大豆，加工粮米，如经营"东行粮栈"、机器油坊，收购了"信成当"。在草河口"丰东升远"掌柜的帮助下，在碱厂、南甸子沟口开设木局，经营木材收购和运输等业务；1940年又斥资1.2万元伪满币，开始经营粮米加工业务，装设磨米机4台，电动机1台，月产高粱米1.25万公斤。

其二，善于学习借鉴先进管理经验，创造了中洋结合式管理体制。"张碗铺"在经营管理上，既借鉴采用了日本比较先进的财会制度，又保留和发扬中国商业的管理传统，它不设各种业务管理机构，也没有专职的人事考核和教育人员，但平时的考核却随时进行。分管经理对所有职工的工作能力、服务态度等都做到心中有数。如发现违章及时纠正，得罪顾客及时给予批评，有偷窃行为公开宣布辞退。因此，员工们有铺保、铺规的严格约束，不敢违章违规。

其三，坚持信誉至上，顾客至上的服务理念。"张碗铺"不仅在店堂的明柱上高悬着"货真价实，言无二价"和"物美价廉，童叟无欺"的醒目牌联，而且在实际销售过程中，也都是明码标价，不准缺斤少两克扣顾客。还实行送货上门，办理赊销。除此之外，"张碗铺"还十分重视商业信息和市场行情变化，以采取相应对策，在沈阳、大连、营口、安东等地都有其驻在员（俗称外城老客），随时掌握市场行情变化，指导销售①。

其四，"张碗铺"依附政治势力和雄厚的经济实力。"张碗铺"独资财东张星南，为民国和伪满时期的东北地区上层人物，与伪满大汉奸郑孝胥、张景惠、袁金铠、于芷山等关系颇深，政治背景深厚，长袖善舞，经济上富甲一方，"张碗铺"资本金为3万元，而他作为出资人，注册资金在30万元。正是由于张星南依附于政治势力和雄厚的经济实力，才使"张碗铺"生意兴隆，风生水起。"张碗铺"经理高泽普极受张星南信任，因有经商天赋，商海打拼，经营有道，也是"张碗铺"兴旺发达和成功改组的重要因素。

尽管改组后的"张碗铺"气象一新，并且踌躇满志，可惜生不逢时，在日伪当局的经济统制面前，经营有道也好，无限公司也罢，作为民族商号，终究摆脱不了走向衰弱的命运。1939年开始，由于日伪当局实行物资统配，对粮食、油坊、棉布、烟酒糖茶等生活必需品实行按人定量配给，使"张碗铺"的营销业务受到极大影响和冲击。加上1938年日伪当局制造本溪湖救国会事件，"张碗铺"受到诬陷、打击而元气大伤。后来，"张碗铺"一方面为了生存，不得不讨好日伪军警宪特，请客送礼；一方面为弥补亏损想方设法逃避监管和偷税，虚报报表，私下贩卖粮油米面等进行牟利；一方面采取精减员工，紧缩开支以渡难关，并且被迫加入日本组合，沦为日伪经济统制下的配给店而苟延残喘。从"张碗铺"的兴衰可以透视东北沦陷时期民族商业的境遇。

四、粮食配给

1938年以后，随着日本侵略战争的扩大和殖民掠夺程度的加深，东北粮食资源极为紧张，日伪当局为实现其经济统制政策，对粮食取消自由贸易，对城镇居民实行按人定额定量配售制度，使本溪人民的生活陷入困境。如果说，日伪当局的"粮谷出荷"政策是敲骨吸髓，向农民口中夺粮，那么，粮食配给就是让城镇居民吊锅断粮，生不如死。

早在1938年11月，日伪当局就公布《米谷管理法》，首先对大米进行

① 醒夫：《记本溪湖的张碗铺》，载中国人民政治协商会议辽宁省本溪市委员会文史资料研究委员会编：《本溪文史资料》第4辑，1989年，第206-213页。

统制。1939年，公布《米谷管理法实施细则》，从米谷生产到配给都作了详细而又苛刻的规定。同年10月和11月，又分别公布了《主要特产物专管法》和《主要粮食统制法》，前者是针对大豆三品（大豆、豆饼、豆油），后者则是针对高粱、玉米和谷子。1940年，公布了《特产物专管法》，将大豆三品之外的苏籽、小麻籽、大麻籽、花生及其油、饼的征收出荷、配给等纳入统制。同年，又公布《粮谷管理法实施细则》，对高粱米、玉米、小米、大麦、燕麦、荞麦、小豆、绿豆、豌豆等品种的生产、交换、运输、配给等都作了强制性规定。

日伪当局对粮食和油料的统制和配给，不仅使从事粮油购销、加工的民族工商业受到极大限制，也使饭店经营难以为继，一些饭店纷纷关门歇业。本溪湖"满洲饭店"是本溪地区最大的饭店，又是本溪湖饭店组合长，但因当局配给的米和面粉根本不够用，于是只好走私，暗中向"本溪煤铁公司"配给所偷买面粉，结果两次被指控为"经济犯"，经办人两次被伪警察署拘留①。由于实行粮食统制和配给，使食品加工作坊和摊床纷纷倒闭。"1943年，伪本溪湖市豆腐房88家中的三分之一，煎饼铺300余家的三分之二，均告歇业。"②

日伪当局对城镇居民的粮食配给数量极低，人们实难填饱肚子。据资料记载：1943年1月15日至月末及2月份配给情况："本溪县27个街村吃配给粮的官公吏人口为7019人，1月份后半月配给51500斤，2月份配给99400斤，合计150900斤，一个半月平均每人配给21.5斤；吃配给粮的商工业人口为13819人，1月份后半月配给96800斤，2月份配给193600斤，合计290400斤，一个半月平均每人配给15斤，每人每月配给10斤。"

日伪当局对粮食配给有严格的等级规定。1943年3月，由伪兴农部、治安部公布了《饭用米谷配给要纲》，把粮食物资分配对象，划分为军需、准军需、官需、特需、准特需、主要民需、民需7类，普通民需被划分在最后一类。而民需又分为日人、朝鲜人、"满人"、蒙古人、其他各族华人五等，并明确规定甲类粮（细粮）优先供给"大和民族"，乙类粮（粗粮）才

① 《本溪最早的大饭店——满洲饭店》，载中国人民政治协商会议辽宁省本溪市委员会文史资料研究委员会编：《本溪文史资料》第4辑，1989年，第218页。
② 伪警务总局经济保安科：《经济情报》1943年5月，转引自姜念东等：《伪满洲国史》，吉林人民出版社，1980年，第329页。

供给"劣等民族"，面粉则成为中国人的奢侈品，只有在传统节日时才能配给一点点。对一般平民只配售粗粮，以1943年为例，分为劳需、一般、农村地区3类。一般又分为甲和乙，甲为特种会社、官厅及其相当者；一般乙即普通市民的配售量。本溪、营口、铁岭等地：成人7公斤，中人（3—10岁）4公斤，儿童2公斤[1]。由此可见，配给标准之低。少数重体力劳动部门，如本溪煤矿劳工才能多配给第一种24公斤、第二种15.5公斤，但仅限本人，而且由于中间有把头克扣，实际远不足数。1943年前，本溪煤矿劳工"每人名义上还可以配给到一斤半高粱米，经过劳务科、二把头再到工人的手，只剩得一碗有股子发了霉的高粱米饭。1943年后，每人只发两个窝窝头，掺着豆腐渣，吃起来又酸又涩。后来高粱米没有了，每顿只发两个橡子面的窝窝头，到后来每人只发四两面了"[2]。

由于粮食配售标准质量恶劣，而配售也经常中断，纵有黑市交易，可是粮价要高于配售价一二十倍以上，普通平民只能望粮兴叹。而一些配售部门和配给人员也借机克扣贪污，坑害百姓。铁路宫原机关区负责配给的高恩霖、高洪陛利用日伪势力作后台，从1944年开始，采取麻袋不去皮、扣称、吃空名等手段，在短短的17个月时间，就克扣贪污铁路工人配给粮达3.75万公斤[3]。

日伪当局规定中国人不准吃大米，吃大米成了日本人的专利。早在1938年，日伪当局就公布了《米谷管理法》，1940年6月东北各城市开始实行大米凭票配给，对象当然只能是日本人和朝鲜人。中国人吃大米就是"经济犯"，轻则打骂，重则处罚。而且规定中国人只有荐任二等以上伪官吏及家属、少校以上现役伪军官及家属，以及汉奸、地主、资本家等等，每月才能配给1—3公斤大米。包括桓仁产稻米的农民也严禁吃大米，除了留稻种之外，都要交出荷粮，违者按"经济犯"论处。

家住本溪湖的曹玉梅，有个两岁的弟弟患有重病，根本吃不下又苦又辣的橡子面，已经饿得站不起来。曹父便偷偷从一个自火连寨进城偷卖大米的人手中买了1斤回来，藏到最隐蔽的地方。每次只做一点米粥给弟弟

---

[1] 伪警务总局经济保安科：《经济情报》1943年12月，转引自姜念东等：《伪满洲国史》，吉林人民出版社，1980年，第381页。

[2] 华君武：《十四年来本溪煤矿工人的人间地狱生活》，载《东北日报》，1946年1月21日。

[3] 《宫原机关区工人开展反贪污清算斗争》，载《东北日报》，1946年1月29日。

吃，为吃这点大米，全家人都提心吊胆，唯恐被日伪警特发现。因此每次四弟喝粥时，妈妈便叫曹玉梅和二弟三弟3人，顺着百余米长胡同拉开距离放哨，只要有动静就赶紧报信。直到四弟把粥喝完，颗粒全无，全家人才松口气①。家住赛马集的萧凤兰奶奶，为养活孙女孙子，到苇子峪给地主打短工，期满后换回7升高粱，奶奶又好说歹说，又换了半升大米。她将大米包好放进高粱米袋子里，不料在回家半路上遇见几个日本兵。日本兵夺过米袋一摸发现大米，扬手就给老太太几个嘴巴子："你的大大的坏了，经济犯的干活计，明白？"凤兰奶奶被打得眼冒金星，嘴角流血，满眼是泪地恳求说："我家有个孙子病了，吃不下去饭，我特意和东家换点大米，你们给我吧！""苦辣！三宾的给！"日本兵说完又要打她，而另一个日本兵把高粱倒了一地，把大米拿走了。凤兰奶奶只好把高粱收起来，哭着回到家里②。

东北沦陷时期，日本侵略者采取种族歧视政策，对东北人民及被其奴役的朝鲜人采取"分而治之"的伎俩，将其统治下人民分成等级，日本人为一等"国民"，朝鲜人为二等"国民"，中国人（时称"满洲人"）则为三等"国民"，对粮食和其他生活日用品都是按等级严格控制和配给。日本人吃的是大米白面；朝鲜人则吃小米和文化米（好高粱米）；而配给中国人的全部是粗粮，而且定量少，根本不够吃，中国老百姓只能是一根肠子空着半根。据韩凤文回忆：特别是太平洋战争爆发后，"配给的苞米面全都发了霉，结成了大疙瘩，里边都变成了绿色，吃在嘴里，苦味使人难下咽"。"到后来，还配给中国人豆饼面、橡子面吃。野生的橡子磨成面，根本不是人吃的，是用来喂猪的，人吃了后就感到头晕目眩"③。

东北沦陷时期，特别是日伪统治后期，日伪当局在东北实行"粮谷出荷"和粮食配给恶政，对东北人民造成极大的灾难，一方面通过"粮谷出荷"强行搜刮东北农产品，掠运日本和供给军需，一方面却通过粮食配给

① 曹玉梅：《刻骨缕心总难忘》，载中国人民政治协商会议本溪市溪湖区委员会编：《溪湖文史资料》第4辑，2004年，第359页。

② 王焕章口述：《凄风苦雨四十年》，载本溪矿务局党委宣传部编：《矿工血泪》，1963年，第94页。

③ 韩凤文：《在日寇铁蹄下本溪矿工的悲惨生活》，载中国人民政治协商会议本溪市溪湖区委员会编：《溪湖文史资料》第3辑，2003年，第107页。

极力压低居民的粮食消费，致使本溪人民生活在饥寒交迫和水深火热之中，有的逃荒要饭，有的被逼自杀，还有许多人竟活活被饿死，这是日本侵略者永远无法偿还的历史欠债。

五、蓄意制造"本溪湖救国会事件"

日本侵略者不仅疯狂掠夺本溪资源，血腥镇压本溪抗日武装，垄断、控制本溪民族工商业，还蓄意制造了"本溪湖救国会事件"，对本溪湖民族工商界人士进行逮捕审讯，横加迫害。

1938年4月13日，日本"讨伐"队在"讨伐"抗联第一军第一师驻地和尚帽子根据地时，不料在本溪县大青沟遭到抗联第一师的伏击，损失惨重。这令日军头目恼羞成怒，认为内部有人事先通匪，首先追查到胡家堡子伪警察分所长孙烈钧的责任。孙烈钧为保住自己性命，就报告称当地的伪屯、牌长"通匪"并列出名单。日伪当局按名单抓捕30余人，于4月30日在赛马集将他们集体杀害，这就是"赛马集惨案"。

不久，又有人捏造说在日军缴获的抗联运输驮子上，发现包装物资的麻袋上有"张碗铺""广泰盛""公悦成"等本溪湖大商号的字号，于是日军又以此为借口，炮制了"本溪湖救国会事件"，并将此案呈报给伪奉天省警务厅从严查处。伪奉天省警务厅组成案件搜查班，以日本人井上为首，带领翻译金高丽（外号金大刀）、本溪湖日本巡捕长蒋兰一、特务头子李子文等，于同年5月18日，闯入本溪湖张碗铺，先后逮捕了"张碗铺"经理高泽普以及任焕周、李孝先、李泽生、沈星武、刘正孚等分管高层进行刑讯逼供。搜查班还拿出张碗铺通过3家成衣铺给伪保甲加工出卖的成批灰布军衣的账簿，逼问"张碗铺"负责跑外掌柜李孝先是不是救国会给抗联做好的军装，又逼问谁是救国会成员，李回答服装是给各区保甲做的，不知道什么是救国会，结果被金高丽抢起大镐把一下子将其打昏过去。

次日，搜查班将"张碗铺"的沈星武和刘正孚放回，将高泽普等"张碗铺"高层人员，和同案被捕的"广泰盛"经理兼本溪湖商务会长王惠亭、"公悦成"执事宋金庭、安东银行本溪分行经理郭枝善、知名士绅荆瑞、大把头陈士宝、伪警察署刘玉昆等人，一起押运奉天，关押在奉天大南门城内伪警察署。

"本溪湖救国会案件"轰动了奉天城，令全省民族工商界人人自危。王惠亭对李孝先说："这回除了靠你们的财东张星南，我们哪家也不行了，没门路。将来案件怎样，就看张星南的了。"当时，奉天城内伪警察署高署长见抓了这么多本溪湖商界人士，就感慨地说："覆巢之下，焉有完卵！亡国了，人身保障也就没有了！"因此他从未过问此案。

奉天城内伪警察署监房里黑暗潮湿，"时值盛夏，狱中孳生蚊虫跳蚤，咬人难眠；大小便均在狱室内的大便桶内，臭气蒸腾，令人发呕。一天放两次风。吃的是剩饭、馊饭和橡子面窝头，啃的是咸菜头，真是生活不如猪狗，度日如年"[①]。伪奉天警务厅搜查班对被关押人员随时提审，刑讯逼供，不是用棒打，就是灌凉水，有时还灌辣椒水，把人折磨得死去活来，遍体鳞伤。

早在日军搜查班进入"张碗铺"大搜捕之时，"张碗铺"就已派人向驻在奉天的财东张星南汇报情况，张星南连夜赶赴新京（长春），先后面见了张景惠、于芷山、郑孝胥、袁金铠等伪满上层人物进行疏通。伪满警务大臣于芷山便以伪警务司名义给伪奉天省警务厅发电报，要他们对本溪湖的所谓救国会案件持慎重态度。搜查班头目井上本想借此案达到政治迫害、经济敲诈的目的，没想到张星南有如此神通。但他未达目的，岂肯干休。于是又耍阴谋，唆使金高丽从新宾弄到一支手枪拿来本溪，乘人不备，偷偷将手枪藏到"张碗铺"客室外间财神像后的墙壁里，然后由井上带人到此将枪支搜出，便诬称"张碗铺"窝藏抗联人员，回到奉天后便扬言要杀几个人并要求逮捕张星南，伪奉天省警务厅日本头目明知是假案，恐事情闹大，不好收拾，因而拒绝了井上的要求。

在日伪当局制造"本溪湖救国会事件"、逮捕所谓涉事人员时，正值魏运衡担任伪本溪县县长，此案使他受到极大的震动，但却无能为力。恰在井上诬陷"张碗铺"藏有抗联手枪并要大做文章时，魏运衡挺身而出，要为此案受害的"张碗铺"辩护，经过他的调查，发现搜查出来的枪支不是英国制造，而是民国奉天兵工厂制造，他用自己手枪上的新号码说明该手枪是九一八事变后日本人得之于奉天兵工厂，怎么可能跑到本溪"张碗铺"仓库呢？认为证据不足而拘捕人也是不合法的，他还带翻译到日本宪

兵队和伪警务局交涉①。

后来经张星南疏通，此案改由伪奉天省高等检察厅接办，其长官是日本人川右。他经张星南疏通，调阅了该案的案卷，于7月宣布先将李孝先、李泽生等人无罪释放，高泽普等人则转入奉天模范监狱，边劳动边等候审判。川右为处理此案，在本溪湖搞了近6个月的调查，证明此案为假案。于1939年1月4日，"本溪湖救国会案件"在押人员被宣布无罪释放。

"本溪湖救国会案件"从表面上看，是日本"讨伐"部队遭遇抗联第一师伏击而恼羞成怒，为找回面子，不仅制造了"赛马集惨案"，也把怒火发泄到本溪湖商业界的一次报复行为，而实质上则是日伪当局为加紧经济统制步伐，借机迫害本溪湖商界人士，彻底摧毁本溪民族工商业，从而实现其全面经济掠夺计划的一次有预谋的行动。与"桓仁县救国会案件"不同的是，桓仁县救国会有组织、有抗日行动，并且有捐赠名册落入敌手，有抗联地方工作员被抓捕事实，有汉奸告密因而损失惨重；而"本溪湖救国会案件"纯属捏造罪名并且栽赃诬陷，幸赖上有张星南疏通周旋，下有魏运衡挺身辩护作保，虽受牢狱之苦，性命却得以保全，实为不幸中的万幸。

第四节　垄断交通电信业

本溪地处辽东山区，在1905年盛京将军赵尔巽上书清廷，设立本溪县。设治原因中称本溪湖附近一带"万山重叠，路径分歧"。可见，因地势地貌原因，本溪地区交通极为不便。本溪境内最早的道路是西汉时期古驿道，在民国时期初步形成道路网。九一八事变后，日本侵略者为达到长期霸占本溪地区的目的，先后在本溪境内修整道路18条，总长702.5千米；水路运输主要是太子河碱厂渡口行经小市、本溪湖、辽阳、营口等地入渤海和浑江沙尖子渡口行经宽甸、鸭绿江沿岸入黄海；铁路运输，在日俄战争时期，日本出于军事运输需要，修建安奉铁路，东北沦陷后，日本侵略者当局为镇压东北义勇军与抗联队伍，疯狂掠夺地产资源，1937年分别修筑

---

① 沈济忱口述，谭会忠整理：《伪本溪县长魏运衡轶事记》，载中国人民政治协商会议辽宁省本溪县委员会文史资料研究委员会编：《本溪县文史资料》第2辑，1987年，第80-81页。

了辽宫铁路（辽阳至宫原）和溪田铁路（本溪至田师傅），形成了以本溪为中心的西北至沈阳、东南至丹东、西至辽阳、东至田师傅的"十"字形铁路交通网。本溪邮政事业自元朝时期始即有通邮，民国时期和东北沦陷时期，基本实现了全境通邮。

一、"满铁"垄断本溪公路

据《辽宁省交通志》记载："辽宁古道的东干线，是由辽阳东南行，经连山关、凤城、九连城而达朝鲜。此道开拓于燕昭王时期，隋、唐沿用，宋、元、明、清四代又在此路上设驿站①。"这条古道在本溪境内有27.5千米。至清朝末期，本溪境内无公路，人畜行走沿用自然形成的小路。货物运输，多为身背肩挑，或用畜驮，亦有少量马车，运行于平坦短途路段。民国时期，集军、政大权于一身的张作霖，出于军事需要，责令各地大力修治道路。境内修建道路16条，总长488.5千米。其中，县道7条，长391.5千米；乡道5条，长52千米；里道4条，长45千米。修治道路标准以能通行马车为标准，故称马车道。马车道的修建，揭开了本溪公路的发展史。东北沦陷时期，日本侵略军妄图长期占领东北，强迫各地群众抢修道路，境内整修和新建道路18条，总长702.5千米。其中，"国道"1条，长92.5千米；县道8条，长344千米；警备道9条，长266千米。此间修治的道路标准低，坡陡弯急，虽通汽车，但时速仅在30千米以下。

九一八事变后，日本侵略者为强化殖民统治，制订了《东边道道路修改工程计划》，修建军用道路，成为警备道，强制本溪、桓仁两县近万名劳工逢山筑路，遇水搭桥，至1941年，本溪境内整修和新建伪国道、县道、警备道②31条，共计1000多千米。主要有以下4条：

本溪湖至桓仁警备道。日本侵略军为割断当地群众和抗日武装的联系，除实行合村并屯、设立监视哨外，更用武力强迫群众"十户联牌"（日本保甲制度，10户为一牌，每村为一甲），有人出人，无人出钱出粮，为他们大修"警备道"。本桓公路西段，就是日本侵略者这一疯狂措施的产物。

---

① 辽宁省交通史志编审委员会编：《辽宁省交通志》，沈阳出版社，1992年，第56页。
② 即警备道路，是日本帝国主义为了保护其侵略中国所占领的地域，也就是对反抗日本侵略军的正义的抗日游击队增强攻击镇压的机动力并给以有效打击的军警专用道路；也是榨取农民、掠夺他们财富的动脉。

此路自本溪湖向东途经大峪、三架岭、小市、田师傅到桓仁，长 195 千米。此道原为民国时期马车道。1936 年由伪满国道局投资，日伪统治当局强迫沿线百姓整修，至 1937 年完工。在市区太子河上修建本溪大桥（溪湖大桥），后作为伪市政桥，为行人和非机动车使用。该道全线改造后，通汽车。是今天本桓公路的雏形。

本溪湖至碱厂"国道"。自本溪湖始，途经赫地沟、窑沟口、窑子峪、三家子、偏岭、高丽营子、头道河、西麻户、张家街、双岭堡子、台后、清河城、小甸子、富家楼子、赵家甸子、水洞、北甸子、南甸子（老南甸子）、沟口、南阳岗子、碱厂，全长 83.5 千米，路宽 6 米，沙石路面。此道原为民国时期的大车道，经改造而成。1934 年，日伪当局强迫当地老百姓整修此道，由伪满国道局投资，"公悦成""张碗铺""广泰盛"等商号承包修建，当年完工后，定为"国道"。全线新建碱厂大桥和韭菜园子大桥，韭菜园子桥长 72 米，桥面宽 6 米，1946 年毁于洪水。全线整修后，四季通行汽车。

唐家台至草河口警备道。自沈阳市唐家台进入本溪边牛，途经石桥子、高程寨、火连寨、彩屯，本溪市区，南行三道河、南芬，到草河口止。本溪段在 1942 年修建华阳桥（彩屯大桥）跨越太子河[1]。这条公路原为依山傍水的驮力人行小道，东北沦陷时期，改为警备道，本溪境内 117 千米，路基 5—6 米，是当时本溪地区沟通沈阳至丹东间的重要公路通道。东北解放后，改称丹霍公路（G304）。

安东—桓仁—通化线。日本侵略者为镇压抗日军民，于 1933 年开始修建此线路，桓仁段由于地处山区路段，工程由伪满国道局分段承包，由于抗日军民的袭击和抵制，直至 1936 年才勉强完工。这是纵贯东边道的一条干线，关东军通过这条道路，对周边的抗日力量进行残酷镇压。

日伪当局出于统治目的修筑的道路，虽比民国初期有较大发展，但路况基础差，标准低，路型弯曲，坑洼不平，每年春季道路翻浆，夏秋两季道路泥泞，加之境内河多桥少，车辆通行极为不便，汽车时速仅可达 30 千米。修建警备道路是向着目的地选择了最短距离，由直线构成，因而它或

---

[1]《华阳桥地镇祭将于明日，举行竣工后之两地交通，完全一新，颇为期待》，载《盛京时报》，1942 年 1 月 18 日。

从耕地中央穿过，或从耕地边缘穿过，以致剩余耕地有时不足1米，因过于窄小而不能耕种[①]。

1933年，日本守备队的汽车在桓仁境内运输各种物资，进行经济掠夺。1936年8月，设置伪通化铁路局自动车营业所桓仁支所，开办民间货运业务，每天有10多辆货车运输物资。同年，伪安东交通公司设置桓仁营业所，开办货运业务，承揽桓仁安东的货物运输。1938年，伪奉天协荣公司在桓仁设置营业所，有3辆汽车承揽桓仁至奉天的货物运输。1940年，日本侵略者在二棚甸子开办矿山，每天有10多辆汽车，从二棚甸子向通化运输铅粉。

东北沦陷时期，日伪统治当局对公路运输实行垄断经营。日本各运输商纷纷投入汽车参与县内公路运输市场，汽车增加。日本侵略者把汽车运输分为"国营"和民营，把与铁路运输有竞争力的线路定为"国营"，由日本运输商专营。1933年2月9日，日本侵略者将"国营"线路以委托的形式，交给日本"南满铁路株式会社"经营。自此，境内"国营"汽车营运、民营汽车营运线路及交通运输工具完全控制在日本侵略者政治、经济联合体"满铁"的手中。这一时期，本溪地区主要汽车营运线路："国营"有溪明线（本溪湖至明山）3千米，辽歪线（辽阳至歪头山）55千米，抚碱线（抚顺至碱厂）110千米；民营有草赛线（草河口至赛马）43千米，草石线（草河口至石庙子）66千米，溪碱线（本溪湖至碱厂）87千米。

二、"满铁"垄断铁路运输与掠夺资源

"满铁"全称"南满铁道株式会社"，成立于1906年，是日本经济侵华的托拉斯组织。它以东北南部铁路经营为基础，以东北工矿为重点，广泛渗透到东北农工商各部门。九一八事变后，"满铁"垄断了本溪地区全部铁路、河川、港湾等水陆交通，并积极参与日本侵略、掠夺政策的炮制。"满业"成立后，"满铁"转向以铁路为中心的东北交通运输综合经营。

在交通运输方面，伪满洲国成立后，"满铁"的势力更为扩大。伪满政府不仅将名义上属于中国所有的东北铁路及其附属财产，以及从苏联收买来的中东铁路，全部"委任""满铁"经营，还将计划要修筑的铁路也交

---

① ［日］岛村三郎：《我们在满洲做了什么——侵华日本战犯忏悔录》，公文逸编，群众出版社，2016年，第51页。

"满铁"负责。

九一八事变前，东北铁路长度共计6234千米，可分为三大系统，即中国、中东（1732千米）与"南满"（1124千米）。"南满铁道公司"为日本侵略东北之大本营。九一八事变前，日本在东北投资约16亿日元，"满铁"约占半数，即8亿日元。1933年，伪满政府将东北中国所有铁路全部委托"满铁"管理，1935年日人非法购买中东路，改称"北满铁路"，亦由"满铁"管理，故目前东北铁路运输已归"满铁"独占①。

本溪地区铁路运输是日本帝国主义为侵占中国东北，大肆掠夺东北资源所建。1904年，日本侵略者为同俄国争夺东北霸权，开始修建安奉铁路。东北沦陷后，日伪当局为镇压民族抗日武装，疯狂掠夺地产资源，于1937年修了辽宫铁路。1937年修筑了溪田铁路。形成了东至田师傅、东南至丹东、西至辽阳、西北至沈阳的"十"字形铁路交通网。

"满铁"成立后，对本溪地区交通运输实施垄断政策，通过不断攫取铁路利权，修筑铁路，敷设铁路复线等一系列措施来加强竞争力量与垄断地位。

日俄战争期间，日本侵略者为同俄国争夺东北霸权，运送军用物资，而强行抢修沈丹轻便窄轨军用铁路，1904年3月建成通车，时称安奉铁路。1911年改筑为标准轨商业铁路，由"满铁"经营。安奉铁路的修建，便利了日本帝国主义对东北资源的掠夺，为进一步侵华奠定了经济基础。东北沦陷时期，沈丹铁路成为日本侵略者掠夺境内资源和倾销日货的主要货运线路。据所谓的《满洲开发四十年史》记载：仅本溪湖火车站1938年至1942年5年间，累计到、发货747.4万吨，其中到货290.9万吨，发货456.5万吨。其中1938年到、发货合计152.6万吨，其中到货40.5万吨，发货112.2万吨；1939年到、发货合计140.5万吨，其中到货48.7万吨，发货91.9万吨；1940年到、发货合计156.2万吨，其中到货66万吨，发货90.2万吨；1941年到、发货合计159.2万吨，其中到货71.1万吨，发货88.0万吨；1942年到、发货138.8万吨，其中到货64.6万吨，发货74.2万吨②。

---

① 任美锷：《沦陷后之东北》，载《东方杂志》1944年第40卷第7期。
② 〔日〕满史会编：《满洲开发四十年史》上卷，《东北十四年沦陷史》辽宁编写组译，1987年，第361页。

1913年，北洋政府批准中日民间修建溪碱轻便铁路，同时设立溪碱轻便铁路有限公司，负责溪碱轻便铁路的修建施工。当年9月，溪碱轻便铁路有限公司派员对线路进行调查。10月6日，开始对靠近本溪湖的太子河至牛心台间的铁路建设工程施工。1914年1月25日，该段轻便铁路竣工。同年2月1日开始营业。通车前，"满铁会社"即染指本条线路，沟通后，民国政府妥协，定为"满铁会社、本溪湖满铁公司合办，满铁则占七成，其重要职员均系由满铁派遣"①。至此，本溪境内继安奉铁路归属"满铁"后，溪碱铁路又一次被霸占。东北沦陷后，日伪当局为掠夺东北资源，对本溪境内及周边地区国民经济与资源状况进行了大量细致的调查，于1933年开始着手溪碱铁路建设事宜。1937年7月开始动工，1939年9月全线竣工。

东北沦陷时期，溪碱铁路成为日本侵略者掠夺本溪地区资源和倾销日货的主要货运线路。据所谓的《满洲开发四十年史》载：1939年至1942年，溪碱铁路货物运输量累计360.7万吨，其中1939年为18.2万吨，1942年为117.6万吨。客运方面，由于日伪当局的严格限制，百姓乘坐火车不多。据《满洲开发四十年史》载：溪碱铁路全线各站1939年至1942年4年间客运发送量累计260.8万人，其中1939年为16.2万人，1940年为64.7万人，1941年为84.6万人，1942年为95.3万人②。

伪满时期，日伪当局发现通化地区具有丰富的煤铁资源，还有石灰石、耐火黏土等炼铁用矿产资源，将其称为"东洋的萨尔"。1937年春，日伪着手实施"东边道纵贯铁路工程计划"。将溪碱铁路与碱仁（碱厂—桓仁）线、通仁（通化—桓仁）线以及通临（通化—临江）线等铁路连成一线，是该计划的重要部分。该线路建成后，通化地区及沿线的矿产资源可运送至安奉铁路沿线的本溪湖、奉天和安东，再通过溪辽（本溪—辽阳）线的建设，又可与"南满"铁路连接，与辽阳、鞍山、营口和大连连成一体。因此，续修和完成溪碱铁路，就成为日本侵略者掠夺东边道及沿线矿产资源这条"大动脉"中的重要一环，其重要地位明显。

1943年5月，凤凰城至灌水铁路开始临时运营。该路系日伪当局为掠夺

---

① 杨亦周：《日本满蒙铁路政策》，载《大公报》，1931年10月31日。

② ［日］满史会编：《满洲开发四十年史》上卷，《东北十四年沦陷史》辽宁编写组译，1987年，第351页。

灌水附近赛马集煤矿资源而建，长79.94千米，1938年3月开工，1943年4月完工。其灌水至赛马集支线，长44.4千米，1939年4月开工，1945年6月完工通车。原拟由灌水经宽甸、上河口展筑至桓仁，以与通化至桓仁铁路衔接，构成一条靠近中朝边境的纵贯铁路干线[1]。但直至日本战败，也没有实现碱厂—桓仁—灌水间通车。

安奉与溪碱铁路的建设，主要是连接"南满"重工业地区与外部，是日本经济侵略东北的一个缩影而已。借由铁路的便利，本溪地区大量钢铁、煤炭资源被日本侵略者疯狂开采，成为日本为全面侵略中国进行财富积累和物资准备的最重要来源，而对于本溪人民来说，侵略者的过度开采和破坏性开采，造成原始森林被破坏，资源大量浪费，伤害巨大。今天东北出现大量资源枯竭型城市，在转型的道路上步履蹒跚，与当年日本侵略者的资源掠夺是分不开的，为掠夺资源而建，贻害千秋万代。

三、内河航运的衰败

本溪太子河航运始于明末，兴盛于清末至民国，衰落于东北沦陷时期。明朝末期，船筏由碱厂沿太子河顺流而下，经小市、本溪直达辽阳和营口。输出物资主要有杂木、粮谷、线香及土特产品，逆水则输入布匹、食盐及日用品。清末、民国时期，太子河及其支流汤河、杉松河等水路，船筏通航435千米，全县有船筏300余只，年输出木材24万余根，粮食及其他农产品4000余吨。东北沦陷时期，由于日本

太子河水运

---

[1] 中国铁路史编辑研究中心编：《中国铁路大事记（1876-1995）》，中国铁道出版社，1996年，第150页。

侵略者疯狂掠夺县内资源，大肆砍伐森林，使县内森林资源遭到空前的破坏，上游植被严重破坏，导致太子河连年洪水多发，水土大量流失，河道淤积，加之公路运输和铁路运输的开通，太子河水路运输逐年衰落。至1945年东北光复时，太子河水路运输基本停止。

太子河水运鼎盛于清朝中、末期至民国初期。此间，县内农业、采煤业、冶铁业以及酿酒、制陶、制香等手工业进一步发展，境内与外埠的物资交流频繁，太子河水运进入鼎盛时期。据《辽宁省档案馆资料》记载："民国14年，仅碱厂、小市两地由水路输出的物资就达16000多吨；太子河沿岸有船筏300余只；本溪湖河沿码头每天上游到货船筏10只以上，本溪县公署为了加强水运管理，增加税源，在太子河沿岸设立船捐局。"清末民初，本溪公路交通落后，太子河水路遂成为境内沟通外埠的最重要交通路线。

东北沦陷期间，兴盛一时的太子河水运逐渐开始萧条。进入20世纪30年代中后期，太子河水运几乎绝迹。造成这一现象的表面原因是境内道路建设有了较大发展，提高了大车运输能力，同时汽车投入公路运输，溪田铁路、溪辽铁路相继建成通车，陆路交通运输占有量大增，逐步取代了水运。但其根本原因则是由于日本侵略者对本溪境内的粮食、木材的强制统一购销，不准私人贩运，造成无货可运的境地。加之，日伪当局疯狂掠夺太子河上游森林资源，植被严重破坏，造成水土流失，雨季洪水泛滥，河道淤塞，舟楫难行，致使具有悠久历史的太子河水运失去了航运条件。

据1934年《本溪县公署调查河道行业情形表》记载："太子河碱厂至本溪湖间，正常水位时，河水最宽处约70米，最窄处约17米；航道水路最深处约10米，最浅处1.4米，流速在26—60米之间。"据载："本溪县水路分布：从碱厂至本溪湖水路二百五十里，通行船筏。自碱厂至洋胡沟间水路二百里，可通木筏；自碱厂至杉松河上游水路四十五里，可通行木筏。北太子河自马家城子至平顶山，水路一百五十里，可通行舟筏。小市至汤河上游四十五里，可通行木筏。"从辽阳至碱厂水路，是本溪县与外界物资交流，输出输入境内农副产品和生产生活用品的重要交通运输路线。

辽阳至本溪湖段。水路90千米。河阔水深，水势平稳。航道河水最浅处1.4米。船筏顺流下航需1—1.5天到达，逆流上航需4天到达。在涨水时和枯水时水位不正常情况下，顺流下航需3天，逆流上航需7—8天。

本溪湖至小市段。全程72.5千米。此段水路，本溪湖至牛心台间，水路平缓。从牛心台上行河道多弯，河崖壁立，水位上涨时，行船危险，且有浅滩，影响航行。松树台至大甸子间及同江峪至山城寨间，河道弯曲，各形成一个"S"形水道。山城寨附近河道分两支，南岔通碱厂至本溪湖大车道，在汤河口设货物装卸场。此段航道正常水位时，浅处1.4米，深处7米以上。水位正常时，顺流下航需1—1.5天，逆流上航需要2.5—4天。

浑江航运在桓仁境内航道161千米，桓仁段从北甸子村起，顺水而下至五里甸子老黑山出县界，一般宽100—140米，最狭处33米，水深0.6—3米。桓仁水库建成后，除沙尖子至浑江口55.5千米航道还可通行外，其余航道停运。航道中有31棚"哨"坎，较大或险恶的有牤牛哨、老虎哨、秋皮哨、阎王鼻子哨、满天星哨。码头位于沙尖子镇沙尖子村，桓仁与宽甸接壤处。1902年，县内浑江沿岸农民自制木船，逆行可至通化、八道江一带，顺航可至安东。1909年，境内有木船220只，当年运出农产品价值白银32715两，销往安东大沙河一带。安东至桓仁上航20天，下航6天；安东至沙尖子上航15天，下航4天。1926年，县内浑江航运业进入兴盛时期，每年出入浑江的木船达1000只以上，输出输入物资价值大洋1000万元。1930年，浑江船只达到2000只。据《鸭、浑两江航运状况》一书记载，浑江上航运杂货108.55万公斤、大盐50.16万公斤、面粉8.76万公斤、煤油16.67万公斤、卷烟0.72万公斤，计184.86万公斤。下航运大豆12.44万石、杂粮4.65万石、豆饼0.45万石，计17.54万石。上下航两项物资价值为大洋557.06万元。

浑江航运以货运为主，兼运旅客，每年上下航旅客达千人次以上。1939年，伪满当局颁布所谓《粮谷统制法》，规定粮谷由日伪当局指定的兴农合作社农产物交易所统一收购，集中运输，一概不准私人贩运；又因水丰电站建设大坝，艚船不能通航安东，被迫停航，浑江仅有短距离航运。

1933年2月，伪满洲国将航运、汽车、港湾等委托给"满铁"经营，作为"国有"铁路的附属事业，由"满铁"铁路总局专人负责运营，后逐渐发展成科，再进一步扩大为汽车课组织。1936年设立铁道总局的同时成为营业局汽车课。1939年9月成为汽车局[①]。至此，本溪地区的公路、铁路、

[①] ［日］满史会编：《满洲开发四十年史》上卷，《东北十四年沦陷史》辽宁编写组译，1987年，第432页。

内河航运全部被日本人垄断经营。

四、垄断本溪邮政电信业

本溪邮政事业最早始于金正大六年（1229）在连山关设立的驿站，养驿马30余匹，平时传递官方文书，战时传递军书战表。1896年3月20日，清政府在本溪湖设立大清邮政，同时撤销连山关驿站①，是本溪近代邮政业务的开端。至九一八事变前，本溪湖地区电信业务主要由"满铁"沿线铁路通信（1904年设）、"满铁"附属地内本溪湖邮便电信局（1907年设）、奉天府邮政总局本溪湖代办所（1910年设）三部分组成；九一八事变后，本溪地区主要由"满铁铁路通信""满洲电信电话株式会社本溪湖电报电话局"②"满洲国政府的警察通信"三部分组成。

1906年，日本侵略军在本溪地区设立野战邮便所，在草河口地区设14局，在下马塘地区设15局，在碱厂地区设16局。同年9月1日，日本"关东都督府"在本溪湖东街设立日本"关东都督府"邮便电信局本溪湖支局。1907年改为本溪湖邮政局，并迁址石山（今溪湖区站前街），仍隶属日本"关东都督府"邮便电信局管辖。同年11月1日，草河口局改称草河口邮便局。1907年6月6日，"关东都督府"邮便电信局开办电信事务。1909年12月21日，桥头出张所营业。1911年7月1日，本溪湖邮便局电话业务开始，开通到沈阳、抚顺、辽阳、铁岭间有线电话业务。1914年6月22日，本溪湖铁道附属地邮局并入。据《关东都督府邮便电信局统计要览》记载：1915年，本溪县收寄函件54.8万件，1924年增至142.4万件。

1911年6月1日，清政府在本溪湖设立大清邮政局，开始办理普通邮件、平信和小包等寄递业务，但只限于官府和商号，平民百姓极少用邮。1912年，北洋政府改大清邮政局为本溪湖邮政局。1913年，碱厂局改设为邮务所，连山关、赛马集设邮政代办所。至此，本溪湖邮政局下辖桥头、碱厂2处邮务所及赛马集、南坟、连山关3处邮政代办所，1918年，本溪湖邮政局定为二等邮政局，桥头邮务所定为三等邮政局，统归东三省邮务管

---

① 本溪满族自治县党史地方志办公室编：《本溪满族自治县志》上卷，辽宁民族出版社，2009年，第517页。
② 满洲电信电话株式会社本溪湖电报电话局简称"满洲电电本溪湖电报电话局"，1933年9月1日设立，主管本溪地区电报、电信、广播业务。1944年，本溪湖放送局（广播电台）开始播音。

理局直辖。1919年，邮政代办所增加到9处，分辖于本溪湖邮政局和桥头邮政局。属本溪湖邮政局管辖的有：碱厂、赛马集、火连寨、石桥子、姚千户屯5处邮政代办所；属桥头邮政局管辖的有：南坟、下马塘、连山关、祁家堡4处邮政代办所，并管理丹东属凤城县境内的草河口、通远堡2处邮政代办所。并在牛心台、小市、田师傅沟、边牛堡4处设立信柜，同时开办邮政储蓄业务。1920年6月，碱厂邮政代办所提格为三等邮政局，隶属于东三省邮务管理局管辖。1928年，在草河口、小市、清河城、祁家堡、下马塘、赛马集等地成立邮政代办处。1931年，连山关邮政代办所晋升为三等邮政局。至此，境内共有1个二等局即本溪湖邮政局，3个三等邮政局即桥头邮政局、碱厂邮政局和连山关邮政局。

九一八事变后东北沦陷，本溪境内邮政机构均被日伪当局侵占，并改本溪县邮政局为"本溪湖邮政局"。日本帝国主义出于发展殖民地经济、镇压人民反抗、巩固发展殖民统治需要，竭力发展邮电事业。邮务隶属于伪满交通部邮政总局；电政隶属于伪满交通部，后来日伪合组"满洲电信电话株式会社"，经营电报、电话、广播三项业务。1936年，"连山关邮政局""本溪湖邮政局"和"桥头邮政局"，被日伪当局定为"国际邮件交换局"。1936—1939年间，相继成立了草河口邮政局、小市邮政局和田师傅沟邮政代办所、清河城邮政代办所和望城岗子邮政代办所。其时，境内已有8处邮政局，即本溪县邮政局，本溪湖中大街邮政局、连山关邮政局、桥头邮政局、草河口邮政局、碱厂邮政局、小市邮政局和南芬邮政局，此8处邮政局均隶属于奉天邮政管理局管辖。同时有8处邮政代办所，即牛心台邮政代办所、田师傅沟邮政代办所、清河城邮政代办所、望城岗子邮政代办所、孤家子邮政代办所、赛马集邮政代办所、代家屯邮政代办所和下马塘邮政代办所；2个邮站，即草河口邮站和下夹沟邮站。1939年，设立伪本溪湖市，市内设宫原、本溪湖和本溪湖中大街邮政局。

日本侵略者为达到其掠夺、奴役本溪人民目的，采用火车和汽车运送邮件，以加快邮件传递速度。同时，对往来于本溪的邮件实行了严格检查，尤其是对发往关内的书信和来自关内的报纸控制更严，邮件一经扣留，寄收邮件人便被立案审查，本溪人民陷入一片白色恐怖之中。据《本溪市志》记载：1932年，本溪湖邮政局收寄函件仅106.4万件，比1924年下降25.3%。

第五节 畸形发展的城市建设

一、本溪湖"洋街"形成

本溪城市的发展与铁路息息相关，日俄战争期间，日军以"军用"为名，迫使清政府同意其修建安奉铁路，战后在沿途的今本溪湖火车站周边划出本溪湖"铁路附属地"，并派独立守备队进行看护。同期，日本财阀大仓喜八郎以供应战争之需，在本溪湖地区开始非法开采煤炭资源。为此，1906年12月，清政府奉天省交涉司与本溪县与之交涉，1907年开始设立街道规划，将县署所在街命名为"县署大街"①，县政权对规划没有付诸实施（原文为"付诸实践"）。

1907年8月，日本"南满洲铁道株式会社"②成立"本溪湖地方事务所"。从1909年10月开始，以改筑安奉铁路为由，修建本溪湖火车站，"收购"了本溪湖窑街东半部，安奉铁路甲线以北，后被称为"本溪湖驿""住吉町""永利町""桃月町"一带的土地307296平方米，作为本溪湖附属地的首批用地。1910年8月，由"南满洲铁道株式会社"编制《南满铁路附属地本溪湖市街计划》，开始实施规划，至1915年累计投入35万日金③。这是本溪地区伴随工业建设和殖民化后的第一个城市规划，当时俗称本溪湖附属地街道为"洋街"。

据现存1923年10月版《本溪湖附属地平面图》显示：一期规划在后石路以东，诚忠山（今城中山）分水岭以南，安奉铁路甲线以北地区，整个街区平面成折尺形，面积1.54平方千米地区，后期经过多次"购买"中国土地，至1932年扩大到4平方千米。本溪湖附属地，不受中国政府管辖，1907年10月，"满铁"当局开始自行征税④，强制附属地居民及租地租房者

---

① 本溪市房产总公司编制办编：《本溪房产志》，1989年，第7页。
② 简称"满铁"（1907—1945），日本帝国主义在中国进行殖民侵略的机构，对铁路附属地有行政权的殖民机构之一。经营主业是铁路，还包含工矿业、航业、电气、新闻、教育、土地、房屋，甚至"国情"调查业。1907年在本溪设立事务所。
③ 虞和寅编：《本溪湖煤铁公司报告书》，农商部矿政司，1926年，第4页。
④ 《南满洲铁道株式会社附属地居住者约规》，载《盛京时报》，1907年10月1日。

"满铁"本溪湖地方事务所

遵守公司各种规约，共同承担公共费用[①]。1907年4月，"满铁"当局开始在本溪湖地区设立警察机构[②]，1926年升格为本溪湖警察署，中国政府在自己的领土上失去了行政与司法权，本溪湖附属地俨然成为独立于中国之外的"国中之国"，据《溪湖文史资料》第一辑载：九一八事变后万福窑、王家窑等中国窑业相继倒闭。本溪湖附属地内，日本军警宪特机构一应俱全，各种侵华团体密布其中，在对本溪湖地区政治、经济、文化和军事侵略中扮演了极为重要的角色。

　　附属地市街建设规划，是根据安奉铁路走向和本溪湖地区的地形特点。1911年，在市街中心地点建设本溪湖火车站，前设广场，形成以火车站为中心的城市布局，街道铺设石板路，修建了公园、运动场、游园。1924—1929年期间，本溪湖地区工商业、服务业的发展，带动了附近集镇

　　[①]［日］满史会编：《满洲开发四十年史》上卷，《东北十四年沦陷史》辽宁编写组译，1987年，第121页。

　　[②] 1906—1926年，本溪湖地区先后设立奉天警察署本溪湖警察官吏出张所、奉天警察署本溪湖警察官吏派出所、奉天警察署本溪湖支署、本溪湖警察署。

的发展，逐渐形成以本溪湖为中心的城市雏形，随着交通的发展，更带动了以本溪湖为中心的城市规模扩大。

该城市规划，将本溪湖地区分成三部分：煤铁用地、铁路附属地（日本街）、窑街（中国街），主要规划前两部分。一期附属地城市用地 1.54 平方千米，其中煤铁用地 0.58 平方千米，占 37.66%；居住区用地 0.68 平方千米，占 44.16%；铁路用地 0.19 平方千米，占 12.34%；河川地 0.09 平方千米，占 5.84%。经过不断强制购买、霸占，至 1932 年扩张到 4 平方千米。

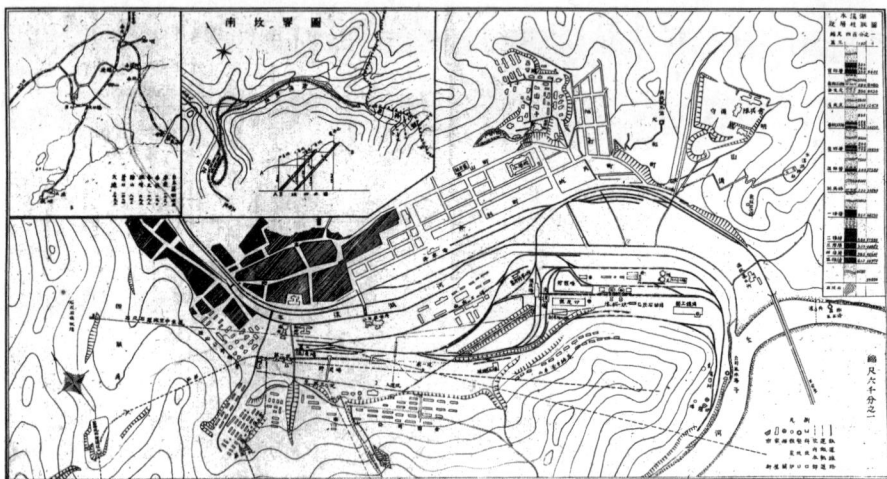

THE TOPOGRAPHIC CHART OF HONKEIKO CITY, HONKEIKO.
圖 街 市 湖 溪 本 （所名溪湖本）

本溪湖市街图

煤铁用地规划布局，主要沿火连寨河南侧分布，即铁路附属地南侧。电厂与贮煤场沿太子河布置，在太子河与火连寨河之间建设 2 座现代冶铁高炉及热风炉、焦化炉等附属设施；煤矿在茨沟、柳塘沟等地建设采煤斜井 6 座和洗煤楼、传输通廊等附属设施，厂区范围都在今本溪湖工业遗产群①内。附属地居住街坊主要在安奉铁路甲线北侧，路网采用方格式，布局整齐，地块用途明确，道路按功能分别为 10—22 米宽。学校、商店、俱乐

---

① 位于中国辽宁省本溪市溪湖区，于 2013 年被国务院核定公布为第七批全国重点文物保护单位。本溪钢铁（本钢）一铁厂旧址、本钢第二发电厂冷却水塔、大仓喜八郎遗发冢、本溪湖煤铁有限公司旧址（小红楼）、本溪湖煤铁公司事务所旧址（大白楼）、本溪煤矿中央大斜井、东山张作霖别墅、本溪湖火车站和彩屯煤矿竖井组成了该遗产群。

部、医院、警察署、公园、神社、火化场与日军守备队用地均有确切的安排。规划的主干道永利町（今溪湖东路，溪湖华联超市店门前——大明山沟口）红线宽22米，长960米，主干道为商业用地。

附属地当局对境内地名，一律按照日本国习俗命名，这样在中国本溪湖地区出现了本田山、

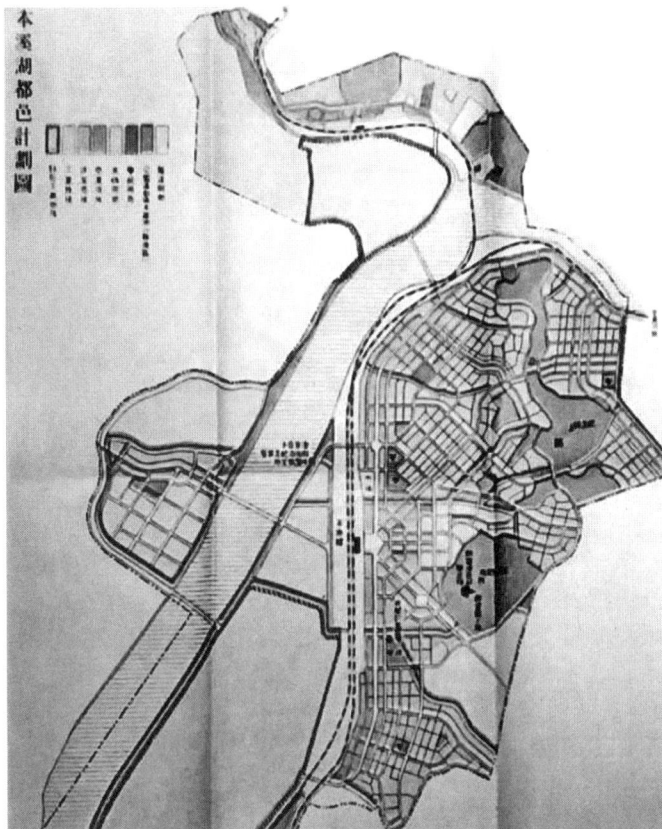

本溪湖都邑计划图

大仓山、敷岛町、大和町、公会堂等一系列殖民地名。1909年，在住吉町（华联超市溪湖店到火车站）和永利町（火车站到溪湖民政局）已随着市街的形成而出现了道路雏形。1910年，附属地当局开始整顿住吉町和永利町。1921年，改铺为碎石路面，同期在本溪湖地方事务所门前及其两侧（今本溪市溪湖区民主路及民主支路）铺设石板路面[①]。

煤铁用地居住街区建设，基本上也是按照规划平面图修建，山坡砌筑挡土墙、修建山洪沟。职工住房以2层楼为主，办公楼与宿舍为3层，宿舍分为两类，普通独身中国工人居住的宿舍主要分布在西山[②]、南山等煤铁用

---

① ［日］南满洲铁道株式会社编：《南满洲铁道旅行案内》，1929年，第147页。
② 西山社宅，今溪湖区河西办事处仕仁社区和谐家园附近，工人宿舍；南山社宅，溪湖区河西办事处南山北坡，工人宿舍；东山社宅，今溪湖区河东办事处城中山以东，铁工社区周边，职员宿舍。

地内；职员居住在东山宿舍[1]；高级职员按有无家眷也分成两类，待遇与工人居住区相差悬殊。日本职员居住区，有自来水、下水道，周围山坡地都种植树木。煤铁公司公用设施用地，在这个时期建设了煤铁公司事务所（今小红楼、大白楼）、煤铁医院、职员宿舍、鹤友俱乐部、辛酉俱乐部等现代砖混建筑。至1930年，本溪湖市街按规划建的各类建筑物有12万平方米，筑路长5000米，居住人口约5000人。此规划功能分区相对明确，生产区与生活区各得其所，联系方便；铁路布局在上述两功能分区之间，比较合理[2]；居住街区的路网与铁路平行并成方格形，便于对外交通运输到太子河码头。初期规划实施的1911—1931年间，生产厂区、居住街区、道路商业用房及公用设施建设都粗具规模，附属地初具成为城市雏形。但此规划具有强烈的殖民地特征，是在日本帝国主义侵略下制订了具有强烈殖民主义侵略色彩的城市规划，规划没有考虑到城市的长远发展，只是为了日本掠夺资源的需要，成为20年后本溪湖地区城市发展的掣肘。

本溪湖附属地的设立，是本溪城市历史上最大的事件之一，从此中国人居住的窑街被附属地截取了三分之一，本溪湖地区形成了窑街、"满铁"附属地、煤铁公司用地[3]三部分，在中国国土上竖立"附属地境界标""煤铁用地"等界标，本溪地区正式进入半殖民地半封建社会，本溪湖附属地是日本帝国主义国家以武力压迫为前提，以物质条件为主导进行功能分区规划理念的反映。

城区的一些交通方便平坦之处，被开辟成日本人居住区，其中典型的街道被称为"洋街"。这些日本人居住区室内设施齐全，道路宽敞，街面整齐，卫生条件较好，环境清幽，建有庭院式公寓楼，柏油路，上下水，绿树芳草，林荫覆盖，街区开始使用电灯。城市中仅有供日本人游赏的"建国神社山公园"和"诚忠山公园"两处，占地不足两公顷，洁净的附属地公会堂（放映电影与日常会议）与破烂的中国街"满映馆"（原溪湖胜利俱乐部）形成鲜明的对照。而对中国人的居住区（后石路以西到柳塘、大

① 虞和寅编：《本溪湖煤铁公司报告书》，农商部矿政司，1926年，第100页。
② 辽宁省地方志编纂委员会办公室主编：《辽宁省志·建设志》，辽宁人民出版社，2003年，第63页。
③ 1905年日本政商大仓喜八郎进入本溪湖地区采煤，继而购买中国人土地建设厂房设施、采煤冶铁，形成煤铁公司用地。

堡、后湖一带）未作任何规划。中国人居住区被挤到边远山区，住居拥挤，建筑简陋，土路窄道，无任何公共设施，煤矿坑口周围多为平房小巷，被称为"中国街"。传有民谣"一座城市两重天，'满铁'附属地夹中间"。

二、"本溪湖都邑计划"与太子河南岸开发

1931年，日本帝国主义发动九一八事变，中国东北130万平方千米的锦绣河山沦陷于关东军铁蹄之下。1932年3月9日，日本炮制出所谓的"满洲国"，当时本溪县隶属于伪奉天省，在日本"关东军"特务部主持下，依据伪《满洲经济纲要》和伪《满洲国都市计划实施基本纲要》，1932—1940年，由日本国内城市规划方面的教授、专家分期制订了东北30多个城市的"都邑计划"，即城市规划，并在规划的实施管理中，制定、颁行了一套严密的法规，由各地的警察厅（署）监督，强制执行。在日本"关东军"主持下制订的城市规划及建成的城市，在技术上虽有其先进性的一面[①]，但其本质则是为日本帝国主义侵略政策服务的产物，掠夺性的工业生产和交通运输设施，是其主旨。

日本国内最缺乏的两种资源是煤炭与铁矿石，本溪湖地区同时贮藏这两种资源。东北沦陷后，日本人独占了"本溪湖煤铁公司"，日本政府特设的"日满产业统制委员会"和"关东军"司令部分别制定了所谓的《在满洲设立制钢所计划草案纲要》和《关于合并满洲制铁业的纲要草案》，确定"本溪湖煤铁公司"专门生产特殊低磷铁。至1932年初，本溪湖城市规模已发展至4平方千米，人口已达15363人。由于工业建设规模不断扩大，本溪湖地区已再无扩张可能，遂选定本溪太子河南岸开阔地区进行新厂区建设。1937年，伪满政府在附属地实行街制，在本溪地区设立了本溪湖街、桥头街、田师傅街、桓仁街、沙尖子街等。1937年11月，日本外务省宣布撤销"治外法权"，废除本溪湖附属地权益，"满铁"将行政权转让给伪本溪县公署。表明中国东北已"附属地化"即殖民地化了，"满铁"附属地小殖民地并入到了"满洲国"这块大殖民地，更便利了日本帝国主义的统

---

① 汤士安主编：《东北城市规划史》，辽宁大学出版社，1995年，第4页。

附属地境界标志碑

治。同时，开始了宫原①工场建设，伪满当局从"建设理想产业城市"②、加快采掘本溪铁矿石的需要出发，决定编制《本溪湖都邑计划》。1939年，由伪满洲国交通部都邑计划司编制《本溪湖都邑计划》，并于同年10月1日设立伪本溪湖市公署。该规划主旨是寻求拓展城市空间，安排工业项目，扩大工业规模及完善城市综合功能。其显著特征是城市规模放大，城市中心向太子河南岸转移。该规划的城市布局反映了20世纪初城市规划的设计趋向，规划构思在当时比较先进，依据本溪地形地貌特点，植树造林、绿化荒山，改善城市生态环境也是规划特色之一③。但该规划有明显殖民地城市特征，统治者与中国广大劳动人民用地环境规划相差巨大，规划实施中无环保理念，占用大片农田，破坏了大量历史文物古迹。

"本溪湖都邑计划"从1937年开始着手实施，至1945年日本投降，预算事业总额2500万元。一期规划，结合自然地形以分水岭为界，将市区分割成宫原、溪湖、彩屯3块区域，以"本溪湖煤铁公司"宫原工场为重点建设目标，兼顾居住区、商业区规划。一期发展预留地在规划区东部，即今小华山至地工路沿张家河一带。城市人口现状为11.2万（1938年末），30年

① 地名，泛指本溪平顶山与太子河之间的区域，民国以来本溪地区的日本殖民地名。日俄战争期间日军旅团长闲院宫载仁亲王，于1905年10月在此地与俄军进行战斗，意即"（闲院）宫（的）原（野）"，曾有宫原路、宫原工厂、宫原完小、宫原区等地名。

② ［日］满史会编：《满洲开发四十年史》上卷，《东北十四年沦陷史》辽宁编写组译，1987年，第134页。

③ 辽宁省地方志编纂委员会办公室主编：《辽宁省志·建设志》，辽宁人民出版社，2003年，第63页。

后为 20 万人；一期市区用地 20.39 平方千米，预留地 20.07 平方千米，总用地为 40.46 平方千米（均不包括河川山林地）。市区中铁路占 12.2%，工业占 33.7%，商业占 7.9%，居住占 13%，道路占 10.6%，公园与运动场占 15%，其他为 7.6%。规划主要是以安奉铁路宫原站（今沈丹铁路本溪站）为中心，以北 6000 米，南 6500 米，东 6000 米，西 5000 米，连同备用地面积约为 105 平方千米，建设近代重工业城市。1940 年 4 月，虽然人口规模仅为 11.2 万人，但伪满当局仍将该市规划面积扩大，达到 159 平方千米[①]。1941 年 8 月，市区外延扩展到千金沟屯、福金沟屯、朴家湾屯、郑家屯、新兴屯、彩北屯、威宁城屯、姚家湾子屯、崔家哨屯、大峪堡子屯、大峪沟屯、平顶山屯一线，面积达到 343 平方千米[②]。

三、桥梁建设与道路布局

由于"本溪湖煤铁公司"的产业规模增长，导致城市发展扩张，急需建桥开发太子河南岸[③]，当时南北两岸沟通异常困难，"跨越太子河，限时限行在安奉铁路桥 1 米余宽桥侧步道，日通行 5000 人次"[④]。1935 年 11 月，伪满奉天省当局着手修建现代钢结构本溪县溪湖大桥，为提早完成本溪湖都邑计划，伪满洲国、"满铁"、"本溪湖煤铁公司"三方出资，建设了太子河上第一座现代公路桥梁——本溪大桥（今溪湖大桥），溪湖大桥曾用名本溪大桥（1937—1949）、东坟（芬）大桥（1949—1982）。此桥以西北东南走向横亘于太子河本溪市区段，是溪湖地区与宫原（明山、平山地区）地区咽喉要道，是本溪湖到桓仁警备道跨越本溪太子河第一座现代桥梁。该桥始建于 1935 年 11 月，经过 21 个月的建设，于 1937 年 7 月 25 日竣工，桥长 273 米、桥幅 7.5 米、使用钢材 554.5 吨。建设溪湖大桥更深层次的原因是，九一八事变后，本溪东部山区抗日义勇军、东北抗日联军频繁出击，成为日本侵略者的心腹大患。如何筑路修桥，便于日军"讨伐"抗日武

---

① 《吉林与本溪湖两地竖立都邑计划，本年 5 月中旬即可实现》，载《盛京时报》，1940 年 4 月 10 日。

② 《以煤铁著名之本溪市，地域扩张较前大五倍》，载《盛京时报》，1941 年 5 月 2 日。

③ ［日］向井西松：《本溪大桥架设施工概要》，载《建设》，1939 年第 4 卷第 7 号。

④ 本溪湖太子河架桥促进会编：《本溪湖太子河架桥问题》（1934 年 12 月），第 23 页。本溪市档案馆藏。

装，成为日伪当局的首要任务。这样，修桥筑路就成为"讨伐"辽东抗日队伍的先决条件，也是溪湖大桥架设的隐含内因，对本溪湖至碱厂间警备道的完善，起了重要作用。1940年，日伪当局在伪本溪湖市开办"本溪湖交通株式会社"，当时开行了3条公交线路，其中本溪湖至南地线路，溪湖大桥成为必经之地。

1937年5月1日，伪满洲国政府为配合"关东军"司令部刊发的《钢铁开发纲要》中对本溪地区煤铁资源的掠夺需要，公布《重要产业统制法》，并设立"满洲重工业公司"，颁布了伪《满洲产业五年计划》。此项五年计划的重点是工矿业，特别是金属工业、化学工业与军事工业。20世纪前期亚洲规模最大的工业化进程，伴随着日本对中国东北更大规模的经济资源掠夺开始了。战略资源的掠夺，交通要先行，1937年，太子河铁路桥（沟通煤铁公司太子河南北两岸的铁路桥）、本溪县溪湖大桥相继通车。1938年3月，株式会社"本溪湖煤铁公司"正式成立，按照城市规划工厂迅速扩张到本溪市太子河南岸宫原地区，新建的溪湖大桥、煤铁公司铁路桥已经不能满足新厂区的需求，庞大的产业工人通勤、工业原材料的运输等，修筑公路桥连接太子河两岸成为首要任务。

1939年，为连接煤铁公司溪湖厂区、彩屯煤矿与宫原地区，日伪当局委托德国设计了18孔钢筋混凝土结构的本溪彩屯大桥。彩屯大桥原名华阳桥，此桥大致西北—东南方向横亘于太子河溪湖大桥下游2700米处，是彩屯、郑家等太子河北岸地区与宫原新区的重要连接通道，也是当时本溪地区沟通沈阳至安东间公路的组成部分，是本溪地区跨越太子河的主要市政桥梁之一。该桥始建于1940年，当时为9孔钢筋混凝土结构，全长224米，桥面宽6米，大桥东侧则用木桥与宫原地区相接，建桥期间第二次世界大战爆发，直至1945年日本投降，仅仅建设了9座桥墩。

以安奉铁路将生产厂区与居住区作分隔，首先铺设纵横走向的城市主要干线道路，平面构图以今本溪站为原点，向东呈半放射状，辅以方格网构成，主要道路有宫原1号路（今解放北路，路面宽12米）、宫原2号路（今政府广场，火车站至市政府，路面宽12米）、崔东路（今平山路，大商新玛特至原铁路转盘，路面宽12米）、迎宾路（今胜利路，本溪商业大厦到中心医院）、宫原路（今人民路，原永丰转盘经市政府到北地转盘）、东明路（文化宫至前进）、自由路（溪湖火车站至顺山，路宽6米）、民主路（由顺山至大堡）。截止到1945年8月，这8条比较成型道路的铺装面积仅有60%，其余部分均为土路面。主次道路分工明确，路宽分30、22、17、12、10、8米6级，旧区平均路宽10米。街坊划分清楚，地块不大，长宽各50米左右，四面临路，使用相对方便。

溪湖老城区仍保持原附属地规划原状；彩屯地区复制宫原地区道路，也以方格网为主，路网比较完整。宫原与溪湖、彩屯间以溪湖大桥与彩屯大桥做衔接，市政交通网粗具规模。此时，整个城市格局形成了以太子河为轴的南北两大部分，用铁路、市政交通把两部分地区联系起来。沈丹铁路由沈阳经本溪湖、宫原直抵安东；1938年，修筑溪田铁路，把本溪同田师傅煤矿联系起来，把本溪县、桓仁县的山货土产输出于外；1942年，修筑本溪至辽阳铁路与中长铁路相衔接，使本溪并入"满铁"联运，宫原站成为本溪城市的铁路枢纽站，以铁路本溪火车站为中心的城市构架初步形成。

四、煤铁公司用地布局

生产区的建设，日伪当局以"提供日本缺乏的资源为主"的规划宗旨，决定了城市的性质，将本溪定为"制铁国策之重任"[1]。"本溪湖煤铁公司"宫原厂区建设成为主体，将原长垅地站（彩屯桥头位置），向东移300米，使得原沿太子河走向的安奉铁路东北—西南走向，更改成南北走向，集中扩建宫原站，让出煤铁公司工业用地，殖民掠夺资源特征十分明显。"本溪湖煤铁公司"为完成伪满洲国的第一次"产业开发五年计划"，于1937年7月开始了宫原新厂区的建设。但大规模的建设则是从1938年开始的。主要是宫原炼铁厂的第一、第二高炉（即后期本钢3号、4号高炉，今已拆除），团矿厂及其附属设备，发电厂的动力设备等[2]。彩屯竖井的建设是于1938年2月5日开始开凿第一竖井。当时日本殖民者曾设想开凿两口直径为7米、深度为530米的竖井，主井用于提升，副井用于回风。当时预计将来年产量可达200万吨，日本人称之为"东洋第一大竖井"。竖井在建设过程中，因资金、器材以及劳动力来源上的困难而一再延期，直至1945

---

[1]《吉林与本溪湖两地树立都邑计划 本年5月中旬即可实现》，载《盛京时报》，1941年4月10日。

[2] 刘万东：《本溪湖煤铁史略》，东北师范大学出版社，2013年，第115页。

年日本投降仍没有形成生产能力，只完成主井工程的90%，副井只打了30米。据公司1939年8月统计，当时在宫原厂区内从事各工厂建设的中国劳工达两万余人。

根据煤铁公司的计划，规定在1940年末全部扩建工程都要结束，并形成计划的生产能力。但随着侵华战争的不断扩大和战线越拉越长，日本帝国主义感到劳动力的来源越来越困难，其次是在资金筹集和各种建设物资的供应上也遇到困难，本来五年计划的制订就是脱离伪满洲国财政经济的实际状况，这种情况说明当时的伪满政府根本没有能力为五年计划的建设提供足够的资金和器材，再加上日本帝国主义发动大规模的侵华战争又要消耗掉大量资金和物资，使本来已经很紧张的资金和物资变得更为紧张了。建设时就有"因目前时局的关系，人的资源，以及物的资材和其他一切材料上有很大的障碍"[①]的记载，反映出第一个"产业开发五年计划"由于人财物的缺乏已经陷入重重的困难之中，根本没有指望按期完成。1942年开始实行第二个"产业开发五年计划"，因1941年12月美日宣战，1944年美国空袭"本溪湖煤铁公司"基础设施，计划没有完成。

"本溪湖都邑计划"是在日本帝国主义者授意下制订的，目的在于给日本军方、财阀长期占领和掠夺本溪煤铁资源提供方便条件，根本不顾及中国市民的生活条件。在这个计划指导下，建设以扩大和发展煤铁工业为主，城市的公共建筑、交通设施，均以日本财阀掠夺和生活舒适为前提。依据这个规划实施结果，至1942年，公司建成第一炼铁厂、二铁厂、焦化厂、发电厂、特钢厂、本溪湖和宫原两大水泥厂，职工已达6.2万余人。

五、生活设施建设

煤铁公司新厂区设置在城市西南部，居住区位于今解放路以东地区，商业区在居住区沿城市主干道分布，并利用市区内的小丘陵相应安排了花园、公园与运动场地。规划区的预留地也进行了相应的方格网式路网规划。

在道路网络定位的基础上，在宫原地区兴建了北地、东明地区修建2层

---

① 〔日〕《株式会社本溪湖煤铁公司事业概要》，1939年，本钢档案馆藏。

楼小住宅，供较高职
位的日籍员工居住和
独身宿舍①；在德泰地
区修建了2层联排住宅
楼区和3层楼的日籍职
工用独身宿舍，供较
低职位日籍员工和较
高职位的华籍技术职
工住用，在南地和广
裕一带修建了3层楼宿

本溪湖煤铁公司工人宿舍"宫原一心寮"

舍②和简易平房，供华籍雇员与工人住用；在彩屯，沿主干道（今彩屯综合
市场周围）也按宫原地区的规模建成了住宅与独身宿舍③，并在竖井附近整
治了排洪沟，修建了平房，供不同职位的雇员和工人居住。"满铁"员工2
层楼住宅就近安排在车站（今本溪站）附近（今永丰街、铁运街、铁路街
一带），平房在今福利小区修建。上述楼房区均配有给排水、集中供热管
网，户外挡土墙、步道、绿化等环境设施，街坊路均为黑色路面铺装；而
平房区的公用设施非常简陋。南地和永丰一带住宅较多，自发形成了商业
地带（今南地与永丰市场）。为实行"王道乐土"的奴化教育，在宫原地区
建设了本溪湖中学校（今市实验中学）和宫原完小（今明山区东胜小学）
等中小学校。公园绿地除继续保留溪湖大明山沟的神社山和诚忠山的公园
外，开始建设万溪公园（今望溪公园）、北地小花园（今本溪市民政局附
近）、三王公园（今气象台至武山游园间）、青年公园（今转山至建工间青
年山）、明山太子河游泳场（今万有佳园小区附近）等公园，并在山坡荒山
植树造林，改善城市环境。

　　当时市区房屋总建筑面积在100万平方米左右，工业用房有53万平方

---

　　① 北地建设了"大和寮"（寮，日语"宿舍"），位于今工字楼地区，现已拆除；东明地区建
设"立信寮"，地址为今水塔路与北光路道口西北，后称二宿，已拆除。

　　② 宿舍名，1938年建设于宫原地区。共建三座3层楼及生活附属设施，解放后加盖一层，称
本钢四宿，现为工人办事处和平社区居民楼。

　　③ 宿舍名，建成于1938年，共三层，位于彩屯交通岗西北部，为煤铁公司彩屯地区独身宿
舍，后俗称"二宿舍"。

米，非生产性用房有47万平方米；"本溪湖煤铁公司"有非生产性用房27.5万平方米，其中住宅18.8万平方米；在规划区的南部地区（今南地）划出专用地段建立监狱和集中营，强迫中国犯人从事采石、挖煤等强度大的劳动。

经过几年的建设，除上述地域建成外，主要城市建筑有伪本溪湖市公署办公楼（今本溪市政府，当时建设了一半）、"本溪湖煤铁公司"楼（今本钢集团办公楼）及其附属医院（今本钢总医院）、铁路宫原火车站（今铁路本溪站）及其辅助用房，其余均为闲置空地。规划的实施，终因侵略者战争经济负担过重、战局失利和财政枯竭等原因而中止。伪本溪湖市公署的设立，标志着本溪地区正式设市的开始，《本溪湖都邑计划》的实施，标志着本溪市政治、经济中心的转移，形成了今天本溪市区的雏形。

六、城市规划建设利弊简析

其一，殖民地城市色彩浓厚。本溪地区是近代日本侵略者以殖民统治和资源掠夺为宗旨而形成的交通枢纽城市。由于帝国主义兴办的近代工矿业、民族工业的出现，本溪形成单一工矿业城市。城市规划与发展完全是为掠夺资源服务，辅助设施也是围绕保护交通线与煤铁公司来展开。本溪地区在这一时期形成了不同于其他城市的城防要塞结构。殖民当局在市区制高点、重要交通线布设了众多高射炮阵地，据《盛京时报》1934年8月22日载：县公署召开防空会议，本溪地区在"洋街"和中国街分别配备高射炮、高射机枪等。购买高射炮、高射机枪的经费摊派给街公所、商会、公职人员①，殖民者的嘴脸昭然若揭。另外，殖民当局还强迫居民在街巷、居家挖掘了众多的防空壕等设施。可见，浓厚的殖民色彩和严重的民族歧视也是这座城市分区建设的特点。

其二，城市规划缺乏科学性和预见性。一是城市骨架极小，不利于长远发展。这种大城市小骨架的城市基础，是日本殖民当局为掠夺资源只顾眼前造成的，成为本溪城区历史基础的致命弱点。后虽于1940年、1941年将城市建成区面积扩大七八倍，但在建设上却无任何进展。二是对城市

---

① 《县公署召开防空会议》，载《盛京时报》，1934年8月22日。

人口增长缺乏预见性。1935年，本溪湖地区人口15363人[1]，都邑计划规划30年后（1965年）预想城市人口65463人[2]。仅过4年，至1939年10月设市时，人口已达69187人。至1944年，伪本溪湖市建成区面积已达343平方千米，人口达186421人，可见规划已十分滞后。而实际上都邑计划30年后即1965年，本溪城市人口已达到625610人[3]，规划与现实相差将近10倍。

其三，城市功能分区极不合理、污染严重。日伪当局把掠夺资源为侵略战争服务的工厂建于太子河南岸的平坦地带，这些地区水丰土沃，世代为中国居民耕作地带；加上专用铁路分占土地，将本溪城区内重要粮食产地的太子河冲积平原变成"本溪湖煤铁公司"宫原工厂的工业用地，纯属饮鸩止渴式的发展。城市消灭了农田，变成大工厂、大烟囱，污染严重的工厂又位于城区的上风向，工业区与居民区相距甚近，仅有50—100米，其间又不设防护林带，这使居民区直接受到工业烟尘、噪声的污染和干扰。本溪市环境污染严重便由此而来，这是殖民地城市畸形发展带来必然的结果，从而奠定了本溪百年钢铁城市的空间形态和"工厂即城市，城市即工厂"的早期城市管理理念，为20世纪中后期本溪城市环境污染严重埋下祸根，本溪有了"卫星上看不到的城市"[4]的称谓。

其四，城市建设基础设施极差。至1945年8月，本溪城市中道路总计仅有23.3千米沥青路，路灯46盏，建设水塔、净水厂各1座，5座小水源地，日产生活水仅1万吨。还建设了城市排水管道36千米，多为缸瓦管和无筋混凝土管，有排水设施的居民区仅为市区的15%，每到雨季，城区的许多道路泥泞难行，污水遍地横流，脏乱不堪。公共汽车只有木炭车5辆、运营线路3条，平民还不得乘坐。

其五，严重的民族歧视。在本溪湖城市建设中，民族歧视极其严重。日本人居住区典型的街道被称为"洋街"，环境清幽，街面整洁，卫生条件较好，柏油路、上下水设施齐全，绿树成荫。并辟有诚忠山、神社山、万溪等公园，建有东坟、唐山两处高尔夫球场，多处网球场和太子河浴场，

---

① 伪满洲国民政部总务司资料科：《第二次民政年报》，1936年，第216页。

② ［日］满铁经济调查会编：《满洲都市建设一般方案》，1935年，第437页。

③ 本溪市统计局编：《本溪市国民经济统计资料提要（1949-1978）》，第6页。

④ 辽宁省环境保护局主编：《辽宁省环保志》，万卷出版公司，2005年，第89页。

俨然一派殖民主子的气派。反观中国平民居住区，偏远低洼，居住拥挤，建筑简陋，土路狭窄，无任何公共设施。中日居民区形象强烈反差，堪称一座城市两重天。

其六，城市建设破坏大量文物古迹。1913年，为建设当时所谓的"忠魂碑"，日方出动本溪湖守备队，砸毁历代石碑、强占保安寺庙产，拆毁建筑。此寺院曾有1827年《重修保安寺碑》，证明当时寺院即属于百年建筑。1935年，大仓等4家财阀开始在彩屯地区太子河沿建设本溪湖洋灰株式会社①，强占本溪庙观太河宫。水泥厂建成后，成为本溪地区最重要的污染源之一。1940年，因溪碱铁路扩线占用太子河南岸古代驿路，规划修建宫原一号路，日伪当局将清初萨哈廉亲王园寝周边树木砍伐、陵寝被强行迁移②，造成本溪地区重要古代遗址被破坏。

---

① 原本溪水泥厂。
② 冯其利、周莎：《重访清代王爷坟》，北京燕山出版社，2007年，第120页。

第二章
沦陷时期的文化、教育与社会生活

东北沦陷时期，日本帝国主义对东北人民一方面在政治上残酷统治，经济上疯狂掠夺，一方面在思想文化和教育上实行精神摧残，极力推行"惟神之道"，实行殖民奴化教育，妄图泯灭本溪人民的国家观念和民族意识。在社会生活方面，徭役和税捐摊派苛重，灾害瘟疫频仍，民不聊生。日伪官吏贪腐成风，军警宪特飞扬跋扈。日本殖民当局极力推行鸦片毒化政策，更使本溪人民深受其害。烟馆、妓院、赌场泛滥成灾，社会风气日坏，已成为东北沦陷时期本溪社会的常态。

第一节　文化侵略与文化抗战

日本帝国主义占领中国东北以后，不仅在政治上对东北人民实行残暴的殖民统治，还建立和利用愚民组织，进行文化侵略，对东北人民进行"诛心"洗脑的一系列措施，给本溪人民造成了极其严重的伤害和不良后果。

一、建立愚民组织，灌输奴化思想

（一）建立愚民组织

日本在本溪地区建立的愚民组织主要是伪协和会，并利用伪道德会。伪协和会是日本帝国主义欺骗和毒害东北人民的官办法西斯组织。其前身是"协和党"，是由日本在东北的法西斯组织"满洲青年联盟"和"大雄峰会"部分成员发起组织，在日本侵占中国东北和伪满政权建立过程中，大肆鼓吹"自治思想""建国精神"，进而被关东军所利用，配合其对东北人民的军事侵略、政治统治和经济掠夺，大肆奴化、毒害东北各族人民群众的思想和灵魂，维护其法西斯殖民统治。伪满协和会于1932年7月25日成立，随后逐步在各市县相继成立伪协和会组织，将其魔爪伸向社会的各个方面、各个角落。

伪协和会实行"二位一体制"，即由伪县长兼署伪协和会会长，伪县公署与伪协和会同属一个系统，两个机构。本溪县伪协和会于1932年10月成立，由伪县长陈荫翘兼伪协和会本部长，本部内设有事务长（主事）一人，由日本人水岛义雄为主事，专职负责伪协和会事务。伪协和会下设总务班、指导班、青少年班，另有妇女会、军人后援会两个外围组织。本溪县伪协和会成立后，即着手成立基层伪协和会组织，于1932年10月25日至30日，派出日本人伪协和会政治工作宣传员，参加日军组织的宣抚班分头下乡，随日军"讨伐"队做宣抚工作，先后在本溪县东部地区孤山子、兴隆山、碱厂堡、小市、山城寨、偏岭、牛心台等村发放成立伪协和会的传单，宣讲成立村伪协和会支部事宜，选举村伪协和会分会会长、副会长和评议员，制作伪协和会会员名簿等。

桓仁县伪协和会分会于1934年5月1日成立，由孟昭堂任分会会长。到1936年2月22日正式改组，成立"满洲帝国协和会"桓仁支部，由伪桓仁县县长常荷禄兼任本部长，副县长石垣兼任副本部长，而由日本人梅村逸雄为主事。到同年7月1日，又成立9个分会，即官吏分会、教育分会、师范校分会、农业校分会、商务分会、农务分会、沙尖镇分会、二户来分会、拐磨子分会[1]。1936年时，全县共有伪协和会会员1072名。后又在基层按行政区划设18个分会，即由各街村长兼任分会长。伪桓仁县协和会之下，还设有日语学校3处，即县城、二户来和沙尖子。

1939年10月1日，伪满设立伪本溪湖市，伪本溪湖市协和会本部随之成立，由伪本溪湖市市长鲛岛光彦兼任伪协和会本部长，下设若干分会。并明确伪协和会的宗旨是"满洲建国，民族大同，解除纷争，首在和协"。该会的目的"专以调协民族间之纷争及铲除其障碍，以造成共存共荣之王道乐土也"[2]。实际上，伪协和会就是受日本"关东军"利用，与伪满洲国

---

① 常荷禄修，赵国栋纂：《重修桓仁县志》下卷，第七章政治志，1937年，第32-33页。
② 常荷禄修，赵国栋纂：《重修桓仁县志》下卷，第七章政治志，1937年，第32页。

各级行政机关相表里，用以腐化、奴化和毒害东北人民，维护其殖民统治的御用工具。

伪道德会。伪满道德会原称"万国道德会"，日伪当局将其改称"满洲帝国道德会"。出于对统治东北人民的需要，对"道德会"进行拉拢和利用，而"道德会"的学说和宗旨又恰好符合日伪当局推行"王道乐土"欺骗宣传的需要。"道德会"终身会员要求守"五戒条"，即戒不良嗜好、特殊禀性、虚妄言语、矫伪行为、违离信仰；要守"十信条"，即：节饮食、慎起居、励精勤、尚节俭、尽职能、笃伦常、守法律、兴公益、尊圣哲、助会务[1]。伪道德会极力投靠日伪当局，供其驱使，宣传愚民思想和奴化政策。

本溪伪道德分会成立于1934年8月，有分会人员10人，会员80人，负责人为黄晓飞。办公地址在本溪湖东大街路南。桓仁县伪道德分会成立于1935年5月27日，其分会简章总则第二条，称"道德会"是以"改善社会，缔造大同，促世界进化，谋人群幸福，实行利民生、启民智、敦民德之计划为宗旨"。[2]借此充当愚民教化的工具。会址设在县城东关商会西院。设会长2人，副会长2人，常务理事2人。分会内设文牍、会计、庶务、交际等课，下设有讲演社、传习班、识字会、家庭研究社等。

伪本溪县、桓仁县道德会利用封建迷信，大搞讲演、讲习，借以愚弄人民，传播奴化教育，把宣传日伪当局的各项反动政策作为自身的任务，因而受到日伪当局的大力扶植和支持，将所谓的"宣抚"也交给伪道德会，如征伪国兵、出荷粮、献铜铁等，伪道德会就派出宣传队外出讲演，但所有宣传都要贯穿着"建国精神""国民训""回銮训民诏书"内容，甘当日伪当局的御用工具。

（二）灌输"建国精神"和奴化思想

伪协和会成立伊始，便被日本"关东军"所利用，不仅参与日伪当局对东北人民的政治奴役和经济掠夺，更在思想宣传方面充当急先锋，极力向人民灌输所谓的"建国精神"和奴化思想，可谓不遗余力。

---

[1] 毕玉洲、戴善友：《记伪满道德会》，载中国人民政治协商会议辽宁省暨沈阳市委员会文史资料研究委员会编：《文史资料选辑》第4辑，辽宁人民出版社，1964年，第175页。

[2] 常荷禄修，赵国栋纂：《重修桓仁县志》下卷，第七章政治志，1937年，第70页。

大肆宣扬"建国精神"。早在日本帝国主义占领中国东北之初，就拼凑一个由大汉奸于冲汉为部长的自治指导部，为日本侵占东北、筹建伪国摇唇鼓舌，胡说什么"倾注全力，创设历史上未有之理想乐土"，"为完成兴亚之大业，须具博爱之精神，同为造物之赤子，何来人种之偏见"[1]。鼓吹"实行王道主义，必使境内一切民族，熙熙皞皞，如登春台，保东亚永久之光荣，为世界政治之模型……"[2]。伪协和会成立后，出版和散发所谓的《满洲国民必读》《协和会的根本精神》等宣传资料，创办《协和》《新青年》《王道月刊》《东北之光》等伪刊物，极力宣扬日本侵略者的"功德"，夸耀日伪统治的政绩："时值满洲事变勃发，三千万人民乘时奋起，于是决定创造新国，以实现平素之理想，而满洲立国，遂告成功。""我三千万民众虽有上述之意志，如无日本帝国之尽力援助，则吾侪之目的亦不能达到。""然日本绝非以战争杀人侵地为目的者，乃欲使世界和平，互相亲睦，同享人生之幸福而已。"日本侵略者侵占东北，屠杀人民，却还要人民去感谢日本侵略者"仗义相助"，建立伪国。特别大肆宣扬"日满协和""日满一德一心"，其根本目的就是让东北人民充当日伪统治下的顺民和奴隶。

配合"讨伐"强化"宣抚"。由于本溪地区是抗日义勇军和东北抗联一军活动的重点区域，同样也成为日伪当局进行军事"讨伐"的重点区域。在日伪军对本溪地区实施武装"讨伐"过程中，伪协和会等部门派出多个随军宣抚班，对本溪、桓仁县多次召集民众举办讲演会，散发反动宣传单，强制向本溪地区人民灌输"日满亲善""民族协和"等毒素，竭力挑拨民众与抗日武装的关系，破坏抗日军民的反"满"抗日斗争。"更由县署组织宣抚委员会实施宣传工作，各区警署分设固定宣抚班，并于各村设置临时宣抚班，以所在地学校为中心，由教职员负责切实宣传"。在1936年东边道地区大"讨伐"中，伪协和会组织和东边道特别工作部，派出工作班，向桓仁地区人民散布投降日军的谣言，强迫抗日武装人员的家属、子女、亲友写劝降书、"亲恳信"等，以削弱和软化抗日武装人员的斗志，诱使抗日武装人员下山投降，做日伪反动政权的"顺民"。千方百计地分化抗日武装与地方民众的关系，给本溪地区抗日斗争带来了极大破坏。

---

[1]《满洲国之独立与友邦日本之援助》，载《本溪县政公报》1935年第1卷第4期。

[2] 曲铁华主编：《日本侵华殖民教育史料》第1辑，人民教育出版社，2016年，第4页。

　　制造舆论欺骗民众。本溪地区日伪当局在向民众灌输奴化思想方面同样是不遗余力。伪本溪县公署与伪协和会在庆祝伪满洲国周年纪念日、日本承认伪满洲国周年纪念日、伪满皇帝访日回銮纪念日等纪念庆典，都要举行大型纪念活动，如搞大规模游行、游艺会、讲演会、映画会等。如1935年5月15—16日，本溪县举行"国民"庆祝大会，呈报中说什么"此次我国皇帝陛下访幸友邦大日本帝国，于彼国朝野欢迎中造助东亚旷古之盛典，明征日满亲善之关系"，"凡我国臣民莫不同声感激共欣庆祝"云云，庆祝会标语上写着　"庆祝皇帝陛下访问平安回銮""感谢友邦日本朝鲜共迎盛意""日满皇室交欢是东北亚和平基础""这是和平的象征人类的福祉"，庆典议程包括致开会词、揭扬伪满国旗、合唱伪满国歌、御影揭幕、向"御影"行最敬礼，伪县长奉读诏书、"御影"闭幕、合唱所谓的《日满交欢歌》、来宾致词等。可笑的是，伪县长王荫椿虽为天津法政学校和黑龙江警官学校毕业，却识字有限，在奉读诏书时，一句一个错字，把"回銮训民诏书"念成"回舍训民语书"，把"朕"念成"月"字，把"亟"念成"承"字，一篇诏书念得驴唇不对马嘴，令在场的人不明所以。因他是冀东人，后来人们就讥笑他是"冀东文盲"①。而《本溪县政公报》在纪事中却说成"迨县长躬行诏书奉读典礼时成俯首敬聆，极呈严肃"。其实不过是欺骗民众的一场闹剧罢了。

　　腐蚀毒害青少年。日伪当局在东北各地成立了"满洲童子团"和各种青少年团，并利用伪协和会开始对东北青少年进行奴化训练。到1937年时，伪协和会便专门承担对青少年进行奴化教育的任务，还成立了青年训练所。桓仁县伪协和会设立青年训练所，由农村选拔青年到训练班接受半年训练，训练内容主要是"建国精神"教育、时事课和军事课等。1938年起，又将各地青少年团一律改称"协和青年团"，直接由伪协和会管辖。本溪地区还组成了以青年为主的"协和义勇奉公队"，作为伪协和会的外围组织，具体担负"警护"和"奉仕"两项任务。日伪当局不仅把毒害的目标瞄准社会青年，更瞄向在校学生。在1935年日本承认伪满洲国3周年纪念系列活动中，伪本溪县公署还从本溪县街各小学校挑选女生20名，加上妇

---

　　① 谭会忠：《伪本溪县公署秩闻录》，载中国人民政治协商会议辽宁省本溪县委员会文史资料研究委员会编：《本溪县文史资料》第4辑，1989年，第83—84页。

女会代表一名，组成本溪县少女慰问团，带着各种慰问品，于当年9月15日前往驻连山关日本守备队卫戍病院，慰问日本"友邦"伤病员，"颇获该队官兵之好感"①。日伪当局竟然逼迫本溪少女团，去慰问侵略中国东北、残杀我抗日军民和无辜同胞的法西斯强盗。谁都知道连山关是日军侵略本溪的桥头堡和杀人魔窟，日本守备队官兵都是双手沾满中国抗日志士鲜血的刽子手，这是对本溪纯真少女的极大侮辱和伤害，更暴露了伪本溪县公署奴颜婢膝的汉奸嘴脸。

二、强迫神道信仰，实行民族同化

日本侵略者对东北进行文化侵略的罪恶之一，就是强迫东北人民改变信仰观念，接受日本的神道信仰，并对东北人民进行民族同化，极大地伤害了中国人民的民族和宗教感情。

（一）强迫神道信仰

神道教是日本本土产生的原始宗教，早在日俄战争时期，神道教随日本军队入侵中国东北，直至九一八事变前，参拜、祭祀神社的群体主要仍是驻扎在东北的日军和日本移民。

随着日本帝国主义对中国东北的全面侵略，日本殖民当局在极力鼓吹"建国精神""王道乐土"的同时，便开始了一系列的军国主义造神运动，把日本"天照大神"奉为伪满洲国的元神，强迫东北民众改变传统的信仰观念，接受日本的神道信仰。日伪当局为了对中国东北进行长期的殖民统治，从精神上彻底摧毁东北文化和民族意识，认为"为了在民众中间彻底贯彻建国精神，则需要宗教和社会事业的共同努力"②。就是利用日本神道将其国家神道理论作为伪满洲国"建国精神"的内涵，大肆鼓吹"王道乐土""惟神之道""日满一体"的殖民思想。

日伪当局为进一步在精神上控制东北民众，使他们心甘情愿受其奴役，全面推行"惟神之道"的"皇民化"政策，授意傀儡皇帝溥仪亲赴日本迎接"天照大神"，以体现"日满亲善，精神一体"。在1940年7月发布

---

① 《函连山关守备队 为组织少女学生团于九月十五日前往慰问贵队伤兵由》，载《本溪县政公报》1936年第2卷第1期。

② 《宗教调查报告书》，载长春市政协文史委员会编：《长春文史资料》第4辑，1988年，第171页。

所谓的《国本奠定诏书》，说什么"邦基益固，邦运日兴，蒸蒸日跻隆治，……莫不皆赖天照大神之神庥，天皇陛下之保佑"①。日伪当局还强迫伪满洲国"国民"和学生每天早晨向日本东京方向遥拜，遥拜后要朗读《国民训》，牢记"满洲国"源自日本帝国"惟神之道"，所有"国民"都要尊敬"天照大神"，并忠诚于日本天皇陛下。为强制东北民众信仰神道教，伪满政府还发布了《对于建国神庙及其摄庙之不敬罪处罚法》，规定对"建国神庙"及"建国忠灵庙"有不敬拜者，皆为有罪，轻者受罚，重者处死。

日伪当局要求学校、寺院都要参拜"天照大神"，将各教派思想统一纳入"惟神之道"的思想，于是一切宗教之神皆在"天照大神"之下，一切宗教都必须接受日本天皇的统治。日伪当局强迫东北民众信仰神道，使本溪人民苦不堪言，学生更是深受其害。日伪当局采取高压强制手段，强迫东北民众改祖换宗，信仰日本神道，其目的就是要泯灭东北民众的国家观念和民族意识，最终成为日本天皇的顺民，甘心接受日本侵略者的奴役，但日本神道在源远流长的中华文化浸润下的东北民众面前是不可能得逞的，也是不得人心的。

（二）实行民族同化

民族同化是指一个民族被征服后，在强制下丧失自己的民族特征，成为另一个民族的过程。日本侵略者占领中国东北后，在对东北人民进行残酷的政治压迫、经济掠夺的同时，还对东北人民实行民族同化，企图强制将东北人民变成日本天皇的"皇民"和顺民。

日本虽然用武力占领了中国东北，但他们十分清楚，要想长久统治就必须征服东北人民的思想和文化。因此，日伪当局一方面把"日本民族"硬塞入中国东北民族之中，把东北地区的主要民族列为日本、朝鲜、蒙古、汉族和满族5个民族，强调所谓"五族协和"，"凡在新国家领土之内居住者，皆无种族之歧视，尊卑之分别"②；另一方面却大搞种族歧视，说"日本民族是满洲各民族的核心，天生的指导者"。强调"日本人在满洲的地位，不是侨民而是主人，虽具有日本与满洲双重国籍，但不是要使日本

---

① 曲铁华主编：《日本侵华殖民教育史料》第1辑，人民教育出版社，2016年，第3页。
② 曲铁华主编：《日本侵华殖民教育史料》第1辑，人民教育出版社，2016年，第4页。

人满洲化，而是要使满洲人日本化"①。由此可见，日本侵略者根本不是真心搞"五族协和"，而是要做东北各族人民的殖民统治者。

为同化东北人民，日本侵略者采取了一系列移民同化措施，其中包括：农业移民，于1940年、1941年先后向桓仁县、本溪县开拓移民共100余户400余人。工业移民，1935年本溪煤铁公司日本职员、工人为857人，仅占该公司职工总数的7.5%；到1944年，公司日本职员、工人已达12506人，占公司职工总数的19.6%。教育移民，日本先后在本溪地区开办本溪湖、桥头、连山关普通小学校，本溪湖青年学校，本溪湖工业实习所，还有宗教移民等等。从1938年开始，日本侵略者对本溪地区的朝鲜族人民强制实行"皇国新民"政策，要求朝鲜族人姓"皇氏"，即朝鲜人不得使用其祖姓，要使用日本人的姓氏，不改姓不得上学、就业等②。移民同化是日本侵略者蓄谋已久的行动。

需要特别指出的是，强行同化是片面抹杀他族的长处，违背了历史发展的趋势，因此必然是行不通的。武力同化只是起促进或阻碍作用，从来就不是历史上民族关系的主流，经济文化影响产生的民族关系才是主流。日本学者君岛和彦指出："包括太平洋战争期间占领的地域在内，日本在所有的殖民地均实施了皇民化政策，'皇民化政策'的特征，就是完全无视当地的历史和文化，将其纳入日本的版图并强制推行日本化，不仅进行经济方面的掠夺，而且推行拥戴天皇、抹杀民族性的'皇民化政策'。这就是日本殖民统治的特征。"③这就十分清楚地表明了其民族同化政策的实质。

在文化发展进程中，单纯依靠强制是无效的，而且往往会适得其反，真正的文化是相互影响，而不是靠武力强制，只要某一文化存在的基础仍然还在，用强制手段是消灭不了的。中华文化源远流长，而且有着盎然的生命力，因此，日本妄图用日语代替汉语，从而达到消灭汉民族和中华文化的目的也同样是不可能得逞的。

① 王天平：《日本三代天皇操纵侵华战争内幕》，辽宁人民出版社，2013年，第179页。

② 郑赞一主编：《桓仁朝鲜族200年》，2010年，第193-194页。

③ [日]君岛和彦：《殖民地统治的结构》，载浅田桥二编：《帝国日本和亚洲》，吉川弘文馆，1994年，第107页。

三、强行文化占领

1932年伪满政权成立后，日本帝国主义为强化对东北人民的思想文化统治，先后成立伪资政局弘法处和伪总务厅情报处、弘报处机构，一方面禁绝和限制一切具有民族意识的文化传播，破坏东北原有文化的发展，另一方面加紧大肆输入各种日本文化产品，对东北地区各种思想文化阵地强行文化占领，并限制人民群众的言论出版自由，极力培植殖民地文化，实行思想文化领域的法西斯专制统治。

（一）新闻控制

日本统治者深知新闻舆论阵地的重要性，曾于1932年10月通过伪政府公布《出版法》。1934年6月，伪民政部又通令禁止36种报刊输入东北，包括苏联《真理报》《消息报》在内的外文报刊，以及国内的《大公报》《申报》等。

日伪当局对日本方面的报刊却积极发行。认为"传达一国之政情，与社会之状况，改良人民之风俗，与地方之习惯，非新闻不足以为功也。故近世文明之邦，其国民未有不日日读报者"[①]。桓仁县虽地处偏远，但日伪当局对其反动报刊还是极力发行的。1936年时，桓仁已发行有《盛京时报》60份，《满洲报》八九十份，另外还有《泰东日报》、《斯民报》、伪《大同报》、《文艺画报》等。本溪湖地区因工商业比较发达，又处于安奉铁路沿线，所以设有伪满洲各新闻社所属支局，担负着本溪地方社会经济情况的报道。

表2-1　日伪各主要新闻社本溪湖支局一览表

名　　称	支局长	名　　称	支局长
"满洲"每日新闻社支局	野村一郎	大新京日报社支局	西松广马
奉天每日新闻社支局	小原良介	安东新闻社支局	后藤森三郎
奉天新闻社支局	羽柴练太郎	国境每日新闻社支局	官元九左卫门
奉天日日新闻和盛京时报支局	大浦纪宗	安奉每日新闻社支局	伊藤唯熊

---

① 常荷禄修，赵国栋纂：《重修桓仁县志》下卷，第七章政治志，1937年，第33页。

此外，本溪湖还有《大阪每日新闻》、大阪《朝日新闻》、东京《朝日新闻》的代销店①。日伪当局利用这些报刊，对抗日军民进行污蔑，大肆宣扬日军所谓战绩，宣扬"日满协和"等，来麻痹中国人的斗志。如日本操控的报纸把抗日义勇军和人民革命军污蔑为"匪贼"，把本溪污蔑为"匪区"，《盛京时报》在报道本溪煤矿瓦斯爆炸事故时轻描淡写，把伤亡达3000人的世界采煤史上最大矿难说成"损失极轻微"。

日伪当局还鼓励中国民众收听日本电台的第二放送广播，但是不准中国人收听短波电台，如发现收听到重庆、延安等电台的节目，不仅要没收收音机，还要遭到毒打和处以刑罚。据统计，本溪县收听日伪无线广播的分别为1936年426户，1937年482户，1938年488户。

1944年，日伪当局为加强本溪防空和欺骗宣传，设立了本溪湖放送局，于1944年9月1日正式播音。局长为日本人渡边友一，隶属"满洲电信电话株式会社"。用日语广播为"第一放送"，用汉语广播为"第二放送"。广播内容，一为时事新闻、经济新闻、社会新闻等新闻报道类节目；二为各种讲演、谈话、对学生及儿童广播等教育类节目；三为戏曲、音乐、歌曲等娱乐类节目。各类节目都要把宣传"建国精神""日满亲善""王道政治""大东亚共荣圈"等论调作为宗旨，都要紧密配合日本在东北的各项殖民政策来策划和编排，充当日本侵略者的舆论工具。

（二）图书占领

伪满洲国成立后，日伪当局出于思想文化统治的需要，一方面查禁和销毁民国出版的各类书籍，垄断教科书的出版发行，一方面组织编辑"国策优良图书"，并进口大量日本出版物，1936—1941年间，日本进口的图书就从58万册猛增至3400万册。

当时本溪地区有两个较大规模的图书馆，即"满铁"本溪湖图书馆和本溪师中图书馆。"满铁"本溪湖图书馆成立于1900年10月，其初期藏书主要以文学（含戏曲）为主，其次是"满蒙"历史、地志、矿产等方面的图书。1937年时藏书量为8000余册，藏书则以本溪湖地区产业特点，以工矿业参考书为主，占地面积为227平方米。本溪师中图书馆藏书亦在8000册以上。

---

① ［日］本溪湖地方事务所编：《本溪湖事情》，满洲日日新闻社印刷所，1936年，第26页。

日伪当局始终把中国学校视为"反满抗日的养成所"，对中国教师进行考察监视。1936年1月，正值本溪师中学校放寒假，当校长得知日本宪兵队要来学校进行大搜查的消息时，急忙吩咐几位教员检查学校图书刊物，凡属所谓违反日伪当局禁忌的书籍，如孙中山等人物画像及著作，九一八事变前出版的地理、历史、地图、杂志等找出来付之一炬。为了保护《辞源》等工具书，只好将其中有关中日条约及战史的记载逐项涂抹掉。该校教师朱光璧也将家中的书籍和信件大部分烧掉，以防不测[1]。本溪县著名中医师金海峰几代从医，收藏了一批珍贵的文史和医药典籍，为防止日伪当局搜缴书籍，罗织罪名，不得不忍痛将其中的文史类典籍全部烧毁，仅留下医学典籍，藏于山洞之中[2]。

日伪当局对中国书店发行也实行限制和取缔，凡经营进步书刊一律查禁和封闭，桓仁县的卒丰德书店开业不久便宣告改行，最后倒闭。这一时期，学生所用教科书均由伪文教部门所属的劝学所发行。本溪湖迟玉庭创办的景记书局开业后，以石印为主，兼营伪满时期教科书本溪总店批发业务。与此同时，为了殖民统治和文化占领的需要，日本人于1931年在本溪湖顺山街开设有弘文堂书店，在宫原地区开设弘文堂支店。1934年又开设大冢书店，大量倾销日文图书、杂志。由于日伪当局的严格控制和打压，中国人开办的书店规模不断缩小，失去了往日的兴盛。日本侵略者对中国图书的禁毁和大量倾销日本书籍，是一场典型的文化侵略和浩劫。

（三）电影毒害

日本帝国主义为了对东北人民进行文化侵略和殖民，一直把利用电影视为"国策"。九一八事变后，日本"关东军"、伪满弘报处积极利用电影毒害东北人民。到1937年"满映"建立后，又陆续拍摄了大量的新闻片和故事片以满足其政治宣传上的需要。

东北沦陷前期，日伪当局的电影宣传主要通过3种渠道。一是利用影院、舞台放映，如1933年，日伪当局将本溪湖湖山楼大舞台正式改名为"北山满映馆"，开始专营电影放映活动。1936年又在本溪湖洋街（今溪湖

---

[1] 朱光璧：《本溪"思想犯"案亲历记》，载中国人民政治协商会议辽宁省本溪市委员会文史资料研究委员会编：《本溪文史资料》第1辑，1984年，第93页。
[2] 金魁章：《中医学会会长金海峰轶事》，载中国人民政治协商会议本溪市溪湖区委员会编：《溪湖文史资料》第3辑，2003年，第75页。

区河东街）修建公会堂（即"溪湖满映"馆，后称溪湖影剧院），在宫原裴家坟修建了"宫原满映馆"（即后来的北地俱乐部）。1943年，桓仁县日商和中国人邵立勤合资经营一处小型电影院。二是利用重大节庆集会放映，如利用伪满洲国建国周年纪念、帝制周年纪念、伪皇帝访日回銮纪念等都要召开庆祝大会，放映电影。如1936年伪满洲国"建国"4周年，于3月2日放映伪电影《乐土新满洲》《满军之全貌》，伪故事片《小侦探》和伪动画片。在放映伪电影之前，还搞一些向伪国旗、伪皇帝御影（即溥仪像）致最敬礼、合唱伪国歌，再由伪县长、日本参事官、宪兵队长、伪协和会长讲话等[1]。三是配合日军"讨伐"抗日军民的"宣抚"放映，如1933年3月，伪奉天省属电影放映机构派人到桓仁县首次放映3天无声电影，次年又在县内放映5天。1937年，日伪当局鉴于东边道反"满"抗日形势高涨，加紧特别"转化宣抚"工作，通过电影放映，宣传所谓"建国精神"的奴化教育，由伪奉天省组织映画班，分赴东边道16个县放映，桓仁县列为第三班区，在县城、二户来、沙尖子等集镇放映奴化殖民内容的电影[2]。

东北沦陷后期，日伪当局摄制的电影，大致可分为"启民电影""时事电影""娱民电影"3类。所谓"启民电影"即"文化电影"，是作为伪满洲国宣传的纪录片，主要是向日本人民灌输军国主义思想，向中国人民制造"跃进满洲""王道乐土"的伪影片。如《北方部队》《胜利的雪》等，都是炫耀"关东军"武力的。还有《我是满洲国民》《开拓团之春》等伪影片，极力鼓吹"日满一体"和向东北移民。所谓"时事电影"即新闻片，日语有《满映通讯》，汉语有《满映时报》，还有《朝日新闻》等，属于快速报道日伪统治现状，配合形势进行形象宣传。如1935年5月，为庆祝伪皇帝溥仪"访日回銮"，本溪县由伪协和会主持放映《御访日电影》。所谓"娱民电影"即故事片，包括两种：一种是利用黄色内容毒害中国人民，如《蜜月列车》《知心曲》《镜花水月》《白马剑客》《富贵春梦》等；另一种则是宣传伪满国兵业绩内容的《壮志烛天》等，为日本侵略中国东北涂脂抹粉。

日伪当局曾利用电影大力宣扬其"讨伐"抗日军民的"战果"，并对抗联叛徒大做文章。1938年6月，抗联第一军一师师长程斌在本溪裹胁部下百

---

① 《建国四周年纪念本溪县庆祝纪事》，载《本溪县政公报》1936年第2卷第3期。
② 桓仁县地方志编纂委员会编：《桓仁县志》，方志出版社，1996年，第649页。

余人叛变投敌，并在本溪湖搞了所谓投降仪式，日本"关东军"抓住这一事件，拍摄了纪录片《黑崎队长》大造声势，造成极坏影响。1939年4月，日伪当局又组织"南满"巡映活动，先后经吉林蛟河、奉天、本溪湖、安东等25地进行巡回放映，携带的有故事片《壮志烛天》、文化片《追捕鲸群》以及《满洲新闻》《朝日新闻》等伪报纸。

（四）戏乐检定

伪满洲国成立后，为强化文艺统制，在"总务厅弘报处"扩大后，于1941年发布伪《文艺指导要纲》，全面统制文艺，包括文艺、美术、音乐、电影、演艺、摄影等各个方面，其目的就是要摧毁中国人民的民族文化，控制一切文艺活动。如戏剧、戏曲等，搞戏曲"检定"，像《苏武牧羊》等爱国戏剧均在禁止之列。

在1939年，伪本溪湖市就相继成立了本溪戏乐检定会和本溪戏曲改良会，对各类戏剧、戏曲等演出进行审查和取缔，以致一些说书馆、小落子园纷纷停业，本溪湖自然轩、共同茶园也时演时停，湖山楼大舞台营业萧条，苟延残喘①。

在东北沦陷时期，本溪地区的专业演出，如京剧、评剧、梆子演出时断时续，而且演出的剧目要符合日伪当局的要求。在本溪湖湖山楼大舞台演出的外来京、评剧名家主要有：著名京剧演员周少楼，演出《景阳岗》《十字坡》；张云溪演出《三岔口》《黄天霸》《战马超》；尹博君演出《群英会》《草船借箭》等。著名评剧演员李金顺演出《爱国娇》《刘翠屏哭井》；筱桂花演出《孟姜女哭长城》《昭君出塞》；六岁红演出《杜十娘怒沉百宝箱》《桃花庵》等。1936—1941年，著名的评剧南孙家班扎营本溪，曾红极一时，后来也每况愈下，宣告解体。

在话剧演出方面，1941年本溪湖曾成立本溪宣化业余剧团，秉承日伪当局"以启民娱民国策宣化"的宗旨，"挺身艺文翼赞运动"，第一次公演话剧《风云儿女》，为征召伪国兵和所谓禁烟作宣传，还先后演出过话剧《野店恩仇记》，自编话剧《爱情三部曲》，在公会堂演出话剧《在假山后面》，观众有中、日青年千余人，演出还受到日本警宪的监视②。

---

① 肖哲、沈武编著：《本溪戏曲纵横》，1985年，第6页。

② 本溪市地方志编纂办公室编：《本溪之最》，白山出版社，1993年，第279页。

专业演出不景气的原因是多方面的，既有日伪当局的文化专制及审查限制和取缔原因，也有普通百姓食不果腹、戏捐过重和欣赏角度不同等原因。而相较于专业演出的萧条情况，本溪地区的民间演出却逆势而起。据资料记载："每年元宵节前，又有举办高跷、秧歌、龙灯、旱船、狮子等，以为娱乐。"①因民间演出是自己出资，自编自导自演，不受场地局限，并且像秧歌、高跷、二人转、舞龙、舞狮、旱船等乡土气息浓郁、粗犷、热烈、火爆、诙谐，节奏明快，舞姿多变，情趣盎然。当时本溪湖、碱厂、桥头、桓仁镇等都有自己的秧歌队，秧歌队扮演主要人物多为《西游记》《白蛇传》等神话人物为主，每年正月初一至十五，秧歌队走街串巷演出。桓仁县东、西、南、北四路皆有二人转（即蹦蹦儿）戏班，主要演出有《包公赔情》《蓝桥会》等。皮影戏（又称驴皮影）则以桓仁县南边石哈达村的于桂元（于二乐子）与其子于化信最为著名。

在日伪统治下的本溪，由于实行文化专制，思想禁锢，精神生活匮乏，专业演出又受到限制和打压。在这片清冷、干涸、沉寂的土地上，民间演出却如一汪清泓，给本溪这片沉寂的土地带来了一线生机。民间演出寄托了人民群众对美好生活的向往，不仅是对传统民族民间艺术的一种传承和坚守，更是对日伪当局思想奴化、民族同化反动措施的抗争和呐喊，这是东北沦陷时期本溪民间艺术家们为后人留下的宝贵文化遗产。

四、文化抗战与抗战文化

在东北沦陷时期，本溪人民不仅在军事、政治、经济等领域同日本侵略者开展武装反抗，反对殖民统治压迫、经济掠夺和破坏生产等方面的斗争，在思想文化宣传等方面也开展了针锋相对的斗争，义勇文化、抗联文化和铁刹山道教文化的弘扬就是本溪文化抗战亮丽的风景线。

（一）为《义勇军进行曲》提供原创素材

《义勇军进行曲》是电影《风云儿女》主题曲，而电影《风云儿女》则是在九一八事变后辽宁风起云涌的抗战烽火硝烟中诞生的。正是辽东义勇军抗战和长城抗战为作者田汉、聂耳的创作提供了源泉和原创素材，从而有了电影《风云儿女》及其主题歌，成为中华民族救亡图存的战斗号角，

①《本溪县风俗概况》，载《本溪县政公报》1936年第2卷第1期。

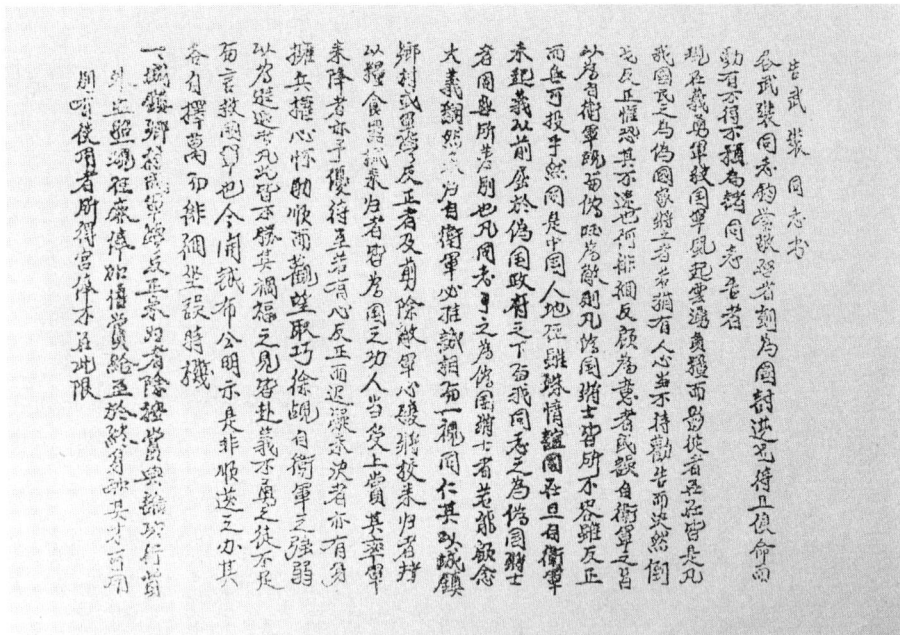

辽宁民众自卫军《告武装同志书》局部

最终升华为《中华人民共和国国歌》。

在张学良和东北救国会的支持下，唐聚五于1932年4月在桓仁誓师抗日，其队伍从最初18路发展到37路，后扩编为7个方面军10万余兵力，对敌作战上百次，曾一度收复东边14县。辽宁民众自卫军和辽东抗战的声威、战绩和影响，为《义勇军进行曲》的创作提供了丰厚的土壤和源泉，而辽宁民众自卫军的起义通电、文告，特别是《致国联调查团呼吁书》等由南京中央广播电台播出，影响深远，为《义勇军进行曲》的创作提供了丰厚的精神营养。

辽宁民众自卫军《告武装同志书》和《血盟救国军军歌》为《义勇军进行曲》的创作提供了直接的原创素材。辽宁民众自卫军《告民众书》《告武装同志书》等文告中有"团结起来""响应起来""我们被压迫的同胞""那（哪）能甘心作亡国的奴隶""要知道现在是中国存亡的关头""万众一心者也""云不畏炮火……冒弹雨直进"①。尽管书面文告用语尚有待转化

---

① 《告民众及武装同志书》，载云光侠：《东北抗日救国血战史》，得胜印刷所，1933年，第80-88页。

为诗歌体词句，但毕竟有了与《义勇军进行曲》歌曲相近的语言。而《血盟救国军军歌》几乎就是《义勇军进行曲》的翻版。其歌词为："起来，不愿做亡国奴的人们，用我们的血肉唤起全国民众。我们不能坐以待毙，必须奋起杀敌。中华民族到了最危险的时候，起来，起来，全国人民团结一致，战斗，战斗，战斗！"①该《血盟救国军军歌》广为传唱，后血盟救国军余部加入辽宁民众自卫军第六路军，而唐聚五后来在北平大中学校发表辽宁民众自卫军多次抗日演讲中，也必然将《告武装同志书》和《血盟救国军军歌》一并传唱开来，从而引起作者田汉、聂耳的特别关注。

唐聚五率义勇军第三军团参加热河和长城抗战，而田汉、聂耳曾赴战地慰问采风、采访，为《义勇军进行曲》的创作赋予了激情和灵感。1933年3月，唐聚五率第三军团在长城古北口、白马关等地与东北军、中央军配合作战，以实际行动践行了国家民族大义的义勇精神，其抗日战绩和长城抗战的悲壮场面，激发了进步作家创作的激情和灵感。此后于1934年5月，田汉又在武汉张学良行营处再度与唐聚五相见并作随机采访，唐又向他介绍了第三军团抗战事迹，介绍了辽宁民众自卫军军歌和《血盟救国军军歌》，更为田汉创作《义勇军进行曲》歌词提供了直接的原创素材。

综上所述，《义勇军进行曲》发源于辽宁义勇军抗战，原创素材产生于桓仁辽宁民众自卫军抗日斗争，改编完成于上海，唱响于中华大地，升华定位于北京，而《义勇军进行曲》作为义勇文化的精粹，作为中华民族救亡图存和实现伟大复兴的战斗号角，必将永载中华民族史册。

（二）抗联文化独具特色

杨靖宇在领导抗联第一军开辟"南满"抗日游击根据地，转战本溪、桓仁过程中，高度重视抗联部队宣传和文化建设，并将抗联文化作为思想政治工作的重要方面来抓，从而使抗联文化成为团结和教育人民、打击和消灭敌人的有力武器。

编印抗联报刊。抗联第一军转战本桓，建立许多抗联密营，特别是中共南满省委机关迁到本桓后，在抗联密营中建起多个印刷厂，创办了许多种报刊，主要有《列宁旗》《南满抗日联合报》《东边道反日画报》《反日民

---

① 《血盟救国军军歌》，转引自丁宗皓主编：《中国东北角之文化抗战 1895-1945》，辽宁人民出版社，2015年，第348页。

众报》《人民革命军画报》《青年义勇军报》《救国青年》等①。这些抗日报刊虽然版式不一，印刷质量也不够好，但有一个突出特点，就是针对许多战士和人民群众文化程度低或不识字的实际，文字浅显易懂，文图并茂，生动形象，战士、群众爱看。不仅如此，由于抗联第一军通信闭塞，杨靖宇十分重视借助敌伪报刊上的各种消息，研究和了解外界的重大事件和国内外形势，特别是中共驻共产国际代表团在巴黎出版的《救国时报》传到东北抗联后，杨靖宇一方面将《救国时报》上的文章作为开展部队思想政治工作的重要教材，一方面又将《救国时报》作为对外宣传抗联第一军战绩的重要窗口，使世界知道了东北抗联在为中华民族解放而不懈战斗。

创作抗联歌曲。在抗联第一军和第一路军对敌斗争中，创作和产生了大量反映抗联战斗生活的诗歌作品，以激励广大抗联将士奋勇杀敌。在抗联第一军创作和传唱的诗歌和歌曲中，既有反映抗联宗旨和任务的《东北抗日联军第一路军军歌》，也有反映中朝人民共同抗日的歌曲，如《中朝民族联合起来》；既有反映抗联艰苦斗争生活的，如《四季歌》《红军四季歌》，也有反映部队英勇作战和重大军事行动的，如《作战歌》《西征胜利歌》《四季游击歌》等；既有揭露日本帝国主义侵略中国罪行的，如《日本大讨伐》《雪花飘飘》《反日四季歌》等，也有分化瓦解伪满军的《唱给满洲士兵的四季歌》等。这些歌曲中影响最大的是杨靖宇亲自创作的《东北抗日联军第一路军军歌》《中韩民众联合抗日歌》《西征胜利歌》等。抗联第一军政治部主任宋铁岩不仅是优秀的政治工作者，还是一位才华横溢的诗人，他曾创作过大量进步诗歌结集为《前进》，在和尚帽子密营，他抱病又创作了《四季歌》《当红军歌》《追悼歌》等，并亲自教战士们学唱。

创编抗日话剧。杨靖宇为对部队进行抗日救国宗旨教育，活跃部队文化生活，在戎马倥偬的间隙，亲自创作了四幕话剧《王二小放牛》，通过王二小一家遭遇的描写，揭露日本侵略者的罪恶行径，反映了农民的反抗精神，歌颂了抗联的历史功绩。杨靖宇在桓仁刀尖岭抗联密营中亲自组织排演，并由警卫员王传圣饰主角王二小，然后到本溪各个抗联密营中巡演，

---

① 本溪市党史地方志办公室编著：《中国共产党本溪史》第1卷，辽宁人民出版社，2004年，第171页。

因剧情反映现实，演出效果也非常好①。

抗联第一军将士经历了血与火的洗礼，经受了生与死的考验，那充满着紧张、动荡、艰苦和枪林弹雨下的战斗生活，使得他们的作品充满了战斗激情，具有很强的针对性、战斗性和感召力，具有主题鲜明、内容丰富、形式多样、生动活泼的时代特征。抗联文化植根于民族危亡时期的东北大地，表现出强烈的抗日救国的重大主题，表达了本溪乃至南满抗日军民与日本侵略者血战到底的决心和意志。杨靖宇和抗联将士运用报刊、诗歌和戏剧为武器，开展抗日救国宣传教育，每一篇文章、每一首诗歌，甚至每一张传单都犹如一把把锋利的匕首，刺向敌人的心脏，起到了提高广大抗联指战员和人民群众觉悟，鼓舞抗日斗志，增强抗战必胜信心，教育人民和瓦解敌人的重要作用，扩大了中国共产党和东北抗日联军的政治影响，丰富了中国近代新闻和文学宝库。

（三）铁刹山道教文化的复兴

东北沦陷时期，日伪当局为控制东北道教组织，于1939年10月成立日伪控制下的"满洲国道教总会"，其宗旨是"基于建国精神正心修己，守成弘道，发扬东方道德之真义，以期国运隆昌"。还在东北各地建立供奉日本"天照大神"、明治天皇的神社，要求各级教育、宗教部门都得参拜"天照大神"，将各宗各派思想统一纳入"惟神之道"的思想，于是一切宗教之神皆在日本"天照大神"之下，一切宗教皆应接受日本天皇的统治，一切教徒皆应成为日本侵略者的顺民。

日本侵略者强迫东北宗教"改祖换宗"的行径，遭到了一些具有爱国心和正义感的宗教界人士的坚决抵制，本溪九顶铁刹山监院卢至顺就是其中的代表人物。他继任铁刹山三清观监院之后，便立志要将龙门道统发扬光大，并为此做出了不懈努力，以修山刻石和编修山志的实际行动对日伪当局的倒行逆施进行抗争。

前期准备。一是通过外出考察参访，厘清全真教龙门派道脉源流、谱系，回归龙门正统；二是通过参访名山访道，积累修山弘道经验；三是搜罗相关资料及风物传说，以备修志之用；四是筹措资金，以充修山刻石和修志费用。不料1936年日伪当局为"集家归屯"，竟将铁刹山庙产100多间

---

① 赵俊靖：《杨靖宇传》，黑龙江人民出版社，2015年，第258页。

草房全部烧毁，而卢至顺正是依靠铁刹山庙产的土地、房屋出租及香火钱作修山费用，这令其十分愤慨。

修山刻石。为了修山刻石，卢至顺延请名家白永贞、庆升、李维贞、缪东霖等为铁刹山题诗题词，并邀请石刻艺术家姚希圣、姚希德兄弟来铁刹山从事摩崖刻石。从1938年至1944年，历时7载，在九顶铁刹山、云台卷舒山共刻石60余处，大小4000余字的石刻工程，名家书法遒劲厚重，石刻工艺精湛，皆具大家风范，为铁刹名山注入文化内涵，为历史和后世留下极其宝贵的文化遗产，使九顶铁刹山真正名列东北道教龙门派第一祖庭。

篡修山志。通过数次参访和积累资料，卢至顺不惜重金聘请奉天通志馆馆长、辽海名家白永贞篡修九顶铁刹山志，白永贞因"今此山既无前志，余亦未著屦游行周览，其形势茫无印象，惟以传之于口者，笔之于书"①，于1937年修成《九顶铁刹山志》1函10卷，12万字，重点记述了九顶铁刹山形胜、宫观分布、道教缘起、清规戒律、龙门谱系等，还收录了碑铭题刻、古今逸事及文人雅士吟咏题跋等。1943年又增补部分诗文，由原来的10卷增至16卷，由奉天文新印刷所再版发行，成为东北最早出版的山川志之一。

挺身护教。卢至顺为复兴铁刹山道教文化不屈不挠，置生死于度外。1933年3月14日，有土匪百余人窜来三清观将其绑票，他为断土匪抽赎之念，竟不惜以头撞石，后得解脱。1940年10月，伪本溪县林务股长日人星山借口为"关东军"烧木炭，派朝鲜人柳泽等数人到山声称要砍林烧炭，遭到拒绝后，竟数次威胁并绑走道士。卢至顺不畏强权压制，于1942年12月上告到伪民生部，要求对星山、柳泽等所犯《刑法》《古迹保护法》规定进行惩治，"借烧炭势力，欺压本山"，"用心凶狡，蔑视国法"。因为"关东军"是伪满洲国的太上皇，自然官官相护，"国家原谅星山股长，免照法律惩办"②，但铁刹山名胜古迹却得以免遭涂炭，堪称幸事。

在日伪当局大搞"惟神之道"和白色恐怖之下，保护铁刹山名胜古

　　①《铁刹山志原序》，载白永贞篡修，张杰贵等校：《增续九顶铁刹山志》，民族出版社，2011年，第6页。

　　②《为林务股长星山借势欺人不遵国法呈诉案》，载白永贞篡修，张杰贵等校：《增续九顶铁刹山志》，民族出版社，2011年，第291页。

迹，赓续龙门道统，复兴祖国道教文化，卢至顺以一己之力，羸弱之躯，与土匪强盗斗，与日伪官府斗，引经据典，以法诉讼；延请名家题咏刻石，纂修山志。其人虽"不解诗书，罕通文义"①，且有时行为乖戾，刚愎自用，却是一身傲骨，为弘扬龙门道统苦心孤诣，躬身践履。九顶铁刹山自郭守真祖师开山之后，至清末已呈颓败之象，而卢至顺身膺使命，继往开来，终使铁刹重光，厥功至伟，其本人也完成了学道、弘道、卫道、殉道的蜕变。三百年间，郭祖之后，一人而已。

第二节　实行殖民化教育

东北沦陷时期，日本侵略者在本溪极力推行殖民主义奴化愚民教育政策，使原本落后的本溪教育更加倒退，使本溪人民特别是广大青少年遭受殖民地思想文化的严重摧残。

一、殖民化教育的历史演进

从1931年九一八事变到1945年八一五光复，日本帝国主义对东北人民进行了长达14年的殖民化教育，其殖民化教育的过程大致可分为3个阶段。

第一阶段为侵占恢复时期（1931年9月至1933年6月）。

重点是侵占本溪原有的教育设施，逐渐恢复原状。1931年九一八事变发生，次日日军即占领本溪县城，并勒令本溪全县中小学全部停课，长期放假。时本溪师中200余名住宿生也全部返乡，日军士兵端枪在各学校横冲直撞，本溪湖大堡小学校长正在上课时竟被赶下讲台。直至1932年3月伪满洲国成立，本溪县自治执行委员会才开始组织中小学复课。因时值抗日义勇军兴起，加上土匪趁机作乱，不时有学校师生被土匪绑票事件发生，因此城乡小学有部分学生并未复课。到1933年6月，本溪县全县尚有68所小学没有开学，小学生从事变前的12168名，锐减至7263名，下降42%②。

---

① 《炉监院易卢姓为炉姓之意义》，载白永贞纂修，张杰贵等校：《增续九顶铁刹山志》，民族出版社，2011年，第245页。

② 崔景辰：《伪满时期本溪地区中小学教育概况》，载《本溪市志通讯》1986年第2期。

表2-2　本溪县全境教育状况统计表

项目 机构 数据	事变前状况			事变后现在的状况		
	学校数	班级数	学生数	学校数	班级数	学生数
师范讲习科	2	4	191	2	4	119
初级中学	1	3	169	1	3	111
小　　学	235	288	12168	167	192	6948
民众学校	1	1	45	1	1	65
合计	239	296	12573	171	200	7243

资料来源：［日］沈阳抚顺本溪辽阳四县调查班编：《本溪县调查报告书》，1933年，第118页。

　　桓仁县事变前有男女师范各1处，初级中学1处，职业中学1处；男子高级小学10处，女子高级小学1处；男子初级小学68处，女子初级小学8处。共计有各级学校91处，131级，教职员161人，学生5048人。1932年，因民众自卫军兴起抗日，部分校舍被充作兵营，加上土匪出没，社会动荡不安，学生难以安心上学。1932年10月，日本侵略者占领桓仁，全县中小学处于停课状态。直到1933年春，日伪当局才组织复课。到1936年12月，全县共有各级学校69处，教职员133人，男女学生4117名[①]。

　　从上述可见，日本侵略者占领本溪后，直接破坏了本溪地区原有的教育状况，使学校开学数和学生复课数直线下降，而且在相当长一段时间未能恢复到九一八事变前的数量。究其原因，主要是由于日本侵略，东北沦亡，有抵制其殖民教育，或因社会动荡不安而无心求学等。需要特别指出的是，日伪当局恢复停滞的本溪教育，并非要真心帮助本溪恢复和发展教育事业，培养对国家和民族有用的人才，而是要全面摧毁原有的国民教育体系，对本溪广大青少年进行殖民和奴化教育，使学生成为供他们驱使的技术劳动力。

　　第二阶段为整理进展时期（1933年7月至1937年12月）。

---

　　① 常荷禄修，赵国栋纂：《重修桓仁县志》下卷，第七章政治志，1937年，第49页。

重点是对已恢复教育设施加以整理和改造，逐步纳入殖民化教育轨道。日伪统治初期，规定教育的宗旨是"重仁义，讲礼让，发扬王道主义"，教育政策的重点是废除中国原有的教育秩序、教学内容和教材。由于前期要集中镇压人民反抗和巩固其殖民统治，而改变教育制度并非一朝之事，因此日伪当局对原有的教育体制一半因袭、一半破坏，对原有的教师队伍采取一部分屠杀清洗、一部分收买利用的策略。

日伪当局规定，学校不准悬挂中华民国国旗，不准悬挂孙中山像，不准使用中国地图，不准唱中华民国国歌。没有教材，便采取救急办法，暂用中华书局、商务印书馆以前出版的公民课本、国语教科书，新编纂历史、地理教科书，明令"凡教科书中之列有党义及排外科目一律饬令删除，以符合王道建国之本旨"。但对"其内容与时势不合处须加删正"，还专门制定教科书删正表。

在组织编纂所谓"国定教科书""审定教科书"的同时，下令废除与国民党党义有关的教科书，以《四书》《孝经》取而代之，"嗣后各学校课程着暂用《四书》《孝经》讲授，以崇礼教"[1]。在小学的"修身"课中，大量补充与经学有关的资料，对学生进行"忠君"和"孝道"教育。初高中在教学科目中增加经学科，将《四书》《孝经》作为教科书使用。在"振兴孔教"的口号下，规定要"祀孔"和"祀关岳"，以及孔子诞辰都列入法定假日，封建儒教被殖民当局当作进行愚民教育的"法宝"。

日伪当局组织编纂和出版了大量的旨在进行殖民和奴化教育的新教材，到1935年，伪满政府新出版的教科书已达22种39册。在课程设置上，将日语列为本溪地区中小学（含师范学校）的主课。原有的中国传统民族文化教育体系几乎被破坏殆尽，整个中小学教育已被日伪当局所控制。

第三阶段为根本改造时期（1938年1月至1945年8月）。

1938年1月开始，日伪当局正式实施所谓"新学制"。"新学制"具体有11条。其本质和要害为4点：（1）"教育之修业年限力使缩短"；（2）教育内容"一概置重于实业科目"；（3）"日本语依日满一德一心之精神，作为国语之一而重视之"；（4）"以道德教育为重，尤以国民精神为基础之精神教

---

[1]《伪满院令各学校课程令用四书、孝经讲授之件》（1932年4月1日），载《辽宁省教育志》编纂委员会编：《辽宁教育史志资料》第3辑上，辽宁大学出版社，1990年，第283页。

育，力使于所有学科目上普遍施行之"。①

在缩短教育年限上，保留原有小学的四二制，将前4年的初级小学改称"国民"学校，将后两年的高级小学改称"国民"优级学校；将原有的三三制6年中学教育压缩为4年制的"国民"高等学校（简称"国高"）；改师范学校由初中生招生的3年制为由"国民"优级学校招生的两年制特修和4年制本科；改原大学4年制为3年制。这样，从小学到大学的原六六四16年制就被缩短为六四三制的13年制教育年限。

为宣扬所谓的"国家精神"，在课程设置上，小学取消了修身、国语、自然、地理、历史等教学科目，合并称为"国民科"，大肆宣扬"建国精神"。中学从1938年开始设"国民道德"课，其内容有驯服中国人的《中坚国民》《学生之本分》等，有美化日本侵略中国东北的《我国之建国》《友邦仗义相助》，以及宣扬民族"协和"的《日满一德一心》等。1943年，中小学改设"建国精神"课，集中宣扬"惟神之道"，鼓吹"八纮一宇"，强迫中国学生信仰日本人迷信的"天照大神"，拥护日本侵略扩张的所谓"大东亚圣战"，早会上还要背诵《国民训》等②。

日伪当局于1938年将我国传统的"国语"分为"满语"与日语两种，旨在强调日语并非外国语，而是"满洲国"的"国语"，强迫学习日语。注重实业科目和劳动教育，将普通中学变成职业性中学，减少文化课课时，增加实务课和劳动课课时，最后又大搞"勤劳奉仕"。

随着"新学制"的全面实施，标志着原有的民国教育体系被全部废除，殖民化教育体系全面确立。

二、殖民化教育的主要手段

日伪当局对东北青少年学生实施殖民化教育有许多手段，择其要者分述如下。

（一）篡改教科书

教科书是向学生进行思想和文化教育的重要工具，是维系民族文化和民族意识的重要载体。九一八事变后，日本扶植的伪满傀儡政权建立后，

① 曲铁华主编：《日本侵华殖民教育史料》第1辑，人民教育出版社，2016年，第75页。
② 崔景辰：《伪满时期本溪地区中小学教育概况》，载《本溪市志通讯》1986年第2期。

通过删改和编纂教科书来肆意歪曲历史地理，掩盖事实真相，以达到其愚弄和奴化东北人民的罪恶目的。

一是删改原有教科书中对其不利的内容。日伪统治初期，因来不及编纂新教科书，便将原来由中国出版的民国教科书中不利于日伪统治的课文进行删除，对课文中涉及敏感用词进行涂抹。如1932年出版的所谓的《满洲国政府公报》中《奉天中等学校临时教科书书目删正表》中，要求凡对日本人不利的文字全部删除，如中华书局出版的初中本国史第二册中"倭寇及朝鲜之役"被篡改成"朝鲜之役"；"汉族之抵抗精神"被完全取消。民国出版的国语教科书第二册中"最后一课"等被删除；初中国文教本第三册中"正气歌"被删除。该删正表的备注中还明确"除删正表以外，如发现字句间有排外意味者得随时删除之"①。

二是肆意歪曲中国历史。在日伪后来出版的"国定教科书"中，极力篡改中国历史，散布"满洲国非中国故有领土"等观点，为其分裂中华民族制造依据。胡说："满洲自肃慎至有清，有特殊之风俗礼教，与中国风俗不同。""满洲向不隶中国……以长城东北自成一区，建国之邦形成天然。""我满洲自古以来即为独立之国家，与中国常为起伏之势，绝非中国领土。"其目的就是要把东北从中国版图中分裂出去，为日本帝国主义长期侵占中国东北制造理论依据。

三是美化日本军国主义的侵略战争，美化伪满傀儡政权。"国定"教科书极力宣扬建设"新国家"。"如无日本之尽力，绝不能造成今日之良好国家。""日本绝非以战争杀人侵略地方为目的者，乃欲使世界和平，互相亲睦，同享人类之幸福而已。"又大肆宣扬"'满洲国'是王道乐土"，"是使三千万民众享有最大幸福的新国家"。

（二）强推日本语

为了奴化和同化东北人民特别是广大青少年，日本侵略者强迫学生学习日本语。一是将其列为伪满洲国的"国语"，并增加其课时量，小学日语与汉语课时相同，中学日语为6课时，而"满语"（即汉语）仅为3课时。二是实行日语检定制度，经过考试可以取得日语等级资格证，对升学、就业有利。即便其他课程学习成绩不好，只要日语好就不愁找工作。学习日

---

① 王天平：《日本三代天皇操纵侵华战争内幕》，辽宁人民出版社，2013年，第560页。

语的方法就是死记硬背，每堂课有一半时间检查背诵，如回答不上来就要受罚，轻则挨骂罚站，重则拳打脚踢，尤其是日本教师上日语课更是如此。所以本溪学生最怕上日语课，当时学生中流传顺口溜："啊、伊、屋、唉、噢，上堂把罪受；杀、西、斯、塞、受，挨打没有够。"三是用日文拼音文字代替汉字，企图从根本上毁掉汉语和汉字，对外国国名、地名、人名、技术专用词等，用日本片假名拼音。而且在报纸、杂志、书籍、公报、公文中也经常夹杂这种拼音文字，故意把中文搞得面目全非。四是在日常语言文字中，出现不少汉语和日语混杂的"协和语"，如强制征粮叫

强制推行日语教育，定日语为"国语"，强令小学生学习

"出荷"；商量问题叫"打合"；管理登记叫"受付"；火车票、船票叫"切符"；汽车叫"轱辘码"等。还有如"你的不行""我的不要"等，有些词句称为"协和语"，既非汉语，也非日语，搞得不伦不类，玷污和破坏了汉字的纯洁性，其目的就是要通过消灭汉语，进而消灭和同化汉民族，这就是日本侵略者强制推行日本语以及"协和语"的真正目的。

（三）缩短学制与实务教育

"新学制"实施以后，废除原来中学的初级、高级两阶段制，而将原来6年制压缩为4年制的"国民"高等学校，并进行所谓实务教育，使本溪地区的中等教育沦为重灾区。究其理由，日伪当局称"以文理科为主之中等教育，其不适于时代之趋势与我国之国情明甚"。"中学校内，通初级、高级六年间，始终专重文理科教育，实为国家所不取。"①一言以蔽之，日本占领东北，要对东北人民实行殖民统治和经济掠夺，他们所需要的是技能型劳动力和听话的奴隶，而不是有知识、有思想、有抱负、有"反满抗日"言行的青年才俊，因此要极力缩短学制，并"以实业教育为根基"，

---

① 曲铁华主编：《日本侵华殖民教育史料》第1辑，人民教育出版社，2016年，第171页。

"借以施行真正之人格教育，养成国家中坚人物，而冀防止所谓学问游民之辈出"。实际上就是向学生灌输"建国精神""忠君思想"，防止有学识、有独立思考能力的精英阶层的出现。同时，对女子"国高"学生"授与家事、裁缝手艺等之实科为主，养成堪为良母贤妻者，借资'我国'家庭生活之改善"。把普通中学变成劳动力训练营，把女学生培养成家庭主妇，让中学生学不到应有的文化科学知识，泯灭中学生的国家观念和民族意识，只能成为日伪统治下的顺民和速成型的技能劳工，哪来的"养成国家中坚人物"？这才是日伪当局压缩学制和实行实务教育的实质所在。

（四）利用早会和节庆祀典进行摧残

日伪当局把东北广大青少年学生作为实施奴化教育和愚民教育的重点，除利用篡改教科书进行欺骗教育外，还利用早会和节庆祀典，全面灌输反动思想，以摧残他们的身心。当时本溪中小学每周一第一节课都要上早会，其主要仪式有4项：第一项是升国旗唱国歌，即升伪满洲国国旗和日本国旗，唱伪满洲国和日本国歌。第二项是遥拜，即先向北转，先向"新京"（即长春，伪满洲国首都）遥拜，再向东转，向东京日本皇宫遥拜。遥拜要致"最敬礼"，即各连续3次躬身90度。第三项是默祷，即悼念日本侵略者的阵亡将士，祈祷所谓"大东亚圣战完遂"。第四项是奉读"诏书"或伪《国民训》，每逢节庆祀典都必须奉读诏书，根据节庆变换分别选择奉读"即位诏书""回銮训民诏书"或"时局诏书"，经常奉读的是"回銮训民诏书"。奉读"诏书"之人，态度要毕恭毕敬，在学校一般由校长指定老师奉读，戴白手套，请送"诏书"还要目不斜视等。

节庆当中，以元旦、"万寿节"（伪皇帝溥仪生日）、"建国节"（伪满建国）、"访日宣诏纪念日"，入学、毕业及开学纪念日为祀日。特别是不仅将日本人信仰的"天照大神"强加给东北人民，还将"纪元节"（日本建国纪念日）、明治节（日本明治天皇生日）、天长节（日本昭和天皇生日）等日本节日强加给东北人民特别是广大青少年，都要举行祀典和遥拜等。

频繁的早会和众多节庆祀典的身心折磨和精神摧残，令本溪广大师生苦不堪言，心生厌恶，一些师生也在用各种方式进行抵制，桓仁县"国民"优级学校教导主任史习彦就是其中之一。在1944年秋的一次早会上，日本校长和视学官指定由史习彦奉读"诏书"，但他极富爱国心和正义感，见此事难以推脱，便从校长室取出伪满皇帝诏书，双手高擎快步来到学校操场上，当着日本视学官、校长和全校师生的面，假装紧张过度而突然摔倒，接着又将"诏书"念得含糊不清。他故意戏耍"诏书"连日本人都瞒过去，认为他是因激动紧张所致①，而在场的全校师生则为他捏了一把汗，又为他敢于戏弄"诏书"的行为而由衷地敬佩。

（五）控制和迫害教育界人士

日本侵略者在恢复东北教育后，对中国教师极不放心，认为各校教师"尽系民国教育所陶冶而成者也……此势力深中于人心，牢不可破。所以此类教师多存三民主义思想，而无满洲国家观念。以之充任满洲国之教师，讵非危险已极"②。因此对各中小学教师采取了监视、控制、拉拢、迫害等一系列措施。

通过参加宣抚和讲习会进行甄别。日伪统治之初，政权不稳，各地义勇军纷起抗日。于是日本侵略者在进行武力镇压的同时，指令地方伪县长、伪科局长与伪协和会组织所谓宣抚班，分别到各村镇进行"宣抚"、演讲，学校教师也被抽调参加，借以考察和甄别教师的态度和思想动向。日伪当局还举办讲习会，如1935年在本溪县第二次小学教师讲习会上，伪县长王荫椿大谈什么"我国以'王道立国'，以教育发挥'王道'，所以必须把'王道'精神彻底普及，才算是教育成功"③。

通过提高教师待遇进行拉拢。日伪当局大要两面派手法，一方面对教师进行监视和防范，一方面用较高待遇来利诱和收买教师。日伪统治初期，本溪县师中教师月薪每月为53.5—63.6元，平均为58.5元；小学教师月薪为22—38.5元，平均为30.25元。日伪统治后期中学教师月薪等于县衙中伪股长的待遇，每月在80—120元；小学教师也等于县衙中的科员级，月薪为66—90元④。用高薪来收买教师，利用他们作为殖民和奴化教育的工具。

通过杀害抗日分子进行恫吓。日本侵略者经常用杀害抗日军民来威慑本溪人民，对教师更是如此。1934年春的一天，驻本溪湖日本守备队、宪兵分队抓捕了21名抗日义勇军战士，押到大明山腰，强令本溪师中学校的

① 高崇等编著：《桓仁抗日斗争文化研究汇编·血与火的岁月》，2018年，第9—10页。
② 曲铁华主编：《日本侵华殖民教育史料》第1辑，人民教育出版社，2016年，第199页。
③《本溪县第二次小学教员讲习会训词》，载《本溪县政公报》1935年第1卷第6期。
④ 谭会忠：《本溪县立师中学校发展概况简介》，载中国人民政治协商会议辽宁省本溪县委员会文史资料研究委员会编：《本溪县文史资料》第6辑，1991年，第6页。

师生停课，和部分群众一起被驱赶到大明山刑场观看。刑场周围有日军荷枪实弹，如临大敌。然后用卡车押解来21名抗日分子，被反剪捆绑并蒙眼塞嘴。日本宪兵用战刀砍头，鲜血喷溅，一个个人头满地乱滚，惨不忍睹，并下令尸体不准掩埋，不准家属收尸①，借此达到武力镇压和威慑作用，令师生们十分愤慨，更增加了对日本侵略者的仇恨。

通过制造罪名进行迫害。日本侵略者为巩固东北殖民统治，对本溪教育界人士进行大肆逮捕和迫害。1936年2月，以抓捕"思想犯"为名，先后逮捕了本溪县师中、本溪县第一小学数十名教师和本溪县礼教股长王殿卿等人，并进行残酷的刑讯逼供。其中，师中教师朱光璧因起草劝诫青少年戒除毒品的"励行会"章程而被打得死去活来；礼教股长王殿卿则因6岁小儿在课本上的伪皇帝御影（照片）旁边写上"大王八"而被严刑拷打；第一小学校长崔芳秋则早被日本宪特盯上，以反"满"抗日的"思想犯"而被扔进连山关日本守备队狼狗圈不幸殉难。因"思想犯"案件牵连较多，人心惶惶，素有抗日思想的伪县警察教练所教务长常伯英为躲避抓捕，借剿匪为名，将数十名学警拉出去投奔抗日队伍（后学警多数逃回），在日伪当局中引起极大震动，本溪湖"思想犯"案件才不得不草草收场，绝大部分教师被释放②。同年9—12月，日伪当局又制造"桓仁救国会"惨案，在这次惨案中，有9名中小学校长被杀害，数十名教师被逮捕判刑，使桓仁教育界惨遭屠戮，桓仁教师队伍更是青黄不接，难以为继。

三、殖民化教育的特点及危害

（一）殖民化教育的特点

日本帝国主义对东北人民实行的殖民化教育，具有蓄谋已久的计划性，步步紧逼的强制性，无所不在的渗透性和自始至终的欺骗性诸特点。除此之外，还有以下特点：

教育体系畸形化。日本帝国主义为巩固其在东北的殖民统治，对东北人民特别是广大青少年学生进行殖民地式的愚民和奴化教育，并从教育行

---

① 韩愚：《漫话明山岭的今昔》，载中国人民政治协商会议本溪市溪湖区委员会编：《溪湖文史资料》第2辑，1992年，第50—51页。

② 朱光璧：《本溪"思想犯"案亲历记》，载中国人民政治协商会议辽宁省本溪市委员会文史资料研究委员会编：《本溪文史资料》第1辑，1984年，第93—100页。

政、教育制度、教科书编纂、教育设施管理等方面进行全面掌握。上至伪满洲国文教部、教育厅，下至市县教育局科，虽由中国人担任主管，但却由日本人掌握实权，而伪本溪湖市公署教育则皆为日本人所把持，伪教育科长为日人宫泽、视学官为日人野月，桓仁县伪视学官为日人芳野。明明中国人使用教科书，却要由日本人来主持编纂，并由日本人主持制定诸如《学制要纲》等一系列反动的教育法规和制度。在教育设施管理方面，虽然多数仍由中国人担任校长，却安插了日本人副校长或主事掌握实际大权。以本溪"国民"高等学校为例，从1939年开始，校长仍由亲日中国人李如翔担任，而副校长却先后由日本人岗田治二、辰野精藏担任并掌控实权；教务主任先后由日人井上平、辰野精藏担任，训育主任则由井上平（后改教务主任）、石田担任；总务主任则由日人西尾勉、迫间哲二、白滨博担任[①]。还有的学校安插了日本特务教师从事监视活动，如原本溪师中教师西泽就是日本特务。教育体系畸形化，使东北教育在殖民地化轨道上愈行愈远。

教学思想去中化。东北沦陷时期，日伪当局推行的基本教学思想就是淡化东北人民特别是广大青少年的民族意识，强调所谓"日满协和"。特别是在1937年修订的《学制要纲》提出的"教育方针"："遵照建国精神及访日宣诏趣旨，以咸使体会日满一德一心不可分之关系及民族和协之精神，阐明东方道德，尤致意于忠孝之大义，涵养旺盛之国民精神，陶冶德性，并置重于国民生活安定上必需之实学，授予知识技能，更图保护、增进身体之健康，养成忠良之国民"[②]。这是日本帝国主义针对东北中国人的教育而制定的全面系统的奴化教育思想与方针。所谓"建国精神"，就是指将东北从中国分裂出去成为日本殖民地而永远由日本人统治的精神；而"日满一德一心""民族协和"则是消磨、淡化中国人的国家观念和民族意识的谎言；而"陶冶德性""养成忠良之国民"就是要东北人民去中国化，成为日本帝国主义的驯服奴隶。在这个教育方针即教学思想指导下，于是就有了日语变成伪满洲国的"国语"；就有了本是日本人信仰的"天照大神"乃至

① 《钢校校史》编写组：《本溪钢铁学校沿革史》（一），载中国人民政治协商会议辽宁省本溪市委员会文史资料研究委员会编：《本溪文史资料》第1辑，1984年，第136页。

② 曲铁华主编：《日本侵华殖民教育史料》第1辑，人民教育出版社，2016年，第74页。

明治节等日本节日强加给东北人民而强迫信仰和祀拜；就有了明明是中国人却不能说是中国人，而要说是"满洲国人"等等。日本侵略者推行去中国化的教学思想和奴化教育，就是要达到泯灭东北青少年的民族意识和国家观念，使中国人日本化，将东北从中国国土中永远分离出去，这才是日本侵略者的真正目的，由此可见其在教学思想上的险恶用心。

专业课程实务化。在日伪当局"以国民生活必需的实学为基础，传授知识技能，增进身体健康，重劳作教育与实务教育，不偏重于知识教育"的思想指导下，对学校教育重点进行重大改变。一是以实业教育为重点，将普通中学取消，所有中学都是以职业教育为主，一律改成职业性中学，虽然名称为"国民"高等学校，实际上已侧重于职业分科，如原本溪县初级中学改称"国民"高等（工科）学校，桓仁县"国民"高等（农科）学校，本溪桥头设有"国民"高等（林科）学校，本溪彩屯设有"国民"高等（农科）学校等。本溪县和桓仁县都设有女子"国民"高等学校，其办学方向是"以努力涵养国民道德，特别注重妇德，修炼国民精神，锻炼身体，授与女子所必需之知识、技能，培养劳作习惯，养成堪为良妻贤母者为目的"[①]。主要设置家事、烹调、缝纫、编织等实业课，实际带有商科性质，就是要把女学生培养成日本式家庭主妇，剥夺妇女在政治、经济上独立平等的地位与权利。二是在"国民"高等学校中，大幅度减少普通文化课和基础科学课的分量，文化课已由原来的90%课时占比下降到40%，而实业课门类则占全部课程的二分之一。实业课又分为讲义和实习两科，授课时数均在6节以上，多数课时不授课而是劳动，学校变成了劳动力训练中心。三是强迫"勤劳奉仕"，太平洋战争爆发后，伪满政府于1942年公布《学生勤劳奉仕令》，在各级学校开设"勤劳奉仕"课，规定学生不参加劳动不许毕业。1943年，日伪当局实行战时教育体制，进一步强化了所谓实务教育和勤劳训练，从而使学生变成了劳工。规定小学生每年实习、体炼和勤劳奉仕共30天，中学生每年实习、体炼、勤劳奉仕共65天。本溪"国高"学生要到工厂无偿劳动，女子"国高"劳动课则要到本溪湖日本兵营、日本宪兵队宿舍给日军士兵洗衣服；桥头农科"国高"大部分时间都在田间劳动，本溪广大农村小学生则到"国兵之家"、"勤劳奉公队员"之

---

① 曲铁华主编：《日本侵华殖民教育史料》第1辑，人民教育出版社，2016年，第74—77页。

家从事开荒、种地、除草、捉虫、造肥、秋收等劳动，在乡村小学开展"晒干草供军需"和大捕田鼠供给"关东军"培养鼠疫细菌等指令性"奉仕"活动①。所谓"注重劳作教育""重视实务教育"不过是日本侵略者和伪满当局执行愚民政策的欺人之谈。

学校管理军营化。太平洋战争爆发后，为适应日本战时体制需要，日伪当局对东北各学校实行军营化管理。本溪地区各学校在此方面有两个特点：一是严格军事训练。1940年2月，伪满政府就公布了向辖区内各级学校派遣陆军现役军官，以加强对学校监督和军训，本溪"国高"首席军事教官由日本警备队派杨德铭上尉担任，桓仁县"国高"也由通化军管区派出一名教官。至此，本溪各级学校已变成了日本当局的准军事化基地。本溪"国高"学生头戴日本式战斗帽，上身穿日本士官生军服，下身穿马裤打裹腿、带勒皮鞋。平时早会、节庆典礼集会，学生均手执木枪，大中小队长则佩带指挥刀。训练科目除日常的队列、刺杀等科目外，还要组织学生进行防空演习、灯火管制、抢救伤员、包扎伤口、抬担架等。学校住宿等日常生活也全部实行军营化管理。二是严格的礼节和绝对的阶级服从。学生对老师只有服从，绝对不能提出异议和反对。学生在街上遇到老师要立正敬礼或行举手礼。老师处罚学生有多种手段，如罚站、罚跑步、打手板、打嘴巴等，特别是日本教师打人，竟然用拳头左右开弓，甚至用脚踹，而挨打者必须保持立正姿势，不得躲闪，打倒了也要马上站起来立正，准备继续挨打。学生之间也讲下级生服从上级生，上级生可以打下级生，一般学生服从带长干部。

日本学生也经常依仗日军势力欺侮中国学生，中国学生大多选择忍气吞声，但有时也奋起反抗。1942年3月的一天，本溪"国高"学生金成禄等4人由本溪湖街里回校，遇到本溪湖工业实习所4名日本学生。金成禄等人本想回避，不料一个日本学生上前就给他一个耳光，另外3名日本学生也脱下木板鞋上来打金。"国高"一名学生立即回校报告，召集来"国高"同学在河东街与前来的日本学生相遇，双方大打出手。由于"国高"学生远多于工业实习所的日本学生，结果日本学生被打得鼻青脸肿，连派出所的警察出面也制止不了。最后本溪湖警察厅日本人出面并喝退日本学生才制止

① 崔景辰：《伪满时期本溪地区中小学教育概况》，载《本溪市志通讯》1986年第2期。

了双方的群殴。次日又将"国高"校长等叫去训诫一番，称日"满"两校学生打架"有碍于民族协和，要防止此类事情发生"。结果"国高"学生痛打了仗势欺人的日本学生后，并未因此受到逮捕和惩处，而日本学生从此再也不敢在本溪湖欺侮中国学生了[1]，这无疑是一次中国学生反压迫、反欺凌斗争的胜利。

（二）殖民和奴化教育的危害和影响

日本帝国主义推行的殖民和奴化教育，给本溪和东北人民带来了极大危害。

其一，殖民奴化教育摧毁了民国初年建立起来的"东北"国民教育体系，使东北地区的教育完全走上了殖民化教育的轨道。东北沦陷以后，随着殖民地化程度的加深，东北的教育行政和教育设施也逐步为日本侵略者所控制，特别是"新学制"的全面实施和殖民化教育体系的全面确立，使本溪乃至整个东北的教育事业呈断崖式倒退。

其二，殖民奴化教育直接降低了本溪地区的学历教育水准。由于实行所谓"新学制"，大大压缩了本溪学生受教育年限，减少了文化课和本溪各"国民高等学校"工、农、林、商科的设立，实务教学和"勤劳奉仕"，致使本溪广大青少年的综合素质大大降低，因此本溪乃至东北"国民高等学校"的学生学历远低于日本国内同等教育水准，本溪学校俨然成为劳动力的训练中心，学生也成为供日本侵略者驱使的劳动力。

其三，先贤龚自珍有云："灭人之国，必先去其史；隳人之枋，败人之纲纪，必先去其史；绝人之才，湮塞人之教，必先去其史；夷人之祖宗，必先去其史。"[2]日伪当局通过推行殖民奴化教育，极尽蔑视和侮辱国人之能事，千方百计磨灭广大青少年的国家观念，包括强迫学习日语，并以篡改的"满洲"历史地理等取代中国历史地理，残忍地剥夺了本溪地区广大青少年学习了解中华民族历史、中华文化传统，学习本国语言文字和掌握现代科学文化知识的权利，导致本溪青少年学生"只知崇拜皇权，不知炎黄祖先；只知敬仰'天照大神'，不知中华五千年文明传统；只羡慕日本大

---

① 《钢校校史》编写组：《本溪钢铁学校沿革史》（一），载中国人民政治协商会议辽宁省本溪市委员会文史资料研究委员会编：《本溪文史资料》第1辑，1984年，第141页。

② 龚自珍：《古史钩沉二》，载李敖主编：《龚自珍全集·盛世危言》，天津古籍出版社，2016年，第25-26页。

和民族知识阶层衣着服饰，不知自己处于亡国奴的悲惨地位"①。从而几乎忘记了自己是中国人的身份认同，几乎割断了中华民族的历史根脉。

其四，殖民和奴化教育致使一些中国人泯灭了民族意识，丧失了民族尊严，也使本溪乃至东北广大青少年或多或少地养成了懦弱和逆来顺受的性格，不再具有"反满抗日"的血性，从而成为日本殖民统治下的"顺民"，而这恰恰是日本侵略者实行殖民奴化教育的主旨所在。正如毛泽东所指出的那样：日本帝国主义灭亡中国的政策，"在精神上，摧残中国人民的民族意识。在太阳旗下，每个中国人只能当顺民，做牛马，不许有一丝一毫的中国气"②。这就一针见血地指出日本帝国主义不仅妄图用武力征服中国人民，更要在精神文化上同化和愚弄中国人民，从而使中国人民在日本帝国主义统治下，成为其顺民和奴隶的本质。

总之，文化侵略和奴化教育比军事侵略具有更强的隐蔽性和欺骗性，起到了军事侵略所起不到的作用，甚至比军事侵略更可怕。殖民奴化教育给本溪人民特别是广大青少年造成的心灵创伤和精神摧残在很长时间内都难以平复，成为本溪人民痛苦而屈辱的记忆。

四、对殖民奴化教育的抵制与抗争

面对日伪当局全方位的殖民奴化教育和欺骗宣传，本溪地区一些具有爱国心和正义感的知识分子和其他人士，并未屈服于日本法西斯统治的淫威，进行了不屈不挠的抵制与抗争。

（一）利用合法身份宣讲中华文化

在本溪教师队伍中，敢于抵制日伪当局殖民和奴化教育的代表人物是霍士杰。霍士杰（1894—1941），本溪县高台子村人，文才出众，满腹经纶，民国时期曾担任本溪县劝学所所长。九一八事变时，他正在石桥子区担任区长，日伪当局要他出来做事，他愤而离开到火连寨隐居。1937年，日伪当局又强迫他出来任教，否则按"反满抗日"论罪。他为形势所迫，加上乡人亲友和其早年学生的一再劝说，才答应回原籍高台子高级小学教

---

① 韩百珍：《记本溪市第一所女子中学——伪奉天省立本溪女子国民高等学校》，载中国人民政治协商会议本溪市溪湖区委员会编：《溪湖文史资料》第2辑，1992年，第103-104页。

② 毛泽东：《论持久战》（1938年5月），载《毛泽东选集》第二卷，人民出版社，1991年，第455页。

两年书，并担任班级的班主任。他所讲授的课程如国文、自然、地理等课也全用民国年间的课本，每节课45分钟，他只用15—20分钟就讲完了，留下复习题，其余25—30分钟由他自己讲授古文、古体诗。当时"《国史》"课本已被篡改，不讲中国历史，而只讲"满洲国史"，讲肃慎、扶余、高句丽、辽、金……霍士杰愤怒地摔掉课本，开始讲"我们的国家"——中华民族五千年文明的历史。

1937年卢沟桥事变的消息传来，霍士杰数日精神郁闷，卧病在床。几天后，他又身系铜鼓，精神抖擞，给学生们表演起《凤阳花鼓》并且逐句讲解。当讲到"沙场死去男儿汉，村庄留下女和娘，奴家走遍千万里，到处饥寒到处荒"的时候，他已声泪俱下，愤笔写下"满地干戈何日了，一家温饱几人耕？仁民爱物平生志，付予咏诗供俗评"的诗句，表达了他忧国忧民和怀才不遇的心声。当时日伪当局大肆宣扬"惟神之道"，利用"早会"和节庆祀典摧残中国师生。而霍士杰始终不穿"协和服"，只穿长袍大衫，不讲日语和"协和话"，在学校搞"奉读诏书"和"欢迎皇军"之时，他总是抱病休息[1]，充分表现了中国知识分子不忘家国情怀，敢与奴教抗争的民族气节。后因忧愤成疾，年仅48岁便与世长辞。

（二）坚持自办教育

由于日伪当局对公立学校进行全面控制，强制推行殖民奴化教育，对商会和宗教团体创办的私立学校也逐步纳入管控或被取消，许多私塾也变成"国民义塾"。1936年4月，伪本溪县公署将商会、清真寺、思山岭等7所私立小学通过立案许可，却于1938年一律改为"国民"学校，纳入伪政府管理之下；将桥头、连山关、三河子等多所私塾一律改为"国民义塾"。民间一些有识之士为抵制日伪当局的殖民奴化教育，同时也有一些穷人家的孩子上不起学，于是自己筹资办起了一些私学，如碱厂的魏元珍、徐兰芳等人开设了几所私塾，招收学生200余人[2]，主要课程是国学和一些基本常识。清河城小甸子北山坡由金老师办起私塾，村里和附近失学的男孩都来这里学习，重点学习《三字经》《百家姓》《千字文》和《古文观止》等

---

① 宋自然：《回忆霍士杰老师》，载中国人民政治协商会议辽宁省本溪县委员会文史资料研究委员会编：《本溪县文史资料》第6辑，1991年，第31—32页。
② 闻思整理：《古镇碱厂》，载中国人民政治协商会议辽宁省本溪县委员会文史资料研究委员会编：《本溪县文史资料》第1辑，1986年，第93页。

内容。民间私塾尽管条件落后，办学水平不高，教学内容有些陈旧，但也是书声琅琅，给贫穷落后和沉寂的山乡带来一丝活气和生机。

（三）怒斥日人法西斯行径

日伪当局控制本溪教育局面后，积极推进殖民和奴化教育，在各中小学安插了日本教师上课并对学校进行监视。本溪县第一小学体育教师西泽到任后，将学校原来的童子团取消，成立"白虎队"，在体操课上进行军事训练，在校园中鼓动学生搞阶级服从，上班级可以打下班级学生，因此造成同学之间结下仇怨，家长们对此怨声载道，告到校长崔芳秋（1899—1936）那里。崔校长把西泽找来加以告诫，反对他这种法西斯教学方式。西泽不仅不听，还反唇相讥进行威胁，崔芳秋强烈要求伪本溪县公署撤换了西泽。崔芳秋也因此受到日本宪兵队的监视，并在1936年日伪当局制造本溪湖"思想犯"案件中被捕杀害①。

1944年，随着日本在太平洋战场的节节失败，"关东军"调动频繁，并临时征用桓仁县"国民"优级学校校舍夜间作日军宿舍。一天早晨，住在该校教室的几个日本士兵未按时搬出，也未收拾教室内的稻草，学生没法进教室生炉子，只能在操场上挨冻。学校教导主任史习彦十分气愤，冲进教室对几个日军士兵用日语斥责道："这是学校，不是旅馆！"日本兵说："我们是皇帝陛下的勇士，喜欢什么时候走就什么时候走，你的管不着！"史习彦怒骂一声"八嘎牙路"，然后抡起右掌就给日兵一个响亮的耳光，日本兵立刻立正"嗨"的一声，然后赶紧收拾好教室，急匆匆搬了出去。当日本人校长知道此事，反而称赞他做得对②。史习彦怒揎日兵，大长了中国人的志气。

（四）"我们是中国人！"

日伪当局对中国学生进行无休止的殖民和奴化教育，使一些有识之士感到十分忧虑，明明是中国人，却只能说是"满洲国人"，否则就要受到打骂和处罚。时有魏运衡于1938年4月1日接任本溪县公署伪县长，魏身任伪职，但为人尚属正直。上任伊始，恰值清明节，于是他经过筹划，由伪县

---

① 韩愚：《本溪县立模范小学第一任校长崔庆桂》，载中国人民政治协商会议本溪市溪湖区委员会编：《溪湖文史资料》第2辑，1992年，第68—69页。

② 高崇等编著：《桓仁抗日斗争文化研究汇编·血与火的岁月》，2018年，第22页。

公署主办，县街各中小学师生、伪县公署职员，伪警务科全体警察和警察训练所学员共计500余人参加清明节登平顶山的踏青活动，并免费提供食品。各路中午在山上聚齐，午餐过后，众人围绕在神弹子李五井旁，听"魏县长"讲话。魏运衡站起身环视一下说："今天我们旅游，没有日本人参加，我要说几句良心话。"随即问本溪"国高"学生："你们是哪国人？""国高"学生齐声回答："我们是'满洲国人'！"他接着又问警察训练所学员说："你们知道你们是哪国人？"学员们站起来立正回答："报告县长，我们是'满洲国人'！"魏听到后流下了眼泪，悲恸地说："你们都是中国人，可怜啊！你们这些无辜的人，忘记了祖国。"接着放高嗓音说："记住！孩子们。我们有祖国，我们是中国人！我们不能当亡国奴，不管到什么时候，千万不要忘记我们是中国人……"魏最后说："警告那些狗腿子，胆敢在日本人面前讨好告密，我就豁出来这条老命，也让他不得好下场！"魏县长慷慨激昂的殷殷话语，令在场的人十分动容，不禁流下了眼泪①。魏运衡身为伪县长，却处在日本人的监视之下，巧借清明节旅游之名，唤醒在场中国人的身份认同，语重心长，振聋发聩，可谓用心良苦。

（五）投笔从戎，参加抗战

九一八事变后，日本帝国主义占领中国东北，在国家危亡的紧急关头，本溪一些爱国知识分子毅然投笔从戎，走上抗日战场。本溪籍爱国人士、铁岭县古城子小学校长白广恩（1892—1933）愤然回到故乡歪头山，秘密联络抗日志士，并协助北平救国会赵殿良组建第二十一路义勇军奋起抗日。白广恩还动员其弟白广泽、妹夫刘永丰参加义勇军，还让其不满10岁的儿子白长玉充当义勇军地下交通员。义勇军失败后，他又转入沈阳继续从事秘密抗日活动，1933年1月不幸被捕牺牲②。桓仁县铧尖子三乐小学校长李相山（1884—1937），在九一八事变后十分愤慨于国民党政府不抵抗政策，慨叹道："这么大一个中国，叫一个小国欺负到了家，真是耻辱！耻辱！"于是组织大刀会，并于1932年4月加入辽宁民众自卫军担任团长参加抗战。自卫军失败后，他又拉起队伍上山抗日。于1934年率56人加入东北

---

① 沈济忱口述，谭会忠整理：《伪本溪县县长魏运衡轶事记》，载中国人民政治协商会议辽宁省本溪县委员会文史资料研究委员会编：《本溪县文史资料》第2辑，1987年，第80-82页。

② 《白广恩传》，载本溪市党史地方志办公室编著：《本溪英烈传》，辽海出版社，2014年，第5-8页。

人民革命独立师并担任副官，协助师长做了大量工作，向群众宣讲抗日救国道理，教抗联第一师指战员唱《雪花飘飘》《红军四季歌》等革命歌曲。1937年1月，因叛徒出卖，李相山被捕。敌人对其进行威胁利诱，他痛斥道："我不会当亡国奴，不吃满洲饭。宁作史可法，不学洪承畴！"最后英勇就义①。原桓仁县第五区村立小学校长解麟阁（1895—1936），在九一八事变后，痛感国家危亡，喊出"大丈夫无国何以为家"的慨叹，愤然辞去校长职务，组织建立"爱国军"带领20多名青年人上山抗日，后加入辽宁民众自卫军，担任工程兵中校团副，英勇杀敌。自卫军受挫后，他又拉队伍上百人，进行抗日，并于1934年加入东北人民革命军，担任第一师参谋，于1936年不幸牺牲。其全家共有5人参加抗日并全部被日伪当局杀害。

　　本溪青年学生在日寇入侵、国家危难的历史时刻，也纷纷投笔从戎，奔向抗日前线。1931年九一八事变后，本溪回族学生丁铁石（1915—1996）随全家流亡北平，进入东北中学读书。1936年在河南鸡公山参加抗日救亡运动，加入中华民族解放先锋队。1937年全国抗战爆发后，率东北中学30余名应届毕业生赴山西参加八路军。经过抗日烽火考验，丁铁石很快担任了文化教员、连指导员、营教导员，1938年调任冀中军区回民教导总队（后改编为冀中回队支队）政治部主任，他在支队司令员马本斋的支持下，坚持政治建军，从根本上改造回民支队，成为"打不烂、拖不垮、攻无不克的铁军"。丁铁石后成为中国人民解放军装甲兵的重要奠基人之一②。1931年九一八事变后，面对国民党政府不抵抗，东北大好河山沦陷敌手，本溪师中学生赵承先愤然回乡参加抗日武装斗争，不久给其同学阎铁毅寄来一首诗："割地丧权无日休，强邻逼处苦追求。国将灭种家何论，生不如人死亦羞。白首何堪牛马隶，黄金能否子孙留？甘愿一机成孤注，鸭绿江边换血流！"③坚定表示为了抗日救国不惜抛头洒血。本溪"国高"学生马忠骏、邓周立等秘密组织青年学生读书会，并编印进步刊物。到1942年，他们已不满足于阅读书籍、办刊物，而要将抗日救国真正付诸

　　① 桓仁县地方志编纂委员会编：《桓仁县志》，方志出版社，1996年，第817-819页。
　　② 孙诚：《丁铁石传》，载本溪市党办地方志办公室编著：《本溪党史人物传》第1卷，辽海出版社，2014年，第259-267页。
　　③ 韩惜时：《历史钩沉——一位老本溪人忆往事》，载中国人民政治协商会议本溪市溪湖区委员会编：《溪湖文史资料》第3辑，2003年，第87页。

行动。于是马忠骏、邓周立和王抗、王勇4人，于1943年毅然告别家乡，穿越敌人封锁线，进入太行山抗日根据地正式参加八路军。马忠骏毕业于抗大第六分校并加入中国共产党，并担任了太行军区第五军分区情报处参谋，直接参加武装抗日，成长为八路军优秀干部。

第三节　社会生活

东北沦陷时期，在日伪当局的奴役压榨之下，本溪人民的生活极其贫困，朝不保夕，日伪当局实行"集家归屯"，并强征大量民工修围子修路，加上自然灾害频仍，卫生防疫缺位，将本溪人民推向苦难的深渊。日伪当局不顾百姓死活，在强制"出荷"、掠夺农产品的同时，又设立名目繁多的苛捐杂税，大肆搜刮民脂民膏，更使百姓生活雪上加霜。日伪官吏中饱私囊，贪腐成风；日伪警特狐假虎威，敲诈勒索。由于日伪当局利用鸦片毒化本溪民众，加上娼妓泛滥，赌博成风，致使本溪社会沉渣泛起，乌烟瘴气，给本溪人民带来了巨大灾难。鸦片、娼妓、赌博遂成为本溪社会的三大毒瘤和公害。

一、民生凋敝

东北沦陷时期，徭役、自然灾害、疫病是本溪普通民众躲亦难躲、避犹不及的致贫甚至致命的原因。

（一）徭役负担繁重

日本帝国主义侵占中国东北后，为强化和巩固殖民统治，奉行"治安第一主义"，为镇压抗日军民，封锁抗日游击区，实现"匪民分离"，强行实施"集家归屯"和修筑警备道路等"治本"措施，并就地就近强行征发大量民工参加修围子和修筑警备道路。

从1934年到1936年，伪奉天省土木厅决定在本溪县境内修筑9条警备道及公路，全长537千米。在修筑警备道的各沿线村屯，强迫民工承担筑路任务。各伪警察署和各伪村公所派人督工，平均每天有数千名民工在筑路。本来按照规定对民工要发口粮，每天1斤高粱米，每天发工资4角。但由于经手人和监工私吞，粮食被变卖，发到民工手中每天还不到半斤。再加上粮商从中捣鬼，竟然掺入秕糠和沙子，更使承担繁重体力劳动的民工难得一饱，过着饥寒交迫的生活。参加修筑赛马集和分水岭的民工悲愤地传唱自编的苏武牧羊曲："劳工伤心泪珠倾，埋怨土木厅，不该要民工。本溪县要了四五千名，来到赛马集，先修分水岭。六月三伏热，浑身好似蒸笼。要想站一站，监工不容情，万般无奈等到天黑才收工。""粮米最不好，沙子有一半。不吃难忍饿，要吃难下咽。万般无奈半饥半饱，度日如度年。"①歌谣真实地反映了筑路民工的悲惨境遇。家住赛马集的肖凤兰，因父亲重病卧床，家中已无生活来源，仍被逼着出人修路，万般无奈之下，奶奶只好和凤兰娘两人去顶一个人修路。伪保长见凤兰奶奶年老干不动活，竟然一脚将其踹倒在地，骂道："两个臭老娘们也要顶一个人来干活，纯粹是瞎胡闹。不行，你家没有男人，花钱雇一个！"可是她全家穷得叮当响，哪里有钱去雇人呢？最后还是大家说情，伪保长才答应让婆媳俩顶一个人②。至1936年底，本溪县为修筑警备道路共出动民工达666977个工日，其间民工被打死和事故伤亡者不计其数。

桓仁县于1935年秋冬开始，因日伪当局大搞"集家归屯"，强迫群众去修围子、修"国道"、修警备道、出探、站围子等数不尽的"官差"。在外三堡（即大阳、红土甸子、洋湖沟，后划归本溪县）修路挖围子时，情况更加悲惨。民工吃不上盐和蔬菜，下雨时挤住在漏棚子里，很多人因此得病。即便如此，伪警察还拿着鞭子逼着人们干活，结果有30多人经不起连冻带累带饿而被折磨致死，人死后很长时间家中才知道。到了春耕时节也不放民工回家，各家都剩下老人、妇女和小孩在家，只好采用在原地垄上按种的简便方法，造成当年粮食歉收。

本溪县于1936年开始"集家归屯"，强迫各村屯农民出工挖围子，当年用工总计达359977个工日③。在碱厂，1937年日伪当局逼迫男女老幼出动在大村周围修路挖围子，家住碱厂街里的李洪达年刚8岁，还有年近七旬的老奶奶也都被驱赶着去修路。由于强征民工修路修围子，致使青壮年劳力被强行征调，土地不能及时耕种，加上"集家归屯"大片撂荒，老百姓的生

---

① 本溪市党史地方志办公室编著：《中国共产党本溪史》第1卷，辽宁人民出版社，2004年，第173页。

② 王焕章口述：《凄风苦雨四十年》，载本溪矿务局党委宣传部编：《矿工血泪》，1963年，第91页。

③《康德三年度县政之回顾及四年度施政方针》，载《本溪县政公报》1937年第2卷第6期。

活更加贫困化。

（二）灾害救济乏力

在日伪统治下的本溪，一直是天灾人祸不断，但人祸更甚于天灾。日伪当局为了巩固殖民统治和收买人心的需要，也曾搞过一些所谓的赈济，但都不可能真正为百姓从根本上解决温饱问题。

据资料记载，1932年，"本溪二、三、四、五区（小市、草河掌、碱厂、望城岗子一带），因饥饿无粮，而食草木、树叶，造成中毒和染疫者竟达七八千人"。1933年，桓仁县"赤贫且无衣无食的灾民在县内约有4.9万人，给他们购买了200石粮食发给他们"[1]。本溪县"目前县民中四分之一以上是贫民，饥而无食，到收割季节以前只有吃草木嫩芽维持生活。这样下去，恐怕会不断出现县民变成土匪的现象"（6月上半期）。"县内各地贫民日益增加，曾经发生过贫民结伙抢劫运送途中的谷物以充饥的事件"（6月下半期）[2]。由此可见本溪受灾程度的严重。

本溪地区最大的一次自然灾害，是1935年7月末的特大洪水。7月27—29日，本溪地区连降大雨，太子河、浑江洪水泛滥成灾。太子河流域"水灾奇重，民不聊生，房屋坍塌，田禾淹没，流离失所，庚絮频呼，露宿风餐，惨不忍睹"，"遍野哀鸿，嗷嗷待哺"，以致造成本溪县754人死亡[3]，浸水耕地79680亩，灾害损失总计239万元[4]。其中南坟庙沟"铁矿山啸工人受害极重，计淹毙矿内工人共303名，内已查知姓名者18名，其余285名不知姓氏"[5]。桓仁大水为患，四野尽淹，"平地行舟，从来闻诸古往；垄头打桨，竟何见于今兹。人畜之死亡，目不忍睹；庐舍之漂没，笔不胜书。"[6]

在特大灾害面前，桓仁县伪官警尚能组织槽船施救，许多难民得以逃生。而本溪县伪官吏却玩忽职守，"近查各警察署长，各村村长对于灾害案

---

① ［日］满铁安东事务所编：《东边道宽甸辑安桓仁通化各县经济调查报告书》（1933年9月），宽甸县党史地方志办公室、集安市档案局译，2015年，第41页。

② 《中华民国史资料丛稿 译稿 关于东北抗日联军的资料》第2分册，李铸、贾玉芹、高书全等译，中华书局，1987年，第97页。

③ 《本溪豪雨成灾之后各区灾情详志》，载《盛京时报》，1935年8月10日。

④ 《本溪县水灾民间损失状况调查》（1935年8月），载《本溪县政公报》1935年第1卷第6期。

⑤ 《呈省公署为报八区庙沟村铁矿山啸淹毙工人数目调查表请鉴核由》，载《本溪县政公报》1935年第1卷第6期。

⑥ 车鸿久：《捐启并小引》，载常荷禄修，赵国栋纂：《重修桓仁县志》下卷，第八章艺文志，1937年，第167页。

异常玩忽，竟延至数月之久，始行呈报，其有秘而不报者，似此敷衍殊不合恤民之至意"[1]。可见基层伪官吏玩忽职守，对特大洪灾和受灾难民既不予以施救，对受灾情况也懒于调查呈报。基层官吏的不作为，究其根源还是在县以上机关对特大洪灾无预判、无部署、无监督，更无追责。

在灾民救济方面，本溪、桓仁两县都于

1935年桓仁县大水为患

1935年成立救民委员会，并沿用古代和民国旧制，建立了义仓制度。义仓积谷是为备荒、恤贫而设，也有为日本侵略者储备军粮之意。桓仁县于1935年在县城设本仓1处，在东路（沙尖子）、西南路（二户来）、北路（拐磨子）各设1处，按每亩每年8合征收。本溪县于1935年在本溪湖、桥头、南坟、草河口、赛马集、小市、碱厂、清河城设8处义仓（1940年增至13处），义仓积谷征收"商工业户征营业税附加捐20%，农村各户按每亩地征谷子新斗七合零七"[2]。但义仓积谷发放是以贷付积谷形式而非无条件的赈济，要求以有偿还能力的贫困农民5户为1组，订立联名契约书，由屯长牌长为保证人，村长为证明人，为防掉秤于秋后每斗还要收利半升，再还于贷粮之分仓。

本溪县日伪当局搞过几次较大规模赈贷：1935年，本溪县从伪奉天省

---

① 《训令各警察署、各村村长为令嗣后遇有灾害地亩须随时具报由》，载《本溪县政公报》1935年第1卷第6期。

② 合（gě）：市制容量单位，10合等于1升。

公署转运来赈灾红粮9火车、苞米7火车，依据贷粮办法完成发放①。据《桓仁县粮食志》载：1935年，因特大洪水，全县粮食仅收获166690石（约合3670.5万公斤），日伪当局先后发来贷粮3次共计5000余石，限期年末加一成归还，作为义仓积谷，并发给补助费4200元。而对于整个地区的贫困人口来说，根本解决不了问题。

从本溪、桓仁地区的灾害救济情况看，一是日伪当局没有建立灾害预防体系，更谈不上兴修水利和防洪度汛等利民举措，其救灾能力显然是有限的、被动的，否则就不会出现本溪县淹死754人，南芬铁山劳工303人死亡的惨剧；二是日伪当局虽然搞过几次赈粮发放和义仓积谷备荒，但对于拥有50万人口的本溪来说仍然是杯水车薪，并且赈粮发放并非无偿，而是要经过联保、证明等手续并加一成归还，致使许多贫困病残等无偿还能力的家庭是贷不到赈粮的，只有食野草、树叶，逃荒要饭、卖儿卖女或活活饿死；三是地方官府不去体恤灾黎之苦，研究防灾减灾之道，却利用官方公报卷头语，要人们"抱定自食其力、人定胜天之精神"，"惟仰于人者有限，求乎已者无穷"，"否则徒仰给于人，终非自给自足之道"，要人们"自求多福"②。伪满后期，官府为强征出荷粮，更是撕下伪善面孔，赤膊上阵。无怪乎不敢再唱"只有亲爱，并无怨仇""顶天立地无苦无忧"的伪国歌了。

（三）疫病防治缺位

在东北沦陷的14年里，日伪当局对东北人民实施残酷的殖民统治和疯狂的经济掠夺，极度漠视人民群众的健康与生命，疫病防治缺位，加上实行反动的"集家归屯"政策，导致本溪地区各种传染病大面积流行，死亡人数激增，人们谈疫色变。

日伪当局没有建立疫病预防体系，致使传染病和大病医治几成空白。1935年7月，伪满政府公布《法定传染病预防法则》，提出12种病例为法定、指定传染病。伪民政部《法定传染病预防法则细则》规定："医师（包括汉医）诊断传染病患者或检查其死体时，应指示警察或同居人消毒方法

---

① 《呈民政部、省公署为前奉贷粮业经放竣造具数目表送请鉴核备案由（附表）》，载《本溪县政公报》1935年第1卷第5期。
② 《怎样应付民食问题》，载《本溪县政公报》1935年第1卷第3期。

及其预防法，并须在12小时内，向患者或死体所在地检疫委员会或预防委员会呈报之。"然而，虽有报告、隔离、消毒等具体措施，但并未真正付诸实施，因为遇到传染病人，警察虽执行强制隔离却不顾死活；医生发现传染病人很少报告。而警察害怕接触病人，正如1936年《大流行病报告》所载："在传染病发生蔓延时，警察也不应时而出。"[1]

1935年和1936年，日伪当局在桓仁县、本溪县强制"集家归屯"，偏远山沟、自然屯的群众被当局驱赶到指定地点集中并监视居住。由于人员集中，环境恶劣，粪便四溢，导致传染病大暴发，本溪县高官围子里人过多，90户竟死亡近百人。1936年桓仁县死于天花的儿童就有2000人，死于斑疹伤寒的平民达2000余人[2]，本溪县1937年暴发斑疹伤寒，据佐藤式调查，全年患病31068例，死亡5126人，居民70%患病[3]。1937年至1938年，全县霍乱横行，两年共有患染者522人，死亡428人。1939年2月，本溪县天花流行，中国儿童死亡1000余人。1939年，桓仁县各种传染病流行蔓延达到高峰。6—9月，全县死于霍乱者近2000人；7—10月，死于斑疹伤寒者达2000余人；11月至次年3月，全县死于天花的儿童近千人，至于疟疾、小儿破伤风、产妇产褥热等疾病率也同样惊人[4]。

在传染病防治方面，本溪县1937年县内天花病流行，虽施以免费种痘，然得惠者少。1939年3月进行一次种痘，警察协同种痘医生下到街道、村庄，由村长、闾长督促，在两个镇36个村屯种痘5400人，但仍有大多数患者死亡[5]。桓仁县于1938年在县城西关设立公立医院，但无病床。1938年，伪县公署在沙尖子、八里甸子、二户来、拐磨子村各建立一处公立无料诊所（诊病无手续费），有公医6名，1942年解散。本溪市内虽有煤铁公司和"满铁"医院，但只为日伪官吏、富商豪绅、公司职员看病，连公司

---

① 本溪满族自治县党史地方志办公室编：《本溪满族自治县志》下卷，辽宁民族出版社，2009年，第1509页。

② 张凤浦、初传庸：《万户萧疏鬼唱歌——日伪时期疫病流行记述》，载中国人民政治协商会议辽宁省桓仁县委员会文史资料委员会编：《桓仁文史资料》第3辑，1990年，第162页。

③ 本溪满族自治县党史地方志办公室编：《本溪满族自治县志》下卷，辽宁民族出版社，2009年，第1512页。

④ 张凤浦、初传庸：《万户萧疏鬼唱歌——日伪时期疫病流行记述》，载中国人民政治协商会议辽宁省桓仁县委员会文史资料委员会编：《桓仁文史资料》第3辑，1990年，第163页。

⑤ 本溪满族自治县党史地方志办公室编：《本溪满族自治县志》下卷，辽宁民族出版社，2009年，第1511页。

劳工都不给真正医治，不要说普通百姓了。日伪当局对中医采取限制利用政策，多数采取"限地医"形式，迫使上百家医药铺陷于失业和倒闭，许多中医弃医改行。加上日伪当局到处抓"思想犯"，制造救国会事件，令医药界人士人人自危。如桓仁同升医院院长刘同升于1938年迁往阜新。在本溪疫病流行之时，一些有良知的医生也在尽一己之力，如桓仁名中医于香泉建议当局用贯众药物浸入水缸中饮用，以阻止瘟疫蔓延，并配制普度散、正气散、羚翘散等处方，前后治愈患者数百人，但仍属杯水车薪。

综观沦陷时期本溪地区疫病防治，一是日伪当局视人民生命如草芥，疫病防治缺位，加上推行"集家归屯"反动政策，是导致各种传染病暴发的根本原因，这和其平时宣扬的"日满协和""王道乐土"是完全背道而驰的。二是本溪地区仅有的煤铁医院、"满铁"医院只面向达官贵人，而与普通百姓毫不相干。其他公私立医院由于规模小、力量弱，根本担负不起整个地区的疫病防治之责，即便有官方的种痘，即便有医者仁心，而面对整个地区大面积传染病流行，仍然是无能为力。三是广大贫苦群众由于生活条件恶劣，衣食住尚难保证，又何谈看病抓药？而面对流行传染病这样的洪水猛兽，也只有认命等死，由此也导致迷信之风盛行，巫医神汉招摇过市。由于日伪当局实施"集家归屯"、"三光"政策和疫病流行，百姓逃荒外迁，使桓仁县人口急剧下降。桓仁县人口1934年为29937户222868人，1936年下降至19438户143532人，下降率为35.59%[1]。至1939年更大幅下降至115607人。除去被日本侵略者屠杀、逃荒、外迁者外，很多人是因传染病、因饿、因冻而死。

二、官场黑暗

东北沦陷时期，日伪当局为维护其殖民统治，利用税收和摊派大肆搜刮；官员贪墨，奴才媚日，日伪警特欺压民众，无恶不作，其官场之黑暗可见一斑。

（一）搜刮民脂民膏

伪满洲国成立之初，其税收体系沿袭民国旧制。1933年，伪本溪县公

---

[1] ［日］满铁产业部：《通化、凤城间经济概况调查》（1937年5月），载徐勇，邓大才主编：《满铁农村调查·地方类》第2卷，广西师范大学出版社，2018年，第122页。

署为改变经济不佳的状况，公布《本溪县亩捐田赋奖励征收办法》，在伪县公署增设8名田赋征收员，8名财政捐征收员，同各区协力催收，同时各区伪自卫团总队长、分局长及伪村长辅佐，对按期完成者给予奖励。九一八事变之初，本溪税捐局下辖10个所。1938年，局下设4个所，税收人员最多有37人。地方各税则由伪本溪县财务科负责征收。1939年，建立伪本溪湖市，兼管市、县税收。1932年，原桓仁税捐总局改为通桓税捐桓仁分局，1934年10月改为桓仁税捐局。

由于税赋过重，人民群众不堪重负，怨声载道。一些负有催办之责的村长稍有同情之心，也曾帮助村民向上说情或推诿拖延，却遭到伪县公署的严厉斥责，称"兹查各村村长副对于催收捐赋日久生懈，竟有漠不关心，视同分外，甚至藉词托故代民户以推搪不回外来未归，即曰贫穷无力缴纳，以此规避责任，殊堪痛恨"，要求督促团丁星夜传催，勿使民户借故推托，"倘再仍前敷衍，定行严惩，决不宽贷"[①]。可见，伪县公署为征收捐赋已到了不遗余力的地步。

伪满税收体系分为"国税"、县税和村税，县税（地方税）和村税（摊派）征收项目数不胜数。日伪当局要把军需开支、产业开发等费用转嫁到人口占绝大多数的农民身上，因此农民要承担苛捐杂税，尤其是各种摊派，名目繁多。县税（捐）包括亩捐、房捐、户别捐、杂捐（包括车捐、船捐、不动产取得捐、屠宰捐、粮捐），1936年桓仁地方税有16种。村税（摊派）于1936年形成体系，地亩、房捐、户别捐、商捐和各种摊派，尤以摊派为重，如警察费、学校费、祭神费、招待费、保险费等不一而足。前上山城寨村长杜万仲，1934年由其"经手每日地摊派19.2元，为数太巨，村民负担之重，为全县最"。该村土地共有345日，计派收村费6624元，除支出外实剩676元，未移交新任村长。更有甚者，1934年该村领去赈粮21石，杜竟将赈粮每石作价8.8元，共计184元私吞，并未发给贫困村民。伪县公署认为其摊派"为数太巨"，其招待费开支"似属冒滥"，私吞赈粮款"亦属错误"，显系有意包庇，最后只给予其退还剩余村费676元的处罚。

除名目繁多的税费征收和摊派，除了粮谷"出荷"外，还有菜"出荷"、猪"出荷"等。一切蔬菜不得任意买卖，除少数留作家用外，都必须

---

① 《为令负责督催民户完纳课税由》，载《本溪县政公报》1935年第1卷第4期。

以每斤0.13元价格卖给官家，为市场价的十分之一，还要抽4%的税；官家把菜转卖给有许可证的菜贩，再抽4%的税；猪"出荷"每年一次，每头猪必须在120斤以上，每斤官价0.6元。百姓不许随意杀猪和买卖，唐家堡子唐德滋只因以900元出卖了一头猪，被抓去拘留7天，还罚款3000元，直到八一五光复还未还清这笔借债。如果本村没猪，还要用4-5元1斤的价钱，买来交上。其他仅1944年每户要出大麻籽1斤，马毛、猪血、狗皮、碎铜、破铁，经常不断地要。

不仅如此，还有各种献纳、储蓄、捐债等名目。如"必胜储蓄"，每月一次，唐家堡、张家堡每月2000元，每户至少10元，多则四五十元；"飞机献纳"，每户1元或2元；"市民捐"，每户70—80元；"富国债券"，5元1张，贫家两户1张，富户1家4张；"邻保公债"，每月每户0.4元；"继承费"，每亩地20元；"卖地捐"，卖主所得地价半数要交公储蓄，买主要纳9%所得税；"抽烟捐"，日伪当局公开提倡抽鸦片，抽烟人要登记，每月纳税10元[1]。还有"储蓄粮""生命保险""劳工补助金""协和会费""军事后援会费"等，名目之多，举不胜举。

日伪地方政府在其统治初期，税费征收尚属沿袭旧制，而到了中后期便撕下其伪善面孔，不顾老百姓死活，巧立名目，强行搜刮民脂民膏，已到了敲骨吸髓、杀鸡取卵的地步。日伪地方政府财政收入大幅度甚至几倍增长，如本溪县财政收入1933年为大洋16万余元，1938年为110万元，1942年为159万元，其支出绝大多数用于警察和官衙开支，极少数用于教育，然而老百姓生活却愈加贫困。一方面官场上迎来送往，花天酒地；一方面社会底层的老百姓却饥寒交迫，逃荒要饭。这就是日伪统治时期本溪社会生活现实。

（二）官员贪墨与媚日奴相

在伪满官场中，吏治败坏，日伪官员贪腐成风，污染社会空气已是不争的事实。

1938年7月，关庆琨来到本溪县当伪县长。其人极为贪贪，吸毒、聚赌、索贿，开鸦片馆，人送外号"关庆混"。上任伊始，便召集部属开会称："我这个县长，别看在日本人面前我什么事也不敢管，是一座佛像，但

---

① 黄仁：《两个小堡子的土地与负担》，载《东北日报》，1946年1月24日。

既然是佛，就得有人给我烧香还愿。谁要瞧不起我，不给我面子，就别怪我不客气，我就抓他头痛、骨头痛……"因此他到任一年多，各伪警察署长、伪街村长，怕不烧香还愿，逢年过节皆来送礼上供。后来关庆琨发现泉水村村长谭广吉既未谋面，也不来烧香上供，于是便找司法股长，诬称谭参加赌博，下令拘留。后来在县衙工作的谭广吉之子谭会忠找广泰盛经理说情，并送去100元现大洋，才将谭广吉释放。当时在伪县公署，会日语的吃香，有靠山的得混。会计股长黄宗臣、征收股长王学志两人，既不吸毒，又不赌博，为人正直，但不懂日语，又不到关县长家送礼上供。关便有意陷害，诬称两人有反"满"抗日言行，准备逮捕。此事被财务科长乔恩润知道后，通知黄、王两人赶紧躲避，两人连同家属逃往外地，才免遭迫害①。

不仅中国伪官员如此，日籍官员同样贪婪成性。副县长平山节不仅骄横跋扈，更善于巧取豪夺。1941年刚到本溪县上任，便想霸占全县的林业资源，首先派自己的亲信山本当组合长，并以"组合"名义低价购买木材，然后高价出售，从中牟取暴利，据为己有。平山节的行为引起许多中国职员的不满，但大家都不敢得罪这位本溪县的"太上皇"。时任本溪县伪警务科经济主任李际周对此事十分愤慨，他利用与平山节有矛盾的日本人佐佐木股长，并搜集罗列大量证据，挑唆佐佐木将其举报到关东军司令部，最后日方将平山节调走，使其霸占本溪县山林资源的企图未能得逞②。同样贪婪的还有伪满红十字会会长崛江宪治，一开始就盯上本溪县矿产资源，并染指本溪县山城沟煤矿牟取暴利，通过4000元低价收买中国股东四分之三矿权，转手竟攫取20万元伪满币的天价③。

伪本溪县、桓仁县地方官员，有许多人成为日本侵略者的走狗汉奸，死心塌地为日本人效劳，王荫椿、刘清一就是其中的代表人物。王荫椿本为华北大汉奸王辑唐的家偆，在本溪县伪县长任上，对日本人摇尾乞怜、唯命是从，尽显谄媚之能事。伪参事官日人浅子英的妻子生下一女孩，未

---

① 谭会忠：《伪本溪县公署轶闻录》，载中国人民政治协商会议辽宁省本溪县委员会文史资料研究委员会编：《本溪县文史资料》第4辑，1989年，第88、91页。
② 李际周口述，马毅整理：《一个伪警察的自述》，载中国人民政治协商会议辽宁省本溪县委员会文史资料研究委员会编：《本溪县文史资料》第2辑，1987年，第93页。
③ 谭会忠：《往昔的山城煤矿》，载《细草微风文存》，1997年，第19-20页。

满月便夭折了。王荫椿抓住这一机会，对浅子英表示深切慰问，还亲自到其家中吊孝送花圈，向女婴遗体鞠躬，烧了炷香，泣不成声。当时伪县衙有人说：王荫椿真会溜须拍马，日本人死个小孩，像死了他妈一样，真丢死人了。还是这位汉奸县长，为表达"日满亲善"，还亲自到侵略屠杀我抗日军民和无辜群众的日军守备队驻地连山关，对日军表示慰问。日本守备队长领他进入刑讯室，当着他的面将一名朝鲜抗日志士割耳剜舌并残忍杀害，把这位前来献媚的王县长吓昏过去，大病一场，差点死掉①。还有原桓仁县伪县长、桓仁县维持会长刘清一。在日本投降后，桓仁铅矿日本人撤退到二道岭子时，遭当地民众痛打并夺回很多日本人掠夺的物资。刘清一接到消息后竟派自治大队前往镇压群众，并将物资奉还，又逮捕群众10余人进行严刑拷打。刘清一还亲自到原日本人副县长家赔礼道歉，赔偿大米200车，并护送到通化，充分暴露了其亲日媚日的丑恶嘴脸②。

(三)日伪警特横行

在日伪统治时期，本溪地区的日伪警察、特务不仅参与"讨伐"、镇压抗日军民，屠杀无辜群众，在日常社会生活中同样是欺压百姓，无恶不作。

伪本溪湖市公署庶务股长前田原是本溪湖日本宪兵队曹长，他曾毫不掩饰地说："事变前我前田在本溪湖杀个人那像杀个小鸡一样，本溪湖人连小孩都知道我的厉害。我骑马一进中国街，见了我都喊：快跑！前田来了！"这就是一个日本军国主义分子的自白③。在本溪湖，许多日伪警特沆瀣一气，不可一世。日本巡捕长蒋兰一，日本宪兵队搜查班李子文，伪本溪湖市警务科拘留所警长庄国范，特务腿子姜占一，翻译官金高丽等依仗日本人势力，在本溪湖横行霸道，或抓捕"思想犯""经济犯"，或敲诈勒索，恶贯满盈。庄国范为人心狠手辣，人称"庄阎王""庄大马棒"。一次，一马姓男子因倒卖牛皮触犯日伪法律而被拘留，因没给庄送礼，结果被庄用钉子木板将其手心都打烂了。后来才明白过来，急忙带信让妻子送上礼才被放过，但终因伤重感染而不治身亡。

① 谭会忠：《伪本溪县公署轶闻录》，载中国人民政治协商会议辽宁省本溪县委员会文史资料研究委员会编：《本溪县文史资料》第4辑，1989年，第86-87页。
② 中共桓仁县委地方史审编委员会编：《中共桓仁县地方史》第1册，1988年，第42页。
③ 韩愚：《漫话明山岭的今昔》，载中国人民政治协商会议本溪市溪湖区委员会编：《溪湖文史资料》第2辑，1992年，第52页。

碱厂日本守备队和日特搜查班翻译姓贾，外号"贾大鼻子"，经常在碱厂街里和周围自然屯随意打人、抓人和敲诈勒索，被他抓到日本宪兵队的人多被杀或被扔进狼狗圈喂狼狗。有一次他到李文奇家强行勒索，诬陷李文奇有"反满抗日"嫌疑并私藏手枪，将其毒打后勒令3天内交出手枪，否则就送交宪兵队。李文奇被逼无奈，请本村商人杨茂亭等人说情周旋，并被勒索一些烟土和伪国币，并请了一桌酒席才被放过[①]。

南甸铁路派出所伪警察，经常将上下火车的旅客抓进警察所搜查殴打，将财物没收后才放行，经常有年轻妇女被他们拖进室内强行搜身和调戏侮辱。有一次一位年近七旬的老太太带一筐鸡蛋乘火车去看望将生产的女儿，被伪警察孙庭章（外号孙猴子）看见后上去就抢，老太太则抓住不放，后来孙一拳将老太太打倒在地，一筐鸡蛋也被他踩踏得碎满一地。因此，南甸及周边群众常说："火车好坐，南甸难过。"[②]

桓仁县群众对伪警察特别愤恨，背地里对这些伪警察头目起了外号。拐磨子伪警察署长朱文元，对老百姓极其残忍，外号"朱老告子"；二户来伪警察署警尉迟永兴，打人不眨眼，外号"迟大马棒"；伪警察马某，打人如打铁，人称"马铁匠"；铧尖子伪警察署长兰仁居，体胖膘肥，杀人如麻，人称"兰豆包"和"兰扒皮"。一些日伪警察还故意侮辱和欺凌中国人，经常问"你是哪国人"，若是回答"我是中国人"，就得挨一顿耳光子；若回答"我是'满洲国'人"，就没事儿。日伪统治后期，本溪工厂遭到美机轰炸，日伪当局便三天两头搞防空演习。家住本溪煤矿外面的矿工陈厚宪的母亲虽不到50岁，却是小脚，有一次防空演习时，因动作慢了些，竟被如狼似虎的伪警察冲过来，拳打脚踢马棒抢，把她暴打一顿。结果又痛又气，心中憋屈就病倒了，一个多月后含恨离世[③]。

由于本溪民众对日伪警特恨之入骨，将他们与日本守备队、日本宪兵队和伪协和会并列，编了顺口溜："'关东军'，宪兵队，特务、警察、'协和会'。"但大多数人对他们还是忍气吞声，认为这些人确实得罪不起。不

---

① 李洪达：《忆日本侵略者对古镇碱厂的血腥统治》，载中国人民政治协商会议辽宁省本溪市委员会文史资料研究委员会编：《本溪文史资料》第4辑，1989年，第123页。

② 沈曙东：《追忆本溪县志纪要》，本溪县档案馆藏，1959年，第86页。

③ 王焕章口述：《凄风苦雨四十年》，载本溪矿务局党委宣传部编：《矿工血泪》，1963年，第59—60页。

过有一个人例外，这个人就是本溪县桥头人杨德铭。杨德铭因懂日语、会武功、善交际，而被日本人看中并受到重用，直到担任本溪"国民"高等（工科）学校首席上尉军事教官。1943年夏的一天下午，杨德铭携年轻漂亮的妻子自本溪乘火车返回桥头时，因与同行的"国高"学生说笑走出车站，而将妻子落在后面，待杨的妻子最后走出检票口时，被两个铁路警察跟踪纠缠并动手动脚，并将其拖向车站一个小屋，杨妻大声呼救。杨德铭回头见状，立即命学生迅速到其家取来军服，然后他身着日军上尉军服昂首走进桥头火车站警务室，将值班的日军少尉板正揪住就是几个耳光，然后用流利的日语痛斥其驭下失职，流氓成性，又将武装带解下将其抽打一顿，并命其将滋事警察找来一起算账。板正少尉这才恍然大悟，急忙将两人找来，按照杨的命令，用武装带将两人打得连滚带爬，跪地求饶。这时车站内外已聚满了观众，大家都为杨德铭正义行动鼓掌叫好。杨德铭见已达到目的，便携妻子，带领学生扬长而去[①]。杨德铭惩治日伪警察的行动在桥头地区成了爆炸性新闻，为受欺压凌辱的中国老百姓出了一口恶气。

三、鸦片毒化

鸦片俗称大烟，又称阿片、阿芙蓉，是用罂粟果实中的乳状汁液制成的一种毒品，其主要成分是吗啡，可以入药，有止痛之效，但长久使用或吸食易成瘾，极难戒除。为了利用鸦片毒害殖民地人民，英国曾对中国发动两次鸦片战争。1931年九一八事变后，日本侵占我国东北之后，也实行了恶毒的鸦片毒化政策，只不过这种毒化被侵略者加以伪装而已。

（一）日伪当局的鸦片政策

为了加紧对中国东北进行鸦片侵略，日伪当局于1932年9月成立鸦片专卖筹备委员会，同年11月30日公布了《鸦片法》，次年成立鸦片专卖公署。为了掩饰日伪当局对东北人民的鸦片毒化，在其发布的法令等文告中，总是冠冕堂皇一番，说什么"吸食鸦片之风由来已久，日常习惯熏染已深，内则伤耗天年与金钱，外则蒙列国之轻侮"，所以要"实行矫正此积年之流弊，宜依据严禁之主义，采取瘾者渐减之方策，厉禁一般之吸食，惟限于已有瘾者为救疗上暂容其吸烟"，从这些规定中似乎可以看到日伪当

---

① 庄魁彬：《桥头镇往事》，2010年，第107–111页。

局对鸦片危害的认识程度与禁绝的决心，其实不然。且看《鸦片法》第二条规定："鸦片不准吸食，但已成年而有瘾在救治上有必要者不在此限。"第三条规定："出售鸦片以及制造鸦片烟膏与药用均由政府专行之。"这就十分清楚地说明，鸦片瘾者可以吸食，鸦片及其制品则由伪政府专卖，这才是日伪当局的真正目的。

日伪当局鼓励鸦片种植，但必须纳入伪政府的监管。伪本溪县公署于1934年发出《为禁种罂粟违者处罚由》的布告，声称严行禁止私种罂粟，"违者处五千以下罚金并处五年以下有期徒刑"①。并决定对本溪县第八区万两河、第四区碱厂种植鸦片情况进行调查。同年6月15日，伪本溪县公署又公布《关于规定密种罂粟检举奖金之件》，除对密种者严重处罚外，又规定奖励举报办法："（1）有密种罂粟地点前来报告者，经查勘属实，每日地赏给国币二元；（2）如能将烟苗刈割送来者每日地赏国币四元。"②

关于本溪地区鸦片种植情况，尚无准确的统计数据，但本溪县主要分布在第四区碱厂和第八区万两河一带；桓仁县于1933年由伪警务局长徐文海强令农民种植鸦片，以供其牟利和中饱私囊，其后在四平街等处有部分种植。为进一步防止偷种鸦片，日伪当局又于1937年发布取缔偷种鸦片要领，不仅禁止种植鸦片地区，即使在许可种植的县内，除指定者外严禁偷种，对民间偷种发现后立即铲除，必要时日满军警支援；密林地区偷种鸦片，五六月开花季节予以铲除，甚至不惜动用飞机进行侦察。1936年根据伪中央治安维持委员会取缔种植罂粟要点，由伪警务司指定奉天省本溪县等9县，安东省桓仁县等9县共44县为特别"清扫"地区，坚决实行取缔，消除私种7000多垧；1937年又指定本溪、桓仁等56县，清除私种14160垧。

在伪本溪县公署处理私种罂粟案件中，碱厂伪警署辖界东荒沟住民杨德明等27户私种鸦片地100余亩调查属实，在审理中发现是碱厂伪警察署长于海涛收受好处而默许私种，于被免职调查③；本溪县第四区八楞树前村长孙香九浮收烟土敛财，该村共种植罂粟117亩，孙每亩收取7.6两、共收800余两，除缴官外，浮收494两，被判为该村烟户返还伪国币365元的处

---

① 《内务：布告阖属为禁种罂粟违者处罚由》，载《本溪县政月报》1934年第1卷第1期。

② 《关于规定密种罂粟检举奖金之件》（本溪县公署布告第27号），载《本溪县政公报》1936年第2卷第4期。

③ 《本溪县政公报》1935年第1卷第6期。

分①。从上述两起案件可以看出两点，一是仅碱厂区东营坊、八楞树、东荒沟种植鸦片就达500余亩，而全区种植亩数当远超此数；二是伪县公署对两起案件审理多为免职撤差，倒还烟民浮收部分，实属重罪轻罚。

（二）明禁暗纵烟毒泛滥

为垄断鸦片专卖和牟取暴利，日伪当局于1933年1月实施《鸦片专卖法》和《查获私土奖励规则》，其中规定：专卖官员发现违背鸦片法者，可根据该法对他们进行搜索、逮捕、扣押和讯问，并规定凡警察官吏、盐务官员、税务官员、海关官员均有权行使该法规定的权利，对查获"私土"（指秘密买卖的鸦片）的监督官员及告发者发给奖金，同时在专卖公署设立专门的监督官，经常派出缉私队员进行缉私活动，查获鸦片及其制品一律没收。在鸦片购销方面采用收买人制度，直接收买农民种植的鸦片，收购价格是由专卖公署每年根据鸦片品质而定，比"私土"要低数倍。收买价格平均每两1元伪国币，对烟农每亩强收15两鸦片甚至20两，烟农交不上就要遭到辱骂和毒打。

日伪当局为加强地方鸦片管理，于1932年9月成立鸦片专卖机构，进行独家经营，限价收购，公开贩运，高价出售给瘾者，将本溪地区所有的私营大小烟馆全部取缔，代之以官办的管烟所。1940年，日伪当局又设立禁烟总局，在地方市县设立烟政科（股），伪本溪湖市公署在卫生保健科内设立烟政股，将市区的大小烟馆全部取缔，代之以官办的管烟所，当时在河东、河西、河沿、宫原设立4个管烟所，负责市区烟瘾者的大烟泡分配供应。伪本溪县公署内设有烟政科，下设石桥子、桥头、连山关、南坟、草河口、赛马集、小市、清河城、碱厂、田师傅10个管烟所，至1940年增至13个。桓仁县于1935年8月成立安东专卖署桓仁驻在所，主任为日人中里大夫，全县鸦片交易统由该驻在所经营。1938年又在伪县公署行政科内设烟政股（后改称保健股），股长为日人永友，统管全县鸦片交易事宜。县城有一品、日升等零卖所，二户来、沙尖子、拐磨子、普乐堡4个主要村镇都设有鸦片零卖所，经营的大烟有福牌、禄牌两种②。

---

① 《处分孙香九——为被告浮蒐烟土极藉敛财案》，载《本溪县政公报》1935年第1卷第3期。
② 张凤浦、孙长礼：《伪管烟所和康生院的内幕》，载中国人民政治协商会议辽宁省桓仁县委员会文史资料委员会编：《桓仁文史资料》第2辑，1987年，第92-93页。

由于日伪当局对鸦片的所谓专卖政策，直接造成了东北地区烟毒的严重泛滥，也引起了国际舆论的谴责。为了掩人耳目，日伪当局于1937年又宣布了所谓的《十年断禁方策纲要》，于1940年设立禁烟总局，将各管烟所改为官营。《十年断禁方策纲要》，名为断禁，实为纵容，对现有瘾者只规定不进行登记便不售予鸦片的原则。这样不管是谁，只要申请登记，不经检查即可领到伪满政府发给的鸦片吸食许可证，就可以领取大烟泡。大烟泡起初价格每枚为0.2元，1940年涨到0.4元，价格便宜，其目的就是诱使鸦片瘾者竞相购买，因此造成受害者大量增加。

由于日伪当局的纵容和鸦片本身的诱惑，吸食鸦片竟然成为社会的一种时尚。本溪地区的富商、豪绅、地主、阔少乃至达官显贵，都以吸食鸦片来炫富摆阔，如本溪县公署的伪县长、科长、股长，到科员、雇员、伙夫、工友，吸食大烟者占大多数。在官场应酬，贸易往来，结交亲友，甚至招降纳叛，都用鸦片作为礼物相赠，伪县长陈荫翘、王荫椿、关庆琨等无不吸食。汉奸孟凌云家中有13杆烟枪，不仅本人吸食，在招降义军首领钟子臣、黄锡山时还以鸦片相赠。本溪湖地区烟毒弥漫，到处都有私人开设的大小烟馆，其中规模较大的有老菜市的魁星楼，湖春里的一品香，河东红土岭的一品香分号，后湖沟菜市场的恒记烟馆，还有登云楼、香芸阁等，河东、顺山、河沿也都有烟馆充斥街头巷尾①。

鸦片商行大多数是日本人和朝鲜人开的，中国人经营的商行则要雇用一两名日本人或朝鲜人撑门面，以防可能发生的麻烦。而更多的鸦片烟馆开业为了招揽生意，吸引顾客，不惜重金聘名妓、美女来烟馆充当"烟花"，名曰女招待。她们不仅为烟客吸烟服务，而且从事色情勾当，因此群众称之为"花烟馆"。开展烟花服务项目以后，烟馆成了妓馆，吸引来很多二三十岁的青年男性成为烟馆的常客，不会吸烟的也要来消遣试吸，日子久了，便会成瘾。从而使烟馆的效益成倍增长，而更多的青年男子则走向堕落。

据伪本溪县公署统计，1938年全县瘾者登记人数为2.1万人，1939年为2048人，1940年为734人。桓仁县瘾者无统计数字，但桓仁县城管烟所每

① 韩愚：《本溪禁烟禁毒的历史概述》，载中国人民政治协商会议辽宁省本溪市委员会文史资料研究委员会编：《本溪文史资料》第4辑，1989年，第220页。

天吸烟者有百余人，领烟泡者有300余人。

表2-3　本溪县鸦片瘾者调查表（1939年）

年龄	0-29		30-39		40-49		50-59		60-69		70以上		计		总计
性别	男	女	男	女	男	女	男	女	男	女	男	女	男	女	
人数	589	76	446	53	403	47	260	39	96	11	26	2	1820	228	2048

　　从表10-3可以看出，本溪县1939年2048名鸦片瘾者中，男性瘾者1820人，占88.9%，远高于女性瘾者数量；39岁以下瘾者1164人，占56.8%。在所有6个年龄段中，29岁以下瘾者居然占32.5%，6个年龄段的瘾者又随年龄增长呈明显下降趋势。由此可见，瘾者当中，男性瘾者占绝对多数，而青壮年瘾者遭受毒害最深。当然，还有私下偷吸瘾者未能统计在内。

　　由于日伪当局的纵容鸦片泛滥，给本溪人民带来巨大灾难。成千上万人吸食成瘾，轻则面黄肌瘦，精神颓废；重则万念俱灰，家破人亡。伪县长陈荫翘家保姆之子罗四维，本在伪县公署文书股当科员，可好景不长，因他早晚伺候陈县长抽大烟，不久也成为瘾君子，后来变卖家产，妻离子散，最后死在烟馆门前。文书股雇员方乐天，本人多才多艺，于书法真、草、隶、篆皆通，还会治印，在本溪结婚安家生子，本来生活美满，只因吸食鸦片，不顾工作，被伪县衙解雇，后到景记书局刻字，仍入不抵出，便偷卖家中衣物，逼妻离婚另嫁，最后沦为乞丐，惨死街头[1]。桓仁镇东门外谷光国，本是沈阳同善医专毕业，却游手好闲，整日抽大烟，使父辈遗下的肉铺倒闭，遂将肉铺门房卖掉，又将住宅、家具卖掉，最后卖掉老婆。本人虽擅长医术，却因恣意吸毒挥霍，生存无路，骨瘦如柴，令人慨叹[2]。

　　更有甚者，因吸食鸦片染上恶习，竟不顾道义廉耻，恩将仇报。桓仁县降康村原会计高笠清，因吸鸦片将家业败光，为买烟泡过烟瘾，常为别人打官司告状，写黑呈子赚钱，人称"刀笔邪神"。他因儿子被土匪绑票，

---

　　[1] 谭会忠：《伪本溪县公署轶闻录》（一），载《细草微风文存》，第53-54页。
　　[2] 张凤浦、孙长礼：《伪管烟所和康生院的内幕》，载中国人民政治协商会议辽宁省桓仁县委员会文史资料委员会编：《桓仁文史资料》第2辑，1987年，第94-95页。

便求村长栾学春想办法，栾利用与抗联一师关系向土匪手中将其儿子要回。而高因掌握栾学春与抗联的秘密后，不记前恩，反生邪念，竟丧心病狂地写黑状向新宾、桓仁日伪当局告状，致使栾学春被捕遇害①。

日伪当局为做表面文章，以贯彻《十年断禁方策纲要》为名，在本溪县小市和桓仁县城各设一处康生院为戒烟场所，将部分吸烟者收容后强制戒烟。桓仁县康生院于1939年建立，先在凤鸣村强占民宅12间，1941年在桓仁县西关重建，1943年5月因失火停办。该康生院历时4年半，共计戒烟450人次，但真正戒掉者寥寥无几，绝大多数故病复发后，重领吸烟证再吸再入康生院。康生院管理极严，如同坐牢，强迫劳动，还要上课，做操，唱《大烟叹》歌。其第一段歌词是："大烟坑人又费钱，犯瘾实在难，举步两腿酸。打哈欠，泪涟涟，美味不能解馋。晴天还好过，最怕连雨天。妻子枕边劝，心中不以为然。兄弟姊妹，亲戚朋友，谁也不近前。"②

（三）鸦片毒化后果与影响

日本帝国主义在中国东北地区实施鸦片毒化政策，是一场新的鸦片战争，给本溪和东北人民带来了巨大灾难。

第一，实行鸦片毒化政策是日本侵略者"以战养战""以毒养战"的需要。日本"关东军"十分清楚，以武力征服东北人民，用枪炮屠杀东北人民，不仅要花钱费力，甚至还要付出一定代价，而利用毒品杀人则不同，既能轻而易举达到杀人目的，又能毫不费力地攫取巨额利润，堪称一本万利，而要维持庞大的侵略战争开支，便不惜以毒害东北人民健康和生命为代价。每枚烟泡开始官价为0.2元伪国币，每名瘾者每天平均需吸食4枚计算，每天就要花0.8元，每年按200天计算就是160元伪国币，本溪县1938年瘾者为2.1万人，按每天1万人吸食，花去费用就达160万元之巨。由此可见，以毒养战，既可以毒害中国人民，使之亡国亡种，又可以增加财政收入，可谓一箭双雕，杀人不见血，又能达到不战而胜的目的。因此日本关东军才是最大的鸦片贩子，《十年断禁方策纲要》不过是一纸空文。鸦片

---

① 单明生：《为国为民名留山村——栾学春村长事略》，载中国人民政治协商会议辽宁省桓仁县委员会文史资料委员会编：《桓仁文史资料》第3辑，1990年，第67—69页。

② 张凤浦、孙长礼：《伪管烟所和康生院的内幕》，载中国人民政治协商会议辽宁省桓仁县委员会文史资料委员会编：《桓仁文史资料》第2辑，1987年，第89页。

毒化政策"表明了日本对中国的战争是多么的肮脏","是国家的犯罪"①。

第二，日伪当局鸦片毒化政策给本溪人民带来了极其严重的灾难性后果。数以万计的本溪人染上毒瘾后，深陷其中而不能自拔，毒品吞噬了他们的健康，摧毁了他们的意志，失掉了他们的尊严，甚至夺去了他们宝贵的生命，毁掉了他们的家庭，不仅丧失了民族意识和反抗意志，也成为丧失劳动能力、无法生活的废人。活着如行尸走肉，死后暴尸街头。毒品不仅使人格沉沦，道德败坏，更污浊了社会风气。人们竞相追逐，助长了社会浮靡风气的蔓延。值得注意的是，日本侵略者纵容和诱惑中国人吸食毒品，却绝对禁止日本人吸食。日本关东军内部明确规定：绝对禁止日本人吸食鸦片、海洛因、吗啡等毒品和赌博行为，尤其是日人官吏。违犯者予以免职或其他处分，对于其他民族则放任不问②。从中不难看出日本侵略者的险恶用心。

第三，日伪当局规定鸦片缉私人员、专卖公署人员、伪警察等有稽查毒品的特权，他们借机敲诈勒索，中饱私囊，他们对伪满官吏、达官贵人不敢稽查，却对平民百姓狐假虎威。而日伪当局的明禁暗纵政策，也使本溪社会吸食毒品之风愈演愈烈，使许多人深感忧虑。连日本人报纸《盛京时报》主笔菊池在评论中也指出："（1）鸦片许可零售制度并没有遏制毒品使用的蔓延；（2）大量年轻人开始毒品上瘾；（3）政府一方面倡议改善公众健康，但另一方面又允许使用麻醉品来毒化人民，这是互相矛盾的。"③

第四，日伪当局为隐瞒罪行，逃避罪责，在日本投降时，日伪当局下令将伪市县公署大量档案资料销毁，也销毁了大量的日伪当局与鸦片毒化的相关罪证，伪本溪市、县公署以及伪警务科、烟政股、康生院档案全被销毁。但是，日本侵略者利用鸦片毒害中国人民及造成千万家庭悲剧的灾难性后果是永远抹杀不掉的，而日本帝国主义对中国东北发动的这场鸦片战争的罪行同样也是洗刷不掉的。

---

① ［日］江口圭一：《日中鸦片战争》，宋志勇译，天津人民出版社，1995年，第128页。
② 王天平：《日本三代天皇操纵侵华战争内幕》，辽宁人民出版社，2013年，第147页。
③《鸦片零售制度和保护健康》，载《盛京时报》，1937年1月27日。

四、娼妓泛滥

本溪妓院起源于清末民初，随着日本大仓财阀的侵入，本溪煤铁公司的创建和产业工人增加，民族工商业的发展，本溪湖湖春里（俗称后山，又称北山一带）成为热闹繁华之地。特别是1911年12月本溪湖第一座剧院湖春楼大舞台落成后，以其为中心，相继有同乐茶园、共乐茶园，以及落子园、说书馆、大烟馆、赌场、饭庄、酒店等皆集中于此，妓院也应运而生。

本溪沦陷时期，本溪湖地区已有妓院18家，其中本溪湖北山湖春里，就有金乐班、巧玲班、素琴素馆、吉盛堂、宝玉堂、翠红书馆、鸿禧堂、鸿宝堂、四喜堂、桂兰堂等，宫原德泰街有金顺班、双凤班等；另在本溪湖顺山街、小峪街有8家日本料理店，如入家料理屋、宝山料理屋等，大都是日本妓院，湖春里还有一家朝鲜妓院。本溪县碱厂、桥头、连山关、草河口、田师傅、小市等地也有妓院，仅田师傅一地就有7家妓院，桥头有三四家中国妓院，一家朝鲜妓院，一家日本妓院。草河口有日本妓院万代料理店，有妓女20人。桓仁县虽地处偏远，但在县城先后有日本人开设的梅迺家、姬道（岛）馆、末广、升同等妓院；朝鲜人开设的妓院有春日馆、茗业院等；中国人开设的妓院有满洲馆、春荣馆等，有妓女50多人①。

本溪地区在沦陷时期到底有多少家妓院，尚无准确记载，但初步估计在50家以上，挂牌营业的妓女当有数百人。日伪当局为消磨中国矿工的斗志，还将妓院开到本溪煤矿劳工住的大房子电网内，日伪特务甚至利用妓女暗中了解"特殊工人"反满抗日思想活动。除挂牌营业的妓女外，还有一部分取得官方许可的女招待，充斥于饭庄、酒楼、烟馆，如烟馆里的烟花，不仅为烟客提供特殊服务，也从事色情服务。至于暗娼、游妓、"半掩门""卖大炕"的为数更多，已无法计数。

日本人开设的妓院建筑颇为讲究，设施齐全。日本妓女并非为生活所迫，而多是来自日本国内的慰安妇，如桥头的日本妓院便是如此，日本政府每年选派30—50名慰安妇到本溪桥头，大约每半年轮换一次，再到异地

① 桓仁县地方志编纂委员会编：《桓仁县志》，方志出版社，1996年，第540页。

服务，服务对象主要是日本军人和日本驻桥头守备队①，沦为日本侵略者的性奴和"大东亚圣战"的服务工具。

妓院老板称老鸨儿，她们名义上是妓女的养母，实际是利用各种方法强迫妓女卖淫，拿妓女当摇钱树，是残酷的剥削者和压迫者。妓女当初入妓籍时，无论是被人拐卖还是为生活所迫落入娼门者，都需要履行申请手续，首先取得妓馆同业会的审查，并与业主签订自愿卖身的契约，还要有两个介绍人或保人，附医师出具的身体诊断证明和本人照片。

妓院的行业归口是妓馆同业公会，而伪警察局才是真正的主管机关。按照伪本溪县公署制定的《妓女诊验暂行办法》的规定，诊验分定期、临时两种办法，定期为每半月诊验一次，临时诊验则包括初次营业者、由他处转来者、休业后或病痊后复来者和发现传染病者，并规定妓女有无诊验书为能否营业的标准，如无诊验书，即停止其营业②。大多数妓院都有军警宪特或商绅作后台，也有的直接请日本人或朝鲜人作后台，因为只有这样做，才能减少许多麻烦。

妓院的纳税分为妓捐、班捐和妓馆房租。据《奉天省本溪县事情》记载，1933年本溪县收取妓捐2000元，班捐500元，妓馆房租4075.2元。妓捐三等妓女每名月收取大洋1.2元，四等每名月收取大洋0.6元。班捐三等一处月收取大洋4元。妓馆房租瓦房46间，每间月收取大洋3元；草房54间，每间月收取大洋2.4元；民有房72间，每间月收取大洋1元③。1935年，本溪湖妓院同业公会曾呈请伪本溪县公署豁免妓馆营业税，以体恤下情，"维持贱业"。不料伪县公署这样回复："呈悉。查税制改正以来，所有商号均须缴纳营业税，该妓馆不能例外。所请不准。此批。"④直接予以否决。

妓女社会地位低下，命运多舛，没有自由，更没有人权。可以说，几乎每一名妓女都有一部血泪心酸史。她们当中，有的是因母亲久病无钱医

① 庄魁彬：《桥头镇往事》，2010年，第82-85页。

② 《妓女诊验暂行办法》，载《本溪县政公报》1935年第1卷第3期。

③ ［日］满洲国地方事情编纂会编：《奉天省本溪县事情》，秀英舍株式会社，1934年，第31页。

④ 《批妓馆同业公会 为呈请豁免妓馆营业税以示体恤而维赋案由》，载《本溪县政公报》1935年第1卷6期。

治，父亲无奈借了高利贷而又无力偿还，忍痛将女儿卖入娼门；有的父母因抽大烟而家产荡尽，将女儿卖给人家当童养媳，但因夫傻逃回，又转卖给人贩子，人贩子又将其转卖到天津妓院后流落到本溪；还有个妓女14岁时从乡下进城丢了钱，被人骗奸转卖到妓院，开始不从老鸨的话接客，被打得遍体鳞伤，难逃火坑而被迫从娼[1]。而那些暗娼命运更为悲惨，大都年龄在30—45岁，住房低矮破旧潮湿，患有性病的很多，还有的染上鸦片瘾而难以自拔，最后无利用价值而遭遗弃。

本溪沦陷时期，妓馆林立，娼妓泛滥，本是社会的丑陋现象，却被披上合法经营的外衣。伪本溪县公署职员逛妓院嫖暗娼亦司空见惯，伪县公署警务科司法股长张连惠与总务科会计股科员赵长庆还为一个暗娼而争风吃醋吵过架，张便借伪县长关庆琨对赵不满而挟私报复，将赵抓捕关押6个月之久。妓女们以出卖皮肉色相为生，强颜欢笑，却承受着精神上的凌辱和肉体上的摧残。她们生活在社会的最底层，没有沐浴到"王道乐土"的一丝慈光，却危害了他人，也危害了自己的身心健康。这成为刻印在伪满社会的特定历史标签。

五、赌博成风

赌博是一种拿有价值的东西做注码来赌输赢的游戏，原本是人类的一种娱乐方式，后演变为谋财的一种手段。民国以后已在本溪地区迅速兴起，到日伪统治时期已是赌博成风。

赌博的方式据说有几十种，但在沦陷时期的本溪，经常采用的有麻将、扑克、会局、牌九、押宝、掷骰子、转盘、打球等形式。当时本溪城乡赌博成风，官衙警署、矿山工地、村屯家庭、达官贵人、地主商绅赌，平民百姓、苦力乞丐也赌。

赌博规模最大的要数会局，是带有封建迷信色彩的赌博形式，由会主设坛，按会门押会，赌注少则几分几角，多则几十几百元，押正者可赢几十倍，但输者居多。由于这种赌博诱惑力大，加上部分群众愚昧迷信，因此盛行一时，遍及本溪城乡。而会局聚赌的场所，大都是土豪劣绅、伪警

---

[1] 惜时：《本溪妓院的兴亡》，载中国人民政治协商会议辽宁省本溪市委员会文史资料研究委员会编：《本溪文史资料》第4辑，1989年，第224-232页。

察、伪官史等相互勾结在一起组织。以本溪县田师傅区为例，全家堡会局主要成员是油房掌柜，孔家堡子会局主要成员则是樊、楚两户财主。最大的会局则由多股组成，绝大部分都是有头有脸的绅士，如大窑经理李德宽、管账先生王庆恩、商人常玉学、伪警长黄子良、伪自卫团长王东兴等。除这些会头之外，还雇有几名照注、帮拐的、巡风放哨的，还有几个跑风的。这种会局每天有数百人甚至上千人押会，有几千元的输赢。会局上房设有"大仙堂"供奉胡仙，出会时会头们烧香下跪求神保佑。

会局内外热闹非凡，有摆摊叫卖，还有大局以外设小局，如推牌九、押宝、掷骰子等。会局场地需经常搬家，因有时"炸局"，即被警察、宪兵抓走，或被土匪抢去。一次会封大多都上了，尚未出会，许多人正在押宝或推牌九，忽然枪声响了，管账的抱起钱匣子就跑，那些押宝、押会的人却落得两手空空。

会局共有37门彩会，什么番会、天龙、龙江、太平、极品等等。押1赔30（有7门没有中彩权，会局赢利），有押得10，押中配门的只得本。伪满时期，为吸引更多百姓参加赌博，有的地方又增添了天皇、地皇、人皇3门，就成了40门彩会[1]。在40门彩会中，究竟哪一门能押中得彩，很多人从迷信活动中寻求答案，如采用求神、算卦、扣锣、打坟丘、掏灶坑、量道等莫名其妙的方法来讨会名，如此等等，不一而足。但不管花样如何翻新，结局都是十押九不准。

用扑克赌博者，少则五六人，多则十几人，赌博是每人先分两张牌，一明一暗，在分第三张牌后必须再放下赌注或筹码。有人见自己没奔头，便放弃不跟了，这样到第五张牌时，剩下的人就不多了。最后5张牌决定胜负，关键在扣着那张牌。如果是"骄客"（大王）就有绝对胜利的把握。这种赌法在上层社会人物中颇为流行。

在矿山和施工工地，也有人以赌博来榨取工人的血汗钱。如在桓仁浑江佐藤会社发电厂工地，有人设赌抽红，有的画一张类似阴阳八卦的大圆图，格中分写着一元复始、二门进宝、三阳开泰、四路进财等无数方格，让工人花2元伪国币押一个格，说押正了可得一块东洋手表。实际上他们已

---

① 李祖慈：《会局种种》，载中国人民政治协商会议辽宁省委员会文史资料研究委员会编：《辽宁文史资料》第9辑，辽宁人民出版社，1984年，第116-119页。

经提前把能押着的那个格告知其心腹，待横格揭晓后，得表者又偷偷将表送还原主，设局者一下子干得200多伪国币[①]。这种押宝，参加者只输不赢，广大劳工却上当受骗，拼死拼活挣点钱也被人骗走。在本溪煤矿，由庄河县供出的勤劳奉公队员下井挖煤，而其小队长却不跟工人一起下井，他们在工房子里一角，用帘子围成一个小屋，引诱下班的工人去赌钱，有掷骰子的，有推牌九的，工人腰里有点钱，他们便给骗赢走了[②]。

东北沦陷时期，赌博不仅在民间盛行，在伪满官吏中更是乐此不疲。伪县长关庆琨则是带头设赌抽头，参加人员大都是各伪警察署长，县公署各科、股长，县街各大商号经理等。1939年春节后，他在公馆请客，设两张麻将桌而被日本人指导官岗元搅黄并要找他算账，吓得他不敢再大张旗鼓地赌博了，于是便去伪警务科长于文治家继续聚赌。后又感到于文治家也不保险，于是又有本溪伪监狱长为讨好伪县长，便怂恿他到伪监狱办公室去赌。这样，关庆琨每天晚7时进去，早7时出来，夜间还有酒席招待，又没人到监狱中抓赌，堪称绞尽脑汁[③]。作为一县之长，不勤于政务，不体恤百姓，却于监狱聚赌，可见伪满官场风气之坏到了何种程度。

赌博迎合了人们以较少的投入获取较多财富甚至不劳而获的投机与侥幸取胜的心理，赌博的输赢结果刺激易使人失去自制力，沉迷其中而不能自拔，因此赌博所带来的危害极大。特别是押会赌博，十里八屯甚至一家十几口人，上从七老八十，下至几岁娃娃都来押会，导致欲罢不能，直至倾家荡产，卖妻卖儿卖女的地步，甚至刀枪相向，闹出人命。本溪县原伪自卫大队长钟子臣因设赌抽局，输打赢要，1935年又因赌与人争执，被伪自卫团士兵打死。劳工苦力的一点血汗钱被设陷阱输个精光，农民好赌而不事生产，少有的赢一次也是很快吃喝挥霍掉了。特别是一些伪官吏带头赌博，污浊和败坏了社会风气，因而成为沦陷时期本溪社会的一大公害。

---

① 邵文津：《疤痕——在当劳动的岁月里》，载中国人民政治协商会议辽宁省桓仁县委员会文史资料委员会编：《桓仁文史资料》第2辑，1987年，第41页。

② 宋青桓、吕祥五：《日伪时期庄河劳工在本溪》，载中国人民政治协商会议庄河县委员会文史资料委员会编：《庄河文史资料》第7辑，1991年，第77页。

③ 谭会忠：《伪本溪县公署轶闻录》（一），载《细草微风文存》，第62–63页。

第三章
本溪人民的抗日斗争

九一八事变后，日本帝国主义侵占中国东北。面对日本帝国主义的侵略和国民党政府的不抵抗政策，中共中央于1931年9月20日、22日连续发表《中国共产党为日本帝国主义强暴占领东三省宣言》和《关于日本帝国主义强占满洲事变的决议》。9月20日，中国共产党与日本共产党联合发表《反对日本帝国主义强占东三省的宣言》，号召"中日两国工农民众团结起来，反对日本帝国主义强占东三省！"①中共满洲省委于九一八事变次日即发出《为日本帝国主义武装占领满洲宣言》，一针见血地指出：事变的发生"是日本帝国主义者为实现其'大陆政策''满蒙政策'所必然采取的行动"，而"日本帝国主义者之所以能占据满洲，完全是国民党军阀投降帝国主义的结果"。因此"只有在共产党领导之下，才能将帝国主义逐出中国"②。

在中国共产党的号召、影响和支持下，本溪义勇军揭竿而起，奋勇杀敌。杨靖宇率东北人民革命军（1936年7月改称东北抗日联军）第一军独立师挺进本溪，开创了以老秃顶子山、和尚帽子山为中心的本桓抗日游击根据地，进行了长达5年之久的艰苦卓绝的抗日武装斗争。本溪城乡各界爱国民众和工人阶级，以组织或自发形式开展抗日斗争，表现出爱国民众和工人阶级不畏强暴的优秀品质和斗争精神。

---

① 中共中央书记处著译：《六大以来——党内秘密文件》，人民出版社，1983年，第144-154页。

②《中共满洲省委为日本帝国主义武装占据满洲宣言》（1931年9月19日），载中央档案馆、辽宁省档案馆等编：《东北地区革命历史文件汇集》甲9，1988年，第51页。

第一节　义勇军抗日武装斗争

九一八事变后，日军侵占本溪，本溪爱国民众纷纷组织义勇军抗战，特别是邓铁梅领导东北民众自卫军、唐聚五领导辽宁民众自卫军、赵振国领导第二十一路义勇军皆具规模，影响深远，抗日烽火燃遍了辽东大地，并于1932年春夏之际达到高潮。他们以朴素的爱国情怀、简陋的武器，与训练有素、装备精良的日伪军进行殊死斗争，表现出中华儿女不畏强暴、不怕牺牲的可贵精神。

一、抗日山林队与铁路沿线的早期斗争

安奉铁路和溪碱铁路是日本帝国主义侵略中国东北的产物，是日本掠夺本溪煤铁资源，扩大经济、军事侵略的重要地区，并建有"满铁"附属地和驻扎日本守备队。本溪义勇军兴起伊始，本溪铁路沿线便成为义勇军攻击的主要目标。据《满洲事变记录》所载：1931年9月29日13时45分，在安奉铁路南芬至桥头间177.05千米处，有义勇军一人破坏路轨、起除道钉4颗，被日本守备队发现而遇害，这是有关本溪义勇军抗日活动的最早记录。而本溪最早举起武装抗日旗帜的则是安奉铁路沿线的山林队。

山林队又称便衣队，其主要成分是打家劫舍、杀富济贫的胡匪武装，也有的是九一八事变后新建的抗日地方武装。本溪铁路沿线最早对日军采取袭击行动的抗日山林队的领导者是本溪县法台堡人钟子臣。

钟子臣早年参加过奉军，后担任过本溪县泥塔保甲自卫团团总。1931年10月，钟子臣在家乡法台堡组织起一支抗日武装，时有辽阳县郝忠山、本溪县香磨村郭奎元、磨石峪村邓成儒、响山子村邹景明、清河城村李延春等人聚义于钟子臣家，推举钟子臣为首领，绿林报号"大钟字"。经过一段时间筹备，于1931年12月8日5时30分，钟子臣带领义勇军18人，突袭了溪碱铁路牛心台火车站和警察派出所，焚毁车站和派出所设施，击毙日本巡捕6人、伪警察3人，缴获机枪1挺、步枪3支、弹药2000余发，打响了本溪地区武装抗日的第一枪。待本溪湖日本守备队接报来援时，义勇军已向偏岭方向撤走。次日，钟子臣又以迅雷不及掩耳之势攻占小市区伪警察署，缴获长短枪30余支。

钟子臣率部在两天之内两战皆捷，声势大振，各路义军和民众纷纷加入钟部。原本溪县新民小学校长刘克俭亦加入钟部，在他的建议下，钟子臣将山林队名号取消，改称抗日便衣队，钟子臣为司令，刘玉兰为副司令，刘克俭为参谋长。1932年1月，钟子臣率队转移至本溪县偏岭地区活动。日军闻知后，派出守备队向偏岭集结，欲一举消灭钟部。钟部接到群众的情报后，便将便衣队埋伏于偏岭的东岭下，一举毙伤日军18人[1]。偏岭伏击战使钟子臣威名更著，到1932年2月，抗日便衣队已发展到1500余人，成为整个本溪地区较有影响的抗日武装。1932年4月，钟子臣率部加入唐聚五领导的辽宁民众自卫军，任第六路军第五旅旅长。

在钟子臣率部对日作战取得连续胜利之时，本溪铁路沿线的抗日山林队也纷纷出击。本溪县欢喜岭人黄锡山在明山站至牛心台中间的小青背伏击日本军列，毙伤日军多人，缴获部分枪弹。1932年1月21日，由程绍顺率领一支农民武装于半夜0时45分在石桥子、火连寨之间袭击日军列车，该列车逃回石桥子站。1时55分，日军装甲车及守备队由本溪湖前来"讨伐"，"讵甲车驶至中途，忽而脱线，正在恢复作业中，不料在东方之匪团，竟猛烈开枪射来。乃正在急与应战中，而在此之西方，又有匪弹频频袭来。至是讨伐军竟腹背受敌，势甚危险"[2]。后在日军重火力下，义军撤走。

本溪南部地区义勇军抗日斗争也频频告捷。1931年12月18日，义军首领孙墨林率部攻占了草河掌伪村公所，并缴获部分枪支。21日，义军首领黄品三、翟永魁率领义军七八十人冲进套岫峪村，将伪村自卫团缴械并缴获所有枪弹。29日又率200余名战士由崔家坊，进抵白家岭，并联合原凤城县公安大队徐文海部，于1932年1月1日攻占赛马集。本溪县第三区伪公安分局长高振璞带少数伪警察逃走，不料于1月4日在温硐村泰阳沟被翟永魁部义军包围缴械，并缴获伪公安分局内枪弹、服装等。

这一时期，本溪铁路沿线的抗日山林队除钟子臣、黄锡山、翟永魁等部外，还有沈庆春、占中华、朱宝静、赵玉福以及张永才、高占尧、翁品三等数十支义勇军，总人数达到数千人之多（表3-1）。他们到处袭扰日伪

① 《辽东义军继起抗日》，载《中央周刊》1932年第210期。
② 《应援甲车脱线腹背受敌》，载《盛京时报》，1932年1月22日。

驻军，破坏铁路与工矿设施。据日伪资料记载，1931年10月至1932年4月间，抗日义勇军就袭击本溪铁路沿线达1145次之多（表3-2）。日伪当局十分恐慌，惊呼："本溪全境，几无净土。"[①]

至1932年春，随着邓铁梅东北民众自卫军的扩大和唐聚五部辽宁民众自卫军的成立，本溪铁路沿线的抗日山林队纷纷加入这两支队伍继续抗日，沈宝林、吴殿祥等部则加入第二十一路义勇军，还有一些山林队继续独立行动。

表3-1　本溪铁路沿线部分山林队早期抗日情况表（截至1932年2月）

绿林报号	首领	原籍	出身	抗日时间	活动地区	兵力	备注
占中华	孙墨林	本溪县黄柏峪	警察	1931.10	本溪、辽阳边界、草河掌	520	
大钟字	钟子臣	本溪县偏岭	胡匪	1931.10	本溪、抚顺边界	1300	后加入李春润部
锡山	黄锡山	本溪县卧龙	胡匪	1931.10	本溪兴隆山、甬子峪	300	后加入李春润部
大善人	朱宝静	山东诸城	农民	1931.10	本溪宽甸一带	800	
中日侠	赵玉福	辽阳县	自卫团	1931.10	本溪县四棵杨树	300	
陆鸣林	沈庆春	本溪县草河口	商人	1931.11	本溪、凤城、宽甸边界	600	
九乐	朱海乐	盖县	农民	1931.11	本溪、凤城、安东一带	200	后加入邓铁梅部
燕子	沈宝琳	辽阳县黄堡村	军人	1931.11	沈南、辽阳、本溪边界一带	1000	后加入赵殿良部

[①]《本溪县匪情调查》（1932），转引自本溪市党史地方志办公室编著：《中国共产党本溪史》第1卷，辽宁人民出版社，2004年，第54页。

绿林报号	首领	原籍	出身	抗日时间	活动地区	兵力	备注
大祥字	吴殿祥	本溪县歪头山村	农民	1931.11	沈南、本溪边界	300	后加入赵殿良部
大荣字（五龙）	姚荣	本溪县草河掌	农民	1931.12	本溪县太平山、黄柏峪	360	副手为黑手董文华
	丁延阁	本溪县泉水	农民	1931.12	本溪县东部	100	后加入邓铁梅部
	翟永魁			1931.12	本溪县草河口、赛马集	100	
	翁品三	本溪县草河掌	村长	1932年初	本溪县下马塘	400	后加入邓铁梅部
青山好	鲍庆镇	本溪县磨石峪	农民	1932年初	本溪、凤城边界	400	后加入邓铁梅部
	张永才	本溪县大岭	胡匪	1932.2	本溪牛心台、山城子一带	300	
	黄品三				本溪县赛马集	500	

资料来源：根据潘喜廷等：《东北抗日义勇军史》，辽宁人民出版社，1985年，相关资料整理

表3-2　本溪铁路沿线义勇军出动次数表

时间 地点　　　　次数	1931年				1932年				合计
	9月下旬	10月	11月	12月	1月	2月	3月	4月	
本溪湖		14	19	88	293	228	273	230	1145

资料来源：［日］"满铁"铁道部编：《满洲事变记录》第10卷之8。

二、东北民众自卫军与本溪抗战

日本侵占中国东北，本溪地区义勇军纷起抗日，一些活动于外地的本

溪籍爱国志士积极领导当地的武装抗日斗争。本溪籍爱国人士邓铁梅（1892—1934）曾任凤城县公安局局长、牡丹江警察分署署长等职，因为人正直，不阿谀奉承而连遭革职。九一八事变时，邓在锦州为谋职而穷困潦倒，目睹国民党政府不抵抗，十分气愤，认为政府无能当政、军队有土不守是中华民族的奇耻大辱。他坚定地表示："我们宁肯被打倒，也不能被吓倒，不能俯首甘当亡国奴。"①因此，在征得辽宁省警务处处长黄显声赞同和支持后，便与好友云海青于1931年10月经沈阳潜回凤城，以会亲访友之名秘密联络抗日。经一段时间筹备，在凤城县第四区小汤沟顾家堡子召集故旧宣传抗日救国，发动民众，正式组建了东北民众自卫军。至同年12月，队伍已发展至1500余人，编为3个大队和1个武术队。

12月26日，邓铁梅经过一番准备，率部队趁夜奇袭凤凰城。他兵分两路，一路经白家岭从二台子进入城西沟直扑火车站；一路由邓亲自率领自卫军主力从城南和城东南直奔南大街，攻击日本守备队和伪警察队队部。日伪军从睡梦中惊醒，仓促应战。自卫军将火车站和城内之敌分别包围，切断其彼此的联系，又分兵捣毁县衙、公安局，砸开监狱救出100余人。此役共毙伤日军50余人，击溃伪警察200余人，缴获步枪300余支、轻机枪3挺及大批军用物资。自卫军夜袭凤凰城取得了重大胜利，打响了辽东三角地区武装抗日的第一枪，沉重打击了日伪反动当局的统治，使邓铁梅和东北民众自卫军声威大振。《盛京时报》载文惊呼："安奉线匪警频仍，凤凰城被袭焚，通信断绝，形势严重。"②

凤凰城大捷之后，邓铁梅于1932年2月将东北民众自卫军总部迁至尖山窑，并着手扩大自卫军建制，共扩编为9个团3000余人。东北抗日救国会十分重视这支

东北民众自卫军总司令邓铁梅

---

① 温永录主编：《东北抗日义勇军史》上卷，黑龙江人民出版社，1981年，第180页。
②《安奉线匪警频仍，凤凰城被袭焚》，载《盛京时报》，1931年12月27日。

义勇军的发展，于同年3月派车向忱等人前往三角地区联络，并正式委任邓铁梅为东北民众义勇军第二十八路军司令。原中共满洲省委常委邹大鹏加入东北民众自卫军，并被任命为政治部主任（政训处长），协助邓做了许多工作。

时有本溪县清河城人黄拱宸（1899—1933）为人豪爽，广交朋友，面对日本侵略十分愤慨，组建起一支3000余人的抗日义勇军，活动于本抚边界地区。1932年3月，经邓铁梅叔父邓吉道介绍，黄拱宸率领所属部队3000余人到凤城加入邓部，迅速壮大了东北民众自卫军的力量。在邓部18个团、3个支队和1个大刀队中，第四团（团长翁品三）、第五团（团长张德俊）、第六团（团长丁延阁）、警卫团（团长邓品儒）和大刀队司令郭献庭等部都是本溪归编的义勇军，黄拱宸被委任为东北民众自卫军少将左参赞。同年7月，本溪县人苗可秀（1906—1935）受东北抗日救国会派遣，参加邓铁梅部义勇军，任东北民众自卫军总参议。自此，邓铁梅、苗可秀、黄拱宸3位本溪籍将领成为东北民众自卫军的领导核心。

本溪县南部地区的义勇军已多数加入邓铁梅部东北民众自卫军，并在本溪地区开展抗日斗争。1932年7月3日，"青山"部400余人袭击南芬汞矿，与日军清北原次郎部激战两小时。9月13日，鹿鸣林部468人夜袭草河口火车站，击溃伪警队，毙伤日伪军11人，烧毁日本人房屋3栋及其他房屋8栋。9月19日，何子汤部队400余人袭击祁家堡火车站，击毙日本巡查荒木清，击伤伪巡捕王锡和。

为进一步壮大东北民众自卫军力量，黄拱宸奉命于1932年夏潜回本溪县，以东北民众自卫军行征部收编委员身份，先后收编了陶春和部、赵广福部、成国军部等小股抗日武装。黄拱宸还变卖家产购买布匹、军衣、鞋帽等军需物资，供给扩编的抗日武装。

1933年3月4日，黄拱宸率部到新宾县苇子峪收编"占东边"等小股武装，不慎在该县西厢小堡被伪自卫团包围，黄及随员等4人被捕。在新宾狱中，日本侵略者对黄拱宸威逼利诱，软硬兼施，却丝毫不能动摇他抗日救国的决心。其妻准备变卖全部家产营救他出狱，黄表示坚决反对。他说："我活着出去，必以投敌叛国为代价，我绝不能屈膝求饶。为抗日救国而死，死得其所，我宁死也不当亡国奴！"3月19日，黄拱宸英勇就义。临刑前，他大义凛然地对刽子手提出："我是个堂堂正正的中国人，我的血不能洒在伪满洲国的土地上!"刽子手只好在刑场铺上一层新席子。黄拱宸站在席子上,高呼"打倒日本鬼子"而壮烈牺牲,年仅35岁[①]。

日本侵略者为扑灭辽东三角地区的抗日烽火,自1932年12月至1934年5月,调集日伪军对三角地区邓铁梅部东北民众自卫军进行了4次"讨伐",使邓部遭受重大损失。1934年5月30日,邓铁梅因病在岫岩县张家堡张文燮家休养时,因叛徒出卖遭日伪当局逮捕。日伪当局对邓软硬兼施,邓铁梅却书写下"五尺身躯何足惜,四省失地几时收"以明其志。日本宪兵队、伪奉天军管区军法

东北民众自卫军左参赞黄拱宸

处绞尽脑汁,"诱降、逼降、给钱、给官都毫无用处,他唯一的答案是誓死不做亡国奴!"[②]9月28日,邓铁梅被日伪当局秘密杀害。

黄拱宸、邓铁梅牺牲后,东北民众自卫军余部在少年铁血军司令苗可秀领导下继续战斗,在辽东三角地区不断地打击敌人。1935年6月,苗可秀在凤城县胡家沟因伤被俘,他严词拒绝日伪当局的诱降,于7月25日在凤城县英勇就义,年仅29岁。他在狱中给老师及东北抗日救国会领导人的遗书中写道:"古语谓:慷慨就死易,从容赴义难。自生观之两者皆易耳,予视其真知义与否。"在给其同学好友的遗书中指出:"弟等思想要正确,精神要伟大,不要忘了我们要作新中国的主人,要作重整河山的圣手。""须知牺牲是兑换希望的一种东西,我们既然有希望,便不能不有牺牲,不过我们

少年铁血军总司令苗可秀

---

① 宋自然、王志君:《东北民众自卫军少将左参赞——黄拱宸》,载中国人民政治协商会议辽宁省本溪县委员会文史资料研究委员会编:《本溪县文史资料》第1辑,1986年,第75-76页。

② 萧玉琛:《一个伪满少将的回忆》,黑龙江人民出版社,1986年,第44页。

的希望务须正大而已。"嘱托好友在他死后，"凡国有可庆之事，弟当为文告我；有极可痛可耻之事，弟亦当为文告我……"[①]表现了他为中华民族正义而战、视死如归的气魄和对国家民族前途命运的深切关注。

三、辽宁民众自卫军与本溪抗战

辽宁地区最大规模的义勇军抗战，当数唐聚五（1899—1939，吉林双城人）领导的辽宁民众自卫军抗战。1931年9月19日凌晨，驻安奉线连山关的日本铁道独立守备队第四大队大队长板津直纯率部突然包围东边道镇守使署驻凤城的第一团团部，团长姜全我及400余名官兵被俘投敌。时在乡间的该团团副唐聚五惊闻事变，立即化装潜赴北平向张学良报告情况并请示机宜，张遂委任唐为第一团团长，嘱咐其回东北组织抗日武装，抵抗日军入侵。唐于同年10月返回辽宁桓仁，在该团第一营所在地就任团长之职，开始秘密联络该团团副唐玉振、驻新宾县第三营营长李春润、桓仁县公安大队长郭景珊等人，后又争取桓仁县县长刘铮达、县公安局局长张宗周，共同举兵抗日。

（一）誓师抗日

1931年11月至次年初，北平东北抗日救国会先后派车向忱、黄宇宙等人持张学良亲笔信赴辽宁东边地区秘密联络和发动抗日，其中黄宇宙历经艰难，三下桓仁与唐聚五会面，并出示张学良关于"成立联防部以防胡匪"的手谕，暗示唐成立民众武装抗日，并向他通报了临江、通化、本溪等地爱国志士决心抗日的情况，使唐聚五更加充满信心，表示绝不辜负少帅的期望，抓紧联络和筹备抗日事项。

1932年3月10日至21日，唐聚五两次召集辽东各地抗日首领或代表在桓仁县城天后宫秘密集会，具体研究和部署举兵抗日事宜，会上一致决定成立辽宁民众救国分会，下设政治委员会和军事委员会。王育文为政治委员会委员长，唐聚五为军事委员会委员长兼辽宁民众自卫军总司令，张宗周为副司令，并统一整编各地抗日武装，任命了18路司令、5个大队司令，基本队伍达7000余人。

[①]《苗可秀遗书》，载本溪市党史地方志办公室编著：《本溪人民抗日斗争纪实》，沈阳出版社，2015年，第77–80页。

唐聚五组织抗日会议会址，桓仁县天后宫西廊房。

　　4月21日，辽东民众救国分会和辽宁民众自卫军总部在桓仁县师范学校操场举行隆重的抗日誓师大会，驻桓仁的第一、七路军，各抗日群众团体代表以及各界民众万余人参加大会。是日，"民众皆扶老携幼，肩摩踵接，黎明直至平旦，争先恐后，奔走若狂。街巷皆满，围会场数十匝，尚蜂屯蚁聚，络绎不绝"[①]。唐聚五宣誓就任辽宁民众自卫军总司令，并发表了慷慨激昂的就职演讲："天下事最痛心者莫过于亡国。日本强占我东北三省，生灵备遭涂炭，凡有民族气节者，岂能容敌猖獗！今天我们成立民众自卫军，就是肩负光复祖国山河的重任，宁可毁家纾难，也要与日军血战到底，不达目的决不罢休！"[②]演讲到激烈时，取佩刀削右手中指，血书"杀敌讨逆，救国爱民"八个字，并以其作为自卫军誓师的宗旨。全场莫不感动，群情激愤，高呼"打倒伪国""还我河山"等口号。会上各方代表纷纷登台演讲，一致表示要抗战到底，直至把日本强盗赶出中国。会后还举行

---

　　① 李季：《辽宁民众自卫军起义救国详记》，东北民众抗日救国会，1932年，第31页。

　　② 梅钟岩：《访东北民众自卫军发起人之——郭景珊》，载政协沈阳市委员会文史资料研究会编：《沈阳文史资料》第2辑，1982年，第91页。

了群众游行活动。

誓师大会上公布了军纪21条，张贴了安民告示，唐聚五等领导人先后发表了誓师抗日的通电，两次《致国联调查团呼吁书》，发表《告民众书》《告武装同志书》等，有的通电、文告曾在南京和北平广播电台播出，影响很大。誓师大会后，桓仁、通化、宽甸、辑安、新宾、清原等10余县一体反正，悬挂青天白日旗，一时声名远播。而此时恰值日本扶植伪满洲国刚刚成立，国联调查团赴东北调查之际，辽宁民众自卫军誓师抗日是对日伪当局的沉重打击，表现了辽东人民反抗日本侵略和不甘当亡国奴的正义呼声和不屈精神。

唐聚五和辽宁民众自卫军誓师抗日，得到了桓仁和东边各县各界民众的大力拥护，他们以各种方式积极支援自卫军的抗日斗争。在抗日誓师大会之后，即有学生和群众数千人要求参加民众自卫军，桓仁县教育会组织教师、学生参加自卫军宣传队分赴桓仁、通化等地开展抗日宣传。桓仁县农务会长牛春宜向自卫军捐高粱米1万公斤；商务会长宋佐忱捐高粱米1万公斤，白布20匹；江北烧锅经理王玉亭捐战马10匹，高粱米2500公斤；桓仁县城万合顺经理吕庆云捐1个营的冬装；桓仁镇福记号经理马子金捐白布10匹；通化县烧锅经理严玉亭捐献300只梅花鹿以充军饷。

各界民众的大力支持和踊跃参军抗日，使辽宁民众自卫军队伍迅速壮大，短短一两个月时间内，其基本队伍就由7000余人扩增至数万人，其中李春润、郭景珊、张宗周等各路军已达五六千人以上。原活跃于本溪、桓仁各地的钟子臣、刘克俭、李相山、解麟阁、黄锡山、孙墨林等抗日山林队和大刀会首领，也纷纷汇聚于辽宁民众自卫军麾下，或接受改编，或听从调遣。桓仁县同升医院院长刘同升也携医士张凤浦、肖永才参加自卫军，刘同升担任总司令部医务处处长兼野战医院院长，负责救治自卫军伤病员。唐聚五与辽宁民众自卫军誓师抗日，使桓仁不仅成为辽宁民众自卫军的发源地，也一度成为辽东义勇军抗战的指挥中心。

（二）血战辽东

1932年6月初，辽宁民众自卫军总部从桓仁迁至通化。7月8日，自卫军各路司令、光复区各县县长及总部负责人齐聚通化，由张学良和东北民众抗日救国会加委唐聚五为辽宁省临时政府主席兼辽宁民众自卫军总司令，将原有18路军扩编至37路军、13个支队，总兵力已达10万余人（表

3-3）。为便于协同指挥，又按驻防地区将各路军合编为7个方面军，其中第一方面军总指挥李春润负责指挥本溪、新宾等地区的作战行动，第五方面军总指挥张宗周负责桓仁、宽甸地区的作战行动。

表3-3 辽宁民众自卫军驻防本溪情况及活动简表（1932年8月）

军别	司令姓名	出身	原籍	建军时间	活动地区	主要战绩	说明
第一路	唐玉振	唐聚五部团附	凤城县	1932.4	桓仁二户来	同年9月参加牛毛坞战斗	1932.11失败后入关
第二路	常永林	唐聚五部副官		1932.4	桓仁沙尖子		失败后逃往关内
第三路	康乐三	东北讲武堂第八期毕业	凤城县	1932.4	本溪南部		1932.8接任
第四路	李春光	凤城双泉村长	凤城县	1931.11	凤城、本溪边界地带	破坏安奉铁路	1933.10失败入关
第五路	张宗周	桓仁县公安局局长	辽阳县	1932.4	桓仁县城	指挥宽甸、牛毛坞、坎川岭战斗	自卫军副司令、省政府委员；失败后逃入关内
第六路	李春润	唐聚五部第三营营长	凤城县	1932.4	新宾、本溪、凤城	进攻新宾、清原、本溪等战斗	1932.10退入凤城 1932.9因负伤而牺牲
第七路	郭景珊	桓仁县公安大队长	台安县	1932.4	桓仁、通化等地	攻占新宾、牛毛坞诸战斗	后参加热河、长城抗战
第十路	李先翘	于芷山部参谋	新宾县	1932.4	新宾、本溪一带		1932.8接任
第十三路	文殿甲	于芷山部副官	新宾县	1932.4	桓仁县		该路邓铁梅未就职，改任文殿甲
第二十三路	李桐阁	本溪教育会	本溪县	1932.6	本溪、桓仁等	攻打过东丰、伊通	失败后自行解散

军别	司令姓名	出身	原籍	建军时间	活动地区	主要战绩	说明
第三十三路	丁育昌	东北军退役军官	新宾县	1932.5	新宾、本溪、清原	多次参加战斗	失败后带少数人退到热河
第三十五路	惠玺光	唐聚五部副官	桓仁县	1932.8	桓仁、宽甸等		原任第二支队司令，通化会议后任职，失败后入关

资料来源：潘喜廷等：《东北抗日义勇军史》，辽宁人民出版社，1985年，第113-117页。

辽宁民众自卫军成立及誓师抗日，令日伪当局大为恐慌，调集日伪军多次出兵东边道，企图扑灭辽东义勇军的抗日烽火。从1932年5月至10月，唐聚五指挥辽宁民众自卫军各部与日伪军展开了上百次战斗，给前来"讨伐"的日伪军以迎头痛击。

增援新宾之战　辽宁民众自卫军第六路军司令李春润在桓仁参加自卫军总部誓师大会后，又于4月29日在新宾召开抗日誓师大会。日军得知大为震惊，即令伪奉天警备司令于芷山带领数千伪军前来"讨伐"，李春润先于5月2日在新开岭设伏毙伤敌百余名，继于5月3日、5日在新宾老城率3000余人与进犯的伪军苦战，双方互有伤亡。因敌强我弱，弹尽粮绝，李春润率部突出重围，撤至桓仁境内，并向唐聚五请求援兵。唐令郭景珊率第七路军驰援新宾。5月18日，李春润、郭景珊合兵一处，准备再次攻打新宾。两人商定从南、西、北三面合击新宾县城，李、郭亲临前线指挥，自卫军官兵越战越勇，王彤轩所部武术队和白旗堡大刀会也赶来参战，共计杀死伪军官兵70余人。自卫军又采取以虚击实、扰敌疲敌策略，燃放鞭炮，昼夜不停，敌人成了惊弓之鸟，加上自卫军不断向伪军喊话，使敌人毫无战意。于芷山见状不妙，恐生变故，于5月22日撤走，李春润重新收复新宾县城，郭景珊率部回防桓仁。

增援宽甸之战　宽甸为中朝边境地区，又是辽宁民众自卫军的南大门，唐聚五鉴于宽甸已为伪军徐文海部所占，而驻朝鲜日军随时有越江北侵的企图，便于5月上旬派第一路唐玉振部自桓入宽，于5月14日收复宽甸县城。6月初又派自卫军副司令兼第五路军司令张宗周率部800余人进入宽甸境内，并指挥第一路、第五路军在边境驻守，以防日军入侵。6月8日、11日，张宗周率自卫军在狗渔汀岭与来犯的日军激战，日军出动飞机助战，自卫军仍居高临下，坚守不退，此战击毙日军30余人，自卫军亦伤亡40余人。张因自卫军弹药将尽率部退守宽甸城，时日军威胁自卫军如不撤出宽甸县城，便派飞机炸平县城。张宗周考虑到百姓安危，便于6月15日率部主动撤出县城，退至桓宽交界的坎川岭设防。

侯家堡子伏击战　1932年5月中旬，日本驻朝鲜军一部从楚山过江，准备偷袭桓仁，自卫军和大刀会派出百余人事先设伏于沙尖子下甸子村鄢家堡子后山岗上。日军和部分朝鲜民夫共百余人，赶着20多匹驮子，从葡萄架岭奔向侯家堡子，一路放火烧房，杀人抓鸡，并要在此埋锅造饭。时有探家归队的自卫军营长方秀华见日军进犯，迅速隐蔽露河岸边大树下，一枪击毙骑马的日军少佐，日军顿时乱作一团，这时埋伏在山岗上的自卫军官兵，枪弹如雨，向日军射去。日军慌忙架起小炮和机枪，向山岗上射击。这时山岗下的大刀会会员，亦手持大刀长矛向日军冲去，连捅带砍，双方战斗进行了3个小时已到天黑，自卫军主动撤出，此战毙伤日军40余人，自卫军也牺牲大刀会会员3人。侯家堡子战斗是自卫军成立以来，首次与日军直接交战，自卫军用长矛、大刀、土枪竟奇迹般地击败装备精良的日军，大长了中国人的志气。日军尝到自卫军的苦头，于次日早晨便匆忙撤离桓仁境内，日军首次侵犯桓仁遭到了失败①。

坎川岭阻击战　坎川岭地处桓宽交界要冲，地势险要。张宗周率自卫军在此扼守，命各部在山岭上沿山梁掘壕筑垒，日夜防范。7月初，唐聚五总司令从通化至此视察防线，并鼓励自卫军将士英勇杀敌。7月16日，伪鸭江"剿匪"副司令徐文海带领700余名伪军进攻坎川岭，并依仗自己有迫击炮、机枪等武器，逐渐迫近岭顶。这时自卫军战士和大刀会会员手持步枪、长矛、大刀突然冲出战壕，如猛虎下山，扑向敌人，与敌人展开厮杀肉搏。伪军突然遭此伏击，狼狈逃窜。此战共杀死敌人40余人，自卫军大

---

① 邵文津收集整理：《首战日寇告捷》，载政协辽宁省桓仁县委员会文史资料委员会编：《桓仁县文史资料》第1辑，1985年，第36—39页。

坎川岭阻击战（资料图片）

刀会也有 18 人壮烈牺牲①，多人负伤。自卫军坚守坎川岭，直到 10 月中旬之前，敌人未敢再犯。

攻打本溪湖之战 本溪湖为安奉铁路要冲和本溪县城所在地，驻扎有日本守备队、宪兵队和伪公安队。1932 年 8 月中下旬，李春润奉辽宁民众自卫军总司令唐聚五之命，指挥第一方面军各部向沈海、安奉铁路沿线运动，相机收复抚顺、本溪。8 月 20 日，自卫军第六路军旅长刘克俭等率 2000 余人，由新宾进入本溪县望城岗子，并做进攻本溪县城的准备，各部义勇军亦闻风而动。8 月 31 日，义勇军第六路军刘克俭、钟子臣进至偏岭指挥，义勇军张永才、黄锡山等率领 500 余人兵分 3 路，从明山岭、骆驼岭联合进攻本溪湖，于凌晨 4 时突入本溪湖街，攻破伪公安队 200 余人防线，并对伪公安队和商家炮楼高喊："中国人不打中国人，我们借路攻打洋街！"当时中国商家炮手也只对空放枪。6 时 30 分，义勇军在日本街口遭到日本守备队的密集火力阻击，在巷战中，双方互有伤亡。由于义勇军武器简陋，缺乏配合，加之日军出动飞机轰炸，义勇军进攻失利，主动撤出。据日伪资料记载："午前 4 时，匪等约有 500 名一齐进攻，冲破 200 多名公安队之防线，闯入城内，大肆抢掠，放火焚烧，唯县公署幸免于难。"《盛京时报》载："该地守备队即时出动，比及午前 6 时已将匪贼击退。是役也，日守备兵二人负伤，公安队员一人战死，宪兵队司机一人负伤，匪方在旧市街，遗弃尸体四具云。"②

攻打牛毛坞之战 1932 年 9 月上旬，张宗周指挥自卫军第一、第五、第七路军约 6000 人包围了宽甸县牛毛坞徐文海部伪军，并于 9 月 7 日开始，双

---

① 温永录主编：《东北抗日义勇军史》上卷，黑龙江人民出版社，1981 年，第 412 页。
② 《本溪辽阳均亦烽火频惊》，载《盛京时报》，1932 年 9 月 2 日。

方激战两昼夜。9月9日，敌援军600人赶来增援，自卫军仍继续攻打，战况更加激烈。9月10日，驻太平哨的伪鸭江地区"剿匪"司令姜全我带伪军3个连和2个中队日军向牛毛坞增援。张宗周得知敌人增援到来，太平哨必然空虚，于是立即分兵一部，于9月11日经小路奔袭太平哨敌人据点，击毙日伪军20余人，将敌人仓库中的物资运走一部，其余全部烧毁。围攻牛毛坞的自卫军撤回坎川岭布防。

碱厂平叛之战 1932年9月初，驻本溪县碱厂的自卫军第六路军旅长钟子臣，在伪安奉地区补充第一团团长孟凌云的诱降下叛变投敌，第一方面军司令兼第六路军司令李春润亲率卫队团和骑兵团前往碱厂平叛，一举击溃钟子臣部叛军。9月6日，自卫军武术队司令王彤轩率部进攻碱厂。次日，本溪县伪自卫团长安雅东和高力营子伪自卫团长赵家忱反正，加入自卫军。9月11日，李春润会同大刀会首领王福林部再次攻克碱厂。9月12日，自卫军第十路军司令李先翘部在高官寨毙伤俘敌150余人，其部下张、李二营破坏溪碱铁路重要桥梁，毙敌10余人，俘孟凌云部伪步兵连60余人，缴获军用物资两车。就在李春润欲一鼓作气歼灭孟凌云部之时，闻听日军制造平顶山惨案，不得已返回新宾，碱厂复为敌军所占。10月4日，自卫军第六路旅长刘克俭率部再度进攻碱厂。10月10日，李春润率部1000余人来到碱厂，星夜分兵3路，直捣孟凌云老巢南甸。孟闻讯后，急携家眷及所部步、骑兵连夜逃至铁刹山果松峪沟，据险死守。李春润率刘克俭、李先翘部猛攻果松峪沟，孟不支逃走。是役，自卫军缴获战马120匹，子弹50余箱，自卫军伤亡70余人。随后李春润率部折返碱厂，处决了骑墙派张振东和汉奸赵二虎。

（三）坚持斗争

为了消除辽宁民众自卫军这一心腹大患，日本关东军从1932年10月开始调集数万精锐部队和伪军，对东边道地区的唐聚五辽宁民众自卫军发起全面进攻。唐聚五和民众自卫军紧急部署各路义勇军奋勇抵抗。10月14日，李春润部在新宾县街与日军激战两小时，终因实力悬殊，弹药耗尽，只好向桓仁县境内撤退。10月19日，李部复与日军在桓仁县铧尖子激战一昼夜，双方伤亡达200余人，因日军有飞行队助战，自卫军伤亡激增，被迫退至烂泥洼子。10月22日，李部又在木盂子歼灭小股日军12人，缴获部分弹药。11月12日，自卫军李先翘部在本溪县旧孩儿岭与日伪军近600人激

位于桓仁满族自治县的唐聚五广场

战，互有伤亡。

面对日伪军的大规模进攻，辽宁民众自卫军虽积极抵抗，依然难以抵住敌人的强攻，通化告急，唐聚五只好下令各部向抚松一带退却。不料，驻防抚松的自卫军第三十七路军司令王永成叛变投敌，幸有郭景珊率部赶到，并及时发现王永成叛变阴谋，才使唐等脱离险境。唐聚五令自卫军各部分别行动，他本人则化装入关请援，以图再举。分别时他说："青山常在，绿水长流，我唐聚五入关请到援助，还是要回到东北和大家一起抗日的！"①10月19日，唐绕道前往北平，余部由郭率领辗转于11月间到达热河，参加热河和长城抗战。唐入关后，轰动一时的辽宁民众自卫军抗战遭受严重挫折，以唐聚五为首的辽宁省临时抗日政府也随之解体。七七事变后，唐聚五组织东北抗日游击队赴冀东抗日，于1939年5月18日在河北省迁安县平台山与日军作战中壮烈牺牲。

辽宁民众自卫军大部溃散后，其余部化整为零，仍在东边地区坚持抗日斗争。李春润部在新宾、桓仁抗日受挫后，率部经辽阳转入安奉地区，

---

① 温永录主编：《东北抗日义勇军史》上卷，黑龙江人民出版社，1981年，第462页。

坚持抗日斗争。王凤阁率部在临江、通化、辑安3县交界地区继续艰难抗日。在本溪地区继续坚持斗争的自卫军余部有：张永才部于1933年11月18日至21日在本溪县沙金沟五里坡和段家峰连续与日伪军警交战，毙伤日伪军30余人。民众自卫军余部李相山于1933年2月和于盛武一起，再次拉队伍上山，自报队号"老家钱"，活动于桓仁、新宾交界地区与日伪军展开游击斗争。黄锡山和"老北风"部于1935年3月29日至4月8日，连续与日军"讨伐"部队在本溪县化皮峪、南营房、小甸子发生激战，毙伤日伪军53人。本溪境内的民众自卫军余部有许多支队伍，于1935年至1936年前后加入东北人民革命军第一军，接受改编或联合对日作战，揭开了本溪人民抗日斗争新的一页。

四、第二十一路义勇军抗战

九一八事变后，本溪爱国人士白广恩目睹日寇入侵，山河破碎，十分愤慨，在家乡歪头山一带秘密联络抗日。1931年11月，东北民众抗日救国会派遣原东北军军官赵殿良到沈阳、本溪一带组织义勇军抗日，与白广恩取得了联系，赵殿良、白广恩先后在沈阳南郊和本溪歪头山一带，联络林子升、孙文峰、黄云臣、大祥字（吴殿祥）、"小白龙"（许树春）、董玉占、"黑虎"（许虎臣）、崔队长，以及已编入第二十四路义勇军的"燕子"（沈宝林）、"平日"（赵俊峰）、"天地荣"（李巨川）、于志超等部抗日武装，全军共编成4个支队近千人，后发展到2000余人，司令部最初设在沈阳小西门屠宰胡同，后迁至本溪县歪头山白广恩家中，部队主要活动于奉天、本溪和辽阳的交界地区。

第二十一路义勇军成立后最有影响的军事行动是攻打沈阳城和本溪县城的战斗。

攻打沈阳城战斗 1932年7月，正值辽宁义勇军发展高峰时期，各路义勇军频繁出击，使日伪当局焦头烂额。这时东北抗日救国会和抗日后援会派王兰田等人与赵殿良联系，部署攻打沈阳城战斗。赵于7月25日，在沈阳浑河堡秘密召集各路义勇军首领开会，定于9月1日联合进攻沈阳城，并派白广恩赴邓铁梅、李春润等处联络，相约袭击安奉铁路、沈海铁路，以牵制日军，配合第二十一路义勇军的攻城行动。同时，还秘密联络已经决心抗日的伪靖安军游击队王营长和伪警察一部，届时反正，以图一举歼灭守敌，收复沈阳。

后来赵殿良与王兰田初定于8月27日晚向沈阳发起攻击。当晚，赵殿良按约定率本部官兵从浑河堡出发，潜伏于沈阳大小南门以及飞机场附近，"直至翌日晨5时，亦未闻有枪声，良又率本部人马仍返浑河堡"[1]，见到王兰田后始知各路人马均未到齐，以致未能联合攻城。遂定于28日晚攻城，绝不有误。当日午后4时，赵率部在老爷庙誓师后，于当晚6时分派各队冒雨分赴黄迷坎、浑河桥渡河后，派许黑虎、崔队长，由大小南门进攻，派杨作修带领沈宝林、吴殿祥及魏队长等由飞机场进攻，再攻兵工厂；派林子升率手枪队30余人由大东边门迤东进攻；张指挥带该队由大南边门迤西进攻。赵殿良与王兰田率部分队伍在大南门外做增援梯队。晚11时30分，第二十一路义勇军各部从南、东、北三面向沈阳城的敌人发起进攻，一时枪炮声大作，吴殿祥、沈宝林部，首先由东南方向攻入大东航空处，"日军飞行场一隅收押飞机之仓库发火，结果内中收押飞机竟尔烧毁"。"日军损伤，战死者为步兵特务曹长小关清，负伤者有宪兵二人，警官一人，又靖安游击队内，有中尉一人战死，少尉一人负伤"[2]。靖安军上尉早饭春雄也被击毙。此役烧毁日军飞机7架，义勇军"共得步枪70多支，机关枪4架及军用品甚多"[3]。并争取伪靖安军游击队一部起义，俘伪警察20余名。

29日晚，赵殿良组织所部再次攻城，组织冲锋敢死队100人，又组织收查队50人，并决定孙国长率部进攻大南门外敌人；冲锋敢死队进攻大南门，然后再攻飞机场；沈宝林、吴殿祥等率部向飞机场一带进攻；赵殿良率部埋伏于大南门外、沙岗子做增援梯队。当各路义勇军再次向沈阳城发起进攻时，由于日伪军已有准备，加上配合攻城的各路义勇军均未前来，攻城义勇军激战两小时，退回娘娘庙一带。这次攻城，义勇军损失较重，队长吴殿祥带20人进攻飞机场全行俱殒。孙国长所部"在大南门之役伤亡约20余人"，由大南门向飞机场进攻路上，冲锋敢死队队长李景奇阵亡，战

① 赵殿良：《九一八事变后抗日之经历》，载本溪市党史地方志办公室编著：《本溪人民抗日斗争纪实》，沈阳出版社，2015年，第164页。
② 《兵匪遽然挺袭奉天城，三路并逼三面受敌》，载《盛京时报》，1932年8月30日。
③ 赵殿良：《九一八事变后抗日之经历》，载本溪市党史地方志办公室编著：《本溪人民抗日斗争纪实》，沈阳出版社，2015年，第165页。

士死4人，伤10余人，"共损失步枪40余支"[①]。伪奉天警备司令部档案记载："8月29日夜，匪首赵殿良部下之燕子、崔小狗、黑虎等匪众700多人又来袭击县城。"

9月1日0时，第二十一路义勇军沈宝林、许黑虎等各率本部战士第三次攻打沈阳城。日伪档案记载："袭击大南边门之匪贼约有百名，由本城南面沙岗子方向窜来"，伪警察放枪威吓，"而该匪等全然不睬，吹号前进，继续攻城"，"袭击大东边门外之匪数约600名，亦吹号前进，行到德化街警察防御线处，被兵工厂之野炮击退"。此次义勇军因敌早有准备，只激战约两小时，然后向浑河方向撤退，伤亡较小。为配合第二十一路军攻打沈阳城，邓铁梅所属韩耀忠等部接连袭击了安奉铁路秋木庄、四台子等车站，李春润部袭击了清原和本溪县城。

第二十一路义勇军在5天之内，连续3次攻打沈阳城，虽因各部配合失机，未能达到预期目的，但却给日伪当局以沉重的打击，特别是烧毁日军飞机库，还缴获了许多枪支和军用物资，在国内产生了很大影响，表明了辽沈人民誓将日本侵略者驱逐出去的坚强决心。敌人《盛京时报》8月30日以《兵匪遽然挺袭奉天城，三路并逼三面受敌》为题，报道了义勇军攻打沈阳城的情况。日本把这次事件看作满洲形势"十分可虑"的标志之一。

攻打本溪湖战斗　同年9月17日，义勇军各部首领在辽阳东部高家堡子开会，研究联合攻打本溪县城。决定兵分两路：由第二十一路军林子升、王仲一部及本溪义勇军高占尧部从西路进攻，辽阳唐家义勇军宋鸣皋、何庸部从东路进攻，最后会师本溪湖。9月18日夜，林子升、高占尧率西路攻城部队按时抵达本溪县城外围。9月19日凌晨3时许，义勇军从后石沟突破城防，攻入本溪城区，在本溪湖"洋街"遭到日本守备队猛烈阻击。经过激战，直抵伪本溪县公署和本溪煤铁公司附近。广大矿工和城内群众见义勇军攻城无比兴奋，许多人冒着危险上街助战。

这时担任东路攻城的宋鸣皋、何庸所部在向本溪县城进发途中，得知有一日本军列要经过此处，遂决定伏击日军列车缴获武器弹药后，再向本溪湖进攻。当即扒毁一段路轨，造成日军列车颠覆，并与列车上的日军展

---

① 赵殿良：《1931—1933年日记》，转引自张伟、胡玉海编著：《沈阳三百年史》，辽宁大学出版社，2004年，第475页。

开激战。由于日军顽强抵抗，义勇军虽缴获部分枪支，却延误了攻城时间，未能按时与林子升等部会合，致使西路攻城义勇军孤军作战，伤亡过大，被迫于19日上午10时，撤出本溪湖。

为配合进攻本溪县城的战斗，第二十一路义勇军一部在参谋长白广恩指挥下，于9月19日夜接连袭击了安奉铁路石桥子、歪头山、姚千户屯火车站。在攻打歪头山火车站之前，为迟滞日伪援军，白广恩亲自指挥义勇军士兵用大茶壶装入炸药和碎铁制成土炸弹，将歪头山铁路桥炸坏。当夜0时20分，又率200余名战士三面包围歪头山火车站，破坏铁丝网冲入站内，与日伪军警展开激战，"由鸣号角、发号令，大声呐喊及射击情形观察，似相当有组织与指挥"①。战斗一直持续到20日凌晨3时，因苏家屯、沈阳的日伪军闻讯赶来增援，义勇军遂主动撤出战斗。此役义勇军斩断电线3处，炸坏歪头山铁路桥，使安奉铁路交通中断达10余个小时。

1932年10月，由于日伪军的"讨伐"和诱降，加上天气转冷，并且失去山林和青纱帐的掩护，使义勇军的活动更加困难，许多小股武装插枪不干，有些义勇军首领被敌人收买收编，如崔洪武、许虎臣、沈宝林先后投降日军，致使义勇军人心离散。有鉴于此，赵殿良、白广恩决定解散第二十一路义勇军，赵、白等人转入沈阳城内，从事地下抗日活动。白广恩将家从歪头山搬到沈阳小南关，其家成为抗日志士活动的秘密联络点。1933年1月，白广恩因为被人出卖而被捕，英勇不屈，于同年2月英勇牺牲。

第二十一路义勇军虽然从成立到解散不过半年左右的时间，规模不大、武器简陋，但却敢于三次攻打沈阳城，一打本溪湖，令日伪当局十分惊慌，虽然因敌我力量对比悬殊，有关各部配合不力，但是却沉重打击了日本侵略者，在东北和全国都产生了很大的影响。

五、义勇军失败的原因简析

从九一八事变后到1932年底，在中国共产党的号召、影响和支持下，在东北乃至全国抗日救亡运动的推动下，本溪人民纷纷组织义勇军进行抗日斗争，取得了一系列对日作战的胜利，并于1932年形成了斗争高潮。在

---

① 《歪头山站长致总、庶务课长电（昭和七年九月二十日）》，载辽宁档案馆：《九一八事变前后的日本与中国东北》，辽宁人民出版社，1991年，第588页。

日本关东军的残酷镇压下，本溪义勇军的抗日斗争遭到严重挫折。曾几何时，本溪乃至辽东义勇军抗战风起云涌，令日伪胆寒，其规模之巨，影响之大，中外为之瞩目，为何却在长则一两年，短则半年的时间里先后失败了呢？冷静分析，确有许多经验教训值得总结。

本溪义勇军失败的原因是多方面的，可以从主客观方面加以分析。

从客观原因分析。首先是敌我力量对比上相差悬殊，敌强我弱。日本以举国之力作为保障，并且拥有飞机、大炮、坦克等现代化装备，控制着辽宁重要城市和铁路交通线，并且日军训练有素，装备精良，机动性强。本溪义勇军虽然人数众多，但战力较弱，辽宁民众自卫军，虽数有30余路，10万之众，但真正有作战能力的，不过三分之一，与伪满军作战中尚可一战，而面对日本关东军的集团进攻便难以招架，从而导致迅速溃败。

其次是国民党政府的不抵抗政策，直接葬送了义勇军的抗战成果。蒋介石政府不仅不抵抗，而且对辽东义勇军的抗日斗争不予任何支持，使其处于孤立无援的境地，甚至对义勇军活动加以限制和破坏，而将国家主权和东北人民生命财产寄托在大国同情和国联调停上，从而成为国际笑柄和千古罪人。

从主观原因分析。本溪义勇军自身存在着许多致命弱点。其一，从政治思想和组织层面看，本溪义勇军缺乏强有力的领导核心和明确的行动纲领。本溪义勇军是在国难当头，在中国共产党的号召影响和感召下，组织起来的民众抗日武装，中共党组织派出优秀的党团干部到义勇军中工作，但由于中共北方力量薄弱，特别是执行临时中央北方会议"左"的错误策略，忽视建立抗日民族统一战线工作，未能实现党对义勇军的强有力的领导。而本溪义勇军没有强有力的组织指挥系统，东北民众抗日救国会是民间抗日团体，并非权威的军事领导机关，虽在名义上将辽宁义勇军划分不同军区和军团，但并不具备领导权威，加上国民党组织和国民党员、青年党员在义勇军中挑拨离间，迫害义勇军中的共产党员和进步分子，极力抵消党对抗日义勇军的影响。同时，本溪义勇军领导层由于缺乏政治远见，不能明确制定正确的抗日救国纲领，政治上茫然，思想上混沌，不是团结各种力量共同抗日，反而污蔑"共产党乃乘机煽乱"[1]。

---

[1] 辽宁民众自卫军：《告民众书》，载云光侠：《东北抗日救国血战史》，得胜印刷所，1933年，第84页。

其二，本溪义勇军的来源和成分复杂。本溪义勇军是在日本帝国主义入侵东北，民族矛盾上升为国内主要矛盾形势下兴起和发展起来的，他们当中"有的是东北军官兵，有的是绿林好汉，还有的是封建会道门性质的红枪会、大刀会等杂牌地方武装"①，还有兵痞、流民和富家大户出身，还有怀着升官发财和其他政治目的的人一起参加到抗日队伍中来。随着形势恶化，抗日斗争走向低潮，便又各立山头，甚至动摇叛变，如徐文海、王永成、林振清等司令即属于这种人，本溪的钟子臣、黄锡山也是如此。还有如鹿鸣林、翁品三、丁延阁、沈宝林等义军首领一度投降，接受改编，接着又想东山再起而先后被杀。

其三，从本溪义勇军的战略战术看，本溪义勇军思想保守战法陈旧。一是思想麻痹，胜骄败馁。从思想上缺乏长期斗争的准备，对日军的战略战术缺乏深入的研究，对敌我斗争形势缺少冷静的分析，胜利则忘乎所以，失败则张皇失措。连唐聚五也承认：由于多次的胜利产生了轻敌思想，粗心大意，对敌伪的实力估计不足，招致失败②。二是战法陈旧，以短击长。义勇军多沿袭旧军队的打法，习惯于打阵地战和城市攻坚作战，以己之短，攻敌所长，如攻打沈阳、新宾、本溪县城，而不习惯于利用辽东山地自然地理、地形优势开展游击作战。三是各部配合不利，由于各路义勇军划分战区，驻地分散，被动作战，缺乏有效的支援，难以形成一个拳头，而极易被敌人各个击破。

其四，从作风上看，义勇军领导层缺乏自律和精诚团结，导致相互猜忌，保存实力，这是本溪义勇军的致命弱点。如辽宁民众自卫军有的领导人脱离群众，贪图享乐，讲排场，动辄设立八大处，不注重精兵简政。还有的义勇军将领如王东山，奸污民女，滥杀无辜，虽被执行军法，但影响极坏。邓铁梅本来十分欣赏和重视苗可秀的才干，极为信任并委以重任，由于日军离间造成邓的猜忌，导致关系疏远，以致裂痕无法弥补，苗百口莫辩，于是另起炉灶，使邓失去了左膀右臂，从而削弱了抗日力量③。义勇

---

① 王化一：《东北义勇军的兴起与失败》，载中国人民政治协商会议全国委员会文史资料研究委员会编：《文史资料选辑》第9辑，中国文史出版社，1986年，第105页。

② 梅钟岩：《东北民众自卫军发起人之——郭景珊》，载政协沈阳市委员会文史资料研究委员会编：《沈阳文史资料》第2辑，1982年，第107页。

③ 潘喜廷等：《东北抗日义勇军史》，辽宁人民出版社，1985年，第521页。

军联合作战时有的保存实力，彼此间缺乏有效配合，如赵殿良指挥攻打沈阳城时，原定各部配合攻城的义勇军或保存实力，或畏战怯敌，只有赵殿良指挥本部孤军作战，损失较重，令赵十分气愤，又无可奈何。甚至还有彼此火拼的，如崔狗子火拼董占一部等。

轰轰烈烈的本溪义勇军抗日斗争虽然失败了，但其抗战的意义和影响是巨大的。一是本溪义勇军在九一八事变后揭竿而起，冲破了蒋介石和国民党政府不抵抗政策的羁绊，表现了本溪人民敢于反抗外来侵略，不甘当亡国奴的英雄气概和血性，用自己的爱国行动给了国民党出卖东北行径以有力的一击。二是本溪义勇军抗战有力地打击了日伪当局的嚣张气焰，迟滞了日本侵略者对中国东北的全面占领，特别是正当国联调查团赴沈阳调查之际，唐聚五在桓仁誓师抗日，并向国联调查团呼吁，充分表达了辽东人民的正义呼声。三是本溪义勇军抗日推动了全国抗日救亡运动的发展，特别是辽东抗战及其发表的通电、文告、军歌等，为《义勇军进行曲》的创作提供了原创素材。四是本溪义勇军抗战为中国共产党领导抗日武装提供了兵源和宝贵的经验教训，那就是必须坚持中国共产党对抗战的绝对领导，才能真正担负起驱除列强完成民族复兴的伟大使命。

第二节　抗日游击根据地的建立

在东北义勇军抗日处于低潮之时，中国共产党创建的东北各抗日游击队却不断发展壮大。1933年9月18日，在九一八事变两周年之际，时任中共满洲省委代表的杨靖宇（1905—1940，河南确山人）将磐石南满游击队在原有队伍基础上，正式改编为东北人民革命军第一军独立师，1934年11月7日又正式组建东北人民革命军第一军，杨靖宇先后任独立师师长兼政委、第一军军长兼政委。1936年7月，东北人民革命军第一、第二军合编改称东北抗日联军第一路军，杨靖宇任第一路军总司令兼政委。随着南满抗日形势发展和抗日游击区不断扩大，杨靖宇于1934年至1938年领导开辟了本桓抗日游击根据地，并领导本桓人民与日伪反动势力展开了艰苦卓绝的斗争，将抗日烽火燃遍浑太两岸，为东北抗日战争史谱写下壮丽的篇章。

一、开辟本桓抗日游击根据地

在东北人民抗日游击斗争中，抗日游击根据地建设占有十分突出的地位，建立根据地是抗日武装开展对敌斗争和赖以生存的基础，只有把这个基础建设好，才能真正达到保存和发展自己，消灭和驱逐敌人的目的，才能把抗日游击战争蓬勃地开展起来。

中共中央和中共满洲省委对建立抗日根据地都有过明确指示。1934年2月22日，《中共中央给满洲省委指示信》指出："满洲党必须把建立和扩大革命政权和根据地的任务提到实际工作日程上来。"中共满洲省委于同年5月在致杨靖宇信中专门提到"建立临时革命政权机关与创造革命根据地"问题，"针对南满游击区的情形，首先必须把现在的游击区域（北区、中区及西南区）打成一片，在巩固和扩大现有游击区的基础上来建立人民革命政府"。"革命根据地的创造，必须最大限度地开展游击区内的群众工作和群众斗争，尽量武装游击区的群众，组成农民自卫队、游击队等组织……巩固和扩大原有游击区"①。

杨靖宇等人在领导抗日武装斗争中，认真贯彻中央和满洲省委的指示，积极从事抗日根据地的创建工作，在创建磐石根据地之后，于1933年10月，率领东北人民革命军第一军独立师南下金川、濛江（今靖宇县）、柳河、通化等广大区域。1934年春，第一军独立师又南下至清原、兴京、桓仁、本溪等地。杨靖宇于1934年2月派独立师保安连考察桓仁、本溪、兴京等地，考察这里的地理环境和风俗民情，并着手建立抗日游击根据地。他曾对省委巡视员韩光说："江南桓仁、金川、柳河一带，敌人统治很厉害，但群众基础好，是开展抗日游击战争的好地方。这一带各种名号的抗日队伍有上万人，队头很多，很需要组织起来拧成一股绳"，"要争取联合他们"②。

桓仁县老秃顶子和本溪县和尚帽子两座大山，方圆数百里，山高林密，地势险要，沟壑纵横，进可攻退可守，而且该地区处本溪、桓仁、兴京、宽

---

① 《中共满洲省委给人民革命军政委、政治部及全体党员的信》（1934年5月5日），载中央档案馆、辽宁省档案馆等编：《东北地区革命历史文件汇集》甲18，1989年，第119页。
② 韩光：《征途漫漫》，中央文献出版社，2000年，第64页。

甸、凤城五县交界，日伪统治相对薄弱，有的地方鞭长莫及，该地区曾是辽宁民众自卫军和东北民众自卫军起兵和抗日活动的区域，群众基础较好，普遍有抗日热情。因此，这里是建立新的抗日游击根据地的理想之地。

同年4月，独立师第三团马广福连长奉命率50余人，进入桓仁县仙人洞、洼子沟、铧尖子一带活动。紧接着，又有第三团团长韩浩（1905—1936，朝鲜族）、师党部书记韩震（1900—1936，朝鲜族）率30余人来桓仁活动，动员许多青少年参加独立师。韩浩还动员铧尖子三乐学校校长、当地大刀会首领李相山率队参加独立师。

1934年夏，杨靖宇又率独立师保安连，由老秃顶子山翻越草帽顶子山后进入小四平村，杨靖宇向当地农民张锡祯耐心地讲解人民革命军是人民军队，向他宣传抗日救国道理，使张锡祯受到教育，并表示愿意为抗日救国出力。

同年秋天，杨靖宇率部来到桓仁县海青伙洛村，在王伯永家召集姜东魁、隋相生、于昭清、王伯永等人开会。他在会上说："中国叫小日本侵占了，咱们得起来救国。别看我们现在的队伍人少，慢慢就会扩大了。火柴虽小，点着火以后可就无法扑灭，我们抗日队伍也是由小到大，最终就会强大，是日本人打不垮的。""今儿个把你们几位请来，就是打算跟你们商量一下，让你们几位也做些抗日工作，不知你们愿意不愿意？"在场的几位群众听了杨靖宇这样说，齐声回答："愿意！"[1]以后他们作为抗联地方工作人员，都为抗日斗争做了许多工作。

1935年6月，为加强本桓兴抗日游击根据地建设，组织上派傅世昌等到兴京一带筹备建立一个由南满特委直接领导的中心县委。不久，杨靖宇又派原第三团政治部主任李明山、第一军女干部朴金华到桓兴县委工作，并分别担任县委书记、宣传部长，以加强党对新游击区群众抗日斗争的领导，先后建立了中共海青伙洛区委和多个党支部。同时，东北人民革命军第一军和桓兴县委又组织建立了地方抗日民主政权、地方反日救国会和地方农民自卫队武装，为本桓民众抗日斗争和人民革命军活动奠定了良好的基础。

---

[1] 《姜东魁回忆录》，载本溪市党史地方志办公室编著：《本溪人民抗日斗争纪实》，沈阳出版社，2015年，第229–230页。

东北抗日联军第一路军一师练兵场遗址

砬门抗联密营遗址（石营房）

为了坚持在本桓地区的长期抗战，杨靖宇和第一军以这两座大山为依托，营建了许多军事密营。老秃顶子军事密营是由杨靖宇亲自领导，由独立师后勤部长韩震具体组织实施的。1934年冬，韩震接受营建密营的任务后，带领部分战士和革命军地方工作人员在老秃顶子及其周边地区，选择隐蔽向阳地点，就山取石伐木，先后修建了十几处密营。这些密营构造巧妙，形式多样，有的类似窝棚，有的类似地窖，最深的距离地面约有十米，有几间房子大，门口设置有特制的保险门，每间屋顶高约两米，长宽各约两丈，支柱、顶棚、墙壁均用原木垒成，屋内有石板砌筑的火炕，可供几十人居住。

在老秃顶子山周边地区共建有10余处密营，6个医疗所（野战医院），4个粮食仓库，2个被服厂，其中在二层顶子建有一处可容纳数百人的秘密营地，杨靖宇和第一军部队（主要是军部和第一师），就是依托老秃顶子游击根据地，活动于桓、兴、本、宽等县，直到1938年夏才撤离此地，北上辑安、濛江。

本溪县和尚帽子根据地比老秃顶子根据地建立稍晚。1934年11月，东北人民革命军正式成立后，第一师部队开始以此为依托开展抗日游击活动。该游击根据地区域内碱厂二、三道沟建有抗日地方委员会（属乡村抗日政权）及地方武装农民自卫队。至1935年秋，这里已建有10余个反日会分会。该地区建有许多密营，是第一师休整和训练的基地。1936年、1937年两个春节，第一师指战员就是在和尚帽子山顶两个规模较大的密营里度过的。

杨靖宇和东北人民革命军第一军开辟以老秃顶子、和尚帽子为中心的本桓抗日游击根据地和众多的军事密营，使人民革命军有了可以退守的营地，为保存实力，养精蓄锐，安置伤病员，坚持长期抗日斗争发挥重要的作用。他们虽然没有固定的地盘，没有能够与日伪军相抗衡的强大武装力量，但有牢固的群众基础，有半公开的抗日政权和抗日群众团体，使人民革命军和地方抗日武装有了可靠的依托，从而成为东北抗日武装斗争最为活跃的地区之一。人民革命军被群众亲切地称为"红军"，抗日游击根据地则被群众亲切地称为"红地盘"。

杨靖宇和东北人民革命军第一军创建本桓和南满抗日游击根据地，受到党中央的高度评价。毛泽东于1938年5月在《抗日游击战争的战略问题》一文中指出："山地建立根据地之有利是人人明白的，已经建立或正在建立或准备建立的长白山、五台山、太行山、泰山、燕山、茅山等根据地都是。这些根据地将是抗日游击战争最能长期支持的场所，是抗日战争的重要堡垒。"[1]这里所说的长白山根据地，就是以杨靖宇领导的东北人民革命军第一军以及第二军（后统一改编为抗联第一路军）所创建的根据地。

二、人民军队的政治工作

东北人民革命军第一军独立师成立之时，就发表了由杨靖宇起草的《东北人民革命军第一独立师成立宣言》，宣言将"誓与日本强盗及走狗满洲国斗争到底，达到收复东北失地，驱逐日本强盗出满洲，推翻走狗满洲国的统治，建立民众政权"作为自己的神圣使命。东北人民革命军第一军独立师的诞生，是中国共产党领导的南满抗日军民对日本帝国主义侵略屠杀反动政策的严正回答，是对国民党政府不抵抗政策的有力回击。

---

① 中共中央文献研究室编：《毛泽东军事文集》第2卷，军事科学出版社，1993年，第245-246页。

（一）坚持政治建军

坚持政治建军是中国共产党领导的人民军队的最大特色。1933年9月18日，东北人民革命军第一军独立师成立伊始，就由杨靖宇主持制定了一系列政纲、规则、条例，包括《东北人民革命军独立师政纲》《东北人民革命军独立师暂行规则》《东北人民革命军士兵优待条例》《参加人民革命军暂行条例》《第一军战斗员作战奖励条例》等。其中《纲领》10条，第一条即开明宗义，提出推翻日本帝国主义及其走狗满洲国政府在东北的统治，驱逐日本帝国主义海、陆、空军滚出东北及中国；第二条明确要没收日本帝国主义在东北的银行、矿山、交通工具、海关及其他企业和日本帝国主义财产，作为反日军需及分配给一切反日战士、雇农、贫农和救济灾民难民。并明确规定了人民革命军的斗争目标、斗争任务，表明了中国共产党所领导的东北人民革命军抗日武装的正确政治方向，全面体现了党在当时历史阶段的总政策及重要的具体政策。连日伪当局也认为："东边道匪贼的主流是作为思想匪、政治匪的共产匪和反抗抗日匪，他们并不单是匪贼，他们有具体的政纲，并为民众的解放和幸福而努力，因而是政治的、军事的、思想的团体，对此不能只用武力进行讨伐，而对政治战、思想战寄予很大的希望，其理由就在于此。"[①]

东北人民革命军独立师要彻底执行党的反日反帝纲领，要绝对保证和服从党的领导，要保证队伍的工农成分。东北人民革命军的20条《暂行规则》是东北人民革命军第一军独立师指战员的行为规范。这《暂行规则》20条是非常严格和严厉的，堪称军令如山。特别强调对违犯群众纪律的要予以严惩，如强奸妇女者枪决，烧杀人民者枪决，打骂人民者按情形轻重开除或警告等[②]，充分体现了中国共产党领导的抗日武装与人民群众的关系，这也是党领导的抗日武装，与义勇军、山林队等其他抗日部队的根本区别之一。

在杨靖宇的直接领导下，东北人民革命军第一军独立师还建立了一整套政治工作制度。如同年10月1日颁布的《参加人民革命军暂行条例》规定："凡参加本军者，必须坚决抗日，履行本军政纲，遵守本军纪律，服从

---

① 中央档案馆等编：《日本帝国主义侵华档案资料选编·东北"大讨伐"》，中华书局，1991年，第311页。

② 《东北人民革命军独立师暂行规则》（1933年9月18日），载中央档案馆、辽宁省档案馆等编：《东北地区革命历史文件汇集》甲44，1990年，第27页。

本军指挥"，"须接受共产党的代表政治委员为本军最高领导人制度"。1934年6月又开始执行《东北人民革命军及赤色游击队政治工作暂行条例草案》，在东北人民革命军第一军独立师部队里，团、连、排一级都设有政治工作人员，在师、军司令部除杨靖宇先后兼任政治委员外，还设有政治部，在团部亦设有政委或政治部，连设政治指导员，排有宣传干事。部队中有党团组织，思想政治工作十分活跃。如后来的第一师党委会书记韩震，有青年科长李铁秀（茨苏），第一师第三团还设过青年科长（科长刘金山）专做青年工作。部队经常召开士兵会议，民主议事，如讨论作战情况，总结作战经验。新兵入伍时都要接受革命教育，由政治工作人员谈话，同时还开展文娱活动，学习文化，学唱革命歌曲等。由于坚持政治建军，不断加强思想政治工作，战士们思想觉悟高，参军目的明确，部队战斗力明显增强，队中没有吸鸦片和赌博现象。

（二）严守群众纪律

东北人民革命军（为方便阅读，以下均称东北抗日联军，简称抗联）不仅制定了严格的群众纪律，而且努力践行，做到令行禁止。1934年秋，杨靖宇在海青伙洛王伯永家组织部分群众开会时说："因为我们是红军，是穷人的子弟兵，我们有铁的纪律，不但不打骂百姓，而且不准动百姓的一针一线。"[1]因此，每到一地，他们住在老百姓家里时，一进家门便嘘寒问暖，帮助群众挑水、劈柴、扫院子、干农活，老百姓总是热情地把火炕腾出来给他们住，但他们从不肯在炕上睡觉，只是在屋内打地铺，睡在杂草上。即便在寒冬腊月天，他们也常常枕着枪睡在屋地上，令群众十分感动。

由于和人民群众结下鱼水深情，人民群众都把抗联当作自己的亲人。每逢部队吃饭，群众尽管生活贫苦，但也要拿出好饭菜招待他们，但都被他们谢绝。1935年7月的一天，李敏焕率部队行军到桓仁县西部某村，正逢该村有一家娶亲，听说红军要来吃饭，这家人便热情地将待客的宴席酒菜送给部队食用，被李敏焕婉拒。他命人请来娶亲的当家人，对他说："你们用待客的饭给我们吃，我们是很感谢的，但是我们不能吃，要是给你们吃光了，你们的客人吃什么呢？"最后还是让群众为部队做了家常便饭。当地

---

① 《姜东魁回忆》，载本溪市党史地方志办公室编著：《本溪人民抗日斗争纪实》，沈阳出版社，2015年，第228页。

群众纷纷称赞："红军可真好！"①

　　不仅如此，抗联还将缴获敌人的物资分给当地贫苦群众。1935年1月，第一师副师长韩浩率部在桓仁县高台子、碱厂沟岭上截获桓仁县伪商会办年货的8辆大铁车，将白面等年货暗中分给了横道河子、高台子、碱厂沟200多户群众。五六天后，韩浩又率70余人在海青伙洛梨树沟门截获伪商会12辆马车，将缴获的白面、鱼、糖等大量物资分给了查家铺子、大小青沟、哈塘沟、孤山子等地群众，让这些贫苦群众过上个快乐年。

　　抗联对违反群众纪律者也绝不轻饶。1936年1月3日，杨靖宇指挥第一军一部和义勇军联合攻打本溪县碱厂镇，有一名战士进入街内，冲到伪保长家中抢夺了伪保长妻子的金戒指，戴在自己的脚趾上，后被发现执行枪决。

　　连日伪当局对抗联的群众纪律也不得不承认："红军的活动状况与土匪完全两样，行军中在群众家吃饭时，一定要付给饭钱，拿走物品时也一定付钱，如果当时无现款，也在日后一定送到。""作为笼络一般农民的办法，对贫民极为亲切和气，借宿时叫老幼睡炕而自己睡地上。派农民差役时也给相当的报酬。"②抗联严肃的军规和对群众和蔼的态度，加深了军民之间的感情，群众也主动为部队筹粮筹款、递送情报、照顾伤病员。从《盛京时报》的报道中可以看出抗联严明的纪律："红军在东边道活动仍然甚强，据称其现在兵员在十万以上……""对县内贫民努力救济扶助，绝无掠夺绑票事，实行红军政策……"③这一报道除人数不确外，对抗联群众纪律作了最好的宣传。

　　（三）反霸锄奸

　　抗联为保护人民群众的根本利益和各项抗日政策的顺利实施，加强了抗日游击区清匪反霸、除暴安良的工作力度，对那些作恶多端的土匪头子和死心塌地的汉奸走狗进行了坚决打击。第一师军需部长韩震率部在桓仁县马圈沟、仙人洞、高俭地等地，先后处决了民愤极大的土匪头子"洪山""保山"，棒子手屠吉祥，汉奸走狗徐福、杜春才等，为民众除了害，

　　① 《刘振金回忆》，载本溪市党史地方志办公室编著：《本溪人民抗日斗争纪实》，沈阳出版社，2015年，第246页。
　　② ［日］伪满洲国军政部顾问部编：《满洲共产匪研究》第一辑，载《关于东北抗日联军的资料》第2分册，李铸、贾玉芹、高书全等译，中华书局，1987年，第57页。
　　③ 《东边红军兵力十万余人》，载《盛京时报》，1935年7月20日。

有力地震慑了那些一贯为非作歹的土匪和汉奸走狗。土匪头目"三省"在高俭地时告诫匪徒：到高俭地一定要老实，那可是红军的地盘。群众闻知后高兴地说："红军到高俭地把'胡子'管起来了，我们的日子真好过了！"[①]

兴京县上青沟恶霸地主姜润川对抗日民主政府和抗联第一军的政策非常仇恨，不仅恶意造谣中伤抗联第一军和抗日政府，还组织反动武装，在上青沟袭击抗联第一军第一师部队，失败后逃往本溪县碱厂。不久姜又回到桓兴地区为非作歹，向日本人告密，将支援抗联的农民王恩富的父亲抓去杀害，并以红军探子为名，毒打雇工孙二麻。群众对其非常愤恨，纷纷要求抗联第一军为民除害。接到群众报告后，第一军第一师李敏焕率部于1935年7月突袭姜润川的搬家队伍，俘虏姜润川哥哥姜润洲和伪军40余人，缴获迫击炮1门，机枪4挺，步枪70余支，姜润川侥幸逃跑[②]。东北人民革命军通过打击恶霸地主姜润川，狠杀了恶霸地主们的反动气焰，使一些汉奸走狗再也不敢为非作歹了。

日伪当局对战斗在南满地区的杨靖宇及其所率的抗联第一军十分忌惮，除了调集重兵进行"讨伐"外，还派出日伪奸细，千方百计打入第一军内部，妄图谋杀杨靖宇等领导人，把队伍拉出去投降日军。为粉碎日伪军的破坏阴谋，杨靖宇亲自领导了第一军的锄奸行动。1936年1月，杨靖宇主持军部在桓仁县四平街召开团以上干部会议，决定由教导团立即采取行动，由参谋长高大山指挥军部教导团对教导三连进行突袭，分别逮捕了军部司号长、保卫连一排长和教导团三连连长、三连教官以及3个排长等20余人，顺利地平定了这场即将发生的叛乱。经过突审，弄清了真相，原来教导三连连长、司号长等几个人都是伪军通过哗变混进东北人民革命军，而三连教官原是伪军的中尉副连长，乘第一军驻扎桓仁县摇钱树岭时装扮成盐贩子混入抗联队伍，是策动教导三连叛变的主谋，他们还拉拢和蒙蔽了一些人，预谋于当晚午夜12时动手刺杀军部负责人，并搞垮第一军。军部领导人决定对叛乱分子教导三连连长等7人处以死刑，对受蒙蔽利用者清退回家。同时，对教导团进行整肃，从第一师第五团抽调一个连重组教导

① 中共本溪市委党史资料征集办公室编：《浑太两岸的抗日烽火》，1986年，第20-21页。
② 高术乔主编：《东北抗日联军第一军在辽宁史料长编》，白山出版社，2001年，第108页。

三连①。其后，第一师也进行了内部整肃，于1936年4月至6月清除奸细8人，从而纯洁了革命队伍。

日军为对抗联第一军进行策反，派出叛徒冯剑英（原中共柳河县委书记）参加长岛工作班，到桓仁县老秃顶子附近活动，并经常出入马架子、东小堡。杨靖宇决定惩办叛徒冯剑英，于1937年9月17日夜亲自在王石路沟山上指挥，派部队分两路，同时摸进马架子和东小堡两个村，不料在马架子的冯剑英一听到动静，便立即化装逃走，抗联部队冲进马架子伪警察分驻所，俘虏了34名伪警察，缴获枪7支，打击了敌人和叛徒的气焰。

三、贯彻抗日民族统一战线政策

抗日民族统一战线政策，是中国共产党在日本帝国主义侵略中国、中日民族矛盾上升为主要矛盾的情况下，动员团结各族各阶层力量共同抗日、一致对外的一种斗争策略，而杨靖宇和抗联第一军就是中国共产党抗日民族统一战线政策的最早践行者。早在1932年4月，时任中共满洲省委代理军委书记的杨靖宇在给周保中送行的诗中就曾写道："先建根据地，军民共一家。同仇敌忾抗日寇，联合义军把敌杀。"②由此可见，早在1932年，杨靖宇在中共满洲省委军委工作时，就已有建立抗日游击根据地，联合义勇军共同抗日的思想。

1933年1月26日，中共驻共产国际代表团根据共产国际执委第十二次全会精神和东北反日斗争形势，发出了《中共中央给满洲各级党部及全体党员的信——论满洲的状况和我们党的任务》（简称一·二六指示信），该指示信分析了日本帝国主义侵占东北之后的政治形势，阐述了东北反日游击运动的性质和前途，提出了党在东北的战斗任务和斗争策略，即"尽可能的造成全民族（计算到特殊的环境）反帝统一战线，来聚集和联合一切可能的，虽然是不可靠的动摇的力量，共同的与共同敌人——日本帝国主义及其走狗斗争"。③同年5月，中共满洲省委为贯彻一·二六指示信精神，

---

① 王传圣、胡维仁：《风雪长白山——王传圣回忆录》，吉林教育出版社，1992年，第33页。

② 杨靖宇：《送战友编歌壮行保国家》，转引自王树人：《文武双全的革命烈士杨靖宇》，载《党史博采》2018年第5期。

③《中央给满洲各级党部及全体党员的信——论满洲的状况和我们党的任务》（1933年1月26日），载《东北抗日联军·文献①》，解放军出版社，2015年，第110页。

通过了关于《反帝统一战线与无产阶级领导权的决议》，确定了东北党组织目前的中心任务是执行反日民族统一战线，联合一切反日力量，开展反日斗争和反日游击战争。一·二六指示信与满洲省委决议，纠正了北方会议以来的关门主义倾向，为南满抗日斗争提供了良好的发展环境。

杨靖宇认真学习和领会中央和省委的指示和决议，并在领导南满人民抗日斗争中付诸实践。他于1933年7月主持南满反日联合军参谋部，堪称南满抗日民族统一战线的滥觞。1934年2月，又在濛江县城墙砬子召开有17支抗日武装领导人参加的大会，发表了联合宣言："我们，南满的抗日军领袖们，在祖国山河欲裂，严重危难之际，向三省同胞宣誓：我们一致拥护中国共产党的坚决抗日主张，不分见解、信仰，枪口一致对外……我们一致联合起来！"[①]并成立了以杨靖宇为总指挥的南满抗日联合军总指挥部，这是南满抗日民族统一战线和南满抗日斗争进入新的发展阶段的重要标志。

杨靖宇在率领抗联第一军独立师开辟本桓抗日游击根据地的过程中，与中共地方组织一道做了大量的统一战线工作，不仅组织领导和支持反日救国会、反日妇女会、共青团等各种抗日群众团体，联合各方面的抗日力量，还以最大限度团结一切可以争取的抗日力量，形成了本溪、桓仁地区最广泛的抗日民族统一战线。

（一）联合、收编和改造义勇军、山林队、大刀会共同抗日

1934年至1935年间，本溪、桓仁、兴京、宽甸地区有山林队五六十股，总人数达一两万人。他们原来都是杀富济贫的绿林队伍，当日本侵略者占领东北后，许多有爱国情怀的山林队纷纷起兵抗日，而且多数山林队还参加过唐聚五领导的辽宁民众自卫军和邓铁梅领导的东北民众自卫军。自卫军失败后，除少数投降日伪当局外，大多数山林队又返回山林，重操旧业。杨靖宇十分重视这些抗日义勇军和山林队的联合和改造，并将其视为本桓地区抗日游击斗争不可或缺的武装力量。

1934年7月，杨靖宇率抗联第一军独立师，在桓仁县八里甸子柞木台子，召集活动于桓仁县和兴京县边界一带的山林队武装首领开会，争取和

---

① 韩光：《山河欲裂征马鸣》，载《星火燎原》第4辑，中国人民解放军出版社，1980年，第345-350页。

说服教育他们联合抗日，绝大多数山林队首领表示不再在游击区绑票抢劫，并与独立师订立联盟一致抗日，接受独立师改编，先后改编了12个团和一个营。1935年3月，杨靖宇在兴京红庙子召集十几支山林队首领，研究联合抗日问题，各山林队纷纷响应，随后将他们改编成一个游击大队。1935年秋，第一师师长程斌在本溪县山城子柜子石召集山林队首领开会，宣传党的抗日救国主张，许多山林队首领表示服从第一师的指挥。南侠王殿甲带领70余人正式投奔第一师，被任命为第一师独立营长。同年，"老北风"率部投奔第一师，被任命为大队长，其部下设5个分队。活动于碱厂一带的"北国军"则被改编为桓兴第一游击大队，"东北海山"陈国太在高力营子被编为第一师第二团。

在抗联第一军收编的义勇军和山林队中，规模较大的队伍有左子元的抗日联合救国军和抗日军于万利部、高维国部。1936年8月，在抗联"不分见解、信仰，一致对外，坚决抗日"的口号下，活动于宽桓交界地区的左子元抗日救国军400人，被杨靖宇改编为抗联第一军第十一独立师。抗联第一军第一师在前后夹道子活动时，曾将于万利部二三百人改编为游击大队，1936年9月又被杨靖宇正式改编为抗联第一军直属独立旅，于万利任旅长[1]。抗日军高维国部投奔抗联第一军后，被杨靖宇改编为抗联第一军第十三独立师。

改编为抗联第一军部队的山林队武装，都由抗联第一军派出教导员、指导员等政工干部对这些武装进行教育改造，他们积极服从抗联第一军的指挥，并多次配合抗联部队对日作战，成为中国共产党领导下的不可或缺的抗日武装力量。除接受抗联第一军改编外，在本溪地区活动而未受抗联第一军改编，但愿意听从抗联第一军指挥的，还有山林队"占东边""西海山"等大小40余股。至1936年秋，抗联第一军已组织各种部队达5000余人，他们虽驻地分散，但多联合抗联第一军对日作战，给日伪军以很大打击。据日伪当局记载："这一时期活跃的匪团都是赤化匪团，以前有相当势力的土匪，也纠合于共匪旗帜之下，或归顺投降者辈出，以至于可以说全国都看不到土匪，这是值得注意的。"[2]

---

① 高术乔主编：《东北抗日联军第一军在辽宁史料长编》，白山出版社，2001年，第76页。
② 高术乔主编：《东北抗日联军第一军在辽宁史料长编》，白山出版社，2001年，第78页。

（二）瓦解与争取伪军反正哗变

为了分化、瓦解日伪军，抗联第一军对日军和伪满军采取了区别对待政策，他们利用一切可能的机会，向伪满军官兵宣传抗日救国主张，以唤起和感召他们的民族意识。在战斗中争取伪满军反正，对被俘的伪满军士兵不杀、不打、不侮辱，对愿意参加抗联者表示欢迎，对愿意回家者发放路费等一系列宽大政策，使那些良知未泯的伪满军官兵受到教育和感化。由于采取了这些政策，有些伪满军士兵在与抗联作战时就很少开枪，或是打朋友枪（枪口抬高）。有的哗变加入抗联队伍，直接调转枪口打日寇。1934年5月，经过第一军独立师副官李相山等人策动，争取驻桓仁县野猪沟伪公安队队附赵文喜拉出30余人哗变加入独立师，被改编为桓兴农民自卫队第一大队，赵任大队长，为桓兴地区抗日斗争做了大量工作。

抗联第一军对伪满军士兵展开宣传统战的形式，包括印发传单、唱歌、喊话形式启发伪满军士兵，不要忘记自己是中国人，不要帮助日本侵略者屠杀自己的同胞，要枪口一致对外。1935年5月，杨靖宇和第一军教导团在桓仁县歪脖望被日伪军包围后成功脱险，就是第一军对敌开展的政治攻势和统战工作的范例。

1935年5月，杨靖宇率领第一军直属部队和抗日义勇军一部联合攻打兴京县东昌台之后，转到桓仁县境活动。5月16日，杨靖宇率骑兵教导团300余人在行进到桓仁县铧尖子附近的歪脖望时，被赶来的日本守备队和伪满军廖弼臣旅一部上千人包围，由于歪脖望山高坡陡，部队上下山不能骑马，只好由每名战士牵两匹马上山，其余200多名战士阻击敌人。当部队下到歪脖望山沟底时，却遭到伪满军一个连的阻击，第一军只好撤回南大山。杨靖宇看到南有追兵，东、西、北面全被敌人包围时，便命令部队迅速抢占歪脖望大山主峰，以居高临下，争取主动。而对第一军威胁最大的是伪满军廖旅的一个连，他们占据的两个山岗封锁了下山的两条沟。一时枪声大作，第一军处境十分危险。在这危急时刻，杨靖宇却命令停止向这股伪军射击，向他们展开政治攻势。于是，战士们高唱反日歌曲，并高喊"中国人不打中国人"等口号。在第一军的感召下，该股伪满军确认是抗联部队后便停止射击，约定双方各派一个连长到中间地带联络。第一军派出教导团许国友连长，廖旅则由栗连长出面，双方在中间地带见面后，许连长首先向他宣讲抗日救国道理，栗连长表示："咱们都是中国人，我们投降小鬼子也是没法子……"表示接受教育，提出保证不打红军，约定天黑后，第一军可以从他们控制的一条小山沟撤出。

正在这时，从二户来方向开来两辆日军守备队汽车，日军下车后便往山上冲来。杨靖宇下令集中火力向冲上来的日军射击，伪满军连长也命令伪军用机枪向日军冲来的方向射击，并率部冲下山去。他们下山见到日军后佯称"红军冲下山来了，千万别往山上去，避免危险"。日军听后也不敢上山。天黑后，第一军从廖旅控制的小山沟悄悄撤走，神不知鬼不觉地跳出敌人的包围圈①。次日清晨，当日军集中兵力攻上歪脖望山主峰时，却发现杨靖宇部队已不翼而飞了。

在抗联统一战线政策的感召下，一些伪满军在与第一军作战或遭遇时也有了默契，并给第一军送一些弹药。如1936年6月间，第一军第一师教导团团长王仁斋率部在捞子沟岭设伏，准备伏击伪满军。当伪满军刚到半腰，教导团就吹响了冲锋号，伪满军听到号声就问道："你们是不是红军？"王团长回答说："是"。伪满军头目说："是就别打了，过来一个人接头。"于是伪满军送给教导团3000发子弹，教导团则给他们500元钱，然后伪满军就撤走了。梨树甸子战斗结束后，第一军对那些主动缴枪的伪满军发赏金，大枪每支5元，手枪10元，机枪15元，并发给路费。对被俘伤兵还给予了治疗，令这些伪军十分感动。

（三）利用两面政权为抗日出力

在本桓人民抗日斗争过程中，抗联部队对担任伪职的地方基层官吏，例如伪警察署长、伪村屯长等也采取积极教育和争取的态度。对死心塌地当汉奸的坚决予以惩处，对愿意放弃反动立场，为抗日出力者，则予以宽大处理，争取他们为抗日斗争服务。许多伪官吏也是有爱国之心，他们表面上为日伪当局效力，背地里却为抗联部队传递情报，筹集物资。如桓仁县第六区伪警察李义山，秘密担任农民自卫队联络员，还介绍宽甸县的赵玉乐、本溪县的张用宽加入农民自卫队。他们还争取4个伪警察，规劝伪警署署长投奔抗联第一师，在遭到拒绝后，他们就将该署长绑送给抗联部队处置。兴京县木头伙洛伪警察署长温某，对桓兴人民给抗联第一师运送物

---

① 《中共南满特委的报告》（1935年6月30日），载中央档案馆、辽宁省档案馆等编：《东北地区革命历史文件汇集》甲33，1990年，第119页。

资的车辆，不仅不加以阻拦，反让把大车赶到伪警察署院里喂牲口。一些伪村屯长都具有双重身份，如桓仁县仙人洞村伪村长阎桂铭，降康村伪村长栾学春，高台子伪屯长刘佩行，本溪县西麻户村伪村长赵子臣等。他们当中有的是抗联地方工作员，有的是村反日会会长，都是利用自己的特殊身份为抗联第一师传递情报，筹集运送物资，购买枪支弹药。

其实，东北抗日联军本身就是东北抗日民族统一战线的产物。在抗联第一军中，既有东北人民革命军，又有抗日义勇军、抗日救国军、抗日山林队、大刀会等武装。还有汉族、满族、朝鲜族指战员，如傅世昌、赵文喜等满族干部，如李红光、韩浩、李敏焕、韩震等朝鲜族干部，还有活跃于桓兴等地的朝鲜革命军梁世奉等部。1934年9月，朝鲜革命军总司令梁世奉被日特暗杀后，其所部在副司令朴大浩、第二方面军司令崔允龟的率领下，继续在桓、宽、兴一带活动。1937年春，朴大浩率数十人，在桓仁县摇钱树岭加入了抗联第一军。

由于杨靖宇和抗联第一军认真贯彻执行抗日民族统一战线政策，使南满抗日斗争形势迅速发展，给予日伪反动统治以沉重打击。正如毛泽东所指出："中国共产党和东三省抗日义勇军确有密切联系。例如有名的义军领袖杨靖宇、赵尚志、李红光等等，他们都是共产党员，他们的坚决抗日艰苦奋斗的战绩，是人所共知的。那里也是统一战线，除共产党员外，还有其他的派别及各种不同的军队与民众团体，他们已在共同的方针下团结起来了。"①毛泽东的谈话无疑是对杨靖宇等人建立南满抗日民族统一战线的充分肯定和赞赏。中共创办的《新华日报》发表署名文章，赞扬杨靖宇等领导的东北抗日联军，以"他们的'御敌团结''共同抗日'为基础，说服各部义勇军、山林队、游击队"，"他们把反日的民族统一战线扩大到东北每个角落，只要是抗日联军努力所达到的地方就有统一战线的宣传与统一战线的组织，他们不但把统一战线作为宣传的口号，同时把它作为行动的口号。"②

四、创造性地开展游击战争

抗日游击战争是时代的产物，正如朱德在全国抗战初期所著的《论抗

---

① 中共中央文献研究室编：《毛泽东文集》第2卷，人民出版社，1993年，第103页。
② 雷丁：《铁一般的东北人民的英勇奋斗》，载《新华日报》，1938年8月1日。

日游击战争》一文中所指出："抗日游击战争是在日本帝国主义侵略中国领土这一历史条件下产生出来的。它的实质，是一切不愿做亡国奴的同胞为了救死求生而采取的一种最高、最广泛的斗争方式。"并指出：将抗日游击战争已经付诸实践的是东北人民革命军和义勇军①。杨靖宇在担任南满游击队政委和抗联第一军领导人后，为领导反日游击运动胜利发展，十分注意在战争中学习战争，逐步掌握了游击战争的内在规律和特点，成长为谙熟游击战争战略、战术的著名指挥员，并被誉为东三省"第一个执行游击战术的人"②。

为了正确开展游击战争，中共满洲省委于1933年7月1日给中共磐石县委与南满游击队的信中指示："在与帝国主义最新式的武装军队直接血战中，你们要负责去创造和学习许多新的游击战争，以及准备将来大的战斗。"③在领导南满抗日游击作战的实践中，杨靖宇认真贯彻执行省委指示，认真总结对敌斗争经验教训，并与各级指挥员一道，在对敌斗争的实践中创造了许多行之有效的游击战术，在作战中灵活地加以运用。如1935年4月《东北人民革命军第一军报告》中写道："在过去多次战争中，是采取硬打硬攻的战术，如在开战时死守山头，只知夜晚攻街等等，这样不易解决敌人武装。在一年多来的残酷经验教训中，我们的战术相当的转变，开始更灵活的运用游击战术，积累许多经验。"④

杨靖宇在领导南满抗日游击战争中，逐步创造了独具特色并行之有效的一整套游击战术。用抗联第一军战士们的话说，杨司令打仗有"三大绝招"，即半路伏击、远途奔袭、化装袭击。除三大绝招外，杨靖宇还善于运用内外夹击、诱敌深入和利用便衣队的办法打击敌人。同时，他还根据敌强我弱的力量对比，从中寻求有利于己方的临战态势，在战斗中强调要做到"四快"，即快集中、快分散、快打、快走。在战斗中注意速战速决，绝不恋战，不打硬攻坚，以免遭到更大损失。他不仅总结出什么仗该打和怎

---

① 朱德：《论抗日游击战争》(1938)，载中共中央文献编辑委员会编：《朱德选集》，人民出版社，1983年，第31页。

② 虎啸：《民族英雄杨靖宇》，载《世界知识》1936年第4卷第4期。

③《中共满洲省委给磐石中心县委与南满赤色游击队的信》(1933年7月1日)，载中央档案馆、辽宁省档案馆等编：《东北地区革命历史文件汇集》甲14，1990年，第35页。

④《东北人民革命军第一军报告》(1935年4月29日)，载中央档案馆、辽宁省档案馆等编：《东北地区革命历史文件汇集》甲45，1990年，第33页。

么打的经验，同时还总结出哪些仗不能打的经验。提出"四不打"，令部队认真掌握：不能予敌人以痛歼的仗不打；于群众利益有危害的仗不打；不能占据有利地势的仗不打；无战利品可缴的仗不打①。

由于杨靖宇和抗联第一军掌握了抗日游击战争真谛，充分运用伪装、诱敌、扰敌、反冲锋、奇袭等战术，机动灵活地打击敌人，创造了一系列显赫战果。

抗联第一军在这一时期开展的游击作战中，最具代表性的战斗是智取窟窿榆树警察署和梨树甸子伏击战。

智取窟窿榆树警察署　桓仁县第六区窟窿榆树（即大四平）设有伪警察署，伪警察署长孙海臣是个铁杆汉奸，坏事做尽，群众十分痛恨。因此，抗联第一军第一师决定施巧计拔掉该据点。1935年9月的一天，第一师部分官兵化装成伪治安队，师部机枪手丁三化装成日军指导官，第一师参谋长李敏焕化装成翻译官，率四五十名精明强干的少年连战士身着伪治安队服装。农民自卫队大队长赵文喜等人则装扮成土匪，在这天清晨就往窟窿榆树后山逃跑，李敏焕的"治安队"则在后面边追赶边打枪，该村的老百姓真以为治安队追土匪也乱跑一阵。李敏焕在街头捉到一个绅士模样的人，递给他一张日本指导官的名片，让他通报伪警察署孙署长，然后率"治安队"大摇大摆向伪警察署走去，这时孙海臣慌忙集合伪警察列队迎接，向"指导官"行举刀礼，"指导官"佯装愤怒地朝孙某吼了几句日本话，"翻译官"上前告诉他："指导官说你通匪。"孙海臣忙回答："太君，我们不敢通匪。""你们不通匪，为什么看见我们打土匪，躲在屋里不出来支援！"于是下令缴了伪警察的枪。直到第一师战士们把枪口对准他们，并放火烧了伪警察署，敌人才知道他们已当了俘虏。这次智取行动，共俘伪警察40余人，缴枪40余支，为民众除了害②。

梨树甸子伏击战　伪奉天第一军管区司令部少将部附兼步兵第七团团长邵本良是个铁杆汉奸，擅长山地作战，专与杨靖宇和抗联第一军作对。杨靖宇曾率部对邵本良部多次出击，一战三源浦，二战凉水河，三战八道江，四战热水河，五战旱葱沟。或端其老窝，或夺其辎重，令邵本良恼羞

---

① 赵俊清：《杨靖宇传》，黑龙江人民出版社，2015年，第129-130页。
② 高术乔主编：《东北抗日联军第一军在辽宁史料长编》，白山出版社，2001年，第145页。

成怒，气急败坏。感叹道："我邵本良就够鬼了，杨靖宇比我还鬼！"在经历几次失败后，在其日本主子的扶植下，发誓要消灭杨靖宇和抗联第一军。1936年4月，邵本良率部一直追踪杨靖宇进入桓仁、兴京、宽甸一带，日军并出动了3架飞机进行侦察轰炸，以便空地配合，彻底消灭杨靖宇。4月25日，伪满《大同报》报载："杨司令匪于桓仁县境经讨伐队包围，21日午后1时许，又以〇号飞机〇架向杨根据地爆击……"①一次，因敌机飞得很低，被杨靖宇所部用机枪击伤一架。而杨靖宇则率部与其兜起圈子，邵部被牵着鼻子东奔西走，疲于奔命。为了迷惑敌人，杨靖宇命令部队将一些破烂家什、破衣物、鞋袜等丢弃在路上，使邵本良以为抗日联军被追得丢盔卸甲，溃不成军。因此更是对一军穷追不舍，更急于消灭这支队伍，以便向其日本主子邀功。4月27日，杨靖宇率领军部与第一师会合，并有抗日山林队"北国军"参战，全军已达700余人且有轻重机枪10余挺，于是决定利用梨树甸子大东沟山区和有利地势进行设伏。此地两边是山，中间是平地，有道，打伏击极为有利。4月30日午后，邵本良亲自带领一个加强营500余人进入大东沟第一军布下的"口袋"。指挥部一声枪响，两面山上的轻重机枪、步枪一齐开火，枪声大作。邵部伪军猝不及防，死伤惨重，其日本顾问菊井当场被击毙。邵本良脚部负伤，被其勤务兵架走逃跑。第一军随后发起冲锋，好似猛虎下山，与敌展开白刃格斗。战斗前后4个小时，共毙伤敌人200余人，俘虏200余人，逃跑100余人。第一军牺牲15人②。共缴获机枪4挺，步枪400余支，迫击炮1门，电台1部，弹药和给养若干。日军顾问英俊志雄躺在死人堆里装死后逃脱。梨树甸子伏击战给邵本良毁灭性打击，是抗联第一军成立以来与日伪军展开的最为激烈，也是歼敌最多的一次战斗，是杨靖宇诱敌深入、半路伏击游击战术的神来之笔。

---

① 《杨司令匪全被包围》，载伪满《大同报》，1936年4月25日。"〇"表示原文缺字，日伪报纸原文如此。

② 关于梨树甸子战斗歼敌数目，说法不一。《东北抗日联军第一军的几个战斗情况》记载："敌人共死100多人。"而其《主要战斗统计表》则记载：敌"死伤80余，俘10余。"《李敏焕日记》载："午后，发现200余名敌人，立即开始战斗。通过白刃格斗，解除敌人武装。"本书依据时任第一师副官并参战的常伯英回忆的歼敌数目。另有亲身参战的第一师宣传干事赵志刚回忆："当时敌人共有800多人……只进来500名。"另据受杨靖宇之命给胡国臣送信调一师会合打邵本良部的抗联地方工作员姜东魁回忆："在梨树甸子消灭了邵本良六七百人，光活的就抓了200多，还缴了400余支长短枪。"

在开辟本桓抗日游击根据地的过程中，杨靖宇率领抗联第一军取得了一系列游击作战的辉煌成绩，也付出了一定的牺牲。1935年5月11日，第一军第一师师长李红光（1910—1935）率部进入桓仁、兴京交界的老沟道岭时，与驻平顶山日本守备队遭遇，在激烈的战斗中，李红光不幸中弹，身负重伤，于5月15日牺牲于桓仁县海青伙洛密营中，年仅26岁。同年8月19日，继任第一师师长韩浩（1905—1935）率部在桓仁与通化交界的岗山二道岭同日本守备队激战时壮烈牺牲，时年30岁。在短短几个月的时间里，接连痛失两任师长和亲密战友，令杨靖宇十分悲痛。1936年3月2日，第一师军需部长、师党委会书记韩震（1900—1936），在桓仁县仙人洞附近的头道岭子主持召开桓仁农民自卫队负责人和地方工作员会议，研究改编抗联第一军第一师第四团时，因奸细告密，会场遭日伪军包围袭击，韩震和农民自卫队大队长张永清在突围时壮烈牺牲。

要奋斗就会有牺牲，正是有千千万万烈士的慷慨赴死，才换来民族的解放。杨靖宇和抗联第一军驰骋于浑太两岸，更加频繁地打击敌人，令敌人十分头痛。据日本关东军记录："近代情形为向来所未有……破坏交通日渐猖獗，共产党的各地游击队和人民革命军反而在艰苦环境中发展壮大了，渐渐结成联合阵线，满军受其蛊惑哗变日多。战术巧妙，武器装备精良，不避讨伐，不受招抚，在各地异常活跃。"[1]连日伪当局也不得不承认：杨靖宇"才干、器量兼备，是个将才"，"从人民革命军成立以来他就是第一军的总司令"[2]。

五、两次西征

1936年6月和11月间，抗联第一军第一师和第三师主力部队贯彻党中央部署开辟新抗日游击区，打通与关内红军会合的通道。自本溪出发，以辽西、热河为目的地进行了两次重要的战略行动，史称抗联第一军的两次西征。

自1934年10月党中央领导红军开始长征，上海中央局遭到敌人破坏

---

① 日本关东军公报207期（1935），载高术乔主编：《东北抗日联军第一军在辽宁史料长编》，白山出版社，2001年，第193页。
② ［日］《满洲共产匪研究》第一辑，载《关于东北抗日联军的资料》第2分册，李铸、贾玉芹、高书全等译，中华书局，1987年，第48页。

后，与党中央逐渐失去联系的情况下，东北党组织及其工作由中共驻共产国际代表团负责领导。1936年1月，中共驻共产国际代表团正式撤销中共满洲省委，决定按照四大游击区成立北满、东满、西满、南满4个省委（实际上只成立北满、吉东、南满省委），由于中共驻共产国际代表团远在苏联莫斯科，与东北党组织的联系时断时续，实际上严重削弱了党对东北地区抗日斗争的统一领导。

1936年2月，党中央决定组织中国人民红军抗日先锋军，东渡黄河，发表北上宣言，准备东进山西、绥远，北上抗日。红军北上抗日的消息，极大地鼓舞了东北抗日军民，杨靖宇等抗联领导人试图利用这一难得机遇，向辽西和热河一带远征，以打开与党中央和北上红军的联系通道。

抗联第一军西征是贯彻中共驻共产国际代表团指示而采取的军事行动。1936年7月，参加共产国际"七大"会议的魏拯民带回中共驻共产国际代表团给东北抗联的指示，在给周保中的信中通报过第一军、第二军的军事行动计划，信中说：根据中共驻共产国际代表团有关扩大抗日游击区任务的指示，"我们原则决定一、二军主力坚决的脱离东部山林游击区域，冲到广大区域之中去活动"。具体的军事部署：第一军第一师自桓仁向本溪、凤城地带活动；第一军第三师、第二军第一师全部越过南满铁路线，"到辽西，再向热河、外蒙边境一带活动"①。由此可见，抗联一军两次西征是奉党中央指示的行动。不仅如此，杨靖宇在南满抗日游击队斗争中，了解到辽东三角地区自邓铁梅、苗可秀被捕牺牲，尚有阎生堂率200余人在继续坚持斗争，应加强与该部联合，因此认为有必要将南满游击斗争推进到辽西和辽南一带。

在指挥梨树甸子战斗胜利之后，杨靖宇率领第一军军部和第一师指战员，于1936年5月23日来到本溪县草河掌汤池沟沐浴征尘，并主持召开第一师干部会议，研究和部署西征事宜，决定西征部队由第一师保卫连、第三团、少年营共400人组成，由第一军政治部主任宋铁岩、第一师师长程斌负责指挥，从本溪凤城中间突破安奉线后进入辽南，之后越南满铁路和辽

---

①《魏拯民给周保中的信（1936年7月9日）》，载中央档案馆、辽宁省档案馆等编：《东北地区革命历史文件汇集》甲22，1988年，第202页。原文多处缺字，根据李鸿文《东北抗联各路军的西征》（《军事历史研究》，1987年第2期）一文补充。

河，直插辽西、热河。第一师第四团、第六团在西征部队两翼活动，以分散和吸引敌人兵力。6月开始筹集给养。6月23日、25日，宋铁岩分别主持召开第一师部队基层党和军事干部会议，再次传达西征的指示和具体的部署。

6月28日下午6时，西征部队从铺石河出发，由上石棚经沙窝沟、大东沟于半夜12时到达草河口，先头部队与敌人遭遇，经过交战后撤出西进，于次日到达响水沟。7月2日早晨抵达朝天贝，复遭遇敌人，双方交战后，西征部队转移，翻越摩天岭进入辽阳境内。行军途中，宋铁岩肺病复发，由数名战士护送返回和尚帽子密营休养。西征部队由师长程斌、参谋长李敏焕率领继续向西挺进。尽管部队昼伏夜行，隐蔽前进，仍被敌人发觉西征意图，很快调集大批兵力对西征部队进行围追堵截，西征部队屡遭敌人袭击，只好放弃原来的西进计划，改为在辽阳、本溪、凤城交界的崇山峻岭间迂回南进。7月3日进抵青城子界小长岭，4日进入憨葱沟。5日又经辽阳翁家堡子转至榛子岭，又折回岫岩县姚家街。6日，西征部队在高家堡子补充物资。下午与300余名敌人交战后，转移至大阳沟。7日潜伏至狐狸沟，8日在岫岩县姜家堡子一带为敌所阻。

8日晚，根据敌情变化和西征部队面临的困难，第一师师部决定停止西征，化整为零，回师北返本溪。具体分为3路，由李敏焕率保卫连为一路，程斌率师部与团政治部主任李铁秀率第三团为一路，由营长王德才率少年营为一路。师部与第三团基本上按原路返回，少年营一路沿岫岩、庄河一线迂回前进。到7月14日，程斌率第一师师部和第三团、李敏焕率保卫连分别返回摩天岭，日军连山关守备大队第二中队长今田益男带领一百四十人尾追而至。摩天岭山势嵯峨，山顶地形犹如圈椅，程斌、李敏焕各率所部分别于两边山梁（即圈椅扶手处）设伏。15日，今田所部从山下行进到摩天岭山前一处山坡平坦处，正在架枪吃饭时，李敏焕一声令下，万

日伪《泰东日报》刊载的摩天岭战斗情况

弹齐发，打得敌人人仰马翻。今田身负重伤，"一手扶石，一手拔出战刀，极力站起，以鬼哭狼嚎之声，命其残部抵抗"。由于抗联出其不意打击，日军死伤惨重，今田以及许多日军被击毙，其余部分四处逃窜。此战共毙伤今田大尉以下日军80余人，缴获步枪30余支，手枪5支，望远镜1架。另据参战的第一师副官常伯英回忆，还缴获机枪2挺、子弹2驮子、红色战马1匹、今田身背图囊1个（内有敌人"剿匪计划"1份）[①]。

由于摩天岭战斗暴露了目标，抗联第一师被闻讯赶来的500余名日军包围。第一师指战员凭借地形奋力抵抗，打退日军多次进攻，又毙伤日军60余人[②]。在激战中，参谋长李敏焕端起机枪向敌人猛烈扫射，不幸中弹牺牲。入夜后，第一师部队在当地群众帮助下跳出日伪军的包围。第一师未能达到西征的预期目的，后欲与活动在凤城一带的少年铁血军阎生堂部联络未果。待部队返回本溪和尚帽子密营时，由于伤亡、打散、失踪造成严重减员，部队返回时仅剩下100余人，其中少年营损失最重。

在第一师西征期间，中共南满第二次代表大会在金川县河里召开，正式宣布将东北人民革命军第一军改编为东北抗日联军第一军，杨靖宇任军长兼政委。会后，杨靖宇与魏拯民共同主持召开中共东南满特委暨抗联第一、第二军领导人联席会议，决定将东、南满党组织合并组成中共南满省委，魏拯民任书记；将东北抗日联军第一、第二军合编为东北抗日联军第一路军，杨靖宇为总指挥兼政委。会议决定继续扩大游击区域，向辽南、辽西发展。

根据河里会议精神，杨靖宇于1936年11月率第一军主力来到桓仁县外三保，在红土甸子红通沟召集军部和第三师领导人开会，研究部署第二次西征。会上，杨靖宇总结了第一次西征的经验教训。决定由第三师组建骑兵部队进行第二次西征，并选择冬季江河封冻之际，跨过南满铁路和辽河，挺进辽西和热河，以便与关内红军取得联系。会后，第三师仅用半个月时间就配备了马匹、武器，组建起一支400人的精干骑兵部队。11月下旬，第三师西征部队在师长王仁斋、政委周建平的率领下，从桓仁县外三

① 《抗联第一路军1932年至1940年主要战斗统计表》（1941），载中央档案馆、辽宁省档案馆等编：《东北地区革命历史文件汇集》甲60，1991年，第230页。

② 《常伯英回忆资料》（1964年12月14日于安东县小甸子公社西上坡大队），辽宁省党史编委会暨抚顺、鞍山、本溪、安东编委会访问。中共辽宁省委党史办公室藏。

保（今属本溪满族自治县）出发，一路疾行，经清原，过铁岭，跨越南满铁路线，突破日伪军的层层封锁，于12月下旬到达法库县石佛寺附近的辽河东岸，准备渡河西进。不料是年冬气候反常，时已冬至节气，却气温偏高，辽河并未结冰封冻，西征部队因找不到船只而前进受阻。由于部队昼夜兼程人马不得休整，加之一路遭到数千日伪军追堵，连续作战已造成大量减员，更兼道路不熟，队伍难以继续前进，只好绕道返回。此次西征部队受损严重，牺牲负伤失散人员增加，当部队返回兴京时，400人的部队仅剩百余人，第二次西征又告失败。

西征失败原因简析。抗联第一军第一师、第三师前后两次西征均告失败，其原因是多方面的。

从主观上说。首先，中共驻共产国际代表团远驻莫斯科，对国内斗争形势，尤其是东北抗日斗争形势和敌我态势并不十分了解，贸然指示东北抗联部队西征热河的决定是错误的和不切实际的。特别是1936年开始，日本帝国主义正加紧全面侵华战争，在辽西、冀东、热河部署重兵，抗联第一军以区区数百人的兵力，要穿过日伪军重兵集结、统治严密的辽西、热河，去开辟或扩大抗日游击区，严重违反了军事战略原则和一般军事常识。其次，杨靖宇、魏拯民等抗联领导人为贯彻中央指示，急切寻求打通与党中央、北上红军的联系通道和扩大抗日游击区，打破日伪军的"讨伐"和封锁的主观愿望和出发点是好的，但主观愿望却脱离了客观实际，政治上的盲从造成军事上的盲动，最后导致战术上的被动，加上杨靖宇本人未参加和直接领导西征，第一、三师领导人在西征途中指挥判断力有限，对西征途中遭遇的突发问题缺乏迅速而准确的判断。毋庸讳言，两次西征从决策开始，失败的命运就已注定了。再次，西征是军事指挥上的失误，违背了杨靖宇的游击战术原则。战争的目的是消灭敌人，保存自己，而两次西征行动违背了杨靖宇"四不打"战术原则，情况不明，劳师远征，处处被动挨打，尤其是第一师西征失败后，未能吸取教训，指挥上一错再错，从而导致一败再败，即便有摩天岭战斗等战绩，但与第一师、第三师两次西征损失500余人相比，显然是得不偿失的。

从客观上说。其一，敌我力量对比相差悬殊，加上日伪利用平原和交通便利以及机动性强的优势，抗联部队以小股部队劳师远征，又要穿越辽河平原地区和接近日伪南满统治中心地区，途中又屡遭敌人的围追堵截，加上后勤补给难以保障，始终处于被动挨打的境地。其二，天时、地理条件的影响，第一、三师的西征均脱离了辽东山区地理地势的优势，进入辽西、辽南平原地带，失去了山地密林的依托，纯属以短击长。西征部队没有重武器和现代交通工具，想徒步穿越辽西辽南平原无疑是徒劳的。加上天公不作美，第三师西征又遇辽河未结冰，只能怅然而返。其三，西征缺乏群众基础，第一师西征路经辽阳、岫岩等地，人生地不熟，群众根本不了解抗联部队，加上日伪当局反动宣传，西征部队不仅得不到群众的支持，而且被群众视为"土匪"，日伪强迫"棒子队"到处搜寻抗联战士，百姓人家甚至以刀枪相向。进入辽南地区后，敌人严密封锁，层层包围，"这里又没有群众基础，不少群众被敌人利用，手持木棒，村村站岗放哨，见到我们就吹号，敌人越聚越多，交通便利，很快就会把我们包围"[1]。其四，通信不畅，抗联第一军两次西征，本欲与中央红军东征相呼应，而此时东征红军早已于1936年5月回师陕北，地处东北的抗联部队由于通信闭塞，并不知道东征红军回师的消息。

总之，抗联第一军的两次西征，是盲目执行中共驻共产国际代表团指示，主观愿望与客观实际相脱离，不顾敌强我弱态势的军事冒险行动，并且于天时、地利、人和皆不具备，多种不利因素交织叠加，失败是在所难免的。由于两次西征的失败，使第一军第一师、第三师遭受重创，而西征过程中部队所经历的艰难险阻、重大牺牲，给部队指战员造成的心理阴影是难以平复的，使本溪抗日游击区斗争形势更加严峻了。

抗联第一军的两次西征均未能达到预期目的，损失重大，教训深刻。但两次西征仍然有其积极的意义。其一，西征部队于沿途宣传了中国共产党的抗日救国主张，辽阳等地的群众传"东山里的红军打过来了！"从而扩大了中国共产党和东北抗日联军在辽河流域的影响。其二，西征部队在冲破敌人的围追堵截中，消灭了敌人的一些有生力量，如第一师西征过程中的草河口战斗、尖头顶战斗、陆家堡子战斗、弟兄山战斗，均予日伪军一定杀伤，特别是摩天岭前后战斗共取得毙伤日伪军340余人的重大胜利[2]，

---

①《马广福回忆》，载本溪市党史地方志办公室编著：《本溪人民抗日斗争纪实》，沈阳出版社，2015年，第204页。

②《抗联第一路军1932年至1940年主要战斗统计表》（1941），载中央档案馆、辽宁省档案馆等编：《东北地区革命历史文件汇集》甲60，1991年，第230页。

有力地打击了日本侵略者的气焰。其三，西征部队不怕艰难险阻，敢于长途跋涉，勇于冲破日伪军的重重封锁，彰显了抗联第一军指战员为寻求与党中央和关内红军取得联系，争取上级领导的英勇无畏的革命精神。其四，第一军两次西征从某种程度上说，转移了敌人的视线，一定程度上减轻了本桓老游击区的压力，对于第一军其他部队冲破日伪"东边道独立大讨伐"是有力的配合①。

尽管第一军的两次西征以失败告终，但西征不失为英雄壮举。因此，当第一军第一师部队西征结束返回，杨靖宇曾专门创作《西征胜利歌》以鼓舞全军士气，纪念这一重要的军事行动。

六、在艰苦环境下坚持武装斗争

杨靖宇领导的东北抗日联军第一路军和南满人民的抗日斗争，对日伪统治构成了极大威胁，日本关东军为彻底消灭抗日联军及其他抗日武装，于1936年3月炮制了《三年治安肃正计划》，计划于1936年4月至1939年3月采取"治标""治本"及"思想工作"三位一体的所谓治安方针，在对抗联等抗日武装进行"讨伐"的同时，对本桓抗日游击区实行"集家归屯"等反动政策，以达到"匪民分离"的目的。日伪当局先后于1935年、1936年在桓仁、本溪地区实施了"集家归屯"、制造无人区、修筑警备道路、架设警备电话等一系列措施（即治本）。并于1936年10月开始实行"东边道独立大讨伐"。由于日伪当局不间断的"讨伐"（即"治标"）和"治本"政策，隔绝了抗联部队与人民群众的密切联系，抗日游击区空间不断被压缩，抗日联军的生存和活动愈加困难。自1937年开始，本溪地区的抗日武装斗争进入了艰苦卓绝的斗争时期。

为粉碎日伪"大讨伐"，坚持本桓地区的抗日武装斗争，杨靖宇指挥部队一方面与日伪军周旋，伺机打击敌人；一方面退居老秃顶子、和尚帽子深山密营坚持冬季整训。1937年1月，抗联第一师副官李相山在桓仁县海青伙洛黑瞎子望养病时，突遭日伪警特逮捕，密营被焚毁，李相山被押往沈阳，不久英勇就义。同年2月10日，是中国传统节日大年三十，抗联第一军政治部主任宋铁岩和第一师部队在本溪县和尚帽子密营共度新春佳节。2

① 赵俊清：《杨靖宇传》，黑龙江人民出版社，2015年，第249页。

月11日晨，数百名日伪军对和尚帽子密营进行突袭，第一师指战员仓促应战，伤亡颇多。宋铁岩在指挥部队突围中，因身体病弱，行动困难，在翻越一个山岗时不幸中弹牺牲，年仅28岁。同月，杨靖宇和军部教导团指战员在老秃顶子密营度过春节后又出发，经横道河子、铧尖子西谷草垛沟、蛤塘沟、文治沟到富尔江畔，又转浑江，绕道来到桓仁东部的摇钱树岭、刀尖岭一带活动。同年2月、3月间，杨靖宇率部150人先后在马蹄沟、摇钱树岭、刀尖岭连续与日伪军交战，共毙伤日伪军70余人。

1937年7月7日，全国抗战爆发。为更好地配合全国抗战，东北抗联第一路军于7月25日发表了《为响应中日大战告东北同胞书》，号召东北全体同胞应本着"天下兴亡，匹夫有责"之原则，为"恢复中国人之东北"而战，"响应中日大战，驱逐日寇滚出中国"。8月20日，杨靖宇又署名颁布《东北抗日联军第一路军总司令部布告》，再次号召东北全体同胞，"皆应抛弃旧仇宿怨，亲密联合，响应中日大战，暴动起来，打倒日本帝国主义，推翻傀儡政府满洲国，为独立自由幸福之中国而奋斗"[①]。在全国抗战形势鼓舞下，杨靖宇和抗联第一军所属各部立即进行战斗动员，并明确了以游击战全力牵制日军入关，支援关内抗战的战略任务。自此以后，抗联第一军在本桓地区的抗日斗争更加活跃和频繁起来。

由于日伪军的频繁"讨伐"和经济封锁，给抗联第一军部队的衣、食、住等基本生存活动带来了极大的困难，不得不开始艰苦的密营和露营生活。密营里夏日酷暑，日晒雨淋，蚊虫叮咬；冬季天寒地冻，大雪封山，手脚常被冻僵。加上密营陆续被敌人破坏，残存的密营也因敌人到处搜山放火而无法容身。抗联指战员只好在山里丛林中露营。"夏天遇雨时，用破被挂在树棍上支成棚，人在底下睡，雨大时就睡在泥水中。冬天睡在雪地上，用破树叶、树枝铺在身下，冻得难以入睡。"实在寒冷时，便点上篝火以防手脚冻坏。没有粮食，"粮食简直一无所有，主要是以野菜、树叶代替，仅有的一点点的粮食给病号吃都不够"[②]。这种露营生活正像抗联指战员传唱的歌谣那样："天大的房，地大的炕。火是生命，森林是家乡。野

①《东北抗日联军第一路军总司令部布告》（1937年8月20日），载中央档案馆、辽宁省档案馆等编：《东北地区革命历史文件汇集》甲49，1991年，第279页。

②《杨校康回忆》，载本溪市党史地方志办公室编著：《本溪人民抗日斗争纪实》，沈阳出版社，2015年，第190页。

菜野果是食粮。"这是抗联第一军露营生活的真实写照，充分表达了抗联指战员不怕艰难险阻的革命乐观主义精神。

在露营生活中，杨靖宇一面教育干部战士要坚强勇敢地面对一切困难和敌人，一面想办法解决部队宿营条件问题。在桓仁县刀尖岭密营中，他亲自主持设计行军帐篷，一连几次均未成功。后受战士们戴草帽启发，最终设计出一种长方体的简易适用帐篷，可住上十几人甚至几十人，夏可防雨和蚊虫叮咬，冬可抵御风寒。杨靖宇高兴地说："从今以后，我军宿营再也不受各种地形限制。有了行军帐篷，我们就能在大山里生存和坚持战斗下去，直到把日本帝国主义赶出中国！"[1]

1937年下半年，为了配合全国抗战，杨靖宇指挥抗联第一军在本桓地区多次主动出击。9月，抗联第一军军部150人，在桓仁大青沟与日伪军300人作战，毙伤敌30人；10月，杨靖宇率领军部和第一师、第十三师共600人，在本溪县筒沟（应为本溪县红土甸子红通沟）设伏，击毙日军守备队牛岛以下50多人，伪满军10人，缴枪20支，掷弹筒1具，炮弹20发；同月，抗联第一军第一师在桓仁县冷沟与日伪军作战，毙伤敌10人；11月，第一师120人在本溪县与伪满军300人激战，毙伤敌30人，缴轻机枪1挺，步枪30多支。[2]

这一时期关于抗联第一军作战记载较详细的是大石湖和老边沟之战。12月4日，由日军川野、木越、福本部队及本溪、兴京伪警察队，南营房伪治安队组成的日伪"讨伐队"530余人，从四面向南营房附近的大石湖包围过来。杨靖宇指挥部队从西、北、东三个方向多次打退敌人进攻。夜幕降临后，敌人开始收缩撤退。杨靖宇判断敌人次日必来，便率部于次日在南营房东南的老边沟设伏。5日上午10时，敌人果然来了，当敌人走进第一军设伏地时，杨靖宇指挥部队猛烈开火，敌人死伤惨重。日伪资料对此次战斗有如下记载："为歼灭盘踞在奉安境内的抗联第一军杨靖宇以下300名匪团，组织日军及警察队，密切配合进行讨伐。……次日（5日）接到杨匪大队300余人在南营房东南老边沟集结之情报，讨伐队即予围攻，但匪据守险

---

① 王传圣、胡维仁：《风雪长白山——王传圣回忆录》，吉林教育出版社，1992年，第114页。

② 《抗联第一路军1932年至1940年主要战斗统计表》（1941），载中央档案馆、辽宁省档案馆等编：《东北地区革命历史文件汇集》甲60，1991年，第234–235页。

峻的山岳地带，以轻重机枪进行顽抗。约9小时战斗，匪团分散奔跑，在战斗中，日军死12人，伤10人，治安队战死1人，负伤2人，自卫团负伤1人，敌方不详。"①这次战斗时间之长，战况之激烈，连日伪当局也不得不承认日军死伤22人。

老边沟战斗结束后，杨靖宇率领军部及教导团进入桓仁县境。不久又乘胜进攻桓仁县雅河口日军守备队兵站，缴获大米3000公斤，以及大量罐头、香烟等物品，为抗联部队过冬提供了保障。12月31日，第一军独立十三师高维国部在本溪县大青沟与日伪军交战，击毙日军5人，伪满警察队30人。

抗联第一军虽然取得反"讨伐"的胜利，但也受到很大损失。一是1937年7月16日，杨靖宇率部从桓仁县向兴京县行进时，在兴京县黄土岗子与日伪军遭遇，由于日伪军身着白色衣服，化装成朝鲜族群众，直到近处才发现，仓促应战。此战虽然毙伤日军20余人，伪满军10余人，但抗联也伤亡15人②，特别是随军行动的中共南满省委组织部长李东光、军部教导团政委安光浩不幸牺牲，秘书处长韩仁和负伤。二是12月8日，抗联第一军军需部长胡国臣、第一师第四团团长隋相生等干部战士在桓仁县外三保洋湖沟西老营沟（倒木沟）密营中宿营，因黎明时分站岗战士拢火取暖暴露目标，被前来"讨伐"的日伪军发现，导致密营被包围。隋相生等几名战士在掩护突围中不幸牺牲，胡国臣负伤，与20多名战士冲出重围。同月21日，胡国臣在洋湖沟黑坑大地密营中养伤时被日军逮捕后，因贪生怕死，成为可耻的叛徒。

七、人民群众的巨大支持

在本桓抗日游击根据地的创建和反抗日本殖民统治斗争中，本桓地区广大人民群众与抗联第一军指战员结下了深厚的鱼水情谊和血肉联系，他们在与抗联第一军的频繁交往中，深切地感受到中国共产党和抗联是真正为抗日救国而战，真心为解放劳苦大众而战的人民子弟兵，因此他们不惜

---

① 《奉天警备情况第34号报告》（1938年1月8日），载东北烈士纪念馆编：《东北抗日斗争史料汇编》（附录四），第35页。

② 《抗联第一路军1932年至1940年主要战斗统计表》（1941），载中央档案馆、辽宁省档案馆等编：《东北地区革命历史文件汇集》甲60，1991年，第234页。

冒着生命危险，冲破日伪当局的重重封锁，千方百计地为抗联提供各种支援，有力地配合了抗联第一军的对日作战。

（一）输送兵员

在抗联第一军独立师挺进本桓，开辟本桓抗日游击根据地的过程中，多年来生活于日伪残酷统治之下的广大穷苦农民，看到了自己的军队，也看到了希望，亲切地称他们为红军，纷纷报名参加人民军队，走上抗日战场。1934年4月，当原辽宁民众自卫军团长、失败后拉队伍上山抗日的李相山，看到韩浩团长率部来到桓仁时，心情格外激动，毅然带领56人、48条步枪参加抗联，被任命为独立师副官，为人民军队的政治宣传、争取山林队抗日和策动伪军反正，为抗联秘密运送军需物资等方面做了大量工作。桓仁县木盂子村王玉林，不但自己参加抗联成为地下交通员，还先后把两个儿子王传清、王传圣送到部队打日本鬼子。定居桓仁的杨氏三兄弟杨校康、杨永康、杨有康先后参加抗联，时杨永康15岁，杨有康才12岁。桓仁县海青伙洛村隋相生，1934年时已54岁，毅然报名参加地方农民自卫队，后升至第一师第四团团长，在他的影响下，其叔兄隋永发、侄孙隋文斌分别参加了海青伙洛反日会和青年团，隋永发担任反日会会长，隋文斌担任青年团支部书记，后任青年义勇队队长，1937年被编入特务队和第一军直属部队。

抗联第一军和中共桓兴县委建立了许多支地方农民自卫队和青年义勇军，成为抗联第一军的后备兵源。除被日伪军打散者外，都先后升格为抗联第一军主力部队。桓兴农民自卫队第一、二大队，于1936年4月被编入第一军第一师第四团；本溪县碱厂二、三道沟农民自卫队被编入第一师第三团；铺石河农民自卫队开始时有40余人，后来发展到100余人，其中有80余人被输送到抗联第一军大部队。据不完全统计，1934年到1938年间，本溪、桓仁地区共为抗联第一军输送兵员2000余人。

（二）提供军需给养

抗联第一军的被服粮秣的供应来自各种渠道，一方面靠部队与日伪军作战中缴获，一方面靠地方反日会和村屯征缴，还有的是靠人民群众直接大力支援。自1935年起，日伪当局为割断抗联第一军与人民群众的联系，先后在桓仁县、本溪县推行了残酷的"集家归屯"和"三光"政策，制造无人区，妄图利用这种手段达到"匪民分离"的目的，并对抗联活动区域进行封锁，一旦发现有人给抗联筹款送粮，便会轻则逮捕判刑，重则杀害。但是，本桓人民并没有被日伪当局的淫威所吓倒，他们想尽办法，以各种方式为抗联提供支援。

桓仁县仙人洞、高俭地、大小恩堡等地的群众在秋天把打下的粮食藏在山上，然后再设法将藏粮地点告知抗联取走；还有人故意把牲畜驱赶出围子，再以找牲畜为名往外带东西。木盂子大围子的妇女利用上山采菜和到河边洗衣服的机会，把粮食和食盐藏在筐底下带出围子，送给第一军[1]。降康村村长栾学春多次为抗联运送军需物资，为支援第一军筹建被服厂，筹款买来3台缝纫机，并雇佣两名裁缝，送到第一军密营制作衣服。1936年春节前夕，他还特地筹钱买了3头猪送到洼子沟第一军驻地慰问。高俭地村地方工作员曲金生，为第一军保存了200袋白面、15套军服和其他一些物资，应付了日伪军的多次检查，最后安全地把这些物资送给了抗联部队。

本桓人民热心支援抗联部队，有许多人为此惨遭日伪当局的杀害。东大阳二道沟孙德武，因为给抗联第一师送粮食，日军将他已怀孕8个月的妻子抓去杀害，并用刺刀残忍地从肚子里挑出未出生的婴儿。外三保洋湖沟第一师地方工作员侯庆林，一家7口人全部被日军杀害。栾学春因坏人告密，也被日军逮捕残杀于桓仁西江。

（三）照顾伤病员

抗联由于与日伪军作战，经常处于流动状态，在战斗中负伤和患病的伤病员，除抗联的野战医院（卫生所）医治外，有些伤病员是在人民群众家养伤养病的，人民群众像对待亲人一样照顾伤病员。仙人洞村沟里的唐永田一次就收养第一师伤员10余人，并千方百计地躲过日伪军的搜捕。同村的潘大娘收留负伤的第一师十一连连长马广福和一名负伤战士，一个月中遭遇日伪军数次搜查，均被他以自己的亲属为名掩饰过去。第一师第四团战士黄生发等3名战士因患伤寒病，不能随部队转移，留在仙人洞山沟一户农家住下，晚上住在房子里，白天则到山上密林中隐藏。病好后，经地下交通员一路传送，才找到部队。

---

[1] 《杨校康回忆》，载本溪市党史地方志办公室编著：《本溪人民抗日斗争纪实》，沈阳出版社，2015年，第190页。

（四）传递情报

抗联第一军在本桓山区开展游击战争，没有专门的交通工具，仅在桓仁县外三保太平沟等地设有交通所。但更多的是直接靠地方工作员、地下交通员以及群众为部队提供大量情报。仙人洞村的王玉林为反对日伪当局的"集家归屯"，带着孩子常年在老秃顶子大山沟里住，一年四季与日伪军周旋，一边躲避追捕，一边为抗联送信送情报。1936年4月26日，杨靖宇率军部直属部队来到哈塘沟，地方工作员姜东魁奉杨靖宇之命，到老秃顶子给胡国臣送信，调第一师与军部会合，使抗联第一军集中兵力，于4天后在梨树甸子大东沟，一举歼灭汉奸邵本良部。1938年4月，日军调集重兵，分路对和尚帽子根据地进行"围剿"。在胡家堡子村逼迫当地群众去大青沟、宋家街一带出探，然而他们没有想到所派出的密探，大部分与抗联部队有联系，不但没有报告抗联部队的真实情况，反而向抗联第一师提供了日伪军进攻根据地的情报，从而使抗联第一师有所准备，将计就计，在大青沟设伏，予来犯的日伪军以迎头痛击。

（五）购买枪弹

抗联第一军没有专门的武器供应渠道，绝大多数是通过作战从日伪军警手中直接缴获，而第一军的兵工厂（实际上属于军械所）一般只能制土手榴弹和翻制子弹。除此之外，利用关系从民间渠道购买枪弹，也是抗联补充枪支弹药不足的重要途径。

抗联地方工作员、中共海青伙洛区委组织部长姜东魁，曾先后为第一军购买子弹近百次，每次少则二三百发，多则四五千发。每次都是由军部提前联系好，由他负责前去接头，他或化装成车老板，或化装成货郎、牲口贩子，利用伪装的办法将子弹携带回来。所买子弹既有步枪子弹也有手枪子弹，步枪子弹有水连珠、七九式、三八式等[①]。于昭清负责为抗联购买枪支四五次，1935年4月间，他赶着第一军部2辆大车，10多匹牲口到沈阳卖掉，买回2支匣枪、2只撸子，利用瓦盆、灯盒掩护带回。1936年11月，抗联第一军第一师在本溪县西麻户经抗日军朱海乐牵线，从沈阳赵学臣手中购买步枪子弹4500发、匣枪子弹1500发。1937年，本溪县高台子的

[①]《姜东魁回忆》，载本溪市党史地方志办公室编著：《本溪人民抗日斗争纪实》，沈阳出版社，2015年，第230页。

高维新为抗联部队购买步枪子弹400发。抗联地方工作员刘明山曾在红庙子从庞玉祥妻子手中购买子弹7000发，又与王春去沈阳两次买回匣枪3支、撸子2支。

在外寇入侵国破家亡之际，本溪人民奋起抗争，他们不惧怕日伪当局的淫威，不怕流血牺牲，利用各种方式大力支援抗联对日作战。正是本溪人民的爱国热情和无私支援，使抗联第一军在本溪站稳脚跟并迅速发展。

八、抗联第一军撤离本桓地区

自1937年末至1938年初，日伪当局频繁出动大量兵力，在对活动于本桓地区的抗联部队进行重点"讨伐"的同时，一面推行"集家归屯"等"匪民分离"政策，同时派出多支日军游击队，并调来专事诱降、追踪、捕杀，由日伪宪兵警特组成的臭名昭著的长岛工作班，对活动于本桓及南满地区的抗联武装和南满省委进行"立体绞杀"，使本桓抗日游击根据地几乎全部丧尽，抗联第一军的处境更加艰难。

1938年2月11日，杨靖宇率领第一军直属部队在桓仁县刀尖岭与日伪军交战，击毙日军5人，俘伪满军25人，缴获枪支30支。经刀尖岭战斗后，杨靖宇率部离开桓仁，进入辑安县境活动。留下抗联第一军第一师仍在本溪县一带活动，并由抗联第一路军参谋长兼第一军政治部主任安光勋就近指挥。

这一时期，由于抗联第一路军和第一军个别领导人被捕叛变，给第一路军和中共南满省委带来了重大损失。由于抗联第一军军需部长兼第一师政治部主任胡国臣被捕叛变，供出了抗联第一路军和南满省委的许多重要机密，日军长岛工作班于1938年2月13日，突然袭击位于桓仁县普乐堡大荒沟抗联密营医院，正在医院养病的安光勋和桓兴县委宣传部长朴金华等14名伤病员，除两人牺牲外，其余被捕，负责保卫工作的金指导员牺牲。安光勋经不住敌人的威逼利诱，叛变投敌。胡国臣、安光勋投敌，使中共南满省委机关及其密营洞窟遭到彻底破坏，部分人员牺牲。

抗联第一军第一师此时已失去与军部联系，仍在和尚帽子及周围一带坚持对敌斗争。1938年2月，第一师指战员和游击队"靠山红"部在和尚帽子欢度春节，不料第六团一个班长偷偷下山投敌，使日伪军掌握了和尚帽子地形及第一师情况。由于程斌固执己见，不听部下迅速转移的建议，结果使第一师遭到重大损失。2月15日（农历正月十六）凌晨，五六百名日伪军将和尚帽子第一师驻地包围，控制了东西两侧制高点，并以炮火向第一师猛轰。第一师虽然仓促应战，但仍然打得十分顽强。最后从北面冲出包围。此战从拂晓打到天黑，双方伤亡很大，第一师伤亡达100余人①。4月，日军调集碱厂、赛马集、小市等地的日本守备队、伪治安队等共470余人，分4路再次向和尚帽子抗日根据地"讨伐"，欲一举消灭抗联第一师。第一师得到情报后，迅速作出部署，在大青沟设伏。4月13日早6时许，当日伪军进入第一师部队伏击圈后，突然枪声大作，弹飞如雨。第一师凭借有利地形居高临下向敌射击。日伪军仓促应战，"陷入苦战状态，促使不得不边战边退"，"当此之际，我伤亡增加，而被迫移动，在移动中，队员攀登悬崖，企图占领山腰以便应战，但潜伏在五〇二高地峡谷间之三十名匪兵，视步炮队及轻机分队伤亡严重，便一举突入阵地，夺去步兵炮一门，轻机枪两挺。四中队见此情况，便迅速占领高地，以便向匪迎接，但匪团早见此情况，便开始向东南方移动，并又射杀我警察队十数名，掳走十一人（被解除武装后放还），我方因损失过大，行不如意，故撤回胡家堡子整理待命"。经过战斗，第一师共毙伤日伪军20余人，俘11人，缴步兵平射炮1门，轻机枪两挺，长短枪17支，子弹1100发，手榴弹20枚②。

随着胡国臣、安光勋先后叛变投敌，日军黑崎游击队和长岛工作班便将抗联第一师师长程斌作为诱降的重点工作目标。自6月8日开始，日军先后出动米冈、福本、岩佐、石津各部队，专门寻求与第一师作战。敌人一边以军事围攻，压迫第一师，一边给程斌写劝降信，并派人将程斌母亲与兄程恩，从吉林抓来迫降。在国家民族大义和亲情面前，程斌理想信念丧失，背叛国家民族利益，决意下山投降，并枪杀了反对投降的第一师第三团政委李铁秀（茨苏），于6月29日裹挟第一师所部86人在本溪县第四区（碱厂）八楞树村投降日军，向日军交出步兵平射炮1门、轻机枪5挺、自动步枪2支、大枪53支、手枪48支、弹药4000发③。之后程斌又命令第一

----

① 《常伯英回忆资料》（1964年12月14日），辽宁省党史编委会暨抚顺、鞍山、本溪、安东编委会访问，中共辽宁省委党史办公室藏。

② 奉高检查厅第207号详报（1938年4月26日），载本溪市党史地方志办公室编著：《本溪人民抗日斗争纪实》，沈阳出版社，2015年，第121页。

③ 《共匪程斌等在本溪县境内全部缴械投诚》，载《盛京时报》，1938年7月1日号外。

师所部其他人员下山投降。6月30日，第一师第六团计有33人在八楞树村投降；7月1日，第一师军需部第三分队指导员孟海芝带21人在碱厂投降；7月11日，第一师后方队长邓义有带领19人在本溪县赛马集向日军本溪县工作班投降。8月15日，第一师参谋长常伯英等16人在沈阳县第三区南长岭子向日军投降；第一师游击连崔排长裹挟20多人在桓仁县八里甸子川头投敌。第一师随程斌先后投敌的人员达190人以上。

程斌叛变投敌造成了极其恶劣的影响和严重的后果，敌人利用程斌投降一事大做文章，借以进行反共宣传。7月1日，日军利用《盛京时报》发号外报道"共匪"程斌等在本溪县境内全部缴械投降的消息。7月3日，日伪当局又在本溪湖日本小学校为程斌及其部下115人举行所谓的归降仪式，还拍摄成影片到处播放，以炫耀其战绩。8月1日，先后叛变投敌的胡国臣、安光勋、程斌在长岛工作班负责人长岛玉次郎引领下去新京（长春），先膜拜了新京神社、忠灵塔，又去拜访日本关东军司令部、关东宪兵司令部、伪治安部及协和会总部。这期间，日伪当局又乘机大造舆论，在报刊上连篇累牍地发表报道，造成了极坏影响。

程斌等人叛变后，详细地向敌人供述了中共南满省委和抗联第一路军的大量核心机密，包括抗联活动规律、特点，情报搜集及通信方法、手段，部队武器、服装、粮食来源及补充方法，第一路军编制、装备、战术，中共组织联络系统、南满共产运动过程，以及现在情况、外围团体情况等大量机密[1]，使日伪当局欣喜若狂。胡、安、程还甘心为敌人效劳，敌人将胡国臣、安光勋安插在长岛工作班，参加分化、瓦解和破坏抗日武装和中共所领导的抗日活动；程斌等80人则在通化接受日伪当局训练后，程斌被委任为富森工作"讨伐队"副大队长、伪森林警察大队大队长[2]，专事"讨伐"杨靖宇领导的抗联第一路军。

1938年7月中旬，杨靖宇和魏拯民在辑安老岭主持召开了中共南满省委

---

[1]《抗联第一军第一师师长程斌审讯情况（摘要）》（1938年7月13日），载本溪市党史地方志办公室编著：《本溪人民抗日斗争纪实》，沈阳出版社，2015年，第127—131页。

[2] 程斌（1912—1951），原名程杰，又名程志平，吉林伊通人。1932年参加磐石工农义勇军并加入中国共产党，历任东北人民革命军第一军独立师政治保安连政委，第一军第一师政治部主任、师长，东北抗日联军第一军第一师师长，1938年6月率部叛变。投敌后历任伪通化省富森警察大队副大队长，伪热河省警察大队大队长，国民党军第六师副师长等职，1951年5月被人民政府处决。

和抗联第一路军领导干部紧急会议，即第二次老岭会议。针对程斌等人叛变后的严峻形势，作出决策，将中共南满省委和第一路军总部实行战时体制，党军一体化；将抗联第一、二军改编为抗联第一路军第一、二、三方面军，取消原来各师番号；取消原定第一军再次西征计划，所有部队东进，依托长白山大森林与敌人继续展开斗争。

程斌裹挟第一师主力投敌叛变以后，第一师仍有部分指战员拒绝向敌人投降。第一师军需部分队长甄宝昌带部战士仍坚持在本溪桓仁一带活动。程斌派人四处堵截和诱降这支队伍，但被甄宝昌拒绝，他带队经兴京西河掌、马架子等地，后回到桓仁外三保，在洋湖沟里与接受第一军改编的高维国部会合。程斌见劝降未成，便带领日伪军前来"围剿"，甄宝昌为避敌锋芒，经西麻户、赵家堡子、高官寨到歪头山、姚千户屯一带活动，后与高部分手，返回兴京西河掌，10月在马架子冲破敌人包围。原第一师第六团祁排长坚决不降，摆脱了程斌的控制，继续在本溪与日伪军周旋。7月中旬，祁排长等10多名战士在与日伪军作战中牺牲。第一师游击连指导员李双录之父被日军抓走，并逼迫其亲自上山劝降，李双录断然拒绝父亲的劝降，并拔出手枪发誓，宁死不投降，表现了抗联战士坚贞不屈的民族气节。

按照杨靖宇和第一路军总部的要求，仍活动在本溪境内的第一师剩余部队于当年秋天撤离本溪地区，实行战略转移。9月，第一师第四团四连指导员马广福率队从桓仁县出发，到辑安县蚂蚁沟找到第一军军部。与此同时，第一师第三团和第六团小股部队也从本溪县出发，到辑安境内找到第一军军部。10月，第一师游击连从桓仁县仙人洞奔川里，与全秀花指导员率领的特务连会合，在接到军部转移通知后，两支部队一同出发，经黑石沟奔五女山，与马、于指导员率领的两支游击连相遇，这4支队伍在原中共桓兴县委书记李明山领导下，在深山密林中穿行，终于在辑安找到前来迎接的第一路军警卫旅政委韩仁和，这支历经磨难保存下来的抗日力量，最后在金川县河里与第一路军总部会合。

当杨靖宇率领军部向辑安转移时，抗联第一师后方连指导员田惕忱等留守桓仁抗联密营，负责照顾和护理少部分伤病员。1939年3月22日，日伪军包围了桓仁县普乐堡大西岔密营，田惕忱等人在与敌战斗中牺牲。1939年5月，抗联第一师军需部一分队甄宝昌，带领近10名战士，几经辗转经桓仁县仙人洞向吉林境内转移，最后在桦甸县一带，找到第一路军总部，这是战斗在本溪乃至辽宁地区的最后一支抗联第一师部队。至此，抗联第一军全部撤离本溪地区，转入吉林濛江等地，踏上更加艰难的抗日游击战争的旅程。

导致本桓抗日游击根据地丧失和抗联部队全部撤离本溪的主要原因，首先是敌强我弱的客观形势，本溪作为沦陷区，抗联部队没有巩固的根据地，在日伪军以重兵不间断地"讨伐""围剿"下，抗联部队处于游击状态，连续作战却始终得不到有效的休整和补充；其次，日伪当局在本溪地区实行旨在"匪民分离"的"集家归屯""保甲连坐"等残酷政策，割断了抗联与人民群众的联系，使抗联第一军失去了有效供应和保障，加之本溪地区漫长的寒冬，给部队的生存和斗争造成了巨大困难；再次，抗联第一军第一师、第三师两次西征失败，不仅使主力部队大量减员，而且两次西征失败的阴影依然笼罩在人们的心头而挥之难去，加上第一师远离军部，联系中断孤军行动，环境恶劣，消极因素蔓延滋长；最后，在日伪军的"讨伐"、追踪和诱降下，与抗联结盟的抗日武装纷纷溃败投降和瓦解，特别是抗联第一军胡国臣、安光勋和程斌等领导人的叛变，并裹挟第一师部分人员投敌，致使抗联第一军遭受重创，本桓抗日武装斗争和中共地方组织活动转入低潮。

第三节　抗战中的中共地方组织

1931年九一八事变后，中共满洲省委在号召东北民众起来抗击日本侵略者，支持义勇军抗战，领导建立东北各抗日游击队的同时，十分重视地方党的建设，中共奉天特委领导建立了中共本溪特支，并开展了抗日活动。在中共南满临时特委领导下，恢复和发展了中共地方组织桓仁特支和桓兴县委，并协助抗联第一军发展地方武装，建立地方民主政权，组建地方反日会。由于本桓抗日游击根据地的扩大和抗日斗争形势的发展，中共南满省委机关迁至本溪地区，就近领导本桓人民和抗联第一军的抗日斗争。

一、中共南满省委在本桓

中共南满省委是1936年初中共满洲省委撤销后，在南满地区成立的中共地方组织和东北抗日联军第一军的最高领导机关，其前身是中共满洲省委领导下的中共南满特委。1930年8月至1931年8月，中共满洲省委成立中共南满特委。1933年9月，磐石游击队改编为东北人民革命军第一军独立师后，南满地区抗日斗争形势发展很快，加强党对南满地区抗日运动的领导，迫切需要成立南满地区党的统一领导机关。虽然杨靖宇于1933年春已经中共满洲省委任命为中共南满特委书记，但是并未建立特委领导机关，加之杨靖宇主要精力侧重在创建和领导东北人民革命军第一军独立师的武装斗争上，无暇分身兼顾地方党的领导。为此，他曾向满洲省委提出召开南满地区党的会议，总结近年来对敌斗争的经验，进一步统一党的组织和东北人民革命军内部思想认识，进而将南满地区抗日斗争形势推向新的发展阶段，得到省委同意。经过数月筹备，在杨靖宇等人的领导下，于1934年11月在临江召开中共南满地区第一次代表大会，成立中共南满临时特委，选举李东光、纪儒林为特委常委，宋铁岩等3人为委员，李东光为临时特委书记兼宣传部长，纪儒林为组织部长。次年2月，中共满洲省委又指定杨靖宇为特委常委参加特委领导工作。

1935年11月，根据中共驻共产国际代表团关于撤销满洲省委，在东北按南满、东满、北满和吉东四大游击区为中心，成立四个新省委的指示，于翌年2月，将中共南满特委改组为中共南满省委，由杨靖宇任中共南满省委书记，直接领导南满地区党和军队工作。杨靖宇根据东满、南满地区抗日斗争不可分离和自己无法分身担任省委主要领导的实际情况，经与东满省委书记魏拯民共同研究，于1936年7月5日，在金川县河里地区召开中共东南满地区党和军队领导干部会议，决定将东满、南满两个省委合并组成中共南满省委，省委书记魏拯民，省委委员有杨靖宇、李东光、王德泰、纪儒林、宋铁岩、王仁斋等。中共南满省委直辖东满特委，直接领导中共磐石、柳河、桓兴县委和江南特支。同时，将东北人民革命军第一军、第二军联合改编为东北抗日联军第一路军，杨靖宇为第一路军总司令兼政委、第一军军长兼政委，王德泰为第一路军副总司令兼第二军军长，魏拯民为第一路军政治部主任兼第二军政委。由于魏拯民身兼第二军政委，需要随军行动，加上王德泰于当年11月不幸牺牲，魏拯民担负起第二军整个领导工作，率第二军进入长白山区，由中共南满省委组织部长李东光代理省委书记职务。

1936年，本桓抗日游击根据地进一步发展壮大，同年11月，杨靖宇来到桓仁县外三保部署抗联第一军第三师西征，中共南满省委为就近领导抗联第一军和本、桓、兴、宽地区抗日游击斗争，将省委机关由濛江那儿轰迁至桓仁县外三保的洋湖沟，这期间活动于本、桓、兴、宽等地的省委委员有杨靖宇、李东光、宋铁岩、纪儒林、王仁斋等人。1937年2月，日伪军向和尚帽子抗联第一师游击根据地"讨伐"，随第一师活动的抗联第一军政治部主任、省委委员宋铁岩不幸牺牲，省委委员纪儒林随第三师活动于抚顺一带开展工作。同年5月，李东光率省委机关干部将省委机关迁至桓仁县第四区普乐堡牛毛沟大西岔。此处森林茂密，溪流纵横，周边为抗联第一军密营及兵工厂、被服厂、后方医院等，安全隐蔽且方便联络。

中共南满省委机关内部设宣传、组织、青年、保卫、交通等科和印刷部、编辑室等机构。宣传科长李永浩，青年科长刘佐健，编辑室主任傅世昌，交通科长张某，省委机关设有保卫连。南满省委机关在本桓期间做了大量工作，特别是在开展抗日救国宣传方面，编印了《南满抗日联合报》

位于桓仁县大西岔的中共南满省委机关遗址

《中华画报》《列宁旗》《东边道反日画报》《救国青年》等报刊，傅世昌、刘佐健、中共桓兴县委书记李明山、宣传部长朴金华等人都从事过宣传印刷工作，省委机关报和宣传标语、传单印刷出来后，交政工宣传人员在连队中传阅，地方则利用各级党组织在农民自卫队和抗日群众团体中发行，极大地鼓舞了人民群众抗日的斗志和勇气，起到了教育人民、瓦解和打击敌人的重要作用。省委委员纪儒林组织并领导过本溪铺石河农民自卫队和反日会。1938年1月10日，中共南满省委发出了《给抗联第一路军二、四、六师和独立师及教导团党委和全体党员同志们的信》，强调要加强抗日民族统一战线工作，加强部队的思想政治工作，加强纪律性，克服单纯军事观点。

日伪当局为消灭中共南满省委和抗联第一军，除调集日伪军对抗日游击区和抗联武装进行"讨伐"外，又调来由日本宪兵、伪警察、抗联叛徒和特务组成的长岛工作班，专门针对南满省委和抗联第一军部队进行追踪、诱降和捕杀行动。1937年7月16日，杨靖宇、李东光率部从桓仁西进，当行至兴京县永陵附近黄土岗时，突然遭遇日伪军袭击，中共南满省委组织部长、代理省委书记李东光不幸牺牲。

随着日伪军的不断"讨伐"和"集家归屯"等反动政策的实施，中共南满省委和抗联第一军的活动愈加困难。1937年12月8日，抗联第一军军需部长兼第一师政治部主任胡国臣等人，在桓仁县外三保洋湖沟系老营沟密营宿营时，被日伪军包围，胡负伤突围，第一师第四团团长隋相生牺牲。几天后，洋湖沟南满省委机关印刷所被破坏，省委秘书处长李永浩、编辑室主任傅世昌事先转移。12月21日，胡国臣在洋湖沟黑坑大地密营中养伤时被俘投敌。1938年2月13日，日军突袭桓仁县普乐堡大荒沟抗联密营医院，抗联第一军政治部主任兼参谋长安光勋被捕后叛变。由于胡国臣、安光勋叛变后向日伪供出南满省委和抗联第一军密营，敌人开始有目标地集中搜捕南满省委机关工作人员和破坏密营。日军根据安光勋供述，袭击了抗联位于小通天沟的密营，南满省委宣传部长、印刷主任李永浩（反帝）等5人在战斗中牺牲。2月25日，省委编辑室主任、前中共仁特支书记傅世昌在桓仁县柞木台子被捕。3月1日因追悔写下自供书而夺枪自尽。3月6日，南满省委青年部长刘佐健在桓仁县牛毛大山被日军侦探枪击牺牲。3月10日，日军黑崎游击队和长岛工作班根据安光勋的供述，在桓仁县牛毛沟大西岔找到中共南满省委隐藏物资的洞窟，在搜走中共南满省委重要档案、文件、书籍及油印机、照相机等106件物品后，将该密营洞窟炸毁[①]。

由于活动于本、桓、兴地区的中共南满省委委员宋铁岩、李东光、纪儒林、王仁斋、刘佐建等人先后牺牲，位于桓仁县的南满省委机关遭到彻底破坏，南满省委所属的中共桓兴县委等地方党组织均处于停滞状态。

为使南满地区抗日斗争免遭严重损失，根据当时紧急而又严峻的形势，1938年7月，杨靖宇与魏拯民在辑安县老岭召开了中共南满省委和抗联第一路军领导干部紧急会议（即第二次老岭会议），决定改组中共南满省委。为适应长期抗战的形势，中共南满省委和抗联第一路军立即实行战时体制，抗联第一路军总司令部内设置中共南满省委代行机构，实行领导一体化。

杨靖宇和抗联第一军在本桓活动达5年之久，中共南满省委机关迁到本桓不到一年半时间，使本桓一度成为南满抗战的指挥中心。

二、中共本溪特支及活动

九一八事变后，本溪地区义勇军抗日斗争风起云涌，为加强党对本溪地区抗日运动的领导，开辟本溪地区党的工作，中共奉天特委于1932年11月派共产党员李兆麟、侯薪到本溪开展工作。同年12月，又派共产党员孙已泰来到本溪。李兆麟化名孙正宗，孙已泰化名王子明，侯薪化名侯维民。

（一）中共本溪特支的成立

李兆麟等人来到本溪后，通过本溪煤矿职员杨于典（杨坚白）的帮助，进入本溪煤铁公司，以普通矿工的身份在本溪煤矿做工，以方便直接与工人接触。本溪煤矿的井下作业极其艰苦，工种分为采炭夫、掘进夫、木匠、铁匠等。李兆麟当过采炭夫、掘进夫，他与孙已泰、侯薪一起在三坑、五坑和矿工一道下煤洞，抡镐挥锹，从事打眼放炮、刨煤背煤，或装斗车、推矿车等繁重的体力劳动，以此来掩护开展工人运动。他们和矿工一起吃难以下咽的发霉的苞米面窝头，每天要连续工作十几个小时。为了接近工人群众，与工人交朋友，开展党的工作，他们咬紧牙关，坚持闯过劳动关、生活关。

[①] ［日］通化独立宪兵分队：《派遣覆灭南满省委长岛工作班的活动情况》（摘要）（1938年5月），载本溪市党史地方志办公室编著：《本溪人民抗日斗争纪实》，沈阳出版社，2015年，第139页。

　　1932年末，中共奉天特委提出今后城市工作的斗争任务，要求首先要以年关斗争去发动工人开展"反欠饷、要花红和恢复工作"的斗争，对本溪湖则要求开展反对开除工人和金票跌价的斗争。要建立和巩固工会和失业工人组织。特委强调要坚决抓住工人日常经济要求，有计划地进行这一工作，将经济斗争与政治斗争密切结合起来，把斗争引导到更高斗争阶段。12月25日，中共奉天特委根据中央的指示作出决议，指出争取对民族革命战争的领导权，是党在奉天最重要的工作，因此必须大力发展沈阳、抚顺、本溪工人和辽阳、北镇、新民的农民的斗争，有力地配合和支援抗日义勇军的斗争，要采取"争取一个同志发展一个同志"的方针，在本溪、大连、安东等工厂发展党的地方组织。

　　根据中共奉天特委指示，为便于开展党的工作，更好地发动工人群众开展斗争，同年12月末，李兆麟、孙已泰、侯薪经过研究决定，建立一个临时性的党组织，取名为中共本溪工作委员会（简称本溪工委），李兆麟任书记，孙已泰任组织委员，侯薪任宣传委员。至此，本溪湖地区第一个中国共产党地方组织正式诞生。

　　中共本溪工委建立后，仍然把工作重点放在煤矿工人方面。1933年1月22日，本溪工委在报告中提出"坚持贯彻执行特委提出的一个人发展一个人"的发展党的方针，建立党、团支部。同时，又抓住日常斗争，由组织斗争联系反日、反满等政治斗争，并准备在一坑、二坑成立赤色工会，成立赤色青工小组、工人反日会、工人义勇军、工人纠察队等组织，并规定"在九月内，每个同志最低需有五个以上的群众"，还准备打入炼钢炉厂、南坟矿山工人中去建立组织，到农村去建立农民委员会，发动"抗租、抗税、抗债"等斗争，"与土地革命联系起来"，创造"北方新苏区"。提出开展工人运动的口号是改良伙食，改良医院，反对罚灯，反对把头打骂工人，增加工资，实行八小时工作制，反对日本帝国主义进攻中国等，虽然报告中提出的许多工作没有得到完全落实，但本溪工委的同志在各自的岗位上做了一些积极的工作，初步打开了工作局面。

中共本溪地方工作委员会书记李兆麟

1933年2月7日，中共奉天特委给本溪工委发来指示信，指出："关于目前工作领导问题，我们认为组织一个工作委员会是不妥当的，在目前应立即成立特别支部，由特委直接领导。"根据中共奉天特委指示，于1933年2月中旬，正式撤销中共本溪工作委员会，成立中共本溪特别支部委员会（简称本溪特支），中共奉天特委任命李兆麟为特支书记，孙已泰为组织委员，侯薪任宣传委员。本溪特支成立后不久，李兆麟因积劳成疾，肺病严重，组织上为照顾其身体，将其调回奉天特委，由孙已泰继任本溪特支书记，陈象毅为特支组织委员。

（二）本溪特支的主要活动

根据中共奉天特委的指示，中共本溪特支于3月5日通过了《关于工作检查和工作布置的决议》，提出党在本溪地区的重要任务是加紧领导工人的斗争，要发动一坑、二坑煤矿工人举行罢工，特别是要引导工人进行反对日本帝国主义的政治罢工；扩大群众组织与党的组织；开展拥护苏联、中国苏维埃及工农红军的工作；积极开展本溪铁厂、南坟铁矿及近郊农民的工作，等等，由于受当时主客观条件的限制，上述工作计划并未得到全面落实。特支的工作重点还是放在发展组织和抗日救国宣传教育上。

调查了解工人农民基本状况　李兆麟等人通过与矿工一起下煤洞，与工人同劳动，同吃住，与工人们打成一片，对矿工被压迫、被剥削的苦难境遇感同身受。他们利用工作和休息之便，对本溪煤矿工人的状况进行调查了解。经过调查，认为"工人斗争后反日反帝情绪非常高涨，而且普遍看，工资由四毛五毛减少到两毛三毛了，工人连伙食都不够，工作时间更长。三天一紧贷使工人更受剥削，并实时时打骂工人。兼之金票落价，故工人生活恶化，证明了资本家的进一步的进攻"[①]。通过分析认为，"日本帝国主义尽量的屠杀工农劳苦群众，烧杀掠夺，而且更加努力向工人阶级剥削压迫。减少工资，增加工作时间，更使工人大批的失业，很快走向饥寒交迫的道路。"[②]

根据他们工余时间对本溪郊区附近的调查，了解到的农民困难情况

[①]《奉天本溪特支报告之二——本溪客观情形工作情形》（1933年3月2日），999-01-002，本溪市档案馆藏。

[②]《奉天特支本溪报告之三——关于工作检查与工作布置的决议》（1933年3月5日），999-01-002，本溪市档案馆藏。

是："农村里（东边）大部分农民没有饭吃，到四五月就有十分之七的农民无粮，而且日本却用土劣富农的种种压迫摧残，更使农民贫苦化了。"①通过本溪特支成员的工作，了解到本溪工人阶级由于受压迫、受剥削十分严重，因此他们反日反满的情绪高涨，更进一步了解了自己的出路，给了本溪特支有针对性地开展工作以有力的帮助，更加认清了领导工人、农民开展对敌斗争的历史使命。

建立组织发展党团员　中共本溪特支成立后，按照中共奉天特委提出的"一个人发展一个人"发展党员的方针，于1933年初发展了本溪煤矿放炮工陈象毂等两人为中共党员，扩大了党的组织。团的工作有了较快发展，首先是李兆麟介绍杨于典加入共青团，同年2月至3月，中共本溪特支先后在工矿企业和学校中吸收了徐殿孚（徐论言）、朱福金（朱生金）、江俊祥、宋恩尧（宋金铎）、杨会遇5人加入共青团。其中，徐殿孚、朱福金是由杨于典介绍入团，江俊祥、宋恩尧是由徐殿孚介绍入团，杨于典又在本溪湖河沿本溪师中发展学生杨会遇入团。

3月13日，共青团奉天特委在给中共本溪特委的信中要求，在3月18日以前建立共青团本溪特别支部，本溪特支党团领导机构分设。中共本溪特支根据该指示，于当日建立了共青团本溪特别支部，徐殿孚任团特支书记，朱福金、杨会遇分别负责组织和宣传工作，同年4月，杨会遇调奉天特委，由江俊祥接任宣传委员。

共青团本溪特支接受中共本溪特支的领导，工作热情十分高涨。1933年春，本溪师中的杨会遇在师中学生中先后秘密发展了七八名团员，并正式成立了本溪师中学生团支部，由杨会遇担任团支部书记。中共本溪特支领导人孙已泰、侯薪多次参加师中团的会议，及时向他们传达党的指示，对他们的活动予以指导。除此以外，中共本溪特支还发展和建立了党的外围组织反帝大同盟，在本溪县近郊还建立了农民反日会，并发展了部分会员。中共本溪特支通过发展党团员，建立团组织和党的外围组织，壮大了党的力量，为开展本溪地区党团工作，领导工人运动和反日斗争准备了条件。

宣传抗日救国主张，启发工人政治觉悟　中共本溪工委成立后，李兆

---

①《奉天本溪特支报告之二——本溪客观情形工作情形》（1933年3月2日），999-01-002，本溪市档案馆藏。

麟等人就在矿工群众中广泛开展宣传鼓动工作，利用井下小巷道的窑洞开会、碰头、约人谈话。"就在这种窑洞里，在矿灯下面，我们逐渐开展了发动工人群众的工作。"①指出：造成苦难生活的根源在于日本帝国主义的侵略和奴役，号召工友们团结和组织起来，勇敢地与日本侵略者进行斗争，通过抗日救国才能摆脱苦难。据孙已泰回忆说："李兆麟同志有革命热情，工作上也有一套办法，活动能力较强，知道一些革命道理，能够利用社会关系积极开展工作。"②李兆麟还亲自带领工人唱《国际歌》《工农兵联合起来》等歌曲。

孙已泰先后在三坑、五坑以采煤、扛木头、推车、看水泵为掩护，在工人中开展活动。他经常深入工人当中，很快与不少矿工交上了朋友，他经常与工友们谈心，启发他们的阶级觉悟。他还利用本溪湖北山租住的一间破工房进行革命宣传，聚集二三十名工人。他讲道："咱们为什么吃不饱饭？就是因为让鬼子、把头、监工们给刮去了，所以咱们就得先打倒他们，然后建设像我们这样工人管理的国家。"当有人问这些人怎样才能打倒时，他说："你看咱们矿里是多少经理、把头、监工？又有多少工人？只要咱们大家一条心，不怕打不倒他们！"③他的话深深地印在了工友们的心里。特支党团员们有时趁伪警察、把头不备之机，在各处散发传单，书写反满抗日标语，以唤醒工人起来斗争。陈象毂还发动妻子赵淑梅、妻侄赵清林参加抗日活动，陈家成为秘密开会地点，赵清林曾在第三发电厂附近的墙上张贴标语70余张。他们还经常串联工人以消极怠工、破坏生产行动来反抗日本当局和封建把头们的欺凌和压榨。他们还想办法从煤铁公司办公室搞来油印机，成功编印了两期《公道报》，扩大了党的影响。

开展五一反日大宣传　在宣传和发动的基础上，伺机开展较大规模的反日斗争，有力地打击敌人是中共本溪特支的既定计划。特支曾想过领导工人罢工斗争，也曾有过"爆破日寇在南满生产力的企图"，但却由于本溪日伪统治的严密和白色恐怖而未能付诸实施。于是特支根据中共奉天特委的指示，经过研究，决定在五一国际劳动节集中搞一次反满抗日大宣传

① 刘光远编：《薪胆录》，北京出版社，1989年，第88页。
② 《孙已泰同志的回忆》（1964年5月20日），转引自赵俊清：《李兆麟传》，黑龙江人民出版社，2015年，第49页。
③ 潘喜廷等编写：《红色的矿山——本溪煤矿史话》，辽宁人民出版社，1962年，第39页。

活动。

本溪党团特支为便于印刷大量传单、标语，把印刷机秘密搬运到沈阳日本租界一间破瓦房内，日夜将标语传单赶印出来后，再由化装成商贩的徐殿孚等人带回本溪。4月30日晚上，趁着夜色的掩护，负责张贴标语的人在本溪煤铁公司大门口不远处，故意以打群架吸引来日本哨兵后，由徐殿孚带另外几个人迅速行动，搭起叠罗汉，把标语和漫画高高地贴在公司的墙上和大门上，然后从本溪湖火车站开始，沿着茨沟到后湖、柳塘，每隔一段距离就贴一幅标语，一直贴到几里远。次日早晨工人一上班，便在公司大门上、矿工大房附近的墙上，发现五六十张标语，上面写着"打倒日本鬼子！""工人兄弟团结起来！""监工真可恨！"等口号。还有几幅32开纸漫画《打爷图》，上面写着"打倒日本帝国主义！"，画的是一个手持木棍、头戴矿灯的日本监工正在打一名中国工人，下面落款是"中国共产党本溪特别支部"。与此同时，从矿井里上来的运煤车也出现了用粉笔写的口号"我们不给日本人干活！""我们不再做牛马！"等[1]。

五一反日大宣传，一下子在本溪湖地区引起轰动，日伪当局极为恐慌，急忙调集日本宪兵分遣队、警察署和公司矿警全部出动进行搜查。这次较大规模的反日大宣传活动在本溪地区产生了一定的影响，鼓舞了本溪人民的抗日斗志，启发了群众的觉悟。本溪煤矿工人私下议论纷纷："共产党给咱们出气了！""我们中国不能亡国，看这么多标语，关内一定来人啦！"[2]在当时辽宁各地党团组织有的遭到破坏，有的关系断绝，有的停止活动的情况下，本溪党团特支这一时期的工作得到了中共奉天特委的充分肯定。

（三）本溪特支遭破坏及教训简析

中共本溪特支领导的大规模抗日宣传活动，引起了日伪当局的警觉，开始监视煤矿工人的种种行动。1933年6月18日，日伪当局在本溪湖日本神社广场举行运动会，由于缺乏斗争经验，中共本溪特支组织委员陈象毅贸然在运动会上散发反满抗日传单，被日伪特务发现，并遭到本溪湖日本警察署逮捕。在狱中，陈象毅因经受不住严刑拷打，向日伪当局供出了中

---

① 潘喜廷等编写：《红色的矿山——本溪煤矿史话》，辽宁人民出版社，1962年，第40—42页。
② 《何维良谈话记录》（1960年4月16日），999-01-02，本溪市档案馆藏。

共本溪特支情况后自缢，不久中共本溪特支书记孙已泰、团特支书记徐殿孚等相继被捕。

同年6月22日，中共奉天特委也遭到破坏，特委书记杨一辰等37人先后被捕。日伪当局根据已叛变的原共青团奉天特委书记张柏生提供的本溪党团特支成员名单，又先后逮捕了杨于典、朱福金、姜俊祥、宋恩尧等人，使本溪党团组织遭到彻底破坏，反帝大同盟本溪支部也随之停止活动。

在奉天监狱中，以孙已泰为代表的共产党员，同日伪当局展开了不屈不挠的斗争。孙已泰入狱后，面对敌人的审问，装成虔诚的天主教徒，始终说自己只是一个下煤窑的矿工，什么也不懂。敌人给他上刑时，他就频呼："上帝！阿门！"他虽然备受酷刑，甚至几次昏厥过去，却仍不招认。7月上旬的一天，敌人为了从孙已泰身上获得党的秘密，将同案的共青团本溪特支书记徐殿孚、宣传委员江俊祥、组织委员朱福金、共青团员宋恩尧等人带到刑讯室，强迫他们跪在孙已泰面前，然后抢起皮鞭抽打，逼迫他们承认孙已泰是他们的领导人。孙已泰对敌人的伎俩愤怒至极，高声痛骂日伪警察是名副其实的狗崽子，当场就被残暴的伪警察打昏过去。后来尽管敌人连续对他刑讯逼供，甚至用锥子刺、烙铁烙，都无法动摇他的革命意志。日伪报纸《奉天每日新闻》刊登审讯孙已泰的报道，称："孙已泰表现首魁常有的态度，守口如瓶，一言不发，使审讯感到十分棘手。"[1]在杨一辰、孙已泰等人的影响下，一大批被捕的同志坚定立场，防止了党组织的进一步破坏，也使一些被捕的同志因证据不足而被取保释放。

杨一辰和孙已泰还在监狱中秘密组织成立了党支部，以领导狱中的对敌斗争，杨于典也参与其中，并组织了两次绝食和清查叛徒斗争。他们把监狱当学校，通过各种渠道买来经典著作和进步书籍，如饥似渴地学习马列著作，学唱《国际歌》等革命歌曲。他们还将一些监狱看守、医护人员争取过来，成为地下交通员，使狱中党支部成功与后来新建的中共奉天特委取得联系，继续与日伪当局开展斗争。1938年，孙已泰、杨于典刑满出狱，赴关内继续投身于伟大的抗日斗争。

中共本溪特支的建立及其活动，正值"左"倾路线在党中央占据统治

---

① 《奉天每日新闻》（1933年10月22日），转引自本溪市党史地方志办公室编著：《中国共产党本溪史》第1卷，辽宁人民出版社，2004年，第77页。

地位之时，而且本溪特支的上级领导机关中共奉天特委也是用"左"的路线来指导本溪党团工作，因此未能认识到东北沦陷为日本殖民地，民族矛盾已上升为国内主要矛盾的新变化。本溪特支虽然提出"九一八"日本帝国主义侵占东北之后，本溪人民抗日情绪高涨，义勇军四起，客观要求我们必须积极领导抗日武装力量的观点，但却把工作的地点放在了日伪统治极其严密的本溪湖地区，把工作重心仍放在城市工人运动上，并提出了"拥护苏联""拥护苏维埃""拥护红军"等脱离当时本溪客观实际的口号，不能真正代表本溪人民群众的要求和利益，因而很难取得显著的成效。只有把工作的重点放在日伪统治薄弱的山区，把工作重心放在发动农民群众，组成党所领导的抗日武装，联合义勇军共同抗日，建立山区抗日游击根据地，才是中共本溪特支的正确选择。

李兆麟、孙已泰领导本溪特支在本溪日伪统治中心本溪湖和本溪煤铁公司，通过秘密开展宣传和发动群众，建立了中共党团特支及反帝大同盟等组织，开展了反满抗日宣传活动。李兆麟带病坚持下煤洞，从事繁重的挖煤、运煤劳作，与煤矿工友交朋友，促膝长谈启发觉悟。本溪特支有过很好的计划和设想，但因诸多因素的影响而未能达到上级党组织的要求，但毕竟克服了环境恶劣等诸多困难，取得了一定的成绩。即使如此，还是受到中共奉天特委的批评和指责，如"本溪同志对于工人斗争形势的估计完全是机会主义的认识，不了解在资本家的进攻下，工人积极反抗的形势，而认为受过去打击的影响没有办法"[1]，"尤其李××同志在特支内同样犯了不能容许的错误"[2]，等等。这显然是当时"左"的路线方针影响下，上级党组织领导工作的常态，但其指责和批评明显过分，反映了中共奉天特委缺乏实事求是的态度和指手画脚的官僚主义作风。

中共本溪特支在实际工作中，未能正视敌强我弱，日伪统治严密的大环境，以及党组织在本溪地方建立时间短、队伍小，群众基础薄弱的实际情况，过高地估计了形势有利的一面，缺乏对敌斗争经验，不讲究对敌斗争策略，不注意工作方法。孙已泰后来回忆说："当时太麻痹了，对敌情不

---

① 《中共奉天特委对本溪工作的指示》（1933年2月2日），载中央档案馆、辽宁省档案馆等编：《东北地区革命历史文件汇集》甲34，1990年，第170-171页。

② 《团奉天特委给本溪特支团小组的指示信》（1933年3月13日），载中央档案馆、辽宁省档案馆等编：《东北地区革命历史文件汇集》甲34，1990年，第114页。

懂，不研究"，"敌人已经开始注意我们，对我们有了工作，我们根本不知道，不警惕，在行动上不加检点，组织上不严密"①。正是由于思想上的轻敌，导致了行动上的盲动和冒险，致使本溪党组织整体遭到破坏，其教训是深刻而沉痛的。中共奉天特委为恢复本溪党的地下工作，曾于1935年派共产党员李新民到本溪工作，先后在本溪教育界联系了2名教师，在伪满军中发展了7名士兵关系，但由于日伪统治过于严密，党的地下工作未能开展起来。

从中共本溪工委到中共本溪特支，虽然只有半年时间即遭到破坏，但这是中国共产党在本溪地区建立的第一个基层组织，本溪特支的抗日救国宣传与行动，在本溪人民中间产生了深远影响，播撒了抗日火种，使得在日本帝国主义殖民统治下的本溪人民看到了希望，增强了信心。本溪特支遭到破坏后，以特支书记孙已泰为代表的共产党员，在敌人严刑逼供下坚贞不屈，表现了共产党员视死如归的铮铮铁骨和可贵精神。

三、中共桓兴县委的建立及活动

1931年8月，中共桓仁地方行动委员会在党内"左"倾路线影响下组织的农民暴动失败后，中共满洲省委撤销了中共桓仁地方行动委员会，党员被调往铁路沿线工作。在东北人民革命军第一军独立师进入桓仁之前，桓仁地区中共组织处于空白状态。

1934年5月，中共南满特委根据中共满洲省委关于"把扩大和巩固东北人民革命军提高到南满党委目前全部工作的第一位"的要求，加强对抗日游击区党组织的建设，进一步发挥党组织对抗日武装的领导，于1934年6月成立中共通化临时县委，同年11月又成立中共通化中心县委，县委书记吴光辉直接领导通化、柳河、海龙3个区委和11个党支部，中共通化区委书记郑元昌等人在通化、金川、桓仁3个县的中心地带建立了中共金通支部，由通化县第八区党支部、金川县第二区党支部、桓仁县第八区党支部组成。中共桓仁县第八区支部由中共金通支部书记韩守德兼任书记，第八区党支部以桓仁县大荒沟为中心开展工作，积极为独立师扩充武装力量，

---

① 孙已泰：《回忆1933年本溪地下斗争》，载本溪市党史地方志办公室编著：《本溪人民抗日斗争纪实》，沈阳出版社，2015年，第256页。

曾选拔170余名农民青年自卫队员参加独立师主力部队。1935年初，由于中共通化区委和通化中心县委相继遭到破坏，中共金通支部书记韩守德被捕，中共桓仁第八区支部未能完成在桓仁的建党计划，党的活动受到一定损失。

（一）中共桓兴县委的建立

随着抗联第一军独立师挺进桓仁、兴京和老秃顶子，以此为中心的本桓抗日游击根据地初创，为加强游击根据地党的建设，支援抗联的抗日斗争，桓兴地区党组织和政权建设已迫在眉睫。1935年3月，中共南满临时特委决定派傅世昌到桓兴一带开辟工作，筹建中共桓仁特别支部。

由于桓兴抗日游击根据地处于初建时期，当地群众尚未充分发动起来，工作基础不稳固，因此特支工作进展缓慢。同年5月，中共南满特委常委、抗联第一军军长兼政委杨靖宇派遣具备丰富地方工作经验的第一军第一师第三团政治部主任李明山（又名孙永焕），到桓兴游击区协助傅世昌开展地方党的工作。经过3个月时间，李明山在桓仁的仙人洞、木盂子、高俭地等地发展了张永奎等五六名党员，建立了本桓抗日游击根据地第一个基层党小组——高俭地党小组。同年夏，杨靖宇又派朝鲜族女干部朴金华（化名赵英淑，曹同志）到桓仁与傅世昌、李明山一道开展党的地方工作。同年夏秋之际，中共桓仁特别支部正式成立，傅世昌为特支负责人。中共桓仁特支的主要工作是开展抗日救国宣传，充分发动群众，建立抗日武装，为扩大抗日游击区创造条件。

从1935年秋到1936年上半年，由于中共桓仁特支的出色工作，并与抗联第一军第一师政治部密切协作，积极发动群众，在地方工作人员、抗日山林队、农民自卫队和大刀会中培养反日积极分子和发展党员，先后建立高俭地、海青伙洛、横道河子、仙人洞、暖河子、柞木台、大四平、红庙子、哈塘沟、岔路子等20余个党小组，党员人数也从五六人发展到三四十人。

1936年4月，抗联第一军第一师在桓仁农民自卫队基础上组建第一师第四团，中共桓仁特支负责人傅世昌调任第一师第四团政委，李明山继任特支负责人。同年7月初，中共南满地区第二次代表大会在金川县河里地区召开，桓仁县派出高维福、曾昭吉、黄宝山3人出席。会议讨论确定了今后南满党组织和抗日联军的战斗任务，通过了《南满党第二次代表大会决定案》，要求健全地方党部和军队中的领导机关。根据会议精神，中共南满省委决定进一步发展和壮大党的地方组织。

1936年7月，中共桓仁特支在桓仁县仙人洞村外一个大山洞里召开桓仁、兴京地区首次党员代表大会。到会党员50人，正式代表为45人。大会由李明山主持，会议传达了中共南满地区第二次代表大会精神，研究部署桓兴根据地党的工作，组建和选举产生中共桓兴县委，讨论通过了几项决议。大会通过民主选举产生了中共桓兴县委，李明山任县委书记，朴金华等人为县委委员。大会决议确定中共桓兴县委的主要任务是：团结各界人士组成反日统一战线；发展和领导农民自卫队、青年义勇军和反日会组织；发展和扩大党的组织，培训地方干部；筹粮筹款，支持抗联；动员青年参军参战，坚决驱逐日本侵略者；加强群众政治宣传工作，清除奸细叛徒。新当选的中共桓兴县委书记李明山在会议上讲话。

由于当时处在游击环境下，桓兴县委未能公开，因而也无固定的办公驻地。根据组织安排，为了工作方便和隐蔽身份，朴金华与李明山以夫妻名义，住在仙人洞里，县委的一些会议也经常在这里召开。按县委分工，李明山还兼任组织部长，朴金华任宣传部长兼妇女主任。县委活动地域在桓仁和新宾交界一带，有时也随军部进行活动，但多数都是单独活动。当时主要在桓仁的木孟子、高俭地、仙人洞、铧尖子、暖河子、海青伙洛、高台子、外三保和新宾的岔路子、碗铺、木头伙洛、大小青沟、哈塘沟等地活动。

中共桓兴县委通过积极发展党员，各级基层党组织也相继建立。1936年6月，李明山主持建立中共海青伙洛区委，书记张永奎，组织部长姜东魁，宣传部长孟广尧。同年8月，李明山又在外三保小青沟主持建立桓兴乡政府和乡党委会，姜东魁任书记，遇文海任组织部长，王广林任宣传部长。同年6月，高俭地党小组改建为高俭地党支部，负责人于永录。7月，区委书记张

中共高俭地村党支部遗址（现高俭地村民委员会所在地）

永奎建立了海青伙洛党支部，邵文章任书记。8月，姜东魁建起川里党支部，李长庆任党支部书记。9月，张永奎在岔路子建立党支部，陈守平任书记，毕学江任组织委员，刘明山任宣传委员。同年秋，张永奎又组建了红庙子党支部，孙盛喜任书记。至此，中共桓兴县委已建立起1个区委、1个乡委会、5个基层党支部和若干个党小组。

中共海青伙洛区委成立后，在县委领导下做了许多工作，给县委工作提供了许多便利条件。李明山、张永奎多次到白羊沟、红庙子、小青沟、高岭沟、簸箕望等地组织党员开生活会，学习会，讲党课，提高党员觉悟，分析抗日形势，部署工作任务。

中共桓兴县委及各基层党组织的建立，使党的各项方针、政策得到贯彻实施，并组织各阶层群众投身于抗日斗争的洪流。县委协同抗联第一军第一师组织地方反日会、妇女会等群众团体，建立农民自卫队、青年义勇军等地方农民武装，成立地方抗日民主政权，有力地配合了抗联第一军的抗日斗争，为建立本桓抗日游击根据地做出了重要贡献。

（二）建立地方抗日民主政权

随着抗联第一军在南满地区斗争形势的发展，建立南满各级地方政权也提上了日程。1934年4月6日，中共满洲省委发出《关于农民委员会与民众政府》的文件，提出要在东北建立农民委员会，以便为选举民主政府准备条件。同年5月，又指示南满人民革命军扩大统一战线，扩大军队，建立临时政府，创造革命根据地等任务。次年2月19日，中共满洲省委又指示南满特委立即开始建立南满特区政府的筹备工作。

1935年8月17日，中共南满特委召开民众代表大会，颁布了《临时东北人民政府南满特区政府组织条例》（草案），规定南满特区政府由南满人民代表而组成，会议提出要在桓仁等县召开代表大会，之后筹建人民政府工作很快在南满各地展开。

早在1934年12月，抗联第一军独立师第三团第一次到本溪县碱厂二、三道沟之后，就派出宣传干事张洪阁在当地组建了抗日地方委员会，这是本溪地区第一个政权性质的抗日机构，委员会主席为孙德文，组织委员姓刘，宣传委员姓李，监视委员刘殿海，通讯委员姓徐。该机构的任务是给抗联送情报，并筹集军需，扩充兵员等，同时负责地方事务，救济贫苦群众，扶助群众生产和向地主减租等职能①。

1935年5月5日，中共南满临时特委指示："第三地带，桓仁、宽甸、兴京一带，群众对我们的影响好，且第一师副司令经常活动的地方，有些建立了群众和党的组织，要第一师和通化县委为建立桓仁特区政府而斗争。"②在第一师的积极努力下，于1935年8月组成了窟窿榆树特区政府，又称大四平民主联合政府，对外称政治委员会。政府主席张德山（张喜祯），副主席杨林芳，下设自卫、财粮、组织、教育、农业等6个科。该组织地处桓、兴、本、宽四县接合部，是敌伪政权统治薄弱地区，其所担负的工作任务是为抗联做地方工作。

1936年8月，在中共桓兴县委的主持下，在兴京县小青沟子北沟组建了兴桓乡政府，主席姜东魁，副主席李常庆，主要任务是进行反满抗日活动，筹措军需物资供应抗日部队，领导群众进行抗租、抗债、不纳捐款的斗争。兴桓乡政府管辖区域为兴京县的大小青沟、红庙子、岔路子和桓仁县邻界兴京的海青伙洛、文治沟等地区。不久，桓仁县的摇钱树村、五里甸子村、马圈子村等也在中共桓兴县委和第一师的帮助下，建立了不公开的抗日政权。

1936年冬，中共桓兴县委在中共南满省委组织部纪儒林和抗联第一师教导团的帮助下，建立了桓仁县外三保革命政府（又称东大阳民主联合政府），成员7人，政府所在地设在东大阳二道沟，其活动区域，东起桓仁县老秃顶子、八里甸子，西至本溪县碱厂，北到兴京县苇子峪。其主要职责和任务是：组织民众武装，配合抗联部队反击日伪"讨伐"，开展"二五"减租，抵制伪满捐税，反对保甲制度和"集家归屯"。

桓兴各人民政府的管理区域，实行了党在抗日战争时期的土地政策，维护广大贫雇农的利益，并实行拥军优抚政策。根据《人民革命军士兵优先条例》规定，对抗联士兵家属，分配给最好的土地，无力耕种土地的由当地农民委员会组织代耕。

本桓地区各抗日政府的成立，不仅有力地支援了抗日联军，而且使本

---

① 高术乔主编：《东北抗日联军第一军在辽宁史料长编》，白山出版社，2001年，第104页。
② 《中共满洲省委给南满特委的信》（1935年2月19日），载中央档案馆、辽宁省档案馆等编：《东北地区革命历史文件汇集》甲21，1989年，第65页。

桓游击根据地成了真正的"红地盘"。为有力配合抗联第一师的斗争，本桓地方政府和地方党政干部，带领人民群众坚持对敌斗争，根据南满民主政府决定，限制地主政治剥削，彻底废除高利贷，保障无土地的农民有耕种土地的权利。抗联和地方抗日政府，动员和带领游击区群众掀起抑制日伪政权的各种捐税、勒索、差役以及反对保甲制度，取消汉奸和恶霸地主的一切剥削特权，对中小地主本着统战原则，实行募捐，让其主动地纳粮出钱，为抗联筹款或买武器弹药等军需物资。在桓仁县高俭地、外三保、仙人洞等地实行"二五"减租政策，限制地主剥削。如在仙人洞村，对林茂宫、李明玉、王珠等地主都采取了减租措施。而对残酷剥削压榨农民的平顶山上青沟恶霸地主姜润川，民主政府则召开群众大会，清算其剥削账，没收了他180石粮食。

（三）成立抗日群众团体

开创南满抗日游击根据地，不仅要建立中共地方组织和地方抗日民主政权，还要充分发动群众，建立群众性的抗日团体，才能扩大抗日民族统一战线，开展更广泛的反日斗争。

1934年8月20日，在磐石召开了南满反日代表大会，通过了《南满反日会斗争纲领》《南满反日会章程》，成立了南满反日总会。《南满反日会章程》规定，安奉线以北地区，包括清原、柳河和桓仁在内的南满各境，"不论男女老少（16岁以上），不分贫富不分民族，凡承认本会纲领，执行本会一切决议和指示，遵守本会规程者，都有入会的资格"[1]。反日总会之下在区乡设分会、支会，各级反日会的党团组织和当地党部发生关系。

中共桓兴县委在配合抗联第一军开辟本桓抗日游击根据地的过程中，认真贯彻南满抗日总会的斗争纲领和章程，积极发动群众筹建地方群众性反日会团体，反日救国会（简称反日会）的主要任务是宣传反满抗日，为抗联部队筹集给养、传递情报等。

杨靖宇在开辟本桓兴抗日游击根据地时，每到一处都亲自发动群众，宣传党的抗日救国主张，深受广大群众的欢迎和拥护。1934年6月，杨靖宇先后在碗铺、四方台、海青伙洛建立反日救国会，薛立荣为碗铺反日会会

---

① 《南满反日会章程》（1934年8月20日），载中央档案馆、辽宁省档案馆等编：《东北地区革命历史文件汇集》甲33，1990年，第313页。

长，刘明山为副会长；李兴堂为四方台反日会会长；隋永发为海青伙洛反日会会长，邵文章为副会长。同年7月23日，解麟阁、李相山在八里甸子柞木台子村建立反日会组织，刘春增任会长。1935年，抗联第一军第一师在桓仁县大四平（现属新宾）村成立了桓兴反日会，师政治部主任程斌任会长，有委员13人，发展会员170余人。桓兴反日会由中共南满特委和南满反日总会领导，而地方委员和会员则受所在地区党组织和地方政权领导。同时，中共桓仁特支领导人李明山派张永奎、姜东魁在桓仁县高台子组织成立反日救国会。

表3-4　桓兴本部分反日会成立情况一览表

反日会名称	会长或负责人	建立时间	主要活动	创建人
兴京县碗铺反日会	薛立荣	1934.6.28		杨靖宇
兴京县四方台反日会	李兴堂	1934.6		杨靖宇
桓仁县海青伙洛反日会	隋永发 邵文章	1934.6		杨靖宇
桓仁县响水河子大荒沟反日会	宁宝贵	1934.6		
兴京县冬瓜岭反日会	吴凤云 矫玉梅	1935.2.11 1936.3	发展会员50余人	韩震 赵文喜
兴京县岔路子反日会	陈守平 于昭和	1935.4.8		一师五团
兴京县回龙山反日会	张凤林	1935.4		
桓仁县肇康村后牛毛反日会	李观堂	1935.6	数次征粮，筹棉衣数十件，棉鞋20双	
桓仁县寿康村苇芦沟反日会	盖福兴	1935.8	发展会员7名，两次筹款58.5元	马广福
桓仁县肇康村后牛屯反日会	刘贵仁	1935.9.20	筹集棉衣1件、鞋1双，筹款100元	马广福
桓仁县锡康村恩堡反日会	江崇发	1935.9.26	筹款200元	马广福
桓仁县平乐村反日会	宋子善	1935.11	筹款125元、大豆6石、猪2口	韩震

反日会名称	会长或负责人	建立时间	主要活动	创建人
桓仁县恺乐村反日会	胡德明	1935.11		韩震
桓仁县衍乐村反日会	刘春增	1935.11		李相山
桓仁县大镜沟反日会	高文德 李成海	1935秋		程斌
本溪县铺石河反日会		1937	20余人	纪儒林
本溪县碱厂二、三道沟反日会		1935.6-10	成立10余个分会，发展会员70余人	马广福
桓仁县高台子反日会	智殿魁　萧喜林 张　明　宫洪玉	1935.4	筹集粮米30石，布鞋百余双	姜东魁

　　1937年，中共南满省委机关南迁桓仁外三保时，又组织了本溪县铺石河（现属凤城）反日会，由中共南满省委组织部老纪直接领导，会员有邓义有等20余人。后因日伪开展"集家归屯"和"讨伐"，即编入第一师后方部队。

　　桓兴地区群众性抗日团体还有妇女反日会，这是一个专门动员组织妇女群众参加反满抗日的群众性团体，其主要活动就是慰问抗联，为抗联或其他抗日武装做饭、做鞋、洗衣服或缝补衣服等。1935年七八月间，组织上为开展反日妇女会工作，专门抽调朝鲜族女干部朴金华来到桓仁、兴京地区，一方面协助中共桓仁特支发展地方组织，一方面在桓兴地区的小青沟、洼子沟、盘道岭、蒿子沟等地发展了5个反日妇女会组织，发展了30多名会员。

　　桓兴本地区各反日群众团体，是在中共地方党组织和抗联第一军第一师领导下的反日统一战线组织，他们积极拥护中国共产党的抗日救国主张，热情支持抗联对日作战，无论是抗日宣传方面，还是在抗日物资筹集方面，都做了大量工作。据日伪资料记载：桓兴反日会地方委员王德茂等13人，自1935年4月至1936年2月，征收现款382元，军粮81石，作为170名会员的义务捐款，提供给红军李相山。桓仁县阜康村反日会地方委员阎桂铭给红军募集衣粮、税款，共征收现款127元，高粱、大豆95石，交给了红军韩部长；又收了15套衣服和15双鞋[1]。仙人洞村的妇女反日会主动为抗联指战员加工粮米，制作军衣，为部队烧水做饭，收养照顾伤病员等。

抗联第一军得到本桓兴地区抗日团体和人民群众的巨大支持，如鱼得水，他们连续不断地打击日伪反动势力，消灭日伪武装，令日伪当局十分恐慌。他们一方面采取"集家归屯"、保甲连坐的反动政策，一方面捕杀地方反日会组织成员。日本驻桓仁宪兵分遣队、特别工作班、野田讨伐队对桓兴人民团体支援抗联情况进行秘密侦察，发现桓仁县第六区、第八区有反日会活动情况，于1936年1月4日在桓仁第六区、第八区和兴京第二区逮捕了李喜门等7人。人民革命地方工作员、仙人洞村村长阎桂铭等人于1月13日被活埋于木盂子东门外。同年3月4日，日军守备队"讨伐"抗联时，搜获第一军军需部长胡国臣遗落的桓兴反日会组织的小册子，当即由驻桓仁日本宪兵和特务进行侦察，判明第七区有反日会组织，于3月21日至5月28日先后逮捕了反日会会员130名，使桓兴地区反日会组织遭到严重破坏。

（四）建立和发展地方武装

中共桓仁特支和桓兴县委成立后，不仅积极配合抗联第一军第一师，建立地方抗日民主政权，组建群众性抗日团体，还积极建立和发展地方人民武装，包括组建多支地方农民自卫队、青年义勇军，为保卫抗日游击根据地，配合抗联对敌作战发挥了重要作用。

建立地方农民自卫队。随着本桓抗日游击根据地的开辟，抗联第一军和中共桓仁地方组织就将创建本桓地方武装作为一项重要任务来抓。早在1934年夏，李明山就与杨靖宇的传令兵张永霖到兴京县碗铺组织起一支农民自卫队，张永霖任大队长，孟广尧任指导员，整个大队有七八十人，下设3个分队，主要活动于兴京哈塘沟、桓仁的海青伙洛和大小青沟一带。主要任务是破坏敌人据点，抓捕汉奸，为主力部队筹集军需等。张永霖后来在一次战斗中牺牲，由隋相生继任大队长。同年冬，本溪县碱厂二、三道沟在建立地方抗日委员会的同时，组织起一支农民自卫队，负责人为抗联第一师宣传干事张洪阁。该自卫队下设3个分队，李宝亭、苏国盛、邓义福任分队长。一、二分队共70余人，经常活动于碱厂地区，第三分队48人，

---

① ［日］《满洲共产匪研究》第一辑，载《关于东北抗日联军的资料》第2分册，李铸、贾玉芹、高书全等译，中华书局，1987年，第31-32页。

主要活动于和尚帽子铺石河一代。

桓兴地区第一支县级地方农民武装（总队），是1935年由抗联第一军第一师政治部主任程斌在桓仁县六区四平街成立的桓兴反日农民自卫队，自卫队设司令部，程斌兼任司令，参谋长为高大山。下设两个大队，第一大队大队长由赵文喜、王永仁等担任，指导员为刘成烈，下设4个分队；第二大队大队长为于殿仲，指导员为赵连兴，下设4个分队。桓兴农民自卫队制定了自卫队组织纲领，明确了自卫队的性质、领导体制、工作任务和组织纪律。指出："自卫队是民众的反日武装，其宗旨是：1. 不投降，坚决抗日到底；2. 没收日本帝国主义及其走狗的一切财产；3. 联合一切抗日队伍及反日民众进行自卫战争，自卫队是东北人民革命军的后备队和助手。"自卫队的主要任务是："1. 捉奸杀狗，破坏敌人交通，扰乱敌人后方，配合人民革命军冲破敌人的讨伐，保卫游击区；2. 保护民众，开展宣传教育工作，帮助群众搞好抗税、抗债的斗争，组织反日会；3. 筹粮募捐，供给军需。"桓兴反日自卫队司令部没有固定住址，经常活动于大四平和仙人洞一带。第一大队主要活动于桓、兴交界的平顶山、苇子峪一带；第二大队则活动于桓仁县第六区三道岭子、东瓜岭及兴京县的白马沟小南坪等地，后皆编入第一师主力部队。

1935年，李明山与韩震、张永奎等人在海青伙洛、横道河子、曲麻菜沟、川里、文治沟等地，又组建了两支农民自卫队，第一农民自卫队大队长张永清，有队员30余人。李明山后来又在都督伙洛、碗铺一带组织起一支10余人的农民自卫队。张海楼则在蒿子沟一带组织起一支10余人的自卫队，后来队伍发展到80余人，下设4个分队，主要活动于木头伙洛、黄岗子、大青沟一带。该部于1937年改编为抗联第一师特务队，指导员为权秀花。1936年春季，第一师第三团团长侯俊山在铺石河组织一支40余人的农民自卫队，邓义有为队长，邓义福为指导员。

建立青年义勇军。本桓兴地方农民武装除农民自卫队外，还有青年义勇军，都是由十几岁的贫苦家庭子弟组成，所以又称小孩队。1935年6月，第一师军需部长韩震和第一师宣传干部小马，在桓仁县仙人洞村动员组织起一支青年义勇军，队长王守业，指导员白云起，该队有三四十人。1936年初被日本守备队打散，白云起在战斗中牺牲。1936年3月，在桓仁县海青伙洛、高台子一带建立起一支青年义勇军，又称小孩队或儿童团，全队30

余人，队员全部是11岁至16岁的贫农子弟，分为3个班，队长先后由富连生、隋文斌担任，该队曾在高台子梨树沟打死铧尖子伪警察署的探子，于1937年4月编入第一师特务队。1936年第一师干部王忠子在桓仁县窟窿榆树一带组织起一支青年义勇军，大队长王忠子，下设两个中队，有队员70人，第一中队队长王洪学，指导员李庆山，有队员40人；第二中队队长张某，指导员刘清荣，有队员30人，该部主要活动于桓兴交界的老秃顶子山周围。

本桓兴地区农民自卫队自成立之日起，就置于中国共产党地方组织和民主政府领导之下，并制定了明确的斗争纲领和严明的组织纪律，这些纲领和纪律保证了农民自卫队的革命性和战斗力，并使其不断得到发展和壮大，成为东北人民革命军重要后备力量。中共桓兴县委和东北人民革命军第一师领导桓兴各农民自卫队和青年义勇军活跃在本桓兴地区，在保护人民群众安全，维护游击区社会秩序，进行减租减息斗争，惩治汉奸走狗，破坏日伪交通和联络，袭击日伪小股部队和运输队，配合第一师作战等方面做出了重要贡献。

第四节　爱国民众的反日斗争

本溪义勇军、抗联第一军在战场上武装抗击日本侵略者的同时，在本溪沦陷区内的城镇，以知识分子和工商界人士为主体的爱国民众也组织起各种团体，以各种形式开展抗日救亡活动。由于日伪当局实行残酷的法西斯统治，本溪爱国民众的反日斗争先后遭到残酷镇压，许多爱国志士被逮捕关押和惨遭杀害，但他们的斗争没有停止，充分体现了本溪人民强烈的民族意识和不屈的斗争精神。

一、桓仁救国会的秘密抗日活动

（一）桓仁救国会成立及抗日活动

1931年九一八事变后，流亡北平的东北籍爱国人士奋起开展抗日救亡运动，于当年9月27日在北平成立东北民众抗日救国会，在派遣救国会成员潜赴东北组织抗日义勇军的同时，将救国会组织扩展到辽宁东边地区。1933年夏，原安东林科学校校长李献庭接受北平救国会指示，回到安东秘密开展抗日活动，得到伪安东省教育厅厅长孙文敷、林科中学校长秦有德的支持，并于1934年3月秘密成立北平救国会安东分会，随后派人分赴各县筹备成立救国分会。

1935年5月，桓仁县伪教育会会长孟继武、桓仁县师中学校校长李德恒秘密组织成立救国会桓仁分会，孟、李分任正副会长，秘密发展会员150名[①]，并开始在教育界、工商界、农牧业界和农村筹建几个救国分会，秘密开展抗日活动。

为秘密部署抗日活动，伪安东省教育厅长孙文敷于1935年12月20日主持召开师范校长检定测试会，名义上是讨论教育工作，而实际上是秘密部署各校长为本地区宣传抗日并发展会员，以筹集资金支持抗日武装斗争。桓仁县师中校长李德恒、桓仁县女子师范校长宋国昌参会后回到桓仁，立即联络，于12月30日在桓仁县王家窑厂秘密召开桓仁县救国会议，并特邀安东救国分会会长、伪教育厅长孙文敷到会发表演讲，中心内容是一致抗日，收复失地。会上，孟继武等人对桓仁救国分会抗日活动进行了部署。

会后，孟继武与救国会成员一起收缴会费以支持抗日，原定桓仁分会收缴会费任务为5000元，由于分会会员踊跃捐助，实际缴纳会费为8810元。同时，桓仁救国分会负责人利用自身教育界的身份和影响，以捐资兴学为名，开展全民募捐，支援抗联作战。联络工商界，争取民众，学校师生和各界爱国人士纷纷响应救国分会号召，主动缴纳救国捐。抗联地方工作员冷玉春、姜水清等人也经常潜入县城，与救国分会负责人联系捐助事宜。姜水清还直接于1936年2月在县城商务会、农务会及各大商号一次征收209.5元，救国会还向抗联提供卫生衣、毛衣、胶鞋以及冰糖、香烟等物资。

在救国会成员中，最热心向抗联捐助物资的是李德恒。他曾利用回乡探亲祭祖的机会，召集堂弟李德林、李德山出资为抗联指战员购买粮食、布匹、食盐、烟卷、袜子、手套、胶鞋、毛巾等生活用品，并亲自送到老秃顶子抗联密营。1936年9月，李德恒和救国会成员利用商务会做掩护，把

———————

　　①《伪满中央警务统制委员会关于逮捕安东省内反满抗日秘密组织救（保）国会的综合材料》，载辽宁省教育志编纂委员会编：《辽宁教育史志资料》第3辑下，辽宁大学出版社，1990年，第852页。

各界群众募捐的抗日救国款和三马车军需物资全部运送给抗联第一军。

（二）"救国会事件"经过及法庭斗争

1936年下半年，正值日伪当局实施"治安肃正"计划，桓仁县日伪当局怀疑桓仁县城民众与抗联部队有联系，驻桓仁日本宪兵队派出特务和大量密探进行侦察。恰在此时，抗联地方工作员冷玉春于1936年9月7日潜入桓仁县城收取抗日活动经费时被日军逮捕，继又发现县城内大地主吴兴业、孟继一、孟广心3人提供义务费的事实①。同时，由于救国会事机不密，汉奸盖洪周出卖了桓仁县救国会组织，日伪警特又从桓仁县追查到安东救国会的募捐名册。至此，桓仁县及整个安东的救国会组织被日军侦破。

在得知救国会组织遍及安东全省，并有伪省教育厅长参与其中谋划时，日本当局大为震惊。于是由伪中央警务统制委员会主抓，抽调大批日本宪兵和军警特务，从1936年9月至1937年1月，先后对安东省的桓仁、安东、通化、宽甸、凤城、岫岩、庄河、辑安、临江、长白10县救国分会成员实施了大逮捕，共计抓捕了311人，这就是震惊全国的"安东救国会事件"。

在桓仁县，从9月7日到11月18日，由驻桓宪兵队统一指挥，出动大批军警宪特，先后逮捕了桓仁县伪教育会会长孟继武、伪商会会长钟德滋、师中校长李德恒、女子师范校长宋国昌、职业学校校长吕庆临、汽车公司经理刘子藩、伪电话局长丁耀南、伪内务局长邱占元、伪农会会长孙承璞、伪教养工场场长刘怡亭以及一批骨干教师和各界知识分子共115人。

桓仁县被捕的爱国人士初被关押在宪兵队院内，日本宪兵队对被捕人员施以酷刑，包括皮鞭抽、大棒打、灌凉水和辣椒面、上大挂等刑罚，逼迫他们说出参加救国会组织的情况，并用事先预备好的所谓口供强迫画押。在审讯王在镐时，见其拒不招供，便丧心病狂地在其孩子面前对他进行毒打。王在镐大义凛然，痛斥敌人，视死如归，竟被活活打死。孙承璞、金祝庚和邱占元等人也因刑重致死。

11月下旬，桓仁宪兵队将115人中的78人，押送到奉天陆军监狱等处

① 《伪满中央警务统制委员会关于逮捕安东省内反满抗日秘密组织救（保）国会的综合材料》，载辽宁省教育志编纂委员会编：《辽宁教育史志资料》第3辑下，辽宁大学出版社，1990年，第853页。

关押，由伪奉天第一军管区军法处对这78人进行所谓的复审。在法庭上，这些爱国志士义正词严，宁死不屈。当伪审判庭长讯问李德恒为什么要组织救国会反满抗日时，李德恒回答："救国会能够紧密联合广大人民群众打败帝国主义，救国会组织最终要建立抗日民族统一战线，支援全国抗日斗争，消灭日本法西斯！"使审判官们气急败坏，不得不草草收场。伪法庭秉承其日本主子的旨意，复审不过是走走过场，按照桓仁宪兵队事先判决的结果进行裁决，并强制判决孟继武、李德恒等10人死刑，判处无期徒刑5人，判处有期徒刑35人，执行缓期（5年）11人，不起诉12人，仍在审讯中5人[①]。李德恒于1937年1月12日被枪杀。孟继武等9人于1937年2月8日被日伪军警押赴沈阳浑河岸刑场杀害。爱国志士在就义前犹高呼："打倒日本鬼子！""打倒汉奸走狗！""中华民族万岁！"其余被判刑的人员则被投入监狱。

桓仁救国会事件中被判处徒刑的人员先被关押在奉天陆军监狱未决监，后转押至已决监抚顺监狱。监狱环境恶劣，冬季寒气逼人。因昼夜被戴重镣，加上劳动强度大，伙食标准差，有时又发生疫病，所以经常死人。即使因所谓特赦而减刑的出狱人员，仍被列为"要视察人"，要受到日伪特务的监视，直到1945年8月日本投降。

（三）桓仁救国会事件简析

桓仁救国会事件涉及安东全省，震惊全国，曾给本溪人民带来无尽的伤痛，也给历史留下深切的思考。

桓仁救国会事件是整个安东救国会事件的重要组成部分，是日本侵略者在辽宁东边地区施行"治安肃正"计划，镇压南满地区抗日运动的步骤之一。该事件起始于桓仁，涉及安东10县，震惊全国，这一重大惨案的发生绝非孤立和偶然，它与此前的本溪湖"思想犯"事件，此后的桓仁"西江惨案"、本溪湖救国会事件，以及东北各地的系列惨案相联系，都是日本帝国主义为配合对东北地区抗日斗争进行军事镇压、经济掠夺，巩固其殖民统治而采取的政治迫害手段，是日本侵略者对东北人民欠下的又一笔

[①]《伪满中央警务统制委员会关于逮捕安东省内反满抗日秘密组织救（保）国会的综合材料》，载辽宁省教育志编纂委员会编：《辽宁教育史志资料》第3辑下，辽宁大学出版社，1990年，第855页。

血债。

桓仁救国会事件是安东救国会事件的缩影，极具典型性和代表性。在整个安东救国会事件中，前后共逮捕311人，其中被判死刑的38人，被判无期和有期徒刑（含执行缓刑）的140人。而桓仁一县就被逮捕115人，占安东全省被捕人数的36.5%，已知刑讯致死、被判处死刑、在监狱中被折磨致死的人数为28人。这充分表明桓仁救国分会组织最活跃，支援抗日斗争成绩显著，因而被捕人数和被迫害死亡人数也最多。

桓仁暨安东救国会事件是日本侵略者蓄意制造的屠杀和迫害东北知识界、教育界典型案件。日本当局一直认为学校是"反满抗日的养成所"，对东北知识分子进行威胁、利诱、监视和迫害，对于"宣传反满抗日，进行种种破坏活动，必须彻底纠察，严行逮捕，宁使错杀一千，不可漏掉一个"[①]。而面对日本侵略者的屠刀和酷刑，桓仁知识界、教育界的仁人志士，不畏强暴，慷慨陈词，表现出中国知识分子强烈的爱国情怀和道义担当，彰显了中国知识分子反抗侵略、不怕牺牲的优秀品质。

桓仁救国会事件的司法审判暴露了日伪反动当局司法黑暗和侵略者的残忍本性，充分表明日伪当局所谓的司法审判是绝对服从并服务于日本军国主义侵略的本质。对于落入日伪当局之手的官吏、公职人员、知识分子，日本关东军为将自己装扮成"尊重法制"和"维护国际法惯例"的形象，而将他们移送伪法院审理，但针对安东救国会事件，仍用军法会审的办法进行快速处理。对桓仁救国会涉案人员，先由日本宪兵队刑讯逼供，或无中生有，或轻罪重判，把事先拟好罪名屈打成招的所谓供词作为量刑依据，而伪奉天军事法庭也唯日本检察官、法官之命是从。因此所谓军法会审不过是象征性地走一下程序而已，不看证据，不听辩护便草草定案，践踏司法和人权，侵略者用自己的行动，戳穿了"日满亲善""王道乐土"的谎言。

桓仁救国会事件影响重大而深远，使桓仁县知识界精英阶层遭受重创，特别是桓仁教育界精英尽殒，师资出现断层，教训深痛，令人扼腕不已。连日伪当局也承认，救国会事件发生后，"教育界就不用说，就是对官吏界经济界等也给予了很大的震动。学校教员逃走，官吏界不安，买卖受

---

① 王子衡：《伪满日本官吏的秘密手册》，载中国人民政治协商会议全国委员会文史资料研究委员会编：《文史资料选辑》第39辑，文史资料出版社，1980年，第59页。

到挫折等影响很大"①。

从事抗日救国斗争，不仅要有强烈的爱国热忱和斗争精神，还要认清日本法西斯的残暴本性，讲求斗争策略。如将救国会会员名册、捐献名簿和组织活动做好保密工作，既能达到斗争的效果和目的，又能保护好精英阶层的自身安全。同时，桓仁暨安东救国会惨案告诉世人：覆巢之下，安有完卵？国家积贫积弱，强寇入侵，必然人为刀俎，我为鱼肉。唯有国家强盛，民族复兴，人民才能生活得更有尊严。

二、国民党地方组织的抗日活动

早在20世纪20年代，本溪即有国民党地方组织活动。1931年九一八事变后，本溪地区的国民党地方组织解体，一小部分党员参与组织义勇军，走上武装抗日的道路，而大部分党员则转入地下秘密从事反满抗日活动。

1931年末，前吉林省党部宣传主任、通化启明中学校长王育文携北平救国会之命，从大连登陆后到庄河、岫岩、凤城等地活动，联络义军邓铁梅、徐文海部，随后又从宽甸到桓仁、通化，与桓仁的国民党员富广贵、安祝尧等人联络从事秘密抗日活动，后又到海龙等地联络抗日事宜。1932年3月，王育文与驻防桓仁的原东北军团长唐聚五等人在桓仁县秘密召开东边道各县代表会议，组织成立辽宁民众抗日救国分会和辽宁民众自卫军，唐聚五、王育文、黄宇宙等为救国会常委，王育文为政治委员会委员长，并于4月21日，在桓仁举行辽宁民众抗日救国会和辽宁民众自卫军成立暨抗日誓师大会，王育文担任大会主席，向辽宁民众自卫军总司令唐聚五授旗，并随自卫军转战桓仁、通化等地。

富广贵（富云斋）为三民主义忠实信徒，曾参加过南京孙中山奉安大典，并为唐聚五密谋抗日而奔走呼号，担任辽宁民众救国分会委员、政治委员会委员，辽宁民众自卫军总部宣传部长。他在民众自卫军抗日誓师大会上慷慨陈词："日寇入侵，陷我河山。奸我妻女，杀我儿男。掠我财物，生灵涂炭。亡国之祸，即在眼前！国家兴亡，匹夫有责。兴兵讨伐，人人

---

①《伪满中央警务统制委员会关于逮捕安东省内反满抗日秘密组织救（保）国会的综合资料》，载辽宁省教育志编纂委员会编：《辽宁教育史志资料》第3辑下，辽宁大学出版社，1990年，第855页。

当先。还我土地，复我政权……"当演讲到动情之处，声泪俱下，令与会人员大为感动[①]。他为抗日救国日夜操劳，自卫军的文告、通电、誓词，如《告武装同志书》等文告大部分出自他手。1932年11月，辽宁民众自卫军失败后，他离开部队，回到桓仁创办民众讲习所，后到民众教育馆，多次发表演讲，宣传反满抗日，后任铧尖子小学校长，1936年在桓仁救国会事件中被捕牺牲。

1934年，国民党员苗可沛、肖承璞由奉天第一师范学校毕业，于1935年被分配到本溪湖大堡两级小学校任教，在教师中秘密发展关庸、李笑如为国民党员。1939年，苗可沛转到下马塘家乡，在下马塘小学任教，又发展了李述言等两人入党，并积极开展抗日活动。同年9月，国民党中央党部委派罗大愚为辽宁省党务专员，于11月秘密抵达沈阳，着手筹建辽、吉、黑党务专员办事处组织机构，对外则以"东北抗战机构"名义号召东北广大爱国抗日志士参加抗日活动。1941年6月，经人介绍，苗可沛认识罗大愚，遂加入"东北抗战机构"。他根据罗的指示，组建了国民党本溪党务筹备委员会，苗可沛任主任委员，肖承璞、李笑如、关庸等任委员，委员会下设总务、动员、宣传、组织4个部。开始在各学校师生中秘密发展国民党员。除组织开展阅读进步书籍活动外，还积极组织本溪煤铁公司的爱国工人制造事故，破坏生产。如国民党员魏国新，利用自己在特殊钢研究所工作的机会，多次倒掉贵重的实验用材料，给日本当局生产造成重大损失。

1942年12月，日伪当局公布《治安维持法》，日伪警宪在全东北主要城市大肆逮捕知识阶层反满抗日团体成员355人，史称"12·30"事件。此次大逮捕使国民党在本溪的地下组织遭到严重破坏，苗可沛、肖承璞、魏国新等人先后被日伪特务机关逮捕，国民党本溪地下组织活动被迫中断。其后，该组织改称本溪"同人会"，由马鸿钧领导，组织成立了抗战团体"铁血社"，并继续开展对日伪煤铁生产的破坏活动。1943年7月12日，本溪煤铁公司的李庆国制造事故，使1号高炉腹部爆破。8日，李庆国又将为高炉加氧的百余瓶氧气放掉，造成2号高炉生产事故。

1944年1月，国民党本溪湖支部成立。同期，国民党党务专员办事处在

① 崔忠善、白尔杰、白冰：《抗日爱国人士——富云斋》，载中国人民政治协商会议辽宁省桓仁县委员会文史资料委员会编：《桓仁文史资料》第4辑，1992年，第118页。

桓仁县开展工作，并于1944年3月成立了桓仁支部。

由于国民党在东北的地下组织派系众多，组织也不严密，因此屡遭日伪破坏。1944年4月至7月，日伪当局在全东北开展了对国民党地下组织的大搜捕（代号"桃园工作"），破坏本溪"同人会"和两个外围组织，逮捕120人，这其中包括国民党人，也包括一般的进步知识分子。1945年5月，日伪当局两次开展大搜捕（代号"晓工作"），在本溪逮捕50人。在伪本溪湖市警务局特殊留置场（看守所），日伪军警对李笑如、萧承璞、李述言、关庸、苏华等被捕人员严刑拷打，用铁锹砍，用针扎，吊起来用木棒打，逼问反满抗日组织情况，许多人因刑致病致死。至此，本溪地区的国民党地下组织被彻底破坏，其活动完全停止。

三、爱国青年的读书活动

日本帝国主义侵占本溪后，在实施严酷的政治统治和野蛮的经济掠夺的同时，在文化上极力推行殖民奴化教育，以泯灭青年学生的民族意识。本溪一些爱国学生和进步青年先后在本溪县师中、国民高等学校（包括男高、女高）自发地开展了爱国读书活动，以抑制日伪当局的奴化教育，追求进步思想，寻找抗日救国道路。

1936年夏，进步作家花喜露（即田贲，后加入中国共产党）在盖县归州小学任教时，积极向学生和青年进行爱国主义教育，他与几名进步学生成立了LS（鲁迅）文学研究社，对外称"灵莎"文学研究社（以下简称文学社）。其宗旨是同情被压迫的劳苦大众，反对日本侵略，发展反满抗日组织。文学社成立后，秘密出版《行行》《星火》同人刊物。1940年又在《营口青年报》上开辟《星火》文艺副刊，公开发表了一批思想与内容俱佳的文艺作品，对唤起东北青年的民族意识，引导他们走上革命道路发挥了积极作用。

文学社的活动范围很快扩大到营口、本溪、哈尔滨等地。1936年，花喜露的学生参加过文学社活动的石岱宗考入本溪县初级中学（1938年改称省立本溪国民高等学校）。在花喜露的指导下，石岱宗在本溪国高同学中秘密发展了李继东、李太岩、孟方平、邓崇仁等学生参加文学社。他们从花喜露处借来鲁迅、巴金、茅盾、高尔基等中外进步作家的作品及瞿秋白的《海上述林》、艾思奇的《大众哲学》等著作在同学中间秘密传阅。他们还创办了《三人行》（后改名为《行行》）《复活》《星火》等手抄本刊物，刊载学生的读书体会和自创的诗歌、散文等文艺作品，抒发了本溪青年追求光明与进步，反对日本殖民统治和热爱祖国的情怀。这些进步书籍和刊物极大地开阔了青年学生的视野，为在日伪当局奴化教育下几近窒息的本溪青年带来新鲜的空气，激发了他们的爱国热情和民族意识。1940年4月15日，参加读书活动的本溪国高学生沈元兴（陈大光）书写了一份《告东北同胞书》，介绍关内抗战情况，呼吁东北同胞奋起抗日，最后署名"伟大的中国人"，张贴于本溪湖后山戏院墙上。此举震动了本溪山城，日伪警宪四处搜查一无所获①。

花喜露对本溪青年学生的读书活动始终予以关注，并给予热情的帮助和指导。他以《星火》副刊为阵地，邀请石岱宗、李太岩等本溪青年投稿。李太岩并以"锋刃"等笔名，发表了《逃荒者》《铁轨的血迹》《黄昏与幽灵》等诗文作品。1940年12月，由花喜露主持的文学社在盖县尚和寨开展以"消寒雅集"为名的左翼文学活动，石岱宗、李太岩等人应邀前往，这实际上是一次反满抗日的秘密集会。

至1941年初，花喜露参加了中共北方局领导的东北青年救亡总会，调奉天专门从事党的地下工作，此时石岱宗、李太岩、李继东等人也相继毕业离开本溪，本溪国高的读书活动在邓崇仁和马忠骏的组织领导下继续开展，其活动范围亦由男子国高扩展到本溪女子国民高等学校。男子国高先后创办了《铁之流》《黑焰》《铁笛》等手抄本刊物，女子国高学生朴苇、王觅、马素云等在发起读书活动的同时，创办了《春之花》。这些刊物揭露了日本帝国主义的侵略本质，在学生中秘密传阅。虽然他们的文章、作品在艺术上尚不够成熟，但却具有一定的思想性和鲜明的政治倾向。

为了更好地指导本溪青年开展读书活动，花喜露经常到本溪与青年们交流思想，介绍斗争形势，教授工作方法。邓崇仁等人也多次到奉天接受指导，初步接受了革命思想的熏陶。到1943年上半年，本溪国高参加读书活动的男女同学已达40余人，马忠骏是这一时期读书活动的组织领导者之一。他在姚家湾子的家也成为志同道合的同学活动的主要场所，参加聚会

---

① 刘宝山：《陈大光》，载本溪市党史地方志办公室编著：《本溪党史人物传》第1卷，辽海出版社，2014年，第281-283页。

的同学们畅所欲言进行讨论。有一次在讨论"日本侵略中国问题"时，针对有人认为"日本国人多地少，他们侵略扩张是为了生存"的观点，马忠骏立刻驳斥了这种论调，严肃地指出这是为日本帝国主义侵略罪行辩护，并阐述了日本帝国主义对内对外政策，分析日本国内的政治经济形势和对中国及东南亚侵略的目的，以及瓜分世界的野心。他慷慨陈词，有理有据，博得了与会者的一致赞同和钦佩①。

这时，思想已日渐成熟的邓崇仁、马忠骏、张万昌等读书活动成员已不满足于理论探讨，开始设想将革命理想付诸行动。马忠骏等人这时已进入毕业实习阶段，他们在本溪煤矿井下实习过程中，目睹了特殊工人的悲惨境遇，更激起对日本侵略者的仇恨，决心要以实际行动参加武装抗日，赶走和消灭日本侵略者。1943年8月，邓崇仁、马忠骏、王抗、王勇4人在花喜露的帮助下，冲破日伪封锁，奔赴太行山抗日根据地参加了八路军。

邓崇仁、马忠骏等人的出走，令日伪机关十分恐慌，因此对男女国高加强了控制和监视，读书活动不得不更加隐蔽地进行。邓崇仁等出走后，张万昌继续领导本溪青年的读书活动，并与花喜露保持联系，还出过一期手抄本刊物《合流》。1943年冬季张万昌毕业后，由刘震川、刘咸一、朴苇、马魁明等人继续组织开展活动。1944年4月和5月，日伪当局大肆逮捕东北地下抗日组织，在本溪逮捕了170人，张万昌等一些参加读书活动的青年被以反满抗日的罪名判刑入狱。至此，本溪爱国青年的读书活动遭到严重破坏。

四、伪职人员中的爱国合法斗争

在东北沦陷时期的伪满官吏队伍中，确实有许多卖国求荣、死心塌地为日本侵略者效力的汉奸走狗，他们助纣为虐，成为国家和民族的败类。但同时也有一些人虽身任伪职却良知未泯，不乏赤子之心和民族意识，他们利用自己的合法身份，采取各种方式，与日伪当局进行周旋和斗争，做过一些对抗日救国有利，对人民群众有益的事情，同样是值得称道的。伪本溪县县长魏运衡就是其中的代表人物。魏自1938年4—9月任伪本溪县县

---

① 朴苇：《闪光的青春——回忆马忠骏同志》，载中国人民政治协商会议辽宁省本溪市委员会文史资料研究委员会编：《本溪文史资料》第1辑，1984年，第144—149页。

长不过半年时间，却在本溪人民群众心中留下深刻印象。魏虽为伪县长，却不欺压群众，而且敢与日本人叫板，不买日本人的账，这从他为本溪湖救国会事件涉事人辩护和为农民减轻粮谷"出荷"负担可窥一斑。

1938年4月，日伪"讨伐队"向本溪县和尚帽子根据地"讨伐"，在大青沟遭到抗联第一军第一师伏击，为寻机报复，诬陷本溪湖大商号张碗铺等商号"通匪"，并以私藏抗联枪支为名，抓捕本溪湖各大商号掌柜等30余人。魏运衡这时刚到本溪上任，便挺身而出，亲自为涉案的受害人辩护，他经过调查，发现这是日本当局栽赃陷害中国人，发现搜出的手枪并非英国制造，而是东北兵工厂制造，号码是旧号码，并指出这两支枪是日本人存于兵工厂的，怎么会跑到本溪张碗铺的仓库里呢？认为日本当局证据不足而拘押商人不合法，使日本当局的诬陷阴谋未能得逞。

同年夏，伪本溪县公署、伪县协和会、伪县农事合作社联合召开粮食产量"出荷"核定会，会议由伪本溪县参事官日本人三松泰助、经理官日本人市村武等人主持，为了绕过魏运衡县长，会议发言用日语，文件用日文（魏不懂日语）。魏运衡看在眼里，十分生气。经过3天会议作出决议，最后请魏县长讲话。魏宣布决议作废，会议重开。伪参事官三松泰助等日本人看到魏县长愤怒的表情，未敢再狡辩，只好同意会议重开。重开会议由魏县长亲自主持。经过第二次会议讨论，一致认为全县粮食产量估算过高，"出荷"粮数量太大，打下的粮即使全交公粮也不够。因此确定"出荷"数量比原定数目减半，减轻了农民负担①。魏运衡虽身任伪县长，却敢与日本人对着干，敢替老百姓说话，实属难能可贵，从而也赢得了中国职员的钦佩。

孟昭堂是开明士绅和爱国志士，出身地主家庭，乐善好施，意气豪爽，人称"孟二爷"。他靠关系于1934年当上桓仁县伪协和分会会长，他利用这个特殊身份作掩护，顶着"大汉奸"的骂名，干的却是为抗联提供军需。为了支援抗日，他曾变卖自家土地数十亩，为抗联筹集了大量的军需物资，包括粮食、布匹、衣服、药品，还有枪支弹药。由于利用自家的货栈和车队多次为抗联运送军需物资，杨靖宇曾专门致信予以表彰，抗联交

---

① 沈济忱口述，谭会忠整理：《伪本溪县长魏运衡轶事记》，载中国人民政治协商会议辽宁省本溪县委员会文史资料研究委员会编：《本溪县文史资料》第2辑，1987年，第82-83页。

通员金大姐还专门到其家致谢，并提示他："日本人已经盯上你了，可千万要小心啊！"由于运送次数多，引起了日本宪兵队的注意。孟说："我是协和会长，但也是商人。我经营一个货栈你们是知道的，难道你们划定的禁区的老百姓就不生活吃饭穿衣看病吗？"日本宪兵队知道孟是桓仁县的头面人物，何况又未抓住证据，只好放行。但日本宪兵队却暗中对其进行监视。在1936年桓仁救国会事件中将孟逮捕，1938年3月被折磨致死。被日伪当局定为"叛徒"的孟昭堂，是一位爱国的抗日志士[①]。

第五节　工人阶级的反抗斗争

九一八事变后，日本帝国主义侵占本溪和本溪湖煤铁公司，开始疯狂掠夺本溪煤铁和特钢资源，并残酷奴役、剥削和压榨本溪广大工人群众，妄图将本溪变为其支撑侵略战争的后方保障基地。但是，不甘屈服的本溪工人阶级在中国共产党的领导和影响下，掀起了持续的反抗斗争。他们或组织逃跑，或组织罢工，或破坏生产设施，或伺机教训日本侵略者和汉奸把头，使日伪当局扩大煤铁生产的企图难以得逞。特别是本溪煤矿特殊工人在异常艰苦的环境中自发地成立党组织开展反抗斗争，甚至酝酿武装暴动，成为抗战后期本溪人民坚持抗日斗争的主要力量。

一、本溪煤矿特殊工人党组织领导抗日斗争

日本帝国主义为从中国东北掠夺更多的煤铁等战略资源，在东北劳工严重不足的情况下，开始将在华北、中原等地俘虏的八路军、国民党官兵和游击区民众作为特殊工人，押送东北各矿山充当苦役。本溪煤矿从1941年开始大量使用特殊工人，仅1941年7月就一次性押来1498人。日伪当局为防止特殊工人逃跑或反抗，在本溪湖煤铁公司设置了特高系、警备系、劳务系等一整套监管系统。1943年7月，日伪当局在关押特殊工人的大电网内又加设了一道小电网，并将特殊工人编成两个中队，下设38个小队，工人吃住、劳动均实行集中管理，而这种管理方式也为特殊工人中的共产党员发展组织和开展对敌斗争提供了便利条件。

---

① 张大庸、巩书民：《夜幕忠魂孟昭堂》，载《党史纵横》2006年第6期。

（一）特殊工人党组织的秘密建立

在本溪湖茨沟煤矿的特殊工人队伍中，原中共五台县第七区区委书记吴英、基干游击队党支部书记吕效荣等，于1942年秘密建立了一个党小组，吴英任党小组组长；原静乐县第八区区长郝振光、原建屏支队管理员王庆锁于1943年5月1日秘密建立了一个党小组，成员有王庆锁、郝振光、赵登录、赵璧等人。后因个别党员违反纪律，为安全起见将党小组解散。此后，郝振光与王庆锁、郑山景又重新组建了一个党小组。

在本溪湖柳塘煤矿，1942年7月末，中共冀南第五地委书记、石门劳工集中营"六月特支"书记王泊生[①]，原中共武邑县委书记、"六月特支"组织委员信孟卜，原抗大第二分校政治教员、"六月特支"宣传委员张顺（原名刘亚龙）等被押送到本溪当特殊工人，在本溪湖柳塘煤矿服苦役。张顺通过王泊生认识了田宝林。王泊生、信孟卜指示张顺要把特殊工人组织起来，开展对敌斗争。主要任务是组织集体逃跑，到关内找八路军，或在东北找抗日联军，照顾身体不好的同志，反迫害争取合理待遇。不久，王泊生逃跑回冀南，继续参加抗日斗争，信孟卜病逝于本溪。张顺与田宝林按照王泊生的指示，组成了临时党支部，张顺任书记，田宝林任支委。

张顺通过日常观察和了解，秘密发展党组织。这时，有特殊工人孙少勇（原八路军某团供应处主任）、杨锡岳（原八路军冀中军区某连政治指导员）和张凤翔（原八路军某连政治指导员）也成立了党支部。不久，杨锡岳与张顺接上关系，张顺又与谭庆高（原八路军某连政治指导员）、裴正国（原八路军某县武委会主任）取得联系，通过商议，大家一致认为，为了更好地发挥党组织的作用，有必要将各党支部组织起来统一行动。张顺提出，在没有和上级党组织取得联系之前，不宜叫党支部，历史上，党在国外、在敌占区者叫共产主义小组，所以提议成立共产主义领导小组指挥部，成员有张顺、孙少勇、裴正国、谭正高、邓伯图、田宝文（特殊工人中的大夫，后为辅导警），大家又选举张顺为领导小组书记，孙少勇为副书

---

① 王泊生（1915-1942），原名王鸣峰，河北景县人。1931年加入中共。青年时代即从事抗日救亡运动。1937年8月赴延安入抗日军政大学学习，历任抗大政治教员，中共米脂县委副书记，中共冀南一地委宣传部长、代理书记，第二地委书记，冀南五地委书记。1942年5月在日军"大扫荡"中被俘，押送本溪煤矿做苦力，不久逃回。任中共冀南第六地委书记。同年10月在河北枣强县与敌作战中牺牲。

记。在会上特别强调各领导小组成员要单线发展，单线领导，各成员发展的组织不能与领导小组直接发生联系。

在张顺和共产主义领导小组指挥部成员的秘密领导下，柳塘煤矿党组织得到了进一步发展，先后成立了田宝林、周仕金、刘学春、赵桂林党小组；康正德、裴正国、邓伯图党小组；赵仲林、马玉祥、王立安党小组；康正德、鲁振超、吴权福党小组；臧章、赵仲林党小组。雷鸣、裴正国、康正德、邓伯图等人成立了工人联合会，雷鸣任工人联合会负责人。这些党小组和工人联合会都与共产主义领导小组指挥部成员有着单线联系，并在指挥部领导下开展工作。如谭庆高单线联系领导田宝林党小组，裴正国单线联系工人联合会等。柳塘党组织领导特殊工人斗争的一项重要内容就是组织逃出本溪煤矿，去寻找八路军。因此，一些党小组成员逃出本溪后，剩下的党员又自觉地重新组织起新的党小组或参加另一个党小组，继续开展对敌斗争。

（二）特殊工人的反日斗争

特殊工人党组织领导工人开展了各种形式的对敌斗争。

组织逃跑 特殊工人党组织把组织工人逃出本溪煤矿这座人间地狱，到关内寻找八路军，或在东北寻找抗日联军作为一项重要任务。1942年7月底，中共冀南第五地委书记王泊生等人被俘押送到本溪后，秘密建立党的组织，指示他们适时组织武装暴动，想尽办法组织工人逃跑。不久王泊生与几名特殊工人成功逃出柳塘煤矿，步行数千里回到冀南，继续参加抗日斗争。牛长春等5人在坑口装翻矸矿车时，故意少装矸石，留出位子，待矸石车升井进入平道时，迅速跳车逃走。为了达到逃跑的目的，有的特殊工人用钱收买看管的矿警和跟班把头，争取上小班或夜班，这样就可以在升坑后趁拂晓电网没电的机会逃走，也有的借家属和朋友的关系掩护逃走。茨沟特殊工人孙连甲等人将跳板晒干后压住电网，工人们踏上跳板越过电网逃走。

1943年7月20日这天早晨大雾弥漫，茨沟煤矿李鑫波等9名特殊工人上工时，乘日本守备队员角田失足，连人带枪掉进大门旁深水沟里之际，机警地躲过敌人监视，缴了门岗伪军的枪支，冲出这座人间地狱[①]。1944年，

[①] 潘喜廷等编写：《红色的矿山——本溪煤矿史话》，辽宁人民出版社，1962年，第43-44页。

茨沟煤矿特殊工人吴英党小组、柳塘煤矿田宝林党小组也先后逃出。虽然
有些特殊工人在逃跑时被电网击死或被日本军警抓回杀害，但特殊工人的
逃跑却一直没有停止。

怠工和破坏生产 特殊工人党组织向工人们揭露日本侵略者掠夺性开
采中国煤炭资源的罪恶目的，抓住日本当局的弱点，进行针锋相对的斗
争，组织工人采取磨洋工、放空车、泡病号、制造事故等手段，千方百计
地破坏敌人生产，不给或少给日本侵略者出煤。磨洋工是工人们对敌斗争
中经常采用的措施，特殊工人从老工人那里学来一句话："一不打勤、二不
打懒、专打的是不长眼。"因为煤矿把头、监工用皮鞭、棍棒监管工人挖
煤，于是特殊工人便派人放哨，对鬼子和把头进行反监视。他们来时，就
应付干一会儿；他们走，工人就不干活。茨沟煤矿特殊工人经常破坏煤矿
生产，诸如松动井下铁轨道钉，造成煤车翻车；在矿坑内用大斧子砍坏麻
绳和电缆线，制造跑车、断电事故，其中制造跑车事故达30余次，使其时
常不能出煤；人为制造冒顶事故7次，影响出煤达数十天；还有往电动机里
扬沙子，割皮带溜子，打坏矿井下电灯泡等破坏活动。特别是在敌人搞
"煤炭增产月"活动中，党组织领导工人破坏敌人的一切增产企图，如制造
事故、放空车、消极怠工和泡病号等措施，使其完不成生产任务。井下的
日本监工和二把头看到事故发生，却找不出原因，又抓不住把柄。

开展绝食斗争 特殊工人每天从事繁重的体力劳动，吃的却是发霉的
高粱米或玉米面掺橡子面的窝头。到1944年2月，就连这样的伙食也取消
了，竟然配给特殊工人橡子面做成的窝头，又苦又涩，难以下咽。于是党
组织就组织工人开展绝食斗争。到吃饭时，大家纷纷扔掉橡子面窝头，向
日本监工声明：这样的窝头不能吃，苦力也干不了。你要能吃几个，我们
就吃几个，吃了再上班。日本监工只好拿起一个窝头咬了一口，苦涩得直
咂嘴，工人们一见便趁机闹起来。日本监工怕特殊工人真起来闹事而影响
生产，没有办法只好让食堂换上高粱米和玉米面窝头，特殊工人们的绝食
斗争取得了少许的胜利。

智斗监工把头 对那些作恶多端、任意欺压和盘剥特殊工人的日本监
工和汉奸把头，党组织号召工人们团结起来进行斗争。茨沟煤矿伪雇员张
青全，外号"张扒皮"，对特殊工人非打即骂，邢房银等人决心整治他一
下，于是大家凑钱派人到宪兵队买通翻译，告"张扒皮"一状，结果他被

抓到宪兵队打了几顿，还关押了一个月，出来后再也不敢对工人那么凶了[1]。二把头"郭拐子"一肚子坏水，经常未到工作时间就用棍棒逼迫工人下井挖煤，还经常向工人勒索。党组织为了打击其嚣张气焰，组织工人将其痛打了一顿，并警告他："这次只是小开市，不老实以后再给你来个大开张！"郭被打后跑到大把头处告状，大把头慑于特殊工人的威风，也只得不了了之。柳塘特殊工人党小组组长康正德带领吴全福在井下乘无人之机，将一个日本监工打死后掩埋起来，弄得煤矿当局活不见人，死不见尸，查也查不到，找也找不着，从此日本监工再也不敢单独下井。特殊工人的行为在老工人和把头中产生了不小影响，他们经常议论说："这些俘虏兵可真心齐，干啥都抱成团，都不怕死，谁敢惹他们啊！"[2]本溪煤矿特殊工人的反抗斗争，狠狠地打击了日本当局以及监工、把头的气焰。

（三）暴动计划泄露与狱中斗争

本溪煤矿特殊工人党组织十分重视秘密建党和宣传抗日救国主张，带领特殊工人与日伪当局和汉奸把头作斗争，而且通过各种关系争取爱国青年。张顺利用田喜文在卫生所当司药方便出入电网、接触社会的便利条件，结识了炭业部管劳课的金玉文，并指示田喜文与这位爱国青年多接触。田喜文经常对金讲些共产党、八路军抗日救国的道理，以启发其政治觉悟，两人逐渐成为知心朋友，志同道合，金表示愿为抗日救国出力。1943年春节前的一个星期天，由金玉文出面邀请，本溪湖当地爱国青年肖承善、徐国魁、马熙钧、李继涛等人来到金玉文家聚会，研究反满抗日事宜，田喜文在张顺的指示下，也找机会参加了他们的讨论，他给青年们讲了西安事变、关内抗战情况，也讲团结起来一致抗日的道理。特殊工人党组织随后帮助爱国青年开展了青年爱国读书活动，明确了对内传阅进步书籍，对外联系进步青年和特殊工人，壮大爱国力量的宗旨。后来张顺与这些青年建立起联系，随着彼此间接触的日益增多，张顺已与他们推心置腹交谈，并在一起讨论了对日斗争策略。

1943年11月中旬和1944年2月，特殊工人领导小组召开两次会议，第

---

① 刘江忠：《本溪茨沟特殊工人党的活动》，载本溪市党史地方志办公室编著：《本溪人民抗日斗争纪实》，沈阳出版社，2015年，第285页。

② 张凤翔：《我当特殊工人时的自发斗争》，载本溪市党史地方志办公室编著：《本溪人民抗日斗争纪实》，沈阳出版社，2015年，第293页。

一次会议主要内容是研究扩大党组织的领导成员力量，为今后领导成员单线发展党员，单线领导对敌斗争奠定基础。张顺在会上指出："我们的同志开展对敌斗争，打击敌人，必须要想到保存自己的力量，才能长期地打击和消灭敌人。"在第二次会议上，明确领导小组的宗旨是打倒日本帝国主义，继续破坏日伪生产，组织特殊工人集体暴动逃跑，配合八路军前线对敌作战，争取和联系伪军，劝告其为自己留后路。

此后不久，特殊工人党组织认为组织暴动的时机已经基本成熟，便由张顺、田喜文出面，与肖承善、马熙钧、金玉文等人一起开会，讨论对时局的看法。张顺这时正式提出要积极准备，伺机行动，并就准备行动方案、侦察敌情地形、筹集枪支弹药等进行了部署①。

由于本溪柳塘煤矿特殊工人与外界隔绝，为沟通与外界联系，争取上级组织的领导及对暴动的支持与配合，张顺专门起草了一封对外联络信，该信经过田喜文、金玉文，再转肖彦、马熙钧、张万昌之手，由于张万昌缺乏对敌斗争经验，该信在沈阳不慎落入日特之手，加上了解柳塘街区的一名朝鲜籍日特掌握了柳塘特殊工人内部组织情况以及张廷芝的叛变，柳塘特殊工人党组织暴动的计划泄露。1944年4月21日开始，张顺、孙少勇、田喜文、邓伯图、谭庆高、杨锡岳等领导小组成员及进步青年徐国魁、金玉文、马熙钧等人先后被捕，只有张永等人机警地躲过追捕脱离险境。

张顺等被捕人员，被关押在伪本溪湖市警务科拘留所。在审讯中，日伪显然对张顺特别重视，为了从他口中得到更多情报，对他软硬兼施，先是设宴招待，并说只要讲出组织暴动实情就会立即释放，继而又派出特务股长亲自审讯，严刑逼供，但张顺采用各种手段巧妙地蒙骗敌人，使敌人始终未能得逞。

监狱条件十分恶劣，每个小房间仅有4平方米，却经常关押着10多名犯人，晚上睡觉只能一颠一倒侧身睡，难友昼夜不脱衣服，以致衣服上、地板缝里长满虱子。每天只管两顿饭，每顿只有3两饭，几根白萝卜咸菜。监狱当局允许家在本溪的难友家属送饭，狱中党组织要了解国内外大事，

---

① 肖彦：《关于本溪特殊工人地下组织的回忆》，载本溪市党史地方志办公室编著：《本溪人民抗日斗争纪实》，沈阳出版社，2015年，第310–311页。

因此家属送饭用的报纸成了狱中张顺等人不可缺少的精神食粮。尽管敌人的报纸极力吹嘘其赫赫战果，但字里行间却掩饰不了其陷困境和节节败退的沮丧情绪。而每看到此，大家都相互鼓励，期待着抗日战争和世界反法西斯战争胜利的消息早日到来，张顺则鼓励大家说："我们要坚持斗争，争取活下来，迟早会冲出牢笼，重返抗日前线！"

张顺在狱中有对敌斗争经验，并关心他人。肖彦稍晚被捕入狱后，张顺即将审讯他们的有关情况及时与肖交流，例如信件被敌特拍照，以及张廷芝叛变等情况，这样就使后入狱的同志心中有数，以避免口供发生矛盾，给敌人以把柄，使组织免遭进一步破坏。

1945年4月1日，日本当局将马熙钧、徐殿林、徐国魁、金玉文、肖承善等进步分子押往奉天第一监狱，同年5月以违反"治安维持法"之名分别判处有期徒刑20年、15年、10年和5年，这期间，金玉文不幸发高烧病逝。而仍关押在本溪监狱的特殊工人党组织负责人张顺等核心小组成员，在抗战胜利前被日本当局杀害，孙少勇则被折磨致死。

二、大冶厂党小组领导对日斗争

从1936年起，根据中共中央对东北地下工作实行"多线派遣，单线领导"的方针和"隐蔽精干，长期潜伏，积蓄力量，以待时机"的策略，由中共北平市委东北特别支部、中共晋察冀分局东北工作委员会、中共胶东区委先后派遣许多优秀共产党员和干部到辽宁从事地下斗争。

1943年10月，中共山东省胶东分局北海地委哈尔滨工委派遣共产党员尹传圣到辽宁开展党的地下工作。尹传圣到辽宁以后，先在沈阳西村铁工厂做工，在这里他结识了李绪昌。因该厂规模小，工人少，社会关系不多，不便开展工作。后经熟人介绍，尹传圣转到本溪湖大仓产业株式会社（即大冶铁工厂）当翻砂工人。一年后李绪昌也到了本溪湖，与尹同在该厂工作。

大冶铁工厂规模较大，工人工作岗位固定，技术工种多，流动性小，便于开展工作。由于尹传圣技术水平高，为人热情正直，关心工人疾苦，很快便与工人打成一片。他以技术工人的合法身份为掩护，仍与哈尔滨地下党保持秘密联系，受中共哈尔滨工委领导。他在帮助工人解决困难的同时，借机向工人宣传抗日救国的道理。1944年春，中共哈尔滨工委派李子政、李健生到奉天视察工作时，尹传圣曾专门到奉天向两人汇报工作，并得到肯定。两人指示尹传圣，要严守党的绝对秘密，继续团结群众，积极慎重地开展党的活动，在实际工作中培养积极分子，待条件成熟、确有把握时再发展为中共党员，并安排在奉天活动的李子健（即王维意）负责直接领导本溪党的地下工作。

尹传圣返回本溪后，遵照上级指示，在工人中更加深入地开展建党工作，教育和培养了一些思想进步的工人积极分子。他采取个别谈话的方式进行教育，向工人积极分子介绍了俄国十月社会主义革命的伟大胜利，用苏联工人阶级获得解放后劳动时间短、生活待遇好、没有剥削压迫的幸福生活，同中国工人吃不饱、穿不暖、受压迫的悲惨境遇相对比，阐明工人阶级团结起来进行斗争的必要性，以此来启发工人的阶级觉悟。

经过尹传圣一段时间的工作，大冶厂部分工人的思想觉悟提高很快，建立党组织的条件业已成熟。1945年1月，尹传圣发展了李绪昌加入中国共产党，并对他进行了保密和气节教育，强调：入党要绝对保密，上不告父母，下不传妻子，革命意志必须坚定，不管遇到什么样的危险，只能一个人以坚定的立场进行坚决的斗争，决不能出卖党的组织和同志，必须把革命事业当作终身大事，完全献身于中国革命和抗日斗争，牺牲个人，永不叛党①。

李绪昌入党后，尹传圣又陆续发展了毕恩泽等3人入党。同年5月的一天，尹传圣和李绪昌、毕恩泽、王国政、崔宝兴5名党员在太子河沿大桥下召开了大冶厂地下党小组第一次会议，尹传圣代表上级党组织同意大冶厂党小组正式建立。出于身份保密的考虑，尹传圣提议由李绪昌担任党小组组长，获得其他3名党员一致同意。

1945年6月和7月，中共大冶厂地下小组又召开了两次会议。根据形势发展的需要，尹传圣向全体党员提出了新的任务、口号和要求，着重解决了党员发展和宣传教育工作存在的一些问题。此间，党小组又发展了徐绍伦、郝世恩、尚在钟入党，党员人数已达到8人。为便于掩护组织活动，他们采用了叩头拜把、称兄道弟的方式，借以迷惑日本人和汉奸把头。

① 李绪昌：《大冶厂党小组的建立及活动》，载本溪市党史地方志办公室编著：《本溪人民抗日斗争纪实》，沈阳出版社，2015年，第269页。

尹传圣和党小组在对敌斗争方式上，一方面通过采取交朋友、写字条、个别谈话、教唱歌等方式，向工人宣传中国共产党抗日救国主张，揭露日本帝国主义和汉奸把头对工人的经济剥削和民族压迫；一方面针对工人生活困苦、工资低，许多工人买不起粮食，只能靠橡子面充饥等情况，鼓动工人向资本家和把头提出涨工资要求，宣传"工人流血汗，把头可腰满"的道理，直接号召工人"磨洋工"、破坏生产工具等，使工厂生产受到了一定影响。

大冶厂党小组为维护工人权益，还组织领导了3次罢工斗争。1944年4月和12月，大冶厂200多名工人两次举行罢工，但均未能达到目的。1945年6月，在地下党小组的领导下，大冶厂工人举行了第三次罢工。罢工工人包围了厂办公室，迫使厂方及时为工人发放工资，罢工取得了胜利。通过罢工斗争，既打击了日本资本家和中国封建把头的气焰，为工人争得了一些利益，也使工人更加团结了。

中共大冶厂地下组织领导的工人斗争还扩展到相邻的郑家屯砖窑厂。尹传圣通过砖窑厂进步工人李彩亭、杜连克等人，先后组织发动了3次罢工。1944年7月，砖窑厂40余名工人为要求厂方按时发放工资而举行罢工。此次罢工持续3天，迫使厂方口头允诺为工人发放工资的要求，罢工结束。同年11月，砖窑厂70余名工人为抗议监工打骂工人而举行罢工，提出天冷无棉衣，不能上工，要求算账发钱，满足要求后复工。该砖窑厂最大规模的一次罢工发生在1945年6月，因厂方不按时发放工资，该厂200余名工人再次举行罢工。罢工工人包围了厂办公室，迫使厂方给每名工人发一件劳动服、开50%的工资，罢工取得了最后的胜利。

三、特殊钢厂工人的自发斗争

1938年10月，本溪湖特殊钢株式会社成立，下设本溪湖工场（即原特殊钢试验工场）和宫原工场（1940年建成投产），成为东北地区首家专门从事特殊钢生产的厂家。特殊钢试验工场的工人遭受日本当局、监工和汉奸把头的奴役和压榨，工作环境恶劣，生活牛马不如。但爱国工人不甘心当亡国奴，经常自发地举行罢工和破坏军工生产。

破坏日伪生产　破坏机器设备是工人惯常采用的斗争方式。1940年1月，钢厂工人破坏运煤用的起重机1台，造成停产3天，使日伪当局损失上万元。2月，又破坏特殊钢研究所碳素分析用的燃烧管，造成3个电炉停产，少出钢20多吨。从4月起，碳素分析工刘明德多次放出分析用氧气等气体，当月造成特殊钢减产40吨，全年少生产500吨。

1941年12月太平洋战争爆发后，日本帝国主义急需扩大军工生产，在宫原工场搞锻制高速钢试验，日本监工、汉奸把头等都到现场监督，但负责实际操作的中国工人为对付他们，在加热时不按要求调温，钢坯烧得火候不匀，里生外熟，锻制时越打裂口越多，劈头越大，结果试验失败，气得日本人毫无办法[1]。炼钢工人也经常在生产中人为设置障碍，使设备不能正常运转。他们在冶炼过程中经常送小电流，撞断电极，取假温度造成废品。有的工人偷将电极和样勺扔进车间外的水泡子，有的则用天车吊起电极打坏电极头，过几个小时后再去报告，而此时管仓库的人已下班，领不到电极就只好停产。

1943年9月，日本监工为加快炼钢生产进度，命令工人一个班要出两炉钢，工人们自然十分反感和气愤，在1吨电炉炼钢生产送电时故意超过负荷，结果将变压器线圈击穿，造成1吨炉停产半年。特殊钢厂当时最大的电炉是5吨电炉，1944年，在炼钢时，工人故意让电炉钢水跑到大包坑内，因此大包坑内钢水越积越多。工人富景安和贾禄勋研究，如再跑一炉钢水，大包坑内就满了，电炉就得停产。一天在日本人亲自操作冶炼时，贾禄勋故意将堵钢水包的丝扣拧开，结果天平吊起大包将大包坑漏满，造成漏包事故，使其他的钢水包放不下去，电炉内的钢水又倒不出来，结果造成停产，经过半年维修才恢复生产[2]。

痛打日本监工　在特殊钢试验工场，日本人随意欺压打骂中国工人，激起工人们的强烈反抗。1942年春，特钢第三厂（即后来的锻钢车间）有个日本人叫中野，对中国工人特别凶狠，经常打骂工人，找工人毛病，几乎每天都有几个工人挨打挨骂，工人们送他外号"八格牙路"（混蛋），锻钢工人刘凤鸣和几个工人气不过，要找机会收拾这个家伙。一天工人老王又不明不白遭到中野毒打，并被中野一锤子打倒，痛得在地上喊叫。刘凤鸣按捺心中怒火，找其评理，谁料野蛮成性的中野不但不讲理，竟转身扬

① 本溪钢铁（集团）特殊钢有限公司：《历尽沧桑》，1988年，第42页。
② 《富景安回忆》（1961年9月20日），本溪市党史地方志办公室藏。

起锤把就要打他，刘一闪身形，冷不防回手就抢了中野一镐把，把中野打了一个趔趄。中野顿时咆哮着向他扑过来，刘凤鸣向周围早已做好准备的工人一递眼神，大家便一齐拥上来，把中野按倒在地，一阵痛打，直打得他在地上翻滚着，哀求道："我是混蛋，大家生产的不要！"可是愤怒的工人哪能饶他，越打越起劲。中野此时才发觉不好，拼命挣扎着爬起来向总务课跑去，工人们则拿着棍棒或用拳头边追边打。中野最后跑到总务课课长远藤的办公室里躲藏起来。远藤等日本人看到众多工人拿着棍棒冲过来，知道惹不起，慌忙出来充当调解人，说："日满亲善，打架的不要！"刘凤鸣等人一看教训中野的目的已达到，就当场向远藤提出："中野太混蛋，随便打骂工人，如果他还打骂工人，我们还要……"这时远藤连忙点头称是。中野被打后没几天，就滚回日本了。通过这次痛打中野，使工人们看到只要大家团结一心，斗争就能取得胜利①。

组织罢工斗争 工人为维护自身权益，争取工资待遇还发动了多次罢工斗争。1942年6月，因厂方直接克扣工人工资，在姜乃秋和王乃江的带领下，本溪湖工场炼钢车间100余名机电工人举行罢工，一连停工两个班，使电炉停产。日本人没办法，赶忙从宫原工场调动一些机电工人，才勉强维持生产，直到第三天，厂方才被迫将克扣的工资补发给工人，罢工才停止②。

1943年7月，厂方将原规定给锻钢工人的30%的津贴取消，使工人的生活更加困难，工人们非常气愤，找到刘凤鸣，希望他出面与厂方斗争。刘便与工人们研究采取罢工的方式进行斗争，不达目的绝不罢休，并研究了罢工的步骤与方法。这天，第三工厂往日的汽锤声没有了，烟囱也不冒烟了，汽锤工人都罢工不上班了。日本人热田得知工人罢工的消息后，就找来刘凤鸣追查原因，刘凤鸣告诉他："不给工人发津贴，工人生活困难，都饿跑了。"热田一听，勃然大怒，吼叫道："工人不上班就是反满抗日，刘！工人不上班你得完全负责！"刘说："我也没办法呀！工人总不能饿着肚子上班干活呀！"热田更火了，大喊道："刘！你的不打算活了吗？你的死了死了的有！"面对热田威胁，刘凤鸣坚定地回答："不给津贴，工人是

---

① 刘凤鸣口述，王泽深整理：《怒打中野狼》，载《本钢工人报》，1959年11月12日。
② 本溪钢铁公司特钢有限责任公司：《历尽沧桑》，1988年，第43页。

不会上班的!"就这样,罢工持续了3天。到第四天时,工厂当局撑不下去了,热田找到刘凤鸣,让他负责把工人找回来,同意发津贴。没过几天,所欠3个月的津贴全部补发,工人罢工又取得了胜利①。

四、桓仁铅矿工人的自发反日斗争

桓仁铅矿自1938年10月由伪满矿山株式会社接手经营后,对松兰、西岔、滚马岭等地进行了勘探和开采。在日伪当局对桓仁矿产资源进行掠夺开采的过程中,对中国矿工进行了残酷的经济剥削和人身迫害,激起了中国工人的强烈反抗。据已有资料记载,自1938年至1945年8月日本投降的7年中,桓仁铅矿工人开展反日斗争就达7次之多。

为增加工薪进行罢工 桓仁铅矿工人劳动强度大,工作环境恶劣,但工人工薪极低,每天只有五六角钱,一个月下来也就十几元钱,连养家糊口都困难。因此工人多次向矿方提出增加工薪的要求,但日本当局始终未予答复,有的工人便要不干回家。这时,工人鞠德礼便给大家出主意说:"你们要不干,就等开完了饷钱都一起不干,这样就有可能给增饷钱。"于是,在1939年4月15日这天,西岔坑31名工人开完工薪,在工人陈炳山、陈炳才带领下罢工。收拾东西就回辑安县家乡了。罢工进行了14天,整个西岔坑停了产,日本矿长热田认为损失大大的,因此派人把这些工人找回来,答应干一天活儿给一天半的工钱后,工人才回来上班,并且松兰、滚马岭的工人也都照样增了资,罢工取得了胜利。

为抗议日本监工打人举行罢工 桓仁铅矿的日本监工经常打骂工人,引起工人的强烈愤慨而多次举行罢工。1940年6月的一天,在西岔坑口,当时下班时间已过,但日本监工田中不让工人下班,并说出完毛(即出矿石)再下班。工人戴喜山不听,田中因此下手打了他。工人鞠德礼知道后,就去找田中据理力争,质问他凭什么到点还不让下班,田中根本不听,因此鞠德礼也打了田中耳光。田中就跑到矿长谷田那儿告状。谷田将鞠德礼找去,斥责他说日本人是掌柜的,不能打,但鞠并未屈服。这时西岔坑当班的38名工人也都到矿长院里示威,并借机要罢工回家。这样西岔坑的3台凿岩机全停了下来,影响了生产,谷田便让鞠德礼劝人回来上班。

---

① 刘凤鸣口述:《罢工》,载《本钢工人报》,1959年10月31日、11月3日。

鞠德礼未予理睬。后来由日本人山本出面道歉，保证今后日本人不再随便打工人，并将田中调离，这样工人才停止罢工上班①。

还有一次在1944年8月间，西岔坑报国队因日本人毒打工人，单把头也跟着骂了几句。当时报国队徐小队长告诉了李大队长，李大队长带领工人就将单把头痛打一顿。单跑去报告日本人，还未等日本人出面，报国队就联合普通工人共140余人将日本事务所砸了，把五六根6米长的灌倒木从窗户捅进去，还向屋里扔石头和棍棒等物。随后，李大队长带领工人罢工3天。这下日本人荒木、小川、高桥等五六人都不敢吱声，老实许多。最后由谷田矿长出面道歉，伪桓仁县公署劳务股出面说和才平息此事②。

为反对体罚工人怒打日本人 工人给日本人出苦力，日本人却从不把中国矿工当人看，时常对中国工人进行体罚。1944年8月的一天中午，在松兰坑保健站附近，有20余名工人装运矿石。矿石需要用箱子装，日本监工为体罚工人，故意将每个箱子做成装300公斤矿石规格，然后要求两名工人抬一个箱子装车。工人累死累活也抬不动，日本监工荒木还不让工人休息，激起了工人的愤怒，便将荒木从汽车上推下去，大家围上去将其痛打一顿。从此荒木再也不敢到这里监工了。随后，日本人改造了箱子的规格，从原300公斤减到100公斤规格，这样工人才能抬得动③。

桓仁铅矿工人自发反日斗争，有力地打击了日本当局、日本监工和汉奸把头的嚣张气焰，维护了中国工人的尊严和权益，彰显了中国工人阶级不畏强暴和不甘当亡国奴的斗争精神。实践证明，只要中国工人团结一心，敢于和善于斗争，就一定能取得斗争的胜利。

第六节 抗日斗争的特点与历史地位

本溪人民长达14年的抗日斗争，是中国人民抗日斗争和世界反法西斯斗争的重要组成部分。在这场关系中华民族生死存亡的斗争中，本溪人民在中国共产党的领导和影响下，经过了14年艰苦卓绝而又惊心动魄的斗

---

① 《鞠德礼回忆》（1961年11月15日），本溪市党史地方志办公室藏。
② 《孙万增回忆》（1961年8月5日），本溪市党史地方志办公室藏。
③ 《孙相贤回忆》（1961年8月12日），本溪市党史地方志办公室藏。

争，付出了巨大的牺牲和代价，创造了惊天地、泣鬼神的伟大业绩，为中华民族的解放事业做出了重要贡献。

一、本溪人民抗日斗争的主要特点

本溪人民抗日斗争有着显著的自身特点。

坚持抗战的率先性和持久性　本溪人民具有反抗外来侵略，争取民族独立的优良传统。早在1894年中日甲午战争中的辽阳东路之战，1927年本溪炼铁公司工人八二三大罢工等就是最好的例证。从1931年九一八事变到1945年八一五光复，本溪人民抗日斗争贯穿了整个14年抗战的全过程，而且一刻也没有停止过。毛泽东、习近平等党和国家领导人关于中国人民14年抗战的重要论述，在本溪得到了完整的体现。1931年九一八事变的第三天，即9月20日，本溪煤铁公司南芬庙儿沟铁矿80名工人就举行罢工，抗议日寇侵略中国东北。9月29日，本溪义勇军战士一人在安奉铁路南芬至桥头段为破坏敌人运输而牺牲。同年12月18日，钟子臣率便衣队突袭日本牛心台火车站，打响了本溪地区武装抗日的第一枪。

1931年10月至1933年，本溪地区先后有东北民众自卫军、辽宁民众自卫军、第二十一路义勇军坚持抗战，并于1932年掀起本溪义勇军抗日斗争的新高潮。1934年2月至1938年，中国共产党领导的东北人民革命军挺进本桓，本溪人民的抗日斗争进入了以抗联第一军为主体的新阶段，开辟了以老秃顶子山、和尚帽子山为中心的本桓抗日游击根据地。随着南满游击根据地的丧失，本溪人民的抗日斗争转入低潮，抗日斗争的中心由农村转向城市，在中国共产党的领导下，本溪工人阶级和各界爱国民众成为本溪抗日斗争的主体，直至1945年8月15日东北光复。

参与主体的广泛性　本溪人民抗日斗争的主体参与者空前广泛，充分体现了全民抗战的特点。1931年九一八事变后，本溪义勇军、抗日联军、工人阶级、各界爱国民众踊跃参加抗战，几乎涵盖了本溪社会的各个阶层。他们虽然政治信仰不同，组织形式各异，斗争方式有别，但却都是在爱国主义的旗帜下为维护民族独立、为收复失地而与日伪反动势力展开英勇斗争。

从党派团体看，既有中国共产党领导的抗联、地方农民自卫队、青年义勇军以及反日救国会、妇女反日会、青年团等，也有国民党地方组织的抗战，还有大刀会、红枪会等帮会组织的抗战。从抗日武装的组织成分看，既有东北人民革命军、抗日救国军、义勇军，也有党领导指挥或联合的山林队、大刀会等。从社会阶层看，既有军人抗战，也有工人、农民、知识分子、工商界人士和青年学生的抗战。如工人举行罢工，破坏生产；农民反对"集家归屯"；知识分子和青年学生反对奴化教育等斗争。以工矿为例，既有本溪煤铁公司工人的反日斗争，又有桓仁铅矿、本溪水泥厂、大冶铁工厂、山城子煤矿、郑家屯砖厂等工人反日斗争。

中流砥柱的坚定性 在本溪人民14年抗日斗争中，中国共产党及其领导的抗日力量，始终战斗在抗日斗争的最前线，成为本溪人民抗日斗争的中流砥柱，成为本溪抗战的唯一领导力量。1931年九一八事变后，中共中央、中共满洲省委不仅连续发表宣言，号召人民起来抗击日本帝国主义侵略，并以实际行动来支援帮助和领导辽东义勇军抗战。尽管当时东北党团力量还很薄弱，但依然先后派黄宇宙、胡步瀛等共产党员到辽东联络组建和支援辽宁民众自卫军；派出李兆麟、孙已泰等到第二十一路义勇军中工作和成立本溪特支领导反日斗争；派出邹大鹏等人到邓铁梅部东北民众自卫军中帮助工作。特别是杨靖宇领导的抗联第一军，以解放劳苦大众，驱除日本帝国主义为己任，挺进本桓，开辟抗日游击根据地，并在此坚持斗争达5年之久，充分体现了中国共产党及其领导的人民军队的使命担当和为民情怀。随着本桓抗日游击队根据地的建立和发展，中共南满省委机关南迁本溪，直接领导本溪人民的抗日斗争，使本溪一度成为南满抗日斗争的指挥中心。在抗联一军转移和地方党组织停止活动后，本溪煤矿特殊工人党组织在与外界隔绝的情况下，自发成立共产主义领导小组指挥部，秘密发展党的力量，运用多种形成开展对日斗争，并在武装暴动中迎来本溪的黎明。

斗争方式的灵活性 从1931年九一八事变到1945年八一五光复，本溪作为日本占领区（即沦陷区），日本侵略势力成为本地区的主导力量，日伪当局在这一地区实行了残酷的殖民统治和白色恐怖，各种形式的抗日活动统被视为"非法"，都会受到日伪当局的残酷镇压。这就决定了东北沦陷区人民的抗日斗争，要采取与关内抗日根据地和国民党控制区的抗战有所不同的斗争方式。也就是说，本溪作为沦陷区，本溪人民的抗日斗争也必须因地因势制宜，斗争方式也必须灵活多变。具体说就是"四个结合"，即武装斗争与非武装斗争相结合；有组织斗争与自发斗争相结合；合法斗争与"非法"斗争相结合；群体斗争与个体斗争相结合。在本溪人民抗日斗争实践中，既有义勇军、东北抗日联军的武装斗争，也有工人阶级和各界爱国民众的非武装斗争，如组织工人罢工，为抗日部队筹运给养等；既有日伪当局认为非法的斗争，也有像伪本溪县县长魏运衡以及部分伪村屯长一样利用合法身份作掩护暗中为抗日出力的合法斗争；既有特殊工人党组织、桓仁救国会等有组织的抗日斗争，也有个体和自发斗争，如个人破坏日本人铁路设施、张其寨某农民向日本国旗上浇尿、六岁幼童在伪皇帝"御影"上写"大王八"等。

斗争环境的残酷性 本溪乃至于东北地区的抗战，相对于关内抗战，有许多不利因素，许多不同特点，这就决定了本溪人民抗日斗争的艰巨性、复杂性和残酷性。一是本溪属于沦陷区，是日本帝国主义独霸的殖民地，日本侵略者为了强化对本溪人民的控制，统治严密，手段残酷，完全处于敌人的白色恐怖之下，抗日斗争的艰难程度可想而知。二是敌我力量对比悬殊，日军处于绝对优势，而抗日力量则处于绝对的劣势，是完全不对称条件下的对敌斗争，东北抗日联军也不可能建立巩固的抗日根据地，其所建立的根据地也只能是游击性质的根据地。三是日本当局为达到所谓"匪民分离"而实施了"集家归屯"、保甲连坐、警备道路等反动政策，切断了抗联一军与本溪人民的联系，使抗联失去了军需给养等一系列支持和保障，给抗联一军的生存和活动带来了极大的困难。四是本溪地区漫长的冬季严寒给抗联带来严重威胁，抗联只能在深山露营。加之日伪军频繁的"讨伐"、政治诱降和叛徒出卖，使抗联和中共地方组织遭到严重破坏。即便是这样的环境下，本溪人民的抗日斗争依然没有停止，而且随着抗日斗争主体的转换，采取对敌斗争的策略和手段也在不断变化。

二、本溪人民抗日斗争的历史地位

如何评价本溪人民抗日斗争的历史地位？笔者认为可以从以下几个方面来认识：

第一，本溪人民的抗日斗争直接威胁和动摇了日本帝国主义在东北的殖民统治。九一八事变后不久，本溪便衣队、山林队在安奉铁路沿线率先举起了抗日旗帜，搅得日本侵略者日夜不得安宁，继而唐聚五于桓仁誓师抗日，辽宁民众自卫军迅速发展到37路、10万余人，并一度成立辽宁省临时政府，活动范围包括东边10余县，抗日烽火燃遍浑、太两岸的广大地区。邓铁梅攻打凤凰城，第二十一路义勇军攻打沈阳，唐聚五部攻打新宾、本溪、宽甸等县城，令日伪当局惊恐万状，沉重打击了日本侵略者的反动气焰，直接威胁和动摇了日伪殖民统治。据日伪记载："由辽阳东北地区到本溪湖最为危险，那一地区的各地仍然经常处于不安定的状态中。"①"近来东边刀匪益为猖獗，其势力有日益扩大之虞。"②1934年至1939年，杨靖宇率抗联第一军挺进本溪，创建了本桓抗日游击根据地，犹如在日本殖民统治的心脏之地插上一把锋利的尖刀。连敌人也不得不承认："桓仁县城是东边道唯一的治安不良地区"③，本溪县"治安不良居本省第一"④。抗联第一师"几成南满地区唯一之治安症结"，"数年以来，虽遭日满军警讨伐，仍顽强抵抗，横行无忌"⑤。甚至将本溪直接列为"匪区"，特别是辽宁民众自卫军、抗联第一军活跃于辽宁东部和吉林西南部广大地区，与日伪统治中心长春、沈阳近在咫尺，本溪人民抗日斗争打乱和破坏了日本殖民统治秩序，从而成为日本侵略者的梦魇。

第二，本溪人民的抗日斗争，歼灭和消耗了敌人大量的有生力量，迟滞了日军占领东北和全面侵华的进程，有力地配合了全国抗战。1931年九一八事变到1937年七七事变的东北抗战，是全国抗战的序幕，是东北独立抗战的重要组成部分。本溪义勇军和抗联第一军在此6年间，以坚决的爱国自卫战争，消灭了敌人大量有生力量。据不完全统计，在东边道地区，辽宁民众自卫军与日伪军作战210次，共毙伤日军2159人，毙伤俘伪满军8552人，共计10711人⑥。抗联第一军自1934年至1938年在本溪地区与日伪军作战310次，共毙伤俘和迫降日伪军约3000人，缴获各类枪支3000多

① 《满铁事变记录》，第10卷之8。

② 《东边刀匪日益跋扈》，载《盛京时报》，1932年6月10日。

③ 《伪满中央警务统制委员会关于逮捕安东省内反满抗日秘密组织救（保）国会的综合资料》，载辽宁省教育志编纂委员会编：《辽宁教育史志资料》第3集下，辽宁大学出版社，1990年，第853页。

④ 《本溪县治安肃正工作会议纪录》（1936年4月4日），载《本溪县政公报》1936年第2卷第3期。

⑤ 《共匪程斌等在本溪县境内全部缴械投诚》，载《盛京时报》，1938年7月1日号外。

⑥ 中国人民解放军历史资料丛书编审委员会：《东北抗日联军》，白山出版社，2011年，第26页。

支，子弹数万发。本溪人民的抗战，不仅消灭了敌人的有生力量，也迟滞了日军占领整个东北和全面侵华的进程，迫使日伪军不得不调集重兵对本溪乃至东边地区进行"讨伐"和"围剿"。正如毛泽东指出："我们东北抗日义勇军能够继续英勇的抗日斗争。敌人的报纸都承认东北义军已使敌人损失'十万以上生命和几万万的金钱'，并使日本帝国主义不能很快地侵入中国内地，虽然他们还未取得彻底的胜利，可是对于国家、民族已有了巨大的功劳与帮助。"①

1937年7月全国抗战爆发后，本溪人民抗日斗争成为全国抗战的组成部分。在1937年7月至1945年8月长达8年时间里，东北抗联第一军、本溪工人阶级和各界爱国民众，在本溪城乡两个战场，公开与隐蔽两条战线，与日本侵略者展开了持续不断的生死较量。他们不断袭击日伪据点，破坏敌人的生产运输，从而有力地配合了全国抗战。正如毛泽东所指出的那样："东三省的游击战争……在抗战起来以后，配合的意义就明显地表现出来了。那里的游击队多打死一个敌兵，多消耗一个敌弹，多钳制一个敌兵使之不能入关南下，就算对整个抗战增加了一分力量。至其给予整个敌军敌国以精神上的不利影响，给予整个我军和人民以精神上的良好影响，也是显而易见的。"②

第三，本溪人民的抗日斗争，推动了全国抗日救亡运动的发展。日本帝国主义悍然发动九一八事变并迅速占领中国东北，而守土有责的国民党政府却实行不抵抗政策，并对日本侵略者妥协退让，激起全国人民的强烈愤恨。面对强寇入侵，国土沦丧，民族危亡，本溪人民冲破了国民党政府不抵抗政策的羁绊，毅然奋起抗战，表现了本溪人民不畏强敌，不甘当亡国奴的民族气节。特别是邓铁梅、唐聚五登高一呼，辽东民众群起响应。唐聚五组织辽宁民众自卫军在桓仁誓师抗日，发出的通电、文告，有的在南京中央广播电台播放，有的刊载于全国各大报刊，影响中外。唐聚五后来在北平大中学校发表演讲、黄宇宙面见国联调查团揭露日本入侵真相、杨靖宇和抗联第一军抗日事迹在巴黎共产国际创办的《救国时报》多次刊

---

① 《毛泽东先生致章陶邹沈四先生信》，载《救国时报》第46期，1936年10月30日。
② 毛泽东：《抗日游击战争的战略问题》（1938年5月），载《毛泽东选集》第2卷，人民出版社，1991年，第416页。

载，使本溪人民的抗日斗争事迹在国内外产生了重要影响，有力地推动了全国抗日救亡运动的发展。辽东义勇军抗战为电影《风云儿女》及其主题曲《义勇军进行曲》的创作提供了原创素材，使《义勇军进行曲》传唱大江南北、长城内外，吹响了中华民族争取民族独立和自由解放的战斗号角。本溪籍爱国人士、东北救亡总会负责人之一陈先舟主笔《反攻》杂志，本溪籍民主人士刘仁参与编辑《反攻》杂志，编辑出版世界语《世界报导》等，对唤醒中国同胞救亡图存，争取世界爱好和平与正义的人们的同情与支持发挥了重要作用。

第四，本溪人民的抗日斗争，直接破坏了敌人"以战养战"的图谋。本溪是煤铁之城，矿产资源丰富，日本侵占本溪后，疯狂地掠夺本溪煤铁资源，用于支撑其侵略战争和制造杀人武器。本溪煤铁公司工人和特殊钢试验工场工人展开针锋相对的斗争，不断地举行罢工、怠工，如本溪煤矿特殊工人组织集体逃跑，破坏生产，制造事故等；特殊钢工场工人故意制造钢水漏包，本溪水泥厂工人故意破坏650马力生料磨减速机、外运水泥机车轴瓦等，造成重大生产和运输事故等方式进行斗争。本溪义勇军则不间断地袭击敌人的铁路运输线，制造爆炸、脱轨、颠覆列车，使安奉铁路运输线处于瘫痪和半瘫痪状态，严重破坏和影响了日本侵略者的资源掠夺计划，直接破坏了日本当局的煤铁和特殊钢生产支援侵略战争的图谋。"特别是匪徒在比较便于他们潜藏的安奉线，利用地形到处窜扰，任意袭击车站及附属地，妨碍列车行驶，破坏路线及附属地建筑物"[1]，令日本侵略者焦头烂额，"日方鉴于义军活跃日烈，屡次覆车，防守无效，特先行规定一部分停车，如情势再行恶化则全部停车"[2]。由于本溪人民的抗日斗争，有力地破坏伪满洲国第一、第二个产业开发五年计划和东边道产业开发计划，《满洲国警察史》记载："进入东边道的东北抗日联军第一军军长杨靖宇为总指挥……等经过沙场战斗千锤百炼的巨魁，而大逞其威，成为东边道产业开发上的恶性肿瘤。"[3]朱德指出："东北同胞，组织了数万人民革命军和义勇军，不让日本强盗在那里安然开发资源和利用市场。相反地，日本强

---

① ［日］"满铁"铁道部编：《满洲事变记录》第10卷之8。
② 陈觉：《九一八后国难痛史》，东北问题研究会，1932年，第52页。
③ ［日］"满洲国"治安部警务司编：《满洲国警察史》上卷，吉林省公安厅公安史研究室、《东北沦陷十四年史》吉林编译组译，1990年，第209页。

盗为维持东北的'治安',却要派极大的军队,消耗了许多有生力量和每月数万万的军费","使日伪在东北的统治不能稳定,使日寇很困难甚至无法榨取东北的资源",从而"使其前线不能得到补充,战地又无以征发",进而达到了"最大限度地疲困敌人","失去其长期战争的能力"①。这是对本溪乃至整个东北抗日军民的抗日斗争,破坏敌人"以战养战"图谋的最好概括。

第五,本溪人民的抗日斗争,付出了巨大的牺牲和惨烈的代价。由于本溪地处辽东腹地和安奉铁路要冲,特殊的地理条件和丰富的煤铁矿产资源,使得日本侵略者将本溪视作战略后方和军工军需供应的重要基地,而本溪人民持续不断的抗日斗争,则让日本侵略者将此地定义为"治安不良地区",因此不惜采取各种手段,疯狂地掠夺本溪煤铁等资源,疯狂地"讨伐"镇压和屠杀本溪抗日军民和无辜群众,本溪也因此成为抗战时期人民生命财产损失最为严重的地区之一。

为了镇压本溪人民的反抗,日本侵略者对本溪人民进行了残酷的军事镇压和政治迫害,先后制造了夹皮沟惨案、西江惨案、富尔江惨案、凉水河子惨案、桓仁救国会惨案和赛马惨案,成百上千的抗日志士被杀害。为消灭抗联武装,切断本溪人民与抗联第一军的密切联系,推行恶毒的"集家归屯"和"三光"政策,制造无人区,强行将偏远山区自然村屯的人们驱赶到日伪当局指定的"集团部落"中过着集中营式的悲惨生活。在日本法西斯的淫威下,本溪地区有40多万亩耕地被撂荒,上千个自然村屯、数万间民房被焚毁,许多故土难离不愿归大屯的无辜群众被枪杀。加上粮食"出荷"和各种税费的横征暴敛,将本溪人民推入苦难的深渊。为了加强对本溪煤铁资源的掠夺,日本侵略者在本溪实行战时生产体制,疯狂推行"人肉开采"政策,先后致使13万劳工惨死,本溪湖煤矿四二六世界矿难和众多的劳工万人坑记录下日本侵略者残害本溪劳工的滔天罪行。

为了捍卫民族尊严,争取民族独立,本溪人民奋起抗战,无数抗日英烈血洒疆场。以邓铁梅、苗可秀、唐聚五、黄拱宸、白广恩等为代表的义勇军将士,以杨靖宇、李红光、宋铁岩、韩浩、李敏焕、韩震、李相山、

---

① 朱德:《论抗日游击战争》(1938),载中共中央文献编辑委员会编:《朱德选集》,人民出版社,1983年,第35-46页。

隋相生等为代表的抗联将士，以李兆麟、李东光、李明山等为代表的中共地方组织负责人，以孟继武、李德恒、崔芳秋、富广贵等为代表的知识分子，以王泊生、张顺、孙少勇、邢房银等为代表的特殊工人，为本溪和辽东人民的抗日斗争，为中华民族的解放事业献出了宝贵的生命，他们的事迹功垂日月，他们的精神永励后人。

第六，本溪人民的抗日斗争，创造了鲜活的历史经验，孕育和熔铸了伟大的东北抗联精神。在本溪和南满地区的抗日斗争中，最具代表性的抗战主体是杨靖宇和东北抗联第一军，杨靖宇在坚决贯彻执行党中央和中共满洲省委正确的路线方针和策略的同时，善于根据本地区抗日斗争形势发展变化，敌我力量对比，不断研究和及时总结经验。坚持中国共产党对东北抗日联军的绝对领导和政治建军，创建了东北人民革命军第一军独立师、东北抗日联军第一军、东北抗联第一路军，并担任独立师师长兼政委、第一军军长兼政委、第一路军总司令兼政委，参与创建和领导了中共南满特委、中共南满省委，并直接领导中共桓兴县委。在建立抗日游击根据地方面，创建和领导了磐石、河里、老秃顶、濛江等长白山区抗日斗争达7年之久。在建立抗日民族统一战线方面，最早提出"不分见解、信仰，枪口一致对外……我们一致联合起来"的口号，团结义勇军、救国军、抗日山林队联合抗日。在领导南满抗日游击斗争中，善于在战争中学习战争，先后创造了"三大绝招""四快""四不打"等游击战术，成为军事家和山地游击战专家。尽管所创建的根据地还是游击性质，尽管这个统一战线还不十分巩固，但这并不影响杨靖宇和东北抗联第一路军的丰功伟绩。杨靖宇和东北抗联第一军所创建的抗日游击根据地、统一战线和游击战经验，不仅给东北抗联，也给全中国抗日战争提供了鲜活的可供借鉴的经验。

在这场捍卫祖国尊严、维护民族独立的伟大斗争中，在本溪、南满乃至白山黑水广袤的土地上，在生与死、血与火的考验面前，以杨靖宇为代表的东北抗联将士，在十几倍甚至数十倍于己的强敌面前，不动摇、不放弃、不退让、不妥协、不投降，只要一息尚存，便为民族而战，谱写下中华民族抗战史上最惨烈、最壮丽的篇章，孕育和熔铸了以爱国主义为核心的伟大的东北抗联精神，这就是毁家纾难的报国情怀，百折不挠的必胜信念，视死如归的民族气节，同仇敌忾的联合精神。

东北抗联精神产生有其深刻的历史背景：中国共产党独立领导东北人

民革命武装斗争是东北抗联精神的基本前提；东北抗联的宣言、纲领与中国共产党的理想信念宗旨一脉相承，是东北抗联精神产生的政治基础；东北抗联于艰苦卓绝的环境中血战强敌、不屈不挠是东北抗联精神产生的内在因素；休戚与共、团结御侮是东北抗联精神产生的重要特征。东北抗联精神与中国抗战精神一样，是对中华民族优秀历史文化的继承和弘扬，是中国人民弥足珍贵的精神遗产，成为激励中国人民克服一切艰难险阻，实现中华民族伟大复兴的强大精神动力。

第四章
东北光复后的地方民主政权建设

　　1945年，中国人民抗日战争和世界反法西斯战争进入最后阶段。5月5日，苏军攻克柏林，法西斯德国战败投降。8月8日，苏联政府对日宣战。8月9日，根据《雅尔塔协定》，苏联百万红军进入中国东北，向日本关东军发起强大攻势。同日，毛泽东发表《对日寇的最后一战》的声明，号召中国人民的一切抗日力量对日军展开全面反攻，配合苏联及盟军作战。在中、苏、美同盟国的联合打击下，日本在亚洲和太平洋战场的军队迅速溃败。8月15日，日本天皇裕仁通过广播发表《终战诏书》，正式宣布接受《波茨坦公告》，无条件投降。9月2日，日本政府正式签署投降书。至此，中国人民抗日战争暨世界反法西斯战争胜利结束。

　　第二次世界大战胜利后，国际国内形势发生了巨大变化，国民党政府在美国支持下，打着"国家统一"的旗号，积极推行反共、反人民的内战政策。而以中国共产党为代表的民主力量，则强烈要求废除国民党一党专政，提出和平建国的基本方针。中国正面临两种前途、两种命运的抉择。

　　毛泽东和中共中央高度重视东北地区的战略地位，审时度势，总览全局，确立了"向北发展，向南防御"的新战略，并于1945年9月中旬成立了以彭真为书记的中共中央东北局，先后抽调彭真、张闻天、高岗、陈云4名中央政治局委员，林彪、罗荣桓等20名中央委员和候补委员到东北开辟工作，并从各解放区抽调2万名干部，抽调八路军、新四军主力部队11万人挺进东北。中国共产党为经略东北，逐鹿中原，以最英明的决策，最迅速的行动，投入最大力量，抢占先机，争取主动，拉开了解放全中国的序幕。

　　本溪作为沈阳卫城和战略要冲，以及特殊的资源禀赋，成为国共双方争夺的重点地区。由于中共中央东北局和东北人民自治军总部迁溪，本溪曾一度成为东北党政军指挥中心。

第一节　抗日战争胜利后的地区形势

日本投降，东北光复，人民欢欣鼓舞，庆祝抗战胜利。然而本溪社会并不安宁。日伪武装尚未缴械，仍图作垂死挣扎；市县伪官吏、商绅筹建维持会，等待观望，国民党势力转入地上，建党建军，希图配合国民党军接收。但由于本溪特殊工人武装暴动，保卫工矿；人民军队挺进本溪，解除敌伪武装，粉碎了敌伪残余势力和国民党地方势力的美梦，其活动不得不转入地下。

一、"日本投降了！"

1945年8月9日，苏联红军以摧枯拉朽之势冲破日本关东军的防线，令本溪日伪当局惶惶不可终日。8月15日，当日本天皇宣布投降的消息传来，在伪本溪湖市公署集中收听广播的全体日系官吏，一片哭号之声。虽然他们当中有些人不愿承认日本已经战败，甚至还自欺欺人，但毕竟大势已去，因此日本人开始抢配物资，焚毁档案，以销毁侵略罪证。市公署日系官吏更要分掉银行存款，被伪财务科长何裕丰拒绝。他说："日本投降了，你们可以一走了之，我是走不了的。你们扔下这乱摊子，叫我怎么收拾？你们把钱分光了，将来中国政府接收时我怎么交代？你们也替我想想！"经过激烈争论，最后经日籍参事官信家升从中协调，为照顾伪职员（含日本人）的生活，最后何裕丰才同意每人发一年工资作为善后处理①。

在桓仁县城，8月15日凌晨，当桓仁县伪协和会职员白尔杰从短波收音机中听到日本政府投降的消息时，心情格外激动，立即告知有关人员，私下庆祝。而同一时间，伪县公署的日系职员却纷纷大哭不已。随后，伪副县长日本人获原哭丧着脸向伪县长刘清一说："我们日本投降了，无条件的回国了，从今天起将政权交出，桓仁县的事情你们中国人统统的管吧！"并

---

① 韩愚：《风云激荡的本溪山城》，载中国人民政治协商会议辽宁省本溪市委员会文史资料研究委员会编：《本溪文史资料》第2辑，1985年，第182-183页。

要求警察保护日本侨眷的人身安全①。

在本溪县公署，8月15日午后1时，当日系官吏集体收听日本天皇无条件投降的广播后，放声大哭，只有伪警务科长林尚光（台湾人）和总务科长佐藤（日本人，思想"左"倾，被监视对象）听到广播后，主动出门和中国官吏握手说："日本投降了，你们自由了。"全体中国伪官吏高呼："东北光复，中国万岁！"8月17日上午10时，县公署中国职员举行庆祝光复升旗仪式，当中国职员打开县衙库房，将秘密收藏了十几年的一面面青天白日满地红旗帜升到旗杆上、挂满院墙上，高唱《三民主义歌》时，全体中国职员都流下热泪，终于结束了14年的亡国奴生活，回到了祖国的怀抱，怎能不高兴，怎能不欢乐！受邀参加升旗仪式的佐藤感慨地说："你们歌唱得太好了！说明你们中国人时刻没有忘记祖国，值得祝贺！"8月18日，日本人又回到县公署要求领退职金，县公署从沈阳运回伪国币100万元现金，被日系职员分掉30万元，还有70万元本来要分给中国职员，但大家一致表示："我们不领这笔款，留作接收时交给国家！"最后这笔巨款交由接管本溪的八路军冀热辽军区第十六军分区接收②。

日本投降了，东北光复了，本溪工人阶级受奴役受压迫的日子一去不复返了，他们纷纷组织起来与日伪当局进行斗争。8月15日，日本政府已经宣布投降，但本溪矫正辅导院却仍然关押着1200余名"收容者"。他们在听到日本投降的消息后，强烈要求释放，而辅导院日本当局不仅不答应，反将他们继续关押在监房内，并架起广播进行所谓的"安抚"宣传。8月17日，这些收容者串联各监房，准备铁锹、镐、斧子等工具，准备暴动。当夜12时许，参加暴动人员喊声四起，捣毁铁门，砸断电网，1000余人逃出辅导院。日警闻讯前来镇压，被收容者死伤10余人。100余名病号未及逃走，还有100余人又被抓回关押起来。直至8月18日，日本当局才被迫释放全部被押人员③。

8月16日，大冶铁工厂50余名工人在地下党小组的领导下，对经理梁小五展开清算斗争，关押了梁小五。8月中旬，南坟铁山"劳动报国队"两

① 白尔杰：《动荡的六十天》，载中国人民政治协商会议辽宁省桓仁县委员会文史资料研究委员会编：《桓仁文史资料》第2辑，1985年，第42-43页。
② 谭会忠：《伪本溪县公署秩闻录》（二），载《细草微风文存》，1997年，第71-72页。
③ 本溪市地方志编纂办公室编：《本溪市志》第1卷，新华出版社，1991年，第638-639页。

三千工人，一举分掉配给所的所有物资。本溪湖煤矿特殊工人举行武装暴动，成立了工人纠察大队。

本溪县山城子久和煤矿当局残酷剥削奴役中国矿工，八一五光复后，中国矿工的怒火终于爆发了。8月17日，愤怒的矿工百余人手持镐把，找汉奸矿长张玺和与劳工系主任日人武田算账。张玺和闻讯逃走，武田自知罪孽深重，服毒自杀。矿工们将久和煤矿仓库的物资分掉[1]。

本溪教育界遭受日本侵略者殖民和奴化教育，受害极深。本溪各校师生在听到日本投降的喜讯后，无不欢欣鼓舞，奔走相告。8月16日，高台子小学校长边永阳将正在放暑假的全体同学集中后激动地说道："日本人在东北统治了14年，昨天，他们的天皇向联合国递交了投降书，这是一件大喜事。我们中国人再也不当亡国奴了！"他又充满深情地说，"九一八事变那天起，日本人强占了东三省，他们天天在烧杀抢掠，还硬要说成是搞什么'大东亚共荣'，学校教育基本上是奴化中国人的教育，有些事情连我这个当校长的也敢怒不敢言。现在好了，今后我们中国人自己治理国家了，再也不受压迫了！"同学们听了校长的讲话都格外高兴，感到头顶上的天虽然还是那片天，却是格外晴朗，甚至感到呼吸都特别自由了。

日本投降了，日本人再也没有了往日的威风。压在本溪农民头上的徭役、税捐、"出荷"等沉重负担终于卸去，愁眉锁眼为之一扫。8月17日，在本溪郊区高台子村前小火车站上聚集了上百人。几个日本人通过翻译，装模作样地说："日本人投降了，我们是来告别的。这条铁路是你们中国人修的，是你们的财富，你们要爱护自己的财产。"这时人群中不知是谁大喊一声："不用你放屁！我们中国人民自己懂得怎么爱护自己的财产！"紧接着人群中爆发愤怒的吼声："打倒日本鬼子！东洋小鬼子滚蛋！"日本人一看情形不妙，连忙向铁路上停着的平板车跑去，乘着平板车向石桥子方向仓皇逃走。车站上的人们欢呼雀跃，大喊着："中国人胜利了！"[2]

抗战胜利了，日本投降了，东北光复了。日伪地方政权彻底垮台了，对本溪长达14年的殖民统治结束了。本溪人民终于挣脱了14年受奴役、受

---

① 《访问张永春记录》(1961年9月4日)，本溪市党史地方志办公室藏。
② 赵圣琦：《八一五：欢乐的山村》，载本溪市政协文史委，本溪市明山区政协编：《明山文史资料》第2辑，1993年，第28页。

压迫的樊篱，终于可以挺胸抬头做人了，终于可以呼吸新鲜空气了。天地同庆，山河做证，所有本溪人都见证了这一伟大的历史时刻。

二、特殊工人武装暴动

苏联对日本宣战，苏联红军出兵东北对日本关东军作战的消息传来，本溪人民翘首以盼，特别是在本溪煤矿特殊工人中引起了极大反响。他们自发地组织起来，建立中共临时支部，带领工人群众夺取武器弹药，勇敢地担负起保卫国家财产、维护社会秩序的重任，并积极为党接收本溪做准备。

当本溪煤矿特殊工人得知苏联红军对日宣战的消息后，有人跃跃欲试，主张马上起来同日本侵略者干一场。以八路军某部副团长邢房银为核心的茨沟特殊工人党组织看到此种情况后，立即召开会议，分析形势，研究对策，认为在这种突如其来的变化和对事态尚不清楚的情况下，需要沉着应付，不能蛮干，要密切注意形势变化，再相机行事。会议决定，为适应形势变化和防止敌人搞大屠杀等意外不利情况发生，需要尽可能团结更多工友，形成领导核心，在原来党小组的基础上，组建临时党支部。为避免邢房银过多露面，大家推选王庆锁为支部书记，邢房银、郝振光、赵登录等人为委员。

8月14日，本溪煤铁公司日本当局一反常规，强迫工人到山上挖工事，随后又命令工人拆卸机器设备运往井上，而山下煤铁公司的日本人则慌忙焚烧文件档案，工人们判断日伪政权可能要垮台了。8月15日，日本正式宣布无条件投降，特殊工人闻讯后立即行动起来。有的人割破电网，冲上大街；有的人凑钱准备改善一顿，庆祝光复；还有的凑到一起，准备找恶霸把头算账报仇。看到这种情况后，特殊工人、原山东省平度县区委书记陶守崇找到邢房银、王庆锁等人一起研究，

特殊工人党支部书记陶守崇

提出在敌人尚未解除武装之时不能盲动，只有团结和组织工人群众开展斗争，才有可能取得胜利。于是茨沟特殊工人党支部召开紧急会议，对原党支部进行调整，选举陶守崇为党支部书记，邢房银为副书记，决定将特殊

工人组织起来，团结广大工人群众举行武装暴动，保护矿山。

重新组建的临时党支部的首要任务是如何将工人组织起来，建立什么样的组织。考虑到国民党军政被俘人员占特殊工人一半多的实际，如果处理不好，事情就很难成功。因此决定保持特殊工人原中队、小队编制不变，在此基础上成立本溪特殊工人纠察大队（后改为工人护矿大队）。为贯彻党的抗日民族统一战线政策，选举在国民党被俘人员中威信较高的原国民党军中校参谋贺觉民为大队长，陶守崇为副大队长，邢房银为军事教员，负责编制和军训。

茨沟特殊工人的行动很快传到柳塘，柳塘特殊工人经过串联发动，也组织起来，于是两支工人队伍联合起来，共同组织4个中队，整个工人大队达到2000余人。本溪工人纠察大队成立后，重点做了两件事：一是由赵登录起草《告全市人民书》，并抄写数份，张贴在本溪市街面，阐明抗战胜利了，成立工人纠察大队，同全市人民一起维护社会治安，保护人民生命财产安全的宗旨。二是举行升旗仪式，于8月19日上午10时，工人纠察大队在茨沟举行隆重的升旗仪式，升挂中华民国国旗，高唱《三民主义歌》。一部分市民也参加升旗仪式，并拿来自己制作的小国旗，热情欢呼，庆祝抗战胜利。

驻本溪湖日本守备队在得知本溪特殊工人建立纠察大队后，急忙派人来大队谈判干预。陶守崇义正词严地告诉日军："我们祖国光复了，本溪湖是我们中国的土地，不仅本溪湖，就是辽宁乃至全东北，也用不着你们来管！"日本人碰了一鼻子灰，狼狈溜走。此事使工人大队领导意识到，如不武装起来，护矿大队就很难立足和行动，必须尽快搞到枪支来武装自己，特别是在他们以保护矿山为名，向日本守备队和伪警署索要枪支遭到拒绝后，认为只有举行暴动夺枪来武装自己，才能保卫矿区和本溪山城[①]。

8月22日，特殊工人护矿大队在茨沟辅导班院子里集合，在邢房银率领下，每人肩扛镐把，分4路纵队向本溪湖市区进发夺取武器，一路上高呼"庆祝祖国光复""保卫工厂矿山"等口号，市区男女老少都涌上街头，一些市民议论说："我活了这么大年岁，头一回看到这么多工人一起排队上街。有这些特殊工人，本溪就都镇住了，谁敢去工厂、矿山抢东西啊！"护

---

① 《郝振光回忆》，载本溪市党史地方志办公室编著：《本溪人民抗日斗争纪实》，沈阳出版社，2015年，第421页。

矿大队首先包围本溪湖火车站伪警察所，缴获了150多支步枪和手枪，然后将本溪煤铁公司大白楼地下室的1000多支步枪起出（部分枪支无撞针或撞针已坏，后修好）。这时本溪湖日本守备队开来两辆汽车，满载全副武装的日本兵。已经武装起来的工人护矿大队毫无惧色，迅速包围上去，并将其头车上的机枪抢到手，正告他们：我们祖国光复了，我们是国家的主人，我们有责任保护国家财产。昔日横行霸道的日本兵在武装起来的工人护矿大队面前，已没有了往日的威风，匆匆逃回兵营。

特殊工人护矿大队全副武装起来后，一部分开赴矿山、仓库等重要部门进行严密看守，一部分人员到社会上维护治安，制止乘乱刮起的哄抢风。马辛卯带部分工人武装收缴了小市、田师傅等地日伪人员的武器；邢房银又收编了牛心台煤矿一支工人武装。

9月7日，当听说八路军部队进驻沈阳时，护矿大队领导人贺觉民、陶守崇等人于次日到沈阳小河沿找到冀热辽军区第十六军分区司令员曾克林等领导人，曾克林等热情接待了他们，并决定将本溪特殊工人武装改编为第十六军分区特务二团，贺觉民任团长，邢房银任副团长，陶守崇任政治处主任。9月9日，第十六军分区派民运科长吴继尧为特派员来本溪执行接收改编，本溪特殊工人这支武装正式加入人民军队行列。

从8月15日日本宣布投降至9月18日八路军进入本溪，在前后一个多月的时间里，本溪特殊工人自发建立党组织领导他们开展斗争，在抗战胜利之初日伪军尚未缴械、苏联红军没有到来、社会局势动荡、同党组织失去联系的情况下，自发组织起来收缴枪支，举行武装暴动，保护了工厂、矿山，维护了社会治安，有力地震慑了日伪残余势力，粉碎了国民党将其收编为"国军"的企图，最后使这支经过艰苦斗争考验的工人革命武装正式加入人民军队行列，为人民解放战争的胜利贡献了力量。

三、人民军队挺进本溪

（一）冀热辽军区第十六军分区部队挺进本溪

1945年9月18日，八路军冀热辽军区第十六军分区司令员曾克林率领所部第十二团从沈阳挺进本溪，司令部设于南地青年塾（今平山区工人社区和平街），政治部驻宫原大和寮（今明山区北地工字楼街）。同日，军分区召开了全市纪念"九一八"抗战十四周年雪耻大会，宣布组建第十六军分区第二十一旅，杨树元任旅长，刘光涛任政治委员，下辖第十二、六十一、六十二共3个团，兵力达1.3万人。同时，将不久前改编为特务二团的原本溪工人护矿大队再次改编为第六十二团，团长陈协，副团长邢房银，政治委员张瑞林，政治处主任陶守崇，副主任王庆锁。该团下设3个营，兵力达2800余人。

第十六军分区进驻本溪后，迅速收缴日本守备队、日本宪兵队武装，在全市实施军事管制，担负起消灭日伪残余势力，扩大革命武装，维护社会治安的任务。时有日军残部千余人，退入平顶山，在第十六军分区发出通牒后，仍拒绝投降，经第二十一旅围剿，一举将其歼灭。逃往本溪的伪保安部队1500人，经第二十一旅包围后解除武装①。

10月，第十六军分区在本溪宫原火车站北侧小院，接收了伪满军第二高射炮大队共260余人，并6门高射炮、12辆卡车。在此基础上成立东北人民自治军高射炮大队。同月，以第十六军分区教导队为基础，招收大批知识青年，成立冀热辽军区教导团，学员1500人，后改编为辽东军区军政学校，人员增至2000人。11月，教导团和高射炮大队扩编为东北人民自治军炮兵旅，旅长贾陶，政治委员郭德林，参谋长谢仁杰。旅部驻本溪桥头，下设两个团，第一团为高炮团，驻吉林通化；第二团为地炮团，驻桥头。全旅共3000余人，有高射炮、野炮、榴弹炮等72门。同时，第十六军分区还在本溪搜缴日本关东军坦克20余辆，组建了东北人民自治军坦克团②。

冀热辽军区第十六军分区司令员曾克林

日本政府宣布无条件投降后，驻扎在辽阳奉集堡的日本关东军第二航空军团第四练成大队惶恐不安，既不敢负隅顽抗，又不愿向苏军和八路军投降，于9月9日晚，大队长林弥一郎（即林保毅）带领300余名日军飞行员和地勤人员，遗弃机场和40多架飞机，向本溪方向逃窜，准备接近海岸

---

① 李运昌：《对侵华日军的最后一战》，载中共辽宁省委党史资料征集委员会编：《辽宁党史资料》第3辑，1988年，第92页。

② 中共辽宁省委党史研究室编：《罗文画传》，中央文献出版社，2013年，第61页。

线回国。该部在本溪摩天岭山区被第十六军分区第二十一旅政委刘光涛所率第十二团包围。经过艰苦谈判，申明大义，晓以利害，并充分尊重其人格，最终以诚信感化了他们。林弥一郎所率这支部队，拥有17名飞行员，27名机械师，72名机械员，180余名各类地面保障人员，连人带设备成建制地完整保存下来。为了收编这支队伍，化敌为友，与八路军合作，在当时人民生活极为困难，八路军官兵与老百姓一样吃高粱米和玉米面的情况下，为照顾日本人饮食习惯，第十六军分区特地筹买了一部分大米给他们送去。10月上旬，第十六军分区在本溪召开了欢迎会，并宴请对方代表。曾克林司令员还特意买来5头牛和30只羊送给林弥一郎及其部下，令林弥一郎等人十分惊讶，大为感动，心悦诚服地带领航空大队人员回到奉集堡机场看护飞机设备。10月下旬，东北人民自治军总部派延安航空小组到达本溪，第十六军分区将缴获的46架重型轰炸机、高级教练机和大批设备、300余名投降的日军飞行员、地勤人员移交延安航空小组。在共产党政策的感召下，林弥一郎及其航空大队加入东北人民自治军，为培养新中国第一代飞行员、建立人民空军做出了贡献。

11月中旬，抚顺市有土匪两千余人冒充八路军欺骗苏军领到武器，第二十一旅十二团奉命派出两个连迅速奔赴抚顺，在苏军配合下，将该部土匪全部缴械。

（二）辽东抗日游击纵队第八支队挺进桓仁

1945年抗战胜利前夕，中共胶东区委辽东支部负责人吕嵩、姚黎明、罗衡等人先后在辑安、安东召开辽东抗日同盟总会干部会议和中共安东支部会议，认真分析东北形势，决定宣传发动群众，组织人民武装，争取伪满军并从日伪残余势力手中夺取武器，迅速建立八路军辽东游击纵队，由刘芝祥在沈阳、本溪之间组建第一支队，吕嵩在安东组建第二支队，罗衡负责在通化组建第八支队，开始在各地接收日伪政权。1945年9月，八路军辽东游击纵队迅速成立，人数已达到数千人。

9月30日，辽东游击纵队第八支队在罗衡政委、李吉全团长的率领下，从通化乘汽车挺进桓仁。第八支队进入桓仁县城后，受到桓仁县各界群众和师生的热烈欢迎。10月1日，第八支队在桓仁县城南关学校操场，召开有500余人参加的群众大会，罗衡政委在大会上宣传中国共产党依靠人民群众和平建国的主张，号召全县人民团结起来，在中国共产党领导下共同建设美好的新桓仁。同时，宣布解散桓仁县维持地方治安委员会，国民党县党部随即转入地下活动。随后，改编伪县治安大队，成立了由460人组成的人民自卫团，临时委任原伪警察队长季长春为人民自卫团总团长，原伪警察队副队长侯冰泉为副团长，原伪县警务科长王本富暂代公安局局长。还在拐磨子、二户来和沙尖子3个地区成立了人民自卫团。5日后，辽东游击纵队第八支队撤走，留下苏弼臣等5名战士在桓仁地区进一步宣传党的方针政策，发动群众，开辟工作，暂时管理桓仁县内的一切事务，等待共产党组织派干部来正式接收桓仁，至此，本溪城乡全部解放。

同年10月，辽东军区后勤部兵工部在桓仁镇组建，下辖3个分厂。兵工部和一分厂驻桓仁北山附近；二分厂驻县城十字街南，后迁至泡子沿；三分厂驻泡子沿后山。3个分厂分别负责制造地雷、手榴弹和维修军械。同年秋，东北人民自治军辽东军区第四后方医院在桓仁镇西关组建，有医护人员百余名。

同年12月，东北人民自治军辽南独立师炮兵团在桓仁组建，团长陈尔云，政治委员李克权。团部设于桓仁县第四中学院内，下设3个野炮连，战士多为新参军的桓仁籍青年。全团共有野炮9门、高射机枪9挺。

四、苏军拆迁本溪设备

1945年8月，苏联红军出兵中国东北，彻底击败日本关东军并占领全东北以后，利用9月至12月3个月的时间，对东北地区煤炭和铁矿开采、钢铁和其他金属冶炼、发电和动力输送、化工和水泥等重工业整套设备、铁路交通等运输设备进行了大规模的非法拆迁，并以"战利品"名义运回苏联国内。

9月13日，以斯塔洛维奇中校为首的苏联红军先遣队进入本溪。9月17日，阿得巴仙少校率领苏军一个连200人进驻本溪，以接收战败国资产为由，立即到本溪煤铁公司召集相关人员开会，宣称"公司的设施，预计将来要作为对日本作战各国的赔偿物品"，并命令这些人员对本溪煤铁公司机器设备以及仓库物资进行调查摸底，制作公司各厂矿机械设备明细表。苏军根据这个明细表，任命原本溪煤铁公司理事门野正二为拆卸机器作业的指挥，苏军组织了300—400名经过专门培训的工程技术人员参与拆迁[①]，并

---

① ［日］大仓财阀研究会编：《大仓财阀的研究》，近藤出版社，1982年，第688页。

雇佣1100余日本人和少数中国工人，以平时工资3倍的高薪鼓励员工参加。从9月末开始，利用两个月时间，对煤铁公司等厂矿机器设备进行迅速拆迁。

苏军在本溪拆迁的重点是本溪煤铁公司宫原厂区，该厂于1937—1938年始建，1941—1942年才形成生产能力，其大型设备当时在整个亚洲亦属先进设备，因此成为拆迁的重灾区。包括发电、炼铁、炼钢、炼焦、团矿、烧结、机械和运输的主要机械设备几乎全被拆走。除宫原厂区外，南坟选矿厂、本溪湖煤矿、牛心台煤矿，以及不属于煤铁公司的如本溪水泥厂（洋灰株式会社）、宫原水泥厂、大仓产业会社本溪湖制作所、株式会社宫原制作所，以及安奉铁路吴家屯至下马塘区间（其中姚千户屯至宫原，桥头至下马塘属于本溪辖境）的铁路复线钢轨等也被苏军拆迁。甚至连本溪煤铁公司医院的外科器具、机器、实验室设备、药品等必备用品，也被苏军洗劫一空（表4-1）[①]。

据资料记载，当时占据本溪的苏军，在发电业方面，拆走了宫原火力发电厂所有的7.5万千瓦发电设备；本溪火力发电厂共有发电机器5部，发电能力3.5万千瓦，经苏军拆迁后，仅剩一部5000千瓦的发电设备。在钢铁业方面，经苏军拆迁后，宫原钢铁厂的设备完全被破坏，本溪钢铁厂铁的生产能力由60万吨降到10万吨，生产能力下降83.33%；此外，本溪的特殊钢、机械等工厂也损失严重。在煤矿开采业方面，经苏军拆迁后，本溪湖煤矿的生产能力由年产100万吨，下降到70万吨，生产能力下降30%。在水泥制造方面，本溪水泥厂和宫原水泥厂损失最为严重，生产能力完全丧失[②]。

据1948年3月《资源委员会本溪煤铁公司概况》所载："本矿所产煤铁，品质优良，夙为敌（日）伪所极重视，故所有设备皆甚新颖而完全。讵苏军别具野心，当其盘踞时，竟派遣多数技术人员，将本溪、工源（宫原）、南芬（南坟）[③]各矿厂机具，择优拆运回国，并掠夺重要物资器材，尤以铁矿及发电设备损失至为惨重。"[④]

---

① 刘万东：《本溪湖煤铁史略》，东北师范大学出版社，2013年，第143页。

② 蒋清宏：《战后苏军拆迁东北工矿业研究》，载《中国社会科学院近代史研究所青年学术论坛》2003年卷，中国社会科学文献出版社，2006年，第182—190页。

③ 1946年10月1日，国民党政府行政院资源委员会接管本溪煤铁厂矿后，将"南坟"改名为"南芬"，"宫原"改名为"工源"。

④《资源委员会本溪煤铁公司概况》，1949年第44号，本钢档案馆藏。

表4-1　苏军拆迁设备统计表

单　位	地点	重量（吨）
动力厂	宫原	2985
熔矿炉	宫原	1815
瓦斯管理设备	宫原	150
铸铁设备	宫原	757
团矿工厂	宫原	626
烧结工厂	宫原	256
炼焦厂	宫原	586
化工厂	宫原	705
机械厂	宫原	124
电机厂	宫原	120
预备品机器	宫原	1910
彩屯竖井	彩家屯	309
运输	宫原	1382
常备品库存品	宫原	88
南坟矿山设备	南坟	40
南坟选矿厂	南坟	2422
其他杂品	南坟	710
合　计		14985

资料来源：《资源委员会本溪煤铁公司概况》，1949年第44号，本钢档案馆藏。

　　表4-1所列仅是苏军拆迁本溪煤铁公司的一部分机械设备和器材，总重量14985吨，还未包括非煤铁公司的本溪煤矿、本溪水泥厂等拆迁数据。日本学者的研究显示，仅本溪煤铁公司宫原厂区被苏军拆走的最新式炼铁高炉及附属设备的重量就达4.2万吨，这些设备被装在每节载重为60吨的火车车厢上，共装了700个车厢。这批设备的主要部分是通过铁路运输到中国大

连和朝鲜的元山，然后分别装船，由海路运到苏联远东的港口符拉迪沃斯托克（海参崴）；其余部分通过南满铁路、中东铁路运到苏联境内①。

1945年9月13日至11月15日，经过苏军两个月的集中拆迁，本溪煤铁公司和相关企业，特别是宫原厂区和南坟选矿厂等处，已是千疮百孔，一片废墟。宫原厂区除第三发电厂一台12500千瓦周波交换机外，已无一台能动的机器。到处呈现破烂不堪的景象，南坟地区的厂矿更是残破不堪。苏军拆迁本溪机器设备的总价值已无法统计。据1946年美国国务院关于东北工业状况的报告以及1947年国民政府关于苏军驻留期内东北工业损失调查报告书的统计，本溪湖煤矿损失金额为197.3万美元；牛心台煤矿损失金额为32.2万美元；本溪湖水泥厂损失金额为664万日元，折合当时美元为156.2万美元；宫原水泥厂损失金额为1654.57万日元，折合美元为389.3万美元；"满洲"制铁所（本溪湖）电力设备损失金额为604万美元；本溪湖特殊钢会社损失金额为365.2万美元②。据本钢史学者刘万东（统计）推算，苏军在本溪地区拆迁的机械设备、设施和物资器材（包括安奉铁路本溪区段近百千米复线和附属设施）的总价值应在1亿美元左右③。

苏军对本溪设备的大规模拆迁，引起本溪市民的强烈不满，加上苏军风纪较差，群众怨恨地说："走了小鼻子，来了大鼻子，去了爹又来了个爷爷。"本溪煤铁公司维持会杨春钰等人曾与苏军交涉，民主政府接管本溪煤铁公司后，也曾派人与之交涉，但苏军当局都以暂时保存为由，继续拆迁不止。

苏联红军是世界反法西斯战争中的主要武装力量之一，苏军出兵中国东北，一举消灭盘踞在中国东北的日本关东军，加速了日本政府投降和中国抗日战争的胜利，苏联红军无论是在世界反法西斯战争中，还是帮助中国人民最终战胜日本侵略者的斗争中，都是功不可没。对此，包括本溪人民在内的全中国人民都会永远铭记。但是，苏联出兵中国东北，虽然是履行美、英、苏三国签署的《雅尔塔协定》，动机却并不纯粹，援助也是有条件的，是其谋求东北亚利益，扩大自己在中国东北和朝鲜的政治影响力，并欲夺回因日俄战争战败沙俄在东北失去的全部特权。同时，苏联出兵中

①　[日] 大仓财阀研究会编：《大仓财阀的研究》，近藤出版社，1982年，第688页。
②　秦孝仪主编：《中华民国重要史料初编——对日抗战时期　第7辑：战后中国》，台湾中国国民党中央委员会党史委员会，1981年，第268—312页。
③　刘万东：《本溪湖煤铁史略》，东北师范大学出版社，2013年，第147页。

国东北，以"战争赔偿"的名义，抢先拆迁当时亚洲首屈一指的先进机器设备用于苏联的经济复苏，其理由是站不住脚的。苏军拆迁本溪乃至整个东北工矿业的主要设备是蓄谋已久的劫掠行为，因为1945年8月22日，日本关东军已停止了有组织的军事行动，本溪既非苏军作战地带，而苏军进入本溪也未收缴日军武器和采取对城市管制行动，却不顾中方善意劝阻和多次交涉，大批量拆迁本溪煤铁公司及有关厂矿、铁路等设备设施，使中国蒙受了巨大的经济损失，严重地伤害了中国人民对苏联及其人民的友好感情。除此之外，由于进驻本溪的苏军风纪很差，嗜酒如命，强奸妇女，抢劫和索要物品，在本溪社会上引起骚乱，给中国居民包括日本居留民造成了精神和经济损失，也给刚刚成立的本溪市民主政府以及接收工作造成不小的麻烦和损失。

五、日伪蒋势力暗流涌动

日本政府投降后，东北各地方日伪政权均已土崩瓦解，本溪人民彻底摆脱了日本的殖民统治，终于迎来了祖国的光复，沉浸在欢庆胜利的喜悦之中。但是，日伪当局垮台，并不意味着一切反动势力就此退出历史舞台。随着抗战胜利，东北光复，国共双方角逐东北，本溪社会处于局势动荡、人心不稳、工矿停产、秩序混乱的状态。

在抗战胜利之初和共产党接收本溪之前，本溪地区有多种反动势力竞相登场，给本溪社会带来严重的影响。

一是盘踞在本溪山城的日本残余势力蠢蠢欲动。他们不甘心失败，气焰十分嚣张，企图东山再起。原伪本溪湖市总务科长长友扬言："日本并不是无条件投降，是天皇念及东亚和平，人类福祉，才宣布一个停战协定的命令，何况这里是满洲国，这里还有我皇军之花——关东军勇士，我们还有没认输呢！"[①]驻本溪地区的日本守备队、宪兵队、伪满军高炮部队、日伪警察仍未放下武器，依旧荷枪实弹，监视特殊工人活动，阻止特殊工人护矿大队进入市区。坐镇于本溪煤铁公司的日本关东军少将，则命令日本守备队和伪满军高射炮部队在平顶山、斜哨岭、大明山岭等军事要地构筑

---

① 韩愚：《风云激荡的本溪山城》，载中国人民政治协商会议辽宁省本溪市委员会文史资料研究委员会编：《本溪文史资料》第2辑，1985年，第182页。

工事，准备做垂死挣扎。人民政府接收本溪后，他们又秘密联络，阴谋组织暴乱。

伪本溪湖市、县公署及煤铁公司当局、庙儿沟铁矿的日本人开始分抢物资及银行存款，焚烧文件、账簿、档案，企图消灭其侵略罪证和技术资料。伪本溪县公署日本职员强行分掉30万元的所谓退职金。

二是原本溪地区伪市、县政府的官吏，打着"维持地方治安"的旗号，粉墨登场。日本投降后，日伪本溪市县公署即处于瘫痪状态。伪本溪湖市原副市长郭英麟、本溪国民高等学校校长李如翔等人纠集地方官吏和士绅，成立"本溪湖市地方治安维持委员会"，李如翔、郭英麟分任正、副主任委员。8月17日，本溪县公署中国职员要举行庆祝祖国光复升旗仪式，受到原伪县长王世修的阻挠和反对，说什么"别看日本人投降了，但武器未交，你升旗要激怒日本人，开枪打死几个，算是白打……"，但其破坏升旗仪式并未得逞[1]。8月16日，原桓仁县伪县长刘清一勾结士绅伪官吏，成立"桓仁县临时地方治安维持会"，刘任委员长和会长，同时在全县乡村成立维持会基层组织。又由维持会成员出面秘密组织励志社，发行《小日报》。9月初，原伪警务处长王本富改编原有武装警察和溃散的伪国兵，成立桓仁县治安大队。当侵占桓仁铅矿的日本人撤到二道岭子村时，被自发组织起来的当地群众痛打，并夺回很多白面和相关物资，而王本富闻讯后竟带兵前往逮捕群众10余人，押到警务处严刑拷打，并游街示众[2]。

三是国民党地下人员兴风作浪。日本投降后，国民党地方人员从地下转到地上，煽动群众标榜正统，妄图组织地下军，以等待和配合国民党政府前来接收。在本溪县，以原下马塘小学校长、国民党本溪县党务筹备委会主任苗可沛为首的国民党地下组织，奉国民党东北党务办事处张宝慈之命，在光复后突然露面，仅用3天时间即在本溪湖成立起国民党本溪县党部，自己充任县党部书记长，下设组织、总务、宣传、社会、治安5个科。他除利用原有的社会关系外，还利用群众欢庆抗战胜利的爱国热情，通过欺骗宣传，收拢了一些抱有正统观念，政治单纯而又不明真相的教员、学生和原日伪机关的

① 谭会忠：《伪本溪县公署轶闻录》，载中国人民政治协商会议辽宁省本溪县委员会文史资料研究委员会编：《本溪县文史资料》第6辑，1991年，第53页。
② 中共桓仁县委地方史审编委员会编：《中共桓仁县地方史》第1册，1988年，第42页。

职员，也网罗一些未缴械的伪满军、伪警察、特务等组织地下先遣军，在不到一个月时间里，先后组建桥头、草河口、清河城、碱厂、宫原、小市6个区党部，发展国民党员130余人。由于苗可沛的大肆欺骗宣传，国民党本溪县党部在本溪地区影响颇大。他还组织收集武器，建立兵工厂，建立秘密武装，并企图策动伪满军高射炮部队为"自新军"，后失败。

在桓仁县，以王德成为首的国民党青年派，同国民党元老派安祝尧等明争暗斗，而且愈演愈烈，到9月29日，新老两派达成协议，共同筹建桓仁县党部。经过交易，王德成当上县党部书记长。正在王德成等人得意忘形之时，八路军辽东游击第八支队于10月1日开赴桓仁县城，使国民党桓仁县党部的美梦化为泡影。

第二节　城市接收与地方民主政权的初建

1945年抗日战争胜利后，中共中央确立了"向北发展，向南防御"的战略方针，将东北作为中国共产党领导的人民解放战争的战略基地。同年9月19日，中共中央东北局确定了当前的重要工作任务是尽快建立起地方党政组织，大力宣传中国共产党的方针政策，肃清国民党的影响。在此基础上，集中收缴日伪武器物资，维持社会治安，发展人民武装，为建立巩固的东北根据地打下牢固的基础。此后，中共中央从关内派遣大批党政军干部奔赴东北，中共中央东北局和中共辽宁省委也将到达东北的干部陆续派赴本溪，从事地方党、政、军组织的筹建工作。

一、中共本溪地方组织和民主政府的初建

（一）中共本溪市委、市政府成立

继冀热辽军区第十六军分区曾克林部进驻本溪后不久，中共中央东北局派遣田共生等干部于10月6日来到本溪，负责接管伪本溪湖市和本溪县地方政权。田共生等人到达本溪后，在第十六军分区的协助下，立即着手接管日伪政府的各项准备工作。田共生等接收人员分别召见原伪本溪湖市政府副市长郭英麟以及李如翔、荆可独、高泽普等本溪地方维持会的头面人物，向他们通告了中共接管本溪的有关事宜。

经过短暂筹备，于10月8日在本溪湖北山电影院召开了有本溪湖市、

本溪县、各大工商企业、维持会成员及社会各界知名人士200余人参加的全市各界代表会议，正式宣布成立本溪市民主政府，废除伪政权，解散"维持会"。会议推选田共生为本溪市民主政府市长，原伪本溪湖市副市长郭英麟留用为副市长，王玉波为市政府秘书长。田共生代表民主政府发表讲话，向深受14年亡国奴之苦的本溪人民表示亲切慰问，阐明了中国共产党的政治主张和方针政策及接管伪政权的措施与步骤，要求大家支持和配合民主政府的接管工作。随后召开了接管市政府大会，市长田共生在讲话中着重介绍了当前形势，勉励大家好好学习，明辨是非。原伪政府职员去留自愿，留下来工作的要安心努力工作，最后只留下约30人参加民主政府工作。不久，从延安、东北局和省委派来的干部也陆续到达本溪。同年12月3日，田共生调本溪煤铁公司任总经理，王玉波接任市长。民主政府内设秘书、民政、实业、粮秣、财政、教育等科室，辽宁省公安厅厅长赵濯华兼任本溪市公安局局长，王玉波兼任本溪市法院院长。本溪市民主政府办公地址设在伪本溪湖市公署旧址（今平山区市政路1号），后为工作方便，将市政府机关迁回原伪本溪湖市公署旧址（今市立第一医院所在地）。副市长郭英麟虽系被留用，但其在办完移交后即请长假回原籍。原伪本溪湖市市长日本人石田茂和参事官信家升办完移交后，组建一个"日本居留民会"，专门与民主政府联系安排日侨俘遣返事宜。

本溪市民主政府成立后，做了大量工作，主要包括：明令取消"出荷""献纳"及一切苛捐杂税，废除"配给制度"，实行生产贸易及消费自由；救济灾民、难民及失业工人，发放赈济粮，实行减租增赁，改善公司职员和工人、农民的生活；恢复整顿公营企业和铁路交通；整顿金融、平易物价等。

为加强本溪地方党的建设，1945年10月下旬，中共中央东北局派遣李力果、张子衡、杨春茂等人由沈阳来本溪工作，于11月正式成立中共本溪市委员会，李力果任市委书记，张子衡任副书记兼宣传部长，杨春茂任组织部长。中共本溪市委成立后的主要任务是广泛发动群众，宣传中共的主张和方针政策，领导改造旧政权，开展反奸清算斗争，建党、建政、建军以及建立工

中共本溪市委书记李力果

中共本溪市委旧址（鹤友俱乐部）

会、农会、妇女会等群众团体，加强地方民主政治建设，争取和平建国。

为推行民主政治，废除日伪基层政权，中共本溪市委、市政府决定在接管原日伪市区21个区公所的基础上，调整市区行政区域划分，重新设置6个市辖行政区并建立6个中共区委和区政府。第一区为宫原一带（今平山区、明山区，属城区部分），第二区为本溪湖河东一带，第三区为本溪湖河西、大堡、南山、柳塘一带，第四区为大峪及今属牛心台镇所辖部分地区，第五区为彩屯、郑家屯一带，第六区为福金沟、千金沟、兴安一带。由于干部短缺，多数区长由区委书记兼任，各区政府机关干部除公安助理和民运工作队必须由关内派来的干部担任外，其他岗位多为留用的伪满区公所职员。直到从中共本溪市委举办的军政干校毕业学员中调任部分新干部，才逐步替换留用的旧职员。

（二）中共本溪县、桓仁县委县政府的初建

在党全面接收本溪之初，本溪县党政领导工作均由本溪市兼任。1945年10月22日，本溪县召开各界代表会议，公推本溪市民主政府市长田共生兼任本溪县民主政府县长。11月中旬，中共本溪市委成立后，由市委副书记张子衡兼任中共本溪县委书记。到12月中旬，由汪之力接任中共本溪县委书记，王甦接任本溪县县长。本溪县下辖石桥子、桥头、草河口、小市、田师傅5个区。

1945年10月末，中共安东省工委派王静坚等首批16名干部由通化进入桓仁，并着手桓仁县民主政府的筹建工作。11月初，正式成立桓仁县民主政府，王静坚任县长，臧愚任副县长。县政府成立后，在南关学校操场召开500余人的群众大会，王静坚县长在会上宣讲了中共和平建国的政治主张及国内外形势，揭露了国民党反共、反人民、搞假和平的真相，号召各界群众和各阶层人士支持民主政府工作。11月初，刘慕文、来为民等干部相继到达桓仁，组建了中共桓仁县委，刘慕文、来为民先后担任县委书记，县委时隶属中共宽甸中心县委领导。桓仁县民主政府成立后，对全县行政区划进行重新划分，将日伪时期的1街17村改为9个区，由于干部缺乏，各区虽任命了区长，但难以组建区委，因此区委工作暂由各区农会代行。

本溪市县民主政府和中共本溪市县委的成立，标志着日伪地方政权的彻底终结，开启了本溪地方民主政治建设的新征程，使饱受日本侵略者14年奴役和压迫之苦的本溪人民看到了希望。中共本溪地方组织和地方民主政府在中共中央东北局和中共辽宁省委、省政府的领导下，认真贯彻执行党的各项方针政策，接管本溪城市，彻底改造旧政权，组建人民武装。秉持民主施政和为民施政理念，维护社会秩序，恢复生产和改善人民生活，开展反奸清算和减租减息，从而以实际行动赢得了本溪人民的信赖和拥护。

（三）本溪市、县临时参议会召开

1946年1月，针对苏军正在撤出东北及国民党在东北建立政权的迫切形势，中共中央东北局于1946年1月14日发出关于政权工作的紧急通知，强调指出："在目前情况下，我在政权方面工作之重点是建立省、县临时参议会，切实改造并掌握省、县、市两级政权，以便进而彻底改革村政权并与国民党进行斗争。""各县、市应迅速成立或加强临时县、市议会，切实改造县、市政权并加强其领导。"[①]根据中共中央东北局的紧急通知精神，中共本溪市委和本溪、桓仁县委认真加强对政权工作的领导，并先后召开市、县临时参议会。

---

① 彭真：《关于政权工作之紧急通知》（1946年1月14日），载《彭真文选（1941—1990）》，人民出版社，1991年，第113页。

经过短短数日筹备，本溪市第一届临时参议会于1946年1月18日至20日在市政府大楼召开，应到会参议员60人，实际到会59人（大峪区参议员程宗海在赴会途中被国民党特务枪杀）。参议员从各区人民代表及群众团体中选举产生，共51人，由政府聘请地方士绅及实业界人士9人。辽宁省政府主席张学思、副主席高崇民等到会并发表讲话。大会听取了中共本溪市委书记李力果题为《关于中国共产党25年来一贯代表人民为人民服务》的讲话。市长王玉波宣布了本溪市民主政府的施政方针，取消"出荷""献纳"，废除"配给制度"；减轻人民负担；取消一切苛捐杂税，实行生产贸易自由。大会审议并通过了《本溪市政府工作报告》和《人民军队工作报告》。与会参议员讨论提案57条，通过了《本溪市临时参议会组织暂行条例》（草案）和《减租和生产是保卫解放区两件大事》的决议。与会参议员"发言甚为踊跃，情绪亦至为热烈"，一致认为参议会的召开，是本溪历史上从来没有过的大事，这是在中国共产党领导下，有了民主政府的结果，是实现了孙中山先生地方自治的主张。

大会通过两项决议，一是通电政治协商会议，要求制止国民党向东北进攻，实现东北人民地方自治；二是完全拥护林枫提出的中国共产党对东北时局的15条具体主张，愿为其彻底实现而奋斗，并建议政府根据此项主张确立本市施政方针。大会选举采取直接不记名投票方式，选举本溪市保安司令部政治部主任丁铁石为本溪市临时参议会议长，知名人士荆可独为副议长，丁铁石、荆可独、李力果、杜若牧、郭炳元、张和（女）、许连波、曲桂林、迟育庭、孙广英10人为临时参议会常委。大会一致拥护王玉波继任本溪市市长①。

本溪市临时参议会的召开，使本溪的民主建设进入新阶段，有力推动了市、县接收和政权建设及反奸清算斗争的开展，为人民行使当家做主权利和消灭日伪残余及封建势力开创良好开端。

本溪县为实现民主政治，于1946年1月19日召开全县第二次各界人民代表会议，通过7项决议案：（1）反对国民党在东北打内战实行地方自治向全国通电；（2）减租减息暂行办法；（3）开放部分义仓救济贫民及军属；

---

① 《林枫同志对东北时局具体主张获得本溪市临参会一致拥护》，载《东北日报》，1946年1月25日。

（4）彻底清除敌伪残余；（5）清理敌伪财产；（6）推行民主政治，成立县议会筹备会；（7）优待军人家属。大会选举王甦为本溪县县长；选举出席省人民代表大会代表13名；选出本溪县临时参议会筹备会委员17人[1]。

桓仁县于1946年3月上旬召开临时参议会会议，出席会议代表153人。会议选举王静坚为县长，安祝尧为县临时参议会议长，来为民为副议长。与会人员一致通过关于修建抗日烈士纪念碑的建议[2]。

1946年3月，桓仁县召开临时参议会议员大会

二、群团组织的初建

抗日战争胜利后，中共本溪市委根据中共中央东北局广泛发动群众的指示和老解放区的经验，十分重视群众团体的建设和领导，并将其作为党的工作的重要组成部分，以充分发挥群团组织在党联系各阶层群众方面不可替代的桥梁和纽带作用。

（一）建立工人联合会

1945年9月，第十六军分区部队进驻本溪后，即派政治部民运科长李峰

---

[1]《本溪县二次代表会议通过重要决议案多起》，载《东北日报》，1946年1月28日。
[2] 中共桓仁县委地方史审编委员会编：《中共桓仁县地方史》第1册，1988年，第67页。

等人，与具有进步思想的高崇一、郭炳元、王宝仁、施宝林等人取得联系，鼓励他们把工人组织起来，成立本溪市工人自治联合会，高崇一等6人很快在茨沟、柳塘、彩屯3个矿区成立了工人自治会，并以此为基础开始筹备成立工人自治联合会。工人自治会组织2000余名工人游行示威，庆祝抗战胜利，并向厂方提出追补欠资、取消电网和发放药品、为死难工友建碑、追究盗卖厂产责任等42项要求。市长田共生在茨沟接见了这3个矿区工人自治会的2000余名会员，号召工人阶级联合起来，建立工会，支持民主政府工作，做民主政府建设的支柱和坚强后盾。次日，以高崇一为首的工运积极分子组成了本溪市工人解放联合筹备会，下设9个分会，计：柳塘分会931人，彩家屯分会459人，茨儿沟分会947人，官原分会550人，田师傅分会802人，牛心台分会611人，南坟分会102人，公司直辖分会750人，铁道分会（会员数不详）①。到当年12月初，发展会员达5000余人，到年底已发展近万人。

经过两个多月的认真筹备，于1945年12月21日至23日在本溪湖后山电影院召开本溪市第一次工人代表大会。出席代表60名，来宾40名。东北人民自治军第一副总司令员吕正操、辽宁省政府主席张学思以大会主席团名誉主席身份出席了大会。中共本溪市委书记李力果、本溪市市长王玉波、本溪煤铁公司总经理田共生出席会议并讲话。会议主要内容是广泛深入发动工人群众，组织各行业工会，保护工厂矿山，积极恢复生产和开展锄奸反霸。23日，大会以民主选举方式产生了本溪市总工会，选举高崇一为本溪市总工会会长，郭炳元为副会长，王宝仁为秘书长，中共本溪市委任命曾宇为市总工会党团书记。大会通过决议，号召全市工人阶级要在中国共产党领导下，创造新生活，参加政权建设，接管好工厂矿山，恢复生产，支援前线，制止内战。同时，在职工队伍中开展反工贼群众运动。

东北光复后，人民军队和人民政府接管本溪，本溪工人结束了受奴役受压迫的苦难生活，成为新社会的主人，精神面貌发生了深刻变化。本溪市总工会成立后，在中共本溪市委的直接领导下，积极动员广大青年工人参加人民军队，壮大人民武装力量。工会派出干部深入市内各厂矿，还分赴牛心台、田师傅、南坟等地开展扩军工作，短时间内就有1300余名工人

---

① 邵宇：《本溪工人的过去和现在》，载《东北日报》，1945年12月23日。

报名参军，补充到主力部队。在开展反奸清算斗争中，工会组建了工人纠察大队，负责保卫工矿安全，同汉奸把头进行斗争。

（二）建立青年联合会

抗战胜利后，本溪一些具有爱国思想的青年，包括从事反满抗日活动而遭日伪当局政治迫害获得自由的进步青年，在祖国光复之后，思想活跃，关心时事，渴望走向光明的前途。中国共产党和东北人民自治军接收本溪后，十分关心本溪青年的进步和成长，为他们指明了前进的道路。

1945年9月下旬，中共外围组织"东北人民解放同盟"成员王哲、萧明伟从哈尔滨回到本溪，找到原参加国高读书会活动的李侃等人，鼓励他们将本溪青年团结起来，追求真理，同国民党反动派进行斗争。在王哲等人的帮助下，原参加读书活动的成员组织起来成立了青年社，推选李侃为主任，徐克曼为副主任。第十六军分区进驻本溪后，青年社成员十分振奋，立即与军分区首长取得联系，军分区政治部民运科长李峰热情接见了青年社代表，了解本溪青年的思想动向，向他们宣传中国共产党的政治主张，介绍了关内解放区和八路军情况，为本溪青年指明了奋斗方向。李峰将青年社和青年读书活动情况介绍给中共本溪市委，得到了市委和民主政府的大力支持，并将本溪湖东山原日本会社一栋二层小楼拨给青年社做办公室。

李峰和本溪市保安司令部政治部民运科杨光多次组织青年座谈，向他们介绍国际国内形势，对他们提出殷切希望和要求。青年社在党的建议和支持下，于1945年10月正式成立本溪市各界青年联合会筹备会，开始组织青年阅读解放区出版的毛泽东《论联合政府》《新民主主义论》和延安《解放日报》等有关文章，开展一些宣传活动。11月6日，青联筹备会成员及所联系的进步青年，参加了中共本溪市委举办的为期一周的干部培训班。通过学习，思想觉悟迅速提高，很多青年加入了党组织。

本溪市青年联合会筹备会成立后，在市委宣传部的领导下，组织和参加了许多政治活动，11月7日参加了市委纪念俄国十月革命28周年群众大会。12月16日，市青年联合会召开了由2000余人参加的纪念"一二·九"运动10周年大会，市委书记李力果在大会上讲话，号召全市青年团结起来，为制止内战争取和平民主而斗争。会后，青年们高唱着"我们是铁的队伍，我们是铁的心，维护中华民族，永做自由人……"革命歌曲，举行了声势浩大的游行。大会还发出致解放区青年电："我们拉起手来，新民主主义的中国一天不实现，我们就斗争一天！"①12月26日，与本溪联合中学一起参加全市公审战犯汉奸斗争大会，随后又斗争了伪本溪湖市公署教育科长日人宫泽、视学官日人野月、原国高汉奸校长李如翔。

随着本溪青年运动的蓬勃发展，市委将青年联合会划归市委宣传部领导，市委副书记张子衡十分关心青年工作，李侃后来回忆说："子衡同志是一位革命长者，平易近人，多次找我谈心，他那亲切而诚挚的革命情感使我至今难忘。"②

（三）建立妇女解放联合会

东北沦陷时期，本溪女子国高学生王觅、朴苇、马淑云等秘密参加了本溪进步青年读书活动，阅读进步书刊，探索革命道理。抗战胜利后，这些女青年积极参加本溪青年社读书活动。不久，她们被市委送到本溪军政干校学习。在市委副书记张子衡的直接领导和关怀下，于同年12月初成立本溪市妇女解放联合会筹备委员会，选举王觅为主任，张和为副主任，王觅、张和、朴苇、马淑云、陈莹等7人为委员。该会的主要任务是动员各阶层妇女参加社会活动，参加革命工作，提高妇女社会和经济地位。

本溪市妇女解放联合会成立后，主要做了以下工作：一是以第二、三区为工作重点，深入各区及厂矿，采取召开小型座谈会、编印通俗读物小册子、举办短期培训班和组织妇女扫盲识字班等形式，向广大妇女群众宣传革命道理和党的方针政策。二是积极倡导妇女走出家庭，参加社会劳动，以摆脱家庭经济上的依附关系。为解决妇女生活困难，又开办了"三八妇女成衣局"和妇女合作社，以提高她们的经济地位。三是妇女联合会筹备会工作人员，为维护妇女合法权益，解决妇女问题的纠纷，仅筹备会成立半个月，已经解决有关纠纷20余件③。1946年3月8日，市妇女解放联合会筹备会在本溪湖后山电影院召开全市首次妇女大会，公审并处决了大堡三道岗小邱家窑杀妻犯邱景顺。该案审判在本溪轰动一时，为妇女同胞讨回了公道，维护了法治和社会正义。

---

① 《本溪学生二千余人举行"一二·九"纪念大会》《本溪湖市"一二·九"纪念大会致解放区青年电》，载《东北日报》，1945年12月25日。

② 李侃：《抗战胜利后本溪青年运动的片段回忆》，载中共本溪市委党史研究室编：《纪念本溪解放四十周年专辑》，1988年，第68页。

③ 《本溪妇联筹委会认真解决妇女困难》，载《东北日报》，1945年12月22日。

（四）建立教育界联合会

中共本溪市委、市政府成立后，将恢复学校秩序、动员教师和学生复课作为一项重要工作来抓，还选送一批思想进步的青年教师到军政干校学习，并在教师队伍中秘密发展中共党员，为成立本溪市教育界联合会培育了骨干。1945年11月末，本溪市教育界联合会正式成立，高玺山任主席，李振泰任副主席，刘自俊、霍光新等为委员，办公地点设在本溪湖河东大街圆通观院内。教联的宗旨是广泛联系中小学教师，宣传党的方针政策，帮助教师澄清思想，教好书，上好课。教联成立后，将14所小学的教师吸收为会员，组织他们参加社会活动和革命工作实践，提高教师的政治思想觉悟，使各学校尽快复课。在全市反奸清算斗争中，教联还联合其他社会团体，斗争了原本溪国高汉奸校长李如翔、伪市公署教育科长日人宫泽、视学官日人野月，大长了中国人的志气。此外，教联参与组织教师、学生参加拥军优属和市政府组织慰问团赴前线部队慰问等活动。

三、创建地方人民武装

中共本溪市委、市政府建立之时，就面临着错综复杂多变的形势，为巩固新生民主政权，保卫抗战胜利果实，维护地方治安，立即着手创建地方武装。当时在本溪，除由本溪特殊工人武装改编的特务二团又改编为冀热辽军区第十六军分区第二十一旅六十二团（团长陈协、政委张瑞林）外，由抚顺特殊工人武装改编而来的第二十一旅六十一团和原进驻本溪的第十二团都得到了本溪武装工人的补充。第二十三旅六十五团和高射炮团也是由本溪武装工人组建的。至此，东北人民自治军南满纵队（由原冀热辽军区第十六军分区部队与中央党校百余名干部合编而成）在本溪扩充野战部队已达6000人之多。与此同时，一些未加入野战部队的工人组建起工人纠察队，一些回族进步青年则积极要求建立回民武装。

（一）成立本溪市保安司令部

1945年11月，本溪市保安司令部正式成立，中共本溪市委书记李力果兼任司令员、政治委员，宋传贵、张捷勋先后任副司令员，程广文任副政治委员，市委组织部长杨春茂兼任政治部主任，丁铁石任政治部副主任（不久任副政委兼政治部主任），李飞任参谋长。保安司令部设司令部、政治部、供给处。司令部下设作战、侦察、通信等科；政治部下设秘书、组织、宣传、保卫、群运等科。保安司令部下辖保安大队4个连和1个工人大队。至年末，市委决定保安大队扩充为保安团，何庸任团长，下辖5个连700余人，另有一个工人大队，一个回民大队。本溪市保安司令部的主要任务是：负责维持本溪社会治安，发动群众肃奸剿匪；负责警卫本溪党政机关的安全，保卫重要工矿、仓库、军用设施、公路、铁路桥梁和看守监狱；负责保卫市委、市政府工作队在市和郊区开展反奸清算、建党建政、征粮和扩军等工作。本溪市保安司令部不断加强自身建设，到1946年1月，司令部建立党委，李力果兼任书记。保安团建立团党委，刘希斌任书记，各连队均建立党支部，党员人数从1945年12月的150余名发展到1946年4月的380余名。政治工作制度已经建立，政治教育、军事训练得到加强。

1945年11月15日，本溪市保安司令部解散了以徐殿武为首的临时公安局，将200余名伪警察集训后遣散，令其等待处理。鉴于当时缺少干部，暂由市保安司令部负责维持全市社会治安。11月下旬，中共中央东北局和中共辽宁省工委、省政府部分机关从沈阳撤至本溪。中共中央东北局社会部根据本溪实际情况，决定协助本溪市委、市政府组建市公安机关。11月23日，本溪市公安局正式成立，辽宁省公安厅厅长赵濯华兼任本溪市公安局局长。中共东北社会部和中共本溪市委陆续派李特、董玉峰、方华等一批干部分配到本溪市公安局工作，加强了本溪公安队伍力量，为本溪锄奸反霸和破获日、伪、蒋特阴谋暴乱等案件起到了关键作用。

（二）本溪县地方人民武装的建立与整顿

1945年11月，徐德友等人在本溪煤铁工人中组建本溪县保安大队，下设9个中队、人数达1000余人。大队长徐德友，大队政治委员由中共本溪县委书记汪之力兼任，副政治委员先为李振环、后为毛朗明。到同年12月，本溪市、县分开，从县大队先后抽调6个中队共650人充实到市保安司令部，余下几个中队分驻在本溪市区、小市和草河口，人数五六百人。

随着形势发展，本溪县地方武装建设中存在的问题很快暴露出来。由于片面追求数量，入伍审查不严，造成队伍成分复杂。县保安大队所属各中队大多是拉伙组织起来的，相当一部分中下级干部、战士出身于惯匪、流氓和伪警察，中队干部中邢振华、孙家良是伪满警察，雷遇泰是把头，黄锡山是土匪头子。保安大队军纪涣散，侵犯群众利益之事时有发生，严重败坏党和人民军队声誉，疏远了军民关系。为此，中共本溪县委于12月19日召开会议决定整顿县区地方武装，一方面对表现不好和混进来的坏人如黄锡山、包锡奎、徐宝贤等人清出队伍，同时选拔一些工农出身、表现好的战士，经过短期培训，提任班排干部；另一方面加强部队政治工作，为县区各中队选派工人指导员，加强部队思想教育，培养积极分子，发展新党员。整顿后的本溪县保安大队面貌焕然一新，战斗力明显增强，县保安大队下辖4个中队和6个区中队，共有659人[①]。

（三）桓仁县地方人民武装的建立与整顿

中共桓仁县委、县政府成立后，即开始着手组建县区人民武装。首先于1945年11月，将原桓仁县人民自卫团改编为桓仁县保安大队，由县长王静坚兼任大队长，县委书记刘慕文兼任政治委员，林应先为副大队长，冯志林为副政治委员，县大队下辖9个中队。由于县大队大多数干部战士出身于伪满警察和伪国兵，成分极其复杂，因此县委决定彻底改造这支队伍，使之真正成为人民武装。于是号召贫苦农民子弟报名入伍，先后有贫苦农民子弟报名参加了县大队，部分改变了县大队的成分。县委经过研究决定，于12月的一天早操，将县大队班排长以上干部集中在县政府楼上，在县长兼大队长王静坚宣讲当前形势和有关政策时，命令将与会所有人的枪支收缴，随后按约定发出信号，由县公安局长阚廷璧部署操场上的战士架枪上操，由新入伍战士收缴枪支，阚廷璧对这些士兵进行宣传教育后，宣布愿意参加人民队伍者留下，我们欢迎；愿意回家者，发给路费，但以后不准干坏事。结果当场就有100余人要求留下来继续干。最后不费一枪一弹，改造了这支队伍成分[②]。

针对县大队存在侵犯群众利益等问题，重申人民军队的纪律，组织战士们对参军前后情况进行一次反省自查，开展批评与自我批评。对暴露的问题责成专人调查核实，对群众意见大的坏分子开除军籍，同时成立纪律检查组，向受害群众道歉赔偿，挽回影响。通过整顿，广大指战员提高了思想觉悟，增强了革命信心。县大队和各区中队得到了很大发展，到1945

---

① 汪之力主笔：《解放战争中的本溪》，中共本溪市委党史工作办公室、中共本溪县委党史资料征集办公室编印，1987年，第26—27页。

② 中共桓仁县委地方史审编委员会：《中共桓仁县地方史》第1册，1988年，第48—49页。

年12月，桓仁县区人民武装已发展到601人。

四、发展党员与培训干部

中共接收本溪伊始，各项工作千头万绪，建立地方党政机关、群众团体和人民武装，维护社会秩序，恢复发展生产，推进各项社会事业，要实现建设民主自由的新本溪目标，迫切需要大批中共党员和干部。尽管中共中央东北局、中共辽宁省工委等已分配来一部分党员干部，但大部分配在本溪市县领导机关，远远不能适应本溪地区各项事业发展的需要。因此，本溪地区当务之急，是尽快地发展中共党员和基层党组织，加速培养党的地方各级干部，以适应飞速发展的形势和斗争的需要。

（一）积极发展党员

本溪光复之初，中共本溪地方组织十分薄弱，一是在大冶铁工厂以尹传圣为首的党小组仅有5名党员，而且在光复前已与其领导机关失去联系；二是光复前本溪煤矿特殊工人中自发建立的临时党支部，也只有少数党员，而且组建起工人护矿大队，集体参加了第十六军分区部队。此外，在光复初期党接收本溪之前，本溪市县区都是中共组织或中共党员的空白点。

接收本溪最早是冀热辽第十六军分区部队而没有地方干部，随后上级派到本溪市、县负责接收和领导新区建设工作的干部，虽大部分是中共党员，但其数量十分有限，这与党领导和管理地方各项事业和建立革命根据地的新形势、新任务极不适应。为此，中共本溪市、县委根据中共中央东北局的指示，积极研究部署和开展基层党建工作，秘密发展党员，壮大党的队伍。

关于发展党员的对象，在城区，首先是工矿企业工人群众中的先进分子，其次是进步知识青年和教员，以及具有爱国思想，拥护中国共产党的少数旧政府职员；在农村，主要是表现好的贫苦农民。本溪市委基层党建工作由市委组织部长杨春茂负责，由市委组织部组织科长兼干部科长肖一平协调并负责具体工作。

发展党员的途径与方法：一是市委组织干部深入工矿基层，有计划、有组织地接触工人，同他们交朋友，以增进相互之间的了解和信任，从中选择基本条件较好、靠近共产党的积极分子作为发展对象，向他们宣传中国共产党的宗旨，启发其阶级觉悟，交给一定的任务来培养和考验，成熟一个发展一个。二是派肖一平到军政干校，一方面参加培训管理工作，另一方面则侧重培养和考察来校受训的学生，对条件成熟的，同样采取秘密方式单独吸收入党。三是通过观察在反奸清算斗争和减租减息运动中，以及发展生产和护厂护矿中的表现，考察积极分子，条件具备时秘密吸收入党。四是在各机关部队中发展党员，如本溪市保安司令部，自1945年12月末至1946年4月末就发展了220多名新党员，其组织建设也很快得到发展，保安大队设临时党总支，连队设临时党支部。

在短短几个月中，本溪地区就有大批积极分子被吸收到党组织中来。至1946年5月3日中共本溪市委撤离本溪市区前，已在城区和各行各业中发展了一批党员，建立起党的基层组织。中共本溪县委在反奸清算和减租减息运动中共发展党员360名，其中石桥子区就发展党员66名。桓仁县有党员82名，其中新发展42名。这些中共党员在接收本溪、反奸清算、建设山区根据地、土地改革和开展敌后斗争中经受了锻炼和考验。

（二）加强干部培训

冀热辽军区第十六军分区接收本溪后，首先创办了军政干部培训班，这是本溪光复后接受培训的首批干部。本溪市保安司令部成立后，也首先举办培养军事干部的训练班。后来中共本溪市委统一负责新干部的培训，在各干部训练班的基础上正式成立军政干部学校，中共本溪市委书记、本溪市保安司令兼政治委员李力果亲任校长，并责成杨光、肖一平、杜仑、朱诚等人具体分工负责。校址设于本溪湖东山鹤友俱乐部市委办公地。

本溪市军政干校共举办5期培训班，每期8天，共培训学员500余人。第一期于11月16日至23日结业，参加学员为本溪青年社筹备委员会成员及其联系的部分进步青年知识分子，大冶铁工厂的地下党员，具有爱国思想和民主意识较强的各级政府留用的青年旧职员，农村中的贫雇农积极分子，共71人。培训内容是《中国革命与中国共产党》《中国共产党章程》《论联合政府》《社会发展史》以及时事政治报告。市委书记李力果、市委副书记张子衡、组织部长杨春茂、市长田共生（后为王玉波）等领导干部都亲自为培训班学员作报告和讲课，主要授课和辅导的有杜仑、杨光、张和等。

军政干校培训班学习时间虽短，但收效很大。通过学习和讨论，学员们增进了对中国革命、国共两党政治主张的进一步了解和认识，了解了党的纲领、宗旨和奋斗历程，从而提高了阶级觉悟和政治觉悟，决心跟共产党走，建设新本溪。在毕业典礼上，一些学员纷纷发言。煤矿工人宋佩春激动地说："今后，我把这一百来斤就交给共产党了！"工人王岩泉说："我没有任何顾虑，也不怕死，要我到哪里做什么工作，我就到哪里！"话语虽然朴实，却集中表达了学员们的共同心声。

中共本溪县委十分重视培养本地区干部，在群众中发现培养干部。1946年3月，中共本溪县委举办了干部训练班，下设青年训练班、农民训练班和小学教员培训班，学员总数达500余人。培训班为期两个月，结业后被分配到各基层或回学校成为各方面工作的骨干力量。

中共桓仁县委、县政府成立后，由于干部缺乏，县委、县政府重点加强了对知识分子的教育和培训工作，让他们为社会服务，先后3次举办大型教师培训班。第一次是针对全县教育工作处于瘫痪状态，于1945年12月中旬，对全县新老知识分子进行考试、审查、录用，参加这次集训班的教师有300余名，集中学习培训20天左右，重点围绕教育工作的阶级性和重要性进行讨论。经过思想文化考核后，于1月16日分赴全县各地学校上课。在此期间，又在知识分子中进行一次动员，将一批刚毕业的青年学生和部分教师分配参加政府工作。1946年6月又举办第二次教师集训班，参加集训教师300人，主要是学习国际国内形势，提高认识，使其相信共产党的领导。

在东北光复后的本溪民主政治建设过程中，本溪市和本溪县、桓仁县通过培养一大批干部，基本上解决了地区各项建设事业的干部缺口，为各级各类组织配备和充实了骨干力量，为接收和开辟新区工作做出了积极贡献，其中的绝大部分人从此走上革命道路，为党和人民的事业奋斗不息，为中国人民解放事业不惜抛头洒血，有许多人在后来的革命和建设征程中，逐步走上了党政军以及其他方面的重要领导岗位。

第三节　东北局迁溪

抗战胜利后，中共中央极为重视东北的战略地位，于1945年9月将"向全国发展"改变为"向北发展，向南防御"的战略方针，成立以彭真为书记的中共中央东北局，并派出大批干部和各解放区部队挺进东北，并与国民党在东北正式展开角逐。

一、东北局迁溪与东北战略方针的确立

1945年11月中旬之前，中共中央对东北的战略方针是"掌握全东北，改变过去分散的方针"，争取控制东北，包括控制大城市和交通要道，力争拒蒋军于东北大门之外。但在11月中旬，形势已发生变化，国民党军突破东北人民自治军防线，攻占了山海关并进占锦州。而我进入东北部队尽管发展较快，但未经过整训整编，加上由于长途行军，十分疲劳，又不熟悉情况，难以形成整体战斗力。同时在外交方面，由于《中苏友好同盟条约》的限制，苏军答应国民党政府将延缓一个月撤退，并将各大城市及长春铁路交国民党政府接收。11月19日，苏联红军强令东北人民自治军退出东北各大城市。

11月20日，中共中央致电东北局负责人，提出东北人民自治军退出大城市后，"应力求控制次要城市，站稳脚跟，准备和蒋军斗争"，"应迅速在东满、北满、西满建立巩固的基础"[①]。11月22日，刘少奇在致重庆代表团报告中提出了"让开大路，占领两厢"的东北工作方针。

为实施这一方针，并根据苏军关于撤出大城市的要求，11月24日晚，彭真、罗荣桓、林枫、萧劲光等率东北局机关、东北人民自治军总部撤出沈阳，26日撤至本溪，驻在原"满铁"株式会社办公楼，后迁至北地工字楼办公。高岗、张闻天则于25日从沈阳出发，奔赴哈尔滨。中共辽宁省工委副书记白坚率部分机关干部随同迁溪，驻本溪湖东山。不久，辽宁省政府机关在主席张学思、副主席朱其文的带领下，由沈阳迁至本溪湖河东小学。26日，蒋军进占锦州，东北局势更加危急。11月28日，中共中央指示东北局："苏联由于条约限制，长春铁路沿线各大城市将交蒋介石接收。我企图独占东北，无此可能，但应力争我在东北之一定地位。""目前，你们应从控制长春路以外之中小城市、次要铁路及广大乡村工作重心，建立根据地，作长期打算，以争我在东北的一定地位和可能的优势。"[②] 29日，彭

---

① 中共中央文献研究室编：《刘少奇年谱（1898-1969）》上卷，中央文献出版社，1996年，第529页。

② 中共中央文献研究室编：《刘少奇年谱（1898-1969）》上卷，中央文献出版社，1996年，第536页。

辽宁省政府旧址

真在本溪主持召开中共中央东北局和东北人民自治军总联席会议，根据中共中央指示，作出了今后新方针的指示，提出："目前我党已无独占东北之可能，必须改变计划"，"现在由于情况的变化，必须将重心放在南满、北满、东满、西满，即放在沈阳至哈尔滨一线之长春路四侧的广大地区中，以中小城市及次要铁路为中心，靠着苏联、朝鲜、外蒙、热河，创建强大的根据地，在长春路及沈阳附近，长春、哈尔滨等大城市，以便在苏联军撤退时与国民党争夺这些大城市"①。

由于东北形势瞬息万变，中共"让开大路，占领两厢"的战略方针尚处在形成过程之中，中共中央东北局的领导层对此的认识也未完全统一。东北局主要负责人彭真等人认为时机有利时，即向中央提出集中兵力，消灭蒋军主力，夺取大城市的建议。而东北局内部较早主张放弃占领大城市、建立广大的巩固根据地主张的，是陈云、高岗和张闻天。在11月30日，陈云、高岗、张闻天向东北局及中央提出："我们必须承认，首先独占三大城市及长春铁路干线以独占满洲，这种可能性现在是没有的。"明确提出党在东北工作的方针是"建立三大城市外围及长春铁路干线两旁的广大

---

① 彭真：《今后工作的新方针》（1945年11月29日），载《彭真文选（1941-1990）》，人民出版社，1991年，第106页。

的巩固根据地"①，并得到中共中央的完全同意。但在12月5日，彭真、罗荣桓在给中共中央转林彪的电报中仍提出："我仍可集中三万至四万主力争夺沈阳，并可集中一万主力威胁长春。因此我们应积极准备参加争夺沈阳，以造成对于和战均有利之局面。""如在蒋顽开到后，苏军即撤退，我即坚决争取消灭敌顽，先战沈阳，再夺长春。"②很显然仍未放弃与国民党争夺大城市的想法。

对此，刘少奇在12月7日为中共中央起草的致东北局并林彪、程子华的电报中，一再明确指出："我们企图独占东北特别是独占东北一切大城市，已经是肯定的不可能。""因此，我们目前不应以夺取沈阳、长春为目标来布置一切工作，而应以控制长春路两侧地区，建立根据地。"③尽管中共中央反复明确东北工作方针是控制长春路两侧广大地区，建立根据地，并有东北局陈云等领导人的共识，但是东北局主要领导人在转变东北战略方针问题上仍显犹豫不决。12月15日，彭真为东北局起草了《东北局关于当前东北形势与准备作战的指示》，提出："我党已无独占东北之可能，当前任务是力争我在东北之一定地位，力争我在东北之优势，并准备明春的大规模作战。""主要力量应放在控制沿长春线两侧广大地区（包括中小城市及次要交通联络点），建立根据地……"这些无疑都是符合中央意图的。但在兵力部署上，仍有相机夺取个别大城市，如哈尔滨或齐齐哈尔等城市的意向④。

12月24日，刘少奇致电彭真，针对东北局15日电中还要夺取哈尔滨等大城市的意见提出批评，强调："你们今天必须放弃争取东北大城市的任何企图。""你们今天在东北的中心任务，是建立可靠的根据地，站稳脚跟。然后依情况的允许去逐渐争取在东北的优势，这应作为下一阶段的任务。"刘少奇提出："应把屁股坐在东满、北满、西满等可靠地区，去建立根据

---

① 陈云：《对满洲工作的几点意见》（1945年11月30日），载《陈云文选》第1卷，人民出版社，1995年，第300—301页。

② 《彭真传》编写组：《彭真年谱》上卷，中央文献出版社，2002年，第330页。

③ 《中央关于东北工作方针与任务给东北局的指示》（1945年12月7日），载中央档案馆编：《中共中央文件选集》第15集，中共中央党校出版社，1991年，第465页。

④ 《彭真传》编写组：《彭真年谱》上卷，中央文献出版社，2002年，第336页。

地，而不使全局陷于被动。"①

直至12月28日，病休中的毛泽东为中共中央起草了《建立巩固的东北根据地》指示，进一步重申了刘少奇主持中央工作所作的部署，明确指出："我党现时在东北的任务，是建立根据地，是在东满、北满、西满建立巩固的军事政治的根据地。""建立巩固根据地的地区，是距离国民党占领中心较远的城市和广大乡村。""我党在东北的工作重心是群众工作。""群众工作的内容，是发动人民进行清算汉奸的斗争，是减租和增加工资运动，是生产运动。"强调：要组织各种团体，建立党的核心，建立群众的武装和人民的政权，把群众斗争从经济斗争迅速提高到政治斗争，参加根据地的建设。毛泽东在该指示电中，要求东北的同志们"人人下决心，从事最艰苦的工作"，"干部中一切不经过自己艰苦奋斗，流血流汗，而依靠意外便利，侥幸取胜的心理，必须扫除干净"②。毛泽东这一指示，对中国共产党在东北工作的方针和任务作了明确的规定，是中国共产党与国民党争夺东北的战略指导方针，堪称高屋建瓴，一锤定音。

毛泽东这一指示电发到东北局后，12月30日，彭真即在本溪主持召开了东北局和东北人民自治军总部负责人联席会议，进行认真研究部署和调整。于12月31日作出了《东北局关于东北发动群众建立根据地的指示》，作为12月24日发出的《东北局关于发动群众工作的指示》的补充部署，提出："现我之主要力量（干部兵力）应使用于创造长春路两侧及北宁路北侧之根据地，背靠朝鲜、苏联、外蒙、热河，创造大块的巩固的根据地。""只有切实实行减租减息，并把农民组织起来，我们才能在东北有巩固之根据地，并立于不败之地，才可以确立我对国民党之优势。"③在这个方针的指导下，辽宁和本溪地区的各级党组织，开始了建立巩固的根据地的伟大斗争。

建立巩固的东北根据地这一重大战略方针的正式确立，是以毛泽东为首的中央领导集体洞察国际国内形势变化，审时度势，总览全局而作出的

① 刘少奇：《以主要力量建立东、北、西满根据地》（1945年11月—12月），载《刘少奇选集》上卷，人民出版社，1981年，第375页。
② 《建立巩固的东北根据地》（1945年12月28日），载《毛泽东选集》第4卷，人民出版社，1991年，第1179-1181页。
③ 《彭真传》编写组编：《彭真年谱》上卷，中央文献出版社，2002年，第344-345页。

重大战略决策，从而奠定了党经略东北，进而赢得东北解放战争胜利的基石，也是毛泽东农村包围城市战略思想在东北解放战争中的成功实践。国共交锋，敌我力量对比悬殊，东北形势复杂多变，领导层对东北形势分析和工作方针的确定需要有一个认识过程，从独占东北到"让开大路，占领两厢"，每一次抉择都是事关党在东北乃至全国的前途和命运的较量。毛泽东《建立巩固的东北根据地》的指示及时确立了党在东北工作的正确战略方针、工作方针、工作任务、工作部署，从而统一了东北局领导层的认识，为建立巩固的东北根据地指明了方向。

中共中央东北局从1945年9月成立，11月至次年1月迁至本溪，虽只有短暂的两个月，但东北战略方针最后是在本溪确立的，并在东北解放战争实践中得到检验，本溪也一度成为和战交错下的东北党政军指挥中心。

二、民主联军南满部队的整饬与整编

自中共中央决定"向北发展，向南防御"的战略方针后，先后从冀热辽军区、山东军区、华东新四军和延安陆续抽调部队挺进东北。至1945年12月，到东北的八路军、新四军和由东北抗联扩编的东北人民自治军等已发展到30万人。

1945年10月，国民党军队在美国支持下，开始从秦皇岛登陆，准备向东北大举进攻。10月31日，中共中央和中央军委决定正式成立东北人民自治军，林彪任总司令，彭真任第一政治委员，罗荣桓任第二政治委员，吕正操、李运昌、周保中分任第一、第二、第三副司令，萧劲光任第四副司令兼第一参谋长，程子华任副政治委员，伍修权任第二参谋长，陈正人任政治部主任。11月1日，刚刚就任东北人民自治军总司令的林彪与第一政治委员彭真发出了《关于整编军队与扩兵问题的指示》，提出："战胜顽军和争取确保东北的中心一环是整编已有之兵团，成为强有力的野战军，并且是继续放手地大规模扩兵。""新老部队合编是使新的兵团迅速成为有力的野战兵团的主要方法之一。"

当时东北人民自治军面临的矛盾和问题，一是进入东北部队的编制、番号混乱，既有八路军、新四军系统，又有东北人民自卫军（原东北抗联教导旅发展而来），还有收编东北各地的原伪满军和伪保安部队，组织不统一，指挥不统一，很难形成整体的战斗力；二是在东北新扩军中，往往只强调数量而忽视质量，特别其中有许多的伪满军、伪警察、土匪武装，成分复杂，纪律涣散，甚至有一些流氓、惯匪混入自治军。他们抢劫财物，勒索群众，败坏了人民自治军形象；三是由于"老兵老枪，新兵新枪"的反差，先到东北的部队有枪有炮，后到部队有的是徒手出关，新老部队的矛盾难以适应复杂多变的东北形势，十分不利于部队军事斗争和东北根据地的创建。

中共中央东北局和东北人民自治军总部迁到本溪后，人民自治军总政治部为整饬军纪，严格执行"三大纪律、八项注意"规定，特邀请本溪市政府、市民及日本居留民会派出代表，协同部队共同组成纪律检查组，在本溪市区监督检查部队的群众纪律。12月2日，东北人民自治军总政治部为整饬军纪，还在本溪大和寮广场召开公审大会，对违反军纪犯、混入人民军队抢劫群众财物的犯罪分子徐德臣等人送交军法处严惩。本溪群众都说："只有人民自己的军队，才能这样爱护老百姓，维护群众利益。"①

12月24日，在罗荣桓、陈正人主持下，东北人民自治军总政治部制定《关于目前部队政治工作的指示》，分析了东北军事形势和部队存在的问题，提出部队政治工作方向和内容，对整训部队，增强团结，提高部队整体战斗力起到相当的推动作用。

1946年1月，经中央军委批准，东北人民自治军改称东北民主联军。东北民主联军总部分为"前总"和"后总"，林彪率"前总"在前线指挥作战，罗荣桓则在本溪主持"后总"工作。当月，遵照东北民主联军总部的命令，山东部队与南满纵队主要领导在本溪召开合编大会，正式成立东北民主联军辽东军区，萧华任司令员兼政治委员，江华任第二政治委员，程世才、曾克林、罗舜初任副司令员，罗舜初兼参谋长，莫文骅任副政治委员兼政治部主任。辽东军区下辖第三、第四两个纵队和辽宁、安东、辽南3个军分区。东北民主联军副司令员兼第一参谋长萧劲光和萧华、程世才在合编大会上讲话，号召新老部队团结在一切为了战胜敌人的共同目标之上，各级领导干部要率先垂范树立榜样，顾大局识整体，严格按照党性原则办事，不搞本位主义、山头主义、宗派主义，叫编到哪里就编到哪里。辽东军区机关驻本溪北地工字楼。

---

① 《东北人民自治军严厉整饬军政纪律》，载《东北日报》，1945年12月14日。

辽东军区下辖第三和第四两个纵队。第三纵队由原冀热辽军区第二十一旅、第二十三旅与山东军区第三师、警备第三旅合编而成，司令员程世才，政治委员罗舜初，副司令员曾克林，副政治委员唐凯。纵队下辖第七、第八、第九3个旅（后改为师），全纵队官兵2.6万人。第四纵队由原冀热辽军区第二十五旅、原铧子沟工人独立团、原山东军区第五师吴克华部合编而成，司令员吴克华，政治委员彭嘉庆，副司令员胡奇才、韩先楚，副政治委员欧阳文，纵队下辖第十、第十一、第十二共3个旅（后改为师），官兵总人数2.3万余人。纵队领导机关驻南地青年塾（今本钢四宿）。

1月6日，在本溪合编的第三纵队召开旅以上干部会议，中共中央东北局书记、东北民主联军第一政治委员彭真到会讲话。在此前后，东北民主联军其他部队在各地也完成了整编合编任务。与此同时，东北局根据中央关于在东北要迅速划分军区和军分区，并将部队划分为野战军和地方军的指示，在民主联军之下，建立了北满、南满（即辽东军区）、东满、西满4个大军区，重新调整了下属军区和军分区，统一整编了主力部队和地方武装。

东北民主联军的整编，适应东北解放战争大规模兵团作战的形势，统一了军事指挥系统，理顺了各种关系，有效化解了各种矛盾，增进了新老部队的团结，真正将"巴掌"变成了"拳头"，实现了军制、军政、军令的高度集中统一，为应对国民党的军事进攻和最后解放东北打下了坚实基础。在本溪整编的第三、第四两个纵队（后改称第四野战军第四十、第四十一军）经过战火硝烟的洗礼，均成为第四野战军主力部队，为解放东北和全中国做出了重要贡献。同时，由于人民军队在本溪迫降和接收了日军林弥一郎航空队、日军坦克部队、伪满军高射炮部队，在本溪成立了野战医院（由本溪煤铁公司宫原、彩光、湖山3个医院改建），使本溪成为中国人民解放军多兵种的摇篮之一，为人民解放战争的胜利和人民军队各兵种的建设做出了贡献。

三、东北新文化的曙光

随着中共中央东北局迁溪，本溪成为东北的党政军指挥中心。从延安等各地赴东北的文化干部也汇聚在本溪山城，其重要标志就是复刊《东北日报》，创办东北大学和延安文工团来本溪演出活动，开启了本溪新民主主义文化的新篇章。

（一）复刊《东北日报》《先锋报》

1945年9月末，中共中央东北局按照中共中央的指示，已开始筹备创办《东北日报》，并提出"靠两万干部、十万兵、一张报纸"的口号来开展东北工作。经过短暂一个月的筹备，于11月1日在沈阳创刊。中共中央东北局领导高度重视办报，彭真直接领导报社，东北局宣传部秘书长李常泰兼任《东北日报》首任社长。《东北日报》是"东北人民的喉舌，是以东北人民的利益为利益，反映人民的要求，表达人民的心声"，"一切为东北人民服务"为宗旨①。当时为避免苏军干涉和国民党反动势力的破坏，报社的地址是保密的，报社的人员活动是半公开的方式。

1945年11月23日，由于战局关系和应苏军要求，《东北日报》和东北局机关一道撤出沈阳，向本溪转移。到达本溪后，地址设于北地工字楼。经过设备安装，于12月5日复刊，一直到1946年2月2日向海龙转移，在本溪期间共出刊40期日报和8期号外。其报道主要分为两个方面，一是报道新华社通稿，一是报道地方新闻。在通稿方面，主要是向沦陷14年的本溪和东北人民介绍中国共产党及其所领导的人民军队的光辉历史，宣传中共的宗旨和政治主张，通过揭露国民党反动派发动内战的阴谋，进行争取和平民主的斗争，提高人民群众的觉悟，帮助中共扩大反对美蒋统一战线。在地方新闻报道方面，由于在本溪办报，所以近水楼台，刊载本溪新闻较多，主要包括：一是本溪市民主政府施政方针、人民代表会议及市县临时参议会情况，如《民主建设新阶段》《本溪县第二次代表会议，通过决议案多起》《人民的意见》，反映人民代表和参议员参政议政情况；二是本溪市群众团体成立及开展的活动，如成立本溪市总工会、妇女解放联合会、青年联合会、本溪联合中学，以及纪念"一二·九"运动10周年大会等新闻；三是本溪市、县开展反奸清算运动方面，如《本溪二区群众自动起来清算配给店善昌号》《本溪县东北沟农民掀起清算运动》《本溪县半数村庄减租》《本溪桥头千人集会，公审战犯茂木》，本溪市公审战犯汉奸等；四是对日伪统治时期本溪工人、农民生活状况的调查，如《本溪农村的过去与现在》《两个小堡子的土地与负担》《本溪工人的过去与现在》《十四年来

---

① 《发刊词》，载《东北日报》，1945年11月1日。

本溪煤矿工人的人间地狱生活》《在四十三号工房》等。《东北日报》撤离本溪后，仍有许多本溪方面的新闻报道。

《先锋报》是由冀热辽军区第十六军分区政治部主办，创办于抗日战争时期的冀东和辽西一带，1945年9月随第十六军分区进入本溪。该报在本溪继续出版发行，并增版发行《时事新闻》，报社地址设在溪湖区河东原弘文堂书店旧址，接收的日伪印刷厂中（原本溪印刷组合）。《先锋报》为铅印4页4开小报，不定期出版，每期发行量1000—2000份。

《先锋报》是以人民军队广大指战员为主要发行对象，但报社考虑到本溪刚刚光复，人民群众对共产党的主张、政策还不甚了解，因此在宣传报道方面增加了对人民群众宣传的内容，介绍抗日根据地的战斗生活，并揭露日蒋勾结打内战的阴谋，受到本溪人民的欢迎。该报于1945年9月至12月在本溪出版发行20多期 ，后因形势变化，部队合编，《先锋报》停办，并入辽东军区《战士报》[①]。

（二）创办《东北画报》

《东北画报》的前身是《冀热辽画报》，1945年7月7日创刊，同年9月随部队进入沈阳，11月3日正式成立东北画报社，脱离部队编制，由中共中央东北局宣传部直接领导。11月下旬从沈阳向本溪撤退时，雇用了上百辆胶轮儿大车运输所有接收的制版印刷设备，于12月初到达本溪。罗光达任社长，朱丹任副社长，并在本溪正式出版《东北画报》第一期，内容是纪念俄国十月革命节，其特刊还专门发表了一组《冀热辽八路军反攻大进军的胜利》照片。

12月9日，《东北画报》于"一二·九"运动10周年之际，在本溪湖圆通观商立学校举办摄影艺术首次展览，展出内容"极为丰富"，计有八年抗战过程中晋察冀解放区战斗战役时势报道，冀热辽解放区部队、人民的艰苦奋斗生活，解放部队反"扫荡"胜利的英勇进军，攻占山海关作战英姿及沈阳各界庆祝俄国十月革命节的写照等，共展出照片二三百张[②]。

（三）东北文工团在本溪

抗战胜利后，党中央为配合东北地区的政治、经济、宣传思想文化各

---

① 本溪市地方志编纂办公室编：《本溪之最》，白山出版社，1993年，第263页。
②《摄影艺术展览会在本溪首次举行》，载《东北日报》，1945年12月10日。

战线的斗争，抽调一大批作家、艺术家和演员参加东北干部队，于1945年10月28日到达沈阳。其第二中队改称东北文工团，由舒群任团长，沙蒙任副团长，田方任党支部书记，华君武任秘书，成员有王大化、于兰、刘炽、李百万、欧阳儒秋、张平等人。11月下旬，文工团随东北局撤至本溪。文工团在本溪公演了《东北人民大翻身》《兄妹开荒》《气壮山河》《血泪仇》等话剧、秧歌剧。文工团还在本溪湖小峪沟举办了革命戏剧训练班（即文艺学校），由延安鲁迅艺术学院文化干部王大化、刘炽、文菲、沙蒙等人任教。由王大化主讲戏剧，刘炽主讲音乐。本溪市业余戏剧爱好者、文艺青年60余人参加学习。刘炽创作了《组织起来》歌曲，还帮助本溪联中学生排演了《黄河大合唱》，在本溪产生了很大影响。

（四）创办新东北大学

1946年1月初，中共中央东北局宣传部部长凯丰决定模仿陕北公学，创办东北公学，张松如（公木）奉东北局之命来本溪筹办东北公学，并兼任党委书记、教育长，后根据工作需要，又兼任中共本溪市委宣传部副部长。1月10日，东北局任命著名病理学专家白希清教授为东北公学校长，舒群为副校长，张松如为教育长，并开始正式招生。东北公学的办学宗旨是"依照民主政府建设新东北各方针，广集各学员，以造就行政技术及师范等实际工作人才"。东北公学设自然科学院，各系分普通班、研究班。1月下

新东北大学旧址

旬，东北局决定将东北公学改名为东北大学，由辽宁省政府主席张学思兼任校长，白希清、舒群任副校长。开始招生时只有13名学生，后来达到70名。其招生简章又明确招生宗旨为"依照科学与民主的教育原则，培养为人民服务，献身于新中国新东北之建设的政治、经济、文化、教育、实业、医学等专门人才，并积极进行学术研究及艺术创作，而致力于国家文化水平之提高"①。东北大学校址设在本溪湖东山原张作霖别墅（后校址迁至东丰），招生处设在本溪湖原弘文堂书店。2月23日，因形势需要，东北大学撤离本溪，向安东、通化转移。1949年7月定址于长春，1950年更名为东北师范大学。新东北大学尽管在本溪时间很短，招生人数不多，但却留下了党为适应人民解放战争新形势，面向建设新中国新东北而创办的东北第一所革命化的新式大学，在东北解放战争史和东北教育史上写下了重要一页。

在中共中央东北局迁溪的同时，在和战交错下的本溪却呈现了亮丽的文化风景线，《东北日报》的复刊，《东北画报》的创办，东北文工团的演出活动，东北大学的创办等等，虽然时间短暂，却影响深远，有力地配合了党在东北的宣传和根据地建设，使人们了解了中国共产党和八路军、新四军的抗战历史和丰功伟绩，荡涤了东北沦陷时期文化专制、奴化教育的污泥浊水，给本溪这片土地注入了奋发向上的生机和活力，带来了新民主主义文化的曙光，回击了国民党的欺骗宣传，使人们认清了国民党政府假和谈真内战的面目，进而对中国共产党和民主政府更加信任和拥护，使新闻和文艺成为团结人民、教育人民、打击敌人、消灭敌人的有力武器。

第四节　巩固新生民主政权的斗争

本溪民主政权建立后，在中共中央东北局和辽宁省委、省政府的正确领导下，积极没收敌伪资产，整顿社会秩序，开展反奸清算斗争，彻底粉碎了日伪蒋阴谋暴乱和地下建军的活动，保卫了新生的人民政权。

一、没收敌伪资产

抗战胜利之初，中共中央东北局就明确指出：只有我们和人民具有雄

---

① 《东北大学招生简章》，载《东北日报》，1946年5月3日。

厚的物质基础，才能使党领导的革命斗争，不仅在政治方面、军事方面，而且在经济方面立于不败之地。故此，本溪市、县民主政府在接收日伪地方政权后，便将接收敌伪资产作为重要工作之一。

但是，由于党从关内抽调进入东北的干部数量所限，因此在接收本溪当时，仅有田共生等几名干部开展工作，而伪本溪湖市就有十几万人口，还有本溪煤铁公司这样的特大型煤铁联合企业，给接收敌伪资产工作带来了极大困难。但接收人员坚决按照中共中央东北局关于"发动群众，接管伪政权，建立人民武装，搞好与苏军关系"的指示努力开展工作，在第十六军分区的支持和帮助下，接收日伪本溪湖市和本溪县工作进展比较顺利。但在接收满洲制铁株式会社本溪湖支社（即本溪湖煤铁公司）时却遇到了相当大的阻力。由于日本投降时，日本关东军驻该支社头目十分狂妄，提出株式会社本溪湖支社不能向中国地方移交，只能向联合国移交，暗中却又与国民党特务分子互相勾结，进行拖延。田共生市长以民主政府名义通知本溪湖支社及其维持会，限期将企业情况造册移交，没想到他们拒绝移交，还几次召集秘密会议，企图抵抗。鉴于此，民主政府决定采取坚决措施，在部队配合下，发动工人群众拿起铁锹、镐把，举行了大规模的游行示威活动，愤怒的工人群众包围了大白楼（支社办公楼），"彻底打倒日本帝国主义分子""坚决拥护民主政府接收"等口号声震天动地，也震慑了顽固的日本头目，打掉了敌人的嚣张气焰，迫使本溪湖支社的头目不得不乖乖地办理了移交手续，并将抗拒移交的日本支社头目关押起来。工人、市民感到扬眉吐气，人心大快①。

本溪民主政府接管本溪煤铁公司后，解散了公司临时维持会，并将原满洲制铁株式会社本溪湖支社改为本溪煤铁总公司，市长田共生兼公司总经理。

本溪市、县民主政府成立后，鉴于本地区矿山工厂多陷于停顿状态，"迩来毁损时闻，盗窃屡见"，如此国有资产保管不力，复工困难，而且"此均国家重要资产，必以此为基迈向工业建设大业，长此放任，实堪隐

---

① 田共生：《接管日伪本溪政权的前后》，载中国人民政治协商会议辽宁省本溪市委员会文史资料研究委员会编：《本溪文史资料》第2辑，1985年，第13-14页。

忧"①。因此，于1945年11月30日成立本溪市县国产临时保管委员会，由市长田共生兼任委员长，刘荫远、李如翔、荆可独、王家瑶、夏玉田为常务委员，下设总务、调查、保管3课。其职责是协调本溪市、县各矿山工厂负责人员，调查登记资产现状及权属，力求妥善保管，早日复工，并以利接收。

在本溪市，接收的敌伪资产包括：本溪煤铁公司本溪湖厂区、宫原厂区、南坟矿山、本溪煤矿；煤铁公司宫原、彩光、湖山医院等；其他工矿企业如本溪湖洋灰株式会社（本溪水泥厂）、宫原洋灰株式会社（宫原水泥厂）、马鹿沟铜矿、火连寨碳酸钙厂；本溪湖"满铁"附属地及其房产；又陆续接收了本溪国民（工科）高等学校、本溪女子国民高等学校、桥头国民（林科）高等学校以及各小学校；日本久留岛药房，日伪官僚资本经营的善昌号、积胜栈等大配给粮栈；本溪邮电局、电信局、电业局、自来水公司、安奉铁路本溪区段（草河口—吴家屯）。

本溪县于12月6日在县政府会议上紧急部署，迅速查清各地的日伪资产，包括桥头、连山关等"满铁"附属地及其房产，草河口、连山关、歪头山、碱厂苗圃，窑子峪、山城沟煤矿等，以及日本人经营的企业福冈、岩下铁工所等24家企业。具体有桥头飞机场、苗圃等3000多亩，碱厂6158亩，牛心台稻田2600亩，清河城6300亩，连山关150亩，草河口200亩，共计1.8万余亩②。

桓仁县民主政府在接收日伪政权的同时，接收了日伪大量资产、房屋和土地。根据日伪资产的分布，可分为县城、农村、铅矿、水电4部分。（1）县城部分：包括伪县公署各机关单位及日本守备队、伪治安大队、伪法院、银行等28个单位，房屋408间；接管城内学校6处，房屋140间；接管满洲银行1处，伪国币约30万元；接管西关飞机场、土地420亩。（2）农村部分：接管全县18个伪村公所、18个伪警察所和分驻所；接管二户来、普乐堡开拓团占用土地4730亩，房屋178间。（3）铅矿部分：接管土地3247.76亩，接管房产设备折合东北流通券97.97亿元。（4）水电部分：接管

---

① 《本溪市县国产临时保管委员会函》（第一号），1945年11月30日，本溪市档案馆藏。
② 汪之力主笔：《解放战争中的本溪》，中共本溪市党史工作办公室、中共本溪县委党史资料征集办公室编印，1987年，第34页。

日伪水电所房屋1027间，占用土地18057亩；接管各类车辆、器材、机械1331台[①]。

接管和没收日伪资产，是一项意义重大而又复杂的工作。中共本溪市、县委和人民政府为此做了大量工作，成立了本溪市、县国产临时保管委员会专门机构，开展了全地区日伪资产的调查登记和建档，将大量日伪企业的厂房、设施、土地，包括本溪煤铁公司等大型厂矿，"满铁"附属地，以及"满拓地""鲜拓地"等，为国家收回了主权和大量国有资产，防止了国有资产的流失（其间有苏军的非法拆迁和国民党政府的部分盗卖），为恢复生产和解决工人就业，发展新民主主义经济，开展社会救济，解决部分贫苦农民的土地，特别是本溪解放后全面恢复发展生产和实施第一个五年计划奠定了重要的物质基础。

二、恢复社会秩序

接收本溪之初，民主政府就面临一系列问题：工矿企业破败不堪，市场萧条；人民缺衣少食，生活困难；学校停课；社会局势动荡，人心不稳。如何尽快恢复生产，救济贫困群众，改善人们生活，是摆在民主政府面前的紧迫任务。

（一）恢复生产

接收本溪煤铁公司之初，就面临诸多问题：一是日本投降之时，本溪湖支社组织陷于瘫痪状态，生产中断，炼铁高炉中铁水冷却凝固，无法生产；二是强迫来的劳工和特殊工人恢复人身自由后，已先后有6000余名工人参加了人民军队，还有一部分返乡回家。如本溪煤矿原有工人1.7万人，有6000余人参加人民军队，大部分回家另谋生计，最后仅剩2590人，减少70%；三是苏军拆卸运走了煤铁公司大量的生产关键设备，宫原厂区几成一片废墟；四是日本人投降时烧毁了公司大量机密文件和技术档案资料，给恢复生产带来了极大困难。

田共生市长兼任本溪煤铁公司总经理后，立即将所有日本人从其占据的正职负责岗位上撤换下来，派中国人顶替上去。1946年2月1日，辽宁省

---

① 中共桓仁县委地方审编委员会编：《中共桓仁县地方史》第1册，1988年，第54—56页。原书中接管铅矿占用土地数据有误。

政府任命周纯全接任本溪煤铁公司总经理，刘荫远为副总经理，刘世珍为经理，梁成恭为监委。周纯全等人到任后，撤销了日本人担任的公司副经理职务，并将各部、厂矿中日本人担任的副职一律免职，对表现较好的继续留用担任技术顾问，同时安排一批党的干部到各级领导岗位上，以使煤铁公司真正掌握在中国人手中。

为了煤铁公司尽快复工，民主政府与公司领导于1945年11月3日在公司大白楼召开了有上千名员工参加的复工生产动员大会，田共生在讲话中号召工人积极恢复生产。会后，由工人自治联合会进一步发动老矿工，号召他们要积极为祖国作贡献，带头下井，以多生产燃煤来支持恢复煤铁生产。同时，还争得日侨俘居留民会同意，将暂时不能遣返的日本居留民组织起来，下井参加采煤生产，按产量计付粮食，给他们以生活出路。

为了调动煤铁工人的生产积极性，本溪煤铁总公司总经理田共生还于1946年元旦后的3日、4日，分别宴请了工人联合会和工人代表，同贺新年。田共生在宴会上致辞："今天大家欢集一堂，真使人万分高兴。大家都是公司中的一分子，今后革命工厂的建设，全赖我们大家共同努力！"一位70余岁的老工人喝过田总经理斟过的热酒，动情地说："我做了十几年工，连过去经理的名字都不知道，今天我却能和我们的经理一起坐席，经理还亲自给我们斟酒，我今天喝完了酒，就死了也痛快！"一位小工友兴奋地说："今年过年由田经理斟酒招待，真使我们小孩子想起国家的重要，没有国就没有家，这真得感谢共产党！"[1]公司领导宴请工友，使工人们亲身感受到新旧社会工人地位反差和变化，生产积极性十分高涨。

本溪煤铁公司根据当时主体厂矿缺少设备，一时无法全面复工的实际，着重抓了发电和采煤两个部门的生产恢复工作。第二发电厂工人在厂长高清元的带领下，经过日夜抢修，终于修复了一台1.4万千瓦的发电机组，为恢复生产及其他厂矿的复工创造了条件。本溪煤矿恢复生产后有了快速发展，11月复工当月产量就达7000吨。至1946年3月，月产煤量已达2.14万吨（表4-2）。

---

[1]《本溪煤铁公司新年宴请全厂工友》，载《东北日报》，1946年1月18日。

表4-2　1945年9月—1946年3月本溪湖煤矿产量表

年度	月份	产量	单位
1945	9	1100	吨
1945	10	3500	吨
1945	11	7000	吨
1945	12	11600	吨
1946	1	12000	吨
1946	2	9000	吨
1946	3	21400	吨

资料来源：本溪煤铁公司档案第40号，本溪市档案馆藏。

此外，煤铁公司宫原硫酸厂于1946年3月恢复生产，可日产稀硫酸4—5吨。本溪机械厂的生产也很快恢复，公司运输部的机车也开动起来，投入到运输生产之中。

民主政府还恢复整顿公营企业，恢复自来水公司、电业局、电话局；恢复铁路交通，成立铁路管理局；整顿金融，成立东北银行本溪分行；成立本溪贸易局，平抑物价，使本溪物价一般日用品市价均低于沈阳[1]。

在接收和没收敌伪资产的同时，民主政府对本溪商业的恢复发展也采取了扶持政策，取消日伪时期的"经济统制"和"配给制度"，明令取消"出荷""献纳"及一切苛捐杂税，实行生产贸易及消费自由。根据辽宁省政府《税收纲要》的有关规定，制定了《本溪市税收暂行条例》，仅收直接税（事业所得税、房产税）和间接税（油脂税、特别卖钱税、砂糖税、烟酒税）。市政府体恤商民艰难，还特别规定事业税、油脂税均减半征收。由于市政府对商业采取扶持政策，推行贸易自由，商号不断增加，本溪市商号从光复之初的450家增至12月的650多家，商人到处找门市房准备开门营业，街上到处挂起饭店的幌子[2]。10月20日，在民主政府的支持下，成立了

---

① 《民主建设新阶段　本溪市成立临参会》，载《东北日报》，1946年1月24日。

② 《本溪商业今昔》，载《东北日报》，1945年12月10日。

本溪新商会，日伪统治时期禁售的大米、面粉也可以在市面上公开买卖。

（二）救济贫困与拥军优属

光复初期，百废待兴，因工矿停产，工人失业，失去生活来源。加上粮商囤积居奇，贫民嗷嗷待哺。农民因不再交"出荷粮"，生活尚稍有缓解，而工人和贫困市民却难以维持生活，有些煤矿工人还披裹着麻袋片。加上本溪市属工业城市，如果没有粮食，什么事情都办不成。因此，本溪市政府成立伊始，就面临着恢复生产和社会救济问题。

本溪市民主政府领导认为，共产党接管本溪地方政权，绝不能让工人挨饿。具体采取几个方面的措施：第一，通过协调苏军当局从辽南运粮。1945年9月下旬至11月，苏军进驻本溪后雇用大批工人拆运本溪设备，只给工钱，却不给粮食。市长田共生于10月间几次找苏军当局交涉，苏军才不得不从辽南产粮区运来一批粮食，暂时解决了本溪市民缺粮的困难。第二，组织生产自救。一方面用本溪产的煤炭从外地换回粮食，部分解决工人和市民的吃粮问题；另一方面给工人增加工资，本溪煤矿工人工资，从日伪统治时期的每天1.5元（还要扣除0.5元饭伙）增加到每天12—19元，而且工作实行"三八"制作业（即三班倒，每班8小时），同时每月单发粟米50斤；工人家属未满12岁者每月16元，直属亲属不能工作者每月20元，能生产者每月16元[1]。在寒冬来临之际，市政府又打开日伪仓库，拿出棉衣每名工人1件，和每人200元的零花钱。工人们激动地说：这可是救命的棉衣。老工人马德力说："今年要不'事变'（指抗战胜利）谁也过不了，到冬天都得屁股裹麻袋，还有人冻不死吗？"[2]第三，打开义仓，救济民众。1945年12月，市政府经过调查，利用义仓粮救济贫困市民997户，共4205口人。到1946年春节前，为救济贫苦军人家属，将其划分为顶贫、次贫、不能维持生活3个等级，分别发放粮食90斤、70斤、50斤（一半小米、一半苞米），对特殊贫困者还救济1吨煤。第四，通过开展清算斗争获得粮食。如铁路宫原机关工人在工人自治会组织下，找原来专门负责配给粮的高恩霖、高洪升，清算两人曾贪污、克扣工人配给粮7.5万斤，每斤按1.5元计算，折合11.25万元，分配给被剥削工友。工人都说："如果没有民

---

① 邵宇：《本溪工人的过去与现在》，载《东北日报》，1945年12月23日。
② 白士丁：《在四十三号工房》，载《东北日报》，1945年12月27日。

主政府和工会这样领导，我们一辈子也无法与高恩霖、高洪升清算账目，现在这口闷气才出了！"①

本溪市民主政府十分重视拥军优属工作。当时东北民主联军"后总"和辽东军区驻防本溪，负责保卫整个南满地区。本溪人民在硝烟中迎来抗日战争胜利后第一个春节，因此做好拥军优属工作有着特别重要的意义。市政府于1946年1月24日发出通知，要求做好五项工作：（1）利用各种时机，宣传拥护军队和尊重军属，号召人民参加自己的军队。（2）组织慰问军队，照顾伤员。（3）发动军人家属和各界人士，给亲人和部队指战员写信，鼓励他们安心工作。（4）救济贫苦军人家属。（5）向军属送光荣匾，帮助担水、推磨、写春联。市长王玉波还于1月30日发出致军属慰问信。信中写道："我们知道武装军人，保卫了和平民主与自由，保证了安生快乐的日子。在解放的时候，你们的子弟、丈夫、哥哥，勇敢的、正义的参加了人民子弟兵——人民自治军及保安队——保卫和平，维持治安，保卫人民生命、财产的安全，为国家为人民服务，这是多么伟大啊！这种伟大的壮举，我们是钦佩的。军属同胞们是最光荣的。我谨代表人民向你们慰问，并致春节的贺礼！"②市政府的拥军优属工作和市长的慰问信在全市军属和驻溪部队中引起了良好反响。

本溪市民主政府在成立之初，牢记为民宗旨，在当时十分困难的条件下，仍千方百计救济贫困工人、军属和贫民，为1945年的寒冬带来温暖，全市没有发生冻饿而死的现象，这在日伪统治时期是不可想象的。人民政府正是以真情实感和脚踏实地的工作，赢得人民群众的信赖和拥护。

（三）创建本溪联中

日本投降后，本溪市、县已处于无政府状态，在工矿停产、商户关闭、社会秩序混乱的情况下，学校也被迫停课，教师、学生自行回家。民主政府成立后，为了尽快复课，以免广大中小学生荒废学业，于10月下旬派杜若牧到原本溪国民高等学校任校长。杜校长到校后，主持召开全校教职员工会议，宣布教职员工一律不动，今后按月发薪，学生免收学费、书费，希望更多的学生到校上课。同时，在对全市中学进行调查的基础上，

---

① 《宫原机关区工人开展反贪污清算斗争》，载《东北日报》，1946年1月29日。
② 《本溪市长春节慰问军属》，载《东北日报》，1946年1月30日。

决定将原本溪国民（工科）高等学校、原本溪女子国民高等学校、原桥头国民（林科）高等学校合并，正式成立辽宁省立本溪市联合中学，校址设在本溪湖河沿原本溪国高。

12月14日，本溪联合中学举行成立典礼，由校长杜若牧报告开会意义及成立联合中学经过，并宣布了今后新民主主义教育方针，提倡学生思想和学术研究自由。中共本溪市委书记李力果在讲话中，对本溪联中寄予殷切希望，指出"今天联中的任务很重大，要团结培养青年作国家的主人，作新民主主义的先锋队"。热情鼓励学生"参与政治，不读死书，不死读书"[①]。为了办好本溪联中，辽宁省和本溪市政府还为联中派来了协助工作的董鸿书、周文、文菲等得力干部，招聘了一部分教师，同时又接收外地学生和原在沈阳读书的本溪籍学生到联中上学。

联合中学秉持全新的办学理念，适应国内形势变化，十分重视政治思想教育工作。杜若牧校长除总揽学校全面工作外，还亲自负责政治思想教育课，主要是讲授《社会发展史》《中共党史》、时事政治、国共关系等。除课堂教学外，还通过座谈会、报告会、个别谈心、专访、参加社会活动等，如组织学生参加公审战犯汉奸大会、纪念"一二·九"运动10周年大会、赴前线慰问指战员等方式进行实践教育，还通过教唱革命歌曲、排演文艺节目等文娱活动，把学生组织起来，寓教于乐。杜牧若亲自找朱光璧等老教师谈心，耐心做思想工作，使朱光璧受到了很大启发和教育[②]。联中广大师生通过新式教育，接触新事物，接受新思想，受到很大教益。

本溪联中自1945年11月成立，至1946年4月撤离本溪市区东迁本溪县田师傅，不久又迁往他地，前后只有半年时间，但在本溪教育发展史上是具有里程碑意义的大事。本溪联中是党在国共角逐东北的战时条件下创办的一所革命化的中学，堪称培养进步青年的又一所军政干部学校。联中学生经学校培养和战火硝烟的洗礼，大都参加了革命工作，有相当一部分人后来走上了革命道路，并且成为党政军和各方面的重要领导干部，这是本溪联合中学最大的成功。

---

① 《省立本溪联合中学，隆重举行成立典礼》，载《东北日报》，1945年12月23日。
② 朱光璧：《对本溪联合中学的回忆》，载中国人民政治协商会议辽宁省本溪市委员会文史资料研究委员会编：《本溪文史资料》第4辑，1989年，第75页。

除本溪联中外，当时市区有14所小学校，市政府通过教联发动教师和学生复课，由市政府教育科负责对教材进行认真审查和调整修改后，很快恢复了正常教学秩序。本溪、桓仁两县教学秩序也得到逐步恢复。

（四）管理与遣返日侨

本溪是日本人聚居较久、人数较多的城市，日本对本溪煤铁产业开发和经济掠夺长达40年之久，对本溪实施殖民统治也长达14年。日本投降之时，本溪有日本人3万余人，日本投降后，又从沈阳、安东、通化及北满各地逃来一批残兵败将和普通流民，总数有三四万人，使本溪这座只有十几万人口的工业城市，竟有六七万日本人，超过本溪城市总人口的三分之一。而且这些日本人成分复杂，既有日本军警宪特人员，也有企业管理人员、工程技术人员、医护人员、普通工人及其家属。这些人长期滞留本溪，给本溪社会带来了巨大压力和隐患，特别是给本溪城市物资供应、生产恢复、社会治安秩序带来诸多不利因素。因此，如何做好这些日本人的管理和遣返，成为摆在中共本溪市委、市政府面前的一项艰巨任务。

中共本溪市委、市政府十分重视对日侨俘的管理，并针对日侨的具体情况，采取了打击孤立上层、分化中层、争取下层的政策。这时，恰有日本共产党领导人冈野进，带领日本人"反战大同盟"一些成员来到本溪，根据中共本溪市委、市政府的请求，留下来几名成员配合民主政府工作。经过调查摸底，决定采取3项措施：一是对原日本军警宪特人员，不甘心失败，妄图重建"大东亚共荣圈"，并暗中与国民党警特勾结者，实行依法处理，坚决打击。如对原本溪湖日本宪兵分队长要真茂，本溪矫正辅导院现场主任、镇压收容者暴动的凶手国光隆行，日伪本溪湖市警务科长福岛森二等战争罪犯执行枪决①。二是对有一定技术专长和管理经验的日方工程技术人员、医护人员，愿意留用者，安排在相关岗位上，让他们继续发挥作用。如原煤铁公司劳务部长冲永健三留用煤铁公司经理（后免职），原公司代理事长井门文三留用为公司顾问（后免职），原日本医学专家新井侃留用为辽东军区第二野战医院（由公司彩光医院改编）副院长。三是对一般日本侨民，不了解共产党政策，又因失业断了收入来源，有的靠出卖衣服家具，有的靠摆摊贩卖，以维持生计，引导他们成立大众生产合作社、难民

---

① 本溪市公安局档案1-1。

救济委员会等组织，要他们自助自救，对少数流离失所和确无能力维持生活者，给予适当的补助和救济，并采取措施保证他们的生命财产安全①。一些下层日本人开始改变敌视民主政府的看法，开始接近民主政府并协助做了不少工作。

关于日侨战俘遣返问题，早在 1945 年 10 月 25 日，中美双方在上海召开会议，就遣返日侨俘问题进行磋商，并制订了《中国战区日本官兵与日侨遣送归国计划》。1946 年 1 月，国、共、美三方组成"军调处三人小组"，制定了有关遣返日侨的具体办法，并共同负责东北日侨俘的遣返事务。

由于日侨俘遣返工作涉及人数众多，任务艰巨，时间紧迫，难度极大。中共本溪市委、市政府抽调大量人力，进行周密细致的调查研究和组织工作。在遣返工作中，反复向日侨说明，中国人民的敌人是日本帝国主义，而不是广大的日本人民，通过讲清道理和政策，取得了较好效果，大多数日侨都能遵守民主政府指令，使遣返工作进展顺利。在具体遣返工作中，自 2 月开始，从遣返人员的登记审查、对外联系、办理各种手续，直到安排运输工具，于 1946 年 4 月中旬，将本溪首批 1.5 万名日侨运送至葫芦岛港。从 5 月开始，其余日侨由已占领本溪的国民党本溪湖市政府负责遣返，共遣返日侨 3.5 万人。经葫芦岛港遣送回国的东北日侨俘达 105 万人。

日本帝国主义侵占东北期间，对本溪人民进行过残酷的奴役、迫害和血腥屠杀，给本溪人民带来的灾难、伤害和痛苦是难以言表的。但是，在日本战败投降后，本溪人民却放下仇恨，以德报怨，十分同情日侨的悲惨处境，帮助和引导他们成立生产合作社、难民救济委员会等组织，并在当时自身也十分困难的条件下，以各种方式救助在贫困和死亡线上挣扎的日本难民，还有本溪群众收养了日本遗孤，收留日本病弱妇女等，并保护了他们生命和财产安全。特别是在日侨遣返之时，正值国共交兵，战火纷飞，社会动荡，本溪市县民主政府，认真执行上级指示，投入了大量人力和物力，终于比较顺利地完成了首批日侨遣返工作，充分彰显了本溪人民与邻为善的美德和人道主义情怀。日本出版的《满洲国史》承认：日本投降后，"并没有因此发生由于战争结束，对日本人进行民族报复的事情。倒

---

① 汪金祥：《坚决打击日伪残余和国民党破坏活动》，载《本溪市公安局建局 60 周年纪念专辑》，2005 年，第 205-208 页。

是各地的中国人、朋友们，同情日本人的悲惨处境，救济危难，庇护以安全，或主动给予生活上帮助的事例层出不穷。"①

三、开展反奸清算斗争

根据中共中央关于在业已建立秩序的地方要发动群众控诉汉奸和开展减租减息运动的指示，中共中央东北局于1945年11月29日发出《关于今后新方针的指示》，提出"从政治上经济上反汉奸反特务的斗争，目前仍然是动员群众的中心口号，这是反日斗争之继续与深入，也是引导东北人民群众从民族斗争迅速转入反顽斗争之捷径"②。同时，要求把反汉奸斗争与工人、农民其他生活改善斗争联系起来，这样才能组织与保持群众运动的高潮。

（一）反奸除霸斗争

中共本溪市委、市民主政府根据中共中央、中共中央东北局和中共辽宁省工委的指示，把反奸除霸斗争作为争取广大民众、巩固民主政权的大事来抓。1945年12月12日，中共本溪市委在中共中央东北局社会部的指导和协助下，召开全市锄奸联席会议，东北局社会部、中共辽宁省分委、辽宁省政府、东北人民自治军总政治部锄奸部、南满纵队锄奸部、辽宁省公安厅及所属各锄奸部门负责人参加了会议。会议专门分析了本溪对敌斗争形势，作出了《关于本溪市目前锄奸保卫工作的决定》，明确指出：本溪市目前锄奸保卫工作的中心任务是发动党政军民对战犯、敌特、汉奸、国特进行检举揭发，调查登记和控诉、公审，开展群众性的锄奸运动。决定还明确提出了锄奸工作的方针、政策和领导，强调对战犯、汉奸、特务的清理，必须坚持群众路线与专门机关调查、鉴别相结合；逮捕与搜查必须统一于本溪市保安司令部和市公安局执行；没收日伪资产必须统一由市委、市政府审核办理；处决人犯必须经市委或军事首长批准，并要坚持不多杀

---

① ［日］满洲国史编纂刊行会编：《满洲国史·总论》，黑龙江省社会科学院历史研究所译，1990年，第817页。

② 《东北局关于今后新方针的指示》（1945年11月29日），载中共辽宁省委党史研究室等编：《解放战争时期的安东根据地》，中共党史出版社，1993年，第30页。

人的原则①。会议决定成立本溪市锄奸委员会，由中共本溪市委书记、本溪保安司令员兼政委李力果任主任，辽宁省公安厅厅长兼本溪市公安局局长赵濯华任副主任。会议还对战犯、汉奸、国特、日特鉴别标准、处理原则和各部门协调工作关系作了明确规定。

为贯彻落实锄奸联席会议精神，坚决打击日伪残余势力的嚣张气焰，迅速掀起群众性的锄奸反霸斗争高潮，中共本溪市委、市政府决定召开一次全市性的公审战犯汉奸大会，公开处理和镇压一批罪大恶极、群众十分痛恨的战犯、汉奸、恶霸，以激发群众参加斗争的积极性。按照这一部署，市公安局和保安司令部根据群众检举揭发，进行调查取证，先后逮捕了日伪本溪湖市警察局刑事股长岩崎次市、伪本溪县警务科特务股长矢田春雄、本溪湖宪兵分队长要真茂、伪本溪湖市税捐局长岩本四郎、伪本溪湖市警察局长伊藤次郎、伪本溪县副县长石川直次、战犯大喜、伪本溪湖市警察局留置场（拘留所）警长庄国范（外号"庄阎王"）及汉奸李金峰9名血债累累、民愤极大的战犯、汉奸、特务，并于12月26日在本溪湖北山电影院召开本溪市公审战犯、汉奸大会。市委书记、本溪保安司令兼政委李力果，市长王玉波、省公安厅长兼市公安局长赵濯华先后在大会上讲话，号召群众检举揭发，表明民主政府为民除害、为群众撑腰的态度和立场。当矢田、岩崎等9名罪犯被押上审判台时，3000余名到会群众在"有冤申冤，有仇报仇，14年血债总清算""严惩战犯，肃清特务，本溪人民大翻身"的口号鼓舞下，满怀仇恨纷纷上台，声泪俱下地控诉矢田、岩崎、要真茂及庄国范等人的罪行。大会根据群众的强烈要求，当场处决了矢田春雄和岩崎次市两名战犯。会后举行了声势浩大的示威游行，参加游行的群众达1万余人②。

本溪市公审战犯、汉奸大会后，各行政区、本溪煤铁总公司、铁路的广大群众和职工也纷纷行动起来，分别向所在地区、单位的战犯、汉奸走狗、把头等展开坚决斗争。如第一区（宫原区）明山街群众处决了杀人犯刘滨三、刘天林；第二区（溪湖区）河沿街斗争了大把头钟玉廷、伪保安

---

① 中共本溪市工委：《关于本溪市目前除奸保卫工作的决定》，载郑荣谦、刘玉林主编：《本溪公安历史长编（1945-1949）》，1995年，第276-279页。

② 郑荣谦、刘玉林主编：《本溪公安历史长编（1945-1949）》，1995年，第24-26页。

团长王全信等，处决了土匪黄庆海、黄庆国；第三区（河西区）群众在柳塘公审处决了伪警察局看守所头目马德民（外号"马大马棒"）；第四区（大峪区）群众斗争了伪区长赵家义；第五区（彩屯区）群众公审处决了两名日本暴动队头目和一名土匪。

本溪、桓仁两县锄奸反霸斗争也如火如荼地开展起来。中共本溪县委、县政府于1946年1月7日和17日两次在小市召开公审大会，公审日伪小市警察署警务主任船本堪二男、康生院参事官小田部勇。第一次公审大会到会群众代表200余人，第二次到会代表600余人，船本和小田两人过去对小市区民众压榨勒索，无恶不作。当主审人讯问该二犯罪行时，该二犯仍图狡辩，乃引起民众公愤，于是受害人及家属群众纷纷上台揭发其罪恶。大会根据群众强烈要求，判决船本死刑，小田要押到田师傅再行公审。群众兴奋地说："14年的压迫，没有想到有这一天！""这一回可真要翻身了！"[①] 1月22日，桥头区上千人集会，公审枪决了日伪桥头警察署警务主任茂木武雄。此外，田师傅区处决了伪街长福岛，草河口区斗争了伪区长傅秉仁，处决了大、小岗野。桓仁县铧尖子区召开2000余名群众参加的斗争大会，处决了特务康兆贤。1946年2月，桓仁县政府将参加通化"二三"暴乱的原桓仁县公署伪警务科特务股长尔玉、伪总务科长岗崎、伪视学官芳野从通化押解回桓仁，召开群众公审大会后执行枪决。

在全市锄奸反霸斗争中，中共本溪市委、市政府代表人民利益，通过召开公审大会等形式，公开处理和镇压一批罪大恶极的战犯、汉奸、特务，有力地打击了日伪残余势力的嚣张气焰，激发了广大人民群众的斗争热情，并在整个本溪地区迅速掀起了一场锄奸反霸的斗争高潮。据统计，到1946年1月，全市共捕获日伪战犯、汉奸、特务108名，召开各种形式的公审大会和斗争会30余次，大长了人民群众的志气，巩固了新生的人民政权，增强了人民群众对民主政府的信任感。

（二）开展清算斗争

根据1946年1月本溪市首届临时参议会精神，本溪市于同年1月末成立了本溪市清算委员会，本溪市市长、法院院长王玉波任主任委员，法院副院长石一峰任副主任委员，委员单位包括本溪市保安司令部、市公安局及

---

① 《小市区人民讨血债，两次集会公审罪犯》，载《东北日报》，1946年1月31日。

市政府相关部门负责人，并吸收若干知名人士参加。清算委员会的主要任务是清算伪满后期拨给各商户的粮油、糖、烟等物资及医疗器具和药物等。清算斗争的主要对象是日伪时期残酷剥削群众的配给店、贪官污吏、维持会头目、土匪头子、伪村屯长等。

本溪市区的清算运动最早是从铁路宫原机关区开始的。1月10日，本溪铁路宫原机关区工人自治会发动工人清算了日伪时期负责配给粮的高恩霖、高洪升克扣、贪污7.5万斤配给粮的罪行。第二区群众自发起来清算配给店善昌号粮栈，该粮栈是由日本人大西经营的大统配粮栈，曾仰仗日伪势力，对百姓敲骨吸髓，压迫剥削，八一五光复后，大西被捕，由彭轮升接替经营。2月3日这天，上千群众集聚在善昌号门前，要求清算账目，并质问彭轮升八一五后抬高市价，盗卖配给粮2000多包，过去配给粮食掺假、克扣、强行配给等问题，彭无法抵赖，承认罪状。群众派出代表向市政府请求支持，市长王玉波接见代表，当即表示支持群众的行动，由市清算委员会出面协助清查账目。清算结果，查出该粮栈贪污食盐210包，贪污粮食1527袋。市政府查封食盐，将这些粮食分给了该区901户群众①。随后，市清算委员会对日本人开设的多久岛药房、田中药房、三宅医院以及药物组合中的东方医院、祥豫昌药房进行查封清算，追缴收回一批医疗设备和药品。

第二区群众在市清算委员会执行小组配合下，在河东原日本公会堂召开清算斗争会，清算日伪时负责配给粮食、烟酒、布匹的张碗铺、公悦成、广泰盛、福增利、源兴和五大商号。市清算委员会负责人先向他们交代共产党政策，讲清查账目的范围，号召他们做开明商绅。在党的政策感召下，在广大群众的压力下，大多数掌柜在大会上承认过去在配给物资方面有剥削行为，并表示当场接受清算。只有张碗铺经理高泽普拒不承认剥削，结果激怒了群众，纷纷上台揭发。最后市清算委员会应群众要求，暂时扣押高泽普，令其反省交代问题，并处以罚款。直至该商号上缴罚金，才将高释放。

本溪县清算斗争开始于12月中旬，因县委、县政府组建不久，村屯旧政权尚未来得及改造，群众对共产党的主张和政策尚欠了解，对清算斗争

---

① 《本溪群众自动起来清算配给店善昌号》，载《东北日报》，1946年2月26日。

存有疑虑。为此，中共本溪县委于12月19日召开会议研究决定，清算斗争先突破一点，再以点带面，全面发动群众，推动全县清算斗争发展。12月下旬，全县斗争首先从下石桥群众斗争伪屯长吴振樵开始，群众首先组织起4个农会小组，虽遭到吴的威胁破坏，但群众坚持通过查账掌握其罪行材料，于是上千群众集会清算了伪屯长吴振樵。草河口区清算了伪区长傅秉仁，田师傅区清算了伪街长日人福岛，桥头东北沟清算了伪屯长刘子吾。1月18日，石桥子区上千名群众召开控诉大会，斗争清算了伪石桥子大村村长、后混入区保安队的徐宝贤。据统计，从1945年12月下旬至1946年3月，本溪县共发动清算斗争210次，参加斗争人数45305人次，获得粮食141万公斤，缴款330万元。5.5万人得到了斗争果实，平均每人分得粮食2斗，土地0.25亩。

桓仁县清算斗争首先从县城开始，县城内的裕成泉、东兴德、义顺永等13家伪满时期的配给店店主被群众扣押。裕丰德被清算，大德泉、怡兴德被群众全部没收。其余有的被罚款，有的被没收部分财产。县委、县政府根据群众要求，利用这几家商店所剩的物资和罚款，成立了民众商店，为改善人民生活和发展经济发挥了很大作用。在农村，第一区莲沼村200名贫苦农民和工人群众向日伪产业合资会社掌柜清算，经过斗争，收缴大米465包，高粱400包，豆饼500片，麻袋1万条。这一时期，桓仁县拐磨子、铧尖子、五里甸子、横道川、城厢区等19个村，先后清算汉奸地主罪大恶极者31人。

本溪市、县开展的清算斗争，有力地打击了日伪残余势力、汉奸地主恶霸、伪村屯长及奸商的盘剥、欺诈行为，使人民群众获得了部分利益，并经受了斗争的考验，从而使他们进一步认清了共产党和民主政府为人民撑腰、为人民服务的宗旨，提高了阶级觉悟和政治觉悟。同时，人民群众在斗争中发展了自己的农会组织，壮大了自己的力量，为后来解放战争中投身党所领导的土地改革等各项斗争打下了牢固的思想和政治基础。

四、镇压阴谋暴乱

本溪地处安奉铁路要冲，日本居留民较多，日伪统治基础较深。日本投降后，大批日本人纷纷涌入本溪，其中有许多人属于日本军、警、宪、特分子。这些人不甘失败，躲在阴暗角落里，或秘密串联拼凑各种反动组织伺机而动，或杀人劫物、盗窃资财、扰乱社会治安，或勾结国民党特务阴谋发动暴乱，妄图东山再起，重建"东亚帝国"美梦。这些罪恶活动严重威胁着新生的民主政权和社会治安。

中共本溪市委、市政府对此极为重视，在中共中央东北局社会部的指导帮助下，组织公安、保安部队力量，对居留本溪的日本人的人数、成分、特征和思想动向进行了认真的调查和分析，确定了争取多数、孤立和打击少数的斗争策略，制订了以日伪军警为重点的侦察方案。在日本人聚居的本溪湖东山、宫原、北地、南地、彩屯以及煤铁公司建立秘密侦察据点，发展侦察力量和情报关系，同日本军国主义残余分子进行坚决斗争。从1945年底至1946年4月间，先后破获日蒋勾结、建立地下组织和策动暴乱案件68起，共逮捕人犯133名，经审讯调查判处死刑者21名，判处有期徒刑者32名，教育释放者80名[1]。

（一）"血樱团"案件

"血樱团"是抗战胜利后，极少数丧心病狂的日本军国主义分子在国民党奉天地下工作团团长许英的操纵下，纠结起来的一个地下暴乱组织，下设奉天、辽阳和本溪湖3个分团。该组织以本溪湖分团为活动中心，由国民党特务提供活动经费，在本溪的日本人当中发展组织，搜集情报，密谋暴动。1945年12月，经本溪市公安局调查科调查，得知日本人正在秘密建立组织准备暴动，于是通过一个颇有正义感的日本姑娘的叔父小仓，通过工作打入其组织内部，很快查清了"血樱团"幕后策划者和组织机构，于1946年1月6日晚乘该组织秘密开会之际，一举逮捕了"血樱团"团长、日本在乡军人少将石井修三等10余名暴乱骨干分子，缴获枪支20余支，活动经费13万元，摧毁了这一暴乱组织。

（二）"日乃丸"案件

"日乃丸"即日本国旗，该组织是抗战胜利后，一些坚持反动立场的日本人在本溪彩屯地区拼凑的反动组织。该组织下设5个小队，成员有40余名。参加该组织的人都必须在一面日本国旗上签名和按血手印，以示为"大日本帝国而战"的决心。该组织曾多次派人到沈阳同国民党组织联系，

---

① 本溪市公安局档案1-1；郑荣谦、刘玉林主编：《本溪公安历史长编（1945-1949）》，1995年，第28-32页。

妄图充当国民党军进攻本溪的内应，并曾先后两次抢劫杀人，筹措活动经费。市公安局从侦破彩屯地区两起杀人案件入手，召开群众大会，根据群众检举揭发，发现该组织活动蛛丝马迹，并派出日籍侦察员宫崎秀诚，以日本军人身份设法打入其内部，一举破获该案，逮捕了该组织头目相本哲夫，并一举捕获该组织成员，查清了彩屯地区两起杀人案的真相，摧毁了"日乃丸"组织。

（三）"东北南部先遣军"案件

该组织是由日伪战犯、汉奸、特务和警察组成的反动武装特务组织，本部设在沈阳，其头目为原日军岗北支队司令冈村和国民党军参谋董某，在本溪的联络人是潜逃至本溪的日本警察石泽庆助，被委任为"东北南部地区先遣军"本溪湖地区宫原现地指挥官。该组织拟在本溪发展300—400人，以便在国民党军进攻本溪时做内应。市公安局经侦察得知石泽庆助与其助手木下爱男同沈阳国民党联系的线索，一举破获这一地下暴乱案件。

（四）"中央军便衣队统帅部"案件

该组织是少数日本军国主义分子打着"难民救济委员会"的招牌，表面上以维护日本人利益，保障日本人生活，促成日本人早日回国为宗旨，暗中却进行地下建军和谍报活动。该组织本部设于沈阳，由国民党军一姓胡的中校和一名日军中尉田所力负责，该组织在安东设有"第一团"，本溪湖设立一个联络站，专门负责同安东"第一团"的联系，本溪湖联络站的驻在员是小林保夫和深泽两人。市公安局经过侦察，掌握了该组织情况，一举摧毁了该组织在本溪的联络站，逮捕了小林保夫、深泽等组织成员。

在日伪残余势力频繁活动之时，本溪地区的国民党地下活动也十分猖獗。以苗可沛为首的国民党本溪县党部慑于东北民主联军的压力，采取了分散隐蔽和秘密活动，策划地下建军和建立情报组织，为国民党接收本溪做准备。本溪市公安局根据市委、市政府的指示，在打击国民党县党部地下活动的同时，针对国民党特务活动展开侦察活动。从1945年12月至1946年5月初，先后破获14起此类案件。其中包括：丁宝珍、何绍唐密谋破坏军用电话、藏匿通讯设备、搜集日本人埋藏枪支案；伪警察李国良受命国民党沈阳先遣军，策划本溪市保安司令部一名排长、两名班长投敌叛变案；伪本溪湖警务局警长蔡凤阁策划国民党本溪建军案；原伪本溪县警务科督察长李胜堂以国民党东北挺进军先遣第十一路军司令部收编委员的身份，潜回本溪组织建军案；日伪本溪湖市警察局警尉马东泉地下建军案。市公安局先后破获、逮捕上述组织案犯34名，教育释放了大部分成员①。

在本溪光复之初和本溪市、县民主政权初建之时，在异常复杂的社会环境和对敌斗争中，本溪市公安机关在市委、市政府的领导下，在中共中央东北局社会部的指导帮助和全市人民的大力支持和协助下，针对日伪残余势力阴谋暴乱和国民党特务地下建军活动，投入大量警力，周密部署，成功破获了一批日蒋勾结阴谋暴乱案件和国民党地下组织案件，沉重打击了日伪蒋势力的反动气焰，有力地保卫了新生的民主政权，维护了本溪社会稳定，赢得了全市广大人民群众对共产党和民主政府的极大信赖。

五、加强宣传统战，争取和平建国

东北光复初期，由于日本帝国主义长期实行殖民统治、民族压迫和奴化教育以及国民党的反动欺骗宣传，使得相当多的本溪人只知道自己是"满洲国人"，不知道自己是中国人。一些人受正统观念的影响，认为"中央军是正统""八路军是杂牌"的观念颇深，对中国共产党缺乏认识和了解，群众思想一度较为混乱。正如陈云所指出："在东北，由于日寇统治十四年，一般民众对国民党有相当的幻想，认为他们是正统，牌子正，有美国援助，力量大，我们虽然亦工作了几个月，但在群众中影响仍比国民党小。"②

中共本溪市委和民主政府接收本溪后，针对人民群众思想混乱的状况，通过宣传发动群众，采取多种形式大力开展宣传。一是利用集会、课堂、街头演讲、办班、座谈等形式，大张旗鼓地宣传中国共产党从九一八事变开始到抗战胜利，始终坚持全面抗战的主张，揭露国民党蒋介石"攘外必先安内"的反动政策，正是因为国民党不抵抗政策而丢掉了东北大好河山，是造成东北3000万同胞生灵涂炭的根源。通过宣传，党员、干部和人民群众认清国民党的反动本质，明确中国共产党是中国人民的领导核

---

① 本溪市公安局档案1-1；郑荣谦、刘玉林主编：《本溪公安历史长编（1945-1949）》，1995年，第28-45页。

② 陈云：《发动农民是建立东北根据地关键》（1946年7月13日），载《陈云文选》第1卷，人民出版社，1995年，第236-237页。

心，只有中国共产党才能救中国的道理，坚信中国共产党领导的军队是中国人民自己的军队，民主政府是人民自己的政府。二是利用报刊、广播、戏剧、歌舞、摄影展览等宣传形式，包括《东北日报》《东北画报》《本溪新报》；戏剧培训班，戏剧《血泪仇》《东北人民大翻身》；本溪联中《黄河大合唱》等进行革命宣传，群众喜闻乐见，更易于接受。三是通过免除日伪时期的苛捐杂税，扶贫济困，开展反奸清算和减租减息等实际行动，为群众减免负担，撑腰打气，在斗争中提高觉悟，更加增强了人民群众对民主政府的信赖和拥护。

早在中共第七次全国代表大会时，党就提出要建立一个独立、民主、富强的新中国，并且提出通过民主的联合政府的途径实现建立新中国的目标，受到全国广泛的响应。1946年初，国共达成停战协定，政治协商会议通过和平建国纲领。中共中央于2月1日向党内发出《关于目前形势与任务的指示》，指出："中国即走上了和平民主建国的新阶段。"同时指出："中国民主化的道路依然是曲折的、长期的。"①

针对苏军准备撤出东北和国民党在东北建立政权的迫切形势，中共中央东北局在《关于政权工作的紧急通知》中，要求建立省县临时参议会，掌握市县两级政权，提出"在各级临时参议会中、各级政府中，再根据三三制精神大量吸收当地进步分子、中间分子参加"②。1月30日，中共辽宁省委指出："中国就将开始一个新的和平建国时期。""我党在东北的方针是力求和平解决，力求国民党承认我党在东北一定合法地位的条件下和国民党合作，实行民主改革，和平建设东北。"

根据党中央、东北局和辽宁省委的指示，中共本溪市、县委和民主政府抓紧时机研究部署，成立市、县临时参议会，并认真贯彻党的统一战线政策。在本溪市临时参议会选举中，除选举中共人士王玉波为民主政府市长，中共人士、回族代表丁铁石为市临时参议会议长，还选举国民党人士荆可独为副议长，临时参议会常务委员8人中，有50%是民主人士。同年2月，本溪市成立民主建国会，王玉波当选主任委员，荆可独为副主任委

①《关于目前形势与任务的指示》(1946年2月1日)，载中央档案馆编：《中共中央文件选集》第16集，中共中央党校出版社，1991年，第62—63页。

② 戴茂林，李波：《中共中央东北局》，辽宁人民出版社，2017年，第70页。

员，委员之中，迟育庭、王家瑶、许连波、郭福秀等皆为本溪市民主人士。

桓仁县于2月25日召开全县各界知名人士座谈会，正式成立县和平民主建国会，推举县高中教务主任、民主人士刘在东为会长，中共桓仁县委书记来为民为副会长。3月上旬，桓仁县召开临时参议会，选举国民党人士安祝尧为临时参议会议长，来为民为副议长。1945年11月，桓仁县成立了党的外围组织——桓仁县朝鲜民主同盟，在党的领导下，团结朝鲜族进步群众和一切可以团结的力量，为最后解放桓仁做了许多工作。

在中共地方组织和民主政府改造旧政权的过程中，除有罪恶和明显劣迹的进行清除外，注意对旧职员、旧官吏的争取、教育和改造，使他们在实践中逐步认识到民主政府与日伪政权的本质区别，从而为民主政府工作。本溪县桥头区戴广胜，过去是北洋军的中将旅长，1932年通电下野后回到故乡，拒绝为日伪政权效劳，在党的影响和帮助下，毅然参政，被选为本溪县桥头区区长，与共产党合作共事，并在国民党军占领本溪后，冒着生命危险，为党搜集情报，为本溪乃至东北解放做出了贡献。

第五节　本溪保卫战

1946年3月上旬，苏军开始从沈阳及其附近撤军，国民党军开始对东北解放区进行大规模进攻。3月13日，国民党军进占沈阳，并开始向南满和北满地区大举进犯，本溪及周边地区成为南满地区的主要战场。东北民主联军辽东军区部队在中共中央、东北局的领导和本溪人民的大力支持下，为阻止国民党军进攻，英勇地开展了长达一个月之久的本溪保卫战。

一、战前形势和两军部署

1946年2月，面对国民党军的步步紧逼，中共中央仍未放弃和平建国的追求，仍然希望能通过和谈实现在东北停战，并在国民党政府承认中共在东北一定合法地位的前提下与之合作，实行民主改革，和平建设东北。但是，国民党政府置中共的和平努力于不顾，以东北主权尚未接收为名，宣称《停战协定》东北例外，并在美国支持下，将大批军队运至东北。3月初，苏军按照协议开始从东北的城市和铁路沿线撤离，国民党军便于当月13日进占沈阳，并积极调兵遣将，妄图对东北解放区发动全面进攻。

面对国民党军的进攻和大战在即，中共中央于3月5日指示东北局和东北民主联军："蒋介石利用他已进入东北军队向我军进攻，企图击溃我在东北的军事力量。""蒋军可能在最近进攻西满及南满通辽及辽阳、鞍山、营口、海城、本溪、抚顺等地……你们必须迅速准备严重的粉碎蒋军进攻的战斗，必须准备在上述地区被蒋军占领后你们仍能继续战斗。"①

国民党军占领沈阳后，便以沈阳为基地，兵分三路，同时向南、向东、向北推进。3月17日，沿浑河两岸向东面的抚顺发动进攻。18日，由沈阳苏家屯向南面的辽阳发动进攻。同时，沿中长路两侧向北发动进攻。三路国民党军分别于21日占领抚顺、辽阳，24日占领铁岭，沈阳外围城市除本溪外，均被国民党军所控制。

3月23日，为争夺北宁路及沈长路沿线战略地区，中共中央致电东北局和林彪："你们应立即放手大破北宁路及沈阳附近之长春路，愈迅速愈广泛愈好，迟则无用。同时立即动员全军在运动中及其立足未稳时，坚持彻底消灭国民党进攻部队，愈多愈好，不惜重大伤亡（例如一万至二万人），求得大胜，以利谈判与将来。"②

此时，国民党在重庆与中共、美国三方代表的谈判仍在进行。3月27日，三方签署了《调处东北停战的协议》，但国民党政府并未准备停止对东北的大举进攻，而是继续向东北运兵。至4月初，国民党军在东北的总兵力已增至31万人。其战略目标是：迅速抢占四平及本溪、鞍山、营口等战略要地和交通线，进而占领长春、哈尔滨，以达到占领全东北的目的。为实现这一目标，国民党军以5个师从沈阳出发，沿中长路进攻四平；以6个师进攻鞍山、本溪等地，计划在4月前攻占四平、本溪。

面对国民党军的进攻，中共中央东北局和东北民主联军总部根据中共中央指示，也在积极部署作战。针对国民党利用军事调处拖延时间，继续向东北运兵，准备与东北民主联军决战的实际情况，在一保本溪战斗结束之时，毛泽东于4月5日为中共中央起草致东北局及林彪电指出："我党政策，一方面利用停战小组力争停战，另一方面不要被停战小组所迷惑，必

---

① 中共中央文献研究室编：《刘少奇年谱（1898-1969）》上卷，中央文献出版社，1996年，第25页。

②《彭真传》编写组：《彭真年谱》上卷，中央文献出版社，2002年，第394页。

须同时有对付十五个军进攻的全盘与持久的计划。""本溪方面，亦望能集中兵力，歼灭进攻之敌一个师。在当前数日内，争取四平、本溪两个胜仗，则是关键。""上述两仗如能打胜，东北局面即可好转。"①

根据中共中央和毛泽东的指示，中共中央东北局、东北民主联军总部认真分析了东北战场的形势，认为在当前情况下，要保持沈阳、辽阳以南及铁岭以北地区，只有在沈阳以南和铁岭以北的两个方向同时作战，才能实现中央的战略意图。为此，中共中央东北局、东北民主联军总部制订了牵制南满、保卫北满的作战计划。以辽东军区第三、四纵队及保安第三旅的兵力在南满保卫本溪，以牵制进攻南满的国民党军；集中6个师（旅）的兵力坚守四平街地面，以防止国民党军北进。

在此背景下，东北民主联军辽东军区在南满战场发起了东北解放战争历史上的第一次较大规模的战役——本溪保卫战。

二、三保本溪之战

本溪作为沈阳东南的门户和安奉铁路要冲，境内山川纵横，地势险要，其战略地位极其重要。控制本溪，向北可直接拱卫或威胁沈阳，向南可打通安奉铁路，可直接控制整个辽东地区。同时，本溪又是南满煤铁之都，具有极其重要的军事利用价值。因此，国民党军在大举北攻四平的同时，集结重兵连续向本溪发起猖狂进攻，东北民主联军辽东军区奋起自卫。

（一）一保本溪

国民党军在进占沈阳和周边城市后，便调集重兵，于1946年4月1日，在第五十二军军长赵公武直接指挥下，分西、北两路会攻本溪。西路由新六军第十四师、第六十军第一八二师五四五团从辽阳向东进犯；北路由第五十二军第二十五师从抚顺向南进犯。

4月2日，国民党军第二十五师在进占石人厂、三人沟、大甸子等地区时，遭到东北民主联军第三纵队第七、第九旅的坚决抵抗，第十九团七连在石头沟曾连续击退国民党军一个营的3次冲锋。激战中，第十九团团长钟本才不幸中弹牺牲。第九旅第二十七团在大甸子东山与国民党军激战一

---

① 中共中央文献研究室编：《毛泽东年谱（1893—1949）》下卷，中央文献出版社，2002年，第65页。

夜，连克5个高地，毙伤俘敌700余人，迫使第二十五师停止进攻，撤至山城子、拉古岭地区。

由辽阳方向进攻本溪的国民党军第十四师，在铧子沟遭到第三纵队第八旅二十四团的顽强阻击。国民党军在猛烈的炮火掩护下连续冲锋，几次接近二十四团阵地前沿均被击退。支援这一方向的辽东军区炮兵团以准确的炮击给国民党军以很大杀伤。激烈的战斗整整持续了一天，第十四师伤亡上千人，未能前进一步，被迫停止进攻，退回辽阳的鹅眉庄、塘胡屯一带①。辽东军区保安第三旅和炮兵团一部乘势对苏家屯国民党军发动夜袭，杀伤敌人一部，迫其撤退。民主联军挫败国民党军的第一次进攻，取得了一保本溪战斗的胜利。

一保本溪之战的胜利，增强了民主联军广大指战员进行城市防御作战的信心，本溪人民欢庆胜利。中共中央对本溪保卫战非常关注，4月6日，毛泽东致电东北民主联军总部，指出："如我能在三个月至半年内组织多次得力战斗，歼灭进攻之兵至9个师，即可锻炼自己，抗拒敌人，开辟光明前途。为达此目的必须准备数万人伤亡。要有决心付出此项代价，才能打得出新局面。"②辽东军区接到中央指示，各参战部队深受鼓舞。军区首长根据战场形势变化，及时调整部署，加强构筑工事，准备再战。

（二）二保本溪

国民党军首次进攻本溪失败，令东北行营主任熊式辉恼羞成怒。在经过短暂休整和补充后，于4月7日集中兵力再次对本溪发起进攻。

左路，国民党军第二十五师于8日从东北民主联军第三纵队第七、第九旅的接合部突施猛烈迂回攻击，很快占领小四家屯、老瓜洼、石窝屯地区。第九旅全力迎战，迫使国民党军暂时转入防御。第三纵队抓住这个机会，集中第七、九旅，于黄昏突然迂回包围国民党军一个团，经激战重创该团。第二十五师遭打击后，于9日下午向上下泉水岭、高力井子、班家寨地区撤退。第三纵队乘胜展开追击，击伤第二十五师师长刘世懋，歼敌1800余人，第五十二军军长赵公武差点被活捉，侥幸逃走。

---

① 吴伟：《三保本溪》，载中共本溪市委党史研究室编：《纪念本溪解放四十周年专辑》，1988年，第76页。

② 中共中央文献研究室编：《毛泽东年谱（1893—1949）》下卷，中央文献出版社，2002年，第65页。

在中路，国民党军第六十军第一八二师五四五团配合第五十二军第二十五师、新六军第十四师向本溪进犯，于4月8日攻占了荒山子、三家寨、马家寨地区，以牵制东北民主联军主力。

在右路，国民党军新六军第十四师东犯之时，得悉第二十五师被追击后，为解救第二十五师，连日急速北进。东北民主联军第四纵队十旅（欠三〇团）奉令在大安平乘火车北上姚千户屯一带，准备截击第十四师，于4月9日到达姚千户屯大英守屯一带，并控制金钟山一线阵地。时第三纵队第八旅一部则隐蔽于大英守屯北山，待第二十五师企图经大堡、英守屯夺取姚千户屯时，第八旅一部向其侧后猛烈攻击。第十四师为救援第二十五师，急进大英守屯时已疲惫不堪，但为执行上峰命令，不得不向民主联军阵地连续进攻，均被第十旅击退。黄昏，第十旅乘胜向国民党军发起全面攻击，敌仓促应战，死伤惨重，民主联军跟踪追击，于4月10日拂晓在长岭子一带抓住第十四师迅速发起攻击，一举将其击溃，先后消灭师部及一个多团，第十四师师长龙天武负伤逃走，毙伤副师长以下1380余人，俘600余人。国民党军第二次进攻本溪又遭失败。

二保本溪之战，历时4昼夜，东北民主联军发扬连续作战、不怕牺牲的英勇精神，共歼敌4000余人，使国民党军第十四师损失三分之一，第二十五师损失近半[①]，使号称国民党军主力和美械化装备的蒋军颜面尽失。中共中央和中央军委通电致贺，本溪、安东人民组织慰问团慰问部队，民主联军士气空前高涨。4月13日，毛泽东致电林彪、彭真："马歇尔有于文日动身来华说。马到华后东北可能停战，国方必于数日内尽力攻夺四平、本溪。望注意在可能条件下，击退其进攻，守住四平、本溪，以利谈判。"[②]中共中央于4月14日致电林彪、彭真，指出："此次本溪大捷，击溃敌两个师及一个团，歼灭不小部分，缴获甚多。"本溪保卫战的胜利，"必能引起于我有利之变化，望通令全军鼓励士气，粉碎顽军之进攻"[③]。

---

① 萧华：《开辟辽东根据地》，载中共辽宁省委党史研究室等编：《解放战争时期的安东根据地》，中共党史出版社，1993年，第204页。

② 中共中央文献研究室编：《毛泽东军事文集》第3卷，军事科学出版社、中央文献出版社，1993年，第165页。

③《彭真传》编写组编：《彭真年谱》上卷，中央文献出版社，2002年，第406页。

（三）三保本溪

国民党军以新六军、第五十二军进犯本溪的同时，并以其新一军、第七十一军向战略要地四平进犯，于4月18日开始直接攻城作战。

为保卫北满门户四平，给予进攻之敌以有力打击，东北民主联军总部调辽东军区第三纵队主力北上，纵队司令员程世才亲率第三纵队第七、第八旅于4月12日自本溪北上，参加四平保卫战，其第九旅仍在原地保卫本溪。

国民党军两次进攻本溪失败，损失惨重，四平又久攻不下，双方形成相持局面。为改变这种态势，国民党东北保安司令长官杜聿明重新调整部署，决定集中优势兵力先夺取本溪，去掉后顾之忧，然后再集中优势兵力夺取四平。恰在此时，国民党军获悉东北民主联军第三纵队从本溪北上增援四平，南满兵力削弱，便于4月28日，调集新六军第十四师、新二十二师，第七十一军第八十八师，第五十二军第二师、第二十五师，5个师17个团共8万余人，兵分三路直扑本溪。左路，以第五十二军经苏家屯沿姚千户屯、石桥子、火连寨南犯；中路，新六军（欠二〇七师）由辽阳经铧子沟、唐家堡子、鸡冠山沿太子河北岸东犯；右路，第七十一军第八十八师由海城经鞍山、七岭子沿太子河南岸东犯①。

辽东军区为牵制南满之敌，全力以赴备战，争取更多时间，以利四平保卫战。4月30日，接到中共中央关于立即布置死守本溪一个月的指示，辽东军区马上调整部署。以第十旅第三十团和第十一旅第三十一团在本溪以西的三会厂、松树岭、林家崴子及河沿、下上虎把什沟组织防御，赶修工事，进行死守。第三纵队第九旅及保三旅第七团，以一小部于架板山、塔山一线监视敌人，将主力集结于边牛堡子、石桥子附近，并在马耳山、歪头山铁路两侧构筑阵地，坚决阻敌前进。

东北民主联军刚刚布置，各路国民党军即以师为单位，在飞机和大炮的配合下，以猛烈的火力向民主联军阵地连续轰击，支援其步兵以集团突击。左路第五十二军第二师、第二十五师在密集火力的掩护下，向架板、塔山阵地猛攻。民主联军第九旅第二十七团与数倍于己之敌反复冲杀，坚

---

① 吴伟：《三保本溪》，载中共本溪市委党史研究室编：《纪念本溪解放四十周年专辑》，1988年，第78页。

决打退了国民党军进攻。辽东军区又急调第三十四团前来支援，以侧击敌人，不料途中与新二十二师相遇，发生激战，难以前进。第二十七团和保三旅第七团遂转移至大柳家屯、歪头山继续阻击敌人。5月2日，国民党军以优势火力摧毁歪头山阵地工事，支援步兵攻占了歪头山要点，民主联军防御阵地被撕裂，国民党军乘机向纵深发展。3日，国民党军出动飞机轮番向民主联军阵地和本溪市区轰炸扫射，以强大炮火支援步兵连续冲锋，终于当晚突破民主联军第三道防御阵地，两军在老市区逐街展开巷战。

第四纵队负责阻击中路、右路进犯之敌。具体部署是以6个团为第一线防御部队，在三会厂、松树岭、上虎把什沟、大河沿、吊水楼、大洼山、上平州、北霍梅、石嘴子、虎头崖地区组织防御；预备队则分别配置于大安平、析木城、大安平游击沟待命。国民党军中路以新六军新二十二师由铧子沟、唐家堡子、鸡冠山向第四纵队松树岭、大河沿一线阵地进攻。5月1日晨与第三十一团接触，又以主力向第三十团阵地连续攻击，激战两昼夜。新二十二师一部于下虎把什沟、大河沿遭第三十团阻击。由于国民党军空中与地面火力十分强大，第四纵队阵地工事多处被摧毁，新二十二师数十次突入民主联军第四纵队阵地，第三十、三十一团仍顽强抗击，多次展开白刃格斗，杀伤敌千余名，己方也损失较大，第三十团有4个连队干部全部伤亡，每连仅剩十几人仍然死守阵地，寸土不让[①]。5月2日，国民党军越过第四纵队阵地，由太子河南岸进至桥头西何家堡子，遭迎头打击后，又继续东犯，与增援本溪的民主联军第三十四团接触，双方对峙。5月3日，新二十二师各路继续进攻，辽东军区因本溪已失，黄昏前主动转移，新二十二师进入本溪。新六军第十四师由辽阳沿太子河北岸东犯，4月29日、30日，在上平州、吊水楼等地受到民主联军节节阻击。5月1日，第三十四团被急调向本溪增援。第三十团接替防务后于5月2日与国民党军在大洼山激战一昼夜后，5月4日国民党军攻占大安平。

在右路，国民党军第七十一军第八十八师由鞍山东犯，于4月29日与民主联军第十一旅第三十二团在响山子一带接触。经激战后占领响山子，一部进入望宝寨。为确保第十二旅侧翼安全，辽东军区决定以第十旅（欠

---

① 萧华：《开辟辽东根据地》，载中共辽宁省委党史研究室等编：《解放战争时期的安东根据地》，中共党史出版社，1993年，第205页。

第三十团）和第十一旅第三十二团消灭望宝寨之敌。4月30日，第十旅由大安平出发，当夜进至望宝寨南的洼子沟。并于5月1日晨向望宝寨守敌发起攻击，顺利占领了望宝寨西南、南一线阵地。后第十旅虽再次组织攻势，因国民党军工事坚固，己方伤亡较大，与敌形成对峙。后因国民党军增援部队赶到，民主联军于5月2日与敌激战后，由进攻转入防御。

辽东军区首长及时分析形势，因部队防御面太宽，兵力不足，敌我力量相差悬殊，不宜死守城市。为避免被动，保持军力，于5月3日经请示中央同意放弃本溪，保存实力，在运动中消灭国民党军有生力量，于5月4日凌晨主动撤离本溪城区。在三保本溪之战中，东北民主联军共歼敌两千余人①。

三、市县全力支援本溪保卫战

鉴于国民党政府破坏国共签订的《双十协议》，调动军队先后攻占沈阳、辽阳、抚顺等重要城市和交通要道的严峻形势，中共辽宁省委于3月19日发出《关于粉碎国民党进攻的紧急动员指示》，要求各级党组织紧急动员起来，开展武装斗争，粉碎国民党进攻，为保卫辽东解放区而战。4月中旬，成立中共辽东第三地委，下辖本溪、新宾、沈抚、清原、沈抚联合县5个县委和中共本溪市委（于同年6月撤销），同时成立辽东第三专署和辽东第三军分区。中共本溪市委书记杨春茂调第三地委副书记，本溪市市长王玉波接任市委书记。自此，在中共辽东省委和辽东第三地委直接领导下，中共本溪市委、本溪县委和市县民主政府，以支援本溪保卫战为中心开展了卓有成效的工作，从而有力地支援了东北民主联军的前线作战。

（一）战前动员与维护治安

1946年3月，本溪已是战云密布，山雨欲来。中共本溪市委、市政府在本溪湖大明山沟口广场召开保卫本溪动员大会，中共本溪市委书记兼本溪保安司令杨春茂向全市军民作动员讲话，本溪市市长王玉波发表讲话，揭露国民党政府背信弃义，发动内战的罪行，号召全市人民为保卫本溪作出新贡献。全市立即进入紧张的备战状态。

---

① 萧华：《开辟辽东根据地》，载中共辽宁省委党史研究室等编：《解放战争时期的安东根据地》，中共党史出版社，1993年，第205-206页。

在市委、市政府组织动员下，全市迅速掀起参军参战高潮。本溪青年联合会号召青年参军，仅市区就有340名青年参军入伍。本溪县保安大队也先后抽调两个中队约200人，各区中队抽调100人参军，补充民主联军主力部队。

在本溪保卫战期间，暗藏在本溪市内的国民党特务开始大肆活动，破坏交通、通信设施，破坏工厂设备，到处散布谣言，以蛊惑人心，制造混乱。市郊土匪趁机窜入市内，打家劫舍，扰乱社会治安。一时山城群众人心不稳，社会动荡。为稳定社会秩序，安定民心，中共本溪市委责成市公安局、本溪保安司令部留守部队在市区昼夜加强巡逻和警戒，特别是加强了对铁路、公路、桥梁的保护，严防国民党特务破坏。同时，命令各区、工厂和矿山组建自卫队，坚守岗位。茨沟煤矿在3月3日即自动组织起自卫队，白天照常工作，夜间轮流放哨，每夜都有20余人在附近巡逻。第三区农民成立自卫队8个中队502人，白天盘查行人，夜晚放哨。

为保证机关、工厂和市民生产生活正常进行和保卫本溪，成立本溪城防司令部，由本溪保安司令部副政委兼政治部主任丁铁石任城防司令[①]，负责本溪城区的治安保卫工作。为揭露国民党特务散布谣言，民主政府于4月间在溪湖火车站广场召开大会，市长王玉波向群众介绍前方战况，宣讲斗争形势，号召全市人民行动起来，全力支援本溪保卫战。随后又将俘虏的国民党军士兵带进广场，以事实戳穿国民党军战无不胜的谎言。

（二）市县上下支援前线

在本溪保卫战期间，本溪市、县广大人民群众在市、县委和市、县民主政府的领导下，给予民主联军以极大的支持。广大人民群众在物资生活极其困难的情况下，满怀着对人民子弟兵的热爱之情，尽其所能地出人、出钱、出物支援前线，受到辽东军区参战部队的赞誉，他们说"本溪有老根据地的样子"。

在本溪保卫战打响之前，中共本溪市委、市政府、市保安司令部就动员组织和指挥市民及近郊农民1500人，仅用8天时间就在市区东部和威宁营一带山上构筑防御工事，并在各主要阵地的工事里，保存10天左右的粮、干鲜蔬菜、饮水、柴草及弹药等物资，以供主力部队备用。本溪煤铁公司工人还将钢板抬到山上工事里，以增强抗力。第一区农民自动组成担

---

① 戴煌：《胡耀邦与平反冤假错案》，生活·读书·新知三联书店，2013年，第258页。

架队，他们说："过去做劳工，是给敌人做的，死也不愿意去。现在到前线去帮助军队，是为了咱自己，牺牲了也甘心！"[①]

市政机关干部、煤铁公司工人积极行动起来。市政府抽调副市长郝克勇等人组成专门支前机构兵站处，常驻宫原车站，负责与铁路部门合作，做好军用火车的统一调度。又派出秘书室主任卢怡民等人深入前线与部队取得联系，并及时到各区兵站催办支前物资和战勤人员。同时，在本溪县小市至田师傅之间的蜂蜜砬子建起大型战勤基地，储备了大量武器弹药。本溪煤铁公司第二发电厂和本溪煤矿为确保市区、煤矿和野战医院的正常供电，在战争期间坚持生产，发电厂工人还提出了"多多发电，支援前线"的口号。煤铁公司工务部组成制作担架工作组，在两天之内就赶制出数百副担架。工人王玉山、李长起连续4天4夜不休息。

本溪县人民在支援本溪保卫战中表现尤为突出。为保证前线军粮供应，在中共辽东省委安排下，本溪县政府预征1946年度部分公粮，原定预征400万公斤，但考虑到群众负担，减征200万公斤。由于时间紧迫，各区多采取大户借垫办法，在短短20多天里，全县预征公粮达250多万公斤，超过调整后任务额25%，圆满完成了征粮工作。

据不完全统计，在本溪保卫战期间，为保证前方作战需要的民夫、担架、大车和粮食，本溪市共出动战勤民工2000余人，担架500余副，大车150余辆，筹集慰问金10余万元。本溪县共出动战勤民工15533人，担架3830副，运输队员2.2万名，大车24894台次，征公粮250多万公斤[②]。本溪市、县民主政府和人民群众在本溪保卫战中，以忘我的热情，有力地支援了本溪保卫战，受到辽东军区首长和广大指战员的称赞。

（三）祝捷劳军

东北民主联军辽东军区在一保本溪战斗中，歼敌上千人并取得胜利。消息传来，本溪人民深受鼓舞，《辽东日报》《本溪新报》为此专门发了号外，本溪市、县人民敲锣打鼓，燃放鞭炮，欢庆胜利。本溪县组织了大规模的祝捷劳军活动，牛心台区一次就捐献肥猪10头，香烟211条，鸡蛋

① 《本溪人民全力支援前线》，载《东北日报》，1946年5月8日。
② 汪之力主笔：《解放战争中的本溪》，中共本溪市委党史工作办公室、中共本溪县委党史资料征集办公室编印，1987年，第31页。

3000个，现金7808元①。

4月5日，中共本溪市委决定组成本溪市各界人民慰问团到前线慰问部队。由市委宣传部长李澄任团长，本溪联中教员董洪书、工商界人士王家瑶为副团长，民主建国会、工会、青联、妇联、农会等各界代表30余人为团员，加上本溪联中文艺宣传队共80余人，来到前线，带着猪、羊、鸡、蛋和慰问信、慰问品，亲切慰问参战的民主联军广大指战员。东北民主联军第二参谋长伍修权在姚千户屯前线指挥部接见了慰问团。李澄团长代表本溪市各界人民慰问团向子弟兵在前线的胜利表示祝贺，对全体指战员表示慰问，本溪联中文艺宣传队进行了慰问演出②。之后慰问团成员又分3路到各纵队、旅、团进行慰问，听民主联军各部队首长及战士讲述战斗胜利消息和战斗事迹，目睹了国民党军到处蹂躏洗劫的罪行，受到了很大教育。

慰问团回到本溪后，召开群众大会，由慰问团报告民主联军战斗胜利情况和指战员的高昂斗志，慰问团成员又划分成几个报告组，以耳闻目睹的事实，大力宣传民主联军在本溪前线胜利的喜讯和国民党官兵摧残人民的暴行，进一步动员全市各界人民支援本溪保卫战。

在本溪保卫战期间，许多慰劳团还守候在火车站，随时慰问从前线归来的伤员，全市筹集10余万元的慰问金及大批糖果、鸡蛋、香烟及亲切慰问函件，已不断分发到病院、兵站以及伤员聚集之处，而各界继续捐赠物品仍源源而来。"本溪各界人民支援前线民主联军的热情，已席卷各工厂、农村、学校而形成为一个雄壮的群众运动。"③

（四）接待军调执行小组

国民党军进攻东北解放区，严重违反了国共双方于1946年1月签订的《停战协定》，遭到中共和全国人民以及国际进步力量的强烈谴责。国民党政府迫于压力，于1946年3月27日与中共方面达成关于调处东北停战的协议，并由军调部派遣停战执行小组前往东北，调查处理违反协议的事件。

---

① 汪之力主笔：《解放战争中的本溪》，中共本溪市委党史工作办公室、中共本溪县委党史资料征集办公室编印，1987年，第31-32页。

② 李澄：《沸腾的山城——九三胜利后本溪斗争片段》，载中共本溪市委党史研究室编：《纪念本溪解放四十周年专辑》，1988年，第49页。

③《本溪人民全力支援前线》，载《东北日报》，1946年5月8日。

同年4月11日，东北军事调停组第二十九执行小组中共代表许光达、美方代表德莱克和国民党代表郭琦一行从沈阳出发，经抚顺来本溪进行调查，中共本溪市委组织上千名群众到本溪火车站广场欢迎三人小组的到来。

军调执行小组到达本溪后，辽东军区政委萧华迎接并与执行小组举行会谈。12日晚，在辽东军区招待所会议室举行记者招待会。为揭露国民党假和平、真内战的本来面目，中共本溪市委组织了本溪市各界人民代表团，由李澄任团长，教育界人士车向忱、工商界人士王家瑶为副团长，各界代表共20余人，在记者招待会上向三人小组反映情况。

在记者招待会上，首先由萧华致辞。他讲道："十四年来遍体创伤的东北人民，像需要空气一样需要和平，去年八一五东北光复了，东北人民才斩断奴隶的枷锁得到翻身抬头，呼胜利自由的空气，可是内战的炮火又在东北燃烧起来，在国民党继续增兵下，本溪已在接受到战争的威胁，停战协定在东北不能例外。"他希望执行小组公正处理东北问题。执行小组中共代表许光达致辞说："中国共产党一贯为和平民主奋斗，和平是全国人民的要求。""执行小组到这里来，看见了共产党、八路军、民主联军，看见了这里人民在共产党领导下肃清了日伪残余，建立了很好的社会秩序，很多工厂都恢复了。这说明了那些说这里没有共产党八路军的话，完全是诬蔑，是对东北人民的污辱，是作为打内战的藉口。"[①]执行小组的美、蒋代表在致辞中，或冠冕堂皇，或闪烁其词。

随后，由本溪各界代表团团长李澄讲述国民党军在美国政府帮助下，撕毁停战协定，从沈阳、辽阳向本溪进攻，以及对本溪人民犯下的罪行，代表本溪人民要求三人小组采取坚决措施，坚决制止国民党军队的进攻。紧接着本溪各界代表十几人争先恐后发言，质问美国、国民党代表："国民党为什么打内战？""为什么向已获和平的土地进攻？"强烈要求国民党政府无条件实行停战协定，成立联合政府。此外，在本溪保卫战中被民主联军俘虏的国民党新六军第十四师文化干事张桂筑等人也质问美国记者："美国政府希望中国和平，为什么又帮助政府武器，将我们运到东北来打内战？"这一系列的质问，令国民党和美方代表十分尴尬。最后于13日取道南坟返回沈阳。

---

① 《本溪民众代表会见执行组，控诉国民党破坏东北和平》，载《东北日报》，1946年5月6日。

在二保本溪之战胜利后，辽东军区和中共本溪市委利用三人执行小组来本溪视察机会，通过官方和民间渠道，揭发和控诉了国民党政府破坏停战协定和挑起内战的事实真相，表达了本溪人民热爱和平、反对内战的强烈愿望和要求，在世界舆论面前将国民党政府假和平、真内战的面目曝了光，真正做到了对敌斗争的有理、有利、有节，这是中国共产党和本溪人民在政治上打的一场漂亮仗。

四、本溪保卫战简析

本溪保卫战是东北解放战争中的一次重要战役，从4月1日开始至5月4日结束，历时33天，其间共进行3次大规模战斗，虽然在三保本溪时因第三纵队主力北上参加四平保卫战，使本溪防守力量过于薄弱，最终导致东北民主联军主力撤出战斗，本溪城市也为国民党军所占领，本溪保卫战并未完全达到预期目的，但却有着极其重要的战略意义和影响。

其一，本溪保卫战，辽东军区最多时牵制国民党军3个军5个整师17个团达8万余兵力，不仅为东北民主联军四平保卫战集结兵力赢得了宝贵时间，更重要的是迫使国民党军在本溪和四平南北两个战场上作战，从而分散其兵力，减弱了民主联军在四平战场上的压力，打乱和迟滞了国民党军"先南后北"的战略计划，基本上达到了预期战略目的。因而在本溪失守后的5月6日，中央军委致电辽东军区政委萧华并前线指挥员时指出："本溪虽失，你们牵制敌人甚多，这就是胜利。"[1]这是对本溪保卫战作用的高度评价。

其二，在本溪保卫战中，刚组建不久的东北民主联军第三、四纵队广大指战员，发扬了不怕牺牲和连续作战的精神，面对装备精良、号称国民党军五大主力之一的新编第六军（其中新二十二师被誉为"中国虎"）、号称第六大主力的第五十二军（其第二十五师号称"千里驹"）、第七十一军第八十八师，和其空中、地面火力优势，仍给其以重创，先后毙伤俘敌7000余人，消耗了相当于一个师的国民党军有生力量，完成了中央军委于4月6日指示电中"本溪方面亦望能集中兵力，歼灭进攻之敌一个师"的战斗

---

① 中共中央文献研究室编：《毛泽东年谱（1893-1949）》下卷，中央文献出版社，2002年，第80页。

任务。

其三，本溪保卫战，是东北民主联军首次在上百千米战线上进行大规模的自卫战和城市防御战，使其由过去习惯于游击战变为大规模阵地战与运动战相结合的城市防御战，在大量杀伤敌人的同时，全面锻炼了部队，增强了广大指战员进行城市攻防作战的能力和信心，为民主联军今后更大规模的城市攻防作战提供了可资借鉴的宝贵经验。

其四，在本溪保卫战中，本溪广大人民群众在中共本溪市、县委和民主政府的领导下，坚持一切为了支援前线，以饱满的政治热情，全力以赴支援本溪保卫战，并迅速掀起支前热潮。从筹集粮草到运输保障，从修筑工事到前线慰问，从参军参战到维护社会治安，特别是本溪人民刚刚从日本侵略者的铁蹄下解放出来，物资匮乏，生活困难，但却怀着对人民子弟兵的无限热爱，有钱出钱，有物出物，有力出力，使民主联军参战部队指战员受到极大鼓舞，为本溪保卫战做出了巨大贡献。正如《东北日报》所指出："本溪人民热烈支援前线的行动，正是民主联军不可战胜的力量之源泉。"①

其五，本溪保卫战与四平保卫战南北呼应，迟滞了国民党军对东北的进攻达48天之久，有力地配合了东北停战谈判。在这段宝贵的时间里，中共南满地区各党政军机关进行了物资战略转移和农村根据地建设。其中中共辽东第三地委和第三军分区（本溪保安司令部撤销并入）已着手开展山区游击战争，中共本溪市委（同年6月撤销）也从容部署城市地下潜伏工作；北满民主联军则乘机收复长春、哈尔滨和齐齐哈尔等城市和广大地区，初步站稳了脚跟。

从探讨本溪、四平保卫战得失看，一是从中央到东北局和东总均视四平战略地位重于本溪，本溪保卫战实起牵制和策应四平、保卫北满作用，这本无可置疑，但东总却未能认识到本溪、四平唇亡齿寒的关系，在二保本溪之战后便抽调第三纵队主力（第七、八旅）北上四平，这于本溪而言无疑是釜底抽薪，恰给国民党军"先南后北"策略以可乘之机，并集中绝对优势兵力再攻本溪，直接导致本溪、四平先后失守。本溪、四平已成呼应之势，牵一发而动全局，本溪守住则四平可守，本溪不保则四平难保，

---

① 《本溪人民全力支援前线》，载《东北日报》，1946年5月8日。

所谓"运用之妙，存乎一心"，运筹乏策，调度失机，顾此而失彼，结果是彼此皆失。二是本溪失守后，辽东军区未能按照毛泽东电示"望鼓励各旅继续在本溪周围阻击敌人，并派部袭击敌之来路，务使新六军、五十二军不能北上为要"①，未能完全牵制住敌人，致使新六军主力（第十四师、新二十二师），第五十二军第一九五师，第七十一军第八十八师4个主力师于5月中旬北上四平作战，使东北民主联军四平守军面临巨大压力，数日后便告失守。三是民主联军辽东军区部队于5月4日晨撤出本溪市区后炸毁本溪煤铁公司第二发电厂3号锅炉和市区太子河铁路、公路大桥是欠妥的。因为此前中共中央于3月17日复林彪并东北局指示电中强调："关于南满工业区，不论和战，我均不应有任何破坏。因为这将影响数百万人的生活，并将在全国、全世界留下长期极坏的影响。尚望不要作此打算，并向有此思想的同志，作坚定明确的解释。"②可见，炸毁发电厂、彩屯大桥的行动不仅有违中央指示，而且并未真正阻止国民党军对本溪城区的占领，且对本溪解放初期恢复生产和交通带来不利影响。

---

① 中共中央文献研究室编：《毛泽东年谱（1893—1949）》下卷，中央文献出版社，2002年，第80页。

②《彭真传》编写组编：《彭真年谱》上卷，中央文献出版社，2002年，第422页。

第五章
国民党统治下的本溪

1946年5月，国民党军占领本溪后，国民党政府派遣大量接收人员随军队进入本溪，开始对本溪进行政治统治和经济压榨。国民党以专制手段对本溪的政治、经济、文化进行严格控制，致使本溪政治腐败、经济凋敝、社会民不聊生。

第一节　国民党的政治统治

一、建立地方反动政权

国民党占据本溪市后，急于恢复社会秩序，加紧建立地方政权，实行市、县分治，匆忙组建地方统治机构。设立本溪湖市，关大成任市长。市政府下设10个科室。市内设置河东、湖源、平安、明山、彩光、福金、大峪、威宁、新兴9个区。同时，成立国民党本溪湖市党部，张庆普任书记长。组建国民党本溪县党部和本溪县政府，苗可沛任国民党本溪县党部书记长，刘毅夫任本溪县县长，本溪县政府下设9个科室。

根据国民党辽宁省府第1661号训令，本溪湖市按组织法规不合设市标准，经辽宁省政府1946年8月14日第26次委员会决裁，东北行辕批准，本溪湖市于10月1日裁撤，移交本溪县政府接收，关大成改任本溪县县长，苗可沛任国民党本溪县党部书记长。设置本溪湖、宫原、桥头、南芬、田师傅5个镇和石桥子等23个镇（乡）。镇（乡）设保，保下设甲。本溪湖镇下设38个保，宫原镇下设24个保，直至1948年本溪解放才彻底废除保甲制。12月，本溪县政府机构调整为9个科处。此后又相继设立警察局、田赋经收处、防护团、田赋粮食管理处、图书馆、教育会、留用日籍技术工管理处、民众自卫总队等机构。

1946年11月初，国民党第十九军进占桓仁，流亡沈阳的国民党桓仁县党部随同进入桓仁，成立国民党桓仁县执行委员会，孟庆云任书记长。12月，桓仁县县长王殿魁回到桓仁，组建国民党桓仁县政府。

国民党地方政权建立后，为扩大其统治基础，极力在教师、原日伪警察、日伪政府职员中发展国民党党员。1946年5月至10月，国民党本溪湖市党部共发展党员36人。国民党本溪县党部从1946年5月至1948年10月，共建立6个区党部，发展党员1153人。国民党桓仁县党部在全县成立6个区党部和4个区分部。组织"党务青年工作队"和各种"群众组织"，举办党政培训班，先后发展党员21名。

1946年5月，三民主义青年团本溪分团筹备处成立，王复初任主任，刘伯涵任书记。1947年1月，分团筹备处撤销，三青团辽宁省支团本溪分团部成立。王复初、刘伯涵分别任主任、书记。1946年5月至1947年11月，三青团组织先后在本溪工科职业学校、女子中学、县政府、煤铁公司、碱厂、铁路警务段第七所及小学中设立了8个区队，39个分队，共发展三青团员382人。1946年10月，桓仁县三青团筹建处成立，杨锡春任主任。11月，三青团桓仁县分团部成立，杨锡春任书记，韩迁任主任。先后发展三青团员100余人。

1947年7月末，国民党辽宁省党部派程继程来本溪组建国民党本溪工矿党部，程继程任书记长。本溪工矿党部与本溪县党部平级，受国民党辽宁省党部直接领导，以此加强国民党对全市工矿企业的控制。

国民党占据本溪后，标榜"还政于民"，筹划组建所谓的"民意"机构即国民党本溪市临时参议会和本溪县临时参议会。

按照国民党《辽宁省各县（市）临时参议会组织章程》的规定，本溪县成立临时参议会筹备领导小组，李如翔任组长，苗可沛、李述言、王复初等人任副组长。负责筹备选举事宜。

《本溪县临时参议会组织章程》规定，参议员名额共37人，其中，由街村民临时代表会选举29人，由农会、商会、教育会等职业团体选举8人。由于县街治安不稳，根本无法举行投票选举，大部分参议员由领导小组圈定，章程规定流于形式。1946年8月11日，在本溪县政府会议室召开本溪县临时参议会成立会议，由街村临时代表会选举参议员23人，由农会、商会、教育会等职业团体会员选举8人，选出候补参议员25人，选举戴广胜为议长，刘继庸为副议长。

根据《本溪湖市临时参议会组织章程》，参议员名额共19人，其中，区民临时代表会选举15人，由教育会、工会、商会、农会等职业团体会员选举4人。但在选举时，工会名额由国民党本溪湖市党部书记长张庆普顶占。会议选举李如翔为议长，李述言为副议长。

选举参议员时，由国民党市、县党部，市、县政府派员临场"指导"。市、县临时参议会参议员分别由区民或街村民代表和职业团体会员投票选举后，由市、县政府报请辽宁省政府民政厅和国民党本溪市、县党部批准。1946年10月，因本溪湖市撤销，本溪湖市临时参议会未能开展活动即告解体，参议员全部解职。

1946年11月，国民党本溪县临时参议会召开第一次会议，选举李如翔为议长，李述言为副议长。本溪县临时参议会于1946年12月进行改选，选出参议员35人，其中，由镇乡民临时代表会选举27人，由职业团体选举8人。12月25日，在本溪县政府会议室召开成立会议，选举产生议长李如翔、副议长李述言。

二、拼凑反动武装　实行白色恐怖

国民党本溪市、县政府建立后，为了严密管控占领区，极力拼凑警察机构和地主大团武装，对本溪人民实行专制统治。1946年5月，国民党本溪市、县警察局相继成立，关任远任本溪市警察局局长。在本溪湖、宫原、石桥子、小市、桥头、草河口、田师傅等地设立23个分驻所或警察所。10月，本溪市撤销后，市、县警察局随之合并，马启图任本溪县警察局局长，在全县设立26个分驻所和5个警察所。

同时，国民党本溪县警察大队改编为国民党本溪县保安大队，县长关大成兼任大队长，原警察大队大队长于龙潭改任副大队长。保安大队下辖3个中队，共9个排，另设1个独立排，共计275人，成为配合国民党军队进攻解放区和直接镇压人民群众的帮凶。国民党县政府下令，全县各乡、保普遍建立自卫队，按地亩及户数出钱、粮，购买枪支，雇用地痞、流氓、散乱土匪及部分村民充任自卫队员。各乡发展人数不等，多则100余人，少则20余人。1947年底，国民党本溪县政府成立本溪县自卫总队。

国民党本溪驻军为防止人民解放军进攻，实行所谓军民联防制度。一是城区联防，于1946年12月成立本溪湖区和工源区两个警备指挥部，本溪湖区指挥官为保安团长王道，工源区指挥官为保安团长王世范；二是成立全县联防区，于1947年6月将本溪县29个乡镇划为6个联防区，并将本溪、抚顺、清原、新宾四县联防划归第六军军长罗又伦负责督率实施；三是成立本溪军警联合督察处（处长樊广湖）、本溪军民合作总站（站长关大成），以"适应剿匪环境"；四是实行边区联防，于本溪县歪头山村设辽沈抚本四县边区联防队，以歪头山村村长兼队长，以"确保乡村安全"。

国民党桓仁地下县党部秘书王凤翔等人勾结恶霸地主、土匪头子组成"铁血战干团二分团"，趁国民党军占领桓仁县城之机，先后袭击五里甸子村、三架窝棚村、横道川区政府，烧毁房屋数间，打死、打伤农会干部及土改工作队员数人。11月，国民党桓仁县警察局成立，孙占祥任局长。在县城十字街、西关、东关设3个派出所，在二户来、八里甸子、沙尖子、泡子沿设4个警察所，在二道岭子、普乐堡、雅河设3个警察分所。同月，国民党桓仁县保安大队成立，隶属于国民党辽宁省保安司令部，由黄贵福、黄金兰分任正、副大队长。保安大队下设3个中队和1个谍报队（2个政工队）共409人。一中队驻县城，三中队经常到各乡活动。1947年初，国民党桓仁县保安大队3次攻打民主政府的雅河区中队，配合国民党军队抵抗民主联军的进攻。在二户来、八里甸子一带杀人放火，无恶不作。国民党桓仁县政府在全县16个乡镇，设有自卫队（亦称大团），大乡设大队，小乡设中队，总计700余人，受国民党县、乡政府直接指挥。

凭借着这些反动地主武装，国民党在地方推行严酷的保甲连坐制度。规定"同甲各户互相监督，一人违法、九户连坐"。到处袭扰解放区的土改运动，捕杀解放政府和农会干部。仅桓仁一地，在不到1个月的时间里，抓捕中共军、政人员50多人，在送往沈阳东北保安司令部集训所的20多人中竟有15人被枪杀和活埋。在国民党地方政府的支持和鼓动下，本溪城乡的恶霸地主、土匪、伪警察、地痞流氓等地方反动势力频繁活动。他们大肆挖掘民主联军转移时埋藏的军用物资，向农民疯狂进行反攻倒算，将民主联军发给农民的救济款和减租减息的粮食全部要回，并叫嚣："少一粒粮食，掰掉一个脚趾盖"，"专打穷人头"，"宁放一倭寇，不使一奸匪脱网"。

催粮要款，抽丁派车、抢劫财物，强迫群众为国民党军修筑工事。一时间，白色恐怖笼罩本溪城乡，本溪人民深深陷入国民党法西斯的残酷统治之中。

三、困守孤城　垂死挣扎

驻在本溪的国民党军队为了作最后的垂死挣扎，国民党军、警、宪、特到处横行霸道，天天抓兵拉夫。广大市民和煤矿工人在国民党军队的刺刀威胁下，被迫修工事当苦力，受尽非人待遇。在北山、南山、太平沟、火连寨和平顶山等处大修战壕，在市街交通要道修筑地堡、工事，在火车站、学校、机关大楼等公共建筑物下面挖交通沟。工厂机器设备被运走盗卖，厂房门窗木料被拆下用作防御工事。煤矿里的运输轨道、坑木等变成修碉堡的材料，所有的矿灯都被抢走，用于夜间照明挖战壕。市区周边山上树林被砍光，遍布工事和碉堡。为防人民解放军进袭县城，国民党军政当局成立本溪工源市郊工事委员会，第一四九〇部队长刘玉章任主任委员，于1947年10月召开第一次会议，部队参谋长、本溪县长、参议会议长、县党部书记长等参加，通过《本溪工源市郊工事构工委员会组织办法》，会议主题是"为防解放军第六次攻势，确保本溪固若金汤，军民一体完成市郊工事"，强征民工1600名。

为了维持反动统治，国民党本溪县政府加强对人民群众的控制，以换发身份证为借口，对辖区内人口进行统计，将适龄兵役青年造册备查。由于民众躲避征兵，遂依照适龄壮丁名册强制召集抓丁拉夫。1946年6月15日，国民党本溪县政府派员分赴桥头街、歪头山村、石桥子村、张其寨村、火连寨村、高台子村、牛心台村、欢喜岭村8个街村调查适龄壮丁总计2226名。在6月至8月的3个月内共向东北保安司令长官部训练处、陆军装甲汽车兵团等单位征交兵额662名。本溪湖市派员调查市管溪湖、河东、宫原、福金、威宁、大峪、新兴、彩光、明山等满21岁至25岁适龄壮丁总计2353名，6月至8月陆军独立工兵第十团征交726名兵额，仍欠额124名[①]。

国民党当局的抓兵行为，引起广大民众的强烈不满和有识之士的愤慨。在1947年1月召开的国民党本溪县临时参议会第二次会议上，当县政

---

① 国民党本溪县政府：《民国三十五年度工作报告》，117-1-75，本溪市档案馆藏。

府军事课长汪国文称是按手续征兵募兵时，参议员郭福秀当即斥责道："军事科和警察局与当地驻军三方配合以查户口为名，半夜三更到各中小商店查户口，抓走青年店工一百多人，关在文化馆内，设岗放哨，谁敢逃跑，就用枪射击，这是有目共睹的事实，还胡说是征兵，不是抓兵。"接着，参议员谭会忠将被抓人员名单公布，并说"有很多商店因青年店员被抓走被迫停业，如果不全部放人，商会将号召全部商店罢市"。这时会场大哗，纷纷起来谴责，吓得汪国文痛哭告饶。最后，县长王一民不得不承认抓兵不对，保证马上放人，并宣布将汪国文撤职查办了事[①]。

1947年夏，东北民主联军转入战略进攻，使国民党在本溪的活动范围不断缩小。在这种情况下，困守在市区的国民党军第二〇七师第一旅以及地方杂牌军，为摆脱其内缺粮草、外少援兵的困境，不断对边缘地区进行骚扰和抢掠，尤其是抢夺城区最为短缺的粮食，以维持其苟延残喘的败局。以国民党本溪县县长刘克俭为首的国民党自卫队先后在高丽营子、北甸子、松树台、中寨子、法台堡子、赛梨寨、小夹河、张家堡、赵家堡、三架岭、金坑、牛心台、北台等边缘地区进行烧杀抢掠。据不完全统计，先后共抢粮150万斤、牲畜800余头，以及无法计数的大量财物，杀害农会干部和群众10余人。1948年8月间，刘克俭亲自督饬自卫队将本溪湖河西一家铁匠炉所存的1500把镰刀全部抢走，配合第二〇七师突击大队以及6个警察中队扑向偏岭、法台堡子等地抢割农民的庄稼。当时，连国民党本溪县党部书记长苗可沛也亲自到火连寨、梨树沟一带督促自卫队抢粮食。遭受洗劫的广大贫苦群众，生活无以为继，纷纷外出逃难。

由于国民党当局的残酷统治，本溪市区人口由最多时的14余万人下降至5万人左右，工人由最多时的6万余人下降至不足1万人。城市道路崎岖不平，上下水管断裂，污水横溢，工厂停产，商业萧条。市区周边山上树林被砍光，遍布工事碉堡。

然而，任凭国民党当局垂死挣扎，依旧挽救不了失败的命运。

　　① 谭会忠：《国民党时期本溪县临时参议会组成和国大代表立法委员选举情况的回忆》，载中国人民政治协商会议辽宁省本溪县委员会文史资料研究委员会编：《本溪县文史资料》第4辑，1989年，第77-78页。

第二节 国民党占领区的经济状况

一、煤铁公司的接收与困局

国民党军占据沈阳不久，国民党南京政府的经济部在沈阳成立东北区特派员办公处。该处主要任务是负责接收日本统治时期的日伪企业，恢复生产，维持经营。该处下设钢铁组、煤炭组、化工组等专业接收组，其人员大多从所谓的大后方派来，这些人按级别分为接收委员、接收专员和接收技管员，统称为接收大员，他们随时被派到国民党军队抢占的企业去接收。

1946年5月3日，国民党军队占领本溪时，国民党本溪市市长关大成随军到达，关大成随即任命李如翔为煤铁公司的临时矿长。5月7日，李如翔还没有来得及走马上任，东北区特派员办公处委派的本溪办事处长靳树梁就率领20余名接收大员来到本溪。这些人员是接收委员邵象华、郁国成，接收专员顾汝城、张耀增、张挽强、李春圃、张誉延、史元凯、冯有申、陈希、洪恩涛、殷国生，接收技管员陈铁生、赵殿祯、马宗舜及随员郑伯楚等。原在公司的国民党地下工作人员李唯一也以专员身份出现。李如翔被撤销临时矿长职务后，也被任命为接收大员。这些接收大员不仅接收煤铁公司，并将与公司业务有关的原日本人经营的其他企业一并接收过来，划入公司合并经营，并将公司更名为"本溪煤铁厂矿"。这样，本溪煤铁厂矿的一切权利都掌握在接收大员手中。

本溪煤铁厂矿增设了一个警卫大队，招募队员390名，任命刘惠卿为大队长，报请国民党东北保安司令部拨发一批枪支弹药，将他们武装起来。警卫大队名义上是保护公司正常生产，实际是接收大员的保镖。

国民党政府经济部为了扩充经济实力，要求本溪煤铁厂矿尽快恢复生产，宣布正式复工。1946年5月10日，本溪煤铁厂矿提出复工计划。但其复工生产计划只实现了一部分，绝大部分均告落空。

1946年9月，国民党政府将经济部所辖的东北重工业部门移交给行政院资源委员会接管。10月1日，资源委员会正式接管了经济部本溪煤铁厂矿，更名为"行政院资源委员会本溪煤铁有限公司"，将"南坟"改为"南芬"，"宫原"改为"工源"，任命张松龄为公司总经理，靳树梁被调到鞍山钢铁公司任协理。靳树梁离任时，跟他一起来的接收大员大部分被带走。张松龄到任后，从后方带来李石陵、李朴、田润生等一批接收人员及秘书王恒弼等。不久，南京资源委员会为加强对本溪煤铁有限公司的控制，增派杨振麟、陈颂言到公司任协理，协助总经理工作。

张松龄任总经理后，废除原煤铁厂矿的建制，建立九处一室的组织机构，由接收人员分别担任重要职务。1946年11月，张松龄派专员魏锡銮接收南芬铁矿，将庙儿沟铁矿和南芬选矿厂划归南芬铁矿一并管理。同时，接收田师傅煤矿。

国民党政府行政院资源委员会接管东北重工业部门，将本溪煤铁有限公司列为东北三大重工业基地之一，作为"振兴实业"的基础，本溪煤铁有限公司在经济部接收后即部分复工生产，并重新制订复工计划。

计划提出，修复第一、第二发电厂，以固电源，强化复工基础；整顿煤矿斜坑、彩屯竖井，恢复扩大产煤量；恢复机器厂，满足厂矿复工机械之修理；恢复炼钢厂、耐火厂、炼焦厂、化工厂；恢复开采各铁矿；恢复本溪炼铁炉及制钢厂；恢复南芬选矿厂[1]。为确保复工计划的实现，资源委员会从接管之日起，对公司的投资额不断增加，名为"创业经费"。1946年10月1日至12月31日，拨东北九省流通券1.5亿元，1947年全年拨创业费17.6亿元，在国民党财政支出十分困难的情况下，这些创业经费为数不小[2]。

1946年冬，资源委员会委员长钱昌照等人亲临本溪视察，督促早日实现复工计划。但因本溪煤铁有限公司复工迟缓，生产能力低，产品成本高，资金亏耗过大，连维持少量生产都很困难，只好靠救济款及借债维持经营。1947年6月，国民党东北行辕借垫复工经费2亿元，1948年4月又借款100亿元，尽管如此仍不能解脱困境。在国民党政府管理本溪煤铁有限公司的29个月时间里，只有溪湖厂区的第二发电厂发电、炼焦厂和特殊钢厂断续生产，共生产焦炭5.64万吨、特钢601吨。1946—1947年两年间，本溪煤矿除发电所和煤矿部直属的一、三坑尚有一丝活气外，其余全部停产。就是生产的矿井，井下水位也不断上涨。此外，根据1946年国民党当局的

---

① 《资委会本溪煤铁公司概况》，本钢档案管理处44号，本溪市档案馆藏。
② 《本钢史》编写组：《本钢史（1905-1980）》，辽宁人民出版社，1985年，148页。

统计资料，本溪煤矿只有具备下列条件才能真正恢复生产：需电力供应3200千瓦，电力运输机车14辆，经常用的运煤机车1200辆，运木货车200辆；头灯3600个①。从中不难看出当时煤矿的破坏情况。本溪煤矿每日仅产百吨，连牛心台也未超过一千吨。不仅如此，国民党公司当局为追求利润盲目开采，因此对煤矿破坏极大。并且不重视生产安全，所以伤亡事故经常发生，仅1947年4月2日一次透水事故，就夺去了61名矿工的生命②。4月11日晚8时20分，柳塘煤矿七坑三卸西风道突然透水，死亡工人75名；6月11日，本溪煤矿第三斜坑内发生冒顶事故，死亡工人16名。

　　国民党军队在战争中节节败退，损失惨重，为补充兵员，大肆抓兵，对本溪煤铁有限公司的员工毫不例外。虽有国民政府规定颁发的"技术员工缓役证明书"也无济于事。国民党军强令工人给他们挖战壕，修碉堡，甚至拆毁住宅，抽出木料用于筑造防御工事。员工躲藏逃避不能正常工作，严重影响了公司生产和复工。

　　当本溪煤铁有限公司广大员工正处于水深火热之时，接收大员们的生活却是另一番景象，每顿非鱼即肉，过着花天酒地的生活。他们的特权主要表现在工资待遇上，接收大员们有很高的底薪，每月按当地物价指数折合为东北九省流通券发给工资，不管流通券怎样波动，他们的工资收入不会受到影响，另外还有"还治费"。从1947年9月起，公司当局给来自后方的副课长以上人员加发"勤杂员费"，引起广大员工的气愤，受到当时国民党《中央报》的揭露和指责。从这可以看出国民党统治的矛盾与弊端。

　　1947年5月，东北战场的人民解放军展开大规模的夏季攻势，解放了安东至本溪的铁路沿线各城镇和广大农村，将本溪三面包围。6月12日，解放军向本溪市区进击，国民党军队无力据守，向沈阳方面狼狈逃窜。接收大员得知"国军"撤退后，赶紧同本溪火车站联系，13日凌晨，接收大员携家眷仓皇爬上火车，一起逃到沈阳。煤铁公司先后在天津和北平设立"本溪煤铁有限公司天津办事处"和"本溪煤铁有限公司北平办事处"，由王恒弼负责，接待安置从本溪、沈阳、天津继续后撤的人员。

　　撤至沈阳的煤铁公司总经理张松龄，指派会计处副处长田润生以"总

① 潘喜廷等编写：《红色的矿山——本溪煤矿史话》，辽宁人民出版社，第51页。
② 潘喜廷等编写：《红色的矿山——本溪煤矿史话》，辽宁人民出版社，第51页。

经理代表"的身份，回到本溪负责公司的工作。1948年1月，田润生不辞而别，公司上层机构陷入瘫痪。公司课级以上人员成立临时维持会稳定局面。维持会成立后多次向公司驻沈阳办事处联系，催促运粮拨款，并到国民党辽宁省政府、省党部和资源委员会东北办事处请愿，敦促张松龄速回本溪主持工作。逃至天津的张松龄无奈，只好与东北行辕政务委员会主任高惜冰商定，派东北行辕政务委员会技术室主任黄寿樾任公司协理，到本溪主持工作。1948年5月1日，黄寿樾到任，重新组建公司上层机构，但已是朝不保夕。随着国民党的溃败，公司上层又一次逃离本溪，国民党对本溪煤铁有限公司的统治彻底结束。

二、地方工商业的衰败

东北光复前，本溪市有商户650余家，其中日本人开设的有400余家，中国人开设的只有200余家。日本投降后，日本在本溪的所有商号全部关闭，民族商业获得空前发展时机。1946年5月初，国民党占据本溪，国民党大员以接收为名，在工厂、铁路、银行、商店大肆搜刮，造成市场混乱、物价飞涨，生活用品奇缺，黑市交易猖獗。为便于掌控局面，国民党政府组织成立以李梓薪为主席的本溪市商会，下设20个同业公会。

1946年5月，随着国民党政府统治本溪，一批军政大员进入本溪，他们与市内官僚、商号勾结，或囤积居奇，或买空卖空，市场秩序混乱不堪，中小民族商业遭到打击排挤。市内的豆腐房、煎饼铺、摊床等650余家大小商店由于连年战乱和国民党的残酷统治，经营极不景气，加之社会秩序动荡，多数处于歇业状态。

1947年6月，本溪187家商店突然遭到土匪哄抢，大批粮食、被褥、毛毯等物资被抢走，私营商户蒙受很大的经济损失，如"瑞成祥"商号被抢夺一空，"荣盛合"商号只剩下一张桌子和一把椅子。市内水电供应不足，经常停水停电，物价飞涨，日用品开销巨大，市民人心惶惶，社会动荡不安，工人大批失业，社会购买力下降，商户生意无法维持。

1948年初，国民党政府自知末日已近，对本溪工商业的掠夺变本加厉，以各种名义加重税捐。相继发布《盐税补征办法》《商货出入调节办法》《商货检查暂行办法》和《违反许可输出物资暂行处理办法》等几项条例，增加税收，缩小商户经营品种，限制商户经商，给本就不景气的商户套上难以负担的枷锁。由此，市内一部分商户勉强维持现状，一部分商户将资产转移他处，另谋生路。如景记印刷局，难以维持，只好解散工人，将大部分机器及货物运往沈阳。2月至7月，全市有96家商号相继宣告停业，正常开业的商号寥寥无几，本溪工商业已处于奄奄一息的境地。

三、接收与劫收

1946年，国民党军进占本溪。本溪煤铁公司、本溪湖商会等机构成为国民党接收大员们眼里的香饽饽，争先恐后去"接收"，生生把"接收"变成"劫收"，以中饱私囊。至于如何发展生产恢复民生，都不在考虑之列。各位接收大员将接收到的钱、财、物纷纷揣进自己的口袋。有些工厂、商户原本已奄奄一息，经此"接收"折腾，直接濒于倒闭。

国民党军政当局进入本溪市，本溪湖商会成为"众矢之的"。市、县党部人员大部分被安排到各大商号住宿，白吃白住白拿。军队、党部、政府向商会借款、要粮、要物资，商会应接不暇。国民党第五十二军军长赵公武派新闻处处长戴龙山、市政府派秘书关益忱到商会协商，要求商会成立"中央军物资供应处"，并派一名官员驻在，监督商会提供服务，还拉出一幅写有"欢迎要粮要草的中央军"的标语。当时，本溪湖市市长关大成、政府秘书长关益忱、警察局长关任远都想方设法向商会借款。关大成向当时的商会会长迟育庭借款10万元，商会无款，只能临时向各商号筹款，增加了商号负担。另外，政府组织的多个"请愿团"，一切费用全部由商会承担。县长刘毅夫也向商会借款借物，将商会的沙发、办公桌椅强行搬走。一些保安团到处抢劫，弄得怨声载道，民不聊生，商业不能正常营业，纷纷倒闭。

国民党本溪县政府成立后，因国共战争频繁，财源不足，税收减少，难以维持开支，于是将接收的日伪财产中部分钢材盗卖，所卖钢材款入账不多，私分的不少。他们占领工厂矿山后，把宝贵的物品拿出变卖，笨重的机器就拆成零件出售，从一条破皮带到大机器，凡是能卖钱的都不放过。本溪煤矿各坑口的扇风机器、选煤厂的汽炉都被破坏和肆意盗卖。由于没有制约，致使政府官员上下沆瀣一气，纷纷变卖公产中饱私囊。

国民党军队在"接收"事业上也不甘落后，派出人员到处搜查物资，拆卸设备、厂房、仓库，大发一笔"劫收"财。1947年12月2日，驻在本溪的四五四五部队士兵搬走本溪县第三中心国民学校为修建校舍所备资材，用于修筑阵地工事，共取走木材1万立方米。当天该校校长、县兴学会主任与部队交涉，但未能阻止搬运。

1946年10月，国民党占领本溪县南部地区，国民党各方势力对沈丹铁路沿线的连山关、祁家堡、草河口一带的人工林进行大规模的破坏性砍伐。10月29日，国民党行政院资源委员会本溪煤铁有限公司发布布告：查安奉造林会社栽植之林木，业经国民政府行政院资源委员会全部接收。并令武装矿警及木商、工人等入山，不问森林归属及树龄，强行砍伐。

12月25日，国民党本溪县党部书记长苗可沛、本溪县三青团主任王复初、县教育会会长李如翔、县农会会长朱海晏、县工会会长高式敏、县商会会长迟育庭代表该6机关曾联名向国民党东北行辕主任熊式辉呈报《本溪湖煤铁有限公司在县内采伐林木应请急速制止由》，写道：本溪管内，地多山岳，富有天然林场……县境南芬、下马塘、连山关、祁家堡、草河口、双岭等地街村，民有荒山，或与敌伪合营，或租与敌伪培植，亦有自力栽种者。近数年来，实蔚为大观。……熟料，资源委员会本溪煤铁公司于十一月初旬，派员在南芬黑背、庙儿沟等地采伐原敌安奉造林公司所有落叶松，作为坑木二十余万棵，复于祁家堡村老虎沟、连山关村六道沟等地，将敌伪所留林场，予作坑木占用。而交通部则在连山关六道沟、吴家北沟、葛拉弯子等处，采伐枕木一万棵，祁家堡村老虎沟砍伐枕木三万棵[①]。但是，呈报如石沉大海，没有起到任何作用，森林继续遭到大量砍伐。

不久，国民党交通部东北区办事处为抢修通信线路，急需木杆，也开始砍伐人工林。接着，东北保安司令长官司令部发出布告：查连山关、祁家堡间铁路沿线森林，业经中正大学购买，辟为农场。落款是司令长官杜聿明，副司令员长官郑洞国、孙渡。此外，长官部工兵指挥部在连山关成立林场办事处，进行大量采伐。

1947年5月17日，国民党农林部派员实地视察，专门委员康兆庚、技

① 宋自然、高作鹏供稿，包均昌整理：《解放战争时期我县南部森林资源受破坏始末》，载中国人民政治协商会议辽宁省本溪县委员会文史资料研究委员会编：《本溪县文史资料》第6辑，1991年，第100页。

术员松川恭佐、木业代表刘天琳向农林部联名提交《祁家堡及连山关一带森林视察报告书》，写道："奉派赴祁家堡、连山关一带调查森林状况，是否已达利用年龄。遵于本月五日，前往实地查勘，所至铁路沿线，如祁家堡、连山关等地，落叶松小杆，垛集如山，均系二十二、三年生之幼树，未达利用年龄。嗣往山上迹地查看，童山触目，仅存根迹。"①

打着不同旗号的国民党军政大员，从1946年10月至1947年7月间，对本溪县南部森林进行掠夺式滥砍滥伐，有记录的破坏砍伐932160棵。其中祁家堡北沟327200棵，连山关604960棵。被本溪煤铁公司砍伐864030棵，被东北保安司令长官司令部砍伐68130棵。虽然时间不长，但森林资源遭到巨大破坏。

由于国民党地方当局不顾人民的死活，整日忙着"劫收"，对经济生产不屑一顾，本溪人民生活极其困苦。社会上流传着"想中央、盼中央，中央来了更遭殃"的民谣，此时的国民党政府，表面上看是中国的中央政府，实际上已经丧失了统治基础，走向灭亡只是时间早晚的问题。

第三节　文化与社会生活

一、文化专制与党化教育

1946年6月3日，国民党辽宁省政府发布《辽宁省学校复员暂行办法》，规定当年上学期为教育"复员"时期。同年，省政府又制定《各县市教育复员工作暂行准则》，通令各县市执行。国民党进占本溪后，其统治区内经济拮据，教育经费极端紧张，教职员工生活几乎不能维持。本溪县政府呼吁热心教育的地方士绅起而响应，向学校捐资捐物，组织各校教师、儿童到校开展教学活动。

1946年秋季学期，初等教育取消以前的分校名义，按照国民党规定学制重新改为国民学校及中心国民学校，共有中心国民学校34所、国民学校

---

① 宋自然、高作鹏供稿，包均昌整理：《解放战争时期我县南部森林资源受破坏始末》，载中国人民政治协商会议辽宁省本溪县委员会文史资料研究委员会编：《本溪县文史资料》第6辑，1991年，第101页。

150所，学级379级、教师429名、学生14600名。

国民党大力推行战时文化教育，通过报纸、电台、书刊、广播、电影等，大肆进行党化教育，宣扬"国民党和蒋介石是正统，中国只有一个领袖——蒋介石，一个政府——国民党南京中央政府，一个主义——三民主义"，企图使东北地区人民盲目相信和崇拜蒋介石和国民党。

国民党在本溪各学校普遍推行《中华民国教育宗旨及实施方针》，规定"各级学校要将三民主义贯彻于全部课程及课外作业之中"，以此来强制推行党化教育。在四年制初级小学，向小学生灌输反苏反共反人民的思想；在中等学校普及《中等以上学校导师制纲要》《青年训练大纲》，使学生"耳听心听，时时刻刻心领袖之心，行领袖之行"。

1947年11月30日，国民党本溪县政府为全面控制本溪地区的文化宣传，专门成立本溪县文化运动委员会，朱光璧任主任委员。本溪县文化运动委员会组织规程第一条规定："本溪县文化运动委员会本溪县党部组织之，承省文化运动委员会之指导及该县党部之指挥监督策动本县文化工作进行事宜。"①其工作任务是统筹本县文化运动各种工作；办理省文化运动委员会指导办理事项；联系有关机关办理提倡科学文艺及改良社会风气等工作；调查联系并辅导各文化团体及文化界人士之工作等。

在本溪女子中学的国民党反动势力十分嚣张，校长是国民党县党部执行委员。军方又派出军官抓学生军训，进行党化教育，监视进步师生活动。1948年春，进步教师霍光文受组织委派到女中担任二年级班主任和语文教师。他对学生宣传进步思想，对国民党军队下乡抢割青稞表达了愤怒之情，在黑板上写下"国民党"后打上3个大"×"，结果被校长开除。

1948年4月15日，本溪县发出"加强查禁违法书刊令"，饬属"严加取缔以杜乱萌"，查禁书刊共计144种，《陕北纪行》《列宁传》《中国统一问题》《中国地理》《世界详图》《中国分省详图》《人民反战运动》《华商报》《解放日报》《学生新报》《时代电影》等书籍、期刊、报纸都成为违禁刊物。

1948年8月，本溪县政府令各学校不得擅自游行，遇有群情必须上达时应由各机关首长转请，不准集众请愿。10月，国民党省政府又下发禁止广

---

① 《本溪县文化运动委员会组织章程》，119-3-10，本溪市档案馆藏。

播歌曲清单,《夜半三更》《爱秋香》《相思梦》《我要回家》《浪子回头》《保卫马德里》等均在禁播范围内。

二、物价飞涨,民不聊生

1946年6月,国民党政府发动了全面内战,军费开支急剧增长。庞大的军费开支必然引起财政赤字增加,为挽救危机,国民党政府开始滥发钞票,造成严重的通货膨胀。本溪地区的物价不断上涨,市场萧条,商品奇缺。到1947年3月,物价比1946年8、9月间少则涨了四五倍,多则已达十倍。工人生活日益贫困,1946年5月工人月工资可买高粱米154斤,到1947年7月仅能买41斤,工资的调整远远赶不上物价的飞涨。

与此同时,米商与地方官员相勾结。平时囤粮不售,待员工发薪时,立即抬高市价,员工拎着面袋领钞票,一袋钞票换不来一袋高粱米。大多数工人只好靠豆饼、麸糠加野菜糊口,患腹泻者比比皆是,卖儿卖女及活活饿死的惨象屡见不鲜。

国民党统治区经济危机的突出表现是通货膨胀和物价上涨,而工商业倒闭只是经济危机的另一表现。严重的经济危机,还表现在农业生产力水平的急剧下降和农村经济的日趋破产,它直接加速了国民党统治区整个国民经济的崩溃,导致国统区的广大人民挣扎在饥饿和死亡线上。

由于国民党官僚资本把持着本溪的金融,通货膨胀,货币贬值,物价飞涨,给本溪人民造成了严重灾难。国民党军政人员贪污腐败,与奸商相互勾结,趁乱囤积居奇,哄抬粮价。1947年3月,本溪湖大米售价每斤9元(东北流通券,以下同),玉米面每斤3元。同年6月,大米每斤70元,比3月份上涨近7倍,玉米面每斤16元,比3月份上涨4倍多。1947年5月22日,三青团本溪县分团部报告:"本溪县物价暴涨,高粱米每斤110元,大豆每斤70元,豆油每斤450元,人民的生计由此可见,望当局施对策"。至1948年初,物价几乎是天天上涨,甚至在一天之中上涨几次,出现了交易时不点票面而点票捆的现象。据1948年3月3日的《大公报》刊载:"在目前被困的情况下,粮食缺乏已达严重阶段,以煤铁公司来说,员工每日有不得一饱的。高粱米的价格已涨到万元(流通券)一斤了(沈阳仅四千元一斤),同时还很难买到。""廿三日本溪铁路员工电沈呼救,因为食粮缺乏,员工每日仅食一餐豆饼,段长以下员工,已有十余人因饥饿而无法工作，再数日定将有饿毙的。"①

至1948年上半年，国民党政府军费支出猛增，为了弥补由此造成的巨额财政赤字而滥发纸币，国民党统治区的通货膨胀像脱缰的野马一样，恶化到一袋钞票买不到一袋高粱米的骇人听闻的程度。

1948年5月6日的《大公报》载文称本溪煤矿"现在矿上的工人，连豆饼也吃不上了。四月份的工资，仅仅按着十一万五千倍发给（政府规定东北区为六十万倍），每个工人的普通工资才二十多万元，换不来四十斤豆饼，一家大小几口，如何过活？领到的配给豆饼是多年陈货，已经变质，颜色惨绿，几丈以外，就闻到臭味，简直无法食用"②。本溪湖矿工王春芝为了一家人糊口，忍着无限悲痛，用2个小女儿换回了3斗米，回家的路上被国民党兵抢去1斗，回到家后又被保长勒索去了半斗。市街上布满了破烂摊，乞丐举目皆是。1948年2月，本溪煤铁公司在呈报上级机关工作汇报中不得不承认这一严重情况："本溪四面被围，孤立无援，粮款已罄，情形异常严重，员工被饿自杀者有之，羸弱倒毙者有之，市面萧条，物价奇昂，全市陷入饥饿恐慌状态中"③。农村更是哀鸿遍野，饿殍载道。

老矿工曲太民回忆起1948年米价暴涨的情景时，满怀心酸地说："当我来到第一家粮店，掏出16万元金圆券（月薪的一半）要称20斤米时，掌柜的点完后冲着我说'20斤米还差4万元。'我赶忙跑到第二家粮店，一打听行市是1.1万1斤，我脚也没敢停就慌里慌张地往第三家跑，结果米价是1.4万元。这回我可冒汗了，转身又跑回第一家，可是时机已过，原来1万元1斤的米价，不到20分钟就涨了4000元……我看这个光景再也不敢走了，就用差不多一个月的薪水买了20斤米，有气无力地背起这些米，心里想：真他妈的！这算什么世道！"④

国民党的残暴统治，使本溪广大人民愈来愈明白了美帝国主义支持下的蒋介石集团是中国内战的罪魁祸首，是造成他们苦难的根源。1947年2月

①《本溪粮荒严重有煤铁救不了饥饿下级员工一天吃一顿豆饼》，载《大公报》，1948年3月3日。

②《法币运沈谋统一币制中长路员司限期返任本溪煤矿工人生活难》，载《大公报》，1948年5月6日。

③ 南京中国第二历史档案馆28号全宗11217卷，转引自本溪市党史地方志办公室编著：《中国共产党本溪史》第1卷，辽宁人民出版社，2004年，第373页。

④ 潘喜廷等编写：《红色的矿山——本溪煤矿史话》，辽宁人民出版社，1962年，第54—55页。

28日，中共中央就国民党统治区的工作发出指示："力求从为生存而斗争的基础上，建立反卖国、反内战、反独裁与反特务恐怖的广大阵线"，为国民党统治区的人民指明了前进的方向。由此，在中国共产党的领导下，本溪人民反对国民党黑暗统治的爱国民主运动日益高涨起来。

三、纵容娼妓与禁毒

国民党进占本溪后，一度萧条的妓院又活跃起来。妓女人数也有增加。随着国民党对本溪的反动统治，人民生活难以为继，为生活所迫，卖身为妓的现象屡见不鲜。据1947年8月国民党本溪县警察局统计，本溪有妓院16家，在院有名可查妓女51名。到1948年3月，警察局统计有23家妓馆，有名可查妓女74名，经本溪妓馆同业公会转报业主申请新增加妓女98名。而实际数量要比官方数字大得多。

提起鸦片，国人都会感到刻骨铭心的伤痛。自近代鸦片输入以来，它给中华民族造成的灾难罄竹难书，其流毒之广、为害之巨难以计数。历代政府虽一再查禁烟毒，但都言行不一只做表面文章。

1946年，国民党本溪县政府于各街村公所设禁烟分会，组织禁烟分会（本溪湖街工源街除外）以推动禁政，召开禁烟宣传大会，限烟民自动投报缴出毒品毒具，并公告禁烟禁毒暂行治罪条例及政府禁毒十八策。6月27日，国民党本溪湖市市长关大成就以民字第270号训令，颁布"为令彻底实施毒犯检举及督促瘾者自动戒除由"，开始查禁烟毒。提出四项烟毒实况调查办法，六项制藏运售根绝办法，七项吸食者戒除办法等。并组织社会团体参加"戒烟协会"以及由警察、街公所为主的烟毒检查班等组织机构，实行联保、连坐，实施检举等措施，美其名曰推行新生活，实际上未能起到有效的禁烟作用。

国民党政府表面上搞了一些禁烟措施，但仍在暗中纵容烟毒泛滥。如大毒贩高朋本身就是国民党东北行辕特务，并在本溪湖河沿开设了臭名昭著的大烟批发店，加速了烟毒的流传和危害。当时本溪湖北山地区是烟毒为害的集中地，许多旧艺人、娼妓、商人、政客嗜毒成瘾，害人害己。

第六章
解放战争中的山城

1946年3月开始，国民党军队对东北解放区发动了大规模的军事进攻。在敌强我弱的形势下，根据中共中央和东北局关于建立农村根据地的指示精神，本溪地方党组织迅速实行战略转移，创建山区根据地，坚持敌后游击战；以土地改革为中心，大力进行解放区建设；开展城市地下斗争，在国统区开辟第二战场；动员青年参军参战，组织群众支战支前，为本溪全境解放及东北解放战争的最终胜利做出了重要贡献。

第一节　创建山区根据地

国民党占领本溪市区后，本溪、桓仁两县面临的形势是：一方面，市内国民党军为了消灭民主革命力量，继续对解放区实行军事进攻和政治破坏，国民党特务、谍报及政治土匪活动十分猖獗；另一方面，由于国民党的煽动和欺骗宣传，加深了群众的盲目正统观念，刚刚建立不久的民主政权还缺乏坚强的群众基础。面对这种极为严峻的政治形势，遵照中共中央东北局的指示，中共本溪县委和桓仁县委在国共对峙的局势下，立足山区，以"五四土改"为中心，大力发动群众，壮大武装，进剿土匪，锄奸保卫，加强党政建设，使本溪农村根据地初步形成。

一、党政军群撤离市区

1946年3月19日，中共辽东省委在《关于粉碎国民党反动派进攻紧急动员指示》中指出："不要为关内和平所麻痹，不要存在有丝毫的等待、观望、侥幸心理。武装斗争仍然是目前东北的主要斗争形式。""某些工业城市，有暂时失掉的可能，战争将日益艰苦与频繁。"[1] 4月1日，国民党军开始从抚顺、辽阳会攻本溪。在内战危机的严峻形势下，中共辽东省委、辽宁省分委根据东北局的有关指示和辽东形势变化，决定在抚顺、本溪、新宾、清原地区建立辽东第三地委、第三专署、第三分区，领导地区斗争。中共本溪市委书记杨春茂任中共辽东第三地委副书记。

1946年4月末，"三保本溪"的战斗还在激烈进行，中共本溪市委在部署城市地下党工作的同时，即开始着手进行撤离市区的各项准备。为了给国民党的统治和生产制造困难，本溪煤铁总公司党组织发动工人拆卸贵重设备，遣散重要资财和军用物资，先后将公司第一发电厂的一台3000千瓦发电机、第二发电厂2号发电机的励磁机及调速机、本溪钢厂的4组小型轧钢机等主要设备迁往后方。市政府也组织人力，将没收的张碗铺公司粮米加工机器、油坊设备及清算委员会清算收缴的棉布、药品等物资运往田师傅。[2]

与此同时，市委、市政府加紧了党政机关及人员的转移与安置。1946年4月28日，市联合中学学生在杜若牧、文菲和董洪书等党政领导的带领下，乘坐从明山站出发的火车，撤退到田师傅。4月30日上午，市委书记王玉波在市政府召集接管本溪时留用的原伪满职员开会，讲述目前革命发展的形势，指出根据战略需要必须暂时放弃本溪，转移到农村去建设革命根据地；激励大家一定要坚定信心，相信共产党、民主联军能够取得最终的胜利，重回本溪。最后，给每名留用人员发1个月工资做善后安排。会后，市委、市政府安排机关中一些体弱多病的人员、妇女干部以及家属，先期乘火车撤往小市、南甸和田师傅，留下身强体壮随时都可撤走的人员暂时待命。

市委、市政府在做好撤离市区各项准备工作的同时，仍组织全市各阶层全力支持本溪保卫战。1946年5月3日上午，中共本溪市委在市政府大礼堂召开保卫本溪再动员大会。会议由市委宣传部长李澄主持，原任本溪市委书记、时任中共辽东第三地委副书记杨春茂，新任市委书记兼市长王玉

---

[1] 辽宁省档案馆编：《中共中央东北局西满分局、辽东省委档案文件汇集（1946—1947）》，1986年，第73页。

[2] 本溪市党史地方志办公室编著：《中国共产党本溪史》第1卷，辽宁人民出版社，第253页。

波分别在会上作重要讲话，各界代表也纷纷表态发言，决心誓死保卫本溪。但是到了中午，中共辽东省委书记兼辽东军区政委萧华紧急召见市委主要领导，萧华代表省委、军区向市委下达撤退命令，他说："国民党军队向本溪进攻，情况紧急，我军准备明日拂晓前全部撤出本溪。因此，要求你们本溪市委、市政府各机关、单位马上组织撤退，限令今晚7时前务必完成撤退任务。"命令发出，中共本溪市委立即召开全市领导干部会议，进行紧急动员，部署撤退的具体工作。要求各级党组织尽全力带走干部和中学以上的学生及工人武装，带走文件资料，实行坚壁清野，不能带走的文件就地烧毁。

撤离工作紧张有序地进行。据统计，晚7时，随同领导机关一同撤离的人员（包括本地干部、青年学生和工人武装）达1500余人。这是对市委工作的一次重要考验，也是本溪市区人民特别是工人与学生积极迅速、坚决勇敢投身于革命斗争的充分表现。这支队伍乘火车从本溪出发，于5月4日拂晓抵达田师傅。当时聚集在本溪东部田师傅矿区的部队、地方、后方机关竟有50多个单位。随后，将火车头装上炸药，拉到溪碱铁路线的山洞中引爆，以切断国民党军进攻的路线。①

在本溪市各级党、政、群撤离市区的同时，辽东军区机关开始向桥头方向撤退，与第四纵队会合后，向南坟、连山关一带转移，执行保卫安奉铁路的任务。为切断溪湖与官原间的交通，迟滞国民党军的进攻，撤退途中，民主联军炸毁了本溪煤铁公司第二发电厂3号锅炉以及太子河上的两座铁路桥和彩屯大桥②。

第三纵队九旅在向田师傅方向撤退时，有部分在火连寨担任阻击任务的官兵被突进的国民党军第二十五师隔在太子河以北。其时春暖冰开，别处无桥，部队只能从本溪过河。第九旅官兵集结整队，荷枪实弹，镇定自若地穿越已被占领的本溪城区，安然地渡过太子河，随后将东坟大桥炸毁。九旅撤到小市后，临时进行了整编，将第二十六团和第二十七团都暂时缩编为1个营。不久，根据辽东军区指示，九旅北上与三纵主力部队会

---

① 李澄：《沸腾的山城——"九·三"胜利后本溪斗争片断》，载中共本溪市委党史工作办公室编：《纪念本溪解放四十周年专辑》，1988年，第51页。
② 本溪市党史地方志办公室编著：《中国共产党本溪史》第1卷，辽宁人民出版社，2004年，第254页。

合，参加四平保卫战。

鉴于本溪市区已经失守的实际情况，1946年6月初，中共辽东省委根据中共中央东北局的指示，决定暂时撤销本溪市建制及党、政、军、群组织，其所属干部一部分调到辽东第三地委、第三专署和第三军分区，一部分调往外地，还有一部分被充实到本溪县；王玉波调任安东省孤山县县长，原本溪保安司令部所属武装划归辽东第三军分区领导。同时，成立溪碱矿务局，任命田共生为局长，将本溪煤铁总公司在市区以外的六七处矿山组织起来，领导工人维持正常生产，保护矿井和机器设备安全。至8月，本溪地区大部分矿山被国民党军占领，溪碱矿务局随即撤销。

二、开辟山区根据地

（一）本溪县山区根据地建设

建立农村根据地，坚持山区游击斗争，是中共本溪县委既定的工作方针。本溪县委对撤离市区，开展山区游击战，建立山区根据地的工作准备较早，1946年2月即派人开辟本溪县久才峪沟的工作，4月又派人开辟草河掌工作，并开始转移物资，架设电话等。后来又在兰河峪开辟根据地，做东西两块根据地的准备。2月，本溪县机关从市内迁往桥头，4月下旬又从桥头转移至小市香磨村。后来，根据形势变化，估计国民党有进占铁路线和小市、田师傅的可能，本溪县委于5月中旬召开区委书记联席会议，为可能出现最不利的形势打算，县委决定在地处山高林密、区位偏僻的草河掌山区建立新区，作为对敌斗争的后方基地。草河掌区辖9个村，人口不多，但地域不小，回旋余地大。为保卫在该地区建设根据地，本溪县、区委领导群众开展了反匪斗争。县大队派一个中队常驻草河掌，以掩护地方工作。在久才峪沟，县委副书记程震文亲自率队做群众的宣传教育和发动工作。特别是后来经过土改，这里的群众基础较为坚实，在国民党军占领小市时，久才峪沟成为本溪县委、县政府可靠的游击根据地。

1946年3月21日，本溪县第一次农民代表大会在桥头开幕，会议开了5天，有776名代表出席。大会通过了《十大斗争纲领》《十大公约》等章程决议。其时战争形势紧迫，春耕季节又到。因为当年是东北光复后第一年组织群众性大生产运动，群众尚未有广泛的劳动互助组织，村政权尚未完全改造，大部分干部还不能熟练地领导生产工作，为此，1946年4月30日中共辽东省委在《关于突击春耕的决定》中指示："为了有利于国计民生，凡我辽东境内一切敌伪地产、开拓地、满拓地以及日本人及大汉奸所有土地，应迅速地无代价地立即分配给无地及少地的贫苦农民（原主在内）、失业工人、军属、烈属，以利春耕，免致荒芜。"[1]按照这一精神，本溪县委着手分配公地（包括学田和庙地），处理满拓地和鲜拓地，确定地权。在很短时间内，共分配土地1.8万余亩，全县1800多户军、烈属，无地或少地的贫苦农民及失业工人得到了土地，大大激发了他们的生产积极性和支前热情。为解决农户缺少车马牛犋的困难，县政府还由银行贷款530万元，分发各区，保证了春耕生产的顺利进行。

1946年3月间，中共本溪县委受辽宁省分委直接领导，省分委民运部长张逢时兼任县委书记，任职1个月即因组织需要调走。4月，汪之力继任县委书记。这一时期，省分委不断派遣干部到本溪县工作，前后计有30余名，大大充实了本溪县的干部队伍。本溪县党、政主要领导有：县委书记汪之力，县委副书记兼组织部长程震文，宣传部长胡苏光，妇女部长苏冰；县长王甦，副县长苏东风，县保安大队大队长徐德友。县委委员为汪之力、程震文、胡苏光、苏冰、王甦、徐德友、张浙、翟啸。

开展根据地建设，没有广泛的地方群众工作是难以立足的。为了更好地配合游击斗争，本溪县委在1946年12月12日作出了《目前工作的几个问题的决定》，强调：第一，地方工作人员配合武装力量，组成两个武工队，恢复地方工作。第二，分别三种区域，确定不同斗争方式。1. 在游击根据地，尽量摧毁敌之政权组织，恢复我之政权组织，有计划地安排几名可靠的"灰色"人员，以应付敌人；2. 在我绝对控制下的游击区，设"应敌"人员，根据我们意图支敌；3. 在近敌区，对其公务人员限时完成送粮、送情报任务，如不执行，设法抓来教育、控制。第三，实行两面政权、两面政策。用武工队深入各村，对敌人征集兵丁、粮草等，采取拖延不交或者少交办法，对付敌人。第四，对敌人地方武装，主要是消灭、瓦解，对难于摧毁者，勒令其家属限期叫回。第五，对反攻倒算的地主要设法镇压，一般地富不碰。第六，各村建立秘密情报网。第七，广泛开展宣传工作，

---

[1] 辽宁省档案馆编：《中共中央东北局西满分局、辽东省委档案文件汇集（1946—1947）》，1986年，第97页。

每到一村，有条件就开群众会，出小报、编歌谣、顺口溜等，揭露敌人，宣传党的政策。①县委还强调敌后工作纪律；吃饭自己做，吃菜给菜金，晚间点灯用油要付钱，不准强买群众东西改善生活，等等。本溪县用大约3个月时间开展上述工作后，情况发生很大变化：秘密为我工作的人越来越多，特别是游击根据地的红土甸子村，由于国民党军有两个多月未来外三保，群众情绪比较稳定，并着手分地退粮，地主富农退还高租，群众生活有一点改善，军队在这里吃饭也有了保障。

（二）桓仁县山区根据地建设

1946年3月上旬，中共桓仁县委召开临时参议会议，来自全县各界的代表共153人。中共桓仁县委书记刘慕文致开幕词，讲述了国内形势，成立民主政府的意义、作用和任务等。选出新的民主政府领导成员为：县长王静坚，参议长安祝尧，副参议长来为民。新的民主政府委员会委员有：王静坚、来为民、安祝尧、刘在东、阚廷璧、臧愚、高凤和、张务本、马有会、吴长发、王德义、丁爱民等人。临时参议会闭幕后，桓仁县委书记刘慕文和副县长臧愚先后调离桓仁。由来为民继任县委书记，马佳元任县委副书记。

1946年6月16日，中共中央调整了东北局领导班子。7月3日，东北局在哈尔滨召开扩大会议，对东北根据地建设和军事斗争等一系列问题展开讨论。7日，会议通过了由陈云起草的《东北的形势与任务》的决议，即《七七决议》。要求东北全党全军必须认识东北斗争的尖锐性和长期性，做好粉碎国民党军再次进攻的准备，以战争的胜利去争取和平；广大党员干部应把发动农民群众，建设农村根据地摆在一切工作的首位。

1946年10月，东北国民党军队调集8个师10余万人侵犯安东地区。按照"让开大路，占领两厢"的既定方针，安东省分委书记刘澜波率队向宽甸与桓仁交界处的太平哨、沙尖子地区转移，开辟敌后游击根据地。队伍经宽甸县步达远，过浑江进入沙尖子区，开始住在沙尖子村，后来又转移到下甸子村。

1946年11月，国民党军进攻桓仁县城，刘澜波率部撤离，经牛毛坞向太平哨转移。牛毛坞守敌极其顽固，坚守在碉堡里拒不投降，刘澜波指挥

---

① 李涛主编：《解放战争时期辽东三地委》，沈阳出版社，1988年，第24页。

部队炸毁敌人碉堡，扫清了障碍。到达太平哨后，随即召开地方县区干部会议，部署工作，确定开展敌后游击战争的方针政策，明确坚守敌后根据地的决心和任务。

1947年初，刘澜波率主力部队发起了收复沙尖子的战斗，经过一夜激战，于1月12日晨胜利进驻沙尖子镇。自此，安东省委省政府领导机关基本稳定在沙尖子地区，开始系统地指挥辽东地区的敌后斗争，实现了"坚持三大块，打出一大片"的战略方针。沙尖子地区成为安东省委领导敌后斗争的指挥中心。为建立巩固的群众基础，党十分重视做群众的思想工作。一次，刘澜波在和老乡们交谈时说：打倒国民党反动派就像打倒日本鬼子一样，过去杨靖宇将军的抗联队伍在这里打仗，眼前的刀尖岭上还有抗联的窝棚，咱们要发扬当年杨司令的精神，不怕困难，敢于斗争，这样咱们就一定能够打倒国民党反动派，建设一个人民当家做主的新中国。

1947年1月29日，经侦察获悉，国民党军六七十辆大车运送给养到太平哨，计划第二天去辑安。刘澜波等部队首长在沙尖子指挥部周密部署，决定在挂牌岭（宽甸、桓仁交界地带，砍川岭东2千米）设卡伏击。当晚部队急行军进入公路两侧做好埋伏，当敌人的队伍走进伏击圈时，迫击炮和机关枪突然开火，如暴风骤雨打得敌人晕头转向，丢下大车仓皇溃逃。挂牌岭战斗消灭敌人1个营，活捉100多人，缴获大车50多辆、汽车9辆、迫击炮2门、轻重机枪5挺及一批军火弹药，还有大米白面、烟酒罐头等物资。

"挂牌岭大捷"是沙尖子指挥部运筹帷幄的成功战例，打击了国民党军的嚣张气焰，鼓舞了人民群众战胜国民党反动派的信心。

三、保卫土改与武装剿匪

从《五四指示》到《土地法大纲》，本溪、桓仁两县严格遵照中共中央关于土地改革的指示精神，在解放区开展了轰轰烈烈的土地改革运动，以土地改革推动山区根据地建设。在做好土改中群众思想工作的同时，深入重点地区开展调查，对破坏土改、扬言报复的反动地主，及时镇压，使群众敢于挺起腰杆同地主面对面地开展斗争。

（一）本溪县委领导地方武装力量剿匪

国民党进占市区后，一度曾慑于民主政府威力、活动有所收敛的土匪又纷纷活跃起来，而且数量剧增。据统计，当时本溪县境内共有土匪30余股，840余人[1]。其中人数较多、活动频繁的主要有牛心台一带的黄锡三股匪，太平山一带的杨永茂股匪，兰河峪一带的"大丁字"股匪，崔瓦房一带的黄京一股匪，草河口一带的张恒元、郭大胜股匪，套峪一带的曹立卿股匪，南营坊的"刘单子"股匪。此外，还有姜凤山、赵振山、温聚五等匪帮[2]。这些土匪气焰十分嚣张，他们与国民党相勾结，横行乡里，破坏生产，阻碍人民支前，袭击民主政府和共产党军政人员，抢劫军用物资，还与一些混入县、区武装的反革命分子和投机分子相勾结，组织策划叛变、分化瓦解队伍，致使本溪县地方武装遭受了极大损失。[3]在全县8个区中，除清河城外，其他7个区的人员和武器损失都很大。1946年7月7日，中共辽东省委在《关于组织工作团、工作队镇压反革命的通知》中要求，"凡在我（解放）区及匪势严重区应采取坚决的手段，镇压反革命分子及叛变分子。凡叛变而杀害干部或群众与土匪勾结的地主、特务，应经过群众同意坚决地杀掉，以镇压反革命的凶焰，稳定干部情绪振奋人民信心。"[4]为此，加强地方武装建设，剿灭土匪成为本溪县委建设山区根据地的重要任务。

本溪县委首先从充实扩大地方武装力量入手，恢复和扩大县、区两级武装，将分区下拨的原本溪市工人大队与县大队所剩人员于1946年7月合编为本溪县保安团，主要领导有团长赵俭、副团长施宝林、政委汪之力（兼），政治处主任毛朗明、副主任刘厚忠等人。全团编为4个连队，人员总数达557人，517支枪。各区中队人员也均有增加，全县武装总计901人，911支枪。团队编齐后，即集中进行军政训练。

因县、区人民武装的发展速度不断加快，一些新战士不了解建军宗旨，缺乏严格训练，特别是大批发展的同时，难免混进一些不纯分子。这种现状是经受不住战争考验的。本溪县委针对县区武装组织不纯问题，从政治上向新战士进行人民军队宗旨的教育，使战士了解谁是敌人，为谁而

---

① 本溪市党史地方志办公室编著：《中国共产党本溪史》第1卷，辽宁人民出版社，2004年，第260页。

② 《政治土匪及剿匪问题》，115-01-03-49，本溪市档案馆藏。

③ 本溪市党史地方志办公室编著：《中国共产党本溪史》第1卷，辽宁人民出版社，2004年，第260页。

④ 辽宁省档案馆编：《中共中央东北局西满分局、辽东省委档案文件汇集（1946-1947）》，1986年，第155页。

战；从组织上清洗坏分子，整顿纪律；从军事上进行严格训练。先后清洗了混入县大队、当上中队长的个别土匪、把头，对县大队、区中队中一些勒索群众等违法乱纪现象进行了严肃处理，选拔一些工农出身、表现好的战士，经短期培训教育，充任班排干部。经过整顿，队伍有了很大变化，战斗力有了很大提高。

除县、区两级武装外，辽东第三军分区先后派遣基干第一团、第二团和朝鲜族支队前来协助剿匪。由于第三军分区部队介入剿匪斗争，朝鲜族支队在套峪一带进行剿匪歼灭战，本溪县保安团和各区中队不断出击，使境内土匪逐渐被歼灭，干部群众的情绪逐渐稳定下来。本溪县委抓住这一有利时机，号召各区动员群众开展瓦解土匪的斗争活动。要求各村实行5家联保，采取户口登记和组织民兵联防，设立岗哨，盘查路条等措施，切断土匪的社会联系，使其处于"四面楚歌"的境地。在草河掌地区镇压了通匪的伪村长李成文，激发了群众的反匪斗志。山城子的碱厂堡、泉水的三官阁以及兰河峪等地群众剿匪斗争十分活跃，使土匪在这些地区无立足之地。

1947年6月，在民主联军夏季攻势的沉重打击下，国民党军队被迫退守本溪城区。为利用地方反动武装，继续袭扰和破坏解放区建设特别是民主改革运动，国民党地方当局将随军溃退至本溪城区的各地自卫队统编为两个大队，以本溪敌占区为基地，伺机窜扰解放区。同年12月，国民党本溪县长刘克俭又将自卫队同其县保安团合并，拼凑成本溪县自卫总队。总队下设3个大队，聚匪500多人。其中，骨干分子多为伪警察、逃亡地主、恶棍。这些匪徒凶狠残暴，被群众称为"红眼队"，"青（清）草（剿）驴子"。此外，还有如周才、黄成国、李国忠等10余股零散土匪也常出没于各地。他们勾结起来，沆瀣一气，专门袭击农会，杀害农会干部、土改工作队干部和农会积极分子，抢劫粮食财物。他们的政治目的非常明确，就是破坏土地改革和镇压贫苦农民的翻身运动，因此极其嚣张地提出"专打穷人头"的反动口号。土匪"周家帮"袭击新开村农会，杀害会长，凌迟害死工作组组长郑举栋。在草河口召开全区贫雇农大会时，连山关的地主、坏人联络棒槌岭、黄岭、摩天岭同伙，利用驻军名义，将"帮翻队"（主要由入伍的村干部和农会积极分子组成）干部及贫雇农团积极分子全部扣留，要开会将县里派来的帮翻工作队队长郑希山打死，污蔑其是"沈阳派来的国民党"。他们挑拨中农及下台干部，并威胁群众、欺骗部队，企图用合法外衣，用群众斗争的方法，浑水摸鱼，达到反革命的目的。幸好被及时发觉，平息暴乱，将首犯处死。1947年，仅土改初期，在本溪县解放区就有周厨沟、赛梨寨、戴家店、孟家堡子、磨石峪、魏家堡子6个农会被洗劫，数十名农会会长、积极分子、先锋队长和1名区公安助理被土匪杀害。为解除农民翻身运动的后顾之忧，保卫土改顺利进行，中共本溪县委根据中共辽东省委关于"动员人民群众武装起来剿灭顽匪，才能真正动员人民群众起来进行土地改革运动，此二者必须有机的结合"①的指示，决定在全县境内组织一场彻底消灭匪患的人民战争。

一方面，广泛发动群众开展剿匪斗争。按照中共本溪县委的安排部署，本溪县、区公安部门同土改工作队一起，深入地发动群众，开展了诸如挖匪根、政治攻势、控制土匪家属、铲除土匪活动的社会基础、积极配合部队活动等一系列防匪剿匪斗争。从1947年8月到11月，全县共挖出土匪"线头子"55人。坚持报告制度，使公安机关能够比较及时、准确地掌握土匪活动情况。组织农会、先锋队、妇女会、儿童团开展群众性剿匪活动。据统计，全县有2526名先锋队员参加剿匪活动，有1189名儿童团员参加站岗放哨②。各区政府发动群众张贴布告，大张旗鼓地宣传民主政府对归降土匪的政策，加强政治攻势，分化、瓦解土匪，先后有30余名惯匪、匪首和匪徒携械投降。针对部分土匪隐藏枪支的情况，本溪县农会锄奸部和县公安局联合发出"挖尽黑枪，以免后患"的号召，仅半个月时间就起出大枪150多支，手枪7支。被发动起来的广大群众不仅积极为部队提供土匪活动情报，还直接为部队带路，参加部队剿匪战斗。从1947年8月至1948年2月，农民先锋队在配合地方部队剿匪中，发动小型战斗418次，其中有毙、伤、俘匪的战斗就有70次，毙、伤匪9名，俘匪228名，缴获各种枪支558支、土枪570支、手榴弹75枚、迫击炮1门、子弹650发，骡马牛30匹（头）、马车6辆③。

---

① 辽宁省档案馆编：《中共中央东北局西满分局、辽东省委档案文件汇集（1946-1947）》，1986年，第155页。
② 本溪满族自治县党史地方志办公室编：《本溪满族自治县志》下卷，辽宁民族出版社，2009年，第1039页。
③ 本溪满族自治县党史地方志办公室编：《本溪满族自治县志》下卷，辽宁民族出版社，2009年，第1039页。

1947年12月，本溪县儿童团教行人读标语

　　另一方面，调动地方武装部队开展军事剿匪斗争。本溪县保安团1200余人承担起军事剿匪斗争的主要任务。土改开始时，剿匪工作分成三片进行：即许彪率第一连在田师傅负责县机关的保卫工作和东部地区剿匪；刘厚忠率第四连在草河掌一带剿匪；赵俭、毛朗明率第二、三连在草河口地区剿匪。剿匪斗争自1947年七八月开始，至1948年一二月基本结束。剿匪战斗最先在草河口地区打响。侦悉到匪帮张恒元、阎天成的活动踪迹，本溪县保安团迅速出击，张恒元被击毙，阎天成被抓获。"本溪县清乡剿共支队"黄经一、黄经训被打散后窜至赛马县境内，被赛马县保安大队歼灭。往日骄横无比、目空一切的草头王，如草河口地区的郭大胜（匪号"大胜字"）、苑家堡子的"苑大头"等，迫于濒临被歼的形势，不得不下山投降。田师傅、碱厂、小市、泉水等地的大团，有120余人的匪队，最后在阴司王沟被歼。

　　在控制区大规模武装剿匪的同时，本溪市保安团还积极主动地在敌占区边沿开展剿匪作战。1948年初，本溪县保安团侦知白房子有联保队在活动，马上派人出击，在张家堡子后山拦获一名醉醺醺的老头，从其提筐中搜出一联保队的《人员武器清册》。审讯中通过一位长工侦知：他就是当地的联保主任兼联保队长赵某，手中有一支二十响的驳壳枪，他的儿子是掌握联保队实权的联保队副。随后，驳壳枪在堡子后面的山坡上果真被找到。当队伍转移到赵家堡子时，找来赵某的儿子前来谈判，只要将联保队枪弹如数交出即可放人。当晚黄昏，在县保安团的严密警戒下，赵某儿子以手推车将其联保队的全部枪弹（包括手榴弹）按清册记载如数上交，赵某被安全释放。就这样，本溪县保安团不发一弹、不伤一人，把一个拥有百余人枪的反动武装缴械了。

几天后，本溪县保安团又得到侦报，欢喜岭来了一个敌女司令，带有100多人，是来"堵住"通往卧龙之外围"缺口"的。赵俭团长亲自带领第一、二连执行任务。时值寒冬，积雪甚深，行进艰难，县保安团决定实施"突进包抄"的办法。此时天刚拂晓，敌人在睡梦中被枪声惊起，成群向卧龙方向逃窜。一出村口即陷在雪地里，被全部围歼，此役俘敌120余人[①]。这一仗是本溪县保安团在敌占区边沿取得的又一次全面胜利。

在保卫土改、剿匪的半年多时间中，本溪县保安团共组织兵力7788人次，发动大小战斗49次，毙敌28人、伤敌47人、俘敌225人；缴获机枪3挺、步枪255支、冲锋枪2支、各种子弹9965发、手榴弹106枚、战防炮1门、炮弹30发；缴获骡马150匹、马车20辆[②]。本溪县保安团在战斗中锻炼成长，1948年2月，1200余人全部编入东北人民解放军主力部队的战斗行列，为本溪解放做出了重要贡献。

（二）桓仁县委领导武装剿匪

中共桓仁县委和桓仁县民主政府于1945年11月初开始建立区政权后，即着手大力发展县、区人民武装。县委首先把人民自卫团现有的300余人，改编为县保安大队。刘慕文任政委，县长王静坚兼任大队长，其余官兵则多为原来的伪国兵和伪警察。由于官兵成分复杂，达不到有令必行，县委决定征兵：凡是贫苦子弟出身的，没当过日本走狗的即可入伍。为此召开会议，一方面对原伪公署人员进行政治教育，鼓励他们为新生的人民政权服务；另一方面号召贫苦子弟踊跃报名加入人民武装。经过宣传发动，有

---

① 赵俭：《本溪县保安团在紧张的战斗中锻炼与成长》，载中国人民政治协商会议辽宁省本溪县委员会文史资料研究委员会编：《本溪县文史资料》第2辑，1985年，第114页。

② 本溪满族自治县党史地方志办公室编：《本溪满族自治县志》下卷，辽宁民族出版社，2009年，第1040页。

100多名贫苦子弟参加了县保安大队。从此，党在桓仁地区的一支新型地方武装诞生了。11月下旬，县委根据上级党委指示，对县保安大队进行严格审查，认真整顿军纪。宣讲了人民军队的组织纪律，动员每个战士把参军前后的情况做一次坦白反省。经过一段时间的讨论，战士们提高了认识，对暴露的问题责成专人进行认真调查。同时，制定了各种制度，对于犯有严重错误、群众意见很大的，给予开除处理。通过整军肃纪，纯洁了地方武装队伍，力量不断壮大。到1946年6月，县保安大队有干部战士215人，区中队386人；1946年10月，县保安大队发展到375人，区中队339人；1947年6月，县保安大队人员调整为219人，8个区中队400余人。县保安大队和区中队中都建有党支部，不断从干部战士中吸纳先进分子加入党组织，确保党对军队的领导。

这一时期，桓仁地区的国民党地下党部为配合国民党军队进攻解放区，密谋筹划建立了"铁血战干团二分团"地下武装，活动极为猖狂，在五里甸子刺伤区农会会长、烧毁民房5间；与宽甸步达远区中队内奸相互勾结，打死、打伤区干部2名，抢走枪支27支及部分军用物品；在二道阳岔抢走步枪5支，抓走医务人员5名；在三家窝棚村枪杀农会会长，袭击横道川区政府、区中队，打死2名战士。其所到之处，烧杀抢掠。此外，还有刘长春还乡团、马国乙还乡团和北甸子还乡团，同样气焰嚣张，给翻身农民造成极大威胁。

1946年秋，在桓仁县委的领导下，桓仁地方武装针对反动武装的猖獗活动，开展了大规模的剿匪斗争。桓仁县委组织起武装工作队、剿匪队，县长王静坚任剿匪队队长，在县公安局的配合下，寻踪觅迹围歼近两个月，给土匪以沉重打击。在英歌通捕获匪首刘忠林、刘炎发等，予以正法；在二户来镇碑登村沟追剿匪首侯义，打死打伤26名土匪，其余全部俘房；捕获并枪毙向通化地区逃跑的国民党自卫队大队副；瓦解铧尖子自卫队长孙庆余的30人队伍。为保卫土改运动，桓仁县先后出动县保安大队375人、区中队339人以及农民先锋队。剿匪斗争主要集中在1947年9月，先后在沙尖子的秋皮沟、双水洞、回龙、八里甸子的榨木台和二户来的碑登等地，发动剿匪作战10次，共歼灭匪徒121人[1]。

---

[1] 阎中仕：《本溪人民解放斗争史》，香港天马图书有限公司，2003年，第183页。

到 1948 年春，出没在本溪解放区的各股匪帮全部被肃清。其众多匪首，除杨永茂 1 人逃脱外，其余无一漏网。从此，本溪境内为害多年的匪患被彻底根除，解放区建设开始进入建党建政的新阶段。

四、加强根据地党政建设

党的正确、有力的领导是革命事业取得胜利的根本保证。遵照东北局"七七决议"的精神，身处对敌斗争前沿的本溪、桓仁县委，以山区根据地建设为工作中心，一方面积极整顿地方武装，肃清土匪，组织武装工作队在边沿区开展游击斗争；另一方面克服重重困难，大力加强地方党的建设和政权建设，反击国民党的渗透和破坏，加强了党在农村的工作，扩大了影响。

（一）本溪县的党政建设工作

土改运动中，本溪县地方党组织依靠广大农民群众，在反奸清算、减租减息中先后召开县人民代表会，实行民主建政，建立县工会、农会、妇女联合会；秘密发展党员，建立党组织；整顿与健全县、区、村三级政权。为了建立巩固的根据地，中共本溪县委积极重视发展党的组织，注意在贫雇农中发现和培养积极分子，把他们放在斗争最前沿经受锻炼和考验，提高他们的阶级觉悟，在斗争中发展党员 480 名。据统计，截至 1946 年 10 月中旬，本溪县农村党员共计 800 余人，连同机关干部和县区武装内的党员，全县党员人数达到 1200 余人，与撤离市区初期相比较，增长了 2 倍。各村普遍建立农会组织，在 234 个村子中，建立农会 194 个，会员由前期的 13832 人增加到 19605 人，增长几近三分之一。土改后民兵组织遍布，仅本溪县就有民兵 1300 余人，自卫队员 8600 余人。本溪县建立人民政权 177 个，召开了两次县人民代表会议，一次农民代表会，通过了农代会章程[①]。

随着民主政治的推行，反奸清算斗争的深入，本溪县民主政治进入了新阶段。1946 年 1 月 19 日，召开本溪县第二次各界人民代表会议，历时 3 天，到会各界代表 54 人。会上，本溪县委书记汪之力作关于中国和平、东北前途以及党对东北的主张的政治报告；县长王甦作 5 个月政府工作及目前施政要点报告；县政府教育科长作今后教育工作报告。最后，大会通过了

---

① 李涛主编：《解放战争时期辽东三地委》，沈阳出版社，1988 年，第 7 页。

七项决议案：1.为反对国民党在东北打内战向全国同胞的通电；2.减租减息暂行办法；3.开放部分义仓救济真正贫苦的农民及家属；4.彻底清除敌伪残余；5.继续清理敌伪财产；6.推行民主政治，成立县参议会筹备会；7.优待军人家属[1]。会议一致表决王甦继续任县长。

为解决根据地建设中干部严重缺乏问题，1946年3月20日，中共辽东省委发布《为更加普遍开展群众运动的指示》，指出："想在广大地区中发动群众的轰轰烈烈的革命运动，必须首先解决干部问题。应在就地采材的原则下，大力克服不相信本地干部，相信关内干部的观念，大胆提拔与群众血肉联系的本地干部，采用带徒弟训练班、学校等各种方式来努力培养，是能够解决干部荒问题的。"[2]按照这一指示精神，本溪县委从扩军中挑选一部分组织"帮翻队"，经过短期培训后派到工作滞后地区帮助搞翻身和土改运动，从中发现和选拔基层干部；各区从上述人员中选拔表现突出、有发展潜质的骨干，经贫雇农代表大会审查后，留到区里，组建区农会。其中有不少干部，经过培养教育，加入了中国共产党，也有一些新干部担任了区级的主要领导工作。这些土生土长的本地干部熟悉民情，和群众有着密切的联系，工作起来就方便得多。这对群众进行宣传教育，贯彻执行党的方针政策，起着重要的作用。

为加强对根据地建设的领导，1946年9月，县委将全县划分为10个区：偏岭区、清河城区、南芬区、连山关区、草河口区、小市区、泉水区、草河掌区、田师傅区、碱厂区，同时调整了各区领导班子。

在开辟及保卫根据地的斗争中，本溪县干部、党员损失很大，仅区级主要干部牺牲的就有马忠骏、陈英、刘志华、冯志、孙玉华、李明等。在石桥子与桥头等国民党占领区内，刚组织起来的农会和发展的党员大都失去联系。紧张的形势，艰苦的生活，致使本溪县部分干部思想波动较大，一度出现了畏惧战争、不愿意在边沿区工作的情绪和言论。对此，本溪县委高度重视，1946年5月中旬召开第四次区委书记联席会议，部署党内整风，开展了一次较大规模的思想教育。但因警诫不够，会后这些倾向仍在发展。本着惩前毖后、治病救人的方针，县委决定给有关同志以纪律处

---

① 李涛主编：《解放战争时期辽东三地委》，沈阳出版社，1988年，第165页。
② 李涛主编：《解放战争时期辽东三地委》，沈阳出版社，1988年，第250页。

分，并在1946年9月的田师傅会议上，对错误倾向再次严厉批评，并对一些同志的错误及成绩作出恰当的评价，把领导责任和个人责任正确地区分开来，向全县干部提出埋头苦干、勇于对敌、艰苦奋斗、加强同群众联系的工作要求，奖励了在剿匪和开辟根据地斗争中成绩突出的马骥、杨光、蔡效堂等干部，还提出了培养本地干部、新老干部团结起来的要求。这次会议真正使大家增强了革命信心，有许多干部提出要到边沿区去工作，接受考验。这次思想整顿，为统一党内和革命队伍内的思想认识，坚定革命信念，起到重要的凝聚和推动作用。

1948年3月，根据安东省委发出的《关于各地整党运动的通知》，本溪县公开整党建党工作随即展开。本溪县的整党工作采取了全县县、区级主要干部集中学习，用14天时间开展整党工作的办法。县委在整党工作开始时就提出了"放下包袱，力求进步，统一意志，改进工作"的口号，确定了整党的三个重点：一要放下包袱；二要克服自满情绪；三要加强群众观点，反对官僚主义作风。[①]他们将参加学习的54人划分为8个小组，从领导和自身两个方面入手，先对领导提意见，让参加会议的同志"泄气、气平"，做到知无不言、言无不尽，把意见提完。然后，再转入检查自己，在检查自己的过程中，先由个人在小组会上作检查和自我批评，再由小组审查，最后由自己总结整理及鉴定。这种方法基本上是靠自己认识为主，小组意见尽量由本人同意，如果不同意，只保留意见，不轻易作结论。这样，使每个参加学习和整党的同志都明确认识到，这次整党不是人人过关，而是开门呼吸新鲜空气，是自己今后努力进步的开始。

（二）桓仁县的党政建设工作

在土改运动前，桓仁地区党的组织采用秘密和个别吸收的方式，党组织和党员均是秘密活动，曾在沙尖子区建立了4个党支部，但每个支部党员很少。经过激烈的土改斗争，村干部及积极分子成批涌现，虽然他们有很高的革命热情，但政策水平较低。为此，桓仁县委通过举办积极分子培训班，进行考察和培养教育，从中发展了一批党员，同时在工作中也吸收了一批党员。通过对敌斗争的考验证明，这些党员多数是有战斗力的，在群

---

① 中共辽宁省委党史研究室等编：《解放战争时期的安东根据地》，中共党史出版社，1993年，第231页。

众运动中起了骨干作用。

人民政权建立后，县委注意加强对知识分子的教育和培训工作，让他们出来为社会服务。从1948年1月开始，桓仁县委对全县各类干部分期进行培训，如举办财务干部培训班、村级干部训练班、行政干部训练班等，培训活动进行了1年多，为开展农村公开建党工作培养了大批骨干。

公开建党中，桓仁县委先后在沙尖子干沟子村、亚铅区四合村、黑沟区弯龙背村、二户来区釜山村、六道河子区五道河子村进行建党试点工作。由县、区领导亲自出面，抽调正式党员进村。按照建党与扩大农会相结合，建党与土改纠偏、大生产运动相结合的原则，有重点、有把握地培养教育非党积极分子。尤其是在土改的骨干分子中优先发展党员，建立党支部。到1948年12月底，全县共建立47个党支部（其中农村党支部32个，县、区机关及军队党支部15个），党员发展到483人。桓仁县委因地制宜，把建党工作与农村的各项具体工作结合起来。如在复查丈评、调整土地的过程中，县、区干部在向广大农民宣传党的土地政策、负担政策的同时，结合宣传党领导人民进行土地改革、发展生产、打赢胜仗等方面的情况，在群众中树立只有共产党才能领导人民推翻旧制度、建设新中国的牢固信念。县、区干部在建党中注意克服缩手缩脚和拉夫凑数的错误倾向，使建党工作按照正确的轨道运行。经过整党，党组织的战斗力更强了，群众对共产党的认识更深了，感情更贴近了。

在开辟、保卫与巩固根据地过程中，本溪地区党的建设工作给我们如下启示：

一是中共本溪、桓仁县委高度重视党的自身建设。本溪、桓仁两县是解放战争时期的革命老区根据地，既要发动、领导群众进行反奸清算斗争和土地改革运动，又担负着繁重的扩军、支前任务，还要进行剿匪斗争，组织领导大生产运动。在如此繁重的中心任务面前，两县县委仍把党的自身建设作为大事来抓，加强领导，并取得了明显的成效。

二是结合中心工作进行党的建设。两县县委既要完成在每个时期的中心工作，又要搞好党的自身建设，办法就是结合中心工作进行党的建设，这是一条成功的经验。本溪、桓仁两县自建立人民政权以来，始终把党的建设贯穿于各项工作的全过程，丝毫未有松懈，这既是赢得解放战争胜利的保证，又是胜利后建立一个繁荣、昌盛、独立、富强的新中国的根本保证。

三是全面抓好党的组织建设、思想建设和作风建设。组织、思想和作风建设，在不同时期可各有侧重，但不可忽视任何一个方面。在根据地建设时期，正是由于全面加强党的自身建设，党员的思想觉悟才不断提高，党组织的战斗力才不断增强，党在群众中的威望才不断上升。

四是要有一个坚强有力的领导集体。在国民党军进攻之初，环境险恶，危机四伏，本溪、桓仁两县的干部、武装遭到极为严重的损失，部队士气低落，少数干部缺乏战胜强敌的信心。面对这种形势，本溪县以县委书记汪之力为核心，桓仁县以县委书记来为民为核心，组建起坚强有力的领导集体，对县、区武装多次进行调整和整顿，在干部中开展形势教育和整风运动，纯洁了队伍，统一了思想，坚定了广大干部战士对敌斗争的决心和必胜的信念，增强了部队战斗力。

五是放手发动群众。为了建立巩固的根据地，支援解放战争，本溪、桓仁县委自抗日战争胜利后接收本、桓地区以来，十分重视发动群众的工作。鉴于当时国民党军队对解放区的进攻，日伪残余势力和反动的地富分子活动猖獗的情况，本溪、桓仁县委根据上级党委指示精神，在对敌进行武装斗争的同时，在解放区和根据地发动群众实行民主改革。在当时艰苦的斗争环境里，党的干部始终扎根于群众之中，通过执行党的政策，团结群众，壮大力量，打击敌人，巩固新生政权。不仅使广大人民群众对党和人民政府更加信赖和拥护，而且对解放区的巩固和人民解放战争的胜利都产生了深远影响。

第二节　开展敌后游击战

1946年10月，国民党开始继续实施其"先南后北"的东北作战方针，妄图集中兵力在消灭南满东北民主联军后，再全力北犯，歼灭北满民主联军，实现其独霸东北的野心。为达此目的，国民党倾其东北主力8个师约10万兵力，分成三路，向南满地区大举进犯。这时，辽东军区只有第四纵队3个师，在兵力和装备对比上都处于劣势。本溪、桓仁两县党政军机关被迫暂时撤离解放区，向东南部国民党军尚未到达之地实施战略转移，开始了历时8个月的敌后游击战。

一、避敌锋芒转入外线

1946年9月19日,辽东省委下发《关于准备粉碎敌人进攻的指示》。《指示》指出,由于敌人在南满、辽西开始作试探性进攻,各级党委必须紧急动员起来,准备粉碎反动派的大规模进犯,对战争带来的困难要有足够的估计,准备在长期战争中创造根据地,最后战胜敌人。《东北日报》为此于9月28日发表了新华社时评《蒋介石的和平攻势》。文中指出,蒋介石正在准备向东北解放区进犯,为了争取自卫战争的胜利,东北全党全军必须做好下列工作:爱护部队,加强主力;开展敌后游击战争;加强后方工作;实现耕者有其田。时评号召东北居民紧急动员起来,随时准备粉碎蒋介石的进攻。

辽东第三地委研究决定,辽东第三军分区配合第四纵队十师和十一师三十二团在永陵阻击向通化、临江后方进攻之敌。这其中包括分区警卫营的1个连配合本溪县保安团接替第四纵十一师三十二团小市防地,担负三架岭、八盘岭地段正面向本溪方向警戒的任务。

1946年10月1日,本溪县保安团以独立第三师七团名义开赴小市换防。经过1个多月的整训,战士们士气正旺,10月5日,进入防御阵地。10月7日,阻击国民党军的任务完全由本溪县保安团和分区警卫营的1个连负责。

10月9日上午,国民党第五十二军二十五师七十三团一营、三营和1个炮兵连,向本溪县保安团驻守的三架岭和金坑阵地进犯。到下午3时,三架岭全部被敌占领。三连撤退人员向谢家崴子方向转移。在金坑担任警戒任务的三连另2个排,在与国民党军激战2个多小时后,向香磨撤退。

10月9日深夜,本溪县保安团第一、二连和三连的2个排,连同分区部队,进入谢家崴子后山阵地,构筑工事。10日拂晓时分,风雨交加,国民党军首先以炮火猛烈轰击,本溪县保安团战士大多是第一次与国民党正规军作战,缺乏实战经验和良好的心理素质,但在赵俭团长、毛朗明主任的指挥下,沉着应战,坚决顶住了敌人的进攻,毙伤国民党军20余人。上午11时,国民党军集结起五六百人开始发起总攻。考虑到阻击任务已经完成,本溪县保安团主动撤离阵地。

谢家崴子阻击战是本溪县保安团成立后经历的第一次正面阻击战斗。

面对有"千里驹"之称的国民党王牌部队第五十二军二十五师，本溪县保安团敢打敢拼，不怕牺牲，阻击敌军进攻达4个多小时，受到了锻炼，达到了滞敌的目的。战斗中也暴露了本溪县保安团一些干部因没有作战经验，不会指挥作战的弱点，但战士们听从指挥，在有指挥的撤退中没有发生混乱。战后，当国民党第二十五师师长李正谊得知与其对阵的是本溪县保安团而非主力部队时，气急败坏，通令申斥进攻部队"作战不利，被少数土共阻挡，而不敢大胆前进"，并以"贻误军机"为名，撤了第七十三团团长职务。

此后十余天，国共两军互有进退，直到21日午后3时，本溪县保安团按预定计划向兰河峪撤退，与本溪县委机关会合后撤向赛马集东北的郑家堡子。当晚，敌军进占田师傅。至此，一直被后人称誉的"谢家崴子阻击战"圆满完成任务。这次阻击战原定任务只需3日，但实际上共历时13天，经历大小战斗12次，是本溪县保安团成立以来战斗规模最大、历时最长、投入兵力最多的一次战斗，既积累了战斗经验，又提高了部队战斗力，更达到了以小股兵力牵制大批敌人的目的，从而为东北民主联军主力部队顺利集结和阻击、袭击敌人赢得了宝贵的时间。

1946年10月末，国民党第七十一军第九十一师由新宾南下进攻桓仁。中共安东省分委指示桓仁县委要力争保住县城，执行"县不离县、区不离区"的作战方针，尽一切力量支援前线，打击入侵之敌。要做好坚持敌后斗争的准备工作，严格审查内部，组织县区武装，就地坚持斗争。根据这一指示，中共桓仁县委进行了战前的各项准备工作：动员各方面力量积极支援前线，组织起一支有1000多人、200多副担架的支前队伍开赴前线；组织力量妥善安置从前线下来的伤员，在桓仁县城南关中学设立临时医院；组织人力将前线转来的大批俘虏押送至通化；发动群众加工新玉米，做成大饼子送往前线；动员东部群众为后撤部队提供食宿、补充粮草等。

1946年10月31日，国民党第七十一军九十一师侵占铧尖子。11月1日，开始向桓仁县城发起进攻，并派出4架飞机绕城扫射。东北民主联军第三纵队八师二十四团在与国民党军激战后，于11月2日5时炸毁西江桥西岸第八、第九桥墩间的桥面，向东撤退。为保证部队和县直机关的安全转移，中共桓仁县委命令县大队第三连配合主力部队，在桓仁城外阻击国民党军的进攻。

11月2日早7时，国民党军第九十一师在炮火掩护下，向桓仁县城扑来。桓仁县大队第三连和第二十四团八连利用浑江江岸有利地形和树林的掩护顽强阻击，至11时，先后击退敌人的6次进攻。中午时分，国民党军又调来4架飞机持续轰炸，"杜聿明长官亲临上空视察"①，但仍然被桓仁县大队打得狼狈退去。

江岸阻击战是桓仁县大队成立后经历的第一次正面阻击战斗。面对优势敌军的进攻，县大队勇敢顽强，不怕牺牲，部队得到了实战锻炼，增强了坚持敌后游击战的信心。

1946年10月31日至11月2日的新开岭战役，民主联军全歼国民党第五十二军第二十五师，敌人恼羞成怒，调集新六军等精锐部队向南满解放区发动残酷的报复性扫荡，在本溪，多路进击，企图彻底消灭民主联军主力。面对国民党军的突然进攻，如何执行"县不离县，区不离区"的斗争策略，立足山区根据地，成为一个首要问题。本溪、桓仁两县县委没有教条地去执行，而是结合地区实际，充分发挥游击战的优势，在国民党统治的心腹地区往复穿插，避实就虚，牵制和打击国民党军和地主大团武装。

本溪县委在对本溪县的地理环境、群众基础及敌我力量对比进行全面分析后，决定以和尚帽子大山为中心，将全县划分为4个活动区域，由县委领导分头挂帅。具体分工为：由县委书记汪之力和县保安团团长赵俭带领县委机关及碱厂、田师傅区干部，以兰河峪、外三保为根据地，在东部山区坚持游击斗争；由县委副书记任之、县保安团政治处主任毛朗明带领县保安团第二连及南芬、连山关、草河口、草河掌4区干部及南芬区武工队，以草河掌为根据地，在西部山区坚持游击斗争，兼顾甬子峪、太平山地区；由县委民运部长张浙、县保安团副团长施宝林带领县保安团第一连及小市、泉水区干部，以久才峪为根据地，在小市以南地区坚持游击斗争；清河城区干部、武装由区委书记翟啸、区长孙斌领导，在清河城地区坚持游击斗争，必要时与东部会合或依靠沈抚县及分区。

但是国民党军的进攻异常凶猛，因敌人尾随而来，本溪县委研究决定暂避锋芒，撤离本地区，县机关转向宽甸县太平哨。不久，活动在草河掌

①《安东国军进展继续入驻通化桓仁杜聿明曾临空视察》，载《大公报》（上海版），1946年11月3日。

西部山区的任之、毛朗明率队前来会合。撤退过程中，他们与国民党军第十四师1个连在榆树底村遭遇，妇女干部李玉英不幸被俘，惨遭杀害。活动在久才峪、和尚帽子一带的张浙和施宝林率队向东转移时，误入国民党军第二十二师的包围圈，施宝林临阵投敌。区委委员、区委书记翟啸，区长孙斌等不幸牺牲。本溪县干部和地方武装损失严重。

在宽甸县太平哨，本溪县委向安东省委书记刘澜波汇报了本溪县的转移情况，并提出下一步精简队伍、坚持斗争的具体方案，得到肯定和支持。从1946年12月起，本溪县的干部、战士们开始了更为艰苦的敌后游击战。

是时，桓仁的形势亦十分严峻。桓仁县委在全力支持主力部队阻击进攻之敌，保卫县城的同时，也做好了撤退的准备。11月1日，国民党军队向县城发起进攻后，县机关和武装人员开始大批撤离，向五里甸子转移。但就在转移过程中，革命队伍中的投机分子同国民党地方势力相勾结，进行策反，短短几天中全县武装有150余人叛变。11月4日，桓仁县委连夜召开会议，决定坚决执行"县不离县，区不离区"的敌后斗争方针，坚持就地开展对敌斗争。5日上午，在三架窝棚村召开撤出后所剩300余名干部和武装人员大会，对五里甸子6名暴乱分子主犯进行镇压。县领导王静坚、县大队副政委陈琪分别在会上讲了话，要求大家咬紧牙关渡过眼前的黑暗，取得最后的胜利。三家窝棚大会是中共桓仁县委在解放战争时期的重要会议。它确立了桓仁敌后游击斗争的方针、任务和策略，制定了一系列措施，其会议精神成为广大干部战士工作的指南，有力地推动了桓仁敌后游击斗争的开展。

自国民党第七十一军九十一师进占桓仁后，地方反动势力纠集起来兴风作浪，大肆挖掘民主联军埋藏的枪支弹药，袭击敌后工作队，捕杀农会干部，抢劫群众财物，2个月间抓捕桓仁县、区军政人员50余人，其中就地枪杀和活埋15人。面对严酷形势，桓仁县委建立起3支敌后游击队，一个是由桓仁县委直接领导的县大队，共230余人，任务主要是坚持桓仁西部的斗争；一个是由桓东工作委员会领导的黑沟区、拐磨子区、横道川区3个区武装，共50余人，坚持在桓仁东部北部斗争；还有一个是桓仁雅河、普乐堡地区的区武装，共30余人，主要坚持在桓仁南部斗争。此外，沙尖子、岱江两区干部近20人，也都在本区坚持游击活动。在艰苦而险恶的敌后游击斗争中，由于桓仁县区武装活动隐蔽，忽东忽西，时而分散，时而集中，使敌人追不上、打不着，围歼计划一次又一次地破产。

二、寻机回插四战连捷

为加强南满领导力量，1946年10月31日，中共中央批准组建辽东分局，任命陈云为东北局副书记兼辽东分局书记、辽东军区政治委员，萧劲光任辽东分局副书记兼辽东军区司令员，萧华任辽东分局副书记兼辽东军区副司令员、副政治委员，同时撤销辽东省委，将原辽宁省分委、辽南省分委和安东省分委分别改为辽宁省委、辽南省委和安东省委。

1946年12月11日，辽东军区在七道江召开师以上干部会议，会上对南满能否坚持问题意见相持不下。14日晚12时，陈云冒着风雪严寒，从临江赶到七道江，作了重要讲话。最后，大家统一了思想，表示都留在南满，留下来打。会议通过了"巩固长白山，坚持敌后三大块儿（即辽南一分区、辽宁二分区、安东三分区）"的战略指导思想，以及正面与敌后两大战场密切配合，内线作战与外线作战相结合，运动战与游击战相结合的作战方针，决定由第三纵队正面作战，第四纵队进行敌后大穿插，开辟敌后战场，牵制国民党军的正面进攻。

按照七道江会议精神，东北民主联军第四纵队于1946年12月中旬从通化地区出发，回插辽东敌后开辟战场。本、桓两县武装积极配合主力部队活动，在不到2个月时间里先后向敌发起4次进攻，并取得四战皆捷的战果。

（一）全歼八里甸子"自卫队"

1946年12月14日，东北民主联军第四纵队第十二师从辑安的大陆、台上一带出发，经通化进入桓仁地区，在拐磨子与桓仁县大队会合后向西挺进。12月23日夜，先头部队由桓仁县大队向导进入八里甸子地区。八里甸子有地主武装自卫队70多人，武器精良，龟缩在八里甸子王家大院。大院四角有炮楼，围墙高而坚固。12月24日晨，第十二师三十四团先消灭了自卫队在村头的1个班，然后兵分三路直奔王家大院。形成包围之势后，经过几小时激战，毙敌30余人，俘敌70多人，全歼该自卫队。战斗结束后，民主政府发布布告，就地镇压了32名罪大恶极的反动分子，其余人员教育释放。

虽然八里甸子战斗规模不大，但却像一颗信号弹划破夜空，向国民党军表明东北民主联军主力已调头南下，并以迅雷不及掩耳之势进入敌腹之地，其作用大大超出了战斗的本身，从而为解放桓仁创造了有利条件。

（二）配合主力连克三镇

1946年12月24日，本溪县机关和本溪县保安团在八里甸子南部，同全歼桓仁八里甸子自卫队后向赛马、凤城挺进的第四纵队十二师会合。孤悬敌后、与上级失去联系的本溪县委从师首长处了解到军区新的战略意图后，又闻知第四纵队十师的活动消息，决定抓住战机，立即北上同分区部队会合，共同配合第十师南下进攻碱厂，趁机回插本溪敌后。12月29日，本溪县保安团同第十师二十八团配合二十九团向碱厂守敌保安第二团一、二营发起攻击，歼敌一部，余敌向大堡方向逃窜。此时，在九龙口担任截击窜敌的二十八团一营，由于疏忽而使敌逃出一部，师指挥员遂令第二十八团、第二十九团各一部猛追，该敌退至田师傅。进攻部队在田师傅再次向其发起进攻，敌见势不利，又继续西逃。31日，第四纵队第十师二十九团向小市国民党军保安第二团、保安第十一团发起进攻。当进攻部队进至村沿时，国民党军两次以装甲部队反击未逞，即向牛心台方向溃窜。此战俘国民党军92人，毙伤30余人。此后，第四纵队主力部队继续南下，向宽甸、凤城挺进。

第四纵队主力部队突然南下，虽是远距离奔袭，但采取速战速决战术，出击10余天，横扫200里，攻克国民党军10余处据点，歼敌2000余人。这不仅严重地威胁国民党政权后方，又为转移到外线作战的本溪地方部队回插敌后开辟了道路，扩大了游击活动范围。本溪县保安团配合主力攻打碱厂、田师傅、小市的战斗，是回插本地区敌后第一仗。此战获胜后，使新宾平顶山以西、本溪县碱厂以北、小市以东的大片地区在地方部队控制之中，直接威胁着本溪、抚顺等国统区。对此，国民党军明显意识到事态的不利，表示对抚顺、本溪两工业城市"必严密防守"①。

（三）夜袭东营坊"清剿队"

击溃盘踞在本溪东部的国民党军保安二团和地方反动武装之后，仅隔10天，国民党军第二十二师复从本溪、抚顺方向再次向本溪东部山区进

---

① 《抚顺外围搏斗国军决防守抚顺及本溪湖东北行辕改组实行新编制》，载《大公报》（上海版），1947年1月6日。

攻。此时，四纵主力部队及分区部队已分别转移，使田师傅、碱厂再度被敌占领，本溪县委被迫再次向东转移，几经辗转回到红土甸子。当时东营坊驻扎的"清剿队"比较猖獗，经常在红土甸子附近往来。1947年2月3日，本溪县机关和县保安团由大阳出发准备向北转移时，在窟窿榆树遇到了一股敌人的阻拦。由于情况不明，与敌周旋了一天。晚间，侦察员报告说：白天阻截之敌是本地（红土甸子、大阳、窟窿榆树、东营坊）的"清剿队"，下午5时前返回东营坊。保安团决心消灭这股敌人。刘厚忠主任率三连在东营坊包围了敌人，结果，这一战毙敌10多人，房敌近50人。缴获轻机枪1挺、步枪50多支[1]。

全歼东营坊"清剿队"后，这一带的大团再不敢像过去那样嚣张。这次战斗，是本溪县保安团回插敌后同敌地方武装斗争取得的第二次胜利。取得胜利的原因，主要是部队斗志旺盛，指挥得当，从敌人驻区冲过去再返回来实行包围的作战方法，超出了常规，是一种新战术的应用，部队战斗力又有所提高。

（四）张家堡子战斗

东营坊战斗结束后，本溪县委领导向暂驻桓仁县八里甸子的地委书记、军分区政委王一伦汇报了县委关于坚持东西两个地区敌后斗争的打算，并提出了增派武装力量的请求。地委和分区领导当即决定分区第一团程庭魁率领1个连暂归县保安团指挥。

但令人意想不到的是，就在本溪县保安团力量得到加强、信心倍增、研究回插之时，突然接到敌人大举"清剿"草河掌的情况报告：2月4日，王甡、董玉峰率领工作队住在草河掌上崴子，正逢敌县保安大队黄成国、李国忠、杨永茂各队对西部地区进行分路"清剿"，因坏人告密，工作队于次日凌晨被包围。突围中，区委书记马骥、区长张世友及公安战士刘志安不幸牺牲，有十余人被打散，十余人被俘，王甡、董玉峰最后突出重围。与此同时，张浙率队在谭家堡子发动群众惩罚反把倒算恶霸地主之后，转移到富成峪，被国民党军1个排和泉水大团所包围，田师傅区委书记陈达在突围时不幸遇难。消息传来，大家义愤填膺，县保安团主力立刻出发向西

---

① 赵俭：《本溪县保安团在紧张的战斗中锻炼与成长》，载中国人民政治协商会议辽宁省本溪市委员会文史资料研究委员会编：《本溪文史资料》第2辑，1985年，第97页。

部草河掌地区疾进，要以最快的速度消灭这帮匪徒。2月14日下午，本溪县保安团在小青沟与敌李国忠保安队遭遇并将其打散，然后连夜袭击榆树底下、胡堡，将敌黄成国队、杨永茂队击溃，俘敌十余名。15日下午，当得知敌黄锡山队有四五十人天黑后由佟家堡子撤到张家堡子的情况后，本溪县保安团决定以多胜少，一鼓作气予以歼灭。出击任务交由本溪县保安团第三连和分区部队的一个连执行。

第二天（2月16日）凌晨4时部队出发，晨6时抵达张家堡村外时，天已微明。行至堡子东南200米公路拐角处，赵俭团长亲自登上小土坎隐蔽观察，村里毫无动静，但忽见村西头场上黑乎乎一大片，分成四个小方块儿，看形状，似乎是敌人在集合训话。估计有400余人，竟比自己队伍多了一倍多。怎么办？面对新情况，指挥员们当机立断，决定出其不意，攻其不备，以火力猛杀敌人。机枪响了，敌人纷纷倒下，保安团战士迅猛地冲了上去。从早6时30分开始发动攻击，到9时许才将村内敌人全部歼灭。此战共毙伤敌四五十人，俘敌200余人，其余五六百人被击溃。共缴获轻机枪8挺、步枪200余支[①]。

战后查明，该敌是一个新建保安团，武器不充足，战斗力不强，因此不堪一击。该团长带第三营住草河掌，得知其第一、二营被歼后，也同溃兵一起向苑家堡子方向逃跑。张家堡所驻2营，战前晚间是第一营任警戒，当其奉命出发时撤回了排哨，本应第二营去接替，由于天色已明，第二营没按时接哨，被本溪县保安团找到"空子"，打了个以少胜多的胜仗。

张家堡子突袭战，震慑了国民党地方武装，使企图在草河掌建立据点的"清剿队"闻风而逃，不敢再轻易同本溪县保安团接触。经过敌后三战，本溪县保安团积极主动、勇敢顽强的战斗作风逐渐形成，为开辟东西两地区敌后根据地打下基础。

三、配合主力部队作战

（一）配合主力四进碱厂

张家堡子袭击战前后，正值国民党军集中主力向南满分局和辽东军区

---

① 赵俭：《本溪县保安团在紧张的战斗中锻炼与成长》，载中国人民政治协商会议辽宁省本溪市委员会文史资料研究委员会编：《本溪文史资料》第2辑，1985年，第96页。

指挥机关所在地临江进犯之时，为牵制辽东国民党军兵力，第四纵队第十一师再次插向辽东地区，寻机骚扰和打击敌人。这时，国民党军第二〇七师的1个加强营和保安团1个营，另有警察大队及大团等共有1000余人，正据守在碱厂和田师傅。所以，第四纵队十一师决定攻打碱厂、田师傅，同时要求本溪县保安团和分区部队协同作战。本溪县保安团积极配合，派出1个连的兵力对碱厂和田师傅地区做远距离侦察警戒，其他连和分区1个连联合攻打田师傅。1947年2月20日下午3时，第四纵队十一师向碱厂发起攻击，由第三十一团担任主攻，第三十二团协同。晚10时，第三十一团三营较为顺利地攻入镇内。而第一营进攻元宝山却屡屡受阻，后在第三营和第二营的配合下，于拂晓攻占元宝山。第三十二团二营也攻占了碱厂北山，并于九龙口截击逃敌。21日晨7时，全歼碱厂守敌。同日，本溪县保安团和分区1个连攻下田师傅镇。碱厂一战，毙、伤敌131人，俘敌783人，缴获迫击炮2门、六〇炮15门、重机枪9挺、轻机枪30挺、长短枪400支、电台1部。

战斗前的碱厂镇，聚集了周围百里的地主、恶霸等坏人，以躲避群众斗争。攻占碱厂后，本溪县公安局立即搜捕这些反动分子，召开群众大会，处决了6名民愤极大、危害严重的恶霸匪特分子，同时大力宣传共产党的政策，以震慑敌人，教育群众。

碱厂被攻克，敌人大为震惊，遂以第十四师2个团的兵力，由桓仁和大四平一带向碱厂发起进攻，以图报复。我第十一师避敌锐气，果断转移。本溪县保安团也提前撤出碱厂，回插草河掌山区。

第十一师撤离碱厂后，于2月23日出其不意地攻占了下马塘火车站，歼灭敌保安团百余人，并破坏了下马塘至南芬一段铁路、桥梁和隧道，随即穿越安沈铁路，跨过摩天岭，进入辽阳甜水、河沿一带。

正当敌庆幸复夺碱厂之时，恰值北满民主联军主力第二纵队二下江南，配合南满部队作战。敌主力忙于正面战场，而无暇顾及地方据点。于是，第十一师三十二团抓住战机，在本溪县保安团配合下神速返抵碱厂外围。碱厂、田师傅守敌自知力量薄弱不敢顽抗，一触即溃，民主联军再次攻占碱厂、田师傅。这就是后来人们所称的"四进碱厂"。

本溪县保安团四进碱厂后，本桓地区出现了国共两军互有攻守、互有进退、各有得失的拉锯局面。东北民主联军主力部队往来穿插，县区武装寻机出击，地方干部乘隙活动，从而，在本地区坚持斗争的局面逐步形成。

（二）配合主力收复县城，桓仁全境率先解放

1947年1月，在第二次临江保卫战中，为配合正面战场作战，东北民主联军第四纵队第十一师奉命再次深入敌后，插向宽（甸）、桓（仁）、（辑）安三角地区与安沈铁路两侧地区。2月8日下午3时许，第四纵队十一师主力三十一、三十二团进抵桓仁县城外。此时，桓仁原守军国民党军第七十一军第九十一师已奉命北调向临江解放区进攻，新六军第二十二师六十六团三营刚刚入桓接防。此外，桓仁县城内尚有保安队、自卫队、警察协同防守。第四纵队十一师师长蔡正国决定乘虚向守敌发起进攻。傍晚，战斗打响。经一夜激战，十一师曾攻占县城的东关和南关部分地段，但战至拂晓仍攻城不下，遂撤出战斗。此战毙伤敌百余人，俘敌32人，击毁汽车3辆。

战斗中，桓仁县区武装主动参战，积极配合，除向主力部队提供情报、介绍地形地貌、担任向导外，还组织了二三十辆大车为民主联军运送弹药；组织100多副担架，从火线上抢运伤员及阵亡官兵。

第十一师第一次攻打桓仁县城未克，于2月中旬奉命在沙尖子整编。此后，为配合第三次临江保卫战正面战场作战，完成牵制国民党军任务，共作战10多次，于3月7日在宽甸青沟子地区全师会合。得到数日休整后，第四纵队十一师及十二师三十六团奉命再次攻打桓仁。这时，桓仁县城内有敌保安大队3个中队400余人，各乡自卫队近500人，警察100余人，还有匆匆由南杂木赶来增援的国民党第五十二军二师四团的1个营。3月16日下午5时许，在桓仁县、区地方武装的配合下，部队开始攻城。城内守军凭借东炮台山的有利地形和山上山下的坚固工事负隅顽抗。双方激战一夜，3月17日拂晓，国民党军力不能支，弃城向西溃逃。在追击中，民主联军俘敌60余人，缴获重机枪4挺，长短枪30余支。桓仁县城遂告收复。3月19日，《东北日报》在头版头条以《南北满胜利交辉，我军收复桓仁，通化陷入我军三面包围》为题，报道了民主联军收复桓仁的胜利消息。

桓仁县城收复后，桓仁县委县政府和县大队大部回到县城，按照地委指示进行思想、组织整顿，着手恢复党组织和各级民主政权。

收复桓仁县城后不久，国民党军重调第二〇七师占领桓仁西南部。4月中旬，国民党县长王殿魁重整旗鼓，由沈阳返回铧尖子、二户来一带，妄图复夺桓仁。一段时间内，双方形成隔江对峙的局面。国民党军数次向县

城发动进攻，但此时浑江已解冻，江宽水寒，形成一道天然屏障，加之我军民奋力守城，敌重夺县城的企图一次次被挫败。特别是守城部队在桓仁县委及桓仁县大队的积极配合下，粉碎了雅河口、弯弯川之敌的攻袭战，有力地打击了国民党军嚣张气焰，使其不敢再轻举妄动。5月中旬，东北民主联军发动夏季攻势，盘踞在桓仁浑江西岸的第二〇七师奉命于5月末北上清原增援，被迫离开桓仁。5月30日，王殿魁带领伪保安队逃向八里甸子。6月1日，带残部逃离桓仁县境。至此，桓仁全境彻底解放。

四、破袭铁路沿线迫敌收缩

1947年5月，本溪县委书记汪之力参加地委会议归来后，立即传达了会议精神，指出：敌人四处加紧扫荡，正面四犯临江不逞，现在要加强对其占领区的控制，所以，就向穿插在其心腹内的游击队要进行野蛮性的扫荡进攻。面临这种情况，本溪县决定，不在敌人的包围圈里打转转，要突出包围圈，向西挺进。为使敌人顾东难顾西，采用"你在苇子峪、平顶山、八里甸子、牛毛坞等大片土地上搞扫荡，我则向你所占领的安奉线进行破袭"①的办法对付扫荡。

根据本溪县委的军事部署，本溪县保安团决定出敌不意，远距离奔袭西部安沈铁路线，切断国民党军运输大动脉，为民主联军主力部队夏季攻势创造有利条件。

1947年5月下旬的一天，本溪县保安团由草河掌地区快速插到南芬北面的黄柏峪，一夜间将南芬至下马塘铁路线的几处桥涵全部破坏。之后，转向甬子峪，28日进至财神庙、思山岭。县保安团派出第三连袭击思山岭地主"翁八爷"组织的"清乡剿共队"，敌人闻风而逃。本溪县保安团缴获30多床被褥，这些棉被解决了一大困难。因为敌后斗争极其艰苦，不仅严重缺粮，有时几天吃不上饭，而且行装也同样困难，本溪县保安团自1946年冬季换上棉衣以来，到1947年5月底仍穿着过冬的棉衣，因长时间摸爬滚打，战士们的衣服早已是捉襟见肘。有了这些棉被，将棉絮拆除，扯成布块儿，每人发放3尺，以解决燃眉之急。

① 赵俭：《本溪县保安团在紧张的战斗中锻炼与成长》，载中国人民政治协商会议辽宁省本溪市委员会文史资料研究委员会编：《本溪文史资料》第2辑，1985年，第101页。

本溪县委于 6 月 6 日接到分区来信，得到民主联军开始夏季大反攻的确切消息，战士们无比兴奋。本溪县保安团连夜攻袭草河口，击溃双岭大团。次日，侦知安沈铁路线敌人运输繁忙，似在从安东向沈阳撤退。于是，决定袭击安沈铁路线本溪南部区段。就在这时，辽东第三军分区一团政委曹公和带 1 个连，要与本溪县保安团一起截击安沈铁路线上的北撤之敌。这样，两支队伍合起来共有 4 个连的兵力。队伍集结之后，经六道沟、太平山、黄柏峪进至南芬附近的孟家堡子。1947 年 6 月 7 日晚，本溪县保安团毛朗明主任带领三连绕道郭家堡子至金坑，拟烧毁该地的铁路桥梁；另一小队在南芬铁路大桥以南的铁路拐弯处，准备截击敌人南去的列车；赵俭团长带领二连和曹政委所带的 1 个连，沿公路向南芬车站进袭。当沿公路行进的这 2 个连接近南芬东山铁路医院坡上时，敌一列货车正向南开动，进入我军伏击点后，被我军机枪火力打击，不得不退回到车站。敌列车在街北盲目扫射一阵机枪后，钻进隧道过金坑大桥逃逸而去。三连由于绕道较远，他们赶到金坑大桥时，列车已经北逃。第三连遂烧掉桥墩，破坏了铁路。

6 月 12 日早，第四纵队十二师三十四团 1 个营也来到南芬。经三方（第十二师三十四团焦团长率 1 个营、辽东第三军分区一团政委曹公和率 1 个连、本溪县保安团）商定后各率所部一起向桥头镇进发，寻机打击敌人。当行至距桥头镇约 3000 米地段时，一列载有木料和 400 余名敌军的火车向南驶来，好像是来抢修桥涵。三十四团战士立即炮击，该列车遭阻击后便撤回桥头。

接下来，第三十四团、分区第一团和本溪县保安团共同制订作战计划：三十四团 1 个营由镇西向镇内进击，为主攻；分区一团 1 个连和本溪县保安团第二、三连经孙家堡子进至河东代家堡子，由东南向镇内进攻。驻守桥头的国民党安东保安第二十一团，见民主联军有夹击桥头镇之势，遂以 1 个营的兵力涌出桥头迅速奔向镇北山，企图占据北山以抵抗我军进攻。

在此情况下，民主联军也相应改变战术，将本溪县保安团三连留在代家堡子，以控制国民党军向千金岭、思山岭之逃路。县保安团第二连和分区第一团 1 个连迅速向镇北山疾进，力图先敌一步登上北山。行至山底，由赵俭率第二连担任主攻。侦察排长金成吉带领侦察排猛虎般地向山顶冲去，将刚爬上山顶的敌人压退在山洼里，后来经喊话劝降，这股敌人很快缴械。本溪县保安团战士们咬紧牙关，也很快登上山顶。

占领高地后，凭借居高临下之势，本溪县保安团向敌人发起猛攻。山脚下的敌人被分区部队截获被俘。经搜捕和清理战场，本溪县保安团和分区部队在北山共毙敌2人，伤敌7人，俘敌370多人；缴获轻机枪9挺，"九九"式步枪200余支、子弹1万多发①。河南岸负责主攻桥头镇的第十二师三十四团1个营见北山攻势进展顺利，斗志愈加旺盛，乘势猛攻。国民党军在民主联军猛烈攻击下，不得不放下武器，纷纷投降。除少数顽固分子窜出，从镇东北面涉水逃跑外，街里余敌近1个营被我全歼，俘敌约500人。

此次战斗，本溪县保安团只伤2人，消耗机枪、步枪、冲锋枪子弹500余发，手榴弹和掷弹筒50多枚②。这是本溪县保安团回插敌后协同主力部队作战的一次最大的胜利，也是结束8个月敌后游击战争的最后一战。

桥头一战后，引起本溪市区守敌的恐慌。分区第一团1个连和本溪县保安团紧紧把握战机，于6月13日，挟攻克桥头胜利之威，乘势进攻本溪市区。据守本溪市区的国民党军新编保安第六团自感力薄，未作任何抵抗便弃城而逃。民主联军攻入本溪市内，是配合北满南下作战的战役协同，对沈阳东北"剿总"是沉重的威胁。这是自1946年5月初民主联军战略撤退后，时隔1年零1个月，再次重夺本溪市区，本溪市区人民又获得了解放。本溪市区失守，令国民党当局十分震怒，有报载："东北第六保安区司令李耀慈在本溪处置失当，致使共军一度侵入本溪，此间军事当局极为震怒，当将李氏撤职，解沈查办。"③

本溪市区解放了，三十四团进到火连寨、石桥子。本溪县保安团的2个连在市内维持秩序。当晚，第十二师的江师长，第三军分区的司令员、政委，还有第十一师的蔡师长、李政委都赶来了，但他们却接受新的任务，连夜又都向东北方向转移了。这里只留下分区一团的部队，在火连寨一线

① 赵俭：《本溪县保安团在紧张的战斗中锻炼与成长》，载中国人民政治协商会议辽宁省本溪市委员会文史资料研究委员会编：《本溪文史资料》第2辑，1985年，第104页。
② 赵俭：《本溪县保安团在紧张的战斗中锻炼与成长》，载中国人民政治协商会议辽宁省本溪市委员会文史资料研究委员会编：《本溪文史资料》第2辑，1985年，第104页。
③《本溪之役保安司令处置失当李耀慈撤职解沈阳》，载《大公报》（上海版），1947年6月30日。

占据阵地，阻滞国民党军向市内新的侵犯。敌人为掩住其南大门，掣襟露肘地抽出了一部分主力来，与分区一团展开一整天的战斗。因已经完成震慑沈阳、牵制敌人的任务，民主联军于是撤出解放6天的本溪市区。

但是，本溪县在夏季攻势中已恢复1946年10月国民党军向南满进攻前的全部控制区，除本溪城区和东、北、西部近郊区仍为国民党军所占据外，其广大地区再次为民主联军所控制。本溪县机关从外三保迁至田师傅，第三分区、第三地委、第三专署迁至碱厂。从此，本溪县党政军从敌后8个多月分散的独自为战的极其极苦的游击战争环境转变为背靠大块根据地、一面对敌的有利形势。这样，在本溪地区拉开了党领导的广大农村解放区与国民党据守的本溪市区及其近郊少数地区对峙的新局面。

本溪地区敌后斗争的胜利，是在中共本溪、桓仁县委正确而坚强有力的领导下，两县地方干部和武装人员坚决贯彻执行中共中央和南满分局（辽东分局）关于坚持南满斗争的战略方针，坚持长期艰苦斗争的结果；也是东北民主联军辽东军区部队根据战局的需要无数次穿插敌后、沉重地打击南满国民党军队和地方反动武装，为整个战局赢得主动，为本溪地区地方武装斗争和政权建设创造有利条件的结果。这个胜利来之不易。在敌后8个月的游击战争中，本溪县保安团经历了11次重要战斗，共毙敌251人，伤敌104人，俘敌988人，缴获轻机枪20挺，步枪749支，弹药2万余发①。

在艰苦的游击战争中，广大干部战士充满了革命的乐观主义精神。1946年12月下旬，隆冬时节，安东省委干部战士在崇山峻岭中开展敌后游击战争，条件极为艰苦，安东省委书记刘澜波在浑江沿岸观察地形时，破开冰面，在冰冷的江水中畅游，表现了一个共产主义战士的坚强意志和必胜决心，极大地鼓舞和增强了战士们战胜困难的勇气和决心。两县的党政军组织不仅顶住了敌人残酷的大扫荡，而且经受了严寒、酷暑、饥饿和昼伏夜行、跋山涉水等极其艰苦的战争环境的考验，为本溪的最终解放做出贡献。

在残酷的游击战争中，本溪、桓仁两县地方干部和武装人员坚持人民战争的思想，紧密依靠广大群众的支持，与人民群众生死与共，从而得到

---

① 赵俭:《本溪县保安团在紧张的战斗中锻炼与成长》，载中国人民政治协商会议辽宁省本溪市委员会文史资料研究委员会编:《本溪文史资料》第2辑，1985年，第116页。

了群众的大力支持。游击队每到一处，首先想到的是发动群众，依靠群众，惩处不法地主、汉奸，为群众撑腰壮胆，使群众感到共产党是真心为群众办事的。所以，才有了人民群众冒着生命危险为游击队送情报，自愿当向导，筹集粮食物资，在国民党兵面前机智勇敢地掩护武装工作队队员的一个个感人故事。桓仁八里甸子区副区长黄盛春的妻子带3个孩子隐藏在柞木台子沟群众侯青山家长达3个多月，情况危急时只好躲在山上，侯家就坚持往山上送饭，直到桓仁解放。正是由于本溪地方党组织与根据地老百姓完全融合在一起，从而能够在国民党军的多次毁灭性扫荡中化险为夷，转危为安，度过最为艰苦的游击岁月，展示了本溪革命老区人民敢于斗争、敢于胜利的精神面貌。

在险恶的游击战争中，本溪干部队伍和地方武装表现出勇敢顽强、不怕牺牲、团结一致、勇于献身的崇高精神。在敌后游击战争的艰苦环境中，本溪、桓仁两县的广大干部战士以大无畏的革命精神，克服各种艰难险阻，出生入死，浴血奋战，付出了巨大的代价，涌现出许许多多舍生忘死的革命烈士和无名英雄。他们为了理想，为了人民的解放事业，抛头颅，洒热血，党和人民永远不会忘记他们。

第三节　解放区土地改革运动

抗日战争胜利后，国内形势发生了重大变化，国民党政府撕毁《双十协定》和停战协议，开始调集军队向解放区大举进犯。为了彻底消灭封建剥削制度，实现广大劳动人民"耕者有其田"的迫切愿望，赢得解放战争的胜利，在中国共产党的领导下，本溪和东北解放区开展了轰轰烈烈的土地改革运动，彻底摧毁了地主阶级和封建土地制度，使广大农民群众彻底翻身并当家做主，为东北解放战争的最后胜利奠定了坚实的基础。

一、土地改革的形势任务

为什么要进行土地改革，土地改革面临怎样的历史背景？

国内社会主要矛盾发生重大变化。抗日战争时期，中华民族与日本帝国主义侵略者之间的民族矛盾上升为中国社会的主要矛盾，团结一切可以团结的抗日力量，结成广泛的抗日民族统一战线，共同驱逐日本帝国主义出中国是党的主要任务。抗战胜利后，国民党政府不顾全国人民的强烈反对，公开撕毁《双十协定》和停战协议，调动百万大军向解放区大举进犯，妄图消灭中国共产党民主政权和人民军队。中国国内的阶级关系已经发生重大变化，以蒋介石集团为代表的大地主大资产阶级同以中国共产党为代表的人民大众的矛盾，成为中国社会的主要矛盾，在农村，就是农民阶级和地主阶级的矛盾。因此，代表和维护广大农民群众的根本利益，打倒封建地主阶级，彻底消灭封建土地制度，巩固和建设解放区，成为新的历史时期中国革命所面临的新任务。

彻底解决土地问题是广大农民的迫切要求。近代以来，东北地区农村土地所有制结构是极不合理的，特别是东北沦陷时期，广大农民在地主和日本帝国主义的双重压迫下，土地缺乏严重，生活困苦不堪，这种半殖民地半封建社会制度下，以剥削为主要特征的土地制度给东北地区的农村经济带来了毁灭性破坏。中国共产党和民主政府接收本溪后，按照党中央和东北局的指示，集中开展了反奸清算斗争，减租减息和分配日伪土地的斗争，摧毁了旧政权，建立了民主政权和农会、工会等群团组织，使广大市民和农民的思想觉悟有了很大提高。但由于这次运动是初步发动，时间短、范围不广，而且由于国民党军队的不断进犯，并没有从根本上解决农民的土地问题和消灭封建土地制度，也未达到让农民从根本上翻身的要求。以桓仁县为例，在1947年土地改革前，县内有耕地面积46.3万亩，有农户25947户。但是，仅占总农户7.69%的地主富农，却占有耕地37.06万亩，占全县耕地总面积的80%；而占总农户72.66%的18805户贫雇农，却仅占耕地总面积的4.5%[①]。因此，广大农民迫切要求共产党和民主政府为他们撑腰打气，要求变革农村现存的封建土地剥削制度。

巩固中国共产党的阶级基础和赢得解放战争胜利的需要。中国革命的实质是农民革命，在人民解放战争中，国共两党在东北的战争已处于关键时期，谁能代表最广大农民群众的切身利益，谁就能赢得这场战争的最后胜利。而人民解放战争的胜利需要千千万万广大农民群众的大力支援和保障。正如毛泽东所指出："我党必须给东北人民以看得见的物质利益，群众

---

① 桓仁县地方志编纂委员会编：《桓仁县志》，方志出版社，1996年，第122页。

才会拥护我们，反对国民党的进攻。"①因此只有放手发动群众，掀起一场大规模的土地改革运动，让农民在这场土地改革运动中得到利益和实惠，彻底解决农民的土地问题，才能真正获得广大人民群众的支持和拥护，才能真正巩固已经建立起来的山区根据地和人民民主政权，才能在对敌斗争中站稳脚跟，直至人民解放战争的最后胜利。

从本溪地区敌我斗争的态势看，开展解放区土地改革的条件和时机已经成熟。国民党军队虽然已于1946年5月4日占领本溪城区和近郊，甚至进占到铁路公路沿线几个集镇，但本溪大部分乡村仍在东北民主联军控制之中，敌我双方处在对峙和拉锯状态，并且桓仁县已于1947年6月全境解放。不仅如此，党在本溪县、桓仁县建立了区村民主政权，区中队和村农会等组织，开展了创建根据地和武装剿匪斗争，使广大农民群众更加拥护中国共产党的领导和主张，解放区大都联系成片，农村基层政权初步巩固，农民群众有了安定的生存环境。因此，在本溪解放区开展土地改革运动的环境和条件已基本成熟。

二、解放区土地改革的主要经过和特点

本溪解放区土地改革运动大致可分为3个阶段。

第一阶段，从中国共产党接收本溪到《五四指示》发布前（1945年11月至1946年4月），重点为减租减息阶段。

抗日战争胜利后，党的总方针是尽一切可能争取和平民主，力争在和平条件下对中国社会进行某些改革，同时鉴于国民党坚持内战和独裁政策，又必须做好自卫战争的准备。在这一方针指导下，沿用了抗战时期的减租减息政策，中共中央于1945年11月7日发出《减租和生产是保卫解放区的两件大事》的指示，指出："只有减租和生产两件大事办好了，才能克服困难，援助战争，取得胜利。""各地务必在1946年上半年在一切新解放区，发动大规模的群众性的、有领导的减租减息运动。"②11月9日，中共中央东北局在对时局的主张中提出：反对增租增息，实行减租减息，合理解

---

①《建立巩固的东北根据地》（1945年12月28日），载《毛泽东选集》第4卷，1991年，第1180页。

②《减租和生产是保卫解放区的两件大事》（1945年11月7日），载《毛泽东选集》第4卷，第1172页。

决土地纠纷，调整土地关系。

根据中共中央和东北局的指示精神，本溪、桓仁两县的部分农村在反奸清算斗争稍后一些时候，即1945年冬至1946年3月，集中时间开展了减租减息运动。减租减息运动的主要目标是一般地主，对罪大恶极的地主则直接开展清算斗争，其果实全部由农会负责分配给受苦的劳动群众。对大多数一般地主，则采取在政治上进行教育，在经济上实行二五减租减息政策（即租佃土地的租额按原租额减去25%）和分半付息（即借贷利息减去50%）的政策和做法。

本溪县于1946年1月召开县委扩大干部会议，在再次动员深入开展反奸清算斗争的同时，提出了开展减租减息运动，公布了《二五减租办法》和《敌伪土地暂行处理办法》。在2月11日第二次区委书记联席会议上，县委在总结前50天反奸清算斗争经验的同时，提出"普遍地放手发动群众"，"继续清算，普遍减租"。在做法上，由县派工作队，区派工作组，先后在全县25个大村开办骨干培训班，再抓试点取得经验再全面铺开。石桥子区在下石桥子屯开展运动试点，将全屯分成佃户、贫农、自耕农和地主多种类型，分别开展工作：对佃户和贫农采取算苦账，挖穷根办法，揭露地主的剥削和佃贫农受穷的原因；对自耕农则算吃亏账办法；对地主则指出他们过去的剥削行为，强调政府法令对租佃双方都有利，对不愿减租的地主，工作队则为农会撑腰与其进行斗争。

从1945年12月至1946年3月，本溪县共开展反奸清算、减租减息斗争210次，全县29万人口中有4.4万人次参加斗争。全县25个大村233个屯中，已有131个屯进行了减租。据不完全统计，农民在斗争中获得粮食2700石，现款180万元[①]。在全县234个村中改造旧政权181个，建立农会215个，发展农会会员19605人，发展中共党员489人[②]。

桓仁县开展减租减息与反奸清算斗争同步进行，县委于1946年2月3日召开全县贫苦农民代表大会进行部署，会后抽调150余名积极分子，组成5个工作队，由县委领导带队深入城厢、黑沟、亚铅、雅河等区，广泛发动

① 《本溪县半数村庄减租》，载《东北日报》，1946年4月18日。
② 本溪市党史地方志办公室编著：《中国共产党本溪史》第1卷，辽宁人民出版社，2004年，第226页。

群众，宣传减租减息政策。全县9个区，参加运动的群众5万余人次，斗争达1000余次。参加减租运动的佃户7532户，减出租粮843.32万斤，退出押金117.65万元①。在党的政策感召下，一些开明地主自动减租。在实行减租减息的斗争中，本溪、桓仁两县对敌伪土地采取了无偿分配给无地和少地农民的政策。

由于本溪光复后地方和基层政权建立时间短，基层干部队伍素质参差不齐且多是新干部，工作能力和经验有一定局限，而且农村中封建势力仍然顽固，因此党的减租减息政策未能得到全面落实，特别是关系农民命根子的土地问题并未解决，因此尚有局限性。但减租减息斗争已取得了不小成就。一是打击了地主恶霸和日伪残余势力，新区贫苦群众得到了看得见的物质利益，如桓仁县贫苦农民每户得到胜利果实最多者粮食918斤，钱1万元；一般农户得粮614斤，钱6000元；最少的每户也得粮280斤，钱689元②。广大人民群众亲身感受到共产党和民主政府是真正为人民办事，因此从心眼里充满了感激之情。二是通过减租减息和反奸清算斗争发现和培养了一批积极分子，有许多人经过斗争考验和培训，实际上已成为党在基层的骨干分子。三是通过运动发展和壮大农村党的组织和农会组织，为党在以后开展农村工作和领导土地改革奠定了群众基础。

第二阶段，从《五四指示》《七七决议》到《中国土地法大纲》公布前（1946年5月至1947年10月），这是土地改革开始阶段。

东北解放区开展反奸清算、减租减息和分配敌伪土地运动，只是部分地解决了农民的土地问题，因此为支持广大农民获得土地的正当要求，进一步发动广大农民群众为保卫解放而斗争，中共中央于1946年5月4日发布了《关于清算减租及土地问题的指示》（简称《五四指示》），将抗日战争时期实行的减租减息政策，改变为实行"耕者有其田"政策。要求"各级党委必须明确认识解决解放区的土地问题是我党目前最基本的历史任务，是目前一切工作的最基本环节，必须以最大的决心和努力，放手发动与领导群众，来完成这一历史任务"③。

① 中共桓仁县委地方史审编委员会编：《中共桓仁县地方史》第1册，1988年，第57页。
②《安东省贯彻大胆放手方针，发动群众近四十万》，载《东北日报》，1946年5月28日。
③《关于清算减租及土地问题的指示》（1946年5月4日），转引自中共中央党史研究室著：《中国共产党历史》上册，人民出版社，1991年，第706-707页。

鉴于当时全面内战尚未爆发，国共关系尚未完全破裂，为了争取一切可以争取的社会力量，减少变革农村土地关系中的阻力，在坚决支持农民对土地要求的基础上，《五四指示》坚决支持和引导群众通过斗争，使地主剥削农民所占有土地转移到农民手中，由削弱封建剥削向变革封建土地关系、废除封建剥削制度过渡。但解决土地问题的方式不是无条件地没收一切地主的土地，而是除了没收汉奸、豪绅、恶霸等的土地之外，对中小地主和农民的纠纷应采取调解仲裁方式解决；一般不动富农的土地；不可侵犯中农的利益；保护民族工商业，对开明士绅等应适当照顾；在运动中所获得的果实，公平分配给贫苦烈士遗属、抗日战士、抗日干部及其家属和无地少地农民等。《五四指示》还明确提出了斗争策略和方法，为解放区开展大规模的土地改革运动指明了方向。

中共中央东北局为贯彻落实《五四指示》，于6月25日作出了《关于组织工作团动员干部下乡发动群众创造根据地的决定》。7月7日，又发出《关于形势与任务的决议》（即《七七决议》），要求迅速、普遍地执行中央关于土地问题的指示。为贯彻中央《五四指示》和东北局《七七决议》，中共辽东第三地委还派出土改工作团来本溪县指导土改工作。中共本溪县委研究决定首先在已控制地区实行土地改革，以土地改革推动山区根据地建设。并于7月15日至20日，派出多个工作组，在桥头区的甫子峪，草河掌区的草河掌、胡家堡子，田师傅区的八楞树等村进行土改试点工作。随后县委决定集中力量组成工作团，计划第一期开展5个区共40个村，并将工作重心放在草河掌，集中县区200多名干部突击进行土改。

为了在土地改革运动中掌握政策，中共本溪县委根据中共中央《五四指示》精神，提出10条原则意见：（1）坚决拥护群众在反奸清算、减租减息、退租息运动中从地主手中得到土地；（2）吸收中农参加土改，使90%的农民在土改中得到利益；（3）一般不动富农，但群众要求时，着重于减租，对自耕农不动；（4）本溪大地主不多，因此中小地主的土地也要动，但主要用仲裁调解方式；（5）取得土地的方法，没收大汉奸、最坏的土匪头子的土地、庙地、公地和清算霸占、不公平强卖土地以及黑地；（6）平均分配土地，但佃农既不多分也不少分；（7）宣传群众，打消对国民党和土匪妄图变天的顾虑；（8）分地分苗按"二八"到"四六"制分配，以补偿青苗损失；（9）工作方法，从贫雇农入手，以贫雇农为主，从诉苦、挖穷根酝酿斗争情绪，到打开情面开展斗争；（10）分地后收旧契，订新约，重新发地照①。

按照这10条原则意见实施后，本溪县第一期土改到8月末告一段落，实际开展土改工作的区村已超过原计划，全县9个区除牛心台、偏岭、草河口区未进行土改外，在南芬、小市、草河掌、田师傅、连山关、清河城6个区148个村开展了土改，其中完成土改65个村，占开展土改村的45%，占全县控制区195个村的三分之一。仅1946年7月20日至8月31日就分地38712亩，4105户、21264人分得了土地②。

为总结前期土改经验，传达中共安东省分委群工会议精神，部署后期土改任务，中共本溪县委于9月初在田师傅召开干部扩大会议，决定从9月15日至10月15日进行后期土改。这期土改要求偏岭区个别村，南芬、连山关、草河口3个区的半数村和其他6个区（此时本溪县已划为10个区）尚未进行土改的村同时进行。这期土改由于处在敌进我退的游击、拉锯式的环境下进行，除小市区因敌我拉锯、偏岭区敌占边沿区未进行土改，各区基本上完成了土改任务。

中共桓仁县委根据党中央和东北局的指示和决议，首先举办了由村干部和部分小学教师、青年学生组成有200多人参加的土改积极分子培训班，县委对全县第一期土改工作的方法、步骤进行了统一部署，并提出了与本溪县相类似的10条原则意见。县委将土改骨干分子编成3个土改工作团，由来为民率两个工作团分别深入东路横道川、沙尖子地区，由高凤和率领一个工作团到拐磨子地区，各工作团又分配到每个村3—5人，其余各区土改工作由各区委自行安排和领导。

经过全面发动和深入组织，全县9个区1个镇共113个村宣传贯彻了《五四指示》精神。到9月中旬，在100天内，全县有40多个村进行了量地、打桩、分地分青苗，共分土地3万余亩，约占全县耕地总面积的10%③。其中，来为民所率工作团全力发动群众，先后召开3次大会，与大地主进行说理清算斗争，并没收其土地。全区800多户贫苦农民，平均每人

① 汪之力主笔：《解放战争中的本溪》，中共本溪市委党史工作办公室、中共本溪县委党史资料征集办公室编印，1987年，第40-47页。
② 朱诚如主编：《辽宁通史》第5卷，辽宁民族出版社，2009年，第422页。
③ 中共桓仁县委地方史审编委员会编：《中共桓仁县地方史》第1册，1988年，第65页。

分得土地2亩。其他各区土改也取得了很大成果，如在六河村，有33户地主献交土地1619亩，无地农民124户，616人，平均每人分得土地2.63亩①；在三道河村，没收3户大地主和1户富农的土地1120亩，平均分配给无地人口，并给每户地主保留了6亩好地。后因战争临近，土改工作团于9月下旬陆续撤回。11月2日，国民党军侵占桓仁县城，县委机关被迫转移到桓仁东部山区，开始了敌后游击战争。

本溪地区的五四土改运动，虽然因敌我双方处在拉锯战时期，加上敌人于10月调集重兵向南满解放区大举进攻，土改运动限于部分地区进行，尚未彻底解决广大农民群众的土地问题，也未彻底消灭封建土地制度，但其政治意义不可低估。一是此次土改比反奸清算和减租减息斗争发动群众更为广泛，虽然对地主阶级的斗争从总体上看还是和风细雨式的斗争，但在经济上对地主阶级是一次削弱，在政治上是一次初步打击。二是广大贫苦农民在经济上获得利益，对共产党和民主政府有了进一步的了解和认识，从感情上已向党和民主政府靠近。三是通过这次土改，村政权得到改造，区武装得到恢复，县武装得到发展，农村建党工作也得到发展，有力地配合了战场上的对敌斗争。

1947年春夏以后，伴随着东北民主联军的战略反攻，辽宁许多地区获得解放。桓仁县于6月1日全境解放，本溪县除县城，还有火连寨、石桥子、牛心台区及桥头等铁路沿线一些村镇为敌人所控制外，桓仁县全境与本溪县大片解放区已连接一片，形成了广大农村解放区与敌占本溪城区对峙的局面。

1947年6月6日，中共中央东北局发出《关于新收复区工作的指示》，认真分析了东北敌我形势，提出了要充分发动群众，彻底打倒封建势力的要求，提出："要在轰轰烈烈的群众运动中迅速解决土地问题和武装问题，使千百万农民从汉奸、恶霸、地主手里拿到土地，拿到武器。""必须牢牢记着在新收复区放手实行土地改革，深入发动群众，是我们继续壮大人民力量，组织人民战争，准备全国反攻的决定关键，也就是使主力部队有更大的基地，有更广大群众的支援，放手作战，争取更大胜利的决定条

---

① 中共桓仁县委地方史审编委员会编：《中共桓仁县地方史》第1册，1988年，第66页。

件。"①中共辽东分局同日发出《辽东分局关于收复区土地改革的信》，对收复区土地改革目前工作重点、斗争对象、有关政策、斗争策略等提出了明确要求，指出要消灭地主阶级的封建剥削是一个严重的尖锐的斗争。"没有农民斗争的怒潮，这一斗争的彻底胜利是不可能的。因此，我们全部政策的出发点，必须放在农民彻底翻身的一点上"②。

中共本溪县委在接到中共中央东北局和辽东分局的指示后，经过讨论研究，针对五四土改中虽然部分农民分得了土地，但多是半生不熟的实际，决心领导群众开展好这场斗争。根据县委决定，于7月中旬，由县委组织部长赵光率队到田师傅区南阳岗子村进行土改试点。经过宣传发动群众迅速行动起来，向地主宣战，南阳岗子的钟声成为当时农民翻身运动的代名词而震动全县，并给全县贫苦农民翻身运动以极大的启示和示范。如"说干就干，不等不靠，群众自己动手"；"算总账，连窝端"；"敢于撕破脸皮，下手打人"；"彻底同地主决裂，分光浮产"；"设法庭，立监狱"；"要使贫雇农先得益，然后平分土地"③。

县委为在全县推广试点工作经验，于7月18日在田师傅召开本溪县第二次农民代表大会，南阳岗子村在大会上介绍了斗争地主的经验。大会通过了《关于打倒地主吃饱饭，穷人彻底大翻身的决议》《关于肃清狗腿子、巩固农民队伍的决议》《关于要土地、要青苗、保证今冬温饱、耕者有其田的决议》《关于重新组织农会的决议》《关于成立农民解放先锋队的决议》。大会选举县委书记汪之力为县农会会长，县委民运部长张浙为副会长，县长王甦为生活部长，县公安局局长董玉峰为锄奸部长，县保安团团长赵俭为武装部长。

县委又及时召开县区干部会议，经过学习和讨论，要求改变过去工作组包办、串联、诉苦等办法，要给群众斗争"吹风、鼓劲、撑腰、壮胆，要鼓励他们敢于打倒地主"，并作出了政策性规定，即"有利于发动群众斗

① 中共中央东北局：《关于新收复区工作的指示》（1947年6月6日），载中共辽宁省委党史研究室编：《解放战争中的辽南根据地》，辽宁人民出版社，1997年，第331页。
② 《辽宁分局关于收复区土地改革给各省委、各工作团的信》（1947年6月6日），载中共辽宁省委党史研究室等编：《解放战争时期的安东根据地》，1993年，第87页。
③ 汪之力主笔：《解放战争中的本溪》，中共本溪市委党史工作办公室、中共本溪县委党史资料征集办公室编印，1987年，第104页。

地主的就放开手，限制群众斗地主的需经过县批准"①。

农民代表大会结束，各村代表回村后立即召开贫苦群众大会，成立农会，群众迅速行动起来了。在半个月内，除地处边沿地带的17个村外，在全县133个行政村中就有86个村行动起来了，其中碱厂、田师傅、小市、草河掌4个区群众全部发动起来了，农民到处捕捉、监视和斗争地主、狗腿子、翻箱倒柜挖浮财。"农民喊着'不打不出油，铁打一个门'的口号，一边打，一边挖。大街上设着农民的法庭，村村有农民设的监狱。"②并在翻身斗争中不断取得土改运动的新经验。如魏家堡子首创的"搜山"经验，南阳岗子总结的"挖根"经验，以及各地开展的两三次的"刷茬"运动。

本溪县农民翻身运动从8月至9月中旬共50天左右，在全县155个村中有113个村掀起了翻身运动，113个村总户数为22038户，被斗户数2359户，占10.7%；被斗地主富农占斗争对象46.3%，其余为土匪、恶霸、把头、谍报、大团、警察、特务等。据107个村统计，在50天的群众翻身运动中，斗争所得果实主要有：牲畜11922头，粮食2831石，胶车235台，布匹78277尺，衣服49580件，被褥6214床，毛毯1059条，黄金170两，银器2910.6两，银元2966块，现款8056.7万元，食盐15787公斤，元宝32个。此外，有28个村分得土地24888亩，41个村分得房屋344间。到9月20日，在全县6个区133个村中，有113个村建立了农会，发展会员12694名，先锋队员2526名，妇女会员2008名，儿童团员近2000名③。

桓仁县于8月下旬在二道阳岔村召开了3个试点村土改工作经验交流会，县委书记黄文、县长王静坚等领导主持会议。会议对试点工作进行了重新部署，把试点村扩大到9个。最后强调指出："要到处点火，处处冒烟，取得经验，推广全面"，"要大胆地发动群众支援战争"。④到同年9月，以省委民运部长高扬为团长，省教育厅副厅长潘琪为副团长的中共安东省委赴桓仁土改工作团，在二户来又开辟了14个试点村，先后两次召开了分

① 汪之力主笔：《解放战争中的本溪》，中共本溪市委党史工作办公室、中共本溪县委党史资料征集办公室编印，1987年，第108页。
② 汪之力主笔：《解放战争中的本溪》，中共本溪市委党史工作办公室、中共本溪县委党史资料征集办公室编印，1987年，第109页。
③ 阎中仕：《本溪人民解放斗争史》，香港天马图书有限公司，2003年，第144-145页。
④ 中共桓仁县委地方史审编委员会编：《中共桓仁县地方史》第1册，1988年，第102页。

别有2000人和1000人参加的群众大会，斗争汉奸、恶霸地主11人，没收财产折合东北地方流通券6368万元，没收土地4700亩，收缴大枪16支，手榴弹50枚。到1947年10月上旬，全县土改试点工作结束。在全县115个村中，有37个村打倒了地主，贫雇农翻了身；有54个村自发地开展了对地主的清算斗争，全县共斗争汉奸、恶霸、地主1500户[①]。

这一时期本溪地区的土改斗争，群众已广泛发动起来，基本实现了经济上、政治上的大翻身，土改运动已由五四土改的和风细雨演变成大规模的疾风暴雨式的群众运动，在"说干就干""不打不出油"等口号下，"左"的偏差已开始出现。

第三阶段，从中共中央颁布《中国土地法大纲》到本溪解放（1947年10月至1948年10月），为平分土地运动阶段。

从1947年夏季开始，全国解放战争形势发生了重大变化，人民解放军已转入战略反攻，为了总结《五四指示》以来土改经验，统一制定适应全国形势发展需要的土地改革文献，推动解放区土地改革运动的深入发展，中共中央工委于1947年7月至9月在河北省西柏坡召开全国土地会议，会议分析了前段土地改革形势，纠正了《五四指示》中关于土地改革等方面的不彻底性，决定实行普遍彻底平分土地的办法，制定了《中国土地法大纲》，于10月1日经中共中央批准并公布实施。大纲明确规定："废除封建性及半封建剥削的土地制度，实行耕者有其田的土地制度。""废除一切地主的土地所有权。""乡村中一切地主的土地及公地，由乡村农会接收，连同乡村其他一切土地，按乡村全部人口，不分男女老幼，统一平均分配，在土地数量上抽多补少，质量上抽肥补瘦，使全乡村人民均获得同等的土地，并归个人所有。""接收地主的牲畜、农具、房屋、粮食及其他财产，并征收富农上述财产的多余部分，保护工商业者的财产及其合法的经营不受侵犯。"同时，决定乡村农民大会及其选举出的委员会、乡村无地少地的农民代表大会及其选举出委员会为土地制度改革的合法执行机关[②]。

《中国土地法大纲》是抗日战争胜利后，中国共产党公开颁布的第一部

---

① 阎中仕：《本溪人民解放斗争史》，香港天马图书有限公司，2003年，第145页。
②《中国土地法大纲》（1947年10月10日），载东北日报社编：《平分土地文献》，东北书店，1947年，第3~7页。

关于土地制度改革的纲领性文献，是彻底的反封建的政治宣言。中共中央东北局于11月3日至21日在哈尔滨召开省委书记联席会议，并于12月1日由东北行政委员会公布了《东北解放区实行土地法大纲补充办法》，中共中央东北局发表《告农民书》，宣布："属地主之一切土地和财产必须全部没收，底产未追挖的一定追挖"，"彻底打垮地主的威风，凡汉奸、恶霸、反动的地主，大伙要怎办就怎办"，"贫雇农是土地改革的主力军，一切权力归贫雇农自己做主，自己动手，团结中农，彻底消灭封建，彻底平分土地"。①

中共本溪县委按照上级指示精神，认真分析了农民翻身和土改运动形势，认为东部地区运动比较深透，而西部地区大部分不深透，因此县委决定把工作重点放在西部，东部地区主要进行深入和巩固工作。为对西部地区加强领导力量，派出200多名由东部地区抽调翻身运动积极分子组成"帮翻队"，进入西部地区帮助工作，县委领导也分区分片指导。"帮翻队"分别组成5个工作队，在西部的南芬、草河口、小市和草河掌4个区召开贫雇农代表大会，重新发动群众开展分粮、分浮、分地和挖根、刷茬、起枪的斗争。具体步骤是：先组建贫雇农团，改组农会，调整干部，反奸反特，搜缴藏匿武器，组织武装，分配斗争果实和土地，组织联防与敌、匪进行直接斗争。

西部地区的翻身斗争从11月下旬开始，到12月中旬以前，小市、南芬、草河口3个区相继召开贫雇农大会，县委包片领导亲自作动员，"帮翻队"介绍东部斗争经验，县委领导当场授权贫雇农，会后立即掀起群众斗争的热潮。如小市区于11月22日召开贫雇农大会，县长王甦在大会上作动员，并授权贫雇农。大会宣布全区戒严，贫雇农掌权，重打天下。西部地区其他3个区在短短的一个月中取得了显著成果。东部地区以前期翻身斗争为基础，在这次斗争中也起出了几十支枪，而且进一步砍挖了大量浮财。

至1948年3月初，本溪县被斗户数3851户，占全县总户数25702户的14.08%；没收地主、富农土地16万亩（不完全统计），占全县解放区全部25万亩耕地的64%；没收牲畜1.6万头（匹），粮食20万石，大车600辆，

---

① 《东北局告农民书》（1947年12月1日），载东北日报社编：《平分土地文献》，东北书店，1947年，第21-27页。

布匹45万尺，衣服20万件，被褥5
万床，银元6亿多元，黄金30斤①。

1948年1月，安东省军区为开
辟辽阳新区工作，从本溪县草河
口、南芬及小市等"帮翻队"中抽
调百余名人员组成"七二七随军工
作团"，由胡苏光任团长，率领奔
赴辽阳新区，发动49个村的群众开
展反奸清算斗争，一个月后撤回。

桓仁县在3个月的土改试点工
作结束后，于10月12日召开群运
工作会议，在肯定成绩的基础上，
找出存在的问题，主要是领导思想
认识跟不上新形势，大胆放手发动

中共本溪县委创办的《翻身小报》

群众不够，而是由工作队包办代替，束缚了群众手脚，没有形成轰轰烈烈
的群众自己解放自己的斗争局面。会议期间，中共辽东分局组织部长江华
来桓仁，在全县干部扩大会议上传达了分局书记陈云《关于群运的基本问
题》讲话精神，并对桓仁县土改工作提出严厉的批评，使县委坚定了走贫
雇农路线，相信贫雇农，决心掀起全县农民大翻身、风暴式的运动。

1947年11月30日，中共桓仁县委在南关中学大操场召开了县城周围的
黑沟、亚铅、六河、城厢、雅河5个区共62个村的贫雇农大会，到会5000
余人。会场两边悬挂大幅标语："打倒地主土地还家！""打倒狗腿子自己当
家！"县委书记黄文在大会上宣布成立县农会，黄文为县农会会长，王静
坚、石光等为县农会委员。宣布解散旧村公所和旧农会，黄文作《关于党
的政策和贫雇农问题》的报告。为放手发动群众，石光副县长在大会上宣
布将大权交给贫雇农，让贫雇农当家做主，县委为贫雇农撑腰。授权后，
立即对参会的旧村长、旧农会干部和工作有问题的人员进行审查和清理，
对斗争对象立即捆绑起来进行斗争。会后群众又到市街抓捕地主、汉奸，
对200多个小工商业户也贴上封条，将各区清理出来的"三朝元老"（指旧

---

① 阎中仕：《本溪人民解放斗争史》，香港天马图书有限公司，2003年，第155页。

村长、旧农会干部)300余人关进南关中学礼堂审查。其他各区也分别召开区贫雇农大会,解决"授权"问题,在土改工作队、"帮翻队"撑腰支持下,到各村抓捕斗争对象。12月5日至15日10天内,仅92个村就抓捕斗争对象2705人,加上扣起来的361名"三朝元老",共有3066人[①]。村村开斗争会,处处是战场,掀起了抓、封、挖、审的斗争高潮。伴随着全县群众翻身和土改斗争的迅猛发展,"左"的错误已经出现难以遏阻的势头。

在11月15日召开的全县区干部会议上,总结10天群运情况,指出领导工作重心应为贫雇农撑腰打气壮胆,大胆放手深入细斗深挖,追挖"三根"(土匪根、国民党特务根、财宝根),彻底摧毁地主残余势力,把群众斗争引向深入。会后又深入开展细斗深挖运动和开展大搜山大搜捕活动,据115个村统计,共搜出地主、富农、奸商、伪警察、特务土匪等167人。

在1948年1月31日召开的桓仁五区贫雇农大会上,总结了3个月来的土改斗争成果,全县共斗争4528户,其中地主865户、富农1130户、富裕中农346户,其他坏人和汉奸、恶霸、土匪、伪警察、特务2187户。没收地主富农土地27.2万亩,山场202.3万亩,房屋3000多间,牲畜万余头(匹),大车500多辆,衣物5000多套(件),白银1000多两,黄金370两[②]。彻底打倒了地主阶级及其残余势力,彻底废除了封建剥削制度。

本溪地区的土地改革运动,到1948年1月中旬斗争高潮已经基本过去,从1月下旬开始进入划分阶级、确定成分和平分土地、确定地权阶段。

划分阶级、确定阶级成分是土地改革的最后环节之一,也是政策性极强的工作。只有准确划分阶级、准确地确定阶级成分,才能分清敌我友,明确农村阶级阵线,真正做到依靠贫雇农,团结中农,孤立地主富农,使广大贫雇农翻身和土地改革运动的成果从政治上得到巩固。

为了准确划定阶级成分,分赴各地的县区工作队组织农会干部,在认真学习《中国土地法大纲》的同时,按照上级要求,结合学习中央、东北局下发的相关政策规定和原则,吸收当地贫雇农参加,在深入调查和摸清每个农户的土地、人口、劳力等情况的基础上,按照中央划分阶级成分的规定政策,从本溪实际出发,作出评定雇农、贫农、中农(包括富裕中

---

① 中共桓仁县委地方史审编委员会编:《中共桓仁县地方史》第1册,1988年,第112页。

② 阎中仕:《本溪人民解放斗争史》,香港天马图书有限公司,2003年,第157-158页。

农）、富农、地主5种阶级成分的预定方案，然后提交农会讨论通过。也有的地方把政策交给群众，采取"对号入座"，由自家申报，贫雇农大会公议的办法划定阶级成分。划分阶级成分的具体政策是：不参加劳动或参加轻微劳动，其劳动分量不超过整个劳动力的三分之一者或者剥削量不超过三分之二者即为地主；剥削量超过25%，但未超过三分之二者为富农；有轻微剥削，但剥削量不超过25%者为富裕中农；无剥削，但不出卖劳动者为中农；占有少量土地，但又出卖部分劳动力者为贫农；不占有土地、房屋、工具，完全依靠出卖自己劳动力者为雇农[1]。

平分土地，实现耕者有其田，废除封建、半封建性剥削的土地制度，是实行土地改革的根本目的。本溪、桓仁两县平分土地工作均在1948年1—3月进行，但在具体做法上县与县，区与区之间也有所不同，有的地方把土地打乱平分，有的地方则中农土地不动，只分地主富农多余的土地等。但在程序上，都是采取全面清查、大量实测，按产量和土地远近确定土地等级的办法，将一个村的土地总量按全村人的总人口平均分配。先将土地划成若干地块，分成几等，远近搭配，然后先给雇农、贫农、军属分，中农大致不动，富农按平均量分一份土地，地主则分一份差地、远地。然后定桩为界，确定地权。

1948年3月15日和28日，桓仁县和本溪县分别召开第一次和第三次农民代表大会，宣布平分土地工作基本结束。农民代表大会后，各地根据本县关于登记土地的决定和统一登记土地的等级标准（本溪县分为9个等级，桓仁县分为5个等级）普遍进行了土地登记发照工作。至此，轰轰烈烈的本溪解放区农民翻身和土地改革运动基本结束。

三、土地改革运动的经验教训与纠偏工作

本溪解放区土地改革运动，经历了减租减息、五四土改与全面试点、平分土地几个阶段，经过土地改革，彻底废除了封建土地制度，完成了耕者有其田的民主革命基本任务。到1948年3月，本溪县6个区150个村中有133个村基本完成了土地改革工作，处在边沿地区的17个村也已开展了工作，桓仁县9个区的全部115个村都开展并基本完成了土改工作任务。

---

[1] 阎中仕：《本溪人民解放斗争史》，香港天马图书有限公司，2003年，第158-159页。

（一）土地改革的巨大成就

本溪解放区的土地改革运动，与以往历次土地斗争相比，声势规模最大，涉及范围最广，参与人数最多，取得的成就也是最为巨大的。

第一，本溪解放区土地改革运动从经济上政治上彻底消灭了封建和半封建剥削的土地所有制，消灭了地主阶级，使地主、富农失去了赖以进行封建半封建剥削的主要手段，广大贫苦农民从封建剥削制度下彻底解放出来，从而使广大贫苦农民祖祖辈辈对土地的渴求得到满足，农民在经济上获得大翻身。据初步统计，本溪县、桓仁县从地主富农手中没收土地43.2万亩，分给无地和少地农民。两县还没收牲畜2万余头（匹），粮食20多万石，衣服被褥25万套（件），使贫苦农民不仅获得土地，也获得生产资料和生活资料，使广大农民群众看到了自己的力量，尝到了甜头，增强了在共产党领导下同封建势力斗争到底的决心和信心。

第二，本溪解放区土地改革，打垮了农村的封建势力，使一向处于社会底层的贫苦农民特别是广大贫雇农在政治上获得了解放，农民的阶级关系发生了深刻而重大的变化，贫雇农的优势已经建立起来，建立和整顿了农村基层政权和群众组织，培养了大批积极分子和村、区干部；建立和发展了党的基层组织，扩大了党的队伍。本溪县133个村，桓仁县115个村普遍建立农会和贫雇农团，群众把自己信得过的人选出来当农会主任，基层政权掌握在贫雇农手中。与此同时，广大人民群众对地主、恶霸、汉奸、土匪、特务、伪警察、狗腿子、线头子等进行了斗争，迫使他们低头认罪，往日的威风扫地。广大贫苦农民扬眉吐气，从此成为新社会的主人。

第三，本溪解放区土地改革运动消灭了封建生产关系，极大地解放了农村生产力，广大农民分得了土地，实现了劳动者与生产资料相结合，使受苦受难的贫苦农民第一次在属于自己的土地上站了起来，实现了"耕者有其田"这个世世代代劳动者梦寐以求的愿望，从此以极大的热情投身于大生产运动中去，使长期遭受破坏的农业和农村经济逐步得到恢复和发展。

第四，本溪广大贫苦农民在经受了翻身和土改洗礼的同时，也使自己的政治觉悟和组织程度得到空前提高，为保卫土改斗争的胜利果实，在"参军保田"的口号下，大批青年贫苦农民积极响应党的号召，踊跃报名参加人民军队。仅本溪县农村群众在翻身运动前已有2968人入伍，在50天翻身运动后又有3821人入伍，加上后期参军3150人，全县参军人数已达9939

人。为支援人民解放战争，本溪广大翻身农民不仅将大批粮食、被褥、柴草等送上前线，而且积极组织担架队、运输队随军行动，担负战勤任务。同时，建立农会、妇女会、先锋队、儿童团等群众组织，他们组织起来，配合剿匪，防奸防特，站岗放哨，成为配合主力部队作战和保卫解放区的重要力量。

第五，本溪解放区土地改革巩固了党在农村的政治基础和阶级基础，使中国共产党在本溪人民心中的威望和影响空前提高。本溪人民通过土改斗争中自身地位的变化，更加了解和认识了中国共产党，深切地感受到中国共产党真心实意为劳苦大众谋利益，只有共产党才能救中国，从而更加坚定了跟共产党走的信心，全力支持党在解放区开展的各项工作。通过土改运动，解放区广泛开展了建党建政工作，从而使基层民主政权得到发展和巩固。

（二）存在的问题及原因简析

本溪解放区土改运动取得了决定性胜利，但在整个运动过程中，在贯彻执行党的土改政策方面，本溪和东北解放区一样出现了一些偏差，正如陈云在1948年4月就辽东地区土改工作中的错误向中共中央写的报告中指出的那样："由于运动扩大过分迅速，阶级划分不清，没有巩固地团结中农，对佃富与旧富农不加区别，许多地方把富农与地主一样对待，保护工商业政策没有严格执行，以及一度打风盛行，死人过多，犯了很多'左'倾错误。"[①]并主动承担了相关责任。

本溪解放区土改运动中"左"的错误主要表现在以下五个方面：

1. 打击面过宽。打击面过宽的表现，在划阶级成分时，把不应该提高的阶级提高了，把贫雇农划成了中农，把中农划成富农等。不是根据剥削关系而是比生活比家底，算年头算得太久，因政治问题提高了成分。如本溪县开展土改的6个区133个村统计，被斗户数占总户数的13%—25%。根据纠偏后阶级成分统计，全县地主成分的户数仅占总户数的5%—8%，而连山关原打击面为27%，落实政策后降至10%；草河口原打击面为20.6%，落实政策后降为8%。土改初期，有千余户的碱厂区，有20%被斗，在整个运

---

① 《辽东土地改革工作中的教训》（1948年4月16日），载《陈云文选》第1卷，人民出版社，2015年，第244页。

动中，有700户居民的碱厂街，被斗户数竟高达三分之一以上。①打击面过宽在整个本溪地区带有普遍性。打击面过宽的结果，是混淆了阶级界限，把本该团结的对象划成了斗争对象而遭到打击，反而孤立了自己。

2. 侵犯了部分中农利益。土地改革伊始，过分强调平分土地就必然侵犯中农利益，对中农尤其是富裕中农的土地未坚持一般不出入的政策，而是比照富农的方式对待中农，对其实行"抽多补少，抽肥补瘦"；在划分成分时，将政治态度、思想作风、生活水平作为划分阶级标准，将中农尤其是富裕中农错划为富农，按照对待富农的政策和方式对其进行斗争；有的地方还强迫中农"献宝"（即土地和浮财）。据统计，本溪县被打击的中农约占中农总户数的30%—50%。如对草河城纠偏后的调查，在被斗的81户中，中农37户，占被斗户数45.7%，占中农109户的33%。②侵犯中农利益在经济上表现主要是均分了中农的土地和牲畜，存在"卡富"思想，这给后来纠偏退赔工作带来了较大难度；在政治上又发动组织贫雇农团，把中农都排挤在农会之外，因而伤害了中农，忘记了中农是贫雇农的同盟军，破坏了党在农村的统一战线。

3. 破坏了部分民族工商业。在本溪土改运动中，有的把工商业政策与农村中平分土地政策混同看待，或将农村的斗争方式机械地搬运以对待城镇工商业，特别是在翻身分浮斗争中，群众发动起来，形成了农村"包围"城镇之势。如碱厂街商户比较集中，一天之内竟有20个村3000多名群众先后涌入，进行"大抓、大封、大挖"，造成小商店、小饮食店、中小工商业户大部分被斗被分③。田师傅区大堡有83户小工商业者被斗被分，这几乎是该地区工商业户的全部。1947年11月桓仁县第一次贫雇农大会后，便对200多户小工商业户贴上封条。有的地区在清算汉奸、恶霸、地主的商店、配给店之后，将没收的财物大量分掉，未能说服群众组织合作社继续营业，导致商店关门，市场冷落。这些都使得工商业者对党的工商业政策发生怀疑，对解放区经济建设带来重大危害和经济损失。

---

① 阎中仕：《本溪人民解放斗争史》，香港天马图书有限公司，2003年，第164-165页。
② 汪之力主笔：《解放战争中的本溪》，中共本溪市委党史工作办公室、中共本溪县委党史资料征集办公室编印，1987年，第192页。
③ 汪之力主笔：《解放战争中的本溪》，中共本溪市委党史工作办公室、中共本溪县委党史资料征集办公室编印，1987年，第130页。

4. 对斗争对象不加区别，乱打乱杀现象比较严重。在土改运动中，对于极少数罪大恶极的地主、恶霸、土匪、汉奸，为平息民愤，经过规定的批准程序，经过公审处以死刑是必要的，但是"对地主和富农，地主中大中小和恶霸非恶霸不加区别，用同样的方式进行斗争，不给生活出路，有的地区甚至一度发生乱打乱杀的现象"①。"本溪后期土改运动反复刷茬，实际成为再发动，重新斗争，斗争面骤然扩大"，"没有分开敌我，没有分开功过，在本溪正培养大批干部的时候，影响是很坏的"②。桓仁县曾盲目取消干部，在县首次五区贫雇农大会上，采取"搬砖头"方法，不分青红皂白，对参加大会的原村长和农会干部36人一律诬称为"三朝元老"而进行捆绑和关押清洗。翻身运动中，桓仁县对中小学教师队伍中有历史问题的人，有的挨打被斗，有的被抄家净身，仅城厢区正阳街有22名知识分子被斗了16名③。由于后期运动导向出现偏差，加上某些干部的放任和盲目取消及更换干部，造成了本溪地区乡村极端民主化及无政府主义的泛滥。

5. 边沿区反抢扫荡造成负面影响。边沿区处于敌我斗争的前沿，由于驻本溪县城的国民党军队经常向边区抢粮，因而滋生了报复思想，错误地发动内地群众向边沿区反抢扫荡，到敌占之边沿区抢粮，不分阶级地夺取，使得边沿区群众不了解党的政策，因而大批逃向敌区，仅桥头一带即达千余户。其结果，"不仅使边沿区群众误解，同时也影响到敌区群众对我们的误解，政治上的损失是很大的"④。

本溪解放区土地改革存在"左"的偏差的主要原因是：

第一，对土地改革的形势缺乏全面调查和正确估计。对前期五四土改的成绩估计不足，对前期土改存在的问题估计过重，同时对土改运动中经过斗争考验而提拔起来的基层干部和发展的党员基本上是纯洁的作了错误的估计；对这场政策性极强、规模宏大、敏感度高的疾风暴雨式的群众运动缺乏领导经验，对其可能带来的影响和后果缺乏科学的预判，因此造成

---

① 中共中央党史研究室编：《中国共产党历史》上册，中共党史出版社，2011年，第759页。
② 汪之力主笔：《解放战争中的本溪》，中共本溪市委党史工作办公室、中共本溪县委党史资料征集办公室编印，1987年，第202页。
③ 中共桓仁县委地方史审编委员会编：《中共桓仁县地方史》第1册，1988年，第118页。
④ 汪之力主笔：《解放战争中的本溪》，中共本溪市委党史工作办公室、中共本溪县委党史资料征集办公室编印，1987年，第194-195页。

基本完成土改的村屯重新平分部分土地、反复刷茬和砍挖，并将平分的矛头主要指向了新富农和富裕中农，背离了反封建的方向。"对土地改革更直接的意义是为了支援长期革命战争到彻底胜利，为了发展与建设新民主主义经济，并更多的储蓄革命力量同样认识不足。因而有些干部的思想上产生'左比右好'或左右摇摆的现象，或只看到片面的眼前的利益，而忘了长远的革命利益"①。

第二，政策制定出现偏差。政策和策略是党的生命，是革命政党一切实际行动的出发点。在土地改革的热潮中，一方面对不同地区、不同阶段缺乏界限分明的具体政策，加上土改运动发展极其迅猛，土改政策跟不上土改运动发展的客观形势；另一方面对以往土地斗争中制定的正确政策，如依靠贫雇农，团结中农，保护工商业的政策，未能公开宣传并坚持一以贯之。同时，上面的政策不够明确具体，下面执行时就容易各行其是。如中共中央东北局《告农民书》中提出"大伙要怎办就怎办""大伙要斗就斗"②，中共辽东分局"片面强调向阶级放手，向群众放手而忽略了党的领导作用，只是向群众交权而不交政策。把贫雇农路线误认为贫雇农的独立运动，以致发生狭隘的左的关门主义倾向"③。针对土改运动中出现的错误，毛泽东于1948年3月6日在给刘少奇的信中指出："无论做什么事，凡关涉群众，都应有界限分明的政策。我感觉各地所犯的许多错误主要的（坏人捣乱一项原因不是主要的）是由于领导机关所规定的政策缺乏明确性，未将许可做的事和不许可做的事公开明确地划分界限"，"又其次，是政策本身就错了"，"又其次，是领导方法上有错误，即是上下联系不够，未能迅速了解运动的情况，迅速纠正下面的错误"④。而地方上片面强调贫雇农路线，强调"贫雇农说了算"，甚至提出干部"交权"等错误主张，实际上是宣扬自发论，否定党的领导作用，是一种非常危险的反马克思主义

---

① 萧华：《辽东半年土改总结》（1948年2月23日），载中共辽宁省委党史研究室等编：《解放战争时期的安东根据地》，中共党史出版社，1993年，第123—124页。

② 《东北局告农民书》（1947年12月1日），载东北日报社编：《平分土地文献》，东北书店，1947年，第22页。

③ 萧华：《辽东半年土改总结》（1948年2月23日），载中共辽宁省委党史研究室等编：《解放战争时期的安东根据地》，中共党史出版社，1993年，第122页。

④ 《毛泽东关于政策与经验的关系问题致刘少奇电》（1948年3月6日），载中央档案馆编：《中共中央文件选集》第17册，中共中央党校出版社，1992年，第80—81页。

的观点。因而导致了严重违反政策的错误做法，影响了运动的正确开展①。

第三，党内思想不纯的表现。土地改革运动中的偏差，除了认识和政策上的原因外，地方和基层党内思想不纯也是主要原因之一。1948年9月22日，中共安东省委书记刘澜波在省委县书联席会议上的总结讲话中指出：安东地区在土改运动中"所以造成错误，主要是党内不纯，小资产阶级的迎合性、片面性、急性病、简单化"等原因造成的结果②。有的县区领导身兼农会领导职务，却怕犯右倾保守错误，对地方土改运动放手放任，对运动出现"左"的错误不加反对和纠正，只强调让贫雇农自己当家做主，只对贫雇农负责，却忘记了对党的事业负责，不去全面领导和正确引导运动的健康发展，反而受群众运动高潮中的胜利情绪与群众气势所鼓舞，迎合和放任群众过激行动。"后期有些地区领导过分强调群众做主，放松了控制……造成运动中的严重偏差"③。加上后期受北满"扫堂子"及邻近本溪的宽甸、凤城县的影响，少数领导干部犯了急性病，使土改出现了较大偏差，遗留问题较多，这些都是党内思想不纯的表现。

第四，社会历史原因。土地改革运动中出现"左"的错误，还有其深刻的社会历史原因。在小农经济基础上形成的农民的平均主义思想，在中国有着悠久的历史，是封建社会和近代社会农民反封建斗争的重要精神武器。当农民起来向封建地主夺取和没收土地与财产之时，同时也"要求平分社会上一切阶级、农民中一切阶层的土地财产，平分一切工商业"。而在异常艰苦和复杂多变的解放战争环境中，"一旦土改把农民发动起来，这种平均主义要求很容易形成一股强大的浪潮，冲击党的土地政策。当时许多干部缺乏进行大规模土改的经验，又经受了整党中反右倾的批判，不敢坚持党的正确政策的领导，放任或者附和农民自发的平均主义要求，因而造成'左'的错误"④。

① 薛虹、李澍田主编：《中国东北通史》，吉林文史出版社，1991年，第242-243页。

②《刘澜波同志在省委县书联席会议上的总结》（1948年9月28日），载中共辽宁省委党史研究室等编：《解放战争时期的安东根据地》，中共党史出版社，1993年，第154页。

③ 汪之力主笔：《解放战争中的本溪》，中共本溪市委党史工作办公室、中共本溪县委党史资料征集办公室编印，1987年，第202页。

④ 中共中央党史研究室编：《中国共产党历史》上册，中共党史出版社，1991年，第759页。

（三）土改后期纠偏

在全国土地会议影响下，东北地区土地改革发生了严重"左"的偏差。中共中央密切关注全国土改运动的发展，为纠正东北解放区在平分土地运动中出现的"左"的倾向，于1948年2月9日发出《关于立即纠正土地改革打击面过大给东北局的指示》，指出："东北土改打击面过大，这是非常危险的，必须立刻着手改变政策"①，要求将打击面大大缩小，弄清了的必须纠正。中共中央东北局据此发出《关于平分土地运动中几个问题的指示》，中共辽东分局立即于2月在通化召开土地会议，学习任弼时《关于土地改革几个问题》的讲话和中共中央相关文件，重点部署了对土改中出现偏差的纠正工作。

按照中共辽东分局的部署，本溪、桓仁两县于1948年3月先后召开了本县农民代表大会。大会除了部署抓紧土改后期工作，如划阶级成分、确定地权、财政以及开展大生产外，认真学习辽东分局会议精神，对照检查本地区前段土改工作实际进行讨论，从而对运动中出现的偏差有了清醒的认识，提出了关于纠偏工作的政策、方法和步骤。

本溪县纠偏。根据上级关于纠偏工作的指示和部署，本溪县委决定于春耕前和夏锄前两段农闲时间进行此项工作。在春耕前的纠偏中，侧重于向斗错、划错的中农补偿土地。退赔浮产，召开贫雇农中农团结大会，口头认错赔礼道歉，吸收中农参加农会；对被分财产的工商业户，召开由他们参加的会议，说明党的政策，退赔被分物资。同时，通过宣传教育，稳定形势，原边沿区逃往外地的大部回村，如桥头区已有600多户回村。经过这次纠偏，推动了全县的春耕生产。

第二次纠偏，是利用春耕已过，夏锄尚未开始的间歇时间，在全县范围内再次开展纠偏工作，主要包括摘帽子、划阶级、调剂牲口、浮产及土地4项工作。所谓摘帽子，即在运动中被错斗的中农、工商业户给予恢复名誉，尽可能予以经济补偿；对因政治原因被错斗的，对其家属尽可能地照顾，摘掉被斗牌子；对因包办、贪污等原因被斗的农会干部，经查证，确实错斗的要给予经济上的补偿；对于"狗腿子"，确实斗重了的，也给予适当照顾并取消被斗之名。所谓划阶级，就是重新划分阶级成分，明确农民各

---

① 戴茂林、李波：《中共中央东北局（1945-1954）》，辽宁人民出版社，2017年，第202页。

阶层划分的标准，按照标准重新划一次阶级成分。所谓调剂牲口，主要是退赔被斗中农的牲畜、大车，对运动中牲畜分配问题比较大的，进行重新分配。所谓调剂土地，就是对在平分土地时土地条件和数量相差悬殊者，要用好的荒地、近荒地给予适当补偿①。

桓仁县纠偏工作。桓仁县在春耕前纠偏工作重点是宣传教育，肯定打倒农村封建势力、平分土地的大方向和主流是正确的，借以安定民心，稳定局势。春耕后纠偏工作重点转入重新查划阶级和确定成分，为错斗的510户摘掉被斗帽子，恢复名誉，对错划为富农的418户中农，重新划为中农，吸收参加农会，并用农会斗争果实补偿一些经济损失。②七、八月间退还了中农的牲畜、房屋和土地。对错斗的知识分子（主要是教师），利用暑期培训进行宽慰，恢复名誉。对于被斗工商业者，根据有关政策由农会抽出斗争果实给予退赔和经济补偿，并由政府给予贷款帮助其开业经营。

桓仁县重新调整土地和最后确定地权工作是在1948年11月开始，至1949年3月颁发地照工作结束，其间首先集中一段时间普遍重新进行丈评土地，由县区两级丈评委员会审查，最终由县政府批准，再进行公平调整，转入重新登记阶段，全县土地改革工作彻底结束。

本溪地区通过纠偏工作，全面落实党的土地改革政策，纠正了平分土地过程中"左"的偏差，该退款的退款，该补偿的补偿，该退赔的退赔，缩小了打击面，体现了党的实事求是、有错必纠的良好作风。在纠偏工作中，特别着重解决了团结中农问题，在确保中农经济利益的同时，在政治上吸收其参政和加入农会，可以当干部，真正做到贫雇中农是一家。在纠偏中重申了党的工商业政策，保护工商业者的合法经营不受侵犯。对地主富农不再进行斗争，并分给土地给予生活出路。通过纠偏，本溪解放区出现了人心安定、政局稳定的新局面，广大贫苦农民把翻身做主人而焕发出来的政治热情转化为参加大生产的强大动力，为建设和巩固解放区，为支援东北解放战争贡献力量。

---

① 本溪市党史地方志办公室编著：《中国共产党本溪史》第1卷，辽宁人民出版社，2004年，第346页。

② 阎中仕：《本溪人民解放斗争史》，香港天马图书有限公司，2003年，第173页。

第四节　参军支前与发展生产

通过开展解放区土地改革运动，彻底消灭了封建土地剥削制度，解放了农村生产力，本溪地区广大贫苦农民拥有了自己的土地而翻身当家做主。在党和政府领导和号召下，他们踊跃参军参战，积极发展生产，支援前线，为东北解放战争的最后胜利做出了应有的贡献。

一、踊跃参军参战

1947年，东北民主联军在夏季攻势中取得重大胜利，使东北战场形势发生巨大变化，已由战略防御转入战略进攻，为确保东北民主联军在发动全面进攻时所需兵力，中共中央东北局先后于同年8月、10月发出指示，要求补充主力部队，组织大批预备兵团输送到主力部队。中共安东省委要求各地党委和政府树立一切为了前线的思想，务必完成上级下达的扩军任务，以确保向民主联军及时输送兵员。

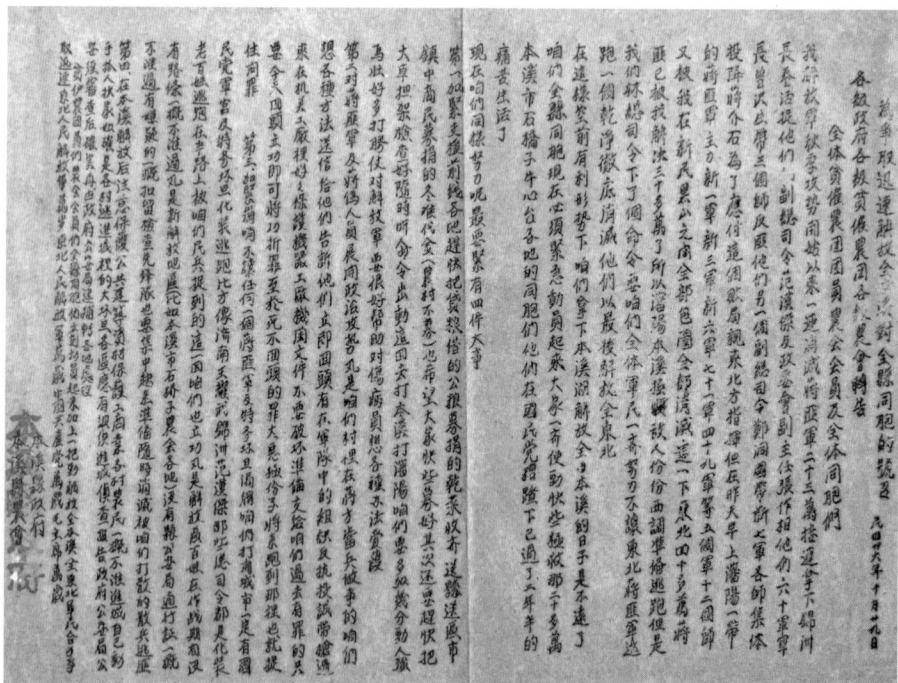

1947年10月29日，中共本溪县委、县政府关于号召全县同胞支前参战解放本溪的传单

中共本溪县委根据上级指示，于1947年6月发出《扩军的指示》，同年10月又发出《关于大规模参军运动的决定》。本溪人民已认清了国民党政府及其军队的反动本质，共产党和民主政府才是真正为劳苦大众谋利益，特别是中国共产党领导解放区土地改革运动，使他们实现翻身并拥有了自己的土地，因此打心眼里感谢共产党，积极响应党和政府号召踊跃参军参战。本溪县委采取各种有效宣传动员形式，以最大限度地调动广大人民群众参军参战的积极性。其具体做法是：

一是以革命口号激励感召。本溪县农村地区相继开展了彻底消灭封建土地所有制的土改运动，广大贫苦农民翻身当家做主人，阶级觉悟和革命热情有了极大提高，本溪县委适时提出了"打倒地主吃饱饭，打倒蒋介石享太平""参军参战，保家保田"等口号，许多翻身农民在这些极具感召力的口号下，自觉参加东北民主联军队伍，仅本溪县在8、9月就有1313名青年农民自愿参军，奔赴前线。

二是干部带头参军。本溪县规定选拔干部与扩军工作相结合，每动一个干部，都要使其带出几个兵来，本溪县草河口区于西沟村先锋队长范春雨带头报名参军后，全体先锋队员在他的带动下，35人全部报名参军。同年7月，下马塘所属程家村在先锋队长刘忠军带领下有20名先锋队员报名参军。为保证征兵质量，一要身体健康，年龄在18—30岁；二要成分好，不要兵痞、流氓、土匪、特务分子；三要自愿，不要强迫。

三是开展参军竞赛。村与村、干部与干部展开竞赛，推动了参军运动向深入发展。各地进行参军竞赛的形式不尽一致，有的以村为单位搞新兵游行参观，公开向别村挑战，如1947年10月1日，胡家堡子村组织40名参军青年坐车到黄家堡子、九龙、南阳岗等村参观游行，沿途各地群众锣鼓喧天，远迎远送，使这几个村出现了青壮年成批报名参军的喜人景象。

四是表彰激励。为表彰参军先进集体，掀起参军热潮，本溪县农会于1947年11月25日颁布嘉奖令，嘉奖全县参军模范单位。9月至10月，全县先后有4386名翻身农民报名参军，涌现50个参军模范单位，其中荣获特等模范村9个，各奖毛泽东锦旗1面；优等模范村19个，各奖朱德锦旗1面；模范村22个，各奖模范旗1面。

五是以成立"反攻团""反攻队"方式集体参军。为确保主力部队的兵员质量，本溪县以成立"反攻团""反攻连"方式，为主力部队输送大批质量好、素质高的兵员。田师傅在新兵入伍大会上，打起"反攻团"的大旗，仅一个区就参军927名；碱厂区也打出"反攻团"的旗帜，到10月23日，全区有928名青壮年参军。胡家堡子村共有人口2066人，参军人数达176人，编成一个"反攻连"①。中共桓仁县委在第二次五区贫雇农大会闭幕后，传达安东省军区《关于组织反攻预备兵团的指示》，要求以行政村为单位普遍成立反攻队伍。雅河区、亚铅区各组建起350人的"反攻营"；黑沟区提出组建两个"反攻营"；六河区在已建立两个连的基础上又提出增加1个连②。

六是地方武装升入主力部队。为夺取东北解放战争的最后胜利，根据上级要求，1948年2月，本溪县保安团1200人成建制升入主力部队，与安东省军区警卫团二营及新宾县保安团1个连合编为安东军区独立一团，同年4月更名为辽东军区独立三师第七团；桓仁县大队680余人，于1948年遵照上级指示，将县大队多数兵力升级编入第四军分区基干团。本溪、桓仁两县升入主力部队后皆编入东北野战军第一六三师，参加辽沈战役和平津战役，担负着更重要的使命。

在本溪地区的参军热潮中，到处都可以看到父母送子、妻子送郎、兄弟争先上战场，村干部和积极分子带头参军的感人场面。桓仁县沙尖子区二道阳岔村妇女李熙弼、二户来朱家堡子村民郑光吉、业主沟碱厂沟村民金昌祯各自把自己3个儿子送去参军，其中李熙弼3个儿子、金昌祯3个儿子都牺牲在战场上③。本溪县张廷一老汉有4个儿子，3个有病，为支援前线，他将最健康的儿子送到了部队④。桓仁县雅河区的于春芝和张桂芳两位姑娘，听到参军消息后，马上冒雪跑到几里外的工地，鼓励各自的未婚夫参军入伍。

据不完全统计，在解放战争时期，包括光复初期本溪特殊工人和劳工参加第十六军分区部队，桓仁县参加李红光支队在内，本溪地区共为东北

① 汪之力主笔：《解放战争中的本溪》，中共本溪市委党史工作办公室、中共本溪县委党史资料征集办公室编印，1987年，第131页。
② 中共桓仁县委地方史审编委员会编：《中共桓仁县地方史》第1册，1988年，第130-131页。
③ 郑赞一主编：《桓仁朝鲜族200年》，2010年，第113页。
④ 中共辽宁省委党史研究室等编：《解放战争时期的安东根据地》，中共党史出版社，1993年，第359页。

野战军前后输送兵员达2.6万余人，其中本溪市、县参军就达2万人。本溪广大青年一批又一批应征入伍，为人民解放事业做出了重要贡献。

本溪子弟兵没有辜负家乡人民期望，在东北解放战争中奋勇杀敌，屡立战功。由桓仁籍朝鲜族指战员组成的东北民主联军第四纵队第十二师警卫连（原为桓仁县大队亚铅区中队，后编入李红光支队第三大队九中队），在1947年四保临江战斗和阻击国民党第五十三军过程中表现出色并荣立集体战功。桓仁籍朝鲜族战士、独立第四师第三团一营五连爆破组长赵成斗，在1947年3月4日辉南县城南山背战斗中，在两次身负重伤情况下，仍英勇顽强炸毁敌人暗堡，并与敌人同归于尽。第四师师长王子仁含泪写下《爆破手赵成斗勇士》歌曲，并经谱曲，在解放区传唱[1]。

在本溪参军的原田师傅煤矿特殊工人房天静，本溪籍战士王永泰，都在东北民主联军第三纵队服役。在四保临江战役中，第七师二十团三营九连战士房天静，在通化小荒沟战斗中，曾一个人击溃敌军一个排，俘虏一个班，战后荣立特等功，被授予"孤胆英雄"称号。王永泰为第三纵队第七师二十团二连一排战斗组长，在四保临江战斗中机智勇敢，先后荣获师"战斗英雄"称号，第三纵队"1947年全纵队第一名战斗英雄"称号。

二、支援前线与拥军优属

随着东北民主联军转入战略进攻，本溪地区处于对敌斗争前沿，战勤任务异常繁重，为保证东北民主联军大兵团集结作战的后勤供给和运输成为本溪、桓仁地方党政工作的中心任务之一。

成立支前机构 本溪、桓仁县委、县政府积极动员广大翻身农民踊跃支援前线，并遵照安东省政府颁布的《支援前线暂行条例》，两县成立了支前委员会，负责统一制订各区、村支前计划，组织民工担架队和车辆，征集前方部队及后方兵站所需粮草，动员群众运送伤员、物资及救护工作，修桥补路保证运输线畅通，开展支前宣传教育，慰劳部队和慰问伤病员，检查督促支前各项工作。本溪县地处安奉铁路沿线，支前和运输任务尤为繁重，县委专门派出政府秘书白升堂配合军代表及铁路部门，在连山关设立总兵站，增设军需仓库和后方医院。

---

[1] 郑赞一主编：《桓仁朝鲜族200年》，2010年，第117-118页。

组织担架队转运伤员　1947年9月26日，本溪县政府专门发出命令，要求组织前线担架队和普通担架队两种。前方担架队年龄要求在20—45岁，并提出"吃苦耐劳，完成任务，爱护伤员，不开小差"的要求。同年10月初，本溪县第一批担架队由1046名翻身农民组成远征担架队，随主力部队行动一个月，顺利完成任务返回。担架队有67人立功受奖，碱厂区荣获"战勤模范区"称号。他们刚开完立功会，又接到新的支前任务，县委县政府又组织起1200人、200副担架队伍支前，于11月8日再次开赴前线。

桓仁县支前担架队也分为前后两期。第一期于1946年10月出动农工和担架队1000余人，随东北民主联军第四纵队第十、第十一师在新宾、四平、旺清门一带行动并完成任务。第二期是1948年2月，派出民工担架队员7000余人，担架1796副，由县民政科长丁爱民率领，组建成5个战勤大队，在桓仁县八里甸子集结出发，跟随主力部队途经灌水、草河掌、南芬等地，经过一个多月的长途跋涉，到达辽阳，完成运输任务后于4月返回桓仁。这次出征的担架队和民工有97人受到安东省第四行政专署表彰，其中一等功臣12名，二等功臣26名，三等功臣59名，共获奖金20万元[①]。

两县妇女承担支前任务　由于本溪地区青年男子踊跃参军参战和组织

桓仁县黑沟区妇女担架队

---

① 中共桓仁县委地方史审编委员会编：《中共桓仁县地方史》第1册，1988年，第132页。

担架队支前，农村中的青壮年劳动力大量减少，本溪广大妇女便勇敢承担起繁重的支前任务。桓仁县民工担架队出发后，各区、村立即组织起妇女担架队以备应急。在1948年3月8日三八节当天，全县各区村妇女担架队集结在县城南关中学操场，参加全县支前动员大会，并列队接受县领导和广大群众的检阅，从而进一步推动了全县支前工作的开展。在鞍海战役打响前，东北人民解放军参战第四纵队第十一师、第十二师在本溪县西、南部南芬、连山关、草河口等地驻扎练兵，本溪县各区村都责成专人负责安排部队食宿，在寒冬腊月保证炕热屋子暖，让子弟兵吃好住好，练好兵打好仗。在远征担架队奔赴辽阳的情况下，广大妇女便集中在下马塘、连山关、摩天岭等地，紧靠辽阳前线，无论是短途担架，护理伤员，还是站岗放哨等任务，都由妇女会和儿童团担负起来，草河口区妇女会组织本地妇女为部队装火车。东北人民解放军攻取辽阳、鞍山后，广大妇女又配合主力部队安葬烈士、看押俘虏，接待安置随军撤出的技术和医务人员，把大批战利品从前线转运到连山关①。

开展拥军优属　为了支援前线，解决前线广大指战员的后顾之忧，本溪地区在土改运动中，制定了许多拥军优属政策。在平分土地时，给军属分好地，斗争果实从优分配；对有土地无劳动力或劳动力不足的军属给予照顾，其土地由政府代耕、包耕；对军属有困难的，由政府发给优待粮，子弟入学免费；还规定节日给军属送肉送面，春节为军属送光荣匾，组织秧歌队给军属拜年等。各地区大张旗鼓地开展拥军慰问活动，动员群众捐献日用品、农产品和慰问金。1947年冬，本溪县草河口区妇女主动携带母鸡、水果前往火车站，慰问刚刚接到的伤病员。桓仁县城厢区莲沼街群众为表达对伤病员的关怀之情，特别为驻地医院的伤病员送去了1头猪、180只母鸡和其他大量物品②。1948年10月27日，中共桓仁县委、县政府召开祝捷大会，宣传人民解放军的伟大胜利，号召全县各区村开展拥军慰问活动。11月2日，为庆祝东北解放，欢庆胜利，县委、县政府又送给前线慰问金31252万元（东北币，下同），冬鞋金16140万元。

---

① 汪之力主笔：《解放战争中的本溪》，中共本溪市委党史工作办公室、中共本溪县委党史资料征集办公室编印，1987年，第162页。
② 中共辽宁省委党史研究室等编：《解放战争时期的安东根据地》，中共党史出版社，1993年，第343页。

征收公粮与支前运输 东北全境解放后，第四野战军挥师入关。根据中共中央对解放区提出的土改、扩军、征粮三大任务和上级指示，为保证前线指战员的粮食供应，桓仁县政府于1948年12月18日向全县人民发出征收公粮的指示，县政府以全县土地播种面积为基数，根据丈评土地时所定产量确定全县公粮征收数量，即不超过粮食总产量的17.5%，各区完成征粮任务不超过本区总产量的18%。根据这个比例，1948年全县公粮征收数额确定为636.4万公斤、公柴公草为24.5万公斤。在征收过程中，充分发挥党员和农会、妇女会干部的带头作用，利用各种方式向农民宣传党的公粮政策，提出要"早送粮，送好粮，支援全国解放"，"多交一粒粮食就多一粒子弹，多一份力量，多消灭一个敌人"的口号，从而促进了征粮和支前工作的圆满完成。本溪县政府1947年夏至1948年夏，共出大车760辆，牲口2000余头，车夫1500余名，计大车出工17700天，车夫出工3.5万余天[1]。1948年10月17日，本溪县政府根据安东省政府的指示，为保证前方供给起见，决定预借秋季公粮一部，根据省政府分配数额及预借办法，决定由草河口、连山关、小市、南芬4个区，预借草河口、连山关两区，按全区地亩数，每亩预备10公斤玉米，严禁打白条；按当年亩产15%南芬全区及小市11个村按边沿区征粮办法征收，规定南芬区征公粮32.5万公斤，小市区11个村15万公斤。由于县区干部共同努力，农民群众积极配合，本溪县预借公粮与征收边沿区公粮工作很快于当月23日顺利完成。

抽调干部支援南方解放区 随着东北、华北的解放，东北人民解放军已开始南下作战，解放全中国，根据中共中央和中共中央东北局决定，从东北解放区抽调大批干部南下工作。本溪市、县党委十分重视并坚决服从中央和东北局决定，中共桓仁县委于1949年1月抽调20名干部南下。同年4月，中共本溪县委书记张浙、宣传部长朱明等4名县区级干部奉命调出南下。

三、自救度荒与发展生产

本溪解放及土地改革后，广大贫苦农民实现了"耕者有其田"的美好

---

① 中共辽宁省委党史研究室等编：《解放战争时期的安东根据地》，中共党史出版社，1993年，第342-343页。

愿望，分得了土地和斗争果实，迸发前所未有的积极性。但在实际生产生活中却存在严重的困难和阻力，广大农民群众的生活愿望和现实困难形成了巨大反差。

（一）农业生产面临的困难与问题

本溪解放区农业生产面临的困难与问题主要表现在：一是由于战争和内忧外患，农业生产力受到严重破坏，农业生产水平低下，本溪地区粮食平均亩产只有75公斤，1947年桓仁县粮食总产量仅为常年的58.8%。二是严重的灾荒给恢复生产带来了相当大的困难，如1947年夏季洪涝，秋季又遭受早霜等灾害，已使收成减半，而人们正忙于开展轰轰烈烈的土改运动，对农业生产面临的严峻形势未能引起足够的重视。三是由于冬季土改运动中出现"左"的偏差，搞所谓的粮食归大堆、"均产""均粮"造成严重浪费，加上土改运动中的反复斗争，人心不稳，仅桥头地区就有上千户农民外逃。四是桓仁县虽已全境解放，但本溪县城及近郊仍在敌人手中，城区周围敌占边沿地带，经常受到国民党军队及"清剿队"组织下乡抢粮和骚扰，群众的粮食、牲口、家禽、衣物等几度被抢掠一空，许多居民只好背井离乡外逃谋生。五是虽然匪患已经根除，解放区社会秩序相对稳定，但阶级敌人仍不甘心失败，到处造谣惑众，意在扰乱人心。有的群众怕共产党待不长，怕国民党再打回来，怕地主反把倒算，所以虽分得土地却不敢种，分得房屋却不敢住。还有的怕粮食归大堆，怕土地再重分，怕富了再被斗。这一系列的困难、问题和模糊认识给本溪地区农业生产带来严重影响。如何提高认识，采取措施，切实解决好本溪地区农业生产生活问题，让广大农民群众真正享受土地改革成果，进而完成扩军和支前任务，成为摆在本溪各级党委和政府面前一项重大而紧迫的任务。

（二）解决思想认识

针对存在的困难和问题，本溪地方党委和政府都将恢复农业生产，开展大生产运动作为工作重点，通过召开两县农民代表大会，确定了在春夏之际，除了抓好土改纠偏工作外，重点是组织群众度荒和开展大生产运动。针对群众的思想情绪，进一步宣传党的土地改革政策，澄清模糊认识，牢固树立生产致富和生产自救观念。在1948年3月15日召开的桓仁县第一次农民代表大会上形成决议，明确宣布了农民土地和私有财产的所有权受法令保护，不得侵犯；土改后不是看谁穷，而是要看谁好好生产，发家致富。地主富农只要安心生产，打下来的粮食、财产就归己所有，现有浮产拿出来用于生产上，以后不再斗争。强调把土改大轰的劲头用到生产上去。在3月28日召开的本溪县第三次农民代表大会上，与会的1200名贫雇中农代表，经过广泛热烈的讨论，清除了土改后的"三怕"思想，形成了共识，即打倒地主封建势力，土地财产还了家，以后就是生产；过去斗争挖掉穷根，今后生产安下富根，多打粮食归己，谁也不能动；地分给谁就是谁的，以后不再分，如分得不公平，大家再讨论调剂。

两县农民代表大会，代表们回到各区村即召开贫雇中农大会，传达各县农民代表大会精神，县区同时组织工作队深入村屯宣传形势、政策，对群众进行保卫翻身胜利果实的阶级教育，发动农会干部、积极分子带头参加春耕生产。由于反复宣传教育，使广大群众打消了顾虑，稳定了情绪，增强了信心，为开展大生产运动奠定了思想基础。

（三）鼓励开荒增产保障春耕

一是鼓励开荒增产，中共本溪县委为发动群众开展大生产运动，从连年战争造成大量撂荒土地的实际出发，制定了鼓励开荒和增产的政策措施，如决定1948年的公粮征收只按常年产量作基数，由于多施肥、多铲蹚而多打的粮不征公粮；开发荒地当年免征公粮，次年只征应征粮数量的1/3，第三年征应征数量的2/3。二是针对土改中解放区农民到边沿区抢夺造成该地区外逃户较多的情况，大力开展政治宣传，揭穿国民党反动派造谣欺骗的阴谋，积极动员外逃户回村参加生产，仅桥头地区就有600多户外逃户回村生产，从而保证了春耕播种面积。三是提出一些增产措施和组织措施保证农业生产的顺利进行。本溪县认真贯彻上级指示精神，提出"拔掉穷根，安上富根""不荒一亩地，不闲一个人""趟三遍，铲三遍，多上粪，多开荒""组织起来，换工插犋"等增产措施；桓仁县不仅全县28万亩土地全部播种，该年又开荒2万多亩，全年总播种面积达30万亩。本溪县除原来的30.58万亩土地外，又开荒2万亩。由于地方党和政府的正确领导，确保了春耕、夏锄生产的完成，为1948年农业丰收打下了坚实的基础，为巩固和发展解放区创造了有利条件。

（四）开展生产自救度荒

1948年春夏之际，本溪地区发生了粮荒，本溪县解放区有13万多人口，以野菜树叶度日的人口竟达5万余人，以粮、菜或豆饼掺米生活的人口有5万余人，能以粮食为主，尚能维持糊口的只有3万人。由于严重粮荒，已经发生饿死人、逃荒和成群结队要求政府救济等现象。因此解决粮荒问题成为当务之急。本溪县委、县政府、县农会及时成立了互助救济委员会，对全县受灾情况进行全面调查，随后于6月份先后发出《关于生产救灾的指示》和《开展互助渡荒运动》的号召，动员和组织广大群众从搞副业入手，如烧炭、打柴、淘金、编席，到外地换粮或赚粮买粮。县政府用省政府和专署下拨的春耕贷粮17.5万公斤，发盐40万公斤，除部分解决吃饭问题外，主要用于做县外贸易资本，在全县掀起群众生产自救、互助度荒的新局面。小市区干部组织群众烧石灰、制铁器、挖煤、箍水桶、编草帽、养鸡等，用这些副业产品和卤水、石膏、毛毯、幔子、线香等生活用品去新宾换粮食，仅6月就换回15万公斤粮食，还组织大车到外地拉脚。南芬区发动群众身背肩扛运食盐到边沿区换布匹，每天有1200多人做此生意，每人每天可赚1.5万—2万元，再用赚来的钱到外地买粮。全区每天可收入2000公斤粮食。草河口区组织145台大车拉脚赚粮，还发展烧炭窑73座，淘金49人，全区6月共挣粮6.5万余公斤[1]。桓仁县委、县政府在农民最困难时刻，分批发放救济粮10万公斤，救济军属开放义仓粮15万公斤，贷粮30万公斤，发放农贷资金2000万元。县委采取发动群众搞副业、生产

1948年土改时期，公安民警帮助本溪县农民春耕

---

[1] 汪之力主笔：《解放战争中的本溪》，中共本溪市委党史工作办公室、中共本溪县委党史资料征集办公室编印，1987年，第176页。

运输、种早熟作物、采山菜等办法解决粮食渠道问题。1948年5月，桓仁县10个区先后创立供销社39所，既活跃了农村经济，又促进了商业发展，为春季度荒、生产和群众生活解决了一些困难。

与此同时，本溪、桓仁地方党政组织认真贯彻省委、省政府关于生产节约备荒的指示，号召农民"省吃俭用，反对浪费，节约备荒"，并发出禁止哨青的指示，张贴布告，明令禁止哨青。在本溪地方党委、政府及两县农会的领导下，两县广大群众终于度过严重的灾荒，取得了土地还家后的第一个大丰收。

（五）建立农民互助组织

1948年春土地改革完成后，因一家一户分散经营出现了劳动力、耕牛、农具等严重短缺的困难。为解决这个问题，县区号召农民组织互助组或换工插犋等自愿互利的生产组织方式。换工插犋是以亲友邻居家族关系，以牛为中心，两三家到五六家，每个组设组长1人，领导计划分配全组生产，后发展成为临时互助组和常年互助组。

1948年夏，桓仁县雅河村边元植创建第一个常年互助组，参加互助组的有26户。该互助组成员采取集体讨论制定各项制度，集体劳动，评工记分等方法，组员们的生产劲头十足，当年都夺得增产增收。边元植被评为全县模范互助组长，1949年还被评为辽东省劳动模范。雅河村朝鲜族妇女金明星积极组织军烈属参加互助合作运动，于1948年春带头创建有27户、120人的临时互助组，开始称"帮工队"，在队内以帮工或换工方式进行互助合作劳动，收到互助、互利的成效，成为桓仁县首个创建临时互助组的女组长。当年该互助组种水田130亩、旱田60亩，获得大丰收，每人分得粮食152公斤，贫苦农民有生以来第一次填饱了肚子，尝到了在党领导下互助合作的甜头。1948年2月，本溪县泉水村农民李芳良本着自愿结合、互助互利的原则，在全县成立了第一个互助组。

农业生产互助组形式，相比于一家一户的分散经营方式，立刻显示其巨大的优越性，不仅可以解决劳动力、耕牛和农具的短缺，还改善和优化了生产条件，增强了集体互助合作意识和抵御自然灾害的能力和信心，互助合作生产经营是本溪农业生产的发展方向。

第五节 开展城市地下斗争

一、组建城市工委，开辟第二战线

1946年3月初，苏军开始从东北各城市和铁路沿线撤走，国民党军队进占沈阳，分兵向各解放区进攻。1946年3月19日，中共辽东省委作出《粉碎国民党进攻紧急动员指示》，指出："必须紧急动员起来，开展武装斗争，城市要开展党的地下斗争，市郊要布置武工队的活动，要巩固地方武装，发展游击战争，主力部队与地方部队相配合，打击敌人，为保卫解放区而战。"中共本溪市、县委根据党中央和东北局、辽东省委关于建立农村根据地，同国民党作长期斗争的指示，开始有计划、分步骤地向偏远山区转移。5月3日，中共本溪党政机关撤出本溪市区。

6月，鉴于本溪市已被国民党军占领的实际情况，中共辽东省委撤销本溪市党、政、军、群组织。同时，成立中共本溪市城市工作委员会，隶属中共辽东省委第三地委领导，孟博生任工委书记，许晏波、杨锦标为委员，王才为政治交通员，统一领导本溪城市地下斗争。10月，中共辽东省委第三地委将本溪市城市工作委员会并入本溪县，成立中共本溪县委城市工作部，孟博生任部长，受中共安东省委城工科直接领导，主要活动于小市、牛心台、偏岭、南芬地区。

本溪保卫战期间，中共本溪市委根据党在国统区实行"隐蔽精干，长期潜伏，积蓄力量，以待时机"的方针，在国统区开辟第二条战线（又称"第二战场"）。主要是建立和发展包括城市各阶层在内的广泛的人民民主统一战线，共同反对国民党的独裁统治。由本溪市委副书记、组织部部长陈少景安排和布置城市地下工作。在市内有针对性地对党组织和党员进行一次普遍审查，对党员情况进行分析，平时没有暴露身份的党员和干部潜伏下来从事地下工作；已公开身份的党员和干部撤出市区，将极少数不服从组织安排的党员停止组织关系；用1个月左右时间，采用小型集会或个别交谈的形式，对预备潜伏下来的党员分类编组进行革命气节教育，规定上下级之间实行单线联系；把平时有联系、相互了解身份的同志编成一个活动小组，指定负责人或小组长与组员之间进行联系，组员之间不发生横的关系，小组中只有组长一人可以与上级联系；各区建立支部交通站，以便随时与上级保持联系。

在国民党白色恐怖下，留在市内的地下党员，如河东区何英歧、赵培智党小组，彩屯区李彩廷、曲立山党小组，宫原区薛东有、郭文元党小组，煤铁公司马忠信、任宏本党小组，教育界刘自浚等，都千方百计地同本溪市（县）城工委（部）取得或保持联系。他们按照组织安排，冒着生命危险，积极为党工作，利用一切时机打击国民党的反动统治。国民党占领本溪后，大肆搜捕中共地下党员和革命群众，彩屯区地下党员李彩廷不幸被国民党五十二军捕去。国民党为得到中共地下党组织的情况，对其严刑逼供，他宁死不屈，矢口否认自己的共产党员身份，最终为党保守机密。后经地下党组织多方营救，终于逃出牢笼。他伤愈后，斗争意志更加坚强，多次秘密侦察彩屯洋灰山国民党军驻防和火力部署情况，通过中共地下党员曲立山将情报送交城工部。河东区地下党员何英歧，被国民党拉去当保长，他经请示县委城工部和省委城工科同意，"欣然"应命，利用合法身份出入国民党军驻地，搜集情报，及时送交城工部。他还利用为国民党抓兵带路之机，暗中给抓捕对象通风报信，使国民党一次次扑空，保护了部分群众。

1947年6月13日，东北民主联军一度收复本溪，在市内停留7天。县委城工部抓紧对市内各区地下党小组负责同志进行教育，把东北战场大反攻的形势作简单介绍，规定临时的、永久的多处联络点，切实掌握市内各方面的工作情况，给予正确的工作指导等。到1948年10月末本溪解放，中共本溪县委掌握的地下党员有40多名。根据斗争形势需要，还在党外发展60多个基本关系和50多个利用关系。

二、维护权益，开展合法斗争

国民党占领本溪后，倒行逆施，疯狂推行内战政策，使在日本帝国主义蹂躏下本已萧条的城市经济进一步崩溃，人民生活极端困苦。在国民党政治、经济危机加重的同时，以本溪工人阶级为主的各阶层人民同国民党当局的对立日益加深。地下党组织因势利导，相机发动教育界和本溪煤铁工人，向国民党当局开展了以"要生存、要和平、要平等、要自由"为主要内容的斗争。

　　本溪教员的罢教讨薪斗争。国民党占据本溪市之后，市内教员继续留职。由于市场物价上涨，教育经费奇缺，教育制度腐败，特务横行，言论无自由，许多学校处于风雨飘摇之中，广大师生贫病饥困，度日如年。1946年7月至9月，教师的工资分文未发。为生活所迫，10月25日，大堡学校教员陈玉昆、丁彦清二人向校长刘自浚提出发薪要求。刘校长亲自到国民党有关部门进行交涉，但没有得到圆满答复。刘自浚将此事向县委城工部进行了汇报，县委认为这是组织教师向国民党当局开展斗争的一次好机会。根据县委城工部的指示，刘自浚于10月28日联合大堡女校高尚清等召开两校联席秘密会议，决定组织请愿团。为了隐蔽起见，刘自浚没有参加请愿团。

　　1946年10月29日，教师请愿团来到国民党县政府请愿，从11月3日起，请愿团组织各校教师全体罢教。这次罢教进行3天，迫使国民党当局答应补发拖欠教师3个月的工资和米贴费。各校代表回校不久，传来工源学校请愿教师代表丁彦龙被解雇，并被抓去当兵的消息，加上国民党政府应允给教师补发工薪之事已过数日，因此刘自浚又组织各校代表集中开会，决定进行第二次罢教。从11月26日开始罢教3天，迫使国民党县政府不得不释放丁彦龙，向教师如数发放所欠工资和米贴费。

　　这场在县委城工部领导下的本溪教育界罢教斗争，前后历时40多天，先后两次罢教共6天，由代表请愿发展到全市罢教，给本溪国民党地方政府以政治上的沉重打击，同时，锻炼了教师队伍，提高了共产党在教员中的威望。

　　本溪煤铁公司工人的反歧视、反饥饿斗争。1946年5月，中共本溪市党政机关撤离本溪之前，本溪煤铁公司机器厂党代表赵博根据市委指示，将马忠信、任宏本、贾鼎勋、刘余九、杨德才等党员编为一个党小组，指定马忠信为党小组长，单独向马忠信布置具体任务及与上级接头的办法。在中共本溪县委城工部的领导下，党小组团结广大工人，宣传共产党的主张，领导本溪煤铁公司工人进行了多次政治斗争，打击了国民党的反动统治，为最后解放本溪，完整地接收煤铁公司所属的工厂、矿山做出了很大贡献。

　　国民党接管本溪煤铁总公司之后，由于财政拮据，工人不能正常开工资，而公司掌权者依然实行高工资，过着灯红酒绿的生活，并说"南方工人抗战有功，应该多拿工资，东北工人当了14年亡国奴，应该少拿工资"，这种歧视行为，激起本溪工人极大不满。7月2日，工人请愿代表同公司总经理张松龄交涉，但工人的合理要求被拒绝。于是，地下党员组织上千名工人把公司办公大楼围起来，响亮地提出"打倒国民党贪官污吏""南北方员工待遇要平等"等口号。斗争进行了9天仍无结果。恰值此时，地下党员马忠信利用国民党资源委员会副主任孙越琦要来本溪煤铁公司视察时机，组织地下党员分头联络和发动3000多名工人在孙越琦来到煤铁公司时，将公司大白楼团团围住并包围孙越琦的小汽车。马忠信带头高呼"反对不平等待遇""打倒贪官污吏，给北方工人增加工资""改善劳动条件"等口号。数千名工人随之响应，愤怒的口号声惊天动地，迫使孙越崎答应工人要求，才匆匆溜走。这次反对国民党接收大员歧视工人，争取平等权利的斗争被称为"围攻大白楼事件"，前后历时半个月之久。虽然公司口头许诺没能兑现，但是却给国民党当局政治上的打击，在社会上引起很大震动，显示了本溪工人阶级的力量和团结战斗的精神。

1947年6月，公司依据《资源委员会附属机关员工励进会组织规程》规定，由组训课长郭毅坚组建本溪煤铁有限公司"员工励进会"。地下党员利用"员工励进会"为合法舞台，组织广大煤铁工人向国民党当局开展更加积极的斗争。主要斗争目标是要求公司提高工资，设法筹运粮食，解决员工生活问题等。7月，工人生活困难，粮食奇缺，每天饿着肚子上班。地下党员就联络了一些可靠工人到公司大白楼前请愿，高呼"反饥饿，争生存"等口号，要求按期配给粮食。经过反复斗争，迫使公司同意每名工人发50斤大豆，解决工人的燃眉之急，公司不得不从11月起给工人增加30%的工资。

本溪煤铁公司员工反对抓兵反裁员斗争。国民党本溪当局在1946年6月28日的第一期征兵文件规定：在全市32岁以下男性青年中征集1200名，凡是伪满当过国兵或勤劳奉仕的不用体检，一律应征。而至第二、三批抽兵时，就不论年龄大小，凡能走动的青年都在应征之列。1947年初，国民党军队在东北战场上节节败退，损失惨重。为补充兵员，挽救败局，本溪国民党政府及国民党军队到处抓兵、抓丁，对本溪煤铁有限公司的员工也毫不例外。公司地下党组织为了有理有据抗兵、抗丁，一方面告诫工人再遇抓兵就往公司跑，让公司与国民党当局闹矛盾，另一方面组织工人到国民党政府大门前请愿示威，高呼"打倒关大成""还我工友"等口号，要求国民党政府解决到工厂征兵问题。在工人斗争的压力下，国民党本溪县政府与国民党本溪驻军不得不重新做出不到工厂征兵的规定。

1948年9月，本溪煤铁公司新任经理黄寿樾上任后召开各课长会议，研究如何解决经费不足问题，人事课长趁机提出裁员减薪、取消工人加班费和奖励津贴的建议。工人本来收入少，生活困难，听到这个消息群情激愤，纷纷要找其算账。地下党组织趁机于9月19日下班之时，组织机械厂、发电厂和特钢厂40余名工人将李万超围住痛打10余分钟，公司裁员减薪计划就此流产。

本溪铁路工人的斗争。在国民党统治下，本溪地区的铁路工人与其他工人一样，过着饥寒交迫的生活，1个月的工资买不到10斤粮食。1947年3月，在中共地下党的领导下，沈阳铁路局统一组织要求增加工资、增加粮食的工人大罢工。经过充分准备和秘密发动，于3月中旬的一天上午7时，本溪铁路工人和沈阳铁路局工人同时罢工，列车不论开到什么地方，只要接到罢工命令立即停下。由于各线列车停运，致使沈阳至本溪铁路线上停满列车，铁路运输一片混乱。罢工持续9个小时，迫使国民党当局答应工人的要求。

1948年5月下旬，国民党撤离安东地区时声称，凡随其撤退的铁路工人可以补发所欠的3个月工资。当时安东地区有84名铁路工人在国民党当局的恫吓和利诱下来到本溪。到达本溪之后，是国民党员的安排吃住，其余工人没有人管，只好蹲在火车站过夜。这时，本溪铁路工人给予他们帮助，表示和他们站在一起与国民党当局斗争。当国民党的发薪车在武装人员的保护下来到本溪火车站时，发薪人员声称安东来本溪的铁路工人所欠工资只能发一半，更加引起大家不满，工人把发薪车团团围住，齐声高呼："今天不发所欠工资，就不让发薪车离开！"押车的国民党武装人员持枪对准工人，企图进行镇压，工人们面无惧色一拥而上，高喊："把他手里的烧火棍下了！"持枪的武装人员吓得赶紧溜走。本溪铁路工人有组织地行动起来，对安东铁路工人以支持。宣布本溪铁路工人用罢工的形式支持安东工人兄弟。此时，本溪铁路段的所有机车，包括运送国民党军用物资和人员的列车全部停驶，铁路运输顿时陷入瘫痪。这时，国民党当局慌了手脚，让工人派出代表进行谈判。经过5个小时的斗争，国民党当局被迫答应安东铁路工人的要求，补发3个月所欠工资。本溪、安东铁路工人，共同反抗国民党反动派的斗争取得了胜利。

三、掌握敌情，开展边沿区斗争

在东北民主联军夏季攻势中，桓仁县于1947年6月1日全境首先获得解放。本溪县的广大解放区基本得以恢复，本溪地区只有市区和少数近郊区被国民党军队控制，其活动范围愈来愈小。中共本溪县委根据形势变化，一面大力加强解放区建设，一面大力加强边沿地区对敌斗争。主要是派遣侦察力量，及时掌握国统区情报，以武装斗争袭扰敌军，以政治攻势分化瓦解敌军，以经济封锁困扰敌军，为主力部队最终解放本溪创造条件。

打入敌穴，建立秘密情报联络站。1946年11月上旬，国民党新六军大举向解放区进攻，中共本溪县委机关和武装人员转移到宽甸大青沟一带。1946年12月12日，中共本溪县委在研究确定游击方针时明确提出，在游击根据地要恢复自卫队的工作，普遍建立情报网；要在游击活动地区，每村建立秘密治安员和情报员，搜集反动分子活动情况。同时，还要派遣侦察力量打入国民党军内部，做瓦解敌军和搜集情报工作。为掌握敌情，县委派县公安局青年侦察员马士翰潜入本溪市内，以学生身份为掩护，开展秘密活动。很快就摸清本溪工科职业学校和初级中学"三青团"组织活动情况。同时，他还搜集国民党党、政、军、警的组织机构、人员配备以及驻防分布等大量有价值的情报。1947年12月，县委又陆续派遣侦察员郑和谦、曲长山、项治华等潜入市内，并与马士翰取得联系，执行侦察以国民党特务组织为重点的情报任务。1948年7月，东北人民解放军开始进入全面反攻，国统区逐步缩小，国民党特务机关的活动由公开转为秘密。为进一步掌握情报，经县委决定，派郑和谦打入国民党"长白通讯社安东分社"。在地下党组织的周密安排下，通过内线引荐和保举，郑和谦很快取得国民党的信任，并被任命为试用通讯员。经郑和谦介绍，马士翰和卜凤楼也打入"长白通讯社"成为试用通讯员。郑、马、卜3人经过2个月的工作，很快查清国民党军统组织设在本溪的"长白通讯社安东分社""国防部绥靖总队二大队本溪第32组""东北剿总二处第七情报组"3个特务机关的基本情况。

建立党的地下联络站。1947年秋，经安东省委城工科和本溪县委批准，县委城工部部长孟博生到南芬筹备建立以"万盛客栈"为名义的党的地下联络站。将南芬火车站斜对面的砖瓦房改造成客房。在一间小客房内炕桌上摆着麻将牌、大算盘等，实际上是县委城工部的临时接待室。1948年5月，万盛客栈正式"营业"。省委派王荣春到本溪县委城工部工作，担任客栈"掌柜"，另外雇两名小伙计干零活。从此，万盛客栈成为接送中共党、政、军人员和为党传递情报的秘密联络站。本溪县委派县公安局治安股股长马魁明到万盛客栈，负责对"客栈"的安全保卫和对"客人"进行审查，从中发现和建立一批情报关系。此外，本溪县公安局还在南芬、草河口设立以饭店、旅店、小商贩为掩护的秘密情报点4处。当时，本溪教育界地下党员刘自浚、本溪煤铁公司地下党员马忠信等人都是通过万盛客栈得到党的指示，领导对敌斗争。

本溪县委城工部以万盛客栈为秘密联络站，通过亲属关系、商人关系、工作关系等渠道了解敌情，间接地指导城市地下斗争。在这些关系中，为党传递消息较多的主要是商人关系。如邱景春、白良恂、尚子英、孙滨熙等。这些人员用钱物疏通国民党军队的关卡，以到解放区用布匹换粮食和食盐为名，把市内地下党员搜集的国民党在本溪市的主要活动、兵力分布、部队番号、武器装备、火力配备、碉堡位置、政权机构设置、宗教团体等诸方面情报采用书面、图表或口头方式通过万盛客栈传递到县委城工部，基本上是半月往返一次。除有关情报之外，还携带一些解放区缺少的药品、布匹、棉纱等物资。回城时象征性地从客栈背回猪鬃、马尾等商品。1948年7月，本溪教育界地下党负责人刘自浚得到国民党军第二〇七师将于7月15日进攻驻守在桥头镇的本溪县公安队的情报。为避免暴露身份，刘自浚派已经有几个月身孕的妻子孟宪英打扮成回娘家的模样，由山路经千金岭、金家堡子、兴隆村、台沟村进入解放区，最终在黄昏将情报送到万盛客栈，从而粉碎了国民党军的阴谋。

情报人员除传递情报外，有时把党的宣传品带回市内，散发到国民党军政机关及广大群众中去。散发的宣传品主要有《首恶必办，胁从者不问》《为解放本溪市告市民及工友书》等7种6000余份，还有中共安东省委主办的《安东日报》。这些宣传品的散发，对宣传党的方针政策，教育人民，瓦解国民党军起到了很大作用。

中共本溪县委自1948年5月至10月，近半年时间里，通过南芬万盛客栈秘密情报联络站，加强对派遣人员和市内地下党员的领导，搜集到大量国民党军、政、警、特机关的情报，在保卫解放区和解放本溪的对敌斗争中发挥重要作用，为本溪解放后迅速消灭潜伏的国民党特务，提供了准确、可靠的情报。

开展边沿区斗争。1948年8月7日，中共本溪县委根据东北人民解放军总部的命令和中共安东省委批示，作出《开展边沿区对敌斗争的决定》。明确指出，要有长期斗争准备，对国统区彻底实行经济封锁，做好度荒、护秋工作。党在边沿区的工作方针是发动人民群众，团结一切反蒋力量共同与国民党反动派做斗争；坚决执行总部命令，在经济上彻底封锁沈阳及本溪城区，禁止一切机关、部队、商人、群众向沈阳、本溪城区买卖任何货物；在中心村设立检查站，对入境货物，特别是布匹、药品和生活必需品进行严格限制。

为实施彻底的经济封锁，8月15日，县委下发《开展边沿区对敌斗争的补充指示》，绝对禁止公粮、豆油、食盐等必需品出境；严格控制国统区人员进入解放区；解放区军政机关派出到国统区工作的人员和各种秘密关系出入解放区，须由有关部门派人接送或持必要证件。

为确保对国民党实施经济封锁方针的实施，县公安局长董玉峰亲自率领治安股长孙永勤等公安干部深入南芬地区检查布置工作。同时，与辽东军区独立三师联合组成对敌斗争委员会，研究制定对国统区实行经济封锁的具体措施。1948年8月份，即审查处理国统区出来人员230名，查获走私粮食、豆油、食盐3450公斤。7月至9月，破获特务案件28起。县公安局在草河口、南芬地区建立迁出迁入、来客报告、出生死亡等户口制度，加强对边沿区的行政、治安管理，保证了对国统区封锁工作的开展。

自1946年5月3日中共党、政、军、群机关及其武装撤出本溪市区，至1948年10月31日人民解放军解放本溪的2年零5个月的时间里，在中国共产党的正确领导下，本溪人民在边沿区及国民党统治区，通过种种方式进行不屈不挠的斗争，推动了边沿区及整个城市地下工作的开展，积累丰富的对敌斗争经验。特别是战斗在国统区的共产党员和地下工作者在国民党严密封锁、环境险恶的情况下，不忘党的教导，不论身在何处，始终牢记党组织赋予的神圣使命，冒着生命危险搜集国民党军事和政治情报，发动并依靠群众，利用各种公开或隐蔽的斗争手段，宣传党的方针政策，揭露国民党反动派的罪恶行径，打击国民党的嚣张气焰，保护国家财产，在国统区形成中国共产党的"第二条战线"，为本溪人民的解放事业做出了重要贡献。

四、护厂护矿，迎接解放

保护牛心台煤矿。当东北人民解放军围困本溪时，中共地下党组织预料到敌人仍然要破坏工厂和矿山等，便积极向工人宣传、揭露国民党反动派的阴谋，并派共产党员赖汉英等人到工人中去宣传、组织工人保卫矿山。时有牛心台煤矿马车把头游广忠，因国民党军借机向他勒索，引起他的不满，便跑到南芬客栈找地下党组织，将敌人要破坏煤矿的计划及时报告给党组织。县委城工部通过游广忠，做牛心台煤矿主任王兆咸的工作，向他讲清形势，指明利害关系，劝他立功赎罪，为人民保护好矿山，终于争取了王兆咸。10月29日，人民解放军围攻牛心台时，王兆咸主动组织工友保护矿山，将矿里的检测仪器藏了起来，以防国民党军破坏，从而使整个矿山完整地回到人民手中，一刻也没有停止生产。

保护煤铁公司资产。1948年10月，敌人在逃跑前要炸毁发电厂，党组织立即派马忠信前去组织工人保护发电厂，工人们围住了发电厂，在工人们声势浩大的护厂运动压力下，敌人不得不把已埋好的炸药挖出来，发电厂保住了。地下党员马忠信、任宏本等人经过商议，决定召集本溪煤铁公司各课长、股长及部分工友参加的职员大会，马忠信在大会上公开了自己的身份，并代表中共本溪县委城工部庄严宣布："本溪就要解放了！现在，我代表中国共产党本溪县城工部宣布命令，任何人不准破坏工厂、矿山，要保护好一切设备和物资，等候人民解放军的接收，这是我们工人阶级的任务。"要求各课长、股长、职员们坚守工作岗位，认真负责，一定要保护工厂、矿山的一切财产不受损失。告诫各课长、股长领导本部门的职员、工友照常开工，不使工人失业。同时宣布："哪课出了问题由课长负责，保护得好，人民也会信任你们的，你们也是有前途的。"散会后，任宏本又以县委城工部的名义油印了150份传单，散发到工人中去。主要内容是："本溪已经解放，希望诸位严守岗位，安心工作"，"等候着我们老百姓的军队来接收"。工人们看到传单后都高兴地说："咱们公司里也有共产党，这回我们可放心了，保护好工厂，就有饭吃了。"随后，马忠信、任宏本等人又找到公司警卫大队队长王纯一，向其讲清形势，申明大义，劝其放下武器，奔向光明。通过工作。王纯一下令警卫大队放下了武器，等待解放军的接收。在本溪解放期间，整个煤铁公司的工人继续上班，工厂继续生产，电厂照常发电。

保护仓库和火车站。溪湖车站前有一座储存大米和豆饼的仓库，内存30余万公斤大米和2000多片豆饼，这是当时全市唯一的粮库。为了避免混乱中被哄抢，城工部指示尚子英组织市民看守仓库、维持治安的任务。在独立一支队攻克本溪前，尚子英按照城工部的要求，组织了33人的"临时治安维持会"，每个人胳膊上戴着白袖标，手持木棒，昼夜轮流值班，看守仓库，保证仓库粮食等未受任何损失。在工源火车站，城工部通过赵庆满等17人组织车站工人成立"保护铁路武装小组"。在解放军未到之前，他们将电话机藏了起来，以防国民党逃跑时带走，将火车头的水管子堵塞，防止国民党将火车开走。同时，派工友保护车站的机器设备、仓库等，将火车站完好无损地交给解放军。

在解放本溪的战斗中，人民解放军还得到本溪煤铁公司和其他部门工人的大力支持。总攻本溪的炮声响彻山城上空，但国民党军依然守战壕和堡垒作垂死挣扎。这时本溪煤矿地下党组织立即组织工人行动起来，把开矿用的炸药一箱箱搬出来，连夜偷越国民党军封锁线，迅速送到人民解放军阵地上，并主动给攻城部队当向导，部队首长和战士都十分感动。有了人民群众的支援，独立一支队迅速突入本溪市区。在消灭平顶山国民党残敌的战斗中，煤铁公司发电厂工人切断了平顶山的电力供应，给国民党军很大震动。市内各机关、厂矿、公共设施等单位的工人和职员都组织起"保护委员会"，自觉站岗放哨，保护了工厂、矿山和其他资产。当解放军进入本溪市内时，全市的电灯、电话、自来水等公共设施都完好无损，市内秩序井然。

第七章
本溪解放与迎接新中国诞生

1948年10月31日，在辽沈战役的隆隆炮声中，东北人民解放军安东省独立一支队最终解放本溪。中共本溪市委和本溪市军事管制委员会迅速恢复社会秩序，建党建政和重建群团组织，整顿社会治安，实行民主改革。认真贯彻中共七届二中全会精神，实现党的工作重心转移，并在恢复煤铁工业生产热潮中迎来中华人民共和国的成立，本溪也开启了新的篇章。

第一节　解放本溪战斗与接管煤铁之城

一、解放本溪战斗

（一）独立一支队向本溪集结攻入市区

1948年9月7日，中共中央军委向东北人民解放军总司令部发出《关于辽沈战役的作战方针》的指示，9月12日，大决战第一个战役的枪声在辽沈大地打响。10月15日，东北人民解放军攻克锦州，19日解放长春。至此，东北广大地区已被收复，只有沈阳、抚顺、本溪等城市孤悬东北战场，正被东北人民解放军分割包围，也是岌岌可危。东北全境解放，近在咫尺。

此时的本溪地区，除市区和处在近郊的歪头山、石桥子、火连寨、牛心台、北台等地以外，亦早已在党和人民军队的控制之下。广大农村解放区在完成土地改革以后，正在热火朝天地开展大生产运动。中共本溪县委按照中共安东省委的指示，正在组织领导前沿区对市区的封锁围困斗争，为配合主力部队进攻和最终收复本溪做准备。

国民党军在本溪的驻防由沈阳守备总队第三团和保安第二团接管①。同时，配以本溪地方还乡团、清剿队协防。其兵力部署是守备第三团主要布防在工源（平山、明山两城区）和平顶山，保安团、还乡团、清剿队主要布防在本溪湖和城区边缘部位，总兵力约5000人②。这些杂牌军不仅战斗力不强，而且已处在内无粮草外无援兵的绝境。在这种情况下，东北人民解放军安东省军区于10月25日电令所部独立一支队："立即向本溪方向前进，相机收复本溪。"③

安东省军区独立一支队由原安东第三军分区部队于1948年春改编，其总兵力亦约5000人，由赵国泰任司令员兼政治委员，寇奎甫任副司令员。支队下辖第一团、第二团、第三团和警卫营。第一团驻守在本溪市南郊的桥头镇，第二团、第三团驻守在本（溪）抚（顺）交界的五龙口、郑家堡子一带。当时，支队编制满额，装备整齐，战斗情绪高昂，指战员积极要求参加解放东北全境最后阶段的战斗。

接到省军区进军的电令后，支队首长迅速召开紧急会议，研究作战方案并及时作出战斗部署。按照支队战斗命令，各部队于27日陆续开始行动。第二团、第三团于27日晨从五龙口、郑家堡子一线向本溪疾进，当晚宿于后台、双岭、清河城一带。28日在偏岭、七家子、法台一带宿营。29日，第二团顺利地前出到卧龙、沙包岭。30日晨8时，赵国泰司令员亲自指挥第二团攻占大峪堡，向市区发展。但是，在接近小孤山子④南北一线时，突然遭到其附近水楼子⑤山火力阻击，无法前进。支队指挥所进到火车洞山⑥西侧高地时，水楼子山敌人发射迫击炮弹干扰支队指挥。第三团（欠第三营）和本溪县保安大队，29日深夜由下牛心台西渡太子河，进占梁家屯、威宁营，于30日晨攻占骆驼岭、明山岭向本溪湖街里发展。第一团在寇奎甫副司令员的直接指挥下，于29日黄昏开始从驻地桥头镇出发，避开

---

① 王叔宇：《本溪起义始末》，载中国人民政治协商会议山西省长治市城区委员会文史资料研究委员会编：《城区文史资料》第3辑，1989年，第144页。

② 刘永生：《关于平顶山战役的回忆》，本溪市史志办藏。

③ 本溪市党史地方志办公室编著：《中国共产党本溪史》第1卷，辽宁人民出版社，2004年，第460页。

④ 今本溪市明山区小华山公园。

⑤ 今辽宁辽东水务控股有限责任公司大峪水厂。

⑥ 今溪田铁路李家山隧道。

一些较大的村镇，经过10个多小时的夜行军，于30日晨5时前赶到本溪守敌背后的火连寨。然后，利用黎明前短暂的夜暗，团突击队（即第一营）第二连、第三连以最快的速度抢占了火连寨南山和北山。经过近20分钟激战，第一团很快占领了火连寨。

第一营攻占火连寨后，继续向本溪市区前进。这时，第二营、第三营也投入战斗，全团由北向南推进。7时许，团主力占领后湖北山，控制了有利地形。但经过三次猛烈冲击，才夺取了月牙岭北峰。在这一地区，俘敌500余人。8时许，开始向月牙岭南峰市区和彩屯方向进展。下午1时，第一团占领了月牙岭和彩家屯①一线。第三团和本溪县保安大队在本溪湖街里没有遇到抵抗，很快控制了本溪湖各要点。

（二）平顶山攻坚战

司令员赵国泰根据以上情况确认太子河北岸，本溪湖的西、北、东均被独立一支队占领。第一团已前出到太子河公路大桥，随时可以支援第二团作战。只是太子河南岸的水楼子山还未占领，该股国民党军对独立一支队进攻平顶山构成严重威胁。于是，司令员当机立断，命令第三营要尽快攻占水楼子山；第二团指挥第一营迅速接近平顶山，准备利用夜暗攻占平顶山据点；第三团（欠第三营）、本溪县保安大队，继续肃清本溪湖街里的残敌，查清国民党军仓库的位置，注意保护物资和粮食、炮弹、弹药，要保护工厂、矿山和电话、电灯、自来水等设施。入夜加强警戒，防止敌人破坏。同时，令第一团迅速调整部署，做好支援第二团的战斗准备。

下午4时，支队第一指挥所已由火车洞山西侧高地转移到火车洞山顶的碉堡内指挥战斗。通讯分队立即架设支队指挥所同第二团司令部及第三营的电话线。支队第一指挥所直接指挥第二团第三营作战，经过较长时间的激战并稍有损失后于晚8时，第二团第三营攻占了水楼子山，歼敌一个营部和零散敌人，并开始向平顶山方向前进，第一营已运动到平顶山的腰部，准备向平顶山守军发起进攻。

布防在平顶山的沈阳守备总队第三团，虽然也是杂牌军，但装备较好，战斗力也远非还乡团、清剿队可比。此时，凭借平顶山坚固的工事，加上从城区和城边溃退下来的败兵都聚拢在山上，他们感到势众胆壮，所

---

① 今本溪市溪湖区彩屯街道办事处辖区。

以敢于负隅顽抗。独立一支队武器装备虽较齐全，但攻坚武器较差，没有重炮，加之火药不足，爆破技术欠缺，虽然指战员作战勇敢，曾先后发起5次攻击，但均未奏效。后又集中3个团的火力，采用各种战术，向山顶冲击，也无济于事。最后支队决定集中3个团的兵力，一面强攻，两面佯攻，"网开一面"，留出一面空位，让敌人有路可逃，然后在运动中歼灭[①]。同时，加强政治攻势，宣传东北战场国民党军溃败的形势，从心理上瓦解敌军士气。30日深夜，独立一支队按攻山战斗方案开始行动，采取两面佯攻吸引敌人火力，以猛烈的炮火强攻正面的战术。在浓烟飞尘的遮掩下，经过3次冲锋，终于推进到守备第三团阵地前沿，冲入敌军防御工事，与其展开了白刃搏斗。这样，守备第三团阵脚大乱，果然像事前预料的那样，部分败兵开始向平顶山南麓溃退，企图弃山而逃。司令员果断地命令第一团超前堵截，第三团尾后追击，形成国民党军边逃边战，独立一支队边追边打的局面。战至辽阳境内孤家子、安平一带，独立一支队全歼逃窜之敌。此时的第二团继续攻山和打扫战场。31日上午，独立一支队终于拔掉了平顶山上国民党军最大的据点。主要战斗结束，此时，于30日夜晚前赴火连寨西北梨树沟的独立一支队第一团作战参谋吴伟，带领在那里受降的400余名还乡团人员乘火车回到了本溪湖。晚上，肃清了石子山残敌，战斗全部结束[②]。收复本溪之战胜利结束，共歼灭国民党军正副团长以下3000余人，缴获了大量的枪炮、弹药和战略物资。

至此，本溪全境遂告解放，本溪山城终于回到了人民的怀抱。

二、接管城市与建党建政

（一）接管城市

1948年10月31日，国民党本溪市区守军被全歼后，山城重新回到人民手中，这是继1945年八一五光复中国共产党接收本溪后，本溪人民获得的第二次解放，也是最终的解放。

遵照中共中央关于对人口在5万以上的新解放城市组成军事管制委员会

---

① 刘永生：《关于平顶山战役的回忆》，本溪市史志办藏。

② 汪之力主笔：《解放战争中的本溪》，中共本溪市委党史工作办公室、中共本溪县委党史资料征集办公室编印，1987年，第214页。

的指示①，中共安东省委、安东省军区早在本溪解放前夕的10月29日即指示中共本溪县委负责入市工作，并以本溪县入市干部为主体组成本溪市军事管制委员会。县委书记汪之力任军事管制委员会主任，独立一支队司令员赵国泰任军事管制委员会副主任兼任本溪市卫戍区司令部司令，本溪县县长王甦、县公安局局长董玉峰、县委城工部部长孟博生、东北行政委员会工业部接收本溪煤铁有限公司特派员梁成恭等为委员，全权负责解放后的本溪城市接收工作。

按照中共中央《关于军事管制问题》的指示，军管会主要有9项任务，即：肃清反革命的一切残余势力；接收一切公共机关、产业和物资；恢复并维持社会秩序；收缴一切隐藏在民间的反动分子的武器及其他违禁品；解散一切反动党团组织；逮捕战争罪犯和罪大恶极的反革命分子；建立革命政权；建立可靠的群众组织；整理、建立党的组织。指示还强调："必须在上述各项工作以及其他若干工作做好以后，才能依靠城市中的党和人民政府及群众团体进行统治，取消军事管制委员会。"

10月31日，董玉峰、孟博生等率城工委工作队及部分本溪县机关干部随大部队进入本溪市区。11月1日，汪之力、王甦率领本溪县各区抽调干部进入市区，军管会开始接管工作，上午召开全市各界代表会议，说明中国共产党入城政策。除国民党县党部②外，包括国民党县政府、县警察局以及宗教和万字会、妇女会、工会、商会等社会团体共40多个单位派出代表参加了会议。之后几日，又相继召开了教职员大会、青年大会、工矿职工代表会和镇、保市民大会等。在全市各界代表会议上，军管会主任汪之力作了重要讲话，主要是宣讲党的城市接收政策，知会国民党政权机关、工厂矿山、城市设施的管理部门等做好交管的准备。军事管制工作从1日开始，至2日，重点单位的介入工作基本完成。其中有：国民党本溪县政府、县警察局、电业局、两个发电所、电话电报局、铁路局、县地方法院、房产管理处、邮政局、本溪银行、国民党本溪县党部、妇女会、工会、国民党行政院资源委员会本溪煤铁有限公司、洋灰公司、国民党军第二○七师后方

---

① 本溪市党史地方志办公室编著：《中国共产党本溪史》第1卷，辽宁人民出版社，2004年，第399页。

② 国民党占领本溪后，改变了市、县并治的建制，于1946年10月撤销本溪市，只保留本溪县建制。

医院、各学校（中学3所小学6所）以及各镇、保公所。对上述单位（除煤铁有限公司外），均由军管会派出其从本溪县抽调的200名干部分头做接管工作。为保证城市正常秩序的恢复和社会稳定，组建本溪市公安局①。

在此期间，为配合本溪城市接管工作，军管会组织人力广泛张贴东北军区和安东省政府布告，以及本溪市军管会、卫戍司令部、市公安局的布告，广泛宣传东北解放的新形势和党接收城市的方针、政策和接管本溪地区的具体政策。为了扩大宣传面，还特邀了安东省军区宣传队及组织本溪县解放老区的教员、学生进市，演出《白毛女》《血泪仇》等剧目，进行了3天的街头宣传②。还通过清除反动标语、张贴革命标语进行除旧布新活动，用以启迪市民、工人、学生的觉悟，使之拥护中国共产党和人民政府，配合好本溪地区的城市接收工作。入城5天即召开各界代表会议、全市教职员大会、矿山职工代表会等会议，参加会议人数超过"八一五"光复会议人数③。

紧接着开始接收本溪煤铁有限公司。在辽沈战役即将结束之时，东北行政委员会工业部委派从北满调往南满的杨维、许言、梁成恭和徐宏文4名干部为特派员，负责接收解放后的本溪煤铁有限公司。11月2日，沈阳解放，杨维、许言便接收了本溪煤铁有限公司驻沈阳办事处。同日，绕道抚顺、赛马、小市的徐宏文率领17名接收人员赶到本溪，同先期随军到达本溪的梁成恭会合，与本溪市军管会接洽，着手接收的各项准备工作。

在接收中，他们在卫戍部队的配合下，首先组织工人纠察队护厂，然后于11月7日，梁成恭、徐宏文以东北行政委员会工业部特派员的名义发布正式接收本溪煤铁有限公司的通告。通告发出的第二天，梁、徐又召开了原公司处长以上职员会议，敦促各处室尽快整理好物资、图表、档案，迅速清点造册，并限期送交。移交书由原来的课长和接收代表签名，作为正式交接手续。

由于接收的各项工作准备充分，部署得当，指挥有力，以及光复时党

---

① 杨宝山主编：《本溪公安大事记〈1945-2005〉》，2007年，第14-15页。
② 汪之力主笔：《解放战争中的本溪》，中共本溪市委党史工作办公室、中共本溪县委党史资料征集办公室编印，1987年，第216页。
③ 里蓉：《本溪市的解放与接收纪实》，载辽宁省档案馆编：《辽宁省档案馆建馆二十五周年纪念文集1960-1985》，辽宁省档案馆，1985年，第171页。

在本溪工作的基础，使城市接管工作进展非常顺利。1948年11月10日，军管会组织召开了全市2.6万人参加的本溪市庆祝东北暨本溪解放群众大会，把城市接管工作推向高潮。自11月2日起至1949年1月，本溪市区秩序基本稳定，城市接管工作即告胜利结束，本溪军事管制委员会撤销。

总之，中共接收本溪城市非常顺利，原因是东北形势发生了根本变化，辽沈战役势如破竹，国民党在东北大势已去，胜利的曙光已经来到。入城军管会周密细致的部署和安排及有利的宣传工作，是历史性的成功经验。在党组织的宣传解释下，本溪工商业、教职员和市民等阶层减少了恐惧心理，城市秩序趋于稳定。成功接管本溪城市经验，成为中国共产党后来接收大中城市的成功范例。

（二）党政领导体制与区划调整

中共本溪市委、市政府以及市工会、妇联等群团组织始建于抗战胜利之初。由于国民党军于1946年4月大举进攻本溪，本溪党政军群组织按照中共辽东省委指示于5月3日撤离本溪市区，东迁田师傅。鉴于国民党已占领本溪市的实际情况，中共中央东北局于6月决定撤销本溪市党政军群组织。

1948年10月29日，即安东省军区向独立一支队下达进军命令之后的第四天，中共安东省委作出中共本溪县委负责入市工作的指示，任命汪之力任中共本溪市委书记，王甦、梁成恭、孟博生、董玉峰为市委委员，中共本溪市委正式建立。11月末，增加王玉波、胡苏光、杨维、许言、徐宏文为市委委员。12月，汪之力调离，王甦任中共本溪市委书记。1949年4月21日，东北行政委员会调整东北行政区划，本溪市由安东省辖改为东北行政委员会直辖。本溪市县、桓仁县改由辽东省管辖。5月10日，中共本溪市委由隶属安东省委改为隶属中共中央东北局。东北局为加强升格后中共本溪市委的领导力量，于6月15日为市委配备了相应级别的主要领导人，调整和充实了新的组成人员。李亚光任市委书记，张子衡任市委副书记，市委常委由李亚光、张子衡、杨维、王玉波、王甦组成，委员李亚光、张子衡、杨维、王玉波、王甦、孟博生、胡苏光、董玉峰、许言、徐宏文、赵北克。9月，又任命任志远为市委副书记、常委、委员。

1948年11月初，根据中共安东省委的指示，在城市接管中成立了本溪市政府，先由王甦任代理市长。不久，省委调任王玉波为市长。1949年5月

10日，根据东北行政委员会的指示，本溪市政府改称为本溪市人民政府。

市委、市政府成立后，很快重建了河东、河西、工源、彩屯（1949年5月撤销）、大峪、福金（1949年1月撤销）6个区委和区政府。1949年7月11日，东北行政委员会为发展本溪煤铁重工业，决定改变本溪市行政区划和市县关系，将本溪市近郊22个行政村从本溪县划出，交由本溪市大峪区管辖。

根据"积极、公开、慎重"的建党方针和中共中央东北局组织工作会议精神，中共本溪市委决定于1949年5月末公开党的组织并在工厂中首先开展建党工作，在本溪煤铁公司机械一分厂进行公开建党工作试点，吸收新党员57名。随后，市委相继在钢厂、动力部、煤矿部等单位公开党组织和发展党员。至1949年9月末，全市（不含两县）党员由解放初期的300余名发展到1180余名。各级党组织逐步扩大和健全起来，市委下辖9个党总支。公开建党为中共党组织发展壮大创造了条件，为全市国民经济恢复和各项社会改革提供了政治思想基础和组织保障。

（三）群团组织重建

为了加强党、人民政府联系和团结各方面群众，做好城市接收后的各项工作，按照中共中央东北局的指示，本溪解放后，及时着手对工会、青年团和妇女等群众团体的重建和新建工作，以期充分发挥其桥梁和纽带作用。1948年11月下旬，东北职工总会派刘林元来本溪从事筹建市工会工作。经过短暂的筹备工作，于12月7日召开了本溪煤铁公司职工代表大会，成立了本溪煤铁公司总工会筹委会，由刘林元任筹委会主任。此后不久，先后由王甦、任志远继任主任。筹委会先后进行了多方面的工作：一是举办工人培训班，提高工人阶级觉悟和政治觉悟；二是向公司提供就业人员；三是贯彻劳保条例，让工人体会到自己是企业的主人；四是献纳器材活动；五是为调动生产，在工人中开展"红五月生产竞赛"活动；六是改善职工物质和文化生活条件。至1949年3月，本溪煤铁公司职工18740人，工会会员8948人。工会组织对煤、铁、钢、焦、矿石等厂矿尽早恢复生产发挥了重要作用。

本溪解放之初，中共本溪市委针对青年思想较为混乱的情况，首先成立了本溪市青年联合会，并以该会的名义，利用各种形式广泛开展宣传、教育和团结青年的活动。1949年1月14日，根据中共中央《关于建立中国新民主主义青年团的决议》精神和本市实际，作出了成立新民主主义青年团本溪市筹备委员会的决定，全面领导全市建团工作和青年工作，任命张村夫为筹备委员会主任。1949年3月4日，中共本溪市委作出《关于青年运动的决议》，提出建团工作应通过各种组织，结合当前各种具体工作，依照有计划、有步骤、有重点、稳重的方针来进行。要求建团的重点应转移到工厂，各区委会要指定委员一人兼做团的工作。经过4个月建团工作，至4月30日，全市已发展团员254名。新民主主义青年团的建立，显示和发挥了党的助手的作用。至同年10月，在全市恢复生产、"创造新纪录"运动中，全市工矿企业1576名团员中有450名创造了生产新纪录，为本溪市煤铁生产恢复做出了贡献。

根据1949年1月21日东北妇女第一次代表大会精神，市委从刚刚结束的市第一期青年干部训练班中抽调部分女干部分配到市区做妇女工作。3月8—9日，召开了有200多名妇女代表出席的本溪市第一次妇女代表大会。会议讨论了恢复生产、支援前线、妇幼卫生、家庭关系等8个方面的问题，通过了《本溪市第一次妇女代表大会临时决议案》，选举产生了由9人组成的本溪市妇女解放联合会筹备委员会，选举于琦为筹委会副主任。8月，市委任命林楠为筹委会主任。

市区两级党组织和人民政府的重建，为城市接收后领导全市人民医治战争创伤，稳定社会秩序，修复城市公共设施，恢复工业生产，保护和发展工商业，实行彻底的民主改革等一系列工作的开展，打下了坚实的组织基础，为推动各项任务的完成提供了可靠的政治保证。群众团体的重建和新建，密切了党、人民政府同各方面群众的联系，使其成为党和政府重要的社会支柱，发挥着越来越重要的桥梁和纽带作用。

三、恢复与稳定城市秩序

本溪解放之初，人心不稳，社会动荡；城市道路崎岖不平，污水横溢；工厂停产歇业，商业萧条冷落；市民缺粮缺盐，饥寒交迫。整个本溪市区到处是残垣断壁、凋零衰败的景象。

党组织接收本溪之初，工作千头万绪。为了稳定秩序、安定人心，市委、市政府和煤铁公司首先解决城区粮荒问题。煤铁公司和本溪县政府供销处从沈阳和安东等地调粮60万斤，豆油4万斤，食盐6万斤。30万斤粮食作为救济粮发放，30万斤投放市场。本溪县委还动员各区运粮进市，活跃贸易。由于大批粮食涌入城区市场，粮价迅速下落，不到一个月，本溪地区粮荒问题基本缓解，国民党占领时"米贵如金"的状况一下子得到改变。1949年1月21日，本溪市政府为让市民过好新春佳节，每人发猪肉2斤、白面3斤。

恢复铁路交通和通信是本溪解放后城市工作的当务之急。接收后，铁路局组织两个工程队，先后抢修沈安、溪碱和溪辽线铁路和电话。1948年11月23日，3条铁路线全部通车；11月15日，本溪同周边城市开通了电话、电报业务。

对学校教育工作，入市后即召开教员及青年学生大会，讲形势、交政策，宣传新区教育方针。在此基础上，宣布一律维持现状，11月3日照常开学。11月8日，市政府发出关于中小学校临时教育工作的指示，要求除国文、历史等课暂时停上外，"所有其它课程一律照上，所有教员一律照常供职，克日到校工作，并于最短时间动员学生入学，以免旷废学业"。

稳定金融和物价是接收后的重要工作之一。解放之初，一些不法分子趁市场货币不一、流通混乱之机，做起货币投机买卖，妄图趁党在新区立足未稳，发笔不义之财。为了稳定新区金融和物价，市委、市政府采取3项措施：一是加强金融管理，取缔非法交易，对15座银楼加强监督和管理，开展了反银元和金钞的斗争，统一货币，使投机分子无隙可乘；二是控制主要商品，对钢铁、煤炭、粮食、布匹、食盐等主要生产、生活资料，采取统购统销来调节市场，促使物价下跌，打击囤积紧俏商品的投机活动；三是加强市场管理，严格监督交易，运用行政手段管理市场价格，打击不法商贩，维护市场秩序。

对工商业采取保护和扶持政策。本溪解放前夕，由于连年战争和国民党的严酷统治，本溪私营工商业正处于衰败之际。当时市区私营商业有870户，都是小本经济，总资本29.1亿元（相当于现行人民币30.63万元）；私营工业14家，过去主要靠煤铁有限公司委活，公司停产使他们无活可干，也大都歇业。解放后，市政府立即宣布废除国民党统治时期的各种苛捐杂税，宣传人民政府对私营工商业积极扶持和保护合法经营的政策，解除私营工商业者的种种疑虑，促进私营工商业的恢复和发展。针对当时私营工业恢复和发展存在的困难，主要采取扶持贷款、帮助订货和收购产成品、协调劳资关系等措施，帮助他们开工生产；对私营商业，主要是在价格和经营范围上创造条件，给以扶持。所以，本溪解放不久，商店陆续开业，工厂相继开工。至1949年，私营工商业户发展到1059家，其中工业35家。随着私营工商业的开工开业，市委、市政府更注重发展国营、公营经济，于1949年相继成立百货公司、粮食公司，以确立国营商业的领导地位。

为了整顿破烂不堪的市容，恢复市内交通，修复公共设施，市、区政府发动广大市民、学生抹掉国民党军政张贴、涂写在市街建筑物上的反动标语，清除多年脏土，填平交通壕，翻修马路，清理下水道入口和马路两侧水井淤泥，修补和新建桥梁、桥涵和河堤，修复漏水管道和新设供水所，开通市内公共汽车线路，投入公共汽车和载重汽车营运，解决城市交通和运输困难。还新建了1所联合医院，为群众防病、治病。1949年7月，本溪市由东北卫生部领到疫苗3万人份，由防疫委员会分赴各区组织宣传接种，第一次注射20344人，第二次15680人。

从本溪解放至1949年9月，不到一年时间，市区秩序日趋正常，城市功能基本恢复，社会安定，人心稳定。

第二节　整顿社会治安与新区民主改革

一、追捕国民党残余和整顿社会治安

本溪解放之初，国民党军虽被全歼，但是，国民党的一些残余的顽固分子却在暗中猖狂活动，他们散布谣言，制造混乱；国民党军的散兵游痞到处流窜，甚至打黑枪图报复；窃贼、盗匪也趁机冒出，大肆盗窃工矿财物；胆大妄为者竟敢冒充人民政府工作人员，以搜查为名进行诈骗活动。为了有效维护社会秩序，保卫人民政权，军管会决定对全市实行戒严（1948年11月1日—14日）。以公安机关为主，会同卫戍区部队和安东省军区宣传大队，组成户口检查委员会，共抽调600人组成200个户口检查小组，按照接收的国民党户口簿，挨门逐户进行检查对证。经过十几天检查，缴获各种枪支40余支、炮弹200发和一批敌特秘密文件，清查出一批

国民党军政人员，争取了包括匪首在内的14名土匪缴械投降[①]。在此基础上，公安机关又进行一次全市户口登记，基本上摸清了全市人口数，初步建立了户口管理制度，为维护社会秩序、加强治安管理和打击反革命残余势力创造了条件。在进行户口大清查和户口登记的同时，还通过召开群众大会和张贴布告，宣传人民政府的政策，敦促反动党团特、军政警人员到公安机关登记自首。卫戍区司令部设立了国民党散兵收容站。到11月末，共收容国民党军散兵746名，登记反动党团特、军政警人员1206名，收缴枪支120支，小炮5门，子弹、炮弹万余发，反动证件73份。经过多方工作，使逃至沈阳的国民党本溪县原党部书记苗可沛返回本溪登记自首。经过争取教育，继任国民党本溪县党部书记王嘉文向公安机关交出县党部全部档案；国民党本溪县县长刘克俭、县参议长李如翔等人被公安机关从沈阳捕回。对隐匿不报的国民党特务分子，根据公安机关掌握的情报和线索，组织力量主动出击追捕。在不到一个月的时间里，破获了国民党绥靖总队东北二大队本溪组、东北剿总二处七组、国防部保密局东北特别组安东分组3个主要特务组织，逮捕特务骨干分子20余名，缴获各种枪支20余支、子弹1000余发，基本上摧毁了国民党在本溪的特务网络。

为了加强治安管理，打击盗窃活动，还从公安队抽调兵力，同卫戍区司令部执法队密切配合组成纠察队，在市区昼夜巡逻，检查旅店、饭店、影剧院等公共场所，寻查可疑人员。为避免不法分子冒充政府工作人员对群众进行诈骗活动，市公安局印制了逮捕证和检查证，规定机关和部队人员不得擅入民宅，无市公安局印发的逮捕证不准捕人，没有检查证不得对居民无端盘查，并将上述有关规定布告市民周知，防止坏分子钻空子。

二、对反动党团特人员登记

1949年3月5日，中共中央东北局和东北行政委员会根据对敌斗争形势，发出《关于对反动党团特组织进行登记》的命令，决定在全东北统一对反动党团特人员进行登记。3月下旬，东北局社会部和安东省委社会部也相继发出指示并进行了工作部署。本溪市、县公安机关在市、县委统一领

---

① 本溪市公安局档案1-1；郑荣谦、刘玉林主编：《本溪公安历史长编（1945-1949）》，1995年，第162-165页。

导下，于3月下旬开始进行对反动党团特人员登记。

根据上级指示，中共本溪市委于3月23日作出了《关于执行东社部对反动党团特登记工作指示的决定》①。《决定》在分析全市对反动党团特斗争形势时认为：本溪公安机关对国民党党团特分子进行的登记仅仅是初步的，虽然基本上摸清了其内部组织，登记了一批党团特分子，但仍有三分之一以上的人员没有登记；已登记的人员百分之八十以上没有交出党团证件，有的潜入一贯道、三礼教等反动封建会道门组织中继续活动，有的藏身于工矿、学校、机关中伺机而动。因此，必须以公开的形式向敌人发动强大攻势，彻底消灭这些反动组织的残余。对反动党团特分子登记的政策是争取、改造，教育多数，打击和孤立少数顽固分子；登记的重点是煤铁公司及其附属工专学校。

按照市委《决定》的要求，成立由市委、市政府、煤铁公司、总工会、青年工作委员会、公安局等机关主要领导组成的对反动党团特人员登记委员会。在机关、学校、工矿企业分设22个登记分会。市公安局抽出10多名干部组成两个工作组，深入煤铁公司各部、处、厂，掌握情况指导工作。

1949年3月25日和4月1日，市公安局先后发出《对反动党团特人员登记工作的通告》和《对国民党军政警人员登记的通告》，规定了限时报到和登记时间，过去已登记的上述人员还要重新登记。

经过紧张的工作，到6月末登记结束。共登记反动党团特人员（含本溪县）1388名，市区登记国民党军政警人员3475名。通过登记，全市缴获各种反动证件54份，各种枪支5支，刺刀3把，子弹、手榴弹300余发（枚）②。由于各级领导重视，公安机关努力，基层干部和广大群众的支持和配合，使登记工作比较顺利、彻底，打击了少数反动骨干分子，教育了一般反动党团特人员，提高了广大群众的革命觉悟。

三、打击和取缔反动会道门活动

本溪解放后，一贯道等反动会道门在国民党残余势力操纵下，活动十

---

① 郑荣谦、刘玉林主编：《本溪公安历史长编（1945-1949）》，1995年，第299-307页。
② 郑荣谦、刘玉林主编：《本溪公安历史长编（1945-1949）》，1995年，第175页。

分猖獗。他们利用道徒集会等形式，大肆造谣惑众，攻击共产党和人民政府，妄想国民党卷土重来，一时成为严重危害新生人民政权、诋毁党的领导和扰乱社会治安的反动社会势力。按照东北局社会部的有关部署，本溪市在开展对反动党团特人员登记的同时，对反动会道门的活动做过调查掌握。从调查和侦察掌握的情况看，本溪地区的反动会道门组织主要有一贯道、孔孟道、慈航佛教会、九宫道、实际道、学好道、黄金道、大同佛教会等。其中，一贯道人数最多，活动最频繁，最为反动。主要分布在本溪湖河沿、河西、工源德泰、千金沟、本溪县的石桥子、牛心台等地。通过调查了解发现，这些会道门的首要人物多是国民党党团特分子和被斗地主、恶霸等仇视共产党的反动分子。他们利用一些群众的封建迷信意识，以传道为名，行掠夺群众、扰乱治安和抵制社会改革之实。1949年7月中旬，东北局社会部指示各地公安机关于7月20日统一行动，搜捕反动会道门首要分子。为防止已察觉公安机关动向的首要分子潜逃，市公安局提前逮捕了7名罪恶较大的首要分子。紧接着，本溪县公安局在统一行动中，逮捕了19名反动会道门头子。在全东北统一行动前后，市县公安机关共逮捕反动会道门首要分子43名，在本溪城乡引起了强烈的震动，有力地打击了反动会道门的猖獗活动。

为维护社会治安，1949年8月，东北行政委员会颁发布告，解散封建会道门，登记自新者决从宽处理，继续阴谋活动者定予严惩[1]。命令东北地区所有反动的封建会道门组织一律解散，不准再有任何活动。并规定反动会道门之首要分子应该立即向各市县公安机关进行报到登记，悔过自新。对于确能遵照政府命令，已经登记的人，政府则宽大处理；拒不登记或阳奉阴违继续进行阴谋活动的人，一经查明，定予严办。其他被胁迫或被诱骗而参加的人，不论参加时间的长短，只要脱离这些组织，停止活动，政府决不追究。

为彻底瓦解反动会道门组织，教育争取受骗群众，中共本溪市委于1949年8月3日作出《关于执行东北局对一贯道等封建会道门处理的指示》[2]，确定了斗争方针和政策：摧毁其组织、缩小敌特活动范围，巩固治

---

① 《东北行政委会颁发布告解散封建会门》，载《人民日报》，1949年8月14日。
② 郑荣谦、刘玉林主编：《本溪公安历史长编（1945-1949）》，1995年，第308-311页。

安、保护生产建设；打击与国民党特务有联系或罪大恶极的首要分子，对一般头目则采取登记和管制的办法，对多数被骗群众则进行教育，动员其退出组织。同时，要把处理反动封建会道门与宗教信仰区别开来。《指示》还确定8月15日至25日为"退出组织运动周"，由公安机关负责对骨干分子进行登记，一般道徒要在所在机关、学校、厂矿、街道等单位声明退出组织。为贯彻东北局和市委指示，市县公安局和各区在机关、厂矿、街道、农村分别召开会议进行部署，特别是引导彻底觉悟的道徒，以现身说法揭露反动会道门的阴谋活动和罪行，以及对罪行较轻、坦白较彻底并能检举揭发他人的首要分子宣布释放或从宽处理，对受骗群众教育深、触动大，不少道徒自动宣布退出组织。在8月15日至25日的"退出组织运动周"内，市区登记骨干分子94名，声明退出组织的一般道徒1970人[①]。本溪县声明退出组织的一般头目和道徒共2452人。至此，本溪地区的反动会道门在政治上受到沉重打击，组织上基本瓦解，广大群众受到一次现实阶级斗争的教育。

四、城区改造街政权

在国民党统治时期，本溪市区的基层政权组织实行保甲制。保甲的头目亦即保长、甲长，大都被封建迷信或反动会道门的头目、流氓地痞等各类坏人所充任。解放之初，由于党的干部少，一时还未顾及解决最基层的政权改革问题，所以，这些人仍把持着权力，市区政府政令不畅，基本群众还没有从受压中摆脱出来。到了12月，市委、市政府派干部深入到市街居民区之中，发动居民群众对旧政权的社会基础进行改革，改造和清理藏

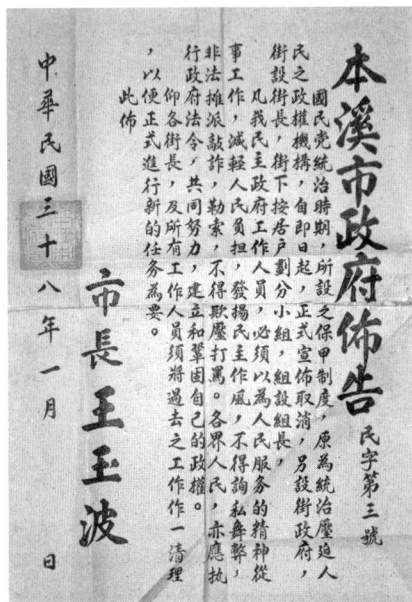

1949年1月，本溪市政府取消保甲制的布告

[①] 本溪市公安局档案1-1；郑荣谦、刘玉林主编：《本溪公安历史长编（1945-1949）》，1995年，第183页。

污纳垢的社区，在基层确立人民政权，最终使党在城市牢牢地站稳脚跟。

1949年1月，市长王玉波签署本溪市政府布告，宣布取消国民党统治时期的保甲制，实行街组制①。不久，市委从干部训练班中抽出年轻干部，派到各街任街长，取代旧保长，建立街人民政府，从而，形成了市、区、街三级政权机构的格局。

在改造市街政权中，重点解决3件事：

一是斗争民愤大的保、甲长。办法是：市区工作人员深入保、甲，只要条件许可，尽可能召开全保甲群众大会，讲明改革基层政权的目的和意义，通过会议了解各家各户生活状况；深入各户了解个别问题和职业情况，特别是保甲长过去利用各种机会敲诈勒索和贪污侵占的问题。然后召开群众核实大会，先由保甲长自己坦白，再由群众揭发和对证，对过去所做的坏事一一核清，对财务账目一一查清。在此基础上，对问题大甚至构成罪行的人开批斗会，最后交由法庭处理，使其威信扫地。

二是"挤坏人、黑人、黑户"，弄清居民的政治面貌和阶级成分。主要是采取联保的办法，互知底细的5户或8户相互证实身份、职业、生活来源和政治态度等，出问题共同负责。这样，基本群众面貌就清楚了，隐匿的坏人就大有"水落石出"之势。就连游手好闲、不务正业的二流子、小偷、各种会道门信徒、吸毒贩毒者等亦都暴露无遗。这样又便于政府分别对他们进行惩戒和教育。

三是在废除旧保制的基础上废除旧甲制，建立居民组。在各项工作中有意识地发现和培养积极分子，发挥他们的作用，使他们得到锻炼和提高。在条件趋于成熟时，采取自上而下地酝酿组长人选，最后通过群众大会民主选举组长。当时全市共划分18条街道、387个居民组。到1949年3月底，改造街政权工作基本结束。

经过3个月的改造工作，摧毁了旧社会的保甲制，建立了人民掌权的街组制，使市区社会基层改天换地，保证了人民政府的政令畅通，使人民政权植根于人民群众之中；有力地打击了城市社会基层那些欺压群众、充当反动统治御用工具的各类坏分子，城市贫民和基本群众扬眉吐气、当家做

---

① 本溪市党史地方志办公室编著：《中国共产党本溪史》第1卷，辽宁人民出版社，2004年，第423页。

主；进一步深挖了反动军、政、警和党、团、特分子，保卫和巩固人民的新生政权；发现和培养了一批积极分子，为后来的基层政权建设打下了良好的基础。

五、取缔娼妓和打击毒品

卖淫嫖娼和贩毒吸毒是旧中国滋生的毒瘤，是千百年来形成的社会病害。前者与恶霸密切相关，后者同反动统治和黑社会势力有千丝万缕的联系。因此，本溪新政权把取缔娼妓和打击贩毒、惩戒吸毒作为进行民主改革的重要任务。

本溪解放时，由于一些作恶多端的妓院老板畏罪逃跑，该业迅速衰落，全市仅存7家妓院，29名妓女。当时人民政府对妓院实行管制营业、限制发展、逐步取消的政策。1949年3月，本溪市政府颁发了取缔妓院的法令。本溪市公安局成立了取缔妓院的专门工作组，召开妓院业主和妓女大会，揭露妓院的罪恶，宣布一律予以取缔的法令。根据妓女揭发和群众检举，市政府对一贯以娼为业、罪恶重大的老板予以审查处理。对于妓女则启发她们控诉旧社会的罪恶和老板们对她们的虐待，保护她们的人身权利，帮助她们无条件地跳出苦海。同时，教育她们改造思想，努力成为自食其力的劳动妇女，并帮助她们择偶成家，过上正常人的生活。到1949年8月，取缔妓院工作结束。人民政府用几个月时间，使娼妓这一旧社会绵延几千年的丑恶职业在本溪地区绝迹。

鸦片是近代资本主义列强对中国进行经济侵略的重要手段之一。抗战胜利后，中国共产党接管本溪，民主政府严令撤销烟馆。但国民党占领本溪后，表面"禁烟"，暗中却纵容烟毒泛滥。1946年6月，国民党开始在本溪查禁烟毒。提出四项烟毒实况调查办法，六项制藏运售根绝办法，七项吸食者戒除办法等等。并组织了有社会团体参加的戒烟协会，以及以警察、街公所为主的烟毒检查班等组织机构，实行联保、连坐，实施检举等措施，名堂之多，声势之大，可谓极一时之盛，名为推行"新生活"，但结果是声势不小，作用不大。

中国共产党和人民政府是一贯主张严禁烟毒的，尤其是中央人民政府政务院和东北人民政府明令禁毒，人民政府遵照上级有关指示，把惩戒吸毒、打击贩毒作为社会民主改革的内容。对吸毒者采取强制戒毒，对贩毒的惯犯予以打击处理，以杜绝毒品来源。仅据1948年11月和1949年2月两个月的统计，本溪市处理吸毒和打击贩毒人员39人，对其分别进行了教育、警告和判刑。1949年初，本溪地区打击和处理贩毒、吸毒37人①。

六、市郊区土地改革

土地改革，是中国共产党民主革命的基本任务，是消灭几千年来农村封建制度的一次极其深刻的社会改革。本溪解放后，为了彻底完成民主革命任务，摧毁农村封建剥削制度和打击封建势力，党在接管城市后，又在市郊区开展了轰轰烈烈的土地改革运动。

根据中央1948年5月指示精神和东北局关于新解放区土改的指示，中共本溪市委于1948年12月28日作出了关于《土改工作布置》的决议②。决议十分明确地规定了郊区土改的具体政策并提出了工作步骤安排。

根据决议要求，本溪郊区土改从1949年1月开始，大体分为五个阶段进行：

第一阶段，首先取消反动的保甲制。有的是通过发动群众选举贫雇农当村长，有的则是市区土改工作队根据摸底了解的情况，指定贫雇农积极分子当村长，旧保甲长一律换掉。在此基础上，召开有80余人参加的各村贫雇农代表会。会议由王玉波、王甦主持，主要解决3个问题：一是明确土改打倒封建势力的意义和贫雇农自身的阶级地位；二是弄清为什么要没收地主土地，征收富农多余土地，中农土地不动，保护工商业，不能打人等政策要求；三是弄懂怎样划分阶级，如何区分地主与富农、地主中的大中小等政策规定。

第二阶段，广泛深入地发动农民群众，组建农民群众组。代表回村后，土改工作队即随后深入下去，大力宣传土改政策，利用各种形式打消群众的种种顾虑，建立贫雇农团和农会，作为土改的合法执行机关，依靠贫雇农，团结中农，形成土改的基本力量，孤立地主富农。

第三阶段，在解决土改组织领导和依靠力量之后，由农会组织广大贫苦农民诉苦，控诉恶霸地主的罪行，清算剥削账，掀起斗争地主的怒潮；迫使地主恶霸交代剥削农民的罪行。诉苦期间，市区组织人民法庭。人民

① 本溪县公安局档案6-1-13。
②《本溪五十年》编写组编：《本溪五十年》，辽宁大学出版社，1998年，第19-20页。

法庭在村进行审判时，村可派代表参加。1949年春，市委在大峪堡召开公判大会，处决了两名罪大恶极的恶霸地主。在斗争地主的基础上，没收其土地财产，把地主剥削农民的粮食、布匹、被子、衣物等分给缺吃少穿的农民。

第四阶段，划分阶段，确定阶级成分。工作队、农会和贫雇农团认真学习中共中央《关于划分农村阶级成分的决定》《在东北农村中划分阶级的一些问题》《关于领导土地改革应掌握划分阶级等三个问题的指示》以及中央重新印发的1933年在中央根据地划分阶级的两个文件，严格掌握划分阶级的政策和界限，摸清各户的土地、人口及劳动力状况，掌握确切数据，进行阶级划分。划分阶级的时间界限，以1948年11月1日本溪解放向前推算，必须连续剥削3年者才构成其地富成分①。划分的办法，采取自报公议，贫雇农团审定，村民大会通过。最后，张榜公布。郊区当时14个村，共划出大地主35户，中地主22户，小地主18户，富农36户，地主富农占郊区总户数的4.63%；被斗人口877人，占总人口数的6.92%②。

第五阶段，平分土地，实现耕者有其田。这是彻底废除封建半封建性剥削的土地制度，从根本上实现土改的最终目的。各村对本村所有土地，包括不分配的中农的土地进行全面丈量，经评地委员会按亩产确定等级。然后，按照"填平补齐、好坏搭配、粮平地不平"或"两头（好和差）打乱、好坏搭配、粮平地不平"的原则，由农会合理地分配土地。分配土地时，军烈属优先；中农土地不动，如低于全村人均亩数的给予补齐；富裕中农多余的土地动员献出；对于地主富农，分给其不低于全村人均亩数的土地，但不能只分给远地、差地；恶霸本人不分给土地，其家属按其成分分地；工人、商人及其他职业者的家属原则上不分地，如其收入不能维持正常生活者可酌情少分；革命军人、地方和基层干部与其家属同农民一样待遇。

自1949年1月初至1949年3月中下旬，历时近3个月，本溪郊区的土改工作基本结束。郊区14个村，共没收土地5018亩，参加分地人口6690人，人均分地0.75亩，个别村人均分地2亩③。通过贯彻党的新区土改方针、政

---

① 中共本溪市委：《土改工作布置》，全宗1号目录1号1949年卷宗4号卷，本溪市档案馆藏。

② 中共本溪市委：《一个月土改工作总结及今后农村工作布置》《解放半年来工作报告》，全宗1号目录1号1949年4号卷，本溪市档案馆藏。

③ 中共本溪市委：《一个月土改工作总结及今后农村工作布置》《解放半年来工作报告》，全宗1号目录1号1949年4号卷，本溪市档案馆藏。

策，彻底废除了几千年不合理的土地制度，消灭了封建剥削的经济基础，打倒了农村的封建势力，广大贫苦农民实现了梦寐以求的愿望，分得了土地，获得了解放，成为新社会的主人。

第三节　恢复发展煤铁生产迎接新中国诞生

一、煤铁公司成立及面临的严重困难

1948年11月7日，东北行政委员会工业部特派员梁成恭、徐宏文在卫戍部队的配合下，组织工人纠察队护厂。然后，以东北行政委员会工业部正、副特派员的名义宣布正式接收本溪煤铁有限公司[①]，发布了《东北行政委员会工业部本溪湖煤矿布告》。布告发出的第二天，梁、徐又组织公司仍留在市内的原处长以上职员开会，敦促各处室尽快整理好物资、图表、档案，迅速清点造册，并限期送交。同时，向煤矿部、工务处、秘书室、会计室、总务处和电力处派出代表。移交书由原来的课长和接收代表签名，作为正式交接手续。

后期特派员杨维、许言也来到本溪，东北行政委员会又从北满调来大批干部加强公司的接收工作。11月底，东北行政委员会撤销国民党行政院资源委员会本溪煤铁有限公司，成立东北行政委员会工业部本溪煤铁公司，任命杨维为公司经理，许言、徐宏文、赵北克为公司副经理。当时，公司所属32家厂矿，有职工9009人。按照日伪时期的正常生产能力，公司年产42万吨铁，1万吨特殊钢，95万吨煤（不包括正在建设中的设计年产100万吨煤的竖井煤矿），56万吨焦炭，2万吨耐火材料，以及其它7种副产品[②]。

当时的本溪煤铁有限公司，是一个千疮百孔、荒草满地的破败厂区。机器设备残缺不堪，厂矿无法生产，工人失业，生活困苦。在短时间内恢复生产，面临着诸多难以克服的困难。

---

① 本钢史志办公室编：《本钢志（1905—1985）》第1卷（上），辽宁人民出版社，1989年，第373页。

② 《本溪煤铁公司三个月工作总结》，全宗1号目录1号1949年6号卷，本溪市档案馆藏。

　　恢复生产最大的困难是机器设备严重损毁和散失。抗战胜利后，苏联红军于1945年9月20日进驻本溪。他们先是对所有机器、设备及仓储物资进行全面摸底，然后用2个多月时间将公司在日伪统治后期新建厂矿的先进设备拆卸殆尽，运往苏联。据当时不完全统计，仅拆迁设备的重量就多达1.5万吨。此外，还有库存的常储设备和大量物资也被尽数运走，其数量无人统计也无法统计。1946年5月，由于国民党的猖狂进攻，民主联军在敌众我寡的情势下，从本溪暂时撤离。临撤前，为阻止国民党进占后进行反共、反人民的生产，将本溪第一、第二发电厂和本溪钢厂的主要机器设备以及南坟矿山的部分机器设备拆迁掩护起来，将第二发电厂三号锅炉炸毁。在国民党占领后期，国民党军为固守本溪负隅顽抗，大量拆卸厂矿设备修筑工事，甚至拆毁公共建筑和住宅，抽出木料用于筑防。正如当时公司掌管者向当局述职时所描述的那样："员工被征筑防达5万多工日，各种器材征用殆尽，已呈枯竭窒息状态。"同时，由于大多数厂矿长期停产和少数厂矿半停产，企业基本处于混乱无人管理状态，致使大量生产工具和小型器械散失于工人和市民手中。机器设备严重损毁，生产工具大量散失，使厂矿无法开工生产。仅以炼铁厂为例，接收时4座炼铁高炉，却无一座能开工生产。处在本溪湖的两座高炉，由于日伪垮台当时顾不得生产，在混乱之中放弃操作，造成炉内熔铁凝固；而处在工源的两座高炉，其主要设备已被苏军洗劫一空。总之，自"八一五"光复至本溪最终解放，由于两年多战争的破坏，使公司除第二发电厂和本溪煤矿遭到的破坏较轻外，绝大多数厂矿都遭到严重破坏。

　　此外，还有诸如一线生产人员缺乏，技术和生产管理人员严重不足，原材料严重短缺以及专用铁路设施被严重破坏等，也都是一时难以克服的困难。若恢复生产，必须付出极大的代价，做出极大的努力。

二、为迅速恢复生产而做出的努力

　　面对恢复煤铁生产的严重困难，中共本溪市委根据党的七届二中全会精神和东北局的有关指示，把恢复煤铁生产作为接收城市工作的重心，使自己在经济上、政治上站住脚，经受住不同于战争却是十分困难的新的严峻考验。

　　接收煤铁公司这一官僚资本企业，采取与对待国民党政权机关不同的方针，即不是打碎他们的机构，而是先按照原来的组织机构和生产系统，

"保持原职、原薪、原制度"[1]，把它们完整地接收下来，然后逐步进行民主改革和生产改革。

根据初步了解和掌握的情况，公司先后召开技术、生产管理人员会议和工人代表会议。经过自上而下和自下而上的办法讨论，提出了为期一年的第一期修复计划。第一期修复计划提出先修复南芬等铁矿、本溪两座高炉、第二发电厂、特殊钢厂、厂内运输、焦炉等，煤矿斜井全部恢复生产。到1948年底，产煤72.9万吨、特殊钢2756吨、生铁3.57万吨以及完成耐火材料、焦炭等生产计划。

根据第一期修复计划，公司采取了相应的保障措施。主要是：动员工人回岗复工。解放前夕，由于厂矿不能正常生产，工人无活可干，生活来源无着又加上粮荒，因此，包括许多骨干工人也都离岗而去自谋生路。现在，要恢复生产必须动员工人回来。为此，公司特派员梁成恭、徐宏文亲自去东行委和省政府请求调粮以解救广大员工。工人每人发放20斤救济粮和预支15万元工资[2]。1948年底，又从沈阳购进蔬菜、白面和肉类，使员工过上一个祥和之年。1949年2月6日是大年初二，炼铁公司举行宴会招待110多名工人代表。经理杨维首先致拜年词，要求与会工人对工厂管理、组织机构、修建生产等工作提出宝贵意见，以改进工作。公司各负责人均亲自给工人敬酒。杨维对工人提出的意见表示感谢，号召大家真正把主人翁的责任担负起来。公司领导还带领干部深入工人家庭，在帮助解决生活困难的同时，说服动员工人回岗复工。针对工人中普遍存在的帮会组织和封建意识的情况，利用各种形式宣传革命道理，教唱革命歌曲，组织工人自编自演揭露旧社会剥削压榨工人的罪恶和解放后工人翻身做主人等内容的小节目，启发在岗和离岗工人群众的阶级觉悟。这样，不仅使大批离岗工人陆续返岗上班，还使郊区不少青年农民也闻讯进市踊跃报名当工人。仅仅几个月，公司职工就猛增至2.3万多名。

成立工会，把工人组织起来。在广泛的思想动员的基础上，公司及时地成立工会组织，把工人群众组织起来。到1949年3月，全公司各厂矿普

---

[1] 李济琛：《民营经济与中国现代化》，华文出版社，2020年，第139页。
[2] 本溪市党史地方志办公室编著：《中国共产党本溪史》第1卷，辽宁人民出版社，2004年，第432页。

遍成立起工会组织。为使工人群众尽快认识自己的阶级地位，树立翻身解放、当家做主人的思想，工会抽调工人骨干办脱产和业余学习班。学习诸如《政治课本》《政治经济学》《社会发展史》等社会科学常识读本，还请技术人员给工人上文化课和技术课，帮助他们提高文化技术水平。此外，工会还为广大工人群众谋福利，如贯彻实施东行委颁布的劳动保险条例，为广大职工进行了劳动保险；帮助厂矿行政成立职工食堂和托儿所，修缮了"大房子"，改善了居住条件；有的厂矿办起了图书馆，成立了业余剧团，丰富职工的精神文化生活。

为体现广大工人当家做主人的地位，1949年3月公司召开了有1000多人参加的工人代表大会，发动工人参加公司的民主改革运动。各厂矿普遍成立了民主管理委员会，工厂矿山的一切重大事宜，诸如生产计划、业务经营、管理制度、生产组织、工资福利等，都要提交民主管理委员会讨论。工会组织的各项活动，特别是组织工人参加企业的民主改革运动，激发了工人群众的革命热情，增强了主人翁意识和恢复生产的积极性。

号召职工献纳和收集器材 煤铁公司的修复建设，是在全国解放战争尚未结束的情况下进行的。公司缺少的器材设备、生产工具以及原材料，即使在外地能够买到，也因铁路不通而无法运回。面临这种情况，公司于1949年初向全体职工发出为恢复生产而开展献纳和收集器材活动的号召。广大职工积极响应，纷纷将自己在"八一五"光复后和国民党占领时期保存起来的器材和工具献纳出来。有的甚至将玛瑙乳钵、白金坩埚等异常珍贵的器材也献了出来。仅二三个月时间，全公司共献纳各类器材和生产工具22514件，总价值合东北地方流通券10亿多元。在献纳的同时，还收集回许多散失的设备。仅机械厂，在田师傅、北甸、本溪湖、工源和南芬等地，就找回169台机床，这些设备只需稍加修理即可使用。

由于献纳器材活动的蓬勃开展，收回大量的机械设备、生产工具和原材料，解决了恢复生产中的急需，加快了恢复生产的进程。

团结、教育和大胆使用工程技术人员 在恢复生产中，公司十分注意团结、教育和大胆使用工程技术人员。对在国民党退却时仍留下来的工程技术人员，帮助他们解除各种顾虑，欢迎他们能继续留下来为新中国共同建设煤铁公司；对解放前夕，由于种种原因流散外地的高级技术人员，则通过各种渠道同他们取得联系，动员他们返回本溪参加建设人民的新工业。

对那些拥护共产党，同广大工人群众站在一起的爱国进步知识分子，同党的干部一视同仁，大胆使用，生活待遇从优，使他们很受感动，决心将自己的本领献给新中国。这些人在恢复生产和后来的经济建设中发挥了重要作用，不少人加入了共产党，走上了重要领导岗位。

三、煤铁公司复工大会

人民的解放就是生产力的解放。政治上刚刚当家做了主人的广大职工，就像刚刚打开闸门奔腾而泻的洪流，旧社会被压迫受奴役而被压抑的生产热情和聪明智慧一下子迸发出来，在恢复煤铁生产中发挥得淋漓尽致。

解放后本溪的矿山、厂区和井下，到处是热火朝天的劳动场面，"没有共产党就没有新中国""我们工人有力量……为了全中国的彻底解放"的雄壮歌声时时回荡在山城，激励着人们忘我地劳作。

在修复工作中，工人、干部和技术人员付出的艰辛和劳动几乎达到了人体的极限，他们表现出的聪明睿智超出了外国专家的想象，他们无私奉献的精神是人类社会前所未有的。正是用这样的劳动和创造，才开辟出了解放区的新天地。

1949年4月，随着南芬铁矿四坑口大斜井290米深积水的排除，第二发电厂三号锅炉炉筒的复原，本溪煤矿大斜井的修复等，使沉寂了3年多的煤铁公司开始复苏，其中本钢二号炼铁炉内80吨凝铁的清除，总工程师靳树梁发动干部、技术人员和工人群众集思广益，用简陋的工具打排孔、砸楔子，把凝铁劈成小块，逐渐清除了炉内凝铁。后发现炉基有许多裂缝，靳树梁协同经理杨维召开技术会议，发挥群众智慧，提出了解决办法[1]，为炼出第一炉铁做出了重要贡献。经过3个月的艰苦奋战，1949年7月3日，二号高炉流出了本溪解放后由中国人炼出的第一炉铁水[2]。后来紧接着一些厂矿陆续投入生产：本溪特殊钢厂3月开炉，本溪煤矿4月开始出煤，南芬铁矿5月产出矿石，第二发电厂三号锅炉6月正式运转，炼铁二号高炉7月4日流出了第一炉铁水[3]。彻底打破了日本侵略者"本溪的高炉只能扒倒种高

---

① 东北工学院院志办公室编：《靳树梁传略》，东北工学院出版社，1990年，第26页。

② 本溪钢铁公司：《史志参考》，1988年第2期。

③ 王俭秋：《负重的脊梁——记本溪煤铁公司第一经理杨维》，载钱之荣、李德臣主编：《创业者的风采》，辽宁古籍出版社，1994年，第180页。

梁"的断言①。到7月中旬以前，公司的铁矿、发电、炼焦、炼钢、炼铁、煤矿、运输等主要生产部门恢复了生产。公司广大职工不分昼夜地艰苦奋战，终于用他们的汗水甚至生命赢得了本溪解放后国民经济恢复工作的第一个伟大胜利，她将以巨大的成就向新中国成立献礼。

1949年7月15日，本溪煤铁公司隆重举行开炉典礼和庆祝大会。东北行政委员会副主席林枫、高崇民，中央军委代表张令彬等党政军领导人亲临大会祝贺并讲话，高度赞扬本溪煤铁公司全体员工吃苦耐劳，艰苦奋斗，在很短时间内将残破不堪的厂矿迅速恢复生产的革命精神和智慧，肯定他们为即将成立的新中国建设事业做出了突出的贡献。中共中央、中央军委为开炉典礼送来了镶有"为工业中国而斗争"贺词的锦旗。中共中央东北局、东北行政委员会、东北军区赠送的锦旗贺词分别是"劳动创造世界""为建设东北重工业而努力""劳动创造一切"。中共中央东北局和东北行政委员会专门发了《致本溪煤铁公司的贺电》。全文如下：

　　蕴藏极其丰富的"煤铁之城"，为日本帝国主义长期劫夺之后，又遭国民党反动派的盗窃破坏，去岁东北解放，始为人民所有，七个月来，你们以英雄式的劳动热忱，在冰天雪地山野里，在千度高热的熔炉旁，收集寻找器材，修理装配机件，发挥了主人翁的积极性与创造性，克服种种困难，胜利的完成并超过了预定修复与生产计划，正式开炉生产，这是继鞍钢开炉之后的又一件大事，这是伟大的工业建设的喜讯，当着你们举行开炉典礼之日，我们代表全东北人民致以热烈的祝贺！

　　目前全国伟大的经济建设即将开始，恢复与发展东北的工业，是走向全国工业化的重要条件，希望你们继续发挥工人阶级的高度劳动热忱，努力产煤炼铁，为迅速发展人们的煤铁工业，建设先进的工业化的新中国而努力！②

---

① 本溪钢铁公司编：《本钢九十年》，1995年，第37页。

② 《中共中央东北局、东北行政委员会致本溪煤铁公司的贺电》，载《本溪煤铁公司开工纪念刊》，1949年，第2页。与《本钢志》有出入。

本溪湖煤铁公司生产复工

在典礼大会上，公司经理杨维致辞，公司总工程师靳树梁、特殊钢厂厂长岳立讲话，劳动模范贾鼎勋和李焕歧代表全体职工表示决心。

开炉典礼之后，又有一批厂矿动工复修和相继投产：二号和一号焦炉分别于7月和12月开炉生产，煤矿斜井全部恢复生产，歪头山、北台、八盘岭、通远堡4座铁矿相继开工。

公司全年修建用工数94540个工日。至年末，生产生铁4.8万吨，超计划3.57万吨的34%；原煤生产85.83万吨，超计划72.9万吨的17.7%；焦炭完成11.05万吨，超计划10万吨的10.5%；钢完成2092吨，是计划2576吨的81.2%；发电完成6036.59万千瓦时，超计划4800万千瓦时的25.76%[1]。

本溪煤铁公司回到人民手中不到一年时间，就将两度遭到严重破坏的本溪煤铁工业迅速恢复起来，这是国民党政府做不到的，更是日本人想不到的，而翻身解放当家做了主人的工人阶级，在共产党和人民政府的领导下竟奇迹般地实现了。本溪煤铁公司修复和生产的恢复，不仅有力地支援了当时还在进行的全国解放战争，而且为新中国经济的恢复和后来的第一

---

① 中共本溪市委：《本溪一年来修建生产的总结》，本溪市档案馆藏全宗1号目录1号，1949年6号卷。

个五年经济建设计划的完成做出了卓越的贡献。本溪人民见证了本溪煤铁公司的新生，标志着本溪冶金工业和煤炭工业进入了新的发展时期，这是本溪人民为即将诞生的新中国献出的一份厚礼。

四、迎接新中国诞生

1948年10月31日，本溪解放，本溪历史翻开新的篇章，中共本溪市委认真贯彻中共中央和东北局指示，将工作重心由农村转移到城市，由武装斗争转移到生产建设。接管本溪后，中共本溪市委坚持紧紧依靠工人阶级和贫苦农民，团结中小资产阶级，教育并吸收大量知识分子，进行了城市接管与社会秩序恢复，开展了新区土改运动和街区基层政权建设，恢复发展煤铁工业生产和农业生产，兴办文化教育等各项事业。本溪解放后的经济恢复和社会发展，有力地支援了全国解放战争。

1949年3月5日至13日，中共七届二中全会在河北省平山县西柏坡召开，全会着重讨论党的工作重心的战略转移，提出党的工作重心必须放在城市，并将恢复和发展城市中的生产作为中心任务。为贯彻中共七届二中全会精神，明确党在本溪的中心任务，中共本溪市委于1949年6月1日召开全体会议，学习中共七届二中全会文件，讨论本溪地方工作如何适应全党工作中心转移问题，并于6月5日作出《关于几个问题的决定》。决定指出："党在本溪的中心任务是恢复与发展本溪的工业；要做好工会工作、建党工作和锄奸保卫工作；根据工作重心转移的需要，调整组织机构和任命厂矿负责人；在干部中广泛开展学习七届二中全会文件活动。"

在恢复煤铁生产过程中，本溪煤铁公司开展了"红五月"运动，本溪煤铁总工会开展了"创造新纪录"运动，并先后召开两次劳动模范表彰大会，号召全市工人以主人翁精神，发挥主力军作用，以优异成绩迎接新中国的诞生。本溪市的工厂、矿山、工地，到处是热火朝天的繁忙景象。曾留学美、意的炼钢专家，国民党统治时期即担任本溪煤铁公司工务处长兼炼钢厂厂长的岳立，看到工人阶级在中国共产党领导下，忘我的劳动热情和努力恢复生产的劳动场面，与国民党统治时期的冷清凋敝形成鲜明对照，他在煤铁公司开工典礼上无限感慨地说，本溪煤铁公司提前开工"证明了两个真理：一个是共产党可以解放中国，也可以建设中国；第二个是劳动可以改造世界，也可以创造世界"。

为恢复发展生产，厉行节约，加强城市管理，迎接新中国的诞生，本溪市于1949年9月28—29日在市文化馆召开全市第一届各界人民代表会议第一次会议。参加会议人员共134人，其中出席会议代表80人，列席26人，来宾28人。代表成分包括中共本溪市委、本溪市政府、驻军、工会、农会、青年团、妇联、教联、工商界等15个方面。会议由市委书记李亚光致开幕词，市委副书记张子衡传达东北各界人民代表会议精神，市人民政府市长王玉波作关于本溪市11个月来的施政报告。会议通过120多个提案，选举王玉波为本溪市人民政府市长，还通过了《致中国人民政治协商会议电文》和拥护东北各界人民代表会议的决议。各界人民代表欢聚一堂，建言献策，充分行使了当家做主、参政议政的权利，开启了中国共产党领导的地方民主政治建设的新征程。

1949年10月1日，中华人民共和国成立，本溪市各界群众2.5万余人，为庆祝新政协召开与中华人民共和国成立这一空前的神州盛事，隆重举行庆祝大会和游行活动，整个山城本溪变成了欢乐的海洋。同日，本溪煤铁公司一号高炉恢复生产。至此，已熄火4年多的本溪煤铁公司两座高炉完全修复投产。矿山是人民的矿山，高炉是人民的高炉，钢花飞舞，炉火正红。

10月1日至3日，本溪市区连续3天举行有3万人参加的盛大灯火晚会，各式各样的彩灯、五星灯、三角灯争奇斗艳，人群抬着巨大的地球灯、索道灯、选煤楼灯等在街上行走，市民手擎火炬，载歌载舞，热烈庆祝中华人民共和国的成立。

10月2日，本溪市在工源运动场（今铁路中学）举行庆祝中华人民共和国成立体育运动大会，有煤铁公司、水泥公司、铁路、各机关、高职学校和各小学等17个单位5000余人参加[1]。已经站起来的本溪人民以主人翁的姿态和健康的体魄，沐浴着新中国的旭日金风，向着建设自由、民主、幸福新本溪的道路迅跑。

---

[1] 本溪市党史地方志办公室编著：《中国共产党本溪史》第1卷，辽宁人民出版社，2004年，第464页。

结　语

历史是最好的教科书和清醒剂，是我们把握今天、创造明天的向导。唐代学者刘知几认为，"史之为用，其利甚博，乃生人之急务，为国家之要道。"①宋代学者司马光则认为，"监前世之兴衰，考当世之得失。"②龚自珍说："出乎史，入乎道，欲知大道，必先为史。"③现代学者周谷城则言："史学成立的经过，当在求真；其存在的理由，则为致用。"④前贤已将史学的作用阐述得十分精到。

研究历史为现实服务，运用历史文化资源优势助推本溪发展，是本溪史学工作者义不容辞的职责和使命。有感于此，愿为本溪发展进言。

梳理城市文脉

本溪历史悠久，文化厚重，并有着极其重要的现实价值。通过我们对本溪地域历史文化的挖掘，梳理出最具代表性的本溪地域特质文化有：以旧石器早期庙后山古人类遗址为代表的庙后山文化；以青铜时代马城子洞穴及墓葬为代表的马城子文化；兼具旧、新、青铜三个时代特征的牛鼻子文化；以北扶余王子朱蒙开国立都、五女山城世界文化遗产、五女山博物馆为代表的高句丽文化；以建州卫南迁婆猪江、三卫整合、瓮村及董鄂城寨、建州女真历史博物馆等为代表的建州女真文化；以辽东长城、清河城、孤山堡、碱厂堡、烽火台、柳条边等为代表的长城边堡文化；以连山关、摩天岭古道和中朝使臣诗文咏赞为代表的孔道驿路文化；以东北道教

---

① 刘知几撰，张三夕、李程注评：《史通》，凤凰出版社，2013年，第161页。

② 司马光：《进资治通鉴表》，载刘振娅选注：《历代奏议选》，广西人民出版社，1993年，第358页。

③ 龚自珍：《尊史》，载刘麒子整理：《龚自珍全集》，浙江古籍出版社，2014年，第75页。

④ 周谷城：《中国史学史提纲》，载周谷城：《周谷城学术论著自选集》，北京师范学院出版社，1992年，第300页。

龙门派祖庭九顶铁刹山、八宝云光洞、《九顶铁刹山志》和摩崖石刻为代表的道教文化；以本溪煤铁公司、本溪湖工业遗产群、本钢博物馆为代表的工业遗产文化；以东北抗联第一军、辽宁民众自卫军抗战、东北抗联史实陈列馆、辽宁东北义勇军抗战纪念馆和诸多抗战遗址为代表的抗战文化；以桓仁八卦县城、太极图等为代表的易学文化；以田连元评书、满族故事、乞粒舞（农乐舞）、萨满舞、本溪社火、辽砚等为代表的非物质遗产文化；以建州女真名酋李满住、王兀堂，著名抗日民族英雄杨靖宇、宋铁岩、李红光、邓铁梅、唐聚五、苗可秀，著名学者杨坚白、李侃等为代表的名人文化。

一流的文化造就一流的城市，本溪要打造文化名城，就要挖掘梳理自己的城市文脉。而历史文脉是一个城市文化品位的重要体现，是一个城市经久不衰的历史基础，更是一座城市的历史记忆和集体记忆。在工业化、城市化、网络化的浪潮中，许多原生态文化受到破坏。由于城市建设片面地追求摩天大厦、巨型广场、宽广大道、玻璃幕墙，将我们自己置于"水泥森林"之中，因而在现代化进程中丧失了本土化特征，丧失了城市的自我个性和城市记忆，而面对千城一面，很难唤起人文情感的回归和认同。本溪碱厂明清古镇风情，近代本溪湖老字号一条街，桓仁沙尖子水旱码头，日本侵华实证连山关日本守备队兵营等皆因此而湮没于无形，留下了难以弥补的历史缺憾。保护城市记忆，彰显城市个性，延续城市文脉，是我们每个人的责任。因为只有留住历史，留住城市的原生态文化，才能真正记得住乡愁，唤起人文情感的回归。

阐扬人文精神

历史是我们共同的精神家园和安身立命的基础。回望历史，掩卷凝思，本溪先人在辽东大地上曾创造出令人瞩目的奇迹和丰厚的文化成果，这是本溪赖以发展的不竭动力和源泉，可以为本溪经济社会发展提供思想引领、精神动力和文化支撑。

在50万年前的旧石器早期，本溪庙后山人茹毛饮血，与自然和野兽作斗争，揭开了东北人类发展史上崭新的一页。西汉末年，北扶余王子朱蒙在五女山开国建都，使高句丽民族政权绵延达705年之久。明永乐年间，建州卫首领李满住率部迁徙辽东婆猪江，筚路蓝缕，艰难创业，在明与朝鲜的夹缝中求生存求发展，通过整合建州三卫，为后来满族共同体的形成和清王朝的建立奠定了坚实的基础。万历十六年，雄踞桓仁的董鄂部何和礼识量宏远，为了女真统一大业，化干戈为玉帛，与努尔哈赤走向强强联合，从而使其迅速统一女真各部并建立后金称汗，成为践履中华传统文化与和合精神的楷模。明末清初之际，全真教龙门派第八代弟子郭守真拜名师于即墨，留法派于辽天，殚精竭虑，弘扬国教，使龙门派道徒与宫观遍及全东北，使九顶铁刹山成为东北道教龙门派的祖庭。

及至近代，在列强入侵，国家民族危亡时刻，本溪人民不畏强暴，团结御侮，本溪义勇军喋血辽东，以血肉之躯筑起新的长城；东北抗联第一军挺进本桓，开辟抗日游击根据地，谱写下惊天地泣鬼神的铁血诗篇。为了维护民族独立和人民的解放，为了建设自由民主幸福的新本溪，数千名英烈血洒浑太，躯殁本桓。他们以鲜血和生命在辽东这片热土上矗立起一座永不褪色的历史丰碑。

本溪解放以后，本溪人民在一片废墟上建起新中国的重工业基地。本溪工人阶级在中国共产党的领导下，以主人翁的姿态和忘我的劳动热情，焕发出冲天干劲，涌现出诸如电炉大王贾鼎勋、汽锤大王刘凤鸣、矿山铁人张启龙、采煤英雄王恒成、炼钢能手高尚一、革新能手傅恩义、钢轨大夫王耀年等闻名全国的劳动英雄和大国工匠，正是这种创造和奉献精神，挺起了本溪山城的脊梁。新中国的第一支枪，第一门炮，第一台汽车，第一辆坦克，第一架飞机，第一颗人造卫星，第一艘核潜艇，第一枚大型运载火箭，都凝结着本溪人民的智慧和心血。

千年沧桑，百年忧患，培根铸魂，砥砺前行。对本溪历史文化的挖掘和回顾，就是要增强我们对本溪市情的把握，就是要从本溪历史文化的行进中寻找智慧，探索规律，总结经验，传承精神，以不忘历史传统，牢记使命担当。本溪先民开拓进取的创业精神，本溪先烈前赴后继的牺牲精神，本溪先辈无私奉献的创造精神，无不给我们以深刻的启示，并足以令我们无限景崇和仰望。他们身上所释放出的精气神和正能量，不正是需要我们在新的历史条件下加以传承和弘扬吗？

盘活文化资本

在全球化和信息化时代，文化将超越政治、经济成为国家、地域和城市间竞争的最有力武器。历史文化是一种无形资产，它可以与经济、文化产业联姻，产生投入少、回报大的经济效益。随着本溪资源型城市的转型，走文旅融合产业化发展之路势在必行，文化和旅游如文旅产业的车之两轮、人之两腿、鸟之两翼，只有文旅融合才能行稳致远、海阔天空、历久弥新。在新发展阶段培育和构建文旅产业是实现本溪高质量发展的客观需要和新的增长极。具体思路为实施一个战略，创建四个品牌，推进四项工程。

实施一个战略

即文旅融合产业兴市战略，以建设文化旅游名城培育文旅产业为目标，以文化引领和经营城市，以文化提升本溪城市品位和城市形象，以文化力提升和助推本溪经济力，牢固树立大文化、大旅游、大产业观，突出本溪地方特色和城市个性，增强本溪城市的向心力、凝聚力和辐射力。通过实施文旅融合产业化发展的政策措施，做精、做优、做强、做大文旅产业，激活本溪城市历史文化资本，真正让躺着的站起来，让沉寂的文物活起来，让文化旅游热起来。

创建四个品牌

一是充分利用本溪文化资源禀赋和比较优势，用好用活、做精做强庙后山、高句丽、长城边堡、连山驿路、建州女真及满族遗址遗迹和特色历史文化，打造"东北人文之城"；二是叫响"近代中国煤铁工业看本溪"的口号，全面推进本溪工业遗产群的整合与开发利用，展示中国煤铁工业文明，打造"近代工业之都"；三是深入挖掘本溪抗战历史文化，强化抗战遗址保护开发和项目牵动，健全和完善以党校、展馆等纪念设施为主体的教育培训体系和实践教学基地，打造"抗战文化之乡"；四是全面推进本溪山水林泉洞等生态资源与养生文化、地质文化、易学文化、道教文化、生态文化等相融合，打造"康养静休之地"。

推进四项工程

建设与完善一批文化场馆与风情园。一是抓紧建设庙后山古人类遗址博览园和展示馆，打造东北第一人故乡；二是倾力建设辽东红色抗战文化走廊，并与本桓黄金旅游线相配套，在东北抗联史实陈列馆广场塑造抗日民族英雄杨靖宇将军巨幅雕像，并建立抗联诗赋墙，在桓仁建设东北抗联根据地纪念馆，叫响"重走抗联路"品牌；三是精心策划和全力运作本溪湖工业遗址博览园，在原本溪煤铁公司制铁所原址扩建本溪湖煤铁工业遗产博物馆，在本溪煤矿肉丘坟旧址建设本溪煤矿"四·二六"世界矿难纪念馆，策划动漫创意园，并争取将本溪湖工业遗址与汉冶萍遗址、首钢遗址捆绑申报世界文化遗产。

实施与保护一批古遗址和古旧建筑工程。对具有代表性并可进入旅游市场的古遗址和古旧建筑，采取修旧如旧原则进行局部修复，一是对建州卫遗址瓮村进行局部修复和对外开放，展示李满住与建州卫艰难创业之路；局部修复建州女真董鄂城和雅尔古寨，邀请董鄂氏和佟佳氏后裔回桓仁故里开展寻根祭祖活动，以襄助桓仁发展。二是对本溪县明长城重点段和清河古城、碱厂明清古镇残部进行修复，以展示本溪境内的长城边堡和古镇文化。三是局部修复连山关驿站，以展示元明清时期辽东连山关址及驿路风情。

编辑出版一套《本溪历史文化丛书》。深入挖掘本溪文化资源，讲好本溪故事，丛书包括《本溪地名考略》《本溪历代诗文选粹》《本溪史话》《本溪老字号》《本溪历史纪事》《本溪老照片》等书籍，以提升本溪品位，树立文化自信。

策划编导一台历史文化大戏。将厚重的本溪历史文化搬上舞台，进入市场，学习杭州"宋城千古情"经验，打造一台《梦回衍河》精品大戏，可以本溪专业歌舞剧团为主，联合辽宁科技学院学生文艺骨干，具体可策划为《庙山古韵》《衍水悲歌》《朱蒙开国》《建州风雨》《铁刹云光》《浑太烽火》等多幕歌舞剧，成为集中展示本溪城市文化品牌和人文精神的精品文化工程，并对中外游客开放，使本溪历史文化更加熠熠生辉。

自然乃万物之母，热爱自然，就是热爱生命。文化乃城市之魂，拥有文化，就会拥有未来。

本溪近代大事记

1846年

今桓仁县二棚甸子镇所辖四平村和红汀子村参农进山搭棚，垦荒栽种人参。

1850年

1月　本溪湖、火连寨地方回民刘耀与山东民人刘泳和等因争夺木筏聚众械斗，造成上百人死亡。辽阳州知州方发祥被革职严惩。

1863年

4月　御史吴太寿上奏清廷，提出开发东边外封禁地带的计划，慈禧太后谕令盛京将军玉明、副都统恩合前往调查。

12月　盛京将军玉明奏报清廷：自东边门外至浑江、浑江至瑷江间，众多流民从事垦田、建房、栽人参、伐木，并建庙演戏、立会团练、通传转牌，具备了基层政权性质。

1865年

6月3日　马傻子起义军进攻兴京永陵街，随后开赴苇子峪、碱厂堡及杜家伙房等地。

6月7日　马傻子起义军进至清河城，在赛马集、蓝河峪击败清军毓魁的追击。

11月　马傻子起义军自昌图再度南下，奔袭辽阳州碱厂堡。

12月　马傻子起义军徐占一部3000余人，由碱厂堡进抵盛京城南王大人屯。

1867年

4月　东边外流民代表何名庆等人呈请盛京将军都兴阿，要求朝廷对旺清门外六道河（今属桓仁县）等处私垦土地升科纳课。

5月23日　慈禧太后谕令恭亲王奕䜣召集会议，研究东边外开禁政策，会后派户部右侍郎延煦前往东边外实地勘查，确定开垦方案。

1868年

3月14日　慈禧太后再度谕令恭亲王奕䜣召集会议，研究东边外开禁政策。

4月　盛京将军都兴阿奏请清廷派官前往瑷阳、碱厂、旺清三边门外浑江西岸进行详细勘查，事后共查出窝铺7400余所，男女流民44300余人，已垦熟地42000余垧。

秋　清廷再度派户部右侍郎延煦前往东边外，对瑷阳、碱厂二边门外进行实地勘查。

1869年

2月　清廷批准户部右侍郎延煦等提出的《酌拟边务章程八条》，逐步开展对浑江以西的详细勘查。

6月　德国地质学家李希霍芬对本溪湖、赛马集、小市等地煤铁手工业状况进行考察。

9月　盛京将军都兴阿奏报清廷，自凤凰门迤南至旺清门北查得已垦熟地9.6万余日，男女共计10万余人。

1871年

1月　盛京将军都兴阿奏报清廷，在凤凰城、瑷阳二边门外续查出已垦熟地14万余亩。

1872年

6月　盛京将军都兴阿奏报清廷，在碱厂边门外查出已垦熟地125544亩，流民3843户，男女共计19440余人。

1873年

1月　盛京将军都兴阿奏报清廷，在旺清门外浑江以西共查出已垦熟地103103.8亩，流民2547户，男女共计11850余人。

1875年

9月　"金匪"宫洛四、张振东等率部劫掠今桓仁县境。盛京将军崇实令记名总兵左宝贵率军往剿，焚毁大庙儿沟"金匪"巢穴，擒斩王洛塔、刘长材等"金匪"百余人。

同年　本溪湖街第一大商号张碗铺开业，经营粮油、杂货、布匹、绸缎、木材等，拥有资本2万元。

1876年

2月　盛京将军崇实上奏清廷，在大东沟设立安东县，同时对浑江、鸭绿江流域南部解禁升科，遴派道员陈本植、知府恒泰、记名提督左宝贵等率员逐段清丈。

同年　今桓仁县二户来居民吴坤、吴泰兄弟等聚众对抗清丈，劫掠新宾堡税局，劫持地局邓委员。兴京副都统色楞额与记名总兵左宝贵出边严剿，设计擒杀吴坤兄弟。

1877年

2月23日　盛京将军崇上奏清廷，拟于六道河添设一县，名为怀仁县。以补用知县章樾为设治委员，主持清丈升科与筹划设治事宜。

9月3日　清政府批准设立怀仁县，隶属奉天府兴京抚民厅。

10月7日　清政府札委章樾试署怀仁县知县。

1878年

7月　动工修筑怀仁县城城垣，至1882年春建成。城垣周长3里，呈八卦形。东、西、南三面设门，东为"宾阳"，西为"朝京"，南为"迎薰"。

1879年

怀仁知县章樾责令东路雍和、煦和二保民众100余人凿开影壁山新开岭，修成县城至时和保长130里马车道。

1883年

3月　盛京将军崇绮上奏清廷，辽阳州境内东山本溪湖一带煤窑，每多匪类混迹其间，实为隐患。为此派兵驻巡，设局抽收煤窑厘金，稽查盗匪。

1886年

怀仁县知事金作埙在县城南门外创修莲沼书院，1897年经县知事王顺存续修落成。

1887年

怀仁知县金作埙在县城关帝庙内设立官办腾蛟、起凤、登瀛三座义塾，招收贫寒子弟就读。

1890年

怀仁县石头峦盘岭万清观住持道人徐圆志自筹8300多吊钱，历时4年，修通石头峦盘岭，使怀仁至沙尖子缩短30里路程，民众立碑铭记。

1891年

怀仁县建成天后宫，举办庙会，重金邀请莆仙戏班来怀演出。

1894年

10月27日　甲午战争期间，清军主帅宋庆采纳东边道尹宜麟建议，在摩天岭设防抵御日军进攻。

11月6日　清军东路统帅依克唐阿率所部镇边军撤至赛马集，采纳赛马集巡检孙伟建议，分军扼要驻守。

11月7日　清军主帅宋庆率主力驰援金州、旅顺，以聂士成总统吕本元、孙显寅诸军分守摩天岭、连山关等处。

11月11日　日军第十旅团遣骑兵突袭连山关，清军力战不敌，退守摩天岭隘路。

11月13日　清军在赛马集以南高地设伏，突袭进犯日军。日军趁夜后撤，清军骑兵从后追击，击毙日军柳原楠次中尉以下14人。

11月16日　日军今田支队进犯摩天岭，清军凭借险要地势挫败日军进攻。

11月20日　日援军在草河岭遭依克唐阿军1500人截击，不敌后撤。

11月25日　凌晨，聂士成率数百骑突袭连山关，毙伤日军数十名，夺回连山关。随后与依克唐阿在草河岭与日军大战，毙伤日军42人。

11月30日　日军进犯白水寺，清军依克唐阿部且战且退，趁夜撤向本溪湖。

12月5日　清军聂士成部趁日军回防凤凰城，收复分水岭。

1895年

2月26日　署理东边道张锡銮与前凤凰厅同知章樾编练的怀仁县团练配合清军收复宽甸县城，毙伤日军32人。

3月1日　清军与怀仁县民团协作，力克长甸城，击毙日军70余人。

1896年

3月20日　清政府在本溪湖设立大清邮政，是为近代本溪邮政业务的开端。

1900年

7月1日—2日　本溪义和团会同盛京义和团两度进攻盛京大什字街路西法国天主教堂，焚毁教堂，杀死天主教南满教区主教纪隆。

9月6日　怀仁知县高暄阳诛杀义和团首领王金镕，镇压义和团运动。

1901年

6月8日—9日 忠义军张桂林诸部以少数战士化装潜入县城，随后骑兵奔袭，在蚊子沟大败怀仁县防军，里应外合攻克怀仁县城。

6月13日 忠义军击败王懋忠团练，占据浑江上最大的水旱码头沙尖子。

7月4日 忠义军王秉南所部600余人，进占碱厂街，枪毙负隅顽抗的商贾、会勇，将恒兴泉烧锅等4家商号付之一炬。

7月8日 忠义军林成岱在怀仁县挂牌岭与俄军米申科部交战，损失200余人、骡马100余匹并大炮2尊。

7月10日 忠义军林成岱部进攻怀仁县城，不克，向通化转移。

7月 忠义军帮统刘秉和不慎被怀仁县太康保团练俘获，坚贞不屈，遭俄军杀害。

1902年

3月 春茂永香坊在今本溪县小市建成，加工制作线香，年产值2200银元。

7月5日 奉天将军曾祺奏请设立辑安县，划怀仁县境东冲和、融和、蕴和、致和、祥和等5保归辑安县管辖。

8月 王秀川在怀仁县城开设自厚生中药房，有医务人员15名，为县内第一家中药房。

1904年

4月23日 "匪首"杨二虎率部在石河寨击毙俄军五六名，后又伙同杨八驴子在钓鱼台打死俄军两名。事后，俄军洗劫了金坑屯、房身、矶盛和茨山等村。

5月4日 俄军再次洗劫金坑屯，打死村民3人，烧毁民房数十间。

6月12日 日军进攻俄军及"花膀子队"驻守的六道河子，俄军不敌溃走，日军占领怀仁县城。

6月27—29日 日第一军向俄军驻守的摩天岭、北分水岭一线挺进，俄军向辽阳方向退却，日军占领分水岭、连山关。

7月4日　俄军晨乘雾奔袭日军李家堡子前哨阵地，两军在大关帝庙展开肉搏战，日援军自摩天岭驰至，俄军不支退却。

7月17日　俄军东满集群集中2.66万人、火炮42门，进攻日第一军摩天岭、石门岭阵地。此战俄军死伤1213人，日军死伤355人。

7月18—19日　日第一军集中1.03万人、火炮30门，进攻俄军驻守的桥头，俄军不敌，向辽阳遁逃。此战俄军死伤590人，日军死伤523人。

7月31日—8月1日　日第一军集中2.1万人、火炮36门进攻榆树林子、样子岭，俄军东满集群指挥官克列尔中炮身亡，俄军退却。此战，日军死伤478人，俄军死伤2068人。

10月8—14日　沙河会战中，俄军东满集群与日军第一军在本溪湖及周边地区展开决战。日军连续击退俄军16次进攻，俄军弃尸2000余具，日军死伤1700余人。迫使俄军转入防御。

1905年

2月23—24日　奉天会战中，日鸭绿江军集中2个师团进攻俄军驻守的清河城。俄军不敌撤走。

10月　季逢春（季傻子）、黄金甲起义军进攻兴京、碱厂，清军总巡刘长春在赵甸迎击获胜，黄金甲重伤突围，季逢春穷蹙投诚。

11月30日　日本财阀大仓喜八郎派高桥利吉等对本溪湖煤矿进行勘察，绘制矿区简图。

12月8日　日本间谍友枝英三郎、江良文晖假扮商人，胁迫赛马集乡约贾有发等人订立合同，开采石灰窑子等6处煤矿。

12月15日　日俄战争期间，日本未经清政府同意，擅自修筑安奉（丹东—沈阳）轻便铁路。

12月18日　日本关东总督府以采煤供应军需为条件，非法批准成立本溪湖大仓煤矿。

12月29—30日　友枝英三郎伙同石原正太郎等人窜至田师傅沟、碱厂等地，胁迫当地乡牌长订立煤矿开采合同。

1906年

1月17日　本溪湖大仓煤矿举行开井仪式，正式投产，当年掠夺煤矿

300吨。

5月　根据高津龟太郎调查，大仓决定在旧井基础上略为扩大修建第一斜井，于8月31日正式出煤。

6月4—11日　清军进攻韩乐子起义军占据的平顶山和瓦子峪一带，韩乐子不支，率众突围至韭菜峪，为清军击毙。

8月　盛京将军赵尔巽派奉天财政总局陈训前往今本溪地区勘查县治，分拨界址，为设治作准备。

9月1日　日本关东都督府在本溪湖东街设立日本关东都督府邮便电信局本溪湖支局。

10月　盛京将军赵尔巽以前安徽凤阳府通判周朝霖为试办委员，前往筹备本溪县设治事宜。

秋　同盟会本部司法部判事兼直隶支部主盟人张继等至安奉铁路桥头，拜访会党首领杨二虎，游说其参加革命。

11月11日　本溪湖煤矿发生透水事故，22名中国矿工淹死于井下。

12月1日　本溪湖煤矿发生瓦斯爆炸事故，死伤中国矿工25人。盛京将军赵尔巽令交涉总局照会日本总领事，今后不要再行开采。

12月8日　盛京将军赵尔巽奏请清廷，划辽阳州、兴京厅、凤凰厅三州厅一部设立本溪县。

12月13日　清政府批准设立本溪县，隶属东边道，治所初在牛心台，后迁本溪湖。

1907年

1月　盛京将军赵尔巽派奉天矿政局参事孙海环等前往本溪湖，就煤矿开采及中国矿工遇难等事展开调查。

1月　"日商"近藤正敬等在赛马集任意采占中国人开办煤矿，并强运煤炭50余车。

3月21日　日军独立守备第四大队第一中队在队长石井一松率领下占据本溪县河东街民房，欲设立警察官吏出张所，本溪县设治委员周朝霖前往交涉。

4月　本溪县设治委员周朝霖会同辽阳州知州陶鹤章勘定辽阳州东路划归本溪县新治土地，计142个村牌。

5月26日 大仓财阀与辽阳州镶红旗界郭姓族长郭翰福签订合同，共同"开发"庙儿沟铁矿。

6月 同盟会司法部检事长宋教仁派白逾桓到本溪县碱厂联络会党武装，谋划发动起义，为清廷侦知，白逾桓被捕，起义计划流产。

7月1日 本溪湖邮便局开通至沈阳、抚顺、辽阳、铁岭间有线电话业务。

7月 大仓财阀延请八幡制铁所技师木户忠太郎对本溪县南部庙儿沟铁矿进行非法勘探。

8月6日 日军本溪湖守备队长石井一松强行逼勒租借民人土地，修筑兵营。本溪、凤凰两处交涉巡警事宜委员周朝霖照会石井，商令停工。

8月13日 日军本溪湖守备队副官户次速男等率兵闯入周朝霖的办公室，以武力胁迫周朝霖同意日方租拆民房、建筑兵营，遭周严词驳斥。

8月 本溪县设八旗官学和县立小学堂。

11月 东三省总督徐世昌派前奉天矿政调查局总办祁祖彝、本溪湖矿政局总办周朝霖和大仓财阀谈判合办事宜，并派员勘查矿区。

同年 怀仁知县景霖修《怀仁乡土志》，该志无目，仅记地域、户口、地租、四至、交通五事。

1908年

1月 本溪湖煤矿安装1台75千瓦发电机，向煤矿供电。

5月 大仓财阀再度延请八幡制铁所技师服部浅对庙儿沟铁矿进行调查。

6月 大仓喜八郎来华拜会东三省总督徐世昌、奉天巡抚唐绍仪，商谈本溪湖煤矿中日合办事宜。

1909年

8月7日 "满铁"施工人员在本溪县福金岭段强行进行安奉铁路改造施工。后迫使清政府签署《安奉铁路节略》，同意日本进行安奉铁路宽轨改造施工，至1911年11月，安奉铁路宽轨改造建成通车。

10月 奉天商务总会本溪分会成立。

同月 任庭栋在本溪县边牛开办私立女子小学校。

1910年

1月11日　东三省总督锡良成立安奉铁路巡警总局，以廖楚材为总办，总局设于本溪县。

5月22日　清政府奉天交涉使韩国钧会同大仓喜八郎、日本驻奉天总领事小池张造签订《中日合办本溪湖煤矿合同》。

8月　本溪县裁撤"三班三房"，分设司法、行政、会计3科。

12月21日　本溪县境内发现首例鼠疫，患者疫死于石桥子破庙中。

1911年

1月1日　本溪湖商办煤矿有限公司正式举行合办仪式，开始营业。

2月13日　安奉铁路巡警总局桥头第二分局管内工人茹士臣遭日警诬陷捕拿，中日警民冲突，致使中方死伤10余人。

6月　大仓财阀和清政府为创立公司制铁所，派出调查委员对庙儿沟铁矿进行联合调查。

9月23日　本溪湖商办煤矿有限公司召开第一次全体股东会议，通过发展炼铁事业提案，决定从英国、法国引进炼铁设备，着手筹建高炉。

10月6日　奉天交涉使许鼎霖会同大仓喜八郎、日本驻奉天总领事小池张造，签订《中日合办本溪湖煤矿有限公司合同附加条款》。

11月　湖山楼大舞台在本溪湖北山建成营业，有座席700余个。

同年　本溪湖煤矿公司建成辽宁省第一座筛选厂，其设备购自日本，日选煤500吨。

1912年

2月21—23日　革命党人和会党武装在本溪湖东北肖家河子谋划起义，遭清军巡防营剿捕。

2月23日　同盟会本溪湖司令官石磊在本溪湖遭军警俘获，后经营救出狱。

10月16日　奉天省政府向大仓组借款100万日元，95折，年息7.5厘，期限2年，利息由"满铁"从每年向奉天省政府缴纳的抚顺矿产税和报效金内直接支付。

1913年

10月6日　北洋政府批准修建中日合办溪碱（本溪—碱厂）轻便铁路，于是日开始本溪湖至牛心台路段的施工，至1914年1月25日该段轻便铁路竣工，2月1日开始营业。

10月9日　本溪县医学研究会成立，负责传授医学学术研究及考核业医等事务，县监狱医官春和堂医士郭文明任首任会长。

1914年

2月5日　内务部通令：因奉天省怀仁县与山西省大同地区怀仁县重名，故改名为桓仁县。

2月10日　本溪湖煤铁公司召开第三次全体股东大会，决定建设2号高炉和扩建煤矿，增加资本龙银300万元，中日各半，分年筹缴。

7月　中华革命党派遣陈中孚在本溪湖建立关外讨袁军司令部，策划发动反袁起义。

9月8日　中华革命党联络会党武装，高举反袁军旗帜，攻占本溪县城，后被北洋政府联合日本当局镇压。

10月16日　奉天省政府再次向大仓组借款50万日元，加上第一次借款尚未偿还，共计150万日元，95折，年息8厘，期限1年。

11月27日　受中华革命党支持的栾六、黄四懒王等会党武装策划袭击本溪县城，并与东边道镇守使马龙潭部发生激战，不敌退走。

1915年

1月13日　本溪湖1号高炉举行点火仪式，炉容291立方米，日产生铁130吨，开中国东北地区使用现代高炉炼铁的先河。

5月25日　栾六、黄四懒王、柴述发等会党武装再度策划袭击本溪县城。奉天当局派右路巡防营赶来增援，义军不敌退走。

7月9日　栾六、赵得山等会党武装奔袭桓仁县城，焚毁县公署和警署，释放囚犯，于12日主动撤离。

7月14日　栾六率部袭击桓仁县英英沟等地，与清军傅翼忱部在南横路激战，失利退走。

7月31日　大仓财阀与日本海军签订《建立低磷铁制造所》协议，大仓按日本海军标准，2年内生产低磷铁2万吨。

7月　经北洋政府"特殊批准"，本溪湖煤铁公司取得歪头山、梨树沟和通远堡等12处铁矿的开采权。

7月　彩合公司在牛心台成立，是为"二十一条"签订后中国第一家中日"合办"企业。

夏秋　桓仁县知事王济辉联络爱国官绅筹建护国军，密谋武装反袁，并派遣长子王愚倩赴长江流域联络革命党人。

1916年

1月23日　石本鎮太郎指使其弟石本权四郎率人强占小南沟义成煤厂，激起中国工人反抗，日军警闻讯赶来，逮捕华工多人。

4月18日　本溪湖煤铁公司总办王宰善、"满铁"总裁中村雄次郎签订《中日溪碱铁路公所章程》。

4月28日　桓仁县知事王济辉联合革命党人邵兆中等组成辽东护国军，以邵兆中为总司令，发表讨袁檄文，号召讨平叛逆，保卫共和。

5月2—7日　辽东护国军攻占蒲石河，旋进至长甸与防营交战失败，后退入安东（今丹东）日租借地，被日警解除武装。

5月19日　王济辉在《盛京时报》署名发表《辽东护国军始末记》，表明反袁到底的决心。

1917年

12月10日　本溪湖煤铁公司2号高炉建成投产，炉容增至301立方米，日产生铁130吨。

同年　本溪湖煤铁公司建成辽宁省第一座洗煤厂。

1919年

3月2日　本溪湖煤矿井下发生火灾，中国矿工23人遇难。

3月11日　本溪湖煤矿再次发生火灾，公司日本当局为保住矿山封闭坑口，致使218名中国矿工惨死，酿成合办时期最为惨重的一起事故。

5月4日　在京学习本溪籍学生景佐纲、张壮飞、孙文斗、张恩鼎等积极投身五四运动。

6月11日 本溪县知事李心曾长子李秀实由北京来溪,邀集社会贤达和亲朋好友介绍五四运动情况,宣传反帝爱国思想。

7月 外交部俄文专修馆学生孙文斗、张恩鼎等由北京返乡,以"观风问俗"为名,进行社会调查,宣传马克思主义思想。

8月5日 本溪湖、牛心台发生霍乱,患者200人,死亡10人,本溪县成立防疫事务所,主管疫病防治,由县知事兼任所长。

10月3日 本溪湖煤铁公司500余名炼铁工人(内日本工人100名)为增加工资和缩短工时、改善工作条件而罢工。罢工历时3天,取得胜利。

1922年

2月22日 本溪湖煤铁公司600余名工人为争人权、反压迫举行大罢工,向社会散发反日传单,并得到大连、沈阳等地工人声援。

5月 本溪湖煤铁公司选煤厂650名工人为增薪罢工5日,迫使资方增薪一至二成。

1924年

7月27日 本溪湖煤铁公司4000余名采煤工人、炼铁工人及其他辅助工人联合举行罢工,迫使公司当局答应工人提出的大工日工资提高1.2—1.5角,小工日工资提高4—6分的条件。

8月1日 本溪县设置司法公署,从此结束了县知事兼理司法的历史。

1925年

4月23日 本溪湖煤铁公司选煤厂150名工人为增加工资举行罢工。

4月26日 本溪湖煤铁公司选煤厂150名工人为增加工资举行罢工。同日,本溪湖煤矿300余名采煤工人举行罢工,争得临时补贴。

6月 五卅惨案的消息传至本溪,各校青年学生纷纷罢课声援上海等地工人和学生的反帝斗争。

8月 本溪籍奉天省议员黄德中,在《大公报》连载《外交善后办法与国人商榷书》,号召兴办实业、整军经武。

11月25日 本溪湖煤矿400余名工人为抗议日本监工古野毒打中国新

工人举行罢工，迫使日方将古野撤职，发给被打新工人医疗费500元。

同年　大连工学会委员长、共产党员傅景阳与工学会骨干唐宏经等人深入本溪湖等各大城市重要工厂、矿山，开展工人运动。

1926年

5月1日　第三次全国劳动大会在广州召开，本溪湖煤铁公司代表张子言、田冠忠出席大会。

9月26日　本溪湖煤铁公司2500名采煤工人举行罢工，迫使公司将特殊津贴费由每日奉票1角提至3角。

7月　根据调查，本溪县建有水力制香磨坊131处，其中汤河流域38处、细河流域81处、草河流域8处、太子河流域4处。

11月　中共中央临时政治局扩大会议通过的《职工运动决议案》，将本溪湖煤铁公司列为秘密发动工人斗争、发展党组织的重点地区之一。

1927年

4月13日　本溪湖煤铁公司3900余名采煤工人举行罢工，迫使公司给工人增加工资和奖金。

5月25日　本溪湖煤铁公司发电所全体中国工人因日本职员永尾诬陷中国工人偷盗，及日本警察非法越界拘捕严刑逼供而举行罢工，取得胜利。

5月　孙林和石云2人从抚顺直隶会馆来到本溪湖煤矿，开展工人运动。

7月　本溪湖煤铁有限公司3000余名工人因日本宪兵无故刺死中国伙夫而举行罢工。

8月23日　本溪湖煤铁公司4500多名工人举行政治大罢工，遭到公司日本当局和军警的残酷镇压，共造成24名中国工人死亡、73人受伤、100余人失踪、306人被捕，另有数千人被监视。

8月25日　本溪举行市民大会，抗议日本军警暴行和践踏中国主权的行径，并成立本溪罢工后援会，以各种方式援助罢工工人。

9月1日　奉天交涉署署长高清和同日本驻奉天总领事吉田茂展开谈判，达成协议：日本军警撤离公司，为死难者发放300—500元不等抚恤金，工人工资以金票为计算单位；中方同意将参与罢工的91名工人"驱逐出境"。

9月4日　沈阳召开市民集会，抗议日本军警屠杀本溪矿工的暴行。

10月　中共满洲省临时委员会成立后，派人深入本溪湖组织秘密工会、开展经济斗争。

1928年

12月　京剧四大名旦之一的程砚秋来本溪演出7天。

1929年

4月　中共满洲省委派杨靖宇到本溪湖煤矿视察组织工作和工运情况。

6月　中共六届中央执行委员会二次会议通过的《职工运动决议案》，作出以唐山、本溪湖、抚顺等城市为中心开展矿工运动的决策。

6月　本溪湖万泰厚商号选送的紫云石砚在浙江省政府举办的首届溪湖博览会上荣获一等奖。

11月　全国苏维埃代表大会在江西瑞金召开，本溪湖一人作为矿工代表应邀出席大会。

1931年

1月1日　本溪县司法公署改组为辽阳地方法院本溪分庭。

9月18日　下午，日本参谋本部作战部长建川美次在本溪湖密晤日本关东军高级参谋板垣征四郎。当晚10时，日军在沈阳柳条湖发动事变。

9月19日　凌晨，日军驻本溪湖铁道守备队突然包围本溪县政府，县长徐家桓及公安局、公安队被缴械。

9月20日　本溪湖煤铁公司庙儿沟铁矿80余名中国工人罢工，抗议日本侵略中国东北。

10月14日　在日军授意与监视下，本溪县维持委员会成立，原县长徐家桓为委员长。

10月20日　日军侵占本溪湖煤铁公司，宣布将中国职员全部解职，限3日内撤离。

11月3日　本溪湖煤铁公司500余名中国工人因日方裁撤请愿，被日本军警驱散。

11月7日　北平东北抗日救国会派黄宇宙潜赴桓仁县与东边镇守使署第

一团团长唐聚五联络抗日事宜。

11月8日　在日军主持监督下，成立本溪县自治执行委员会，李济东为委员长，日人中岛定夫为指导委员会委员长。

12月8日　本溪县钟子臣率义军攻打牛心台火车站和伪警察所，击毙日伪军警9人。

12月26日　本溪籍爱国人士邓铁梅率东北民众自卫军攻打凤凰城，毙伤日军50余人，伪警察200余人。

1932年

3月1日　伪满洲国成立，日本扶植清废帝溥仪就任伪满洲国执政。

3月21日　唐聚五等人在桓仁县天后宫秘密成立辽宁民众救国分会和辽宁民众自卫军，公推唐聚五为辽宁民众自卫军总司令。

4月21日　辽宁民众抗日救国分会和辽宁民众自卫军在桓仁召开上万人大会誓师抗日。

5月　侵桓日军一部在侯家堡子遭自卫军大刀会阻击，死伤40余人，于次日逃走。

6月　辽宁民众自卫军总部迁至通化。

7月16日　辽宁民众自卫军在桓仁县坎川岭伏击伪军徐文海部，毙伤伪军40余人。

8月28日—9月1日　第二十一路义勇军连续3次攻打沈阳。

8月31日　凌晨，辽宁民众自卫军第六路军500余人攻打本溪湖。

9月19日　第二十一路义勇军林子升等部联合攻打本溪县城。

10月10日　李春润率义勇军骑兵团等部在本溪县果松峪沟击溃伪军孟凌云部。

10月20日　日军茂木第四旅团鲶江大队占领桓仁县城。

10月28日　伪桓仁县公署成立，周鼎任伪县长，日本人白木乔一为参事官。

12月　中共本溪工作委员会成立，李兆麟任书记。

1933年

2月1—10日　东北义勇军第三军团李春润部军官孙耀祖等人在大连、

本溪湖被日军逮捕。

2月3日　中共本溪特别支部成立，李兆麟任书记。

3月4日　本溪籍爱国人士、东北民众自卫军征编委员黄拱宸在新宾县苇子峪收编义军小股武装时被捕，于3月19日英勇就义。

4月30日　中共本溪特支为纪念五一开展反日大宣传，轰动本溪县城。

6月18日　中共本溪特支组织委员陈相毅在本溪湖运动会上散发反日传单时被捕，致使本溪湖党团组织遭到彻底破坏。

9月15日　本溪湖煤矿第五斜井发生瓦斯爆炸，死亡27人。

9月18日　东北人民革命军第一军独立师成立，杨靖宇任师长兼政委。

12月22日　伪满政府公布《暂行保甲法》，桓仁全县编为10保、95甲、1580牌。

1934年

2月21日　东北人民革命军独立师政治保安连到桓仁县仙人洞村考察开辟抗日游击根据地情况。

4月　东北人民革命军独立师第三团十一连连长马广福、第三团团长韩浩等率部到桓仁县洼子沟、仙人洞等地发动群众，宣传抗日。

6月28日　桓仁县海青伙洛反日会成立，隋永发任会长。

7月　杨靖宇在桓仁县柞木台子召集山林队武装开会，部署改编和联合抗日。

9月26日　朝鲜革命军总司令梁世奉在桓仁县响水河子小荒沟遭日特暗杀牺牲。

9月28日　东北民众自卫军司令邓铁梅在沈阳被日伪当局杀害。

11月7日　东北人民革命军第一军成立，杨靖宇任军长兼政委。

12月　本溪县碱厂东大阳建立抗日地方委员会，孙德文任主席。

12月25日　日伪本溪金融合作社成立。

1935年

1月14日　东北人民革命军第一军第一师副师长韩浩率部在桓仁大青沟设伏，歼灭日伪军50余人。

5月11日　东北人民革命军第一军第一师师长李红光率部在桓仁、兴京交界老岭沟与日伪军激战中身负重伤，15日在桓仁县海青伙洛密营中牺牲。

5月16日 杨靖宇率东北人民革命军第一军军部教导团在桓仁县歪脖子望山被日伪军包围，经向伪军开展政治攻势后脱险。

5月 桓仁县秘密成立救国会桓仁分会，孟继武任会长，秘密发展会员150名。

6月7日 东北人民革命军第一师在桓仁县大四平村成立桓仁特区人民政府，张喜珍任主席。同时成立桓兴反日农民自卫队和反日会，第一师政治部主任程斌兼任自卫队司令和反日会会长。

7月25日 本溪籍爱国人士、少年铁血军司令苗可秀在凤城县英勇就义。

7月27—29日 本溪地区洪水泛滥，本溪县死亡754人，侵水耕地79680亩，灾害损失总计239万元。

7月 朴金华在桓仁县仙人洞村组建桓仁县妇女反日会。

8月1日 中共中央发表《为抗日救国告全国同胞书》（即《八一宣言》）。

8月28日 东北人民革命军第一师师长韩浩在桓仁与通化交界的岗山二道沟与日军激战中牺牲。

9月7日 东北人民革命军第一师在桓仁县刀尖岭南坡趟子沟袭击辑安县伪治安队，毙日本指导官，俘30余人。

11月4日 东北人民革命军第一师化装智取桓仁县第六区窟窿榆树伪警察署，俘30余人。

12月12日 日军将桓仁县五里甸子夹皮沟一带未归屯的35名无辜群众驱赶至浑江岸边杀害。

12月18日 第一师突袭本溪县赛马集，击溃伪治安队数百人，缴枪千余支。

12月30日 桓仁县救国会在王家窑厂秘密集会，部署抗日活动。

12月 日本大仓财阀等创建本溪湖洋灰株式会社。

1936年

1月3日 杨靖宇率人民革命军第一军直属部队与抗日义勇军"老北风"等部联合攻打本溪县碱厂，消灭日伪军30余人。

1月13日　东北人民革命军地方工作员阎桂铭等人被日伪当局活埋于桓仁县木盂子东门外。

2月8日　日本宪兵队制造本溪湖"思想犯"案件，逮捕本溪县立模范小学校长崔芳秋等一批知识分子。同年秋，崔被害于连山关。

2月13日　本溪县伪警察教练所教务长常伯英率学警哗变，投奔山林队黄锡山部，不久转投东北人民革命军第一师任副官。

2月22日　伪满协和会桓仁支部成立。

3月2日　东北人民革命军第一师军需部长韩震在桓仁县仙人洞村头道岭子开会时被日军包围，韩震在突围中牺牲。

4月30日　杨靖宇指挥所部会同义勇军一部，在本溪县梨树甸子大东沟伏击伪军邵本良部，共毙伤俘伪军400余人。

6月28日　东北人民革命军第一军第一师主力奉命从本溪县铺石河出发开始西征。

7月7日　中共南满第二次代表大会在金川县河里召开，将东北人民革命军第一、二军改编为东北抗日联军第一路军，杨靖宇任总司令兼政委。

7月15日　抗联第一军一师西征部队回师途中，在本溪县摩天岭两次伏击日军"讨伐"部队，共歼敌140余人，第一师参谋长李敏焕等不幸牺牲。

7月25日　伪本溪县公署公布《关于实施集家法从速迁移之件》，开始在全县实施集家归屯，并限令于7月底搬迁完毕。

9月16日　驻桓仁日本宪兵队制造桓仁救国会事件，至11月18日，先后逮捕115人，有4人被刑讯致死，10人被判死刑，51人被判处无期和有期徒刑。

9月　中共南满省委机关迁至本溪县洋湖沟抗联密营，1937年5月又迁至桓仁县牛毛大西岔。

10月　日本关东军对活动于东边道地区的抗联武装实行"独立大讨伐"。

12月　抗联第一军第三师从本溪县东营房出发开始第二次西征，失败后返回。

1937年

2月11日　日伪军突然包围本溪县和尚帽子抗联第一师密营，抗联第一军政治部主任宋铁岩在突围中不幸牺牲。

2月23日 驻桓仁县日本宪兵队、日本守备队将放下武器的抗日武装人员300余人捆绑押解至西江冰窟残忍杀害。

2月28日 桓仁县救国会事件中孟继武等9人在沈阳浑河岸被日伪当局杀害。

7月16日 杨靖宇率部在兴京县黄土岗子与日伪军遭遇，毙伤敌20余人，中共南满省委组织部长李东光牺牲。

7月19日 本溪煤铁公司宫原厂区开始建设。

7月25日 东北抗联第一路军发表《为响应中日大战告东北同胞书》。

同日 本溪市区太子河上第一座现代公路桥梁——溪湖（东芬）大桥竣工。

8月20日 杨靖宇署名发表《东北抗联第一路军总司令部布告》，号召东北全体同胞"打倒日本帝国主义"，"为独立自由幸福之中国而奋斗"。

12月5日 杨靖宇率部在本溪县老边沟设伏，毙伤日伪军22人。

12月21日 抗联第一军后勤部长胡国臣在本溪县洋湖沟大地密营中养伤时被俘，后叛变投敌。

12月 由卢至顺监修、白永贞总纂的《九顶铁刹山志》出书。

同月 日伪政权设立本溪湖街。

1938年

2月5日 本溪湖煤铁公司开凿彩屯竖井，至1945年8月停建。

2月13日 日军长岛工作班突袭桓仁县普乐堡大荒沟抗联密营医院，第一军参谋长安光勋被俘叛变。

2月15日 五六百名日伪军包围本溪县和尚帽子抗联第一师密营，第一师仓促应战，付出重大伤亡后突围。

3月10日 日军找到中共南满省委密营洞窟，在搜走重要文件后将洞窟炸毁。

3月 辽宫线（今溪辽线）铁路开筑，全长69千米306米。

4月5日 本溪县伪县长魏运衡以清明节组织游平顶山为名，寄语县公署职员、中小学生不要忘记自己是中国人。

4月13日 抗联第一师在本溪县大青沟设伏，毙伤日伪军数十人。

4月30日　日本当局以"通匪"为名，将本溪县30余名屯牌长和无辜群众杀害，史称"赛马惨案"。

5月18日　日本当局制造本溪湖救国会事件。

6月29日　抗联第一师师长程斌裹胁所部86人在本溪县第四区八楞树村投降日军。

6月　本溪湖煤铁公司第二发电厂建成。

7月3日　日伪当局在本溪湖日本小学校举行程斌及其部下的所谓归降仪式。

8月15日　抗联第一师参谋长常伯英等16人在沈阳县第三区南长岭子向日军投降。

10月　抗联第一师余部在李明山带领下历经磨难，最后在金川县河里与总部会合。

11月17日　日伪政权公布《米谷管理法》。

1939年

2月　本溪县流行天花、霍乱、伤寒病，死亡4000余人。

4月15日　桓仁铅矿西岔坑31名中国工人因工资低罢工14天，厂方被迫答应增资。

5月25日　本溪湖煤铁公司第二次改组，资本增至1亿日元。

5月　抗联第一师军需部第一分队甄宝昌率近10名战士撤离桓仁，向吉林省桦甸县转移。

10月1日　日伪当局将本溪湖街和宫原划出成立伪本溪湖市，隶属伪奉天省直辖。

1940年

1月　本溪湖特殊钢厂工人破坏运煤用起重机1台，造成停产3天。

2月　日伪当局在桓仁县普乐堡建立开拓团，先后从日本秋田县迁来农户60户、260余人，低价购买中国农民土地经营。

3月　本溪湖洋灰公司工人故意把3号生料磨减速机油箱放掉，造成减速机牙轮全被啃掉的重大生产事故。

4月15日　本溪国民高等（工科）学校学生沈元兴（陈大光）书写《告

东北同胞书》，号召奋起抗日，署名"伟大的中国人"。

5月 桓仁铅矿西岔坑38名工人抗议日本监工田中殴打中国工人举行罢工。

6月1日 伪本溪县公署公布《村屯废合令》，并组织8个宣抚督战队到各区村强行拆迁，逾期不迁者烧房杀人。

7月 宫原第一炼焦炉建成。

8月26日 本溪湖煤矿中央大斜井瓦斯爆炸，死30人、伤30余人。

1941年

4月 本溪湖特殊钢株式会社宫原特殊钢厂投产。

5月 本溪湖洋灰公司工人将运送水泥的列车机车轴瓦撒上沙子，造成车轴折断特大事故。

6月 国民党本溪党务筹委会成立，苗可沛任主任委员。

7月28日 伪满政府公布《物价及物资统制法》（即七二五停价令），致使本溪市场萧条。

7月 本溪煤矿接收第一批特殊工人1498名，从事采煤苦役。

8月25日 日伪政权实行第一次战时增税。

10月15日 宫原1号高炉（后本钢3号高炉）建成投产，日产生铁500吨。

12月30日 本溪湖煤铁公司决定资本从1亿日元增加至2亿日元。

1942年

2月 柳塘煤矿特殊工人因日本人配给橡子面举行罢工，并取得胜利。

4月26日 本溪煤矿发生瓦斯大爆炸，死伤中国矿工3000余人。

6月 本溪湖特殊钢厂炼钢车间100余名机电工人罢工，迫使厂方补发奖金。

10月25日 宫原2号高炉建成投产。

1943年

1月26日 伪本溪县公署公布《本溪县粮谷配给纲要》。

3月 桓仁铅矿松兰坑70余名工人为抗议日本职员殴打中国工人举行罢

工并取得胜利。

4月　本溪水泥厂粉磨车间70余名工人因抗议日本工头毒打中国工人而举行罢工。

5月1日　茨沟煤矿特殊工人王庆锁等秘密成立党小组，开展抗日活动。

7月7日　柳塘煤矿特殊工人孙少勇等秘密成立党支部。

7月12日　本溪煤铁公司李庆国制造事故，造成第1高炉腹部爆破停产。

7月　本溪特殊钢厂锻钢车间工人为抗议日本当局取消30%津贴而举行罢工并取得胜利。

8月　参加本溪读书活动的马忠骏等4名进步青年奔赴太行山根据地参加八路军。

10月　本溪湖矫正辅导院成立。

1944年

3月　本溪监狱改为本溪刑务署，日本人仲川新作任署长，关押中国"犯人"2000余名。

4月1日　株式会社本溪煤铁公司与鞍山昭和制钢所等合并，称满洲制铁株式会社本溪湖支社。

4月2日　日伪当局在全东北对国民党地下组织进行大搜捕，至7月，破获本溪"同人会"和两个外围组织，逮捕120人。

4月21日　柳塘煤矿特殊工人自发党组织被日伪当局破坏，核心成员张顺等6人被捕，后牺牲。

7月31日　美军B-29飞机轰炸本溪湖煤铁公司厂区。

8月　桓仁铅矿西岔坑150名工人为抗议日本职员殴打中国工人罢工，捣毁矿山事务所，迫使日本矿长赔礼道歉。

9月8日　美军B-29飞机再次轰炸本溪湖煤铁公司厂区。

9月　大冶铁工厂地下党组织领导200余名工人罢工。

1945年

5月　日伪当局在全东北开展对国民党地下组织大搜捕，至8月，在本溪共逮捕50人，国民党本溪地下组织被完全破坏。

8月15日　日本宣布无条件投降。

8月16日　大冶厂50余名工人在党组织领导下对经理梁小五进行清算斗争。

8月17日　本溪矫正辅导院上千名收容人员集体暴动。

8月22日　本溪煤矿特殊工人举行暴动，收缴上千支步枪，开展护厂护矿和维持社会治安。

9月17日　苏军进入本溪，组织非法拆迁本溪煤铁公司大量设备。

9月18日　八路军冀热辽军区第十六军分区司令员曾克林率部进入本溪，并召开纪念九一八雪耻大会。

10月1日　辽东游击纵队第八支队在桓仁县城南关学校操场召开群众大会，号召团结起来建设美好新桓仁。

10月8日　本溪市召开各界代表会议，成立本溪市政府，选举田共生为本溪市民主政府市长。

11月3日　本溪市民主政府、本溪煤铁公司召开复工动员大会。

11月　中共本溪市委成立，李力果任市委书记，张子衡任副书记兼宣传部长，杨春茂任组织部长。

同月　本溪市保安司令部正式成立，李力果任司令员兼政委。

11月16—23日　本溪军政干部第一期培训班结业。

11月20日　中共本溪市工委发出《关于本溪市目前锄奸保卫工作的决定》。

同日　本溪市县临时国产保管委员会成立，田共生兼委员会主任。

11月26日　中共中央东北局、东北人民自治军总部，中共辽宁省分委、辽宁省政府等机关从沈阳迁到本溪。

12月2日　东北人民自治军在北地广场召开公审大会，对违反军纪犯徐德臣交军法处严惩。

12月3日　田共生专任本溪煤铁总公司总经理，王玉波接任本溪市市长。

12月5日　《东北日报》在本溪复刊。

12月11日　本溪市召开全市锄奸联席会议。

12月14日　本溪联合中学举行开学典礼。

12月16日　本溪市2000余人集会，纪念"一二·九"运动10周年。

12月21—23日　本溪市第一次工人代表大会召开，正式成立本溪市总工会，高崇一当选为市总工会会长。

12月26日　本溪市召开公审战犯汉奸大会，3000人参加。

1946年

1月1日　东北人民自治军改称东北民主联军。

1月6日　本溪市公安局一举破获暴乱组织"血樱团"。

1月18—20日　本溪市第一届临时参议会召开。

1月24日　本溪市民主政府发出做好拥军优属工作的通知。

1月30日　市长王玉波发出致军属慰问信。

1月　东北民主联军在本溪成立辽东军区暨第三、第四纵队。

同月　东北局决定东北公学改名为东北大学。

2月1日　田共生调任溪碱矿务局局长，周纯全接任本溪煤铁总公司总经理。

2月　李力果调离，杨春茂任中共本溪市委书记。

2月3日　本溪市第二区群众自动起来清算日伪时期配给店善昌号。

2月23日　东北大学撤离本溪。

2月　东北局撤离本溪。

3月19日　桓仁县第一次临时参议会召开。

3月21—25日　本溪县第一次农民代表大会召开。

4月1日　国民党军分路会攻本溪，民主联军辽东军区奋起反击，一保本溪取得胜利。

4月7日　国民党第二次会攻本溪复遭失败。

4月11日　军调部东北第二十九执行组到本溪视察。

4月28日　国民党军集中5个师17个团分3路第三次会攻本溪，东北民主联军经激战后于5月3日撤出本溪市区。

5月4日　国民党军进占本溪，成立本溪市政府，关大成任市长。

5月7日　国民政府经济部东北特派员办公处派靳树梁为本溪办事处处长接收本溪煤铁公司，更名为本溪湖煤铁厂矿。

6月　中共辽宁省委撤销本溪市委和市政府，成立中共本溪市城市工委。

8月1日　国民党本溪湖市政府制定《本溪湖市保甲连坐暂行办法》。

8月10日　国民党本溪县政府公布《清乡工作实施办法》。

10月1日　国民党辽宁省政府裁撤本溪湖市，并入本溪县。

10月10日　本溪县保安团在谢家崴子阻击国民党第五十二军二十五师一部4小时，后主动撤离。

10月29日　本溪县街全体教员向国民党当局请愿，要求补发8、9、10月薪俸。

11月5日　中共桓仁县委、县政府在三架窝棚召开会议，将阴谋策动叛乱的主犯6人处决。

11月26日　本溪县街全体教员第二次罢教3天，取得胜利。

1947年

1月5日　驻本溪国民党第二〇七师约4个营兵力分头向桥头地区进犯企图抢粮，被民主联军击溃。

2月1日　国民党第二〇七师一八三团驻防碱厂，强征各村民夫千余人修筑碱厂四周阵地。

2月16日　本溪县保安团在张家堡突袭国民党第二十保安团，毙40余人，俘200余人。

2月20日　民主联军第四纵队第十一师进攻碱厂，毙伤俘敌914人。

3月17日　民主联军第四纵队第十一师、第十二师三十六团解放桓仁县城。

4月3日　本溪煤矿发生透水事故，61名矿工遇难。

4月11日　柳塘煤矿七坑三卸西风道突然透水，75名矿工遇难。

6月1日　桓仁县全境解放。

6月12日　本溪县保安团与第四纵队十二师三十四团1个营进攻桥头，歼灭国民党安东保安第二十一团800余人。

6月13日　东北民主联军第四纵队收复本溪，19日撤出。

6月24日　中共本溪县委发出《关于大扩军的指示》。

7月2日　在地下党领导下，本溪煤铁公司千余名工人举行罢工，要求增加工资并取得胜利。

7月18—27日　本溪县召开第二次农民代表大会，开始轰轰烈烈的土地改革运动。

7月　安东省土改工作团到桓仁县，指导帮助开展土改试点工作。

10月4日　国民党驻军主持召开本溪工源市郊工事构工委员会第一次会议，强征民工1600名。

10月　辽东第三军分区在碱厂召开庆功大会。

11月25日　本溪县农会发出奖字第10号令，嘉奖全县参军特等模范村9个，优等模范村19个，模范村22个。

12月9日　《东北日报》发表《本溪县群运经验介绍》。

1948年

1月6日　本溪县保安团两个连突袭盘踞在欢喜岭的土匪团伙，俘女司令胡先荣以下120余人。

1月10日　国民党本溪县警察局"为奠定治安及巩固冬防计"，阴历年禁止燃放爆竹。

1月　桓仁县开始平分土地运动。

2月23日　辽东军区独立第三师、独立第二师攻克歪头山，击毙国民党军400余人。

同日　本溪煤铁公司员工因食粮缺乏，员工每日仅食一餐豆饼。

2月　本溪县保安团1200人整体编入安东军区独立第一团。

2月28日　本溪县召开第三次农民代表大会，部署开展生产和土改纠偏工作。

2月　桓仁县民工组成远征担架队，随主力部队转战1个多月，受到安东省第四专署表彰。

4月　因物价飞涨，本溪煤铁公司普通工人工资20多万元还换不来40斤豆饼。

5月　中共本溪县委城工部领导的地下联络站南芬万盛客栈正式"营业"。

6月8日　中共本溪县委发出《关于生产救灾的指示》。

8月　本溪煤矿工人不堪饥饿，相继逃亡，国民党当局不得不从抚顺借调工人500名，以维持生产。

10月29日　中共安东省委决定由中共本溪县委负责接管本溪市，组建本溪市军事管制委员会和中共本溪市委，汪之力任军管会主任兼市委书记，赵国泰任副主任兼卫戍司令。

10月30日 24时，安东军区独立第一支队攻克平顶山，本溪全境解放。

10月31日 本溪市政府成立，王甦任代理市长。

11月1日 本溪市军管会召开本溪市各界代表会议，宣布全面接收一切旧政权和各事业单位。

11月2日 东北行政委员会工业部派梁成恭、徐宏文为特派员，接收本溪煤铁公司。

11月7日 本溪煤铁公司改为东北行政委员会工业部本溪煤铁公司，杨维任经理。

11月10日 本溪市政府召开庆祝全东北及本溪解放大会。

12月 汪之力调省工作，王甦继任中共本溪市委书记。

同月 中共本溪市委作出关于《土改工作布置》的决定，部署新区土改工作。

1949年

1月14日 中共本溪市委决定成立中国新民主主义青年团本溪市筹备委员会。

1月27日 本溪市政府发出通知，春节将至，每人发放生猪肉2斤，白面3斤。

1月30日 正月初二，本溪煤铁公司举行盛大宴会，招待工友，并进行座谈，听取意见。

1月 本溪市军事管制委员会撤销。

市长王玉波签署本溪市政府布告，宣布取消国民党统治时期的保甲制旧政权，实行街组制。

3月4日 中共本溪市委作出《关于青年运动的决议》。

3月8—9日 本溪市第一次妇女代表大会召开，选举产生了本溪市民主妇女解放联合会筹备委员会，王甦当选主任。

4月16日 本溪煤铁公司举行庆祝大会，奖励在修建过程中有特殊贡献的模范职工。

4月21日 东北行政委员会发布命令，本溪市由安东省辖改为东北行政委员会直辖。

4月29日　辽宁、安东两省合并为辽东省，桓仁县、本溪县改为辽东省辖。

5月1日　南芬铁矿正式投产。

5月3日　本溪煤铁公司2万余名职工开展红五月大生产竞赛。

5月10日　中共中央东北局决定，中共本溪市委由安东省委领导改为东北局直接领导。同日，本溪市政府改称本溪市人民政府。

5月15日　第二发电厂3号锅炉修复工程竣工。

6月1日　中共本溪市委召开全体会议，学习中共七届二中全会文件，讨论本溪地方工作如何适应全党工作重心转移问题，并于6月5日作出《关于几个问题的决定》。

6月15日　中共中央东北局对中共本溪市委领导进行调整，李亚光任市委书记，张子衡任副书记，李亚光、张子衡、杨维、王玉波、王甦5人组成市委常委会。

7月4日　本溪煤铁公司2号高炉炼出本溪解放后第一炉铁水。

7月15日　本溪煤铁公司隆重举行开工典礼，中共中央、中央军委题词"为工业中国而斗争"。

8月3日　中共本溪市委作出《关于执行东北局对一贯道等封建会道门处理的指示》。

9月28—29日　本溪市举行第一届各界人民代表会议第一次全体会议。

10月1日　本溪市各界群众2.5万余人隆重集会，热烈庆祝中华人民共和国成立。

同日　本溪煤铁公司1号高炉恢复投产。

10月1—3日　本溪市区连续3天举行有3万人参加的盛大灯火晚会，热烈庆祝新中国的诞生。

10月2日　本溪市在工源运动场举行体育运动会，庆祝中华人民共和国成立。

参考文献

一、基本史料

［1］昆冈、李鸿章等修：《钦定大清会典事例（光绪朝）》，光绪二十五年（1899）石印本。

［2］赵尔巽等撰：《清史稿》，中华书局，1976年。

［3］《清实录》，中国第一历史档案馆清实录全文数据库。

［4］王钟翰点校：《清史列传》，中华书局，1987年。

［5］阿桂等修：《盛京通志》，乾隆元年（1736）本。

［6］鄂尔泰纂：《八旗通志初集》，乾隆四年（1739）武英殿本。

［7］吴廷燮：《奉天郡邑志》，宣统三年（1911）铅印本。

［8］金毓黻等纂：《奉天通志》，东北文史丛书编辑委员会，1983年。

［9］徐世昌编：《东三省政略》，文海出版社，1965年。

［10］杨同桂辑：《盛京通鉴》，文海出版社，1967年。

［11］阿桂等纂，孙文良、陆玉华点校：《满洲源流考》，中国国际广播出版社，2016年。

［12］李敖主编：《龚自珍全集 盛世危言》，天津古籍出版社，2016年。

［13］故宫博物院编：《清光绪朝中日交涉史料》，故宫博物院，1932年。

［14］尹寿松编，王卓然校订：《中日条约汇纂》，外交月报社，1934年。

［15］黄越川：《东三省水田志》，开明书店，1930年。

［16］东北日报社编：《平分土地文献》，东北书店，1947年。

［17］中国史学会编著：《中国近代史资料丛刊 中日战争》，新知识出版社，1957年。

［18］陈真、逄先和等编：《中国近代工业史资料》，三联书店，1961年。

［19］彭泽益编：《中国近代手工业史资料》，三联书店，1957年。

［20］奉天谘议局筹办处编：《奉天谘议局筹办处调查报告书》，1908年。

［21］奉天防疫总局编：《东三省疫事报告书》，1912年。

［22］李建德编辑，刘谦、耿步蟾校订：《中国矿业调查记》，共和印刷公司，1914年。

［23］北京经济学会编：《财政说明书 直隶 奉天省》，1915年。

［24］郭葆琳、王兰馨编：《东三省农林垦务调查书》，神田印刷所，1915年。

［25］顾琅编：《中国十大矿厂调查记》，商务印书馆，1916年。

［26］虞和寅编：《奉天本溪湖煤铁公司报告》，农商部矿政司，1926年。

［27］东北文化社年鉴编印处编：《东北年鉴（1931）》，1931年。

［28］李季：《辽宁民众自卫军起义救国详记》，东北民众抗日救国会，1932年。

［29］陈觉：《九一八后国难痛史》，东北问题研究会，1932年。

［30］云光侠编著：《东北抗日救国血战史》，得胜印刷所，1933年。

［31］叶麟趾编著：《古今中外陶磁汇编》，文奎堂书庄，1934年。

［32］李逊梅：《澹盒志异》，仿古书店，1936年。

［33］盛宣怀：《愚斋存稿》，盛氏思补楼，1939年。

［34］徐梗生著：《中外合办煤铁矿业史话》，商务印书馆，1947年。

［35］张雁深：《日本利用所谓"合办事业"侵华的历史》，三联书店，1958年。

［36］邹鲁编著：《中国国民党史稿》，中华书局，1960年。

［37］中国科学院民族研究所辽宁少数民族社会历史调查组编：《满族历史档案资料选辑》，1963年。

［38］台湾"中央研究院"近代史研究所编：《中国近代史资料汇编——矿务档 云南 贵州 奉天》，1960年。

［39］郭廷以、李毓澍主编：《中国近代史资料汇编——清季中日韩关

系史料》，台湾"中央研究院"近代史研究所，1972年。

[40] 台湾"中央研究院"近代史研究所编：《中日关系史料：路矿交涉》，1976年。

[41] 中国第一历史档案馆编：《清代档案史料丛编》，中华书局，1990年。

[42] 吉林省社会科学院《满铁史资料》编辑组：《满铁史资料 第2卷 路权篇》，中华书局，1979年。

[43] 陈旭麓等主编：《甲午中日战争》，上海人民出版社，1980年。

[44] 台湾"中央研究院"近代史研究所编：《中国近代史资料汇编——教务教案档 第6辑》，1980年。

[45] 辽宁省档案馆编辑：《辛亥革命在辽宁档案史料》，辽宁省档案馆，1981年。

[46] 秦孝仪主编：《中华民国重要史料初编 对日抗战时期 第7辑 战后中国》，中国国民党中央委员会党史委员会，1981年。

[47] 辽宁省档案馆、辽宁社会科学院历史研究所编：《东北义和团档案史料》，辽宁人民出版社，1981年。

[48] 中共中央书记处著译：《六大以来——党内秘密文件》，人民出版社，1983年。

[49] 徐世昌：《退耕堂政书》，中国书店出版社，1984年。

[50] 辽宁省档案馆、辽宁社会科学院历史研究所编：《忠义军俄斗争档案史料》，辽沈书社，1984年。

[51] 辽宁省档案馆编：《中华民国史资料丛稿——电稿 奉系军阀密电》，中华书局，1984年。

[52] 中国第一历史档案馆、北京师范大学历史系编：《辛亥革命前十年间民变档案史料》，中华书局，1985年。

[53] 辽宁省档案馆编：《中共中央东北局西满分局、辽东省委档案文件汇集（1946—1947）》，辽宁省档案馆，1986年。

[54] 步平等编著：《东北国际约章汇释》，黑龙江人民出版社，1987年。

[55] 解学诗主编：《满铁史资料 第4卷 煤铁篇》，中华书局，1987年。

[56] 中共辽宁省委党史资料征集委员会编：《辽宁党史资料》，

1988年。

[57] 戚其章主编：《中国近代史资料丛刊续编——中日战争》，中华书局，1997年。

[58] 日本外务省档案，俞辛焞等译：《孙中山在日活动密录（1913—1916）》，南开大学出版社，1990年。

[59] 辽宁省档案馆编：《奉系军阀档案史料汇编》，江苏古籍出版社、香港地平线出版社，1990年。

[60] 章伯峰、李家一主编：《北洋军阀（1913—1920）》，武汉出版社，1990年。

[61] 辽宁省教育志编纂委员会编：《辽宁教育史志资料》（第3辑），辽宁大学出版社，1990年。

[62] 中国第二历史档案馆编：《中华民国史档案资料汇编》（第3辑），江苏古籍出版社，1991年。

[63] 中央档案馆、辽宁省档案馆等：《东北地区革命历史文件汇集》，1988—1991年。

[64] 中央档案馆等编：《日本帝国主义侵华档案资料选编——东北"大讨伐"》，中华书局，1991年。

[65] 中央档案馆等编：《日本帝国主义侵华档案资料选编——东北经济掠夺》，中华书局，1991年。

[66] 辽宁省档案馆、辽宁社会科学院编：《"九一八"事变前后的日本与中国东北：满铁秘档选编》，辽宁人民出版社，1991年。

[67] 孙邦主编：《伪满史料丛书——经济掠夺》，吉林人民出版社，1993年。

[68] 辽宁省档案馆编：《日俄战争档案史料》，辽宁古籍出版社，1995年。

[69] 中国第一历史档案馆编：《光绪朝朱批奏折》，中华书局，1996年。

[70] 秦国经主编：《中国第一历史档案馆藏清代官员履历档案全编》，华东师范大学出版社，1997年。

[71] 辽宁省档案馆编：《日本侵华罪行档案新辑》，广西师范大学出版社，1999年。

［72］辽宁省档案馆编:《满铁与劳工》(第2辑),广西师范大学出版社,2003年。

［73］孙玉玲主编:《伪满史料丛书——伪满社会实相》,吉林文史出版社,2005年。

［74］中国边疆史地研究中心、辽宁省档案馆编:《东北边疆档案选辑》,广西师范大学出版社,2007年。

［75］顾廷龙、戴逸主编:《李鸿章全集》,安徽教育出版社,2008年。

［76］中共中央文献研究室、中央档案馆编:《建党以来重要文献选编(1921—1949)》,中央文献出版社,2011年。

［77］李少军编译:《武昌起义前后在华日本人见闻集》,武汉大学出版社,2011年。

［78］中国抗日战争军事史料丛书编审委员会编:《东北抗日联军·文献》,解放军出版社,2015年。

［79］中国抗日战争军事史料丛书编审委员会编:《东北抗日联军·参考资料》,解放军出版社,2015年。

［80］中国人民解放军历史资料丛书编审委员会编:《东北抗日联军》,白山出版社,2011年。

［81］本溪市党史地方志办公室编:《辽东满族家谱选编》,辽宁民族出版社,2012年。

［82］骆宝善、刘路生主编:《袁世凯全集》,河南大学出版社,2013年。

［83］王彦威等辑编,李育民等点校:《清季外交史料》,湖南师范大学出版社,2015年。

［84］陈旭麓等主编:《盛宣怀档案资料 第1卷 甲午中日战争》,上海人民出版社,2016年。

［85］曲铁华主编:《日本侵华殖民教育史料》(第1辑),人民教育出版社,2016年。

［86］查屏球编著:《甲午日本汉诗选录》,凤凰出版社,2017年。

［87］中共中央马克思、恩格斯、列宁、斯大林著作编译局编:《马克思恩格斯选集》,人民出版社,1972年。

［88］蔡和森:《蔡和森文集》,湖南人民出版社,1979年。

［89］中国社会科学院近代史研究所中华民国史研究室等编：《孙中山全集》，中华书局，1986年。

［90］陈旭麓主编：《宋教仁集》，中华书局，1981年。

［91］中共中央文献编辑委员会辑：《朱德选集》，人民出版社，1983年。

［92］彭真：《彭真文选（1941—1990）》，人民出版社，1991年。

［93］毛泽东：《毛泽东选集》，人民出版社，1991年。

［94］中共中央文献研究室编：《毛泽东军事文集》，军事科学出版社、中央文献出版社，1993年。

［95］中共中央文献研究室编：《毛泽东文集》，人民出版社，1993年。

［96］陈云：《陈云文选》（第1卷），人民出版社，2015年。

［97］刘少奇：《刘少奇选集》，人民出版社，2018年。

二、档案

［1］《赵尔巽档案全宗》，中国第一历史档案馆藏。

［2］《北洋政府陆军部档案》，中国第二历史档案馆藏。

［3］《奉天省长公署档》，辽宁省档案馆藏。

［4］《本溪县公署档》，辽宁省档案馆藏。

［5］《辽阳县公署档》，辽阳市档案馆藏。

［6］《中共本溪县委全宗115》，本溪市档案馆藏。

［7］《国民党本溪县政府全宗117》，本溪市档案馆藏。

［8］《国民党部队全宗118》，本溪市档案馆藏。

［9］《国民党本溪县党部全宗119》，本溪市档案馆藏。

［10］《伪本溪湖市政府全宗123》，本溪市档案馆藏。

［11］《本溪湖煤铁公司全宗124》，本溪市档案馆藏。

［12］《本溪党史资料全宗999》，本溪市档案馆藏。

三、报纸

［1］《申报（1872—1949）》，爱如生电子数字化技术研究中心。

［2］《新闻报（1893—1949）》，上海图书馆中国近代中英文报纸全文数据库。

［3］《新民丛报（1902—1907）》，上海图书馆晚清期刊全文数据库。

［4］《大公报（1902—1949）》，中国国家图书馆大公报全文检索数据库。

［5］《东方杂志（1904—1948）》，商务印书馆东方杂志全文数据库。

［6］《顺天时报（1905—1930）》爱如生电子数字化技术研究中心。

［7］《盛京时报（1906—1944）》抗战文献数据平台。

［8］《奉天公报（1912—1929）》，上海图书馆民国时期期刊全文数据库。

［9］《益世报（1915—1948）》，中国国家图书馆中国历史文献总库·近代报纸数据库。

［10］《伪本溪县政月报（1934—1935）》，上海图书馆民国时期期刊全文数据库。

［11］《伪本溪县政公报（1935—1937）》，上海图书馆民国时期期刊全文数据库。

［12］《新华日报（1938—1947）》，时代同盛科技有限公司新华日报数据库。

［13］《东北日报（1945—1954）》，抗战文献数据平台。

四、期刊

［1］李竞存：《奉天本溪湖制铁所之工程观》，《实业杂志》1912年第4期。

［2］《专件：奉天本溪湖煤铁有限公司（民国四年二月调查）》，《中国实业杂志》1915年第6卷第5期。

［3］李大钊：《庶民的胜利》，《新青年》1918年第5卷第5号。

［4］李大钊：《Bolshevism的胜利》，《新青年》1918年第5卷第5号。

［5］梁宗鼎：《本溪湖煤铁公司最近风潮纪实》，《矿冶》1927年第1卷第2期。

［6］之光：《本溪湖矿产调查》，《东北文化月报》1927年11月号。

［7］湖山恨人（崔芳秋）：《湖山楼春宵琐记》，《大亚画报》1929年第148期。

［8］张大焱：《本溪湖煤铁公司全体华员被日人压迫离职情形》，《矿业

周刊》1931年第168期。

　　[9] 虎啸:《民族英雄杨靖宇》,《世界知识》1936年第4期。

　　[10] 韩光:《山河欲裂征马鸣》,出自《星火燎原》第4辑,中国人民解放军出版社,1980年。

　　[11] 本溪市总工会工运史办公室:《本溪工人运动大事记(解放前部分)》,《本溪市志通讯》1986年第1期。

　　[12] 崔景辰:《伪满时期本溪地区中小学教育概况》,《本溪市志通讯》1986年第2期。

　　[13]《本溪市同胜石灰窑业》,《本溪市志通讯》1986年增刊。

　　[14] 周芜:《日本大仓与本溪煤铁公司》,《东北地方史研究》1988年第3期。

　　[15] 刘宝山:《山城怒潮——本溪湖煤铁工人八二三大罢工》,《本溪市志通讯》1990年第1期。

　　[16] 曲晓璠:《辽东护国军起义与民初东北反袁斗争》,《辽宁师范大学学报(社科版)1990年第4期。

　　[17] 阴贵申:《山城也在怒吼——"五四"运动中的本溪》,《党史纵横》1992年第2期。

　　[18] 陈长河:《辽东护国军反袁起义经过》,《历史档案》1996年第2期。

　　[19] 尹虹:《侵华战争前的日本守备队》,《党史纵横》2005年第5期。

　　[20] 王伟:《日俄战争中经济掠夺的罪证》,《中国钱币》2005年第3期。

　　[21] 张大庸、巩书民:《夜幕忠魂孟昭堂》,《党史纵横》2006年第6期。

　　[22] 陈慈玉:《战前中国东北的钢铁业》,出自吴景平主编:《近代中国经济与社会研究》,复旦大学出版社,2006年。

　　[23] 马陵合:《安奉铁路交涉研究:以清末地方外交为视角》,《安徽史学》2015年第5期。

　　[24] 王树人:《文武双全的革命烈士杨靖宇》,《党史博采(纪实版)》2018年第5期。

　　[25] 赵逸才:《清末奉天、锦州二府的县级政区格局及其边界形态》,

《清史研究》2020年第5期。

五、方志

［1］本溪县志编纂委员会编：《本溪县志》，1983年。

［2］本溪市地方志编纂办公室编：《本溪市志》第1卷，新华出版社，1991年。

［3］本溪市地方志编纂办公室编：《本溪市志》第2卷，大连出版社，1998年。

［4］本溪市党史地方志办公室编：《本溪市志》第3卷，辽海出版社，2000年。

［5］本溪市党史地方志办公室编：《本溪市志》第4卷，辽海出版社，2004年。

［6］辽宁省地方志编纂委员会办公室编：《辽宁省志·工会志》，辽宁科学技术出版社，1999年。

［7］辽宁省地方志编纂委员会办公室编：《辽宁省志·建设志》，辽宁人民出版社，2003年。

［8］辽宁省交通史志编审委员会编：《辽宁省交通志》，沈阳出版社，1992年。

［9］辽宁省环境保护局编：《辽宁省环保志》，万卷出版公司，2005年。

［10］本钢史志办公室编：《本钢志（1905—1985）》，辽宁人民出版社，1989—1992年。

［11］本溪市房产总公司编制办编：《本溪房产志》，1989年。

［12］本溪市博物馆编：《本溪碑志》，辽宁民族出版社，2016年。

［13］本溪满族自治县党史地方志办公室编：《本溪满族自治县志》，辽宁民族出版社，2009年。

［14］白永贞纂修，张杰贵等校：《增续九顶铁刹山志》，民族出版社，2011年。

［15］《怀仁县乡土志》，光绪三十四年（1908）抄本。

［16］马俊显修，刘熙春等纂：《怀仁县志》，宣统元年（1909）铅印本。

［17］侯锡爵修，罗明述纂：《桓仁县志》，1930年。

［18］常荷禄修，赵国栋纂：《重修桓仁县志》，1937年。

［19］桓仁县地方志编纂委员会编：《桓仁县志》，方志出版社，1996年。

［20］桓仁县民族事务委员会朝鲜族志编纂小组编：《桓仁县朝鲜族志》，1988年。

［21］朱祥林主编：《桓仁人参志》，2015年。

［22］白永贞纂：《辽阳州乡土志》，光绪三十四年（1908）辽阳奉天习艺所铅印本。

［23］裴焕星修，白永贞纂：《辽阳县志》，1928年。

［24］解文欣等总纂，辽阳市志编纂委员会办公室编：《辽阳市志》，辽宁人民出版社，1993年。

［25］辽阳市土地规划管理局编：《辽阳市土地志》，大连出版社，1999年。

［26］王永恩修，王春鹏纂：《海龙县志》，1937年。

六、文史资料

［1］政协辽宁省本溪市委员会文史资料研究委员会编：《本溪文史资料》（第1辑），1984年。

［2］政协辽宁省本溪市委员会文史资料研究委员会编：《本溪文史资料》（第2辑），1985年。

［3］政协辽宁省本溪市委员会文史资料研究委员会编：《本溪文史资料》（第3辑），1986年。

［4］政协辽宁省本溪市委员会文史资料研究委员会编：《本溪文史资料》（第4辑），1989年。

［5］政协辽宁省本溪县委员会文史资料研究委员会编：《本溪县文史资料》（第1辑），1986年。

［6］政协辽宁省本溪县委员会文史资料研究委员会编：《本溪县文史资料》（第2辑），1987年。

［7］政协辽宁省本溪县委员会文史资料研究委员会编：《本溪县文史资料》（第3辑），1988年。

［8］政协辽宁省本溪县委员会文史资料研究委员会编：《本溪县文史资

料》（第4辑），1989年。

［9］政协辽宁省本溪县委员会文史资料研究委员会编：《本溪县文史资料》（第5辑），1990年。

［10］政协辽宁省本溪县委员会文史资料研究委员会编：《本溪县文史资料》（第6辑），1991年。

［11］政协辽宁省桓仁县委员会文史资料委员会编：《桓仁文史资料》（第1辑），1985年。

［12］政协辽宁省桓仁县委员会文史资料委员会编：《桓仁文史资料》（第2辑），1987年。

［13］政协辽宁省桓仁县委员会文史资料委员会编：《桓仁文史资料》（第3辑），1990年。

［14］政协辽宁省桓仁县委员会文史资料委员会编：《桓仁文史资料》（第4辑），1992年。

［15］中国人民政治协商会议本溪市溪湖区委员会编：《溪湖文史资料》（第2辑），1992年。

［16］政协本溪市溪湖区委员会编：《溪湖文史资料》（第3辑），2003年。

［17］政协本溪市溪湖区委员会编：《溪湖文史资料》（第4辑），2004年。

［18］政协本溪市南芬区委员会文史资料委员会编：《南芬文史资料》（第1辑），1991年。

［19］政协全国委员会文史资料研究委员会编：《文史资料选辑》（第2辑），中华书局，1960年。

［20］政协全国委员会文史资料研究委员会编：《文史资料选辑》（第4辑），中华书局，1960年。

［21］政协全国委员会文史资料研究委员会编：《文史资料选辑》（第5辑），中华书局，1960年。

［22］政协全国委员会文史资料研究委员会编：《文史资料选辑》（第9辑），北京出版社，1981年。

［23］政协全国委员会文史资料研究委员会编：《文史资料选辑》（第39辑），中国文史出版社，1989年。

［24］政协沈阳市委员会文史资料研究委员会编：《沈阳文史资料》（第2辑），1982年。

［25］政协沈阳市委员会文史资料研究委员会编：《沈阳文史资料》（第7辑），1982年。

［26］政协辽宁省委员会文史资料研究委员会编：《辽宁文史资料》（第9辑），辽宁人民出版社，1984年。

［27］政协吉林省委员会文史资料研究委员会编：《吉林文史资料选辑》（第7辑），吉林人民出版社，1985年。

［28］政协抚顺市委员会文史委员会编：《抚顺文史资料选辑》（第10辑），1987年。

［29］政协辽阳市文史资料委员会编：《辽阳文史资料》（第17辑），2007年。

［30］政吉林省长春市委员会文史资料研究委员会编：《长春文史资料》（第4辑），1984年。

［31］政协山东省文史资料委员会编：《山东文史集粹》，中国文史出版社，1998年。

［32］政协掖县文史资料研究委员会编：《掖县文史资料》（第1辑），1986年。

［33］政协山西省长治市城区委员会文史资料研究委员会编：《城区文史资料》（第3辑），1989年。

七、著作

［1］李培基：《辛亥关外革命始末记》，中华书局，1957年。

［2］沈曙东：《追忆本溪县志纪要》，1959年。

［3］徐庆璋：《辽阳防守日记》，中华书局，1962年。

［4］潘喜廷等编：《红色的矿山——本溪煤矿史话》，辽宁人民出版社，1962年。

［5］本溪矿务局党委宣传部编：《矿工血泪》，1963年。

［6］中国国民党中央党史史料编纂委员会编：《革命先烈先进传》，1965年。

［7］费行简：《近代名人小传》，文海出版社，1967年。

［8］本溪市革委会人保组清查敌伪档案办公室编：《日伪奉天宪兵团本溪湖宪兵分团特务系资料汇编》，1972年。

［9］本溪市革委会人保组清查敌伪档案办公室编：《日寇奉天宪兵队本溪湖宪兵分队资料汇编》，1974年。

［10］张玉法：《中国现代史》，东华书局，1977年。

［11］秦孝仪主编：《陈英士先生纪念集》，裕台公司中华印刷厂，1977年。

［12］本溪市统计局编：《本溪市国民经济统计资料提要（1949—1978）》，1979年。

［13］姜念东、伊文成等：《伪满洲国史》，吉林人民出版社，1980年。

［14］黎光、张璇如：《义和团运动在东北》，吉林人民出版社，1981年。

［15］温永录主编：《东北抗日义勇军史》，黑龙江人民出版社，1981年。

［16］孙克复、关捷编：《甲午中日陆战史》，黑龙江人民出版社，1984年。

［17］潘喜廷、卞直甫等：《东北抗日义勇军史》，辽宁人民出版社，1985年。

［18］刘培华、程道德等：《帝国主义侵华简史》，黄山书社，1985年。

［19］辽宁省档案馆编：《辽宁省档案馆建馆二十五周年纪念文集（1960—1985）》，1985年。

［20］肖哲、沈武编著：《本溪戏曲纵横》，1985年。

［21］本溪市总工会工运史编写办公室编：《本溪工人反帝大风暴——一九二七年本溪湖煤铁公司"八二三"大罢工》，1985年。

［22］李澍田主编：《松漠纪闻 扈从东巡日录 启东录 皇华纪程 边疆叛迹》，吉林文史出版社，1986年。

［23］萧玉琛：《一个伪满少将的回忆》，黑龙江人民出版社，1986年。

［24］中共本溪市委党史资料征集办公室编著：《浑太两岸的抗日烽火》，1986年。

［25］李忠卿：《碱厂地方简史》，1986年。

［26］延边大学民族研究所编：《朝鲜族研究论丛》，延边大学出版社，

1987年。

［27］汪之力主笔：《解放战争中的本溪》，中共本溪市委党史工作办公室、中共本溪县委党史资料征集办公室编印，1987年。

［28］本溪市总工会工运史研究室编：《本溪工人运动大事记专辑》，1987年。

［29］李林、朴明范等：《本溪县满族史》，辽宁民族出版社，1988年。

［30］李林、朴明范等：《本溪县满族家谱研究》，辽宁民族出版社，1988年。

［31］李涛主编：《解放战争时期辽东三地委》，沈阳出版社，1988年。

［32］中共本溪市委党史研究室编：《纪念本溪解放四十周年专辑》，1988年。

［33］本溪钢铁（集团）特殊钢有限公司编：《历尽沧桑》，1988年。

［34］中共桓仁县委地方史审编委员会编：《中共桓仁县地方史》（第1卷），1988年。

［35］陈本善主编：《日本侵略中国东北史》，吉林大学出版社，1989年。

［36］禹硕基等编：《日本帝国主义在华暴行》，辽宁大学出版社，1989年。

［37］孔经纬、傅笑枫：《奉系军阀官僚资本》，吉林大学出版社，1989年。

［38］乌廷玉、张云樵等：《东北土地关系史研究》，吉林文史出版社，1990年。

［39］东北工学院院志办公室编：《靳树梁传略》，东北工学院出版社，1990年。

［40］衣保中：《东北农业近代化研究》，吉林文史出版社，1990年。

［41］苏崇民：《满铁史》，中华书局，1990年。

［42］薛虹、李澍田主编：《中国东北通史》，吉林文史出版社，1991年。

［43］王革生：《清代东北土地制度史》，辽宁大学出版社，1991年。

［44］王承礼主编：《中国东北沦陷十四年史纲要》，中国大百科全书出版社，1991年。

［45］中共中央党史研究室编：《中国共产党历史》，人民出版社，1991年。

［46］王传圣、胡维仁著：《风雪长白山 王传圣回忆录》，吉林教育出版社，1992年。

［47］本溪市地名委员会、本溪市地名学研究会编：《本溪地名轶事》，辽宁人民出版社，1992年。

［48］本溪市档案馆编：《本溪制香业》，1992年。

［49］刁书仁：《东北旗地研究》，吉林文史出版社，1993年。

［50］中共辽宁省委党史研究室、中共丹东市委党史研究室编：《解放战争时期的安东根据地》，中共党史出版社，1993年。

［51］本溪市地方志编纂办公室编：《本溪之最》，白山出版社，1993年。

［52］孔经纬：《新编中国东北地区经济史》，吉林教育出版社，1994年。

［53］刘永祥、常家树：《日本侵华间谍与谋略》，辽宁大学出版社，1994年。

［54］钱之荣、李德臣主编：《创业者的风采》，辽宁古籍出版社，1994年。

［55］周福兴等主修：《梅林周氏三修族谱（存著堂）》，1994年。

［56］汤士安主编：《东北城市规划史》，辽宁大学出版社，1995年。

［57］沈玉成主编：《本溪城市史》，社会科学文献出版社，1995年。

［58］郑荣谦、刘玉林主编：《本溪公安历史长编（1945—1949）》，1995年。

［59］本溪钢铁公司编：《本钢九十年》，1995年。

［60］中共中央文献研究室编：《刘少奇年谱（1898—1969）》，中央文献出版社，1996年。

［61］中国铁路史编辑研究中心编：《中国铁路大事记（1876—1995）》，中国铁道出版社，1996年。

［62］中共辽宁省委党史研究室编：《解放战争中的辽南根据地》，辽宁人民出版社，1997年。

［63］戴逸、史全生主编：《中国近代史通鉴（1840—1949）》，红旗出

版社，1997年。

［64］谭会忠：《细草微风文存》，1997年。

［65］王同愈：《王同愈集》，上海古籍出版社，1998年。

［66］《本溪五十年》编写组编：《本溪五十年》，辽宁大学出版社，1998年。

［67］韩光：《征途漫漫》，中央文献出版社，2000年。

［68］高术乔主编：《东北抗日联军第一军在辽宁史料长编》，白山出版社，2001年。

［69］中共中央文献研究室编：《毛泽东年谱（1893—1949）》，中央文献出版社，2002年。

［70］李燕光、关捷主编：《满族通史》，辽宁民族出版社，2003年。

［71］张士尊：《清代东北移民与社会变迁（1644—1911）》，吉林人民出版社，2003年。

［72］任锡昆、高良田等：《好太王碑文印稿》，时代文艺出版社，2003年。

［73］阎中仕：《本溪人民解放斗争史》，天马图书有限公司，2003年。

［74］王记华、董进一：《甲午辽东鏖兵》，天津古籍出版社，2004年。

［75］李秉刚主编：《历史的疤痕——辽宁境内万人坑》，东北大学出版社，2004年。

［76］本溪市党史地方志办公室编著：《中国共产党本溪史》（第1卷），辽宁人民出版社，2004年。

［77］孙诚主编：《本溪史话》，中国戏剧出版社，2004年。

［78］戚其章：《甲午战争史》，上海人民出版社，2005年。

［79］佟冬主编：《中国东北史》，吉林文史出版社，2006年。

［80］李林：《满族宗谱研究》，辽宁民族出版社，2006年。

［81］中国社会科学院近代史研究所编：《中国社会科学院近代史研究所青年学术论坛2003年卷》，社会科学文献出版社，2006年。

［82］栾莹、吕冬冬：《历史的见证——本溪湖劳工问题研究》，吉林人民出版社，2006年。

［83］冯其利、周莎：《重访清代王爷坟》，北京燕山出版社，2007年。

［84］姚锡光：《东方兵事纪略》，中华书局，2009年。

［85］孙成德主编：《奉天纪事》，辽宁人民出版社，2009年。

［86］朱诚如主编：《辽宁通史》，辽宁民族出版社，2009年。

［87］庄魁彬：《桥头镇往事》，2010年。

［88］郑赞一主编：《桓仁朝鲜族200年》，2010年。

［89］杨福兴：《晚清东北基督教传播及民教冲突（1860—1911）》，花木兰文化出版社，2011年。

［90］《魅力桓仁》编委会：《魅力桓仁 5 史话传说》，吉林文史出版社，2011年。

［90］阮葵生：《茶余客话》，上海古籍出版社，2012年。

［92］《彭真传》编写组编：《彭真年谱》，中央文献出版社，2002年。

［93］胡绳：《帝国主义与中国政治》，三联书店，2012年。

［94］赵焕林主编：《辽宁风物》，辽宁人民出版社，2012年。

［95］耿铁华，李乐营主编：《高句丽研究史》，吉林大学出版社，2012年。

［96］方一兵：《中日近代钢铁技术史比较研究（1868—1933）》，山东教育出版社，2013年。

［97］戴煌：《胡耀邦与平反冤假错案》，三联书店，2013年。

［98］王天平：《日本三代天皇操纵侵华战争内幕》，辽宁人民出版社，2013年。

［99］高月：《清末东北新政研究》，黑龙江教育出版社，2013年。

［100］中共辽宁省委党史研究室编：《罗文画传》，中央文献出版社，2013年。

［101］刘万东：《本溪湖煤铁史略》，东北师范大学出版社，2013参年。

［102］姜维公、刘立强主编：《奉天边务辑要 盛京典制备考 盛京奏议》，黑龙江教育出版社，2014年。

［103］杨宾：《梅东草堂诗集·柳边纪略·塞外草》，黑龙江大学出版社，2014年。

［104］本溪市党史地方志办公室编著：《本溪英烈传》，辽海出版社，2014年。

［105］本溪市党办地方志办公室编著：《本溪党史人物传》（第1卷），辽海出版社，2014年。

［106］丁宗皓主编：《中国东北角之文化抗战（1895—1945）》，辽宁人民出版社，2015年。

［107］辽宁省委党史研究室编：《辽宁省抗日战争时期人口伤亡和财产损失》，中共党史出版社，2015年。

［108］袁秋白、杨瑰珍编著：《罪恶的自供状：新中国对日本战犯的历史审判》，解放军出版社，2015年。

［109］王晓峰：《伪满时期日本对东北的宗教侵略研究》，社会科学文献出版社，2015年。

［110］赵俊清：《杨靖宇传》，黑龙江人民出版社，2015年。

［111］查叉吟：《日俄战争全史》，中国长安出版社，2015年。

［112］本溪市党史地方志办公室编著：《本溪人民抗日斗争纪实》，沈阳出版社，2015年。

［113］周远廉：《清代八旗王公贵族兴衰史》，紫禁城出版社，2016年。

［114］马跃：《英国与中国东北关系研究（1861—1911）》，吉林大学出版社，2016年。

［115］周飞：《二十世纪前期日资在华企业的演变——以本溪湖煤铁公司为例》，中国社会科学出版社，2016年。

［116］张钟月：《清代以来鸭绿江流域移民研究（1644—1931）》，山东人民出版社，2017年。

［117］戴茂林、李波：《中共中央东北局（1945—1954）》，辽宁人民出版社，2017年。

［118］《本钢史》编写组：《本钢史（1905—1980）》，辽宁人民出版社，1985年。

八、论文

［1］李淑娟：《日伪统治下的东北农村述论（1931—1945）》，南开大学硕士学位论文，2002年。

［2］衣保中：《近代朝鲜移民与东北地区水田发展研究》，南京农业大学硕士学位论文，2002年。

［3］蒋清宏：《战后苏军拆迁东北工矿业研究》，中国社会科学院研究生院硕士学位论文，2003年。

［4］李翾超：《清代流民与鸭绿江流域的开发》，辽宁大学硕士学位论文，2005年。

［5］李皓：《盛京将军赵尔巽与日俄战争后的奉天政局》，东北师范大学硕士学位论文，2009年。

［6］郭海南：《清末东北矿权交涉研究（1905—1911）》，华中师范大学硕士学位论文，2014年。

［7］芦林：《中日奉天矿权纠纷研究（1905—1931）》，辽宁大学硕士学位论文，2016年。

［8］雷丽芳：《近代中国矿冶工程师群体研究（1875—1949）》，北京科技大学硕士学位论文，2018年。

九、译著、外文资料

［1］［苏联］H.H.罗斯图诺夫主编，中国人民解放军37001部队司令部译：《俄日战争史（1904—1905）》，1982年。

［2］［俄］库罗帕特金著，［英］A.B.林赛译：《俄国军队与对日战争》，商务印书馆，1980年。

［3］［苏联］鲍里斯·罗曼诺夫著，陶文钊译：《俄国在满洲（1892—1906）》，商务印书馆，1980年。

［4］［苏联］阿瓦林著，北京对外贸易学院俄语教研室译：《帝国主义在满洲》，商务印书馆，1980年。

［5］［俄］阿列克谢·尼古拉耶维奇·库罗帕特金著，傅文宝、李迎迎、王文倩译：《远东总司令库罗帕特金回忆录：俄日战争总结》，陕西人民出版社，2017年。

［6］［美］斯塔夫里阿诺斯著，吴象婴、梁赤民译：《全球通史——1500年以后的世界》，上海社会科学院出版社，1999年。

［7］［美］戴维·贝尔加米尼著，王纪卿译：《天皇与日本国命——裕仁天皇引领的日本军国之路》，民主与建设出版社，2016年。

［8］［英］杜格尔德·克拉斯蒂著，张士尊、信丹娜译：《奉天三十年（1883—1913）——杜格尔德·克里斯蒂的经历与回忆》，湖北人民出版社，2007年。

［9］［澳］赖特著，丁长清译：《中国经济和社会中的煤矿业

（1895—1937）》，东方出版社，1991年。

　　[10]〔日〕参谋本部编，田琪之译：《中华民国史资料丛稿——译稿满洲事变作战经过概要》，中华书局，1981—1982年。

　　[11]〔日〕参谋本部编，李铸、贾玉芹等译：《中华民国史资料丛稿——译稿 关于东北抗日联军的资料》，中华书局，1982年。

　　[12]〔日〕关宽治、岛田俊彦著，王振锁、王家骅译：《满洲事变》，上海译文出版社，1983年。

　　[13]〔日〕满史会编，《东北十四年沦陷史》辽宁编写组译：《满洲开发四十年史》，1987年。

　　[14]〔日〕都筑七部著，赵连泰、靳桂英译：《阴谋与梦想》，吉林文史出版社，1988年。

　　[15]〔日〕满洲国史编纂刊行会编，黑龙江省社会科学院历史研究所译：《满洲国史·总论》，1990年。

　　[16]〔日〕满洲国史编纂刊行会编，黑龙江省社会科学院历史研究所译：《满洲国史·分论》，1990年。

　　[17]〔日〕满洲国治安部警务司编，东北沦陷十四年史吉林编译组译：《满洲国警察史》1990年。

　　[18]〔日〕江口圭一著，宋志勇译：《日中鸦片战争》，天津人民出版社，1995年。

　　[19]〔日〕南满洲铁道株式会社安东地方事务所编，集安市档案局、宽甸县党史地方志办公室译：《东边道宽甸辑安桓仁通化各县经济调查报告书》（昭和八年），2015年。

　　[20]〔日〕岛村三郎等著，公文逸编：《我们在满洲做了什么：侵华日本战犯忏悔录》，群众出版社，2016年。

　　[21]〔日〕桥本海关著，吉辰校注：《清日战争实记》，山东画报出版社，2017年。

　　[22]徐勇、邓大才主编，李俄宪译：《满铁农村调查·地方类》，广西师范大学出版社，2018年。

　　[23]〔日〕参谋本部编纂：《明治廿七八年日清战史》，印刷株式会社，1904年。

　　[24]〔日〕宫部力次编：《日露战史大全》，博信馆，1905年。

［25］〔日〕大成社编辑部编：《日露大战史》，大成社，1906年。

［26］〔日〕河村贞编：《日露战争大本营公报集》，立诚堂，1906年。

［27］〔日〕南满洲铁道株式会社调查课编：《南满洲经济调查资料》，1912年。

［28］〔日〕参谋本部编纂：《明治卅七八年日露战史》，偕行社，1912年。

［29］〔日〕南满洲铁道株式会社公务课编：《南满洲铁道安奉线纪要》，印刷株式会社，1913年。

［30］〔日〕梅崎延太郎：《日俄战争讲授录》，平和社出版部，1915年。

［31］〔日〕南满洲铁道株式会社总务部事务局调查课编：《本溪湖碱厂间经济调查资料》，1915年。

［32］〔日〕满蒙文化协会编：《满蒙全书》，东亚印刷株式会社大连支社，1923年。

［33］〔日〕南满洲铁道株式会社社长室人事课编：《昭和二年度南满洲劳动争议录》，1928年。

［34］〔日〕南满洲铁道株式会社调查课编：《关于满蒙中日合办事业》，1929年。

［35］〔日〕南满洲铁道株式会社编：《南满洲铁道旅行案内》，1929年。

［36］〔日〕菰田康一编：《昭和五年陆军大学满鲜战史旅行讲话集》，日本陆军大学将校集会所，1930年。

［37］〔日〕沈阳抚顺本溪辽阳四县调查班编：《本溪县调查报告书》，1933年。

［38］〔日〕满洲国地方事情编纂会编：《奉天省本溪县事情》，秀英舍株式会社，1934年。

［39］〔日〕南满洲铁道株式会社总务部事务局调查课编：《满洲旧惯调查报告书·皇产》，大同印书馆，1935年。

［40］〔日〕南满洲铁道株式会社经济调查会编：《满洲工业开发方策的总括》，1935年。

［41］〔日〕南满洲铁道株式会社经济调查会编：《满洲都市建设一般方案》，1935年。

［42］〔日〕本溪湖地方事务所编：《本溪湖事情》，满洲日日新闻社印

刷所，1936年。

［43］［日］南满洲铁道株式会社总裁室地方部残务整理委员会编：《满铁附属地经营沿革全史》，南满洲铁道株式会社，1939年。

［44］［日］本溪湖商工公会编：《本溪湖商工要览》，1939年。

［45］［日］《株式会社本溪湖煤铁公司事业概要》，1939年。

［46］［日］高柳光寿编：《大日本战史》，东京三教书院，1944年。

［47］［日］伪满洲国军政部顾问部编：《满洲共产匪研究》，大安株式会社，1964年。

［48］［日］大仓财阀研究会：《大仓财阀的研究》，近藤出版社，1982年。

［49］［日］浅田桥二编：《帝国日本和亚洲》，吉川弘文馆，1994年。

［50］［日］加藤一著，仲池译：《满洲重工业地理条件：二。本溪湖制铁地带》，《国民新闻周刊》1942年第53期。

［51］［日］渡边渡等：《大仓财阀的研究（1）》，《东京经济大学会志》1976年第94期。

［52］［日］村上胜彦等：《大仓财阀的研究（2）》，《东京经济大学会志》1976年第95期。

后　记

　　欲知大道，必先为史。当历史的车轮行驶至2017年春天的时候，辽宁省本溪市已然进入新一轮振兴发展的关键时期，迫切需要有一部通史来为本溪振兴发展提供历史借鉴和有益启迪。

　　以市政协主席孙旭东为首的本溪市政协深感政协组织既具有联系面广、包容性强的独特优势，更具有挖掘、整理、编辑和出版文史资料的重要职责，担负起牵头编撰《本溪通史》这项工作义不容辞、责无旁贷。经过反复研究，市政协党组决定扛起填补本溪通史空白这一历史重任，并于2017年3月13日专门向中共本溪市委报送了《关于编撰〈本溪通史〉的请示》，明确提出编撰《本溪通史》、讲好本溪故事、推动振兴发展的主旨。时任中共本溪市委书记崔枫林于3月17日作出批示，认为编撰《本溪通史》"填补空白、利在千秋"，责成市政府给予支持。时任本溪市市长田树槐于3月22日作出批示，责成市财政局认真落实崔枫林书记重要批示精神，迅速安排资金。市委、市政府主要领导的高度重视和大力支持，为市政协切实做好《本溪通史》的编撰工作给予了极大的鼓舞和鞭策，增添了必胜的信心和动力。

　　经过认真筹备，市政协于2017年5月4日召开《本溪通史》编撰启动工作会议，正式拉开了《本溪通史》编撰工作的帷幕。孙旭东在会上阐述了市政协牵头编撰《本溪通史》的初心和使命，即通过编撰《本溪通史》来凝聚、激发全市人民关心家乡、热爱家乡、建设家乡的积极性和创造性，进一步增强推动本溪振兴发展的文化自信心和历史荣誉感，推动本溪文化强市建设迈上新台阶，推动本溪老工业基地振兴发展实现新跨越。孙旭东寄语全体编撰工作人员要坚持马克思主义唯物史观，坚持对历史负责、对人民负责、对未来负责的精神，坚持存"真史"、立"信史"、撰"良史"的根本原则，合力打造一部鸿篇浩繁、观点正确、史料翔实、表述严谨的《本溪通史》精品力作。

在这次编撰启动工作会议上，市政协决定成立《本溪通史》编撰委员会，孙旭东任主任，市教育局、市财政局、市文广局、市档案局、市史志办、市政协办公厅、市政协研究室、市政协学宣文史委、市社科联等单位和部门的负责同志和史志专家孙诚、考古专家梁志龙任委员。

也是在这次编撰启动工作会议上，市政协决定聘请史志专家孙诚、考古专家梁志龙、市史志办党史处处长崔维、市档案局编研处处长赵喜红、市档案局征集处副处长包国文、市博物馆陈列部主任姜大鹏等为市政协文史工作专员。市政协要求他们自觉增强责任感和使命感，处理好本职工作与兼职工作的关系，充分发挥自身优势，认真履行好文史工作专员职责，在编撰《本溪通史》工作中发挥重要作用，为促进本溪文化强市建设和文化事业发展作出更大贡献。

《本溪通史》编撰启动工作会议结束后，市政协组织市政协文史工作专员迅速投入到《本溪通史》古代卷和近代卷编写大纲（草案）的制定工作之中。

中共十九大闭幕后，市政协于2017年11月3日组织召开《本溪通史》编撰工作推进会议，专题研究《本溪通史》编写大纲等业务问题。这次会议增聘市博物馆副馆长靳军、市博物馆研究馆员刘彦红、市第二十一中学一级教师张达文为市政协文史工作专员，为《本溪通史》编撰工作增加了新的力量。孙旭东在会上提出，编撰《本溪通史》要主动从中共十九大精神中寻求方向指引和精神支撑，自始至终都不能忘记这项工作的初心是编撰《本溪通史》，讲好本溪故事，推动振兴发展；自始至终都不能忘记这项工作的使命是，下大力气把《本溪通史》打造成经得起历史和人民检验的精品力作，为本溪振兴发展提供历史借鉴和有益启示。《本溪通史》编委会的每一位成员和市政协聘请的每一位文史工作专员都要以此为根本遵循，自觉将其贯穿于《本溪通史》编撰工作的全过程。

对于本溪市来说，首次修编通史，没有干好这方面工作的现成经验可循。编撰《本溪通史》是极具挑战性的重大文化建设工程，要想保证整个编撰工作站位高、方向准，不走或少走弯路，迫切需要权威专家和知名学者的正确指导。基于此，市政协积极主动地与我国历史研究方面的资深学者和知名专家取得联系，尤其是千方百计地争取高句丽史研究、清前史研究和满族史研究等领域权威专家的鼎力支持，目的是保证《本溪通史》编撰工作始终在权威专家和知名学者的正确指导下进行。

2018年7月12日，市政协牵头组织的《本溪通史》编撰工作专家咨询论证会如期召开。国家清史编委会委员、纪传组副组长李治亭先生，北京大学明清研究中心主任、教授、博士生导师徐凯先生，吉林大学教授、博士生导师魏存成先生，中央民族大学教授、博士生导师赵令志先生，通化师范学院教授、博士生导师、高句丽研究院特聘院长耿铁华先生，辽宁历史学会副会长、鞍山师范学院教授张士尊先生应市政协之邀莅临本溪参加会议，并一一接过孙旭东为他们颁发的聘书，欣然成为市政协文史工作顾问。

在这次专家咨询论证会议上，市政协文史工作顾问不负众望，他们高屋建瓴、各抒己见，对完善《本溪通史》编写大纲（草案）提出了很有价值的指导意见，对做好《本溪通史》编撰工作提出了很有分量的真知灼见。

孙旭东在会上表示，在《本溪通史》编撰工作的关键时间节点召开专家咨询论证会，是对整个编撰工作的高水平顶层设计，对于更好地编撰史书意义重大。孙旭东要求市政协文史工作专员要虚心向权威专家和知名学者拜师学艺，按照各位专家学者提出的宝贵意见抓紧把编写大纲认真进行修改完善，特别是要把握好本溪历史发展主线、本溪重大历史事件和重要历史人物评价等问题，为早日正式进入撰写阶段打下坚实基础。

2018年7月16日，中国社会科学院"资深学者登峰工程"首席专家、近代史研究所研究员、博士生导师刘小萌先生应市政协邀请，带领吉林师范大学满学研究院常务副院长许淑杰、吉林师范大学满学研究院副院长吴忠良、《吉林师范大学学报》"满族文化"研究专栏责任编辑孙守朋、吉林师范大学满族文化研究基地办公室主任聂有财专程来到本溪，就如何编撰好《本溪通史》进行指导。孙旭东向刘小萌颁发了聘请其为市政协文史工作顾问的聘书。刘小萌和吉林师范大学满学研究院的同志对《本溪通史》编撰工作提出了很有价值的意见建议。

2018年10月17日至19日，市政协文史工作顾问徐凯先生和北京大学历史系原党委书记兼副主任、研究员王春梅专程来到本溪，就如何做好《本溪通史》编撰工作进行具体指导。

有了国内权威专家学者的悉心指导，市政协文史工作专员对《本溪通史》编写大纲作了认真修改完善，并在编写大纲的指导下开展了资料收集和专题整理。相关同志分别赴北京中国第一历史档案馆、上海市图书馆、辽宁省档案馆、辽阳市档案馆以及桓仁县档案馆等地，认真收集资料，取得较大收获。与此同时，孙诚还草拟了《〈本溪通史〉编写要求》，从总体要求、史料史实、观点把握、写作章法、技术规范5个大方面提出了30条具体要求，为《本溪通史》编撰工作提供了具体遵循。

经过市政协文史工作专员不辞辛苦的付出和努力，大规模的资料收集工作取得丰硕成果，迎来了进入正式编写《本溪通史》的关键阶段。2019年4月10日，市政协组织召开《本溪通史》编撰执行委员会会议，审议并通过了《本溪通史》编写大纲和编写要求，吹响了《本溪通史》正式进入编写阶段的进军号角。孙旭东在会上希望市政协各位文史工作专员自觉遵循史书编撰的专业规范要求，严格按照审议通过的编写大纲和编写要求认真做好具体编写工作，切实把握好史料利用、史实核准、观点确立、章法得当、表述规范等实际问题，力求全面客观地记述本溪历史的发展历程，坚持历史的客观性、真实性和连续性，为把《本溪通史》编撰成精品力作而努力奋斗。

此后900多天的日子里，市政协各位文史工作专员充分发扬"工匠"精神，自觉强化乐于奉献、勤奋耕耘的意识，克服各种困难，昼夜兼程奋笔疾书，忘我地投入到《本溪通史》的编写工作之中。

历史观问题是编撰史书必须把握好的重大问题。市政协对此特别重视，于2020年3月18日专门召开《本溪通史》编撰工作业务推进会议，要求市政协文史工作专员切实把握好史书编撰过程中的历史观问题。孙旭东在会上明确提出，编撰《本溪通史》，必须以习近平总书记关于学习、研究、借鉴历史的重要讲话精神为指导，始终坚持马克思主义唯物史观，用唯物史观来正确认识和记述历史，以科学的历史观去客观公正地评价历史事件和历史人物，以此弘扬优良的历史传统和基因。

进入2021年，喜逢中国共产党建党一百周年，又是实施"十四五"规划的开局起步之年。本溪振兴发展的宏伟事业迫切需要历史发展的有益经验为之提供借鉴，全市人民热切期盼《本溪通史》早日面世。2月4日，市政协召开《本溪通史》编撰工作业务推进会议，积极促进《本溪通史》编撰工作扎实有序向前推进。孙旭东在会上希望市政协文史工作专员发扬"三牛"精神，加快工作步伐，争取2021年底正式出版发行《本溪通史》，全力将其打造成精品力作，努力向市委、市政府和全市人民交上一份优秀的答卷，为推动本溪振兴发展作出独特贡献。为了解决好《本溪通史》《本溪满族史》和《桓仁满族史》内容交叉问题，孙旭东又于6月11日主持召开史书编撰工作业务交流会议，突出强调市政协牵头组织编撰史书是经市委、市政府批准的官修史书行为，各位编撰人员要妥善处理好三部史书内容交叉部分的关系问题，做到对同一历史事件、同一历史人物的评价在三部史书中要有相同的视角和观点。

为了充实《本溪通史》编写人员力量，市政协于2021年3月16日聘请本溪满族自治县委宣传部孟庆志为市政协文史工作专员，参与到《本溪通史》的编撰工作中来。

《本溪通史》的编撰工作自始至终得到市政协文史工作顾问的鼎力支持和大力帮助。市政协副主席董安鑫于2021年3月31日带队赴吉林师范大学满学研究院请教史书编撰的具体问题，得到刘小萌先生和该院其他同志的悉心指导。为确保出版质量，特邀李治亭、徐凯、赵令志、耿铁华、张士尊五位专家对原稿进行审评，均给出了宝贵的修改意见。需要特别鸣谢的是，《本溪通史》的成功出版问世，得益于刘小萌先生的倾情相助、专业指导。刘小萌先生百忙中对书稿通篇审读、不吝赐教、助力修改完善、推荐早日付梓，并为本书挥毫作序，以倡地方文化之传承。

值得特书一笔的是，谭成旭、姜小林在担任中共本溪市委书记期间高度重视《本溪通史》的编撰工作，通过多种方式关心支持《本溪通史》的编撰工作，给编撰工作注入了极大的动力。中共本溪市委书记吴澜对《本溪通史》编撰出版工作给予特别关注，于2021年7月2日到市政协机关走访调研时明确要求要讲求质量，把《本溪通史》编撰好，为本溪全面振兴、全方位振兴提供历史借鉴。中共本溪市委副书记、市长吴世民对《本溪通史》编撰出版工作非常支持，责成市财政部门及时拨付专项经费，保障了《本溪通史》出版发行的经费需要。中共本溪市委常委、宣传部部长王敬华亲自帮助协调工作，对《本溪通史》的出版给予大力支持。

《本溪通史》是集体智慧和劳动的结晶。全书由孙旭东担任总编，董安鑫、孙诚、梁志龙担任副总编，分工负责、统筹推进编撰出版工作。古代部分由梁志龙担任主编，负责组织指导编撰工作；靳军担任副主编。各章节撰写情况是：绪论由梁志龙、姜大鹏撰写；第二章，第四章第一、二节，第四章第五、六节，第六章第二节，第七章第一节，第八章第六节由梁志龙撰写；第三章，第四章第三、四节，第六章第一节，第八章第五节由靳军撰写；第一章，第五章，第七章第二、三节，第八章第三、七节，

第九章第五节由姜大鹏撰写；第八章第一、二、四节，第九章第一、二、三、四节由刘彦红撰写。近代部分由孙诚担任主编，负责组织指导编撰工作；崔维担任副主编。各章节撰写情况是：中卷绪论、第六章、第七章、第八章第四节，下卷第一章第一、二、三节、第二章、第三章、第四章、第六章第三、四节由孙诚撰写；中卷第一章、第二章、第三章、第四章由崔维撰写（第一章第二节与韩佳岐共同撰写）；中卷第五章由孟庆志撰写；中卷第八章第一、二、三节，下卷第六章第一、二节由赵喜红撰写；下卷第一章第四、五节，第七章由张达文撰写；下卷第五章、第六章第五节由包国文撰写。本书后记由李方凯撰写。

全书初稿于2021年7月出炉后，孙旭东带领《本溪通史》编撰执行委员会和编务组同志像打一场攻坚战一样每周召开一次调度会，紧锣密鼓地部署工作、调兵遣将、解决难题，反复通览审读，多方听取意见，组织修改完善，方为全书定稿。与此同时，责成董安鑫带领编务组同志分兵把口，积极协调各方全力推进出版发行工作。

在《本溪通史》的编撰出版过程中，辽宁省档案馆和本溪市档案馆对史料查阅工作给予大力支持，辽宁人民出版社给予很多帮助指导，市政协历任分管文史工作的副主席李振亮、董安鑫、张克伟在分管期间做了组织协调工作，市政协办公室、市政协学宣文化文史委承担了编撰服务保障工作，市财政局、市文旅局、市档案馆（史志办）、市博物馆、市实验中学等部门和单位在财力、人力和资料方面提供大力支持，全市文化系统在扩大本书的社会发行方面做了大量工作，本溪满族自治县政协、桓仁满族自治县政协积极协助做好资料查阅工作，摄影家郭韬、崔志双，辽宁省博物馆林利，本溪市博物馆刘宁提供了图片，书画家路冲做了封面设计，篆刻艺术家王吉鸿为封底提供了篆刻作品，市政协机关干部吕忠伟、刘建民、邓忠和参加了部分书稿校对工作。在此，向所有为《本溪通史》编撰出版工作给予支持和帮助的单位和同志表示衷心感谢。

本溪市编撰通史，这是第一次。虽然我们竭尽全力、尽己所能，但由于时间紧迫以及编者能力水平所限，书中难免会有不如人意之处，尚有一定提升空间，敬请各界有识之士和广大读者不吝赐教。

编　者
2021年12月

《本溪通史》下卷编者简介

孙　诚　辽宁宽甸人，1957年出生，满族。1982年毕业于辽宁大学历史系历史专业。历任本溪市档案馆馆长，本溪市档案局（馆）局（馆）长、党组书记，本溪市史志办主任，研究馆员。曾兼任中国档案学会文献编纂学术委员会委员，辽宁省历史学会常务理事，辽宁科技学院客座教授，本溪市政协文史工作专员。为本溪市文化史暨古典文学学科带头人。著有《董鄂氏人物传略》《地域文化与档案编研》《本溪市志·人物篇》《本溪赋》等；主编并出版《本溪历史人物传》《本溪地域文化丛书》《中国共产党本溪历史》第二卷，《本溪党史人物传》第一卷，《本溪英烈传》《建州女真暨董鄂部研究》《本溪人民抗日斗争纪实》《本溪抗美援朝纪实》等。曾获中国档案学会青年档案学术奖，中共中央党史研究室学术成果二等奖。

崔　维　辽宁本溪人，1978年出生。毕业于辽宁大学历史系，本溪市党史地方志办公室党史处处长，本溪市政协文史工作专员。先后主笔完成国家级调研项目"抗战时期人口伤亡及财产损失""革命遗址普查"和省级调研项目"辽宁棚户区改造"本溪部分；参与编纂《中国共产党本溪历史》第一、二卷，《本溪党史人物传》第一卷，《本溪英烈传》《本溪人民抗日斗争纪实》等党史专著10余部；在《东北史地》《满族研究》《本溪社会科学》等省市刊物发表《本溪人民抗日斗争的特点和历史地位》《满族佟佳氏马察地方考略》《太子河得名与满族（女真族）文化》《辛亥革命与本溪风云》等论文10余篇。

赵喜红 1971年6月出生，辽宁本溪人。现就职于本溪市档案馆（史志办），研究馆员。1992年毕业于辽宁大学历史系档案专业。本溪市政协文史工作专员。获评本溪市档案学学科带头人、首届本溪市档案专业优秀专家、辽宁省档案系统领军人才。参与编纂《本溪地域文化丛书》《建州女真遗迹考察纪实》《本溪抗美援朝纪实》等著作16部（21册）。著有《公共档案馆服务建设研究》。在国家、省市报纸杂志发表文章100余篇，获各级奖励60余项，其中有25项科研成果获市厅级以上奖励。

包国文 蒙古族，1981年4月生，辽宁阜新蒙古族自治县人。2005年辽宁大学历史专业毕业，2008年12月加入中国共产党。本溪市政协文史工作专员。参与编校《建州女真遗迹考察纪实》《本溪抗美援朝纪实》等本溪历史相关书籍；参与档案及地域文化方面课题多项，分获辽宁省档案局优秀编研成果奖；参与制作《光辉岁月　壮丽华章——纪念本溪解放60周年大型图片展》《百年盛典　世纪华章——本溪市庆祝中国共产党成立100周年主题展览》等多个档案图片展览和画册。

张达文 辽宁本溪人，1968年3月出生。毕业于辽宁师范大学历史教育专业，任教于本溪市实验中学。被聘为本溪市政协文史专员、辽宁省地名管理咨询论证专家、中国国家图书馆公开课讲师。多年致力于地方史研究，踏查足迹遍布本溪地区近现代遗址。保留本溪溪湖大桥工业遗址建言被政府采纳。主要讲座专题有《沈丹铁路与本溪》《本溪城防要塞》《本溪城市雏形》等。参与编纂《魅力本溪》等地方史书。

孟庆志 1970年3月出生于本溪县清河城。大专文化，中共本溪满族自治县县委宣传部办事员，本溪市政协文史工作专员。从事抗联史实和地域文化研究多年，撰写地方史研究文章数十篇，参与本溪抗联史实教育基地课程开发和抗联遗址遗迹开发利用工作，为打造"重走抗联路"抗联文化载体发挥了参谋和助手作用。